KOMPENDIUM DER KIRCHENGESCHICHTE

VON

KARL HEUSSI

Dreizehnte, durch einen Literaturnachtrag
ergänzte Auflage

57.–60. Tausend

1971

J. C. B. MOHR (PAUL SIEBECK) TÜBINGEN

Von der ersten Auflage des Kompendiums der Kirchengeschichte erschien die 1. Hälfte (Bogen 1–12) am 28. September 1907, die 1. Abteilung der 2. Hälfte (Bogen 13–28) am 18. Dezember 1908, die 2. Abteilung der 2. Hälfte am 25. November 1909. Die zweite Auflage erschien am 26. November 1910.

Von der dritten Auflage erschien die 1. Hälfte am 30. Juli 1913, die 2. Hälfte am 30. September 1913.

Die vierte Auflage erschien am 10. März 1919, die fünfte am 1. November 1922, die sechste am 20. März 1928, die siebente am 5. November 1930, die achte am 20. Juni 1933, die neunte am 1. Dezember 1937, die zehnte am 15. Juni 1949, die elfte am 3. Januar 1957, die zwölfte am 15. November 1960, die dreizehnte am 15. April 1971.

Karl Heussi

J. C. B. Mohr (Paul Siebeck) Tübingen 1956

Alle Rechte vorbehalten

Ohne ausdrückliche Genehmigung des Verlags ist es auch nicht gestattet, das Buch oder Teile daraus auf photomechanischem Wege (Photokopie, Mikrokopie) zu vervielfältigen

Printed in Germany

Offsetdruck: Gutmann und Co., Heilbronn

Einband: Heinr. Koch, Großbuchbinderei, Tübingen

ISBN 3 16 10 9912 5

Vorwort zur zwölften Auflage

Nach einem langen Gelehrtenleben, auf dessen Wegstrecke mich die Arbeit an meinem „Kompendium der Kirchengeschichte" immer wieder begleitet hat – die ersten Entwürfe reichen in die Jahre 1901 und 1902 zurück –, ist es mir vergönnt, eine zwölfte Auflage meines Werks herauszubringen. Indem ich einige Wendungen früherer Vorworte mit benutze, gebe ich ihr die folgenden Zeilen zum Geleit mit.

Es konnte sich für mich auch diesmal nur darum handeln, auf dem gelegten Grunde weiter zu bauen. Der Leser findet also in der Einrichtung des Ganzen, in dem periodologischen Aufbau (der genetisch-chronologischen Methode und der damit zusammenhängenden Stoffanordnung), weiter in der Bevorzugung der nüchternen Tatsachenmitteilung vor Reflexion und Spekulation, also in der Überordnung des „Objektiven" über das „Subjektive", vor allem in den geschichtstheoretischen Grundsätzen dieselbe historische Art wie bisher. Meine Methode ist die rein historische; d. h. die Kirche wird hier ins Auge gefaßt, sofern sie eine rein irdische Erscheinung ist. Ob sie mehr ist oder nicht und inwieweit sie mehr ist, kann nur Sache des Glaubens sein, nicht der Wissenschaft. Der Zweck meiner Darstellung ist die Förderung wissenschaftlicher Erkenntnis. An der Zuverlässigkeit meiner historischen Angaben war mir besonders gelegen. Der großen Schwierigkeiten, die mit der Aufgabe der Universalkirchengeschichte gegeben sind, bin ich mir immer bewußt gewesen. Ihre Aufgabe ist, mit Schleiermacher zu reden, unendlich; nur „mit Strenge und Resignation", wie der Altmeister Karl Hase sagt, läßt sich ein solches Lehrbuch schreiben. Ich hoffe, von Auflage zu Auflage immer besser erreicht zu haben, was mir von Anfang an vorschwebte: ein praktisches, nicht zu umfängliches, aber auch nicht zu stoffarmes Orientierungsmittel auf streng wissenschaftlicher Grundlage.

Die zehnte Auflage, deren Druck 1947–1949 unter großen äußeren Schwierigkeiten erfolgte, brachte eine gründliche Neubearbeitung des Buches und eine Fortsetzung der Darstellung bis 1945, die elfte Auflage eine Zahl von kleineren Verbesserungen und einen mehrere Seiten umfassenden Literaturnachtrag. Die vorliegende zwölfte Auflage ist neu bearbeitet; nicht wenige Stellen des Textes, besonders des kleingedruckten, bieten eine neue Fassung oder wichtige Ergänzungen. Diese finden sich am zahlreichsten in der neunten Periode (jüngste Vergangenheit); hier ist die Darstellung bis an den Zeitpunkt des Abschlusses des Manuskripts herangeführt. Das Register wurde um eine Anzahl von Stichworten vermehrt. Sehr viel Mühe habe ich wieder von neuem auf die Literaturangaben verwendet. Die auf S. XI, Absatz 2 angegebenen Grundsätze für die Literaturauswahl sind beibehalten. Für die Zwecke des Studenten, dem mein Buch in erster Linie dienen soll, ist eine knappe Auswahl besser geeignet als eine zu große Fülle von Buchtiteln, die ihn nur verwirren könnte. Gleichwohl glaubte ich eine gewisse Vermehrung der Angaben verantworten zu können, da es sich als bedenklich erwies, allzuviel ältere Literatur, nur um Raum zu gewinnen, über Bord zu werfen. Ich habe auch die Literaturangaben in § 74 s–z nicht reduziert; das wäre nur mit starker Willkür durchzuführen gewesen. Es ist nicht immer ganz leicht, zu entscheiden, welche Titel Aufnahme erfordern und welche nicht; es liegt vielfach im subjektiven Ermessen; daran ist nichts zu ändern. Zeitschriftenaufsätze, Kleinliteratur, Artikel der großen Nachschlagewerke, Spezialarbeiten mußten weithin außer Betracht bleiben. Ohne Konsequenz erreichen zu können, habe ich jetzt unveränderte Neudrucke immer weniger erwähnt. Mit gutem Bedacht und viel Mühewaltung habe ich in größerem Umfang als bisher neuere ausländische Literatur verzeichnet. Daß die getroffene Auswahl ausländische Benutzer meines Buches nicht befriedigen kann, ist mir natürlich klar. Aber was würde aus meinem Buch und was würde aus mir, wenn ich die ausländische Literatur in wirklich ausreichender Weise heranziehen sollte! Die stoffliche Bereicherung und die Vermehrung der Literaturauswahl ergaben kein Anwachsen der Seitenzahl, da eine etwas andere Typengattung verwendet wurde; es wurden gegenüber der vorigen Auflage sogar einige Seiten eingespart. Beim Lesen der Korrektur- und Revisionsbogen erfreute ich mich der zuverlässigen Hilfe von Frau Prof. D. Hanna Jursch und Assistent cand. theol. Joachim Schüffler, beide in Jena; Frau Prof. Jursch hat sich durch Kontrolle des Verweisungsapparats und des Registers noch ein weiteres Verdienst um die neue Auflage erworben. Beiden danke ich auch an dieser Stelle herzlich.

Jena, am 27. Oktober 1960.

Karl Heussi

Vorwort zur dreizehnten Auflage

Das Vorwort zur zwölften Auflage hat noch einmal in gültiger Weise über die Methode des Verfassers, über Anlage, Literaturauswahl und Zweck des Buches Auskunft gegeben. Nach dem Wunsch des Autors ist jeglicher Eingriff in den Text vermieden worden. Nur die Literatur der letzten zehn Jahre ist in der dem Kompendium eigenen Kurzform als Nachtrag gebucht worden.

Das Werk, das Generationen von Studenten dank der Objektivität der Darstellung einen Überblick über die Kirchengeschichte und ein Eindringen in die Probleme ermöglicht hat, bedarf keiner Empfehlung und wird auch in der neuen Auflage seinen Weg gehen. Es gibt seither zwar manche kurze Darstellung der Kirchengeschichte, aber kein Kompendium von gleichem Stoffreichtum und gleicher Zuverlässigkeit der Information.

Jena, den 4. März 1970.

Hanna Jursch

Inhaltsübersicht

Allgemeine Einleitung

Seite

§ 1. Geschichte der Kirchengeschichtschreibung 1
§ 2. Gegenstand und Methode der Kirchengeschichtschreibung 4
Allgemeine Literatur 6

Erste Periode

Die Kirche im heidnischen Römerreich
(Die Entstehung des Christentums und seine Entwicklung bis auf Konstantin d. Gr.)

Einleitung: Die Umwelt des ältesten Christentums

§ 3. Das Römische Reich um Christi Geburt 14
§ 4. Die religiösen und sittlichen Zustände in der hellenistisch-römischen Welt 16
§ 5. Das Judentum 20

I. Die Entstehung des Christentums und seine Umbildung zur frühkatholischen Kirche (bis c. 160/180)

Vorblick auf §§ 6–15 · 23
§ 6. Jesus 25
§ 7. Die Urgemeinde 26
§ 8. Die Anfänge des Heidenchristentums. Der Apostel Paulus 29
§ 9. Die Ausgänge der Urgemeinde. Das Absinken des Judenchristentums . 33
§ 10. Die heidenchristlichen Gemeinden der vorkatholischen Stufe 35
§ 11. Der Beginn der staatlichen Gegenwirkungen 43
§ 12. Die Verbindung des Christentums mit der hellenistischen Philosophie: Die Theologie der sog. Apologeten 45
§ 13. Die große innere Krisis der heidenchristlichen Gemeinden des 2.Jhs.: Der Gnostizismus und die Reformkirche des Marcion 48
§ 14. Die Überwindung der gnostischen Krisis: Der Zusammenschluß der Gemeinden zur katholischen Kirche 52
§ 15. Der Montanismus 56

II. Der Ausbau der frühkatholischen Kirche

Vorblick auf §§ 16–22. 58
§ 16. Die allgemeine Lage des Christentums im sinkenden Römerreich, vom Tode Mark Aurels (180) bis gegen Ende des 3. Jhs. Ausbreitung, Verfolgung, Duldung 59
§ 17. Die frühkatholische Theologie und ihre Kämpfe mit den monarchianischen Richtungen 63

	Seite
§ 18. Die kultischen Ordnungen. Die kirchliche Kunst	71
§ 19. Sitte, Sittlichkeit, Kirchenzucht	75
§ 20. Die Ausbildung der hierarchischen Verfassung	79
§ 21. Die religiöse Lage außerhalb der Kirche	84
§ 22. Der Entscheidungskampf zwischen Christentum und Römischem Staat	87

Zweite Periode

Die Römische Reichskirche (Das Christentum unter den christlichen römischen Kaisern von Konstantin bis zur Auflösung des Gesamtreichs c. 500)

I. Die Zeit der Entstehung der Römischen Reichskirche, von Konstantin bis auf Theodosius d. Gr., 313–395

Vorblick auf §§ 23–30	88
§ 23. Die Religionspolitik der römischen Kaiser von Konstantin bis auf Theodosius I.	89
§ 24. Die Kämpfe um das Dogma unter dem Einfluß der Staatsgewalt. Der arianische Streit	94
§ 25. Die Kämpfe um die Beseitigung der schismatischen und häretischen Nebenkirchen	100
§ 26. Die Umbildung der kirchlichen Verfassung unter den Einwirkungen der kaiserlichen Politik	102
§ 27. Die Weiterbildung des Kultus	106
§ 28. Das Mönchtum	112
§ 29. Die Stellung der Reichskirche im Kulturleben	115
§ 30. Das Christentum außerhalb der griechisch-römischen Welt	117

II. Die Schicksale der römischen Reichskirche von Theodosius d. Gr. bis gegen Ausgang des 5. Jahrhunderts

Vorblick auf §§ 31–34	120
§ 31. Die Auflösung der römischen Herrschaft im Westen. Die arianischen Germanenkirchen der Mittelmeerländer	121
§ 32. Das Erstarken der kirchlichen Macht Roms	123
§ 33. Geistiges Leben im Abendlande. Augustinus und die Kämpfe um die Gnadenlehre	127
§ 34. Kirchenpolitische und dogmatische Kämpfe der östlichen Reichshälfte vom Ausgang des 4. bis zum Ausgang des 5. Jahrhunderts	133

Dritte Periode

Die Kirche in der Zeit des katholisch-germanischen Landeskirchentums (c. 500 bis c. 900)

I. Gründung katholischer germanischer Landeskirchen im Abendland. Letzte Höhe der römischen Reichskirche unter Justinian I. und Verfall unter seinen Nachfolgern

Vorblick auf §§ 35–47	139
§ 35. Die Bekehrung der Franken und das Wiedererstarken des abendländischen Katholizismus	142
§ 36. Die Kirche des Rhomäerreichs im Zeitalter Justinians I.	145
§ 37. Das Papsttum unter Gregor d. Gr. Fortschritte der Katholisierung der arianischen Germanen	148

	Seite
§ 38. Innerkirchliche Zustände auf dem abendländischen Kontinent	150
§ 39. Die kirchliche Lage auf den britischen Inseln. Die Bekehrung der Angelsachsen	153
§ 40. Der Niedergang der Kirche des Rhomäerreichs in der Zeit der monotheletischen Kämpfe und der Araberstürme	155

II. Das karolingische Zeitalter

§ 41. Die fränkische Kirche unter den karolingischen Hausmeiern. Die Wirksamkeit des Bonifatius	158
§ 42. Die Verbindung des Papsttums mit den Franken	161
§ 43. Karl d. Gr. als Schutzherr der abendländischen Kirche	164
§ 44. Der Niedergang des Karolingerreichs unter Karls Nachfolgern. Vorübergehende Erhebung des Papsttums	169
§ 45. Die fränkische Kirche unter den Nachfolgern Karls d. Gr.	172
§ 46. Der Kampf um die Slavenmission und der Bruch zwischen Rom und Byzanz	174
§ 47. Völliger Verfall der abendländischen Kultur und Kirche	177

Vierte Periode

Aufstieg und Höhe der Papstkirche (c. 900 bis c. 1300)

Vorblick auf §§ 48–64 178

I. Das Zeitalter der Cluniacenser, des großen Kirchenstreits und des ersten Kreuzzugs

§ 48. Die Kirche unter den Ottonen: Die Begründung der geistlichen Fürstenmacht in Deutschland. Die Erneuerung des Kaisertums	179
§ 49. Die cluniacensische Reformbewegung und ihre Erfolge bis zum Tode Kaiser Heinrichs III. (1056)	182
§ 50. Der Kampf um die Freiheit der Kirche unter Gregor VII., seinen Vorgängern und seinen Nachfolgern	186
§ 51. Die Lage im Orient. Der erste Kreuzzug. Das Papsttum an der Spitze des Abendlandes	193
§ 52. Der Aufschwung der Askese im Zeitalter des großen Kirchenstreits	195
§ 53. Der Aufschwung der kirchlichen Wissenschaft. Die Frühscholastik	198
§ 54. Die mönchische Frömmigkeit	202
§ 55. Die Ausbreitung des Christentums im Norden und Osten Europas	204

II. Das Zeitalter des weltbeherrschenden Papsttums

§ 56. Der Aufstieg des Papsttums zur Weltherrschaft. Alexander III. und Innocenz III.	207
§ 57. Die Nachfolger Innocenz' III. Der Sieg über die Staufer. Der Beginn des französischen Einflusses auf die Kurie	212
§ 58. Die kirchliche Stellung des Papsttums	214
§ 59. Die großen Sekten des 12. Jahrhunderts und die Inquisition	217
§ 60. Die Entstehung der Bettelorden	219
§ 61. Das kirchliche Volksleben und die oppositionellen Richtungen des 13. Jahrhunderts	223
§ 62. Die Universitäten und die kirchliche Wissenschaft. Die Hochscholastik	228
§ 63. Die Stellung der Kirche im Kulturleben	231
§ 64. Eroberungen und Verluste der lateinischen Kirche. Der Mongolensturm	234

Fünfte Periode

Vorreformation und Renaissance (vom Anfang des 14. bis zum Anfang des 16. Jahrhunderts)

Vorblick auf §§ 65–72 236
§ 65. Der Sturz der päpstlichen Weltherrschaft. Die Päpste in Avignon . . . 237
§ 66. Frömmigkeit, Theologie und kirchliches Leben in der Zeit des babylonischen Exils der Päpste 241
§ 67. Die Rückkehr der Kurie nach Rom. Die Entstehung der großen abendländischen Kirchenspaltung. Die kirchlichen Reformbestrebungen bis zum Konzil von Pisa (1409) 245
§ 68. Wiclif und Hus 247
§ 69. Die Reformkonzilien zu Konstanz und Basel und die Überwindung der konziliaren Krisis des Papsttums 249
§ 70. Das Papsttum und die politischen Mächte seit den Reformkonzilien. Die Lage im Osten 253
§ 71. Innerkirchliche Zustände im 15. Jahrhundert 259
§ 72. Renaissance und Humanismus in kirchlicher Hinsicht 263

Sechste Periode

Reformation und Gegenreformation (1517-1689)

Vorblick auf §§ 73–101 268

Einleitung

§ 73. Die politische Lage Europas um 1519 270
§ 74. Die allgemeinen Ursachen der Reformation 272

I. Das Zeitalter der Reformation (1517–1555/60)

a) Die Reformation in Deutschland und in der deutschen Schweiz

§ 75. Martin Luther und die Anfänge der lutherischen Bewegung bis zum Wormser Reichstag von 1521 278
§ 76. Die Entwicklung der lutherischen Reformation von der Wartburgzeit bis zum Bauernkrieg (1525). Luthers entscheidende Auseinandersetzung mit den „Schwärmern", den Bauern und Erasmus 286
§ 77. Zwingli 292
§ 78. Die lutherische Reformation, die Territorien und das Reich vom 1. Reichstag von Speyer (1526) bis zum Nürnberger Anstand (1532). Entstehung des Territorialkirchentums. Der Abendmahlsstreit zwischen Luther und den Schweizern 295
§ 79. Höhe der politischen Macht des Schmalkaldischen Bundes und erste politische Erfolge des Kaisers, 1532–1546 300
§ 80. Krisis und Rettung des deutschen Protestantismus, 1546–1555 303
§ 81. Ergebnisse und Eigenart der lutherischen Reformation 305

b) Calvin und sein Werk in Genf

§ 82. Calvin 312
§ 83. Eigenart des Calvinismus 316

c) Die Festsetzung des Protestantismus außerhalb Deutschlands und der Schweiz

§ 84. Der Zug der Reformation durch Europa 319

d) Die Nebenströmungen der Reformation

§ 85. Die Taufgesinnten. Der mystische Spiritualismus. Der Antitrinitarismus 325

II. Das Zeitalter der Gegenreformation (1555/60 – 1689)

a) Die Erneuerung der katholischen Kirche

§ 86. Die Anfänge der Restauration des Katholizismus 331
§ 87. Die Gesellschaft Jesu 333
§ 88. Das Tridentinum 335

b) Die Gegenreformation, erster Abschnitt (1555/60—1598)

§ 89. Die Konfessionskämpfe in Westeuropa 337
§ 90. Die Gegenreformation in Polen und Schweden 342
§ 91. Die Gegenreformation in Deutschland 343
§ 92. Die politischen und theologischen Gegensätze im deutschen Luthertum seit 1546. Die Konkordie von 1577. Das Vordringen des reformierten Bekenntnisses seit 1560 345
§ 93. Der nachtridentinische Katholizismus 350

c) Die Gegenreformation, zweiter Abschnitt (1598—1689)

§ 94. Der Dreißigjährige Krieg und der Westfälische Friede in kirchlicher Hinsicht 354
§ 95. Innerkirchliche Zustände des deutschen Luthertums im Zeitalter der Orthodoxie 357
§ 96. Die Entwicklung des reformierten Protestantismus in den Niederlanden, in der Schweiz und in Frankreich 361
§ 97. Die römisch-katholische Kirche im 17. Jh. 364
§ 98. Großbritannien 1603–1689 369

d) Das Christentum außerhalb des abendländischen Kulturkreises

§ 99. Die orientalischen Kirchen 376
§ 100. Die Mission in den überseeischen Ländern 377
§ 101. Die Anfänge der nordamerikanischen Kolonien 378

Anhang zu §§ 73–101
§ 102. Die lutherischen Symbole 379
§ 103. Die wichtigsten reformierten Bekenntnisschriften 380

Siebente Periode
Das Zeitalter der Aufklärung

Vorblick auf §§ 104–111 382
§ 104. Allgemeines über Ursprung und Charakter der Aufklärung 383
§ 105. Der Verlauf der Aufklärungsbewegung in Holland, England und Frankreich. Ihre Anfänge in Deutschland 387
§ 106. Der Pietismus 394
§ 107. Die Höhe der Aufklärung im protestantischen Deutschland 401
§ 108. Der Fortgang von der Aufklärung zum deutschen Idealismus . . . 407
§ 109. Die Lage der Kirche in England. Die englische Erweckung 413
§ 110. Die kirchliche Entwicklung in Nordamerika 416
§ 111. Die römisch-katholische Kirche in den Stürmen der Aufklärung und der französischen Revolution 417

Achte Periode
Von der romantischen Reaktion bis zum ersten Weltkriege, 1814—1914

Vorblick auf §§ 112–130 426

a) Kulturgeschichtliche Orientierung

§ 112. Wirtschaftsleben und Politik 427
§ 113. Weltanschauung, Wissenschaft und Kunst 430

b) Die römisch-katholische Kirche

§ 114. Äußere und innere Erneuerung und erste politische Erfolge der katholischen Kirche 434
§ 115. Weiteres Anwachsen des Papsttums. Die Unfehlbarkeitserklärung. Krisis und Untergang des Kirchenstaats. Der Bismarcksche Kulturkampf 442
§ 116. Der römische Katholizismus von 1878–1914 448

c) Die protestantischen Kirchen

1. Der deutsche Protestantismus

α) 1814–1870

§ 117. Die religiöse Erneuerung 454
§ 118. Die kirchliche Reorganisation (Union, Verfassung, liturgische Reform) 457
§ 119. Die protestantische Theologie im Zeitalter Schleiermachers und seiner Nachfolger 460
§ 120. Die Landeskirchen in der Blütezeit der neulutherischen Orthodoxie . . 466

β) 1870–1914

§ 121. Die Entwicklung der Theologie 471
§ 122. Die kirchlichen und religiösen Kräfte 475

2. Der außerdeutsche Protestantismus

§ 123. Großbritannien 481
§ 124. Der Protestantismus in der Schweiz, in Holland und in Skandinavien 486
§ 125. Der Protestantismus in überwiegend katholischen Ländern 489
§ 126. Der Protestantismus in den Vereinigten Staaten 492

d) Die orientalischen Kirchen

§ 127. Die orthodoxen Landeskirchen des Mittelmeergebiets 497
§ 128. Rußland 498
§ 129. Die unierten und die häretischen Orientalen 501

e) Die Ausbreitung des Christentums

§ 130. Weltverkehr und Mission 502

Neunte Periode
Die Kirche in der jüngsten Vergangenheit (seit dem ersten Weltkriege)

§ 131. Die Wandlungen der kirchlichen Gesamtlage 506
§ 132. Die römisch-katholische Kirche 511
§ 133. Krisis und neue Befestigung des deutschen evangelischen Landeskirchentums nach dem ersten Weltkriege 518
§ 134. Die theologische Neuorientierung im deutschen Protestantismus der 20er Jahre 521
§ 135. Der Kampf um die Kirche im deutschen Protestantismus seit 1933 und der kirchliche Neubau seit 1945 524
§ 136. Der außerdeutsche Protestantismus. Die ökumenische Bewegung . . 531
§ 137. Die anatolische Christenheit 539
§ 138. Die Stellung des Christentums unter den übrigen Religionen 542
Literaturnachtrag 545
Namen- und Sachregister 584

Zur Einrichtung des Buches

1. Die *Randbuchstaben* sollen das Auffinden der im Text und im Register gegebenen Verweisungen erleichtern. Zitiert wird immer nach Paragraphen und Randbuchstaben, niemals nach Seitenzahlen. § 36 h² bedeutet: § 36, Fußnote 2, zu finden bei Ziffer h. Bei Verweisungen innerhalb desselben Paragraphen ist nur der Randbuchstabe unter Weglassung der Paragraphenzahl angeführt. Zur Erleichterung des Nachschlagens ist die Paragraphenzahl auf jeder Seite an der äußeren oberen Ecke angegeben.

2. Die *Literaturangaben* wollen nicht mehr als eine erste Einführung in die kirchengeschichtliche Literatur geben. Mit Rücksicht auf diesen Zweck und den verfügbaren Raum konnte weder zu allen Gebieten der Kirchengeschichte Literatur angegeben, noch irgendwo „Vollständigkeit" erstrebt werden. Gebiete, die dem Protestanten ferner liegen, sind weniger ausführlich bedacht worden. Nicht wenige der zitierten Werke kommen nicht bloß für den § in Betracht, unter dem sie aufgeführt sind, sondern auch für die folgenden oder vorangehenden; der Kürze halber nenne ich sie meist nur bei dem §, für den sie vornehmlich von Wichtigkeit sind. – Ein Stern * bedeutet: katholisch (nur hinzugefügt, wenn es von Interesse ist).

3. Die in *Petit* gesetzten Abschnitte sind nicht als Glossen, d. h. unter sich nicht zusammenhängende, entbehrliche Ausstrahlungen des Textes aufzufassen, sondern sie bilden mit den großgedruckten Abschnitten einen geschlossenen, fortlaufenden Zusammenhang. Die Unterscheidung zwischen Großdruck und Kleindruck soll lediglich das Eindringen in die Fülle des Stoffs erleichtern.

4. Bei *chronologischen Angaben* sind der waagerechte (–) und der schräge Strich (/) konsequent unterschieden. „858–867" bedeutet: „von 858 bis 867". Dagegen „847/852" bedeutet: „an einem nicht genauer zu bestimmenden Zeitpunkt zwischen 847 und 852".

Verzeichnis der Abkürzungen

AC	=	Augsburgische Konfession.
AT	=	Altes Testament.
at.	=	alttestamentlich.
CA	=	Confessio Augustana.
Eus., h. e.	=	Eusebius, historia ecclesiastica.
ev.	=	evangelisch.
FC	=	Formula Concordiae.
HC	=	Helvetische Konfession.
Jh., Jhh.	=	Jahrhundert, Jahrhunderte.
KG	=	Kirchengeschichte.
NT	=	Neues Testament.
nt.	=	neutestamentlich.
O. F. M.	=	Ordo Fratrum Minorum, Minoritenorden.
O. P.	=	Ordo Fratrum Praedicatorum, Dominikanerorden.
S. J.	=	Societas Jesu, Jesuitenorden.

Die in den Literaturangaben angewandten Abkürzungen sind in § 2 k–m angegeben. Ferner: Zs. = Zeitschrift.

Allgemeine Einleitung.

§ 1. Geschichte der Kirchengeschichtschreibung.

Ausgaben der altchristlichen Kirchenhistoriker: Eusebius ed. ESCHWARTZ, GCS, 3 Bde., 1903–09; Handausgabe³ 1922; Sokrates ed. Hussey, 3 Bde., 1853; Sozomenus ed. Hussey, 3 Bde., 1860; Theodoret ed. Parmentier, GCS, 1911; Philostorgius ed. Bidez, GCS, 1913; Historia tripartita: CSEL, Bd. 71, ed. WJACOB et RHANSLIK, 1952.

1. Das älteste Werk, das den Namen „Kirchengeschichte" trägt, *a* stammt von Eusebius von Cäsarea, einem Zeitgenossen Konstantins des Großen. Aber die wissenschaftliche Disziplin, die wir Heutigen unter diesem altehrwürdigen Titel betreiben, reicht in ihren Anfängen nicht weiter als bis ins 18. Jh. zurück. Was die ältere Kirchengeschichtschreibung von der neueren, wissenschaftlichen unterscheidet, ist nicht bloß (1) das Fehlen einer grundsätzlichen Kritik, zu der bei ihr nur Ansätze vorhanden sind, sowie (2) die enge Verbindung der historischen Aufgabe mit der apologetischen und polemischen und der damit zusammenhängende Mangel an Objektivität, sondern vor allem (3) die von der unsrigen völlig abweichende Auffassung ihres Gegenstandes. Danach ist die Kirche übernatürlich entstanden, von Anfang an fertig gegeben, keinem Werden unterworfen. Ihre Geschichte ist eine „historia sacra", von allem übrigen, rein irdischen Geschehen der Art nach unterschieden. Wie in der Kirche Gott wirkt, so wirken in den widerkirchlichen Mächten der Teufel und die Dämonen. So ist die Geschichte im Grunde ein Kampf jenseitiger Mächte, die unmittelbar in die irdischen Begebenheiten eingreifen. Die einzelnen Ereignisse tragen, soweit sie nicht übernatürlich bedingt sind, den Charakter des Zufälligen; es gibt nur einzelne Tatsachen und einfache Tatsachenreihen, keine großen, umfassenden Zusammenhänge, keine Entwicklung; „Geschichte" ist die einfache Aneinanderreihung „merkwürdiger" Ereignisse.

1. Bahnbrechend für die ältere Kirchengeschichtschreibung war Bischof *b* EUSEBIUS VON CÄSAREA (§ 17 m). Seine bis 324 reichende „Ἱστορία ἐκκλησιαστική" ist als geschichtliche Quelle einzig wertvoll (zahlreiche Zitate aus jetzt verlorenen altchristlichen Schriften). Fortsetzer fand Eusebius auf griechischem Boden an zwei Sachwaltern in Konstantinopel, *Sokrates* (Darstellung von 306–439) und *Sozomenus* (Darstellung bis 423), sowie an dem Bischof *Theodoret von Kyros* (bis 428; vgl. § 34 e), unter den Arianern an *Philostorgius* (bis 423; Fragmente bei Photius und sonst).

Im Abendlande fand die Chronik des Eusebius durch *Hieronymus* (§ 33 c) *c* eine lateinische Bearbeitung und Fortsetzung. *Rufinus* (§ 33 e) aber übertrug die eusebische Kirchengeschichte und führte sie durch Übersetzung der [verlorenen] Kirchengeschichte des Gelasius von Cäsarea bis 395 fort; so entstand das Buch, das der Folgezeit die Kenntnis des kirchlichen Altertums vermittelte. Ein zweites weit verbreitetes kirchengeschichtliches Werk war die auf Veranlassung des *Cassiodorus Senator* (§ 38 g) (vor 560/66) hergestellte „Historia tripartita", eine lateinische Bearbeitung in der Hauptsache von Sokrates, Sozomenus und Theodoret (§ b). Genannt sei ferner *Paulus Orosius*, der unter dem Einflusse Augustins die erste Weltgeschichte verfaßte, zugleich eine Apologie gegenüber dem heidnischen Vorwurf, am Niedergange des Römerreichs sei der Abfall von den Göttern zum Christentume schuld („Historiarum adversus paganos 1. VII"), schließlich die Chronik des Aquitaniers *Sulpicius Severus*, ein für gebildete Laien bestimmter, bis c. 400 reichender Abriß der Kirchengeschichte.

d   2. Seit der sog. Völkerwanderung wurde die Kirchengeschichte zu einem Bestandteil der Welt-, Reichs- oder Volksgeschichte. Historischer und kritischer Sinn, schon bei Eusebius und seinen wundersüchtigen Nachfolgern nur schwach entwickelt, ging jetzt fast völlig verloren. In den Weltchroniken beruht die Darstellung der früheren Jhh. immer nur auf Auszügen aus Rufin, Cassiodor usw., nur die Schilderungen ihrer eigenen Zeit sind das geistige Eigentum der Chronisten. Wertvoller als die Weltchroniken sind einige Monographien, so: *Jordanis* „De origine actibusque Getarum" (Geschichte der Goten, c. 551), *Gregor von Tours* „Zehn Bücher fränkischer Geschichten" (§ 38 g), *Beda Venerabilis* „Historia ecclesiastica gentis Anglorum" (§ 39 k), *Paulus Diaconus* „Historia Langobardorum" (§ 43 r), *Adam von Bremen* „Gesta Hammaburgensis ecclesiae pontificum" (§ 55 d).

e   Auf einer etwas höheren Stufe stand die byzantinische Chronistik (Weltchronikenschreibung). Freilich auch sie bewegt sich in mönchisch-kirchlicher Enge und ganz kritikloser, volkstümlich-naiver Anschauung der Dinge und ist rein kompilatorisch. Ihr erster Vertreter ist nach unserer Kenntnis *Johannes Malalas*, ein hellenisierter Syrer des 6. Jhs. Die byzantinische historische Literatur war weit verzweigt und ungemein verbreitet, auch unter den von Byzanz aus bekehrten slavischen und orientalischen Völkern.

f   3. Die Renaissance hat bedeutende Ansätze zur kirchengeschichtlichen Kritik hervorgebracht (Laurentius Valla, § 72 c), aber keine zusammenfassende Darstellung. Dagegen schuf das Luthertum die **Magdeburger Zenturien** (hrsg. von *Matthias Flacius* und anderen seit 1559 in Magdeburg, § 81 x). Sie ruhen bereits auf energischen Quellenforschungen und üben scharfe, wenn auch nur an bestimmten Stellen einsetzende Kritik. Doch muten uns anderseits die schematische Anordnung des Stoffs (Einteilung nach Jahrhunderten, daher der Titel des Werks), die atomistische, die großen Zusammenhänge verkennende Betrachtungsweise und die polemische und apologetische Tendenz ganz „unhistorisch" an: die Verfasser suchen zu beweisen, daß die Papstkirche einen „Abfall" von dem ursprünglichen Christentum bedeute und daß die Reformation sich auf eine lange Kette von „testes veritatis" in früheren Jhh. berufen könne, also keine Neuerung sei. Supranaturalismus und Teufelsglaube sind noch ungebrochen.

g   Das große katholische Gegenwerk sind die **Annales ecclesiastici** des Kardinals *Caesar Baronius* (§ 93 o), eine chronologisch geordnete, wenig verarbeitete Stoffanhäufung mit wertvollen Mitteilungen aus der vatikanischen Bibliothek (Rom 1588–1607, 12 Bde., später von anderen fortgesetzt).

h   Das 17. Jh., das Zeitalter der Polyhistorie, brachte eine bedeutende Erweiterung der kirchengeschichtlichen Einzelkenntnisse (ausgezeichnete Quellenpublikationen) und errang eine Menge wichtiger kritischer Ergebnisse. Diese Arbeit wurde vornehmlich von französischen, holländischen und englischen Gelehrten geleistet, Katholiken, Calvinisten und Anglikanern; ihre hervorragendsten Förderer waren der Reformierte *Jean Daillé* und der Mauriner *Jean Mabillon* (§ 97 k). Das deutsche Luthertum hatte an diesem Aufschwung der kirchengeschichtlichen Studien nur geringen Anteil; dafür brachte aber der Pietist *Gottfried Arnold* mit seiner „Unparteiischen Kirchen- und Ketzerhistorie" (1699f.) das Problem der historischen Objektivität in Fluß, so weit er selbst auch hinter dem gesteckten Ziele zurückblieb (§ 106 m).

2. Seit dem 18. und vor allem im 19. Jh. wurde allmählich die neuere, *i* wissenschaftliche Kirchengeschichtschreibung geschaffen. Sie beruht (1) auf der immer weiter fortschreitenden Erschließung des ins Ungeheure anwachsenden Quellenmaterials, (2) auf der Verfeinerung der kritischen Behandlung der Quellen und vor allem (3) auf einem völligen Wandel des Geschichtsbegriffs: der historische Atomismus, der die Geschichte als ein zusammenhangloses Durcheinander von Zufälligkeiten erscheinen ließ, wurde überwunden und der Zusammenhang der Dinge aufgedeckt, — zunächst (im Aufklärungszeitalter) mit Hilfe der „pragmatischen" Methode, welche besonders den Ursachen der Einzelvorgänge nachging, — später (seit dem Aufkommen der idealistischen Philosophie) mit Hilfe der „genetischen" Methode, die das Werden großer Komplexe zu analysieren und durch den Begriff der „Entwicklung" zu bewältigen versuchte. Damit war der beständige Wandel aller geschichtlichen Größen grundsätzlich erfaßt. Mit der Einsicht in die Verschiedenartigkeit der einzelnen Zeitalter und die Relativität der Dinge wuchs die Fähigkeit, sich in fremdartiges Fühlen und Denken zu versetzen. Der entscheidende Fortschritt der Kirchengeschichtschreibung war, daß man das Christentum als eine geschichtlich gewordene, durchgängig in den geschichtlichen Verlauf verstrickte Größe betrachten lernte.

1. Epochemachend waren die Arbeiten des Helmstedter Professors und späteren Göttinger Kanzlers *Johann Lorenz Mosheim* („Institutiones historiae ecclesiasticae"[3] 1755; „Commentarii de rebus Christianorum ante Constantinum Magnum", 1753; vgl. § 107 g). Er schreibt bereits auf Grund der Quellen, übt [niedere] Kritik, führt die „pragmatische Methode" in die KG ein und ringt unter klarer Scheidung der Geschichte von der Polemik nach Objektivität. Unter seinen Nachfolgern hat zunächst keiner so viele Gaben eines Historikers in sich vereinigt wie er. Das gilt ebenso von *Semler*, wie von *Franz Walch*, von *Schroeckh*, von *Spittler*, dem älteren *Henke* und von *Planck* (vgl. § 107 g o.) *k*

2. Bedeutende Fortschritte machte die Kirchengeschichtschreibung erst *l* wieder in der Zeit der Romantik, der idealistischen Philosophie und der religiösen Erneuerung. Nun wurden die Hauptmängel der kirchengeschichtlichen Werke des 18. Jhs. erkannt und überwunden. Man lernte, daß man Päpste wie Gregor VII. nicht für Halunken, Heilige wie Franziskus nicht für Verrückte, Kirchenväter wie Augustin nicht für Dummköpfe halten dürfe; es wurde deutlich, daß große geschichtliche Wandlungen sich nicht aus den kleinlichen Beweggründen Einzelner oder sonstigen Zufälligkeiten erklären lassen: man erkannte auch, daß die Historiker des 18. Jhs. die Motive der geschichtlichen Persönlichkeiten aus dem Seelenleben des 18. Jhs. heraus gedeutet hatten; und man begann schließlich, nach *B. Niebuhrs* bahnbrechenden kritischen Untersuchungen zur römischen Geschichte, eine methodische Quellenkritik auszubilden. Von den Hauptwerken dieser Phase der Kirchengeschichtschreibung ist das Lehrbuch von *Gieseler* vornehmlich durch streng quellenmäßige, objektive Haltung ausgezeichnet. *Neanders* Kirchengeschichte (§ 119 k) erstrebt ebenso wissenschaftliche Belehrung wie Erbauung. Ein ungleich farbenreicheres Bild entrollt *Karl Hase* (§ 119 r z), der Meister feinsinniger, beziehungsreicher Charakteristik. In den Werken des großen *Ferdinand Christian Baur* (§ 119 v) dagegen weht die scharfe Luft rein wissenschaftlicher Erkenntnis. Sein Standpunkt ist „der rein geschichtliche"; Baur versucht im Gesamtverlauf der Kirchengeschichte eine einheitliche Entwicklung nachzuweisen und auch die Anfänge des Christentums als einen notwendigen geschichtlichen Prozeß zu begreifen, steht aber ganz im Banne der idealistischen Metaphysik von Hegel.

3. Die Fortschritte der Kirchengeschichtschreibung seit Baur sind nicht das *m* Werk eines einzelnen gewesen, sondern durch das Zusammenwirken vieler Ge-

lehrter zustande gekommen. Vornehmlich wirkte die außertheologische Geschichtschreibung auf die Kirchengeschichtschreibung ein; hier ist vor allen andern der Name von *Leopold von Ranke* (1795–1886) zu nennen. Charakteristisch für die Kirchengeschichtschreibung des letzten halben Jhs. vor dem ersten Weltkriege (vgl. § 121 m und die in § 2 n genannten Werke) war die Ausschaltung der geschichtsphilosophischen Spekulation und die damit zusammenhängende Wendung zum geschichtlichen Realismus und zur Einzelforschung. Eine vordem beispiellose Spezialforschung blühte empor, vor allem auf den Gebieten der altchristlichen Literatur- und Dogmengeschichte und der Reformationsgeschichte. Der anerkannte Meister der Kirchengeschichtschreibung im Menschenalter vor und nach 1900 war *Adolf von Harnack* in Berlin (1851–1930).

n   4. Im Gegensatz zum 19. Jh. hat sich das 20. Jh. bisher vielfach als der Historie sehr abträglich erwiesen. In der protestantischen Theologie erhob sich, vornehmlich durch die sog. Dialektiker, ein ausgesprochener Antihistorismus. Er hängt wieder mit großen, allgemeinen Erscheinungen im Leben der Völker zusammen. Die großen kulturellen und politischen Erschütterungen und Umwälzungen der letzten Jahrzehnte ziehen unvermeidlich auch das Geschichtsdenken in die allgemeine Krise herein und werden zu immer angestrengteren Bemühungen um ein neues Geschichtsbild nötigen.

§ 2. Gegenstand und Methode der Kirchengeschichtschreibung.

*EGöller, Die Periodisierung der KG, 1919. – KHeussi, Altertum, Mittelalter und Neuzeit in der KG, 1921. – Ders., Centuriae (Harnack-Ehrung, 1921, 328–334). – Ders., Die Krisis des Historismus, 1932. – WKöhler, Philosophie der KG, RGG² III, 1929, Sp. 896–903. – RWittram, Das Interesse an der Geschichte, 1958.

a   1. GEGENSTAND. Kirchengeschichte ist Geschichte der Kirche, nicht der Kirchen. Die „Kirche", um die es sich in der Kirchengeschichte handelt, ist nicht kongruent mit der „Kirche" im dogmatischen (religiösen) Sinn in irgendeiner Formulierung, auch nicht mit irgendeinem philosophischen Nachhall der Kirche im dogmatischen Sinn. „Kirche" im geschichtlichen Sinn ist vielmehr das Christentum oder die christliche Religion, d.h. der durch mehr als neunzehn Jahrhunderte hindurchgreifende geschichtliche Beziehungskomplex, der mit dem Wirken Jesu und der Apostel anhebt.

b   2. METHODE. *a)* Dieser in der „Geschichte im objektiven Sinn" vorliegende, ungeheuer umfassende, in seiner Totalität unausschöpfliche Beziehungskomplex läßt sich historisch nur bewältigen, wenn wir eine Auswahl bestimmter Beziehungen treffen und aus diesen ausgewählten Beziehungen eine „Geschichte im subjektiven Sinn" (vgl. § h) gestalten.

c   Die **Auswahl** kann in sehr verschiedener Weise getroffen werden. Mangelhaft ist sie zB., wenn sie einseitig die Gegenwartsbeziehungen auf Kosten der Vergangenheit betont (woraus sich nur ein perspektivisch verkürztes Bild der Vergangenheit, nur der geschichtliche „Aufbau" der Gegenwart ergeben würde), oder wenn sie einseitig eine einzige der großen Linien des Gesamtverlaufs heraushebt, also zB., die „Religion" in der engeren Bedeutung von „Frömmigkeit" und unterschieden von Dogma und Kirche zum Gegenstand der Darstellung macht. Ein zutreffendes Bild von der Kirchengeschichte läßt sich nur entwerfen, wenn man der ganzen Fülle von Leben nachgeht, die sie umschließt, und nicht bloß die christliche Frömmigkeit schildert, sondern auch die kirchliche Organisation, die Kultusgebräuche, die Theologie und das Dogma, die Sitte, das Verhältnis zum Staat und zur Gesellschaft.

β) Zur **Gliederung** des ausgewählten Stoffes hat man sich der Verbindung zweier verschiedener Einteilungen bedient, einer sachlichen und einer chronologischen. Die neuere Kirchengeschichtschreibung hat das Schematische dieser Einteilung mehr und mehr überwunden, die sachliche Einteilung zugunsten der chronologischen zurücktreten lassen und mit der Gruppierung des Stoffs das geschichtliche Werden zu veranschaulichen gesucht.

Die Magdeburger Zenturien teilten den Stoff **chronologisch** in Jahrhunderte ein, jedes Jahrhundert wieder **sachlich** in eine größere Zahl feststehender Abschnitte: Ausbreitung, Lehre, Verfassung usw. Die Einteilung in Jahrhunderte behauptete sich bis ins 18. Jh. hinein und wurde nur langsam durch eine Einteilung in einige wenige **große Zeitabschnitte** (meist vier!) verdrängt. Erst seit dem zweiten Viertel des 19. Jhs. wurde die Einteilung in **Altertum, Mittelalter** und **Neuzeit** üblich; seit c. 1900 setzte es sich mehr und mehr durch, die c. 1700 beginnende **Neueste Zeit** als eine eigene, vierte große Periode aufzufassen. Die Dreiteilung stammt aus dem Geschichtsdenken christlicher Sekten (Montanisten, Joachiten u. a.) und wurde dann von der Renaissance übernommen; hier bedeutet die Dreiheit Leben, Tod und „Wiedergeburt" der klassischen Antike. Der Späthumanismus des ausgehenden 17. Jhs. verwandte sie, unter völliger Abschwächung ihrer Dialektik, in seinen profangeschichtlichen Lehrbüchern rein als scholastisches Schema (*Christoph Cellarius* in Halle). Von der Romantik bestimmte Theologen des 19. Jhs. (der Katholik *Möhler* und der Protestant *Karl Hase*) übertrugen sie auf die KG. Auch das Fachwerk der Sachrubriken wurde im 19. Jh. besser durchgebildet (Ausbreitung, Verfassung, Sitte, Kultus, Dogma). Das schematische Verfahren, innerhalb jeder Haupt- bzw. Unterperiode den Stoff nach denselben Sachrubriken darzustellen, wurde, vornehmlich nach dem Vorgang von *Karl Müller* (1892), durch eine chronologisch-genetische, den Querschnitt vor dem Längsschnitt bevorzugende, eine **einheitliche**, zusammenhängende Darstellung erstrebende Anordnung des Stoffes ersetzt.

Die moderne Geschichtstheorie hat die Dreiteilung und den Begriff des Mittelalters stark bestritten. Wählt man als Einteilungsprinzip die großen kulturgeschichtlichen Zusammenhänge, so ergeben sich in der Tat nur **zwei** und nicht **drei** Hauptteile: I. Die Kirche vorwiegend in der hellenistisch-römischen, II. die Kirche vorwiegend in der germanisch-romanischen Welt. Wählt man zum Teilungsprinzip den konfessionellen Gegensatz, so entstehen wiederum nicht drei, sondern **zwei** Hauptperioden, getrennt durch das Jahr 1517. Die Dreiteilung entsteht nur, wenn man unter der Hand das Einteilungsprinzip vertauscht, also durch einen logischen Fehler. Es gibt also kein Mittelalter, sofern dies der zweite von drei gleich geordneten, durch logische Partition des Ganzen gewonnenen Teilen sein soll. Als **Monographie** ist das sog. Mittelalter natürlich denkbar (= das katholische Jahrtausend der germanisch-romanischen Welt, c. 500–1517). In der vorliegenden Darstellung ist die Dreiteilung seit der 5. Auflage aufgegeben.

γ) Die Kirchengeschichtschreibung hat nicht religiöse Erbauung oder Apologie und Polemik zur Aufgabe, sondern lediglich Erfassung der geschichtlichen Wirklichkeit. Sie will ganz unabhängige, freie Wahrheitsforschung ohne irgendwelchen praktischen Nebenzweck. In dem Gesagten liegt, daß die Kirchengeschichtschreibung sich rückhaltlos der von der allgemeinen Geschichtswissenschaft ausgebildeten Methode anzuschließen hat.

Die in unserem Sprachgebrauch noch übliche Unterscheidung zwischen Kirchengeschichte und „Profangeschichte", worin die frühere grundsätzliche Scheidung zwischen „historia sacra" und „historia profana" nachwirkt, darf nicht zu dem Mißverständnis verleiten, es handle sich hier und dort um verschiedene Methoden. Es gibt nur *eine* historische Methode; die Anwendung einer spezifisch theologischen Methode auf die historischen Phänomene ist unmöglich. Daß man sich nicht bloß über diesen Punkt, sondern überhaupt über die geschichtstheoretischen (geschichtsphilosophischen) Probleme klar werde, ist eine unumgängliche Voraussetzung für ein tieferes Eindringen in die Geschichte. Man denke etwa über folgende Fragen nach: Ist „Universalgeschichte" möglich, bzw. in welchem Sinn ? Wie kann Vergangenes im Gegenwärtigen vorhanden sein ? Wieso versteht der Historiker die „Zeiten" besser, als diese sich selbst ? Gibt es eine „objektive" Geschichtschreibung oder doch eine Annäherung an dieses Ideal? Kann nur der gläubige Christ (der positive, der liberale Protestant, der kathol. Priester) Kirchengeschichte schreiben ? Oder ist die Geschichtschreibung nur bei philosophisch-skeptischer Grundhaltung möglich (FOverbeck)? Schließt jede Darstellung der Kirchengeschichte eine bestimmte Christologie ein ? Gibt es Verständnis des Fremdseelischen ? Welche Bedeutung hat die Phantasie für die Geschichtschreibung ? Ist die Geschichtschreibung eine Kunst ? Wie verhält sich die vom Historiker gezeichnete Geschichte (die Geschichte im subjektiven Sinn) zum Geschehen an sich (der Geschichte im objektiven Sinn) ? Inwieweit ist Geschichtschreibung „Gestaltung", „Mythus", „Legende"? Welche geschichtsphilosophischen Voraussetzungen liegen in der Periodenbildung ? Welche metaphysischen Voraussetzungen enthält der Begriff der „Entwicklung" ? Welchen Geltungsumfang haben die Begriffe „Milieu" (Umwelt), „Masse" (Gesamtheit), „Einzelpersönlichkeit" und „Idee"? Welche Bedeutung hat jede einzelne geschichtliche Linie, zB. Wirtschaftsleben, Staat, Religion, Kunst, für die übrigen Linien ? Insbesondere: ist das Wirtschaftsleben [durchweg] richtunggebende Voraussetzung für alles übrige ? Gibt es neben der Geschichtsphilosophie auch eine Theologie der Geschichte ?

Allgemeine Literatur.
A. Zur allgemeinen Geschichtswissenschaft.

i Methode. EBernheim, Lehrbuch der historischen Methode und der Geschichtsphilosophie, ⁵1908. – WBauer, Einführung in das Studium der Geschichte, ²1928. – EFueter, Geschichte der neueren Historiographie, ³1936. – ETroeltsch, Der Historismus und seine Probleme I (Ges. Schriften Bd. III), 1922. – BCroce, Theorie und Geschichte der Historiographie, deutsch 1930. – KHeussi, Die Krisis des Historismus, 1932. – FMeinecke, Die Entstehung des Historismus, 2 Bde., 1936.

Darstellungen. LvRanke, Weltgeschichte, 9 Bde., 1881–88. – AJToynbee, Der Gang der Weltgeschichte, dt.³ 1952. – WOncken, Allgemeine Geschichte in Einzeldarstellungen, 45 Bde., 1878ff. – JvPflugk-Harttung, Weltgeschichte, 6 Bde., [1907ff.]. – ThLindner, Weltgeschichte seit der Völkerwanderung, ²10 Bde., 1920–21. – HDelbrück, Weltgeschichte, 5 Bde., ²1931. – Propyläen-Weltgeschichte, her. von WGötz, 1929ff. – Museum der Weltgeschichte, her. von PHerre, 1929ff. – Deutscher Kulturatlas, her. von GLüdtke und LMackensen, 1931ff. – GSteinhausen u. a., Die deutsche Kulturgeschichte, ⁴1936. – Rössler und Franz, Biographisches Wörterbuch zur deutschen Geschichte, 1952. – Dieselben, Sachwörterbuch zur deutschen Geschichte, 1958. – AlfrWeber, Kulturgeschichte als Kultursoziologie, ²1950.

B. Quellensammlungen.

k **1. Inschriften und Denkmäler.** DeRossi, Inscriptiones christianae urbis Romae VII. saeculo antiquiores, 2 Bde., 1861–89. Suppl., ed. Gatti, I 1915 – Nova series, I 1922. – LeBlant, Inscriptions chrétiennes de la Gaule, 2 Bde., 1856ff. – Hübner, Inscriptions Hispaniae christianae, 1871. – Ders., Inscriptiones Britannicae christianae, 1876. – FXKraus, Die christlichen Inschriften der Rheinlande, 2 Bde., 1890–94. – FDiehl, Inscriptiones lat. christ. vet., 3 Bde., 1925–31.

2. Urkunden. Konzilienakten. JDMansi, Sacrorum conciliorum nova et amplissima collectio, 31 Bde., 1759ff., Neudruck 1901–27. — Im Erscheinen: ESchwartz, Acta conciliorum oecumenicorum [433ff.], 1914ff. – FLauchert, Die Kanones der wichtigsten altkirchlichen Konzilien (SQS I, 12), 1896.

Papsturkunden. CMirbt, Quellen zur Geschichte des Papsttums und des römischen Katholizismus, ⁴1924. – Jaffé-Wattenbach, Regesta¹ pontificum Romanorum [bis 1198], 2 Bde., ²1881–88. – APotthast, Regesta pontificum Romanorum 1198–1304, 2 Bde., 1874f. – v. Pflugk-Harttung, Acta pontificum Romanorum inedita [748–1198], 3 Bde., 1881–88. – PFKehr, Regesta pontificum Romanorum, Italia pontifica, ed. PFKehr, 7 Bde., 1906–25. Germania pontifica, ed. ABrackmann, 2 Bde., 1911–27. – PFKehr, Papsturkunden in Spanien, 2 Bde., 1926–28. – CErdmann, Papsturkunden in Portugal, 1927. – Bullen: Bullarium Romanum, 24 Bde., Turin 1857–72 (Sammlung der päpstlichen Erlasse von 440–1740). – Corpus iuris canonici, ed. EFriedberg, 2 Bde., 1879–82. – Codex iuris canonici, ed. Herder-Pustet, 1918. – Codicis iuris canonici fontes, ed. Gasparri, 2 Bde., 1923–24. – Konkordate: VNussi, Conventiones de rebus ecclesiasticis inter s. Sedem et civiles potestates initae, 1770. – Trennung: ZGiacometti, Quellen zur Geschichte der Trennung von Staat und Kirche, 1926.

Bekenntnisschriften. AHahn, Bibliothek der Symbole und Glaubensregeln der alten Kirche, ³1897. – HLietzmann, Symbole der alten Kirche (KlT 17–18), ² 1914. – *HDenzinger, Enchiridion symbolorum (Sammlung wichtiger Erlasse der Konzilien und der Päpste), ³⁰ ed. KRahner, 1952. – JMichalcescu, Die Bekenntnisse der griechisch-orientalischen Kirche, 1904. – JTMüller, Die symbolischen Bücher der ev.-luth. Kirche, ¹⁰1907 (Einltg. von ThKolde). – Die Bekenntnisschriften der ev.-luth. Kirche, her. vom Deutschen Evangelischen Kirchenausschuß, 1930. – EFKMüller (Erlangen), Die Bekenntnisschriften der reformierten Kirche, 1903. – Corpus Confessionum, her. von CFabricius, 1928ff.

Liturgien. JAAssemani, Codex liturgicus ecclesiae universae, 13 Bde., 1749ff. – HADaniel, Codex liturgicus ecclesiae universalis, 4 Bde., 1847ff. – CClemen, Quellenbuch zur praktischen Theologie I, 1910.

Ordensregeln. LHolstenius, Codex regularum, ²ed. M. Brockie, 6 Bde., 1759.

Bischofslisten. CEubel, Hierarchia catholica medii aevi [1198–1431], I² 1913, II² 1914, III² 1923.

3. Schriftsteller. MSG = JPMigne, Patrologiae cursus completus. Series graeca, 161 Bde., 1857–66. – **MSL** = Migne, Series latina, 221 Bde., 1844–1864. – **CSEL** = Corpus scriptorum ecclesiasticorum latinorum, 1860ff. (Kirchenväterausgabe der Wiener Akademie). – **GCS** = Die griechischen christlichen Schriftsteller der ersten 3 Jhh., 1897ff. (Ausgabe der Berliner Akademie). – **CChr** = Corpus Christianorum, réédition des pères de l'église (ed. Benediktiner von St. Peter, Steenbrugge, Belgien, = neuer Migne, im Erscheinen). – JRouth, Reliquiae Sacrae, ²1846–48, 5 Bde. – **ASS** = Acta Sanctorum ed. JBollandus, 1643ff. (Anordnung der Heiligen nach dem Kalender, noch nicht abgeschlossen). – Patrologia Syriaca, ed. Graffin 1894ff. – Patrologia Orientalis, ed. Graffin et Nau, 1903ff. – Corpus scriptorum christianorum orientalium, ed. Chabot, 1903ff.

*CKirch, S. J., Enchiridion fontium historiae ecclesiasticae antiquae, ⁷1956. – **SQS** = Sammlung ausgewählter kirchen- und dogmengeschichtlicher Quellenschriften, her. von GKrüger, 1891ff. (2 Reihen). – **KlT** = Texte für theologische [und philologische] Vorlesungen und Übungen, her. von HLietzmann, 1902ff. – *Florilegium Patristicum, her. von GRauschen, bez. BGeyer und JZellinger, 1904ff. – *Enchiridion patristicum, ed. MRouët de Journel, ¹⁴ [1947]. – *Kemptener Bibliothek der Kirchenväter (Auswahl der wichtigsten in deutscher Übersetzung), ²1911ff. – *Ancient Christian Writers (Übersetzungen), 1956ff. – EStaehelin, Die Verkündigung des Reiches Gottes in der Kirche Jesu Christi (mehrbändiges Quellenbuch), 1951ff.

C. Nachschlagewerke. Periodische Veröffentlichungen.

Enzyklopädien. **RE** = Realenzyklopädie für protestantische Theologie l und Kirche, ³her. von AHauck, 24 Bde., 1896–1913. – **RGG** = Die Religion in Geschichte und Gegenwart, ³ed. Kurt Galling, 6 Bde., 1957ff. – New Schaff-Herzog

---

¹ Regesten sind Verzeichnisse von Urkunden und Akten mit Angaben über den Inhalt, die Datierung und ähnliches.

§ 2 Allgemeine Einleitung

Encyclopedia of Religious Knowledge, 12 Bde., New York und London 1908–12. – Encyclopedia of Religion and Ethics, Edinburgh 1908ff. – *KL = Kirchenlexikon, her. von Wetzer und Welte, 12 Bde., ²1882ff. – *LThK = Lexikon für Theologie und Kirche, begr. von MBuchberger, ²1957ff, 10 Bde., her. von JHöfer und KRahner. – *EC = Enciclopedia Cattolica, 12 Bde., Rom 1949–54. – *The Catholic Encyclopedia, 15 Bde., New York 1907–12. – *Dictionnaire d'histoire et de géographie ecclésiastiques, her. von ABaudrillart u. a., Paris 1912ff. – *Cabrol-Leclercq, Dictionnaire d'Archéologie chrétienne et de Liturgie, 1903ff. – FLCross, The Oxford Dictionary of the Christian Church, London 1957. – **EKL** = Evangelisches Kirchenlexikon, 3 Bde., 1956–59. – **RAC** = Reallexikon für Antike und Christentum, 1941ff. – Wichtig für die ältere KG: Pauly-Wissowa, Realenzyklopädie der klassischen Altertumswissenschaft, 1894ff.

Bibliographie. **ThJB** = Theologischer Jahresbericht (1881–1912; Überblick über die gesamte theologische Literatur jedes Jahres, unentbehrliches Hilfsmittel!). – Bibliographisches Beiblatt der ThLZ, 1921–42. – Umfassende Bibliographie der KG in der Revue d'histoire ecclésiastique (seit 1900). – Bibliographia Patristica, ed. WSchneemelcher, I (1956), 1958; II (1957), 1959.

Veröffentlichungen der wissenschaftlichen Akademien (Berlin, Göttingen, Heidelberg, Leipzig, Mainz, München, Wien u. a.; Abhandlungen und Sitzungsberichte). – **ABA** = Abhandlungen der Berliner, **AMA** = Abhandlungen der Münchener, **BLA** = Berichte der Leipziger, **SBA** = Sitzungsberichte der Berliner, **SHA** = Sitzungsberichte der Heidelberger Akademie, **GGA** = Göttingische Gelehrte Anzeigen, **NGG** = Nachrichten der Göttinger Gesellschaft der Wissenschaften.

m Zeitschriften und andere Publikationsorgane. Reichhaltige Übersicht: OKippenberg, Artikel „Zeitschriften, theologische", RE³ 24, 662–691; – über die Zeitschriften zur Territorial-Kirchengeschichte: LZscharnack u. a., ZKG 37, 1920, 138–165:

AKG	= Arbeiten zur Kirchengeschichte.	MG	= Monumenta Germaniae, s. u. vor § 35.
AR	= Archiv f. Religionswissenschaft.	MOeG	= Mitteilungen des Instituts für österreich. Geschichtsforschung.
ARG	= Archiv f. Reformationsgeschichte.		
ByzNeugrJB	= Byzantinisch-Neugriechische Jahrbücher.	NA	= Neues Archiv der Gesellschaft für ältere deutsche Geschichtskunde.
BZ	= Byzantinische Zeitschr.		
DLZ	= Deutsche Literatur-Zeitung.	NkZ	= Neue kirchliche Zeitschrift.
DTh	= Deutsche Theologie.	[N]StGThK	= [Neue] Studien zur Geschichte der Theologie und Kirche.
DV	= Deutsche Vierteljahrsschrift für Literaturwissenschaft und Geistesgeschichte.		
		*OC	= Oriens christianus.
		QF	= Quellen und Forschungen z. Reformationsgeschichte, her. vom Verein für Reformationsgeschichte.
EHK	= Eine Heilige Kirche (Forts. von HK seit 1934).		
FGLP	= Forschungen z. Geschichte und Lehre des Protestantismus.	*RQ	= Römische Quartalschr.
		SchrVerRefG	= Schriften d. Vereins f. Reformationsgeschichte.
*FLDG	= Forschungen zur Christlichen Literatur- und Dogmengeschichte.	StKr	= Theologische Studien und Kritiken.
		*StZ	= Stimmen der Zeit.
*HJ	= Historisches Jahrbuch der Görresgesellschaft.	ThBl	= Theologische Blätter.
		ThLB	= Theolog. Literaturblatt.
HK	= Hochkirche.	ThLZ	= Theolog. Literatur-Zeitung.
HV	= Hist. Vierteljahrsschrift.		
HZ	= Historische Zeitschrift.	*ThQ	= Theologische Quartalschrift.
KuKi	= Kunst und Kirche.		

ThR	= Theologische Rundschau.	ZMW	= Zeitschrift für Missionswissenschaft.
TU	= Texte u. Untersuchungen zur Geschichte der altchristlichen Literatur.	ZnW	= Zeitschrift für neutestamentliche Wissenschaft.
WZ	= Wissenschaftliche Zeitschrift.	ZRGG	= Zeitschrift für Religions- und Geistesgeschichte.
ZkathTh	= Zeitschrift für katholische Theologie.	ZSavKan	= Zeitschrift der Savigny-Stiftung für Rechtsgeschichte, kanonistische Abteilung.
ZKG	= Zeitschrift für Kirchengeschichte.	ZsystTh	= Zeitschrift für systematische Theologie.

Ausländische Zeitschriften: Analecta Bollandiana. – The English Historical Review. – Le Moyen Age. – Revue Bénédictine. – Revue historique. – Revue d'histoire ecclésiastique. – RHPhR = Revue d'histoire et de philosophie religieuses. – Revue de l'Orient chrétien. – Byzantion. – Theologische Zeitschrift, Basel. – Theologisch Tijdschrift.

D. Darstellungen der allgemeinen Kirchengeschichte. n

JKLGieseler, Lehrbuch der Kirchengeschichte, 1824–53, 3 Bde. in 8 Teilen, I[4] 1844f., II[4] 1847 f. Posthum Bd. IV und V (1857 und 1855). Wegen der reichen, den Text an Umfang weit übersteigenden Anmerkungen mit Mitteilungen aus den Quellen von bleibendem Wert.

KHase, Kirchengeschichte, 1834, [11]1886, [12](ohne Anmerkungen) 1899. In vielem veraltet, aber um seiner ästhetisch reizvollen Charakteristiken willen heute noch für den mit der Kirchengeschichte bereits Vertrauten von hohem Wert.

KHase, Kirchengeschichte auf der Grundlage akademischer Vorlesungen, her. von GKrüger, 1890–93, 3 Bde. Weit ausführlicher als das an erster Stelle genannte Buch Hases.

JHKurtz, Lehrbuch der Kirchengeschichte, 1849, [14]her. von NBonwetsch und PTschackert, 1906, 2 Bde. Reiche Stoffsammlung, zuverlässiges Nachschlagewerk.

FCBaur, Geschichte der christlichen Kirche, 1863f., 5 Bde. Die erste genetische Darstellung der Kirchengeschichte und darum epochemachend, in vielen Partien immer noch lehrreich.

WMöller, Lehrbuch der Kirchengeschichte I 1889, II 1891, III her. von GKawerau 1894, [3]1907. I[2] neu bearbeitet von HvSchubert, 1902. Umfangreiche und gediegene Darstellung. An Stelle von Bd. II ist getreten: HvSchubert, Geschichte der christlichen Kirche im Frühmittelalter, 1921.

KMüller, Kirchengeschichte I 1892, II[1] 1902, II[2] 1919. In völliger Neugestaltung Bd. I 1929, [3]1941. Zur Vertiefung des geschichtlichen Verständnisses vorzüglich geeignet.

SMDeutsch, Lehrbuch der Kirchengeschichte, 1909.

GKrüger, Handbuch der Kirchengeschichte, in Verbindung mit GFicker, HHermelink, EPreuschen, HStephan, HLeube, 4 Bde., 1909–12, [2]1923–32. (Mit großer Akribie gearbeitetes Studien- und Nachschlagewerk; eingehende Literaturangaben.)

JvWalter, Die Geschichte des Christentums, 4 Bde., 1932–38, [2]1939.

Geschichte der christlichen Religion (mit Einleitung: die israelitisch-jüdische Religion) = Die Kultur der Gegenwart, her. von PHinneberg, Teil I, Abt. IV 1, [2]1909 (Mitarbeiter: JWellhausen, AJülicher, AHarnack, NBonwetsch, KMüller, AEhrhardt, ETroeltsch).

KDSchmidt, Grundriß der KG, [3]1960.

Kürzere Darstellungen: FLoofs, [2]1910. – HAchelis, 1921. – RSohm, [18]1913. – HvSchubert, [11]ed. EDinkler, 1950. – WvLoewenich, [4]1954. – HSchuster u. a., [2]1950. – KHeussi, [6]1960.

Kirchengeschichte in Biographien: BBess [und 19 Mitarbeiter], Unsere religiösen Erzieher, 2 Bde., [2][1917]. – *SMerkle und BBess, Religiöse Erzieher

§ 2   Allgemeine Einleitung

der kathol. Kirche aus den letzten vier Jahrhunderten [1920]. – HvSchubert, Große christliche Persönlichkeiten, ³1933. – KAland, Kirchengeschichte in Lebensbildern I, 1953.
* Vom katholischen Standpunkt: FXKraus, 1875, ⁴1896. – JHergenröther, 1876, ⁵ed. JPKirsch, 4 Bde., 1911–17, ⁶1925f.; an Stelle von Hergenröther ist getreten: JPKirsch (in Verbindung mit ABiglmair, JGreven, JHollnsteiner, AVeit), 4 Bde., 1930ff. – KBihlmeyer-HTüchle, 3 Bde., ¹⁵1956ff. – AKnöpfler 1895, ⁶1920. – JMarx 1903, ⁹1929. – JLortz, Geschichte der Kirche in ideengeschichtlicher Betrachtung, ¹⁷⁻¹⁸ 1953 u. ö. – Modernistisch: EBuonaiuti, Geschichte des Christentums, 2 Bde., deutsch, Bern 1948–57.

o   **E. Ergänzende Disziplinen. Einzelne Längsschnitte.**

1. Geschichte der Religionen. Quellen der Religionsgeschichte (her. im Auftrage der Göttinger Akademie), 1909ff. – Chantepie de la Saussaye, Lehrbuch der Religionsgeschichte, 2 Bde., ⁴her. von ABertholet und ELehmann 1925. – CPTiele, Kompendium der Religionsgeschichte, ⁶ed. NSöderblom 1931. – Alfred Jeremias, Allgemeine Religionsgeschichte, 1918. – CvOrelli, Allgemeine Religionsgeschichte, 2 Bde., ²1911–13. – JWHauer, Die Religionen I, 1923. – CClemen u. a., Religionsgeschichte Europas, 2 Bde., 1926–31. – CClemen u. a., Die Religionen der Erde, 1927. – *AAnwander, Die Religionen der Menschheit, ²1949. – HvGlasenapp, Die fünf großen Religionen, 1951. – JBNoss, Man's Religions, ²New York 1956. – NSöderblom, Das Werden des Gottesglaubens, deutsch von RStübe, ²1926. – *WSchmidt, Der Ursprung der Gottesidee, I–XI 3, 1926–54. – Religionsgeschichtliches Lesebuch, her. von ABertholet, ²1926 ff. – Textbuch zur Religionsgeschichte, her. von ELehmann und HHaas, ²1922. – Bilderatlas zur Religionsgeschichte, her. von HHaas, 1924ff. – FHeiler u. a., Die Religionen der Menschheit [1959].

2. Philosophie. Allgemeine Geschichte der Ph. (Die Kultur der Gegenwart Teil I, Abt. V), 1909, ²1913. – FUeberweg-MHeinze, Grundriß der Geschichte der Philosophie, 5 Bde., ¹²1923–28. – WWindelband, Lehrbuch der Geschichte der Philosophie, ¹⁵1957. – KVorländer, Geschichte der Philosophie, 3 Bde., ⁹1949ff. – Kurt Schilling, Geschichte der Philosophie, 2 Bde., ²1951–53. – Ev Aster [und 17 Mitarbeiter], Große Denker, 2 Bde., 1911. – REucken, Die Lebensanschauungen der großen Denker, ¹⁷⁻¹⁸1922. – KJaspers, Die großen Philosophen I [1957]. – RFalckenberg, Geschichte der neueren Philosophie, ⁹1922. – HHeimsoeth, Die sechs großen Themen der abendländischen Metaphysik, ³1954.

p   3. Kirchenrecht. PHinschius, Das Kirchenrecht der Katholiken und Protestanten, 6 Bde., 1869ff. (unvollendet). – AeLRichter, Lehrbuch des katholischen und evangelischen Kirchenrechts, ⁸1886 her. von Dove und Kahl. – EFriedberg, Lehrbuch des katholischen und evangelischen Kirchenrechts, ⁶1909. – ELoening, Geschichte des deutschen Kirchenrechts, 2 Bde., 1878. – RSohm, Kirchenrecht I, 1892; II, 1923. – UStutz, Kirchenrecht, Geschichte und System, 2. Aufl. (= Holtzendorffs Enzyklopädie der Rechtswissenschaft, ⁷1914, S. 266 bis 479). – GHolstein, Die Grundlagen des ev. Kirchenrechts, 1928. – HvSchubert, Der Kampf des geistlichen und weltlichen Rechts, 1927. – ERösser, Göttliches und menschliches, unveränderliches und veränderliches Kirchenrecht, 1934. – *WMPlöchl, Geschichte des Kirchenrechts I (bis 1054), 1953. – *EdEichmann, Lehrbuch des Kirchenrechts auf Grund des Codex iuris canonici, ed. KMörsdorf, 3 Bde., ⁷1953. – FFlückiger, Geschichte des Naturrechts I, 1953. – HWehrhahn, Kirchenrecht und Kirchengewalt, 1956. – Zeitschrift für Kirchenrecht, 1860 bis 1890; Deutsche Zeitschrift für Kirchenrecht, 1891ff. – KRA = Kirchenrechtliche Abhandlungen, her. von UStutz, 1902ff. – ZSavKan, s.o. § m.

4. Symbolik (Konfessionskunde). *JAMöhler, Symbolik, ¹⁰1921, ed. FX Kiefl. – FKattenbusch, Vergleichende Konfessionskunde I, 1892. – FLoofs, Symbolik oder christliche Konfessionskunde I, 1902. – HMulert, Konfessionskunde, ³1956. – *KAlgermissen, Konfessionskunde, ⁷1957. – WNiesel, Das Evangelium und die Kirchen, ein Lehrbuch der Symbolik, 1953. – FHeiler, Die katholische Kirche des Ostens und Westens I, 1937; II, 1941. – *KAdam, Das

Wesen des Katholizismus, ¹³1957. – KDSchmidt, Die katholische Staatslehre (Quellen), 1955. – JKlein, Skandalon. Um das Wesen des Katholizismus, 1958. – KHutten, Seher, Grübler, Enthusiasten, Sekten der Gegenwart, ⁵[1958]. – FBlanke, Kirchen und Sekten, Zürich 1955. – AvHarnack, Der Geist der morgenländischen Kirche im Unterschied von der abendländischen (SBA 1913 = Aus der Friedens- und Kriegsarbeit 1916, S. 103–140). – SZankow, Das orthodoxe Christentum des Ostens, 1928. – NvArseniew, Ostkirche und Mystik, ²1943. – GWestin, Geschichte des Freikirchentums, ²1958.

5. Dogmengeschichte. AHarnack, Lehrbuch der Dogmengeschichte, 3 Bde., ⁵1931f. – Ders., Dogmengeschichte (Grundriß), ⁷1931. – Ders., Die Entstehung der christlichen Theologie und des kirchlichen Dogmas, 1927. – FLoofs, Leitfaden zum Studium der Dogmengeschichte, ⁴1906, ⁵ed. KAland, 1950ff. – RSeeberg, Lehrbuch der Dogmengeschichte, ²4 Bde., 1908–20; I–II ³1922f., III ⁴1930; IV 1 ⁴1933. – ADorner, Grundriß der Dogmengeschichte, 1899. – NBonwetsch, Dogmengeschichte, ²1919. – WKöhler, Dogmengeschichte als Geschichte des christlichen Selbstbewußtseins, ³1951. Vgl. § 74x. – MWerner, Die Entstehung des christlichen Dogmas, ²1954. – ORitschl, Dogmengeschichte des Protestantismus, 4 Bde., 1908–24. – MWerner, Der protestantische Weg des Glaubens I, 1955. – JWerner, Dogmengeschichtliche Tabellen, ³1903. – *JTixeront, Histoire des dogmes, 3 Bde., I¹¹ 1930; II⁹ 1931; III⁵ 1922. – *JTurmel, Histoire des dogmes, 6 Bde., 1931–36. – *Handbuch der DG. ed. Schmaus, Geiselmann, Rahner, 1951ff. (*BPoschmann, Buße und letzte Ölung, 1951).

6. Geschichte der Frömmigkeit. *FHalkin, Bibliotheca Hagiographica Graeca 3 Bde., Bruxelles 1957. – *Bibliotheca Hagiographica Latina antiquae et mediae aetatis, Bruxelles 1949. – FHeiler, Das Gebet, ⁵1923. – Evelyn Underhill, Mystik, deutsch 1928. – *CButler, Western Mysticism, 1922. – HvSchubert, Geschichte des deutschen Glaubens, 1925. – HPreuss, Die deutsche Frömmigkeit im Spiegel der bildenden Kunst [1926].

7. Papstgeschichte. LvRanke, Die römischen Päpste in den letzten vier Jahrhunderten, ¹²2 Bde., 1923. – FGregorovius, Geschichte der Stadt Rom im Mittelalter [5. bis 16. Jh.], neue Ausg. in 3 Bd. 1953. – JLangen, Geschichte der römischen Kirche, 3 Bde., 1881–92. – AvHarnack, Christus praesens – Vicarius Christi (SBA 1927, Nr. 34). – ECaspar, Geschichte des Papsttums, 2 Bde. [bis ca. 750], 1930–33. – JHaller, Das Papsttum. Idee und Wirklichkeit, I–III, 1934 bis 1946; verbesserte und ergänzte Aufl., 5 Bde., 1950–53. – *LvPastor, Geschichte der Päpste seit dem Ausgang des Mittelalters [bis 1799], 16 Bde., 1886–1933. – *JSchmidlin, Papstgeschichte der neuesten Zeit, 4 Bde., 1934–39. – *FXSeppelt, Geschichte der Päpste von den Anfängen bis zur Mitte des 20. Jhs., 1954ff. – Paul Graf von Hoensbroech, Das Papsttum in seiner sozial-kulturellen Wirksamkeit, 2 Bde., ⁴1902 (polemisch). – *JBernhart, Der Vatikan als Thron der Welt, 1930. – Kurze Darstellungen von GKrüger, ²1932; *FXSeppelt und *KLöffler, ²1938. – *FXSeppelt, ⁵1949.

8. Konzilien. *KJvHefele, Konziliengeschichte (fortgesetzt von Jos. Hergenröther), 9 Bde., ²1873–90.

9. Mönchtum. *MHeimbucher, Die Orden und Kongregationen der katholischen Kirche, 2 Bde., ³1933f. – AHarnack, Das Mönchtum, seine Ideale und seine Geschichte, ⁷1907. – HStrathmann, Geschichte der frühchristlichen Askese bis zur Entstehung des Mönchtums, Bd. I: Die Askese in der Umgebung des werdenden Christentums, 1914. – KHeussi, Der Ursprung des Mönchtums, 1936. – WNigg, Vom Geheimnis der Mönche, 1953. – Klosterleben im deutschen Mittelalter nach zeitgenössischen Aufzeichnungen, her. von JBühler 1921.

10. Soziales. GUhlhorn, Die christliche Liebestätigkeit, 3 Bde., ²1895. – ETroeltsch, Die Soziallehren der christlichen Kirchen und Gruppen (Ges. Schriften I, 1912). – RvPöhlmann, Geschichte der sozialen Frage und des Sozialismus in der antiken Welt, II² 1912, S. 587–644. – PErfurth, Soziologie und Kirche, 1937.

11. Altchristliche Literaturgeschichte. AHarnack, Geschichte der altchristlichen Literatur bis Eusebius, Bd. I u. II 1–2, 1893–1904, ²1958. – *OBardenhewer, Geschichte der altkirchlichen Literatur, 5 Bde., 1902–32; I² 1913. –

Ders., Patrologie, ³1910. – *BALTANER, Patrologie, ⁵1958. – WSTEUFFEL, Geschichte der römischen Literatur, ⁶ed. WKroll und FSkutsch, 1916ff. – MSCHANZ, Geschichte der römischen Literatur, Teil IV 2, 1920, S. 360–645: KRÜGER über die christliche lat. Lit. des 5. u. 6. Jhs. – IvMÜLLER, Handbuch der klassischen Altertumswissenschaft, Bd. VII 2: WvCHRIST, Geschichte der griech. Literatur, II 2, ⁶1924, S. 1105–1502: OSTÄHLIN, Die altchristliche griechische Literatur (auch separat, 1924). – *AEHRHARD, Überlieferung und Bestand der hagiographischen und homiletischen Lit. der griech. Kirche, 1937ff. – *CWEYMAN, Beiträge zur Geschichte der christlich-lateinischen Poesie, 1926. – *PDELABRIOLLE, Histoire de la littérature chrétienne latine, ²1924. – *PMONCEAUX, Histoire littéraire de l'Afrique chrétienne, 1901ff.

t   12. Christliche Archäologie. *CABROL-LECLERCQ, s. § 1. – *DEROSSI, La Roma sotterranea cristiana, 3 Bde., 1864–77. – *RGARRUCCI, Storia della arte cristiana, 6 Bde., 1873–81. – *JWILPERT, Die Malereien der Katakomben Roms, 2 Bde., 1903. – Ders., Die römischen Mosaiken und Malereien der kirchlichen Bauten vom 4. bis 13. Jh., 4 Bde., 1916. – Ders., I Sarcofagi cristiani antichi, 4 Bde., 1929–34. – LvSYBEL, Christliche Antike, 2 Bde., 1906-09. – OWULFF, Altchristliche und byzantinische Kunst, 2 Bde., [1913–15]. – *CMKAUFMANN, Handbuch der christlichen Archäologie, ³1922. – *WNEUSS, Die Kunst der alten Christen, 1926. – AHASELOFF, Die vorromanische Plastik in Italien [1930]. – PSTYGER, Die römischen Katakomben, 1933. – MROSTOVTZEFF, Dura-Europos and its Art, Oxford 1933.

u   13. Einzelne Länder und Territorien. VSCHULTZE, Altchristliche Städte und Landschaften, 3 Bde., 1913–30. – *PBGAMS, KG von Spanien, 5 Bde., 1862 bis 1879. – AHAUCK, Kirchengeschichte Deutschlands, 5 Bde., ¹1887–1920. – KVÖLKER, KG Polens, 1930. – PWERNLE, Der schweizerische Protestantismus im 18. Jh., 3 Bde., 1923–25. – EMOREAU, Histoire de l'église en Belgique, 1940ff. – Den Danske Kirkes Historie, 1862ff.

FBLANCKMEISTER, Sächsische KG, ²1906. – GBOSSERT in der Calwer Württembergischen KG, 1893. – HDECHENT, KG von Frankfurt a. M. seit der Reformation, 2 Bde., 1913–21. – JHASHAGEN, Rheinischer Protestantismus, 1924. – FW HASSENKAMP, Hessische KG seit der Reformation, 2 Bde., ²1864. – Ferner: HHEPPE (beide Hessen); HSTEITZ (Arbeiten über Hessen); HvSCHUBERT (Schleswig-Holstein); JSSCHÖFFEL (Hamburg); WWENDLAND (Berlin); EDRESBACH (Rheinland und Westfalen); OMICHAELIS (Elsaß-Lothringen); KSCHMALTZ (Mecklenburg); GKRÜGER-HAYE (Mecklenburg-Strelitz); HHEYDEN (Pommern); RHERRMANN (Thüringen); MSIMON (Bayern, ev.); *BBAUERREISS (Bayern); HHERMELINK (Württemberg); LSTAMER (Pfalz); *HTÜCHLE (Schwaben); ARHODE (Posener Land); RWITTRAM (Baltikum); HGIRGENSOHN (desgl.); GR MECENSEFFY (Prot. in Österreich). – Zeitschriften s. § 2 m.

14. Mission und Ausbreitung. KLATOURETTE, A history of the expansion of Christianity, 7 Bde., New York und London 1937–45; deutsch in 1 Bd. 1957. – AvHARNACK, Die Mission und Ausbreitung des Christentums in den ersten drei Jhh., ²2 Bde., 1924. – *THOHM, Wichtige Daten der Missionsgeschichte [1956].

F. Historische Hilfswissenschaften.

AMEISTER [und 16 Mitarbeiter], Grundriß der Geschichtswissenschaft, 2 Bde., 1906ff.

v   1. Philologie. CH.DUFRESNE (gewöhnlich zitiert: DUCANGE), Glossarium ad scriptores mediae et infimae latinitatis, 3 Bde., 1678 u.ö. – EFORCELLINI, Lexicon totius latinitatis, 4 Bde., 1771; ed. VDEVIT, 6 Bde., 1858–79. – Thesaurus linguae latinae, 1900ff. – CH.DUFRESNE, Glossarium ad scriptores mediae et infimae graecitatis, 2 Bde., 1688. – JCSUICER, Thesaurus ecclesiasticus e patribus graecis, 2 Bde., ²1728. – Thesaurus graecae linguae ab HStephano constructus ed. CBHase etc., 8 Bde., 1831–65. – EASOPHOCLES, Greek Lexicon of the Roman and Byzantine Periods (146–1100), ³1888.

2. **Paläographie** (Schriftkunde) von Urkunden und Büchern. EMThompson, Handbook of Greek and Latin Palaeography, ²1894. – WWattenbach, Anleitung zur griech. Paläographie, ³1895. – Ders., Schrifttafeln zur Geschichte der griech. Schrift, ³1897. – Ders., Anleitung zur lateinischen Paläographie, ⁴1886. – KLöffler, Einführung in die Handschriftenkunde, 1929. – WArndt-MTangl, Schrifttafeln zum Gebrauch bei Vorlesungen und zum Selbstunterricht, ³1897f., ⁴1906. – Tabulae in usum scholarum, ed. sub cura Johann. Lietzmann, 1900ff. – Archiv für Papyrusforschung und verwandte Gebiete, 1900ff.

3. **Epigraphik** (Lehre von den Inschriften). WLarfeld, Griechische Epi- *w* graphik (= JMüller, Handbuch der klassischen Altertumswissenschaft, 1892, I, S. 359–429). – WDittenberger, Sylloge inscriptionum Graecarum, ²1898ff. – RCagnat, Cours d'épigraphie latine, ³1898. – EHübner, Römische Epigraphik (= JMüller, Handbuch der klassischen Altertumswissenschaft, ²1892, I, S. 626 bis 710). – AeHübner, Exempla scripturae epigraphicae Latinae a Caesaris morte ad aetatem Justiniani, 1885. – CMKaufmann, Handbuch der altchristlichen Epigraphik, 1917. – LJalabert-RMouterde, Inscriptions grecques chrétiennes (= Cabrol, Dictionnaire VII. 1, 1926, Sp. 623–94). – HLeclercq, Inscriptions latines chrétiennes (ebenda Sp. 694–850). – Ders., Inscriptions (histoire des recueils d'I.), eb. Sp. 850–1089.

4. **Numismatik** (Lehre von den Münzen). GSAvBraun, Gründliche Nach- *x* richt von dem Münzwesen insgemein, ³1784. – HHalke, Einleitung in das Studium der Numismatik, ²1889. – HDannenberg, Grundzüge der Münzkunde, ²1899. – KSittl, Antike Numismatik (= JMüller, Handbuch der klassischen Altertumswissenschaft, Bd. VI, 1895, S. 863–906). – ALuschinvEbengreuth, Allgemeine Münzkunde und Geldgeschichte des Mittelalters und der neueren Zeit, 1905.

5. **Diplomatik** (Urkundenlehre). HBresslau, Handbuch der Urkundenlehre für Deutschland und Italien I, 1889. – AGiry, Manuel de diplomatique, 1894. – ORedlich, Urkundenlehre I, 1907, III, 1911.

6. **Chronologie**. LIdeler, Handbuch der mathematischen und technischen *y* Chronologie, 2 Bde., 1825f.; Neudruck 1883. – HGrotefend, Zeitrechnung des deutschen Mittelalters und der Neuzeit, I; II 1–2, 1891–98. – AGiry (s. § x), S. 83–275. – Comte deMasLatrie, Trésor de chronologie, d'histoire et de géographie pour l'étude et l'emploi des documents du moyen âge, 1885. – FRühl, Chronologie des Mittelalters und der Neuzeit, 1897. – PVNeugebauer, Astronomische Chronologie, 1929.

7. **Geographie**. ThWiltsch, Handbuch der kirchlichen Geographie und *z* Statistik [bis 1517], 2 Bde., 1846. – SJNeher, Kirchliche Geographie und Statistik, 2 Bde., 1864–68. – HOesterley, Historisch-geographisches Wörterbuch des Mittelalters, 1883. – Comte deMasLatrie (s. § y). – KKretschmer, Historische Geographie von Mitteleuropa, 1904. – ABaudrillart usw. (s. § l). – Germania sacra, her. vom Kaiser-Wilhelm-Institut 1929ff. (historisch-statistische Darstellung der deutschen Bistümer, Domkapitel, Kollegiat- und Pfarrkirchen, Klöster usw.). – KvSpruner-ThMenke, Handatlas für die Geschichte des Mittelalters und der neueren Zeit, ³1876. – Großer historischer Weltatlas, 1953. – ALongnon, Atlas historique de la France, 1885–89. – HAubin-JNiessen, Geschichtlicher Handatlas der Rheinprovinz, 1926. – KHeussi und HMulert, Atlas zur Kirchengeschichte, ³1937. – *CStreit, Atlas hierarchicus, ²1929. – *KPieper, Atlas orbis christiani antiqui, 1931. – FdeDainville, S. J., Cartes anciennes de l'Église de France, Paris 1956. Vgl. Lit. zu § 130.

Erste Periode.
Die Kirche im heidnischen Römerreich.
(Die Entstehung des Christentums und seine Entwicklung bis auf Konstantin d. Gr.)

Einleitung: Die Umwelt des ältesten Christentums.
§ 3. Das Römische Reich um Christi Geburt.

§ 3–22. HAchelis, Das Christentum in den ersten drei Jhh., 2 Bde., 1912; ²(gekürzt, 1 Bd.), 1925. – HLietzmann, Geschichte der Alten Kirche I, 1932. – *AEhrhard, Die Kirche der Märtyrer, 1932. – Ders., Frühkirche und Katholizismus, 1935. – Carl Schneider, Geistesgeschichte des antiken Christentums, 2 Bde., 1954. – Neutestamentliche Zeitgeschichte: HPreisker, 1937. – WFörster, I ³1959, II 1956. *LDuchesne, Histoire ancienne de l'église I, ¹1906. – *FJDölger, Antike und Christentum, kultur- und religionsgeschichtliche Studien (5 vollständige Bde., 1929–1936). – *PBatiffol, Le catholicisme des origines à St. Léon, 4 Bde., 1909–1924.

§ 3. AvDomaszewski, Geschichte der römischen Kaiser, 2 Bde., ³1922. – Th Mommsen, Römische Geschichte Bd. V (Provinzialgeschichte) ¹⁰1927. – MRostovtzeff, The social and economic history of the Roman Empire, ²ed. MFraser, London 1957.

a 1. Den Schauplatz der Entstehung und der ältesten Geschichte des Christentums bildet die westliche Hälfte der den Alten bekannten Welt. Um Christi Geburt war das ungeheure Ländergebiet von den Säulen des Herkules bis zu den Euphrat- und Tigrisländern, von Britannien, dem Rhein und der Donau bis hinunter zur Grenze Äthiopiens in dem gewaltigen römischen **Imperium** zusammengefaßt.

b An der Spitze des Imperiums stand als die Verkörperung der Einheit das **Kaisertum**, d. i. die Vereinigung der wichtigsten republikanischen Ämter in einer Hand. Die republikanischen Regierungsformen bestanden zunächst noch fort; neben dem Kaiser stand der Senat. Indessen tatsächlich lag die Gewalt in den Händen des „princeps"; der Senat war nur sein gefügiges Werkzeug. Die republikanischen Formen sanken unter einer Reihe von Kaisern zu einem bloßen Schattendasein herab; 284 hat Diokletian ihnen ein Ende gemacht (§ 22 b). Die Macht des Kaisers beruhte in erster Linie auf den Legionen; die Erhebung zur Imperatorenwürde ist nicht selten durch die Legionen erfolgt.

29 v.–14 n. Chr. Augustus.
14–37 Tiberius.
37–41 Caligula.
41–54 Claudius.
54–68 Nero.
68–69 Galba, Otho, Vitellius.
69–79 Vespasianus.
79–81 Titus.

Die **Provinzen** zerfielen in kaiserliche (unter einem *legatus Augusti pro praetore*) *c*
und senatorische (unter einem *proconsul*). Eine dritte Art von Provinzen stand
unter einem kaiserlichen *procurator* (ἐπίτροπος); das waren entweder Gebiete mit
eigenartiger Kultur (zB. Ägypten, Judäa) oder halb barbarische Länder (zB. Mauretanien). Mit großem politischen Geschick wußten die Römer in den unterworfenen Ländern eine strenge Oberherrschaft und eine gewisse Schonung der bestehenden Verhältnisse zu verbinden. Die Städte, die untersten Einheiten der
Verwaltung und zugleich die Zentren der von den Römern geförderten hellenistisch-römischen Kultur, verwalteten ihre inneren Angelegenheiten selbständig;
das umliegende platte Land gehörte rechtlich zur *civitas*, unterstand also ebenfalls
der einheimischen Verwaltung; nur in den noch halb barbarischen Gebieten standen die ländlichen Gaue unmittelbar unter dem Statthalter. Jede Provinz hatte
einen Provinziallandtag (κοινόν, *concilium*), der dem Provinzialstatthalter
zur Seite geordnet war und die inneren Angelegenheiten der Provinz selbst verwaltete.

2. Das Imperium umspannte eine Fülle verschiedener Rassen und *d*
Nationen und barg teilweise höchst verschiedenartige Kulturen in sich:
aber seine kulturelle Entwicklung war deutlich von dem Zuge zu steigender Vereinheitlichung beherrscht.

Schon die politische Organisation des Reichs, die allgemeine
Durchführung des römischen Rechts, sowie das römische Heerwesen
schlossen die gewaltige Ländermasse immer mehr zu einer Kultureinheit
zusammen. Dazu kamen das Wirtschaftsleben und der rege Weltverkehr, der durch den Ausbau eines Netzes vorzüglicher Straßen
ungemein gefördert und überdies durch den seit Augustus in den Mittelmeerländern herrschenden Frieden begünstigt wurde. Der Handelsverkehr, der Sklavenhandel, die häufige Versetzung der Legionen und der
hohen römischen Beamten führten eine starke Bevölkerungsmischung, eine Abschwächung der nationalen Unterschiede herbei.
Die großen Städte des Mittelmeergebiets gewannen ein internationales
Gepräge; auch die abseits gelegenen Provinzen nahmen, in vermindertem
Maße, an dieser Entwicklung teil. Wie die nationalen Verschiedenheiten,
so erfuhren auch die sozialen Unterschiede einen allmählichen Ausgleich.

Schließlich bewirkte die Verbreitung der hellenistischen Sprache und des hellenistisch-römischen Geisteslebens einen gewissen Ausgleich der allgemeinen Kultur des Römerreichs.

Die Verbreitung des **Hellenismus** war zum Teil das Ergebnis bewußter Politik. *e*
Alexander d. Gr. und die Diadochen hatten den ganzen Orient mit hellenistischen Kolonien übersät und planmäßig der hellenistischen Kultur unterworfen. Die Römer, deren politische Herrschaft seit dem 2. Jh. v. Chr. im Osten die
Griechen ablöste, haben im Osten einfach die Kulturarbeit ihrer Vorgänger fortgesetzt (Hellenisierung, nicht Romanisierung!), im Westen aber erst unter der
Einwirkung der Griechen eine höhere Kultur entwickelt. Die κοινὴ διάλεκτος, im
Osten längst die am meisten verbreitete Sprache, drang nun auch nach dem Westen vor; auf Jahrhunderte wurde Rom eine zweisprachige Stadt. Mit der Sprache
aber verbreiteten sich die Ideen, die durch die Philosophie, besonders die kynischstoische διατριβή (§ 4 y), Gemeingut der Griechen geworden waren.

Trotz alledem standen einer völligen Vereinheitlichung der Kultur des Römer- *f*
reichs starke Schranken entgegen. Es standen nicht nur die östliche, griechische und die westliche, lateinische Reichshälfte als verschieden geartete
Größen einander gegenüber, sondern innerhalb dieser beiden Hälften gab es neben
den hochkultivierten Ländern hellenistischer und römischer Kultur andere, die

ihre nationale Kultur bewahrten, und wieder andere, die noch halb barbarisch waren. Im ORIENT behaupteten sich die Syrer wie die palästinischen Juden im ganzen siegreich gegenüber dem Ansturm des Hellenismus; in Ägypten bebeschränkte sich die hellenistische Kultur auf die eingewanderten Griechen des Nildeltas und das Diasporajudentum, während die eingesessene koptische Bevölkerung den Hellenismus ablehnte. Ein buntes Bild bot Kleinasien: neben den hellenistischen Kulturgebieten, namentlich der Küste, nur ganz oberflächlich hellenisierte oder noch halb barbarische Gebiete im Inneren, mit den Griechen in Wettbewerb die Kelten, und daneben absterbende Reste der alten kleinasiatischen Völker und ihrer Sprachen. Im ABENDLANDE erlagen die Kelten in Spanien, Gallien und Britannien in den Städten dem Romanismus rasch; auf dem Lande erhielten sich nationale Sprache und Sitte. In Nordafrika wurden die Punier wenigstens äußerlich romanisiert; die Berber erwiesen sich als der römischen Kultur unzugänglich.

g   Seit c. 200 ging der Einfluß des Hellenismus allmählich zurück, zunächst im Westen, seit c. 400 auch im Osten. Im 3. Jh. trat das Griechische in Rom zurück, im 4. Jh. erlangte das Latein in Rom wieder die Alleinherrschaft. Auch in Süditalien und in Gallien verschwand seitdem das Griechische, wenn auch langsamer als in Rom. Und im 5. Jh. erhoben sich die halb barbarischen Nationen des Ostens, die Syrer und die Kopten, gegen den Hellenismus, schieden ihn aus und lösten dadurch das Reich im Osten auf.

§ 4. Die religiösen und sittlichen Zustände in der hellenistisch-römischen Welt.

PWendland, Die hellenistisch-römische Kultur (= HLietzmann, Handbuch zum NT, I 2) ²⁻³1912. – UKahrstedt, Kulturgeschichte der römischen Kaiserzeit, 1944. – GFriedländer, Darstellungen aus der Sittengeschichte Roms, 4 Bde., ⁹⁻¹⁰1919–21. – ERohde, Psyche, Seelenkult und Unsterblichkeitsglaube der Griechen, ⁹⁻¹⁰1925. – OKern, Die Religion der Griechen, Bd. III (von Platon bis Julian), 1938. – FAltheim, Römische Religionsgeschichte, 2 Bde., ²1956. – RReitzenstein, Die hellenistischen Mysterienreligionen, ³1927. – Ders., Das iranische Erlösungsmysterium, 1921. – FCumont, Die Mysterien des Mithra, deutsch ³1923. – Ders., Die orientalischen Religionen im römischen Heidentum, deutsch ³1931. – HGressmann, Die orientalischen Religionen im hellenistisch-römischen Zeitalter, 1930. – AFrazer, Adonis, Attis, Osiris, 2 Bde., ³London 1915. – WF Otto, Dionysos, Mythos und Kultus, ²1939. – *JKroll, Die Lehren des Hermes Trismegistos, 1914. – IHeinemann, Poseidonios' metaphysische Schriften I, 1921. – KReinhard, Poseidonios, 1921. – ABonhöffer, Epiktet und das NT, 1911. – ADieterich, Der Untergang der antiken Religion (Kleine Schriften, 1911, S. 449–539). – ENorden, Die Geburt des Kindes, ²1931. – WWeber, Der Prophet und sein Gott, 1925. – FBoll, Sternglaube und Sterndeutung, ³1926. – Über das antike Gottmenschentum: OWeinreich, Menekrates Zeus und Salmoneus, 1933. – Über den antiken Herrscherkultus: FTaeger, Charisma I, 1958. – MSimon, Hercule et le Christianisme, Paris 1955. – CKBarrett, Die Umwelt des NT, ausgewählte Quellen 1959.

a   1. VERBREITUNG DER RELIGIONEN. Die religiöse Lage im römischen Gebiet zu Beginn unserer Zeitrechnung gewährt ein buntes Bild. Die verschiedenartigsten Kulte, fast unübersehbar an Zahl, standen nebeneinander, absterbende und lebenskräftige, rohe und verfeinerte, einheimische und fremdländische. Der Austausch der im Imperium zusammengefaßten Kulturen hatte manchen Kulten eine erstaunliche Verbreitung durch viele Provinzen gegeben. Das große Zentrum, dem sie alle zustrebten, war Rom. Die Kulte der unterworfenen Völker wurden vom römischen Staat übernommen und gefördert; nur wenigen Kulten versagte er seine Duldung.

Zu diesen gehörte der national-gallische Kultus der **Druiden**, bei dem noch *b*
Menschenopfer vorkamen. Auch die Verehrung von **Isis** und **Osiris** war bis 38
n. Chr. in Rom selbst (nicht in den Provinzen) verboten. Der Kultus der **Magna
Mater** (Kybele) und des Attis durfte in Rom um seines wildorgiastischen Charakters willen bis auf Claudius nur unter strenger Abschließung von der Öffentlichkeit ausgeübt werden.

2. VORWALTEN DES ORIENTS. Unter diesen zahlreichen For- *c*
men der Religion waren die alten nationalen, partikularistischen
Kulte der antiken Stadtstaaten im Osten schon seit der Errichtung der
makedonischen Monarchie, im ganzen Mittelmeergebiet seit dem Vordringen der Römer mehr und mehr zurückgetreten. Dagegen nahmen die
griechischen Mysterien, wie die der Orphiker, die eine pantheistische,
ekstatisch-mystische Frömmigkeit pflegten, in der hellenistisch-römischen
Zeit einen neuen Aufschwung. Am erfolgreichsten war die Propaganda
orientalischer Geheimkulte, die unaufhaltsam westwärts drangen
und dem Christentum wirksam vorarbeiteten. Orientalischen Ursprungs
ist auch der Kaiserkultus, der weiteste Verbreitung und große Bedeutung erlangte.

In Griechenland kam es schon in der hellenistischen Zeit zu einer weitgehenden *d*
Herübernahme ägyptischer und orientalischer Kulte. Zugleich verbreitete
sich vom Orient her der babylonische Sternglaube („Chaldäer"). Um seinen
lähmenden Wirkungen zu entgehen, flüchtete man zu der gleichfalls dem Orient
entstammenden Magie, einem von den persischen Magiern kunstvoll ausgebauten
System der Zauberei, durch die man dem Fatum begegnen konnte.

In der römischen Periode setzte sich das Einströmen des Orientalismus in *e*
die Mittelmeerländer fort, am Anfang des 3. Jhs. erreichte es den Höhepunkt (§
16 b). Zuerst kam der Kultus der phrygischen Götter nach Italien, der **Kybele** (bei
den Römern *Magna Mater*) und des mit ihr eng verbundenen **Attis** (vgl. § b). Etwas
später verbreitete sich der Kultus der **Isis** und des **Osiris** (Sarapis) von dem alexandrinischen Sarapeion aus in das Abendland. Er war von allen fremdländischen
Kulten am stärksten hellenisiert und übte gleichfalls eine starke Anziehungskraft
aus (vgl. § 1). Dann wanderten die zahlreichen **syrischen Baalim** westwärts, deren
Verehrung namentlich durch syrische Sklaven, Kaufleute und Soldaten verbreitet
wurde. Im 3. Jh. erlangte die syrische Sonnenverehrung im römischen Reiche eine
Zeitlang großen Einfluß. Seit den letzten Jahrzehnten des 1. Jhs. n. Chr. drang
schließlich der **Mithraskultus** nach dem Westen vor und erlebte hier bedeutende
Erfolge, namentlich im 3. Jh. (§ 21 l m). Er entstand in dem von Persern bewohnten
östlichen Kleinasien durch eine Verschmelzung persischer und chaldäischer Elemente auf der Grundlage des persischen Dualismus (vgl. § h). Der strenge, herbe
Mithraskultus fand von Anfang an seine Verehrer fast ausschließlich unter den
Männern, vornehmlich unter den Soldaten. Dagegen befriedigten der Kybele- und
der Isiskultus besonders die weibliche Frömmigkeit.

Zugleich erstarkte der **Kaiserkultus**. Er bestand in zwei Formen, als Verehrung *f*
des verstorbenen und als Verehrung des lebenden Kaisers (Anbetung seines Bildes); in beiden Formen geht er auf den Orient zurück (Herrschervergötterung in
Ägypten, Babylonien und Persien, übernommen von Alexander und den Diadochen). Offizieller Staatskult war bis auf Diokletian (§ 22 a b) nur die Verehrung des
toten Kaisers; aber die des lebenden entsprach dem Bedürfnis der Bevölkerung,
und Kaiser wie Caligula und Domitian haben diese Strömung begünstigt.

3. SYNKRETISMUS. Mit der Aufrichtung der römischen Welt- *g*
herrschaft war der Synkretismus, die Verschmelzung der Religionen,
in ein neues Stadium getreten. Im Orient war das Hinüber- und Herüberströmen religiöser Elemente von einer Nation zur andern uralt. Die Ausdehnung der griechischen Herrschaft über den Osten hatte dann zu einer

weitgehenden Verschmelzung griechischer und orientalischer Kulte geführt. Nach dem Siege der Römer über die Griechen und über die Orientalen, der die Sieger dem Kultureinfluß der Besiegten unterwarf, setzte sich dieser Vorgang auf römischem Gebiet fort.

h   Beispiele für den Synkretismus sind die Gleichsetzung der *Isis* mit Demeter, Artemis, Aphrodite, Athene, Nemesis, oder des *Sarapis* mit Asklepios, Zeus, Dionysos, oder die Verschmelzung des *Mithras* mit dem babylonischen Sonnengott Schamasch, durch die er zum *Sol invictus* wurde.

i   4. ANNÄHERUNG DER RELIGIONEN. In den ersten Jahrhunderten der christlichen Zeit haben sich die heidnischen Kulte einander immer mehr genähert. Schließlich, im 3. und 4. Jh., stand das Heidentum dem Christentum als eine relative Einheit gegenüber und war weder in seiner Frömmigkeit, noch in seiner Theologie vom Christentum sehr weit getrennt.

k   α) Mehr und mehr wandelten sich die heidnischen Kulte in Erlösungsreligionen. Durch geheimnisvolle Weihen sicherten sich ihre Anhänger Vergottung und unsterbliches Leben im Jenseits.

l   So beruhten die erstaunlichen Erfolge des Kultus von Isis und Osiris vornehmlich darauf, daß er zuerst an die Stelle der unsicheren und verschwommenen Vorstellungen vom Fortleben der Seele nach dem Tode die Gewißheit seliger Unsterblichkeit des Leibes und der Seele setzte. Dachten die Isisdiener die Stätte der Seligkeit noch in der Unterwelt, so lehrten die syrischen Priester unter dem Einfluß der chaldäischen Astrologie, daß die Seelen der Frommen nach dem Tode zu dem hoch über den Sternen gelegenen obersten Himmel emporsteigen, wo der erhabene Herrscher des Himmels (Baʿal-šamîn) thront. Ebenso verhieß der Mithraskultus den Gerechten ein seliges Leben in den lichten Räumen über den Sternen; nicht minder glaubten die Mysten der Kybele an die Unsterblichkeit.

m   Erlösung verhieß auch der weitverbreitete Kultus des **Asklepios** (Ἀσκληπιός, *Aesculapius*). Man verehrte ihn als σωτήρ für die Gebrechen des Körpers und der Seele und reiste zu seinen Tempeln wie später zu den Kirchen der wundertätigen Heiligen. Der ursprünglich auf Zeus, Apollo, Asklepios, Herakles usw. angewandte Kultname Σωτήρ wurde um 300 v. Chr. für bedeutende Männer des politischen Lebens gebraucht und dann bei den Seleukiden in Syrien und den Ptolemäern in Ägypten mit der orientalischen Herrschervergötterung verschmolzen. So war es keine Neuerung, wenn der Orient Julius Cäsar und Octavian als Weltheilande feierte.

n   In den verschiedenen syrischen Kulten, in den Mysterien der Kybele und denen des Mithras gab es sakrale Mahlzeiten. Sie dienten entweder der mystischen Verbrüderung der Kultgenossenschaft (θίασος, *sodalicium*) oder zum Empfang übernatürlicher göttlicher oder moralischer Kräfte; syrische Priester glaubten durch den Genuß von Fischen, die der Atargatis heilig waren, das Fleisch der Gottheit zu genießen. Eine Art von Taufe zur Sühnung der Sünden und Beruhigung des Gewissens gab es im Mithraskultus. Seit der Zeit der Antonine verbreiteten sich, besonders im Kybelekultus, die Taurobolien. Das Taurobolium (die Übergießung mit dem Opferblut eines Stiers) galt als ein Mittel zur Erlangung der Wiedergeburt und Vergottung.

o   β) Das Korrelat des Verlangens des einzelnen nach dem ewigen Heil war die Askese, die in den verschiedensten Formen besonders den orientalischen Religionen eigentümlich war.

p   Am stärksten war die Askese im Kybelekultus verbreitet, dessen Anhänger sich zu gewissen Zeiten zahlreicher Speisen enthielten und dessen Priester durch kultische Kastration geschlechtliche Askese in schärfster Form betrieben. Asketische Speiseregeln begegnen auch im Dienst der Dea Syra (Atargatis) und in dem der Isis, in diesem ferner geschlechtliche Enthaltsamkeit zu den Festzeiten, in Syrien orgiastische kultische Kastration. Weniger übertrieben war das Asketische im Mithrasdienst; doch hatte auch er „Jungfrauen" und Asketen.

Asketische Neigungen ergaben sich auch aus der müden, resignierten Haltung *q* der philosophisch Gebildeten. Gerade die Edelsten waren geneigt, sich entsagungsvoll von der als wertlos erkannten Welt zurückzuziehen. Bereits die Stoa fordert die Askese zur ethischen Selbsterziehung, noch ohne religiöse Begründung. Bestimmtere Züge und religiöse Begründung gewinnt die Askese dagegen bei den Neupythagoreern und schließlich im Neuplatonismus (§ v w).

γ) Trotz der Unmenge polytheistischer Kulte läßt sich ein un- *r* bewußter Zug zum Monotheismus nicht verkennen; er schuf eine formale Voraussetzung für die christliche Propaganda, bedeutete aber vor der Verkündigung des Christengottes keine Bereicherung, sondern eher eine Entleerung der Religiosität.

Die philosophische Spekulation, die seit der Zeit Alexanders wahrnehmbare *s* Neigung, an die Stelle der persönlichen Gottheiten unpersönliche Mächte wie die *Τύχη* oder, mit einer Wendung zum Fatalismus, die *Είμαρμένη* zu setzen, auch die ekstatisch-mystische Frömmigkeit der Orphiker förderten die monotheistische Strömung.

5. DIE PHILOSOPHIE. α) Nicht ganz so ungebrochen wie in den *t* von starker religiöser Sehnsucht ergriffenen unteren Schichten bestand die Religion bei den verhältnismäßig nicht sehr zahlreichen Gebildeten. Die bereits im 6.Jh. v.Chr. beginnende philosophische Kritik hatte die Volksreligion zersetzt, die Philosophie war bei den Gebildeten an die Stelle der Religion getreten. Der völlige Unglaube war in der Verfallszeit der Republik nichts Seltenes. Doch vermied man meist den äußerlichen Bruch mit der väterlichen Religion.

Die Kyniker allerdings begegneten der gesamten Volksreligiosität mit scharfer *u* Kritik und lehnten jede Beteiligung am Kultus ab. Von den übrigen Philosophenschulen entfernten sich die Stoiker mit ihrem pantheistischen Glauben an die Ursubstanz am weitesten vom Götterglauben des Volks, wußten aber mit Hilfe der allegorischen Mythendeutung ihre radikale Philosophie mit dem Volksglauben auszugleichen. Die Schule Epikurs leugnete zwar das Eingreifen der Götter in das Getriebe der Welt und verwarf die Furcht vor den Göttern, verehrte aber die Erhabenheit der Überirdischen. Selbst die entschiedene Skepsis der jüngeren Akademie schloß in der Praxis die Beteiligung am Kultus nicht aus.

β) Die Zeit des Augustus führte einen vollständigen Wandel *v* herbei; nun beginnt die religiöse Restauration, die sich, von der mächtig anschwellenden religiösen Strömung getragen, bis ins 3. und 4. Jh. fortsetzt. Bei den Philosophen der Kaiserzeit tritt die Polemik gegen den Volksglauben meist zurück, die religiöse Färbung der Philosophie wird im Laufe der Zeit immer intensiver.

Der eigentliche Anreger dieser religiösen Richtung der Philosophie war der *w* Stoiker *POSEIDONIOS* (um 100 v. Chr.), der auf Rhodos wirkte. Von den Späteren gehören hierher die Platoniker *Plutarchus* von Chäronea (um 100), *Maximus* von Tyrus und *Apuleius* von Madaura (c. 130), sowie die Neu-Pythagoreer Numenius von Apamea in Syrien (c. 170) und *Philostratus* (c. 200), der das Leben des Apollonius von Tyana (gest. unter Nerva) beschrieben hat (§ 16 b [1]). Auch die unter dem Namen des *Hermes Trismegistos* gehenden, bereits um 100 n. Chr. verbreiteten religiös-philosophischen Schriften entstammen vermutlich dieser nachphilonischen (§ 5 f g), frühneuplatonischen Atmosphäre.

x   6. SITTLICHKEIT. Die sittlichen Zustände der Kaiserzeit zeigen deutlich, daß die antike Kultur sich ihrem Niedergang zuneigte. Zwar gestatten die drastischen Schilderungen bei Paulus (Rm.1 $_{24}$ff.) und römischen Schriftstellern wie Seneca („De ira") keinen Rückschluß auf die Sittlichkeit der Gesamtheit; aber in gewissen Schichten der großstädtischen Bevölkerung war die Moral fraglos zersetzt, vor allem in Rom. Daß daneben auch noch gesunde moralische Kraft vorhanden war, zeigt sich in der ethischen Reformbewegung, in der großen Zahl wandernder Moralphilosophen, die gegen die sittliche Entartung ankämpften und sicher eine bedeutende Wirkung ausübten.

y   Bereits in der hellenistischen Zeit hatte die volkstümliche Verkündigung einer höheren Sittlichkeit durch wandernde Philosophen einen bedeutenden Umfang angenommen. Es entwickelte sich eine eigene Form des popularphilosophischen ethischen Traktats, die kynische διατριβή. Die Überkultur und sittliche Fäulnis der römischen Kaiserzeit riefen dann von neuem eine starke philosophische Reaktion hervor. Diese philosophischen Moralisten haben an ihrem Teile dem Christentum vorgearbeitet. Bei *Seneca* († 65; Lehrer Neros), dem Stoiker *Epiktetos* (Zeit Domitians) und dem Stoiker *Marcus Aurelius* (Kaiser 161–180, „Εἰς ἑαυτόν"), die schwerlich mit dem Christentum in engere Berührung gekommen sind, finden sich Aussprüche fast christlichen Klanges.

§ 5. Das Judentum.

Josephi opera, ed. BNiese, 7 Bde., 1887–95. – Philonis Alexandrini opera, ed. LCohn et PWendland, 8 Bde., 1896–1930, deutsch von LCohn [und JHeinemann], 1910ff. Index zu Philo von HLeisegang, 1926f. – ESchürer, Geschichte des jüdischen Volkes im Zeitalter Jesu Christi, 3 Bde., $^{4-5}$1907–20. – JJuster, Les Juifs dans l'empire romain, 2 Bde., 1914. – WBousset, Die Religion des Judentums im späthellenistischen Zeitalter, ^{3}1926, her. von HGreßmann. – ABertholet, Biblische Theologie des AT, Bd. II, 1911. – Max Weber, Ges. Aufsätze zur Religionssoziologie, Bd. III (Das antike Judentum. Die Pharisäer), 1921. – HGressmann, Der Messias, 1929. – WBousset, Jüdisch-christlicher Schulbetrieb in Alexandria und Rom, 1915 (S. 8–154: Philo). – EBréhier, Les idées philosophiques et religieuses de Philon d'Alexandrie, 1907. – EStein, Die allegorische Exegese des Philo, 1929. – MAdler, Studien zu Philon von Alexandria, 1929. – SSandmel, Philo's Place in Judaism, 1956. – Über die Handschriftenfunde am Toten Meer zahlreiche Veröffentlichungen; vgl. OEissfeldt, Einleitung in das AT, ^{2}1956, 788–822. – FMCross, The Ancient Library of Qumran, New York 1958. – DHowlett, Les Esséniens et le christianisme, Paris 1958. – GMolin, Die Söhne des Lichtes [1954]. – GBaumbach, Qumran und das Johannes-Evangelium, 1958. – Zur Ernüchterung über Qumrân: MBurrows, Die Schriftrollen vom Toten Meer, aus dem Amerikanischen 1957 (die Gemeinde von Qumrân darf nicht einfach mit den Essenern § n identisch gesetzt werden!).

a   1. DIE DIASPORA. α) Eine Sonderstellung unter den im römischen Reich verbreiteten Religionen hatte das Judentum inne. Das jüdische Volk hatte eine erstaunliche Ausbreitung erlangt. Seit der Deportation der Nordstämme durch die Assyrer und der Judäer durch Nebukadnezar gab es eine zahlreiche Judenschaft in Mesopotamien, Babylonien und Medien. Dann verbreiteten sich die Juden in den östlichen Mittelmeergebieten, in Ägypten, Syrien, Kleinasien; Alexander und die Diadochen zogen sie durch mancherlei Privilegien in ihre neugegründeten hellenistischen Städte. In der römischen Periode gelangten sie auch in die westlichen Länder.

Die Verbreitung der Juden erklärt sich teils durch den Handelsverkehr, teils *b* durch die Wegschleppung kriegsgefangener jüdischer Sklaven. Am stärksten verbreitet waren sie in Syrien (Antiochia) und in Ägypten (nach Philo betrugen die Juden in Ägypten 1 Million, also ca. 13%/₀ der Gesamtbevölkerung; in Alexandria, wo sie ⅓ der Einwohner ausmachten, hatten sie ein eigenes Quartier im Nordosten der Stadt). Die größte Judenkolonie des Abendlandes war die in Rom; unter Tiberius betrug ihre Zahl etwa 10000, also $1/_{60}$ der Einwohner. Im Osten wird es zur Zeit Jesu kaum eine größere Stadt gegeben haben, in der nicht Juden lebten.

In der Fremde bildeten die Juden, ebenso wie die Angehörigen anderer handel- *c* treibender Nationen (zB. der Ägypter, der Phönizier), fest zusammenhaltende Kolonien mit eigener bürgerlicher Organisation. Sie genossen unter den Römern das Recht freier Religionsübung (*religio licita*) und waren vom Kaiserkultus und vom Militärdienst befreit. In allen Städten, wo ihre Zahl und ihre Mittel es erlaubten, errichteten die Juden Synagogen (συναγωγαί, προσευχαί). Die Verbindung mit Palästina erhielten die Diasporajuden durch die Entrichtung der Tempelsteuer (τὰ δίδραχμα) und Festreisen aufrecht. So behaupteten sie ihre nationale Religion und ihre nationale Eigenart.

β) Ihre strenge Abschließung von den übrigen Völkern und ihre *d* sonstigen Besonderheiten machten sie bei den Griechen und Römern höchst unbeliebt. Trotzdem erzielte das Diasporajudentum große Missionserfolge. Zwar die Zahl der eigentlichen Proselyten (προσήλυτοι), d. h. der Heiden, die die Beobachtung des ganzen Gesetzes auf sich nahmen und durch Beschneidung, Taufe und Opfer zum Judentum übertraten, war vermutlich gering. Dagegen gab es große Scharen von „Gottesfürchtigen" (φοβούμενοι oder σεβόμενοι τὸν θεόν), Heiden, meist Frauen, die am synagogalen Gottesdienst und an gewissen jüdischen Gebräuchen teilnahmen, ohne zum Judentum überzutreten.

Anziehend wirkten der jüdische Monotheismus, die hohe Moral, die bildlose *e* Gottesverehrung, der Besitz des geheimnisvoll anmutenden Alten Testaments, des „ältesten Buchs der Welt", das Zurücktreten des Kultischen; dadurch gewann die jüdische Religion für das antike Urteil einen „philosophischen" Zug. Auch die Empfänglichkeit der griechisch-römischen Welt für orientalische Kulte kam der jüdischen Propaganda zustatten. Die Synagogen der Diaspora mit ihrem Proselytenanhang bildeten eine wichtige Voraussetzung für die Ausbreitung des Christentums im römischen Reich.

γ) Allmählich erlag freilich das Diasporajudentum fremden Kultur- *f* einflüssen. Vor allem ging es sprachlich vom Aramäischen zum Hellenistischen über, was die Übersetzung des AT ins Griechische notwendig machte (sog. Septuaginta, abgekürzt LXX)[1]. Diese stark modernisierende, Altertümliches abschleifende, z.B. die Anthropomorphismen der at. Gottesvorstellung verwischende Übertragung näherte das jüdische dem hellenistischen religiösen Empfinden, ein kirchengeschichtlich ungemein wichtiger Vorgang. Sodann ging das Judentum in Alexandria auf die hellenistische Philosophie ein. Die stoisch-platonische Popularphilosophie hatte einen monotheistischen Zug; die gebildeten Juden konnten sie übernehmen, ohne ihre religiösen Überzeugungen

---

[1] Nach der im Aristeasbrief berichteten Legende wäre die LXX durch 72 (oder 70, daher der Name) Schriftgelehrte für die Bibliothek in Alexandria unter der Regierung des Ptolemäus II. Philadelphus (283–247 v. Chr.) geschaffen worden. Tatsächlich ist die sehr ungleichmäßige Arbeit allmählich und zwar für die Bedürfnisse der Synagoge im 3. und 2. Jh. v. Chr. in Alexandria entstanden.

zu verleugnen. Den Ausgleich zwischen hellenistischer Bildung und dem Alten Testamente erreichte man durch die unter stoischen Einwirkungen aufgenommene allegorische Schriftauslegung. Doch bildete diese alexandrinisch-jüdische Religionsphilosophie innerhalb der jüdischen Gesamtheit nur eine schwache Nebenströmung. Ihr hervorragendster Vertreter war *PHILO*, ein älterer Zeitgenosse Jesu. Er bildet eine sehr wichtige Vorstufe der frühkatholischen Theologie.

g   Von seinem Leben ist nur bekannt, daß er 39 n. Chr. in vorgerücktem Alter an einer Gesandtschaft der alexandrinischen Juden in Rom zu Caligula teilgenommen hat. Er verfaßte zahlreiche Schriften, meist Erklärungen zu at. Büchern und meist im engen Anschluß an die Lehrvorträge seiner alexandrinisch-jüdischen Vorgänger. Seine innerlich wenig geschlossene philosophische Gedankenwelt zeigt Einwirkungen vornehmlich Platos, der Stoa und des Neupythagoreismus. Gott wird ganz transzendent, als das Eigenschaftslose, Undefinierbare gefaßt; von ihm schroff geschieden ist die Materie, die ὕλη. Der Vermittlung zwischen Gott und der Welt dienen die Mittelwesen (λόγοι, die Teilkräfte der allgemeinen Vernunft), vor allem der λόγος, der Mittler der göttlichen Offenbarungen und der Weltschöpfung. Der rein negativen transzendenten Fassung Gottes entspricht eine negative, asketische Ethik und das Ausmünden der Frömmigkeit in die Ekstase (ἔκστασις), das Anschauen des „reinen Seins", der Gottheit. Wie Philo die hellenische Philosophie, so benutzte *Josephus* (c. 37/38–c. 100; De bello judaico; Antiquitates judaicae) die Methoden der hellenistischen Geschichtschreibung.

h   Eine der philonischen Frömmigkeit verwandte Stimmung scheint auch die asketische Gemeinschaft der **Therapeuten** (θεραπευταί, Diener Gottes und Ärzte der Seelen) in Ägypten beherrscht zu haben. Doch ist die ganze Erscheinung historisch wenig greifbar. Die Schrift „De vita contemplativa", die von den Therapeuten erzählt, ist zwar wahrscheinlich philonisch, gibt aber vermutlich ein idealisiertes, ins Philosophische verfärbtes Bild. Vielleicht haben Züge der ägyptisch-heidnischen Religion auf die Entstehung der Therapeuten eingewirkt (das Leben der ägyptischen Priester?). Eusebius (h. e. II 17) hat Philos Schilderung auf christliche Asketen bezogen.

i   2. DAS JUDENTUM IN PALÄSTINA. Auch das palästinische Judentum war in religiöser Hinsicht nichts weniger als eine geschlossene Einheit; sehr verschiedenartige Strömungen liefen nebeneinander her. Die Religion der nachexilischen Zeit hatte eine Menge babylonischer und iranischer Bestandteile in sich aufgenommen, die besonders in der jüdischen Apokalyptik lebendig waren. Abgesehen von diesen fremden Einflüssen war die jüdische Religiosität vornehmlich durch die makkabäische Erhebung bestimmt, in der das Judentum die Gefahr der Hellenisierung überwand und sein religiöses und nationales Selbstgefühl zurückgewann; hier wurzelt die streng gesetzliche Richtung der Pharisäer und ihre entschiedene Abschließung gegen den Hellenismus. Die schweren äußeren Schicksale des von den Weltmächten niedergetretenen Volkes steigerten die Verfeinerung und Individualisierung des religiösen Innenlebens und nährten die messianische Erwartung.

k   Die geistigen Leiter des Volkes waren nicht, wie früher, die Priester, sondern die in den Rabbinenschulen und in den Gerichten tätigen Schriftgelehrten. Wohl fast alle Schriftgelehrten gehörten zu der einflußreichen Partei der **Pharisäer** (= die Abgesonderten). Die Pharisäer waren die echten Juden, die sich durch peinliche Beobachtung des Gesetzes (einschließlich der παραδόσεις τῶν πρεσβυτέρων) und durch strengste Absonderung von den Heiden, von den Sadduzäern und von dem „unrein" lebenden großen Haufen „rein" zu erhalten suchten.

Ihre Gegner, die **Sadduzäer,** hielten nur die schriftliche Thora für verbind- *l*
lich, verwarfen dagegen die mündliche Weiterbildung des Gesetzes, sowie den
Glauben an das messianische Reich, die Auferstehung, die göttliche Vorsehung,
Engel und Dämonen, der im Laufe der letzten Jhh. ins Judentum eingedrungen
war und von den Pharisäern verfochten wurde. Das Beharren der Sadduzäer auf
einer älteren Stufe der Religion entsprang nicht der Frömmigkeit, sondern religiöser Gleichgültigkeit und Verweltlichung (Neigung zu fremden Sitten, zum
Griechen- und Römertum).

Der Einfluß der Sadduzäer im Volke war gering. Die breite Mittelschicht des *m*
Volkes wurde vom Pharisäismus beherrscht. Ihre Frömmigkeit bewegte sich um
die beiden Pole der strengen Gesetzesbeobachtung und der messianischen
Erwartung, der Hoffnung auf das Kommen eines kriegerischen Messias aus
davidischem Geschlecht, auf das Eintreten der [streng jüdisch-national gedachten]
Herrschaft Gottes und auf den grausigen Untergang oder doch die Unterjochung
der Heiden. In manchen Kreisen wurde diese Zukunftserwartung zu den bizarren,
phantastischen Vorstellungen ausgestaltet, die sich in den zahlreichen **Apokalypsen** niedergeschlagen haben, pseudonymen „Offenbarungen" der göttlichen Geheimnisse der Zukunft. Hier ist die nationale Gebundenheit der volkstümlichen
Zukunftserwartung durchbrochen, überhaupt die volkstümliche Anschauung
mannigfach fortgebildet oder verändert, zB. das Reich Gottes als eine jenseitige, übernatürliche Größe, der Messias nicht mehr als nationaler Kriegsheld,
sondern als göttliches Geistwesen, die nahe bevorstehende Weltkatastrophe als
ein mehraktiges Drama gedacht.

Diese Vorstellungen sind ein Produkt des religiösen Synkretismus. Auf syn- *n*
kretistischen Einwirkungen beruht auch die Sekte der **Essener** oder **Essäer,** eine
Parallele zum christlichen Mönchtum. Die Essener lebten teils in klösterlicher
Weltflucht in eigenen Ansiedlungen, teils auch unter den übrigen Juden und befolgten eigentümliche Lebensgewohnheiten, Riten und Anschauungen (Ehelosigkeit, Gütergemeinschaft, Askese, gemeinsames Tagewerk, gemeinsame heilige
Mahlzeiten, Gebet an die Sonne usw.).

Vornehmlich blühte die Religionsmengerei bei den Samaritanern. Auf die- *o*
sem Boden erhoben sich Sektenstifter wie *Dositheos, Simon der Magier* und sein
Schüler *Menander* mit ihren magischen Künsten und ihren Messias- bzw. Inkarnationsansprüchen (vgl. § 7 g, 13 o).

I. Die Entstehung des Christentums und seine Umbildung zur frühkatholischen Kirche (bis c. 160/180).

Vorblick auf §§ 6—15.

Die Entstehung und älteste Geschichte des Christentums ist in vieler
Hinsicht problematisch, aber in den Grundlinien sehr wohl erkennbar.
Grundlegend für das Verständnis ist die klare Erfassung des Unterschiedes zwischen drei Größen: der Lehre Jesu, dem Urchristentum und dem
Frühkatholizismus.

1. Persönlichkeit und Wirken Jesu gaben den ersten entscheidenden
Anstoß zur Entstehung des Christentums. Jesu Verkündigung von dem
kommenden Reiche Gottes, das neue religiöse und sittliche Leben, das er
brachte und auf seine Jünger übertrug, und seine Selbstbeurteilung bilden die Grundlagen der neuen Religion.

2. Das Urchristentum ist komplizierter als die religiöse Gedankenwelt Jesu. Es hat nicht bloß die Verkündigung Jesu, sondern auch seine
irdische Katastrophe und den Glauben seiner Jünger an seine Auferste-

hung zur Voraussetzung. Unter der Einwirkung dieser Tatsachen sowie gewisser jüdischer Messiasvorstellungen entwickelte sich aus der Lehre Jesu die Christusreligion, deren Zentralidee die durch Jesu Tod und Auferstehung vollbrachte Erlösung, und für deren Anhänger der Christus nicht bloß Verkünder und Vorbild der neuen Frömmigkeit, sondern zugleich und vorwiegend Objekt religiöser Verehrung ist. So wenig der Unterschied zwischen der Lehre Jesu und der Christusreligion der apostolischen Zeit zu einem Gegensatz überspannt werden darf, da die Keime der Christusreligion schon bei Jesus nachweisbar sind, so charakteristisch ist doch die Verschiebung der religiösen Gedankenwelt, die bei den Jüngern nach dem Tode des Meisters und den Erscheinungen des Auferstandenen erfolgte. In der Theologie des Paulus gelangte diese Umbildung zu einem relativen Abschluß.

Die neue Religion war schon in den ersten Jahrzehnten ihres Bestehens keine einheitliche Größe, sondern schloß mehrere Richtungen in sich. Das Judenchristentum in Palästina wurde durch den Streit um das Gesetz in mehrere Gruppen gespalten. Neben ihm bildete sich das gesetzesfreie paulinische Heidenchristentum. Und neben diesem entstand, in den Anfängen schon vor Paulus, in den Großstädten Antiochia und Rom, in seinem Ursprung nicht deutlich erkennbar, ein vulgäres Heidenchristentum, das in der Zeit nach Paulus und nach dem Untergange Jerusalems die ausschlaggebende Richtung wurde.

3. In einer ganz allmählichen, in den Einzelheiten nicht völlig durchsichtigen Entwicklung entstand in der Zeit bis etwa 160/180 auf dem Boden des vulgären Heidenchristentums die frühkatholische Kirche. In der apostolischen Zeit bestand das Christentum aus kleinen Gemeinden von „Heiligen", die zurückgezogen von der Welt auf die in nächster Nähe erwartete Wiederkunft des Herrn harrten. Ihre Glaubensvorstellungen waren noch flüssig, ihr Gemeindeleben noch vielfach formlos und ungeregelt. Es herrschte der „Geist". Man erbaute sich am Alten Testament, an den mündlich überlieferten Herrenworten und an den Worten der urchristlichen Propheten. Zur Gemeinde gehörte, wer die Taufe und den „Geist" empfangen hatte. Dagegen um das Jahr 180 gab es eine „Kirche" im engeren Sinn, einen das ganze Römerreich umspannenden Bund von Gemeinden. Ihr Leben war durch feste Ordnungen geregelt. Sie hatten Priester und einen Kultus, feste Ordnungen des Gemeindelebens und des Gottesdienstes, eine feste, in mehreren Ämtern sich abstufende Gemeindeverfassung, ein festes Glaubensbekenntnis und eine daran gebundene Theologie. Zur Kirche gehörte, wer getauft war und den Bischof als Träger der apostolischen Überlieferung, das neugeschaffene Neue Testament als Kanon neben dem Alten Testament und das Taufsymbol als den Inbegriff der apostolischen Lehre anerkannte.

Wie es zu dieser Kirchenbildung gekommen ist, ist eine vielverhandelte wissenschaftliche Frage (vgl. Problemgeschichte vor § 14). Die Ausbildung fester kirchlicher Formen war in manchem eine folgerichtige Ausgestaltung von Ansätzen, die tief in die apostolische Zeit zurückreichen; in anderer Hinsicht wieder bedeutete sie einen völligen Bruch mit dem Urchristlichen. Die Umbildung wurde durch die große gnostische Krisis des 2. Jh. beschleunigt, aber nicht ausschließlich herbeigeführt. Die Zukunft der neuen Religion beruhte darauf, daß sie die feste Schale des Kirchentums um ihren Kern bildete. Damit rettete sie vieles von ihrer Eigenart. Freilich bezahlte sie das mit einer unvermeidlichen Versteifung und epigonenhaften Verengung.

Zum Verständnis dieser Entwicklung sind folgende Sachverhalte unerläßlich (vgl. HARNACK, ThLZ 1909, Sp. 52): 1) die unübersteigbare Kluft zwischen Jesus und den Aposteln; 2) die erheblichen Verschiedenheiten unter den Aposteln selbst; 3) die fortgesetzten Akzentverschiebungen und Verlagerungen innerhalb der christlichen Gedankenwelt und der christlichen Institutionen; 4) das allmähliche Dahinschwinden eines „ungeheuren Elements, das am Anfang wirksam war", „nämlich das der unmittelbaren göttlichen Gebundenheit (Pneuma) und der durch sie gesetzten individuellen Freiheit" (Harnack); mit dem vierten Moment hängt aufs engste die im 2. Jh. immer mehr verblassende eschatologische Erwartung zusammen.

§ 6. Jesus.

ASCHWEITZER, Geschichte der Leben-Jesu-Forschung, ²1913. – R.BULTMANN, Geschichte der synoptischen Tradition, ³1957. – Die nt. Theologien von HHOLTZMANN, 2 Bde., ²1911, ASCHLATTER 1909f., PFEINE ³1919, HWEINEL ⁴1928, JKAFTAN 1927, RBULTMANN, ³1959, ESTAUFFER 1941. – EDMEYER, Ursprung und Anfänge des Christentums, 3 Bde., 1921–23. – RBULTMANN, Jesus [1926]. – ROTTO, Reich Gottes und Menschensohn, ²1940. – EPERCY, Die Botschaft Jesu, Lund 1953. – Zu § 6 d¹: WBIENERT, Der älteste nichtchristliche Jesusbericht, 1936.

1. Schon vor dem öffentlichen Wirken Jesu war unter den palästi- *a* nischen Juden die messianische Erwartung aufs stärkste erregt worden. *Johannes der Täufer*, in dem das alte israelitische Prophetentum noch einmal auflebte, verkündigte als ernster Bußprediger das unmittelbar bevorstehende Gericht und vollzog an den Büßern, die in Scharen zu ihm strömten, die einmalige Taufe im Jordan.

Wenn Lk. 3₁ („im 15. Jahre des Kaisers Tiberius") zuverlässig ist, fällt das *b* Auftreten des Johannes in die Zeit nach dem 19. Aug. 28. Die religionsgeschichtliche Herkunft der Taufe ist umstritten (Einfluß der jüd. Proselytentaufe? Einwirkung eines ins synkretistische Judentum aufgenommenen ursprünglich heidnischen Ritus? Wie war das Verhältnis des Täufers Johannes zu den Essenern?). Herodes Antipas, der Vierfürst von Galiläa und Peräa, machte aus politischen Gründen dem Wirken des Johannes ein Ende und ließ ihn auf der Feste Machärus enthaupten (Jos., Ant. XVIII 5₂). Der Jüngerkreis des Johannes überdauerte als eigene Sekte (besondere Gebets- und Fastenpraxis; [einmalige] Taufe) seinen Tod um Jahrzehnte.

2. Nach der Gefangennahme des Täufers begann *JESUS VON NA-* *c* *ZARETH* seine Wirksamkeit in Galiläa. Von seinen Anhängern als eine numinose Erscheinung, als die höchste Offenbarung Gottes empfunden, ist er rein historisch gesehen zweifellos die wirkungsvollste und relationenreichste Gestalt der mittelmeerländisch-abendländischen Religionsgeschichte. In ihm wurzelt die Überwindung der alttestamentlich-jüdischen Religionsstufe und die Aufrichtung einer neuen, im Mysterium der Erlösung gipfelnden, die nationalen Schranken durchbrechenden Menschheitsreligion. Er ist freilich, rein geschichtlich betrachtet, auch eine un-

gemein problematische Gestalt, weil die Frage, welche Überlieferungsbestandteile auf ihn zurückgehen, bei der Eigenart des Quellenmaterials in vielen Fällen nicht sicher zu beantworten ist.

d   Quellen sind die synoptischen Evangelien (§ 10 k). Jesus ist historisch nur fragmentarisch erkennbar: 1) nicht schriftliche Aufzeichnungen von ihm selbst, sondern nur Berichte Späterer über ihn sind vorhanden; 2) diese Berichte umfassen verschiedene, vom Ursprünglichen sich immer weiter entfernende Überlieferungsschichten; 3) diese Überlieferungen sind nicht in historischer, sondern in erbaulicher Absicht verfaßt und zeigen auch in ihren ältesten Bestandteilen immer das vom Glauben gestaltete Bild Jesu; 4) sie geben fraglos eine einseitige, manches weglassende Auswahl. Die außerchristliche Bezeugung ist spärlich und unergiebig, was aber kein Grund ist, die Person Jesu für ungeschichtlich zu halten (vgl. § 119 u, 122 r)[1].

e   Fest steht der äußere Rahmen von Jesu Wirken, sein Auftreten als **Wanderlehrer** ($διδάσκαλος$), der einen Kreis von Schülern ($μαθηταί$) um sich sammelt. Eine alte Überlieferung erwähnt seinen früheren Beruf ($τέκτων$), seine Mutter, seine vier Brüder, seine Schwestern (Mk. 6 ₃). Fest steht weiter seine **Herkunft** aus der kleinen, nur durch ihn bekannt gewordenen Stadt Nazareth in Galiläa. Mit der Wirksamkeit als Lehrer verband sich, wie es scheint, sehr rasch, die Rolle des **Wundertäters**, nämlich des Exorcisten (Dämonenbeschwörers) und des „Arztes" (Wunderheilungen); sie wurde ihm von der wundersüchtigen Menge aufgedrungen, das wirklich Geschehene durch die rasch einsetzende Legendenbildung gesteigert. Geschichtlich greifbar ist ferner der Kampf Jesu mit den Pharisäern und Schriftgelehrten, die um den Einfluß im Volke mit ihm rangen. Doch gehörte Jesus nicht dem „Christentum", sondern noch dem Judentum an (s. § f!). Unbezweifelbare geschichtliche Tatsache ist die **Kreuzigung** Jesu durch Pontius Pilatus.

f   Hauptprobleme: Hielt sich Jesus für den **Messias** und in welchem Sinne? Bezeichnete er sich als den **Menschensohn**, oder hat ihm erst die Urgemeinde diese Bezeichnung in den Mund gelegt? Wurde das **Evangelium** (= die frohe Botschaft von dem durch Christus, besonders durch seinen Tod, beschafften Heil) von der Urgemeinde geschaffen oder bereits von Jesus vorweggenommen? Wie stand Jesus zum **Gesetz**? Hat Jesus bewußt die **Kirche** gestiftet, oder war diese vielmehr die von ihm ungeahnte Folge seines Wirkens? Hat Jesus das **Abendmahl** eingesetzt, oder welchen Sinn und welche Worte sonst verband er mit dem letzten Mahl vor seinem Scheiden?

§ 7. Die Urgemeinde.

Quellen: echte Paulusbriefe; älteste Überlieferungsschicht in Apg. 1–12. – Lit.: CWeizsäcker, Das apostolische Zeitalter, ³1901. – JWeiss, Das Urchristentum, 1917. – EdMeyer s. § 6. – Die Kommentare zur Apg. von HHoltzmann, HH Wendt, EPreuschen, JWellhausen, ALoisy, OBauernfeind. – MDibelius, Aufsätze zur Apg., ³1953. – EHaenchen, Die Apg., 1956. – WBousset, Kyrios Christos, ²1921. – RBultmann, Das Urchristentum im Rahmen der antiken Religionen, Zürich [1949]. – HJSchoeps, Urgemeinde, Judentum, Gnosis, 1956. – Über das Martyrium des Johannes: ESchwartz, zuletzt ZnW XI, 1910, 89–104.

a   1. Der Kreuzestod Jesu[2] sprengte den Kreis seiner Anhänger auseinander und trieb sie nach Galiläa zurück. Hier aber erfolgte ein Um-

---

[1] Das wichtigste außerchristliche Zeugnis ist Tacitus, Ann. XV 44. Versuche, diese Stelle als späteren Einschub zu erweisen, sind gescheitert. Der älteste nichtchristliche Bericht, von dem wir wissen, war die ursprüngliche, in allen griechischen Handschriften durch eine um 150/300 entstandene christliche Überarbeitung ersetzte Fassung von Josephus, Antiqu. XVIII 3, 3; sie war, wie zu vermuten ist, tendenziös christenfeindlich und schilderte wohl Jesus als Zauberer und seine Anhänger als Unruhstifter (große Kontroverse über den sog. slavischen Josephus).

[2] Das Todesdatum ist wahrscheinlich Fr. 7. 4. 30, s. ThLZ 1957, 191.

schwung. Durch eine Reihe von Visionen, in denen sie Jesus schauten, kamen die Jünger zu der Gewißheit, daß Jesus auferstanden sei, in himmlischer Glorie bei Gott weile und demnächst „auf den Wolken des Himmels" herabkommen werde zum Gericht. Nun sammelte sich, vornehmlich durch das Verdienst des **PETRUS,** dem die erste Vision zuteil geworden war, die zersprengte Jüngerschaft Jesu von neuem; sie nahm ihren Sitz in Jerusalem und bildete hier eine messianische Gemeinde, die eine ganze Fülle eigenartiger Glaubens- und Lebensformen umschloß. Diese Gemeinde ist die älteste Erscheinungsform der Kirche, die Muttergemeinde der Christenheit.

Die Einzelvorgänge nach dem Tode Jesu liegen in einem nur wenige Punkte *b* erkennen lassenden Dunkel. Die ungemein wichtige „Paradosis" I. Kor. 15 $_{3-8}$ über die Visionen gibt zwar die Tatsachen deutlich in einer gewissen Stilisierung, zeigt aber Entstehung und Wachsen der Bewegung; der grundlegende Vorgang schlechthin ist die „Erscheinung" des Herrn vor Petrus. Hand in Hand mit diesen visionären Erlebnissen (oder ihnen voraus?) ging ein lebhaftes Schriftstudium: das AT, bei der Entstehung der Kirche von vornherein gegenwärtig und nicht erst durch Paulus hereingebracht (Lagarde), erwies, unter „christlichem" Sehwinkel gelesen, daß Jesus trotz des Kreuzestodes der Messias sei (Lc. 24 $_{45-47}$). In der so entstehenden ältesten Form der Christologie (vgl. Apg. 2 $_{22\ 36}$: Gott hat Jesus durch die Auferweckung zum Herrn und Christus gemacht!) liegen die Anfänge der christlichen Theologie und Dogmenbildung. Die Jünger fühlten sich berufen, die Verkündigung Jesu in seinem Namen fortzusetzen (Apostolat). Doch wandelte sich nun Jesu theozentrische Verkündigung der Gottesherrschaft sinngemäß in die christozentrische Verkündigung von Jesus als dem Christus. Zwischen Petrus und seinen Mitgläubigen müssen in diesen Wochen wichtige Beratungen und Entschlüsse gespielt haben; am wichtigsten war der Beschluß, in Jerusalem auf die Parusie, die Ankunft Jesu als Messias, zu warten.

Die jerusalemische Urgemeinde bewegte sich noch völlig im Rahmen des *c* Judentums. Ihre Anhänger beobachteten das Gesetz, besuchten den Tempel und die Synagogen und hofften auf die Bekehrung Israels, ja betrachteten sich als dessen Kern, als das „Volk Gottes", das „Israel κατὰ πνεῦμα" usw.; an die Stelle des Namens „Schüler" (μαθηταί), der allmählich auf die persönlichen Jünger Jesu beschränkt wurde, traten die Selbstbezeichnungen „Heilige" (ἅγιοι), „Arme" (πτωχοί, אֶבְיוֹנִים), „Auserwählte Gottes" (ἐκλεκτοὶ τοῦ θεοῦ), „Brüder" (ἀδελφοί), auch „Gläubige" (πιστοί), vor allem aber, schon vor Paulus, **Kirche** (ἐκκλησία, in der LXX Wiedergabe von קָהָל, feierlicher Ausdruck für die Gemeinde Gottes, in den Evangelien nur Mt. 16 $_{18}$ 18 $_{17}$). Den außenstehenden Juden galten die Jesusanhänger nur als eine der vielen jüdischen Sekten (ἡ τῶν Ναζωραίων αἵρεσις). Hauptsächlich unterschieden sich die ältesten Jesusgläubigen von ihren jüdischen Volksgenossen durch gewisse Züge ihrer Christologie: 1. Sie erblickten in Jesus von Nazareth den κύριος, den kommenden Messias; 2. sie setzten durch Einfügung der Verwerfung und des Kreuzestodes das jüdische in das christliche Messiasbild um. Der jüdische Zug der Gemeinde wurde noch verstärkt, als zu den anfänglich aus Galiläern bestehenden Jesusgläubigen jerusalemische Juden, sogar solche pharisäischer Herkunft, hinzutraten. Ein neues, über das Judentum hinausdrängendes Element stellten die in die Gemeinde eintretenden Hellenisten um *Stephanus* dar, griechisch sprechende Juden aus der Diaspora (vgl. Apg. 6). Sie vermochten sich aber in Jerusalem nicht zu behaupten (§ f); nach ihrer Ausschaltung gewann das jüdische Wesen in der Urgemeinde die Oberhand, vollends nach dem Weggang des Petrus (§ d).

Das **Gemeindeleben** war durchgängig durch die eschatologische Erwartung be- *d* stimmt. Als Initiationsakt bestand die Sitte der [einmaligen] Taufe. Die Gläubigen bildeten eine enge Gemeinschaft (κοινωνία); sie fand ihren Ausdruck in regelmäßigen Versammlungen zum Gebet und zum „Brotbrechen" (gemeinsame Mahlzeiten in Fortsetzung der Tischgemeinschaft Jesu mit seinen

Jüngern), sowie in einer ausgedehnten **Witwen- und Armenpflege**, die durch die Aufopferung des Besitzes einzelner ermöglicht wurde. Diesen **freien Liebeskommunismus** hat später der Auctor ad Theophilum, vielleicht unter essenischer Einwirkung, platonisch-idealisierend als einen **allgemeinen und prinzipiellen Kommunismus** geschildert (Apg. 4 $_{32}$f. vgl. 2 $_{44}$f.) und damit einen immer wieder zündenden Explosivstoff in die Kirchengeschichte getragen. Die **Leitung der Gemeinde** lag bei den „Säulen" (vgl. Gal. 2 $_9$: Petrus, Jakobus, Johannes, die nächsten Vertrauten Jesu, vgl. Mk. 5 $_{37}$ 9 $_2$ 14 $_{33}$). Daneben standen die leiblichen Brüder Jesu, die zu Lebzeiten Jesu ungläubig gewesen waren, in Ansehen, allen voran *JAKOBUS*, der auch durch eine Erscheinung des Auferstandenen ausgezeichnet worden war. Seit dem Weggang des Petrus aus Jerusalem war Jakobus der Führer der Urgemeinde. Autorität genossen neben den Aposteln die **Propheten** (Agabos Apg. 11 $_{28}$ 21 $_{10}$; Judas und Silas Apg. 15 $_{32}$; vgl. später in Cäsarea die vier Töchter des Philippus Apg. 21 $_9$). Neben diesen Autoritäten hatte die **Gemeinde** (τὸ πλῆθος) das Recht der Mitwirkung an wichtigen Entscheidungen (vgl. Apg. 6 $_5$, später: Apg. 15 $_{22}$). Wenig durchsichtig ist für uns das nur vorübergehend bestehende Amt der „**Sieben**" (Apg. 6 $_{1-6}$: selbständige Verwalter der ökonomischen Angelegenheiten, wahrscheinlich aus den Hellenisten gewählt). Seit den vierziger Jahren begegnet in Jerusalem ein Kollegium von **Presbytern** (Apg. 11 $_{30}$ 15 $_{22}$ 21 $_{18}$).

e 2. **Auf jüdischer Seite** wurde der Widerstand bald rege. Es kam vor, daß Synedrium und Synagogen die ihnen zu Gebote stehenden Zuchtmittel gegen die Verkündiger der neuen Lehre in Anwendung brachten. Im allgemeinen aber herrschte Friede. Dieser Zustand, der bis in die sechziger Jahre andauerte, ist indessen durch zwei stoßweise einsetzende **Verfolgungen** unterbrochen worden, die beide für die innere wie für die äußere Geschichte des palästinischen Judenchristentums ziemlich bedeutende Folgen gehabt haben müssen.

f Den Anlaß zur **ersten Verfolgung** gab ein Streit des *Stephanus*, eines der „Sieben", mit hellenistischen Juden (das sind griechisch sprechende Juden, im Unterschied von den aramäisch sprechenden). Stephanus wurde zum ersten Märtyrer, ein Teil der Gemeinde entfloh aus Jerusalem. Doch blieben die Apostel in der Stadt; vermutlich traf die Verfolgung nur die Hellenisten (Apg. 6 $_8$-8 $_3$). Nach außen bewirkte die Verfolgung eine weitere **Verbreitung des neuen Glaubens**; denn die Flüchtlinge wirkten eifrig unter der jüdischen Bevölkerung von Judäa, Samaria und Phönizien, Cypern und Antiochia (§ 8 a–c). Vgl. Apg. 8–11.

g Dabei tritt in der Überlieferung besonders *Philippus* hervor, einer von den „Sieben", der in der Stadt Samaria und anderen Orten Mittelpalästinas wirkte und sich darauf in Caesarea Palaestinae niederließ (vgl. § d). Auch Urapostel beteiligten sich an der Mission, bes. *Petrus*. In Samaria stieß die Mission mit der Religionsstiftung des Goëten *Simon Magus* zusammen, der sich für eine Inkarnation der „großen Kraft Gottes" hielt (vgl. § 13 o). Der Bericht von der Bekehrung des heidnischen Centurio Cornelius in Cäsarea durch Petrus ist stark legendarisch und jedenfalls insofern ganz ungeschichtlich, als es sich unmöglich, wie die Apg. es darstellt, um die erste grundsätzliche Inangriffnahme der Heidenmission und ein **früher** als der Apostelkonvent (Gal. 2 $_{1-10}$ Apg. 15) und der Zusammenstoß des Petrus mit Paulus in Antiochia (Gal. 2 $_{11}$) fallendes Ereignis handeln kann.

h Die **zweite**, in ihren Wirkungen noch schärfere Verfolgung fällt in die vierziger Jahre. c. 43/44 suchte sich *Herodes Agrippa I.* durch eine Bedrückung der Nazarener die Gunst der Juden zu erwerben. *Jakobus*, der Bruder des Johannes, wurde enthauptet, *Petrus* gefangen, aber auf überraschende Weise befreit (Apg. 12). Er verließ Jerusalem; die Leitung der Urgemeinde fiel nun ganz an den Herrenbruder Jakobus. Nach einer neueren Hypothese (ESchwartz, Wellhausen u. a.) ist damals nicht bloß der Zebedäide Jakobus, sondern auch sein Bruder *Johannes* Märtyrer geworden. Die Tatsache seines Martyriums ergibt sich aus dem Vaticinium ex eventu Mc. 10 $_{39}$; sie war Papias (Zitat bei Philippus von Side, 5. Jh.) noch bekannt und erhielt sich bei Afrahat und im syrischen Martyrologium von 411 („27. Dez.: Johannes und Jakobus die Apostel zu Jerusalem"). Gleichzeitiger Tod mit Jakobus ist im Hinblick auf Mc. 10 $_{39}$ wahrscheinlich. Vermutlich ist Apg. 12 $_2$ im 2. Jh. mit Rücksicht auf die inzwischen entstandene Legende vom ephesinischen Johannes (§ 10 b) retouchiert worden.

§ 8. Die Anfänge des Heidenchristentums. Der Apostel Paulus.

ASCHWEITZER, Geschichte der paulinischen Forschung, ²1933. – Über Paulus: WWREDE, ²1907; HWEINEL, ²1915; ADEISSMANN, ²1925; EVDOBSCHÜTZ, 3 T., 1926–32; WVLOEWENICH, 1940; HJSCHOEPS, 1959. – ASCHWEITZER, Die Mystik des Paulus, 1930. – HWINDISCH, Paulus und Christus, 1934. – Ders., Paulus und das Judentum, 1935. – Zur Petrusfrage: HLIETZMANN, Petrus und Paulus in Rom, ²1927. – Ders., Petrus römischer Märtyrer, SBA 1936. – Dagegen: KHEUSSI, War Petrus in Rom? 1936. – Ders., Die römische Petrustradition in kritischer Sicht, 1955. – Ders., HZ 186, 1958, 249–260. – Ders., ThLZ 1959, 359–61. – GDELLING, Der Gottesdienst im NT, 1952.

1. Der wichtigste Fortschritt, den die neue Religion in den ersten *a* Jahrzehnten tat, war ihr Übergang von ihrem palästinischen, jüdischen Heimatboden in die heidnische, hellenistisch-römische Welt. Die ersten Missionare, die sich an Heiden wandten, waren einige Hellenisten aus Kypros und Kyrene, die nach dem Zeugentod des Stephanus aus Jerusalem geflohen waren; diese begründeten in Antiochia die erste aus geborenen Juden und geborenen Heiden, wohl meist φοβούμενοι, gemischte Gemeinde (Apg. 11 $_{20}$). Binnen kurzem erwuchs in Antiochia ein zweiter Mittelpunkt des Christentums, zumal seitdem in *PAULUS* aus Tarsus der christlichen Sache ihr bedeutendster Apostel gewonnen war, der in einer systematischen Missionstätigkeit von Antiochia aus das Evangelium in die benachbarten Provinzen trug.

Die Bedingungen, unter denen das Christentum sich entwickelte, waren in *b* Antiochia wesentlich andere als in Jerusalem. Seine Verkündiger fanden in Antiochia am Rande der Synagoge Heiden, hellenisierte Orientalen, die von den religiösen und ethischen Grundgedanken der jüdischen Religion erfaßt waren, ohne sich zur Beobachtung des mosaischen Gesetzes verpflichtet zu fühlen. So erwuchs, zunächst ohne theoretische Begründung (vgl. § s), ein tatsächlich gesetzesfreies Heidenchristentum. Überdies öffnete sich der Christusglaube in der neuen Atmosphäre den hier waltenden religiösen Einflüssen: damit begann bzw. verstärkte sich der folgenreiche Vorgang der Verschmelzung des Evangeliums mit dem hellenisierten Orientalismus. Außenstehende erkannten das Neue und brachten für seine Anhänger in Antiochia, vielleicht schon in sehr früher Zeit, den Namen Christen auf (Χριστιανοί, Apg. 11 $_{26}$).

Unter den Cyprern und Cyrenäern, die die antiochenische Gemeinde gründeten *c* (Apg. 11 $_{20}$; die Namen nennt Apg. 13 $_1$: Barnabas, Simeon genannt Niger, Lucius von Cyrene, Manaen der Syntrophos des Tetrarchen Herodes), war *BARNABAS*, eigentlich Joseph oder Joses, ein Levit aus Cypern. Er schloß sich frühzeitig der Urgemeinde in Jerusalem an, die ihn Barnabas nannte (bar-n^{c}buah = Sohn der prophetischen Rede, Apg. 4 $_{36}$f.), und ging dann nach Antiochia (ob als Mandatar der Urgemeinde Apg. 11 $_{22}$ und nicht vielmehr als Flüchtling nach dem Märtyrertode des Stephanus Apg. 11 $_{19}$, ist umstritten). Er galt der alten Zeit als Apostel (vgl. Apg. 14 $_{4\ 14}$) und muß ein hervorragender Mann gewesen sein (nach einer alten, von zahlreichen modernen Kritikern angenommenen Tradition wäre er der Verfasser des Hebräerbriefs, vgl. Tertullian, de pud. 20; sicher unecht ist dagegen der sog. Barnabasbrief, § 10 a); er war es, der dem Paulus den Weg der Heidenmission geebnet hat.

d   *PAULUS*, mit seinem jüdischen Namen Saul, war nach seiner Selbstcharakteristik (II. Kor. 11 $_{22}$ Phil. 3 $_5$ Gal. 1 $_{13}$f.) ein dem hebräischen (d. i. aramäischen) Sprachgebiet angehörender, in streng pharisäischen Anschauungen erzogener „Israelit" (Jude) aus dem Stamm Benjamin. Nach einer vermutlich auf Origenes zurückgehenden, bei Hieronymus (In Philem. 23; De viris illustr. 5) erhaltenen Angabe stammten die Eltern aus Giskala in Galiläa und waren als Kriegsgefangene nach Tarsus in Cilicien verschlagen worden. Nach Apg. 22 $_{28}$ besaßen sie das römische Bürgerrecht. Paulus selbst ist in Tarsus geboren worden (Apg. 9 $_{11}$ 21 $_{39}$ 22 $_3$), oder vielleicht in Giskala (Hieron., a. a. O.). In Jerusalem unter Rabbi Gamaliel zum Schriftgelehrten gebildet (Apg. 22 $_3$), war Paulus zunächst ein erbitterter Feind der Jünger Jesu (Gal. 1 $_{13-14}$), wurde aber durch eine Christophanie, die er als gleichartig mit den Auferstehungserlebnissen der Urapostel ansah, zum Glauben an Jesus bekehrt und zu seinem Apostel berufen (Gal. 1 $_{16}$ I. Kor. 15 $_8$; vgl. Apg. 9 $_{1-9}$ 22 $_{3-21}$ 26 $_{2-23}$, mit charakteristischen Verschiedenheiten). Er wirkte nun drei Jahre in Damaskus und Arabien (d. i. dem Gebiet südlich von Damaskus), dann in den stärker hellenisierten Landstrichen Ciliciens; von Tarsus holte ihn Barnabas nach Antiochia (Apg. 11 $_{25}$) und unternahm später mit ihm den großen Missionszug nach Cypern (Salamis, Paphos) und Südkleinasien (Perge, Antiochia ad Pisidiam, Iconium, Lystra, Derbe), vgl. Apg. 13-14. Diese Mission wurde von der Gemeinde zu Antiochia organisiert (Apg. 13 $_{1-3}$); der Führer war Barnabas (sein Name steht in der alten Traditionsschicht Apg. 13 $_2$ $_7$ 14 $_{12-14}$ vor dem des Paulus). Diese Missionstätigkeit war von fortgesetzten Verfolgungen der beiden Apostel durch die Juden begleitet.

e   2. Als Paulus etwa 13/14 Jahre in Syrien und Cilicien als Heidenapostel gewirkt hatte[1], wurde das Werk der Heidenbekehrung in seinen Grundlagen bedroht. Streng pharisäisch-gesetzlich gerichtete Glieder der Urgemeinde griffen in die antiochenische Gemeinde ein und suchten den Christen aus den Heiden Gesetz und Beschneidung als heilsnotwendig aufzuzwingen. Damit brach über das gesetzesfreie Heidenchristentum eine große Gefahr herein: der Sieg dieser „Judaisten" hätte die Heidenmission vernichtet und die sich eben entfaltende Weltreligion zu einer innerjüdischen Sekte zurückgebildet.

f   Paulus beschwor die Gefahr, indem er, zusammen mit Barnabas, auf dem **Apostelkonvent zu Jerusalem** (um 43/44) von den Uraposteln die Anerkennung der Heidenmission erlangte und sich mit ihnen über die Missionsgebiete verständigte: die Urapostel behielten die Mission unter den Juden, Paulus und Barnabas die unter den Heiden.

g   Die höchst bedeutsamen Verhandlungen (Quellen: Gal. 2, Apg. 15) sind in wichtigen Punkten dunkel und lebhaft umstritten. Apg. 15 $_{1-33}$ schildert in der jetzigen Gestalt die Dinge in der Auffassung der Zeit um 100 („Apostelkonzil"; unzutreffendes Bild von Jakobus und Petrus; die Kollekte wird, vermutlich aus politischen Gründen, verschwiegen und durch das sog. Aposteldekret v. $_{28}$ f. ersetzt, was unvereinbar ist mit Gal. 2 $_{10}$, dem Vorkommnis in Antiochia Gal. 2 $_{11}$, sowie der Stellung des Paulus zur Götzenopferfleischfrage in Korinth; vgl. § 9 c). Gal. 2 $_{1-10}$, nichts weniger als ein neutraler Tatsachenbericht, vielmehr eine leiden-

---

[1] Die **Chronologie** des Lebens des Paulus ist ziemlich unsicher. Einen gewissen Anhalt geben Gal. 1 $_{18}$ (μετὰ τρία ἔτη, d. i. nach zwei Jahren), Gal. 2 $_1$ (διὰ δεκατεσσάρων ἐτῶν = nach 13 Jahren, die wohl von der Bekehrung und nicht von dem 1 $_{18}$ erwähnten Zeitpunkt an berechnet sind), schließlich Apg. 18 $_{12}$, wo das Prokonsulat *Gallions* über Achaja erwähnt ist, dessen Anfang sich auf Grund einer delphischen Inschrift auf den Sommer 51 setzen läßt. Vermutlich fällt um 30 die Bekehrung des Paulus, um 32 sein Besuch bei Petrus (Gal. 1 $_{18}$), um 43/44 (vor Apg. 12!) der Apostelkonvent, 50/51 der erste Aufenthalt des Paulus in Korinth, 58/59 seine Ankunft in Rom, 60/61 der Zeitpunkt, der Apg. 28 $_{30}$ erreicht ist.

schaftliche, die von den Gegnern verzerrten Hergänge zurechtrückende Selbstverteidigung des Paulus, läßt doch die Hauptpunkte klar erkennen: 1) In Verhandlungen mit den Führern der Jerusalemer (den δοκοῦντες, den „Säulen, § 7 d) erreichten Paulus und Barnabas Anerkennung ihrer Heidenevangelisation. 2) Durch Vereinbarung einer Kollekte der Heidenchristen für die Jerusalemische Gemeinde wurde ein Zusammenhalt der judenchristlichen und der heidenchristlichen Gruppe geschaffen, dessen verfassungsmäßige Seite aber noch nicht viel bedeutete. Die schwankende Haltung des Petrus bei seinem Aufenthalt in **Antiochia** führte zu einem heftigen Zusammenstoß mit Paulus (Gal. 2 $_{11}$ff.). Die Apg. erwähnt von einem Streit zwischen Petrus und Paulus nichts.

3. Paulus begründete seit Ende der 40er Jahre in einer rastlosen *h* Tätigkeit im mittleren und westlichen Kleinasien (Galatien und Asia proconsularis), in Mazedonien und Griechenland ein neues Missionsgebiet; besonders in Korinth und Ephesus entstanden große heidenchristliche Gemeinden. Diese Erfolge riefen den erbitterten Widerstand der Juden und Judenchristen hervor, die den Abtrünnigen mit glühendem Hasse verfolgten. Die Juden setzten, wo sie konnten, den heidnischen Pöbel und die römische Obrigkeit gegen ihn in Bewegung; die Judenchristen aber unternahmen geradezu eine Gegenmission.

Ihr Ziel war, seine Gemeinden zum Abfall von ihrem Apostel und zur Unter- *i* werfung unter das Gesetz zu bewegen. Doch gelang es Paulus, die durch diese Wühlereien hervorgerufenen Krisen in Korinth und Galatien zu überwinden (vgl. I. II. Kor. und Gal.).

4. Bei der Unfertigkeit der paulinischen Gemeinden im Innern *k* waren die zersetzenden Einflüsse der judenchristlichen Gegner von größter Gefahr. Ansätze zu festeren Formen der Organisation, des Kultus, der Sitte waren zwar vorhanden, aber der Enthusiasmus und die heidnische Herkunft gaben dem Gemeindeleben etwas Unbestimmtes und Fließendes.

Die Mehrzahl der **Anhänger** gewann Paulus aus den unteren sozialen Schichten *l* (Sklaven, Handwerker, Freigelassene usw.); daneben gab es in seinen Gemeinden auch einzelne Reiche, namentlich unter den Frauen. Die **Organisation** war noch *m* sehr frei. Doch war Paulus nicht nur Prediger des Evangeliums, sondern auch kirchlicher Organisator: er schloß die Bekehrten regelmäßig zu einer Gemeinde zusammen. Damit waren gewisse regelmäßige „Dienste" gegeben (Sorge für den Versammlungsraum, Aufsicht bei den Zusammenkünften, Verwahrung der heiligen Schriften und der Korrespondenz usw.), die wohl meist von den Erstbekehrten übernommen wurden; daraus entwickelten sich die ersten Ansätze zur Entstehung einer Gemeindeverfassung (I. Thess. 5 $_{12}$ προϊστάμενοι; Phil. 1 $_1$ erste Erwähnung von ἐπίσκοποι καὶ διάκονοι). Sicher waren die Gemeinden in den wichtigen Angelegenheiten autonom (die Briefe des Paulus sind an die Gemeinden adressiert, nicht an irgendwelche Leiter; die Gemeinde übte die Zucht usw.); doch galten neben dem Apostel und den übrigen „Geistesträgern" (Propheten und Lehrern) auch die „Erstlinge" = die Erstbekehrten einer Gemeinde als Autoritäten. Die Gemeindeämter standen jedoch im Apostolischen Zeitalter ganz im Schatten der charismatischen Ämter, der „Apostel, Propheten und Lehrer" (I. Kor. 12 $_{28}$; Ursprung dieser Trias ist dunkel); diese galten als Ämter der Gesamtkirche. In den **gottesdienstlichen Versammlungen** (im Hause eines *n* Bekehrten, in Ephesus in einer gemieteten Schule) walteten die Geistträger; feste Ordnungen, formulierte Gebete usw. gab es nicht; das Herrenmahl wurde in Form einer wirklichen Mahlzeit gefeiert, zu der jeder sein Teil mitbrachte; es vermittelte, in Analogie mit den antiken Kultmahlen, eine geheimnisvolle Verbindung mit dem Leibe und Blute Christi. Die Taufe als Initiationsakt war feste Sitte (vollzogen auf den „Namen" Jesu Christi). Das Einströmen hellenistischer, besonders dionysischer Einflüsse in den Gottesdienst ergibt sich für Korinth

§ 8   Die Anfänge der christlichen Religion

       aus I. Kor. 12. 14; Lesungen aus dem AT scheint es hier nicht gegeben zu haben.
o   Mit großer Energie drang Paulus auf die Begründung einer festen **christlichen Sitte;** vermutlich beruhten seine großen Erfolge zum Teil auf der „Kontrastwirkung" der christlichen Ethik gegenüber den sittlichen Zuständen. Die Gemeinden galten prinzipiell als Gemeinschaften aktiv Heiliger, Sündloser, die früheren Sünden als durch die Taufe getilgt. Das Problem der Sünde der Christen kam infolge der Parusieerwartung nicht zur Geltung. Grobe Sünder wurden aus der
p   Gemeinde ausgestoßen (I. Kor. 5 $_5$ Übergabe an den Satan). Teilweise gewann die asketische Neigung der Zeit in den Gemeinden Eingang (Abneigung gegen die Ehe, I. Kor. 7; Verwerfung des Fleischgenusses, Rm. 14; Verehrung der Engelmächte, verbunden mit Askese, in den phrygischen Gemeinden, Kol. 2), Paulus, selbst nicht völlig frei von asketischen Neigungen (I. Kor. 7$_8$), drang dennoch durchweg auf die christliche Freiheit. Vgl. § 19 r.

q   5. Schon stand Paulus im Begriff, seine Missionstätigkeit nach dem Westen zu verlegen, da brachten ihn kleinasiatische Juden bei einem Aufenthalte in Jerusalem in die Gefangenschaft der Römer. Von Caesarea, wo er zwei Jahre gefangen lag, wurde er nach Rom transportiert, um vor das kaiserliche Gericht gestellt zu werden, auf das er sich berufen hatte. In Rom hat er noch zwei Jahre für das Evangelium gewirkt.

r   Es wird allgemein angenommen, daß Paulus in Rom als „Märtyrer" gestorben ist (vgl. I. Clem. 5 $_7$). Dagegen sind die **letzten Schicksale des Paulus** vor seinem römischen Ausgang umstritten. Folgten auf die zweijährige römische Gefangenschaft Apg. 28 $_{30}$ unmittelbar Prozeß, Verurteilung und Hinrichtung? Oder kam Paulus damals frei, gelangte noch einmal nach dem Orient (vgl. die Ortsangaben der Pastoralbriefe!) und zurück nach dem Westen (bis nach Spanien?), um erst nach einer zweiten römischen Gefangenschaft den Untergang zu finden? Aber wäre eine Rückkehr des Paulus nach seinem östlichen Missionsfelde mit Apg. 20 $_{25\ 38}$ vereinbar? Ist τέρμα τῆς δύσεως I. Clem. 5 $_7$ wirklich auf Spanien und nicht vielmehr auf Rom zu beziehen = die westliche Wendesäule der imaginären Rennbahn?

s   Die epochemachende **Bedeutung des Paulus** liegt in einem Dreifachen:

       α) Paulus war bei weitem der erfolgreichste unter den urchristlichen Aposteln, der eigentliche Begründer der Mission unter den Heiden; er vornehmlich hat das Christentum in die griechisch-römische Kulturwelt verpflanzt.

       β) Er hat durch seine Lehre, daß der Tod Christi das Ende des Gesetzes sei, das Christentum vom Judentum losgelöst, es aus einer jüdischen Sekte zu einer allen nationalen Schranken entrückten Menschheitsreligion erhoben und als reine Gnadenreligion gefaßt (Lehre von der Rechtfertigung ohne Gesetzeswerke).

       γ) Indem er aus den theologischen Ansätzen der Urgemeinde (§ 7 b) tiefsinnige Gedankenreihen über den Tod und die Auferstehung des Gottessohnes und die Erlösung der Menschen entwickelte, ist er der eigentliche Begründer einer christlichen Theologie geworden. Die Theologie des Paulus zeigt eine Verschmelzung der von Jesus verkündigten entscheidend ethischen Religion mit der hellenistischen Mystik und dem volkstümlich-antiken Sakramentsglauben. Diese Verbindung wurde aber keineswegs durch Paulus allein herbeigeführt; solche Einflüsse strömten allenthalben aus der hellenistisch-orientalischen Umwelt in das Christentum ein.

t   6. Inzwischen hatte sich das Christentum auch außerhalb des Arbeitsfeldes des Paulus und unabhängig von ihm im Mittelmeergebiet verbreitet. Am folgenreichsten war die Festsetzung in **Rom.** Wie die heidnischen Kulte in der Zeit der Religionswende im römischen Reich vom Orient her westwärts zogen, drängte auch das Christentum nach der Welthauptstadt. Durch die Gunst der Umstände, besonders durch den

Untergang Jerusalems (§ 9g) und durch das ideelle und das materielle Übergewicht der Kapitale wurde Rom alsbald der Vorort des Christentums.

Vermutlich ist das Christentum schon sehr frühzeitig nach Rom gelangt; u Juden, die nach Jerusalem pilgerten, werden die erste Kunde von dem Messias Jesus nach Rom gebracht haben. Aus der Angabe Suetons über Kaiser Claudius (cap. 25): „*Judaeos impulsore Chresto assidue tumultuantes Roma expulit*" (vgl. Apg. 18 ₂) schließt man, daß es um 49/50 in der römischen Judenschaft zu schweren Kämpfen um die Christusfrage gekommen sei. Das ist kritisch überaus unsicher. Der Römerbrief des Paulus setzt bereits eine große, aus geborenen Heiden und geborenen Juden bestehende Gemeinde voraus. Ihr Typus entsprach dem der hellenistischen Synagoge. Über Paulus in Rom s. § q r. Eine große wissenschaftliche Kontroverse geht um die Frage, ob auch **Petrus in Rom** gewesen, oder ob die Vorstellung von seinem römischen Wirken und seinem Zeugentode unter Nero eine Legende ist. Vgl. § 11 d¹, 14 i, 14 i⁴, 18 t, 115 q¹.

§ 9. Die Ausgänge der Urgemeinde.
Das Absinken des Judenchristentums.

GHoennicke, Das Judenchristentum im 1. u. 2. Jh., 1908. – WBrandt, Elchasai, 1912. – HJSchoeps, Theologie und Geschichte des Judenchristentums, 1949. – JDaniélou, Théologie du Judéochristianisme, Paris 1958. – Klementinen: Rekogn., lat. ed. Gersdorf 1838; syr. ed. Lagarde 1861; Homilien, ed. Lagarde 1865; Homilien, ed. BRehm (GCS 42), 1953. – WFrankenberg, Die syrischen Clementinen mit griech. Paralleltext (TU 48, 3), 1937; – neuere Arbeiten von HWaitz, WHeinze, WBousset, CSchmidt, OCullmann, ESchwartz, BRehm, JThomas; vgl. HWaitz ZKG LIX, 1940, 304–341; HJSchoeps (ZRGG X, 1958), GStrecker (TU 70, 1958).

1. Die Entwicklung, die das palästinische Judenchristentum seit dem a Apostelkonvent (§ 8f) einschlug, wurde durch seine unklare Mittelstellung zwischen den rasch emporblühenden heidenchristlichen Gemeinden und dem in seiner Mehrheit den Glauben an Jesus ablehnenden jüdischen Volk bestimmt.

α) Das Verhältnis der Judenchristen zu den Heidenchristen blieb b auch nach der Auseinandersetzung mit Paulus feindselig.

Augenscheinlich verschärfte sich in Jerusalem nach dem Apostelkonvent und c dem Weggang des Petrus unter Führung des Herrenbruders *Jakobus* die streng gesetzliche Richtung. Das führte zu dem Versuch, durch Gegenmission auf dem paulinischen Missionsgebiet die Heidenchristen unter die Beschneidung zu beugen, um so die Einheit der Christusgläubigen zu erzwingen (§ 8 h i). Sehr problematisch ist die Herkunft des Apostel dekretes, das auf die Forderung der Beschneidung der bekehrten Heiden verzichtet, diese als eine Art Proselyten ansieht und zur Ermöglichung des persönlichen Verkehrs der Judenchristen mit den Heidenchristen die sog. vier noachitischen Gebote in Kraft setzt (Apg. 21 ₂₅). Die Verbindung mit dem Apostelkonvent (Apg. 15 ₂₃f.) ist stark umstritten.

β) Auf der anderen Seite suchten sich die Judenchristen mit großer d Entschiedenheit innerhalb der jüdischen Volksgemeinschaft zu behaupten. In der Tat war ein Teil der nichtjesusgläubigen Juden der Sekte wegen ihrer strengen Gesetzlichkeit freundlich gesinnt; andere blieben von tiefster Abneigung erfüllt und bereiteten dem Herrenbruder Jakobus, dem Führer der Urgemeinde, bei günstiger Gelegenheit ein gewaltsames Ende.

3 Heussi, Kompendium 13. Aufl.

§ 9   Die Anfänge der christlichen Religion

e   Über den **Ausgang des Jakobus** gibt es zwei verschiedene Berichte (Josephus, Antiqu. XX 9 ₁, und Hegesippus bei Eus. h. e. II 23), die beide zu kritischen Bedenken Anlaß geben; aber die Tatsache der Steinigung (wohl um 62) läßt sich nicht bezweifeln. Sein Nachfolger als Leiter der Gemeinde wurde ein Vetter Jesu, *Simeon*, Sohn des Klopas (Märtyrer unter Trajan); auch andere leibliche Verwandte Jesu sind, bis in die vierte Generation, als Leiter christlicher Gemeinden nachweisbar („δεσπόσυνοι". Vgl. Eus. h. e. III. 11. 20).

f   γ) Der **jüdisch-römische Krieg** (66–70, bzw. 73) vertrieb die Urgemeinde aus Jerusalem und beraubte sie damit des Nimbus, der sie bis dahin auch in den Augen der Heidenchristen umgeben hatte. Seitdem trat das Judenchristentum rasch zurück; im Gesamtverlauf der Kirchengeschichte bildet es eine „paläontologische Periode".

g   Der Aufstand der Juden gegen die Römer stellte die Judenchristen vor die unausweichliche Wahl, entweder gegen ihre religiöse Überzeugung gemeinsam mit den jüdischen Fanatikern zu den Waffen zu greifen oder sich von den Aufrührern zu scheiden. Auf Grund eines Prophetenspruchs verließen die Judenchristen des Westjordanlandes das Aufstandsgebiet und siedelten sich in Pella im Ostjordanlande an (67 oder früher). Mit ihrem Wegzuge aus der heiligen Stadt und vollends mit der **Zerstörung Jerusalems (70)** durch Titus war die Führerrolle der Urgemeinde ausgespielt.

h   2. Nach dem Untergange Jerusalems verlor das Judenchristentum immer mehr die Fühlung mit den Heidenchristen und wurde allmählich, indem es im wesentlichen auf seiner früheren Stufe verharrte, zu einer ketzerischen Sekte; bereits am Ende des 2. Jahrhunderts waren die alten Namen der palästinischen Christen, Ebjoniten und Nazoräer, zu Ketzernamen geworden. Anderseits schied auch das jüdische Volk (um 100) durch den Bann die Ketzer aus und nahm ihre Verfluchung in das Schmone-Esre, das Hauptgebet, auf.

i   **132–135,** unter der Regierung Hadrians, erfolgte die letzte große Empörung der Juden Palästinas. Ihr Führer war der Messias Simon, genannt *Barkochba*, der die Judenchristen blutig verfolgte. Nach der Beendigung des Krieges bauten die Römer an Stelle des seit 70 in Trümmern liegenden Jerusalem die heidnische Kolonie Aelia Capitolina, die zu betreten den Beschnittenen bei Todesstrafe verboten war. So war eine Rückkehr der Judenchristen nach Jerusalem unmöglich; vielmehr siedelte sich nach 135 eine heidenchristliche Gemeinde in Aelia an. Der Hauptsitz des Judenchristentums blieb das Ostjordanland.

k   Es gab zwei Hauptgruppen, die vulgären und die gnostischen Judenchristen. Das **vulgäre Judenchristentum** barg, wie in der urchristlichen Zeit, eine schroff partikularistische und eine mildere Richtung in sich. Doch scheint der Gegensatz nicht zu getrennter Gemeindebildung geführt zu haben: auch lassen sich die Namen Ebjoniten ('Εβιωναῖοι, 'Ηβίωνοι, ebjonim) und Nazoräer (Ναζωραῖοι) nicht auf die beiden Richtungen verteilen. Die vulgären Judenchristen hielten am nationalen Judentum und an der peinlichen Beobachtung des Gesetzes fest; damit verbanden sie den Glauben an Jesu Messianität, der von manchen schon frühzeitig mit christologischen, den starren Monotheismus gefährdenden Spekulationen verbunden wurde. Dagegen wurde die übernatürliche Geburt geleugnet: Jesus galt als der Sohn des Joseph und der Maria, der bei der Taufe durch das Herabkommen des hl. Geistes zum Messias geweiht war. Doch fanden seit dem 3. Jh. wenigstens teilweise die Logos-Christologie und der Satz von der übernatürlichen Geburt Eingang. Die messianische Erwartung trug chiliastische Form (§ 10 m²). Die Autorität des Paulus wurde im 2. Jh. von allen Judenchristen verworfen; zur Zeit des Hieronymus gab es auch Judenchristen, die Paulus als Apostel gelten ließen. Alle Judenchristen gebrauchten das Hebräerevangelium (§ 10 k). Judenchristlichen Ursprungs ist vermutlich die in Apg. 1–12 verarbeitete Quelle mit ihrem Idealbild der Urgemeinde von Jerusalem.

Zu den sog. **gnostischen Judenchristen** gehören vielleicht schon die kolossischen *l* Irrlehrer der apostolischen Zeit. Zu nennen sind besonders die **Elkesaiten** oder „Sobiai" (= die Getauften), gestiftet in der Zeit Trajans von *Elchasai* (Elxai), in deren Anschauungen sich jüdische und judenchristliche Elemente mit allerlei synkretistischen verbanden (neben der ersten Taufe eine zweite zur Sündenvergebung, dazu häufige rituelle Tauchbäder; Hochschätzung des mosaischen Gesetzes, doch Verwerfung der blutigen Opfer; Wertschätzung der Ehe, Beschneidung, Sabbat, Messianität Jesu, Verwerfung des Paulus; Astrologie, Magie; Abendmahl mit Brot und Salz, ohne Wein; Lehre von der wiederholten Inkarnation des Urmenschen oder obersten Erzengels, zuletzt in Jesus). Ihr heiliges Buch war von Elchasai selbst verfaßt (aram.; verloren). Um 400 fanden sie sich noch am Toten Meere („Sampsäer" = Sonnenanbeter).

Den Anschauungen der Elkesaiten verwandt ist das theologische System einer *m* hypothetisch zu erschließenden Grundschrift (um 220 im Ostjordanland entstanden), die später in den **Pseudo-Klementinen,** dem ältesten vollständig erhaltenen christlichen Roman, verarbeitet worden ist. Dieser Roman schildert die Bekehrung des vornehmen Römers Klemens und das wunderbare Wiederfinden seiner verlorenen Familie, sowie die Kämpfe zwischen Petrus und Simon Magus (erhalten in zwei Hauptrezensionen, den Homilien und den Recognitionen, sowie in Auszügen aus beiden; die literarische Entstehung bietet äußerst schwierige Probleme). Sicher ist, daß die eigenartige Theologie der Pseudo-Klementinen nicht die Anschauung einer großen kirchlichen Partei (so FCBaur), sondern nur die eines kleinen Kreises darstellt.

Auf die heidenchristlichen Gemeinden hat weder das gnostische Judenchristen- *n* tum noch das vulgäre entscheidend eingewirkt, das erste auf die Entstehung des Islam. Untergegangen sind die Ebjoniten wahrscheinlich erst infolge der arabischen Invasion in Palästina 635.

§ 10. Die heidenchristlichen Gemeinden der vorkatholischen Stufe.

RKnopf, Das nachapost. Zeitalter, 1905. – HWeinel, Die Wirkungen des Geistes und der Geister im nachapostol. Zeitalter, 1899. – Über die Verfassung: KMüller, ABA 1922, Nr. 3; Ders., Aus der Akad. Arbeit, 1930, S. 101–134; über die Diakonissen *AKalsbach, RQ, Suppl. 22, 1926; über die Verfassung im I. Klem. FGerke (TU 47, 1), 1931. – FKattenbusch, Das apost. Symbol, 2 Bde., 1894–1900. – Über die Urform des Symbols, Aufsätze von KHoll, AvHarnack, HLietzmann, SBA 1919; RSeeberg, ZKG XL, 1922, S. 1–11. – HPreisker, Christentum und Ehe in den ersten drei Jahrhunderten, 1927. – Zur Literaturgesch. vgl. § 2 s; ferner: die Einleitungen ins NT von BWeiss, HHoltzmann, AJülicher, ThZahn, PFeine, *AWikenhauser, WMichaelis. Zum Ev. Joh.: RBultmann (Kommentar) und CHDodd, The Interpretation of the Fourth Gospel, London ²1954. – Neutestamentliche Apokryphen in deutscher Übersetzung her. von EHennecke, 1904, ³2 Bde., ed. Schneemelcher 1959f. – Patrum apostolicorum opera, ed. vGebhardt, Harnack, Zahn, 3 Bde., 1875–77; ed. minor ²1894. – Die apost. Väter, her. von FXFunk (SQS II 1), ³1924 ed. KBihlmeyer. – Patres apostolici, her. FXFunk, 2 Bde., ²1901; II ³ed. FDiekamp, 1913. – Les pères apostoliques en copte, ed. Lefort, Louvain 1952. – *JAFischer, Die apostolischen Väter griechisch und deutsch, 1956. – Handbuch zum NT, her. von HLietzmann, Ergänzungsband 1920ff. – I. Klemens: AvHarnack, Einführung in die alte KG: Das Schreiben der römischen Kirche an die korinthische, 1929. – Polykarp: HvCampenhausen, SHA 1951. – Ignatius: ThZahn, 1873; vdGoltz, TU XII 3, 1894; *MRackl, Die Christologie des hl. Ignatius, 1914; HDelafosse (= JTurmel), Lettres d'Ignace d'Antioche, 1927; HSchlier, Religionsgeschichtliche Untersuchungen zu den Ignat.-Briefen, 1929; HWBartsch, Gnostisches Gut und Gemeindetradition bei Ignatius, 1940. – Didache: AHarnack, TU II 1–2, 1884. – Petrus-Apokal.: AHarnack, TU IX 2, ²1893. ADieterich, Nekyia, 1893. – Epistola apost.: CSchmidt, Gespräche Jesu mit seinen Jüngern nach der Auferstehung, TU 43, 1919. Epistola apostolorum ed. HDuensing (KlT 152), 1925. – Petrus-Ev.: ed. OvGebhardt, 1893; AHarnack, TU IX 2, ²1893; HvSchubert, Die Komposition des ps. petrin. Evgln.-Frgm., 1893. – Das Evangelium nach Thomas, ed. AGuillaumont u. a. 1959 (in 5 Sprachen und 6 Ausgaben). – Apostelgeschichten: RALipsius, Die apokryphen Apostelgeschichten und Apostellegenden, 1883–90. – Acta Pauli: ed. CSchmidt, ²1905. – Acta Pauli, ed. CSchmidt und WSchubart, 1936. – Rosa Söder, Die apokryphen Apostelgeschichten und die romanhafte Literatur der Antike, 1932. – MBlumenthal, Formen und Motive in den apokryphen Apostelgeschichten (TU 48, 1) 1933. – GBornkamm, Mythos und Legende in den apokryphen Thomasakten, 1933.

a   **Quellen** 1) alle nachpaulinischen nt. Schriften; – 2) die im folgenden genannten Schriften, auf deren Verfasser von der kathol. Patristik des 17. Jhs. (Cotelier) der unzutreffende Name „**Apostolische Väter**" angewandt worden ist (als ob sie Schüler der Apostel gewesen wären); – 3) die älteren der apokryphen Evangelien und Apostelgeschichten (vgl. § k l).

Die sog. apostolischen Väter.

1) **I. Klemensbrief,** ein Schreiben der röm. Gemeinde an die von Korinth, wo jüngere Gemeindeglieder sich gegen die Presbyter erhoben hatten. Thema: μάθετε ὑποτάσσεσθαι! Verfaßt nach der herrschenden Ansicht c. **95/96** durch den röm. Presbyter *Klemens*; nach ALoisy in der Zeit Hadrians (117–138) oder in den ersten Jahren des Antoninus Pius (138–161) von dem bei Hermas, vis. 2 ₄, genannten Klemens geschrieben. In der alten Kirche vielfach in kanonischem Ansehen, noch zur Zeit des Eusebius (vgl. h. e. III 16).

2) **Ignatianen,** ein in mehreren Rezensionen verschiedenen Umfangs verbreitetes Schriftenkorpus, deren älteste sieben Briefe umfaßt: an die Gemeinden von Ephesus, Magnesia, Tralles, Rom, Philadelphia, Smyrna und an Polykarp von Smyrna. Angeblich stammen sie von dem Bischof *Ignatius von Antiochia*, der als Märtyrer von Antiochia nach Rom gebracht und vor die wilden Tiere geworfen worden sein soll (Eus., h. e. III 36), angeblich unter Trajan (Eus., chron.). Die Abfassung durch Ignatius und die Datierung sind umstritten (nach der vorherrschenden Ansicht um 110/117; aber möglicherweise erheblich später). Verfechtung des monarchischen Episkopats; älteste Erwähnung der καθολικὴ ἐκκλησία (ad Smyrn. 8 ₂); antignostisch, bes. antidoketisch; Verwendung einer „regula fidei" in der antihäretischen Polemik, ad Trall. 9; Smyrn. 1; eigenartige religiöse Gedankenwelt (§ o).

3) **Polykarpbrief** (in Wirklichkeit sind es zwei Briefe!), gerichtet nach Philippi, verfaßt nach der Romreise des Ignatius von Bischof *Polykarp von Smyrna*, gest. 86j. als Märtyrer am 23. Febr. 155 (so der übliche Ansatz), oder, wahrscheinlicher, nach 161 (darauf führt Eus., h. e. IV 15, sowie die Tatsache, daß Anicet, den Polykarp in Rom besuchte, vielleicht erst 155 Bischof wurde, § 20 p) bez. 168. Vgl. § 14 k. Der Polykarpbrief setzt wahrscheinlich den Hirten des Hermas voraus.

4) **Barnabasbrief,** nicht von Barnabas (§ 8 c) und kein Brief, sondern ein Traktat, vielleicht von einem heidenchristlichen Lehrer c. 130/135 verfaßt. Schroff antijüdisch; allegorische Erklärung des AT, Schilderung der beiden Wege (des Lichts und der Finsternis)[1].

5) **Papiasfragmente,** wenige Reste der Schrift Λογίων Κυριακῶν ἐξηγήσεις, verfaßt um 120/160 von *Papias* von Hierapolis in Phrygien (Ergänzungen der Evangelien aus der mündlichen Tradition? oder Erklärung von Herrenworten unter Heranziehung der mündlichen Tradition?). Die wichtigsten Fragmente bei Eus., h. e. III 39. Papias war Chiliast (§ m); daher von Irenäus geschätzt, von Eusebius als beschränkt abgelehnt.

---

[1] Stark ablehnend gegen das Judentum waren auch Justin, Tertullian, Eusebius, Chrysostomus, Hieronymus, Augustinus.

6) **Zwölfapostellehre** (*Διδαχὴ τῶν δώδεκα ἀποστόλων*), eine Kirchenordnung, erst seit 1883 durch Bryennios wieder bekannt, entstanden c. 100/150 in Syrien, Palästina oder Ägypten. Sittliche Gebote (die beiden Wege); kultische Vorschriften (Taufe, Fasten, Gebet, Eucharistie), Vorschriften für das Gemeindeleben (Wanderprediger, Gemeindepropheten. Lehrer; Wahl von Episkopen und Diakonen).

7) **II. Klemensbrief**, kein Brief und nicht von Klemens, sondern eine Homilie eines Presbyters vermutlich in Korinth (nach anderer Annahme in Rom), c. 135/140. Interessante Herrenwortzitate, vielleicht aus dem Ägypterevangelium („Klemens" als Pseudonym auch § 26 a, als Romanfigur § 9 m).

8) **Hirt des Hermas** (Pastor Hermae), eine Apokalypse, verfaßt in Rom **c. 140** von einem kathol. Laien *Hermas*, einem Bruder des „Bischofs" Pius (§ 14 i), eingeteilt in 5 *visiones*, 12 *mandata*, 10 *similitudines*; sittliche Vorschriften zur Neubelebung der Gemeindezucht (Buße, § r).

Die Zukunft der neuen Religion ruhte ganz auf dem **Heiden-** *b* **christentum**. Es stand in seiner inneren Entwicklung in den Jahrzehnten vor etwa 130/140 auf seiner **unmittelbar vorkatholischen Stufe**. Noch herrschte in der religiösen Gedankenwelt, in der Verfassung, im Gottesdienst und im Gemeindeleben bunte Mannigfaltigkeit und Regellosigkeit; aber der urchristliche Enthusiasmus war im Schwinden, und die **Entwicklung strebte festeren Formen zu**.

Im einzelnen sind diese Vorgänge wenig durchsichtig; meist kennen wir nur die Ergebnisse. So wichtige Dinge wie die Ausbildung der Gemeindeverfassung, die Entstehung des Taufsymbols, die Abfassung der Evangelien, die Sammlung der Paulusbriefe (vielleicht um 90/100, spätestens um 120/130) sind weithin in Dunkel gehüllt. Auch die führenden Männer dieser Jahrzehnte sind fast ungreifbar, so die Schüler des Paulus, *Timotheus* und *Titus*, auch *Lukas der Arzt* (vgl. § 1³!), ebenso die Episkopen der römischen Liste (§ 14 i), *Klemens* nicht ausgenommen (§ a 1), oder die „Presbyter", die Irenäus als seine Gewährsmänner nennt; nicht viel besser steht es mit *Papias von Hierapolis* (§ a 5) und *Polykarp von Smyrna* (§ a 3); unerkennbar bleibt der wirkliche *Ignatius von Antiochia* (§ a 2). Vollends rätselhaft ist die Gestalt des kleinasiatischen *Johannes* und die Herkunft des johanneischen Schriftenkreises. War dieser Johannes, der nach Irenäus den letzten Teil seines Lebens in Ephesus gewesen und dort unter Trajan in hohem Greisenalter eines natürlichen Todes gestorben sein soll, wirklich der Zwölfjünger? Oder handelt es sich vielmehr um den „Presbyter" Johannes, einen „Herrenschüler", den es nach der üblichen Papias-Exegese (vgl. Eus., h. e. III 39) noch zur Zeit des Papias gegeben haben soll und zwar vermutlich in Kleinasien? Für den Zwölfjünger Johannes besteht die ganz überwiegende Wahrscheinlichkeit eines frühen gewaltsamen Todes in Palästina (vgl. § 7 h).

1. **ORGANISATION.** In diesen Jahrzehnten bildete sich vor allem *c* eine festere **Organisation der Einzelgemeinde**. In der ältesten Zeit, solange der „Geist" die volle Herrschaft über das Gemeindeleben übte, hatten die „Beamten" der Einzelgemeinde nur eine geringe Bedeutung gehabt. Die „geistlichen" Funktionen hatten damals in den Händen der „**Geistträger**" gelegen, der „charismatisch" begabten **Apostel, Propheten und Lehrer, der Beauftragten für die Gesamtkirche**. Episkopen und Diakonen waren bloße Gehilfen für die äußeren Dinge gewesen. Aber mit dem Dahinschwinden des „Pneuma" traten sie immer häufiger in die entstandene Lücke und gewannen an Bedeutung. Entscheidend für die Konsolidierung der Gemeindeverfassung war das Aufkommen des **monarchischen Episkopats**.

Die vorhandenen Quellenstellen geben für die Zeit bis c. 140 ein sehr buntes, vielgestaltiges Bild; vermutlich bestanden in den verschiedenen Gemeinden mancherlei Unterschiede. Die προϊστάμενοι der Gemeinden scheinen sich schon in der apostolischen Zeit in Aufsichtführende (ἐπίσκοποι) und Ausführende (διάκονοι) geschieden zu haben, so im Gebiet des Paulus (§ 8 m). Die ἐπίσκοποι wurden, so in Rom, aus den πρεσβύτεροι genommen (§ 7 d), dem Stande der „Geehrten", die in der Gemeindeversammlung im Halbkreis auf den Ehrenplätzen saßen (πρωτοκαθεδρία). Die nächste Stufe der Entwicklung war dann, daß einer von den ἐπίσκοποι die wichtigsten Funktionen dieses Amtes dauernd übte und der Titel **Bischof** (ἐπίσκοπος) schließlich ihm allein vorbehalten wurde. Vermutlich hängt die Entstehung des monarchischen Episkopats mit dem Kultus zusammen; die Verdienste tatkräftiger Bischöfe in den Verfolgungen und im antignostischen Kampf beschleunigten seinen Sieg. In seinem ersten Entwicklungsstadium ist er **um 130** (um 115?) in Syrien und [vielleicht weniger durchgebildet] in Kleinasien nachweisbar (vgl. die Ignatianen, § a), in Rom wohl unter Pius (c. 140–154), vielleicht noch später. Er war insofern keine völlige Neuerung, als eine gewisse formlose Monarchie in den Gemeinden nach dem Weggang ihres Stifters wohl immer bestanden hatte. Vielleicht gab es in ältester Zeit in manchen Gegenden nur einige wenige Gemeinden mit einem Bischof an der Spitze, der über eine weite Fläche gesetzt war und in den übrigen Gemeinden seine Kleriker hatte: so vor allem in Ägypten und im Pontusgebiet (K. Müller).

d Die **Presbyter,** die zusammen mit dem Bischof das Presbyterium bildeten, unterstützten und vertraten den Bischof im Gottesdienst und Lehramt. Wichtiger als die im wesentlichen repräsentative Stellung der Presbyter waren die Funktionen der diesen untergeordneten **Diakonen** (διάκονοι, wegen Apg. 6 $_3$, wo man die Einsetzung des Diakonats berichtet wähnte, gewöhnlich sieben; Armen- und Krankenpflege, Dienstleistungen beim Kultus). Sie schlossen zunächst den Klerus nach unten hin ab. Der Ursprung der Rangabstufung „ἐπίσκοπος, πρεσβύτεροι, διάκονοι" ist dunkel. Im Orient gab es im 2. und 3. Jh. auch **weibliche Diakonen** (αἱ διάκονοι, γυναῖκες διάκονοι, für Kultus- und Armenpflege und für die Taufe von Frauen; meist Witwen, seit dem Herrschendwerden des Ideals der Virginität mit Vorliebe Jungfrauen); in gewissem Sinne zum Klerus gerechnet wurden auch die „Witwen" (χῆραι), die im Morgenland und Abendland als besonderer Stand in den Gemeinden lebten.

Die charismatischen „Ämter" der **Apostel, Propheten und Lehrer** (§ 8 m) bestanden neben den Gemeindeämtern noch eine Zeitlang fort, mit diesen nicht selten in Rivalität. Für die besitzlos und rastlos von Ort zu Ort wandernden Missionare (vgl. Did. 11 $_3$) setzte sich allmählich die Bezeichnung „Evangelisten" durch, während der Titel „Apostel" auf die Zwölf [und Paulus] eingeschränkt wurde. Teilweise entarteten die charismatischen Wanderprediger; die Didache (§ a) sucht die Gemeinden vor schwindelhaften Wanderaposteln und -propheten zu schützen. Das Bild eines Schwindelpropheten, des *Peregrinus Proteus,* zeichnet der Satiriker Lucian von Samosata in der Schrift „De morte Peregrini", mit der er den Kynismus, daneben aber auch das Christentum zu treffen suchte.

e 2. KULTUS. Auch im Gottesdienst war die „enthusiastische" Freiheit der ältesten Zeit fast völlig verschwunden und eine feste Sitte in Übung gekommen. Die Gemeindeversammlungen verliefen nun nach einer durch die Gewohnheit festgesetzten Ordnung. Dazu hatte sich ein christlicher Wochenfestkreis herausgebildet, und mit dem Aufkommen der Passahfeier in christlicher Umdeutung (§ 18n) war der erste Ansatz zu einem christlichen Jahresfestkreise gegeben.

f Die herkömmliche Auffassung, daß es zwei verschiedene **gottesdienstliche Versammlungen** gegeben habe, einen Wortgottesdienst vor Sonnenaufgang und die Feier des Herrenmahls am Abend, ruht auf der Darstellung im Pliniusbriefe (Plin., ep. X, 96), die vielleicht nicht frei von Mißverständnissen ist. Im Mittelpunkt des Abendgottesdienstes stand die sakrale Mahlzeit (εὐχαριστία, noch in

Gestalt eines wirklichen Mahls; vgl. § 18 g l). Damit waren Schriftverlesung, Predigt, Gesänge, Segen verbunden (vgl. Justin, Apol. I, 65–67). Der Gottesdienst gestaltete sich teilweise unter dem Einfluß der Synagoge (Gebete; Schriftverlesung, Rede, Segen; der Synagoge fremd sind dagegen die enthusiastischen und die sakramentalen Bestandteile, ebenso die Gesänge). Freie Gebete prophetisch Begabter kamen um diese Zeit noch vor, aber die Regel bildete das fest formulierte Gebet. Beispiele für den ältesten Niederschlag fester liturgischer Stücke sind: 1. das Vaterunser; 2. die Abendmahlsgebete Did. 9–10; 3. das große Kirchengebet I. Klem. 59 bis 61.

Die Gemeinde versammelte sich am **Herrentag** (ἡμέρα κυρίου, κυριακὴ κυρίου) g oder auch an Wochentagen. Die Feier des ersten Tages der Woche (= des „achten" Tages) als des Herrentages (Tages der Auferstehung Jesu) entstand in betonter Abweichung vom jüdischen Sabbat. Der Name **Sonntag** (erwähnt bei Justin, Apol. I, 67) stammt aus der damals vordringenden siebentägigen Planetenwoche. Derselbe Tag war dem Sonnengotte Mithras heilig. **Fastentage,** *dies stationum*, Wachen der *milites Christi* auf ihren Posten, *stationes*, waren Mittwoch und Freitag. Am Sonntag wurde nie gefastet und niemals kniend, sondern immer stehend gebetet. Die beiden Fastentage wurden mit absichtlicher Abweichung von dem jüdischen Sabbat und den pharisäischen Fastentagen (Montag, Donnerstag) festgelegt.

Der **Taufritus** war noch sehr frei; zB. gestattet die Didache (Kap. 7) bei Wasser- h mangel statt Untertauchen Besprengung. Der Taufe ging eine ethische Unterweisung und vermutlich ein kurzes κήρυγμα von Christus voraus. Aus den an die Täuflinge gerichteten Fragen entstand das **Taufbekenntnis;** seine älteste Gestalt war ein Christusbekenntnis, seine spätere Form triadisch. Die Einzelheiten der Entstehungsgeschichte sind umstritten, so auch die Frage nach dem Alter des sog. **Romanum** (vorhanden vor 150 ?). Die altrömische Formel, erhalten in einem Schreiben des Marcellus von Ankyra (§ 24 k l y³) an Julius I. von Rom, bzw. im sog. Psalterium Aethelstani (9. Jh.), lautet: Πιστεύω εἰς θεὸν πατέρα παντοκράτορα· καὶ εἰς Χριστὸν Ἰησοῦν τὸν υἱὸν αὐτοῦ τὸν μονογενῆ, τὸν κύριον ἡμῶν, τὸν γεννηθέντα ἐκ πνεύματος ἁγίου καὶ Μαρίας τῆς παρθένου, τὸν ἐπὶ Ποντίου Πιλάτου σταυρωθέντα καὶ ταφέντα, τῇ τρίτῃ ἡμέρᾳ ἀναστάντα ἐκ νεκρῶν, ἀναβάντα εἰς τοὺς οὐρανούς, καθήμενον ἐν δεξιᾷ τοῦ πατρός, ὅθεν ἔρχεται κρῖναι ζῶντας καὶ νεκρούς· καὶ εἰς πνεῦμα ἅγιον, ἁγίαν ἐκκλησίαν, ἄφεσιν ἁμαρτιῶν, σαρκὸς ἀνάστασιν· ἀμήν.

3. GLAUBE. Ebenso deutlich ist der Zug zu größerer Verfestigung i auf dem Gebiet der Glaubensvorstellungen und der Lehre. Die literarische Fixierung der evangelischen Überlieferung, die beginnende Sammlung der paulinischen Briefe, die Formulierung der grundlegenden Glaubensaussagen im Taufbekenntnis (§ h) wirkten in dieser Richtung, so viel hier auch noch im Fluß blieb. Daneben ist eine epigonenhafte Dürftigkeit der religiösen Gedankenwelt für diese Generation bezeichnend. Man betonte vor allem den Monotheismus und die hohe Moral. So erscheint das Christentum als neue Phase des Mosaismus, als neues Gesetz (καινὴ ἐντολή); es gewinnt ein intellektualistisches und moralistisches Gepräge (Einfluß des Hellenismus, aber auch des Judentums); Christus gilt als Überbringer der wahren Gotteserkenntnis und des Sittengesetzes. Die urchristliche Parusieerwartung dauerte noch an, fast durchweg in der Form chiliastischer, sinnlich ausgemalter Hoffnungen.

Einen unschätzbaren Dienst leisteten diese Generationen allen späteren k Christen durch die Abfassung der **Evangelien.** Die näheren Umstände der Entstehung dieser Literatur sind rätselhaft. Wie Lk. 1 ₁₋₄ beweist, gab es eine größere Zahl von Evangelien. Es ist aber zu vermuten, daß diese alten Evangelien in die Synoptiker, Mc, Mt, Lc, eingearbeitet sind. Diesen gegenüber bezeichnet das Johannes-Evangelium einen eigenen Typus (vgl. § b). Es setzt die synoptische Tradition, aber auch schon wild wuchernde Überlieferung sowie den Paulinismus[2] und den Gnostizismus voraus; die Gestalt des „Lieblingsjüngers", der scharfe Gegensatz von Licht und Finsternis u. a. ist im weiteren Sinne gnostisch. Es wird noch um 170 von den katholischen (!) „Alogern" mit Entschiedenheit abgelehnt („nicht wert, in der Kirche zu sein", Epiphan., haer. 51; = Hippolytos! vgl. § 15 c, 17 s³), was einigermaßen einen Schluß auf die Abfassungszeit ermöglicht. Vgl. § 25 c¹. Mit diesen Evangelien konkurrierten eine Zeitlang mehrere andere, die später für apokryph galten: das Hebräerevangelium (dem Matth.-Ev. nahe verwandt; entstanden vor 130 bei den Judenchristen Palästinas, auch in Ägypten in Gebrauch, in mehreren Rezensionen aramäisch und griechisch im Umlauf), das Ägypterevangelium (im 2. Jh. in Ägypten in Gebrauch, von den Katholiken seit dem Ende des 2. Jhs. verworfen; enkratitische Tendenz; modalistische Christologie) und das Petrusevangelium (wohl um 150 vermutlich in Syrien entstanden; stark legendarisch; doketische Christologie); alle drei nur in Fragmenten erhalten. Andere, die sog. PARTIELLEN EVANGELIEN, erzählten nicht die Wirksamkeit Jesu, sondern wollten nur Lücken der Kindheits- und Leidensgeschichte ausfüllen; diese konkurrierten niemals mit den kanonischen Evangelien. Vermutlich bis ins 2. Jh. reichen in ihrem Kern zurück: das Protevangelium Jacobi minoris (Leben der Maria bis zum bethlehemitischen Kindermord; Anfänge der Marienlegende!) und das Evangelium Thomae (Spiel- und Schulgeschichten des Knaben Jesus). Von diesem zu unterscheiden ist das 1959 veröffentlichte, neu gefundene sog. Thomasevangelium, das 114 Jesus zugeschriebene Aussprüche enthält (um 140 griechisch verfaßt, erhalten in sahidischer Übersetzung der Zeit um 350/425; stark gnostisch).

l   Die ungemein gesteigerte Verehrung der Apostel, die man schon um 100 im idealsten Lichte sah (I. Clem., Apg.), aber auch das Minderwertigkeitsgefühl der Epigonen wirkte sich sehr charakteristisch in der Entstehung einer **pseudepigraphischen Briefliteratur** aus. Als angebliche Paulusbriefe entstanden Eph., II. Thess., I. und II. Tim., Tit.; das um 85 entstandene, später unter den irreführenden Titel „An die Hebräer" geratene geistvolle Schreiben (von alexandrinischer Religionsphilosophie berührte, der Logosanschauung nahekommende Christologie!) wollte ursprünglich wohl ebenfalls als Paulusbrief gelten (vgl. 13 ₂₃). Dazu kamen die später als „katholische Briefe" bezeichneten Episteln: I. Pt. (Grundlage aus der Zeit Domitians oder Trajans, später zu einem Petrusbrief umgearbeitet), II. Pt. (nach Marcion), Jud. (c. 150?), alle drei von apokryphen Anschauungen berührt, Jak. (c. 150), sowie die dem vierten Evangelium nahestehenden johanneischen Briefe (antidoketisch).

Dazu blühte im 2. Jh. die umfangreiche Literatur der **Apostelgeschichten.** Nach der Entstehung der kanonischen, dem Lukas zugeschriebenen, neben Ungeschichtlichem wertvolle geschichtliche Überlieferungen in sich bergenden Apostelgeschichte (Πράξεις ἀποστόλων³) entstanden zahlreiche apokryphe Apostelgeschichten, volkstümliche Erzählungen, in denen phantastische Reisen, Abenteuer und vor allem Wunder der Apostel geschildert werden. Sie waren in zahlreichen Rezensionen bei Katholiken wie Häretikern weit verbreitet und sehr beliebt. Ins 2. Jh. reichen zurück: Acta Petri (nach 150; Bruchstücke); von ihnen abhängig: Acta Pauli (verfaßt von einem kleinasiatischen Presbyter 190/200; berühmte koptische Papyrusfragmente; zu den Paulusakten gehörten die Acta Theclae) und Acta Johannis (entstanden 130/200; stark modalistisch und doketisch), in den Anfang des 3. Jhs. die hypothetisch zu erschließende[n] Grundschrift[en] der Pseudo-Klementinen (vgl. § 9 m).

m   Zum Teil wurde die Frömmigkeit von der phantastischen Vorstellungswelt der jüdischen **Apokalyptik** beeinflußt, die in breitem Strome in die christlichen Ge-

---

[2] Doch findet sich „im vierten Evangelium keine Spur einer Lehre vom Loskauf der Menschheit durch Jesu Tod" (ThLZ 1955, 149).

[3] Die Apg. schon um 62 anzusetzen, ist unmöglich, denn sie setzt das Lc.-Ev. und dieses das Jahr 70 voraus. Haenchen (s. Lit. zu § 7) hat gezeigt, daß die Apg. nicht von einem Mitarbeiter des Paulus herrührt.

meinden eindrang. Jüdische Apokalypsen wurden von den Christen übernommen und überarbeitet, oder es wurden aus dem überlieferten Vorstellungsmaterial neue, christliche Apokalypsen geschaffen. Das bedeutendste Werk ist die **Johannes-Apokalypse** (vgl. § b)[4]. Relativ alt war auch die **Petrus-Apokalypse** (vermutlich aus Ägypten, mit drastischer Ausmalung von Himmel und Hölle: erstes Beispiel der in Dantes „Divina commedia" [§ 63 f] gipfelnden Literaturgattung; Fragmente). Den größten kirchlichen Einfluß übte nächst der Johannes-Apokalypse der **Pastor Hermae** (§ a). Vermutlich aus der Zeit vor c. 180 stammt die **Epistola apostolorum** (ein angeblich von den Aposteln, an der Spitze Johannes, über die ihnen zuteil gewordenen Offenbarungen des Auferstandenen erlassenes Sendschreiben, eine Art Apokalypse, vielleicht aus Kleinasien; kopt. und äthiop. erhalten, seit 1919 bekannt).

Das Zentrum der religiösen Vorstellungen war der **Christusglaube**, der weit *n* mehr als der Monotheismus das Kennzeichen der neuen Religion war. Im einzelnen waren die christologischen Vorstellungen noch sehr mannigfaltig und wenig durchgebildet. Man verehrte Christus als Gott („οὕτως δεῖ ἡμᾶς φρονεῖν περὶ Ἰησοῦ Χριστοῦ, ὡς περὶ θεοῦ, ὡς περὶ κριτοῦ ζώντων καὶ νεκρῶν", II. Klem. 1₁); neben der begrifflichen Scheidung zwischen Gott und Christus fand sich naiver Modalismus (vgl. § 17 u). Von allergrößter Wichtigkeit für die Dogmengeschichte wurde die Einführung des [die Gedanken des Paulus und des Hbr. noch um einen Schritt überbietenden] **Logosbegriffs** in die Christologie (zuerst in seiner jüdisch-stoischen Form im Prolog des Joh.-Ev.; vgl. Philo; von diesem aber abweichend das entscheidende: ὁ λόγος σὰρξ ἐγένετο, Joh. 1 ₁₄).

Eine eigenartige religiöse Gedankenwelt repräsentieren die **Ignatianen** (§ a 2). *o* Gottesbegriff und Heilsbegriff tragen eine naturhafte, mystische Färbung; die Erlösung wird nicht ethisch, sondern **physisch** gefaßt (Erlösung aus dem Todesverhängnis); die Sündenvergebung tritt völlig zurück. Die Gottheit ist als eine Art Substanz gedacht, mit der man verschmelzen kann (γέμειν θεοῦ); das Heilsgut (ζωή) wird durch Einwohnung Gottes in den Gläubigen erlangt (Vergottung, ἀθανασία; das Abendmahl φάρμακον ἀθανασίας). Diese religiösen Begriffe sind in den Rahmen einer **christozentrischen Heilsgeschichte** eingefügt: die Menschheit vor Christus ist dem Tode verfallen; Christus wird der Begründer einer neuen Menschheit (οἰκονομία εἰς τὸν καινὸν ἄνθρωπον). (Starke Einwirkung der mystischen Frömmigkeit der heidnischen Mysterien; Vorstufe zu Irenäus, s. § 17 c).

4. SITTE. Auf dem Gebiet der christlichen Sitte zeigt sich der *p* Wandel der Dinge in der stärkeren Betonung der Askese und in dem ersten Ansatz zur Ausbildung der katholischen Bußdisziplin.

Die **Askese** (ἐγκράτεια, *continentia*), bestehend in Fasten, Verzicht auf Fleisch- *q* und Weingenuß und geschlechtlicher Enthaltsamkeit, war bereits im Urchristentum vorhanden, gewann aber jetzt unter der Einwirkung außerchristlicher Frömmigkeit (§ 4 o-q) an Stärke. Es kam zur deutlichen Scheidung zweier Schichten von Gemeindegliedern, der großen Menge derer, die sich mit einem geringeren Maße asketischer Leistungen begnügten, und der streng asketisch Gerichteten, die mehr leisteten, als für notwendig galt. Die spätere Unterscheidung

---

[4] Kirchengeschichtlich hat die Apk. besonders durch den 20 ₁₋₆ ausgesprochenen **Chiliasmus** gewirkt (katastrophal eintretende Parusie mit Auferstehung der Gerechten; sichtbare **tausendjährige** Herrschaft des Messias auf Erden als Zeit irdischer Freuden; dann Auferstehung aller übrigen Menschen und Weltgericht). Seine Bestandteile waren vom Parsismus in das apokalyptische Judentum (bes. IV. Esra; 400j. messianisches Reich) und von da ins Judenchristentum gelangt. Der Chiliasmus war mehrere Menschenalter in den Gemeinden geradezu herrschend und besonders in den unteren Schichten von stärkstem Einfluß, vor allem in den Verfolgungszeiten. Er wurde zuerst von Gnostikern und manchen Antimontanisten bekämpft und im Morgenland unter dem Einfluß des Origenes, im Abendland entscheidend erst durch Augustinus überwunden (§ 33 n).

§ 10   Die Anfänge der christlichen Religion

zwischen den alle Christen verpflichtenden göttlichen Geboten (*praecepta, mandata*) und den sog. **evangelischen Ratschlägen** (*consilia evangelica*), die nur zu befolgen braucht, wer sich besondere Verdienste bei Gott erwerben will, ist im Keime schon bei *Hermas* (§ a) nachweisbar. Zum mindesten verlangte man das Vermeiden der **zweiten Ehe**; nach *Athenagoras* (§ 12 d) ist sie εὐπρεπὴς μοιχεία.

r   Der erste Ansatz zu der späteren **Bußdisziplin** liegt in der nun aufkommenden Unterscheidung von vergebbaren und unvergebbaren Sünden („läßlichen" Sünden und Todsünden). Man hielt zwar an der urchristlichen Auffassung fest, daß die Taufe nur die Sünden vor dem Taufakt tilge und die Christen aktiv Heilige, mit Bewußtsein nicht mehr Sündigende seien. Demgemäß wurden schwere Sünder durch den Bann definitiv aus der Gemeinde ausgeschieden. Aber während die Todsünden den Ausschluß notwendig machten, trennten die leichteren Sünden nicht auf immer von der Gemeinde, sondern konnten getilgt werden, sei es durch einen Prophetenspruch, sei es von der Gemeinde kraft ihrer auf den Herrn zurückgeführten Vollmacht (Mt. 18 $_{18}$, 16 $_{19}$; Joh. 20 $_{22}$ f.), sei es durch Almosen oder andere gute Werke. Auch bestand die Sitte des öffentlichen Sündenbekenntnisses in der Gemeinde, dem diese ihre Fürbitte anschloß (ἐξομολογεῖσθαι). Das alles war zunächst noch ganz regellos. Auch die Verkündigung der „zweiten Buße" für Ehebruch in der Apokalypse des *Hermas* (§ a) ist nicht als Begründung einer dauernden Bußinstitution gedacht, wie man sie im 3. Jh. auffaßte (§ 19 b); sie war vielmehr eine einmalige Ausnahme angesichts des nahe geglaubten Endes, für jeden, der [damals] den „Hirten" lesen würde.

s   Ein Erbteil der urchristlichen Zeit und ein Ruhmestitel der alten Kirche war die ausgezeichnet organisierte **Barmherzigkeitspflege,** die den Gegnern, wie Celsus (§ 11 k), auffiel. Jede Gemeinde unterstützte zahlreiche Witwen, Waisen, Kranke, Greise, linderte das Los der Gefangenen, erwirkte womöglich ihre Freiheit. Besonders in Verfolgungen und großen Nöten, wie Pestausbrüchen, haben die Christen an Brüdern und auch an Heiden bewunderungswürdige Taten der Selbstaufopferung verrichtet. Namentlich die römische Gemeinde hat sich durch Unterstützung auswärtiger Gemeinden frühzeitig Freunde erworben (vgl. § 20 p).

t   Die Mittel der Gemeindekasse flossen aus einer freiwilligen **Selbstbesteuerung.** Die Forderung des **Zehnten** nach at. Vorbild ist im Orient uralt (Did. 13), im Abendland noch im 3. Jh., wie es scheint, unbekannt geblieben. Das Almosen hatte religiöse Bedeutung, insofern es als Verzicht auf einen Teil des irdischen Besitzes ein asketisches Werk war und Anwartschaft auf jenseitigen Lohn verschaffte. Es hing aufs engste mit dem Kultus zusammen: die für die Gemeindekasse bestimmten Gaben (Naturalien und Geld) wurden in den Gottesdienst mitgebracht, dem Vorsteher übergeben, von diesem als „Oblationen" („Opfer") auf den Tisch des Herrn gelegt und dann unter dem Beistand der Diakonen als Geschenke Gottes nach freiem Ermessen an die Bedürftigen, sowie die Propheten, Lehrer und Gemeindebeamten verteilt.

u   In den verschiedenen Gegenden des Reichs wird die innere Entwicklung der Gemeinden teilweise sehr verschieden gewesen sein; doch ergab sich eine relative Einheitlichkeit (1) aus der Tätigkeit der wandernden Evangelisten und Propheten, (2) aus dem gemeinsamen Besitze mündlicher Traditionen und urchristlicher Schriften, (3) aus der Verbreitung der Septuaginta. Fehlte es auch noch durchaus an einer über die Einzelgemeinde hinausgreifenden Organisation, so hatte man doch ein starkes Gefühl der Gemeinschaft.

v   Dies floß aus dem „politisch-historischen Bewußtsein" (vHarnack) der Christen, ein eigenes Volk neben Juden und Griechen, das „dritte Geschlecht", das wahre Israel, das uralte und doch neue „Volk" Gottes, die Kirche Gottes, das Ziel der Welt zu sein. Die Voraussetzung für diese Selbstbeurteilung ist die klare Scheidung vom Judentum, das in den christlichen Schriften dieser Zeit mit starker Abneigung behandelt wird (am feindseligsten im Barnabas-Brief).

§ 11. Der Beginn der staatlichen Gegenwirkungen.

*THRUINART, Acta primorum martyrum sincera, 1689 (Neudruck 1859). – *ASS, s. § 2 k z. – Ausgewählte Märtyrerakten, her. von RKnopf bzw. GKrüger, ³1929. – KJNEUMANN, Der römische Staat und die allgemeine Kirche bis auf Diokletian, I 1890. – PALLARD, Histoire des persécutions, 5 Bde., ³1903–08. – TH MOMMSEN, Der Religionsfrevel nach römischem Recht (Ges. Schr. III 3, 1907, S. 389–422). – AHARNACK = Hinneberg (s. § 2 n) S. 132–193. – JBEAUJEU, La religion romaine à l'apogée de l'Empire, I: La politique religieuse des Antonins, Paris 1955. – RREITZENSTEIN, Die hellenistischen Mysterienreligionen, ³1927, 110–126. – RHEINZE, Tertullians Apologeticum (BLA LXII, 1910, S. 279–490). – JZEILLER, Institutum Neronianum (RHE 50, 1955, 393–99). – OCULLMANN, Der Staat im NT, 1956. – WWEBER = Festgabe für KMüller, 1922, 24–45. – Märtyrerbegriff: EGÜNTHER, MAPTYΣ, die Geschichte eines Wortes, 1941. – Celsus: ed. Glöckner (KlT 151), 1924. – RBader, Der *Ἀληθής λόγος* des Kelsos, 1940. – CANDRESEN, Logos und Nomos, die Polemik des Kelsos gegen das Christentum (AKG), 1955.

1. DIE CHRISTENPROZESSE. Entscheidend für die weiteren *a* Schicksale der Christen wurde ihr Verhältnis zum **römischen Staat**. In den ersten Jahrzehnten hatte sich der römische Staat um das Christentum meist nicht bekümmert; für das Auge des heidnischen Römers vom Judentum kaum zu unterscheiden, genoß es den Schutz des Judentums, das eine „religio licita" war. Später aber (wann?) erkannten die Römer, daß das Christentum für den Bestand des Staats eine **Gefahr** sei, die **unterdrückt** werden müsse. Damit begann für die Christen eine Zeit ständiger Rechtsunsicherheit. Es kam nun häufig zu **Christenprozessen**; jeder Christ schwebte beständig in Gefahr, wegen seines Glaubens an Leib und Leben gestraft zu werden. Noch war freilich die Zahl der Christen zu gering, als daß bei den römischen Staatsmännern der Gedanke an eine grundsätzliche Lösung der Christenfrage durch eine planmäßige, umfassende Verfolgung hätte aufkommen können; es blieb vielmehr bis zur Mitte des 3. Jhs. bei einem ziemlich willkürlichen und sprunghaften Vorgehen der Behörden gegen einzelne Christen.

1. Der Zusammenstoß der Christen mit dem römischen Staate war unvermeid- *b* lich. Die Christen predigten zwar den Gehorsam gegen die Obrigkeit (Mc. 12 $_{13-17}$; Rm. 13 $_{1-7}$; I. Pt. 2 $_{13-17}$) und beteten schon seit der ältesten Zeit regelmäßig in ihren Gottesdiensten für den Kaiser; die Absicht einer staatlichen Umwälzung lag ihnen bei ihrer Erwartung eines baldigen Endes dieser Welt völlig fern. Aber das Christentum **erschien** den Römern notwendig als **revolutionär**; die Christen waren zweifellos keine so guten Patrioten wie die heidnischen Bewohner des Reichs; ihre Verbreitung mußte dem Staatskultus und der Staatsgesinnung ein Ende machen. Denn ihr Monotheismus nötigte sie zur **Verweigerung des Kaiserkultus** und der Anrufung der Staatsgötter, d. h. zum Staatsverbrechen (*crimen laesae maiestatis*, meistens näher *crimen laesae Romanae religionis* = *sacrilegium*, ἀθεότης). Überdies wußte man nichts von dieser religio illicita Schlimmes zu erzählen (§ i). Nachweisbar seit spätestens Trajan galt das Christentum als solches („*nomen ipsum*") für **verboten**. Tertullian führt diese Rechtslage auf Nero zurück („Institutum Neronianum", Ad nationes I, 7).

Seitdem kam es häufig zu **Christenprozessen und Martyrien**; unter allen *c* Kaiserregierungen von Trajan bis Caracalla haben solche stattgefunden. Doch war die **Zahl** der Märtyrer bis 250 verhältnismäßig gering. Die Behörden „verfolgten" die Christen nicht, d. h. sie spürten sie im allgemeinen nicht auf, sondern schritten nur infolge von Wutausbrüchen des Pöbels oder auf Angebereien einzelner gegen sie ein. Beim **Prozeß** suchte der Richter meistens die Angeklagten zum

§ 11　　　Die Anfänge der christlichen Religion

Abfall zu bewegen, der sofort straffrei machte. Das Forum war in Rom der *praefectus urbi*, in der Provinz der Statthalter; das Verfahren nach R.Heinze die *iudicatio* d. h. der Kriminalprozeß, nach Th.Mommsen die *coërcitio*, d. h. das Verfahren gegen der Ruhestörung usw. Verdächtige; die Strafe für die *humiliores:* combustio (Feuertod), furca (Gabelkreuz), damnatio ad bestias (Volksfesthinrichtung durch den Kampf mit den wilden Tieren im Zirkus), damnatio ad metalla (Einstellung in die Bergwerke), für die *honestiores:* Enthauptung, deportatio in insulam. Bei christlichen Mädchen verfügte man gelegentlich auch Einstellung in die Bordelle (bezeugt unter Septimius Severus).

d　2. Die erste uns bekannte größere Christenhetze fällt bereits unter die Regierung des *NERO* (54–68) und traf die Gemeinde zu Rom (Tacitus, Ann. XV, 44). Ein großer Teil Roms war im Juli 64 durch eine gewaltige Feuersbrunst zerstört worden. Das Volk beschuldigte den Kaiser der Brandstiftung, dieser wälzte den Verdacht auf die Christen und machte ihnen den Prozeß; eine „ungeheure Menge" („ingens multitudo", Tacitus) wurde mit ausgesuchten Martern hingerichtet. Der Vorgang ist in vielerlei Hinsicht, besonders nach seiner rechtlichen Seite, dunkel. Vielleicht gab den Rechtstitel das Senatskonsult de Bacchanalibus, nach dem die Geheimreligion (mit nächtlichen Versammlungen und vor allem mit Mysterieneid) ohne weiteres als verbrecherisch und schlimmer Vergehen, wie Brandstiftung usw., fähig galt (R.Reitzenstein)[1]. Auch die Maßnahmen des Kaisers *DOMITIANUS* (81–96) gegen die Christen in Rom und im Orient (Apk. Joh.) sind wenig durchsichtig. Es gab zahlreiche Hinrichtungen; „jüdisch Lebende" wurden angezeigt und bestraft, der Fiscus Judaicus mit Strenge für den Juppiter Capitolinus eingefordert; es scheint, daß der Konsul *Flavius Clemens*, der 95 hingerichtet, und seine Gemahlin *Flavia Domitilla*, die damals verbannt wurde, Christen gewesen sind.

e　Klarer wird das Bild erst mit *TRAIANUS* (98–117). Sein berühmtes **Reskript an Plinius (111/13;** vgl. Plin., ep. X, 96f.) ist die erste uns bekannte staatsrechtliche Regelung der Christenprozesse. Auf die Anfrage des Statthalters von Bithynien, *C. Plinius d. J.,* wie er mit den Christen verfahren solle, antwortete der Kaiser: eine allgemeine Norm für das Verfahren lasse sich nicht aufstellen; die Christen seien nicht aufzuspüren; auf erfolgte Anzeige sollten die Hartnäckigen bestraft, die Reuigen freigelassen werden, anonyme Anzeigen jedoch unberücksichtigt bleiben.

f　Das Verfahren der folgenden Kaiser unterscheidet sich hiervon nur gradweise. *HADRIANUS* (117–38) hat, falls sein Reskript an den Statthalter von Asia, C. Minicius Fundanus[2], echt ist, verboten, durch Tumulte oder Angebereien die Behörden gegen die Christen in Bewegung zu setzen, *ANTONINUS PIUS* (138–61) sich in mehreren Edikten nach Mazedonien und Griechenland ähnlich ausgesprochen. Der in vielem treffliche *MARCUS AURELIUS* (161–80), ein stoischer Philosoph, sah in den christlichen Märtyrern nur Starrsinnige. Die Erneuerung des Gesetzes gegen fremde Religionen führte vermutlich zu den schweren Ausschreitungen gegen die Christen in Kleinasien. Die Stimmung der Zeit war den Christen sehr ungünstig (Kelsos, § k).

g　3. Die rechtlose Lage der Christen gibt dem Christentum jener Zeit seine eigenartige Färbung. Schon der Übertritt war eine herzhafte Tat. Vollends in den **Märtyrern** lebte eine starke Leidensbereitschaft. Wichtig ist der Bedeutungswandel des Wortes μαρτυρεῖν vom I. Clem. (= Zeugnis ablegen [für Gott] durch Leiden, nicht notwendig durch einen gewaltsamen Tod) bis zur Zeit um 160 (= den Zeugentod sterben). Seitdem bezeichnete man mehr und mehr mit dem höchsten Ehrentitel des Märtyrers (μάρτυς) den, der den christlichen Glauben mit blutiger Strafe gebüßt hatte, als Konfessor (ὁμολογητής) den, der dafür unblutig bestraft worden war; doch blieb der Sprachgebrauch lange schwankend. Selbstanzeigen und Drängen zum Martyrium waren nicht selten (vgl. § 15 b), wurden aber

---

[1] Daß Petrus und Paulus zu den Opfern der Neronischen Christenhetze von 64 gehört hätten, ist durch kein älteres Zeugnis gestützt, auch nicht durch I. Clem. 5, vgl. § 8 r u.
[2] Der Name lautet Minicius, nicht Minucius.

von der Kirche gemißbilligt. Die Standhaftigkeit und Freudigkeit der Märtyrer zogen nicht wenige mit unwiderstehlicher Gewalt zur neuen Religion („Semen est sanguis Christianorum", Tert., Apol. 50). Ein klassisches Zeugnis für den alten Märtyrerenthusiasmus ist der Römerbrief der ignatianischen Sammlung (§ 10 a). Seit der Mitte des 2. Jhs. wurde es üblich, die Akten des Prozesses („acta martyrum") oder das Ende der Märtyrer („passiones martyrum") aufzuzeichnen. Diese **Märtyrerakten** wurden an Märtyrerfesten im Gottesdienste verlesen. Die berühmtesten unter den Märtyrern der älteren Zeit, deren Akten erhalten sind, sind folgende: *Polykarp* von Smyrna († 155/56 oder 165); *Justinus Martyr* († c. 165 in Rom; vgl. § 12 c); *Karpus, Papylus* und *Agathonike* in Pergamon (c. 176); die Märtyrer von Lugdunum und Vienna in Südgallien, darunter der über 90j. Bischof *Pothinus* (177); die „scilitanischen" Märtyrer (aus Scili [?] oder Scillium [?] in Numidien, † 180 in Karthago; vgl. § 16 m); *Apollonius* (ein vornehmer, philosophisch gebildeter Mann, † 184 in Rom); die christliche Sklavin *Potamiäna* und *Leonides,* der Vater des Origenes (Alexandria 202); *Perpetua* und *Felicitas* (Karthago 202/03; vgl. § 15 e).

2. POLEMIK. Die heidnische Bevölkerung verhielt sich auf lange *h* hinaus gegen die Christen schlechthin feindselig. Die abscheulichsten Verleumdungen der Christen liefen um und fanden beim Pöbel wie bei den Gebildeten Glauben. Es scheint, daß die Juden am Aufkommen böser Verdächtigungen wie an der Entstehung zahlreicher Christenhetzen nicht unbeteiligt waren. Zu eingehender literarischer Bekämpfung des Christentums kam es selten.

Die Heiden erhoben gegen die Christen den Vorwurf der $\Theta\nu\acute{\varepsilon}\sigma\tau\varepsilon\iota\alpha$ $\delta\varepsilon\tilde{\imath}\pi\nu\alpha$, *i* der $Oi\delta\iota\pi\acute{o}\delta\varepsilon\iota o\iota$ $\mu\acute{\imath}\xi\varepsilon\iota\varsigma$, der $\dot{\alpha}\theta\varepsilon\acute{o}\tau\eta\varsigma$ und des Staatsverrats, des *odium generis humani*, der Magie und Zauberei, der Anbetung eines Wesens mit einem Eselskopf oder der Sonne oder der Genitalien ihrer Priester, des leichtfertigen Aberglaubens usw. In großen öffentlichen Unglücksfällen sah der heidnische Aberglaube die Rache der Götter für die Duldung der Christen, und sofort erscholl der grausige Ruf nach Sühne: „*Si Tiberis ascendit in moenia, si Nilus non ascendit in arva, si coelum stetit, si terra movet, si fames, si lues, statim: Christianos ad leonem*" (Tert., Apol. 40).

Die Gebildeten hatten vom Christentum meist nur oberflächliche Kenntnis und *k* beurteilten es sehr einseitig. Die erste prinzipielle Widerlegung versuchte, von einem platonisierenden Standpunkt aus, der Philosoph **KELSOS** (Celsus) mit seinem „$\!\!$'$A\lambda\eta\theta\dot{\eta}\varsigma$ $\lambda\acute{o}\gamma o\varsigma$" (c. 177/180). Das Werk ist verloren, aber aus der Gegenschrift des *Origenes* ($K\alpha\tau\grave{\alpha}$ $K\acute{\varepsilon}\lambda\sigma o\nu$) rekonstruierbar (§ 17 k). Kelsos verwendet eine jüdische Schmählegende über Jesu Ursprung (Jesus von dem Soldaten *Pantera* mit der Maria im Ehebruch erzeugt; rationalistische Erklärung der übernatürlichen Geburt!). Er stößt sich an den christlichen Dogmen von Inkarnation, Auferstehung, Weltgericht usw., die ihm monströs, absurd, ein orientalischer Wahnsinn sind. Die christlichen Wunder hält er für Magie, Jesus für einen Magier und Betrüger. Das Buch war für die Christen hochgefährlich.

§ 12. Die Verbindung des Christentums mit der hellenistischen Philosophie: Die Theologie der sog. Apologeten.

Corpus apologetarum saec. II, ed. JCThOtto, 9 Bde., 1842–72, ³I–V, 1876–81. – EJGoodspeed, Die ältesten Apologeten (Texte mit kurzen Einleitungen), 1915. – Die Apologien Justins, ed. GKrüger (SQS I, 1), ⁴1915. – MvEngelhardt, Das Christentum Justins des Märtyrers, 1878. – MSpanneut, Le stoicisme des Pères de l'Église de Clément de Rome à Clément d'Alexandrie, Paris 1957. – AvHarnack, Judentum und Judenchristentum in Justins Dialog mit Trypho (TU 39, 1), 1913. – JGeffcken, Zwei griechische Apologeten [Aristides und Athenagoras], 1907. – Tatians Apologie, ed. ESchwartz (TU IV, 1), 1888. – JGeffcken, Der Brief an Diognetos, 1928.

a Die Christen suchten seit der Zeit Hadrians durch Veröffentlichung von Schutzschriften die heidnischen Verleumdungen und Mißverständnisse (§ 11 i) zu widerlegen und bei den literarisch Gebildeten für das Christentum zu werben. Vermutlich war die Wirkung der christlichen Apologetik auf die heidnische Umwelt gering; um so größer war eine nicht beabsichtigte Wirkung: die Apologeten wurden die Begründer einer allerdings noch primitiven Theologie. Diese ist im wesentlichen noch vorkatholisch, d.h. noch nicht durch die Ergebnisse des antignostischen Kampfes (§ 14) bedingt. Es ist eine theistische Theologie, Logoslehre, Moraltheologie; die Apologeten betrachten das Christentum als eine Philosophie[1], als die allein wahre Philosophie, und vollziehen die Auseinandersetzung mit der hellenistischen Religions- und Moralphilosophie. Dabei nehmen sie die Anschauungen, Begriffe und Methoden des hellenistischen Denkens, besonders des stoischen Rationalismus, in weitem Umfange in die christliche Gedankenwelt auf. Daraus ergab sich eine zweite nicht beabsichtigte Wirkung ihrer Tätigkeit: die Hellenisierung der christlichen Gedankenwelt.

b Ein sehr bemerkenswerter Ansatz zu apologetischer Beweisführung liegt in der Areopagrede Apg. 17 (früheste Verschmelzung von Christentum und rein hellenischer Stoa, im Unterschied von jüdisch-hellenistischer Philosophie, § 10 n). Die Apg. ist überhaupt stark apologetisch eingestellt. Die älteste selbständige apologetische Schrift, von der wir wissen, ist die verlorene Apologie des *Quadratus* (c. 125/126 dem Kaiser Hadrian in Athen [?] überreicht; Fragment bei Eus. h. e. IV 3 [2]). Die älteste uns erhaltene Apologie ist die des athenischen Philosophen *Aristides* (c. 140 dem Kaiser Antoninus Pius überreicht; teilweise armenisch, ganz syrisch und in einer griech. Bearbeitung, der Legende von Barlaam und Joasaph).

c Der literarisch einflußreichste und zugleich die greifbarste Gestalt unter den Apologeten des 2. Jhs. ist *JUSTINUS MARTYR* (c. 110 bis c. 165, aus griechischer Familie in Flavia Neapolis in Palästina geb., eklektischer Philosoph, wahrscheinlich gegen 135 in Ephesus bekehrt; Martyrium in Rom, s. § 11 g). Sein Entwicklungsgang und seine Persönlichkeit kennzeichnen diesen ganzen Kreis. Charakteristisch ist, daß er nach seiner Bekehrung den Beruf des philosophischen Wanderlehrers (Sophisten), ja sogar die Tracht des Philosophen beibehält und nun als christlicher Philosoph literarisch, durch Unterricht und durch Diskussionen zu wirken sucht. So werden die charismatischen „Lehrer" der urchristlichen Zeit durch ein profanes Lehrertum abgelöst. Justin verfaßte: die berühmte Apologie (nach 150; die sog. II. Apologie ist nur ein Nachtrag zur ersten), den „Dialog mit dem Juden Tryphon", dazu Antignostisches (§ 13 a). Sein großes kirchliches Ansehen erhellt daraus, daß ihm noch bis ins 5. Jh. Schriften untergeschoben wurden, darunter vielleicht solche von Diodorus von Tarsus (§ 34 e).

d Neben ihm sind zu nennen: *Tatianos* aus Mesopotamien, Schüler und Verehrer Justins in Rom, seit c. 172 wieder im Osten, wo er noch lange in kirchlichem Ansehen blieb, während er im Abendland als Ketzer galt (§ 13 s), Verfasser einer „Rede an die Griechen", sowie einer berühmten Evangelienharmonie („Diatessaron", Διὰ τεσσάρων, in Ostsyrien bis ins 5. Jh. in Gebrauch, teilweise rekonstruierbar); der in seiner Zeit sehr einflußreiche *Melito*, Bischof von Sardes, eines der „großen Lichter" der kirchlichen Asia (gest. gegen 190; zahlreiche Schriften, nur Bruchstücke erhalten); *Theophilus*, Bischof von Antiochia (gest. 181/191), schrieb außer der unter Commodus verfaßten Apologie („An Autolykos") auch verlorene nicht-apologetische Schriften, so gegen Marcion (§ 17 c); *Athenagoras* von Athen, schrieb eine „Bittschrift für die Christen" (177/80) und, ganz philosophisch, „Über die Auferstehung".

---

[1] Dies ist zugleich apologetischer Kunstgriff: Philosophie war, im Unterschied von fremden Kulten und neuen Religionen, staatlich geduldet.

Erst dem 3. Jh. gehört der anonyme „Brief an Diognetos" an, mit schöner Schilderung des Lebenswandels der Christen, ebenso vermutlich auch des „christlichen Philosophen" *Hermias* „Verspottung der heidnischen Philosophen", ein recht unbedeutendes Machwerk. Im 3. Jh. setzte sich die Apologetik in teilweise veränderten Formen und auf höherem Niveau fort in *Clemens, Origenes, Eusebius* (§ 17 i k m).

Die Genannten schreiben sämtlich griechisch. Der älteste lateinisch schrei- *e* bende Apologet ist *Tertullianus* („Apologeticus" oder „Apologeticum", um 197; vgl. § 17 e). Der von dem römischen Sachwalter *Minucius Felix* verfaßte, früher meist vor Tertullian um 180 datierte Dialog „Octavius" fällt vermutlich in die 1. Hälfte des 3. Jhs.

Die eigentlich altkirchliche, in den mittleren Jahrzehnten des 2. Jhs. einset- *f* zende Literatur hebt sich von der ihr voraufgehenden christlichen Urliteratur nicht nur inhaltlich, sondern auch durch die angewandten Literaturformen ab. Die Schriften der sog. Apologeten des 2. Jhs. bilden die Anfänge einer eigentlichen, d. h. einer für die Öffentlichkeit bestimmten christlichen „Literatur"; die urchristlichen Briefe, die Evangelien, die Schriften der „apostolischen Väter" waren nicht Literaturwerke, sondern nur Gelegenheitsaufzeichnungen für innerkirchliche Zwecke gewesen. Doch lehnten die Apologeten des 2. Jhs. zum Teil die Kunstmittel der Rhetorik als heidnisch ab (Tatian, Tertullian); erst seit Klemens von Alexandria erscheint die Kirchenlehre im Gewande der heidnischen Literaturformen.

Die Apologeten geben 1) eine Widerlegung der gegen das Christentum *g* erhobenen Vorwürfe (Atheismus, Staatsverrat, widernatürliche Laster, vgl. § 11 i; Hinweis auf Frömmigkeit und Leben der Christen, ihre loyale Haltung gegen die Obrigkeit; Berufung auf günstige kaiserliche Reskripte zur Christenfrage; im Zusammenhang damit ist es zu Geschichtsfälschungen gekommen; bei *Melito* der überraschende Gedanke, daß Prinzipat und Christentum, aus der Zeit des Augustus stammend, füreinander bestimmt seien); 2) den Wahrheitserweis des Christentums (das Christentum die Erfüllung uralter Weissagungen; sittliche und religiöse Kraft seiner Bekenner, besonders der Märtyrer; Verständlichkeit der christlichen Lehren auch für die Ungebildeten; die Wunder Christi und der Kirche; der Sieg über die Dämonen); 3) Polemik gegen den heidnischen Polytheismus (das Werk der Dämonen; Benutzung der hellenistischen Mythenkritik) und gegen die griechische Philosophie (relativ günstig beurteilt von *Justin* und *Athenagoras*, ablehnend von *Tatian* und *Theophilus*).

Der philosophische Hauptbegriff ist der Begriff des Logos, des Prinzips der *h* in der Welt waltenden Vernunft und der göttlichen Offenbarung. Er ermöglicht zB. bei *Justin* eine relative Anerkennung der von der Menschheit hervorgebrachten Kulturwerte. Danach finden sich bei den antiken Philosophen Keime der Wahrheit (Lehre vom λόγος σπερματικός). Er nimmt sie für die Kirche in Anspruch: Alles Wahre, was je gesagt worden ist, ist christlich: ῞Οσα οὖν παρὰ πᾶσι καλῶς εἴρηται, ἡμῶν τῶν Χριστιανῶν ἐστιν (Justin, Apol. II, 13); Sokrates und Heraklit sind ebenso wie Abraham Christen gewesen. Christus allein ist die volle Offenbarung des Logos. Das spezifisch Christliche tritt stark zurück, auch der Gedanke der Erlösung. Da das Christentum wesentlich als Monotheismus betrachtet wird, erscheint es als schon im AT enthalten und uralt.

Die Apologeten haben den Grund gelegt zu der [unter den damaligen Bedin- *i* gungen unvermeidlichen, auch in späteren Jhh. immer wieder in die Theologie eindringenden] Auffassung, daß das Christentum in erster Linie eine geoffenbarte Lehre über Gott, den Logos, die Welt, die natürliche Ausstattung des Menschen sei. Gegenüber dem Polytheismus war das eine Befreiung, gegenüber dem Urchristentum war diese Verengung zum Intellektualismus ein Rückschritt.

§ 13. Die große innere Krisis der heidenchristlichen Gemeinden des 2. Jahrhunderts: der Gnostizismus und die Reformkirche des Marcion.

AHilgenfeld, Die Ketzergeschichte des Urchristentums, 1884. – W. Bousset, Gnosis, Gnostiker (Pauly-Wissowa, Realenzykl. f. klass. Altertumswiss., VII, Sp. 1503–47). – Ders., Hauptprobleme der Gnosis, 1907. – EdeFaye, Gnostiques et Gnosticisme, ²1925. – LFendt, Gnostische Mysterien, 1922. – HLeisegang, Die Gnosis, ²1936. – Quellen zur Geschichte der christlichen Gnosis, her. von WVölker, 1932. – HJonas, Gnosis und spätantiker Geist, I² 1954, II,1 1954. – Über Kerinth: CSchmidt, TU 43 (s. zu § 10), 1919. – KMüller, Beiträge zum Verständnis der valentinianischen Gnosis, NGG 1920. – The Odes and Psalms of Solomon, ed. by Rendel Harris and Alphonse Mingana, 2 Bde., Manchester 1916–20. – AvHarnack, Marcion: Das Evangelium vom fremden Gott (TU 45), ²1924. – CSchmidt, Pistis Sophia, neue Ausgabe Kopenhagen 1925. – Ders., Pistis Sophia, aus dem Koptischen übersetzt, 1925. – WCTill, Die gnostischen Schriften des Papyrus Berolinensis 8502 (TU 60), 1955. – Über den Fund von Chenoboskion (Oberägypten) s. JLeipoldt, ThLZ 1957, 825–34. – GQuispel, Neue Funde zur valentinianischen Gnosis, der Codex Jung (ZRGG VI, 1954, 289–305). – HM Schenke, Die Herkunft des [1945 aufgefundenen koptisch-gnostischen] „Evangelium Veritatis", 1959 (nicht valentinianisch, Nähe der „Oden Salomos").

a Von den **Quellen** sind, da Kirche und Staat die reiche gnostische Literatur seit c. 400 planmäßig vernichtet haben, im Original nur einige Reste aus der Verfallszeit (3. Jh.) erhalten, vor allem die Πίστις-Σοφία, aus der Blütezeit nur Fragmente in der wenig objektiven Auswahl und Beleuchtung der kirchlichen Gegner, außerdem die erst seit 1909 bekannten, syrisch erhaltenen „Oden Salomos", falls sie gnostischer Herkunft sein sollten. Das älteste antignostische Werk, des *Justinus* „Σύνταγμα κατὰ πασῶν αἱρέσεων", ist verloren. Hauptquellen sind daher die antignostischen Schriften des *Irenäus* (§ 17 c), *Tertullian* (§ 17 e), *Hippolytus* (§ 17 d), *Pseudo-Origenes* („Adamantius", „Περὶ τῆς εἰς θεὸν ὀρθῆς πίστεως", c. 300/337), *Epiphanius* (§ 34 b) und *Philastrius* von Brescia (um 381), sowie Stellen bei *Klemens von Alexandria* und *Origenes*. Die altkirchliche Polemik gegen die Gnostiker zeigt überraschend geringes Feingefühl für Eigenart und Tiefe der von ihr bekämpften religiösen Systeme und zeichnet sehr gewaltsame und vielfach unzutreffende Bilder von ihnen.

b Die in § 10 skizzierte Ausbildung fester Formen der Verfassung, des Glaubens, der Sitte wurde durch eine schwere Krisis, die im zweiten Drittel des 2. Jhs. über die Gemeinden hereinbrach, beschleunigt und in eine bestimmte Richtung gedrängt. Diese Krisis wurde durch die Entstehung des christlichen Gnostizismus hervorgerufen. Schon in vorchristlicher Zeit hatte es eine heidnische und eine jüdische „Gnosis" gegeben. Diese Strömung suchte sich des Christentums zu bemächtigen. Der christliche Gnostizismus ist also nicht ein Ergebnis einer innerkirchlichen Entwicklung, sondern eine Erscheinungsform des großen, im 2. Jh. mächtig anschwellenden Synkretismus. Er ist der Versuch, das Christentum in die Religionsmischung hineinzuziehen und zu einer Mysterienreligion stark hellenistischen bzw. orientalischen Gepräges umzubilden.

c Die Frömmigkeit der gnostischen Kreise ist die Mystik der hellenistischen Welt. Geheimnisvolle Weihen (Einfluß der Mysterien) vermitteln die γνῶσις, die tiefere Einsicht in die göttlichen Geheimnisse. Der Gemeindeglaube (ψιλὴ πίστις) gilt als bloße Vorstufe zu der höheren Stufe der γνῶσις (Umwandlung der Religion in Philosophie), der sich die

Geheimnisse der Entstehung und des Wesens der Welt, des Ursprungs des Bösen und der Erlösung enthüllen. Die Lösung dieser Probleme erfolgt in der Form, daß tiefsinnige Gedanken uralter Mythen und hypostasierte philosophische Begriffe wie *νοῦς, ψυχή, σοφία* zu komplizierten **Systemen** verschmolzen werden, die den großen **Gott-Welt-Prozeß** schildern: die Entstehung der Welt und die Rückkehr ihrer göttlichen Elemente zu ihrem Ursprung.

Die Gnosis vereinigt also Bestandteile sehr verschiedenartiger Herkunft in *d* sich: Anschauungen und Mythologumena der alten **orientalischen** Religionen (bes. der altbabylonischen und der persischen), die Denkweise und einzelne Begriffe der **platonischen, pythagoreischen** und **stoischen** Philosophie, die Kulte der **Mysterien.** Daher bieten die gnostischen Systeme ein sehr buntes Bild. Trotzdem läßt sich ein **Durchschnittstypus** feststellen:

1) Gestützt werden diese Systeme durch den **Anspruch auf Offenbarung** *e* und die Berufung auf die **Tradition** (gnostische Propheten, eigene heilige Schriften; Benutzung der kirchlichen Tradition und einer fingierten esoterischen Geheimtradition), sowie gelehrte **theologische Untersuchungen** (Abfassung der ältesten Kommentare zu urchristlichen Schriften; dogmatische und ethische Abhandlungen). Das **Alte Testament** wird meist **verworfen** (oder allegorisch verstanden), die evangelische Geschichte **allegorisch** erklärt.

2) Die **Gottheit** wird ganz transzendent, bestimmungslos und unfaßbar, zu- *f* gleich als das unwandelbar Gute gedacht; ihr steht meist die **Materie** als etwas Selbständiges und Ungeschaffenes gegenüber (Dualismus); an der Materie haftet, wie eine physische Qualität, das Böse (Gleichsetzung des Ethischen mit dem Naturhaft-Kosmologischen).

3) Die Welt wird, durchaus pessimistisch, nicht als die Schöpfung Gottes, son- *g* dern als das wider den Willen Gottes entstandene **Werk** des *Δημιουργός* betrachtet, eines niederen Mittelwesens oder gar des Teufels selbst; **der Schöpfergott ist also ein anderer als der Erlösergott.**

4) In der Welt sind **pneumatische** (aus Gott stammende) und **materielle** *h* **Elemente** miteinander vermischt (Erlösungssehnsucht). Es gibt zB. nach der Lehre der Valentinianer drei verschiedene Klassen von Menschen: „**Pneumatiker**" (in denen Funken des Göttlichen leben), „**Psychiker**" (die bloß „Gläubigen", denen die „Gnosis" verschlossen bleibt) und „**Hyliker**" (die grob materiell Gesinnten); nur die Pneumatiker, die übrigens mit der Gnosis schon das Leben haben, gehen in die volle Seligkeit ein, und zwar kraft ihrer pneumatischen Natur (Beseitigung der urchristlichen Eschatologie; griechische Unsterblichkeitslehre), während die Hyliker, ebenso unvermeidlich, dem Untergang verfallen und die Psychiker durch ihr eigenes werktätiges Handeln eine niedere Form der Seligkeit erlangen oder das Schicksal der Hyliker teilen. In manchen Systemen findet sich eine **Zweiteilung** (Pneumatiker und Hyliker).

5) Zwischen Gott und den Kosmos werden allerlei Mittelwesen, **Aeonen,** ein- *i* geschoben (Gestalten der alten Mythologie oder Personifikationen philosophischer Begriffe), in denen sich die Gottheit entfaltet und die den Übergang von der Gottheit zu der ihr wesensgleichen Welt bewirken.

6) **Christus** wird in allen Systemen als der große Wendepunkt der Geschichte *k* aufgefaßt, mit dem die [als kosmischer Prozeß gedachte] Erlösung beginnt (sehr verschiedenartige Ausführung der Christologie); er verkündigt einen bis dahin unbekannten Gott. Charakteristisch ist das Bestreben, den **himmlischen Aeon Christus und seine menschliche Erscheinung Jesus auseinanderzuhalten.** Entweder (α) Jesus war ein wirklicher Mensch, auf dem der Christus von oben her ruhte, um sich bei der Kreuzigung wieder von ihm zu trennen *(Basilides);* oder (β) der Leib Jesu stammte aus der Aeonenwelt *(Valentin);* oder (γ) Christus hatte einen Scheinleib (die Simonianer, *Satornil, Marcion*).

4 Heussi, Kompendium 13. Aufl.

l 7) Die strenge, dualistisch begründete Askese schlug bei einem Teile in sittlichen Libertinismus um (der Gnostiker soll zB. durch Ehebruch dem Gebot des Demiurgen Trotz bieten; so die Gruppe der „Antitakten" bei Clem. Alex., Strom. III, 34–39).

m Die Möglichkeit für das Aufkommen der Gnosis innerhalb der Gemeinden war damit gegeben, daß feste Formen der Lehre, des Kultus und der Verfassung erst im Entstehen begriffen waren. Die Grenzen zwischen dem gnostischen und dem kirchlichen Christentum waren zum Teil noch fließend. Die Anziehungskraft des Gnostizismus lag in dem Reiz des Geheimnisvollen, in seinem reichen Kultus und ähnlichem (Einführung der Kunst; Hymnen, Bilder Christi; Apostelromane).

n Die Hauptherde der gnostischen Bewegung waren Syrien und Ägypten, eine Zeitlang Rom; ihre Blütezeit erlebte sie **um 135**. Ihre Vertreter bildeten eine buntgemischte Gesellschaft: Religionsphilosophen; Schwindelpropheten; Asketen, die bei starker Berührung mit dem kirchlichen Christentum in dualistische Anschauungen gerieten.

Überblick über die gnostischen Richtungen.

1. Vorläufer.

o α) Als Urheber der Ketzerei nennen die Kirchenväter neben dem samaritanischen Goëten *Dositheos* und anderen vor allem den *Simon Magus* (vgl. § 7 g); er und seine Begleiterin Helena sind bei den Simonianern des 2. Jhs. Inkarnationen einer männlichen und einer weiblichen göttlichen Kraft geworden. Ein Schüler Simons war *Menander*.

β) Tatsächlich festzustellen sind „gnostische" Elemente bei *Kerinthos* (um 100 in Ephesus, wo ihn die Legende mit Johannes in einem Bade zusammentreffen läßt, vgl. Iren. III 3 ₄); er unterschied bereits zwischen dem höchsten Gott und dem Demiurgen, einem Engelwesen. Daß er Chiliast und Judaist gewesen sei, sind irrtümliche Nachrichten.

2. Die ersten großen gnostischen Schulen

begegnen in der Zeit Kaiser Hadrians (um 125).

p α) Die Schule der **Satornilianer,** gestiftet von dem Syrer *Satornilos* (Saturninus), einem Schüler des Simon und Menander, in Syrien verbreitet, vertrat ein System wesentlich orientalischen Gepräges.

β) Parallel mit ihr entwickelte sich die Schule der **Basilidianer,** begründet von dem Syrer *BASILIDES*, der bis in die Zeit der Antonine in Alexandria wirkte; sie war im Osten und Westen weit verbreitet (Rom). Basilides war ein bedeutender theologischer Schriftsteller (24 Bücher Ἐξηγητικὰ εἰς τὸ εὐαγγέλιον, Fragm. bei Klemens von Alexandria), ebenso sein Sohn *Isidorus* (Ἐξηγητικὰ τοῦ προφήτου Παρχώρ, Ἠθικά u. a.).

γ) Ganz auf hellenistischem Boden erwuchs die antinomistische Sekte der **Karpokratianer,** geführt von *Karpokrates* in Alexandria. Der Stifter der Sekte war möglicherweise sein junger Sohn *Epiphanes*, der in einer stark von Plato beeinflußten Schrift Περὶ δικαιοσύνης für Güter- und Weibergemeinschaft eintrat. Nachdem er mit 17 Jahren gestorben war, soll er in Same auf Kephallenia von seinen Anhängern göttlich verehrt worden sein.

q #### 3. Die beiden gnostischen Hauptrichtungen

waren die Ophiten und die Valentinianer.

α) Die in vielen Zweigen in großer Zahl im Orient verbreiteten **Ophiten** („Schlangenbrüder", von ὄφις) und ihre mannigfachen Untergruppen, zB. die

Naassener (von nāchāsch), galten im Orient als die Gnostiker schlechthin. In ihren Systemen hatte die Schlange eine bedeutsame Stellung inne; aber während mehrere Gruppen der „Schlangenbrüder" sie wegen Gen. 3 $_5$ als Symbol des Fortschritts verehrten, leiteten die andern von ihr das Verderben her.

β) Der Stifter der **Valentinianer** war der bedeutendste Gnostiker, der Ägypter *r* *VALENTINUS*, ein hochgebildeter, feinsinniger, von hinreißendem religiösen Pathos erfüllter Mann. Er wirkte zuerst in Ägypten (c. 135), dann längere Zeit in Rom (c. 136–165; vgl. § 14 a), zuletzt wieder im Orient (Cypern ?). Die von seinen Predigten, Hymnen und Briefen erhaltenen Fragmente zeigen, daß sein [im Zusammenhang nicht mehr erkennbares] System aus der platonischen Philosophie, Worten Jesu und Gedanken des Paulus zusammengeflossen war und dem Gemeindechristentum ungleich näher stand, als seine viel mehr durch den Synkretismus bestimmten Schüler. Die Valentinianer machten sehr reichlich vom Joh.-Evangelium Gebrauch (Iren. III 11, 7), müssen es also als irgendwie verwandt („gnostisch") empfunden haben. Ihr weitverbreiteter Anhang verteilte sich später auf zwei Gruppen: die **abendländische Schule**, vertreten durch *Ptolemaeus* (Verfasser des Briefs an die Flora, erhalten bei Epiphanius, eines der wichtigsten Reste der gnostischen Literatur, mit interessanter kritischer Erörterung des Ursprungs des Mosaischen Gesetzes) und durch *Herakleon* (wirkte um 200, schrieb „ὑπομνήματα" mit kurzen Erklärungen zum Ev. Joh.), und die **orientalische Schule** (erhalten die „Excerpta ex Theodoto" bei Klemens von Alexandria).

4. Übergänge zum Gemeindechristentum.   *s*

α) *Tatian*, der bedeutendste Vertreter der Enkratiten (Ablehnung der Ehe, des Wein- und Fleischgenusses auf Grund einer gnostisch-dualistischen Weltanschauung), zeigt am deutlichsten, wie leicht man von „kirchlichen" zu gnostischen Auffassungen gelangen konnte (Tatian war auch Apologet, vgl. § 12 d).

β) Ähnlich stand der einzige originale Denker der syrischen Kirche, *Bar-* *t* *Daisan* (Bardesanes) in Edessa (154–c. 223), ein vornehmer, bei Hofe einflußreicher Mann (unter dem 9. Abgar, vgl. § 16 k^2), in der Mitte zwischen dem „kirchlichen" Christentum und dem Gnostizismus; seine Hymnen (Anfänge des syrischen Kirchenliedes) und der doch wohl von ihm selbst verfaßte Dialog „Περὶ εἱμαρμένης" weisen neben christlichen und hellenistischen zahlreiche gnostische Bestandteile auf, ohne daß man dies hier im Osten zunächst als ketzerisch empfand. Erst zu Beginn des 3. Jhs. wurden die katholischen Normen in der edessenischen Kirche eingeführt; seitdem trennten sich die Bardesaniten von den Palutianern (= Katholiken, genannt nach ihrem Bischof *Palût*).

5. Die Reformkirche des Marcion.   *u*

Nicht eigentlich dem Gnostizismus zuzurechnen ist *MARCION* (Μαρκίων), ein reicher Reeder aus Sinope in Pontus, ein gebildeter Mann. Er wollte die nach seiner Meinung judaisierende Kirche durch Rückkehr zum ursprünglichen Evangelium (Jesus, Paulus) reformieren. Zuerst in Sinope, dann auch von Papias und von Polykarpos (§ 10 a 3, a 5) abgewiesen (Papias ließ sich durch die von Marcion mitgebrachten Empfehlungsschreiben Pontischer Brüder nicht bestechen; Polykarpos sah in ihm den „Erstgeborenen des Satans", Eus. h. e. IV 14 $_7$), begab er sich um 138/139 nach Rom; hier kam es, vermutlich im Juli 144, nach einer Verhandlung mit den Presbytern, ebenfalls zum Ausschluß aus der Gemeinde. Darauf schuf Marcion mit großem organisatorischen Geschick binnen kurzem eine große marcionitische Gegenkirche (vgl. § y). Die Berührung Marcions mit dem Gnostizismus ist eine Berührung in den Spitzen, nicht in den Grundlagen. Nach Irenäus war Marcion von dem syrischen Gnostiker *Kerdon* beeinflußt; das kann aber kein Einfluß auf die Hauptpunkte der Lehre Marcions gewesen sein. Marcion kennt nicht die Notwendigkeit der Gnosis, die Überordnung der Gnosis über die Pistis, die Berufung auf Geheimtraditionen, die Mysterienmagie, die Aeonenspekulation. Mit dem Gnostizismus berührt sich freilich die Beseitigung des AT (s. § w), das Hinüberspielen der Probleme in die Kosmologie,

4*

  sowie das Zweigöttersystem (doch ist der Dualismus dadurch etwas gemildert, daß der Demiurg zwar als πονηρός und bloß δίκαιος, aber nicht als κακός bezeichnet wird).

v Die Grundlage seiner Anschauung ist ein überspannter **Paulinismus**; Paulus ist der einzige Apostel, der den Herrn verstanden hat, während die Urapostel und die Kirche in den Judaismus zurückgefallen sind (Gal. 2 $_{11}$ff.). Von dem **paulinischen Gegensatz zwischen Gesetz und Evangelium** gelangt Marcion zu der Annahme zweier Götter. Dem Weltschöpfer (Δημιουργός) und Judengott, der diese ekelhafte Welt geschaffen hat, der gerecht ist nach dem Worte „Auge um Auge, Zahn um Zahn", steht der vor Christus völlig unbekannte, **gute Gott** gegenüber, der die Liebe und das Erbarmen ist. Dieser unbekannte, **fremde Gott** erbarmt sich der Menschen, die ihn eigentlich nichts angehen, **rein aus Gnade**, und sendet Christus (Scheinleib) als Welterlöser, der im 15. Jahre des Tiberius in Kapernaum herniedersteigt, den allein wahren Gott der Liebe offenbart, aber von dem Judengott ans Kreuz gebracht wird. Das ist die Katastrophe des Judengottes, der durch das scheinbare Leiden des höchsten Gottes ungerecht geworden ist und mitsamt den Gesetzesfrommen dem Verderben anheimfällt. Nachdem damit das **Gesetz aufgehoben** ist, ist die Seligkeit allein **an den Glauben geknüpft** (vgl. Paulus). Damit verbindet Marcion die **schärfste Askese** (Verbot des Fleisch- und Weingenusses und der Ehe). Die Wiederkunft Christi und die Auferstehung des Fleisches werden verworfen; der jüdische Messias wird noch kommen, aber ein irdischer Messias sein.

w Als Ersatz für das von ihm verworfene AT, das scheußliche Offenbarungsbuch des Judengottes, das Marcion jüdisch-wörtlich, nicht christlich-allegorisch interpretierte, schuf er seinen Gemeinden, da der „gute" Gott doch auch ein hl. Buch haben mußte, einen **Kanon** mit den beiden Teilen τὸ εὐαγγέλιον (bearbeitetes, d. h. von vermeintlichen judaistischen Verfälschungen gereinigtes Lukasevangelium; warum nahm er nicht Joh?!) und ὁ ἀπόστολος (10 Paulusbriefe, ebenfalls redigiert, die Pastoralbriefe fehlen). Auch verfaßte er ein eigenes Werk, Ἀντιθέσεις, worin er den Gegensatz zwischen Aussprüchen des AT und solchen der Religion der Liebe nachwies (Fragmente bei Tert., Iren., Orig., Adamantius u. a.).

x Nach seinem Tode (wann?) haben **Marcions Schüler** seine Gedanken mannigfach abzuwandeln und folgerichtiger zu gestalten gesucht, auch die Textrevision des Meisters fortgesetzt. Sein bedeutendster Schüler, *APELLES*, näherte sich am meisten der Kirche, indem er zur μία ἀρχή, zur Einprinzipienlehre gelangte (der Weltschöpfer ein Engel Gottes).

y Die **marcionitischen Gemeinden** (Bischöfe, Presbyter; Märtyrer; eigene religiöse Hymnen; eigene Kirchengebäude) waren im 2. und 3. Jh. vom Euphrat bis zur Rhône verbreitet und haben das vulgäre Christentum eine Zeitlang schwer bedroht. Die älteste erhaltene Kircheninschrift ist eine marcionitische (bei Damaskus, 318/19). Vgl. § 25 c.

§ 14. Die Überwindung der gnostischen Krisis: der Zusammenschluß der Gemeinden zur katholischen Kirche.

  ARitschl, Die Entstehung der altkatholischen Kirche, ²1857. – RSohm, Wesen und Ursprung des Katholizismus (ALA 27), ²1912. – *PBatiffol, Urkirche und Katholizismus, deutsch von FXSeppelt, 1910. – AvHarnack, Entstehung und Entwicklung der Kirchenverfassung und des Kirchenrechts in den zwei ersten Jhh., 1910. – Ders., Marcion, s. zu § 13. – Ders., Die Entstehung des NT, 1914. – Ders., Die ältesten Evangelienprologe und die Bildung des NT (SBA 1928, S. 322 bis 341). – ECaspar, Die älteste römische Bischofsliste, 1925. – HLietzmann, Geschichte der Alten Kirche Bd. II, 1936. – WBauer, Rechtgläubigkeit und Ketzerei im ältesten Christentum, 1934. – CHTurner, Apostolic Succession (= HB Swete, Essays on the Early History of the Church and Ministry), 1918. – Zu § m: GLüdtke und ThNissen, Abercii titulus sepulcralis, 1910; *JDölger, Ichthys II, 1922, 454.

Zur Problemgeschichte.

Das Problem des Hervorgehens der frühkatholischen Kirche aus dem Urchristentum ist mit wissenschaftlicher Schärfe zuerst von FCBaur gestellt worden. Entwicklung ist ihm (nach Hegel) Dialektik des Geistes, die sich in dem Dreitakt von Thesis, Antithesis und Synthesis bewegt. So entwickelt sich aus dem Judenchristentum (identisch mit Petrinismus) und dem ihm entgegengesetzten Heidenchristentum (identisch mit Paulinismus) als Synthese im 2. Jh. die katholische Kirche. Die nt. Schriften spiegeln diese Entwicklung wider. Petrinisch ist die bald nach Nero verfaßte Apk., paulinisch sind Rm. 1–14, I. II. Kor., Gal.; alle übrigen, deren Abfassung sich bis weit ins 2. Jh. erstreckt, haben eine konziliatorische Tendenz. ARitschl brach den Hegelschen Schematismus weg, differenzierte stärker die urchristlichen Richtungen (die jüdisch lebenden Urapostel; der stärker pharisäische Judaismus; der Paulinismus; das Heidenchristentum neben und nach Paulus) und faßte den Katholizismus nicht als Kompromiß zwischen Judenchristentum und Heidenchristentum, sondern als Entwicklungsstufe des Heidenchristentums neben und nach Paulus. Ähnlich AHarnack, der aber schärfer die Bedeutung des antignostischen Kampfes herausarbeitete: der Frühkatholizismus ist ihm im wesentlichen Antimarcionitismus. Damit dürfte das Problem in der Hauptsache gelöst sein, richtige Einsichten liegen aber auch schon bei Baur vor.

1. In die Jahrzehnte 160–180 fällt der Zusammenschluß der *a* alten katholischen Kirche. Er ist das Ergebnis der durch die inneren und äußeren Gefahren, insbesondere, aber nicht allein durch den Gnostizismus, geschaffenen Krisis. Diese wurde dadurch überwunden, daß die bis dahin voneinander rechtlich unabhängigen Gemeinden sich zu einem Verbande zusammenschlossen und sich über bestimmte feste Normen verständigten, die fortan entscheiden sollten, wer als Christ anzuerkennen, wer als „Häretiker" aus der Kirche auszuscheiden sei[1]. Diese Normen waren das „apostolische" Taufsymbol, der „apostolische" Schriftenkanon und das „apostolische" Amt. Mit ihrer Aufrichtung wurde der Gnostizismus als „häretisch" ausgeschieden, zunächst in Rom (Valentin § 13 r, Marcion § 13 u), sehr viel später auch im Osten.

α) Im Taufbekenntnis (§ 10 h) hatte man eine kurze Summe der *b* in den Gemeinden herrschenden Glaubenssätze. Man erhob nun das Taufbekenntnis zur apostolischen Wahrheitsregel oder **Glaubensregel** (regula veritatis, regula fidei, κανὼν τῆς ἀληθείας, κανὼν τῆς πίστεως)[2], machte damit seinen Inhalt zu einem apostolischen Gebot und entzog ihn jeder Diskussion.

Der Willkür der gnostischen Auffassung konnte man freilich nur dann begeg- *c* nen, wenn die einzelnen Sätze bestimmt interpretiert waren, wenn also zB. πιστεύω εἰς θεὸν πατέρα παντοκράτορα gegen die gnostischen Lehren vom Demiurgen und von der Ewigkeit der Materie als der Glaube an den Schöpfergott und an die Erschaffung der Welt aus dem Nichts sichergestellt war. Zur Schaffung eines ausgeführten Lehrbekenntnisses war die Zeit noch nicht reif; einen Ausweg bot die Fiktion, daß die den Gnostizismus ausschließenden Sätze implicite im

---

[1] **Häresie**, αἵρεσις (zuerst Ignat. ad Trall. 6), selbstgewählte Anschauung. Abweichung von Grundlehren der katholischen Kirche (Ketzerei). Davon zu unterscheiden das **Schisma** (σχίσμα) = die Trennung vom rechtmäßigen Bischof nicht aus Gründen der Lehre, sondern der kirchlichen Verfassung oder Zucht.

[2] Später kam für das Taufbekenntnis die Bezeichnung **Symbol** auf (σύμβολον, symbolum, feststehender Ausdruck 2. Hälfte des 4. Jhs.).

Taufbekenntnis enthalten seien. Dadurch gewannen die von Fall zu Fall formulierten Paraphrasen des Taufbekenntnisses dasselbe apostolische Ansehen wie dieses. Dies Verfahren ist in der **römischen** Gemeinde im Kampf gegen Marcion und Valentinus begründet worden. Von Rom haben die übrigen abendländischen Provinzen ihr Taufbekenntnis erhalten. Viele Einzelfragen sind umstritten.

d   Die Erhebung der Taufformel zur regula fidei ist der **erste Ansatz zur Fixierung des Dogmas**. Aus der antignostischen Interpretation des Taufbekenntnisses entstand die kirchliche Theologie (§ 17). Die Beschränkung des Taufsymbols auf Aussagen über Gott, Christus und den hl. Geist hatte zur Folge, daß in der Alten Kirche nur **Trinitätslehre und Christologie** „Dogmen" von unverletzlicher Autorität waren, während andere Lehren fließend blieben (bedeutsamer Unterschied vom späteren Katholizismus und vom alten Protestantismus!). Das Taufbekenntnis hat also die altkirchliche Dogmengeschichte in entscheidender Weise beherrscht.

e   β) Die zweite katholische Norm wurde der als gleichwertig neben das AT tretende, dieses ergänzende, nicht, wie bei Marcion, ersetzende, neutestamentliche **Kanon**. Seine älteste Gestalt bildete sich in den Jahrzehnten von c. 140–c. 200. Kirchliche Vorstufen der Kanonbildung waren Sammlungen urchristlicher Schriften zum Zweck der Vorlesung im Gottesdienst, einerseits eine Sammlung von Paulusbriefen (um 100), anderseits eine Sammlung von (drei oder vier?!) Evangelien. Beide Sammlungen waren unabhängig voneinander entstanden und noch nicht in organische Beziehung zueinander gesetzt (wie Marcions „Euangelion" und „Apostolos", § f). Das Kriterium für das kanonische Ansehen einer Schrift war ihre (vermeintliche) Abfassung durch einen Apostel oder „Apostelschüler".

f   Es handelt sich um ein Doppeltes: 1) um das betonte Festhalten am AT (meist in der Form der LXX) als göttlicher Offenbarungsschrift und seiner allegorischen (= christlichen) Interpretation; 2) um die Schaffung eines NT und dessen Verbindung mit dem AT zu *einem* Korpus von hl. Schriften.

Zu 1) Das Festhalten am AT war ungemein **folgenreich**, da es Verfassung, Kultus und Glaubenslehre dauernd unter jüdischem Einfluß hielt; es war damals **notwendig**, weil die Verwerfung des AT Anerkennung der Trennung von Schöpfergott und Erlösergott bedeutete (für das damalige Denken war Wesensverschiedenheit = Herkunft von verschiedenen metaphysischen Wesenheiten = Göttern); es war **möglich**, weil die allegorische Interpretation für das christliche Durchschnittsbewußtsein bis ins 18. Jh. die Erkenntnis der unterchristlichen Bestandteile des AT verhinderte.

Zu 2) Über der Entstehungsgeschichte des NT liegt ein tiefes Dunkel. Ein „Neues Testament", d. h. eine Schriftensammlung, die dem AT zur Seite gestellt wurde, hatten die Gemeinden am Anfang des 2. Jhs. **noch nicht**. Einen aus den beiden Bestandteilen εὐαγγέλιον und ἀπόστολος bestehenden Kanon schuf als erster **Marcion** (§ 13 w); er brauchte ihn, da er das AT verwarf. Die Großkirche, die Paulus nicht den Häretikern überlassen konnte, folgte Marcion und überbot ihn durch Aufnahme noch weiterer Schriften. Sie nahm nicht nur ein, sondern **vier** Evangelien auf; doch stieß das vierte Evangelium noch um 170 in gut katholischen Kreisen auf starken Widerstand (vgl. § 10 k, 15 c). Ferner ergänzte die Großkirche die Paulusbriefe durch angeblich urapostolische Briefliteratur (Jakobus, Petrus, Johannes, vgl. Gal. 2₉) und überbrückte „Euangelion" und „Apostolos" durch die Apostelgeschichte (als „Acta omnium apostolorum"). Die Herstellung des Kanons erfolgte nicht nur durch Sammler-, sondern auch durch **redaktionelle** Tätigkeit. Der neue Kanon war eine Waffe sowohl gegen die Gnosis wie gegen den Montanismus (§ 15). Um **200** ist in der Großkirche das NT mit seinen beiden Teilen **vorhanden**. In den verschiedenen Provinzen hatten die Gemeinden noch auf lange hinaus einen etwas verschiedenen Kanon. Der zweite Teil blieb bis ins 4. Jh. eine wenig fest umschriebene Größe; bes. Jak., II. Pt., III. Joh., Hebr., Apk. waren lange umstritten³.

γ) Auch die Häretiker beriefen sich auf apostolische Überlieferungen. Daher bedurfte die Kirche einer Instanz, welche die Treue der kirchlichen Überlieferung gewährleistete. Man fand sie im **monarchischen Episkopat** (§ 10 c). Erst im antignostischen Kampfe und in Rom empfing er seine volle Ausgestaltung und hervorragende Bedeutung. Es bildete sich nun die Theorie, daß der monarchische Episkopat auf apostolischer Einsetzung beruhe, durch die ununterbrochene Sukzessionskette mit den Aposteln zusammenhänge und der Träger des untrüglichen „charisma veritatis" und des apostolischen Lehramtes sei. *g*

Mit dem Verschwinden des enthusiastischen Lehrertums und dem Emporwuchern der Irrlehren ging die Lehrfunktion auf den Gemeindeleiter, den ἐπίσκοπος über; auf ihn wurden die Qualitäten der urchristlichen ἄνδρες λαλοῦντες τὸν λόγον τοῦ θεοῦ (das „charisma veritatis certum") übertragen: damit erschien er als der Nachfolger der Apostel. Als solcher erschien er auch deshalb, weil er gegenüber den häretischen Neuerungen die Lehre der Apostel verkündigte. Die Begriffe der apostolischen Sukzession der Bischöfe (διαδοχή) und der Tradition (παράδοσις) sind miteinander auf das nächste verwandt; beide gehen vermutlich auf jüdische Einwirkungen zurück. *h*

Man suchte nun festzustellen, welche Gemeinden die Tradition am zuverlässigsten besäßen, und gab Rom⁴ das Hauptgewicht; man stellte weiter fest, durch welche Männer in den Hauptgemeinden die apostolische Tradition gewährleistet würde. So entstanden, zuerst für Rom, Jerusalem, Alexandria und Antiochia, **Bischofslisten.** Die älteste römische Sukzessionenreihe gibt Irenäus, adv. haer. III 3, 3; er berichtet von der Gründung der Gemeinde durch Petrus und Paulus und zählt dann 12 Träger der von den Aposteln stammenden Tradition auf: 1. *Linus.* 2. *Anenkletus.* 3. *Klemens.* 4. *Evaristus.* 5. *Alexander.* 6. *Xystus* [*Sixtus*]. 7. *Telesphorus.* 8. *Hyginus.* 9. *Pius.* 10. *Anicetus.* 11. *Soter.* 12. *Eleutherus.* Von diesen war Pius vielleicht der älteste monarchische Bischof Roms; die vor ihm Genannten sind tatsächlich „Vorsteher" im Gottesdienst, in der Lehre, für die äußeren Angelegenheiten der Gemeinde gewesen und hatten sicher große Verdienste; nur waren sie nicht „monarchische" Episkopen im strengen Sinn. *i*

---

³ Ein Verzeichnis der um 200 wahrscheinlich in Rom als nt. geltenden Schriften ist als Bruchstück erhaltene Kanon Muratori (so genannt nach seinem Entdecker, Ludovico Antonio Muratori in Mailand, gest. 1750), vermutlich aus einer Vorrede zu einer lat. Bibelübersetzung. Es fehlen I. II. Pt., Jak., III. Joh., Hebr.(?).

⁴ Während die Quellen des 1. Jhs. keine Aussage über den römischen Petrus enthalten, gewinnt dieser im Geschichtsbild des 2. Jhs. immer bestimmtere Züge. Bischof Dionysius von Korinth um 170 (§ k; vgl. Eus., h. e. II 25 ₈) will in der Auseinandersetzung mit den Marcioniten wissen, Petrus und Paulus hätten gemeinsam die Gemeinden von Korinth und von Rom gegründet und gemeinsam in Rom den Zeugentod erlitten. Dies sicherte diesen Gemeinden die Überlegenheit über die Marcioniten, die die Urapostel verwarfen und sich allein auf Paulus beriefen. Ähnlich die Späteren, Irenäus (adv. haer. III 1. 3 ₃) und Tertullian (praescr. 32. 36; Scorp. 15). Als Todesart des Petrus nennt Tertullian die Kreuzigung, Eusebius (III 1) die Kreuzigung mit dem Kopf nach unten. Seit c. 200 sprach man meist nur von Petrus allein als Gründer der römischen Gemeinde, die er 25 Jahre geleitet hätte: Linus galt als Bischof Nr. 1, später Petrus als Bischof Nr. 1, Linus als Nr. 2. Die voll entwickelte Petrus-Rom-Legende (um 200; Petrus verlegt 42 unter Kaiser Claudius sein Hauptquartier von Jerusalem nach Rom, gründet die römische Gemeinde, leitet sie 25 Jahre usw.) ist durch ihren Einfluß auf die Entstehung des Papsttums (§§ 20. 32) und des stadtrömischen Kultes von unübersehbarer Bedeutung geworden.

k   Die Aufstellung der drei katholischen Normen bedeutet keine **absolute** Neuerung; alle drei haben Vorstufen gehabt. Die stärkste Neuerung war die neue Stellung des bischöflichen Amtes. Von den Männern, welche mit Eifer an der Durchsetzung der neuen Kriterien des Katholischen gearbeitet haben, sind zu nennen: *Polykarp von Smyrna* († 155/56 oder nach 161, bez. 168, vgl. § 10 a; um 155 [wegen der Passahfeier] bei Anicet in Rom), *Justinus Martyr* († c. 165, wirkt in Ephesus, dann in Rom), *Hegesippus* (aus Palästina oder Syrien, geborener Jude, aber nicht „Judenchrist", sondern katholischer Christ, besucht um 160 Rom [Anicet] und zahlreiche andere Gemeinden, wovon er in seinen ὑπομνήματα berichtet hat, vgl. Eus. h. e. IV 22), *Dionysius von Korinth* (um 170, betreibt in antimarcionitischem Geist durch Sendschreiben die εἰρήνη καὶ ἕνωσις, steht in Beziehungen zu Soter in Rom), dazu kommt besonders *IRENÄUS* (§ 17 b c; Kleinasiat; Presbyter, später Bischof in Lyon; 177 [Eleutherus] Besuch in Rom).

l   2. Um 180 ist die „katholische Kirche" (ἡ καθολικὴ ἐκκλησία) oder die „Großkirche" (ἡ μεγάλη ἐκκλησία) in ihren Grundlinien fertig. Die Einzelgemeinden haben in ihrem Bischof ihr sichtbares Zentrum erhalten und sind untereinander zu einem rechtsartigen Verbande (κοινὴ ἕνωσις) zusammengeschlossen.

m   Die Wendung ἡ καθολικὴ ἐκκλησία zuerst Ign., Smyrn 8, doch noch nicht im technischen Sinn (= orthodox), sondern im Sinne von Gesamtkirche (vgl. ἐκκλησία I. Kor. 12 ₂₈). Im technischen Sinn drang der Ausdruck nur allmählich vor; Tertullian verwendet ihn noch nicht. Die katholischen Normen haben sich zuerst in der **westlichen Gruppe** von Gemeinden durchgesetzt, zu der bis 190/91 auch die kleinasiatische Kirche gehörte (§ 20 r), weit langsamer in der **östlichen Gruppe**, die sich aus den Gemeinden Ägyptens, Syriens und der Euphrat- und Tigrisländer zusammensetzte. Auch innerhalb jeder Gruppe bestanden mannigfache Verschiedenheiten (zB. in der Passahfeier, vgl. § 18 n). Daß das **Vulgärchristliche** vieles enthielt, was später als **häretisch** galt, zeigt die weitverbreitete Literatur der Apostelromane (s. § 10 l), aber auch die aus dem Ausgang des 2. Jhs. stammende kleinasiatische Grabinschrift des *Aberkios* (Bischof von Hieropolis [nicht: Hierapolis!]; die von der Forschung eine Zeitlang lebhaft umstrittene Herkunft der Inschrift ist als christlich-synkretistisch, nicht als heidnisch zu bestimmen).

§ 15. Der Montanismus.

N BONWETSCH, Die Geschichte des Montanismus, 1881. – P DE LABRIOLLE, Les sources de l'histoire du Montanisme, 1913; Ders., La crise Montaniste, 1913. – W SCHEPELERN, Der Montanismus und die phrygischen Kulte, 1920.

a   Die Konsolidierung der katholischen Kirche erfolgte außer durch die Ausscheidung des Gnostizismus noch in einem zweiten großen Zusammenhange, der Überwindung der montanistischen Krisis. Der **Montanismus** war eine Erneuerung und Steigerung des alten, enthusiastischen und rigoristischen Christentums, ausgelöst durch das Verblassen der Parusieerwartung und die unaufhaltsam fortschreitende „Verweltlichung" der Gemeinden. Die Parusieerwartung wurde von den Montanisten schwärmerisch erneuert, der urchristliche Prophetismus in das schwer ekstatisch-visionäre Extrem gesteigert, dazu der Anspruch auf den Besitz neuer Offenbarungen erhoben, die urchristliche Sittenstrenge maßlos übertrieben. Riß die „**neue Prophetie**" die gesamte Christenheit mit sich fort, so endete die Kirche als weltflüchtige Sekte. Doch der katholische Gedanke hatte sich bereits durchzusetzen begonnen, als die montanistische Krisis akut wurde;

das erleichterte ihre Überwindung. Unter Führung ihrer nach maßvoller Mitte strebenden Bischöfe schied die Kirche den Montanismus als gefährliche Spaltung (Schisma, σχίσμα, § 14 a[1]) aus und setzte ihre Entwicklung zur Weltkirche fort.

    1. Der erste Abschnitt der Geschichte des Montanismus[1] spielt in **Kleinasien.** *b* Die Bewegung begann wahrscheinlich in den **60er** Jahren[2] in dem Dorfe Ardabau (*Ἀρδαβαῦ*, nicht Ardaban!) in Phrygien. Ihr Führer, *MONTANUS,* soll [nach Hieronymus] ein ehemaliger Priester der Kybele gewesen sein. Einwirkung der enthusiastischen Art der heidnischen phrygischen Religion ist zu vermuten (schroffe Askese, schwere Form der Ekstasen). Nach dem Glauben der Montanisten war in Montanus der Paraklet (Joh. 14 $_{16}$) und damit die abschließende Offenbarung gekommen. Die **neue Prophetie,** deren Orakel gesammelt wurden, überbot und verbesserte die früheren Offenbarungsstufen, die alttestamentliche und die urchristliche. Hauptinhalt der Verkündigung des Montanus und seiner Prophetinnen *Priska* (Priscilla) und *Maximilla* war: 1. die Ankündigung des unmittelbar bevorstehenden Weltendes; – 2. der Aufruf an alle Gläubigen, zur Erwartung des Endes die Welt zu verlassen und sich in Pepuza in Phrygien zusammenzufinden; – 3. die Forderung der schroffsten Askese, und zwar α) Verschärfung und gesetzliche Forderung des Fastens (u. a. Einführung der ξηροφαγίαι, d. i. Beschränkung auf trockene Speisen); – β) Aufhebung der Ehe (später ermäßigt zum Verbot der zweiten Ehe als Ehebruch); – γ) Dringen auf Virginität; – δ) schroffe Verwerfung der Flucht in der Verfolgung und Drängen zum Martyrium. In den dogmatischen Fragen bewegten sich die Montanisten auf katholischem Boden. Die Bewegung verbreitete sich wie im Sturm. Ihr Haupt war nach dem Tode des Montanus und der Priska eine Zeitlang *Maximilla.* Ihr Tod 179 rief eine Krisis hervor, da sie prophezeit hatte, daß auf ihr Ende sofort die Parusie folgen werde.

    Nach einigem Schwanken regte sich in Kleinasien der Widerspruch. Auf einer *c* Reihe kleinasiatischer Synoden (den ersten, von denen wir wissen!) wurden die Montanisten aus der Kirchengemeinschaft ausgeschlossen. Bald setzte eine lebhafte literarische Bekämpfung ein; an ihr beteiligten sich *Claudius Apollinaris* von Hierapolis in Phrygien, *Miltiades,* vielleicht auch *Melito* von Sardes, ebenso der von Eus., h. e. V, 16f. benutzte Anonymus, sowie die sog. „Aloger", die auch den Gnostizismus scharf bekämpften (§ 17 s[3]). Die Aloger waren zunächst weder eine „Partei" noch eine Häresie, sondern einfach die konservativen Anhänger des in der Kirche Herkömmlichen. Sie lehnten Ev. und Apk. Joh. dem Apostel Johannes ab (§ 10 k) und erklärten sie für Schriften seines Gegners Kerinth (§ 13 o; warum gerade des Kerinth, entzieht sich unserm Wissen); wegen ihrer Ablehnung der Logoslehre gab ihnen Epiphanius (§ 34 b) den bissigen Spottnamen „Aloger" (= Unvernünftige).

    Außerhalb Kleinasiens faßte der Montanismus in Syrien und Thrazien Fuß. *d* 177 haben sich in Gallien die Gemeinden von Lugdunum und Vienna in Schreiben nach Asia, Phrygien und Rom „um des Friedens der Kirche willen" über den Montanismus geäußert (in welchem Sinne, ist unerkennbar) und ihren Presbyter *Irenäus* in der Angelegenheit nach Rom geschickt (§ 17 c). In Rom hatte zwar Bischof *Soter* (166–174) gegen die Phrygier geschrieben, aber dann besserten sich die Aussichten des Montanismus. Doch da ließ sich der römische Bischof (*Eleutherus?* oder erst *Viktor?*) durch den kleinasiatischen Antimontanisten *Praxeas* (§ 17 w) bewegen, die nach Kleinasien gesandten Friedensbriefe zurückzunehmen. In Kleinasien, besonders in Phrygien und Galatien, erhielt sich der Montanismus noch lange als eine eigene, vieles Altertümliche bewahrende Sekte (vgl. § 25 c).

---

[1] Selbstbezeichnung: Neue Prophetie. Bezeichnung durch die Gegner: Phrygier, phrygische Häresie (Häresie *κατὰ Φρύγας,* daraus das sinnlose „Kataphryger"). Die Bezeichnung Montanisten erst im 4. Jh.

[2] Der übliche Ansatz 156/157 ist vermutlich zu früh. Das einzige feststehende Datum ist das Todesjahr der Maximilla **179.**

e   2. Nach seiner Verurteilung in Kleinasien und Rom nahm der Montanismus in Africa proconsularis noch einmal einen Aufschwung. Freilich trat er nun weit maßvoller auf; der phantastische Gedanke des Zuges nach Pepuza war aufgegeben, die Askese war etwas ermäßigt. Zunächst bildeten die Montanisten eine rigoristische Minderheit innerhalb der Gemeinden; in Karthago ging TERTULLIAN (§ 17 e) ins montanistische Lager über. Aber um 207 kam es in Karthago zum Bruch: der Montanismus schied auch hier als eine Sekte aus, und Tertullian hat seitdem als Anhänger der „Spiritales" die „Psychici", die Anhänger der Großkirche, so leidenschaftlich bekämpft, wie er vordem der Großkirche gedient hatte. Besonders lebhaft war sein Widerstand gegen die laxe Behandlung der Buße und gegen die Verdrängung der Geistträger als Spender der Sündenvergebung durch das kirchliche Amt. Eine berühmte Urkunde des nordafrikanischen Montanismus sind die Akten der Perpetua und der Felicitas (§ 11 g).

II. Der Ausbau der frühkatholischen Kirche.

Vorblick auf §§ 16—22.

In den Jahrzehnten seit dem Ausgang des 2.Jhs. machte der weitere Ausbau der katholischen Kirche unter dem Einfluß und der Gunst der allgemeinen Kultur des Römerreichs rasche Fortschritte. Jetzt bildet sich die unüberbrückbare Kluft zwischen Klerus und Laien und der hierarchische Zug des neuen christlichen Priesterstandes; auf dem Gebiet der Verfassung entsteht das Synodalwesen, und im Zusammenhang mit ihm festigen sich die größeren kirchlichen Verbände. Ferner entwickelt sich nun eine christliche Literatur, die in der Form mit den literarischen Erzeugnissen der heidnischen Umgebung wetteifert, und eine Kirchenphilosophie, in der das Christentum zu einer Weltanschauung emporgehoben ist. Der Kultus empfängt seine reiche Gliederung; die christliche Kunst, seit c. 150 auf antiken Grundlagen im Werden begriffen, entfaltet sich im 3.Jh. zu großem Reichtum. Auch auf dem Gebiet der Sitte bilden sich immer bestimmtere Formen heraus. Um 250 verfügte die Kirche erst über eine kleine Minderheit der Bevölkerung, aber sie ist innerhalb der römisch-hellenistischen Kulturwelt die Größe, der die Zukunft gehört. Sie hat die lebensfähigen Elemente der Umwelt sich assimiliert: die mystisch-sakramentale Frömmigkeit des Synkretismus, den von den Römern entwickelten Sinn für festgefügte Organisation und straffe Disziplin, die Begriffe und Denkmethoden der hellenistischen Philosophie.

Die Kirche mußte allmählich für den Bestand des Staats eine Gefahr werden. Die politisch fähigen Kaiser haben die Gefahr erkannt. Decius und Valerian und ein halbes Jahrhundert später Diokletian und seine nächsten Nachfolger versuchten daher die Kirche zu unterdrücken. Der Versuch schlug fehl. Konstantin ging den anderen Weg: er nahm die Kirche in den Staat auf. Damit war die Kirche gerettet, aber der Herrschaft des Staates unterworfen.

§ 16. Die allgemeine Lage des Christentums im sinkenden Römerreich, vom Tode Mark Aurels (180) bis gegen Ende des 3. Jahrhunderts. Ausbreitung, Verfolgung, Duldung.

FrzAltheim, Niedergang der Alten Welt, 2 Bde., [1952]; dazu HvCampenhausen, ThLZ 1955, 444f. – KBihlmeyer, Die syrischen Kaiser zu Rom und das Christentum, 1916. – ABludau, Die ägyptischen Libelli und die Christenverfolgung des Kaisers Decius, 1931. – Vgl. zu § 11. – AvHarnack, Die Mission und Ausbreitung des Christentums in den ersten drei Jhh., 2 Bde., ⁴1924. – Ders., Militia Christi, 1905. – Zur Legio fulminatrix: WWeber (SHA I, 7, 1910).

1. Die rechtliche Lage der Christen war seit der Zeit Trajans (§ 11e) *a* unverändert geblieben. Tatsächlich aber wurden seit 180 die Verfolgungen immer seltener und die Friedenszeiten immer länger. Es war die Folge des politischen und wirtschaftlichen Niedergangs und der daraus entspringenden allgemeinen Lage im Römerreich seit dem Tode Mark Aurels, des steigenden inneren Ausgleichs der Mittelmeerkultur, der Höhe des Kosmopolitismus, des Synkretismus und der Verbreitung der orientalischen Mysterienreligionen.

COMMODUS (180–92), ein roher und abergläubischer Soldat, der erste Kaiser, *b* der sich in die Mithrasmysterien einweihen ließ, öffnete sich seit 184 sogar christlichen Einflüssen, die durch *Marcia*, die „φιλόθεος παλλακή" des Kaisers vermittelt waren. Nur in den ersten Jahren seiner Regierung wirkte die Religionspolitik seines Vorgängers nach. Der tatkräftige *SEPTIMIUS SEVERUS* (193 bis 211) duldete anfangs die Christen am Hof und im senatorischen Adel, verbot aber durch ein Edikt 202 den Übertritt zum Christentum. Nun wütete im ganzen Orient, besonders in Alexandria, sowie in Nordafrika eine heftige Verfolgung. Anderseits begann gerade unter ihm bereits die Begünstigung des heidnischen Synkretismus (§ 4 g) durch die kaiserlichen Damen, dessen Blüte auch eine Zeit der Duldung des Christentums war[1]. Schon unter *CARACALLA* (211–217), einem grausamen, wollüstigen Asiaten, hatten die Christen, von der Verfolgung in Nordafrika 211 abgesehen, Ruhe. Vollends die beiden folgenden Kaiser ließen das Christentum gewähren. *ELAGABAL* (218–22) aus Emesa in Phönizien, der die syrische Sonnenverehrung in Rom einführen wollte und in einem rauschenden Feste die heilige Hochzeit seines Gottes mit der karthagischen Göttin Tanit beging, soll geplant haben, den jüdischen, den samaritanischen und den christlichen Kultus mit seinem Sonnendienste zu verschmelzen. Unter *SEVERUS ALEXANDER* (222–35) hörte die Kaiserin-Mutter Julia Mamäa in Antiochia die Vorträge des Origenes, und Hippolytus widmete ihr eine Schrift über die Auferstehung. Aus beidem erhellt eine gewisse freundliche Stimmung des Hofs gegenüber dem Christentum. Daß Severus Alexander in seinem Lararium (Hausheiligtum) neben Apollonius von Tyana, Orpheus u. a. auch ein Christus- und ein Abrahambild gehabt habe, ruht allerdings auf fragwürdigem Bericht. Dagegen war *MAXIMINUS THRAX* (235–38) den Christen feind; er erließ ein Edikt gegen den Klerus, das aber vermutlich nicht streng durchgeführt wurde; es war der erste Ansatz zu dem, was unter Decius folgte (§ c). *PHILIPPUS ARABS* (244–249) war wieder christenfreundlich, nach einem unzutreffenden Gerücht sogar Christ; Origenes hat an ihn und seine Gemahlin Briefe gerichtet. Trotzdem machte sich bei der Tausendjahrfeier der Stadt Rom 248 der Christenhaß der Bevölkerung in einigen schlimmen Ausbrüchen Luft.

---

[1] Nach 200 schrieb der Neupythagoreer *Philostratus* im Auftrage der Kaiserin Julia Domna sein Leben des *Apollonius von Tyana*, das im Geschmack dieser synkretistischen Zeit ausgeführte Idealbild eines mit Wunderkräften ausgestatteten vollkommenen Weisen (der geschichtliche Apollonius war ein unter Nerva wirkender Magier sehr zweifelhaften Charakters gewesen), wohl nicht in bewußt-polemischer, sondern höchstens unbewußter Entgegensetzung gegen den biblischen Christus (vgl. § 4 w).

c   2. Mit dem Jahre 250 erfolgte indessen eine entscheidende Wendung. Das Erstarken einer Religion, deren Anhänger die Verehrung der Staatsgötter und des Kaisers verweigerten, bedeutete für den auf dieser Grundlage ruhenden Staat eine steigende Gefahr. Daher machte *DECIUS* (249–251), nach langem Niedergang der erste tüchtige Kaiser, den Versuch, dem reißenden Verfall des Staatswesens Einhalt zu tun; er unternahm **die erste allgemeine**, durch Staatsgesetz angeordnete, über alle Provinzen sich erstreckende **Christenverfolgung**; eine zweite schwere Verfolgung wurde von seinem zweiten Nachfolger durchgeführt. Aber das Ziel, die Ausrottung des Christentums, blieb unerreicht, und auf ein Jahrzehnt des Schreckens folgte eine vierzigjährige Friedenszeit.

d   Die Kirche entwickelte sich mehr und mehr zu einem Staat im Staate. Sie umfaßte nur eine Minderheit (§ s), schloß diese aber zu einer ungemein straffen, den Staat aushöhlenden und überbietenden Organisation zusammen (§ 20), vor allem indem sie für ihre Anhänger Bindungen rechtlichen Charakters, in ihrer Bußdisziplin (§ 19) sogar Ansätze zu einem Kriminalrecht ausbildete. Eine grundsätzliche Lösung der Christenfrage wurde immer dringender. Der Staat versuchte zunächst, in mehreren Anläufen (250, 257, 300), die Kirche auszuschalten. Die **decisch-valerianische Verfolgung** wurde durch das Edikt von **250** eingeleitet, das die Vorladung sämtlicher Christen, auch der Weiber und Kinder, zum Opfern anordnete. Da heidnisches Opfer von der christlichen Gemeinde ausschloß, mußte die Durchführung des Edikts die Gemeinden auflösen. In der Tat war die Zahl der Abtrünnigen, der **„lapsi"**, die ihren Glauben verleugneten, erschreckend groß. Man unterschied zwei Klassen von „lapsi", die „*sacrificati*" (die geopfert hatten, = „*turificati*", die Weihrauch gestreut hatten) und die „*libellatici*" (die sich durch Bestechung eine amtliche Bescheinigung [libellus] verschafften, daß sie immer geopfert hätten, = „*acta facientes*", die ihre Namen in die Listen derer, welche geopfert hatten, einschmuggeln ließen). Aber auch an zahlreichen Bekennern fehlte es nicht. Die Zahl derer, die mit Kerker und Verbannung, und im zweiten Abschnitt der Verfolgung mit Folterung büßten, war jedoch größer als die Zahl der Hingerichteten; es war dem Staat nicht am Tode der Christen gelegen, sondern an ihrer Zurückführung zur nationalen Religion.

Bereits 251 ließ die Verfolgung nach, der Staat hatte seine Absicht keineswegs erreicht. Die Verfolgung, die Decius' Nachfolger *Gallus* (251–53) durch ein neues Opfergebot herbeiführte, traf vielleicht nur die römische Gemeinde.

e   *VALERIANUS* (253–260), schon unter Decius mit der Organisation der Christenverfolgung betraut, unternahm **257–258** einen neuen Vorstoß. Mit staatsmännischem Blick richtete er den Angriff gegen den Klerus und die Christen aus den höheren Ständen und den Caesariani (den kaiserlichen Hofbeamten); die übrigen blieben unbehelligt, wenn sie den Besuch des Gottesdienstes unterließen. Ein Edikt von **257** forderte vom Klerus bei Strafe der Verbannung das Opfer und untersagte den Christen bei Todesstrafe Besuch des Gottesdienstes und der Cömeterien. **258** verfügte ein **zweites**, wesentlich schärferes Edikt α) für die Bischöfe, Presbyter und Diakonen sofortige Todesstrafe, β) für Christen aus dem Ritter- und dem Senatorenstande Verlust ihres Ranges und Güterkonfiskation, bei fortgesetztem Widerstande ebenfalls Todesstrafe, γ) für die vornehmen Frauen Güterverlust, bei fortgesetztem Widerstande Verbannung, δ) für die Christen unter den Caesariani Güterverlust, Fesselung, Zwangsarbeit auf den kaiserlichen Gütern. Nun floß das Blut in Strömen; in Karthago starb der Bischof *Cyprian* (258; vgl. § 20 v). Kirchengebäude und Begräbnisstätten wurden während der Verfolgung konfisziert.

f   An eine wirkliche Durchführung der Edikte war wiederum nicht zu denken. Valerians Sohn *Gallienus* (260–268) nahm 260 und 261 die kaiserlichen Edikte über die Christen zurück, ohne freilich positiv die Duldung auszusprechen. Damit begann (**261 ff.**) eine ca. 40 jährige, nicht rechtliche, aber tatsächliche **Duldung**.

Daß *Aurelianus* (270–275), der alle Kulte des Reichs in einem monotheistischen Sonnenkultus zusammenfassen und so dem Reiche die religiöse Einheit geben wollte, an eine neue Christenverfolgung gedacht habe, war wohl nichtiges Gerede.

3. Um 180 war das Christentum schon in allen Randländern g des Mittelmeers verbreitet; dann drang es allmählich in die entfernteren Provinzen des Reichs vor und überschritt im Osten die Reichsgrenzen. Weitaus die Mehrzahl der Christen gehörte dem griechischen Sprachgebiet an. Auch im Westen, in Rom, Südgallien, Nordafrika, hatte sich das Christentum anfangs unter der griechisch redenden Bevölkerung verbreitet; es scheint, daß im Abendland zuerst in Nordafrika und auch hier erst gegen Ende des 2.Jhs. das lateinische Volkselement das Übergewicht über das griechische erlangt hat. In Rom war wohl bis um 250 das Griechische Kirchensprache; noch um 400 nimmt sich die lateinische Kirche wie ein Anhang der griechischen aus. Zweimal wurde das stetige Fortschreiten der Ausbreitung durch ein plötzliches rasches Anwachsen unterbrochen: um 200 unter Septimius Severus und dann wieder in der langen Friedenszeit zwischen der valerianischen und der diokletianischen Verfolgung (§ f).

1. DER OSTEN. Am stärksten war die Ausbreitung in den östlichen Mittel- h meerländern, besonders in Kleinasien, und hier wieder in Bithynien, Pontus, Phrygien, Asia und in den Städten Ephesus, Smyrna, Pergamum. Während des ganzen 2. Jhs. nahm die kleinasiatische Kirche eine hervorragende Stellung ein, ja rivalisierte mit Rom (§ 20).

In Mazedonien und Achaja bestand das Christentum seit der Wirksamkeit i des Paulus; eine große, weithin bekannte Gemeinde war in Korinth. Auf Kreta hat es sicher um 100, vielleicht schon früher, Christen gegeben.

Im südlichen Syrien gab es neben den judenchristlichen Gemeinden (§ 9 i) k auch heidenchristliche, besonders in den zahlreichen hellenistischen Städten. Im nördlichen Syrien blieb die Gemeinde von Antiochia die bedeutendste. Von Antiochia gelangte das Christentum in das nw. Mesopotamien, vor allem nach Edessa. Für die Anfänge des Christentums in Edessa scheint die Tätigkeit des *Tatian* und des *Bar-Daisan* (Bardesanes) von Bedeutung gewesen zu sein. Daß um 200 die edessenische Königsfamilie unter dem 9. Abgar christlich[2] und das Christentum in Edessa Staatsreligion geworden sei, ruht auf sehr fragwürdiger Überlieferung. Der erste rechtgläubige Bischof von Edessa war vermutlich Kûnê, (Koinos) um 300. Im Perserreich, selbst in seinen östlichen Provinzen, scheint das Christentum schon um 220 eine ansehnliche Verbreitung gefunden zu haben. Einige Gemeinden östlich vom Tigris führten ihren Ursprung auf den Apostel *Addai* um 100 zurück. Um 300 wurde in Armenien die Kirche gegründet (§ 30 b).

In Ägypten ist die rasch zu großer Bedeutung aufsteigende Gemeinde zu l Alexandria erst unter Hadrian nachweisbar, aber wahrscheinlich viel älter. Von Alexandria verbreitete sich das Christentum im Nildelta, in Mittel- und in Oberägypten, anfangs unter der griechischen, dann auch unter der koptischen Bevölkerung. Auch *Pantänus* (§ 17 h), der um 190 nach „Indien" (wahrscheinlich Jemen im sw. Arabien) zog, ging von Alexandria aus.

2. DER WESTEN. Weit schwächer als im Osten war das Christentum im m Abendlande verbreitet. An Größe und Ansehen vermochte keine Gemeinde mit der von Rom zu wetteifern. Außer in Rom dürfte es im Abendlande lange Zeit nur in einigen italienischen Küstenstädten wie Neapolis und Puteoli Christen ge-

---

[2] Den Anschluß der Königsfamilie an die neue Religion behauptet die wahrscheinlich erst um 300 (durch Kûnê?) erdichtete Abgar-Legende, die bereits den 5. Abgar mit Jesus korrespondieren und nach Jesu Himmelfahrt den Apostel Thaddäus in Edessa wirken läßt (vgl. Eus. h. e. I, 13). Abgar ist Titel, nicht Eigenname.

§ 16 Der Ausbau der frühkatholischen Kirche

geben haben. Doch fanden sich spätestens um 150 Christen in Südgallien, in Lugdunum und Vienna. Um dieselbe Zeit wird das Christentum nach Nordafrika vorgedrungen sein (älteste Nachricht die Akten der Märtyrer von Scili, § 11 g). Von der eingewanderten griechischen und lateinischen Bevölkerung ging das Christentum auf die romanisierte und zuletzt auf die national-punische Bevölkerung über. Die erste Erwähnung von Gemeinden in Germanien (ἐν Γερμανίαις ἐκκλησίαι) findet sich um 185 bei Irenäus. Zu denken ist an Römerstädte am Rhein. Auf der Synode zu Arles 314 waren Bischöfe von Trier und Köln anwesend. Nach Britannien kam das Christentum vielleicht schon am Ende des 2. Jhs., vielleicht direkt von Kleinasien aus; drei britische Bischöfe erschienen 314 auf der Synode von Arles. Die Existenz von Christen in Spanien ergibt sich aus Irenäus und Tertullian.

n   Um 300 war das Christentum in allen maßgebenden Provinzen des Reichs von Einfluß. Am stärksten verbreitet war es in Kleinasien, Armenien, Edessa und Cypern, – demnächst in Antiochia, Cölesyrien, Alexandria, Ägypten, Africa proconsularis, Numidien, Rom, an den Küsten von Unteritalien und Südgallien, vielleicht auch in Spanien. Doch betrug die Zahl der Christen nirgends mehr als einen Bruchteil der Bevölkerung (§ s).

o   Noch um 200 gab es vereinzelte Nachzügler der urchristlichen charismatischen Träger der Botschaft (§ 10 d, 15 a e). Aber ihre Bedeutung war gering; weit mehr leisteten der Weltverkehr und die nicht berufsmäßige Werbung (der Eindruck der Verkündigung von Weltende und Weltgericht, Sündenvergebung und Eingehen in das Himmelreich, – der geistigen, „philosophischen" Gottesverehrung ohne Tempel, blutige Opfer, Götterstatuen, Weihrauch, – des Bildes des christlichen Bruder- und Schwesternbundes, des strengen Wandels der Christen, des Sterbens der Märtyrer, vgl. § 11 g).

Historisch wertlos sind die zum Teil sehr späten **Missionslegenden,** welche die Verbreitung des Christentums fast in der ganzen Welt auf Apostel und Apostelschüler zurückführen. Danach wirkte *Thomas* bei den Parthern, *Andreas* bei den Skythen (der Schutzheilige der Russen!), *Bartholomäus,* in der späteren Legende *Thomas,* bei den Indern, *Philippus* in Kleinasien, *Markus* und *Barnabas* in Alexandria usw.

p   4. Überall fand sich das Christentum vorwiegend in den Städten; doch gab es im 2. und 3. Jh. in nicht wenigen Provinzen (Kleinasien, Syrien, Palästina, Ägypten, später auch Armenien) auch auf dem Lande Christen, in Nordafrika in einer großen Zahl von Landstädtchen. Noch immer beruhte es vorwiegend auf den unteren sozialen Schichten.

q   Doch war die Zahl der gebildeten und wohlhabenden Christen ständig im Steigen (vgl. § 19 p). Auch unter den senatorischen und den Ritterfamilien Roms fand das Christentum Eingang; um 300 gab es sogar christliche Provinzialstatthalter, die der Staat von der Teilnahme am Staatskultus befreite. Im allgemeinen verhielt sich freilich der sehr konservative römische Adel dem Christentum gegenüber ablehnend. Seit der Zeit des Commodus gab es eine ganze Anzahl von Christen am kaiserlichen Hofe; zeitweise bildeten sie einen bedeutenden Bestandteil des Hofpersonals. Auch in die römischen Legionen drang allmählich das Christentum ein. Die älteste Nachricht von christlichen Legionaren ist die Legende von der „legio fulminatrix". Danach sollen im Kriege des Marcus Aurelius gegen die Quaden christliche Soldaten der XII., in Melitene stationierten, Legion durch ihr Gebet ein Gewitter herbeigeführt haben, das die schon halb verschmachtete Legion vor Verdursten bewahrte. Doch war die Zahl der christlichen Legionäre um 200 sicher gering; erst nach 260 wurde die Zahl der Christen im Heere bedeutend (§ 22 b). Der Soldatenstand vertrug sich schlecht mit einer Religion, die Blutvergießen und Götzendienst (Kaiserkultus; die Feldzeichen waren sacra) verbot. Dazu war der christliche Soldat weit mehr gefährdet als der christliche Zivilist; Martyrien von Soldaten scheinen relativ häufiger gewesen zu sein als von Zivilisten. Lagerreligion war der Mithrasdienst, nicht das Christentum.

62

5. Über das Zahlenverhältnis der Christen zur übrigen Bevöl- r
kerung des Römischen Reichs lassen sich nur ganz allgemeine Vorstellungen gewinnen, vollends über die gewiß nicht geringe Zahl der
Halbchristen und Halbheiden.

(1) Sicher waren die Christen in den Städten zahlreicher als auf dem Lande. s

(2) In den großen Städten waren die Christen nicht nur absolut, sondern auch relativ zahlreicher als in den kleinen.

(3) Im Orient war die Zahl der Christen größer als im Abendland; in den verschiedenen Provinzen bestand eine ganz verschiedene Intensität der Ausbreitung.

(4) Mit Hilfe eines Briefes des römischen Bischofs Cornelius (bei Eus. h. e. VI, 43), wonach es 251 in Rom 155 von der Kirche erhaltene Kleriker und 1500 Witwen und Arme gegeben hat, hat man die Zahl der katholischen Christen der Stadt Rom um 250 auf c. 30000 geschätzt, d. i. vermutlich 3–5% der Bevölkerung. Solche Vermutungen sind ganz unsicher.

§ 17. Die frühkatholische Theologie und ihre Kämpfe mit den monarchianischen Richtungen.

Irenaei opera, ed. WWHarvey, 2 Bde., 1857; – ed. Stieren, 2 Bde., 1853. – Buch IV u. V armenisch: TU 35, 2, 1910. – Die Schrift zum Erweise usw.: TU 31, 1, 1908. – HJordan, Armenische Irenäus-Fragmente (TU 36, 3), 1913. –NBonwetsch, Die Theologie des Irenäus, 1925. – *AHoussiau, La christologie de Saint Irénée, Louvain 1955. – FLoofs, Theophilus von Antiochien adv. Marcionem und die andern theologischen Quellen des Irenäus (TU 46, 2), 1930. – Hippolytus: MSG 10; GCS (ed. Bonwetsch, HAchelis, PWendland u. a., 1897ff.). Danielkommentar: TU 38, 1, 1911. – Einzeluntersuchungen von NBonwetsch, HAchelis, ABauer, RGanschinietz, WTill und JLeipoldt (TU, N. F. I 2. 4; 29, 1; 39, 2; 58). – AHamel, Kirche bei Hippolyt von Rom, 1951. – Tertullianus: MSL 1–3; CSEL 20. 47 (ed. Reifferscheid et Wissowa). – Tertullians Apologeticum, übers. und erl. von CBecker, 1952. – CBecker, Tertullians Apologeticum [1954]. – Tertulliani de patientia, de baptismo, de paenitentia, ed. Borleffs, den Haag 1948. – *AKolping, Sacramentum Tertullianeum I, 1948 (über den Sacramentsbegriff). – VEHasler, Gesetz und Evangelium in der Alten Kirche bis Origenes, 1953. – PMonceaux, Tertullien et ses origines (Histoire littéraire de l'Afrique chrétienne, I), 1901. – RHeinze, s. zu § 11. – *JLortz, Tertullian als Apologet, 2 Bde., 1927f. – ThBrandt, Tertullians Ethik, 1929. – LBayard, Tertullien et St. Cyprien, 1930. – *JKlein, Tertullian, christliches Bewußtsein und sittliche Forderungen, 1940. – Alexandriner: ChBigg, The Christian Platonists of Alexandria, ²1913. – Klemens: GCS, ed. OStählin, 4 Bde., 1905–36. – GBardy, Clément d'Alexandrie, 1927. – EFOsborn, The Philosophy of Clement of Alexandria, Cambridge 1957. – WVölker, Der wahre Gnostiker nach Clemens Alexandrinus (TU 57), 1952. – FBuri, Clemens Alex. und der paulinische Freiheitsbegriff, 1939. – Origenes: GCS, ed. Koetschau, Klostermann, Preuschen usw., 1899ff. – Origenes [?] Scholienkommentar zur Apk. Joh.: TU 38, 3, 1911. – EdeFaye, Origène, sa vie, son oeuvre, sa pensée, 3 Bde., 1923–28. – WVölker, Das Vollkommenheitsideal des Origenes, 1931. – ECadiou, La jeunesse d'Origène, 1936. – HalKoch, Pronoia und Paideusis, Studien über Origenes und sein Verhältnis zum Platonismus, 1932. – *JSchérer, Entretien d'Origène avec Héraclide, Le Caire 1949. – *APosch, Origenes, seine Stellung in der Geistesgeschichte, Wien 1953. – Eusebius von Cäsarea: MSG 19–24; neue Ausgabe GCS (1902ff.); ESchwartz in Pauly-Wissowa, XI, 1370–1439; vgl. Lit. zu §§ 1. 24. – Dionysius: ed. Felton 1904 (Cambridge Patristic Texts). – Paul von Samosata: *GBardy (1923), Loofs (TU 44, 5, 1924), AvHarnack (SBA 1924, S. 130–151), ESchwartz (SMA 1927, 3), GBardy (²1929).

a Seit dem zweiten Drittel des 2. Jhs. entstand allmählich eine **kirchliche Theologie** (§ 12). Sie erwuchs aus der Notwendigkeit einer Auseinandersetzung mit den feindlichen Mächten außerhalb und bald auch innerhalb der Kirche: Es galt, Heiden, Häretiker und Schismatiker zu bekämpfen, praktische Fragen des Gemeindelebens und später auch wissenschaftliche Fragen zu erörtern. Waren die schriftstellerischen Fähigkeiten, das gelehrte Wissen und die geistige Schöpferkraft, die sich in den Dienst der Kirche stellten, anfangs noch bescheiden, so gewann die **Kirche seit dem Ausgang des 2. Jhs.**, mit dem stärkeren Eindringen in die Schichten der Gebildeten, eine Reihe nicht bloß unterrichteter, sondern geistig hervorragender Schriftsteller und Denker, die ein Zeitalter regen theologischen Schaffens, die **erste Blütezeit der kirchlichen Theologie**, heraufführten.

Im protestantischen Sprachgebrauch werden die kirchlichen Schriftsteller von c. 150 bis c. 600 gewöhnlich als **Kirchenväter** (patres ecclesiae) bezeichnet; die von ihnen handelnde Disziplin, aber auch die von ihnen getragene Gedankenwelt heißt **Patristik**. Der katholische Sprachgebrauch ist strenger und versteht unter den **Kirchenvätern** nur diejenigen altkirchlichen Theologen, die sich durch Rechtgläubigkeit und heiligmäßiges Leben die besondere Anerkennung der Kirche gesichert haben, also zB. nicht Tertullian, wegen seines Abfalls zum Montanismus. Einige ganz besonders ausgezeichnete Lehrer, und zwar nicht nur des kirchlichen Altertums, schmückt die katholische Kirche mit dem Ehrentitel der **Kirchenlehrer** (Doctores ecclesiae; aus den ersten Jhh.: Athanasius, Hieronymus, Ambrosius, Augustin, Gregor d. Gr., aus den späteren Zeiten zB. Bernhard von Clairvaux, Thomas von Aquino, Franz von Sales, Alfons von Liguori).

b 1. Die älteste Form einer eigentlich **katholischen Theologie** entstand aus dem Bedürfnis einer **Widerlegung des Gnostizismus**. Man verband die Theologie der Apologeten (§ 12) mit der antignostisch ausgedeuteten Glaubensregel (§ 14 b c) und mit biblischen Bestandteilen. Da nicht die wissenschaftliche Muße, sondern der Kampf des praktischen Lebens diese Theologie erzeugte, entwarf man noch kein geschlossenes Gedankensystem, sondern begnügte sich mit der Erörterung von Einzelproblemen, die die gnostischen Gegner den kirchlichen Theologen aufnötigten. Da die Schriften des Bischofs Melito von Sardes, das Syntagma des Justin, das Werk des Theophilus von Antiochia gegen Marcion verloren sind, sind für uns die ältesten Vertreter dieser Gruppe *IRENÄUS* von Lyon, *HIPPOLYTUS* von Rom und *TERTULLIANUS* von Karthago.

c *IRENAEUS*, der bedeutendste und einflußreichste Antignostiker, geboren nicht lange vor 142 in Kleinasien, in seiner Jugend „Schüler" des Polykarpos von Smyrna, später Presbyter in Lugdunum (Lyon) in Südgallien, überbrachte 177 ein den Montanismus betreffendes Schreiben der lugdunischen Gemeinde nach Rom (§ 15 d; während seiner Abwesenheit brach in Lyon eine große Verfolgung aus), wurde **178** als Nachfolger des Pothinus Bischof von Lyon. Sein Eingreifen in den Passahstreit s. § 20 r. Todesjahr unbekannt. Sein Hauptwerk führt den Titel: Ἔλεγχος καὶ ἀνατροπὴ τῆς ψευδωνύμου γνώσεως (Entlarvung und Widerlegung der fälschlich sogenannten Gnosis, 180/189, in 5 Büchern, besonders gegen die Valentinianer; gewöhnlich *adv. haereses* zitiert), das Ganze in barbarischem lat. Übersetzung umstrittenen Alters, Buch IV und V auch armenisch erhalten, Fragmente des Originals bei Hippolytus, Eusebius, Epiphanius. Eine Zusammenfassung der Grundgedanken des Irenäus bietet die kleine Schrift Εἰς ἐπίδειξιν τοῦ ἀποστολικοῦ κηρύγματος (zum Erweise [der Zuverlässigkeit] der apostolischen Verkündigung [aus den hl. Schriften], in armen. Übersetzung 1904 wiedergefunden, verfaßt nach c. 190). Andere Schriften sind verloren. Die Theologie des Irenäus, in manchem stark archaistisch, ist in ihren wesentlichen Grundlagen vermutlich durch ältere kleinasiatische Traditionen („kleinasiatische Theologie"), wahrscheinlich auch durch die [verlorene] Schrift des Theophilus von Antiochia adv. Marcionem (§ 12 d) bestimmt. Seine Hauptanliegen sind 1) die Lehre von der **Identität des Schöpfergottes mit dem Erlösergott** (antignostisch) und 2) die Lehre, daß **das Christentum reale Erlösung,** die Vergottung der Menschennatur durch die Gabe der ἀφθαρσία ist, herbeigeführt durch **die Menschwerdung Gottes.** Der Grundbegriff dieser mystischen Erlösungslehre ist die ἀνακεφαλαίωσις *(recapitulatio)*: der Mensch war ursprünglich nach der εἰκών Gottes geschaffen und zur ὁμοίωσις mit Gott, also zur ἀφθαρσία bestimmt; infolge des Falles Adams ist aber die Menschheit dem Tode verfallen: da erneuert (rekapituliert) Christus den ursprünglichen Zustand, indem er, zuerst in sich selbst, Gott und Mensch vereint. **Gott wurde Mensch, damit wir göttlich würden.** Die in diesen Anschauungen vorliegende Verschmelzung der **Heilsidee der antiken Mysterien** mit neutestamentlichen, besonders **paulinischen** Gedanken war höchst folgenreich für die Entwicklung des Dogmas.

HIPPOLYTUS, geb. 160/170, Presbyter, dann Gegenbischof in Rom (Zwist *d* in der Christologie § w x, in der Bußdisziplin § 19 d), **235** zusammen mit dem Bischof der Mehrheit, *Pontianus,* nach Sardinien verbannt, gest. vor 238. Eine ihm zugeeignete Bildsäule (aus der Bibliothek des Pantheon?) ist 1551 als Torso wiedergefunden (auf der Rückseite ein [unvollständiges] Verzeichnis seiner Schriften). Hippolytus, ein Mann von umfangreichem Wissen und ausgebreiteter literarischer Tätigkeit, war von Irenäus abhängig, ließ aber noch stärker als dieser die Logoslehre und den hellenistischen Moralismus auf sich wirken. Er schrieb, wie Irenäus, **griechisch**; so sind seine Schriften besonders im Osten gelesen worden. Werke: **Kommentare,** darunter Εἰς τὸν Δανιήλ (202/04; der älteste erhaltene biblische Kommentar), zum Hohenliede [nur bis 3₇ ausgeführt], georgisch erhalten; **Antihäretisches** (darunter das verlorene Σύνταγμα πρὸς ἁπάσας τὰς αἱρέσεις, sowie der meist „Philosophumena" zitierte, früher fälschlich dem Origenes zugeschriebene Κατὰ πασῶν αἱρέσεων ἔλεγχος, c. 222/30); ferner **Kirchenrechtliches** (§ 26 a) und **Chronographisches** (Osterberechnung; Chronik bis 235).

TERTULLIANUS, geb. c. 150/55 in Karthago als Sohn eines heidnischen *e* Centurio, wird nach rhetorischen und philosophischen Studien Jurist, wirkt als solcher mit Erfolg in Rom, geht aber c. 190 in Karthago zur **kathol. Kirche,** später zum **Montanismus** über (Bruch mit der Kirche vor 207/08; vgl. § 15 e). Über seine letzten Lebensjahre ist nichts bekannt; † nach 222/23 .Er ist der erste große lateinische Theolog, der Schöpfer der lateinischen Traktatliteratur. Er war Laie. Von seinen zahlreichen Schriften seien genannt:

1. **Praktisch-Asketisches:** α) vormontanistisch: *De spectaculis. De cultu feminarum. De paenitentia. De oratione. Ad uxorem.* β) montanistisch: *De exhortatione castitatis. De monogamia. De virginibus velandis. De corona militis. De fuga in persecutione. De ieiunio. De pudicitia.*
2. **Apologetisches:** *Ad nationes. Apologeticus.*
3. **Polemisches:** *De praescriptione haereticorum* (wichtig für den kathol. Traditionsbegriff und die juristische Auffassung der Religion; „praescriptio" ist die Einrede im Prozeßverfahren, durch die die Eröffnung des eigentlichen Prozesses verhütet werden soll.) *Adv. Marcionem libri V. De anima, Adv. Praxeam.* Gegen den Maler *Hermogenes.*

Tertullian ist der erste Christ nach Paulus, von dem wir deutlichere Vorstellungen gewinnen. Er war eine ungemein temperamentvolle, widerspruchsreiche Natur, bei allem Ernst seiner Lebensanschauung von beißendem Witz, in seiner Beweisführung oft sophistisch. Als **Bekämpfer des Gnostizismus** ist er von Irenäus abhängig. Im ganzen steht seine Theologie aber den **Apologeten** näher als dem Irenäus. Seine Bedeutung liegt vornehmlich in seiner Virtuosität, scharfe und originelle dogmatische **Formeln zu prägen** (zB. *religio, trinitas, substantia, vitium originis, meritum, satisfacere, sacramentum*). Damit hat er nicht nur einen großen Teil der Fachausdrücke der lateinischen Kirchensprache geschaffen, son-

5 Heussi, Kompendium 13. Aufl.

dern den späteren abendländischen Katholizismus in vielen Punkten vorweggenommen. So ist sein Begriff der **Gnade** in der katholischen Theologie herrschend geworden: *gratia* ist nicht nur *remissio peccatorum* in der Taufe, sondern auch die nach der Taufe im Christenleben spürbare Hilfe des hl. Geistes, vorgestellt als *inspiratio* einer krafterzeugenden überirdischen Substanz, einer Medizin vergleichbar. Ebenso setzte sich seine **rechtliche Auffassung des religiösen Verhältnisses zwischen Gott und Mensch** durch: einerseits leisten die Menschen Genugtuung, anderseits nimmt Gott ihre Leistungen als genügend an (*acceptatio*). Über den **Logos** lehrt er entschieden **subordinatianisch**: *fuit tempus, cum ei (patri) filius non fuit*, und: *pater tota substantia, filius derivatio et portio totius*. Seine „ökonomische" **Trinitätslehre** denkt die drei „Personen" als verschieden der Entwicklungsstufe (gradus), der Form (forma), der Art (species), nicht aber der **Substanz** nach: *tres personae, una substantia*. Dagegen hat Tertullian nicht wie Irenäus durch seine Gesamtanschauung gewirkt; sein montanistisch-rigoristisches Christentum war schon in seiner eigenen Zeit veraltet.

Bemerkenswert ist die starke Betonung der kirchlichen **Autorität** („*Adversus regulam nihil scire omnia scire est.*" „*Credibile est, quia ineptum est,... certum est, quia impossibile est*"[1]). Philosophie und christlichen Glauben stellt er in den schärfsten Gegensatz, obwohl er [unbewußt] in seiner Ethik und Psychologie von der Stoa beeinflußt ist (Auffassung der Seele als einer luftähnlichen Substanz).

f 2. Eine neue **Stufe der Theologie** erreichte der **Orient**. Hier weist die theologische Entwicklung vornehmlich ein starkes Einströmen der griechischen Bildung auf, auf die man nun, im Unterschied von den Apologeten des 2.Jhs., mit vollem Bewußtsein einging. Vor allem durch die Tätigkeit der großen Meister der alexandrinischen **Katechetenschule**, des *KLEMENS* und seines noch größeren Schülers und Nachfolgers *ORIGENES*, wurde eine kirchliche Wissenschaft begründet, in der die christliche Frömmigkeit mit der griechischen Bildung verschmolzen und die kirchliche Überlieferung **spekulativ umgedeutet** war. So entstand eine der hellenistischen Religionsphilosophie eng verwandte philosophische Religion, ähnlich der jüdisch-alexandrinischen Religionsphilosophie eines Philo (§ 5 f g), eine **kirchliche Gnosis**. Nur suchten ihre Vertreter, im Unterschied von der häretischen Gnosis, die Verbindung mit dem ungelehrten Gemeindeglauben festzuhalten, indem sie von **zwei Stufen** des Christentums sprachen. Bei Origenes werden die gewonnenen „wissenschaftlichen" Lehren zu einem großen **System** zusammengefaßt.

g Der Ursprung der **alexandrinischen Katechetenschule** ($\delta\iota\delta\alpha\sigma\kappa\alpha\lambda\epsilon\tilde{\iota}o\nu$ $\tau\tilde{\eta}\varsigma$ $\kappa\alpha\tau\eta\chi\dot{\eta}\sigma\epsilon\omega\varsigma$) ist so dunkel wie die älteste ägyptische Kirchengeschichte überhaupt. Vermutlich waren ihre Anfänge sehr frei: charismatische Lehrer, neben denen der Gemeindeklerus zunächst bedeutungslos war, gingen in weitgehendem Maße auf die hellenistische Philosophie ein und schufen so eine christliche „Gnosis". Die Schule *Valentins*, des eigentlichen Begründers einer exegetisch-philosophischen Theologie (vgl. § 13 r), stand, ohne als „häretisch" empfunden zu werden, neben den andern Lehrern. Allmählich wurde dann der Anschluß an den Hellenismus ermäßigt und der Abstand vom Gnostizismus immer stärker betont.

h Hier wirkte um 200 *KLEMENS* (unbekannter Herkunft, nach Reisen in Griechenland, Unteritalien und im Orient Hörer, dann als Nachfolger des *Pantänus* [vgl. § 16 l] Lehrer der Schule in Alexandria, das er in der Verfolgungszeit 202/03 verlassen hat; gest. vor 216). Ähnlich wie die häretischen Gnostiker unterscheidet er zwischen der $\gamma\nu\tilde{\omega}\sigma\iota\varsigma$ (der christlichen Philosophie des $\gamma\nu\omega\sigma\tau\iota\varkappa\dot{o}\varsigma$) und der $\pi\dot{\iota}\sigma\tau\iota\varsigma$ (dem bloß autoritativen Gemeindeglauben); aber $\gamma\nu\tilde{\omega}\sigma\iota\varsigma$ und

---

[1] Der ihm zugeschriebene Satz „Credo, quia absurdum" findet sich dagegen in seinen Werken nicht.

πίστις bezeichnen nicht absolute Gegensätze, sondern Stufen, die πίστις gilt als unumgängliche Voraussetzung der γνῶσις. Diese Gnosis aber ist **hellenistische Metaphysik und Ethik mit christlichem Einschlag**; Klemens ist von der stoisch-platonischen Philosophie ungleich stärker beeinflußt als irgendeiner der älteren uns näher bekannten kirchlichen Theologen. **Das spezifisch Kirchliche tritt bei Klemens zurück**; er ist weit weniger „Katholik" als Irenäus oder Tertullian (kein festgeschlossenes NT; geringe Bedeutung der Glaubensregel; doketische und dualistische Sätze, Berufung auf Geheimtraditionen). Dem Klerikerstande gehörte er nicht an.

Unter dem Titel *Προτρεπτικός* schrieb Klemens eine Apologie (eigentlich *i* mehr Polemik), unter dem Titel *Παιδαγωγός* die erste christliche Ethik (Einfluß der kynisch-stoischen Diatribe, besonders des Stoikers *Musonius*; griechisches Ideal des Maßhaltens). Vgl. § 19 p. Das Hauptwerk sind die eigenartigen *Στρωματεῖς*, absichtlich völlig dispositionslos und dunkel geschrieben, zur Einführung in die Gnosis bestimmt. Verloren sind 8 Bücher Ὑποτυπώσεις, kurze exegetische Abhandlungen.

ORIGENES (Ὠριγένης), **185/86** in Alexandria in einer christlichen Familie *k* geb., war Schüler und bereits 203, nach dem Tode seines Vaters Leonides (§ 11 g), Lehrer an der Katechetenschule; gleichzeitig hörte er den Ammonius Sakkas (§ 21 c). Sein asketischer Übereifer verirrte sich zu buchstäblicher Erfüllung von Mt. 19 ₁₂. Später geriet er in Spannung mit Bischof *Demetrius* von Alexandria, der den Origenes 231 exkommunizierte, als dieser von befreundeten Bischöfen in Palästina zum Presbyter geweiht worden war. Origenes gründete darauf eine christliche Schule in Cäsarea in Palästina. Er starb wahrscheinlich **254** in Tyrus an den Folgen der unter Decius erlittenen Folterqualen. Der genial begabte Mann stellte sein umfangreiches Wissen, seinen rastlosen Schaffensdrang und seine erstaunliche Arbeitskraft (χαλκέντερος, ἀδαμάντινος) an die hohe Aufgabe, eine christliche Wissenschaft auszubauen, die mit der griechischen zu wetteifern vermochte. Von seiner ausgebreiteten literarischen Tätigkeit ist im Original wenig erhalten. Sie war 1) für die **Bibelauslegung** epochemachend: durch die **Hexapla,** ein in ungefähr 30j. Arbeit erschaffenes wissenschaftliches Werk allergrößten Stils (Zusammenstellung des hebr. Urtextes und der verschiedenen griech. Übersetzungen des AT in sechs Kolumnen) stellte er die Exegese auf eine neue Grundlage; dazu verfaßte er zahlreiche **Kommentare** fast über die ganze hl. Schrift, nämlich *σημειώσεις* (Scholien, kurze Erläuterungen einzelner Stellen), *τόμοι* (eigentliche Kommentare), *ὁμιλίαι* (praktische Auslegung); 2) schuf Origenes mit seinem Werke *Περὶ ἀρχῶν*, **de principiis**, die erste kirchliche Dogmatik, ein System der christlichen Weltanschauung, das den Systemen der hellenistischen Religionsphilosophie verwandt war (Fragmente; dazu die dogmatisch abgeschwächte lat. Ausgabe des Rufinus, § 33 e). 3) Von seinen apologetischen Schriften ist vollständig erhalten *Κατὰ Κέλσου*, **contra Celsum** (vgl. § 11 k).

Origenes war im Grunde christlicher Neuplatoniker. In welchem Maße *l* seine Gedankenwelt mit der hellenistischen Philosophie verwandt ist, zeigt 1) seine Auseinandersetzung mit *Celsus*, mit dem er weithin übereinstimmt, selbst im Glauben an die Magie, und 2) das Urteil des Neuplatonikers *Porphyrius* über Origenes: κατὰ μὲν τὸν βίον χριστιανῶς ζῶν καὶ παρανόμως[2], κατὰ δὲ τὰς περὶ τῶν πραγμάτων καὶ τοῦ θείου δόξας ἑλληνίζων καὶ τὰ Ἑλλήνων τοῖς ὀθνείοις ὑποβαλλόμενος μύθοις. Grundsätzlich scheidet er zwischen der **wissenschaftlichen Religion** und dem **herkömmlichen Gemeindeglauben**. Der Gemeindeglaube ist „Mythos"; der Gnostiker gelangt über diese Stufe weit hinaus, bedarf des ganzen kirchlichen Vorstellungskreises nicht mehr, nicht einmal mehr des Logos, sondern erlebt die Einheit mit Gott (rein intellektuell, nicht in der Form der Ekstase). Doch ist der christliche „Mythos" [relative] Wahrheit; auch die Anhänger des Gemeindeglaubens erlangen die volle Seligkeit. Daher ist Origenes gleichzeitig **spiritualistischer Philosoph und Verfechter der kirchlichen Tradition**.

---

[2] Nämlich im Gegensatz zu der „gesetzlichen" Weise des *Ammonius Sakkas* (§ 21 c).

Origenes bietet das erste theologische **System**. Gott wird ganz platonisch gefaßt. Der Logos wird von Ewigkeit her und in alle Ewigkeit aus dem Wesen des Vaters erzeugt: insofern ist er dem Vater ὁμοούσιος. Aber er ist Gott durchaus untergeordnet. Unter dem Sohne steht als dritte Hypostase der vom Sohne geschaffene hl. Geist. Der τριάς untergeordnet sind die übrigen vom Logos von Ewigkeit her geschaffenen geistigen Wesen. Diese sind gleichfalls vollkommen (θεοί nach Psalm 82 $_6$), mit völliger Willensfreiheit ausgestattet, also mit der Fähigkeit des sittlichen Fortschritts (προκοπή) begabt. Als diese Wesen [bis auf eins] von Gott abfielen, schuf Gott die Materie und fesselte die gefallenen Geister zur Strafe in materielle Leiber, so die Engel, die Menschen, die Dämonen. Diese Art der Weltentstehung erklärt das Verlangen nach Erlösung. Diese vollbringt der Logos durch seine Menschwerdung: er vereint sich mit der einen keines Abfalls von Gott schuldigen Seele (s. o.), die mit ihm völlig eins wird, und nimmt einen Menschenleib an; so wird er zum θεάνθρωπος. Er vollbringt die Erlösung durch sein Vorbild, seine Lehroffenbarung und seinen Tod, mit dem er die Dämonen besiegt und dem Teufel ein λύτρον (Mt. 20 $_{28}$) für die Befreiung der Menschen zahlt. Der einzelne steigt in allmählicher Vervollkommnung, das Materielle immer mehr hinter sich lassend, zu Gott empor. Nach dem Tode warten seiner Läuterungsfeuer und Seligkeit oder Hölle und neue Welten zu neuer Bewährung; zuletzt werden alle, auch der Teufel, der Seligkeit teilhaftig werden (ἀποκατάστασις πάντων). Die urchristliche Eschatologie ist gänzlich spiritualisiert.

Origenes ist strenger Schrifttheolog; auf den Pfaden *Philos* (§ 5 f g) trägt er durch kühnste Allegorese seine philosophischen Gedanken in die hl. Schrift ein. Er unterscheidet, entsprechend dem menschlichen Organismus (σῶμα, ψυχή, πνεῦμα), einen dreifachen Schriftsinn: den buchstäblichen, den moralischen und den mystischen (Allegorie, für den „Gnostiker").

m   In den nächsten Jahrhunderten vollzog sich die theologische Entwicklung des Ostens in der Auseinandersetzung mit Origenes. Die Kirche vermochte sich seine Theologie nur mit großen Einschränkungen anzueignen und verurteilte schließlich den Meister als Ketzer (399, endgültig 553, vgl. § 34 b, 36 n). Zunächst freilich eroberte seine Theologie in etwas verkirchlichter Gestalt die Mehrheit der östlichen Bischofsstühle. Der philosophische Einschlag war auch in diesem ermäßigten Origenismus bedeutend; vielfach wurden sogar die Taufsymbole mit philosophischen Formeln durchsetzt. Unter den Schülern des Origenes stehen voran: *DIONYSIUS DER GROSSE*, Leiter der alexandrinischen Katechetenschule und 247/8 bis 264/5 zugleich Bischof von Alexandria, *GREGORIUS THAUMATURGUS* († 270/275), Bischof von Neo-Cäsarea in Pontus, sowie der Presbyter *PAMPHILUS* in Cäsarea in Palästina (Märtyrer 309), der kein persönlicher Schüler des Origenes mehr war, aber sich große Verdienste um Bibliothek und literarischen Nachlaß des Origenes in Cäsarea erwarb. Diese Bibliothek benutzte sein Freund und Schüler *EUSEBIUS* (Pamphili, c. 260/65 bis 339/40, Bischof von Cäsarea in Palästina, vgl. § 24 h) zur Abfassung seiner „Kirchengeschichte" (vgl. § 1 b). Seine Höhe erlebte er seit 313, im Zeitalter der Verbindung von Christentum und Imperium, für die er durch seine Geschichtsauffassung und seine Apologetik die weltanschauliche Grundlegung gab.

n   Daneben stand im Orient eine Gruppe, die den Origenes bekämpfte und zu dem biblischen Realismus der Kleinasiaten (§ c) zurücklenkte; sie bildet den Übergang zur Theologie des Athanasius (§ 24 i). Der Hauptvertreter ist *METHODIUS* (kirchlicher Schriftsteller in Kleinasien; Einzelheiten unsicher; auch sein Martyrium); der philosophische Einschlag ist auch bei ihm sehr groß.

o   3. Im Zeitalter der frühkatholischen Väter kam es zum ersten großen innerkatholischen Lehrstreit, dem monarchianischen Streit. Auch nachdem sich die Glaubensregel und dann das NT durchgesetzt hatten, waren noch verschiedene Lösungen der Frage nach dem Verhältnis des Christus zu Gott möglich. Um 200 standen drei christologische Richtungen nebeneinander: die Logos-Christologie und die beiden monarchianischen Richtungen (der Adoptianismus und der Modalismus). In heftigen Kämpfen errang die Logos-Christologie die Alleinberechtigung, während die monarchianischen Richtungen, obwohl sie auf dem Boden der Glaubensregel standen, als häretisch ausgeschieden wurden. Die ersten Entscheidungen fielen in Rom unter Bischof Viktor und seinem zweiten Nachfolger Kallistos. Im Morgenlande erfolgte die Ausscheidung der monarchianischen Richtungen erst einige Jahrzehnte später unter dem Einfluß des Origenes und seiner Schule. Mit der offiziellen Aufnahme des Logosbegriffs war die **philosophische Spekulation** innerhalb der Glaubenslehre **kirchlich anerkannt**, „die Umwandlung des urchristlichen Glaubens in eine Glaubenslehre mit griechisch-philosophischem Gepräge" entschieden (Harnack).

Dogmen im engeren Sinn sind die von der Kirche feierlich (auf Synoden) zur *p* Norm erhobenen Glaubenslehren, ohne deren Anerkennung der einzelne des ewigen Heils verlustig geht, – Dogmen im weiteren Sinn die in einer Zeit tatsächlich herrschenden Glaubenslehren, einerlei ob die Kirche sie ausdrücklich festgesetzt hat oder nicht. Schon die Synagoge, deren jüdischer Kern zwar blutmäßig zusammengefaßt war, deren peripherischer Ring aber (die Gottesfürchtigen, § 5 d e) rein überzeugungsmäßig zusammenhing, hatte charakteristischerweise einen Ansatz zum Dogma (der Eine Gott, Dt. 6 $_1$) und das notwendige Korrelat, den Bann als Mittel zur Ausschließung der Ketzer (vgl. Lc. 6 $_{22}$, Joh. 9 $_{22}$, 12 $_{42}$, 16 $_2$). Die aus der Synagoge herauswachsende Kirche nahm beides, Bekenntnis und Bann, von dort mit (vgl. schon Gal. 1 $_8$!), gestaltete aber das Dogma ungleich stärker aus. Ungemein lebhaft war der Abscheu vor der Häresie als einer Blasphemie.

In der Alten Kirche war nur der **christologisch-trinitarische Dogmen-** *q* **komplex** Dogma im engeren Sinn. Das NT kennt keine eigentlich trinitarischen Aussagen, keine Spekulation über das gegenseitige Verhältnis der drei „Personen" der Gottheit, sondern nur liturgische Formeln **triadischer Prägung**, noch ohne strenge Bindung der Reihenfolge, vgl. I. Kor. 12 $_{4-6}$, II. Kor. 13 $_{13}$, Eph. 4 $_{4-6}$, I. Pt. 1 $_2$, Mt. 28 $_{19}$ f. (kein echtes Herrenwort!); vgl. ferner das Romanum (§ 10 h). Die christologischen Vorstellungen der ältesten Zeit zeigen bei großer Mannigfaltigkeit Mangel an begrifflicher Schärfe. Das dogmatische Problem, das damit gegeben war, daß man einerseits Christus als Gott bezeichnete und zu ihm betete (vgl. § 10 n), anderseits die Einheit ($\mu o\nu\alpha\varrho\chi\iota\alpha$) Gottes betonte, kam der älteren Zeit nicht zum Bewußtsein. Das Trinitätsdogma bildete sich seit etwa 200.

1. Die Logos-Christologie.

Die **Logoslehre** war von den jüdischen alexandrinischen Religionsphilosophen *r* (*Philo*, § 5 g) zu ihrer theistischen Kosmologie verwendet worden. Die Überzeugung von der Gottheit Christi hatte dann frühzeitig zur Aufnahme des Logosbegriffs in die christliche Gedankenwelt geführt, vor allem im Johannesevangelium (1$_{1-18}$). In der Theologie der „Apologeten" des 2. Jhs. war der Logos der Zentralbegriff (§ 12 h). Die frühkatholischen Väter haben die Logoslehre weiter ausgebildet und im Anschluß an die trinitarisch angelegte Glaubensregel zur Trinitätslehre entwickelt. Das Problem des Verhältnisses Christi zu Gott lösten sie, wie die Apologeten, durch einen scharfen **Subordinatianismus:** der Logos ist göttlichen Wesens, aber er ist Gott untergeordnet (subordiniert); dem Logos ist der Geist subordiniert; Logos und Geist haben also nur in abgeleiteter Weise an der göttlichen *substantia* teil. So ergab sich ein **pluralistischer Monotheismus**.

2. Die Monarchianer

suchten dagegen das Verhältnis von Christus zu Gott so zu fassen, daß jeder An- *s* klang an Aeonenspekulationen und Emanationsvorstellungen vermieden wurde.

1. Die **dynamistischen Monarchianer** (Adoptianer) dachten Christus als Menschen, der von einer unpersönlichen göttlichen Kraft ($\delta\acute{v}\nu\alpha\mu\iota\varsigma$) erfüllt gewesen und durch sie vergottet (von Gott adoptiert) worden sei.

α) Als Begründer dieser Richtung[3] gilt *Theodotos der Gerber*, der **c. 190** von Byzanz nach Rom übersiedelte, aber hier von Bischof *Viktor* exkommuniziert wurde. Der Versuch einer Gemeindegründung, den sein Anhänger *Theodotos der Wechsler* unternahm, schlug fehl: der für das Bischofsamt der Theodotianer gewonnene Konfessor *Natalis* trat zur Großkirche zurück. Später nannte man die Theodotianer auch **Melchisedekianer**, weil sie Hebr. 5,6 als eine Erscheinung des hl. Geistes deuteten. Nichts Näheres wissen wir über den Monarchianer *Artemon* (*Artemus*), der etwas später (um 230 ? in Rom ?) wirkte.

t β) Zu den dynamistischen Monarchianern rechnet man herkömmlich auch *PAULUS VON SAMOSATA*, seit c. 260 Bischof von Antiochia in Syrien, zugleich Dukenarios (Beamter mit 200000 Sesterzien = 37500 RM. Gehalt) der Königin *Zenobia* von Palmyra, gegen den 264 und 268 auf zwei (nicht drei) grossen antiochenischen Synoden verhandelt wurde; auf der zweiten wurde er, nachdem ihn der Presbyter *Malchion* „entlarvt" hatte, exkommuniziert; da Zenobia ihn nicht aufgab, vermochte er sich bis zur Einnahme der Stadt durch Kaiser Aurelian (272) zu behaupten. Die antiochenische Gemeinde blieb noch zwei Menschenalter hindurch gespalten. Die Lehre des Paulus von Samosata war entweder (1) ein durch Aufnahme des Logosbegriffs fortgebildeter dynamistischer Monarchianismus (so die herrschende Auffassung), oder (2) ein nur dynamistisch-monarchianisch gefärbtes Produkt aus älterem dogmatischem Traditionsgut und gewissen Zugeständnissen an die Zeitphilosophie (so FLoofs), mit dem sich Paulus von Samosata der origenistischen Spekulation entgegenzuwerfen suchte. Sicher ist, daß er die Gemeinschaft zwischen Jesus und dem Logos nicht als naturhaft ($o\dot{v}\sigma\iota\alpha\delta\tilde{\omega}\varsigma$), sondern ethisch (durch den Willen und die Liebe Jesu) bedingt ansah.

u 2. Die **modalistischen Monarchianer** („Monarchianer" im strengen Sinn[4]) erklärten Christus für eine Erscheinungsweise (*modus*) Gottes. Danach hat der eine Gott verschiedene Arten zu wirken, als Vater, als Sohn, als hl. Geist. Die Gegner wandten ein, die Konsequenz dieser Anschauung sei der Satz: „*pater passus est*", und bezeichneten die Anhänger des Modalismus mit dem Spottnamen **Patripassianer** (Tertullian, s. § w). Der modalistische Monarchianismus entsprach am meisten dem Gemeindeglauben; ein „naiver Modalismus" ist bis in die nachicänische Zeit verbreitet gewesen und in den späteren Jhh. immer wieder zum Vorschein gekommen.

v α) Der erste bedeutende Modalist war der Kleinasiat *NOËTUS*, der seit dem Ende des 2. Jhs. in Smyrna wirkte und dort im 3. Jh. wegen seiner christologischen Anschauungen verurteilt wurde.

w β) Ein Anhänger des Noëtus war der kleinasiatische Konfessor und Antimontanist *PRAXEAS*, der **c. 190** nach Rom kam und hier Einfluß auf den Bischof Viktor (ev. bereits auf dessen Vorgänger Eleutherus) gewann (vgl. § 15 d). Später wirkte Praxeas in Karthago, wo er in *Tertullian* einen leidenschaftlichen Gegner fand. Unter Bischof Zephyrinus kamen zwei andere Anhänger des Noëtus, *Epigonus* und *Kleomenes*, nach Rom und gewannen auf den theologisch nicht sonderlich gebildeten Bischof Einfluß. Von Viktor bis Kallistos bestand in Rom offenbar eine große Hinneigung zum Modalismus; in diesem Sinne dürfte die Formel des Bischofs *Zephyrinus*, die älteste uns im Wortlaut bekannte dogmatische Erklärung eines römischen Bischofs, zu verstehen sein: „Ich weiß einen Gott, Jesus Christus, und außer ihm keinen andern, der geboren ist und gelitten hat"

---

[3] Daß die bei Epiphanius mit dem Spottnamen Aloger bedachten kleinasiatischen Antimontanisten (§ 15 c) eine „ebjonitische" Christologie vertreten und so den Monarchianismus vorbereitet hätten, ist unzutreffend.

[4] Im kirchlichen Altertum sind nur die Modalisten als Monarchianer bezeichnet worden.

(ἐγὼ οἶδα ἕνα θεὸν Χριστὸν Ἰησοῦν καὶ πλὴν αὐτοῦ ἕτερον οὐδένα, γέννητον καὶ παθητόν, vgl. Hippolyt., Refut. omn. haer. IX 11₃). Ein scharfer Gegner des Modalismus war *Hippolytus*, der eine so ausgesprochen subordinatianische Logos-Christologie vertrat, daß man den Vorwurf des Ditheismus gegen ihn erhob.

γ) Seit **c. 215** war *SABELLIUS*, ein Libyer aus der Pentapolis, der Führer der Modalisten in Rom. Er bildete die Lehre des Noëtus weiter aus und zog auch den hl. Geist in seine Spekulation herein: der eine Gott hat 3 μορφαί oder πρόσωπα (Schauspielerrollen, später orthodoxer Terminus für die „Personen" der Trinität). Die Gleichstellung des hl. Geistes mit dem Vater und dem Sohn näherte den Sabellius der späteren Orthodoxie, die er mannigfach beeinflußt hat; freilich die Behauptung der völligen Identität von Vater und Sohn („υἱοπάτωρ") war heterodox. Bischof *Kallistos* von Rom, anfangs selbst Modalist, beendigte den modalistischen Streit in Rom, indem er in seinen wenig klaren Kompromißformeln den Logosbegriff annahm und sowohl Hippolytus wie Sabellius exkommunizierte. Zur Exkommunikation des Hippolytus wirkte außer der dogmatischen Differenz noch der Gegensatz in der Frage der Kirchenzucht mit (s. § 19 d). Den Ertrag der Kämpfe des Abendlandes um die Logos-Christologie faßte um 240/50 der Presbyter *NOVATIANUS* (§ 19 g) in einem Werke „De trinitate" zusammen; er lehrte, wie Tertullian, eine subordinatianische Trinität. Novatian war der erste lateinisch schreibende römische Theologe. Er hat die römische Theologie der Folgezeit stark beeinflußt.

δ) Im Orient wurde der Bischof *Beryllus von Bostra* in Arabien, ein Modalist, der aber auch unter die Dynamisten gerechnet werden kann, um 238/44 von Origenes auf einer arabischen Synode zur Logos-Christologie bekehrt.

ε) Trotz des Vordringens der Logos-Christologie blieb der „Sabellianismus", d. h. der alte naive Modalismus, im Orient bis in die nachnicänische Zeit verbreitet, besonders in Ägypten. In der 2. Hälfte des 3. Jhs. wurde er nochmals der Anlaß zu einem Streit. Als nämlich **c. 260** Bischof *Dionysius von Alexandrien* die sabellianische Bewegung in der lybischen Pentapolis unterdrückte und dabei in der Formulierung seiner christologischen Anschauungen zu weit ins Gegenteil ging (der λόγος ein κτίσμα, gleich der Rebe in der Hand des Weingärtners usw.), verklagten ihn seine Gegner beim Bischof *Dionysius von Rom*, der ihn zu einer annehmbaren Interpretation seiner Äußerungen veranlaßte (Vorspiel zum arianischen Streit, s. § 24 b).

§ 18. Die kultischen Ordnungen. Die kirchliche Kunst.

*Liturgiegeschichtliche Forschungen, her. von FDölger, KMohlberg, ARükker, 1919 ff.; dazu Liturgiegeschichtliche Quellen. – *Jahrbuch für Liturgiewissenschaft, her. von OCasel, 1921 ff. – *LDuchesne, Origines du culte chrétien, ⁴ 1908. – GPWetter, Altchristliche Liturgien, 1921; Bd. II: Das christliche Opfer, 1922. – Jahrbuch für Liturgik und Hymnologie, her. von KAmeln u. a., 1955 ff. – HLietzmann, Messe und Herrenmahl (AKG 8), 1926. – KVölker, Mysterium und Agape, 1927. – *FWieland, Mensa und Confessio, 1906. – Zu § d: JJeremias, Hat die Urkirche die Kindertaufe geübt?, ² 1949. – Texte zur Geschichte der Taufe, bes. der Kindertaufe in der Alten Kirche, ed. HKraft (KlT 174), 1953. – *FJDölger, *ΙΧΘΥΣ*. Das Fischsymbol in frühchristlicher Zeit, 5 Bde., 1910–32. – Ders., Sphragis, 1911. – Ders., Die Sonne der Gerechtigkeit und der Schwarze, 1919. – Ders., Antike und Christentum (oben zu § 3). – FGerke, Die christlichen Sarkophage der vorkonstantinischen Zeit, 1940. – JdeWit, Spätrömische Bildnismalerei, 1938. – *JKollwitz, Das Christusbild des 3. Jhs., 1953. – *JBetz, Die Eucharistielehre in der Zeit der griechischen Väter I 1 (vorephesinische Zeit), 1955. – JWDavies, The origins of early christian church architecture, London 1952. – Entstehung der Basilika: RAC I, 1225–1261. – Zu § t: *ThKlauser, Die römische Petrustradition im Lichte der neuen Ausgrabungen unter der Peterskirche [1956]; dazu KHeussi, ThLZ 1959, 359–61. – *EKirschbaum, S. J., Die Gräber der Apostelfürsten, ² 1959. Vgl. § 2 t.

§ 18 Der Ausbau der frühkatholischen Kirche

a   In dieser Zeit gelangte die Entwicklung des Gottesdienstes zu einem relativen Abschluß. An die Stelle der urchristlichen, völlig freien und regellosen Gemeindeversammlungen ist nun ein kompliziertes Gefüge heiliger Handlungen getreten, die in feststehender Ordnung feierlich vollzogen werden. Mit dem Aufkommen des Opferbegriffs ist als sein notwendiges Korrelat der Priesterbegriff in die Kirche eingedrungen. Die Leitung der gottesdienstlichen Versammlung, einst ein „Dienst" an der Gemeinde, ist schon längst das ausschließliche Vorrecht des Klerus geworden. Die magisch-sakramentalen Vorstellungen (§ 8 n s) haben im Laufe der Zeit immer größere Bedeutung gewonnen; zu Abendmahl und Taufe haben sich noch weitere heilige Zeremonien gesellt. Mit dieser Wandlung des Gottesdienstes aber hat sich eine spezifisch kultische Frömmigkeit ausgebildet, die sich immer ausschließlicher in dunkeln, mystischen Gefühlen bewegt. Was die Theologie lehrt, die Erlösung aus dem Todesverhängnis und die Vergottung des Menschengeschlechts, das läßt der Kultus den Christen erleben: in der Eucharistie fühlt der Gläubige in mystischen Schauern göttliche Kräfte in sich einströmen. Diese Entwicklung des Kultus hat sich unter starker Einwirkung der heidnischen Mysterien vollzogen.

b   Sprachgebrauch, Praxis und Frömmigkeit der Mysterien wirkten auf mannigfachen Wegen auf die Kirche ein. Der gesamte Gottesdienst gewann Mysteriencharakter, insbesondere die Eucharistie; die mit feierlichem Zeremoniell umgebene Taufe wurde zur Einweihung in das Mysterium; die Unterscheidung zwischen Klerikern, Vollchristen und „Katechumenen" hatte an der Unterscheidung zwischen den μυσταγωγοί, den μύσται und den ἀμύητοι bei den Mysterien ihre Analogie.

c   Mit der Umsetzung der urchristlichen Erbauungsversammlung in einen Mysteriengottesdienst hatte die Kirche in langsamer Entwicklung dieselbe Stufe und dieselbe „Hellenisierung" erreicht, bei der der Gnostizismus bereits zwei bis drei Menschenalter früher angelangt war.

Einzelheiten.

KULTISCHE HANDLUNGEN.

d   **Taufe und Katechumenat.** Obwohl die magisch-sakramentale Auffassung das Aufkommen der Kindertaufe begünstigte (nachweisbar bei *Irenäus*, bekämpft von *Tertullian*, kirchliche Sitte in der Zeit des *Origenes* und des *Cyprian*), blieb während des ganzen kirchlichen Altertums die Erwachsenentaufe die Regel; die Anschauung, daß die Taufe alle vordem begangenen Sünden tilge, führte zu der Sitte, die Taufe möglichst lange hinauszuschieben.

e   Der Taufe der Erwachsenen ging eine längere Vorbereitung voraus, der **Katechumenat**. Er ist in unbestimmteren Formen von Anfang an in der Kirche vorhanden gewesen; in der Zeit von 180–250 erfuhr er seine nähere Ausbildung. Die Katechumenen (κατηχούμενοι) galten im allgemeinen als Christen, zählten aber nicht als voll (Ausschluß vom 2. Teil des Gottesdienstes, s. § g). Den Höhepunkt des Unterrichts vor der Taufe bildete die feierliche *traditio symboli*, die Mitteilung des Taufbekenntnisses.

f   Der **Taufakt** war bereits mit reichem Zeremoniell umgeben (Exorzismen; *abrenuntiatio*, d. i. feierliche Absage des Täuflings an den Teufel und die „pompa diaboli"; *redditio symboli*, d. i. das Ablegen des Glaubensbekenntnisses; dreimaliges Untertauchen in fließendem Wasser unter Anrufung von Vater, Sohn und

Geist; Handauflegung als Zeichen der Geistesmitteilung; Salbung mit Öl, Darreichung von Milch und Honig; weiße Taufgewänder). Bei Kranken war das Untertauchen (*immersio*) durch die Besprengung (*aspersio*) ersetzt (*baptismus clinicorum*); doch lehnte Cyprian (ep. 69) die medizinische Bezeichnung „clinici" für die bloß durch Besprengung Getauften ab; andere wollten die also Getauften nicht als Christen anerkennen. Taufzeiten: Ostern und die folgenden 50 Tage, besonders beliebt die Osternacht; im Orient war vereinzelt auch Epiphanias Taufzeit. Taufpaten (*sponsores, susceptores*) zuerst bei Tertullian. Über die Ketzertaufe s. § 20 t.

Die Taufe ($\varphi\omega\tau\iota\sigma\mu\acute{o}\varsigma$, $\tau\varepsilon\lambda\varepsilon\acute{\iota}\omega\sigma\iota\varsigma$, $\sigma\varphi\varrho\alpha\gamma\acute{\iota}\varsigma$) war heilsnotwendig; bei den nicht getauften Märtyrern galt die „Bluttaufe" als Ersatz. Die Wirkung der Taufe war die Tilgung der vor der Taufe begangenen Sünden, die Verleihung des Geistes und der Unsterblichkeit.

Gottesdienst. Die gottesdienstlichen Versammlungen, die ursprünglich am Abend abgehalten wurden, sind [sicher vor c. 150] auf den Morgen verlegt worden. Die Kultusfeier zerfiel in zwei voneinander geschiedene Akte: einen öffentlichen Teil, der auch den Katechumenen, den Pönitenten und selbst Nicht-Christen zugänglich war (Schriftverlesung durch die Lektoren; Predigt, Hymnen), und einen geschlossenen Teil, an dem nur die „Eingeweihten", d. s. die Getauften, teilnahmen und der mit dem Nimbus des Geheimnisvollen umgeben war (Hauptbestandteile: allgemeines Kirchengebet und die liturgisch reich gegliederte Feier der „Eucharistie", d. i. des Herrenmahls). *g*

Die **Predigt** war in der Regel vorbereitet und geriet bald unter den Einfluß der antiken Rhetorik. Meist wurde sie von einem Presbyter oder dem Bischof gehalten, gelegentlich auch noch von Laien (vgl. *Origenes*). Die älteste erhaltene Homilie ist II. Klem. (§ 10 a); eine Überarbeitung einer Ansprache an eben Getaufte vielleicht I. Pt. 1 $_3$–4 $_{11}$. *h*

Die **Eucharistie** versicherte dem einzelnen Christen seiner Teilnahme an der göttlichen $\dot{\alpha}\varphi\vartheta\alpha\varrho\sigma\acute{\iota}\alpha$ und gewährte ihm einen Vorgenuß der künftigen Seligkeit ($\varphi\acute{\alpha}\varrho\mu\alpha\varkappa o\nu$ $\dot{\alpha}\vartheta\alpha\nu\alpha\sigma\acute{\iota}\alpha\varsigma$ schon bei Ignatius, § 10 o). Die Anschauung, daß die Eucharistie heilsnotwendig sei, ergab die Konsequenz der Kinderkommunion. Die magisch-sakramentale Auffassung des Abendmahls führte schon im ausgehenden 2. Jh. zu der Sitte, etwas von dem geweihten Brot mit nach Hause zu nehmen, um täglich davon zu genießen (Eulogien, Name im 4. Jh.). Durchgebildete Theorien über das Abendmahl waren noch nicht vorhanden, nur Ansätze dazu: bei *Justin, Irenäus, Tertullian* findet sich eine realistische, bei den Alexandrinern *Klemens* und *Origenes* eine spiritualistische Auffassung. *i*

Höchst folgenreich war die Anwendung des **Opferbegriffs** auf das Abendmahl. Das Urchristentum war eine Religion ohne Opfer. Als bildlicher Ausdruck wurde das Wort $\vartheta\upsilon\sigma\acute{\iota}\alpha$, *sacrificium* beibehalten und zunächst in sehr freier Weise verwendet, zB. für das ganze Christenleben, für das Gebet, für die Eucharistie. Dann bezeichnete man als Opfer die von der Gemeinde mitgebrachten, auf dem Altar niedergelegten Spenden ($\pi\varrho o\sigma\varphi o\varrho\alpha\acute{\iota}$, *oblationes*, § 10 t), die teils für die eucharistische Feier, teils für die Armen verwendet wurden: diese Opfer galten bald als sühnende, Genugtuung leistende Werke und wurden „*pro vivis et defunctis*" dargebracht. Aus dem Zusammentreffen dieser Auffassung mit der andern, daß der Priester durch das Sprechen des Dankgebetes (der $\varepsilon\dot{\upsilon}\chi\alpha\varrho\iota\sigma\tau\acute{\iota}\alpha$) Leib und Blut Christi in die Elemente herabruft, ergab sich die Anschauung, daß der Priester vor Gott Leib und Blut Christi als sühnendes Opfer für die Gemeinde darbringt ($\pi\varrho o\sigma\varphi o\varrho\grave{\alpha}$ $\tau o\tilde{\upsilon}$ $\sigma\acute{\omega}\mu\alpha\tau o\varsigma$ $\varkappa\alpha\grave{\iota}$ $\tau o\tilde{\upsilon}$ $\alpha\acute{\iota}\mu\alpha\tau o\varsigma$, *sacrificium offerre*), erreicht im Abendland um 250 (*Cyprian*), im Orient um 300. Auch die Opfertheorie zeigt den Einfluß der Mysterien. *k*

Die **Agapen** bestanden, nachdem die Eucharistie von ihnen getrennt und auf den Morgen verlegt worden war (§ g), als Liebesmahle bis über den Anfang des 3. Jhs. fort; da sie nach wie vor zu Mißständen Anlaß gaben, wurden sie schließlich beseitigt (Trullanum II, 692). *l*

Vermutlich schon im 3. Jh. (nach anderer Auffassung erst seit dem 4. Jh.) gab es die sog. **Arkandisziplin**, d. h. über Taufe, Taufbekenntnis, Vaterunser, *m*

Abendmahl usw. wurde den Nichtgetauften gegenüber mit ängstlicher Scheu Stillschweigen beobachtet. Mit dem Herrschendwerden der Kindertaufe im 6. und 7. Jh. wurde die Arkandisziplin überflüssig.

KULTISCHE ZEITEN.

n   Neben den besonders ausgezeichneten Tagen der Woche, dem Sonntag und den Stationstagen (§ 10 g), bildeten sich christliche Jahresfestzeiten heraus, Passah und Pentekoste. Beide bezeichneten in den ersten Jhh. nicht einzelne Festtage, sondern Festperioden. Das **Passah** (πάσχα) wurde in christlicher Umdeutung wohl schon in der 1. Hälfte des 2. Jhs. gefeiert, zur Erinnerung an den Tod Jesu, nicht an die Auferstehung; die griechischen Christen brachten πάσχα mit πάσχειν in Verbindung. Die große Woche (Leidenswoche) bildete den Höhepunkt des Christenlebens des ganzen Jahres. Durch Ausdehnung des Fastens auch auf die vorangehenden Wochen entstand die Quadragesimalzeit (τεσσαρακοστή). Das Ende war die Ostervigilie (Osternacht; Taufe der Katechumenen, nächtlicher Gottesdienst, Jubel beim Aufgang der Sonne). Mit dem Anbrechen des Ostermorgens und der Feier der Eucharistie begann die **Pentekoste** (πεντηκοστή) oder Quinquagesimalzeit, die 50tägige, der Erinnerung an die Auferstehung gewidmete Freudenzeit (tägliche Eucharistie, kein Gebet im Knieen, kein Fasten). Der **Passahtermin** gab den äußeren Anlaß zu einem lebhaften Streit zwischen Rom und den Kleinasiaten (vgl. § 20 r). Die Kleinasiaten feierten den 14. Nisan, einerlei auf welchen Wochentag er fiel, beendeten an diesem Tage gegen Abend das Fasten und feierten darauf, analog mit dem jüdischen Passahmahl, das Abendmahl („Quartodecimaner"). Im Abendland, aber auch in vielen Kirchen des Ostens, feierte man, ohne Rücksicht auf das Datum, den nach dem 14. Nisan fallenden Herrentag als Auferstehungstag, den Freitag als Kreuzigungstag, fastete vom Freitag bis zum Anbruch des Herrentages und beging an diesem das Abendmahl. Die Verschiedenheit bestand in vollster Schärfe bis zum Konzil von Nicäa (§ 24 g, 27 q).

o   Das **Epiphaniasfest** (τὰ ἐπιφάνια, ἡ ἐπιφάνεια, Fest der Geburt Christi, seiner Taufe, des Weinwunders in Kana) ist in Ägypten entstanden und geht vermutlich auf ein heidnisch-ägyptisches Fest zurück. Bereits die Basilidianer (§ 13 p) feierten ein Epiphaniasfest.

KULTISCHE ORTE. SPÄTANTIKE KUNST IM DIENST DER KIRCHE.

p   Eigene **gottesdienstliche Gebäude** (ἐκκλησία, οἶκος τοῦ θεοῦ, ecclesia, domus Dei; später auch κυριακόν oder κυριακή, scil. οἰκίον oder οἰκία; wovon vielleicht das deutsche „Kirche", seit Optatus von Mileve [III, 8] und Ambrosius auch *templum*) hatten die Christen seit dem Ende des 2. Jhs.; vordem versammelten sie sich in Privathäusern. Die erste bestimmte Erwähnung eines Kirchengebäudes wäre, falls zuverlässig, die Notiz der edessenischen Chronik über die Zerstörung der Kirche von Edessa durch eine Flut 201. Die Kirche hat sich in der **Basilika** ihren eigenen, charakteristischen Sakralbau geschaffen; vermutlich fällt die Entstehung des Basilikenstils in die Zeit zwischen 260 und 300. Größere prachtvolle Basiliken entstanden erst seit der Zeit Konstantins; von den kleinen Kirchen des 3. Jhs. sind nur dürftige Spuren erhalten (Forts. § 27 w). Der Altar (ara, θυσιαστήριον) entsteht erst seit dem Anfang des 3. Jhs. mit dem Aufkommen des Opferbegriffs; doch beschränkt sich die Verehrung des eucharistischen Tisches zunächst auf die Dauer der Liturgie; erst seit dem 4. Jh. gewinnt der Altar den Charakter von etwas an und für sich Heiligem.

q   Zu den heiligen Orten gehörten weiter die **Grabstätten** (κοιμητήρια, coemeteria, areae), entweder über der Erde oder unter der Erde angelegt. Die antike Sitte der Leichenverbrennung war bei den Christen von Anfang an verpönt. Die großen unterirdischen Totenstädte (besonders in Rom, Süditalien, Sizilien, Sardinien, Malta, Nordafrika, Libyen) heißen **Katakomben** (κατὰ κύμβας, catacumbae; dieser Name bedeutet vielleicht „bei der Schlucht"; er bezeichnete ursprünglich eine bestimmte einzelne Grabstätte, die Sebastianskatakombe bei Rom). In Rom haben die Christen ihre Toten vom Ende des 2. Jhs. bis ins 4. und 5. Jh., anderwärts noch länger, in Katakomben bestattet. Die seit dem 8. Jh. verfallenen römischen Katakomben sind seit 1593 durch Antonio Bosio, seit 1849 durch de Rossi und seit 1883 durch Joseph Wilpert erforscht worden.

Die Katakomben bergen die Reste der **altchristlichen Malerei**, die, wie die im *r* 20. Jh. aufgefundenen Synagogenmalereien von Dura-Europos (Mesopotamien) beweisen, sehr stark von der jüdischen Kunst beeinflußt worden ist. Die Anfänge der altchristlichen Malerei lagen am Ende des 2. und Anfang des 3. Jhs. Sie schließt sich zunächst an die antiken Typen an, die sie durch symbolische Deutung dem Christentum anpaßt (Weinranken, Vögel, Blumen, Putten, Eros und Psyche, Orpheus), wird dann aber gegen die antiken Figuren immer zurückhaltender und entwickelt neue christliche Typen von eigenartigem künstlerischem Gehalt. Zu nennen sind: die Oranten, der Fisch (vielleicht aus dem Atargatiskultus [§ 4 n] oder aus der ägyptischen Religion; die Christen deuteten $IX\Theta Y\Sigma$ als '$I\eta\sigma o\tilde{v}\varsigma\ X\varrho\iota\sigma\tau\grave{o}\varsigma\ \vartheta\varepsilon o\tilde{v}\ v\acute{\iota}\acute{o}\varsigma\ \sigma\omega\tau\acute{\eta}\varrho$), ferner der gute Hirte (als bartloser Jüngling, vgl. § 27 z), Noah, das Quellwunder des Moses, Jonas, Daniel zwischen den Löwen, die drei Jünglinge im Feuerofen, die Magier, Lazarus, die Brotvermehrung. Es gab noch keine Passionsdarstellungen.

Werke der **Rundplastik** waren selten. Die Karpokratianer (§ 13 p) hatten Statuen Christi. Die berühmte Statuette des guten Hirten im Lateran gehört wohl *s* erst dem 4. Jh. an, ebenso die Statuette eines lehrenden Christus (?) in Rom; über die Bildsäule des Hippolytus vgl. § 17 d. Zu reicherer Entwicklung gelangte dagegen im 3. und besonders im 4. Jh. die **Reliefplastik** (Sarkophagplastik), die den Bilderkreis der Katakombenmalerei erweitert und auf die spätere Katakombenmalerei einwirkt.

ANFÄNGE DES NIEDEREN KULTUS.

In das ausgehende 2. und 3. Jh. fallen auch die Anfänge des sog. „niederen *t* Kultus", der Märtyrer-, Heroen- und Reliquienverehrung. Kleinasiatische Gemeinden um 190 rühmten sich des Besitzes der Gräber urchristlicher Propheten (Johannes, Philippus, dessen Töchter, Eus., h. e. III 31), die römische Gemeinde nach 200 (Gajus von Rom, Eus., h. e. II 25) des Besitzes der $\tau\varrho\acute{o}\pi\alpha\iota\alpha$ (Gedächtnisstätten? oder Gräber?) des Petrus am Vatikan und des Paulus an der Straße nach Ostia (vgl. aber § 8 u; bei den wichtigen Ausgrabungen unter S. Pietro 1939–49 ist das „eigentliche" Petrusgrab bemerkenswerterweise nicht gefunden worden). Der Prozeß der Assimilierung an heidnische Religiosität, an sich so alt wie das Heidenchristentum, erfuhr im 3. Jh. eine dreifache Steigerung: 1) neben die unbewußte Rezeption trat die bewußte Anpassungspolitik der Kirche; 2) die ins 2. Jh. hinaufreichenden Ansätze zur Heiligenverehrung wurden zu einem der wichtigsten Bestandteile des Kultus entwickelt (zahlreiche Kapellen für Apostel, Patriarchen, Erzengel, Märtyrer; Verdrängung heidnischer Heroen und Götter durch christliche Heilige, unter Beibehaltung ihres Lokalkultus und ihrer Jahresfeste usw.); 3) es erfolgte eine starke Materialisierung der Religion (Reliquien, heilige Knochen, Amulette, massiver Wunderglaube). Im 4. Jh. setzte sich dieser Prozeß fort. Er war eine wesentliche Vorbedingung des Sieges der Kirche: indem sie alle anziehungskräftigen Elemente aus den heidnischen Religionen herübernahm und in sich vereinigte, beraubte sie diese der Fähigkeit des Rivalisierens.

§ 19. Sitte, Sittlichkeit, Kirchenzucht.

Novatiani opera, ed. Fausset (Cambridge Patristic Texts), 1909. – Cyprian: MSL 4; ed. WHartel CSEL III 1–3, 1868–71. – HKoch, Cyprianische Untersuchungen, 1926. – HKoch, Kallist und Tertullian, SHA 1909. – BPoschmann, Paenitentia secunda, die Kirchenbuße im ältesten Christentum bis Cyprian und Origenes, 1940. – FHKettler, Der melitianische Streit in Ägypten (ZnW 35,

1936). – *OSCHILLING, Reichtum und Eigentum in der altkirchlichen Literatur, 1908. – FRZOVERBECK, Über das Verhältnis der alten Kirche zur Sklaverei im römischen Reiche (Studien zur Gesch. der alten Kirche I, 1875, S. 158–230). – KMÜLLER, Die Forderung der Ehelosigkeit für alle Getauften in der alten Kirche, 1927. – HACHELIS, Virgines subintroductae, 1902. – ESCHWARTZ, Bußstufen und Katechumenatsklassen (Schr. der wiss. Ges. Straßburg VII), 1911. – JLEIPOLDT, Der soziale Gedanke in der altchristlichen Kirche, 1952. – Ders., Die Frau in der antiken Welt und im Urchristentum, ²1955.

a   Seit dem 2. Jh. begann die urchristliche Sittenstrenge zu erlahmen und die Berührung der Christen mit der „Welt" stärker zu werden; dies war die Folge davon, daß der urchristliche Enthusiasmus erlosch und die Zahl der Christen größer wurde. Aus der neuen Lage ergaben sich schwierige Fragen: Wie sollten sich die Gemeinden zu den Sündern in ihrer Mitte verhalten? Wie weit durfte sich der Christ mit der Welt einlassen?

b   1. KIRCHENZUCHT. Das Schwinden der kirchlichen Strenge zeigt sich besonders in der kirchlichen Zuchtübung. Dem Urchristentum war das Bußwesen völlig unbekannt; nach urchristlicher Anschauung gab es nur eine einmalige Buße, die Buße vor der Taufe (§ 8 o). Aber schon das 2. Jh. brachte wichtige Ermäßigungen: α) erstens hielt man unter Berufung auf Hermas [gegen dessen eigentliche Meinung, § 10 r] die „zweite Buße" für erlaubt, gewährte also jedem die Möglichkeit, nach der Taufe noch einmal im Leben für schwere Sünden (ausgenommen die drei Todsünden: Mord, Ehebruch oder Hurerei, Abfall) Vergebung zu erlangen; β) zweitens löste man die aus der Kirchengemeinschaft Ausgeschlossenen nicht mehr vollständig aus dem Zusammenhang mit der Gemeinde, sondern ließ sie als lebenslängliche Büßer (Pönitenten) im „Vorhof" der Kirche; ihre Wiederaufnahme unter die Vollchristen war ausgeschlossen, aber Gott konnte sie im Jenseits in Gnaden annehmen.

c   Hier setzte nun die weitere Entwicklung ein: in gewissen Fällen wurde die Rückkehr schwerer Sünder aus dem Stande der Büßer in die volle kirchliche Gemeinschaft gewährt, und zwar nach vorausgegangener außerordentlicher Demütigung („Buße", poenitentia), die als genugtuende Leistung angesehen wurde. Besonders erfolgte die Wiederaufnahme, wenn Märtyrer oder Konfessoren sie der Gemeinde nahelegten. Die Entwicklung ging noch weiter: die Träger des kirchlichen Amtes, besonders in Rom, denen eine allzu strenge Handhabung der Bußzucht als seelsorgerlich unklug erschien, dehnten die Möglichkeit der zweiten Buße auch auf Todsünden aus, zuerst auf Unzuchtsünden, dann auch auf den Abfall vom Christentum. Darüber kam es zu heftigen Kämpfen: sie endeten mit dem vollen Siege der laxen Bußdisziplin, der freilich mit so empfindlichen Absplitterungen wie dem Schisma der Novatianer bezahlt wurde.

d   1. Im Jahre **217/18** erklärte der römische Bischof *KALLISTOS* in einem [von Tertullian als „peremptorisch", d. i. den Streitfall endgültig erledigend, bezeichneten] Erlaß, auch Unzuchtsündern die zweite Buße zu gewähren: „*Ego moechiae et fornicationis delicta poenitentia functis dimitto*" (Tert., de pud. 1; vgl. § 20 s).

Er rief damit bei einer rigoristischen Minderheit der römischen Gemeinde unter *Hippolytus* und bei dem Montanisten Tertullianus in Karthago heftigen Widerspruch hervor (Tert., de pudicitia). In Rom führte der Gegensatz in der Zuchtübung und in der christologischen Frage (§ 17 w x) zum **Schisma des Hippolytus,** das erst 235 mit der Verbannung des Hippolytus und des großkirchlichen Bischofs *Pontianus* nach Sardinien beendigt wurde.

2. Die nächste Stufe der Entwicklung der Bußdisziplin wurde in der **decischen Verfolgung** (§ 16 c) erreicht. Jetzt nötigte die erschreckend große Zahl der Abtrünnigen („lapsi"), auch den Abfall aus der Liste der Todsünden zu streichen. *e*

α) In KARTHAGO erfolgte die Regelung der Wiederaufnahme der „lapsi" *f* nach einem heftigen Ringen zwischen dem durch *CYPRIAN* (§ 20 u bis w) vertretenen kirchlichen Amt und den hier zu leichtfertiger Laxheit geneigten enthusiastischen Märtyrern und Konfessoren. Es kam unter Führung des Diakonen *Felicissimus* zu einer Presbyterrevolte gegen Cyprian, der sich während der Verfolgung außerhalb Karthagos verborgen hielt, aber mit der Gemeinde brieflich in Verbindung stand. Cyprian legte nach seiner Rückkehr nach Karthago in den Schriften „De lapsis" und „De unitate ecclesiae" seinen Standpunkt dar und brachte ihn auf einer karthagischen Synode **251** zur Anerkennung; die Wiederaufnahme der Gefallenen wurde, ausgenommen bei Todesgefahr, von einer längeren Bußzeit abhängig gemacht, den Märtyrern und Konfessoren das Recht der Fürsprache bestritten. 253 hat eine zweite karthagische Synode allen reuigen „lapsi" der decischen Verfolgung Verzeihung gewährt.

β) In ROM kam es ebenfalls zu einem Kampf zwischen den Laxeren und den *g* Rigoristen, aber hier waren es die Rigoristen unter Führung des ebenso sittenstrengen wie geistig bedeutenden Presbyters *NOVATIAN* (§ 17 x), die **251** durch Opposition gegen die Wahl des Kornelius zum Bischof ein Schisma herbeiführten. Cyprian erklärte sich für Kornelius, der 251 auf einer großen römischen Synode die Gegenpartei exkommunizierte. Die **Novatianer** („καθαροί", weil ihnen die Kirche die von Todsündern reine Gemeinschaft war) verbreiteten sich als schismatische Nebenkirche über das ganze Reich und bestanden im Abendlande bis zum 5., im Orient bis zum 7. Jh. fort.

3. Der in der diokletianischen Verfolgung noch einmal hervortretende Widerspruch (melitianisches Schisma, *Melitius von Lykopolis* in der Thebais gegen den milderen *Petrus von Alexandria*; vgl. § 25 c) blieb auf Ägypten beschränkt, nahm zwar nach dem Ende der Verfolgungszeit einen vorübergehenden Aufschwung, hatte aber keinen nachhaltigen Erfolg. *h*

4. Mit der Durchsetzung der laxen Bußdisziplin bildeten sich allmählich *i* festere **Formen der Kirchenzucht** aus; sie blieben aber in den einzelnen kirchlichen Provinzen verschieden, zu einer einheitlichen Regelung der Bußgrade und der Bußzeiten ist die alte Kirche ebensowenig gelangt wie zu einer endgültigen genauen Bestimmung, welche Sünden als Todsünden zu betrachten seien. In gewissen kleinasiatischen Gemeinden unterschied man 3 Bußgrade: ἀκρόασις (Wiederzulassung zur Predigt), ὑπόπτωσις (Wiederzulassung zum Gebet), σύστασις (Teilnahme am ganzen Gottesdienst, an der Eucharistie nur als Zuschauer. Vgl. § 29 f.)

2. SITTLICHKEIT DER WELTCHRISTEN. Mit dem Schwin- *k* den der urchristlichen Sittenstrenge schwächte sich, schon seit dem 2.Jh., der Gegensatz zwischen der christlichen und der heidnischen Sittlichkeit mehr und mehr ab; im 4.Jh. war er nicht mehr allzu groß (§ 29 h i). Nicht bloß drangen mit dem Steigen der Zahl der Christen immer mehr oberflächlich und weltlich Gesinnte in die Gemeinden ein, sondern auch bei den ernsten Christen ermäßigte sich allmählich die weltabgewandte Stimmung. Die „Weltkirche" vermochte die strengen sittlichen Forderungen der Urkirche nicht aufrechtzuerhalten.

Das läßt sich an der Stellung der Christen zu den einzelnen Lebensgebieten (Ehe, Berufe, Sklaverei, irdischer Besitz, Luxus, Bildung, Vergnügungen) deutlich erkennen.

l **Das eheliche Leben** wurde durch den Geist der christlichen Ethik veredelt, die Ehescheidung (ausgenommen bei Ehebruch) strengstens verboten. Der Heiligung der christlichen Ehe diente ferner, daß die kirchliche Segnung der Ehe („Trauung" gibt es erst im 14. Jh., § 61 i) schon frühzeitig fromme Sitte wurde; doch die einreißende „Verweltlichung" zeigt sich in der Häufigkeit der von der Kirche stets widerratenen gemischten Ehe und der verpönten zweiten Ehe (vgl. § 10 q).

m Ebensowenig vermochte die Kirche ihre **Beurteilung der Schauspiele** bei allen Christen durchzusetzen. Die Gladiatorenkämpfe und Tiergefechte, die Tragödien, Komödien und mimischen Spiele (oft obszönen Inhalts) wurden von der Kirche als πομπὴ διαβόλου, *pompa diaboli* gewertet; daher war jeder Besuch des Zirkus oder des Theaters, der Stätten der Dämonen, den Gläubigen verboten. Auch alles **weltliche Treiben,** laute Fröhlichkeit, Tanz und Spiel wurden als heidnisch gebrandmarkt. Doch kam es vor, daß Christen sich der Spielwut ergaben (vgl. Ps.-Cyprian, De aleatoribus) oder von ihrer Leidenschaft für die Schauspiele nicht lassen konnten, ja um ihretwillen ins Heidentum zurückfielen.

n Vollends der Rigorismus gegenüber gewissen **weltlichen Berufsarten** setzte sich nicht ohne Abstriche durch. Gladiatoren, Schauspieler, Künstler und sonstige Leute, die irgendwie mit dem Götzendienst in Berührung kommen konnten, sollten vor der Taufe ihren Beruf aufgeben; auch der Beruf des Soldaten und der des städtischen Beamten erregten Bedenken. Tatsächlich ließ sich freilich nur durchsetzen, daß Kleriker nicht solchen Berufen oblagen, die der Kirche anstößig waren. Aber selbst der Klerus hat im 3. Jh. Handels- und Bankgeschäfte anfechtbarer Art getrieben.

o Zur **Sklaverei** fanden auch die strengen Christen keine über die antiken Anschauungen hinausführende Stellung. Das älteste Christentum hatte zwar grundsätzlich alle Unterschiede der Rasse, des Nation, des Geschlechts, des Standes ausgeglichen (wohlgemerkt: vor Gott) und in dem Sklaven den Bruder zu sehen gelehrt, aber jeden Gedanken an eine Befreiung der Sklaven ferngehalten, ja das Verlangen eines Sklaven nach Freiheit als unchristlich erscheinen lassen (vgl. den nt. Phm-Brief). Daß die Sklaven im 2. und 3. Jh. Presbyter und Diakonen werden konnten (der Freigelassene *Kallistos* war sogar römischer Bischof), war eine Nachwirkung davon, daß die ältesten Gemeinden vorwiegend aus den unteren Volksschichten hervorgegangen waren. Mit dem Aufsteigen des Christentums in die höheren Schichten verlor das Ideal, in dem Sklaven den Bruder zu sehen, an Kraft.

p Auch ernstgesinnte Christen trugen schon um 200 kein Bedenken, sich mit den Erzeugnissen der Kunst und einem maßvollen **Luxus** zu umgeben; die kirchliche Kunst verschönte auch die zum persönlichen Gebrauch bestimmten Gegenstände, Ringe, Gemmen, Spangen usw. mit ihren religiösen Symbolen. Der Zutritt gebildeter und wohlhabender Christen schuf den Gemeinden schwierige Probleme; wie sollten sie sich zum irdischen **Besitz** stellen (bezeichnend der Traktat des *Klemens von Alexandria:* Τίς ὁ σωζόμενος πλούσιος), und wie zur griechisch-römischen Geistesbildung?

q 3. DIE ASKESE. Je mehr die sittlichen Forderungen für die breite Masse der Christen ermäßigt wurden, um so eifriger hielt eine Minderheit an den alten rigoristischen Idealen fest; sie gingen der Kirche nicht verloren, galten aber nur noch für den Klerus und für den schon seit dem 2.Jh. vorhandenen Stand der Asketen für verbindlich. Vor allem wuchs von Jahrzehnt zu Jahrzehnt die Hochschätzung der Virginität, der völligen geschlechtlichen Enthaltsamkeit.

Weite Verbreitung fand im 3. Jh. das Institut der **geistlichen Verlöbnisse**, die r
Sitte des Zusammenlebens von männlichen und weiblichen παρθένοι in einem
Hause, die gelegentlich den Spott der Heiden herausforderte (die heidnischen
Antiochener gaben den gottgeweihten ἀδελφαί den Namen γυναῖκες συνείσακτοι,
subintroductae). Die Einrichtung stammt vielleicht schon aus dem Urchristentum
(vgl. I. Kor. 7 $_{16-18}$). Die Sitte stieß seit dem 3. Jh. auf heftigen Widerstand; es
bedurfte aber eines hundertjährigen Kampfes, um sie zu beseitigen. Entwicklungsgeschichtlich angesehen waren das Institut der „geistlichen Ehen" und der
ganze mystisch-erotische Komplex um Christus als den „Bräutigam" eine „Vergeistigung" der kultischen Prostitution der semitischen und ägyptischen Antike[1].

Das Anwachsen der asketischen Strömung zeigt sich zB.in dem Asketenverein, s
den *Hierakas*, ein Kopte, um 300 zu Leontopolis in Ägypten um sich versammelte. Nach Hierakas ist die ἐγκράτεια das einzige Neue, was der λόγος gebracht
hat; alles übrige sei bereits im AT vorhanden. Gegen Ende unserer Periode erfolgte der entscheidende Schritt vom asketischen Leben innerhalb der sozialen
Gemeinde zur Anachorese, zunächst außerhalb der Ortschaften, später in der
Wüste.

§ 20. Die Ausbildung der hierarchischen Verfassung.

HvCampenhausen, Kirchliches Amt und geistliche Vollmacht in den ersten
drei Jhh., 1953. – AvHarnack, Zur Geschichte der Anfänge der inneren Organisation der stadtrömischen Kirche (SBA 1918). – HKoch, Cyprian und der römische Primat (TU 35¹), 1910. – ECaspar, s. § 2 r; ders., Primatus Petri, 1927; dazu
vor allem: HKoch, Cathedra Petri, neue Untersuchungen über die Anfänge der
Primatslehre (ZnW, Beiheft 11), 1930. – WKöhler, Omnis ecclesia Petri propinqua (SHA 1937/38); dazu KHeussi, DLZ 1939, 1265–68. – *JLudwig, Die Primatsworte Mt. 16, 18f. in der altkirchlichen Exegese, 1952. – Gerwin Roethe,
Zur Geschichte der römischen Synoden im 3.u. 4. Jh. (= Geistige Grundlagen römischer Kirchenpolitik, 1937). – CSchmidt, Die Passahfeier in der kleinasiatischen
Kirche (= TU 43, S. 577–725). – Vgl. zu § 19.

1. DIE EINZELGEMEINDE. Außerordentlich rasch und folge- a
richtig vollzog sich der Ausbau der kirchlichen Verfassung. In der
Einzelgemeinde war das Ergebnis der Verfassungsentwicklung dieser
Periode die weitere Steigerung der bischöflichen Gewalt, die Ausbildung
eines scharfen Gegensatzes zwischen Klerus und Laien, die Entstehung
der niederen kirchlichen Ämter. Grundlegend war die Ausgestaltung
des bischöflichen Amtes. Sie stand im engsten Zusammenhang mit der
Entwicklung des Dogmas, der Kirchenzucht und des Kultus; besonders
das Aufkommen des Opferbegriffs, der den Priesterbegriff nach sich zog,
wandelte die Stellung des Bischofs in denkbar stärkstem Maße. Aus
dem „Dienst" des προϊστάναι (§ 8 m) wurde die volle, uneingeschränkte
Herrschaft über die Gläubigen, ein mit den höchsten religiösen Prädikaten umkleidetes Amt.

1. Unter den „Nötigungen" der Verhältnisse vereinigte sich in der Hand des b
Bischofs fast alles, was vordem Vorrecht der autonomen Gemeinde gewesen war
(vgl. Zuchtübung, allgemeines Priestertum der Gläubigen); auf ihn gingen die
charismatischen Gaben der Urzeit über (Geistesbesitz); er wurde der Mittler des
Heils, der ehrwürdige Vater der Gläubigen, der *vicarius Christi*, ja der Stellvertreter Gottes. Als Nachfolger der Apostel waren die Bischöfe:

α) [DOGMA] die Hüter und Garanten der apostolischen Tradition, die unfehlbaren Lehrer, die allein zu entscheiden haben, was kirchliches Dogma ist,
was nicht;

---

[1] Vgl. KHeussi, Der Ursprung des Mönchtums, 1936, S. 33.

β) [KULTUS] die **Mittler** zwischen Gott und den Menschen, die **Mystagogen** ($μυσταγωγοί$), die die Gäubigen in die göttlichen Mysterien einweihen, vor allem die **Priester** (sacerdotes, $ἱερουργοί$ = Opferpriester), die am Altar durch das „Dankgebet" ($εὐχαριστία$) Leib und Blut Christi in die Elemente bannen und Gott als Sühnopfer darbringen.

γ) [DISZIPLIN] die **Richter** (iudices) der Gemeinde als Träger des hl. Geistes im alleinigen Besitz der Binde- und Lösegewalt („Schlüsselgewalt", Mt. 16 $_{19}$).

Im Orient ist die konsequente Ausgestaltung des bischöflichen Amtes erst einige Jahrzehnte später erfolgt als im Abendland; in Alexandria scheint *Demetrius* (188/9–231/2) der erste monarchische Bischof gewesen zu sein.

c 2. Die Folge dieser Steigerung der bischöflichen Gewalt, vor allem der Rezeption des Priesterbegriffs (um 200), war die Verschärfung der schon im 2. Jh. vorhandenen Unterscheidung zwischen Klerus und Laien.

α) Das Aufkommen des Ausdrucks **Klerus** ($κλῆρος$, ordo) ist dunkel; sachlich bedeutet $κλῆρος$ dasselbe wie „ordo", Stand. Die Sonderstellung des Klerus beruhte auf der feierlichen **Weihe** (*ordinatio*) beim Antritt eines klerikalen Amtes. Sie verlieh dem Bischof den Besitz des Geistes. Kallistos von Rom (§ 19 d) behauptete die Unabsetzbarkeit des Bischofs, selbst wenn er in Todsünde verfiele. Doch ist diese Auffassung nicht durchgedrungen. Schwere Vergehen der Bischöfe wie der übrigen Kleriker wurden vielmehr durch Absetzung, unter Umständen außerdem noch durch Exkommunikation bestraft. Später, besonders durch Augustin, kam die Anschauung auf, daß der rechtmäßig Ordinierte einen *character indelebilis* trage, d. h. er kann zwar abgesetzt werden, wird dadurch aber nicht wieder Laie, verliert nicht die Fähigkeit, dingliche Heiligkeit zu spenden.

d β) Die **Laien** ($λαός$, $λαϊκοί$, *plebs, laici*) wurden immer mehr zur Unmündigkeit herabgedrückt. Die Vorstellung, daß alle Gläubigen Priester seien ($ἱεράτευμα$ $ἅγιον$ I. Pt. 2 $_5$, vgl. 2 $_9$; $ἱερεῖς$ Apk. 1 $_6$), noch im frühkatholischen Zeitalter lebendig (Justinus; Irenäus; Tertullianus in seiner montanistischen Zeit, de cast. 7: „nonne et laici sacerdotes sumus?"), trat seitdem zurück. Predigt und Sakramentsverwaltung wurden immer ausschließlicher dem Klerus vorbehalten. Doch kamen Ausnahmen noch vor. Auch blieben Reste der alten Gemeinderechte bestehen, vor allem war die Wahl des Bischofs und der höheren Kleriker von der Zustimmung der Gemeinde abhängig. Bei besonders schwierigen Angelegenheiten pflegte der Bischof sich mit der Gemeinde zu verständigen.

e 3. Nachdem sich das berufsmäßige Priestertum entwickelt hatte, gesellten sich zu den älteren Ämtern des Episkopats, Presbyterats und Diakonats (den **ordines maiores**) noch einige **niedere Ämter** (**ordines minores**). Diese Neuerung entstand im Abendland, vermutlich in Rom unter Bischof *Fabian* (236–250). Um 250 umfaßte die Stufenleiter klerikaler Ämter (Bischof, Presbyter, Diakonen, Subdiakonen, Akoluthen, Exorzisten, Lektoren und Türsteher) in Rom bereits 155 Köpfe.

f Die **subdiaconi** ($ὑποδιάκονοι$, später zu den ordines maiores gerechnet) bildeten eine Ergänzung der Diakonen, deren Zahl (7) in den anwachsenden Gemeinden nicht mehr genügte, aber mit Rücksicht auf Apg. 6 $_3$ nicht vermehrt wurde; sie hatten dieselben Obliegenheiten wie die Diakonen (§ 10 d). Weitere Abzweigungen vom Diakonat und Subdiakonat sind die Ämter der **acoluthi** (die persönlichen Diener des Bischofs) und der **ostiarii** ($πυλωροί$, Türhüter). Die Ämter der Exorzisten (**exorcistae**, $ἐξορκισταί$) und der Lektoren (**lectores**, $ἀναγνῶσται$) waren ursprünglich charismatisch. Die Lektoren hatten die hl. Schriften im Gottesdienst zu verlesen, die Exorzisten die dämonisch Besessenen ($ἐνεργούμενοι$, $δαιμονιζόμενοι$) zu beschwören. Im Orient blieben die Ämter der Akoluthen und der Exorzisten unbekannt (Über Diakonissen und Witwen s. § 10 d).

g Für die höheren Kleriker kam im 3. Jh. die Forderung auf, neben ihrem Klerikerberuf keinen weltlichen Beruf zu treiben (Einnahmequelle: die Oblationen der Gemeinde, keine regelmäßigen Bezüge); die niederen Kleriker mußten ihren Unterhalt durch irgendeinen Beruf erwerben.

4. Die **Landbezirke**, die fast durchweg politisch zur nächsten *civitas* gehörten (§ 3 c), zählten auch kirchlich zur Gemeinde der Stadt. Nur im Osten gab es **Landbischöfe** (χωρεπίσκοποι), deren Ansehen aber dem der Stadtbischöfe nicht gleichkam. Die Regel war, daß jede civitas eine kirchliche Gemeinde bildete. Daher fanden sich in stadtarmen Gegenden weit weniger Bistümer als in Gebieten mit zahlreichen Städten (zB. Africa proconsularis, Numidien, Mauretanien, wo jedes der zahlreichen Landstädtchen einen Bischof hatte). In den großen Städten gab es natürlich mehrere Kirchengebäude (in Rom um 300 etwa 40), aber nur eine Gemeinde und einen Bischof.

2. **DIE GESAMTKIRCHE.** Gleichzeitig festigte sich der Zusammenschluß der Gesamtkirche. Unsere Periode zeigt die Entstehung des Synodalwesens, sowie die Anfänge der Metropolitanverfassung und der Obermetropolitanverbände.

α) Nachdem bereits in den letzten Jahrzehnten des 2.Jhs. außerordentliche **Synoden** abgehalten worden waren (montanistische Krisis, Passahstreit [§ q r], Aufstellung des nt. Kanons), wurden regelmäßig wiederkehrende Zusammenkünfte der Bischöfe einer Provinz üblich (nachweisbar um 250, gleichzeitig im Osten und im Westen).

Auf den **Synoden** (σύνοδοι, *concilia*) wurde über kirchlich-praktische, seit Origenes auch über dogmatische Fragen beraten. Anwesend waren außer den Bischöfen auch Presbyter und Diakonen, mitunter sogar Laien. Die Beschlußfassung erfolgte einstimmig, d. h. die Minderheit fügte sich oder schied aus. Der Beschluß galt als vom hl. Geist eingegeben.

β) Aus dem Synodalwesen entwickelte sich die **Metropolitanverfassung**. Es wurde üblich, die Synoden in den Provinzialhauptstädten zu versammeln. Als die regelmäßigen Leiter der Synoden erlangten die Bischöfe der Provinzialhauptstädte bald einen Ehrenvorrang, schließlich das Oberaufsichtsrecht über die übrigen. Die staatliche Provinzialhauptstadt wurde auch zur kirchlichen Hauptstadt. So bildeten sich kirchliche Provinzen, deren Grenzen mit den staatlichen zusammenfielen.

Die Anfänge der **Metropolitanverfassung** fallen ins 3. Jh., ihre Ausbildung erst ins 4. Jh. (Nach RSohm und KMüller dagegen ist die kirchliche Provinzialverfassung erst durch Kanon 4 und 5 von Nicäa geschaffen.) Die Provinzialhauptstadt hieß μητρόπολις, ihr Bischof μητροπολίτης (im Abendland seit dem 6. Jh. *archiepiscopus*, Erzbischof), die kirchliche Provinz ἐπαρχία. Die Metropolitanverfassung entstand im Osten einige Jahrzehnte früher als im Abendland. Eigentümliche Verfassungsverhältnisse bildeten sich in NORDAFRIKA. In Numidien und Mauretanien gab es keinen festen Metropolitansitz; „Senex" oder „Primas" war immer der älteste Bischof. Dagegen war in Africa proconsularis der Bischof von Karthago der Metropolit. Ferner gab es nordafrikanische **Gesamtsynoden** (Africa proconsularis, Numidien, Mauretanien), die stets in Karthago unter Leitung des karthagischen Bischofs stattfanden.

γ) Bereits bahnte sich die Entstehung noch größerer kirchlicher Verbände an. In dem Einflusse, den namentlich Rom, Alexandria und Antiochia, in geringerem Maße Karthago (§ n), Caesarea in Kappadozien, Heraklea und Ephesus auf größere Reichsteile ausübten, zeigten sich die ersten Ansätze zur Entstehung der großen **Patriarchate**, deren volle Ausbildung freilich erst in die Periode von 381 bis 451 fiel. Vor allem Rom erfreute sich großen Ansehens.

Im Abendland war das **Ansehen der römischen Gemeinde** uralt; vgl. Rm. 1 ₈, Ign. Rm. Eingang (die römische Gemeinde u. a. προκαθημένη τῆς ἀγάπης, wohl

Röm. Bischöfe[1]
140–154/5 Pius
154/5–166 Anicetus.
166–174 Soter.
174–189 Eleutherus.
189–198 Viktor.
198–217 Zephyrinus.
217–222 Kallistos.
222–230 Urbanus.
230–235 Pontianus.
235–236 Anterus.
236–250 Fabianus.
251–253 Kornelius.
253–254 Lucius I.
254–257 Stephanus I.
257–258 Sixtus II.

alle andern in der Barmherzigkeitspflege übertreffend; nicht etwa: Vorsitzende des Liebesbundes = der kathol. Kirche). Im einzelnen beruhte es 1. auf dem Übergewicht Roms als Welthauptstadt; 2. auf dem Alter, der Größe und Wohlhabenheit der Gemeinde; 3. auf ihrer tatkräftigen Sorge für andere Gemeinden (vgl. das Eingreifen in die innerkirchlichen Wirren in Korinth, das aus dem Gemeindeschreiben I. Clem. erhellt; § 10 a). Das Ansehen der römischen Gemeinde wuchs durch den antignostischen Kampf, durch den sie den Nimbus des apostolischen Ursprungs (vgl. § 8 q r u, 14 i) und der vornehmsten Hüterin apostolischer Tradition festigte; vgl. die viel umstrittene Stelle bei *Irenäus*, adv. haer. III, 3 ₁: „Ad hanc enim ecclesiam (scil. Romanam) propter potentiorem principalitatem (principalitas = Alter) necesse est omnem convenire ecclesiam, hoc est, eos qui sunt undique fideles, in qua semper ab his, qui sunt undique, conservata est quae est ab apostolis traditio." (Irenäus spricht von einer logischen Notwendigkeit: von einem Rechtsprimat der römischen Gemeinde oder gar ihres Bischofs enthält die Stelle nichts). Vgl. § 32.

q δ) Schon frühzeitig fühlten die römischen Bischöfe sich berufen, Einrichtungen der römischen Kirche in den auswärtigen Kirchen durchzusetzen. Dabei war ebenso die Sorge für die kirchliche Einheit wie das hierarchische Selbstgefühl des Bischofs der Welthauptstadt im Spiel. Bereits Viktor versuchte um 190/91 in dem zwischen Rom und Kleinasien entbrennenden Passahstreit mit Schroffheit einen bei den meisten Provinzialkirchen bereits bestehenden Brauch auf Kleinasien auszudehnen. Und ähnlich bemühte sich um 255 Stephanus I. im Ketzertaufstreit, die in Rom und anderwärts bestehende Form der Aufnahme von Ketzern in die katholische Kirche auch in Nordafrika zur Anerkennung zu bringen. Freilich zeigte sich in beiden Fällen, daß die katholische Kirche von einer unbedingten Unterwerfung unter die Meinung des römischen Bischofs noch weit entfernt war: gerade die Hauptträger der katholischen Idee, Irenäus und Cyprian, traten Rom mit Entschiedenheit entgegen, und klare Primatsansprüche waren auch auf römischer Seite damals noch nicht vorhanden.

r Die Verschiedenheit, die den Anlaß zum **Passahstreit** zwischen Rom und den Kleinasiaten (den „Quartodezimanern", § 18 n) gab, war bereits um 155 zwischen *Anicetus von Rom* und dem in Rom weilenden *Polykarpus von Smyrna* schiedlich-friedlich erörtert worden; jeder war bei seinem Brauch geblieben. Aber **c. 190/91** kam es darüber zum Streit. Da aus der Differenz bei dem lebhaften Verkehr zwischen Rom und Kleinasien leicht Schwierigkeiten entstanden, drang *Viktor von Rom* auf Einheitlichkeit der Osterpraxis. Er regte die Erörterung der Frage auf Synoden an. Es ergab sich, daß alle Provinzialkirchen mit Ausnahme der von *Polykrates von Ephesus* geführten kleinasiatischen dieselbe Praxis hatten wie die römische Kirche. Darauf brach Viktor die Kirchengemeinschaft mit den Kleinasiaten ab. Aber er drang nicht durch, er erlitt die **Niederlage**: Sein schroffes Vorgehen fand im Westen wie im Osten starke Mißbilligung, zahlreiche Bischöfe mahnten ihn zum Frieden, so vor allem auch *Irenäus* (Eus., h. e. V, 24 ₁₂₋₁₇). Die Bischöfe wußten nichts von einem päpstlichen Primat.

---

[1] Die Amtszeiten der röm. Bischöfe vor 235 sind sämtlich zweifelhaft.

Auch unter dem römischen Bischof *Kallistos* ist, wie die neuere Forschung gezeigt hat, von Primatsansprüchen noch nicht die Rede. Er arbeitete allerdings an der Steigerung seines **bischöflichen Einflusses**. Der Montanist *Tertullian*, der als solcher den Episkopat ablehnte, verhöhnt ihn daher de pud. 1 als *pontifex maximus* und *episcopus episcoporum* und nennt seinen Erlaß über die Bußdisziplin (§ 19 d) ironisch ein *edictum peremptorium*. Kallistos berief sich für das Recht der Bischöfe (aller!) auf Erteilung der Sündenvergebung auf Mt. 16 $_{18}$f. (*omnis ecclesia Petri propinqua* = jede mit Petrus zusammenhängende, d. h. jede katholische, Bischofsgemeinde hat die dem Petrus vom Herrn verliehene Schlüsselgewalt); mit irgendwelchem **Primatsanspruch des römischen Bischofs** hat das nicht das geringste zu tun.

Im **Ketzertaufstreit**, der **255–257** zwischen Rom und Karthago geführt wurde, vertraten Nordafrika und der Orient die ältere, auch von Tertullian und Klemens von Alexandria geteilte Anschauung, daß die Ketzertaufe ungültig und der zur katholischen Kirche übertretende Ketzer zu **taufen** sei. Dagegen war in Rom [wahrscheinlich seit Kallistos] die Neuerung aufgekommen, Ketzer und Schismatiker, die auf die triadische Formel oder den Namen Jesu getauft waren, durch bloße **Handauflegung** in die Kirche aufzunehmen. Der römische Bischof *Stephanus* stellte an die Afrikaner (*Cyprianus von Karthago*) das Verlangen, sich der römischen Praxis anzuschließen, und hob die Kirchengemeinschaft auf, als eine nordafrikanische Synode von 87 Bischöfen 256 bei der afrikanischen Übung blieb. Auf Cyprians Seite trat *Firmilian von Cäsarea* (Kappadozien), der sich in einem sehr temperamentvollen Schreiben an Cyprian sehr grob über die Römer äußerte (vgl. Cypr., ep. 75). *Dionysius von Alexandria*, der sachlich für die römische Praxis war, aber das Verfahren des Stephanus mißbilligte, bemühte sich um den Frieden. Der Streit ging nicht um den Primat, sondern darum, ob die Verschiedenheit der betr. Praxis wichtig genug sei, um den Abbruch der kirchlichen Beziehungen zu rechtfertigen. Wenn Stephanus behauptete, per successionem die cathedra Petri innezuhaben (Cypr., ep. 75; erste nachweisbare Beziehung von Mt. 16 auf den römischen Bischof!)², so wollte er damit nur begründen, daß er die bessere Tradition habe. Sein Nachfolger *Xystus II.* lenkte sofort ein; Nordafrika behielt die Ketzertaufe bei, Rom war [zunächst] unterlegen (§ 25 f).

3. **KIRCHENBEGRIFF.** Einen charakteristischen Ausdruck fand das Erstarken der bischöflichen Gewalt in dem neuen Kirchenbegriff, den *CYPRIANUS* von Karthago klar entwickelt und klassisch formuliert hat. Danach ist die Kirche die hierarchisch organisierte, äußerlich sichtbare Heilsanstalt. Die Zugehörigkeit zu dieser bischöflich verfaßten Kirche ist die unumgängliche Vorbedingung des Heils; die Kirche ist die eine und alleinseligmachende, die Mutter, durch die die Gläubigen zum Leben geboren werden.

Caecilius Cyprianus, genannt *Thascius*, geb. c. 210/15 (?) in einer reichen, aber nicht vornehmen Familie in Karthago, zuerst Rhetor, c. 246 Christ und Presbyter, 248/49 **Bischof von Karthago**, hielt sich 250–51 während der decischen Verfolgung in der Verborgenheit auf, wurde 257 unter Valerian verbannt und **258** enthauptet. Sein **Briefwechsel** ist eine wichtige Quelle für die Geschichte der decischen Verfolgung, der Anfänge des novatian. Schismas, des Ketzertaufstreits usw. Unter den **Traktaten**: *De lapsis. De ecclesiae catholicae unitate* (Hauptschrift, gegen die römischen und karthag. Schismatiker). *De opera et eleemosynis* (vom Almosen; wichtig für den kathol. Verdienstbegriff).

Cyprianus war schriftstellerisch und theologisch **von Tertullian abhängig**, blieb aber in seiner maßvollen, verständigen Art den rigoristischen Übertreibungen seines „magister" fern; so ist er einer der gelesensten kirchlichen Schriftsteller

---

² Das Papsttum ist **nicht aus** Mt. 16 erwachsen, sondern diese Stelle ist nachträglich zu den Ansprüchen der römischen Bischöfe in Beziehung gesetzt worden, zur Stützung des Primatsanspruchs seit Optatus von Mileve, Hieronymus, Leo d. Gr.

des Abendlandes geworden. Kennzeichnend für seinen Kirchenbegriff sind die beiden bekannten Sätze: „*Salus extra ecclesiam non est*". „*Habere non potest deum patrem, qui ecclesiam non habet matrem*". Die Bischöfe sind die Hüter der kirchlichen Einheit, das Fundament, über dem sich der Bau der Kirche erhebt. Jeder Bischof ist in vollem Sinn Nachfolger des Apostels und Bischofs Petrus, der römische Bischof aber Nachfolger nur auf der römischen cathedra, ohne Vorrechte vor den übrigen, ohne Primat; Petrus ist also der geschichtliche Ausgangspunkt der einen, bischöflich verfaßten Kirche (Mt. 16$_{18}$f.), aber alle Bischöfe stehen einander gleich. Daher hat sich Cyprian im Ketzertaufstreit dem römischen Kollegen energisch widersetzt (§ t). Seine Anschauung von der oligarchischen Leitung der Kirche durch die Bischöfe ist die Urform der im späteren abendländischen Katholizismus zu großer Bedeutung gelangenden Theorie des Episkopalismus, während sich in den gesteigerten Ansprüchen eines Stephanus von Rom die Theorie des Papalismus (Kurialismus) vorbereitete.

§ 21. Die religiöse Lage außerhalb der Kirche.

F Heinemann, Plotin 1921. – Plotins Schriften, übersetzt von R Harder, 5 Bde., 1930–37. – WR Inge, The Philosophy of Plotinus, 2 Bde., 1922. – O Söhngen, Das mystische Erlebnis in Plotins Weltanschauung, 1923. – Av Harnack, Porphyrius gegen die Christen (ABA 1916; weiteres SBA 1921, S. 266–84). – W Theiler, Die Vorbereitung des Neuplatonismus, 1930. – FC Baur, Das manichäische Religionssystem, 1831 (Neudruck 1928). – C Schmidt und J Polotsky, Ein Mani-Fund in Ägypten, SBA 1933. – C Schmidt, Neue Originalquellen des Manichäismus aus Ägypten (ZKG 52, 1933, 1–28). – HJ Polotsky, Abriß des manichäischen Systems, 1934 (auch in Pauly-Wissowa, Realenz., Suppl. VI). – Kephalaia (Gespräche Manis mit seinen Jüngern), ed. C Schmidt, 1936. – Texte zum Manichäismus, ed. A Adam (KlT 175), 1954. – Zur Sonnenverehrung: Frz Altheim, Aus Spätantike und Christentum, 1951. Vgl. zu § 4.

a   Noch war auch die außerchristliche Welt von religiöser Kraft erfüllt. Während die katholische Kirche erstarkte, erwuchs aus den religiösen und philosophischen Strömungen des Hellenismus der Neuplatonismus; im Orient entstand eine neue dualistische Religion von erstaunlicher Anziehungskraft, der Manichäismus; und im Reiche erlebten die orientalischen Kulte, vor allem der Mithraskultus, einen mächtigen Aufschwung.

b   1. Der **Neuplatonismus** ist das letzte, in vieler Hinsicht großartige Produkt des Hellenismus, freilich zugleich ein Zeugnis des Niedergangs der griechisch-römischen Kultur. Die neuplatonische Philosophie hat zu ihrem letzten Objekt das Übervernünftige, ist offenbarungsgläubig und autoritätsbedürftig, sucht das religiöse Erlösungsbedürfnis zu befriedigen und ordnet dem vernünftigen Denken eine in der Ekstase gipfelnde religiöse Mystik über. Mithin hat sich die Philosophie in Religion gewandelt, und zwar in eine Religion mit dem Anspruch auf Universalität und absolute Alleinwahrheit.

c   Der angebliche Stifter des Neuplatonismus, der in Alexandria wirkende *Ammonius Sakkas* († c. 242), hat nichts Schriftliches hinterlassen; infolgedessen ist sein Bild verwischt. Der eigentliche Begründer ist *PLOTINUS* (geb. 205 in Lykopolis in Ägypten; seit 244 in Rom; † 270). Weniger original als Plotinus, aber ein ausgezeichneter Gelehrter von großer Begabung, umfassendem Wissen und kritischem Scharfsinn war *PORPHYRIUS* (geb. 233 in Tyrus; in Rom Schüler des Plotinus; † 304 in Rom; vgl. § e). In der „syrischen Schule" seines Schülers *Jamblichus* († 330) sank die neuplatonische Philosophie zur abenteuerlichsten Systematisierung von Götterglauben, Theurgie und Mantik herab.

Die theoretische Philosophie Plotins enthält eine pantheisierende Metaphysik. Gott, das Urwesen, ist das absolute, schlechthin transzendent, eigenschaftslos, ein „Überseiendes" (ἐπέκεινα τῆς οὐσίας) und ein „Übergutes", nur als ἕν zu definieren. Erzeugnis und Abbild des Urwesens, aber weniger vollkommen, ist der Νοῦς, Erzeugnis des Νοῦς ist die Ψυχή, die Weltseele, deren Teile die übrigen Seelen sind. Aus der Weltseele geht die Materie, die Körperwelt (ὕλη) hervor. Also eine absteigende Reihe von Wesen, die direkt oder indirekt aus dem Urwesen hervorgegangen sind; je ferner sie dem Urwesen stehen, desto geringer der Grad von „Sein", der ihnen zukommt; die Materie, das letzte Glied der Reihe, ist μὴ ὄν.

Die praktische Philosophie lehrt nicht nur die Askese, sondern als Höchstes den Aufstieg der [im Körper wie in einem Kerker schmachtenden] Seele zu Gott durch mystische Kontemplation der Dinge, bis der Mensch in der Ekstase (ἔκστασις, ἅπλωσις, ἁφή) die Berührung mit der Gottheit erlebt und damit selbst θεός wird.

Die im letzten Grunde monotheistische Philosophie der Neuplatoniker gestattete doch durch die Lehre von den Mittelwesen die Einführung des antiken Götterglaubens. Um so ablehnender war die Stellung zum Christentum, das den „Hellenen" als „barbarisch" und als unberechtigte Neuerung erschien (vgl. das Urteil über Origenes § 17 ¹). Plotin hat in Rom mit christlichen Gnostikern disputiert, und Porphyrius richtete mit seinen 15 Büchern „Κατὰ Χριστιανῶν λόγοι" einen so gefährlichen Angriff auf das Christentum, daß die Kirche nach ihrem Siege über das Heidentum die Vernichtung aller Exemplare des Werkes mitsamt seinen christlichen Widerlegungen bei der kaiserlichen Regierung (Theodosius II.) durchsetzte (448). Das Werk ist als Ganzes verloren, aber in umfassenden Bruchstücken erhalten[1]. Es ist „vielleicht die reichste und gründlichste Schrift, die jemals gegen die Christen geschrieben worden ist" (Harnack). (Schonungsloser Nachweis der Widersprüche der Evangelien; Auflösung des Schemas „Weissagung – Erfüllung"; Verwerfung der allegorischen Erklärung des AT; kritischer Nachweis der Abfassung von Dan. unter Antiochus Epiphanes; Kritik an Petrus, an Paulus [ein unwderwärtiger, sophistischer, widerspruchsvoller, verlogener, barbarischer Rhetor!], der unheroischen Haltung Jesu, seiner Predigt vor Armen und Sündern; der Lehren von Weltschöpfung, Weltuntergang, Inkarnation [der Gott als Embryo!], Auferstehung). Doch in manchem kam Porphyrius den christlichen Anschauungen des 3. Jhs. bemerkenswert nahe (sein Brief an seine Gemahlin Marcella).

2. Zu einer zweiten Gefahr für die Kirche, freilich noch nicht im 3., aber im 4. Jh., wurde der jetzt im Osten auftauchende **Manichäismus**[2]. Er ist das Werk des vornehmen Persers *MANI*, der im bewußten Gegensatz zu Christus, Zoroaster und Buddha eine neue Weltreligion stiften wollte, aber nach wechselvollen Geschicken dem heftigen Widerstande der persischen Priesterkaste erlag (vermutlich im Jahre 273 gekreuzigt).

---

[1] Es ist so gut wie sicher, daß die bei *Makarius Magnes* (vermutlich um 410) erhaltenen Auszüge aus einer christenfeindlichen Schrift aus Porphyrius stammen (AvHarnack).

[2] Hauptquelle war früher der Fihrist, ein arabisches Werk des 10. Jhs.; neue wertvolle Quellen wurden im 20. Jh. entdeckt: die Turfan-Fragmente, in persischer (soghdischer) und türkischer Sprache, ferner zwei chinesische Schriften und ein Werk des *Theodor Bar Khoni* (6. oder 7. Jh., vielleicht Auszug aus Manis „Epistula fundamenti"). CSchmidt hat im sw. Fayum eine Anzahl Papyrusbücher aus der Bibliothek eines ägyptischen Manichäers entdeckt (Handschriften der 2. Hälfte des 4. Jhs.), enthaltend Originalwerke Manis und Schriften aus der Frühzeit der manichäischen Bewegung.

g   Die Voraussetzung der neuen Weltreligion war die Errichtung eines neuen vorderasiatischen Weltreichs (Neuperser, Dynastie der Sassaniden seit c. 225). Hier herrschte eine lebhafte synkretistische Bewegung. *Mani* (griech. Manes, Manichaios, geb. c. 216 bei Ktesiphon) kam auf weiten Reisen, die ihn bis Indien und China führten, mit den verschiedensten Religionen des Ostens und mit dem Christentum in Berührung. In der Adresse seiner Briefe nennt er sich: „Manichäus, der Apostel Jesu Christi".

h   Der Grundgedanke des Manichäismus ist ein schroffer Dualismus (Einfluß der Religion Zoroasters): zwei Urelemente, Licht und Finsternis, stehen einander gegenüber. Auf dieser Grundlage erhebt sich eine Spekulation, die nach Art der gnostischen Systeme Entstehung der Welt und Erlösung als einen kosmologischen Prozeß zu verstehen sucht und mit der glühenden Farbenpracht orientalischer Phantasie durchgeführt ist. Der dualistischen Metaphysik entspricht eine schroff asketische Ethik (vor allem völlige Verwerfung des Geschlechtstriebes), die in ihrer fürchterlichen Strenge aber nur von dem kleinen Kreise der „Vollkommenen" (*electi*) beobachtet werden konnte, nicht von dem weiteren Anhängerkreise der *auditores* oder *catechumeni*.

i   Die Manichäer hatten eine hierarchische Organisation und einen ausgebildeten Kultus; das Hauptfest war das Fest des Lehrstuhls ($\beta\tilde\eta\mu\alpha$) im März, zur Erinnerung an Manis Kreuzigung.

k   Die brutale Verfolgung des Manichäismus im persischen Reich vermochte seine starke Verbreitung im Orient nicht zu hindern; erst der Mongolensturm des 13.Jhs. hat ihn völlig vernichtet. In das Römische Reich drang die neue Religion schon in den letzten Jahrzehnten des 3.Jh. vor, im 4.Jh. war sie eine höchst gefährliche Nebenbuhlerin der Kirche (§ 25 c); als der christliche Staat ihr das Existenzrecht entzogen hatte[3], hat sie als innerkirchliches Sektentum noch jahrhundertelang die Kirche beunruhigt.

l   3. Während im neupersischen Reich der Manichäismus entstand, erreichten im Römerreich die vier großen orientalischen Religionen (Magna Mater, Isis und Osiris, die syrischen Baalim, Mithras) den Höhepunkt ihres Einflusses (vgl. § 4 e). Sie waren sämtlich vergeistigte, dem damaligen Christentum in vielem nahestehende Mysterienreligionen geworden, hatten eine Gnosis (Theologie, Kosmologie, Eschatologie) ausgebildet und sich in mannigfacher Annäherung in einer erhabenen, monotheistischen Gottesvorstellung und der Verehrung der Gestirne, besonders der Sonne, zusammengefunden.

m   Am verbreitetsten war im ausgehenden 3. Jh. der **Mithraskultus,** der sich im 3. Jh. mit dem Kaiserkultus verband: nun nahm er in Rom, Mittel- und Oberitalien einen rapiden Aufschwung. Ein wirklich gefährlicher Rivale des Christentums ist indessen der Mithrasdienst auch damals nicht gewesen. Entscheidend war, daß er sich nicht mit dem Hellenismus zu verbinden vermochte, während sich Christentum und Hellenismus sehr rasch gefunden hatten.

---

[3] Die Echtheit des Diokletianischen Ediktes gegen die Manichäer von 296 ist freilich umstritten.

§ 22. Der Entscheidungskampf zwischen Christentum und Römischem Staat.

Lactance, De la mort des persécuteurs, 2 Bde., Paris [1954]. – RLaqueur, Eusebius als Historiker seiner Zeit (AKG 11), 1929. – HvSchönebeck, Beiträge zur Religionspolitik des Maxentius und Constantin, 1939. – Vgl. Lit. zu § 23.

1. Unter *DIOKLETIAN* und seinen nächsten Nachfolgern wurde *a* der Entscheidungskampf zwischen Kirche und Staat ausgefochten. Noch einmal kam es zu einer großen Verfolgung, die durch die Grausamkeit ihres Verfahrens und durch ihre Dauer alle früheren übertraf und namentlich im Osten eine schwere Leidenszeit über die Gemeinden heraufführte. Freilich auch diesmal erreichte die Verfolgung nicht ihren Zweck. Ihr Verlauf wurde schließlich durch die politischen Kämpfe bestimmt, die um das Kaisertum entbrannten; in diesen Wirren fand das Christentum Anerkennung.

Diokletian, der nach dem Vorbilde des neupersischen Reichs die Reichsgewalt *b* zentralistisch im Kaiser vereinigte, war in seiner sehr erfolgreichen Politik von dem Gedanken der Wiederherstellung der politischen Einheit des Reichs und möglichster Zusammenfassung seiner Kräfte geleitet. Die Logik dieser Politik forderte eine Christenverfolgung: es galt, der zersetzenden Elemente Herr zu werden. Wahrscheinlich drängte vor allem die große Zahl der Christen im Heer zu einer gewaltsamen Lösung der religiösen Frage. Diokletian selbst hat lange gezaudert, zur Verfolgung zu schreiten; schließlich hat eine christenfeindliche Partei am Hofe den alternden Kaiser vorwärts gedrängt. 298 (oder später) erging zunächst ein Opferbefehl an das Heer und die kaiserlichen Palastbeamten. Der hauptsächliche Urheber der Verfolgung war *Hierokles*, Statthalter von Bithynien, der von seinem neuplatonischen Standpunkt aus die Christen auch literarisch bekämpfte. Die eigentliche Verfolgung begann **303** mit der Zerstörung der Kirche zu **Nikomedien** (seit 284 kaiserliche Residenz) und mehreren **Edikten**. Diese geboten Zerstörung der Kirchen, Vernichtung der hl. Schriften, Verlust von allerlei Rechten sowohl für Vornehme wie für Sklaven, Einschreiten gegen die Kleriker, schließlich Zwang zu Opfer und Libation (Trankopfer) für alle Christen. Die Zahl der **Märtyrer** war groß, aber auch die Zahl der „lapsi", besonders der „traditores" (die die hl. Schriften auslieferten). Doch erwies sich die volle Durchführung der Edikte als unmöglich. Im Abendland fand die Verfolgung schon 305 größtenteils ihr Ende; im Morgenland freilich erreichte sie 305–311 unter Galerius und Maximinus erst ihre Höhe[1].

---

[1] **Übersicht über die politischen Ereignisse.**
284–305 DIOKLETIAN.
285 Diokletian ernennt MAXIMIANUS HERCULIUS zum Caesar, 286 zum Augustus der westlichen Reichshälfte.
293 *Galerius* und *Konstantius Chlorus* werden zu Caesaren ernannt (also Teilung der Reichsgewalt unter 2 Augusti und 2 Caesaren).
305 vertragsmäßige Abdankung des Diokletian und des Maximianus Herculius, KONSTANTIUS CHLORUS und GALERIUS rücken zu Augusti auf; letzterer ernennt *Severus* († 307) und *Maximinus Daza (Daja)* zu Caesaren.
306 unerwarteter Tod des Konstantius Chlorus. Beginn der Reichswirren. Im Norden erhebt sich sein Sohn *Konstantin*, der die Anerkennung des Galerius findet, in Italien *Maxentius*, der als Usurpator betrachtet wurde.
307 sind Regenten (sämtlich Augusti!): Galerius, Maximinus Daza († 313), Konstantin, Licinius (Nachfolger des Severus), Maximianus, Maxentius.
311 Tod des Galerius.
312 KONSTANTIN besiegt den Maxentius und verständigt sich 313 mit LICINIUS; dieser erhält die [seit 314 stark verkleinerte] östliche Reichshälfte.
324 Konstantin d. Gr. Alleinherrscher.

c   2. Ein bedeutsamer Umschwung erfolgte **311**. Kaiser *GALERIUS*, ein eifriger Christenfeind, aber jetzt über das Vergebliche seines Vernichtungskrieges gegen die Christen im klaren, erließ kurz vor seinem Tode [zugleich im Namen des Konstantin und des Licinius?] ein Edikt, in dem er den Christen Toleranz gewährte, sofern sie nichts „contra disciplinam" unternähmen. Damit war das Christentum „religio licita", freilich mit sehr unsicherer Rechtsgrundlage. Nach dem Tode des Galerius kehrte Maximinus Daza im Osten Herbst 311 noch einmal zur Verfolgung zurück, aber der Gang der politischen Ereignisse im Westen entschied **312** das Übergewicht *KONSTANTINUS'* und damit den Sieg des Christentums.

d   Im Kampf um die Herrschaft über das Abendland verlor der Usurpator *Maxentius* am 28. Oktober **312** am Pons Milvius bei Rom gegen Konstantin Schlacht und Leben. Konstantin schrieb den Sieg der Hilfe des Christengottes zu. Er verständigte sich mit Licinius, der den Osten erhielt, während Konstantin den Westen übernahm. Maximinus Daza wurde im April 313 bei Adrianopel von Licinius besiegt und starb bald darauf. Auf Grund der Abmachungen, die Licinius und Konstantin in Mailand getroffen hatten, erließ *Licinius*, zugleich im Namen Konstantins, für den Osten **313** eine **Konstitution** (Lactantius, de mort. pers. 48; Eus., h. e. X, 5), die über das Edikt des Galerius noch hinausging (uneingeschränkte Religionsfreiheit). Es war die entscheidende Wendung von der Verfolgung zur Duldung des Christentums. Ungenau wurde dieser Erlaß früher als „Mailänder Konstitution", noch verkehrter als „Mailänder Edikt" bezeichnet.

Zweite Periode.

Die römische Reichskirche.

(Das Christentum unter den christlichen römischen Kaisern von Konstantin bis zur Auflösung des Gesamtreichs, c. 500).

I. Die Zeit der Entstehung der römischen Reichskirche, von Konstantin bis auf Theodosius d. Gr., 313–395.

Vorblick auf §§ 23—30.

Das Zeitalter Konstantins d. Gr. bezeichnet nicht nur den wichtigsten Periodeneinschnitt innerhalb der spätantiken Kirchengeschichte, sondern einen der entscheidungsvollsten, bis in die Gegenwart nachwirkenden Wendepunkte der Geschichte des Christentums überhaupt. Auf die letzte große Christenverfolgung, die von Diokletian und seinen Nachfolgern unternommen worden war (§ 22), folgte in schroffem Wechsel der Sieg des Christentums. Nachdem der reaktionäre Versuch, die Christenfrage durch Ausrottung des Christentums zu lösen, gescheitert war, blieb nur der andere Weg übrig, das Christentum von Staats wegen anzuerkennen, zum mindesten zu dulden. Diese Wendung der kaiserlichen Religionspolitik erfolgte 313 durch Konstantin und Licinius. Doch die Dinge entfalteten bald die ihnen innewohnende Logik. Anders als die polytheistischen Kulte vermochte das Christentum andere Religionen neben sich nicht zu dulden; es war notwendig unduldsam. So trieb die Entwicklung sehr rasch über die Lage von 313 hinaus: aus einer religio licita wurde das Christentum bald die vom Staat immer lebhafter begünstigte, endlich – nach zeitweiligem Stillstand und selbst Rückschlag (unter Julian) – die alleinberechtigte Religion (unter Theodosius d. Gr.). Die Aufrichtung der Staatskirche bedeutete die Unterdrückung der heidnischen Kulte im römischen Reich.

Die Rückwirkung dieser Vorgänge auf die innere Entwicklung der Kirche war außerordentlich. Nicht unverwundet errang die Kirche den Sieg. Indem sie vom Staat, mit dem sie eben noch in ein Ringen auf Leben und Tod verstrickt war, die Anerkennung erlangte, nahm sie die antike Herrscherverehrung und, was noch folgenreicher war, die kaiserliche Herrschaft über die Kirche mit in Kauf. Das kaiserliche Regiment war auf innere Einheit der Kirche bedacht; das traf die Häresien wie die Schismen (z. B. den Donatismus). Vor allem die Entwicklung des Dogmas war fortan, wie zuerst in dem wechselvollen arianischen Streit hervortrat, dem Einfluß der politischen Machthaber unterworfen. Auch Verfassung, Frömmigkeit, Sitte und Kultus wurden von der tiefgreifenden Wandlung der Dinge mittelbar oder unmittelbar, in höherem oder niederem Grade, berührt. Nachdem das Christentum vom Druck seiner heidnischen Gegner befreit war, konnte sich das aus dem alten, rigoristischen, weltabgewandten Christentum stammende Mönchtum überraschend schnell ausbreiten. Die schon seit den Anfängen der christlichen Religionsgeschichte zu beobachtende Verschmelzung des Christentums mit antiker Kultur und Religion erfuhr eine weitere Steigerung. Kulturgeschichtlich gesehen, erhob sich nun eine Gestaltung der Dinge, die man als christianisierte Antike bezeichnen kann. Sie setzte sich in den folgenden Jahrhunderten als byzantinische Kultur fort.

§ 23. Die Religionspolitik der römischen Kaiser von Konstantin bis auf Theodosius I.

§§ 23–34. *LDuchesne, Histoire ancienne de l'église, II 1907, III 1910. – HLietzmann, Geschichte der Alten Kirche III, 1938; IV, 1944. – GOstrogorsky, Geschichte des byzantinischen Staats, ²1952. – FrzDölger und AMSchneider, Byzanz (Forschungsbericht 1938–50), Bern 1952.

§ 23. OSeeck, Geschichte des Untergangs der antiken Welt, 6 Bde., 1897–1920. – JGeffcken, Der Ausgang des griechisch-römischen Heidentums, 1920. – Jak Burckhardt, Die Zeit Konstantins d. Gr., ¹1853. – *FJDölger [u. a.], Konstantin d. Gr. und seine Zeit, 1913. – *HSchrörs, Konstantins d. Gr. Kreuzerscheinung, 1913. – EdSchwartz, Kaiser Konstantin und die christliche Kirche, 1913, ²1936. – KHönn, Konstantin d. Gr., 1939. – Zur neueren Problematik der Geschichte Konstantins: JVogt, ZKG LXI, 1942, 171–190. – JVogt, Konstantin d. Gr. und sein Jh., 1949. – HDörries, Das Selbstzeugnis Kaiser Konstantins, 1954. – Heinz Kraft, Kaiser Konstantins religiöse Entwicklung, 1955. – L Voelkl, Der Kaiser Konstantin [1957]. – Juliani Epistulae, Leges, Poemata, ed.

JBidez et FCumont, 1922. – JGeffcken, Kaiser Julianus (= Das Erbe der Alten 8), 1914. – JBidez, Julian der Abtrünnige, deutsch von HRinn, ⁵1947. – JVogt, Kaiser Julian und das Judentum, 1939. – WEnsslin, Die Religionspolitik Theodosius d. Gr. (SMA 1953, 2). – *ChrLacombrade, Synésios de Cyrène, Paris 1951. – KTreu, Synesios von Kyrene, 1958 (TU 71).

a 1. KONSTANTIN. Grundlegend für das neue Verhältnis von Kirche und Staat wurde die Religions- und Kirchenpolitik Kaiser **KONSTANTINS D. GR.** (306–337). Er hat die Politik in die Bahn gelenkt, die zum Staatskirchentum führte, wenn er auch selbst auf dieser Bahn nicht bis zu Ende gegangen ist. Konstantin hat seit 312 und 313, besonders seit der Überwindung des Licinius 324, die katholische Kirche in steigendem Maße begünstigt, sich selbst seit 325 immer entschiedener als Christen gegeben und seine Söhne christlich erziehen lassen, daneben freilich überaus klug das Heidentum noch in weitem Umfang geduldet: beide Parteien sollten ihm verpflichtet sein.

b Die in den gewaltigen Umbruch der Zeiten hineingestellte Gestalt Konstantins ist schwer zu fassen. Lebhaft umstritten ist besonders die Frage nach den persönlichen Motiven seiner Religionspolitik (Jak. Burckhardt: Konstantin ausschließlich Politiker, religiös ein Heuchler; OSeeck: Konstantin handelt aus religiösen Motiven; EdSchwartz: Konstantin behandelt die Religion rein als Mittel zur Befriedigung seines politischen Ehrgeizes, Heuchler jedoch war er nicht; FCBaur [s. § 2 n]: der Umschwung mußte sich aus dem allgemeinen Zusammenhang ergeben, die persönliche Stellung Konstantins war nebensächlich). Man wird formulieren können: 1. Konstantin war in erster Linie Staatsmann. 2. Er machte die Kirche seinem Machtstreben dienstbar. 3. Dies Machtstreben rann mit seinem religiösen Glauben in eins. 4. Er war von der Wirkungskraft des [ganz superstitiös aufgefaßten] Kreuzeszeichens überzeugt.

c Konstantin, als Sohn des *Konstantius Chlorus* (§ 22 b[1]) und der aus niederen Verhältnissen stammenden *Helena* in Naissus (Nisch) geboren, wurde nach dem Tode des Konstantius Chlorus (306 in York) von den Truppen zum Augustus ausgerufen und befestigte rasch seine Stellung im Abendlande. Es scheint, daß Konstantin in diesen Jahren des gallischen Aufenthalts Verehrer des väterlichen Schutzgottes, des mit dem Sol invictus verschmolzenen Apollo war (308 Opfer im Apollotempel zu Autun).

d Entscheidend für seine religiöse Stellung und seine Religionspolitik wurde sein **Zug gegen Rom 312.** Um die abergläubische Scheu seiner Soldaten vor dem Angriff auf Rom zu heben, ließ Konstantin[1] die Soldaten vor der Schlacht das Kreuzeszeichen auf ihre Schilde malen (nicht als bleibendes Schildzeichen!). Am 28. Okt. 312 kam es zur Schlacht an der Milvischen Brücke (Pons Milvius oder Mulvius, Ponte molle, bei Rom), genauer bei Saxa rubra; der „Tyrann" *Maxentius*, der Beherrscher Roms, wurde geschlagen und ertrank im Tiber[2]. Konstantin schrieb den Sieg der Hilfe des Christengottes zu. Vermutlich trug bereits die nach

---

[1] Nach der Legende bei Eus., Vita Constantini I 28 (um 325) auf Grund der bekannten Kreuzesvision (Konstantin und sein ganzes Heer [!] schauen am Spätnachmittag am Himmel ein leuchtendes Kreuz, darüber die Worte τούτῳ νίκα = in diesem Zeichen siege!), sowie auf Grund eines die Vision deutenden Traumes, – nach Lactantius, De morte persecutorum 44 (318/321) auf Grund eines Traumes, den Konstantin hatte; Eus., h. e. IX 9 (um 315) sagt noch nichts von der Vision oder dem Traum, sondern weiß nur zu berichten, daß Konstantin Gott und Christus um Beistand angerufen habe.

[2] Der Sieg Konstantins und das Aufhören der Verfolgung nach jahrelangen Ängsten wurde von den Christen als Wunder empfunden (vgl. Eus., h. e. IX 9); ein Lieblingsmotiv der christlichen Reliefplastik des 4. Jhs. wurde die Errettung der Israeliten (= der Christen) vor Pharao (= Maxentius!) am Roten Meere. Der geschichtliche Maxentius war Heide, aber kein Christenverfolger.

Die Religionspolitik von Konstantin bis auf Theodosius I.   § 23

dem Siege auf dem Forum errichtete Statue des Kaisers als Attribut das Kreuzeszeichen. Später (seit wann?) führte Konstantin in seinem Feldlager eine prunkvoll ausgeführte Standarte (das *labarum*) mit dem Monogramm Christi (⳩) mit sich, und jede Heeresabteilung eine Nachbildung.

Sofort nach dem Siege begann Konstantin eine Politik der Begünstigung *e* der katholischen Kirche (nicht der christlichen Sekten!). Bereits 312 suchte er den kirchlichen Frieden in Nordafrika (Streit mit den Donatisten, § 25 f) herzustellen, berief er den Bischof *Hosius von Corduba* in seine Umgebung, suchte er den Maximinus Daza zur Einstellung der Verfolgung zu bestimmen. 312/313 wurden die katholischen Kleriker von den Personallasten befreit (wie die heidnischen Kultusbeamten u. a.). 315 wurde die den Christen sehr anstößige Kreuzigungsstrafe abgeschafft, 321 der Kirche die Befugnis zur Annahme von Vermächtnissen erteilt, 321 die Feier des Sonntags gesetzlich angeordnet (d. h. als feria = gerichtlicher Sonntagsfriede; vielleicht aber wurde der Tag bereits als tabû angesehen), usw.

Im Bunde mit *Licinius*, mit dem Konstantin sich verständigt und der den *f* Osten erhalten hatte, erließ Konstantin im Frühjahr **313** nach Besprechungen in Mailand eine **Konstitution** (früher ungenau als „Mailänder Edikt" bezeichnet, uns bekannt aus der Konstitution des Licinius für den Osten, vgl. Lact., de mort. pers. 48; Eus., h. e. X, 5), die über das Edikt des Galerius von 311 (§ 22 c) noch hinausging, indem es den Christen und allen andern freistellt, die Religion zu bekennen, die sie wollen, um die Gottheit, was immer sie sein mag, günstig zu stimmen (also uneingeschränkte Religionsfreiheit!).

Maximinus Daza wurde im Apr. 313 von Licinius bei Adrianopel besiegt und *g* starb bald darauf. Das Reich gehörte Konstantin und Licinius. Zwischen ihnen kam es aber schon 314 zum Bruch. Licinius wurde besiegt und 315 ganz auf den Osten beschränkt. Unter dem Druck des mächtigen Nebenbuhlers wandte er seine Gunst mehr und mehr dem Heidentum zu. Die Niederlagen des Licinius (**324**) und seine Ermordung (325) entschieden die **Alleinherrschaft Konstantins und den Sieg des Christentums im römischen Reiche**. Nun empfahlen kaiserliche Erlasse dem Orient die Annahme des Christentums, doch auf der Grundlage der Toleranz der übrigen Kulte. Prachtvolle Kirchenbauten auf Kosten des Kaisers, namentlich im Osten, taten den Umschwung der Lage kund (rege Anteilnahme seiner Mutter *Helena*). Mit dem Verbot der Gladiatorenkämpfe als Verbrecherstrafe 325 setzte Konstantin seine christenfreundliche Gesetzgebung fort.

Doch auf Münzen und Denkmälern traten heidnische Embleme und In- *h* schriften nur allmählich zurück; den Titel *pontifex maximus* behielt Konstantin bei, ebenso seine Nachfolger bis auf Gratian; in der neuen Hauptstadt Byzanz („Konstantinopel", eingeweiht 330, ständige Residenz der Kaiser seit 380) wurden auch heidnische Tempel errichtet. Anderseits verbot er bereits 319 bzw. 321 die private Haruspizin (Opferschau) und das Hausopfer; später verfügte er die Beseitigung einiger unsittlicher Kulte, die Zerstörung und Konfiskation von Tempeln, die Einschränkung der Staatsopfer. Aus den in diese Zeit fallenden, bei der Dürftigkeit der Quellen wenig durchsichtigen Todesurteilen Konstantins gegen eine Reihe seiner eigenen Verwandten (wegen Hochverrats) darf man nicht folgern, der Kaiser wäre ein religiöser Heuchler gewesen. Kurz vor seinem Tode (auf seinem Schlosse Ankyron bei Nikomedien 337) empfing er durch Eusebius von Nikomedien die Taufe.

Gründe für den Sieg der Kirche: *i*

1. Das **Universalreich** drängte zu einer **Universalreligion**; zu einer solchen bot aber das Heidentum nur schwache und ungenügende Ansätze (vgl. § 16 b Elagabal, § 16 f Aurelian).

2. Die wirtschaftliche **Verelendung** der Massen verstärkte, je unerträglicher das Leben der Völker wurde (das entsetzliche 3. Jh.!), das Verlangen nach einem seligen Leben im Jenseits; in der kathol. Kirche fanden die schwer bedrückten unteren Schichten Anerkennung ihrer Person und ihres Wertes, soziale Hilfe und Hoffnung auf individuelle Unsterblichkeit.

3. In der Kaiserzeit vollzog sich ein Wandel vom **Primat des Wissens** zum **Primat des Glaubens**. Die Philosophie wurde autoritäts-, offenbarungs- und wundergläubig, schließlich ekstatisch (§ 21 b). Alledem kam das Christentum entgegen.

4. Rein als **Religion** betrachtet war der Katholizismus von c. 300 den heidnischen Religionen und Kulten weit überlegen. In Betracht kommen hier:

α) der **Monotheismus**, der aus dem Wust der überlebten Götterkulte und -Mythen herausführte und ihnen gegenüber als **Aufklärung** empfunden wurde;

β) der Eindruck der **Märtyrer**;

γ) die Bezwingung der **Dämonen** (vgl. § 6 e; bei der ungeheuren Angst der spätantiken Welt vor diesen Gewalten von großer Bedeutung!);

δ) die Überlegenheit des **Christusglaubens** über die antiken Mythen, überhaupt der Besitz einer Himmel und Erde, Anfang und Ende aller Dinge umspannenden, das ewige Heil des einzelnen in sich schließenden **Heilsgeschichte** und der Besitz eines heiligen **Buchs** voll abgrundtiefer Geheimnisse;

ε) die durch die **Inkarnation** und die **Sakramente** gewährleistete sichere Verbindung mit dem Jenseits;

ζ) die den ganzen Menschen beanspruchende, Selbstzucht und Hingabe fordernde **Sittlichkeit** und der Besitz staunenerregender **Asketen**;

η) die einheitliche, geschlossene **Organisation**;

ϑ) die **Aufsaugung** zahlreicher Bestandteile der spätantiken Religion, die den Menschen jener Tage wertvoll waren, durch den Katholizismus.

k   **2. DIE SÖHNE KONSTANTINS.**

337–340 *KONSTANTIN II.* Gallien, Britannien, Spanien. Er fällt 340 im Kriege gegen Konstans.	337–350 *KONSTANS.* Italien, Illyrien, Afrika, seit 340 das ganze Abendland.	337–361 *KONSTANTIUS.* Orient; seit 350 (bzw. seit der Überwindung des Usurpators Magnentius 353) Alleinherrscher.

l   Unter den Söhnen Konstantins d. Gr., von denen Konstantius der bedeutendste war, gewann die kaiserliche Religions- und Kirchenpolitik einen despotisch-fanatischen Zug. Das Staatskirchentum trat bereits deutlich in Sicht, aber noch erhoben sich die stärksten Widerstände dagegen. In ihrer Religionspolitik gegenüber dem **Heidentum** verließen die Söhne Konstantins den Boden der Toleranz und schritten zur **Verfolgung der heidnischen Kulte** fort. Nun begann der Tempelsturm, der den wildesten Fanatismus des christlichen Pöbels entfesselte.

m   341 bedrohte Konstantius Aberglauben und Opfer mit Todesstrafe. 346 geboten Konstantius und Konstans Einstellung der Opfer und Schließung der Tempel. 356 untersagte Konstantius von neuem bei Todesstrafe die Opfer. Wie rasch die Kirche vergessen hatte, daß sie noch vor kurzem selbst die Verfolgte gewesen war, zeigt die Hetzschrift, die *Julius Firmicus Maternus* 346 an die Kaiser richtete („De errore profanarum religionum").

n   **3. JULIAN.** Da wurde die Entwicklung, die dem christlichen Staatskirchentum zustrebte, noch einmal unterbrochen. Unter *JULIAN* (361–363) erfolgte eine **heidnische Reaktion.** Als begeisterter Anhänger des Hellenismus versuchte er eine Restauration und Reform des Heidentums und die Errichtung einer neuplatonischen Staatskirche nach christlichem Vorbild. Heidentum und Judentum wurden ostentativ begünstigt, die Christen nicht verfolgt, aber geflissentlich, oft in kleinlicher Weise, benachteiligt.

Julian scheint erst allmählich ein Gegner des Christentums geworden zu sein. *o*
Sein Vetter Konstantius ließ ihn streng kirchlich erziehen; aber düstere Jugendeindrücke (Ermordung seines Vaters und seines älteren Bruders durch den „Christen" Konstantius) und der Einfluß seiner für den Hellenismus begeisterten Lehrer machten ihn innerlich zum entschlossenen Gegner des Christentums (geheime Einweihung in die eleusinischen Mysterien). Doch gab er sich bis zu seinem Aufruhr gegen Konstantius kurz vor dessen Tode (361) nach außen als Christ.

Zur Alleinherrschaft gelangt, verfügte er die Entfernung der Christen vom Hof *p* und aus dem Staatsdienst, der christlichen Embleme im Heer, die Aufhebung der Privilegien des Klerus, die Wiederherstellung der zerstörten Tempel auf Kosten der Zerstörer, vor allem den Ausschluß der Christen von der literarischen Bildung durch das **Schulgesetz** von 362. Auch literarisch hat Julian die Christen bekämpft (*Κατὰ Γαλιλαίων λόγοι*, verloren, aber teilweise rekonstruierbar). Anderseits begünstigte er betont die Juden. Schon im 3. Jh. hatte sich der Hellenismus (Porphyrius) den Juden genähert. Julian hielt ihre Kulturleistung für gering, aber höher als die der Christen. Da er den Aufschwung des Staates von der Wiederbelebung der Kulte abhängig glaubte, und um die Weissagung Jesu vom Untergang des jüdischen Tempels zu widerlegen, gab er den Juden die Erlaubnis zum Wiederaufbau des Tempels. Die Arbeiten wurden begonnen, aber durch ein „Wunder" unterbrochen (Erdbeben und „Erdfeuer" = Erdgase?).

Eine große Erregung bemächtigte sich der Christen wie der Heiden; in Ägyp- *q* ten, Phönizien, Kleinasien kam es zu blutigen Zusammenstößen. Als der von Julian erhoffte Erfolg seiner Politik ausblieb, soll der Kaiser eine Christenverfolgung im alten Stil geplant haben. Sein Tod im Perserfeldzug 363 vernichtete sein Werk (legendarisch sein letztes Wort: „*Tandem vicisti, Galilaee!*)". Die Kirche hat dem „Apostata" mit starkem Hasse vergolten (*Gregor von Nazianz*, Reden gegen Julian, nach dessen Tode!); das Gerücht, Julian sei durch Meuchelmord von der Hand eines Christen gestorben, fand bereitwilligen Glauben. Doch bereits Augustin (de civ. Dei V 21) vermochte ruhiger über den Kaiser zu urteilen.

4. DIE ERRICHTUNG DER STAATSKIRCHE. *r*

Westen.	Osten.
	363–364 *Jovianus* (Alleinherrscher).
364–375 *Valentinianus I.*	364–378 *Valens.*
{ 375–383 *Gratianus.*	
{ 375–392 *Valentinianus II.*	**379–395 THEODOSIUS D. GR.**
[392–394 der Usurpator *Eugenius.*]	
	394–395 *Theodosius d. Gr.* Alleinherrscher.

Julians Nachfolger lenkten zu einer christenfreundlichen Religions- *s* politik zurück. Jovianus und die beiden Brüder Valentinianus I. und Valens gaben der Kirche sofort ihre privilegierte Stellung wieder, griffen dagegen durch kein Staatsgesetz den Bestand des Heidentums an. Aber die nächsten Kaiser, *THEODOSIUS D. GR.* und *GRATIANUS*, machten seit 380 der Religionsfreiheit ein Ende, erhoben die katholische Kirche zur alleinberechtigten Staatskirche und begannen von neuem den Kampf gegen die heidnische Religion, unter lebhafter Anteilnahme der christlichen Bevölkerungsschichten. Gleichzeitig gelang es Theodosius, den arianischen Streit zu beenden (§ 24 x y). Künftig mußte jeder Römer Christ, und zwar orthodoxer Christ sein; Heidentum und Häresie waren zu Staatsverbrechen geworden.

Das **Religionsedikt** vom 28. Februar **380** (vgl. § 26 d α!) forderte von allen rö- *t* mischen Untertanen die Annahme der von dem Apostel Petrus den Römern überlieferten, von dem Pontifex Damasus (§ 32 g) und Bischof Petrus II. von Alexandria vertretenen Religion, nämlich des Glaubens an die eine Gottheit des Vaters, des Sohnes und des hl. Geistes. **381** verbot Theodosius das Haruspicium und den Übertritt zum Heidentum. 382 legte Gratianus, wenn der heidnische Historiker Zosimus recht hat, die Würde des pontifex maximus nieder (seit dem 5. Jh. nahm der römische Bischof diesen Titel für sich in Anspruch!). Dann wurde der Altar der Victoria adveniens aus dem Sitzungssaale des Senates entfernt, das Tempelgut konfisziert, die Aufhebung der Privilegien der Priester und Vestalinnen verfügt. Die heftige Opposition des Senates gegen die Entfernung des Altars der Victoria adveniens war vergeblich; 389 schwur der römische Senat feierlich den alten Glauben ab. 386 wurde der praefectus praetorio des Orients beauftragt, nach Ermessen die Tempel zu schließen. Seit 392 galt das blutige Opfer als crimen maiestatis. Die Nachfolger Theodosius d. Gr. setzten diese Gesetzgebung fort.

u Seitdem verschwand das Heidentum rasch aus dem öffentlichen Leben; 394 wurden zum letzten Male die olympischen Spiele gefeiert. Die Bischöfe, die Mönche und der christliche Pöbel führten nun, besonders im Orient, den Tempelsturm im großen Stil durch, oft unter blutigen Zusammenstößen mit den heidnischen Schichten der Bevölkerung. Im Osten taten sich *Theophilus von Alexandria* (389 Zerstörung des berühmten Sarapeion in Alexandria), *Johannes Chrysostomus* u. a., im Westen *Martin von Tours* als Tempelstürmer hervor. Der Protest des *Libanius* gegen die Vernichtung unermeßlicher Kunstschätze („Περὶ ἱερῶν", 388) blieb ohne Wirkung.

v Trotzdem war das Heidentum nicht mit einem Schlage beseitigt; der sich durch Jahrhunderte hinziehende Prozeß des Absterbens der antiken Religion nahm zwar seit 380 ein beschleunigtes Tempo an, doch dauerte es noch mehrere Generationen, bis die Mittelmeerländer wirklich christianisiert waren. Am längsten hielt sich das Heidentum **auf dem Lande** und unter den philosophisch Gebildeten der Großstädte. In **Rom** fanden sich in den senatorischen Familien noch längere Zeit Anhänger der alten nationalen Religion; gelegentlich der Eroberung Roms durch Alarich 410 kam es zu einem letzten, rasch vorübergehenden heidnischen Rückschlag im römischen Senat. Und erst Gelasius I. (§ 32 n) hat in Rom die Feiern der Luperkalien unterbunden. In **Alexandria** war die edle Philosophin *Hypatia* der Mittelpunkt eines Kreises philosophisch gebildeter Heiden. Zu diesem Kreise gehörte auch *Synesius von Kyrene,* der (411 ?, vielleicht vor seiner Taufe) zum Bischof von Ptolemais in Kyrene gewählt wurde, aber vor Amtsantritt erklärte, daß er das Christentum nur exoterisch zu vertreten gedenke. Hypatia selbst wurde 415/6 ein Opfer des christlichen Pöbels, der sie in entsetzlicher Weise umbrachte. Reste des antiken Heidentums erhielten sich bis ins 6. und 7., ja bis ins 9. Jh., s. § 36 g, 38 m, 46 c.

w Daraus, daß sich das Heidentum am zähesten unter der Landbevölkerung behauptete, erklärte man früher die bei den Christen übliche Bezeichnung der Heiden als *pagani* („Dörfler", von pagus). Da aber der Ausdruck bereits um 365/370 nachweisbar ist, wo das Heidentum noch durchaus nicht bloß Bauernreligion war, wird „paganus" nicht den „Dörfler", sondern den „Zivilisten" im Gegensatz zu dem „Soldaten Christi" bedeuten.

§ 24. Die Kämpfe um das Dogma unter dem Einfluß der Staatsgewalt. Der arianische Streit.

GKrüger, Das Dogma von der Dreieinigkeit und Gottmenschheit, 1905. – HMGwatkin, Studies of Arianism, ²1900. – FLoofs, Arianismus (RE³II, S.6 bis 45). – ESchwartz, Kaiser Konstantin, ²1936. – ESeeberg, Die Synode von Antiochia 324/25 (NStGThK 16), 1913. – AEBurn, The council of Nicaea, 1925. – HKraft, $OMOOY\Sigma IO\Sigma$, ZKG 1954–55, S. 1–24. – WSchneemelcher, Sardika 342 (EvTh, Sonderheft 1952). – Eusebius: HBerkhof, Die Theologie des Eusebius von Cäsarea, 1939. – Lucian: GBardy, Recherches sur Saint Lucien d'Antioche et son école, 1936. – Athanasius: MSG 25–28; Werke, her. von HG Opitz, 1934ff. – EdSchwartz, Zur Geschichte des Athanasius, = Ges. Schriften III, 1959. – Lexicon Athanasianum, ed. *Guido Müller, S. J., 1944–52. – HGOpitz, Untersuchungen zur Überlieferungsgeschichte des Athanasius (AKG 23), 1935. – FLoofs, RE³ II, S. 194–205; ESchwartz, NGG 1904, 1905, 1908, 1911; *GBar-

DY, ²1914; *EWEIGL, Untersuchungen zur Christologie des hl. Athan. (FLDG XII, 4; 1914). – WSCHNEEMELCHER, Athanasius als Theologe und als Kirchenpolitiker (ZnW 1950–51). – *DECLERCQ, Ossius of Cordova, Washington 1954. – Marcellus: CHGRETTBERG, Marcelliana, 1794; THZAHN, 1867; FLOOFS SBA 1902, S. 764ff.; WGERICKE, Marcell von Ancyra, der Logoschristologe und Biblizist, 1940. – Eusebius von Emesa: Arbeiten von EMBUYTAERT, 1953 bis 57, s. ThLZ 1955, 680. – Basilius: MSG 29–32; KGRONAU, Das Theodizeeproblem, 1923; HDÖRRIES, De spiritu sancto, der Beitrag des Basilius zum Abschluß des trinitarischen Dogmas (AGG 1956). – Gregor. Naz.: MSG 35–38; *JPLAGNIEUX, Saint Grégoire de Nazianze Théologien, Paris [1952]. – Gregor. Nyss.: MSG 44–46; opera, ed. VJaeger, II 1921–22; Opera ascetica, ed. WJäger, Leiden 1952; WJÄGER, Gregory of Nyssa and Macarius, Leiden 1954; dazu HDÖRRIES, ThLZ 1954, 643–56; *JDANIÉLOU, Platonisme et Théologie mystique, essai sur la doctrine spirituelle de Saint Grégoire de Nysse, ²Paris 1954. – WVÖLKER, Gregor von Nyssa als Mystiker, 1955. – Apollinaris: HLIETZMANN, Apollinaris von Laodicea und seine Schule I, 1904. – Ambrosius: HVCAMPENHAUSEN, Ambrosius von Mailand als Kirchenpolitiker (AKG 12), 1929.

Die kirchliche Einheit, die der römische Staat seit Konstantin *a* erstrebte, wurde durch die tiefen dogmatischen Gegensätze in Frage gestellt, welche die Großkirche in sich barg. Als um das noch ungelöste christologische Problem der arianische Streit entbrannte, griff Konstantin alsbald ein und suchte die dogmatische Frage durch staatliches Machtgebot zu entscheiden. Seitdem trugen die dogmatischen Kämpfe einen wesentlich andern Charakter als früher; sie wurden zu Angelegenheiten der breiten Öffentlichkeit, die die leidenschaftliche Parteinahme aller Bevölkerungsschichten erregten, auch der Heiden und Juden, der Mönche und des Pöbels. Und in das Ringen der religiösen und intellektuellen Kräfte griff immer wieder die brutale Gewalt des Staats: das gab diesen Kämpfen eine vordem unbekannte Schärfe und stiftete unsägliche Verbitterung, verhalf aber schließlich der Kirche zu einem einheitlichen Dogma.

Der **arianische Streit (318–381)** spielte vorwiegend im Osten, *b* doch unter folgenreicher Anteilnahme des Abendlandes. Gegenstand des Streites war das Problem der Gottheit Christi, näher die Frage, ob Christus während seiner Präexistenz Gott gleich oder ein Halbgott gewesen ist.

Abgesehen von den Resten der Gnostiker und der Sabellianer standen um 318 *c* immer noch mehrere **Christologien** nebeneinander. 1. Die Origenisten, im Orient die Mehrheit der Bischöfe, vertraten die Lehre vom subordinierten Logos (§ 17 r). Ihren linken Flügel bildeten die Lucianisten, die Anhänger des antiochenischen Presbyters *Lucianus* aus Samosata (Märtyrer 312); sie faßten die Subordination des Logos noch schärfer als die origenistische Mehrheit. 2. Gegenüber stand eine um 320 noch unabgeklärte Strömung, aus der die spätere „Orthodoxie" hervorging. Sie lehnte die philosophische Spekulation ab, behauptete die Einheit Gottes und die Gottheit Christi, verwarf aber den Sabellianismus, setzte also an die Stelle der klaren logischen Erkenntnis das Begriffsmysterium (so im Orient die Fortsetzung der Kreise, die den alexandrinischen Dionysius in Rom verklagt hatten [§ 17 z], aber auch Bischof *Alexander von Alexandria*, sowie die Mehrheit des Abendlandes). Die origenistische und die lucianische Auffassung befriedigten die wissenschaftlichen Bedürfnisse, die orthodoxe Anschauung aber entsprach der realistischen Erlösungslehre (die durch die Kirche [die Sakramente] erfolgende substantielle Vergottung der Menschen [vgl. § 10 o] ist nur möglich, wenn der Stifter der Kirche selber substantiell voller Gott, ὁμοούσιος [= substanzgleich] mit dem Vater, ist).

§ 24 Die Zeit der Entstehung der römischen Reichskirche

d   **1. ERSTE PHASE (318–325).** Der Streit entsprang in Alexandria, von wo er sehr rasch auf einen großen Teil des Morgenlandes übergriff, und bewegte sich in seinem ersten Abschnitt um die Anschauungen des *ARIUS*, eines Schülers Lucians von Antiochia.

e   Arius, ein strenger Asket, zu Beginn des Streites schon in vorgerücktem Alter, war als Anhänger der Melitianer (§ 19 h) Kleriker geworden, dann zu Bischof Petrus von Alexandria übergegangen, mit diesem alsbald zerfallen und von ihm exkommuniziert, aber unter seinem Nachfolger Achillas wiedereingesetzt und Presbyter (selbständiger Parochus) an der Baukaliskirche (spr. Baukālis) geworden. Die Überlieferung über seine theologische Gedankenwelt ist trümmerhaft. Er rückte den λόγος nachdrücklich von Gott ab. Der λόγος ist der οὐσία Gottes völlig unähnlich und fremd (ἀλλότριος καὶ ἀνόμοιος κατὰ πάντα τῆς τοῦ πατρὸς οὐσίας, nicht gleich ewig mit Gott, sondern ein Geschöpf Gottes (κτίσμα), wenn auch das erste und höchste, von Gott aus dem Nichts erschaffen (θελήματι τοῦ θεοῦ πρὸ χρόνων καὶ πρὸ αἰώνων κτισθέντα, — ἐξ οὐκ ὄντων γέγονε, καὶ ἦν ποτε ὅτε οὐκ ἦν, καὶ οὐκ ἦν πρὶν γένηται). Der Menschgewordene ist leidensfähig und wandelbar, bleibt aber doch seinen freien Willen gut. Er wird θεός genannt, ist es aber nicht in Wahrheit. Die Trias besteht aus drei Hypostasen (= Persönlichkeiten) von abgestuftem Range.

f   Von seinen melitianischen Gegnern wegen seiner Theologie angegriffen, wurde Arius mit einigen Gesinnungsgenossen auf einer großen ägyptisch-libyschen **Synode zu Alexandria** (318) von seinem Bischof Alexander exkommuniziert. Arius fand bei Bischof Eusebius von Nikomedien Zuflucht, und das Eintreten der Lucianisten für ihren „Συλλουκιανιστής", sowie die wohlwollende Haltung der origenistisch gesinnten morgenländischen Bischöfe (Eusebius von Cäsarea) ermöglichten ihm sogar die Rückkehr nach Alexandria. Der Streit nahm bald bedenkliche Ausdehnung an.

g   Zur Erledigung des dogmatischen Zwistes [sowie anderer kirchlicher Fragen] berief Konstantin **325** die **erste ökumenische Synode** nach **Nicäa** in Bithynien (300? 250? Bischöfe, darunter 5 Abendländer). Unter dem Druck des Kaisers, der das Konzil selbst eröffnete und in eigener Person leitete, beschloß die Synode die Annahme eines Glaubensbekenntnisses, des sog. **Nicänums,** eines älteren Taufsymbols, ergänzt durch die antiarianischen Stichworte γεννηθέντα οὐ ποιηθέντα, ἐκ τῆς οὐσίας τοῦ πατρός, ὁμοούσιον τῷ πατρί, sowie die ausdrückliche Verwerfung der arianischen Formeln und die Verhängung des Anathema über deren Bekenner. Arius und andere wurden verbannt.

h   Auf dem Konzil waren drei Parteien vertreten:
(1) die Arianer („Eusebianer", Führer *Eusebius von Nikomedien);*
(2) die nicht klar abgegrenzte, bei weitem die Mehrheit bildende origenistische Mittelpartei (Führer *Eusebius von Cäsarea,* § 17 m);
(3) die später „Orthodoxe" Genannten (Bischof *Alexander von Alexandria, Marcell von Ancyra, Hosius von Corduba* und die wenigen Abendländer).

Die Entscheidung war durchaus kein reiner Sieg Alexanders. Konstantin hatte zwar den gegen seinen Bischof revoltierenden Presbyter Arius preisgegeben, sich im übrigen aber gehütet, einer der Parteien den Sieg zuzusprechen; er wollte vielmehr die Parteien in einer möglichst dehnbaren Formel einigen und damit den Streit ersticken. Die Formel ὁμοούσιος, die seit 325 das Stichwort des arianischen Kampfes wurde, war auf der Synode zu Antiochia 268 [aus nicht mehr sicher erkennbarem Grunde] abgelehnt worden. Sie begegnet zuerst bei Gnostikern (Ptolemäus, § 13 r; der Pneumatikos wesenseins mit dem Pneuma), später bei den Gegnern des Dionysius von Alexandria (§ 17 z), die dadurch den Subordinatianismus auszuschließen suchten.

2. ZWEITE PHASE (325–361).

Der Beschluß von Nicäa bedeu- *i* tete die Rettung der Theologie vor dem Zerfließen in philosophische Spekulation; aber er war eine Vergewaltigung der Majorität der Orientalen. Origenisten wie Arianer erhoben sich daher in entschlossenem Widerstand gegen das ὁμοούσιος und gegen die Person des *ATHANASIUS* (seit 328 Metropolit von Alexandria, gest. 373), des hervorragendsten Theologen des Nicänums[1]. Als Konstantin, nicht ohne Schuld der orthodoxen Heißsporne, mehr auf die Seite der Gegner des Nicänums getreten war, begann eine wahre Leidenszeit der Orthodoxie.

Der Verlauf des Kampfes von 325 bis 361 war folgender: *k*

(1) 328 durfte *Eusebius von Nikomedien* in sein Bistum zurückkehren. Auch *Arius* wurde aus dem Exil zurückberufen, starb aber kurz vor der beabsichtigten Wiedereinsetzung in sein Amt (336). Anderseits wurden die hervorragenden Führer der Nicäner gestürzt, vor allem *Athanasius* (335) und sein eifriger Parteigänger *Marcellus von Ancyra* (336; vgl. § y[2]).

(2) Konstantins Söhne (§ 23 k) beriefen zunächst die Verbannten aller Rich- *l* tungen zurück (337); doch begann Konstantius gleich darauf eine antinicänische Kirchenpolitik: Eusebianer erhielten einflußreiche Bistümer (*Eusebius von Nikomedien* 339 Metropolit von Konstantinopel; † 341), *Marcell*, *Athanasius* (338) und andere Orthodoxe wurden abgesetzt. Durch die Flucht des Athanasius nach Rom 339 wurde das Abendland in den Streit hineingezogen. Es stellte sich mit Entschiedenheit auf die Seite der Athanasianer. **340** erklärte eine römische Synode (*Julius I.* von Rom) Athanasius und Marcell für orthodox. Dagegen verharrte die morgenländische Mehrheit **341** auf der **Kirchweihsynode zu Antiochia** auf ihrem Standpunkt. Die Gefahr einer Kirchenspaltung tauchte auf. Die zur Herstellung der dogmatischen Einheit von den Kaisern **342** nach **Sardica** berufene Synode verschlimmerte noch die Lage; denn die Orientalen sonderten sich ab und wiederholten die Formeln von Antiochia, während die Abendländer unbeugsam auf dem Nicänum beharrten; jede Partei verhängte über die andere den Bann.

(3) Aus politischen Gründen (Perserkrieg) lenkte Konstantius seit 344 *m* ein, und die eusebianischen Orientalen suchten auf der Synode von Antiochia 344 dem orthodoxen Abendlande etwas entgegenzukommen (ἔκθεσις μακρόστιχος: der λόγος ὅμοιος κατὰ πάντα τῷ πατρί). Athanasius konnte 346 nach Alexandria zurückkehren. Der Ansturm auf das ὁμοούσιος schien zurückgeschlagen, die Ruhe wiederhergestellt.

(4) Indessen mit der Alleinherrschaft des Konstantius (**350** bzw. **353**) *n* begann der Kampf von neuem. Es folgte die Periode der sirmischen Synoden und Formeln und des Einflusses der Hofbischöfe *Ursacius* und *Valens* (§ q). Auf den **Synoden von Arles 353** und **Mailand 355** zwang Konstantius die Abendländer, Athanasius zu verurteilen und das ὁμοούσιος fallen zu lassen; die hartnäckigen Homousianer wurden verbannt, darunter Bischof *Liberius* von Rom. Anfang 356 ließ der Kaiser die Kathedrale des Athanasius stürmen; Athanasius entkam in die Wüste.

(5) Auch damit war die Einheit noch nicht hergestellt, denn jetzt schieden sich die Gegner des Nicänums in mehrere Gruppen:

(α) In Alexandria erneuerten *Aëtius* und *Eunomius* den **radikalen Arianis-** *o* **mus** (Exukontianer, Anhomöer, Heterusiasten, genannt nach ihren Stichworten: ἐξ οὐκ ὄντων, ἀνόμοιος καὶ κατὰ πάντα καὶ κατ' οὐσίαν, ἕτερος κατ' οὐσίαν);

---

[1] Seine Schriften sind meist antiarianisch (Orationes contra Arianos, Apologia contra Arianos, Apologia ad Constantium, Historia Arianorum ad monachos, De decretis synodi Nicaenae; De incarnatione verbi, gewöhnlich als vorarianisch betrachtet, fällt nach ESchwartz in die Zeit des Trierer Exils 335/37, wäre danach also gleichfalls antiarianisch). Über die Vita Antonii s. § 28 b[1]. Athanasius hat übrigens das ὁμοούσιος vor c. 351 nur selten gebraucht.

7 Heussi, Kompendium 13. Aufl.

§ 24   Die Zeit der Entstehung der römischen Reichskirche

p (β) gegenüber diesem Wiederaufleben des Arianismus vollzog die origenistische **Mittelpartei** einen Frontwechsel und stellte die antiarianische Formel ὅμοιος κατ' οὐσίαν τῷ πατρί auf, die sie dem Athanasius annäherte (ὁ μ ο ι-ούσιος, statt des verworfenen ὁμοούσιος, daher **Homöusianer;** Zusammenschluß 358 auf der Synode zu Ancyra; Hauptvertreter: *Basilius von Ancyra, Georg von Laodicea, Eustathius von Sebaste, Eusebius von Emesa* u. a.);

q (γ) daneben stand die politische **Hofpartei** unter *Ursacius* und *Valens*, deren Ziel die Herbeiführung des Friedens durch eine vieldeutige Kompromißformel war (**Homöer;** ὅμοιος κατὰ τὰς γραφάς).

r Nachdem das auf den sirmischen Synoden festgestellte homöische Bekenntnis eine Zeitlang mit dem homöusianischen gewetteifert hatte, setzte der Kaiser durch Vergewaltigung und Überlistung der beiden großen **Synoden von Ariminum** (für das Abendland) und **Seleucia** in Isaurien (für das Morgenland) **359** das homöische Bekenntnis in Gestalt der **Formel von Nice** durch (das „Nicenum"). Die extremen Arianer wurden geopfert, aber auch die Stützen der Homöusianer verbannt; der Sieg gehörte im Grunde dem Arianismus.

s 3. DRITTE PHASE (361–381). Mit dem Tode des Konstantius trat eine völlige Wendung der kaiserlichen Religionspolitik ein. Die von Julian verkündete Religionsfreiheit kam allen Parteien zugute; die Gebannten kehrten zurück. Nur unter dem Arianer Valens wurden die Anhänger des Nicänums noch einmal hart bedrückt; dann aber erlangte die Orthodoxie über die arianisierenden Richtungen das Übergewicht. Den Fortgang der dogmatischen Erörterung bestimmte die Entstehung einer „Neu-Orthodoxie", die Verbindung der orthodoxen Grundanschauung mit der griechischen Wissenschaft durch die „drei großen Kappadozier", Basilius von Cäsarea, Gregor von Nazianz und Gregor von Nyssa.

t Von ihnen war *BASILIUS DER GROSSE* (370 Metropolit von Cäsarea in Kappadozien, † 379) ein hervorragender Kirchenpolitiker und vielseitiger kirchlicher Praktiker (§ 28 g, 29 n), sein Freund *GREGOR VON NAZIANZ* (380–81 Metropolit von Konstantinopel, † um 390) ein ganz hervorragender Redner (5 Λόγοι θεολογικοί für die nicänische Trinität; gegen Julian § 23 q; 379 Weihnachtspredigt; Φιλοκαλία, zusammen mit Basilius, § 34 b), *GREGOR VON NYSSA* (Bischof von Nyssa in Kappadozien, † nach 394), ein jüngerer Bruder des Basilius, unter den dreien der am gründlichsten philosophisch Gebildete (gegen Eunomius, Apollinaris usw.; Λόγος κατηχητικὸς ὁ μέγας). Die dogmatische Richtung der „Neu-Orthodoxie" (oder der „Jung-Nicäner") entstand durch die Verschmelzung der Alt-Nicäner und der Homöusianer. Entscheidend hierfür war, daß sich *Athanasius* durch den Frontwechsel der Mittelpartei (§ p) sofort zu einem Entgegenkommen bewegen ließ; er gab auf der **Synode von Alexandria 362** die Interpretation des ὁμοούσιος im Sinne von „wesensgleich" (altnicänisch bedeutete es „wesensein") und die philosophische Spekulation innerhalb der Orthodoxie frei.

u Der allgemeinen Anerkennung der „Neu-Orthodoxie" stellten sich zunächst noch bedeutende Hindernisse entgegen:

(1) Die verworrene kirchliche Lage in **Antiochia**, wo der arianischen Hauptgemeinde (*Eudoxius*, seit 360 Bischof von Konstantinopel) zwei gesonderte Gruppen, die Alt-Nicäner und die Homöusianer, gegenüberstanden;

(2) die Abneigung der Mehrzahl der Orientalen gegen die von Athanasius seit 362 geforderte Anerkennung der ὁμοουσία des Heiligen Geistes (von den Orthodoxen als **„Pneumatomachen"** oder, nach ihrem Führer *Macedonius* von Konstantinopel, „Macedonianer" bekämpft);

(3) das Mißtrauen der Abendländer und vieler Alt-Nicäner gegen die tatsächlich eine neue Größe darstellende Neu-Orthodoxie (Schisma der extremen abendländischen Alt-Nicäner, nach dem verstorbenen *Lucifer von Calaris* [† c. 370] „Luciferianer" genannt).

Doch näherten sich Alt- und Neu-Nicäner, Morgenländer und Abendländer *v* durch die Vermittlungsarbeit der „Kappadozier", vornehmlich des *Basilius*, und durch die Bedrückung der orientalischen Alt- und Neu-Nicäner durch *Valens*. Auf einer Synode zu Antiochia 379 erkannten die Orientalen die Formulierungen des römischen Bischofs *Damasus* an und verdammten die Pneumatomachen.

Eine neue Schwierigkeit schuf die christologische Ketzerei des strengen Nicä- *w* ners *APOLLINARIS VON LAODICEA* in Syrien (gest. 385/95 in hohem Alter). Dieser äußerst energische, der Zeit weit vorauseilende Denker nahm bereits die christologische Frage im engeren Sinne in Angriff. Stand die Homousie des Sohnes mit dem Vater [und dem hl. Geist] fest, dann ergab sich das Problem, wie die reale Vereinigung des Göttlichen und Menschlichen in Christus möglich sei. Apollinaris suchte es zu lösen, indem er den Gott-Logos menschliche σάρξ und menschliche ψυχή annehmen, aber an die Stelle des menschlichen νοῦς den göttlichen λόγος treten ließ. Damit war zwar die Vollkommenheit der göttlichen Natur in Christus anerkannt, aber die Vollkommenheit der menschlichen Natur Christi geleugnet. Daher wurde Apollinaris von Athanasius, den Kappadoziern und den Abendländern (Damasus) auf mehreren Synoden verurteilt (vielleicht schon 362 Alexandria, sicher 377 Rom, 379 Antiochia, 381 Konstantinopel, s. § y). Er hinterließ eine große Schule, die in einer ausgedehnten, unter dem Namen orthodoxer Kirchenlehrer veröffentlichten Literatur die Gedanken ihres Meisters in die Kirche einzuführen suchte. Das Auftreten des Apollinaris ist das Vorspiel zum großen christologischen Streit (§ 34 g).

Der schließliche Sieg der Orthodoxie beruhte ebenso auf ihrer *x* religiösen Überlegenheit wie auf dem Eintreten günstiger politischer Umstände. Vor allem schlug *THEODOSIUS*, der 379 zum Herrscher des Ostens erhoben wurde, sofort eine antiarianische Kirchenpolitik ein, zunächst in Anlehnung an die Alt-Nicäner des Abendlandes (380 Edikt von Thessalonich: das von Damasus von Rom und Petrus von Alexandria vertretene Bekenntnis alleinberechtigt); alsbald aber verband er sich mit der morgenländischen Neu-Orthodoxie und verjagte die Arianer aus ihren Kirchen.

Die **Synode von Konstantinopel 381** bestätigte darauf das *y* Nicänum und verdammte die Eunomianer (Anhomöer), Arianer (Eudoxianer), Semiarianer (Pneumatomachen), Sabellianer, Marcellianer, Photinianer[2] und Apollinaristen. Mit dieser Synode und der in dem vorangehenden Jahre einsetzenden Gesetzgebung gegen das Heidentum (§ 23 s t) war die orthodoxe katholische Staatskirche errichtet[3].

Der Arianismus war damit keineswegs schon überwunden: Vor allem blieben die *z* 382 ins Reich aufgenommenen, durch *Wulfila* bekehrten Westgoten Arianer;

---

[2] *Marcellus von Ancyra* (in Galatien, † 373, fast hundertjährig; vgl. § k l) leugnete die persönliche Präexistenz, indem er den λόγος ὁμοούσιος als unpersönliche Kraft faßte; sein Schüler *Photinus von Sirmium* (verurteilt 344 und 355) dachte auch im Menschgewordenen den Logos nicht als Person, sondern als unpersönliche Kraft.

[3] Strittig ist, ob die Synode von 381 auch das Symbol in Geltung gesetzt hat, das unter dem apokryphen Namen „Nicänum" seit Justinian I. das wirkliche Nicänum verdrängt und im Osten die Alleinherrschaft erlangt hat und von der Forschung als **Nicäno Constantinopolitanum** bezeichnet wird. Es begegnet mit geringer Abweichung um 374 bei *Epiphanius* (im Ancoratus, einem dogmatischen Leitfaden) und hängt offenbar mit dem bei *Cyrill von Jerusalem* nach 362 nachweisbaren jerusalemischen Taufsymbol zusammen. Es enthält im 3. Artikel die antipneumatomachischen Formeln: καὶ εἰς τὸ πνεῦμα τὸ ἅγιον, τὸ κύριον, τὸ ζωοποιόν, τὸ ἐκ τοῦ πατρὸς ἐκπορευόμενον, τὸ σὺν πατρὶ καὶ υἱῷ συμπροσκυνούμενον καὶ συνδοξαζόμενον, τὸ λαλῆσαν διὰ τῶν προφητῶν. Vgl. § 43 w.

diese vermittelten ihr arianisches Bekenntnis den übrigen Germanen der Völkerwanderung (§ 30 l). Im unmittelbar römischen Herrschaftsbereich kam es unter der vormundschaftlichen Regierung der arianisch gesinnten Kaiserin-Mutter *Justina* zu einem letzten Versuch, das homöische Bekenntnis zu erneuern (386). Allein in Mailand (Residenz der Justina), wo der Kampf vornehmlich geführt wurde, leistete *AMBROSIUS* mit der orthodoxen Bevölkerung dem Befehl, die Kirchen an die Arianer auszuliefern, mutig und erfolgreich Widerstand (§ 26 d). Der Tod der Justina (388) beendigte den Kampf.

§ 25. Die Kämpfe um die Beseitigung der schismatischen und häretischen Nebenkirchen.

LECLERCQ, L'Afrique chrétienne I, 1904, S. 312–380. – PMONCEAUX, Histoire littéraire de l'Afrique chrétienne, IV–VII, 1912–23. – Über die Melitianer: HJBELL, Jews and Christians in Egypt, 1924 (dazu KHOLL, Ges. Aufs. II, S. 283–297). – Optatus Milevitanus, De schismate Donatistarum, ed. Ziwsa (CSEL 26), 1893. – HvSODEN, Urkunden zur Entstehungsgeschichte des Donatismus (KlT 122), 1913. – WHCFREND, The Donatist Church, Oxford 1953. – Priscilliani opera, ed. Schepß (CSEL 18), 1889. – ECHBABUT, Priscillien et le Priscillianisme, 1909. – A.D'ALÈS, S. J., Priscillien et l'Espagne chrétienne à la fin du IVe siècle, 1936.

a 1. Als das Christentum vom römischen Staat anerkannt wurde (313), stand neben der katholischen Kirche eine ganze Reihe schismatischer und häretischer Gemeinschaften (§ c), teilweise in ansehnlicher Stärke. Mit dem Eingreifen des kaiserlichen Despotismus in die kirchlichen Angelegenheiten war auch für sie eine veränderte Lage geschaffen. Denn da die Zerreißung der kirchlichen Einheit die politischen Kreise des Staates störte, so versuchte bereits Konstantin, **die schismatischen und häretischen Nebenkirchen zu überwinden**. Mit der endgültigen Aufrichtung des Staatskirchentums unter Theodosius I. setzte eine harte Gesetzgebung gegen die nichtkatholischen Richtungen ein.

b 2. Diese Politik hatte **nicht das gewünschte Ergebnis**; es gelang zwar, die Nebenkirchen zu beschränken, aber nicht sie zu beseitigen.

c Von den Schismatikern hatten die **Novatianer** (§ 19 g) noch im 4. Jh. im Osten und Westen eine bedeutende, infolge ihres Eintretens für die Orthodoxie kaum angefochtene Stellung; erst seit 412 bzw. 423 wurden sie von der Ketzergesetzgebung betroffen, behaupteten sich aber im Morgenland bis ins 6. und 7. Jh. Auch die **Melitianer** (§ 19 h) hielten sich bis ins 5. Jh.; zur Zeit des Athanasius hatten sie in Alexandria eine starke Stellung inne: Sie verbanden sich kirchenpolitisch mit den Arianern und stellten 328 gegen Athanasius einen Gegenbischof auf. Um diese Zeit gab es auch gut organisierte melitianische Klöster. Gegen die **Montanisten** (§ 15), die seit dem 3. Jh. nicht mehr als Schismatiker, sondern als Häretiker betrachtet wurden und die besonders in Kleinasien verbreitet waren, vermochte Konstantin mit seinen Erlassen nicht durchzudringen; erst seit 398 wurden sie vom Staate heftiger bedrückt. Von den gnostischen Richtungen war der **Marcionitismus** (§ 13 y) noch um 400 in Rom, Ägypten, Palästina, Arabien, Syrien, auf Kypros, in der Thebais und sonst zu finden, obwohl bereits Konstantin gegen ihn einschritt. Die Marcioniten verschmolzen später im Osten, in den sie sich zurückzogen, mit den Manichäern und den Paulicianern (§ 46 b). So hielten sich Reste des Gnostizismus zuletzt in den östlichen Provinzen des Reichs und jenseits seiner Grenzen; ein später Nachhall des Gnostizismus im Osten war die heidnische, in nachnestorianischer Zeit christianisierte Täufersekte der **Mandäer** (von mandā = Gnosis), die vielleicht schon in der Zeit Jesu in Palästina, später (seit 37 n.

Chr. ?) in Mesopotamien verbreitet war und sich in geringen Resten bis in die Gegenwart gerettet hat[1]. Das Erbe des Gnostizismus im Abendlande trat der **Manichäismus** (§ 21 f–k) an, der mit seiner Wanderung von Ost nach West aus einer eigenen synkretistischen Religion mehr und mehr zu einer christlichen Sekte wurde. Im Abendland waren seine Hauptherde Nordafrika und Rom. Seit 382 stand auf Manichäismus die Todesstrafe. Aus der Öffentlichkeit vertrieb ihn erst Papst Leo d. Gr. im Bunde mit Valentinian III. (445).

3. Auch der im 4. Jh. neu entstehenden Sekten vermochten Staat *d* und Kirche nicht völlig Herr zu werden. Zu schweren Kämpfen kam es in der Kirche Nordafrikas. Hier lebte in einer Schicht der Gemeinden noch der alte, auf das Martyrium und auf strenge Kirchenzucht drängende Rigorismus, und der alte, von Tertullian und Cyprian vertretene Kirchen- und Sakramentsbegriff, wonach von Todsündern vollzogene Sakramente unwirksam waren. Aus diesem prinzipiellen Gegensatz zum Katholizismus entsprang ein rasch zu bedrohlichem Umfang anwachsendes Schisma, der **Donatismus,** dessen Geschichte die kirchliche Entwicklung Nordafrikas auf ein Jahrhundert beherrschte.

Die Anfänge des donatistischen Schismas reichen in die diokletianische Ver- *e* folgung hinauf. In dieser hatte Bischof *Mensurius* von Karthago feindselige Zusammenstöße mit den Behörden nach Kräften zu verhüten gesucht und die in seiner Gemeinde hervortretende Martyriumssucht mißbilligt. Die Seele seiner Partei war der Archidiakon Caecilian. Nach Mensurius' Tode (311) brach die karthagische Gemeinde auseinander: die Rigoristen wußten die numidischen Bischöfe zur Einmischung zu veranlassen; der von ihnen zur Vermittelung nach Karthago entsandte Bischof *Donatus von Casae nigrae* begründete das Schisma, indem er den Lektor *Majorinus* zum Bischof erhob, während die Gemäßigten den Diakon *CAECILIAN* erkoren. Darauf kamen siebzig numidische Bischöfe zu einem Konzil nach Karthago und erkannten den Majorinus als Bischof an. Rom und die übrigen Kirchen außerhalb Nordafrikas hielten zu Caecilian.

Die weitere Geschichte des Schismas war durch das Eingreifen der kaiserlichen *f* Politik in die kirchlichen Angelegenheiten bedingt. Als *Konstantin* der Partei Caecilians eine reiche Geldunterstützung und die Befreiung ihrer Kleriker von den öffentlichen Lasten zuwandte, suchte die Partei des Majorinus eine kaiserliche Entscheidung herbeizuführen. Indessen die von Konstantin mit der Untersuchung beauftragte römische Synode (313; Bischof Miltiades von Rom) entschied sich für Caecilian, der früher als sein Nebenbuhler die Weihe empfangen hatte. Da sich die Partei des Majorin bei diesem Urteil nicht beruhigte, ließ Konstantin 314 auf dem Konzil zu **Arelate,** der ersten Synode, an der Bischöfe aus allen abendländischen Provinzen teilnahmen, die Angelegenheit nochmals verhandeln; hier wurden ihre Beschwerden von neuem zurückgewiesen, übrigens wurde der nordafrikanische Sonderbrauch der Ketzertaufe verworfen. Neue Untersuchungen und neue Auflehnung folgten. Schließlich griff der Kaiser zur Gewalt. Allein die Donatisten (diesen Namen erhielt die Partei nach ihrem hervorragendsten Führer, Bischof *DONATUS D. GR.*[2], seit 316 Nachfolger des Majorinus) blieben ungebeugt, und Konstantin ließ sie von **321** an gewähren.

Die Donatisten umfaßten bald die Majorität der nordafrikanischen Bischöfe. *g* Sie betrachteten sich als die heilige Kirche, weil ihr Klerus frei sei von Todsündern, also der hl. Geist habe und die Sakramente wirkungskräftig verwalten könne, bestritten dagegen, daß die Großkirche, welche Todsünder in ihrem Klerus hätte, „Kirche" sei und wirkungskräftige Sakramente besitze. Dementsprechend vollzogen sie (unter Berufung auf Cyprian) an den von der Großkirche Übertretenden die Wiedertaufe. Während die Katholiken die „Heiligkeit" ihrer Kirche

---

[1] Umfangreiche Kontroverse über Herkunft, Ausbreitung, geschichtliche Auswirkungen (Analogien zum Mandäismus in den johanneischen Bildreden: Lebenswasser, Licht, Wahrheit, Hirt, Weinstock u. a.); vgl. ThLZ 1957, 401–408.

[2] Vielleicht gleichzusetzen mit Donatus von Casae nigrae (§ e).

h   an den Besitz der Institutionen banden, knüpften die Donatisten die „Heiligkeit" der Kirche an Personen, zwar nicht mehr an die Heiligkeit aller Gemeindeglieder, wie die Novatianer, aber doch an die persönliche Heiligkeit ihres Klerus.
Seit 343 versuchte der Kaiser *Konstans* den Donatismus mit Gewalt zu unterdrücken. Da verschmolz der kirchliche Gegensatz mit dem Römerhaß und der sozialen Unzufriedenheit des durch die Latifundienwirtschaft der römischen Grundherren unsäglich verelendeten Volkes zu einem ungeheuren sozialrevolutionären Aufstand der Punier.

i   Mit der Wiederherstellung der Religionsfreiheit unter *Julian* kehrten die verjagten Bischöfe wieder zurück, und es begann (seit 361) eine zweite Blütezeit des Donatismus. Zwar kam es auch jetzt noch gelegentlich zu Gewalttätigkeiten, aber das Schwergewicht fiel mehr und mehr auf den literarischen Kampf. Gegen Donatus d. Gr. Nachfolger *PARMENIAN*, der eine Geschichte der donatistischen Spaltung verfaßt hatte, schrieb *Optatus von Mileve* c. 375/385 „De schismate Donatistarum".

k   Der Kaiser *Honorius* gebot nach langem Schwanken zwischen Duldung und Verfolgung der Donatisten 411 eine große **Disputation in Karthago** (286 Katholiken, 279 Donatisten). Der eigentliche Wortführer war *Augustinus*, der die Staatsgewalt gegen die Schismatiker aufgerufen hatte, auch Strafen verhängt wissen wollte: *cogite intrare!* (Lk. 14 $_{23}$). Der kaiserliche Kommissar sprach den Katholiken den Sieg zu. Seitdem war der Donatismus gebrochen. Neue grausame Verfolgungen erlitt er durch die Vandalen. Seine Reste hielten sich bis auf die Zeit des Islam.

l   4. Auch als in den letzten Jahrzehnten des 4.Jhs. in Spanien das Erstarken des asketischen Geistes auf den Abweg einer Sekte, des Priscillianismus, führte, gelang es nicht sofort, die Kraft der Bewegung zu brechen, obwohl ihre kirchlichen Gegner die schärfsten staatlichen Zwangsmittel in Bewegung zu setzen wußten.

m   In Spanien lagen schon am Anfang des 4. Jhs. (Synode zu Elvira, c. 306/12) eine rigoristische und eine weltförmige Richtung miteinander im Kampf. Durch die hinreißende Predigt eines Laien, *PRISCILLIAN*, entstand ein asketisch-enthusiastisches Konventikeltum, das sich rasch über die ganze Halbinsel und hinüber nach Aquitanien verbreitete (Bekämpfung der feststehenden kirchlichen Ordnungen; der Geist nicht an Amt, Zeit und Ort gebunden; eigene Versammlungen, Bevorzugung der Apokryphen vor dem Kanon). Diese Bewegung wollte die Kirche erneuern, wurde aber von der Kirche ausgeschieden und endete als eine Sekte. Die Gegner erreichten es, daß der Usurpator Maximus 386 in Trier Priscillian und sechs Genossen wegen „maleficium" (mag. Künste) hinrichten ließ. Nach dem Martyrium des Stifters, dessen Reliquien nach Spanien gebracht wurden, nahm die Sekte in Spanien einen großen Aufschwung. ohne für die Gesamtkirche Bedeutung zu gewinnen. Ihr Hauptsitz war das nw. Spanien; hier hielt sie sich bis zur Katholisierung der Sueven (Verdammung auf dem Konzil zu Braga 563). Die von den Gegnern erhobene Anklage auf Manichäismus und dualistischen Gnostizismus war kaum gerechtfertigt.

§ 26. Die Umbildung der kirchlichen Verfassung unter den Einwirkungen der kaiserlichen Politik.

Didascalia et Constitutiones Apostolorum, ed. FXFunk, 2 Bde., 1905. – RH Connolly, Didascalia Apostolorum, the Syriac version translated, 1929. – ESchwartz, Über die pseudo-apostol. Kirchenordnungen (Schr. der wiss. Gesellsch. Straßburg, 6), 1910. – Ders., Entstehung und Geschichte der Kanonessammlungen der alten Reichskirche, ZSavKan 25, 1936, 1–114. – ThSchermann, Die allgemeine Kirchenordnung, frühchristliche Liturgien und kirchliche Überlieferung, 3 Teile, 1914–16. – HLietzmann, Das Problem Staat und Kirche im weströmischen Reich (ABA 1940).

Vorbemerkung.

(I) **Kirchenordnungen.**

1) Die ältesten KIRCHENORDNUNGEN sind: α) Die Pastoralbriefe (I. Tim., Tit.); – β) die Didache (§ 10 a): – γ) die Didaskalia (*Διδασκαλία τῶν ἀποστόλων*, entstanden in griech. Sprache wohl in Syrien 2. Hälfte des 3. Jhs., syrisch erhalten); – δ) die sog. Apostol. Kirchenordnung (*αἱ διαταγαὶ αἱ διὰ Κλήμεντος καὶ κανόνες ἐκκλησιαστικοὶ ἁγίων ἀποστόλων*, Überarbeitung der Didache, verfaßt im 3. Jh. in Ägypten oder Syrien).

2) SAMMLUNGEN dieser Kirchenordnungen von privater Hand: vor allem die im 4. Jh. wohl in Syrien verfaßten 8 Bücher **Apostolische Konstitutionen** (*Διαταγαὶ τῶν ἀποστόλων διὰ Κλήμεντος*, starke Benutzung der Didaskalia, der Didache und der sog. „ägypt." Kirchenordnung, d. i. im wesentlichen Hippolyts *Ἀποστολικὴ παράδοσις* [ESchwartz]; im Abendland niemals bekannt, im Osten durch das zweite Trullanum 692 wegen ketzerischer Bestandteile verworfen, s. § 40 f.).

Mit Buch VIII der Apostol. Konstitutionen verbunden und vermutlich von demselben Verfasser sind die später auch in die Kanonessammlungen (s. u.) aufgenommenen **Apostolischen Kanones**, als Fixierung des damaligen Gewohnheitsrechtes eine wichtige Quelle (im Orient sind 692 alle **85,** im Okzident nur **50** als apostolisch anerkannt worden).

(II) **Sammlungen kirchlicher Rechtssätze.**

1) Die Sammlungen der KAISERLICHEN KIRCHENGESETZE (*νόμοι, leges, edicta, rescripta*) im Codex Theodosianus (438), im Codex Justinianeus (534) und in den [165] Novellae Justiniani (535–563).

(2) Die Sammlungen von SYNODALBESCHLÜSSEN (*ὅροι*, speziell: *κανόνες* für Kultus, Verfassung, Disziplin; *δόγματα* für die Lehre; *σύμβολα* Lehrbestimmungen in Bekenntnisform), später auch von päpstlichen Dekretalen: vor allem α) die 50 *Τίτλοι* des *Johannes Scholasticus* († 577 als Patriarch von Konstantinopel); später wurde diese Arbeit mit der von demselben Johannes veranstalteten Sammlung kaiserlicher *νόμοι* zu dem im Orient viel gebrauchten **Nomokanon** (*Νομοκάνων*) zusammengearbeitet. – β) Im Abendland hat die von *Dionysius Exiguus* (§ 27 q) um 520 veranstaltete Sammlung von Konzilienbeschlüssen und päpstlichen Dekretalen [von Siricius bis auf Anastasius II., 384–498] alle ähnlichen Unternehmungen überflügelt.

Die Kirchenverfassung des 4. Jhs. ist nicht die regelmäßige Fortbildung der vorkonstantinischen Verfassung; das Eingreifen der kaiserlichen Gewalt hat die ursprüngliche Anlage vielfach verändert.

1. DIE GESAMTKIRCHE. Für die Verfassung der Gesamtkirche ist charakteristisch:

a) Die kirchliche Regierungsgewalt des Kaisers, die schon von Konstantin sofort ausgeübt worden ist. Sie hatte für das Verfassungsleben der Kirche wichtige Folgen, nämlich 1. die Herstellung der inneren Einheit der Kirche; 2. die allmähliche Umbildung der Kirche zu einem mit dem staatlichen Leben eng verwachsenen Rechtsinstitut; 3. die Umwandlung des bisherigen Begriffs der Häresie, die zum Staatsverbrechen wird. Die kaiserliche Regierung in der Kirche gestaltete sich im Osten viel durchgreifender als im Westen, in dem der Aufrichtung der Staatskirche sehr rasch ihre Auflösung folgte.

Im einzelnen umfaßte die kirchliche Regierungsgewalt des Kaisers folgende Befugnisse·

α) Der Kaiser übte die oberste gesetzgebende Gewalt, entweder durch Staatsgesetze, die er aus eigener Machtvollkommenheit erließ, oder durch die Beschlüsse der Synoden, an die er aber in keiner Weise gebunden war. Die kaiserliche Gesetzgebung bezog sich weniger auf Kultus, Disziplin und Sitte, als auf das Dogma, das „katholische Gesetz".

β) Der Kaiser war die oberste Instanz im kirchlichen Gerichtsverfahren. Besonders bildete sich die Gewohnheit heraus, daß von einer Provinzialsynode abgesetzte Bischöfe an den Kaiser appellierten und dieser ihre Sache an eine andere Provinzialsynode verwies.

γ) Der Kaiser übte einen Einfluß auf die kirchliche Verwaltung, indem er – nicht regelmäßig – Bischofswahlen bestätigte oder gelegentlich auch selbst Bischöfe ernannte.

Während sich im Osten ein ausgesprochener Cäsaropapismus entwickelte (Verbindung der kirchlichen Oberleitung mit der Staatsgewalt, daher Einheit von Kirche, Staat und Volkstum), trat im Abendland seit *Ambrosius* (§ 24 z, 33 d) eine etwas andere Auffassung des Verhältnisses von Kirche und Staat in Sicht: Der Kaiser, als Christ, steht in Glaubenssachen unter den Bischöfen. Er darf auch nicht beliebig über das Kirchengut verfügen; vielmehr wendet Ambrosius die römische Rechtsanschauung, daß der antike Tempel der Gottheit gehört, auf das Kirchengebäude an, das durch keine menschliche Gewalt, auch nicht die des Kaisers, Gott wieder entzogen werden kann. Die hier entstehende altkirchliche Rechtsanschauung stieß im Investiturstreit mit der germanischen Rechtsauffassung zusammen (vgl. § 50 m).

e   b) Die Ausbildung des Synodalwesens. Seit Konstantin gab es 2 Arten von Synoden:

α) Die Reichssynoden oder ökumenischen[1] Synoden, die Organe der kaiserlichen Verwaltung der Kirche, vom Kaiser berufen, [durch einen beauftragten Bischof unter Assistenz kaiserlicher Kommissare] geleitet, vertagt, geschlossen; ihre Beschlüsse wurden durch die kaiserliche Bestätigung Reichsgesetze.

β) Daneben bestanden die herkömmlichen Provinzialsynoden fort. Für den Zusammenhalt der Provinzialkirchen waren sie von größter Bedeutung. Ihre Beschlüsse erhielten keine staatliche Sanktion. Nach dem Beschluß von Nicäa (325) sollten sie jährlich zweimal tagen; tatsächlich tagten sie seltener.

f   c) Der weitere Ausbau der kirchlichen Provinzialeinteilung (§ 20 m). In der Regel war die staatliche Provinzialhauptstadt auch der Sitz des kirchlichen Metropoliten; seit 341 (Synode von Antiochia) war dies gesetzliche Forderung. Ferner gewann die in ihren Anfängen in die vornicänische Zeit zurückreichende Zusammenfassung der Metropolitanverbände zu noch größeren Einheiten unter Ober-

---

[1] So genannt, weil sich auf ihnen die Bischöfe der οἰκουμένη, des ganzen römischen Kulturkreises, versammelten. Später hat die Kirche nur die der Orthodoxie genehmen Synoden als „ökumenisch" bezeichnet. Die griechische Kirche zählt **7 ökumenische Synoden**: I Nicäa 325; II Konstantinopel 381; III Ephesus 431; IV Chalcedon 451; V Konstantinopel 553; VI Konstantinopel 680 (Trullanum) nebst dem Quinisextum 692; VII Nicäa 787. Die römische Kirche zählt, nachdem sie über die Zählung lange geschwankt hat, **20,** und zwar I–VII wie in der orthodoxen Kirche (jedoch unter Verwerfung des Kanons 3 von Konstantinopel 381, des Kanons 28 von Chalcedon 451, und des Quinisextum); es folgen: Konstantinopel 869; Lateran I–IV; Lyon 1245, 1274; Vienne 1311; Konstanz; Basel-Ferrara-Florenz; Lateran V; Trient; Vatikan. Im Orient gelten nur vom Kaiser berufene Synoden als ökumenisch.

metropoliten (später „Patriarchen" genannt) festere Gestalt. Im Abendlande ragte Rom hervor, im Morgenlande Alexandria und Antiochia; dazu trat noch 381 Konstantinopel.

Die Synode von Nicäa 325 (Kanon 6) bestätigte die alten Rechte von Alex- g andria, Rom und Antiochia. Die Synode von Konstantinopel 381 wiederholte die Anerkennung der Vorrechte von Alexandria und Antiochia, suchte aber im übrigen das Hinausgreifen der Bischöfe über die Grenzen der politischen Diözesen zu verhindern (Kanon 2). Indem sie jedoch dem Bischof von Konstantinopel als dem Bischof von „Neu-Rom" den Ehrenrang unmittelbar hinter dem Bischof von Rom zugestand (Kan. 3; „τὰ πρεσβεῖα τῆς τιμῆς μετὰ τὸν τῆς Ῥώμης ἐπίσκοπον"), legte sie gerade den Grund zu der Machtstellung des byzantinischen Bischofs. Die eigentliche Entstehung der Patriarchate des Ostens und des Papsttums des Westens fällt in die Zeit von 381-451 (vgl. §§ 32, 34).

2. DIE EINZELGEMEINDE. Die neue Gestaltung der recht- h lichen Verhältnisse der Gesamtkirche seit Konstantin wirkte auch auf die Einzelgemeinde ein. Die Regierungsgewalt des Bischofs erfuhr gewisse Einschränkungen: das absolute kaiserliche Kirchenregiment konnte in beliebiger Weise in die Angelegenheiten der Einzelgemeinde eingreifen; die Bischöfe wurden dem Metropoliten und der Synode ihrer Provinz untergeordnet. Anderseits war die Steigerung der Macht des monarchischen Bischofs innerhalb seiner Gemeinde und die Entwicklung des Klerus zu einem besonderen bürgerlichen Stande ebenfalls durch die Verbindung von Kirche und Staat mitbedingt.

1. Der **Bischof** wurde der fast unumschränkte Herr seiner Gemeinde. Er erhielt *i* auch das Verfügungsrecht über das Gemeindevermögen, zu dessen Verwaltung ein „οἰκονόμος" eingesetzt wurde. Der Bischof sollte mit seiner Gemeinde aufs engste verbunden bleiben; der Übergang in ein anderes Bistum wurde in Nicäa 325 als „geistlicher Ehebruch" verboten, kam aber trotzdem nicht selten vor. Bei der Bischofswahl behaupteten die Laien in dieser Periode noch ihre Mitwirkung; Klerus und Gemeinde vollzogen die Wahl (*suffragium*), der Metropolit und die Nachbarbischöfe gaben ihr durch ihren *consensus* (ihr *iudicium*) die Gültigkeit und vollzogen die Konsekration.

2. Der **Klerus.** Mit dem Anwachsen der Gemeinden mehrte sich die Zahl der *k* Kleriker und der klerikalen Stufen. Seit c. 300 begegnet das Amt des Archidiakonen; der Archidiakon stand im Range unter den Presbytern, übertraf sie aber infolge seiner engen Verbindung mit dem Bischof an tatsächlichem Einfluß. Etwas später entstand das Amt des Archipresbyters oder Protopresbyters, der den Bischof im Kultus vertrat. Die Presbyter hatten weitgehende Selbständigkeit im Kultus; nur die Ordination (§ m), im Abendlande auch die Firmelung (§ 27 g), war dem Bischof vorbehalten. Die Chorepiskopen des Orients (§ 20 h) wurden den Stadtbischöfen untergeordnet, schließlich völlig beseitigt.

Neben dem eigentlichen Klerus hatten die großen Gemeinden, besonders des *l* Ostens, bald eine ganze Schar von **Verwaltungs- und niederen Beamten,** außer dem οἰκονόμος (§ i) Sachwalter, Notare, Archivare usw., die Sänger (ψάλται, cantores), vor allem die nach vielen Hunderten zählenden Parabolanen (Krankenwärter) und Totengräber; diese bildeten im Tempelsturm und in den dogmatischen Kämpfen die häufig ins Treffen geführte Truppe des Bischofs.

3. Die Aufnahme in den Klerus erfolgte durch die **Ordination.** Diese wurde zu *m* einem Sakrament (Handauflegung, Salbung). Als kanonisches Alter galt für die Diakonenweihe das 25., für die Presbyterweihe das 30. Lebensjahr. Die Ordination der Bischöfe war seit der Ausbildung der Metropolitanverfassung ausschließliches Recht der Metropoliten, die der übrigen Kleriker Vorrecht des Bischofs. Verweigert wurde die Aufnahme in den Klerus den „clinici" (den auf dem Krankenbett Getauften; vgl. § 18 f), Büßern, Energumenen (Besessenen), Eunuchen, Sklaven und Leuten unehrlichen Gewerbes (Schauspielern, Tänzern, Soldaten usw.).

§ 26/27   Die Zeit der Entstehung der römischen Reichskirche

n   4. Allmählich entwickelte sich der Klerus zu einem **besonderen bürgerlichen Stand,** der sich von den Laien abhob. Diese Entwicklung beruht darauf, daß 1) der Staat dem Klerus gewisse Privilegien erteilte, 2) für den höheren Klerus die Berufslosigkeit durchdrang und 3) die Forderung der Ehelosigkeit des Klerus sich durchzusetzen begann.

o   ad 1) Bereits Konstantin gab dem Klerus wichtige **Privilegien:** er befreite die Kleriker von den Personallasten und gab den Bischöfen das Privileg, in Zivilstreitigkeiten Schiedsgericht auszuüben, später sogar die volle Gerichtsbarkeit. Die richterlichen Befugnisse des Klerus führten freilich zu Übelständen und wurden ihm im Osten 398, im Westen 408 wieder abgenommen.

p   ad 2) Die Berufslosigkeit war für die Bischöfe schon im 3. Jh. gefordert. Sie bedingte, daß das **Kirchengut** nicht mehr ausschließlich für die Armen, sondern auch zum Unterhalt für den Klerus verwandt wurde. (Seit 475 kam durch die römische Gemeinde die Sitte auf, von den kirchlichen Einkünften je ein Viertel für den Bischof, den Klerus, die Armen, die sog. „Kirchenfabrik" [die Erhaltung der Kirchengebäude] zu verwenden; der niedere Klerus blieb auf Nebenerwerb angewiesen.) Das Kirchengut mehrte sich rasch; es wurde Sitte, daß die Bischöfe aus den reichen Familien gewählt wurden und ihr Vermögen ihrer Kirche vermachten. Die übeln Folgen des Reichtums der Gemeinden meldeten sich bald (Erbschleicherei von Klerikern, Wohllebigkeit des Klerus der Großstädte; übermäßiger Zudrang zum Klerikerberuf).

q   ad 3) Der **Zölibat** der Geistlichkeit wurzelt nicht in der Hochschätzung der Virginität, sondern in der aus dem Heidentum übernommenen Vorstellung, daß der Beischlaf kultisch unfähig mache. Zunächst bildete sich, schon im 3. Jh., das Gewohnheitsrecht, daß Bischöfe, Presbyter und Diakonen nach der Ordination keine Ehe mehr eingingen. Der nächste Schritt war, daß man von den verheirateten Altardienern die Kontinenz (Verzicht auf den ehelichen Verkehr) verlangte, so die rigoristische Synode von Elvira in Südspanien, c. 306/12, seit dem letzten Viertel des 4. Jhs. auch die römischen Bischöfe; Leo I. dehnte die Verpflichtung zur Kontinenz auf die Subdiakonen aus. Eheschließungen von Klerikern nach der Ordination erklärte der römische Staat 530 für ungültig, die fränkische Synode zu Tours 567 für Häresie (Nikolaitismus). Der eigentliche Zölibat, d. h. das Verbot der Priesterehe überhaupt, wurde erst im 11. und 12. Jh. verwirklicht (§ 50 l). Im Orient blieb es bei der Gewohnheit, nur Unverheiratete oder in erster Ehe Lebende zu ordinieren. Die vor der Ordination geschlossene Ehe durfte jeder Kleriker fortsetzen, wenn er nicht die Kontinenz vorzog. Zu Bischöfen durften seit Justinian I. nur Unverheiratete gewählt werden.

r   Bereits seit dem 4. Jh. kam es vor, daß die Kleriker von bischöflichen Kirchen nach Art der Mönche ein gemeinsames Leben führten. Allgemeine Sitte ist diese angeblich von *Eusebius von Vercelli* († 370) begründete Institution im kirchlichen Altertum niemals gewesen, wenn auch das „monasterium clericorum", in dem Augustinus (§ 33) in Hippo regius seine Geistlichen vereinte, manche Nachahmung fand. Weit verbreitet war die sog. „*vita canonica*" dagegen seit der Karolingerzeit (§ 43 m).

s   Äußeres Kennzeichen der Kleriker war seit dem 5. Jh. die Tonsur; sie findet sich zuerst bei den Priestern der Isis, in der Kirche zuerst bei den Büßern und den Mönchen. Besondere Kleidung der Kleriker wurde noch 428 von Coelestin I. streng verworfen.

§ 27. Die Weiterbildung des Kultus.

Vgl. § 18. – *FWieland, Altar und Altargrab im 4. Jh., 1912. – *JBraun, S. J., Der christliche Altar, 2 Bde., 1924. – HUsener, Das Weihnachtsfest, I ²1911. – KHoll, Die Entstehung der vier Fastenzeiten in der griech. Kirche (= Ges. Aufs. II, 155–203). – Ders., Der Ursprung des Epiphanienfestes (Ges. Aufs. II, S. 123 bis 154). – *JPKirsch, Der stadtrömische christliche Festkalender im Altertum, 1924. – *FJDölger, Sol salutis, Gebet und Gesang im christlichen Altertum, ²1925. – WHartke, Über Jahrespunkte und Feste, insbesondere das Weihnachtsfest, 1956. – KOnasch, Das Weihnachtsfest im orthodoxen Kirchenjahr, [1958]. –

WElert, Abendmahl und Kirchengemeinschaft in der alten Kirche, 1954. – ADNock, Hellenistic mysteries and Christian sascraments (Mnemosyne IV 5, 1952–53, 177–213). – ELucius, Die Anfänge des Heiligenkults in der christlichen Kirche, 1904. – *HDelehaye, Les origines du culte des martyrs, ³1933. – Ders., Les légendes hagiographiques, ²1906. – Ders., Les légendes grecques des saints militaires, 1909. – Ders., Les Saints Stylites, 1923. – GAnrich, Hagios Nikolaos, 2 Bde., 1913–17. – HKoch, Adhuc virgo, 1929. – Ders., Virgo Eva, Virgo Maria (AKG 25), 1937. – Texte zur Geschichte der Marienverehrung und Marienverkündigung, ed. WDelius (KlT 178), 1956. – FPfister, Der Reliquienkult im Altertum, 2 Bde., 1910–12. – BKötting, Peregrinatio religiosa, Wallfahrten in der Antike und das Pilgerwesen in der Alten Kirche, 1950. – *EFreistedt, Altchristliche Totengedächtnistage, 1928. – EvDobschütz, Christusbilder (TU 18), 1899. – Prudentii Carmina, ed. JBergman (CSEL 61), 1926. – Über Ephraem: Ferry (1877), Emereau (1919), Riciotti (1925). – WElliger, Die Stellung der alten Christen zu den Bildern in den ersten vier Jhh., 1930. – HvCampenhausen, Die Bilderfrage als theologisches Problem der alten Kirche (ZThK 1952). – AHeisenberg, Grabeskirche und Apostelkirche, zwei Basiliken Konstantins, 2 Bde., 1908. –RDelbrück, Die Konsulardiptychen und verwandte Denkmäler, 1926–29. – FGerke, Christus in der spätantiken Plastik, 1940. – FWDeichmann, Frühchristliche Bauten und Mosaiken von Ravenna, 1958 ff. – Vgl. § 2 t.

Der Kultus hatte bereits in den Jahrzehnten vor 250 unter starker *a* Einwirkung der Mysterienkulte seine Grundzüge erhalten (§ 18). Die Anerkennung der Kirche durch den Staat und die Christianisierung des Römischen Reichs haben diese Grundzüge nicht verändert, wohl aber den Ausbau auf den im 3.Jh. gewonnenen Grundlagen beschleunigt.

(1) Der Umwandlung der Kirche zur Staatskirche und dem rasch *b* anwachsenden Reichtum besonders der großstädtischen Gemeinden entsprach die Entfaltung von Reichtum und Prunk und die immer stärkere Betonung des Sinnenfälligen im Kultus. Die Kirche suchte dadurch mit den heidnischen Tempelkulten und dem anziehenden Kultus der Häretiker zu wetteifern (prunkvolle Kirchenbauten, kostbare Kirchengeräte, liturgische Gewänder des Klerus; reiche Ausbildung der Liturgie; kunstmäßiger Kirchengesang; zahlreiche glänzende Feste usw.).

(2) Mit dem Einströmen großer Scharen von Heiden in die Kirche *c* erlangte die schon im 3.Jh. und in ihren Anfängen weit früher zu beobachtende Aufsaugung des griechisch-römischen Heidentums ihren Höhepunkt. Zahlreiche im Volksgemüt unausrottbar fest wurzelnde heidnische Vorstellungen und Gebräuche lebten in mancherlei Umgestaltungen und Verhüllungen besonders im „niederen Kultus" weiter; vor allem der heidnische Polytheismus bestand fast ungebrochen in der Kirche fort und überwucherte vielfach die älteren Formen der christlichen Frömmigkeit.

Nicht bloß wurden die beständig sich mehrenden christlichen Heiligen zu *d* „Patronen", ähnlich den heidnischen Schutzgottheiten, sondern die zahlreichen heidnischen Lokalgötter, Heroen und Genien wurden durch die christlichen Heiligen ersetzt, ihre Tempel und Heroa ($\eta\varrho\tilde{\omega}a$) in christliche Kirchen und Kapellen, ihre Feste in Heiligenfeste verwandelt. Die prunkvollen, oft mit ausgelassener Fröhlichkeit begangenen Märtyrerfeste traten an die Stelle der antiken Heroenund Manenkultus und erfuhren von diesem starke Einwirkungen. Ebenso entstammen zahlreiche kirchliche Riten der heidnischen Religion, z. B. das Anzünden von Kerzen im Gotteshause, das Räuchern, das die Dämonen verscheuchen sollte, die feierlichen Prozessionen, die in den heidnischen Bittgängen ihre Vorläufer haben.

e (3) Der Sieg der mystischen, physisch-hyperphysischen Erlösungslehre in den dogmatischen Kämpfen des 4. [und des 5.] Jhs. hat im Kultus die **Herrschaft der Mystik** entschieden und damit den Mysteriencharakter und das magisch-sakramentale und rituelle Element verstärkt. Die „Vergottung" ($\vartheta εοποίησις$), die man im Jenseits erwartete, ragte im Kultus schon in die Gegenwart herein. Mit dieser mystischen Richtung der Frömmigkeit hängt die **Materialisierung der Religion** zusammen: der religiöse Trieb verlangte nach der Durchdringung des Irdischen mit göttlichen Kräften und suchte das Göttliche in sinnlich greifbarer Form (Reliquien- und Bilderverehrung, Wallfahrten, Meßopfer usw.). Epochemachend für die endgültige Entwicklung des Kultus in dieser Richtung wurde das Zeitalter Cyrills von Alexandria (§ 34 g–k).

f **Osten und Westen** unterscheiden sich schon in vorkonstantinischer Zeit durch ein verschiedenes Gepräge der christlichen Frömmigkeit; dementsprechend treten auch im Kultus Unterschiede zutage, die später den äußeren Anlaß zur Trennung der lateinischen und der griechischen Kirche gaben (§ 46 g). Die Verschiedenheit liegt vornehmlich in der **Liturgie**, ferner in der **Fastenordnung**, die im Osten weit strenger war als im Abendlande, in den kirchlichen **Festen**, der Gestaltung des **Kirchenjahres** u. a.

Einzelheiten.
DIE AUFNAHME IN DIE KIRCHE.

g Auch für die in christlichen Familien Geborenen blieb noch lange die **Erwachsenentaufe** in Übung. Nicht selten verschob man die Taufe bis zum Lebensende, denn das Katechumenenchristentum galt mit dem weltlichen Berufsleben für besser vereinbar als das Vollchristentum, zu dem die Askese gehörte. Im **Katechumenat** trat der Unterricht immer mehr hinter umständlichem Zeremoniell zurück (Darreichung von geweihtem Salz; Exorzismen, Bekreuzung, Anblasen usw.). Auch die **Taufe** war mit reichen Zeremonien umgeben (feierliche *abrenuntiatio* an den Satan und Zusage an Christus; Wasserweihe; *interrogatio de fide* und dreimaliges Untertauchen; Salbung mit Öl; Aufsagen des Vaterunsers durch den Getauften; Bekleidung mit weißen Linnengewändern, Überreichung von brennenden Kerzen, von Milch und Honig usw.). Die auf das Untertauchen folgende **Salbung** mit geweihtem Öl ($\chi ρίσμα$) galt schon im 3. Jh. als ein selbständiges Sakrament ($τελετὴ\ μύρου$, *confirmatio*, Firmelung); sie wurde im Abendlande dem Bischof vorbehalten und daher von der Taufhandlung gelöst. Seit dem 6. Jh. kam allmählich die **Kindertaufe** zur Herrschaft (§ 18 d). Die **Ketzertaufe** wurde von der katholischen Kirche des Abendlandes seit dem Konzil von Arelate 314 als gültig angesehen, während die Donatisten sie verwarfen (§ 25 f g). Im Orient wurde ihre Gültigkeit noch lange bestritten, schließlich die Taufe einer Anzahl bestimmter ketzerischer Gemeinschaften anerkannt (Trullanum II, s. § 40 f).

DIE GOTTESDIENSTE.

h Beim **Hauptgottesdienst** bestand die Unterscheidung zwischen zwei Teilen des Gottesdienstes (§ 18 g) fort, bis das Katechumenatswesen in Verfall geriet. Die altchristliche **Predigt** erreichte in dem Jh. von **350–450** ihren **Höhepunkt**. Im Osten war ihre Blüte durch den Einfluß der antiken Rhetorik mitbedingt; die Predigt wurde hier vornehmlich als rednerische Leistung gewürdigt (Beifallklatschen der Gemeinde, von Chrysostomus zurückgewiesen). Gewöhnlich predigte der Bischof, bisweilen ein Presbyter oder Diakon. Die bedeutendsten Prediger des 4. Jhs. waren die drei großen Kappadozier *Basilius, Gregor von Nazianz* und *Gregor von Nyssa* und, alle andern überragend, *Johannes Chrysostomus*, unter den Abendländern *Ambrosius* und *Augustinus*.

Den Höhepunkt des Gottesdienstes bildete nach wie vor die zu einem langen *i* liturgischen Akte ausgestaltete Feier der **Eucharistie;** das Kernstück mit der Wandlung der Elemente und der Darbringung des Opfers vor Gott hieß später „canon missae". Je barbarischer die Zeit wurde, desto massiver wurden die Vorstellungen von der Wandlung ($\mu\varepsilon\tau\alpha\beta o\lambda\acute{\eta}$, *transfiguratio*). Die Bezeichnung „Eucharistie" trat später hinter dem Ausdruck „**Messe**" zurück, der sich seit dem Ende des 4. Jhs. und zuerst in Gallien nachweisen läßt, aber vermutlich älter ist; er bezeichnete anfangs alle Arten von Gottesdiensten, schließlich die Eucharistie. Nach der traditionellen, auf einen Deutungsversuch Isidors von Sevilla zurückgehenden Auffassung bedeutet *missa* [wohl Substantivum = missio, dimissio] ursprünglich die feierliche Entlassung der Katechumenen aus dem Gottesdienst, dann den ganzen Gottesdienst.

Neben dem Hauptgottesdienst gab es tägliche **Nebengottesdienste** (Schriftver- *k* lesung, Gebet, Segen, Gemeindegesang; keine Predigt, keine Eucharistie). Allmählich bildete sich die Sitte, 7 bis 8 **Horen** (Stundengebete) abzuhalten: Matutin, [Laudes], Prim, Terz, Sext, Non, Vesper, Kompletorium. An Matutin und Vesper nahm die Gemeinde teil; die übrigen Stundengebete gewannen nur für die Kleriker und die Mönche Bedeutung.

Auch für die Gemeinde bestand ein reiches Zeremoniell (Bekreuzung; *l* Händewaschen beim Betreten der Kirche; Anbrennen von Kerzen; Bruderkuß; Küssen der Eingangstür oder Schwelle beim Eintreten, der Reliquien und der Bilder; Weihwasser, offizielles kirchliches Sakramentale erst im 8. oder 9. Jh.). Im übrigen war der Klerus bestrebt, die Gemeinde wie in der Verwaltung der Gemeindeangelegenheiten so auch im Kultus zur Passivität herabzudrücken; auch der Gemeindegesang machte allmählich dem Gesange kirchlicher Sängerchöre Platz (berühmter Kirchengesang im 4. Jh. in Rom und Mailand: hier der „*cantus Ambrosianus*").

Die Bestimmung der Synode von Laodicea (c. 360), daß nur biblische **Hym-** *m* **nen** in der Kirche gesungen werden dürften, vermochte sich nicht durchzusetzen. Die Hymnendichtung blühte in der syrischen Kirche (*Ephraem Syrus*, im Wettbewerb mit den Hymnen der Bardesaniten, s. § 13 t) und besonders im Abendlande (*Hilarius, Ambrosius*; der hervorragendste: der Spanier *Prudentius*, ein Laie, † nach 405). Von den abendländischen sind die Hymnen des Ambrosius am bekanntesten (der sog. ambrosianische Lobgesang „Te deum laudamus" ist in seinen Grundlagen wohl älter als Ambrosius). Die griechische Kirche erlebte ihren bedeutendsten Hymnendichter erst im justinianischen Zeitalter (*Romanus*, von Geburt Syrer, um 550 Kleriker in Konstantinopel).

Prozessionen wurden bereits im 4. Jh. abgehalten, bei der Translation von *n* Reliquien (§ t) und anderen Anlässen, als Bittgänge nach Art der antiken Rogationen seit dem 5. und 6. Jh.

FESTLICHE ZEITEN.

Wochenfestkreis. Neben dem **Sonntag** (§ 10 g, 23 e) kam im Orient da und dort *o* sonntägliche kirchliche Feier des **Sabbats** vor. Mit der Einführung des gesetzlichen Osterfastens (§ p) trat die Bedeutung der **Stationstage** zurück. Im Abendlande wurde es üblich, neben dem Freitag den Sonnabend, nicht mehr den Mittwoch (§ 10 g) als Fastentag zu betrachten.

Jahresfeste. Die beiden älteren Jahresfeste **Passah** und **Pentekoste** (§ 18 n) er- *p* fuhren seit dem 4. Jh. eine weitere Ausgestaltung. Der Auferstehungstag, im 2. und 3. Jh. der Anbruch der Pentekoste, wurde seit dem 4. Jh. in die Passahzeit hereingezogen, der Name „Passah" schließlich auf ihn beschränkt. Die vorangehenden Wochen (Quadragesima, $\tau\varepsilon\sigma\sigma\alpha\varrho\alpha\kappa o\sigma\tau\acute{\eta}$) wurden zu einer strengen Fastenzeit, die in dem christlich gewordenen Staat in weitgehendem Maße in das bürgerliche Leben eingriff (Ruhen der Kriminaluntersuchungen, Verbot aller lauten Festlichkeiten, Märtyrerfeiern, Hochzeiten usw.).

§ 27   Die Zeit der Entstehung der römischen Reichskirche

Den Abschluß dieser Zeit bildete die große Woche (*ἑβδομὰς μεγάλη*), in welcher der Sonntag (wohl zuerst im Orient „Palmsonntag"), der Donnerstag (Hauptabendmahlstag; allgemein erst im 15. und 16. Jh. „Gründonnerstag"), der Freitag und der Sonnabend (der „große Sabbat") besonders ausgezeichnet waren. Dem Ostersonntag voran ging ein Vigiliengottesdienst (in der Osternacht; wichtigster Tauftermin); den Abschluß des Osterfestes bildete die Osteroktave am folgenden Sonntag. Karwoche und Osterwoche wurden durch täglichen Gottesdienst und völliges Ruhen aller Arbeit begangen.

q   Über den **Ostertermin** war zu Nicäa 325 insofern eine Einigung zwischen Abendländern und Morgenländern (vgl. § 20 r) erzielt worden, als man unter Verwerfung der quartodezimanischen Sitte den ersten Sonntag nach dem ersten Vollmond nach dem Frühlingsäquinoktium zum Auferstehungsfest bestimmte. Doch blieb die astronomische Berechnung dieses Tages bis ins 6. Jh. in Rom und in Alexandria verschieden; erst der römische Abt *Dionysius Exiguus* schloß 525 die römische Osterberechnung an die alexandrinische an.

Ganz analog wurde der Name „Pentekoste", der früher die auf das Passah folgende 50tägige Periode bezeichnet hatte, auf den letzten Sonntag dieser Periode beschränkt und dieser Pfingstsonntag mit einer vorangehenden Vigilie und einer nachfolgenden Oktave (im Osten Fest aller Märtyrer, § s, im Abendland erst im 12. Jh. Fest der Trinität) umgeben. Voran ging seit dem 4. Jh. das **Himmelfahrtsfest**, ebenfalls mit einer Vigilie.

r   Dazu gesellte sich im 4. Jh. das **Weihnachtsfest.** Man muß unterscheiden zwischen der gelehrten, sehr künstlichen **Errechnung** des vermeintlichen Geburtstages Jesu am 25. Dez. (Hippolytus, Julius Africanus) und der Einführung des kirchlichen **Festes der Geburt des Herrn**. Das Fest ist aus zwei Wurzeln erwachsen: 1) der OSTEN feierte schon in der vorkonstantinischen Zeit am 6. Januar das **Epiphanienfest** (§ 18 o); 2) in ROM feierte man, sicher vor 354, vermutlich vor 336, den 25. Dez. als **Geburtstag Christi**. Als Ersatz für die heidnischen Freudenfeste der Saturnalien (17. bis 24. Dez.) und der Brumalien (des Festes der Wintersonnenwende, des *Deus invictus Sol Mithras*, 25. Dez.) fand das neue kirchliche Fest rasch Eingang. Seit c. 378 bürgerte sich die Feier des 25. Dez. nach und nach auch im Morgenlande ein (**nicht** in Armenien!), umgekehrt die Feier des 6. Jan. auch im Abendlande, verlor hier aber ihre ursprüngliche Bedeutung und wurde zum Fest der Anbetung des Jesusknaben durch die Magier. Die Vorfeier des Weihnachtsfestes, die Adventszeit, kam erst im 6. Jh. auf.

DER NIEDERE KULTUS.

s   **Heiligenverehrung.** Zu den **Märtyrern** gesellten sich zahlreiche **neue Heilige**. Da die Martyrien aufgehört hatten, wurden jetzt vor allem Mönche und Bischöfe als Heilige verehrt; wer heilig sei, entschied die Stimme des Volkes. Dazu trat die Verehrung biblischer Persönlichkeiten, seit dem 4. Jh. vor allem der **Maria** (Anfänge der Legende s. § 10 k). Man verehrte in ihr das leuchtende Vorbild der Virginität und die „Gottesmutter" (*θεοτόκος*, vgl. § 34 h). Man glaubte nun mehr und mehr an ihre beständige Jungfräulichkeit, ihre volle Sündlosigkeit, ihre Mittlerstellung bei der Erlösung. In den offiziellen Kultus und in die Theologie drang der Marienkultus besonders seit der Zeit des *Cyrill von Alexandria* ein (berühmte Rede Cyrills am Schluß des Konzils von Ephesus 431). Marienfeste gab es im Osten seit dem 5. und 6., im Westen seit dem 7. und 8. Jh.; lange Zeit kannte der Osten nur ein Marienfest, das Fest der *κοίμησις* (15. Aug.). Das in einigen östlichen Provinzen vielleicht schon im 4., sicher im 5. Jh. vorhandene Fest der Ὑπαπαντή (Ὑπαντή,, Begegnung Jesu mit Simeon, 2. Febr.), das das Abendland später überwiegend als Marienfest feierte („Mariae Reinigung"), war ursprünglich ein Herrenfest. Mit der Marienverehrung drang ein Ersatz für die überwundene Verehrung der antiken Muttergottheiten in das Christentum ein. Auch die Anrufung der **Engel**, in den ersten Jhh. wegen der gnostischen Aeonenspekulationen vermieden, fand im Laufe des 4. Jhs. in der Kirche Eingang; besonders beliebt war der wundertätige Erzengel Michael. Bedeutsam war, daß die „Heiligen" nun als **Patrone**, als Heilsmittler betrachtet wurden, deren Fürbitte und Schutz (bes. gegen die Dämonen) man anrief (Lehre vom überschüssigen Verdienst der Heiligen). Ein Fest aller Märtyrer (*κυριακὴ τῶν ἁγίων μαρτυρησάντων*) feierte der Osten schon im 4. Jh. an der Pfingstoktave, Rom erst seit 610 (Weihe des Pantheon durch Bonifatius IV.) am 1. Nov.

Der **Reliquienkultus** nahm schon im 4. Jh. große Ausdehnung an und zeitigte *t* die bekannten Begleiterscheinungen („Auffindung" vordem unbekannter Reliquien durch Visionen und Träume; zahlreiche „piae fraudes"; schwunghafter Handel unehrlicher Mönche mit falschen Reliquien usw.). Die Überführung (*translatio*) neu entdeckter Reliquien in die Kirche gestaltete sich zu einem großen Fest. Jeder Altar sollte eine Reliquie enthalten; auch einzelne Knochen oder Gegenstände, die mit den Heiligen in Berührung gestanden hatten (Folterwerkzeuge, Gewänder usw.), galten als Reliquien. Vermeintliche Partikeln vom Kreuze Christi waren im 4. Jh. in Amuletten allenthalben verbreitet (Sage von der Kreuzesauffindung durch Konstantins Mutter Helena; Fest der Kreuzesauffindung in Rom am 3. Mai seit Gregor I.; Fest der Kreuzeserhöhung im Osten am 14. Sept. seit 629, § 40 b).

Auch die **Bilderverehrung** drang im Laufe des 4. Jhs. in die Kirche ein. Das *u* bilderfeindliche Verbot der Synode von Elvira (306/12) und die auf den Dekalog sich stützende Gegnerschaft des *Eusebius von Caesarea* vermochten ebensowenig durchzudringen wie die entschlossene Polemik des *Epiphanius* gegen Ende des 4. Jhs. Die ausgebildete „*εἰκονολατρεία*" stammt erst aus dem 5. und 6. Jh. (Kerzen, Weihrauch, Küssen, Niederfallen; im 5. Jh. kommt zuerst unter den Styliten, § 28 h, der massive Glaube auf, daß der Heilige mit seiner Kraft im Bilde gegenwärtig sei; seit dem 6. Jh. hatte man auch wunderbar entstandene Bilder Christi, *εἰκόνες ἀχειροποίητοι*, seit dem 8. Jh. auch solche der Maria). Vgl. § 42 b–e.

Die **Wallfahrten** nach Palästina, vereinzelt schon früher bezeugt (Eus. h. e. *v* VI 11₂), kamen besonders seit der berühmten Reise der *Helena* (326) in Aufnahme. Die Wallfahrt galt als wertvolle asketische Leistung und brachte den Pilger mit dem Heiligen in Berührung. Außer nach den heiligen Stätten Palästinas (Jordanwasser [Taufe im Jordan], Wunderkraft der heiligen Erde) pilgerte man zu den Apostelgräbern in Rom, zum Grabe des hl. Martin in Tours, zum Sinai, seit dem 5. Jh. im Osten besonders zum Grabe des hl. *Menas* (Märtyrer unter Diokletian) in der Wüste Mareotis; usw.

DIE KIRCHLICHE KUNST.

Die neue öffentliche Stellung der Kirche seit Konstantin wies dem **Kirchen-** *w* **bau** neue Aufgaben zu. An die Stelle der kleinen, schlichten Kirchengebäude des 3. Jhs. traten, zum Teil aus staatlichen Mitteln errichtet, kirchliche Prachtbauten. Der vor Konstantin entstandene **Basilikenstil** (§ 18 p), ein klassisches Symbol der altchristlichen Frömmigkeit, erhielt nun seine volle Entfaltung.

Die Hauptmerkmale des basilikalen Schemas sind 1) das rechteckige **Lang-** *x* **haus** oder **Schiff** (bei größeren Bauten durch 2, 4 oder 6 Säulenreihen in das breitere und höhere **Hauptschiff** und 2, 4 oder 6 schmälere und niedrigere **Nebenschiffe** geteilt, mit einer flachen getäfelten Holzdecke oder unmittelbar von dem zweiseitigen schrägen Dache überdeckt; Fenster an den Längswänden des Mittelschiffs oberhalb der Säulenreihen) und 2) die dem Eingang gegenüberliegende, meist nischenförmige und um einige Stufen erhöhte **Apsis** mit dem Stuhle des Bischofs, den Sitzen der Presbyter und dem Altar. Den Abschluß des [Mittel-] Schiffs gegen die Apsis bildet der **Triumphbogen**, meist mit Bildern geschmückt. Schiff und Apsis werden durch gitterförmige Schranken und Vorhänge getrennt. (Im Morgenland wurde es seit Justinian I. üblich, an Stelle der Schranken zwischen Apsis und Schiff eine Holzwand mit drei Türen anzubringen, später **Bilderwand**, *εἰκονοστάσιον* genannt, aus dem antiken Theater übernommen). Die Anlage eines **Querschiffs** begegnet zuerst und vereinzelt im Osten, häufig im Abendland, besonders in Rom. Das Äußere der Basiliken, die oft mitten in der Häuserreihe lagen, war schmucklos. Die bedeutendsten römischen Basiliken des 4. Jhs. sind beide nicht erhalten; St. Peter ist seit Julius II. (§ 70 f) abgerissen worden, St. Paul vor den Mauern 1823 fast völlig verbrannt. **Turmbauten** gehören erst einer weit späteren Periode an, das Zweiturmmotiv (den Kircheingang rechts und links flankierende Türme) der syrischen Baukunst um 500. Der **Einzelturm**, zunächst meist ohne organische Verbindung mit der Kirche, kommt erst unter islamischem Einfluß auf, wahrscheinlich nicht vor dem 9. Jh.; früheste Vorstufe der assyrisch-babylonische Turmbau (Unterbau eines hochgelegenen Heiligtums).

y Daneben verwendet man, zuerst für Baptisterien und fürstliche Grabkirchen, dann auch für Gemeindehäuser, den **Kuppelbau** oder **Zentralbau**. Die Hauptwerke stammen erst aus den folgenden Jhh., so im Westen S. Vitale in Ravenna (547), im Osten die Hagia Sophia in Konstantinopel (Zeit Justinians I.).

z Die Wände der Kirchen wurden mit Fresken oder mit **Mosaiken** geschmückt (*musivum*). Neue Typen wurden geschaffen, der Bilderkreis erweitert (Serienbilder). Neben den jugendlichen, bartlosen Christustypus (§ 18 r) tritt der männliche Christustypus. Auch ein Paulus- und ein Petrustypus setzten sich durch. Der Paulustypus scheint durch das Plotin-Porträt bedingt zu sein; wer steht hinter dem sehr charakteristischen Petrustypus? Der Nimbus (Nebelhülle), ursprünglich bei den Göttern und den römischen Kaisern angewendet, wird seit der nachkonstantinischen Zeit zuerst auf Bildern Christi, dann auch der Heiligen angebracht. Das 4. Jh. brachte eine reiche Entfaltung der Reliefplastik (Rom, Arelate, etwas später Massilia). Auch die Kleinkunst wurde eifrig betrieben, besonders Elfenbeinschnitzerei (Diptychen, d. s. Buchdeckel für kirchliche Lektionarien, bes. für die Verzeichnisse der Personen, für die gebetet wurde), sowie die Holzschnitzerei (Holztür von S. Sabina in Rom mit der ältesten bekannten Darstellung der Kreuzigung, vermutlich 5. Jh. oder wenig später).

§ 28. Das Mönchtum.

HKoch, Quellen zur Geschichte der Askese und des Mönchtums in der Alten Kirche (SQ, N. F. 6), 1933. – KHoll, Enthusiasmus und Bußgewalt im griech. Mönchtum, 1898. – RReitzenstein, Historia monachorum und Historia Lausiaca, 1916. – W. Bousset, Apophthegmata, 1923. – KHeussi, Der Ursprung des Mönchtums, 1936. – Antonius: EAmélineau, Saint Antoine et les commencements du monachisme chrétien (= Revue de l'histoire des religions 65, 1912, S. 16–78); KHoll, Ges. Aufs. II, S. 249–269; R. Reitzenstein, SHA 1914; HDörries, Die Vita Antonii als Geschichtsquelle, NGA 1949. – Pachomius: Lefort im Muséon 1919, 1923, 1924, 1954; WECrum, Schriften des wiss. Gesellschaft Straßburg 18, 1915; Sancti Pachomii vitae graecae, ed. FHalkin, 1932; Pachomiana latina, ed. ABoon, 1932. – KonstLehmann, Die Entstehung der Freiheitsstrafe in den Klöstern des hl. Pachomius, ZSav Kan 37, 1951. – Basilius: FLaun, ZKG 1925, S. 1–61. – Makarius: JStoffels 1908; JStiglmayr, ZkathTh 1925, S. 244ff.; HDörries, Symeon von Mesopotamien (TU 55, 1), 1941. – FDörr, Diadochus von Photike und die Messalianer, 1937. – *AZumkeller, Das Mönchtum des hl. Augustinus (Cassiciacum 11), 1950. – Martin von Tours: EChBabut, Saint Martin de Tours, Paris [1912]; HDelehaye, Analecta Bollandiana 38, 1920; PLadoué, 1930. – Symeon Stylites: HLietzmann, TU 32, 1908. – Nilus der Asket: KHeussi, Untersuchungen zu Nilus dem Asketen (TU 42, 2, 1917); Ders., Das Nilusproblem, 1921; *JosHenninger, Zeitschr. Anthropos 50, 1955.

a Das Zeitalter Konstantins und seiner Söhne sah die Verbreitung einer neuen Form der altchristlichen Askese, des **Mönchtums**. Es entstand aus einem asketischen Enthusiasmus, der die Massen mit zwingender Gewalt erfaßte. Die älteste Gestalt des Mönchtums war das **Anachoreten- oder Eremitenleben**: an die Stelle des [schon längst vorhandenen] asketischen Lebens innerhalb der sozialen Gemeinde trat das Leben in der Einsamkeit, zunächst in der Nähe menschlicher Niederlassungen, später daneben auch die radikale Weltflucht, das Leben in völliger Einsamkeit in der Wüste im Kampfe mit den Dämonen. Die jüngere Form des Mönchtums war das **Klosterleben** oder **Koinobitentum**. Die Anachorese entstand in den letzten Jahrzehnten vor dem Umschwung der kaiserlichen Religionspolitik in Ägypten und anderen Ländern, das Koinobitentum in Ägypten seit c. 320. Das Mönchtum verbreitete sich mit erstaunlicher Schnelligkeit, vor allem im Morgenlande, sehr viel später und langsamer im Abendlande.

1. Das **Anachoretentum** wird geschichtlich greifbar vor 300 in der Gestalt des *b* heiligen *ANTONIUS*[1] (geb. in Koma an der Grenze der Thebais). Die Vita Antonii schildert, wie er unter dem Eindruck des Evangeliums vom reichen Jüngling (Mt. 19) seine Habe den Armen gibt und in die Einsamkeit geht, dann lange in einem Grabmal, später in einem verödeten Kastell, schließlich in einem unwirtlichen Felsengebirge lebt. Hier wird er von allen möglichen Leuten aufgesucht, die von dem Heiligen Hilfe, Trost oder Rat begehren. Er starb **356** [?], angeblich fast 105 Jahre alt.

Wie Antonius zogen zahlreiche andere Mönche ($\mu o \nu a \chi o \iota$, $\mu o \nu \acute{a} \zeta o \nu \tau \varepsilon \varsigma$, Ein- *c* same) in die Wüste und lebten dort als Anachoreten ($\grave{a}\nu a \chi \omega \varrho \eta \tau a \iota$, Entwichene) oder Eremiten ($\grave{\varepsilon}\varrho \eta \mu \tilde{\iota} \tau a \iota$, von $\breve{\varepsilon}\varrho \eta \mu o \varsigma$, Wüste). Vielfach bildeten sie **Gruppen**. Die angesehenen „Väter" galten als Geistträger und hatten meist Mönchsschüler um sich. Es bildete sich die eigenartige, mündlich überlieferte **Weisheit** der Wüste (Apophthegmen, s. § i).

2. Das **Klosterleben** wurde **c. 320** durch *PACHOMIUS* (292–346), einen Kop- *d* ten heidnischer Herkunft, begründet. Er setzte an die Stelle des ungeregelten Lebens in der Einsamkeit das geregelte Leben in einer Genossenschaft (Cönobitentum, $\varkappa o \iota \nu \grave{o} \varsigma$ $\beta \iota \varrho \varsigma$), in der Sonderwelt des **Klosters** ($\mu \acute{a} \nu \delta \varrho a$, $\mu o \nu a \sigma \tau \acute{\eta} \varrho \iota o \nu$, $\varkappa o \iota \nu \acute{o} \beta \iota o \nu$, *claustrum*, *monasterium*), unter der Leitung des **Abtes** ($\breve{a}\beta \beta a \varsigma$, $\grave{a}\varrho \chi \iota \mu a \nu \delta \varrho \acute{\iota} \tau \eta \varsigma$). Die **Regel** der Pachomianer geht in den Grundlagen auf Pachomius selbst zurück; gefordert wurden Übungen, unbedingter Gehorsam gegen den Abt, scharfe Disziplin (namentlich gegen Keuschheitssünden), kein Privateigentum, Pflicht der Arbeit (Matten- und Korbflechten, Handwerke, Ackerbau); unbekannt waren Eintrittsgelübde und Verpflichtungen zu lebenslänglichem Bleiben. Das älteste der von Pachomius geleiteten Klöster war **Tabennîsi** am Nil[2]. Pachomius stiftete auch die ersten Nonnenklöster.

3. Eigenartig ist die **Frömmigkeit** der ältesten Mönche. Das Ziel des mön- *e* chischen Lebens ist die Erlangung der Vollkommenheit (Mt. 19₂₁!), das Mittel hierzu die Ertötung alles sinnlichen Begehrens durch schärfste **Askese**, durch völligen Bruch mit der Welt, Verzicht auf jeglichen Besitz, Lösung aller Beziehungen zur Heimat und zu den Verwandten, Fasten, Wachen, Schlafen im Sitzen, Einschließen in enge Zellen („Inklusen" oder „Reklusen"), Tragen von härenen, oft die Haut aufritzenden Gewändern, Verzicht auf alle körperliche Reinlichkeit, ja Schleppen schwerer eiserner Ketten oder hölzerner Kreuze, ängstliches Vermeiden auch nur des Anblicks eines weiblichen Wesens. Freilich rächt sich diese Unterdrückung der Natur durch eine ungeheure Steigerung des **Phantasielebens**: in heftigen inneren Kämpfen ringen die Mönche mit den **Dämonen**, die ihnen als wilde Tiere, Satyrn, Centauren, nackte Frauen erscheinen, ihnen allerlei schreckhafte oder verführerische Bilder vorgaukeln oder böse Gedanken ins Herz geben.

---

[1] Quelle die **Vita Antonii** des Athanasius. Sie verwebt Geschichtliches und Ungeschichtliches zu einem Idealbilde. Die literarische Form der Vita, des Typus der christlichen Heiligenleben, beruht auf Nachahmung eines verlorenen $\beta \iota \varrho \varsigma$ $\Pi \upsilon \vartheta a \gamma \acute{o} \varrho o \upsilon$ (KHoll, RReitzenstein); auch die Auffassung der Askese ist philosophisch-hellenistisch gefärbt; daneben sind ägyptische Volksvorstellungen von den Wüstendämonen und der Wunderkraft der Klausner verwendet.

[2] Tabennîsi = Ort der Palmen der Isis. Die Lesart $\grave{\varepsilon}\nu$ $Ta\beta \acute{\varepsilon}\nu \nu \eta$ $\nu \acute{\eta}\sigma \omega$ Soz. III 14₁₆ ist verderbt aus $\grave{\varepsilon}\nu$ $Ta\beta \varepsilon \nu \nu \acute{\eta}\sigma \omega$: die viel zitierte „Nilinsel Tabenne" hat es nie gegeben!

§ 28   Die Zeit der Entstehung der römischen Reichskirche

f   4. Viel umstritten ist das Problem der **Entstehung** des christlichen **Mönchtums**. Die κάτοχοι im ägyptischen Sarapisdienst haben mit den christlichen Mönchen nur geringe Ähnlichkeit; vielleicht hatten sie überhaupt keinen religiösen Charakter. Das indische Mönchtum, schon um 800 v. Chr. vorhanden und äußerlich eine interessante Parallele, kann schon wegen der großen räumlichen Entfernung kaum unmittelbar eingewirkt haben. Dagegen hat der Manichäismus, seit Ende des 3. Jhs. in Ägypten verbreitet, die pessimistische Grundstimmung verstärkt. Und vor allem hat die hellenistische Philosophie, die teilweise asketisch gerichtet war (§ 4 q), vornehmlich durch Vermittlung von Philo, Clemens und Origenes auf die christliche Askese eingewirkt (asketischer Wortschatz; Verbindung von Askese und mystischem Erleben; das mystische Schweigen; das Gestorbensein und der Gehorsam).

g   5. Erstaunlich ist die rasche **Ausbreitung** des Mönchtums. Ägypten blieb im 4. Jh. das Hauptland. In Unterägypten entstanden um 330 die Eremitenkolonien der nitrischen Berge und die weit verstreut liegenden Zellen der sketischen Wüste (*Makarius der Ägypter*, † um 390; vgl. § i; die ihm zugeschriebenen, eine stark vergeistigte Mystik enthaltenden Homilien sind lebhaft umstritten, sie werden von manchen den Messalianern [§ h] zugewiesen; sehr starke Einwirkung auf die Mystik im Morgenland und Abendland!). Das cönobitische Mönchtum Ägyptens fand nach Pachomius seinen Hauptförderer an dem Kopten *Schenute*, dem Abt des Weißen Klosters bei Atripe († 118 j. nach 450). Starke Verbreitung fand das Mönchtum ferner in Syrien; hier scheint es sich im Osten selbständig, ohne Einwirkungen des Westens gebildet zu haben (*Afrahat*, vgl. § 30 c). Sehr zahlreich waren Eremitenniederlassungen und Klöster in Palästina, besonders infolge der ständig sich mehrenden Wallfahrten. In der griechischen Welt warb *Athanasius* mit seinem Βίος Ἀντωνίου für das Mönchtum (vgl. § k). Das Hauptverdienst um die Einführung des cönobitischen Mönchtums in die hellenistische Welt und um seine Einordnung in die Kirche gebührt *BASILIUS* von Caesarea in Kappadozien (vgl. § 24 t). Die auf ihn zurückgehenden Mönchsregeln (ὅροι κατὰ πλάτος und ὅροι κατ' ἐπιτομήν) sind im griechischen Mönchtum alleinherrschend geworden.

h   Spannungen zwischen Mönchtum und Klerus blieben nicht ganz aus. Zu ernstlichen Reibungen gab der asketische Radikalismus der **Eustathianer** Anlaß, welche Ehelosigkeit, Besitzlosigkeit usw. forderten (verurteilt auf der Synode zu Gangra c. 340). Anlaß zu heftigen, Jahrhunderte sich hinziehenden Kämpfen gaben ferner die **Messalianer** (Euchiten, zuerst in Mesopotamien), nach deren Lehre im Menschen von seiner Geburt an ein Dämon haust, den nur beständiges Gebet vertreiben kann. Sie wurden seit 390 von Synoden und Bischöfen vergeblich bekämpft (Makarius-Homilien s. § g; auf einer Ermäßigung des euchitischen Prinzips beruhte das Leben in den Klöstern der Akoimeten seit dem 5. Jh., deren Mönche einander zum ewigen Gebet ablösten). Im 5. Jh. traten zuerst in Syrien die **Säulenheiligen** (Styliten) auf, die später im Osten weit verbreitet waren (der bekannteste *Symeon Stylites*, der 30 Jahre lang auf einer Säule lebte † 459). Das unorganisierte Mönchtum der älteren Zeit bestand zunächst neben den Anachoreten und den Cönobiten fort und erregte leidenschaftlichen Widerstand. Die Eingliederung des Mönchtums in den kirchlichen Organismus erfolgte vor allem durch Beschlüsse des Konzils von Chalcedon 451 (vor allem: Aufsicht der Bischöfe über die Klöster ihrer Diözese; lebenslängliche Verbindlichkeit der Klostergelübde).

i   6. Seit der zweiten Generation gab es auch literarisch gebildete Mönche, und es entstand eine eigenartige **Mönchsliteratur**. Man schrieb Mönchsbiographien, moralische Traktate (Tugend- und Lasterlehre, acht Hauptsünden) und sammelte Apophthegmen (Aussprüche) berühmter Mönche. Hier sind *Evagrius der Pontier* († 400) und *Nilus der Asket* († um 430; Abt bei Ankyra in Galatien, nicht Mönch am Sinai!) zu nennen, sowie eine große Apophthegmensammlung, die Jahrhunderte lang den Mönchen zur Erbauung gedient hat. Besonders hoch stehen die feinsinnigen asketischen Schriften des *Gregor von Nyssa* (§ 24 t). Von ihm beeinflußt, aber auch messalianischem Gedankengut offen (§ h) ist das Schrifttum des *Makarius* (§ g).

7. Seit c. 370 bürgerte sich das Mönchtum auch im Abendland ein, wo die *k* „Vita Antonii" in lat. Übersetzung (durch Evagrius von Antiochia) starke Wirkungen übte (vgl. Aug., Conf. VIII, 6). Das Mönchtum fand in Rom an *Hieronymus*, in Mailand an *Ambrosius*, in Nordafrika an *Augustinus*, in Gallien an dem berühmten Asketen *Martin von Tours* († 396/97) und seit 415 an *Johannes Cassianus* in Massilia (§ 33 t) eifrige Förderer. Für die Wüste boten einsame Küsteninseln Südgalliens (Kloster Lerinum, Lérins), Italiens und Dalmatiens Ersatz.

Anfangs stieß das Mönchtum im Abendland auf heftigen Widerspruch. Die Wortführer der Gegner waren *Jovinian* in Rom, der, obwohl selbst Asket, vor der Überschätzung der Askese warnte, und der gallische Priester *Vigilantius*, der ähnlich dachte. Gegen beide richtete Hieronymus seine scharfe Polemik. (Forts. § 38 a).

§ 29. Die Stellung der Reichskirche im Kulturleben.

WLECKY, Sittengeschichte Europas von Augustus bis Karl d. Gr., deutsch 3 Bde., ³1904. – *BPOSCHMANN, Die abendländische Kirchenbuße am Ausgang des kirchlichen Altertums, 1928. – Vgl. § 19.

Das vorkonstantinische Christentum, die Religion einer Minder- *a* heit, vermochte auf die allgemeine Kultur des Römerreichs nicht einzuwirken. Dagegen trat die Kirche seit Konstantin zum gesamten Kulturleben in weit engere Beziehungen. Indessen auch jetzt blieb die Einwirkung der Kirche auf die einzelnen Kulturgebiete verhältnismäßig begrenzt.

1. GESETZGEBUNG. Die enge Verbindung mit dem Staat er- *b* möglichte den Einfluß christlicher Ideen auf die Gesetzgebung; er blieb aber sporadisch und griff nicht sehr tief.

Die Einwirkung der Kirche auf die staatliche Gesetzgebung beginnt bereits *c* unter Konstantin; seine Gesetze über die Sonntagsfeier, die Kreuzigungsstrafe, die Gladiatorenkämpfe sind § 23 e g erwähnt; ferner hat er die Gesetze, welche die Ehelosigkeit beschränken sollten, beseitigt, offenbar unter dem Einfluß der Kirche. Im übrigen blieben die staatlichen **Ehegesetze** meist hinter der kirchlichen Strenge zurück. Die Ehescheidung wurde von der Gesetzgebung nicht verboten. Gemischte Ehen zwischen Christen und Juden hat der christliche Staat bei Todesstrafe untersagt (388); Ehen mit Ketzern und Heiden dagegen hat schließlich auch die Kirche anerkennen müssen. Nur in der Festsetzung von Ehehindernissen wurde der Staat der Kirche gerecht; aber er schritt hier nur auf einem Wege weiter, den schon die ältere römische Gesetzgebung betreten hatte. Verboten wurde im 4. Jh. vom Staat (1) die Ehe mit der Schwester der verstorbenen Frau (bzw. der Witwe des verstorbenen Bruders), (2) die Ehe zwischen Oheim und Nichte, (3) die Ehe zwischen Geschwisterkindern.

Fortgesetzte Einwirkungen der Kirche auf die Rechtspflege entsprangen dar- *d* aus, daß der Staat den Bischöfen das Schiedsgericht (§ 26 o) und den Kirchen das Interzessionsrecht und das Asylrecht gewährte, das früher die heidnischen Tempel besessen hatten. Diese Privilegien dienten nicht immer der Gerechtigkeit.

2. Die SITTLICHKEIT der griechisch-römischen Gesellschaft hob *e* sich infolge der Christianisierung insofern, als das Mönchtum große Scharen von Anhängern gewann und zu einem streng asketischen Leben verpflichtete; auch ein Teil des Klerus und eine Minderheit von Gemeindegliedern lebten nach asketischen Grundsätzen. Aber die Sittlichkeit der großen Menge der Christen unterschied sich kaum von der der Heiden.

8*

f   Die **öffentliche Buße** (§ 19 b–i) wurde im 4. Jh., mit mancherlei Besonderheiten in den verschiedenen Kirchenprovinzen, noch genauer ausgebildet. Das System der Bußstationen, eine Eigentümlichkeit Kleinasiens, wurde hier im 4. Jh. noch fortgebildet (4 Stufen: *πρόσκλαυσις, ἀκρόασις, ὑπόπτωσις, σύστασις*, vgl. § 19 i), später modifiziert auch in der Kirchenprovinz Alexandria eingeführt. Indessen ließ die öffentliche Buße sich in den veränderten Verhältnissen des 4. Jhs., wo die christlichen Gemeinden nicht mehr kleine geschlossene Gruppen bildeten, sondern fast alle Bewohner des politischen Gemeinwesens umfaßten, nicht mehr in der alten Konsequenz aufrechterhalten. Das Sündenbekenntnis vor der Gemeinde konnte jetzt „um Ruf und Ehre, wenn nicht gar um Freiheit und Leben" bringen (ESchwartz).

g   Infolgedessen trat die öffentliche Buße mehr und mehr zurück. Neben ihr entwickelte sich in der orientalischen Kirche die **Beichte**. Ihr Ursprung liegt im cönobitischen Mönchtum; *Basilius von Caesarea* forderte von seinen Mönchen, daß sie an jedem Abend ihren Genossen beichten sollten. Diese Sitte fand auch unter den Laien Eingang; geheime Sünder bekannten [meist einem Mönch, nicht dem Priester] ihre der Öffentlichkeit verborgenen Sünden und nahmen bestimmte Bußübungen auf sich. Aber dies Verfahren war zunächst völlig fakultativ und daher ohne Wirkung auf die Sittlichkeit der breiten Masse (vgl. § 38 l).

h   3. Die ÄUSSEREN LEBENSFORMEN der antiken Gesellschaft wandelten sich seit der Christianisierung nicht. Die Kirche vermochte die Beurteilung der Arbeit als einer des freien Mannes unwürdigen Sache nicht zu brechen, so sehr sie auch jederzeit den sittlichen Wert der Arbeit betonte. Die Vornehmen blieben in Wohlleben und Genußsucht versunken, der christliche Pöbel der Großstädte ebenso arbeitsscheu und vergnügungslüstern wie ehedem der heidnische.

i   Die ausgelassenen Lustbarkeiten der heidnischen Feste konnte die Kirche überhaupt nicht ausrotten; nur durch die Einführung kirchlicher Freudenfeste wurden die heidnischen Feste wenigstens dem Namen nach unterdrückt. Auch die heidnischen Hochzeits- und Begräbnisgebräuche blieben bestehen. Besuch des Theaters und des Zirkus war bei den Christen gang und gäbe; die kaiserlichen Gesetze gegen die Gladiatorenkämpfe blieben wirkungslos; die Wagenrennen entfesselten nach wie vor die wildeste Volksleidenschaft.

k   4. Der ALLGEMEINEN BILDUNG vermochte sich die Kirche ebensowenig zu bemächtigen. Zwar schuf sich die Kirche eine eigene umfangreiche und gehaltreiche Bildung: sie verfügte über eine kirchliche Philosophie; sie besaß eine eigene Geschichtschreibung; sie brachte eine eigene Dichtung hervor. Aber diese Bildung war ganz einseitig religiös-kirchlich geartet und unfähig, die profane Bildung der antiken Welt zu ersetzen.

l   Diese bestand zunächst neben der Kirche fort. Zwar liegen bereits im 4. Jh. die Anfänge der Klosterschule (*Pachomius, Basilius, Hieronymus*), aber die große Mehrzahl der Kinder aus christlichen Häusern besuchte die heidnischen Schulen, in denen die antiken Klassiker den Mittelpunkt des Unterrichts bildeten. Die eigentliche Wissenschaft, die Philosophie und die Geschichtschreibung, blieb bis ins 5. Jh. in den Händen von Heiden, und die hervorragenden Vertreter der schönen Literatur waren noch ganz von antiken Anschauungen erfüllt. Mit dem völligen Siege der Kirche ging diese Bildung zugrunde. Die große Masse der Kleriker und der Mönche blieb vom tiefsten Mißtrauen, ja teilweise vom grimmigsten Haß gegen die *ἑλληνικὴ παιδεία* erfüllt, selbst in den theologischen Fragen war die Mehrzahl der Bischöfe ungebildet.

m   5. SOZIALES. Vielleicht die größte Bedeutung der Reichskirche für die allgemeine Kultur lag auf dem sozialen Gebiet. Seit dem Anwachsen des kirchlichen Reichtums, namentlich seit dem Erwerb von

Grundbesitz, wurde die Kirche ein bedeutsamer Faktor des Wirtschaftslebens. Sie hat die durch die Latifundienwirtschaft, den unerhörten Steuerdruck usw. herbeigeführte Verelendung der Massen durch großartige Wohltätigkeit in weitem Maße gelindert.

Vor allem im Orient entstanden zahlreiche Stätten für zugewanderte Fremde, *n* Arme, Witwen und Waisen, Greise, Kranke, Aussätzige, Findelkinder. Berühmt war die „Basilias", die *Basilius d. Gr.* bei Caesarea begründete, eine „Stadt im Kleinen". Im Abendland übernahmen die Klöster die Barmherzigkeitspflege.

Anderseits hat freilich die Kirche gerade auf wirtschaftlichem Gebiet unbewußt nicht wenig zur Steigerung des Elends beigetragen. *o* Denn der Krebsschaden des Wirtschaftslebens der ausgehenden alten Welt war das Latifundienwesen; die Kirche aber wurde allmählich zur ersten Latifundienbesitzerin des Reichs.

Auch die Lage der Sklaven besserte sich nicht. Es ist bezeichnend, daß in *p* der Gesetzgebung das Interesse für die Sklaven, das im 2. und 3. Jh. unter dem Einfluß der Stoa rege geworden war, im 4. Jh. erlahmte. Der Freilassung der Sklaven stand die Kirche gleichgültig, ja feindselig gegenüber. Sie selbst wurde durch ihren ständig sich mehrenden Grundbesitz Eigentümerin ungezählter Sklaven. Leo I. verbot die Erhebung eines Sklaven zum Bischof. In *Byzanz* bestand die Sklaverei noch beim Untergang des Staates 1453. Im *Abendland* waren die Sklaven bereits bei den *Germanen* günstiger gestellt als in der Antike (vgl. Tacitus), und im *Mittelalter* schuf das Christentum gewisse Milderungen (vgl. die „manumissio" Ludwigs des Deutschen von 833). Aber die Slavenkriege belieferten die Sklavenmärkte bis etwa 1300 mit Massen von kriegsgefangenen heidnischen „Slaven" (= Sklaven!). Vgl. § 109 o.

§ 30. Das Christentum außerhalb der griechisch-römischen Welt.

TER-MINASSIANTZ, Die armenische Kirche in ihren Beziehungen zu den syrischen Kirchen (TU 26, 4), 1904. – KKEKELIDSE, Die Bekehrung Georgiens, 1928. – JLABOURT, Le christianisme dans l'empire perse, ²1914. – ESACHAU, Die Chronik von Arbela, ABA 1915. – Ders., Vom Christentum in der Persis, SBA 1916. – Ders., Zur Ausbreitung des Christentums in Asien, ABA 1919. – Ders., Syrische Rechtsbücher, 3 Bde., 1907–14. – KURTDIETRICHSCHMIDT, Die Bekehrung der Germanen zum Christentum I, 1939. – Vgl. Lit. zu § 31. – Wulfila: GWAITZ (1840); WBESSELL (1860); FKAUFFMANN (1899); WSTREITBERG, Die gotische Bibel, 2 Bde., 1908–10; HBÖHMER, RE³ XXI, 548–58.

1. Das Christentum hatte wohl schon seit dem 2.Jh. die östlichen *a* Reichsgrenzen zu überschreiten begonnen und war ins Perserreich, bald auch nach Armenien vorgedrungen. Im 4.Jh. gelangte es im Süden bis nach Abessinien, vor allem aber im Norden zu den Westgoten. Alle diese neuen Kirchen standen zunächst mit der katholischen Kirche des Römerreichs in Zusammenhang; allmählich aber entfernten sie sich von ihr. Die Westgoten empfingen durch Wulfila das Christentum in der damals auf der Balkanhalbinsel herrschenden „homöischen" Form und hielten an diesem Bekenntnis fest, als im Reich der nicänische Glaube als alleinberechtigt anerkannt wurde (§ 24 y). Im Osten aber lockerte der politische Gegensatz zwischen den Römern und den Neupersern die Beziehungen der persischen und der armenischen Christen zur Reichskirche und trieb sie auf nationalkirchliche Bahnen.

§ 30 Die Zeit der Entstehung der römischen Reichskirche

b   1. In **Armenien** fand das Christentum vom östlichen Syrien aus Eingang. Bereits um 250 gab es organisierte Gemeinden (Eus. h. e. VI, 46); der eigentliche Begründer des armenischen Christentums wurde jedoch erst *Gregorius der Erleuchter* (um **300**). Im Bunde mit ihm errichtete König *Trdat* nach der Befreiung des Landes von der Perserherrschaft eine armenische Staatskirche stark nationalen und feudalen Gepräges (das erste Staatskirchentum, abgesehen von Edessa, § 16 k). Der armenische „Katholikos" (Oberbischof) wurde bis 364 durch den Metropoliten von Caesarea in Kappadozien geweiht. Der Zusammenhang mit der Reichskirche zerriß infolge der erneuten Vergewaltigung Armeniens durch die Perser (363ff.). Die armenische Kirche verstärkte nun ihre nationale Eigenart durch Begründung einer national-armenischen Literatur (durch den Katholikos *Sahak* und seinen Freund *Mesrob* um 400; eigenes Alphabet; Übersetzung der Bibel und vieler Kirchenväter). Später schied sich Armenien auch dogmatisch von der Reichskirche (§ 34 s). In das nördlich von Armenien gelegene **Iberien** oder **Georgien** drang das Christentum im 4. Jh. teils von Trapezunt und Pityus aus, teils von Armenien her, teils über Armenien hinweg von Syrien aus ein.

c   2. In **Persien** (bis 226 Dynastie der ARSAKIDEN, 226–637 Dynastie der SASSANIDEN) drang das Christentum schon sehr früh von Syrien aus ein (§ 16 k). Bereits um 224 hatte es eine ansehnliche Stellung inne. Um 340 bringt die persische Christenheit einen kirchlichen Schriftsteller von der Bedeutung eines *Afrahat* hervor (*Aphraates*, der „persische Weise"). Mit dem Wiederausbruch der Kämpfe zwischen den Neupersern und den Römern gerieten die christlichen Perser bei ihren Herrschern in den Verdacht, Freunde der christlichen römischen Kaiser zu sein; die Folge war die furchtbare Verfolgung von 339/40–379, die König *Sapor II.* über sie verhängte. Trotzdem machte das Christentum in dieser Zeit Fortschritte. Auf dem **Konzil zu Seleucia 410** organisierte sich die persische Kirche als selbständige Kirche, an der Spitze der Katholikos von Seleucia-Ktesiphon. Im 5. Jh. trennten sich die persischen Christen auch im Dogma von der römischen Reichskirche (§ 34 r).

d   3. Nach **Abessinien** gelangte das Christentum im 4. Jh. durch *Frumentius* und *Aedesius* aus Tyrus, die als Jünglinge durch Schiffbruch im Roten Meer nach Äthiopien verschlagen wurden und am Hofe von Axum Einfluß erlangten. Frumentius verband die äthiopische Kirche eng mit der ägyptischen; mit dieser wurde sie später dem Katholizismus untreu (6. Jh.; vgl. § 34 p q). Von Abessinien aus trieb man Mission im südlichen Arabien (§ 16 l); doch blieb hier die Zahl der Christen gering.

e   2. Während das Christentum in den Ländern östlich von der römischen Reichsgrenze trotz seiner Verbreitung in den folgenden Jahrhunderten für die kirchliche Gesamtgeschichte ohne erhebliche Bedeutung war, eröffneten sich mit der Germanenbekehrung eminente geschichtliche Zusammenhänge. Bereits seit dem 3. Jh. waren immer wieder größere oder kleinere Gruppen von Germanen zum Christentum übergetreten, aber im fremden Volkstum und in der katholischen Kirche aufgegangen. Später nahmen geschlossene germanische Völkerschaften, die in das Römische Reich eingedrungen waren, dort das Christentum an und bildeten eigene Stammes-, nach dem Seßhaftwerden Landeskirchen neben der katholischen Kirche. Diese Entwicklung begann gegen die Mitte des 4. Jhs. bei den damals an der unteren Donau sitzenden Westgoten.

f   In den Rheingegenden umfaßten die Gemeinden der Zeit des Irenäus (§ 16 m) schwerlich schon Germanen. Dagegen waren sowohl am Rhein wie in Kleinasien bereits vor Konstantin Germanen vom Christentum erfaßt worden (vgl. die wenig beachtete Stelle Soz., h. e. II, 6). Im 3. und vollends im 4. Jh. lebten viele Germanen im Reich als Soldaten, Beamte, Ansiedler und wurden dort christlich. Durch den friedlichen Verkehr mit den Römern und durch aus Kappadozien 276 mitgeführte Kriegsgefangene wurden die **Westgoten** mit der neuen Religion bekannt.

Der Hauptbegründer des gotischen Christentums wurde *WULFILA* (= Wölf- g lein, griech. Ulfilas), geb. 310 als Sohn eines Goten und einer gefangenen Kappadozierin, vermutlich ein Unfreier, gest. während eines Besuchs in Konstantinopel 382/383). Von Jugend auf Zweisprachler (gotisch, griechisch; später lernte er auch Latein, die Amtssprache der Balkanhalbinsel), begann er seine kirchliche Laufbahn als Lektor (Übersetzung der kirchlichen Texte im Gottesdienst!). Als er c. **341** im Gefolge einer gotischen Gesandtschaft weilte, wurde er (wo?) von dem arianischen Bischof *Eusebius von Konstantinopel* (= Eusebius von Nikomedien, § 24 h k l) zum Missionsbischof unter den Goten in Dazien geweiht. Die Bekehrung erfolgte unter schweren Kämpfen und mehrfacher harter Verfolgung der christlichen durch die heidnischen Goten. Eine Zeitlang verband sich der religiöse Gegensatz mit dem politischen Ringen der beiden Gotenführer *Athanarich* und *Fritigern*. Schließlich gelang Wulfila die Bekehrung des ganzen Volkes, auch der Gruppe des Athanarich. Nachdem Kaiser Valens 378 von den Goten bei Adrianopel vernichtend geschlagen worden war, schloß *Theodosius d. Gr.* mit ihnen **382** Frieden und überließ ihnen Thrazien und Mösien, unter Anerkennung ihres arianischen Bekenntnisses (§ i), ihres Rechts und ihrer Verfassung. Der kleinere Teil wurde angesiedelt, die meisten wurden als *foederati* in den römischen Heeresverband aufgenommen.

Das gotische Kirchenwesen trug stark **nationales Gepräge**. Der Gottes- h dienst wurde in gotischer Sprache gehalten. Aus den Bedürfnissen des Gottesdienstes erwuchs Wulfilas **gotische Bibelübersetzung**. Aus dem griech., dem lat. und dem gotischen Runen-Alphabet bildete er ein gotisches ABC. Viele biblische Begriffe schuf er für das Gotische neu. Welche biblischen Schriften Wulfila übersetzte, ist unklar; die erhaltenen Bruchstücke (z. B. im Codex argenteus, Upsala) bieten nur Evangelientexte[1].

Die Goten standen zunächst in lockerem Zusammenhange mit der Reichs- i kirche, verharrten aber bei dem in dieser um 340/360 herrschenden arianischen Bekenntnis, als die Reichskirche zum Homousios zurückkehrte (§ 24 y), und wurden dadurch häretisch. Das arianische, genauer **homöische Bekenntnis** (§ 24 q), obwohl es durch zufällige Umstände zu den Goten gelangt war, entsprach doch ihrer geistigen Stufe (schlichter Bibelglaube, Ablehnung aller nichtbiblischen dogmatischen Ausdrücke und Spekulationen, z. B. des Logosbegriffs), besonders in der zum Polytheismus abgleitenden Gestalt, die es durch Wulfila erhielt: der „Sohn", gleichsam ein Königssohn, gleichen Blutes mit dem Vater, daher von allen anderen geschieden, aber dem Vater zu Gehorsam und Dienst verpflichtet. Die eigene theologische Produktion der Ostgermanen nach Wulfila blieb unerheblich.

Die **Religiosität** war nüchtern und ziemlich frei von der übertriebenen k Wundersucht des gleichzeitigen Katholizismus. Die Sitte war naturwüchsig und gesund. Die Askese, von Arius sehr hoch gehalten, fand keinen Eingang, auch nicht der Zölibat der Priester. Die **Kleriker** waren, entsprechend der militärischen Verfassung des Volksganzen, im Grunde Militärgeistliche.

Von den Westgoten gelangte das Christentum sehr rasch zu den übrigen l **ostgermanischen Stämmen** (Vandalen, Burgunder, Heruler, Rugier, Ostgoten), die sämtlich **Arianer** wurden (Forts. § 31 e).

---

[1] Ein nationales Kirchentum gab es nicht nur bei den Germanen. Der Gottesdienst fand überall in der Volkssprache statt; es gab damals nirgends eine von der Volkssprache geschiedene Kirchensprache; es gab Bibelübersetzungen in vielen Sprachen (lat., syr., armen., georg., kopt., äthiop., arab.).

II. Die Schicksale der römischen Reichskirche von Theodosius d. Gr. bis gegen Ausgang des 5. Jahrhunderts.

Vorblick auf §§ 31—34.

In gewissem Sinne kann man den Ausgang des 4. und die ersten Jahrzehnte des 5.Jhs. als den **Höhepunkt der Alten Kirche** bezeichnen. Die äußere Lage der Kirche war so günstig wie nie zuvor. Sie war anerkannte Staatsreligion. Die heidnischen Kulte waren aus dem öffentlichen Leben verdrängt, die Mehrzahl der Bewohner des Römerreichs wenigstens äußerlich dem Christentum unterworfen. Im Innern schirmte das kaiserliche Regiment die Kirche gegen Häresien und Schismen und arbeitete fortgesetzt an dem weiteren Ausbau der kirchlichen Gesetzgebung. Auch im geistigen Leben der Kirche war ein Höhepunkt erreicht, das eigentlich klassische Zeitalter der altkirchlichen Theologie, das durch so gefeierte Namen wie Hieronymus und Augustin, Johannes Chrysostomus, Cyrill und Theodoret bezeichnet wird.

Und doch waren bereits um 400 die ersten Anzeichen des drohenden Verfalls sichtbar, und im Laufe des 5.Jhs. trat ein rascher Niedergang ein; die konstantinisch-theodosianische Reichskirche in dem Umfang, wie sie 395 bestanden hatte, löste sich auf. Dieser Vorgang beruht teils auf der Einwirkung außerkirchlicher, besonders politischer Verhältnisse, teils auf innerkirchlichen Zuständen.

In der politischen Entwicklung des Römerreichs bezeichnet der Tod Theodosius d. Gr. 395 einen wichtigen Wendepunkt. Mochte auch die Idee der Reichseinheit lebendig bleiben, tatsächlich brach nun das Imperium in ein oströmisches und ein weströmisches Reich auseinander. Seitdem ging die Entwicklung in den östlichen und den westlichen Mittelmeerländern weit stärker als früher gesonderte Wege. Während sich im Osten der Römerstaat noch über ein Jahrtausend in wechselvoller Geschichte behauptete, erlag er im **Westen** schon im 5.Jh. den Einfällen der Germanen und machte einer Reihe germanischer Staatenbildungen Platz. Mit dem römischen Reich löste sich im Abendlande die Reichskirche auf, noch bevor sie hier zu voller Durchbildung gelangt war. An die Stelle der kirchlichen Einheit trat kirchliche Zersplitterung; neben den katholischen Lateinern lebten als die Herren des Landes die halb barbarischen, meist arianischen Germanen. Nur die steigende Festigung der Stellung des römischen Bischofs, um den sich nun die katholischen Lateiner immer enger scharten, verhieß dem abendländischen Katholizismus eine bessere Zukunft.

Im **Morgenlande** vermochte sich das Imperium nach außen trotz neuer Kämpfe mit den Persern zu behaupten. Aber Theodosius' I. unbedeutende Nachfolger waren außerstande, die zentrifugalen Kräfte, die im Innern wirksam wurden, zu meistern. Die Machtgelüste der großen Metropoliten und die Streitsucht der theologischen Parteien stürzten die Kirche in schwere Wirren. Es entbrannte der große christologische Streit. In seinem Verlaufe erhoben sich die halbbarbarischen

Länder des Südens, Ägypten und Syrien, im Aufruhr gegen die längst verhaßte römische Herrschaft, und auch die Abneigung zwischen Lateinern und Griechen führte, zum erstenmal, zum offenen kirchlichen Bruch.

§ 31. Die Auflösung der römischen Herrschaft im Westen. Die arianischen Germanenkirchen der Mittelmeerländer.

EvWietersheim, Geschichte der Völkerwanderung, ²ed. FDahn, 1880f. – ACartellieri, Weltgeschichte als Machtgeschichte 382–911, 1927. – LSchmidt, Allgemeine Geschichte der germanischen Völker bis zur Mitte des 6. Jhs., 1909. – Ders., Geschichte der deutschen Stämme bis zum Ausgang der Völkerwanderung, 2 Bde., 1914f., I² 1934, II² 1940. – Ders., Geschichte der Wandalen, ²1942. – HvSchubert, Staat und Kirche in den arianischen Königreichen und im Reiche Chlodwigs, 1912. – *JosFischer, Die Völkerwanderung im Urteil der zeitgenössischen kirchlichen Schriftsteller, 1948. – Vgl. Lit. zu § 30.

Einzelthemen. Eigenkirche: UStutz, Geschichte des Benefizialwesens I, 1895. – Burgunder: HvSchubert, Die Anfänge des Christentums bei den Burgundern, SHA 1911. – Theoderich: *GPfeilschifter, Theoderich d. Gr. und die katholische Kirche, 1896; WEnsslin [1947].

1. Seit dem Anfang des 5. Jhs. brach über den Westen die Katastrophe der „Völkerwanderung" herein. Von den nachrückenden Hunnen vorwärtsgetrieben, von Byzanz klüglich nach dem Westen abgelenkt, drangen die ostgermanischen Heerhaufen in die Mittelmeerländer ein; auch die Westgermanen, schon längst gegen die römischen Grenzen in Bewegung, schoben ihre Sitze auf römisches Gebiet, nach Gallien und Britannien vor. Auf dem Boden des zerfallenden Römerreichs entstanden arianische oder heidnische germanische Staatengebilde. Um 500 war von der römischen Herrschaft im Abendlande tatsächlich nichts mehr vorhanden. *a*

Fernhalten muß man einige herkömmliche verkehrte Vorstellungen. 1) Bei der sog. „Völkerwanderung" handelt es sich nicht um eine Überflutung des Imperiums durch Hunderttausende von Germanen, sondern um eine Überwältigung des unkriegerisch gewordenen Römertums durch Heerhaufen von einigen Tausenden germanischer Krieger. 2) Die „Völkerwanderung" bringt zwar die Auflösung des weströmischen Staats, aber keineswegs die plötzliche Zerstörung der antiken Kultur. So zerstörend auch die kriegerischen Wirren des 5. Jhs. wirkten, so wenig brachten sie einen gewaltsamen Bruch der antiken Kulturzustände, die sich vielmehr in einem friedlichen, Jahrhunderte umspannenden Vorgang allmählich in die folgenden Zustände verwandelten; entscheidend für diese Erkenntnis sind die Ergebnisse der „Wissenschaft des Spatens", die die Kontinuität der Kulturentwicklung in den von den Germanen unterworfenen Ländern auch über das 5. und 6. Jh. hinaus erwiesen haben. *b*

Über den weströmischen Staat begann das Unheil schon unter dem ersten Nachfolger Theodosius d. Gr., dem unfähigen *Honorius* (395–423; kaiserliche Residenz seit 402 Ravenna), hereinzubrechen. 401 standen die Westgoten zum ersten Mal in Italien, 404 brachen von neuem germanische Stämme über die Alpen nach Italien vor; beidemal gelang es dem tüchtigen Leiter der römischen Staatsgeschäfte, dem Germanen *Stilicho* (ermordet 408), das rechtgläubige Italien vor den arianischen und heidnischen Barbaren zu retten; aber er hatte dazu die Legionen aus Britannien zurückrufen müssen, was die Aufgabe dieser Provinz durch die Römer bedeutete. Und gleich darauf ergossen sich neue Scharen von der mittleren Donau her über den Rhein nach Gallien, dann nach furchtbarer Verwüstung dieses Landes weiter nach der Pyrenäenhalbinsel. Seitdem *c*

§ 31   Von Theodosius I. bis zum Ausgang des 5. Jahrhunderts

begannen die schon längst am Rheine seßhaften Franken, Burgunder und Alamannen endgültig das linke Rheinufer zu besetzen. Inzwischen war Italien von neuem die Stätte wilder Kämpfe geworden. Dreimal belagerten die Westgoten Rom: **410** fiel die „ewige Stadt" in ihre Hände. Dann gingen die Goten nach Südgallien hinüber und errichteten hier und später in Spanien ein großes Reich (§ e). Etwas später, seit 429, gingen die blühenden nordafrikanischen Landschaften an die Vandalen verloren, ebenso die Balearen, Korsika, Sardinien, Teile von Sizilien. Das Reich war auf Italien und Teile Galliens beschränkt. In dieser Lage erfolgte der furchtbare Vorstoß der Hunnen unter *Attila*; große Völkermassen zogen, alles verheerend, die Donau aufwärts nach Gallien, wurden freilich **451** durch die vereinigten Römer und Westgoten in der Schlacht auf den Katalaunischen Feldern, einer der religionsgeschichtlich wichtigen Entscheidungsschlachten, geschlagen: katholische Römer und arianische Germanen siegten über heidnische Mongolen. 452 bedrohte Attila Italien, ging aber gegen Zahlung einer großen Summe nach Pannonien zurück. Die Plünderung Roms durch die von Afrika herüberkommenden Vandalen unter *Geiserich* **455** beleuchtet die volle Wehrlosigkeit des untergehenden römischen Staats. Nach dem schmachvollen Ende *Valentinians III.* 455 wurden die Kaiser Westroms von den germanischen Hilfsvölkern erhoben, bis der letzte Schattenkaiser **476** verschwand und der germanische Heerführer *Odovakar* sich zum „König von Italien" ausrufen ließ (vgl. § i). Der letzte Rest der Römerherrschaft im Abendlande, das Reich des Syagrius im nördlichen Gallien, wurde **486** durch den Sieg des Frankenkönigs *Chlodovech* bei Soissons zerstört (vgl. § 35).

d 2. Inmitten des Zusammenbruchs des römischen Staats blieb die katholische Kirche aufrecht. Aber vielfach wurde der Katholizismus mit dem Römertum auf die Städte beschränkt; hier und da wurde auch die kirchliche Organisation von den kriegerischen Stürmen hinweggefegt. Und überall lebten nun die Katholiken als Unterworfene unter einer germanischen Herrenschicht, die über eine eigene kirchliche Organisation verfügte und dem arianischen Bekenntnis anhing. Die „Reichskirche" aber, der verfassungsmäßige Zusammenhang mit dem nunmehr auf den Osten beschränkten Imperium, löste sich auf.

e Von den arianisch-germanischen Kirchen der westlichen Mittelmeerländer war die der **Westgoten** die älteste (§ 30 e). Nachdem die Westgoten Italien verlassen hatten (vgl. § c), gründeten sie 415 unter *Wallia* das Tolosanische Westgotenreich (Hauptstadt Tolosa-Toulouse) und dehnten in der 2. Hälfte des 5. Jhs. unter *Eurich* ihr Reich über die iberische Halbinsel (mit Ausnahme von Gallicia) aus; später bildeten sie, nachdem der Frankenkönig Chlodovech sie ganz aus Gallien verdrängt hatte, das Westgotenreich von Toledo (507–711). Die Organisation der katholischen Kirche blieb in Südgallien wie in Spanien neben der arianischen ungestört bestehen.

f Die **Vandalen**, 406 in Südgallien, 409 auf der iberischen Halbinsel, gründeten unter *Geiserich* das nordafrikanische Vandalenreich (429–534) mit der Hauptstadt Karthago. Im Gegensatz zu der kirchlichen Toleranz der anderen arianischen Germanenreiche haben die Vandalenkönige die unterworfene katholische Bevölkerung aus politischen Gründen schwer bedrückt, besonders König *Hunnerich* (477–484).

g Die **Burgunder** gründeten 413 unter *Gundikar* ein Reich am mittleren Rhein (um Worms). Nach ihrer Niederlage gegen die Römer und deren hunnische Hilfsvölker (436) errichteten sie das Burgunderreich an der Rhône und Saône (443). Neben der arianischen Mehrheit scheint es eine Minderheit von katholischen Burgundern gegeben zu haben.

h Die **Sueven**, die 406 zusammen mit den Vandalen nach Spanien gekommen waren, siedelten sich hier im Nordwesten an und gingen seit der Mitte des 5. Jhs. zum Christentum über. Sie waren anfangs Katholiken, haben aber das Bekenntnis mehrfach gewechselt.

488 brachen die **Ostgoten** in Italien ein und gründeten nach der Überwindung *i*
Odovakars (§ c) das italische Ostgotenreich, das bis 553 bestand. Es war
unter THEODERICH D. GR. (489/93 bis 526) die politische Vormacht des
Abendlandes und der Träger einer ziemlich hohen Kultur (Bauten in Ravenna;
Cassiodorus und Boethius, s. § 38 g). Theoderich erkannte die Souveränität des
Kaisers an, nahm aber in Italien für sich die Alleinherrschaft in Anspruch. Die
innere Politik des großen Ostgotenkönigs war bewußt tolerant, auch gegenüber
den Juden (*religionem imperare non possumus, quia nemo cogitur, ut credat invitus*,
Cassiodor in einem Schreiben an die genuesischen Juden). Aber der nationale und
kirchliche Gegensatz zwischen den arianischen Goten und den katholischen
Römern wurde mit alledem nicht überbrückt (s. das Verhältnis Theoderichs zum
Papsttum § 37 b).

3. Die Zustände in Verfassung, Glaube, Sitte und Kultus, die sich *k*
im 4.Jh. bei den Westgoten ausgebildet hatten (§ 30 h–k), setzten sich
bei den Germanen der Mittelmeerländer fort. Sie bildeten Landeskirchen, die auf das Gebiet des politischen Herrschers beschränkt und
unter sich durch keinerlei rechtsartigen Verband nach Art der katholischen Kirche zusammengeschlossen waren.

Bei dem engen Zusammenhange, der in heidnischer Zeit zwischen dem ger- *l*
manischen Königtum und dem Priestertum bestand, und bei der Einwirkung des
reichskirchlichen Vorbildes ist es wahrscheinlich, daß die Bischöfe vom König
ernannt und die Synoden von diesem berufen wurden. Die arianischen Germanen
hatten Bischöfe, Presbyter und Diakonen, aber keine Metropoliten.

Eine Besonderheit der germanischen Kirchenverfassung war die **Eigenkirche,** *m*
eine dem alten Katholizismus völlig fremde Erscheinung, nachweisbar bei den
Burgundern, Sueven, Westgoten, später auch den Langobarden. Sie entstand
aus dem germanischen Eigentempelwesen (UStutz); eine Nebenwurzel lag vielleicht in den privaten, aber dem Bischof untergebenen Kapellen der Landgüter
(villae) der römischen Großgrundbesitzer (vSchubert). Hier bildete sich der
Grundbegriff eines germanischen Kirchenrechts heraus, der für das Verhältnis
von Kirche und Staat in den folgenden Jahrhunderten von großer Bedeutung
wurde (vgl. § 26 d, 49 i, 50 m).

4. Die arianischen Germanenkirchen waren, obwohl eine Übergangs- *n*
erscheinung, von bedeutender geschichtlicher Wirkung. Der Einfluß des germanischen Arianismus, der sich auch auf das südliche Germanien, vielleicht hinauf bis Thüringen, erstreckte, verbreitete christliches Gedankengut und bereicherte den germanischen Wortschatz
durch Wörter christlicher Herkunft. Hier vollzog sich eine langsame,
lautlose und nachhaltige Einwirkung des Christentums auf die germanische Welt.

§ 32. Das Erstarken der kirchlichen Macht Roms.

Papsturkunden s. § 2 k. – Epistolae Romanorum pontificum [bis 440], ed.
PCoustant 1721; 461–523, ed. Thiel, 1867. – Liber pontificalis, ed. LDuchesne,
2 Bde., Paris 1884–92; ed. ThMommsen (MG, Gesta pont. Rom. I), 1898. – ECaspar s. § 2 r. – JHaller s. § 2 r. – Geistige Grundlagen römischer Kirchenpolitik
(Arbeiten von UGmelin, GRoethe, WPewesin), 1937. – HugoKoch, Gelasius
im kirchenpolitischen Dienst seiner Vorgänger (SMA 1935). – Zum Decretum
Gelasianum: EvDobschütz, TU 38, 4, 1912; JChapman, Revue Bénédictine 30,
1913; ESchwartz, ZnW 29, 1930. – ESchwartz, Der sechste nicänische Kanon
auf der Synode von Chalkedon (ABA 1930).

1. Als die Germanen das römische Imperium im Abendland auf- *a*
lösten, war schon eine neue Macht entstanden, die in der Zukunft Rom

noch einmal, in anderm Sinne als bisher, zur Herrin der Welt erheben sollte: das Papsttum[1]. Es war kein Erbstück des Urchristentums oder gar des Evangeliums, sondern ein **Erzeugnis des antiken Römergeistes auf dem Boden des katholischen Kirchentums.** Die ersten Ansätze zur Ausbildung des römischen Primats reichen in die vorkonstantinische Zeit hinauf (§ 20 o), wurden dann aber durch das Konstantinische Staatskirchentum und das östliche Reichskirchenrecht zurückgedrängt. Erst im 5.Jh. ermöglichte das Zusammenwirken mannigfacher günstiger Umstände den römischen Bischöfen, den Gedanken des römischen Primats in größerem Umfange zu verwirklichen.

b   Dies geschah nicht durch Fortentwicklung, sondern durch **radikalen Umbruch der altkirchlichen oligarchischen Kirchenverfassung** (vgl. Cyprian § 20 w), die im Abendlande als Episkopalismus neben dem sich allmählich durchsetzenden Papalismus noch lange weiterlebte, in späteren Jahrhunderten noch mehrfach erstarkte (§ 69 c) und endgültig erst 1870 überwunden wurde (§ 115 p q)[2].

c   **Noch die Zeit Konstantins kennt keinen römischen Primat:**
1) Konstantin macht bei seinen Bemühungen um die kirchliche Einheit vom römischen Bischof keinen einem „Papst" entsprechenden Gebrauch[3];
2) Eusebius schweigt in seiner Kirchengeschichte völlig von einer besonderen Stellung des römischen Bischofs;
3) Nicäa can. 6 in der echten Gestalt weiß nur von den alten Vorrechten Roms, Alexandrias, Antiochias, kennt also nur Obermetropolitanbezirke (Patriarchate), aber keinen Primat (vgl. § o).

d   **Die Entstehung des römischen Primats** beruht auf folgenden Tatsachen (vgl. § 20 t²!):
1) Rom war Träger und Hüter der Orthodoxie (Aufstellung der katholischen Normen im 2. Jh.; bedeutender Anteil an der Durchsetzung der Logos-Christologie; Sieg der röm. Praxis im Passahstreit, im Ketzertaufstreit; treues Festhalten Roms an der Orthodoxie im arianischen Streit, die im Orient verfolgten Nicäner appellieren nach Rom [340 Athanasius], der Sieg des Nicänums ein Sieg Roms);
2) Konstantin war der erste Einzelne, der in der gesamten Kirche herrschte; der Kaiser als Herr über die Kirche rief den kirchlichen Gegenspieler hervor; überdies gewann der römische Bischof durch die Verlegung der kaiserlichen Residenz nach Byzanz im Abendlande an Ansehen: er war nun die vornehmste Persönlichkeit des Okzidents;
3) die Entwicklung der kirchlichen Verfassung strebte deutlich einer **Spitze** zu: über den Bischöfen erhoben sich die Metropoliten, über diesen die Obermetropoliten, zwischen denen sich nun ein Kampf entspann, bei dem schließlich nur noch Rom, Konstantinopel und Alexandria in Betracht kamen; mit der Niederlage von 451 [und vollends mit dem Arabersturm des 7. Jhs.] ist die Stellung Alexandrias vernichtet worden; dem Patriarchen von Konstantinopel aber war der Papst darum überlegen, weil jener als der Hofbischof des Kaisers das Werkzeug der Knechtung der Kirche durch den Staat war, während

---

[1] Wichtige Quelle der **Liber pontificalis**, eine Sammlung von Papstbiographien von Petrus bis auf Stephan VI. (gest. 891), allmählich entstanden; die erste, mancherlei ältere Überlieferungen zusammenarbeitende Redaktion vermutlich nach 500 (LDuchesne); enthält neben viel Wertlosem auch brauchbare Angaben (z.B. über päpstliche Bauten).

[2] Die beiden Verfassungssysteme verdeutlicht folgendes Schema:
                  Episkopalismus:
1. Gott.   2 Christus.   3. Apostel.   4. Bischöfe.   5. Kirche.
                  Papalismus:
1. Gott.   2. Christus.   3. Petrus.   4. Papst.   5. Kirche.

[3] Nur für eine abendländische Angelegenheit zog er ihn heran (§ 25 f).

der Papst als der Hort der Freiheit der Kirche erschien; anderseits vermochte freilich infolge des engen Verhältnisses des Patriarchen von Konstantinopel zum oströmischen Kaiser der Papst seine Primatsansprüche im Osten nicht durchzusetzen; 4) während des Zusammenbruchs des weströmischen Reichs *e* wandelte sich das Nationalgefühl der Römer in die Verehrung der einzigen noch stehenbleibenden Institution, der Kirche, und ihrer Spitze, des römischen Bischofs; in den Stürmen der Völkerwanderung hatten die Bischöfe, voran die römischen, tatsächliche Verdienste um die Aufrechterhaltung der Ordnung und die Rettung der Kultur: ja die römische Kirche war seit der Völkerwanderung geradezu „das ins Religiöse transponierte weströmische Reich, ihr Bischof aber der heimliche weströmische Kaiser" (AHarnack); 5) mit der Steigerung der Heiligenverehrung wuchs das Ansehen des hl. Petrus; das Streben der Bischöfe, sein Andenken zu ehren, und die Vorstellung, daß der römische Bischof die *cathedra Petri* innehabe, begünstigten das Erstarken der kirchlichen Macht Roms.

2. Noch im 4. Jh. war Rom nichts weniger als die ausschlaggebende *f* Größe der kirchlichen Entwicklung. Die großen Synoden wissen nichts von einer Überordnung des römischen Bischofs. Doch haben bedeutende Inhaber des römischen Stuhls, wie Julius I., Damasus I., Siricius und am Anfang des 5. Jhs. Innocenz I., tatkräftig an der Stärkung der kirchlichen Macht Roms gearbeitet. Dabei handelte es sich aber vor Leo I. (§ h–l) mehr um die Durchsetzung des abendländischen Patriarchats, als um die Erringung des Primats über die Gesamtkirche.

JULIUS I. erlangte auf der Synode von Sardika 342, Kanon 3 (§ 24 l) für *g* den römischen Bischof die Befugnis, ein von einer Provinzialsynode über einen Bischof gefälltes Absetzungsurteil auf dessen Antrag entweder zu bestätigen oder aufzuheben und an eine neue Provinzialsynode zu verweisen, auf Wunsch zu dieser auch römische Presbyter abzuordnen. Das war zunächst ein mannigfach bedingtes und nur selten ausgeübtes Recht, aus dem aber die römischen Bischöfe später Kapital zu schlagen verstanden (s. u.). *DAMASUS I.* (§ 24 v–x, 33 c), der die Würde Roms stark betonte (er zuerst sprach von Rom als „dem apostolischen Stuhl"; er schmückte die römischen Märtyrergräber und die Papstkrypta S. Callisto mit marmornen Epitaphien), erlangte von den Kaisern Valentinian I. und Gratian einige den römischen Ansprüchen günstige Reskripte. *SIRICIUS* nahm das oberste Verordnungs- und Aufsichtsrecht über die Kirche in Anspruch und forderte, daß seine an einzelne Bischöfe gerichteten Erlasse (Dekretalen) zur Kenntnis aller übrigen Bischöfe des Landes weitergegeben und aufbewahrt würden; der Stil seiner Erlasse nimmt Elemente der synodalen und der weltlichen Amtssprache auf. Der

Römische Bischöfe
(vgl. § 20 p).
314–335 Silvester I.
337–352 Julius I.
352–366 Liberius.
366–384 Damasus I.
366–367 Ursinus.
384–399 Siricius.
399–402 Anastasius I.
402–417 Innocenz I.
417–418 Zosimus.
418–422 Bonifatius I.
422–432 Coelestin I.
432–440 Sixtus III.
440–461 Leo I.

hervorragendste unter den römischen Bischöfen vor Leo d. Gr. ist *INNOCENZ I.* Er hat die Theorie vom kirchlichen Primat Roms weiter ausgestaltet, den 3. Kanon von Sardika (s. o.) als Beschluß von Nicäa betrachtet und als die Anerkennung des obersten Richteramtes in der Kirche aufgefaßt (§ 24 l), überhaupt den Anspruch, *rector ecclesiae Dei* zu sein, geschickt verfochten. Im Osten erhob Innocenz, indem er erstmalig das Recht der Errichtung neuer Ämter in Anspruch nahm, den Metropoliten von Thessalonich zum päpstlichen Vikar (412, der Titel „Vikar" erst unter Bonifatius I.); damit waren die Beziehungen Roms zu Illyricum orientale in rechtliche Formen gekleidet (Mazedonien, Mösien, Dazien 379 politisch zum Ostreich geschlagen, aber kirchlich von den römischen Bischöfen als ihr Bereich behauptet).

§ 32 Von **Theodosius I.** bis zum Ausgang des 5. Jahrhunderts

Von seinen Nachfolgern war *Zosimus* im pelagianischen Streit wenig glücklich (§ 33 q), vermochte aber in Arelate eine von Rom abhängige südgallische Obermetropole zu errichten (vgl. § k). *Coelestin I.* brachte im nestorianischen Streit seine Lehrautorität zur Geltung (§ 34 h).

Daß der römische Bischof das oberste unfehlbare Lehramt innehätte, war jenen Jahrhunderten unbekannt. Selbst bei *Augustinus* spielt der römische Primat für das religiöse Leben überhaupt keine, für die Dogmenpolitik nur gelegentlich eine Rolle. Wenn nämlich Rom mit ihm übereinstimmt, erklärt er eine Sache für beendigt (serm. 131, 10)[4]; im gegenteiligen Fall hält er dafür, daß das Plenarkonzil eine des Irrtums überführte römische Sentenz aufheben könne (ep. 43, 7, 19). Er denkt also über den römischen Primat im wesentlichen noch so wie Cyprian (§ 20 w).

h   3. In *LEO I.* dem Großen **(440–461)** begegnet uns der erste eigentliche „Papst"[5]. Leo, persönlich würdevoll, ein echter Kirchenfürst, von großer staatsmännischer Begabung, ausgezeichneter Kirchenlehrer und Prediger, ist der eigentliche Begründer des römischen Primats; unter ihm hat das römische Bistum zum erstenmal tatsächlich die abendländische Kirche geleitet. Und bestimmte, allerdings vorübergehende Erfolge hat Leo auch im Osten errungen.

i   α) Leo vertiefte, anknüpfend an die abendländische Theologie seiner Zeit, die theoretische Begründung des Primats, mit der die Bedeutung des Petrus (unter Verwendung von Mt. 16_{18}, Joh. 21_{15-17}, Lc. 22_{32}) ganz ungemein gesteigert wird: Petrus, von Christus mit der Machtfülle Christi ausgestattet und über die übrigen Apostel erhoben, wirkt in seinen Nachfolgern fort, folglich ist der Bischof von Rom der „*vicarius Christi*", die Sorge für die Gesamtkirche ihm übertragen, der gesamte Episkopat von ihm abhängig. In dieser Theorie liegt bereits die ganze spätere Lehre vom Primat, selbst die Unfehlbarkeitslehre. Gestützt wird die Theorie durch den gefälschten **6. Kanon von Nicäa**, der in der [seit 445 nachweisbaren] lat. Übersetzung die Überschrift trägt „*De primatu ecclesiae Romanae*" und mit den Worten beginnt: „*Ecclesia Romana semper habuit primatum*".

k   β) Leos Kirchenpolitik war fast durchweg von Erfolg gekrönt: (1) im WESTEN hat er tatsächlich geherrscht (Spanien, Nordafrika; in Südgallien brachte er den Versuch des *Hilarius von Arelate*, eine von Rom unabhängige gallische Obermetropolitangewalt zu begründen, zum Scheitern; in diesem Kampfe erwirkte er 445 ein Edikt Valentinians III., worin dem Stuhle Petri der Primat über das Abendland staatlich bestätigt wurde: „*tunc enim demum ecclesiarum pax ubique servabitur, si rectorem suum agnoscat universitas* [ecclesiarum]"; – (2) im OSTEN hat Leo auf dem Konzil von Chalcedon 451 zusammen mit dem byzantinischen Kaiser den Patriarchen von Alexandrien gestürzt und dem römischen Lehrtypus zum Siege verholfen, freilich mit seinem Protest gegen Kanon **28** von Chalcedon nichts ausgerichtet (§ 34 m o).

l   In der Vorstellung der Nachwelt lebte Leo I. als der große Priester, der durch sein Wort die wilden Scharen der Barbaren beschwört, 452 den Hunnen *Attila* (Raffael, Stanzen des Vatikan), 455 den Vandalen *Geiserich*. Die tatsächlichen Vorgänge waren bescheidener, zeigen aber doch, daß der römische Bischof der angesehenste Mann Italiens war.

m   4. Die nächsten Nachfolger Leos, weniger bedeutend als er, haben die gesteigerten Machtansprüche aufrechterhalten, blieben aber infolge

---

[4] So im pelagianischen Streit nach dem Eintreffen der römischen Bestätigung zweier Karthagischer Synoden: *Causa finita est; utinam aliquando finiatur error!* Daraus entstand das angebliche Augustinzitat: *Roma locuta, causa finita est!*

[5] Der Ehrentitel Papst (*papa*, πάππας) war ursprünglich im Osten für höhere Kleriker, bes. Bischöfe, allgemein üblich; seit dem Ende des 5. Jhs. nahmen ihn die römischen Bischöfe ausschließlich für sich in Anspruch.

der ungünstigen politischen Verhältnisse an tatsächlichem kirchlichem Einfluß auch im Abendland sehr bald hinter Leo zurück.

Im Vollgefühl seiner Macht hat *Felix III.* den Patriarchen *Akacius* von Konstantinopel exkommuniziert und die Kirchengemeinschaft mit dem Osten abgebrochen (vgl. § 34 q). Der bedeutende *GELASIUS I.* hat bereits unter seinen beiden Vorgängern die entscheidenden Papstbriefe verfaßt. Als Papst bekundet er in einem Schreiben an Kaiser Anastasius I. das Hochgefühl des Priesters, der zwar in den Ordnungen der Staatsverfassung den weltlichen Herrschern

461–468	Hilarus.
468–483	Simplicius.
483–492	Felix III. (II).
492–496	Gelasius I.
496–498	Anastasius II.
498–514	Symmachus.

gehorcht, diesen aber als der vor Gott auch für die Könige Verantwortliche und als der Spender der Sakramente überlegen ist[6]. Unter *Symmachus* wurde der wichtige Grundsatz formuliert, daß der Papst von keinem Menschen gerichtet werden dürfe (zuerst ausgesprochen auf der Synodus palmaris 502); unter ihm fand auch die erste Palliumverleihung statt (513 an Cäsarius von Arelate, vgl. § 58 g).

Seit c. 500 mehren sich die **Fälschungen** zugunsten des römischen und des päpstlichen Ansehens (falsche Märtyrerakten; falsche Synodalakten; Erdichtung der Sylvesterlegende: der vom Aussatz befallene [!] wütende Christenverfolger [!] Konstantin wird in Rom [!] durch Papst Silvester I. bekehrt, geheilt, getauft).

§ 33. Geistiges Leben im Abendlande.
Augustinus und die Kämpfe um die Gnadenlehre.

Ambrosius: MSL 14–17; CSEL 73 (Opera VII, ed. OFaller). Zur Kirchenbuße des Theodosius: HKoch, HJ 1907, 257–77. – Augustinus: MSL 32–47; CSEL (unvollendet); Confessiones, ed. MSkutella, 1932; De civ. Dei ed. Dombart et Kalb, 2 Bde., 1928f.; Confessiones, lat. und deutsch, ed. *JBernhart, 1953. – Augustin-Literatur: völlig unübersehbar. – AvHarnack, Possidius, Augustins Leben (ABA 1930). – *PBatiffol, Le catholicisme de saint Augustin, ⁴1929. – *CButler s. § 2 q. – ETroeltsch, Augustin, die christliche Antike und das Mittelalter, 1915. – RReitzenstein, Augustin als antiker und mittelalterlicher Mensch, 1924. – HIMarrou, St. Augustin et la fin de la culture antique, ²Paris, 1949. – FGMaier, Augustin und das antike Rom, 1955. – GMisch, Geschichte der Autobiographie I 1–2, ³1949–50. – JBurnaby, Amor Dei. A Study of the Religion of St. Augustine, London [1947]. – KHoll, Augustins innere Entwicklung (Ges. Aufs. III, S. 54–116). – JNörregaard, Augustins Bekehrung, 1923. – HScholz, Glaube und Unglaube in der Weltgeschichte, 1911. – KHeussi, Vom Sinn der Geschichte, Augustinus und die Moderne, 1930. – GStrauss, Schriftgebrauch usw. bei Augustin, 1958. – HJonas, Augustin und das paulinische Freiheitsproblem, 1930. – *JHessen, Augustins Metaphysik der Erkenntnis, 1931. – RSchneider, Seele und Sein, Ontologie bei Augustin und Aristoteles, [1957]. – EHaenchen, Die Frage nach der Gewißheit beim jungen Augustin, 1932. – HEger, Die Eschatologie Augustins, 1933. – *FHofmann, Der Kirchenbegriff des hl. Augustinus, 1933. – *JRatzinger, Volk und Haus Gottes in Augustins Lehre von der Kirche, 1954. – EDinkler, Die Anthropologie bei Augustin, 1934. – *RGuardini, Die Bekehrung des hl. Augustinus, 1935. – HBarth, Die Freiheit der Entscheidung im Denken Augustins, 1935. – CJBarion, Plotin und Augustinus, 1935. – *MPGarvey, Saint Augustine: Christian or Neo-Platonist? 1939. – Vgl. JSchnitzer, Die Erbsünde

---

[6] Das sog. Decretum Gelasii, worin u. a. durch Aufzählung der von der römischen Kirche anerkannten oder verworfenen Schriften die echte Tradition festgestellt wird, ist vermutlich eine gelehrte Privatarbeit eines Unbekannten aus der 1. Hälfte des 6. Jhs.; die ersten Kapitel gehen [mit Ausnahme eines Augustin-Zitats] wahrscheinlich auf *Damasus* zurück.

§ 33   Von Theodosius I. bis zum Ausgang des 5. Jahrhunderts

im Lichte der Religionsgeschichte, Bologna 1931. – GNYGREN, Das Prädestinationsproblem in der Theologie Augustins, 1956. – Hieronymus: MSL 22–30; GGRÜTZMACHER, Hieronymus, 3 Bde., 1901–08. – Pelagius: Expositions of thirteen Epistles of St. Paul, ed. ASouter, 1922–26.

a 1. Das Abendland hatte seit Cyprian keinen großen Kirchenlehrer mehr hervorgebracht. Aber gegen Ende des 4.Jhs. nahm das geistige Leben im Westen einen bedeutenden Aufschwung. Er ist gekennzeichnet 1) durch einen starken Einfluß der griechischen Theologie des 4.Jhs., den die zahlreichen Verbannungen von Bischöfen während des arianischen Streits, sowie die Einbürgerung des morgenländischen Mönchtums im Abendland vermittelt haben; 2) durch schärfere Ausbildung der dem abendländischen Christentum schon seit sehr alter Zeit eigentümlichen Züge: während die Morgenländer die metaphysischen Dogmen von der Dreieinigkeit und der Gottmenschheit ausbildeten, entwickelten die praktischer veranlagten Abendländer die Lehren vom Menschen und vom Heil (Anthropologie und Soteriologie) und begannen das Dogma aus seinem Gefüge physisch-hyperphysischer Begriffe zu lösen und auf ethisch-psychologische Grundlagen zu stellen; die Voraussetzung hierfür war die Erschließung der paulinischen Gedankenwelt durch ein vertieftes ethisches und psychologisches Verständnis.

b   Schon *Hilarius*, Bischof von Poitiers, hat sich während seiner phrygischen Verbannung (356–60), die er sich durch seine Feindschaft gegen den Arianismus zugezogen hatte, die griechische Theologie angeeignet. Die beiden Hauptvermittler der griechischen kirchlichen Wissenschaft an die Lateiner waren Hieronymus
c   und Ambrosius. *HIERONYMUS* aus Stridon in Dalmatien (c. 345–420) lebte einige Jahre in sehr einflußreicher Stellung beim Bischof Damasus von Rom, in eifriger Tätigkeit für die Ausbreitung der Askese, besonders unter den vornehmen römischen Damen; vorher und nachher wirkte er als Mönch im Orient, seit 386 als Leiter eines Klosters in Bethlehem. So klein er als Charakter war, so unbestreitbar sind seine Gelehrsamkeit und sein literarischer Einfluß. Sein Hauptwerk, zu dem der gelehrte „trilinguis" wohl als einziger unter seinen Zeitgenossen befähigt war, ist die Ausgabe der lateinischen Bibel, von Damasus angeregt, später **Vulgata** genannt (das NT eine Verbesserung des Textes der *Itala* oder *Vetus Latina*; – der Psalter in seiner ersten Bearbeitung, Psalterium Romanum, eine Verbesserung auf Grund der LXX, in der zweiten Bearbeitung, Psalterium Gallicanum, auf Grund der Hexapla; – das übrige AT ist eigene Übersetzung auf Grund des hebräischen Urtextes). Auch die griechische kirchliche Geschichtsschreibung vermittelte er dem Westen (§ 1 c). In der Schrift *De viris illustribus* schuf er eine
d   kirchliche Literaturgeschichte. *AMBROSIUS* (c. 340–397), vornehmster Herkunft, als Sohn eines römischen Praefectus praetorio in Trier geboren, selber noch sehr jung Statthalter von Oberitalien mit dem Sitz in Mailand, aber schon das Jahr darauf (374), obwohl noch Katechumen, vom Volk zum Bischof gewählt, als solcher durch seine praktisch-kirchliche Wirksamkeit (gegen Heiden und Arianer, für das Mönchtum, als Prediger, durch Förderung des Kirchengesangs) von großer Bedeutung, ist eine der imposantesten Bischofsgestalten der alten Kirche: 390 nötigte er den Kaiser Theodosius d. Gr. nach einer Metzelei in Thessalonich [durch ein Schreiben, nicht durch persönliche Verwehrung des Eintritts in die Basilika, wie die Legende will] zur Kirchenbuße. Sein Hauptwerk, *De officio ministrorum*, ist eine Umbildung von Ciceros Pflichtenlehre, leitet also stoische
e   Ethik in die Kirche[1]. Auch Hieronymus' Freund und späterer Gegner *RUFINUS*

---

[1] Unecht sind die berühmten *Commentaria in XIII epistolas Pauli* (366/82), ein wichtiges Zeugnis für das voraugustinische Verständnis des Paulus. Den unbekannten Verf. nennt man seit Erasmus *Ambrosiaster* (= unechter Ambrosius).

Geistiges Leben im Abendlande. Augustinus § 33

(† 410; vgl. § 34 b) hat durch Übersetzung von Schriften des Origenes (§ 17 k) und anderer kirchlicher Schriftsteller die Griechen dem Abendland erschlossen.

2. α) Ihren Höhepunkt erreichte die abendländische Theologie des ausgehenden 4. Jhs. in *AUGUSTINUS*, dem bedeutendsten latei- *f* nischen Kirchenvater. Dieser gewaltige Geist hat die mannigfachen Anregungen, die im Laufe seiner Entwicklung auf ihn einwirkten, in staunenswerter geistiger Arbeit in kraftvoller Synthese zu einer neuen Frömmigkeit und Theologie gebildet und dem lateinischen Christentum der ganzen Folgezeit das von der griechischen Art charakteristisch verschiedene Gepräge gegeben.

Augustinus (13. Nov. **354** bis 28. Aug. **430**) ist der uns am besten bekannte *g* Mensch des christlichen Altertums (Vita Augustini von Possidius von Calama). Auch seine innere Entwicklung läßt sich gut überblicken. Geboren in Thagaste in Numidien als Sohn des Decurio *Patricius* und der frommen *Monnica* und in einer vom Christentum berührten Atmosphäre groß geworden (der Vater war noch ungetauft, die Mutter „fidelis"), hat er als Jüngling das Christentum abgelehnt und die Laufbahn des Rhetors und die Freuden der „Welt" gewählt (vornehmlich in Karthago). Als im dem 19jährigen der Hortensius Ciceros den Drang nach „philosophischer" Erkenntnis der Wahrheit geweckt hatte, suchte er im Manichäismus, dem er 375–84 als „auditor", zuletzt nur noch äußerlich, angehörte, Befriedigung seines rationalen und religiösen Triebes zu finden. Nach seiner Übersiedelung als Lehrer der Rhetorik nach Rom (383) geriet er unter den Einfluß einer [lediglich durch Cicero vermittelten] sehr abgeschwächten Skepsis. 384 kam er als Lehrer der Rhetorik nach Mailand; damit löste er sich auch äußerlich vom Manichäismus, der aber in manchem stark nachwirkte. Dafür kam er unter neue Einflüsse: der Neuplatonismus erschloß ihm eine neue Anschauung von Gott und Welt, befreite ihn vom manichäischen Materialismus und lehrte ihn den Begriff des rein Geistigen; das katholische Christentum trat ihm in *Ambrosius* (§ d) charaktervoll und durch seine Verbindung mit der antiken Kultur besonders anziehend entgegen; das Mönchtum trat durch die Vita Antonii (§ 28 b¹ k) in seinen Gesichtskreis. Unter diesen Einflüssen und unter dem Eindruck einer Erkrankung (eines Brustleidens) erfolgte Sommer 386 in Mailand seine plötzliche Bekehrung („*tolle lege*", Rm. 13$_{13}$), d. h. die Zuwendung zum asketisch verstandenen Christentum und der Verzicht auf glänzende Laufbahn und standesgemäße Ehe. Er lebte nun mit gleichgestimmten Freunden mehrere Monate auf dem Landgut Cassiciacum bei Mailand, empfing Ostern **387** zugleich mit seinem Sohne *Adeodatus* und seinem Freunde *Alypius* durch Ambrosius die Taufe, blieb [nach dem Tode der Mutter in Ostia, Ende 387] ein Jahr in Rom, darauf mehrere Jahre in einem asketischen Kreise in Thagaste, wurde 391 Presbyter in der kleinen nordafrikanischen Küstenstadt Hippo Regius (heute: Bône) und **395** Bischof daselbst; in dieser äußerlich wenig hervorragenden Stellung wurde er der theologische Führer des Abendlandes. Seine innere Entwicklung gelangte unter der Einwirkung seines kirchlichen Amtes, sowie des Paulinismus und im Kampfe mit den Donatisten, den Manichäern und den Pelagianern zum Abschluß.

Von seinen zahlreichen Schriften sind die bekanntesten: **Confessiones** (verfaßt c. 400; Schilderung seiner inneren Entwicklung bis 387 in Form eines Gebetes, in großartiger, am lateinischen Psalter genährter Sprache, mit glänzender psychologischer Analyse, geschrieben unter Einwirkung der [erst 396 erfolgten] Zuwendung zur paulinischen Gnadenreligion, als Erbauungsbuch weit verbreitet), sowie das apologetische Werk **De civitate Dei** (22 Bücher, verfaßt 413–426, veranlaßt durch den heidnischen Vorwurf, die Duldung des Christentums sei schuld an der Eroberung Roms durch Alarich 410; vgl. § n). Ferner: *Retractationes* (428; Durchsicht und Richtigstellung seiner früheren Anschauungen); polemische Schriften gegen die Manichäer (vor allem: *Contra Faustum*, 33 Bücher), gegen die Donatisten, gegen die Pelagianer (§ o–r). Dogmatisches: De trinitate; Enchiridion ad Laurentium (systematische Darstellung seiner Anschauungen). Praktisch-theologisches: De doctrina christiana (eine Hermeneutik und Homiletik, sehr verbreitet).

h β) **Augustins Frömmigkeit im Stadium ihrer Reife ist aus neuplatonischen und biblischen Elementen (Paulus, Psalmen) erwachsen und quietistisch-mystisch gestimmt.** Die Grundstimmung ist das *„adhaerere deo"*, die völlige Hingabe an die ewige Liebe, die den Sünder errettet, in den Höhepunkten gesteigert zum *„frui deo"*, einer eigenartigen Gedankenmystik. **Aus der Fülle der theologischen Gedankengänge Augustins sind besonders zwei Ideenkreise zu großem Einfluß gelangt: die Sünden- und Gnadenlehre und die Lehre von der Kirche.**

i 1) Grundvoraussetzung ist durchgängig der katholische Autoritätsglaube: *„Evangelio non crederem, nisi me catholicae ecclesiae commoveret auctoritas"*. Die Verschmelzung von christlichem und neuplatonischem Gut zeigt sich besonders in Augustins **Gottesbegriff**. Gott ist ihm das Unnennbare, das schlechthin Einfache, wunderbar Schöne, das *summum esse* und zugleich das *summum bonum*; dieser neuplatonische Gottesbegriff wird durch Betonung des göttlichen Willens und der göttlichen Persönlichkeit mit dem christlichen verschmolzen: *„Fecisti nos ad te, et inquietum est cor nostrum, donec requiescat in te." „Mihi adhaerere deo bonum est."* Auch das neuplatonische *„frui deo"* erhält eine christliche Prägung: *„fide, spe, caritate colendum deum."* Die spezifisch christlichen Gedanken traten bei Augustin von Jahr zu Jahr stärker hervor, die neuplatonischen Wendungen immer mehr zurück.

k 2) Die Voraussetzungen der Lehre von der **Sünde und Gnade** bietet die Lehre vom **Urstande**. Adam war von Gott gut geschaffen, sein *liberum arbitrium* (sittliche Willensfreiheit) war dem Guten zugewandt, und Gott gab ihm das *adiutorium gratiae* und damit die Fähigkeit, beim Guten zu verharren (*potuit non peccare*). Aber durch die Sünde hat Adam die Gottesgemeinschaft und das *adiutorium gratiae* verloren, er ist der *concupiscentia* (der in der geschlechtlichen Begierde gipfelnden Sinnenlust) und dem Todesverhängnis verfallen und völlig unfähig zum Guten geworden (*misera necessitas non posse non peccandi*).

l In Adam aber haben alle seine Nachkommen gesündigt (Rm. 5₁₂ *in quo* [= Adam] *omnes peccaverunt*), sie sind durch die **Erbsünde** (*peccatum originale*) an Leib und Seele vergiftet (Einwirkung der mönchischer Auffassung des Geschlechtslebens, aber auch einer magischen, primitiven Religion entstammenden Sündenauffassung), die Kinder nicht ausgenommen; die ganze Menschheit ist eine *massa perditionis*, unfähig zum Guten; das liberum arbitrium (die formale Willensfreiheit) ist zwar noch vorhanden, aber der menschliche Wille hat keine Kraft zum Guten, wenn er nicht durch die göttliche Gnade befreit ist. Gott aber hat, zum Ersatz für die gefallenen Engel, eine bestimmte, unveränderlich feststehende, vermutlich verhältnismäßig kleine Anzahl von Menschen zur Seligkeit auserwählt (*praedestinavit ad gratiam*, Lehre von der **Prädestination**). Die Prädestination erfolgt vor Gottes Voraussicht menschlicher merita. Gott beruft die Erwählten in wirksamer Weise zum Glauben, er rechtfertigt sie durch die wirkungskräftige Gnade, so daß sie [in allmählichem Prozeß] vor seinen Augen heilig und untadelig werden: er schenkt ihnen auch das Verharren in dem gewonnenen Zustande (*donum perseverantiae*) und verherrlicht sie schließlich im Himmel, all das aus reiner Barmherzigkeit. Die übrigen überläßt er ihrem gerechten Geschick der ewigen Strafe (nur gelegentlich nennt Augustin diese *„damnationi praedestinati"*).

m 3) Die Lehre von der **Kirche** zeigt das unausgeglichene Nebeneinander zweier verschiedenartiger Gedankenreihen.

(1) Augustin hat erstens die **vulgärkatholischen** Anschauungen von der Kirche aufgenommen und vor allem im donatistischen Kampfe konsequent entwickelt: danach ist die Kirche die äußerlich sichtbare, hierarchisch verfaßte Heilsanstalt; –

(2) daneben steht zweitens die dem prädestinatianischen Gedankenkreise zugehörige Auffassung, daß die Kirche die [in der sichtbaren Kirche enthaltene, aber den Menschen verborgene] *congregatio sanctorum* oder *communio praedestinatorum* ist.

Die erste Auffassung liegt den römisch-katholischen Vorstellungen von der Kirche zugrunde, die zweite hat auf die kritische Strömung der Vorreformation und die Reformation des 16. Jhs. eingewirkt.

Das Verhältnis von Kirche und Staat entwickelt Augustin in „De civitate Dei", aber auch, sehr klar, in seinen Briefen. Zwei Prinzipien liegen miteinander im Kampfe: das Gnadenreich der Gottesliebe (die *civitas Dei*) und das Reich der fleischlichen Gesinnung (die *civitas terrena*). Beide sind überirdischen, das eine himmlischen, das andere teuflischen Ursprungs; jenes geht der ewigen Seligkeit, dieses den ewigen Höllenqualen der Verdammten entgegen. Die in sechs Perioden verlaufende Weltgeschichte ist eine Vermischung und ein Kampf der beiden civitates. Der Staat stammt zwar nicht geradezu aus der Sünde, ist aber als Machtstaat mit ihr aufs engste verflochten; wenn er der Kirche dient (z. B. durch Unterdrückung der Häretiker, § 25 k!), vermag er jedoch einen höheren Wert zu erlangen. Indem Augustin die Weissagung vom tausendjährigen Reiche (Apk. 20$_2$f.) auf das mit den dämonischen Gewalten kämpfende Reich Christi auf Erden deutete, vereinfachte und vergeistigte er die bis dahin im Abendlande herrschende Lehre von den letzten Dingen; damit war der altchristliche Chiliasmus endgültig überwunden (§ 10 m⁴). n

3. α) Zu lebhaften Kämpfen kam es um Augustins Gnadenlehre. In dem noch ungeklärten Gedankenkomplex der Kirche lebten Gedanken, die, einseitig und scharf herausgearbeitet, zu einer der augustinischen genau entgegengesetzten Denkweise führen mußten. Sie standen mit der stoisch-aristotelischen Popularphilosophie in Zusammenhang und herrschten besonders in asketischen Kreisen. Ihr Hauptvertreter war der Mönch *PELAGIUS*, der gegen Augustin für die Freiheit des menschlichen Willens und gegen die Erbsünde in die Schranken trat. Aus dem Zusammenstoß beider Anschauungen entstand der **pelagianische Streit (411–431)**; er endigte mit der Verurteilung der Pelagianer. o

1. [411–418] Seit c. 400 wirkte in Rom *PELAGIUS*, ein theologisch interessierter Laie und Asket britischer [oder irischer?] Abstammung. Um 410 verließ er zusammen mit seinem Freunde und Gesinnungsgenossen Coelestius Rom und begab sich nach Nordafrika, dann allein weiter nach Jerusalem, während Coelestius in Karthago blieb und durch seine [vergebliche] Bewerbung um die Presbyterwürde den Streit auslöste. Pelagius hatte schon in Rom Augustins Wendung „*da quod iubes et iube quod vis*" scharf widersprochen; er lehrte im Gegensatz zu Augustin die sittliche Freiheit (*liberum arbitrium*) zum Bösen wie zum Guten. Die Sünde ist *non naturae delictum, sed voluntatis,* mithin immer einzelne Tat; eine Erbsünde gibt es nicht. Der Fall Adams hat allerdings der Menschheit geschadet, aber nur insofern, als Adam ein böses Beispiel gegeben hat. Konsequent behauptet Pelagius, daß es sündlose Menschen geben könne. Die Gnade erblickt er vornehmlich in der Ausstattung des Menschen mit dem *liberum arbitrium*, sowie in dem at. Gesetz, in der Lehre und dem Vorbild Christi usw. *COELESTIUS*, der Freund des Pelagius, ein ehemaliger Sachwalter, bestritt noch schärfer als Pelagius die Erbsünde und betrachtete den Tod Adams nicht als Sündenstrafe, sondern als etwas Natürliches, ohne doch geradezu die Notwendigkeit der Kindertaufe in *remissionem peccatorum* zu leugnen. p

Nachdem seit 411 eine ganze Reihe von Synoden zu der Streitfrage [nicht ganz einhellig] Stellung genommen hatte, wurde der Pelagianismus **418** auf einer großen Generalsynode zu Karthago verdammt, worauf auch Zosimus von Rom, der vorher für Pelagius und Coelestius eingetreten war, beide aus der Kirchengemeinschaft ausschloß und das Urteil durch eine „*epistula tractoria*" allen abendländischen Bischöfen mitteilte. q

§ 33   Von Theodosius I. bis zum Ausgang des 5. Jahrhunderts

r   2. [418–431]. Mit dem Widerspruch von achtzehn abendländischen Bischöfen gegen die epistula tractoria unternahm der Pelagianismus einen neuen Vorstoß. Pelagius und Coelestius verschwinden seit 418 aus der Geschichte; seit 420 ist *JULIAN VON ECLANUM* der Führer der Pelagianer. Er vertrat einen sehr weltlichen moralistischen Rationalismus aristotelisch-stoischen Gepräges und kämpfte noch folgerichtiger als der Mönch Pelagius gegen die mönchische Erbsündenlehre und für das Recht der Ehe und der Geschlechtslust; auch Christus wird *concupiscentia* zugeschrieben. Julian mußte aus dem Abendlande weichen und fand mit seinen Genossen bei *Theodor von Mopsuestia* Aufnahme (§ 34 e); nach unstetem Leben starb er auf Sizilien (454). Daß das Konzil von Ephesus (431) die Peligianer verurteilt habe, ruht auf fragwürdigem Bericht. Jedenfalls blieb man im Orient bei der alten Lehre von der menschlichen Freiheit.

s   β) Nach der Verdammung des Pelagianismus entspann sich im Abendlande ein neuer Kampf, der Streit um den **Semipelagianismus (c. 429–529)**. Mit der echten Lehre Augustins rang eine Denkweise, die zwar den Pelagianismus verurteilte, aber gegenüber den Eigentümlichkeiten der augustinischen Gnadenlehre an den vulgärkatholischen Anschauungen festhielt. Für Jahrzehnte behauptete der Semipelagianismus das Übergewicht, dann erlag er einem verkürzten Augustinismus.

t   Bereits 426 stritten die Mönche von Hadrumetum in der Provinz Byzacene, im unmittelbaren Einflußgebiet Augustins, über die Gnadenlehre. Nachhaltiger wirkte [seit 428/9] der Widerspruch der streng kirchlich gesinnten Mönche von Massilia und Lerinum in Südgallien. Hier entstand die Partei der „**Massilienser**" (wahrscheinlich erst im 16. Jh. „Semi-Pelagianer" genannt), an der Spitze der Abt *JOHANNES CASSIANUS* in Massilia († c. 435; vgl. § 28 k) und der Mönch *VINCENTIUS* von Lerinum (dessen mittelbar gegen Augustin gerichtetes „Commonitorium pro catholicae fidei antiquitate" die berühmte Formulierung des „Traditionalismus" enthält: *curandum est, ut id teneamus, quod ubique, quod semper, quod ab omnibus creditum est*), in der folgenden Generation *FAUSTUS*, Abt von Lerinum, dann Bischof von Reji, der im Auftrage der Synode von Arelate 475 das Hauptwerk dieser Richtung verfaßte: „De gratia dei libri duo."

u   Die Lehre der Massilienser steht in der Mitte zwischen Augustinus und Pelagius. Durch den Fall Adams ist zwar der menschliche Wille geschwächt und den hemmenden Einflüssen der Sinnlichkeit zugänglich geworden, aber die Anlage zum Guten ist geblieben: der Mensch ist nicht tot (Augustin), sondern krank. Daher ist die göttliche Gnade notwendig, aber freier Wille und Gnade wirken zusammen; dabei kann auch der Wille die Priorität haben. Eine unwiderstehlich wirkende Gnade, ein Partikularismus des göttlichen Heilswillens, eine absolute [von der Präscienz der guten Werke unabhängige] Prädestination gibt es nicht. Daher hat jeder Seligkeit oder Verdammnis sich selbst zuzuschreiben.

v   Zunächst hatten die Massilienser in Südgallien das Übergewicht. Neben ihnen gab es [in Italien] auch noch „kryptopelagianische" Kreise, die zwar Pelagius als Ketzer preisgaben, aber tatsächlich pelagianisch dachten (hierher gehört die namenlose Schrift „*Praedestinatus*", früher von der Forschung für das Werk eines Semipelagianers angesehen).

w   Aber im 6. Jh. erfolgte ein unerwarteter Umschwung zugunsten des Augustinismus. Die sog. skythischen Mönche in Konstantinopel (§ 36 h), von ihrer monophysitischen Christologie her den Semipelagianern mit ihrer höheren Einschätzung des „Menschlichen" abgeneigt, sowie die von den Vandalen nach Sardinien verbannten nordafrikanischen Bischöfe, voran der streitbare *Fulgentius von Ruspe* und der römische Bischof (*Hormisdas*) erklärten sich für Augustin. In Südgallien aber entstand in *CAESARIUS VON ARLES* († 543), dem bedeutendsten abendländischen Bischof dieser Zeit, ein eifriger Anhänger des Augustinismus. **529** nahm die Synode von Arausio (Orange) unter seinem Einflusse in 25 Kanones augustinische Sätze an, schwieg freilich über gratia irresistibilis, hielt Gnadenmitteilung und Taufe nicht auseinander und gedachte der Prädestination nur bei der Verdammung der praedestinatio ad malum. Daher war zwar mit der Bestätigung dieses Beschlusses durch Papst *Bonifatius II.* (530–532) der Semipelagianismus offiziell verurteilt, aber tatsächlich blieben verschiedene Unklarheiten bestehen und ermöglichten, daß der abendländische Katholizismus später trotz äußeren Festhaltens an der Synode von Arausio und an der Autorität Augustins zu einer neuen Form des Semipelagianismus gelangte.

§ 34. Kirchenpolitische und dogmatische Kämpfe der östlichen Reichshälfte vom Ausgang des 4. bis zum Ausgang des 5. Jahrhunderts.

Acta conciliorum oecumenicorum, ed. ESchwartz, 1921 ff. – Epiphanius: GCS, ed. KHoll, 1915 ff. – Chrysostomus: *ChrBaur, 2 Bde., 1929 f. – Nestorius, The Bazaar of Heracleides, ed. by Driver and Hodgson, 1925 [Selbstverteidigung des Nestorius]. – Severus: zahlreiche Schriften, vieles syrisch erhalten, ed. JLebon 1906–48 in CSCO und Patrologia orientalis; s. u. – FLoofs, RE³ Art. Christologie, Eutyches, Nestorius. – Ders., Nestoriana, 1905; ders., Nestorius, Cambridge 1914. – ESchwartz, Konzilstudien, 1914; dazu eine ganze Reihe Aufsätze: AMA 1920, 1925, 1927, 1934; SMA 1922, 1929; SBA 1930; ZSavKan XI, 1922. – *AGrillmeier, S.J. und *HBacht, S.J., Das Konzil von Chalkedon, 3 Bde., 1951–54 (Monumentalwerk, zusammen 2716 S.!). – JLebon, Le monophysitisme Sévérien, Louvain 1909. – FASullivan, The Christology of Theodore of Mopsuestia, Rom 1956. – *ABaumstark, Geschichte der syrischen Literatur, 1922.

1. GEGENSATZ DER PATRIARCHATE. Ähnlich wie es im *a* Westen infolge der Schwäche der Staatsgewalt möglich war, den rechtlichen Primat des römischen Bischofs zur Anerkennung zu bringen, suchten auch im Osten die kirchlichen Machthaber die Schwäche des Staats unter den Nachfolgern Theodosius' d. Gr. zu benutzen, um ihre eigene politische Macht zu stärken und auf dieser Grundlage den Abschluß der kirchlichen Verfassung, den kirchlichen Primat des Morgenlandes, zu erlangen. Der Verlauf der Dinge war aber im Osten ganz anders als im Westen, schon deshalb, weil im Orient mehrere große Obermetropoliten nebeneinander standen, zwischen denen sich nun ein scharfer Wettkampf entspann. Das Übergewicht hatte bis 450 der Patriarch von Alexandria[1]; er gedachte, Ägypten seiner vollen politischen Herrschaft zu unterwerfen und, gestützt auf die Massen der ägyptischen Mönche und die den Griechen immer feindlicher werdende koptische Nation, den kirchlichen Primat im Morgenlande zu erlangen. Sein Hauptgegner war der Metropolit von Konstantinopel, dem Theodosius 381 den Vorrang vor dem Alexandriner hatte zusprechen lassen (§ 26 g), sein Bundesgenosse [zunächst] der Bischof von Rom, der seinem Rivalen in Konstantinopel durch Begünstigung des Alexandriners Abbruch zu tun suchte. In dem unedeln Kampf des Theophilus von Alexandria gegen Johannes Chrysostomus von Konstantinopel trat der Gegensatz zum ersten Male klar in Erscheinung.

1) Dem Kampf ging ein Streit um den Origenismus voran. Noch zur Zeit *b* des arianischen Streits war die Stimmung gegen Origenes im Morgenland überwiegend freundlich gewesen; die Jung-Nicäner (§ 24 s) waren sogar eifrige Origenisten; Gregor von Nyssa war ein gründlicher Kenner des Origenes und lehrte

---

[1] 385–412 Theophilus; 412–44 Cyrillus; 444–51 Dioskurus.

wie dieser die Apokatastasis (§ 17 l); Basilius und Gregor von Nazianz verfaßten gemeinsam die Φιλοκαλία, eine Blütenlese aus Origenes. Aber seit dem Siege des Nicänums erlangte, mit unter dem Einfluß der Mönche, ein geistloser **Traditionalismus** die Oberhand, der jede freie Bewegung des theologischen Denkens, insbesondere auch die ἑλληνικὴ παιδεία, verpönte. Hauptvertreter dieser Richtung war der ehrliche, bornierte Ketzerbestreiter *EPIPHANIUS*, Metropolit von Konstantia auf Zypern, der Verfasser des *Πανάριον* („Heilmittelkästchen", gewöhnlich „haereses" zitiert, gegen 80 Häresen gerichtet). Er mengte sich 392 (393?) in **Jerusalem** in einen Kreis von Origenesverehrern (Hieronymus, Rufinus, Bischof Johannes von Jerusalem) und bestand auf der Verdammung des Alexandriners. Der Streit wurde durch Vermittelung des Bischofs Theophilus von Alexandria 397 zunächst gütlich beigelegt, setzte sich aber nach der Rückkehr Rufins nach dem Abendland 397 in einem literarischen Waffengang zwischen *HIERONYMUS* und seinem bisherigen Freunde *RUFIN* fort und zog vor allem im Orient noch weitere Kreise: **399** erfolgte ein bedeutsamer Frontwechsel des Patriarchen *THEOPHILUS*, der unter dem Druck gewaltiger Haufen mit Knütteln bewaffneter Mönche den Origenes **verdammte** und sich durch diese Preisgabe der Wissenschaft die Gefolgschaft der ungebildeten Mönchshaufen sicherte. Ihm folgend verurteilte auch *Anastasius I.* von Rom (399–402) den Origenes und zitierte den Origenisten Rufinus [vergeblich] nach Rom (399).

c   2) Die Flucht von etwa fünfzig origenistischen Mönchen nach Konstantinopel und ihre Aufnahme durch den Patriarchen Johannes verpflanzte den Streit nach Byzanz. *JOHANNES* [seit dem 6. Jh.] „*CHRYSOSTOMUS*" genannt, ein hervorragender Prediger und Seelsorger (berühmt sein Dialog Περὶ ἱερωσύνης), war 398 von seiner Vaterstadt Antiochia nach Byzanz berufen worden, erlag aber hier den höfischen Intrigen. Sein Eintreten für die Origenisten wurde für ihn verhängnisvoll. **403** kam Theophilus nach Konstantinopel und stürzte den Rivalen auf der Synodus ad quercum (kaiserliches Landgut bei Chalcedon). Johannes ist 407 in der Verbannung gestorben, mit den Worten: „δόξα τῷ θεῷ πάντων ἕνεκεν." (438 wurden seine Gebeine feierlich nach Konstantinopel zurückgeholt.)

d   2. GEGENSATZ DER SCHULEN. Zu dem kirchenpolitischen Gegensatz des Morgenlandes kam ein theologischer: die großen Schulen von **Alexandria** und von **Antiochia** standen in der christologischen Frage, in dem Problem des Verhältnisses des Göttlichen zum Menschlichen in Christus, einander feindlich gegenüber. Neue Kämpfe waren unvermeidlich.

e   Das Problem ergab sich, wenn man mit dem Nicänum das in Jesus erschienene Göttliche mit dem höchsten Göttlichen gleichsetzte, anderseits an der Tradition festhielt, daß Jesus wahrhaftiger Mensch gewesen sei (erste Erörterung der Frage durch *Apollinaris von Laodicea*, § 24 w).

Die **antiochenische Schule** (*DIODOR* von Tarsus, gest. vor 394; *THEODOR* von Mopsuestia, gest. 428, neben Origenes der größte Exeget des Orients; wichtiger neuer Fund; seine katechetischen Reden; sein hervorragendster Schüler *THEODORET* von Kyros, gest. c. 460), ausgezeichnet durch wissenschaftliche Schriftforschung, aristotelisch geschulte Dialektik und strenge Askese, verfocht in ihrer Christologie die **Trennung der beiden Naturen** (διαίρεσις τῶν φύσεων) und gestand nur eine συνάφεια (enge Verbindung), keine κρᾶσις (Vermischung) derselben zu.

Der **göttliche Logos**, der unveränderlich und leidensunfähig ist, hat einen **vollkommenen Menschen** aus davidischem Geschlecht mit sich verbunden, in ihm Wohnung genommen wie die Gottheit im Tempel. Diese ἐνοίκησις ist dem Wohnen Gottes in den Heiligen analog, nur quantitativ von diesem unterschieden. Die Verbindung ist keine **substantielle** (ἕνωσις φυσική, κατ' οὐσίαν), sondern ἕνωσις σχετική (durch σχέσις, Haltung, gegeben), d. h. durch die Gesinnung der beiden Naturen, also ethisch vermittelt; die sittliche Entwicklung der menschlichen Natur hat die Verbindung allmählich immer inniger gemacht. – Die damit tatsächlich gegebene **Zerspaltung des Christus in zwei Personen** suchen die Antiochener durch den Satz zu verdecken, daß für die Anbetung nur *eine* Person vorhanden sei. Den Nachdruck legten sie auf das menschliche Lebensbild in den Evangelien und das sittliche Vorbild Christi. Die realistische Erlösungslehre wurde durch die Verteilung der einzelnen Handlungen Christi auf die beiden Naturen (der Mensch hungert, leidet, stirbt usw., der Gott offenbart usw.) gefährdet.

Die **alexandrinische Schule** (gemäßigt vertreten von *Isidor* von Pelusium, scharf und konsequent von *CYRILL* von Alexandria) verteidigt dagegen im Interesse der realistischen Erlösungslehre die völlige Einheit und Gottheit der Person Christi.

Der göttliche Logos verbindet sich nicht mit einem individuellen Menschen, sondern er zieht die unpersönliche menschliche Natur an wie ein Kleid: beide Naturen verbinden sich zu einer substantiellen Einheit ($ἕνωσις$ $φυσική$ bzw. $καθ'$ $ὑπόστασιν$), und zwar so, daß die menschliche Natur in der göttlichen untergeht und ihre Eigentümlichkeiten verliert ($μία$ $φύσις$ $τοῦ$ $θεοῦ$ $λόγου$ $σεσαρκωμένη$).

Während also bei den ANTIOCHENERN (gegen ihre Absicht, denn sie erkannten das $ὁμοούσιος$ an) die menschliche Natur besonders betont wurde, legten die ALEXANDRINER allen Nachdruck auf die göttliche Seite.

Neben diesen beiden Christologien stand als ein selbständiger Typus die *f* **abendländische Christologie.** Ihre Formeln gingen auf *Tertullian* zurück (§ 17 e). Für ihn sind in der einen Person zwei Substanzen (*deus* und *homo*) eng verbunden, nicht vermischt. Diese Christologie war, unbeeinflußt vom Logosbegriff, nach dem Schema $κατὰ$ $σάρκα$ – $κατὰ$ $πνεῦμα$ entworfen. Dieselben Formeln wurden als fest umschriebene Größen mit großer Sicherheit von *Novatian* (§ 17 x) gebraucht: Christus ist zugleich Gott und Mensch; wie die Einigung zu denken ist, bleibt unerörtert.

Mit dieser „altabendländischen" Christologie wurde nun im 4. Jh. (vgl. § 33 a) die griechische, durch Athanasius und die Kappadozier bestimmte Christologie verbunden: der Logos erscheint im Fleisch, und der Logos ist das in dem Menschgewordenen wirkende Subjekt (so *Hilarius, Ambrosius, Augustin*). Doch wurden die „altabendländischen" Formeln, zB. die Wendung „*homo Christus*", nicht verdrängt, sondern mit der neuen Anschauung kombiniert. Diese „neuabendländische" Christologie eignete sich trefflich zur goldenen Mitte zwischen den Extremen des Apollinarismus und der Antiochener (vgl. § m).

3. **NESTORIANISCHER UND EUTYCHIANISCHER** *g* **STREIT.** Der tiefgreifende Gegensatz der theologischen Schulen in der christologischen Frage und die kirchenpolitischen Bestrebungen der morgenländischen Patriarchate führten zum Ausbruch des großen, durch mehrere Jahrhunderte sich ziehenden **christologischen Streits.** Seine allgemeine Bedeutung ist, daß in ihm das altkirchliche christologische Dogma seinen Abschluß erreichte, aber die Reichskirche des Ostens sich auflöste. Er verlief in zwei Hauptabschnitten; im ersten, der den sog. nestorianischen und den sog. eutychianischen Streit umfaßt, waren die dogmatischen Probleme die beherrschenden, im zweiten Hauptabschnitt, dem Kampf um das Chalcedonense oder den monophysitischen und monotheletischen Streitigkeiten, die kirchenpolitischen.

α) Die erste Phase des Kampfes, der sog. **nestorianische Streit (428–431** bzw. **433),** war ein Ringen zwischen dem alexandrinischen Patriarchen Cyrill und dem Patriarchen Nestorius von Konstantinopel und der hinter ihm stehenden antiochenischen Schule. Das Stichwort dieses Kampfes war die Bezeichnung $θεοτόκος$ für Maria.

h In drei Predigten hatte sich *NESTORIUS* von den christologischen Voraussetzungen der Antiochener aus gegen die [schon um 360 weit verbreitete] Bezeichnung der Maria als ϑεοτόκος gewendet und die Bezeichnung χριστοτόκος befürwortet. Eine gewaltige Aufregung der Hauptstadt war die Folge. *CYRILL*, dem die Wahl eines Antiocheners zum Patriarchen von Konstantinopel verdrießlich war, mischte sich ein und erklärte sich in seinem Osterbrief von 429 für das ϑεοτόκος. Ein erregter Briefwechsel zwischen Nestorius und dem leidenschaftlichen, herrschsüchtigen Cyrill folgte. Dann wandten sich beide, Cyrill mit berechnender Unterwürfigkeit, nach Rom; auf einer römischen Synode 430 trat *Coelestin* (§ 32 g) auf die Seite Cyrills. Als dieser darauf auf einer alexandrinischen Synode 12 Anathematismen gegen Nestorius erließ, setzte er die ganze antiochenische Schule gegen sich in Bewegung.

i Der Streit ist zweimal entschieden worden, beide Male in etwas verschiedenem Sinn. Zuerst führten das von Theodosius II. 431 nach **Ephesus** berufene Konzil und die ihm folgenden höfischen Intrigen den Sturz des Nestorius herbei und gaben den Alexandrinern das Übergewicht. Dann aber griff der Kaiser von neuem ein und zwang die Parteien zu dem **Kompromiß von 433**: die Person des Nestorius blieb zwar verurteilt, in der Sache aber behaupteten im wesentlichen die Antiochener das Feld.

k In **Ephesus 431** eröffnete Cyrill das Konzil vor dem Eintreffen der Syrer und der päpstlichen Gesandten und brachte eine Verurteilung des Nestorius zustande. Einige Tage danach traf Bischof *Johannes von Antiochia* mit seinen syrischen Bischöfen in Ephesus ein, hielt ebenfalls ein Konzil und verurteilte den Cyrill. Der Kaiser bestätigte zunächst beide Urteile, ließ sich dann aber auf die Seite Cyrills hinüberziehen; Cyrill kehrte in sein Bistum zurück, Nestorius blieb verurteilt.

Indessen der literarische Streit ging fort, und die Stärke und das entschlossene Auftreten der Antiochener veranlaßten den Kaiser, von neuem einzuschreiten. Er nötigte die Parteien zur **Union** von **433**, einer vorsichtigen, dehnbaren Formulierung der antiochenischen Lehre. Cyrill hat in den folgenden Jahren seine Auffassung in das Symbol von 433 hineinzudeuten und seine Gegner ins Unrecht zu setzen gesucht. In der Tat hat er eine der Wirklichkeit widersprechende Beurteilung der Ereignisse durchgesetzt: seit 451 galt das Conciliabulum Cyrills von 431 als 3. ökumenische Synode, während tatsächlich Cyrill 433 unter die Beschlüsse der Gegenpartei gebeugt worden war.

Johannes von Antiochia gab 433 den Nestorius als Ketzer preis, um die Theologie der Antiochener und seine eigene kirchliche Machtstellung zu retten. 435 wurde *Nestorius* vom Kaiser nach Ägypten verbannt, wo er erst 16 Jahre danach, unmittelbar vor dem Konzil von Chalcedon (§ n), im Elend gestorben ist. Ebenfalls 435 nötigte Johannes seine Bischöfe zur Anerkennung der Union. *Theodoret von Kyros* und andere Antiochener fügten sich; die strengsten unter ihnen aber mißbilligten die Preisgabe des Nestorius und wanderten nach dem Sassanidenreiche aus (vgl. § r).

l β) Als die Antiochener in den 40er Jahren wichtige Bischofsstühle mit Anhängern ihrer Partei besetzen konnten[2], verschärfte sich die Lage. Denn Cyrills Nachfolger, der leidenschaftliche und skrupellose Dioskur (444–451), war um so weniger gewillt, diesen Fortschritten ruhig zuzusehen, als der alternde Theodosius II. wieder unter alexandrinische Einflüsse geraten war. Daher benutzte Dioskur den wieder ausbrechenden dogmatischen Zwist zu einer neuen Machtprobe (**Eutychianischer Streit, 448–451**), die in der Tat zunächst zu großen Erfolgen des Alexandriners führte.

---

[2] Antiochia, Tyrus, Konstantinopel, Edessa.

Den Anlaß zum Streit gab die Verurteilung des *EUTYCHES*, eines bejahrten, **m** in der alexandrinischen Partei hochangesehenen Archimandriten bei Konstantinopel. Er verfocht die 433 ausdrücklich aufgegebene μία φύσις, die Vergottung des Körpers Christi, der wie ein menschlicher Körper ausgesehen habe, aber kein menschlicher Körper gewesen sei. Auf die Anklage des Eusebius von Doryläum in Phrygien wurde er 448 auf einer σύνοδος ἐνδημοῦσα[3] zu Konstantinopel unter dem Patriarchen *FLAVIAN*, einem gemäßigten Antiochener, als „Valentinianer und Apollinarist" verurteilt.

DIOSKUR gedachte diese Verurteilung eines Anhängers der alexandrinischen Theologie für seine politischen Zwecke zu benutzen und erlangte vom Kaiser die Berufung einer allgemeinen Synode nach Ephesus.

Noch vorher hatten sich Flavian wie Dioskur nach Rom gewandt. Und nun vollzog sich ein höchst bedeutsamer Umschwung: Papst *LEO D. GR.* verließ die bisherige Taktik des römischen Stuhls (Unterstützung Alexandrias gegen Konstantinopel) und stellte sich in seinem berühmten **Lehrbriefe an Flavian** auf die Seite Flavians. Nach Leo, der die abendländische dogmatische Tradition (Tertullian) weiterführt, sind in dem einen Christus immer zwei Naturen oder Substanzen nebeneinander gewesen, jedoch in völliger Einheit. Wie die Einheit zu denken sei, wird von Leo nicht erörtert (vgl. § f).

449 tagte die vom Kaiser berufene allgemeine Synode von **Ephesus**, unter dem Vorsitze Dioskurs, der sein Einverständnis mit dem Hofe und die rohe Gewalt der mitgebrachten Mönchshaufen benutzte, die Väter der Synode zu terrorisieren, Eutyches für orthodox zu erklären und Flavian und Eusebius von Doryläum abzusetzen. Es folgte die Absetzung der bedeutendsten antiochenischen Theologen (Theodoret von Kyros, Ibas von Edessa, Domnus von Antiochia). Leo d. Gr. hat diese Synode, auf der es zu tumultuarischen Auftritten gekommen ist, **Räubersynode** genannt.

Das Jahr **450** bildet den Höhepunkt der Macht des alexan- **n** drinischen Patriarchen; der Nebenbuhler in Konstantinopel war gestürzt, die antiochenische Theologie verurteilt, Papst Leo d. Gr. in die Niederlage der Gegner Dioskurs verwickelt; der Gang der Ereignisse schien geradezu der Unterwerfung des schwachen byzantinischen Staates unter den ägyptischen Kirchenleiter zuzutreiben. Da erfolgte mit dem Regierungswechsel und der Verbindung des byzantinischen Hofes mit dem Papste der Sturz des Alexandriners. Die **451** von der Kaiserin Pulcheria und ihrem Gemahl Marcian nach **Chalcedon** berufene **4. allgemeine Synode,** die größte Synode der alten Kirche, setzte den Dioskur ab, nahm nach stürmischen Verhandlungen unter dem Drucke des kaiserlichen Despotismus das dogmatisch vermittelnde

Oströmische Kaiser:
395–408 Arkadius.
408–450 Theodosius II.
450–457 Pulcheria, Marcian.
457–474 Leo der Thrazier.
474–491 Zeno der Isaurier.
475–477 Basiliskus.
491–518 Anastasius.
518–527 Justin I.
527–565 Justinian I.

Chalcedonense an und erkannte die Synoden von 325, 381, 431 (nicht die von 449!) als ökumenisch an.

Die Mehrheit der versammelten Bischöfe war cyrillisch gesinnt und den Antio- **o** chenern feindlich. Die Annahme des Chalcedonense kennzeichnet daher ebenso den Mangel an Wahrheitssinn wie die Wiedererstarkung der kaiserlichen Gewalt in der östlichen Kirche. Das **Chalcedonense** bekennt den einen Christus, vollkom-

---

[3] D. i. eine Synode, die sich aus den zufällig [zur Erledigung von Geschäften bei Hofe] in Konstantinopel anwesenden Bischöfen zusammensetzte, auch solchen aus anderen Patriarchaten.

menen Gott und vollkommenen Menschen, in zwei Naturen, die weder miteinander vermischt (ἀσυγχύτως, ἀτρέπτως, gegen Eutyches), noch voneinander scharf getrennt sind (ἀδιαιρέτως, ἀχωρίστως, gegen Nestorius), steht also in der Mitte zwischen Eutyches und Nestorius, verurteilt den extremen Nestorianismus, erkennt aber anderseits die Autorität so verschieden denkender Theologen wie Leo, Cyrill und Theodoret an.

Mit Hilfe des römischen Bischofs hatte der Kaiser den gefährlichen alexandrinischen Patriarchen gestürzt; um nicht den römischen Bischof zu mächtig werden zu lassen, brachte er ihm in demselben Augenblick, wo er ihm auf dogmatischem Gebiet den Sieg verschaffte, auf politischem Gebiet eine Niederlage bei: der berühmte **28. Kanon von Chalcedon** verfügte die Gleichstellung der Bischöfe von Rom und Konstantinopel (vgl. § 32 k)[4].

p   4. DIE MONOPHYSITISCHEN KÄMPFE. Mit dem Sturze des alexandrinischen Patriarchen hatte das oströmische Kaisertum die Kirche seiner Gewalt wieder unterworfen. Aber andere Gewalten waren in den Kämpfen der vorangehenden Jahrzehnte entfesselt worden, die der Staat vergeblich zu binden suchte: das waren die nationalen Kräfte der südöstlichen Provinzen, Syriens und Ägyptens, die sich nun mit den dogmatischen Gegensätzen verbanden, den Hellenismus ausschieden und von der byzantinischen Herrschaft loszukommen trachteten. Hier erhoben sich die von der alexandrinischen Theologie beherrschten Volksmassen und die Mönche gegen das aufgezwungene Glaubensbekenntnis und für die „μία φύσις", die nun das Stichwort der mit ungeheurer Leidenschaftlichkeit und Zähigkeit geführten **monophysitischen Kämpfe** wurde. Monophysiten und Dyophysiten (Chalcedonenser) standen einander gegenüber. Alle Einigungsversuche der oströmischen Kaiser erwiesen sich als vergeblich, die Reichskirche löste sich auf.

Während des ersten Abschnitts dieser Kämpfe suchte die kaiserliche Politik durch offene oder verschleierte **Preisgabe des Chalcedonense** die Monophysiten zu gewinnen: diese wohl unvermeidliche Kompromißpolitik führte 484 zu einem ersten Auseinanderbrechen der östlichen und westlichen Kirche.

q   Die Unruhen begannen in Palästina. In Ägypten erhoben die Kopten einen monophysitischen Gegenpatriarchen; der orthodoxe Patriarch wurde ermordet. Auch in Syrien wurde ein Monophysit zum Gegenpatriarchen erhoben. **476** suchte der Usurpator *Basiliskus* durch das sog. **Enkyklion,** ein Edikt, das den Beschluß von Chalcedon offen verdammte, die Monophysiten auf seine Seite zu ziehen. **482** erließ der Kaiser *Zeno der Isaurier,* von den Dyophysiten *Akacius* von Konstantinopel beraten, das sog. **Henotikon,** in dem das Chalcedonense zwar nicht mit ausdrücklichen Worten, aber tatsächlich beseitigt war. Aber nur neue erbitterte Kämpfe waren die Folge; als die monophysitischen Patriarchen von Alexandria und von Antiochia das Henotikon anerkannten, sagten sich die entschlossenen Monophysiten von ihnen los (Partei der *Akephaloi* in Alexandria); *Felix III.* von Rom aber verhängte über Akacius den Bann und hob die Kirchengemeinschaft mit dem Osten auf (**484–519** 35jähriges **Schisma** zwischen Abendland und Morgenland). In den nächsten Jahrzehnten haben sich die Spaltungen innerhalb der monophysitischen Partei noch weiter fortgesetzt: die Mehrheit bildeten die Severianer („*φθαρτολάτραι*"), welche annahmen, daß die ἀφθαρσία des

---

[4] Seit 451 gab es **5 Patriarchate**: Rom, Konstantinopel, Alexandria, Antiochia, Jerusalem. Dieses bildete erst seit 451 ein eigenes Patriarchat; es war auf Palästina beschränkt.

Fleisches Christi erst nach der Auferstehung begonnen habe; neben ihnen standen die Julianisten (ἀφθαρτοδοκῆται), die die Vergottung des Fleisches Christi mit der Menschwerdung beginnen ließen; dazu kamen verschiedene kleinere Absplitterungen. Die Severianer standen der den Cyrill fortsetzenden nachchalcedonensischen Theologie näher, als der von Eutyches beeinflußten monophysitischen Gruppe (Forts. § 36, 40).

Im Zusammenhang mit dem christologischen Streit trennte sich die persische Kirche endgültig von der Reichskirche; die persischen Christen gingen zum Nestorianismus über. Der Hauptbegründer dieser **syrisch-nestorianischen Kirche** (chaldäisch-nestorianischen Kirche) war *Barsauma*; die endgültige Trennung von der Reichskirche erfolgte auf der Synode von Beit Laphat c. 483. In den folgenden Jahrhunderten haben sich die Nestorianer über Vorder-, Mittel- und Ostasien bis nach Kambaluk (Peking) und Dabag (Java?) verbreitet und hier bis zur Mongolenzeit (13. Jh.) eine bedeutende Stellung innegehabt. In Indien haben sie sich als ,,Thomas-Christen" durch die Jahrhunderte hindurch behauptet. Im Westen aber wurden die Nestorianer seit dem 7. Jh. die Vermittler griechischer Wissenschaft an die Araber.

Auch die **Armenier** (§ 30 b) entfremdeten sich seit dem Anfang des 6. Jhs. auch dogmatisch der Reichskirche, gingen aber zum Monophysitismus über (Ablehnung der Beschlüsse von Chalcedon auf der Synode zu Dwin 505/06), desgleichen die Georgier (§ 30 b).

r

s

Dritte Periode.

Die Kirche in der Zeit des katholisch-germanischen Landeskirchentums (c. 500 - c. 900).

Vorblick auf §§ 35—47.

1. In den ersten fünf Jahrhunderten hatte sich die Kirchengeschichte im wesentlichen in den durch die Römerherrschaft und die antike Kultur zu einer Einheit verbundenen Mittelmeerländern abgespielt. Bei aller Bedeutung, zu der die römische Gemeinde schon frühzeitig gelangt war, hatte das Schwergewicht des Christentums in jener Periode durchaus im Osten gelegen; hier war nicht nur bis über die Zeiten Konstantins d. Gr. hinaus die Zahl der Christen weit größer als im Westen; hier waren auch die Hauptherde höherer geistiger Regsamkeit, hier blühte die Theologie, hier vornehmlich wurden die großen Dogmenkämpfe des 4. und 5. Jhs. ausgefochten; erst in der Zeit Augustins vermochte der Westen in geistiger Hinsicht sein Gewicht geltend zu machen. Im ganzen war die abendländische Kirche noch um 500 nicht viel mehr als ein, wenn auch bedeutsamer, Anhang der morgenländischen.

Vergleicht man damit die kirchliche Lage um 800, so gewahrt man ein völlig verändertes Bild. Zwar allmählich, aber unaufhaltsam hat sich ein gewaltiger Umschwung der gesamten Lage vollzogen. Das kirchliche Schwergewicht hat sich entschieden nach dem Westen verlagert. Der Osten ist an Bedeutung ganz zurückgetreten, auf sich selbst zurückgeworfen und dem Westen gegenüber in steigendem Maße isoliert. Die alte mittelmeerländisch-römische Oikumene ist verblaßt, an ihre Stelle ist das **Abendland im historischen Sinne** getreten, d. h. der weithin politische, vor allem aber kirchliche und damit kulturelle Zusammenschluß von Frankreich, Deutschland, England und Italien, das sich aus seiner Verbindung mit Byzanz gelöst und den europäischen Ländern angegliedert hat. Diese gewaltige Umschichtung wurde heraufgeführt: negativ durch den Zerfall der römischen Herrschaft im Westen, positiv durch die Staatenbildungen der Westgermanen und ihre Eingliederung in die katholische Kirche.

Schon im 5. Jh. hatten sich die auf das Gebiet des zerfallenden römischen Reichs übertretenden **ostgermanischen** Stämme dem Christentum angeschlossen. Aber da sie in der Hauptsache dem **arianischen** Bekenntnis anhingen, bedeutete dieser Vorgang für das Ganze der abendländischen Kirche und Kultur nur ein Moment der Krisis und Zersetzung. Die arianischen Germanen wurden entweder vernichtet oder verfielen rasch der Romanisierung und der Aufsaugung durch die eingesessene römische Bevölkerung. So waren die ostgermanisch-arianischen Kirchen, wenn sie auch nicht ohne Nachwirkung blieben (§ 31 n), im Gesamtverlauf nur **Episode**. Der eigentlich entscheidende Vorgang war der **Übergang der Westgermanen zur katholischen Kirche**. Dieser Prozeß begann c. 500 mit der **Bekehrung der Franken** unter Chlodovech und führte im Abendland völlig neue Verhältnisse herauf. Der Sieg des Katholizismus über den germanischen Arianismus ermöglichte 1) in **nationaler Hinsicht den Ausgleich zwischen den Germanen und den Lateinern** im Gebiet des alten Imperiums. Nachdem die germanischen Eroberer und die unterworfenen Römer Jahrzehnte lang in gegenseitigem Abschluß verharrt hatten, begann die Verschmelzung der alten verbrauchten Kulturvölker mit den Germanen; es entstanden die jugendkräftigen **romanischen Nationen**. 2) In **kirchlicher Hinsicht** begann mit der Überwindung des germanischen Arianismus ein langsames, aber stetiges und sicheres **Erstarken des Katholizismus**. Wie er im Gebiet des ehemaligen Imperiums nun wieder die Alleinherrschaft erlangte, so vermochte er im **Norden** auch gegen das **Heidentum** kräftig vorzudringen.

2. Die katholische Kirche wurde durch den Übergang der Germanen zum katholischen Bekenntnis vor eine ganz große **Aufgabe** gestellt: als der führenden Kulturmacht, der Trägerin der von der Antike ererbten höheren Bildung und Technik, erwuchs ihr die Aufgabe, die jungen germanischen und romanischen Völker zu höherer Kultur, Gesittung und Religion zu erziehen. Während im kirchlichen Altertum eine wirkliche Durchdringung der Kultur mit den christlichen Gedanken unmöglich gewesen war (§ 29), stand nun das gesamte **Kulturleben mehrere Jahrhunderte unter dem unmittelbaren Einfluß der Kirche**. In der Spätantike hatte das Christentum eine alte, ausgereifte, durchgebildete Kultur vorgefunden, die sich nicht von Grund aus umwandeln ließ; in der germanischen Welt stieß es auf noch unver-

bildete Völker, deren Kultur in vieler Hinsicht noch primitiv und für die Beeinflussung durch eine ältere Kulturwelt offen war. Hatte so die Kirche unter den germanisch-romanischen Völkern in vieler Hinsicht eine noch stärkere Stellung inne als in der hellenistisch-römischen Spätantike, so bedeutete es auf der anderen Seite eine Schwächung des katholischen Gedankens, daß die Katholisierung der Germanen nicht unmittelbar zur Wiederaufrichtung der abendländischen Universalkirche führte. Wie das Christentum bei den Germanen in Glaube und Sitte manchen urwüchsigen, eigenartigen Zug gewann, so auch in der kirchlichen Verfassung: durchweg entstanden bei den „katholischen" Germanen, den Franken, Westgoten, Langobarden, Angelsachsen, „landeskirchliche" Zustände. Der römische Bischof gewann zwar rasch ein unbestrittenes Ansehen, aber von seiner rechtlichen Herrschaft über die abendländische Kirche war zunächst nicht die Rede. Auch der politische Aufschwung des Frankenreichs und der enge Zusammenschluß der Kernländer des westlichen Europa unter Karl d. Gr. brachte zunächst nur eine über einen großen Teil des Abendlandes erweiterte fränkische Landeskirche, über die der Frankenkönig herrschte, noch nicht eine päpstliche Universalkirche. Aber als das Karolingerreich versank, trat unter Nikolaus I. die kommende Papstkirche vorübergehend schon einmal in Sicht.

3. Neben den neuen kirchlichen Bildungen des Westens bestand die alte römische Reichskirche fort. Unter Justinian I. erhob sich noch einmal auch in mehreren Ländern des Westens mit dem alten Imperium die alte Reichskirche, aber doch nur für kurze Zeit; die meisten der von den Germanen besetzten Länder blieben der Reichskirche verloren. Und ebenso vergeblich suchte Justinian den Auflösungsprozeß, den die christologischen Kämpfe im Südosten des Reichs herbeigeführt hatten, rückgängig zu machen. Das Jahrhundert nach dem großen oströmischen Kaiser sah den erstaunlichen Siegeszug des Islam, der das oströmische Reich und seine Kirche auf die Länder beschränkte, in denen sich vom 7. Jh. an ihre Geschichte hauptsächlich abgespielt hat: Kleinasien, die Balkanländer und gewisse italische Gebiete. Seit der epochemachenden Verbindung des Papsttums mit den Franken im 8. Jh. entfremdeten sich Ost und West auch in kirchlicher Hinsicht; die Entfremdung führte 867 [und endgültig 1054] zum Bruch, der bis heute besteht. Im inneren Leben des Rhomäerreichs herrschte zwar nicht geradezu eine Versteinerung, wie man früher annahm, aber doch ein gewisser Stillstand; die Bildung war bis ins 13. Jh. höher als im Abendlande, aber es fehlte völlig an schöpferischer Kraft. Der Bilderstreit des 8. und 9. Jhs. war der letzte große innerkirchliche Kampf, den der Osten erlebte.

I. Gründung katholischer germanischer Landeskirchen im Abendland. Letzte Höhe der römischen Reichskirche unter Justinian I. und Verfall unter seinen Nachfolgern.

§ 35. Die Bekehrung der Franken und das Wiedererstarken des abendländischen Katholizismus.

§ 35–72. Monumenta Germaniae historica (= **MG**), seit 1826 (angeregt vom Freiherrn vom Stein, begründet von GHPertz, her. von der Berliner Akademie). Mehrere Abteilungen, vor allem MG SS = Scriptores, und MG LL = Leges. Eine Reihe von „Scriptores" in deutscher Übersetzung: Geschichtschreiber der deutschen Vorzeit, ²1884ff. Zu einer Anzahl von Schriften erschien eine kritisch verbesserte besondere Ausgabe („Scriptores rerum Germanicarum in usum scholarum"). – APOTTHAST, Bibliotheca historica medii aevi, Wegweiser durch die Geschichtswerke des europäischen Mittelalters, 2 Bde., ²1896. – WWATTENBACH, Deutschlands Geschichtsquellen im Mittelalter (bis zur Mitte des 13. Jhs.), I⁷ 1904, II⁶ 1894. – WATTENBACH-LEVISON, dasselbe, 2 Hefte und Beiheft, 1952–53. – OLORENZ, Deutschlands Geschichtsquellen seit der Mitte des 13. Jhs., ³1886f. – DAHLMANN-WAITZ, Quellenkunde der deutschen Geschichte, ⁷her. von HHAERING, 1931. – GFRANZ, Bücherkunde zur deutschen Geschichte, 1951.

JHASHAGEN, Europa im Mittelalter, alte Tatsachen und neue Gesichtspunkte [1951]. – FEDOR SCHNEIDER, Mittelalter, 1929. – BSCHMEIDLER, Das spätere Mittelalter, 1932. – ACARTELLIERI s. § 31. – KHAMPE in der Propyläen-Weltgeschichte Bd. V, 1932. – Ders., Herrschergestalten des Mittelalters, ⁶ed. Kempf, 1955. – *CDAWSON, Die Gestaltung des Abendlandes, deutsch 1935. – HPIRENNE, Geburt des Abendlandes, deutsch o. J. (= Mahomet et Charlemagne, 1937). – WC BARK, Origins of the Medieval World, Stanford-Calif., 1958. – HMITTEIS, Der Staat des hohen Mittelalters,⁴ 1953. – Verf.-Koll., Geschichte des Mittelalters Bd. I, Berlin 1958 (aus dem Russ.). – AHAUCK, Kirchengeschichte Deutschlands, 5 Bde., ¹1887–1920. – HvSCHUBERT, Geschichte der christlichen Kirche im Frühmittelalter, 1921. – *GSCHNÜRER, Kirche und Kultur im Mittelalter, 3 Bde., 1924–29. – Ders., Die Anfänge der abendländischen Völkergemeinschaft, 1932. – ABRACKMANN, Gesammelte Aufsätze, 1941. – HDANNENBAUER, Grundlagen der mittelalterlichen Welt, Skizzen und Studien, 1959. – PLEHMANN, Erforschung des Mittelalters, 1941. – HvEICKEN, Geschichte und System der mittelalterlichen Weltanschauung, ⁴1923. – ADEMPF, Sacrum Imperium, 1929. – WERNER GOEZ, Translatio imperii, zur Geschichte des Geschichtsdenkens und der politischen Theorien, 1958. – *THSTEINBÜCHEL, Christliches Mittelalter, 1935. – FKERN, Gottesgnadentum und Widerstandsrecht im frühen Mittelalter,² 1954. – *FKAMPERS, Vom Werdegang der abendländischen Kaisermystik, 1924. – FGREGOROVIUS, Geschichte der Stadt Rom im Mittelalter, neue Ausg., 3 Bde. [1953]. – FEDOR SCHNEIDER, Rom und Romgedanke im Mittelalter, 1926. – AEBERT, Allgemeine Geschichte der Literatur des Mittelalters im Abendland, 3 Bde., ²1889ff. – MMANITIUS, Geschichte der lateinischen Literatur des Mittelalters, 3 Bde., 1911 bis 31. – FJERABY, A History of Christian-Latin Poetry, 1927. – KKRUMBACHER, Geschichte der byzantinischen Literatur, ²1897. – Ders., Die griechische Literatur des Mittelalters (Die Kultur der Gegenwart I 8), ²1907. – HGBECK, Kirche und theologische Literatur im Byzantinischen Reich, 1959. – AWERMINGHOFF, Geschichte der Kirchenverfassung Deutschlands im Mittelalter I, 1905. – Ders., Verfassungsgeschichte der deutschen Kirche im Mittelalter (= AMEISTER, Grundriß der Geschichtswissenschaft II 6), ²1913. – ADOPSCH, Wirtschaftliche und soziale Grundlagen der europäischen Kulturentwicklung von Cäsar bis auf Karl d. Gr., 2 Bde., ²1923f. –

§ 35. Capitularia regum Francorum, ed. Boretius et Krause (MG LL II); Mansi Bd. 16–17. – Concilia aevi Merovingici, ed. FMaassen (MG LL III, 1). – KURT DIETRICH SCHMIDT, Die Bekehrung der Germanen zum Christentum Bd. II. – Ders., Germanischer Glaube und Christentum, 1948. – HTÖGEL, Germanenglaube, 1926. – HvSCHUBERT, Staat und Kirche in den arianischen Königreichen und im Reiche Chlodwigs, 1912. – BKRUSCH, Chlodovechs Taufe (NA 49, 1932, S. 457–469). – W. VON DEN STEINEN, Chlodwigs Übergang zum Christentum (Österr. Inst. f. Gesch.-Forsch., Erg.-Bd. XII, 1933, 417–511). – Ders., Chlodwigs Taufe: Tours 507 ? (HJ 53, 1933, 51–66; gegen Krusch). – Ders., Theoderich und Chlodwig, 1934. – BRUBIN, Theoderich und Justinian, zwei Prinzipien der Mittelmeerpolitik, 1953. – Ders., Das Zeitalter Justinians, Bd. I, 1960. – Eigenkirche: USTUTZ s. § 31.

1. BEKEHRUNG DER FRANKEN. Bei der Gründung des Fran- *a* kenreiches in Gallien durch *CHLODOVECH* (Chlodwig, 482–511; entscheidend sein Sieg über den Römer Syagrius bei Soissons 486) war kirchengeschichtlich bedeutsam, daß die katholische Organisation in Bistümer mit wenigen Ausnahmen nicht zerstört wurde. Nun standen die Franken und sonstigen Germanen und die diesen rechtlich nicht gleichgestellte, unterworfene römisch-gallische Bevölkerung, nun standen germanisches Heidentum und katholisches Christentum nebeneinander. Dies drängte zu einer Klärung der Lage. Sie erfolgte **c. 500** durch den Übergang zunächst König Chlodovechs und der Grundherren, sehr allmählich auch des übrigen fränkischen Volkes zum Christentum und zwar katholischen Bekenntnisses.

Hauptquelle: Gregor von Tours II, 28–31 (§ 38 g). Der in den Einzelheiten *b* stark umstrittene Hergang läßt sich kritisch so zurechtlegen: 1. Dem Übertritt gingen reifliche und lange Erwägungen des Königs voraus. 2. Die katholische Partei (die katholischen Bischöfe in Gallien, besonders *Remigius von Rheims;* Chlodovechs Gemahlin *Chrotechilde* [Chlotilde], eine katholische burgundische Prinzessin) und die arianische Partei (Chlodovechs Schwager *Theoderich d. Gr.,* § 31 i) haben lange Zeit um Chlodovech bewußt geworben, zunächst ohne Erfolg. 3. Daß Chlodovech sich dann doch zur Taufe entschloß, ließe sich ungezwungen erklären, wenn die Legende von seinem Gelübde in der Alamannenschlacht bei Zülpich 496 einen geschichtlichen Kern hätte, was aber sehr unsicher ist (verdächtige Parallele zu 312, vgl. § 23 d, d¹). 4. Nachdem Chlodovech die Zustimmung des Heeresthings erlangt und der unumständlichen altkirchlichen Katechumenat durchgemacht hatte, wurde er an einem Weihnachtsfest (496, nach von den Steinen 498) in Rheims durch *Remigius* getauft (*Mitis depone colla, Sigamber; adora quod incendisti; incende quod adorasti!*). Zugleich erfolgte die Taufe von angeblich dreitausend Freien.

Durch die Taufe gewann Chlodovech (1) die Sympathien des gallischen und außergallischen katholischen Episkopats; damit erreichte er (2) die Festigung seiner Herrschaft in Gallien, sowie (3) das politische Übergewicht über die durch ihre konfessionelle Spaltung politisch schwachen arianischen Germanenreiche; damit entschied sich (4) das Übergewicht der christlichen über die heidnischen Germanen.

2. KIRCHE UND STAAT. Wie die arianischen Germanenkirchen *c* des westlichen Mittelmeergebietes, insbesondere die westgotische Kirche, entwickelte sich die fränkische Kirche als Landeskirche: 1) Der König übte starken Einfluß auf die kirchlichen Angelegenheiten und verwandte die Kirche zu staatlichen Zwecken; 2) die alten gallischen Provinzialsynoden wurden durch Landes- oder Reichssynoden ersetzt; 3) die Jurisdiktionsgewalt des Papstes in Gallien hörte auf; 4) eine große Zahl von Kirchen waren „Eigenkirchen" des Königs.

ad 1) Die merowingischen Könige hatten das Recht, kirchliche Gesetze *d* (*capitularia ecclesiastica*) zu erlassen; doch pflegten sie in die kirchliche Disziplin und das Dogma nicht einzugreifen. Sie gewannen ferner Einfluß auf die Besetzung der Bistümer; dabei kam es frühzeitig zu allerlei Unregelmäßigkeiten (Erhebung von Laien zu Bischöfen; Vorkommen der Simonie, d. i. einer Geldzahlung für die Ernennung, in Austrasien schon unter Chlodovechs Nachfolger).

§ 35 Zeitalter des katholisch-germanischen Landeskirchentums

      Nach langem Kampf der Synoden wurde die altkirchliche Wahlordnung (§ 26 i) durch ein Edikt Chlotachars II. 614 anerkannt; doch bestätigte der König den durch Klerus und Volk Gewählten vor der Weihe.

e   ad 2) Die Synoden verloren, indem sie an den Willen des Königs gebunden wurden, ihren rein kirchlichen Charakter. Die Tagung der fränkischen Landessynoden hing vom Befehl oder doch von der Genehmigung des Königs ab; ihre Beschlüsse bedurften, wenigstens wenn ihre Durchführung die Staatsgewalt in Anspruch nahm, der königlichen Bestätigung.

f   ad 3) Der römische Bischof, der vor 486 in Gallien tatsächlich die oberste Jurisdiktionsgewalt ausgeübt hatte, genoß das höchste moralische Ansehen und stand mit den Merowingern in guten Beziehungen, aber seine Anordnungen wurden nur wirksam, wenn der König sie bestätigte.

g   ad 4) Die Franken haben die **Eigenkirche** (§ 31 m) vielleicht nicht selbständig aus dem fränkischen Eigentempelwesen entwickelt, sondern übernommen; vor der fränkischen Eroberung gab es nicht bloß in den arianischen Gebieten Eigenkirchen, sondern diese waren unter arianischem Einfluß auch im gallischen Katholizismus aufgekommen. Da der König der größte Grundherr war, befand sich eine bedeutende Zahl von Eigenkirchen in seinem Besitz. Doch ist die Anschauung, daß das fränkische Landeskirchentum geradezu aus dem Eigenkirchenwesen erwachsen sei, heute überholt. Die Stellung des fränkischen Königs als Herr der Kirche war im wesentlichen die Fortsetzung der sakralen Stellung der alten heidnischen germanischen Herrscher.

h   Die fränkische Kirche gewann trotz der mannigfachen Beschränkung ihrer Selbständigkeit durch das Königtum sehr rasch eine bedeutende Machtstellung. Die Bischöfe, die meist aus dem Adel hervorgingen, bildeten bald eine kirchliche Aristokratie mit großem Einfluß auf Königtum und Staat. Vor allem gewann die Kirche durch ihren ungeheuren Grundbesitz eine Fülle von tatsächlicher Macht, die der Staat noch dadurch stärkte, daß er einzelnen Kirchen und Klöstern (jedoch vor dem 8. Jh. nicht allzu häufig) durch Privileg für einzelne Grundstücke oder für den Gesamtbesitz die Immunität gewährte, d. i. Befreiung von der Amtsgewalt der königlichen Beamten, die [niedere] Gerichtsbarkeit über die Hintersassen und das Recht auf die von diesen einkommenden Lasten

i   (nicht auf die öffentlichen Lasten!). Das reiche Kirchengut stammte zum Teil schon aus der vorfränkischen Zeit; da die germanische Eroberung das geltende Recht nicht beseitigte, bestand der kirchliche Besitz ungeschmälert fort. Dazu kamen reiche Stiftungen des fränkischen Hofes und des Adels, sowie massenhafte Schenkungen von seiten der kleinen Grundbesitzer, die ihren Besitz an die Kirche schenkten, aber gegen eine Abgabe das erbliche Nutznießungsrecht behielten (Schenkung als *precaria*, Prekarie).

k   3. BEGINN DER KATHOLISIERUNG DER ARIANISCHEN GERMANEN. Mit dem Anschluß der Franken an das katholische Bekenntnis begann der abendländische Katholizismus zu erstarken und den germanischen Arianismus zurückzudrängen. Abgesehen vom Frankenreich war freilich die Lage der Katholiken auf dem abendländischen Kontinent zu Beginn des 6. Jhs. noch ziemlich beengt; noch lebten sie überall unter germanisch-arianischer Herrschaft (§ 31). Aber die arianischen Staatengebilde krankten unheilbar an dem nationalen und kirchlichen Zwiespalt ihrer Bevölkerungen, während im Frankenreich das gemeinsame kirchliche Bekenntnis den nationalen Gegensatz zwischen Eroberern und Unterworfenen allmählich ausglich und damit das Erstarken des Staatswesens ermöglichte.

l   Die Katholisierung der arianischen Germanen begann **517** mit dem Übertritt der **Burgunder** an der Rhône und Saône (vgl. § 31 g); sie kamen 532 unter fränkische Herrschaft. (Über die weiteren Etappen des Verschwindens des Arianismus, die Vernichtung der Vandalen und der Ostgoten, die Katholisierung der Westgoten, Sueven und Langobarden s. § 36 c, 37 i.)

§ 36. Die Kirche des Rhomäerreichs im Zeitalter Justinians I.

ChDiehl, Justinien et la civilisation byzantine, 1901. – *HKoch, Ps.-Dionysius Areopagita (FLDG I 2–3), 1900. – *LDuchesne, L'église au VIe siècle, 1925. – WPewesin, Imperium, ecclesia universalis, Rom (= Geistige Grundlagen römischer Kirchenpolitik, FKGG XI), 1937. – CHohenlohe, Einfluß des Christentums auf das Corpus iuris civilis, 1937. – EdSchwartz, Kyrillos von Skythopolis (TU 49, 2), 1939. – Ders., Drei dogmatische Schriften Justinians, 1939. – Ders., Vigiliusbriefe. Zur Kirchenpolitik Justinians, 1940. – CDawson, s. vor § 35. – WSchubart, Justinian und Theodora, 1943. – Zu § h.: *Baltaner, Zum Schrifttum der „skythischen" gotischen Mönche, HJ 1953, 272–275. – Zu § o: WVölker, Kontemplation und Ekstase bei Ps.-Dionysius Areopagita, 1958.

1. JUSTINIAN. Bevor der von Chlodovech begründete landes- *a* kirchliche Katholizismus weitere Erfolge erringen konnte, erhob sich noch einmal die alte römische Reichskirche. Mit *JUSTINIAN I.* (527–65) kam noch einmal ein großer Zug in die äußere und innere Politik des oströmischen Reichs. Das Ziel seiner stark reaktionären Politik war: positiv die Wiederaufrichtung des einheitlichen Imperiums und der einheitlichen Staatskirche im Gebiet der Mittelmeerländer; negativ die Beseitigung der Germanenreiche, des Arianismus, des Monophysitismus, der Reste des Heidentums.

Gekrönte Kaiserin und offizielle Mitregentin war die Kyprerin *THEODORA* *b* (gest. 548). Die begabte, aber despotische und intrigante Frau übte großen Einfluß auf den Kaiser aus und durchkreuzte nicht selten seine Politik; **sie begünstigte die Monophysiten.**

(1) In der **äußeren Politik** hat Justinian seine Ziele **teilweise erreicht**: 534 ging das **Vandalenreich** in Nordafrika, 553 (bzw. 555) *c* nach langen Kämpfen das **Ostgotenreich** in Italien zugrunde.

Damit waren zwei der bedeutendsten Arianerreiche vernichtet, die Allein- *d* herrschaft des Katholizismus in Italien, Sizilien, Sardinien, Korsika, Nordafrika, auf den Balearen und im südlichen Spanien wiederhergestellt; **noch einmal umspannten das römische Reich und die römische Reichskirche fast das ganze Mittelmeergebiet.**

(2) Im **Innern** blieb Justinians Politik teilweise hinter seinen Zie- *e* len zurück; doch hat er auch hier Großes erreicht. α) Vor allem brachte er das byzantinische **Staatskirchentum** zum Abschluß; β) ferner gelang die Unterdrückung bzw. weitere Beschränkung des **Heidentums**; γ) aber der inneren Spaltung der Reichskirche wurde Justinian nicht Herr; seine **Unionspolitik gegenüber den Monophysiten** stürzte das Reich in neue dogmatische Kämpfe und verlief ohne Ergebnis.

ad α) Durch die kraftvolle, auf strengsten Zentralismus gerichtete Politik *f* Justinians erhielt der **Cäsaropapismus**[1] seine Vollendung. Die Verwaltung der Kirche wurde dem kaiserlichen Despotismus konsequent untergeordnet, anderseits der Einfluß der dem kaiserlichen Willen dienenden Kirche möglichst gesteigert. Die kirchlichen Erlasse der Kaiser wurden in die von Justinian veranstaltete großartige Gesetzessammlung aufgenommen (seit dem 12. Jh. **Corpus iuris civilis** genannt; Bestandteile: 1. Codex Justinianeus; 2. Digesten oder Pandekten; 3. Institutionen; 4. Novellen). Das herrliche Symbol des Staatskirchentums der Periode Justinians I. ist die **Hagia Sophia** (§ 27 y). Bei der Einweihung geriet Justinian unter der Kuppel in Verzückung.

---

[1] Cäsaropapismus = Verbindung der kirchlichen Oberleitung mit der Staatsgewalt.

§ 36   Katholische Landeskirchen. Letzte Höhe des Reichskirche

g ad β) Justinian zwang die in Konstantinopel und Kleinasien immer noch zahlreichen **Heiden** unter Androhung der Todesstrafe zur **Taufe (529ff.)**; er hob weiter **529 die Philosophenschule in Athen** auf und entzog damit der antiken Bildung ihre letzte Stütze.

h ad γ) Justinian, schon unter seinem Oheim *Justinus I.* maßgebend, stellte sogleich nach dessen Regierungsantritt 519 die Geltung des Beschlusses von Chalcedon und die Kirchengemeinschaft mit Rom wieder her (vgl. § 34 q). Die Begünstigung der Monophysiten durch die kaiserliche Politik (§ 34 p q) hatte mit die wachsende Unzufriedenheit der chalcedonensisch Gesinnten, d. h. vornehmlich der Griechen, erregt. Daher versuchte nun Justinian, die Monophysiten zu gewinnen, **ohne das Chalcedonense preiszugeben**; d. h. er versuchte, **das Symbol cyrillisch zu deuten**[2]. Das führte zu sehr unerfreulichen Streitigkeiten. Justinian hat die auch von den sog. **skythischen Mönchen**[3] verfochtene, den Monophysiten entgegenkommende theopaschitische Formel „"Ενα τῆς ἁγίας τριάδος πεπονθέναι σαρκί" anerkannt (theopaschitischer Streit, 519–533) und weiter der Einigung mit den Monophysiten 544 durch Verurteilung der sog. **Drei Kapitel** zu dienen gesucht, d. h. der Person und der Schriften Theodors, der Schriften Theodorets gegen Cyrill und des Briefs des Ibas von Edessa an den Perser Maris. Die Folge war der **Dreikapitelstreit (544–553)**. Das Abendland erhob sich in offenem Widerstande. Als Papst *Vigilius* 548 in Konstantinopel in die Verurteilung der Antiochener gewilligt hatte, sagten sich Nordafrika, Gallien, Oberitalien, Dalmatien, Illyrien von Rom los (vgl. § 37 c). Neuere Forscher haben den „Fall Theodor" vom Jahre 544 auf Grund neu aufgefundener Schriften wiederaufgenommen und beurteilen Theodor als orthodox.

i Unter vergeblichem Widerspruch des Papstes berief Justinian **553** die **5. ökumenische Synode** nach **Konstantinopel**. Sie hat die „Drei Kapitel" verdammt und die **cyrillische Deutung** des Beschlusses von Chalcedon zur **alleinberechtigten** erhoben. Allein die Monophysiten blieben allen Bemühungen Justinians zum Trotz der Reichskirche verloren.

k Nach dem Scheitern der Einigungspolitik Justinians bildeten sich sogar auf dem Boden des rhomäischen Reichs zwei große **häretische Nationalkirchen**, die **syrisch-monophysitische Kirche** („Jakobiten" im engeren Sinn, organisiert 541–578 durch *Jakob Baradai*) und die **koptische Kirche in Ägypten** (entstanden c. 536 unter dem Einfluß von Jakob Baradai). Anhänger der Reichskirche (Melchiten = Königliche, d. h. chalcedonensisch Denkende) waren in Syrien und Ägypten nur die immer mehr zurückgehenden Griechen. Über die häretische Nationalkirche der Armenier s. § 34 s, über die syrisch-nestorianische Kirche s. § 34 r.

l **2. INNERKIRCHLICHES LEBEN.** Im Innern der byzantinischen Staatskirche, nicht minder auch der großen häretischen Nationalkirchen des Ostens, herrschte im 6. und 7. Jh. reges Leben; der Osten war dem halb barbarisch gewordenen Abendlande kirchlich weit überlegen und wirkte stark auf die kirchlichen Verhältnisse des Abendlandes ein. Auch in geistiger Hinsicht hielt sich das Morgenland trotz des immer weiter vordringenden Traditionalismus schon vermöge des reichen Erbes der vorangehenden Jahrhunderte im ganzen auf einer achtbaren Höhe.

---

[2] Nicht richtig ist die weitverbreitete Ansicht, *Leontius von Byzanz* (§ n) sei der führende Theologe der Ära Justinians und der theologische Berater des Kaisers gewesen. Wir wissen wenig Zuverlässiges über ihn.

[3] Es waren **gotische Mönche**, aus der Nähe der Donaumündung: sie traten in Konstantinopel auf, gehörten aber dem lateinischen Kultur- und Sprachgebiet an. Sie waren zweifellos rechtgläubig.

1. Charakteristisch für die rhomäische Kirche ist die weite Verbreitung und *m* einflußreiche Stellung des Mönchtums. Im 5. Jh. hatte es sogar den byzantinischen Hof erobert. Vollends die Regierung Justinians I. war die goldene Zeit der Klostergründungen. Der Kaiser erhoffte von den Gebeten der Mönche das Gedeihen des Staats. Das gelobte Land der Mönche dieser Zeit war Palästina (der hl. *Sabas*, gest. 532, Leiter von sieben Anachoretenverbänden; ausgezeichnete Schilderung der Verhältnisse durch Kyrillos von Skythopolis). Auch bei den häretischen Orientalen hatte das Mönchtum eine bedeutende Stellung, vor allem bei den Jakobiten.

2. Im Geistesleben war die philosophische Schöpferkraft längst erloschen, *n* der Unterricht in der antiken Philosophie seit 529 verboten (§ g). Aber die gelehrte Beschäftigung mit den antiken Denkern, ihrer Philosophie, ihrer Mathematik und Physik, bestand im Osten fort; hier konnten die Gelehrten des Islam und später im Abendland die Humanisten anknüpfen. Es gab im byzantinischen Bereich im 6. Jh. sogar eine in antikheidnischen Mythen schwelgende profane Dichtung. So blieb trotz engster Verbindung von Kirche und Staat in Byzanz eine von den Laien getragene profane Kultur erhalten, im Unterschied vom Abendlande. In der Theologie herrschten ängstliche Scheu vor jedem νεωτερισμός und geistloser Traditionalismus. Freilich bildete sich unter den Mönchen Palästinas noch einmal eine für den Origenismus empfängliche, geistig hochstehende Gruppe. Aber die traditionalistischen Gegner bewogen den Kaiser Justinian zu dem Edikt von **543**, das den Origenes als Ketzer verurteilte. Auf dem 5. allgemeinen Konzil von 553 wurde die Verurteilung wiederholt und damit endgültig. Die Theologie zog sich nun mehr und mehr auf eine formal-logische Behandlung der autoritativen Kirchenlehre zurück, d. h. auf eine Scholastik. Die formale Schulung gewann man an Aristoteles. Ein typischer Vertreter dieser Theologie war *Leontius von Byzanz* (gest. um 543; schrieb Adv. Nestorianos et Eutychianos; vgl. § h²). Im 7. Jh. hatte die byzantinische Theologie ihre wichtigste Erscheinung an *Maximus Confessor* (c. 580–662, vornehmer Herkunft, eine Zeitlang Geheimschreiber des Kaisers Heraklius, später Abt bei Konstantinopel, berühmt als Vorkämpfer und Märtyrer der chalcedonensischen Partei im monotheletischen Streit, § 40 d; umfangreiche Schriftstellerei).

Die tieferen Geister, vornehmlich in den Klöstern, erbauten sich durch die *o* mystische Kontemplation, zu der mystische Schriften wie die areopagitischen anleiteten. *DIONYSIUS AREOPAGITA* (vgl. Apg. 17₃₄) ist das Pseudonym des unbekannten Verfassers von vier höchst einflußreichen neuplatonisch-mystischen Schriften (Περὶ τῆς οὐρανίας ἱεραρχίας. Περὶ τῆς ἐκκλησιαστικῆς ἱεραρχίας. Περὶ θείων ὀνομάτων. Περὶ μυστικῆς θεολογίας), die c. 500 wohl in Syrien entstanden; der Verfasser, kühn genug, sein Werk dem apostolischen Zeitalter zuzuschreiben, verschmilzt den Platonismus der spätesten Antike (*Proklus*, gest. 485) mit dem orientalischen Christentum des ausgehenden 5. Jhs. Sein System umspannt die abstraktesten Spekulationen über das Transzendente und den massivsten, dem Fetischismus zustrebenden Kultusglauben. Das Hauptinteresse hängt einerseits an dem von der Hierarchie verwalteten Mysterienkultus, der den Menschen die Vergottung (θέωσις) vermittelt, anderseits an den metaphysischen Spekulationen und der damit verbundenen Mystik, und zwar besonders der „negativen Theologie", die von dem Endlichen zu Gott aufzusteigen und ihn in mystischer Ekstase zu erleben sucht. Hier wird Gott rein neuplatonisch als τὸ ὑπερούσιον, τὸ ἄγνωστον, τὸ ὑπὲρ νοῦν καὶ οὐσίαν usw. gefaßt. Nicht minder tritt der pantheistische neuplatonische Einschlag zB. in der Lehre vom Bösen hervor: es ist, wie bei Proklus, nicht-Seiendes, Abschwächung des Guten. Das Dionysische Schriftenkorpus hat seit dem 9. Jh. in lateinischer Übersetzung **sehr stark auf das Abendland eingewirkt** (§ 54 f). Seine Echtheit wurde im 6. und 7. Jh. noch gelegentlich in Frage gestellt, im Abendland zuerst durch den Humanisten L. Valla bezweifelt (§ 72 c), die Unechtheit wurde durch Jean Daillé (Dallaeus, § 96 u) erwiesen (1666).

Neben der dogmatischen und mystischen Literatur blühten zahlreiche *p* Literaturzweige: Kirchengeschichte und Weltchroniken, Mönchsbiographien,

asketische Traktate und Apophthegmensammlungen, Kommentare, Catenen (aneinandergereihte Kirchenväterexzerpte) und Scholien (kurze Auslegung einzelner Stellen), dazu die Hymnendichtung (*Romanus*, ὁ μελῳδός, der Sänger, bei weitem der bedeutendste byzantinische Kirchendichter; von Geburt Syrer, lebte vermutlich um 550 in Konstantinopel; von seinen etwa eintausend Hymnen, κοντάκια, sind ungefähr 80 erhalten).
Zur kirchlichen Kunst s. § 27 w—z.

§ 37. Das Papsttum unter Gregor d. Gr. Fortschritte der Katholisierung der arianischen Germanen.

*PBatiffol, S. Grégoire le Grand, ⁴1931. – ECaspar (s. § 2 r) II, 306–514. – HLöwe, Theoderich d. Gr. und Papst Johannes I. HJ 1953, 83–100. – CHHCoster, Mélanges Henri Grégoire Bd. IV, Bruxelles 1953, 45 ff. (über das Ende des Boëthius).

a 1. Seit dem Ausgang des 5. Jhs. entsprach die tatsächliche Macht des römischen Stuhls dem gesteigerten Machtbewußtsein seiner Inhaber (§ 32 m n) nur noch wenig. Es begann eine Zeit drückender Abhängigkeit der Päpste erst von den Ostgoten, dann von den Byzantinern.

b Bereits 498 griff der Ostgotenkönig *Theoderich* (§ 31 i) in eine zwiespältige Papstwahl ein, indem er für *Symmachus* gegen dessen Nebenbuhler *Laurentius* eintrat. Als dann nach der Aufhebung des Schismas mit dem Orient (§ 34 q) die katholischen Römer in hochverräterische Beziehungen zu den Byzantinern traten, schritt Theoderich mit unnachsichtiger Strenge ein: Der römische Senator *Symmachus* wurde hingerichtet, desgleichen der vornehme, aus römischem Uradel stammende Staatsmann und Philosoph *Boëthius* (§ 38 g), der [wohl zu Unrecht!] der Teilnahme an der Verschwörung beschuldigt wurde († in Pavia 524; er ist kein Märtyrer). Papst *Johannes I.* starb 526 im Gefängnis. Die folgenden Päpste wurden vom ostgotischen Hofe ernannt.

c Mit dem Niedergang und dem Sturze der Ostgotenherrschaft (§ 36 c) gerieten die Päpste in eine würdelose Abhängigkeit von Byzanz. Die kläglichste Rolle spielte Papst *Vigilius*, der durch seine feige Haltung gegenüber Justinian verschuldete, daß ein großer Teil des katholischen Abendlandes Rom die Kirchengemeinschaft aufsagte (vgl. § 36 h). Mailand verharrte bis c. 600, ein Teil von Istrien bis c. 700 im Schisma (Entstehung der „Patriarchate" Grado [1451 nach Venedig verlegt] und Aquileja).

d 2. Erst die Eroberung Italiens durch die Langobarden (568 ff) und die Beschränkung der byzantinischen Herrschaft auf gewisse Gebiete des Nordens, der Mitte und des Südens der italienischen Halbinsel befreiten den römischen Bischof von dem erdrückenden Übergewicht der Byzantiner. So konnte *GREGOR I., DER „GROSSE"* **(590 bis 604)**[1] dem Papsttum wenigstens für die Dauer seiner Regierung die Stellung zurückgewinnen, die es im 5. Jh. innegehabt hatte, und der päpstlichen Politik neue Ziele weisen.

e Gregor, c. 540 in Rom aus senatorischem Geschlecht geboren, zuerst Staatsmann (praefectus urbi), stiftete aus seinem Vermögen sechs Klöster auf Sizilien und eins in Rom, wurde darauf Mönch in seinem römischen Kloster, 577 [?] Diakon in Rom, 579 [?] päpstlicher Geschäftsträger (ἀποκρισιάριος) in Konstantinopel, war seit c. 585 wieder in Rom und wurde 590 Papst. Er hat auch große Bedeutung für die Theologie (§ 38 h), die Hebung des Klerus („Regula pastoralis"), das Mönchtum (Regula S. Benedicti, § 38 c, Klostergründungen, s. o.), den Kultus (Liturgie und Kirchengesang; auch suchte er die letzten Reste des Heidentums zu beseitigen (§ 38 m).

---

[1] Der Beiname „der Große" hat sich erst um 1100 durchgesetzt.

Gregors Kirchenpolitik zeigt drei große Richtlinien: *f*

α) **Gregor ist der eigentliche Begründer der weltlichen Macht des Papsttums in Italien.** Diese Machtstellung beruhte vorwiegend auf den ausgedehnten, unter Gregor vermehrten und trefflich verwalteten **Patrimonien** (Latifundien) der römischen Kirche[2], der Grundlage des späteren Kirchenstaats.

Gregor erkannte die Herrschaft des byzantinischen Kaisers über Italien an; *g* aber in den Augen der **romanischen Bevölkerung Italiens**, die er gegen die Langobarden und andere Gefahren wirksam schützte (furchtbare Pest in Rom; 593 **Abzug der Langobarden von Rom** erkauft), sowie in den Augen der **Langobarden**, deren Frieden mit Byzanz er 599 vermittelte, war Gregor und nicht der schwache byzantinische **Exarch** (d. i. der in Ravenna residierende höchste kaiserliche Beamte in Italien, 555 bis 751, vgl. § 42 h) der erste Machthaber Italiens.

β) Während Gregors Vorgänger und seine nächsten Nachfolger *h* ihre Aufmerksamkeit im wesentlichen auf den byzantinisch-römischen Kulturkreis beschränkten, **war Gregor der erste Papst, der die Bedeutung der germanischen Völker für die römische Kirche erkannte** und sie fester mit dem römischen Stuhl zu verbinden suchte.

(1) Zu den **Franken** knüpfte er die Beziehungen fester, besonders durch die *i* berüchtigte Königin *Brunhilde*; die päpstliche Jurisdiktion wurde zwar nicht wiederhergestellt, aber das moralische Ansehen des Papstes gestärkt.

(2) Eine bedeutende Aussicht hatte sich kurz vor Gregors Pontifikat dem Katholizismus im Reiche der **Westgoten** in Spanien (§ 31 e) eröffnet. Hier hatte bereits im Laufe des 6. Jhs. unter den Germanen der Abfall vom Arianismus einzureißen begonnen. 589 aber war König *REKKARED* auf der **dritten Synode zu Toledo** („*filioque*", s. § 43 w) zum katholischen Bekenntnis übergetreten. Er brachte es mühelos zur Herrschaft. Gregor trat durch seinen Freund, den Erzbischof *Leander von Sevilla* (gest. c. 600), zu den Westgoten in Beziehungen, nach dessen Tode auch unmittelbar. Die **Sueven**, seit 585 von den Westgoten unterworfen, wurden nun endgültig katholisch.

(3) Ferner gelang es ihm, die Bekehrung der teils arianischen, teils heidnischen **Langobarden** (§ d) zum katholischen Christentum einzuleiten, vor allem durch seine Verbindung mit der Königin *Theodelinde* (nach später Angabe bayrischen, nach Fredegar [7. Jh.] aber fränkischen Ursprungs). Von einer Jurisdiktionsgewalt des Papstes war freilich bei den Langobarden so wenig die Rede, wie bei den Westgoten. Bei den Langobarden behauptete sich neben dem katholischen Bekenntnis noch lange der Arianismus, zeitweilig sogar am Königshofe; erst um 680 war hier das Übergewicht des Katholizismus entschieden.

(4) Die erfolgreichste Tat Gregors war die Bekehrung der **Angelsachsen** und ihre Unterwerfung unter die päpstliche Jurisdiktion (596 ff.; § 39 e).

γ) Dem Orient gegenüber **erneuerte Gregor die alten Primats-** *k* **ansprüche** und erzeugte dadurch eine starke Spannung.

Er geriet mit dem byzantinischen Patriarchen *Johannes IV. dem Faster* (νηστευ- *l* τής) in Streit, als er zwei von diesem gegen das kanonische Recht mit körperlicher Züchtigung bestrafte Kleriker für rechtgläubig erklärte und den Titel „**ökumenischer Patriarch**", der dem byzantinischen Patriarchen beigelegt wurde, als gottlos und stolz bekämpfte. Gregor selbst bezeichnete sich mit dem demütigen Titel „*servus servorum Dei*", den die Päpste seitdem beibehalten haben.

3. Unter Gregors I. Nachfolgern sank das Papsttum sofort von *m* der Höhe wieder herab, die es unter ihm eingenommen hatte.

---

[2] Patrimonium = Erbgut (des hl. Petrus).

n   Die römischen Bischöfe nach Gregor I. waren wieder fast ganz mit den byzantinischen Angelegenheiten beschäftigt; im Verlauf des monotheletischen Streits bekamen sie aufs neue die Macht der Byzantiner zu fühlen (§ 40 c–f). Es beleuchtet die Lage, daß von den 29 Päpsten von 604–751 18 Römer, 5 **Griechen**, 5 **Syrer**, 1 **Dalmatiner** waren.

o   Gerade in dieser Zeit äußeren Tiefstandes des Papsttums war eine neue **Petrusdevotion** im Vordringen, die die Bedeutung des Papsttums alsbald ungemein heben sollte: Petrus der **Himmelspförtner**, in der Kunst seit Ende des 6. Jhs. regelmäßig mit den Schlüsseln dargestellt, schließt dem **einzelnen Gläubigen** nach dem Tode den Himmel auf; diese Vorstellung ergab eine gesteigerte Bedeutung der Petrusreliquien und des Stellvertreters des Petrus in Rom; das Papsttum, bis dahin eine rein administrative bez. politische Größe, gewann damit **Bedeutung für die Frömmigkeit des einzelnen Christen**. Bei den **Germanen**, besonders den Angelsachsen (§ 39 i), verschmolz die neue Petrusverehrung mit der germanischen Vorstellung vom Freundgott, **fulltrui**.

§ 38. Innerkirchliche Zustände auf dem abendländischen Kontinent.

Passiones vitaeque sanctorum aevi Merovingici, ed. BKrusch et WLevison (MG, scr. rer. mer. 3–7), 1896–1920. – S. Benedicti Regula monachorum, ed. CButler, ²1927. – LUeding, Geschichte der Klostergründungen der frühen Merovingerzeit, 1935. – Benediktiner: Literatur unübersehbar. – *IHerwegen, Der hl. Benedikt, ⁴ [1951]. – Ders., Sinn und Geist der Benediktinerregel, 1944. – *SHilpisch, Geschichte des benediktinischen Mönchtums, 1929. – Ders., Das Benediktinertum im Wandel der Zeiten, 1950. – Ders., Geschichte der Benediktinerinnen, 1951. – *BSteidle, Die Regel St. Benedikts, 1952. – Ders., Wunder und Leben St. Benedikts, 1953. – *GAulinger, Das Humanum in der Regel Benedikts von Nursia, St. Ottilien 1950. – GSMWalcker, Sancti Columbani opera, Dublin 1957. – GFerrari, Early Roman Monasteries (5. bis 10. Jh.), Rom 1957. – EEwig, Trier im Merowingerreich, 1954. – *MGrabmann, Geschichte der scholastischen Methode, I, 1909. – *GHHörle, Frühmittelalterliche Mönchs- und Klerikerbildung in Italien, 1914. – *BPoschmann, Die abendländische Kirchenbuße im frühen Mittelalter, 1930.

a   1. DAS MÖNCHTUM. Das zweite wichtige Erbstück aus dem kirchlichen Altertum, das neben dem Papsttum in Italien im 6. Jh. in eine größere Zukunft hinübergerettet wurde, war das Mönchtum. Ein Produkt des Morgenlandes, war das Mönchtum im Abendlande, heftigem Widerstand zum Trotz (§ 28 k), heimisch geworden. Nach langer Zersplitterung gewann es hier allmählich ein einheitliches, eigenes Gepräge, seine spezifisch abendländische Gestalt. Das war die Folge der Verbreitung der **Benediktinerregel,** in der altmönchische Traditionen und römischer militärischer Geist zusammenflossen.

b   Das abendländische Mönchtum vor Benedikt zeigt ein buntes Bild. Es fehlte nicht an schweren Schäden. Neben den wohlgeordneten Klöstern (§ 28 k) gab es zahlreiche vagierende Asketen, Landstreicher im Mönchsgewande, die die Gastfreundschaft der Klöster mißbrauchten, auch Handel und falschen Reliquien trieben („Gyrovagi"). Ansätze zu der unbedingt notwendigen Organisation des abendländischen Mönchtums waren schon vor Benedikt vorhanden, aber auf kleine Kreise beschränkt.

c   Wandel schuf erst der heilige *BENEDIKT* („ex provincia Nursiae ortus", seit dem 10. Jh. „von Nursia" genannt, geb. um 480, gest. bald nach 547). Von seinem Leben lassen die legendenhaften Berichte wenig erkennen. Seine Hauptbedeutung liegt in der Gründung des Klosters **Monte Cassino** in Campanien (**529**?) und der hierfür verfaßten **Regula Benedicti**. Sie ruht durchaus auf der mönchischen

Tradition des 4. und 5.Jhs. Das Gelübde verpflichtet zur *stabilitas loci* (Gegensatz zu dem umherschweifenden Mönchsgesindel), *conversatio morum* (Eigentumsverzicht und Keuschheit) und *oboedientia*. Der Wert der Arbeit wird stark betont (Ackerbau, häusliche Arbeiten, Handwerke usw.). Die Askese ist nicht rigoristisch. Der Eintritt soll möglichst erschwert werden; er erfolgt nach lj. Noviziat. Das Kloster soll Gastfreundschaft und Armenpflege üben und eine Klosterschule unterhalten (zur Erziehung und zum Unterricht der *pueri oblati*, die dem Kloster auf Lebenszeit übergeben sind, um als Erwachsene unter seine Mönche aufgenommen zu werden). Zu Benedikts Lebzeiten war seine Regel nur in seinem persönlichen Wirkungskreise bekannt. Monte Cassino wurde 581 von den Langobarden zerstört und erst 717 neu gegründet. Die Regula Benedicti dankt ihre weitere Verbreitung der Gunst Gregors d. Gr. (§ 37 e); vom 8. bis 12. Jh. ist sie im Abendlande die herrschende gewesen.

Nach dem Vorgange des *Cassiodorus* (§ g), der in seinem Kloster Vivarium *d* seine Mönche zu wissenschaftlicher Tätigkeit anleitete, wandten sich die Benediktiner [nach Benedikts Tode] auch der Sammlung antiker und christlicher Literatur zu (Abschreiben von Handschriften). So wurde das abendländische Mönchtum durch die Benediktiner, besonders seit dem 8. Jh., von großer Bedeutung für die weltliche Kultur (Ackerbau, Weinbau, Viehzucht usw.; Erhaltung der antiken Literatur, Geschichtschreibung).

Eine bedeutende Wirksamkeit übten auch, namentlich im Frankenreiche, die *e* iro-schottischen Mönche, die seit dem Ausgang des 6. Jhs. nach dem Festlande herüberkamen. Hier weilten sie zunächst als „peregrinantes" (§ 39 d); unter dem Zwang der Verhältnisse wurden sie aber vielfach zu Missionaren. Der bekannteste unter ihnen ist *COLUMBANUS* (besser nicht zu nennen: „Columba der Jüngere", vgl. § 39 d). Er gründete um 590 in den Vogesen Luxeuil und andere Klöster. 610 aus Burgund vertrieben, wirkte Columbanus unter den Alamannen am Bodensee (Kloster Bregenz das älteste auf später deutschem Gebiet). Sein Schüler *Gallus* blieb hier zurück und gründete eine kleine Zelle, aus der später das berühmte Kloster St. Gallen erwuchs. Hauptsächlich durch die stille Wirksamkeit der Klöster wurden die Alamannen für das Christentum gewonnen. Columbanus selbst ging nach Italien und stiftete das Kloster Bobbio. Er starb 615. Columbanus teilte die „Verehrung für Petrus den Himmelspförtner, aber er hat gegenüber den Päpsten seiner Zeit Worte gefunden, die ein Bonifatius nicht gesprochen hätte"[1]. Durch Columbanus wurde die Beichte [der Laien] nach dem abendländischen Kontinent verpflanzt (§ 1).

2. GELEHRSAMKEIT. Die dritte Linie, auf der sich das Her- *f* überwirken der spätantiken Kultur auf das 6. und die folgenden Jahrhunderte beobachten läßt, ist das Geistesleben. Allerdings gab es höheres geistiges Leben im Abendlande im 6. und 7.Jh. nur in engen Kreisen Italiens und Südgalliens und ausschließlich unter Romanen. Die geistigen Erzeugnisse dieser Zeit verraten überdies ein völliges Erlahmen der schöpferischen Kraft, starke Vorliebe für Wunder- und Aberglauben, sowie zunehmende Verständnislosigkeit für die Feinheiten der überlieferten Theologie, wofür das Schicksal des Augustinismus lehrreich ist (§ 33 w). Und doch haben diese geistig so tiefstehenden Jahrhunderte den folgenden Geschlechtern wenigstens einen Rest antiker Gelehrsamkeit vermittelt, aus dem dann seit dem 10. und 11.Jh. die Scholastik hervorgehen konnte (§ 53).

Unter den abendländischen Schriftstellern der untergehenden antiken Welt *g* ragen hervor: *Fulgentius von Ruspe*, der bedeutendste abendländische Dogmatiker der ersten Hälfte des 6. Jh. (§ 33 w), und *Cäsarius von Arles*, der glänzendste Vertreter des damaligen abendländischen Episkopats (§ 33 w), daneben zwei vor-

---

[1] HLöwe, ThLZ 1958, 687.

nehme Römer, *Boëthius* (§ 37 b; in seiner Schrift „De consolatione philosophiae" stark von heidnischen Neuplatonikern abhängig, was nicht besagt, daß er innerlich dem Christentum mit Reserve gegenübergestanden hätte!), durch Übersetzung und Erläuterung von Schriften des Aristoteles, Plato, Porphyrius der philosophische Lehrmeister der folgenden Jahrhunderte, und *Cassiodorus* (oder *Senator*), der von den Mönchen seines Klosters Vivarium die „Historia ecclesiae tripartita" herstellen ließ (§ 1 c). Als Geschichtschreiber ist auch der Bischof *Gregor von Tours* († 594) zu nennen, Verfasser der „Zehn Bücher fränkischer Geschichten" (§ 1 d, 35 b).

h Das meiste Interesse beansprucht Papst *GREGOR I.* († 604; vgl. § 37 d), einer der „Doctores ecclesiae". Seine Schriften (besonders der „Liber regulae pastoralis") sind ganz außerordentlich viel gelesen worden; daher hat er auf die Gestaltung des vulgären Katholizismus entscheidenden Einfluß geübt. Gregors Theologie zeigt deutlich den Zusammenhang mit dem altkirchlichen Geistesleben, verleugnet aber nirgends ihre Entstehung in einer schon halb barbarischen Zeit. Er benutzt augustinische Wendungen, nähert aber ihre Bedeutung dem Semipelagianismus an. Eine große Rolle spielen in der Gedankenwelt des „pater superstitionum" massive Wundergeschichten, Reliquien, Amulette, Zeremonien, Sakramente und Opfer, Märtyrer, Heilige, Engel, Erzengel und Teufel, Himmel, Hölle, Fegfeuer und Seelenmessen (§ m); das Abendmahl ist ihm eine tatsächliche Wiederholung des Opfers Christi, die Bußleistungen haben satisfaktorischen Wert.

i Ein sehr einflußreicher Schriftsteller war schließlich *Isidor von Sevilla* († 636, Bruder und Nachfolger des Erzbischofs Leander, § 37 i); mit seinen 20 Büchern „Etymologiarum" (oder „Originum") hat er eine Enzyklopädie des gesamten Wissens von erstaunlicher Fülle geschaffen, für lange Zeit die Hauptquelle aller Kenntnis des Altertums.

k 3. FRÖMMIGKEIT UND SITTE. Die germanischen Stämme standen zur Zeit ihrer Bekehrung meist noch auf einer sehr tiefen Stufe; nur soweit sich das Christentum dieser Stufe anpaßte, nahmen sie es an. So erfuhren die christlichen Gedanken eine starke Umbildung. An die Stelle der gestürzten Götter trat nun als neue Nationalgottheit der Krist, der aus hochadeligem Geschlecht geboren selbst Mensch wurde. Die Heiligenverehrung, für die vom Polytheismus herkommenden Barbaren besonders anziehend, wurde in diesen Jahrhunderten die eigentliche Grundlage der Frömmigkeit. Furchtbar war die sittliche Verwilderung des merowingischen Zeitalters. Aber mit der sittlichen Entartung verband sich ein ungemein starkes religiöses Bedürfnis: fromme Stiftungen oder die plötzliche Bekehrung vom Lasterleben zur Askese waren häufig. Von hier aus versteht man den Erfolg der iroschottischen Mönche (§ 39 c) unter den Laien und das Aufkommen der Beichte.

l Die **Beichte** kam im Orient auf (§ 29 g); von da wurde diese Sitte nach Irland übertragen; iro-schottische Mönche wie *Columbanus* (§ e) brachten sie nach dem abendländischen Festland, besonders nach dem Frankenreich. Im 6. und 7. Jh. wurde die Beichte nur empfohlen; seit der IV. Lateransynode (1215) wurde sie gefordert (vgl. § 43 o, 56 t). Mit der Beichte brachten die Iroschotten auch die aus Irland stammenden Bußbücher (*poenitentialia*) nach dem Kontinent, die das Strafmaß für die verschiedenen Sünden bestimmen.

m Das von der Kirche überwundene germanische Heidentum verschwand nicht restlos, sondern lebte mannigfach umgestaltet im Volksaberglauben fort. Noch ungebrochenes Heidentum fand sich um 600 vor allem in den nordöstlichen, rein germanischen Gebieten des Frankenreichs, aber auch unter den Bauern auf Sizilien, Korsika, Sardinien und sogar in Latium (vgl. § 37 e). Bei den Germanen schwand der alte Götterglaube rasch dahin, um so zäher widerstanden der Seelen- und Dämonen-, sowie der Schicksalsglaube dem Vordringen des Christentums. Kirchlich sanktioniert wurden nach einigem Widerstande die Ordalien (Gottesurteile), die die Kirche erst seit 1215 (§ 56 s) wieder abstieß. Aus der Verdrängung des germanischen Totenkultus erklärt sich die starke Verbreitung der **Seelenmessen** und die Durchsetzung der [vom Morgenland nicht aufgenommenen] Vorstellung vom **Fegefeuer** (*ignis purgatorius*), einem jenseitigen Läuterungsort, in dem die Toten ihre läßlichen, aber noch nicht gesühnten Sünden abbüßen; sie war im Abendland vielleicht schon zur Zeit Tertullians vorhanden. Gregor d. Gr. lehrte, daß das Meßopfer als „Seelenmesse" für die Seelen im Fegefeuer dargebracht werde.

§ 39. Die kirchliche Lage auf den britischen Inseln. Die Bekehrung der Angelsachsen.

Aldhelm, ed. REhwald (MG, auct. ant. 15), 1913–19. – Beda, ed. FAGiles, 1843 ff.; op. historica, ed. CPlummer, 2 Bde., 1896. – Councils and ecclesiastical documents relating the Great Britain and Ireland, ed. by Haddan and Stubbs, I–III, 1869–78. – LGougaud, Les chrétientés celtiques, 1911. – KMüller, Der heilige Patrick (NGW 1931). – JRyan, Irish Monasticism, 1931. – Neuere Lit. zur altirischen KG s. ThLZ 1955, 663. – LBieler, Libri epistolarum Sancti Patricii episcopi I, Dublin 1952. – HThompson u. a., Bede, Oxford 1935. – *SBrechter, Die Quellen zur Angelsachsenmission Gregors d. Gr., 1941. – WLevison, Bede as historian (Aus rheinischer und fränkischer Frühzeit, 1948). – Ders., England and the Continent in the 8th Century, Oxford 1946. – ThZwölfer, Sankt Peter, Apostelfürst und Himmelspförtner, 1929. – OScheel, Die Wikinger [1938].

1. DIE ALTBRITISCHE KIRCHE. Das von romanisierten *a* Kelten bewohnte „Britannien" war vermutlich im Laufe des 4. Jhs. rein christlich geworden. Aber die politischen Schicksale des 5. Jhs., der Abzug der römischen Truppen (402) und die Eroberung des Ostens der Insel durch die heidnischen Sachsen in den Jahrzehnten nach 410 veränderten die Lage von Grund aus. Die altbritische Kirche wurde auf das Gebirgsland im Westen beschränkt und verlor die Verbindung mit der katholischen Kirche des Festlandes. In ihrer Vereinsamung und geistigen Verkümmerung schlug sie eine eigenartige Sonderentwicklung ein.

Die Besonderheiten betrafen 1) den **Osterzyklus** (auf dem Festlande neuer *b* Osterzyklus durch den römischen Abt Dionysius Exiguus 525, s. § 27 q), 2) die Form der **Tonsur** und andere Gebräuche, 3) das Fehlen des **Metropolitanverbandes**, 4) die Stellung zu **Rom**: Anerkennung der moralischen Autorität, aber Bestreitung der Jurisdiktionsgewalt des Papstes.

2. DIE IROSCHOTTEN. Ein blühendes Kirchentum ganz eigen- *c* artigen Gepräges entstand dagegen bei den **Skoten auf Irland**. Die iroschottische Kirche hatte von Anfang an keine engeren Beziehungen zur Kirche des Festlandes. Sie war eine ausgeprägte Mönchskirche. Die Klöster, Stätten einer hohen gelehrten Bildung, waren die Mittelpunkte der Seelsorge. Die Askese war barbarisch streng; um möglichst schroff mit der Welt zu brechen, wanderten viele Mönche in die Ferne („Scoti peregrinantes"); dort wurden sie, gegen ihre eigentliche Absicht, häufig zu Missionaren.

Der Hauptbegründer des Christentums auf Irland war der hl. *PATRICK d* (Patricius, mit kelt. Namen Sukkat oder Sukket), ein Brite keltischer Herkunft, der [nach der unsicheren Angabe der Legende im Jahre 432] als Missionar nach

§ 39   Katholische Landeskirchen. Letzte Höhe der Reichskirche

Irland kam und hier im Norden gewirkt zu haben scheint. Im südlichen Irland wurde das Christentum durch die Beziehungen zum südlichen Britannien und zum westlichen Gallien eingebürgert. Manche der Eigentümlichkeiten der iroschottischen Kirche scheinen auf Patrick selbst zurückzugehen. So war der Osterzyklus einfach der britische. In anderen Bräuchen wichen die Iroschotten teilweise von den Briten ab. Altkirchlichen Ursprungs ist die im 6. Jh. von den Iroschotten besonders häufig ausgeführte asketische peregrinatio: Die Mönche verließen aus asketischen, nicht etwa aus missionarischen Motiven ihre Heimat, wurden aber in der Fremde zu Missionaren. Iroschottische Mönche zogen nach den Inseln im Norden bis hinüber nach Island, andere nach Wales, Aremorika, Gallien, Germanien, ja Oberitalien (§ 38 e). Ihre größte Tat war die Bekehrung der Pikten und Skoten in Albania (im späteren Schottland); hier gründete *COLUMBA* (zum Unterschied von *Columbanus* § 38 e gewöhnlich „Columba der Ältere" genannt) 563 das Kloster H i (Eo, Jo, Hy, Jona). In den iroschottischen Klöstern des 6. Jhs. bestand die Eigentümlichkeit, daß der Abt, das Haupt der Seelsorge des ganzen Stammes, nicht selten nur die klerikale Weihe des Presbyters, einer seiner Mönche aber die Weihe des Bischofs hatte. Es gab sehr viele solcher Bischöfe. Das berühmteste Kloster war Bangor. Die hohe Bildung, die die irischen Klöster bis zu den Wikingerstürmen des 10. Jhs. auszeichnete, geht nicht auf den wenig gebildeten Patrick, sondern vermutlich auf gallische Flüchtlinge des 5. Jhs. zurück.

e   3. DIE ANGELSACHSEN. α) Neben diesen beiden keltischen, ohne rechtliche Verbindung mit Rom lebenden Kirchen entstand nun ein drittes, rasch aufblühendes Kirchentum, das angelsächsische. Die Bekehrung der Angelsachsen, nächst den Franken des wichtigsten Stammes, wurde von Papst Gregor d. Gr. in Angriff genommen. Ihre Bekehrung und engste Verbindung mit der römischen Kirche ist eine der grundlegenden Voraussetzungen der Geschichte der folgenden Jahrhunderte. Freilich erst nach langem Kampf mit der iroschottischen Kirche, die ebenfalls ihre Hand nach den Angelsachsen ausstreckte, gelang die Unterwerfung aller angelsächsischen Stämme unter Rom.

f   Anfangs errang die römische Mission schöne und rasche Erfolge. Der von Gregor d. Gr. mit vierzig Benediktinern entsandte römische Abt *Augustinus* konnte noch in demselben Jahre, in dem er landete (**597**), den König *Ethelbert* von Kent taufen (kirchlicher Mittelpunkt Canterbury). 604 wurden die Angelsachsen von Essex bekehrt (Bistum London), 627 nahm *Ethwil* von Nordhumbrien das Christentum an. Doch nach Ethwils Tode kam es 633–35 in Nordhumbrien zu einem vorübergehenden heidnischen Rückschlag; dann wurde das Christentum in diesem Reiche neu begründet, aber durch iroschottische Mönche. Unter dem politischen Übergewicht Nordhumbriens schlossen sich auch die meisten übrigen angelsächsischen Reiche den Iroschotten an.

g   β) Um 660 standen auf den britischen Inseln drei durch Besonderheiten des Ritus getrennte Kirchenwesen nebeneinander: das altbritische, das iroschottische und das römische. Entscheidend für den Sieg des römischen Kirchentums über das keltische war die Synode von Streaneshalch (664); auf dieser gelang es, die bis dahin von den Iroschotten geleitete Kirche Nordhumbriens der römischen Kirche zu unterwerfen. Die Folge war, daß auch die übrigen angelsächsischen Reiche, soweit sie noch nicht mit Rom verbunden waren, sich anschlossen.

h   Das Hauptverdienst an der Verbindung Nordhumbriens mit Rom hatte neben dem König *Oswiu* von Nordhumbrien *WILFRITH*, Abt von Ripon, später Bischof von York († 709). Trotz der engen Verbindung mit Rom entwickelten sich auch bei den Angelsachsen landeskirchliche Zustände. Die altbritische Kirche in Wales hat sich vom 8. bis zum 12. Jh. allmählich der römischen Kirche angeglichen. Die iroschottische Kirche (Irland) trat in ihrer südlichen Hälfte bereits c. 630, in ihrer nördlichen 697 unter römische Jurisdiktion. Die albanische Kirche (§ d) verlor 716 ihre kirchliche Sonderstellung (Romanisierung von Hi); 802 wurde das Kloster auf der Insel Hi von den Wikingern zerstört.

γ) Die junge angelsächsische Kirche (Metropolen: Canterbury und *i* York) blühte seit 664 kräftig empor. Charakteristisch ist die tiefe Verehrung für Rom und den Stuhl des hl. Petrus. Während sonst unter den christlichen Völkern das Bildungsstreben gänzlich erlahmt war, fand die Gelehrsamkeit in den angelsächsischen Klöstern reiche Pflege.

Die wissenschaftliche Tätigkeit der Angelsachsen beruhte im wesentlichen auf *k* ihrem regen Verkehr mit Italien (Wallfahrten, besonders auch fürstlicher Personen, nach Rom). Beziehungen zum christlichen Orient vermittelten Männer wie der gelehrte Erzbischof *Theodor von Canterbury*, ein aus Tarsus gebürtiger griechischer Mönch († 690). Unter den Angelsachsen waren die führenden Geister der Abt *Aldhelm von Malmesbury* († 709) und der Mönch *BEDA VENERABILIS* in Wearmouth, später in Jarrow († 735; hochberühmt seine „Historia ecclesiastica gentis Anglorum"; § 1 d).

Vom Eindringen des Christentums in das geistige Leben des angelsächsischen *l* Volkes zeugen die Anfänge einer volkstümlichen christlichen Dichtung (*Kaedmon* im 7. Jh.; *Kynewulf* im 8. Jh.).

§ 40. Der Niedergang der Kirche des Rhomäerreichs in der Zeit der monotheletischen Kämpfe und der Araberstürme.

Regesten der Kaiser-Urkunden des Oströmischen Reichs von 565–1453, her. von Franz Dölger, 1924ff. – WElert, Der Ausgang der altkirchlichen Christologie, ed. WMaurer und EBergsträßer, 1957. – FBuhl, Das Leben Muhammeds, deutsch von HHSchaeder, ²1955. – PSherwood, The earlier Ambigua of Saint Maximus the Confessor and his refutation of Origenism, Rom 1955. – Tor Andrae, Mohammed, sein Leben und sein Glaube, 1932. – Handwörterbuch des Islam, her. von AJWensinck und JHKramers, 1941.

1. In Byzanz folgte auf die Glanzzeit unter Justinian I. eine *a* Periode des Niedergangs; unter dem siegreichen Vordringen der spanischen Westgoten, der Langobarden, Avaren, Slaven, Bulgaren und Perser gingen dem byzantinischen Reich im Westen, Norden und Süden blühende Provinzen verloren.

(1) Die Verdrängung der Rhomäer durch die Westgoten aus Spanien (voll- *b* endet 624) und die Eroberung wichtiger Provinzen Italiens durch die Langobarden (seit 568, vgl. § 37 d) beschränkte das Rhomäerreich fast ganz auf seine östliche Hälfte und entschied seine rein griechische Weiterentwicklung (Amtssprache Griechisch, nicht mehr Latein).

(2) In den Donau- und Balkanprovinzen wurde die Kirche durch die slavisch-finnische Überflutung (Avaren, Kroaten und Serben, Bulgaren) fast vernichtet und dem Rhomäerstaat und seiner Kirche für die folgenden Jahrhunderte eine große Aufgabe gestellt.

(3) Im Süden eroberten die Perser von 613–619 Syrien, Palästina und Ägypten. Aus dieser furchtbaren Not wurde das Reich durch den großen Kaiser *HERAKLIUS* (610–641) errettet; er entflammte gegen die Perser den Religionskrieg, zerstörte ihre Feuertempel und schlug sie bei den Ruinen von Ninive. (Das von den Persern 614 aus Palästina geraubte hl. Kreuz wurde aus Ktesiphon zurückgebracht und am 14. September 629 wieder aufgerichtet: Fest der Kreuzerhöhung.)

§ 40   Katholische Landeskirchen. Letzte Höhe der Reichskirche

c   2. Auch im Innern erfuhr das Rhomäerreich schwere Erschütterungen. Denn der Versuch des Heraklius, die wiedererworbenen Provinzen Syrien, Palästina und Ägypten durch Ausgleich des dogmatischen Gegensatzes (§ 36 k) enger an Byzanz zu schließen, veranlaßte den **monenergistischen und monotheletischen Streit**.

d   Den Ausgangspunkt dieses Streites bildete die **Union**, die *Heraklius*, beraten von dem Patriarchen *Sergius* von Konstantinopel, **633** mit vielen Monophysiten schloß: auf Grund der Formel, daß der aus zwei Naturen bestehende Christus alles $\mu\iota\tilde{a}\ \vartheta\varepsilon\alpha\nu\delta\varrho\iota\varkappa\tilde{\eta}\ \grave{\varepsilon}\nu\varepsilon\varrho\gamma\varepsilon\iota a$ gewirkt habe, erkannten diese Monophysiten das Chalcedonense an.

Die von dem Mönch und nachmaligen jerusalemischen Patriarchen *Sophronius* in Gang gebrachte Gegenbewegung gegen die $\mu\iota a\ \grave{\varepsilon}\nu\varepsilon\varrho\gamma\varepsilon\iota a$ veranlaßte den Vorschlag des *Sergius* und des *Honorius* von Rom, den Streit über die Energien zu verbieten und von dem $\grave{\varepsilon}\nu\ \vartheta\acute{\varepsilon}\lambda\eta\mu a$ zu sprechen. Dasselbe forderte die $"E\varkappa\vartheta\varepsilon\sigma\iota\varsigma\ \pi\acute{\iota}\sigma\tau\varepsilon\omega\varsigma$ des Heraklius von **638**.

Gegen diese echt cyrillische Wendung erhob sich nun aber die chalcedonensische Theologie im Westen wie im Osten. Papst *Johann IV.* verdammte auf einer römischen Synode 641 den Monotheletismus (Übergang des monenergistischen Streits in den monotheletischen). Die der kaiserlichen Religionspolitik feindlichen orientalischen Mönche flohen nach Rom und Karthago und trieben geradezu auf eine Revolution los; an ihrer Spitze stand MAXIMUS CONFESSOR, der bedeutendste Theologe des 7. Jhs.

Da verbot *Konstans II.* **648** im $T\acute{v}\pi o\varsigma$, der die $"E\varkappa\vartheta\varepsilon\sigma\iota\varsigma$ ersetzte, den Streit über das Willensproblem, und als *Martin I.* von Rom an seinem Widerspruch festhielt, büßte er dafür 653 mit grausamer Gefangenschaft und hartem Exil († 655 auf der Chersones). Maximus beendete sein Leben nach langer Haft und schrecklicher Bestrafung (Abhauen der Zunge und der rechten Hand) 662 bei den barbarischen Laziern.

e   Die folgenden Päpste verhielten sich entgegenkommend. Unter *Konstantin Pogonatus* (668–685) vollzog sich indessen ein Umschwung der kaiserlichen Dogmenpolitik: Papst *Agatho*, durch eine große römische Synode (680) des Einverständnisses des Abendlandes sicher, wußte der römischen Lehrautorität in Konstantinopel Gehör zu verschaffen. Das **6. ökumenische Konzil zu Konstantinopel 680–81** (auch „Concilium Trullanum I." genannt, weil es im „Trullus", einem Saale des kaiserlichen Palastes, abgehalten wurde) erkannte auf Grund eines Lehrbriefes des Papstes *Agatho* den Dyotheletismus an und verdammte den Monotheletismus und den Papst Honorius (die „causa Honorii", s. § 115 q). Ein Teil der syrischen Christen im Libanon behaarte bei der Union von 633 und trennte sich von der byzantinischen Reichskirche (Maroniten).

f   **692** wurde das **zweite Trullanum** berufen (*Concilium quinisextum*, $\sigma\acute{v}\nu o\delta o\varsigma\ \pi\varepsilon\nu\vartheta\acute{\varepsilon}\varkappa\tau\eta$, weil das 5. und 6. allg. Konzil ergänzend). Es traf eine vom Abendland abweichende Auswahl der Kirchenrechtsquellen (zB. 85, nicht 50 apostolische Kanones, vgl. § 26 a), verwarf den Zölibatszwang für Presbyter und Diakonen, sowie das Sonnabendfasten in der Quadragesima, erklärte Apg. 15 $_{29}$ für verbindlich und verbot die im Abendland sehr verbreitete Abbildung Christi in Lammesgestalt. Diese der abendländischen Kirchensitte widersprechenden Beschlüsse führten zu einer neuen Spannung zwischen Rom und Byzanz.

g   In dieser Zeit des Niedergangs erhob auch die alte **dualistische Häresie** von neuem ihr Haupt: um 650 entstand in Armenien und Syrien die Sekte der **Paulicianer**, begründet von *Konstantin* (genannt „Silvanus") aus Mananalis bei Samosata. Eine der Wurzeln der Sekte war vermutlich der ostkleinasiatische Marcionitismus. Ihre Anhänger nannten sich selbst $X\varrho\iota\sigma\tau\iota a\nu o\acute{\iota}$, ihre Gemeinden und hervorragenden Führer nach Gemeinden und Gefährten des Paulus; daher gaben ihnen die Katholiken den Namen „Paulicianer".

h   3. Als der langwierige dogmatische Zwist beendet war, waren die Provinzen, um derentwillen man ihn geführt hatte, schon längst in die Hände der Araber gefallen. Im Laufe des 7.Jhs. brach der **Islam** in die

Mittelmeerwelt ein. Mit gewaltiger kriegerischer Ausbreitungskraft eroberte er in zwei großen Vorstößen die ganze östliche Hälfte des antiken Kulturkreises und den südlichen Teil seiner westlichen Hälfte. Gerade die Länder, in denen das Christentum neben Rom seine Hauptherde gehabt hatte (Syrien, Ägypten, Nordafrika), gingen dem Christentum verloren; es war die größte Katastrophe, von der das Christentum vor dem 20. Jh. betroffen wurde.

MUHAMMED (c. 570–632) war bereits als weitgereister Kaufmann mit jü- *i* dischen und christlichen Einflüssen (vgl. § 9 n) in Berührung gekommen, als er durch Visionen, in denen er Offenbarungen des Erzengels Gabriel zu empfangen meinte, zum Propheten berufen wurde. Die Zahl der Anhänger war zunächst gering. Erst mit der **Hedschra** von **622**, der Auswanderung (nicht „Flucht") Muhammeds und seiner Gläubigen von Mekka nach Jathrib (Medina) und der Errichtung eines streng theokratischen Staatswesens begann der erfolgreiche Kampf für die Ausbreitung des neuen Glaubens und die Herrschaft des Propheten. Die Eroberung Mekkas 630 unterwarf ihm Arabien. Indem Muhammed die Kaaba, einen alten heiligen Stein zu Mekka, zum Mittelpunkt des Kultus erhob, machte er freilich dem altarabischen Heidentum ein mit der Verehrung Allahs schwer zu vereinendes Zugeständnis.

Der Islam (= Ergebung in Gottes Willen) hat an dem angeblich vom Himmel *k* gefallenen, wörtlich inspirierten **Koran** (= Lesung) ein streng-buchstäbliche Erfüllung gebietendes heiliges Buch. Grunddogma ist: kein Gott außer Allah, und Muhammed Allahs Prophet. In dem sehr menschenähnlich gedachten Gottesbild überwiegt die Willkür; dem entsprechen die strenge Prädestinationslehre und die Ergebung in das Kismet, das nicht von einem „Fatum", sondern von einem persönlichen, unabänderlichen Willen Gottes zugeteilte Schicksal. Stark betont wird das ganz sinnlich ausgemalte Jenseits: das göttliche Gericht, das Paradies mit seinen ewigen Freuden, das Gahannam mit seinen ewigen Qualen. Einen starr gesetzlichen Zug trägt die Pflichtenlehre (Fasten; Wallfahrt nach Mekka; Waschungen vor dem Gebet; 3maliges, später 5maliges tägliches Gebet; – dazu kommen strenge Speisevorschriften, wie das Verbot des Weingenusses, ferner die Pflicht des Kampfes gegen die Ungläubigen usw.). Verhängnisvoll war die Gestattung der Vielweiberei.

Muhammed meinte die reine, im Judentum und Christentum getrübte Reli- *l* gion Abrahams erneuert zu haben. Jesus betrachtete er, unter Leugnung der Gottheit, als seinen größten Vorläufer. In manchem, zB. dem strengeren Monotheismus oder der Verwerfung der Bilderverehrung, dem orientalischen Christentum des 7. Jhs. fraglos überlegen, vermochte sich der Islam doch nicht von dem Boden des nationalen Arabertums völlig zu lösen.

Die erfolgreichen Eroberungskriege der ersten Kalifen erhoben das neue Ara- *m* berreich und den Islam zu Weltmächten. Durch den ersten Eroberungssturm fielen 635 Damaskus, 638 Jerusalem und Antiochia, 641 Alexandria, 651 das Sassanidenreich. Die zweite Eroberungsperiode brachte 697 die Zerstörung Karthagos, 711 die Vernichtung des Westgotenreichs in Spanien durch die Schlacht am Wadi Bekka, anderseits die Ausdehnung der arabischen Herrschaft über den Osten bis nach Turkestan und bis an den Indus. Dagegen scheiterte der Versuch der Eroberung Konstantinopels an dem ruhmvollen Widerstand der Byzantiner (zweimalige Belagerung Konstantinopels, 672–678 und 717–718).

4. Unter der arabischen Herrschaft bestand in den meisten Län- *n* dern das Christentum fort, aber durch den Abfall zum Islam als eine gebrochene Größe; in einigen Ländern hat der Islam es nach längerer oder kürzerer Zeit völlig aufgesogen.

Im ehemaligen PERSERREICH konnten die Nestorianer (§ 34 r) unter den *o* Kalifen ihre Stellung zunächst behaupten, ja späterhin sogar verbessern. In SYRIEN hielten sich die melchitische wie die jakobitische Kirche, wobei diese bald das Übergewicht über jene gewann, indes beide nur als schwache Reste des früheren Zustands. Die Patriarchate von Antiochia und Jerusalem sanken zu völliger Bedeutungslosigkeit herab. In ÄGYPTEN war die arabische Eroberung durch den Haß der unterdrückten monophysitisch gerichteten koptischen Bevölkerung gegen die chalcedonensischen Griechen erleichtert worden. Die chalcedonensische Kirche und das altehrwürdige Patriarchat Alexandria verfielen nun rasch; die monophysitische Kirche, zunächst vom Islam begünstigt, schied die hellenistischen Elemente aus und wurde rein koptisch. In NORDAFRIKA ging das punische Element, von der römischen Kultur wie vom Christentum nur oberflächlich berührt, sofort zu den Siegern über, die Kirche verschwand bis auf winzige Reste, die reichen Provinzen versanken in Barbarei (Raubstaaten). Auch in SPANIEN (§ 37 i) schmolzen die Christen rasch zusammen.

p 5. Die politischen und kirchlichen Rückwirkungen waren außerordentlich. 1) Am wichtigsten war das Erstarken des Frankenreichs, an dem die ganze weitere Entwicklung des Abendlandes hängt. 2) Kirchlich erfolgte durch den Ausfall des bisher christlichen Südostens eine Schwerpunktverlagerung nach Nordwesten, die den Aufstieg des Papsttums wirksam vorbereitete. 3) Theologisch war von Bedeutung, daß nun eine monotheistische Religion, die sich allein für rein und vollkommen hielt, dazu das Christentum stark abwertete, neben diesem stand und einen stillen, aber starken Einfluß übte, schon durch Auslösung der geistigen Gegenkräfte (vgl. § 42 c).

II. Das karolingische Zeitalter.

§ 41. Die fränkische Kirche unter den karolingischen Hausmeiern. Die Wirksamkeit des Bonifatius.

§ 41–47. Lex Salica, ed. KAEckardt, 2 Bde., 1953. – WLevison, St. Willibrord and his place in history, 1939 (Aus rheinischer usw., s. § 39). – Jahrbücher des fränkischen Reichs von ThBreysig (Karl Martell), HHahn (741–52), LOelsner (752–68), SAbel und BSimson (Karl d. Gr.), BSimson (Ludwig d. Fr.), EDümmler (Das ostfränkische Reich, 3 Bde., ²1887f.). – EMühlbacher, Deutsche Geschichte unter den Karolingern, 1897. – ADopsch, Die Wirtschaftsentwicklung der Karolingerzeit, 2 Bd., ²1921f. – IZibermayr, Noricum, Bayern und Österreich, ²1956.

§ 41. Willibald, Vita Bonifatii, ed. Jaffé (Bibl. rer. Germ. III, 422ff.). – Die Briefe des hl. Bonifatius und Lullus, ed. MTangl (Epist. selectae ex MG, I), 1916. – Arbeiten von *FFlaskamp über das hessische Missionswerk des Bonifatius (²1926), das Hessen-Bistum Buraburg (1927), die Missionsmethode des Bonifatius (²1929), die Anfänge friesischen und sächsischen Christentums (1929). – OWissig, Wynfrid-Bonifatius, 1929. – Ders., Iroschotten und Bonifatius in Deutschland, 1932. – HRückert, Bonifatius und die Iroschotten (DTh I–II, 1934f.). – EPfeiffer, Bonifatius, 1936. – Sankt Bonifatius, Gedenkgabe der Stadt Fulda, 1954. – *ThSchieffer, Winfried-Bonifatius und die christliche Grundlegung Europas, 1954. – JLortz, Bonifatius und die Grundlegung des Abendlandes, 1954. – HLöwe, Ein literarischer Widersacher des Bonifatius, Vergil von Salzburg, (AMA 1951). – Die Kultur der Abtei Reichenau, her. von Beyerle, 2 Bde., 1925. – FrZoepfl, Das Bistum Augsburg und seine Bischöfe im Mittelalter [1955].

a 1. Seit der Eroberung der iberischen Halbinsel durch die Araber, denen das Westgotenreich erlag, waren von den germanischen Staatenbildungen im Gebiet des ehemaligen Römerreichs, abgesehen von Britannien, nur noch zwei vorhanden: das fränkische und das langobardische Reich. Seitdem das Geschlecht der Karolinger im Besitz des Majordomats über das ganze Frankenreich war (seit 687), nahm dieses einen verheißungsvollen politischen Aufschwung. Sein Erstarken wurde sofort für die Weltstellung der Kirche von Bedeutung: indem *KARL MARTELL* 732 bei Tours die Araber entscheidend schlug, rettete er den Bestand des Christentums nördlich von den Pyrenäen, ja die Kultur des „Abendlandes". Dagegen blieben die innerkirchlichen Zustände des Frankenreichs unter Karl Martell im ganzen noch dieselben wie in der merowingischen Periode.

688–714 Pippin der Mittlere.
714–741 Karl Martell.
{ 741–747 Karlmann.
{ 741–768 Pippin (751–768 als König).

Karl Martells Kirchenpolitik war ausschließlich durch das Staatsinteresse bestimmt. In der Not der Araberkämpfe schuf er das Lehnswesen: Er gab den aufgebotenen Bauern aus dem Kirchengut ein Stück Land (*beneficium, feudum* = Lehen), gegen die Verpflichtung, ihrem Herrn schwergepanzert und beritten in den Krieg zu folgen. Von „Säkularisationen" im Sinne einer allgemeinen Maßnahme kann man aber nicht sprechen. Er erhob politisch zuverlässige Laien zu Bischöfen und Äbten; dem Gesuch des Papstes um Hilfe gegen die Langobarden gab er keine Folge (§ 42 f). Diese Kirchenpolitik förderte den kirchlichen Verfall, der vornehmlich im Verschwinden der Metropolitanverfassung, im Aufhören der Synoden und in den Laienäbten (*abbacomites*) zutage tritt. *b*

2. α) Doch bahnte sich bereits unter Karl Martell, von ihm nicht *c* gehindert, unter angelsächsischem Einfluß ein neuer Aufschwung der fränkischen Kirche an. Unter Führung des Angelsachsen *BONIFATIUS* kam es in den östlichen Gebieten des Frankenreichs, also im Westen des späteren Deutschland, zu einer bedeutsamen missionarischen und vor allem organisatorischen Tätigkeit.

Hier waren die Alamannen und die Thüringer von den Franken unterwor- *d* fen; die Bayern hatten sich freiwillig angeschlossen (endgültig unterworfen 788), die Friesen trotzten ihnen bis 734, die Sachsen bis zum Ende des großen Sachsenkrieges unter Karl d. Gr. (§ 43 d). Schon vor Bonifatius war das Christentum im südlichen und südwestlichen Deutschland allenthalben verbreitet:

1) Am Oberlauf des Rheins und südlich von der Donau gab es noch Reste des *e* Christentums aus der Römerzeit (Curia = Chur, Vindonissa = Windisch, Augusta Rauricorum = Kaiseraugst bei Basel, Augusta Vindelicorum = Augsburg, Sabiona = Seben am Eisack); diese kümmerlichen Überbleibsel römischen Christentums waren freilich ohne Bedeutung für die Bekehrung der rechtsrheinischen germanischen Stämme.

2) Dagegen drang das Christentum seit der Bekehrung der Franken von Westen *f* her über den Rhein; fränkische Kolonisten ripuarischen Stammes siedelten sich nördlich von den Alamannen und südlich vom Thüringer Walde an und brachten ein allerdings sehr primitives Christentum mit.

3) Dazu waren Klöster und Einsiedeleien einiger iroschottischer und *g* fränkischer Asketen weit ins heidnische Gebiet vorgeschoben, allerdings ohne für die Mission etwas Nennenswertes zu bedeuten. So lebte unter den Thüringern in Würzburg der hl. *Kilian*, der das Martyrium erlitt. Unter den Bayern lebten die Iroschotten *Emmeran* (um 700, Stifter des Emmeranklosters in Regensburg) und *Corbinian* (um 725, Stifter des Klosters Freising), sowie *Rupert von Worms* (in Salzburg, Ende des 7. Jhs. vom bayrischen Herzog [§ h] berufen); ihr Kirchenwesen war fränkisch, nicht irisch. Die ersten, sehr bescheidenen Bekehrungsversuche unter den Bayern waren um 620 vom Kloster Luxeuil aus um Regensburg erfolgt; eine heidnische Reaktion hatte es in Bayern nicht gegeben.

§ 41 Das karolingische Zeitalter

Unter den Alamannen wirkten eine Zeitlang *Columbanus* und sein Schüler *Gallus*, der Stifter von St. Gallen (§ 38 e); um 724 gründete der Spanier oder Südgallier *Pirminius* das Kloster Reichenau im Bodensee; so gut wie nichts wissen wir über *Fridolin*, der das Kloster Säkkingen am Rhein begründet haben soll.

h Um 715 erhob sich bei den Alamannen bereits eine organisierte Kirche (Bistümer: Augsburg, Straßburg, Konstanz, Basel, Chur), die die Bekehrung des Stammes in den nächsten Jahrzehnten zu Ende führte; die alamannischen Herzöge waren christlich. Im altfränkischen Gebiet am Mittelrhein war die kirchliche Organisation wiederhergestellt (Mainz, Köln, Maastricht, Trier, Metz, Verdun, Toul). In Bayern war das Christentum unter dem Einfluß des katholischen Herzoghauses der Agilulfinger verbreitet. Dieses Herrscherhaus war fränkischen Ursprungs und seit seiner Bekehrung katholisch. Überall war das Christentum mit Heidnischem vermengt und ermangelte fester Organisation und geschulter Kleriker; besonders die Wanderbischöfe (iroschottische Mönche mit bischöflicher Ordination, vgl. § 39 c d) waren der Organisation hinderlich. Die drei bayrischen Apostel Emmeran, Corbinian und Rupert (§ g) waren keine Wanderbischöfe, sondern Äbte von Klöstern und im Besitz der Bischofsweihe.

i Wandel schuf erst die **angelsächsische Mission**. Sie begann bei den heidnischen Friesen. Hier wirkte zuerst *Wilfrith von York*, ein eifriger und ergebener Verehrer Roms (§ 39 h), der, auf einer Romreise begriffen, den Winter 678-679 in Friesland weilte. Seit 690, nachdem die Franken einen Teil des friesischen Gebiets unterworfen hatten, war der Angelsachse *Wilbrord* (Willibrord) bei den Friesen tätig (Bistum Utrecht). Doch legte die Niederlage Karl Martells gegen die Friesen 715 Wilbrords Missionstätigkeit eine Zeitlang lahm; erst 719 nahm Wilbrord die Friesenmission wieder auf. In seine Arbeit trat *BONIFATIUS* (Wynfrith, geb. c. 672/73 in Wessex), ein angelsächsischer Mönch aus dem Kloster Nhutscelle. Wynfrith kam, ebenso wie Willibrord, mit Bewußtsein als Missionar (vgl. dagegen § 38 e!), und zwar als Germane zu Germanen. 716 kam er nach Friesland, kehrte zunächst wegen der Ungunst der Zeit nach der Heimat zurück, ging aber 718 zum zweiten Male nach dem Festland und begab sich zuerst nach Rom. Hier erteilte ihm der Papst *Gregor II.*, mit dem er während des Winters 718-19 seine Pläne beriet, den Auftrag zur Mission unter den Völkern Germaniens. Dabei erhielt Wynfrith nach dem Heiligen des Tages (15. Mai) den Namen Bonifatius.

k (1) **719-722** wirkte Bonifatius als Missionar, zuerst als Genosse Wilbrords unter den Friesen, dann in Oberhessen (Kloster Amöneburg). Um unabhängig von Wilbrord zu werden, holte er sich [Ende 722?] auf einer zweiten Romreise die Bischofsweihe. Dabei leistete er dem Papst einen Gehorsamseid, der das Missionsgebiet Wynfriths der päpstlichen Jurisdiktion unterwarf. Die Formulierung entsprach in der Hauptsache dem Eide der suburbikarischen Bischöfe (§ 49 s).

l (2) **723-732** wirkte er als Missionar und kirchlicher Organisator. 723 erlangte er in persönlicher Verhandlung mit Karl Martell, dem er einen ihm vom Papste ausgestellten Geleitbrief überreichte, einen Schutzbrief. Dann begann er eine ausgedehnte Tätigkeit in Hessen und Thüringen (724 Fällung der heiligen Donareiche bei Geismar; Reinigung des vorgefundenen Christentums von heidnischem Brauchtum; Unterwerfung des Klerus unter die römischen Kanones, besonders den Zölibat; Zuzug zahlreicher angelsächsischer Mönche und Nonnen).

m (3) **732-747** folgte eine ausschließlich organisatorische und reformatorische Tätigkeit, unterbrochen durch seine dritte Romreise (Winter 738-739). *Gregor III.* (731-741) verlieh Bonifatius 732 die erzbischöfliche Würde, die ihn zu selbständigen organisatorischen Maßnahmen (wie Errichtung neuer Bistümer) befähigte. Er hatte nun die Würde eines päpstlichen Vikars für ganz Germanien (universalis ecclesiae legatus Germanicus et servus sedis apostolicae); eine ähnlich umfassende Stellung hatte der Papst noch nie einem Geistlichen gewährt (vgl. die von Rom unabhängige, daher unterdrückte Stellung des Hilarius von Arelate, § 32 k). Bonifatius wandte sich zuerst der Organisation der bayrischen Kirche zu, wo nun endlich die schon 715 geplante Reorganisation (§ h) zustande kam (Bistümer: Salzburg, Regensburg, Freising, Passau, Seben, Eichstätt). Dann organisierte er die Kirche im thüringischen

Gebiet (Bistümer: Würzburg, Erfurt, Buraburg; von diesen hatte aber nur das erste Bestand). Unter Papst *Zacharias* (741–52) gestaltete sich das Verhältnis des Bonifatius zu Rom noch freundlicher.

β) Der Tod Karl Martells 741, während dessen Regierung die längst *n* nötige gründliche Reform der fränkischen Gesamtkirche nicht zu erreichen gewesen war, eröffnete Bonifatius eine noch weit umfassendere Tätigkeit. Unter Karls Söhnen *KARLMANN* (Austrasien)[1] und *PIPPIN* (Neustrien) erfolgte eine durchgreifende Reorganisation der unter den letzten Merowingern und unter Karl Martell in völlige Auflösung geratenen fränkischen Reichskirche durch Bonifatius.

742–747 wurden auf einer Reihe von Synoden wichtige Reformen beschlos- *o* sen; freilich erhielten die Beschlüsse der beiden gesamtfränkischen Synoden von 745 und 747 keine staatliche Bestätigung, also keine rechtliche Geltung. Wirklich erreicht wurde: 1) die Regelung des Kirchenguts; 2) Reformen im Klerus (straffe Zucht nach den römischen Kanones); 3) Reorganisation der Kirche, Neuerrichtung von Erzbistümern (Rheims, Sens, Rouen); 4) die Stärkung des moralischen Ansehens des Papstes in der fränkischen Kirche: auf der Synode von 747 erlangte Bonifatius von den Bischöfen eine schriftliche **Unterwerfung unter die römische Kirche**. Der Anschluß der Franken an Rom erfolgte vollkommen freiwillig. Auch die Gegner der Bonifazischen Kirchenreform erkannten die Autorität Roms an.

(4) **748–754** lebte Bonifatius in seinem Bistum **Mainz**; er besaß zwar die erz- *p* bischöfliche Würde, erhielt aber zur Verwaltung nur ein Bistum. Er war in dieser Zeit im wesentlichen für sein Kloster **Fulda** interessiert, das ein deutsches Monte Cassino werden sollte. Zuletzt trieb er wieder **Mission unter den Friesen**. Am 5. Juni **754** (nicht: 755) wurde er in der Nähe des späteren Dokkum von heidnischen Friesen erschlagen.

γ) Als Bonifatius starb, war in Hessen, Thüringen und im öst- *q* lichen Franken das Heidentum überwunden und die Kirche errichtet, in Bayern, Austrasien und Neustrien die Kirche in geordnete Bahnen geführt, die Verehrung Roms verbreitet und der Aufrichtung der päpstlichen Herrschaft in wirksamer Weise vorgearbeitet.

Daß Bonifatius „der" Apostel und „der" Romanisierer Deutschlands gewesen *r* sei, sind übertriebene Formulierungen. Er war fraglos charaktervoll, aber in vielem eng und unselbständig, von Härte gegen seine kirchlichen Gegner (wohl nicht Iroschotten, sondern verrottete angelsächsische Priester). Seine Ergebenheit gegen den römischen Stuhl entspricht dem Geist seiner Heimatkirche und seiner Zeit, den er nirgends überschritt.

§ 42. Die Verbindung des Papsttums mit den Franken.

GOSTROGORSKI, Studien zur Geschichte des byzantinischen Bilderstreits, 1929. – *HMENGES, Die Bilderlehre des Joh. von Dam., 1938. – ECASPAR, Pippin und die römische Kirche, 1914. – KHELDMANN, s. § 43. – LDUCHESNE, Les premiers temps de l'Etat pontifical, ³1911. – WOHNSORGE, Abendland und Byzanz, ges. Aufsätze, 1958. – *FRZDÖLGER, Der griechische Barlaam-Roman, ein Werk des hl. Johannes von Damaskus, Ettal 1953.

1. Unter den Nachfolgern Gregors d. Gr. hatte sich die päpstliche *a* Politik ganz vorwiegend auf Konstantinopel und die Langobarden gerichtet; gegenüber den langobardischen Eroberungsgelüsten suchten die Päpste Rückhalt an den Byzantinern. Aber um dieselbe Zeit, da in der Person des Bonifatius die angelsächsische, die deutsche und die fränkische Kirche in nähere Fühlung miteinander traten, vollzog das

---

[1] Hausmeier bis 747, dann Mönch, gest. 754.

Papsttum den folgenreichen **Bruch mit Byzanz** und seine Verbindung mit dem fränkischen Herrscherhause. Auf der Herstellung engerer Kulturbeziehungen zwischen Italien, Frankreich, England und dem späteren Deutschland beruht die Geschichte der nächsten Jahrhunderte.

b   2. Schon im Verlaufe des monotheletischen Streits, dann wieder infolge der Beschlüsse des zweiten Trullanum war es zu einer heftigen Spannung zwischen Rom und Byzanz gekommen (§ 40f); die entscheidende Wendung aber brachte der **Bilderstreit**, der letzte große innerkirchliche Kampf in Byzanz.

c   Die religiöse Verehrung der Bilder war im Laufe der Jahrhunderte unglaublich ausgeartet, hatte aber an den Mönchen und den von diesen beherrschten breiten Schichten des Volkes unerschütterliche Stützen. **726** begann der durch seine Siege über die Araber (§ 40 m) berühmte Kaiser *Leo III.* (fälschlich *der Isaurier* genannt; 717–741) seinen Kampf gegen die Bilderverehrung, die er 730 verbot. Das Verbot wühlte im Orient wie im byzantinischen Italien alle Tiefen der religiösen Leidenschaft auf. Das Volk spaltete sich in zwei Parteien, die **Bilderverehrer** (εἰκονολάτραι, die Mönche und das Volk) und die **Bilderstürmer** (εἰκονοκλάσται, der Kaiser und das Heer). Die Bilderfreunde hatten die geistigen Mächte auf ihrer Seite, die kirchliche Tradition, die Frömmigkeit, die Kunst, die gelehrte Theologie. Auch der bedeutendste byzantinische Theolog dieses Jahrhunderts, *Johannes von Damaskus*[1], verfaßte unter dem Schutz der arabischen Herrschaft im Kloster des hl. Sabas bei Jerusalem 3 Schriften gegen die Bilderstürmer. Der Streit war zugleich ein Kampf der Priester und der Mönche um die Freiheit der Kirche vom kaiserlichen Despotismus; die Bilderfreunde bestritten dem Kaiser das Recht, in der Weise Justinians Verordnungen über den Glauben zu erlassen.

d   Im Abendlande trat Papst *Gregor II.* (715–731) für die Bilder ein; in Rom, Ravenna und anderwärts empörte sich das Volk gegen die byzantinische Herrschaft. *Gregor III.* (731–741) suchte sich vergeblich mit dem Kaiser zu verständigen. Dieser riß das Vikariat Thessalonike (§ 32 g), Sizilien und das byzantinische Italien von Rom los, unterstellte es dem Patriarchen von Konstantinopel und beraubte den römischen Stuhl der in diesen Gebieten gelegenen Patrimonien.

e   Im Orient ging der Streit weiter. Leos Sohn und Nachfolger, der tüchtige *Konstantin V.* „Kopronymus" (741–775), setzte die bilderfeindliche Politik seines Vaters fort und ließ **754** auf einer Reichssynode zu Konstantinopel die Bilderverehrung verdammen und die apostolische Gewalt des Kaisers in der Kirche bestätigen. Erst unter der vormundschaftlichen Regierung der Kaiserin *Irene* (780–802) erfolgte ein Umschwung; im Einvernehmen mit dem Papst ließ sie auf der **7. ökumenischen Synode zu Nicäa 787** die Bilderverehrung wiederherstellen (erlaubt τιμητικὴ προσκύνησις, ἀσπασμός, Weihrauch, Kerzen; dagegen die ἀληθινὴ λατρεία Gott vorbehalten). Im 9. Jh. kam es im Osten noch einmal zu einem heftigen, mehrere Jahrzehnte andauernden Kampf um das Verhältnis von Kirche und Staat und um die Bilderverehrung. Durch den Führer der Bilderfreunde, *Theodor*, den Abt des Klosters Studion in Konstantinopel, erhielt der Streit große prinzipielle Schärfe. Theodor erstrebte die Freiheit der Kirche vom Staat. Sein Mut war durch keine politische Verfolgung zu brechen (gest. 826). Tragisch war, daß die bilderfreundlichen Mönche seinem Radikalismus nicht in allem zu folgen vermochten. Erst unter der Kaiserin *Theodora*, einer Bilderfreundin, wurde der byzantinische Bilderstreit endgültig entschieden, zugunsten der

---

[1] *JOHANNES VON DAMASKUS* (c. 700–c.753), eine Zeitlang unter dem Namen Al Mansur Schatzmeister des Kalifen) wurde durch sein Hauptwerk Πηγὴ γνώσεως der abschließende Dogmatiker der griechischen Kirche (rein reproduzierend, ziemlich unsystematisch; im Morgenland nie wieder erreicht, im Abendland von Einfluß auf Petrus Lombardus und Thomas). Ethisch-asketischen Inhalts sind die Ἱερά (gewöhnlich Παράλληλα genannt; mit Unrecht von einigen dem Leontius von Byzanz zugeschrieben).

Bilder, auf der Synode von Konstantinopel **843**. Zur Erinnerung an diesen Sieg feiert die orientalische Kirche seitdem alljährlich das Fest der Orthodoxie (ἡ κυριακὴ τῆς ὀρθοδοξίας, am ersten Sonntag der Fastenzeit).

3. Der Bruch mit Byzanz (726–32, vgl. § d) beraubte das Papst- *f* tum seines bisherigen Rückhalts gegen die eroberungslustigen Langobarden, die Rom und den Rest seiner Patrimonien bedrohten. Daher suchte schon Papst Gregor III. den Anschluß an die Franken und forderte Karl Martell zum Schutz des Grabes des hl. Petrus auf, indes vergeblich. Dagegen gelang es Stephan II., den Franken *PIPPIN* zum Eingreifen in die italienischen Verhältnisse zu veranlassen; das führte zur Entstehung des Kirchenstaats.

Papstliste.
715–731 Gregor II.
731–741 Gregor III.
741–752 Zacharias.
752–757 Stephan II.
757–767 Paul I.
768–772 Stephan III.
772–795 Hadrian I.
795–816 Leo III.

Die erste Annäherung zwischen dem fränkischen *g* Herrscher und Rom erfolgte unter Papst *Zacharias*. Dieser verpflichtete sich beim Majordomus Pippin, indem er die von diesem geplante Entthronung der Merowinger zum mindesten guthieß, wenn nicht sogar kraft seiner apostolischen Autorität anordnete. Darauf wurde der letzte merowingische König ins Kloster geschickt und Pippin **751** von den Franken zum König erhoben. Dazu empfing der neue König Pippin durch Erzbischof Bonifatius als erster fränkischer König die Salbung mit dem hl. Öl. Sie ersetzte den Mangel königlichen Blutes; an die Stelle der angeblichen Herkunft von den heidnischen Göttern, die man den Merowingern zugeschrieben hatte, trat das Gottesgnadentum („Dei gratia") der Karolinger[2].

Bald brauchte der Papst die Hilfe des Frankenherrschers. Als die Langobarden *h* unter Aistulf den Byzantinern das Gebiet von Ravenna wegnahmen und die Unterwerfung Roms begehrten, erschien Papst *Stephan II.*, in dessen Hände infolge des Zusammenbruchs des Exarchates das politische Geschick des byzantinischen Italien geraten war, im Herbst 753 hilfesuchend am fränkischen Hof. In den Abmachungen von Ponthion und Quiercy (Kiersi, **754**) stellte der Papst Rom unter den dauernden Schutz des Frankenkönigs. In der [verlorenen] Urkunde von Kiersi übernahm Pippin außer der allgemeinen Verpflichtung des Schutzes Roms die besondere, die Langobarden zur Rückgabe der eroberten Gebiete, vor allem des Exarchats von Ravenna und der Pentapolis, an die „Römer" zu zwingen. Darauf nötigte er durch zwei Feldzüge Aistulf zur Abtretung der eroberten Gebiete, die er **756** dem hl. Petrus zum Geschenke machte; damit war der Grund zum **Kirchenstaat** gelegt. Es war ein erstes Eingreifen einer außeritalischen politischen Macht zugunsten des Papsttums (vgl. die Römerzüge der deutschen Könige seit dem 10. Jh.!), ein religiöser Krieg. Pippins Motive waren religiöser (Gefühl der Verpflichtung gegen den hl. Petrus und Furcht vor der Hölle), aber auch machtpolitischer Art. Der Umfang der pippinischen Schenkung ist nicht mit Sicherheit zu bestimmen. An Losreißung von Byzanz war zunächst nicht gedacht, nur an autonome Regierung der Provinz Italien durch ihre religiösen und politischen Kräfte, zur Selbstbehauptung gegenüber den Langobarden. An Stelle der verschwundenen byzantinischen Befehlshaber, des Exarchen von Ravenna (Obergouverneur von Reichsitalien) und des Dux von Rom (Gouverneur des Militärbezirks Rom, des ducatus Romanus), gab sich das autonome römische Volk einen neuen Schutzherrn, den Frankenkönig. Als solcher hieß er *Patricius Romanorum* (Pippin hat diesen Titel aber niemals geführt). Souverän blieb der byzantinische Kaiser[3].

---

[2] Die Vorstellung von einem Gottkönigtum geht auf den alten Orient und den Hellenismus zurück und gelangte über Byzanz zu den Karolingern.

[3] Strenggenommen gab es einen „Kirchenstaat" erst nach dem Aufhören der Kaiserkrönungen in Rom (vgl. § 70 c); erst von da ab war der Papst wirklich souverän.

i 4. Ihren theoretischen Ausdruck fand die zielbewußte Politik der päpstlichen Kanzlei in einem eigenartigen Dokument, der sog. Konstantinischen Schenkung, in der die sich eben in der Wirklichkeit vollziehende Verselbständigung Roms gegenüber Byzanz theoretisch zu Ende gedacht und „historisch" auf Konstantin d. Gr. zurückgeführt wurde. Spätere Jahrhunderte haben in dieser Urkunde geradezu die weltliche Herrschaft des Papstes über das Abendland begründet gefunden.

k Die **Donatio Constantini** enthält in ihrem ersten Teil (der *„Confessio"*) eine Fortbildung der Silvesterlegende (§ 32 o). Im zweiten Teil (der *„Donatio"*) überträgt Konstantin dem Papste allerlei kirchliche Würden und Rechte, den lateranensischen Kaiserpalast, dazu Diadem, Purpur, Zepter, Titel und Rangordnung für die päpstliche *curia*, entsprechend dem kaiserlichen Hofe, sowie „Romae urbis et omnes Italiae seu occidentalium regionum provincias, loca et civitates" (Provinzen, Festungen und Städte). An die germanischen Länder ist hierbei nicht gedacht, nur an den westlichen Besitz Ostroms. Auch der Gedanke an eine Konkurrenz des Papstes mit der weltlichen Herrschaft des Kaisers lag dem Verfasser fern. Die Urkunde galt lange Zeit meist für echt: *Laurentius Valla* (§ 72 c) wies die Unechtheit nach. Entstanden ist die Urkunde zwischen einem Zeitpunkt vor Herbst 753 (Reise Stephans II. ins Frankenreich) und 778 (Anspielung im Codex Carolinus) oder erst 804, im Kreise der päpstlichen Politiker. Der Grad der mala fides des Verfassers darf nicht übertrieben werden; das Ganze ist wohl mehr Konstruktion als bewußte „Fälschung".

§ 43. Karl der Große als Schutzherr der Abendländischen Kirche.

LHALPHEN, Charlemagne, Paris 1949. – JCALMETTE, Karl d. Gr., deutsch Innsbruck-Wien 1948. – Karl d. Gr. oder Charlemagne? Acht Antworten deutscher Geschichtsforscher, 1935. – KHELDMANN, Das Kaisertum Karls d. Gr., 1928. – Zum Kaiserproblem: CERDMANN, Forschungen zur politischen Ideenwelt des frühen Mittelalters, 1951. – WOHNSORGE s. § 42. – ABRACKMANN, Ges. Aufsätze, 1941. – ECASPAR, Das Papsttum unter fränkischer Herrschaft, separat 1956. – ESDUCKETT, Alcuin friend of Charlemagne, New York 1951. – GHAENDLER, Epochen karolingischer Theologie, 1958.

a 1. DIE UNIVERSALKIRCHE. *KARL D. GR.* (768–814) setzte, nachdem er zur Alleinherrschaft gelangt war (771), die italienische Politik König Pippins fort und dehnte die fränkische Macht über einen großen Teil Italiens aus. Dadurch erweiterte er das fränkische Reich zu einem abendländischen Universalreich, das den größten Teil der christlichen Länder des Westens zusammenfaßte. So wurde der Frankenkönig der Schutzherr und Leiter der Kirche des Abendlandes.

b Entscheidend für die Vorherrschaft Karls im Abendlande war die Unterwerfung des Langobardenreichs und Roms. Noch vor dem Falle Pavias kam er im Frühjahr 774 nach Rom und knüpfte das Band zwischen Rom und den Franken, das sich durch die Umtriebe der langobardenfreundlichen Partei in Rom gelockert hatte, wieder fester. Die Franken waren bald in Rom die tatsächlichen Herren, der Papst wurde zu einem Untertanen des fränkischen Herrschers herabgedrückt. *Hadrian I.* (772–795) war nicht der Mann, dem entgegenzuwirken. Das Einvernehmen mit Karl war oft gestört. Karl erneuerte zwar 774 das Schenkungsversprechen Pippins (§ 42 h), bestand aber auf dem Nachweis des päpstlichen Besitzrechtes im einzelnen Fall. Das bedeutete für den Papst den Verzicht auf Vergrößerung des Kirchenstaats.

2. AUSBREITUNG. Die Eroberungspolitik Karls erweiterte das *c* Frankenreich außer um Ober- und Mittelitalien um Bayern und Kärnten, um die Gebiete der Sachsen, der Avaren und um die spanische Mark. Damit umspannte die karolingische Reichskirche die gewaltige Ländermasse vom Atlantischen Ozean bis zur Elbe und Raab, von der Eider bis an den Oberlauf des Ebro und an den Garigliano. Den unterworfenen heidnischen Stämmen, den Friesen, den Sachsen, den Slaven im mittleren Deutschland und in den Ostalpen, sowie den Avaren zwang Karl das Christentum auf[1]. So wurde seine Regierung eine der wichtigsten Missionsepochen.

1. Am wichtigsten war die gewaltsame Unterwerfung der **Sachsen,** die sich in *d* ihrem gegen fremde Einflüsse abgeschlossenen Gebiet von allen deutschen Stämmen am längsten und am zähesten gegen das Christentum wehrten. Der Verlauf der Sachsenkriege (seit 772) führte zu der anfänglich von Karl nicht beabsichtigten Einverleibung und Christianisierung; 776 erfolgten die ersten Massentaufen. Aber in den nächsten Jahren erhob sich unter Führung des sächsischen Vornehmen *Widukind* ein ungeheurer Widerstand gegen die fränkische Herrschaft und das Christentum. Es kam zu immer neuen Aufständen und blutigen Greueln (782 der Tag zu Verden an der Aller: der auf Karls Seite stehende Adel liefert 4500 aufständische Sachsen Karl zur Hinrichtung aus; *dies ater* in der Geschichte Karls). **785** machten die Sachsenführer *Widukind* und *Abbio* mit Karl ihren Frieden und empfingen in der königlichen Pfalz zu Attigny die Taufe. Die friedliche Weiterentwicklung schien gesichert. Aber seit 792 erhoben sich die bäuerlichen Schichten der nördlichen Gaue, durch die Forderung des kirchlichen Zehnten aufs schwerste gereizt, aufs neue in jahrelangem, verbissenem Kampfe für das Heidentum und ihre alte Freiheit. Erst das Gewaltmittel der Deportation von Tausenden von Sachsen in fränkische Gebiete und der Verpflanzung fränkischer Ansiedler nach Sachsen führte Anfang des **9. Jhs.** zu voller Unterwerfung. Seit 787 entstanden allmählich acht Bistümer (zuerst Bremen, Verden, Minden, dann Münster, Paderborn, Osnabrück; unter Ludwig d. Fr. Hildesheim und Halberstadt; das wichtigste sächsische Kloster wurde Korvey an der Weser, 822 von dem nordfranzösischen Kloster Corbie aus gegründet).

2. Die **Friesen** waren politisch bereits 734 von Karl Martell unterworfen wor- *e* den, hielten aber, besonders im Norden und in der Mitte ihres Gebiets, noch jahrzehntelang mit Zähigkeit an ihrem Heidentum fest (vgl. § 41 p). Erst als bei den Sachsen (§ d) der Widerstand zu erlahmen begann, kam die Bekehrung der Friesen zum Abschluß (um 790).

3. Die **Slaven** waren durch die große slavische Wanderung ziemlich weit west- *f* wärts in das mittlere Deutschland und in das östliche Alpengebiet geführt worden. Von ihnen nahmen die Main- und Regnitzwenden um 785/800, vermutlich auf Karls Befehl, das Christentum an. Die Wenden in Kärnten, denen schon Pippin nacheinander zwei christliche Herzöge gegeben hatte, wurden völlig christianisiert, nachdem Bayern 788 unmittelbar mit dem Frankenreiche verbunden worden war. 796 und 797 wurden auch die **Avaren** von den Franken unterworfen und dem Christentum zugeführt. Die kirchliche Unterwerfung der Avaren vollzog Karl anders als die der Sachsen, im Bunde mit Rom (798 Gründung des Erzbistums Salzburg durch Leo III.). Seit 803 stand die Slavenfrage im Vordergrund von Karls Politik; er unterwarf zuerst die Tschechen, dann die Elbslaven, zuletzt die Wilzen (812); doch kam es hier nirgends schon zur Mission.

3. KIRCHLICHE REORGANISATION. Karl betrachtete die *g* uneingeschränkte Leitung der Kirche als Königspflicht, nicht bloß

---

[1] Die „Expedition" Karls gegen Spanien 778, die ihn bis Saragossa führte, war rein politisch und wurde erst nachträglich als ein Unternehmen zur Verbreitung und Verteidigung des Glaubens hingestellt.

ihren Schutz gegen äußere Feinde, sondern auch die Leitung ihrer inneren Angelegenheiten. Das Ziel der kirchlichen Tätigkeit Karls war die innere Hebung der Kirche, der Abschluß der von Bonifatius begonnenen, von Karlmann und Pippin fortgesetzten kirchlichen Erneuerung.

h   Karl ehrte den römischen Bischof als den Hüter der apostolischen Überlieferung; aber eigenmächtige Eingriffe des Papstes in die fränkische Kirche kamen nicht vor. Karl nahm das gesamte Gebiet des politischen Handelns mit Einschluß des Schutzes der Kirche gegen äußere und innere Feinde (Mission, Dogma!) für sich in Anspruch und beschränkte den Papst auf seine rein geistlichen Funktionen: Der König der David, d. i. der theokratische Herrscher; der Papst der Mose, der während der Schlacht mit erhobenen Händen betet (Schreiben an Leo III. 796). So war die karolingische Kirche ein ausgesprochenes Staatskirchentum. Karls Kapitularien (Gesetze) regelten kirchliche wie staatliche Dinge, die Reichssynoden standen in engstem Zusammenhang mit den Reichsversammlungen, und den Königsboten (Missi dominici) stand die Aufsicht über das staatliche wie über das kirchliche Gebiet zu. Seine Verfügungen knüpften an die vorhandenen Gesetze an, entsprangen also nicht der Willkür; widersprach aber das kanonische Recht dem fränkischen, so blieb es unbeachtet.

i   1) [EINKÜNFTE.] Karl festigte die wirtschaftlichen Grundlagen der Kirche, indem er die von der Kirche seit 585 (2. Synode von Mâcon) geforderte Abgabe des „Zehnten" gesetzlich anerkannte und durchsetzte (vgl. § 10 t). Auch die Eigenkirchen wurden wirtschaftlich gesichert. Karl sah die Gefahren eines ungehemmten Anwachsens des kirchlichen Besitzes; zwar blieb er dem Gedanken planmäßiger Säkularisation fern, aber er vergab häufig Kirchengut als Lehen. Der kirchliche Besitz wuchs jedoch durch fortgehende Schenkungen weiter an.

k   2) [EPISKOPAT.] Karl stärkte die Stellung der Bischöfe in ihren Diözesen; so wurden die Klöster der bischöflichen Aufsicht entschiedener untergeordnet. Die Bischöfe wurden ohne Ausnahme durch den König ernannt. Sie sollten ganz ihren kirchlichen Aufgaben leben, ohne glänzende Hofhaltung. Durch Predigt- und Visitationsreisen arbeiteten sie an der kirchlichen Erneuerung. Der Beaufsichtigung des Klerus dienten die regelmäßig von den Bischöfen abgehaltenen Diözesansynoden. Die kirchliche Stellung der Bischöfe wurde verstärkt; die Dorf- und Wanderbischöfe (Chorbischöfe; mit der altkirchlichen Einrichtung § 20 h, 26 k teilen sie nur den Namen) wurden zu Vikaren der Bischöfe heruntergedrückt, seit der Zeit Ludwigs des Frommen mehr und mehr beseitigt. Der vom Papste befürworteten Erneuerung der Metropolitanverfassung maß Karl nur geringe Bedeutung bei. Sein Testament bestätigt 12 französische, 5 italienische und 4 deutsche Erzbistümer (Trier, Köln, Mainz, Salzburg). Der Versuch einer Wiederbelebung der altkirchlichen Provinzialsynoden scheiterte.

l   3) [PFARRSPRENGEL.] Karls Regierung entschied die Durchführung des Systems der Pfarrsprengel, das sich in Gallien in der Merowingerzeit zu bilden begonnen hatte. Im altkirchlichen System deckten sich Bistum und civitas; das Land gehörte kirchlich zur Stadt. Dagegen im Frankenreich bildeten sich an allen größeren Orten und auf dem Lande selbständige Pfarrkirchen mit dem Taufrecht, eigenem Friedhof, dem Recht auf den Zehnten (§ i) und abgegrenztem Pfarrsprengel (*parochia* von παροικία, davon *parochus*, Pfarrer)[2]. Die in einem schon bestehenden Pfarrsprengel neu begründeten Pfarren wurden dem Vorsteher der Urpfarre untergeordnet (dieser hieß dann *archipresbyter*, Erzpriester, später *decanus*, Dechant).

m   4) [VITA CANONICA.] Große Aufmerksamkeit widmete Karl der Hebung des Klerus. Er sorgte für die Bildung der Kleriker (Erziehung in den Kloster- und Domschulen; Forderung eines Mindestmaßes theologischer Kenntnisse; die Kirche war fremdsprachig!). Er begünstigte die **vita canonica,** das dem Mönchtum

---

[2] Doch hießen in der Karolingerzeit „ecclesiae parochiales" im allgemeinen alle Kirchen, die zur Diözese gehörten, auch Nicht-Pfarrkirchen, im Unterschied von den Eigenkirchen.

nachgebildete gemeinsame Leben der Kleriker (§ 26 r). Hierfür hatte Bischof *Chrodegang von Metz* (um 760) eine bis ins einzelne geregelte Ordnung aufgestellt und an seiner Metzer Kathedrale in vorbildlicher Weise verwirklicht (§ 45 e). „Vita canonica" (wovon „Kanoniker, Kanonikat") bedeutet wahrscheinlich das den kirchlichen Kanones entsprechende Leben. Kanonikate gab es 1. an den Kathedralen (den bischöflichen Kirchen; Kirchen mit Cathedra = Bischofssitz, oder Dome, in Süddeutschland auch „Münster"; Vorsteher des Domkapitels [§ 50 z] der *episcopus*) und 2. an Kollegiatkirchen (Pfarrkirchen mit selbständiger Seelsorge und mehreren, häufig 12, Klerikern; Vorsteher der *praepositus*, Propst, in der karolingischen Zeit auch *abbas* genannt).

5) [KULTUS, SEELSORGE.] Dazu kamen Reformen auf dem Gebiet des *n* Gottesdienstes und der Seelsorge. Besonders schätzte Karl die Predigt; sie sollte auf die Sittlichkeit des Volkes wirken. Vermutlich wurde damals wirklich regelmäßig gepredigt, und zwar in der Volkssprache. Als Vorbild dienten mehrere Predigtsammlungen, vor allem das [lat.] Homiliarium des *Paulus Diaconus*. Ferner förderte Karl die Vereinheitlichung der Liturgie; die gallische Messe wurde allmählich durch die römische verdrängt; die Ergänzungen, welche Karls Theologen dem römischen Formular gaben, sind dann später in Rom selbst angenommen worden. Der Klerus wurde zu fleißiger Seelsorge angehalten (Beichte, s. § o). Die Einführung der römischen Liturgie war eines der wirksamsten Mittel zur Vereinheitlichung des fränkischen Königsreiches.

6) [LAIEN.] Mit dem allen hob sich das religiöse und sittliche Leben der Laien; *o* es bildete sich eine feste kirchliche Volkssitte. Karl forderte Einprägung des Vaterunser und des Symbols in der Landessprache, sowie regelmäßige Teilnahme am Gottesdienst. Der Versuch der leitenden kirchlichen Kreise, die seit der Merowingerzeit verfallene altkirchliche öffentliche Buße neu zu beleben, scheiterte; dafür verbreitete sich mehr und mehr die Sitte der Beichte, die Karl förderte (nicht gebot), indem er die Kleriker zum eifrigen Beichtehören anhielt. Karl führte das Läuten zu den Horengottesdiensten ein, woraus sich das spätere regelmäßige Gebetsläuten (dreimal täglich) entwickelte. Er drang auf würdige Feier des Sonntags und der [nicht allzu zahlreichen] Feiertage, förderte die Armenpflege usw. Die Volksreligion war naiv-realistisch und barg viel Heidnisches (Teufel, Dämonen, Engel, Wunder; Blutrache, Gottesurteile).

7) [KIRCHENBAU.] Der kirchliche Aufschwung spiegelt sich in einer neuen *p* Blüte der kirchlichen Baukunst wider. Schon in den letzten Jahrhunderten hatte sich unter dem Einfluß der germanischen Eroberer in Gallien und im nördlichen Italien eine rege kirchliche Bautätigkeit entfaltet. Man hielt den überkommenen altkirchlichen Baustil (meist in der Form der Basilika) fest, gab ihm aber allmählich ein neues Gepräge (Übergang zum romanischen Stil, § 63 h). Das Hauptwerk des karolingischen Kirchenbaus ist das Münster zu Aachen (Zentralbau nach dem Vorbilde von S. Vitale in Ravenna; die Chorseite später gotisch umgebaut).

4. GEISTIGES LEBEN. Reges Interesse verwandte Karl auf die *q* Hebung der Bildung. Die Beziehungen des Bonifatius zum fränkischen Hofe und das Hinübergreifen des Frankenreichs nach Italien brachten die Franken mit dem geistigen Leben Englands und Italiens in Berührung; auch das byzantinische Geistesleben wirkte sehr stark ein. So kam es zu dem Versuche Karls und seines nächsten Kreises, zu den Kulturelementen der [damals noch nicht völlig versunkenen] lateinischen Welt zurückzulenken und die Franken zu einer viel höher stehenden Kultur emporzuheben (sog. Karolingische Renaissance).

Seit **781** nahm Karl die Hebung der geistigen Kultur der Franken planmäßig *r* in Angriff und sammelte eine Schar bedeutender Gelehrter und Dichter um sich, angelsächsischen, irischen, fränkischen, langobardischen, italienischen Ursprungs. Zur Herstellung zuverlässiger Evangelientexte (Vg) zog Karl auch Griechen und

Syrer heran. Von den führenden Gelehrten seien genannt: *ALKUIN* (c. 730–804), Angelsachse, der erste Gelehrte seiner Zeit, Zögling und Vorsteher der Schule von York, Karls treuester Ratgeber, Leiter der Hofschule, dann Abt von St. Martin in Tours, dessen Klosterschule unter ihm Weltruf erlangte (dogmatische und exegetische Werke; Gedichte; zahlreiche Briefe, wichtig für die Zeitgeschichte); – *PAULUS DIAKONUS* (c. 720–795), Langobarde, erst an den Langobardenhöfen von Pavia und Benevent, dann Mönch, 782–786 am Hofe Karls, zuletzt wieder in Monte Cassino (Hauptwerk: „Historia Langobardorum", bis 744 reichend); – *EINHARD* (c. 770–840), ein Ostfranke aus dem Maingau, vertrauter Ratgeber Karls, zeitlebens Laie, zuletzt „Abt" des von ihm gestifteten Klosters Seligenstadt am Main und anderer Klöster (Hauptwerk: „Vita Karoli").

s Der Mittelpunkt der neuen Bildung wurde die Hofschule, später die Schule des Martinklosters in Tours. Der Inhalt der Bildung (die „septem artes liberales", *Trivium:* Grammatik, Rhetorik, Dialektik; *Quadrivium:* Arithmetik, Geometrie, Astronomie und Musik) entsprach freilich zu wenig den Kreisen, die man gewinnen wollte. Daher blieb die Beteiligung der Laien gering, und die Bewegung empfing bald eine Verengung ins Kirchliche. In der Theologie ging man über Gregor d. Gr. und Isidor zu Augustin selbst zurück. Wichtig ist, daß durch Karls Gelehrte die lateinische Bibel des Hieronymus (§ 33 c) durchgesehen und nun erst zur Vulgata wurde. Auch eine althochdeutsche Bibelübersetzung wurde versucht (Fragmente).

t 5. LEHRSTREITIGKEITEN. Als Schutzherr der abendländischen Kirche fühlte sich Karl verpflichtet, auch über dem katholischen Glauben zu wachen. Daher sind die Lehrstreitigkeiten seiner Zeit, die Kämpfe um den Adoptianismus, um die Bilderverehrung und um das Filioque, von Karl und seinen fränkischen Theologen entschieden worden, unabhängig vom Papst, gelegentlich im Gegensatz zu ihm.

u 1. Der Streit um den **Adoptianismus** (782–799) entstand im sarazenischen Spanien. Die Bischöfe *Elipandus von Toledo* und *Felix von Urgellis* lehrten im Anschluß an einige Wendungen der mozarabischen Liturgie, daß Christus nach seiner Gottheit wirklicher Gottessohn sei (*filius Dei natura*), dagegen nach seiner Menschheit zum Sohne Gottes nur adoptiert sei (*filius Dei adoptivus*). Gegen diese von der Mehrheit der Bischöfe des sarazenischen Spanien vertretenen Anschauungen erhob sich Widerspruch in der Kirche Asturiens; da Urgellis, das Bistum des Felix, in der fränkischen Machtsphäre gelegen war, mischte sich Karl in den Streit und ließ auf den Synoden zu Regensburg (792), zu Frankfurt (794) und zu Aachen (799) den Adoptianismus verdammen. Elipandus und die übrigen Bischöfe im sarazenischen Spanien verharrten bei ihren Anschauungen.

v 2. Der Streit über die **Bilderverehrung.** Gegen den Beschluß der „7. ökumenischen" Synode zu Nicäa 787 (§ 42 e), der unter Beteiligung des römischen Bischofs, aber unter völliger Nichtbeachtung der fränkischen Kirche zustande gekommen war, ließ Karl die **Libri Carolini** ausgehen. In dieser Denkschrift wird die Verehrung der Bilder verworfen (Verfasser vermutlich die jüngeren Hoftheologen Karls, nach anderer Auffassung Alkuin oder Theodulf von Orleans). Auf der großen Synode zu Frankfurt a. M. 794 wurden die Beschlüsse von Nicäa verdammt. Der Papst fügte sich. Erst seit dem 11. Jh. ist der Widerspruch gegen die Bilderverehrung verstummt.

w 3. Der Streit über das **filioque.** Der in der spanischen Kirche seit 589 angenommene Zusatz „filioque" zum sog. Constantinopolitanum (§ 37 i) war seit 767 auch in der fränkischen Kirche in Geltung. Die Hoftheologen Karls traten, an Augustin geschult, für das filioque ein. Als die fränkischen Mönche in Jerusalem darüber mit den griechischen Mönchen in Streit geraten waren, ließ Karl 809 auf einer Synode zu Aachen das „filioque" anerkennen. Papst *Leo III.* mißbilligte zwar nicht die Lehre von der „processio spiritus ex patre filioque", aber die Einfügung des „filioque" ins Symbol; er ließ in der Peterskirche zwei silberne

Tafeln mit dem unveränderten Constantinopolitanum aufstellen. In Rom ist das
„filioque" erst 1014 in den Kultus eingedrungen.

6. DAS KAISERTUM. Die von Karl erreichte Machtstellung war *x*
die Voraussetzung für die Aufrichtung des **Kaisertums (800).** Von folgenschwerer Bedeutung war, daß bei der Verwirklichung des Kaisergedankens der Papst seine Hand im Spiele hatte, wenn auch das Papsttum
in der Zeit Karls in der Realität der politischen Dinge nichts weniger
als der gleichgeordnete Partner des Kaisertums war. Da Byzanz an
seinem Anspruch auf die Kaiserwürde festhielt, standen fortan zwei
christliche Kaiser nebeneinander.

Die Kaisererhebung erfolgte unter Papst *Leo III.* (795–816) während der *y*
Pontifikalmesse in der Peterskirche am 25. Dez. 800 (*acclamatio* durch die Römer,
coronatio und *adoratio* durch Leo). Viele Einzelheiten sind umstritten. Entstand
das Kaiserprojekt am päpstlichen oder am fränkischen Hof? In welchem Umfang
war Karl vorher unterrichtet? (vgl. seine [angebliche?] Äußerung bei Einh., Vita
Kar. c. 28: Er wäre trotz des hohen Feiertages nicht in die Kirche gegangen,
hätte er die Absicht des Papstes voraussehen können). Dem Papste diente die
Kaisererhebung zur Festigung seines Ansehens, zur Festigung seiner stadtrömischen Stellung, zum Abschluß der Emanzipation von Byzanz. Bei der Kaiserkrönung Ludwigs d. Fr. (813 Aachen) war der Papst nicht zugegen; augenscheinlich widerstrebte dem Frankenkönig der „römische" Kaiser, er dachte das
Kaisertum als Ausdruck der fränkischen Hegemonie. Doch festigte sich unter
Ludwig d. Fr. und vollends seit Karl dem Kahlen die kuriale Kaiseridee
(„imperator Romanorum"). Die persönliche Bedeutung Leos III. ist stark umstritten.

§ 44. Der Niedergang des Karolingerreichs unter Karls Nachfolgern. Vorübergehende Erhebung des Papsttums.

Decretales Ps.-Isidorianae, ed. PHinschius, 1863. – ESECKEL, RE ³ XVI, 265
bis 307; ders., Studien zu Benedictus Levita, Neues Archiv 1900–1917. – Nicolai I
papae epistolae, ed. EPerels (MG. Epist. VI 2, 257ff., 1912). – JOHHALLER, Nikolaus I. und Pseudoisidor, 1936. – Der Vertrag von Verdun, 9 Aufsätze verschiedener Verfasser, 1943. – OSCHEEL s. § 39.

1. Nach dem Tode Kaiser *Karls d. Gr.* (814) begann sofort die Auf- *a*
lösung des Karolingerreichs. Die verschiedenen Reichsfolgeordnungen
veranlaßten heftige Kämpfe zwischen dem schwachen Kaiser Ludwig
„dem Frommen" (814–840) und seinen Söhnen; das Ergebnis der Wirren, aber auch wirtschaftlicher Verhältnisse, war das Ende der Reichseinheit und die Bildung der drei Ländergruppen Frankreich, Italien
und Deutschland (Vertrag von Verdun 843). In den Teilreichen
vollendete sich dann die Zersetzung. Zugleich mit dem Zerfall des
Reiches erfolgte ein arger Niedergang der Kultur, beschleunigt durch
die verheerenden Einfälle der Normannen, der Sarazenen und der
Ungarn; fast in allen Teilen des Reichs verödeten ganze Landschaften,
lagen die Äcker brach, viele Städte und Klöster verwüstet.

1) Am furchtbarsten waren die Raubfahrten der Normannen (Wikinger), *b*
die von der See raubend und plündernd die Flüsse hinauffuhren, die Elbe, die
Seine, die Loire, die Garonne. Vom ostfränkischen Reich durch einen Sieg der
Sachsen abgeschreckt, suchten sie mit um so größeren Erfolgen das westfränkische Reich auf (seit 820 fast alljährlich; 841 der erste große Raubzug).
Paris wurde mehrfach niedergebrannt.

2) Gleichzeitig unternahmen vom Süden her die **Sarazenen** Plünderungszüge in das wehrlose Reich. 846 plünderten sie St. Peter in Rom und St. Paul vor den Mauern. Am Garigliano und in der Provence hatten sie feste Raubnester. Bis in die Pässe der Westalpen, ja bis Chur und St. Gallen, drang das arabische Raubgesindel vor und überfiel die Romwallfahrer.

3) Von Osten kamen sengend und brennend in regelmäßiger Wiederkehr die **Ungarn**; Deutschland, aber auch Frankreich und sogar Italien wurden heimgesucht.

c   2. In den mannigfach verworrenen kirchlichen Zuständen des sinkenden Karolingerreichs wurzeln mehrere um die Mitte des 9. Jhs. entstandene außerordentlich kühne und folgenreiche kirchenrechtliche Fälschungen, vor allem die **pseudisidorischen Dekretalen.** Sie blieben zwar im 9. Jh. ohne erheblichen Einfluß, gelangten aber durch die große kirchliche Reformbewegung des 11. Jhs. zu starker Wirkung.

d   Es sind im ganzen 4 Sammlungen: 1) die Hispana Gallica (bisher ungedruckt); 2) die Capitula Angilramni; 3) die Kapitulariensammlung des Benedictus Levita; 4) die Dekretalen des Isidorus Mercator (d. i. der eigentliche Pseudisidor). Diese mit großem Geschick hergestellten Pseudepigraphen enthalten echte, verunechtete und unechte Bestandteile, päpstliche Dekretalen, Synodalschlüsse, die „Donatio Constantini" (§ 42 k), fränkische Reichsgesetze u. a. Der Ursprungsort läßt sich nur erraten (vermutlich die Diözese Rheims), die Veröffentlichung fällt **847/852.** Die Verfasser (nach gewöhnlicher Annahme eine ganze Fälschergruppe, nach JHaller ein einzelner) haben sich sehr geschickt zu verbergen gewußt. Der Hauptzweck der Fälschung, der durch einen völligen Umsturz der kirchlichen Rechtsordnung erreicht werden sollte, war die Stärkung der Stellung der Bischöfe, besonders gegenüber Metropoliten und Synoden, und vor allem im Fall von Anklageerhebung und Prozeß, – und weiter Stärkung der kirchlichen Macht des Papstes, nicht um seiner selbst willen, sondern als Schutzmacht der Bischöfe und Garanten der kirchlichen Freiheit. Die Gültigkeit der Provinzialsynodalbeschlüsse zB. wird von der päpstlichen Bestätigung abhängig gemacht, alle *causae maiores* sollen vor den Papst gehören: damit wurde die alte Provinzialkirchenverfassung zu einem Schatten. Die Unechtheit der Dekretalen wurde durch die Zenturien (§ 1 f), vollständig durch den ref. Theologen David Blondel nachgewiesen (§ 96 u).

e   3. α) Den Hauptgewinn aus dieser Fälschung sollte das **Papsttum** ziehen. Die Päpste hatten inzwischen das Sinken der Macht des Kaisertums geschickt benutzt, ihre Abhängigkeit von der fränkischen Oberherrschaft zu lockern und das päpstliche Ansehen zu steigern.

f   Die Abhängigkeit des römischen Bischofs vom kaiserlichen Hof lockerte sich bereits unter *Gregor IV.* Dieser kam 833 über die Alpen, den Zwist Ludwigs d. Fr. mit seinen Söhnen zu schlichten. In einem Schriftwechsel gerieten die kaiserlich Gesinnten im fränkischen Episkopat und der Papst, dem die klerikale fränkische Partei den Rücken stärkte, hart aneinander: zum ersten Male trat der Gegensatz zwischen der päpstlichen und der kaiserlichen Anschauung schroff zutage. Vor allem unter *LEO IV.* hob sich das Papsttum. Er errang im Bunde mit einigen süditalienischen Seestädten 849 einen Seesieg über die Sarazenen und befestigte die Tibermündung und den westlich vom Tiber gelegenen Stadtteil mit der Peterskirche („civitas Leonina"); während das Kaisertum ohnmächtig war, schützte der Papst Rom gegen die arabischen Räuber[1].

Papstliste.
795–816 Leo III.
816–817 Stephan IV.
817–824 Paschalis I.
824–827 Eugen II.
827–844 Gregor IV.
844–847 Sergius II.
847–855 Leo IV.
855–858 Benedikt III.
858–867 Nikolaus I.
867–872 Hadrian II.
872–882 Johannes VIII.

---

[1] Eine volkstümliche, seit dem 13. Jh. nachweisbare, lange selbst von den

β) In *NIKOLAUS I.* (858–867), der den Zeitgenossen als ein zwei- g
ter Elias erschien, erlebte das Papsttum des 9. Jhs. seinen bedeutendsten Vertreter. Gestützt bereits auf die pseudisidorischen Dekretalen und begünstigt durch den politischen Zusammenbruch der Staaten der Karolinger, verfocht er die höchsten kirchlichen Machtansprüche des Papsttums und suchte die Selbstverwaltung der Landeskirchen durch die römische Zentralverwaltung zu verdrängen. Dieser Gedanke blieb zwar im 9. Jh. unverwirklicht, wurde aber von der kirchlichen Reformbewegung des 11. Jhs. wieder aufgenommen und siegreich durchgeführt (§ 50).

Das Maß des persönlichen Anteils des Papstes an den Maßnahmen seiner h
Regierung ist umstritten; nach einer neueren Ansicht wäre er nur die Marionette in der Hand des ehrgeizigen, gelehrten *Anastasius Bibliothecarius* gewesen. Sicher war er von dessen Anschauungen weitgehend abhängig. Römerstolz und Priesterstolz schufen, unter Verwertung der pseudisidorischen Dekretalen, ein gesteigertes, in manchem revolutionäres Bild von der kirchlichen Machtfülle des Papstes, die auf Christus selbst zurückgeht, oberste, incorrigible Instanz ist und alle Kleriker und Laien umfaßt. Dagegen ist nicht richtig, daß Nikolaus I. die Gedanken Gregors VII. vorweggenommen und sich zum Herrn über die staatlichen Gewalten gemacht habe. Wichtig war, daß er seine Gedanken in seiner Politik durchzuführen suchte; freilich entsprachen die Erfolge nicht immer den hochtönenden Worten. Charakteristisch ist sein Verfahren 1) in dem Ehehandel *Lothars II.*, des Beherrschers von Lothringen (gegen Lothar und seine Geliebte, Waldrada, trat der Papst, übrigens sehr stark aus politischen Gründen, für Lothars rechtmäßige Gemahlin Theutberga ein und exkommunizierte den Kölner und den Trierer Erzbischof, die sich zu Werkzeugen Lothars hergegeben hatten); – 2) gegenüber dem gewaltigen Erzbischof *Hinkmar* von Rheims (Eintreten des Papstes für den 863 wegen Unbotmäßigkeit abgesetzten Bischof Rothad von Soissons und für das Recht der Bischöfe, nach Rom zu appellieren); – 3) gegenüber dem Erzbischof *Johannes* von Ravenna, der sich von Rom unabhängig machen wollte, und 4) gegenüber *Photius* von Konstantinopel (s. § 46 h).

γ) Unter den Nachfolgern Nikolaus' I. sank das Papsttum von i
der erstiegenen Höhe sofort wieder herab und wurde alsbald in den allgemeinen Verfall des Abendlandes mit hineingerissen.

Hadrian II. (867–872), ein schwächlicher Papst, war politisch erfolglos und k
selbst auf dem kirchlichen Gebiet fand er in *Hinkmar* von Rheims seinen Meister (erfolgloses Eintreten des Papstes für den Bischof Hinkmar von Laon, der von dem Erzbischof Hinkmar abgesetzt worden war). *Johannes VIII.* (872–882) war tatkräftig, aber ungeistlich, ein völlig skrupelloser Politiker. Er lag in beständigem, aussichtslosem Kampf mit dem wilden Adel, im Süden mit den Sarazenen. Trotz aller Niederlagen erhöhte er in den Augen der Zeitgenossen den Glanz des Papsttums, indem er über das [machtlos gewordene!] Kaisertum verfügte (875 Krönung des Westfranken *Karl des Kahlen*, 881 des Ostfranken *Karl III*). Nach den Fuldaer Annalen wäre er gräßlich ermordet worden. Mit der Absetzung des unfähigen Karl III. (des „Dicken") durch die deutschen Fürsten (Nov. 887 Tribur) löste sich das Karolingerreich auf. Es zerfiel in fünf Königreiche: Westfranken, Ostfranken, Burgund, Arelat, Italien (von den Alpen bis zum oberen Garigliano)[2]. (Forts. § 47 e).

Päpsten und Kurialisten geglaubte Sage handelt von der angeblichen Päpstin Johanna, einem als Mann (Johannes Anglicus) auftretenden sehr gelehrten Mädchen aus Mainz, das von 855 über zweieinhalb Jahre die päpstliche Cathedra innegehabt haben soll, bis ihr Geschlecht an den Tag kam. Die Sage spielte in der antipäpstlichen Polemik des 15. bis 17. Jhs. eine große Rolle, bis der ref. Theologe David Blondel (§ 96 u) die Ungeschichtlichkeit erwies.

[2] Die Apenninenhalbinsel war zwischen 568 (s. § 37 d) und 1870 (§ 115 r) niemals politisch geeint.

§ 45. Die fränkische Kirche unter den Nachfolgern Karls d. Gr.

GDehio, Geschichte des Erzbistums Hamburg-Bremen, 2 Bde., 1875. – Hv Schubert, KG Schleswig-Holsteins I, 1907. – BSchmeidler, Hamburg-Bremen und Nordost-Europa vom 9. bis 11. Jh., 1918. – *WMPeitz, S. J., Untersuchungen zu Urkundenfälschungen des Mittelalters, I: Die Hamburger Fälschungen, 1919; vgl. dazu: WLevison, Die echte und die verfälschte Gestalt von Rimberts Vita Anscarii (Zeitschr. d. Vereins f. Hamburgische Geschichte, Bd. 23, 89 ff.). – *JNarberhaus, Benedikt von Aniane, 1930. – *PhOppenheim, Der hl. Ansgar, 1931. – Urkundenbuch der Abtei St. Gallen, her. von HWartmann u. a., 1863 ff. – JMClark, The Abbey of St. Gall as a Centre of Literature and Art, 1926. – HBikel, Die Wirtschaftsverhältnisse des Klosters St. Gallen, 1914. – MManitius, Bildung, Wissenschaft und Literatur im Abendlande 800–1000, 1925. – HReuter, Geschichte der Aufklärung im Mittelalter, 2 Bde., 1875 ff. – *HSchrörs, Hinkmar, 1884. – *JGeiselmann, Die Eucharistielehre der Vorscholastik (FLDG XV, 1–3), 1926. – HDörries, Zur Geschichte der Mystik, Erigena und der Neuplatonismus, 1925.

a   1. DIE MISSION. Eine Folge des politischen Verfalls des Karolingerreichs war der Niedergang der fränkischen Mission. Unter Karl d. Gr. war der Mission stets die politische Eroberung vorausgegangen; Ludwig der Fromme wollte missionieren, ohne zu erobern; dadurch verlor die Mission die gediegene Grundlage, die sie unter Karl gehabt hatte. Sie blieb daher im Norden trotz der Errichtung einer nordischen Metropole in Hamburg fast erfolglos, im Südosten wurden die fränkischen Missionare durch Rom und die Byzantiner verdrängt.

b   1. DER NORDEN. 826 kam *ANSKAR* (Ansgar, 801–865, Zögling, dann Lehrer im Kloster Corbie, seit 822 in Korvey) im Gefolge des in Mainz getauften Dänenkönigs Harald nach Schleswig, wurde aber schon 827 zusammen mit Harald vertrieben. Er wirkte dann von 829 an im Auftrage des Kaisers 1½ Jahre unter den Schweden in Birka am Mälarsee, doch mit bescheidenem Erfolge. Darauf unternahm Ludwig d. Fr. eine großzügig gedachte Organisation der skandinavischen Mission: **831** wurde das Erzbistum Hamburg errichtet und Anskar übertragen; Gregor IV. ernannte ihn zum päpstlichen Legaten für die nördlichen Völker. Aber 845 wurde Hamburg von den Wikingern zerstört, das ganze Missionswerk brach zusammen. Anskar wurde nun Bischof von Bremen, das Bistum Bremen mit dem Erzbistum Hamburg zum Erzbistum Hamburg-Bremen vereinigt. Seitdem haben die hamburgischen Erzbischöfe ständig in Bremen residiert. Anskar nahm zwar von Bremen aus die Mission in Dänemark und in Schweden wieder auf; aber das wenige, was er in heldenhafter Aufopferung erreichte, vernichteten unter seinem Nachfolger *Rimbert* (Verfasser der „Vita Ansgarii") die Normannen, Wenden und Ungarn, die bis nach Bremen streiften. So bedarf Anskars Ehrentitel „Apostel des Nordens" starker Einschränkung.

c   2. Im SÜDOSTEN trat der Verfall der Mission weniger rasch zutage. Im Reiche *Ludwigs des Deutschen* (840–876), wo die allgemeinen Verhältnisse gesünder blieben als in den anderen Teilreichen, wahrten Königtum und Kirche die Ostgrenze gegen die Slovenen und Avaren (Missionszentren Passau und Salzburg).

d   2. MÖNCHTUM. Ludwig der Fromme begünstigte das Mönchtum. Er verhalf einer schon unter Karl d. Gr. vorhandenen Strömung zum Einfluß, die das Mönchtum zu größerer Strenge zurückführen wollte. Das führte zu einer Reform des Benediktinischen Mönchtums (zur ersten mönchischen Reformbewegung!), die zwar im 9. Jh. nur von vorübergehendem Erfolge war, aber eine wichtige Vorbereitung für Cluni (§ 49 a) bildete.

Der Führer dieser Bewegung war *Benedikt von Aniane* (gest. 821), der 779 in *e* Südfrankreich das Kloster Aniane gegründet hatte. Ludwig d. Fr. übertrug ihm die Oberaufsicht über alle Klöster Aquitaniens und schließlich des ganzen Frankenreichs. Der Haupterfolg Benedikts war, daß die beiden Aachener Synoden von 816 und **817** die allgemeine Durchführung der Benediktinerregel anordneten. – Ludwig d. Fr. förderte auch die Vita canonica: die 816 in Aachen beschlossene „Aachener Regel" ordnete das Leben der Kanoniker und Kanonissen, das dem Leben der Mönche angenähert wurde.

3. GEISTESLEBEN. Während die politische Schöpfung Karls *f* d. Gr. rasch verfiel und seine sichere, kraftvolle Leitung der kirchlichen Angelegenheiten keine Fortführung fand, blieben im Geistesleben seine Anregungen noch mehrere Jahrzehnte in Wirkung, besonders im westfränkischen Reich, das von nun an mehrere Jahrhunderte lang der Hauptsitz der abendländischen Wissenschaft blieb. Die Wissenschaft gewann nun aber ein rein kirchliches Gepräge; ihre Hauptpflegestätten waren fast ausschließlich die Bischofssitze und die Klöster, ihre Interessen eng theologisch; dem entsprach ein rascher Rückgang der Laienbildung.

1. WESTFRANKEN. Im Westfränkischen Reich waren das Martinskloster *g* in Tours, das Kloster Corbie [Corbeja vetus], die Bistümer Lyon und Orléans die Mittelpunkte. Im Zeitalter Ludwigs d. Fr. waren hier die führenden Theologen die Bischöfe *AGOBARD* von Lyon (gest. 840, vielseitiger, scharfsinniger und freisinniger Schriftsteller; politischer Publizist im Kampfe Ludwigs d. Fr. mit seinen Söhnen; leidenschaftliche Bekämpfung der Juden, Kampf gegen allerlei Aberglauben, Gottesurteile, Zauberei, Bilder-, Reliquien-, Heiligen- und Engelverehrung; Verwerfung der wörtlichen Inspiration der Bibel und *KLAUDIUS* von Turin (gest. vor 822; über Aberglauben, Bilderdienst, Wallfahrten usw. von ähnlichen Überzeugungen wie Agobard; Entfernung der Bilder und Kreuze aus den Turiner Kirchen).

Dem Zeitalter Karls des Kahlen gehören an: *PASCHASIUS RADBERTUS*, *h* Abt von Corbie († c. 865, hervorragender und einflußreicher Schriftsteller und Lehrer), *RATRAMNUS*, Mönch von Corbie († nach 868, ausgezeichnet durch große Schärfe des Denkens, stark beeinflußt durch Augustin), *HINKMAR*, Erzbischof von Rheims (gest. 882, Staatsmann, politischer und kirchlicher Publizist und Reichsannalist), sowie *JOHANNES SCOTUS* (*ERIGENA*, Eriugena = der Ire, † nach 877; Vorsteher der Hofschule Karls des Kahlen; Hauptwerk: „De divisione naturae"). Er hat den Dionysius Areopagita (§ 36 o) ins Lateinische übersetzt und schon dadurch großen Einfluß ausgeübt und ist selbst eine Zeitlang sehr stark areopagitisch-pantheistisch beeinflußt gewesen; doch näherte er sich später sehr wesentlich dem kirchlichen Typus der Dogmatik.

2. OSTFRANKEN. Im Ostfränkischen Reich wurden die Studien fast aus- *i* schließlich in den Klöstern betrieben, kaum noch an den Bischofssitzen. Die berühmtesten Klosterschulen waren Fulda, Reichenau, Prüm, Stablo, Korvey [Corbeja nova], Freising; dazu gesellte sich bald St. Gallen.

Bedeutende Gelehrte des Ostreichs waren: *HRABANUS MAURUS* (geb. *k* c. 776 in Mainz, gebildet in Fulda und unter Alkuin in Tours, 822 Abt von Fulda, 847 Erzbischof von Mainz, gest. 856; wichtig seine Schrift „De clericorum institutione"), *WALAHFRID STRABO* (erzogen in Reichenau und unter Hrabanus in Fulda, c. 842 Abt von Reichenau, † 849, verfaßte „De exordiis et incrementis rerum ecclesiasticarum", liturgischen Inhalts), *Notker Balbulus* (Mönch zu St. Gallen, gest. 912, Dichter von „Sequenzen", d. s. Texte für die anfangs textlosen Jubilationen nach dem Hallelujah der Messe) und *Regino von Prüm* (gest. 915, Verfasser einer bis 906 reichenden Weltchronik[1]).

---

[1] Fälschlich dem Notker Balbulus zugeschrieben ist die [seit dem 11. Jh. nachweisbare] Antiphon: Media vita in morte sumus. Unrichtig ist auch die Zuweisung

l   Daneben suchte man im Ostreich die christlich-religiösen Stoffe dem Volke in der **Nationalsprache** darzubieten. So entstand der altsächsische **Heliand** (zwischen 822 und 840), ein Epos, in dem mit großer dichterischer Kraft die Geschichte Christi germanisiert ist: Christus der germanische Herzog, dem seine Jünger durch die germanische Gefolgstreue verbunden sind (vgl. § 38 k). Benutzt sind die Evangelienharmonie des Tatianos (§ 12 d) und die Evangelienkommentare von Beda, Alkuin und Hrabanus Maurus. Von einer etwas jüngeren altsächsischen Genesis gibt es Bruchstücke. Weitere Werke dieser Art sind der Krist[2] des Mönchs *Otfried von Weißenburg* (c. 860), das Wessobrunner Gebet und das Fragment Muspilli[3] („Weltbrand"), eine eschatologische Schilderung.

m   **4. LEHRVERHANDLUNGEN.** Zeugnisse des regen geistigen Lebens namentlich der westfränkischen Kirche sind die **Lehrverhandlungen** des 9. Jhs. über Abendmahl und Prädestination. Sie entsprangen dem Zusammenstoß des erneuerten Augustinismus mit dem sakramental und semipelagianisierend gerichteten Vulgärkatholizismus.

n   1) **Abendmahlslehre.** 831 trug *PASCHASIUS RADBERTUS* in seiner Schrift „De corpore et sanguine domini" die volkstümliche realistische Anschauung vor, wonach bei jeder Messe auf die Aufforderung des Priesters durch ein Allmachtswunder (Schöpfungswunder) die Elemente auf wirksame Weise in Leib und Blut Christi verwandelt werden. Als er seine Schrift in einer Umarbeitung 844 Karl dem Kahlen übersandte, kam eine theologische Kontroverse in Gang, deren wichtigsten Beitrag der Mönch *RATRAMNUS* lieferte („De corpore et sanguine domini"), der als Verehrer Augustins mit Entschiedenheit dem Allmachtswunder der Wandlung auszuweichen trachtete, aber so wenig wie die altkirchlichen Theologen zu einer widerspruchslosen Auffassung gelangte. Der Gegensatz war nicht übermäßig groß.

o   2) **Prädestinationsstreit.** Der Mönch *GOTTSCHALK*, oblatus des Klosters Fulda, später Mönch in Orbais, fand in der strengen Prädestinationslehre Augustins (gemina praedestinatio, ad vitam et ad mortem) die Deutung seines Lebens. Auf Reisen bis nach Oberitalien verbreitete er seine Anschauungen. Er wurde von *Hrabanus* (Synode zu Mainz 848) und *Hinkmar* (Synode zu Quiercy 849) verurteilt, blieb aber standhaft und wurde deshalb im Kloster Hautvilliers gefangen gehalten (gest. 868). Nun begann ein literarischer Kampf, der sich 853–860 noch auf mehreren Synoden fortsetzte; das Ergebnis war, daß man die augustinischen Formeln wiederholte, aber verdeckt semipelagianisch lehrte.

§ 46. Der Kampf um die Slavenmission und der Bruch zwischen Rom und Byzanz.

FDvorník, Le schisme de Photius, histoire et légende, Paris 1950 (neue Sicht! englisch Cambridge 1948). – WOhnsorge s. § 42. – ALeskien, Handbuch der altbulgarischen (altkirchenslavischen) Sprache, [7]1955. – HvSchubert, Die sog. Slavenapostel Constantin und Methodius, SHA 1916. – HildSchaeder, Geschichte und Legende im Werk der Slavenmissionare, HZ 152, 1935, 229–255. – JBujnoch, Leben und Wirken der Slavenapostel Kyrillos und Methodios [1958] (Quellensammlung).

a   1. Nachdem der Bilderstreit 843 beendigt (§ 42 e) und der innerkirchliche Friede wiederhergestellt worden war, nahm die byzantinische Kirche einen vielverheißenden Aufschwung. Es gelang, durch Zurückdrängung der paulicianischen Häresie im Osten und durch Überwin-

---

des weitverbreiteten Kommentarwerks „Glossa ordinaria" an Walahfrid Strabo; es geht auf Anselm von Laon † 1117 u. a. zurück.   [2] Titel eine Erfindung der Germanisten des 19. Jhs.   [3] Ebenso.

dung des Heidentums auf der Balkanhalbinsel die kirchliche Einheit des Reichs zu festigen; dazu griff die Mission über die Reichsgrenzen hinaus und suchte einerseits die Chazaren, anderseits die Bulgaren und Mähren der byzantinischen Kirche zu gewinnen.

α) Die **Paulicianer** (§ 40 g) hatten in der 2. Hälfte des 8. Jhs. einen Niedergang erlebt, erstarkten aber im 9. Jh. geradezu zu einer politischen Macht; zahlreiche Paulicianer waren auf sarazenisches Gebiet übergetreten und beunruhigten als kriegerisches Grenzvolk unausgesetzt die Byzantiner. Da gelang es diesen 871, unter *Basilius dem Macedonier*, die Paulicianer entscheidend zu schlagen und ihre politische Macht zu vernichten. Als religiöse Sekte bestanden sie indessen fort (§ 59 c). *b*

β) Die **Slaven**, die im 8. Jh. in das durch eine furchtbare Pest verödete *c* Griechenland eingedrungen waren, wurden im 9. Jh. hellenisiert und zum Christentum bekehrt. Auch die **Mainotten** der Peloponnesos, die ihr Heidentum und ihre Unabhängigkeit bewahrt hatten, wurden nun Byzanz unterworfen.

γ) Im Reiche der tatarischen **Chazaren** (am unteren Don), wo auch Juden *d* und Mohammedaner Mission trieben, wurde um 860 die christliche Propaganda mit einigem Erfolg in Gang gesetzt (Konstantin, vgl. § e).

δ) Ein weiteres Missionsfeld erschlossen griechische Missionare in **Mähren**. *e* Hier wirkten seit c. 863 die beiden Slavenapostel *METHODIUS* und *KONSTANTIN* (später *KYRILL* genannt, § 1), zwei Brüder aus Thessalonich (damals einer griechischen Stadt in völlig slavischer Umgebung). Ihr Erfolg bei den Mähren beruhte auf der **Verwendung des Slavischen im Gottesdienst** (Erfindung des sog. glagolitischen Alphabets und Begründung des Kirchenslavischen durch Konstantin). Vgl. § m.

ε) Um dieselbe Zeit (c. 864) fand das Christentum bei den **Bulgaren** Eingang; der Bulgarenkhan *Boris* empfing durch Photius von Konstantinopel (§ h) die Taufe, wandte sich dann aber dem Abendlande zu. Forts. § i–n. *f*

2. Der Versuch, die bulgarische Kirche Rom zu unterstellen, und *g* das Auftreten griechischer Missionare unter den Mähren eröffneten den Kampf der lateinischen und der griechischen Kirche um die Slavenwelt. Gleichzeitig war ein neuer Streit zwischen dem byzantinischen Patriarchen und dem Papst ausgebrochen. Beide Streitigkeiten vereint ergaben eine solche Schärfe des Gegensatzes zwischen der lateinischen und der griechischen Kirche, daß es **867** zum **Schisma des Photius** kam. Es war mehr Folgeerscheinung und Episode als Epoche.

In Konstantinopel war die Lage des Patriarchen Ignatius, eines strengen *h* Asketen, gegenüber dem Hof unhaltbar geworden. Der die Regierung leitende Cäsar Bardas hatte ihn verbannt, Ignatius war zurückgetreten. Zum Nachfolger wurde ein vornehmer Laie, der führende byzantinische Gelehrte der Zeit, *PHOTIUS*, erhoben (858). Die ihm fehlenden Weihen wurden, da das Weihnachtsfest drängte, unter Mißachtung der kanonischen Interstitien, binnen fünf Tagen nachgeholt. Die kirchlichen und politischen Treibereien gingen fort. 861 wurde durch eine kaiserliche Gesandtschaft der Papst, *NIKOLAUS I.* (§ 44 g), in die Angelegenheit hereingezogen. Er stellte 1) in der causa Photii und der causa Ignatii bestimmte Forderungen und verlangte 2) die Rückgabe der 731 von den Byzantinern geraubten Gebiete (§ 42 d). Auf Punkt 2 gingen die Byzantiner nicht ein; die causa Ignatii aber wurde durch die byzantinische Synode von 861 (unter Vorsitz der päpstlichen Legaten, die freilich ihren Auftrag überschritten!) entschieden: Ignatius wurde abgesetzt (also Rom für Photius!). Aber 863 entschied der Papst selbst auf einer römischen Synode gegen Photius: Dieser wurde gebannt und abgesetzt, Ignatius als Inhaber des Patriarchenstuhls bestätigt. Doch der Hof hielt an Photius fest. In diesem Moment höchster Spannung gingen die **Bulgaren** zur lateinischen Kirche über (§ f): der Papst schob seinen Einflußbereich bis dicht vor die byzantinische Hauptstadt. Photius unternahm einen unbesonnenen Gegenzug; gestützt auf die Patriarchen des Ostens verhängte er auf der Synode von 867 über Nikolaus I. Bann und Absetzung. Nikolaus I. hat hiervon nichts mehr erfahren (gest. 13. Nov. 867).

i   Aber gerade jetzt erfolgte in Byzanz selbst ein überraschender **Umschwung**: Kaiser Basilius I. der Makedonier (867–886) setzte sogleich nach seiner Thronbesteigung den Photius ab und schickte ihn in ein hartes Exil; Ignatius war wieder Patriarch; die **Bulgaren kehrten zur byzantinischen Kirche zurück!** Die Wirren gingen weiter, die Erregung griff auch auf den fränkischen Episkopat über. Auf einer römischen Synode vom Winter 869–70 wurde Photius, der erschienen war, mit dem Anathema belegt. Das war freilich nur ein flüchtiger Erfolg seiner Gegner. Herbst 877 starb Ignatius. 879/80 bis 886 war Photius wieder Patriarch; jetzt erlebte er seine **Glanzzeit**. Dann wurde er von einem neuen Kaiser, Leo VI., aus persönlichem Haß erneut gestürzt und in ein Kloster verwiesen, wo er um 891 starb. Daß Papst Johannes VIII. nach der Synode von 879–880 über Photius erneut den Bann verhängt und daß es so noch **ein zweites Schisma des Photius** gegeben habe, ist ein von der neuen Forschung beseitigter Irrtum des Baronius. Photius wurde in der Folgezeit von den Griechen aufs höchste verehrt, von den Lateinern als vermeintlicher Urheber des [tatsächlich erst 1054 endgültig werdenden] Schismas (§ 49 t u) verabscheut. Als kirchlicher Oberhirt, als Gelehrter, als Charakter war er, trotz des unklugen Schrittes von 867 (§ h), die vorzüglichste Erscheinung der Ostkirche in diesem Zeitalter. Die **Entfremdung der Ost- und der Westkirche** ruht auf tiefgehenden nationalen, politischen, kulturellen Verschiedenheiten. Sie läßt sich mindestens bis in die Zeiten des Acacianischen Schismas (§ 34 q) zurückverfolgen. Sie verschärfte sich durch die wachsende Bedeutung des **germanischen** Elementes in der westlichen Kirche (Verbindung des Papsttums mit den Franken, abendländisches Kaisertum). Für das Bewußtsein des 9. Jhs. waren freilich die liturgischen und dogmatischen Verschiedenheiten die eigentlich trennenden Momente: Die östliche Kirche **verwarf**: 1) das Fasten am **Sonnabend**; 2) den Genuß von Milch, Butter und Käse in der ersten Fastenwoche; 3) den obligatorischen **Priesterzölibat**; 4) die Trennung von Taufe und Firmung; 5) den Zusatz „**filioque**" zum Symbol, u. a.

k   3. Auf dem Missionsgebiet entschied sich in den Jahren nach dem Schisma von 867 die **Teilung der Slavenwelt** zwischen der römischen und der byzantinischen Kirche. Die bulgarische Kirche wurde mit Byzanz verbunden; das mährisch-pannonische Missionsgebiet fiel der römischen Kirche zu.

l   **867**, nach Nikolaus' I. Tode, trafen Methodius und Konstantin in Rom ein, sei es aus eigenem Antriebe, sei es auf Befehl des Papstes. Sie überbrachten die auf der Krim gefundenen angeblichen Reliquien des Klemens von Rom (§ 10 a) und fanden daher ehrenvolle Aufnahme. *Konstantin* soll 869 als Mönch in einem römischen Kloster gestorben sein. Den *Methodius* aber ernannte Hadrian II. zum Erzbischof von **Sirmium**: die Kurie schob eine eigene Mission zwischen Salzburg (§ 45 c) und die Bulgaren (§ 46 i n). Methodius wurde aber von den bayrischen Bischöfen, in deren Rechte er eingriff, ohne Rücksicht auf seine Stellung als päpstlicher Legat, abgesetzt (870) und drei Jahre in Klosterhaft gehalten. Seine letzten Lebensjahre wirkte er in Mähren, auch jetzt in heftigen Kämpfen um seine angefochtene Orthodoxie und um die **slavische Liturgie**, die von den Päpsten bald erlaubt, bald verboten wurde (gest. 885). Um **906** erlagen das mährische Reich und seine Kirche den Magyaren.

m   Die bleibende Wirkung der sog. Slavenapostel besteht in der Begründung des **Kirchenslavischen**. Bei den Bulgaren wurde das glagolitische in das einfachere **kyrillische** Alphabet umgebildet; dieses hat die ganze östliche Slavenwelt erobert und von den Einwirkungen der abendländisch-lateinischen Kultur ferngehalten.

n   **Bulgarien** blieb trotz der zeitweiligen Annäherung an den Westen (§ h i) bei den Griechen, erhielt aber einen eigenen Patriarchen und entwickelte sich zu einem gefestigten nationalen Kirchentum.

§ 47. Völliger Verfall der abendländischen Kultur und Kirche.

KVoigt, Die karolingische Klosterpolitik und der Niedergang des westfränkischen Königtums (KRA 90–91), 1917. – APoeschel, Bischofsgut und mensa episcopalis III, 1, 1912. – WKölmel, Rom und der Kirchenstaat im 10. u. 11. Jh., 1935. – PFedele, Archivio della Regia Società Romana, 33, 1910, 177ff.; 34, 1911, 75ff., 393ff.

1. Um 900 war die abendländische Kultur allenthalben in voller *a* Auflösung begriffen. Am ärgsten war der Verfall im **westfränkischen Reiche**. Hier wirkten die politischen Wirren, das Sinken der Königsmacht und das Emporkommen der Zwischengewalten, der Herzöge und Grafen, verhängnisvoll auf die Kirche: das Kirchen- und Klostergut wurde großenteils eine Beute des Adels, die klösterliche Zucht löste sich auf.

Besonders seit Karl dem Kahlen erzwangen die Adligen häufig von der Krone *b* die Begabung mit Reichsklöstern, die sie dann entweder selbst leiteten (**Laienäbte**) oder durch einen regulären Abt leiten ließen. In beiden Fällen wurde das Klostergut erblicher Besitz des Adligen. Wo der Laienabt mit Weib, Kindern und Kriegern im Kloster hauste, war an mönchische Zucht nicht mehr zu denken.

2. Auch im **ostfränkischen Reich** verfielen zahlreiche Klöster *c* und Kirchen, und neben dem Königtum kamen jetzt die **Stammesherzogtümer** empor. Anders als im Westreich hielten aber Königtum und Episkopat (im Kampf gegen die Herzöge) zusammen.

3. Über **Italien** brachen seit der Absetzung Karls des Dicken *d* (887) unter den wüsten Kämpfen der Großen (des Herzogs von Spoleto, des Markgrafen von Friaul, der Könige von Burgund) um die Kaiserkrone völlig anarchische Zustände herein, in die auch das Papsttum hineingezogen wurde.

Mit dem Tode des Papstes *Formosus* (896) beginnt eine dunkle, durch viel *e* Roheit und Gewalttaten gekennzeichnete Periode der Geschichte der Stadt Rom[1]. Die Päpste (von 896 bis 963 nicht weniger als 20!) gerieten in schmähliche Abhängigkeit von den römischen Adelsfamilien, die einander in wüsten Kämpfen befehdeten. In den Parteikämpfen bemächtigte sich *Theophylakt*, gestützt auf seinen Schwiegersohn Alberich von Spoleto, der Macht über Rom, als „consul" und „senator Romanorum". Nach seinem Tode (915?) war seine Tochter *Marozia*, Alberichs Witwe, die Herrin Roms. Unter ihr endete Papst *Johann X.* (914–28), der beste Papst dieser Zeit, der an der Befreiung Italiens von der Sarazenenplage mitgewirkt hatte (916 Schlacht am Garigliano), im Kerker. 932 wurde Marozia bei ihrer [dritten] Vermählung mit Hugo von der Provence von ihrem Sohne *ALBERICH* gestürzt; dieser regierte 932–954 als „dux et senator Romanorum" über Rom; die Päpste dieser Zeit waren seine willenlosen Werkzeuge.

4. Auch die **angelsächsische Kultur und Kirche** gerieten im *f* 9. Jh. infolge der Einfälle der Dänen in Verfall; aber *ALFRED D. GR.* (871–901) beendete die politische Krisis und stellte die angelsächsische Kultur wieder her. In der ausgehenden Karolingerzeit war die englische Kirche die einzige abendländische Kirche, die nicht in Barbarei versunken war.

---

[1] Die auf Baronius (§ 93 o) zurückgehende Bezeichnung dieser Periode als **Pornokratie** ist durch PFedele als unhaltbar erwiesen; sie ruht lediglich auf der parteiischen, gehässigen und wenig glaubwürdigen Darstellung des erst um 960 schreibenden Liutprand von Cremona (s. Lit. zu § 48), der schandbare Geschichten über Theodora, die Gemahlin Theophylakts, und ihre Töchter Theodora und Marozia zu erzählen weiß.

Vierte Periode.
Aufstieg und Höhe der Papstkirche.
(c. 900—c. 1300).

Vorblick auf §§ 48—64.

1. In einem ungeheuren Verfall war das Karolingerreich mit seiner Kultur zugrunde gegangen. Freilich die durchschlagenden staatlichen, religiösen und kirchlichen **Ideen** der Karolingerzeit (Universalreich, Universalkirche, kirchliche Einheitskultur) blieben in Kraft und gaben auch der folgenden Periode ihr Gepräge. Aber gegen das **Übergewicht des Germanentums** in der Kirche erfolgte, vorbereitet durch Pseudo-Isidor (§ 44 c d), nun heraufgeführt durch die Cluniacenser, ein gewaltiger **Rückschlag**: Die altkirchlichen Grundlagen traten von neuem hervor, und es erfolgte, zum Teil auf völlig revolutionärem Wege, die **Umgestaltung der katholischen Kirche zur Papstkirche.** Es ist die eigentliche **Glanzzeit der katholischen Kirche und Kultur** des Abendlandes, die nun heraufzieht. Auf eine Zeit der Vorbereitung, die von 910 bis c. 1050, von der Gründung Clunis, der Wiege der großen klösterlichen und kirchlichen Reformbewegung des 10. und 11. Jhs., bis zur Regierung Kaiser Heinrichs III., des Reformers des Papsttums, reicht, folgt die eindrucksvolle Erhebung der kirchlichen Macht im Zeitalter des **Investiturstreits** und des **ersten Kreuzzuges.** In heftigem Anprall stoßen **Imperium** und **Sacerdotium** aufeinander; der Kampf endet, wie es bei der schmalen materiellen Grundlage des Kaisertums und vor allem der streng idealistischen Geistesrichtung jener Zeit nicht anders sein konnte, mit dem erdrückenden Übergewicht der Kirche. Das Fehlschlagen des zweiten Kreuzzuges brachte freilich dann einen schweren Rückschlag gegen die Herrschaft des Klerus. Die Krisis wird jedoch überwunden, es folgt eine zweite **Höhe**, ja jetzt erst ersteigt das Papsttum den Gipfel seiner politischen und seiner kirchlichen Macht. Der zweite Akt des großen Ringens zwischen **Kaisertum** und **Papsttum** hebt an; auch er endet mit dem Triumphe der Kirche.

2. Auch für das **Innere** wird das Papsttum die entscheidende Größe; in ihm werden alle kirchlichen Kräfte des Abendlandes einheitlich zusammengefaßt. Für die katholische **Frömmigkeit** und das **kirchliche Leben** sind das 10. bis 13. Jh. ebenfalls ein klassisches Zeitalter. Besonders das **Mönchtum** entwickelt eine Fülle verschiedenartigster Formen und betätigt sich in den verschiedensten Richtungen des Kulturlebens. In der glänzend sich entfaltenden **Scholastik** gewinnt die kirchliche Kultur ihren theoretisch-wissenschaftlichen, in der **Gotik** ihren höchsten künstlerischen Ausdruck. Zwar werden seit dem 12. Jh. bereits allerlei **häretische** und sonstige opponierende Richtungen lebendig; aber sie verlassen nicht den Rahmen der katholisch-

asketischen Anschauungen, und mit Hilfe der Inquisition wird im 13. Jh. die katholische Kirche ihrer Herr.

Das 13.Jh. ist deutlich die Höhe der Zeit von 900 bis 1300. Freilich zeigt es auch schon die ersten Anzeichen der Auflösung; in ihm beginnt der noch gegenwärtig andauernde Prozeß der langsamen Lösung der einzelnen Kulturzweige von dem allbeherrschenden Einfluß der Kirche.

3. Den Hauptschauplatz dieses bedeutsamen Abschnittes der Kirchengeschichte bilden die Nachfolgerstaaten des Karolingerreichs, Frankreich, Italien, Deutschland. Spanien, das in diesen Jhh. dem Islam fast ganz entrissen wird, die britischen Inseln, die seit dem 10. Jh. durch die Mission neu gewonnenen Gebiete im Norden und Osten, dazu seit 1099 die am Ostrand des Mittelmeers errichteten Kreuzfahrerstaaten, die aber im Laufe des 13. Jhs. den Abendländern wieder verlorengehen, bilden die Peripherie.

I. Das Zeitalter der Cluniacenser, des großen Kirchenstreits und des ersten Kreuzzugs.

§ 48. Die Kirche unter den Ottonen: Die Begründung der geistlichen Fürstenmacht in Deutschland. Die Erneuerung des Kaisertums.

§§ 48–64. KHampe, Geschichte des Hochmittelalters, 900–1250, ⁴1953. – *HGünter, Das deutsche Mittelalter, 2 Bde., ²1943. – Cahiers de civilisation médiévale (10. bis 12. Jh.), Poitiers 1958ff. (Zeitschrift).
§ 48. Widukind von Korvey (s. § 53 b), ed. KAKehr (MG. SS), ⁴1904. – Liutprand von Cremona, Antapodosis [= Vergeltung], ed. J. Becker (MG. SS), ³1915. – Jahrbücher des Deutschen Reichs von GWaitz (Heinrich I.), RKöpke und EDümmler (Otto d. Gr.), KUhlirz (Otto II.), SHirsch, RUsinger, HPabst, HBresslau (Heinrich II.). – ACartellieri, Die Weltstellung des Deutschen Reichs, 911–1047, 1932. – RHoltzmann, Geschichte der sächsischen Kaiserzeit, ³1955. – Ders., Kaiser Otto d. Gr., 1936. – HGünter, Kaiser Otto d. Gr., 1941. – MLintzel, Die Kaiserpolitik Ottos d. Gr., 1943 – Ders., Heinrich I. und die fränkische Königssalbung, 1955. – HGVoigt, Adalbert von Prag, 1898–1901. – FchSchneider, Neuere Anschauungen der deutschen Historiker zur Beurteilung der deutschen Kaiserpolitik des Mittelalters, ⁶1943. – *LSantifaller, Geschichte des ottonisch-salischen Reichskirchensystems (Ak.Wien, 229, 1), 1954. – ABrackmann, Ges. Aufsätze. 1941.

1. Unter den Nachfolgerstaaten des Karolingerreichs war das ostfränkische Reich das erste, das sich aus dem allgemeinen Verfall wieder erhob. Hier erstarkte aufs neue die politische Zentralgewalt, und zwar durch eine enge Verbindung der Krone mit den Bischöfen und Äbten. *OTTO D. GROSSE* (936–973) erkannte die Unmöglichkeit, das Reich auf die rebellischen Stammesherzöge und den übrigen Laienadel zu gründen; er stützte es daher auf die Kirche, indem er 1) durch die Vermehrung des Kirchenguts und durch die Begründung der Fürstenmacht der Bischöfe die Macht der Kirche steigerte, und indem er 2) durch die Besetzung der Bistümer und die Ausübung der alten königlichen Rechte am Kirchengut den Einfluß des Königs auf die Kirche sicherstellte. Damit war die Kirche der Gefahr entrissen, der sie in Frankreich bereits erlegen war und in Deutschland zu erliegen drohte,

eine Beute des hohen Adels zu werden. Dem **Staate** aber war die hervorragendste Kulturmacht des Landes dienstbar gemacht; vor allem hatte das Königtum ein Gefolge treu ergebener Fürsten gewonnen, deren Politik bei ihrer Ehelosigkeit nicht, wie die der weltlichen Herzöge, dynastischen Zwecken dienen konnte. Mit Hilfe der Bischöfe haben die deutschen Könige bis auf die Zeiten Heinrichs IV. regiert.

b   Die Entstehung der **geistlichen Fürstengewalt** ist eine der wichtigsten Tatsachen dieser Periode. Von der Zeit Ottos d. Gr. bis zum Regensburger Reichsdeputationshauptschluß von 1803 (§ 111 y) waren die deutschen Erzbischöfe, Bischöfe und Reichsäbte zugleich Inhaber politischer Herrschaftsrechte. Das Emporsteigen der Bischöfe und Äbte in die Reihe der Fürsten beruhte auf der Verleihung von Privilegien, welche die Tätigkeit der königlichen Beamten auf dem geistlichen Grundbesitz beseitigten. Zu der schon früher üblichen Verleihung der königlichen Gerichtsbarkeit an den Vogt („advocatus") des Bischofs („**Immunität**", § 35 h; zur Verleihung der niederen Gerichtsbarkeit kam seit dem 10. Jh. vielfach auch die der höheren) trat die Verleihung anderer königlicher Rechte, zB. von Zöllen (bereits unter den Merowingern) und schließlich der **Grafschaft** (zuerst 887 an das Bistum Langres durch Karl III.), sowie die Vermehrung des **Grundbesitzes** durch Schenkung großer, meist unkultivierter Gebiete; dafür wurden die Bistümer und Abteien zum Heeresdienst und zum Unterhalt des königlichen Hofes herangezogen. (Die von den Herrschern den Bischöfen und Äbten verliehenen Rechte, Güter und Einkünfte heißen **Regalien**).

c   Voraussetzung für Ottos Kirchenpolitik war, daß der König die Bistümer und die königlichen Abteien **selbst besetzte** und von den Bischöfen und Reichsäbten den **Lehnseid** empfing. Die kanonische Wahl wurde zu einer bloßen Form. Unter Otto d. Gr. wurde es üblich, daß der König dem Erwählten als Zeichen der Übertragung des Bistums den bischöflichen **Stab** überreichte; seit Heinrich III. wurde außer dem Stab auch der **Ring** überreicht, das Sinnbild der Ehe des Geistlichen mit seiner Kirche (erste Erwähnung der Laieninvestitur 2. Hälfte des 9. Jhs.). Die Verleihung eines geistlichen Amtes durch einen weltlichen Fürsten war im 10. Jh. noch niemandem anstößig (vgl. dagegen § 49 f g).

d   Infolge ihrer politischen Tätigkeit büßten die Bischöfe einen Teil ihres kirchlichen Einflusses ein. Ihre Erhebung zu Fürsten nötigte sie zum Verzicht auf theologische Studien, zur immer größeren Einschränkung ihrer Predigttätigkeit, ja zum Verzicht auf ihre wichtigsten kirchlichen Befugnisse; zwischen Bischof und Pfarramt schob sich zuerst in Frankreich im 9. Jh., in Deutschland zuerst im Westen im 10. Jh., ein Zwischenglied, der **Archidiakonat**, der wichtige Rechte des Bischofs usurpierte: Sendgericht (d. i. kirchliche Prüfung der Laien, seit dem 9. Jh.), Visitation des Klerus, Besetzung der Pfarren. Seit dem 13. Jh. wurden die Befugnisse der Archidiakonen eingeschränkt.

e   2. Eine Zeitlang schien es, als ob aus dem Erstarken des deutschen Königtums auch eine Erneuerung des **Papsttums** hervorgehen würde. Dieses war in der Zeit des Theophylakt, der Marozia und des Alberich (§ 47 e) in moralischen Verfall geraten. Zwar hielten auch die verworfensten und schwächsten Päpste des 10. Jhs. an den hohen Ansprüchen Nikolaus' I. (§ 44 g) fest, aber der tatsächliche Einfluß des Papsttums besonders auf die Ereignisse in den Ländern nördlich von den Alpen war sehr vermindert. Da wurde durch das Hinübergreifen Ottos d. Gr. nach Italien und die Erneuerung des **Kaisertums 962**[1] das Papsttum

---

[1] Der Titel „Heiliges Römisches Reich Deutscher Nation" ist für diese Zeit zu vermeiden; er kommt erst im 15. Jh. (unter Friedrich III.) auf, aber nicht für das gesamte Imperium, sondern in dem Sinne: der deutsche Teil des Gesamtreichs. Im 19. Jh. verstand man diesen Titel falsch als das von den Deutschen beherrschte Gesamtimperium.

wenigstens zeitweilig seinem Verfall entrissen. Freilich war das Reich Karls d. Gr. nur dem Namen nach wiederhergestellt; weder beherrschte Otto ein Gebiet von solchem Umfang, noch hatte er innerhalb dieses Gebietes eine solche Macht wie Karl; von einer Herrschaft des Kaisers in der Gesamtkirche war nicht die Rede. Darum ging aus der politischen Überwältigung Nord- und Mittelitaliens durch die Deutschen keine dauernde Beherrschung und keine durchgreifende Erneuerung des Papsttums hervor.

In Rom herrschte *Alberich* bis zu seinem Tode 954 (§ 47 e). 955 ließ sich sein *f* Sohn *Oktavian*, ein den schlimmsten Lastern ergebener 17jähriger Jüngling, zum Papste wählen und vereinigte die oberste geistliche Würde mit der weltlichen Herrschaft über die Stadt; er nannte sich *Johann XII.* (die Namensänderung beim Antritt des Pontifikats wird zur Regel erst seit Sergius IV. 1009). 960 rief er Otto gegen Berengar von Italien um Hilfe.

Päpste.

955– 964	Johannes XII.
963– 965	Leo VIII.
964	Benedikt V.
965– 972	Johannes XIII.
973– 974	Benedikt VI.
974	Bonifatius VII.
974– 983	Benedikt VII.
983– 984	Johannes XIV.
984– 985	Bonifatius VII.
985– 996	Johannes XV.
996– 999	Gregor V.
997– 998	Johannes XVI.
999–1003	Silvester II.
1003	Johannes XVII.
1003–1009	Johannes XVIII.
1009–1012	Sergius IV.

Otto unternahm seinen zweiten Zug nach *g* Italien 961–965 (der erste, 951 f., hatte ihn nur bis Oberitalien geführt und war kirchengeschichtlich ohne Bedeutung) in der Absicht, die Kaiserkrone zu erwerben. Bevor er Rom betrat, leistete er Johann XII. durch einige Getreue einen Eid (das sog. *iuramentum Ottonis*), worin er 1) dem Papst seine Regierungsrechte in Rom gewährleistete, 2) ihm zusicherte, daß der [von Otto zu belehnende] künftige Herrscher von Italien durch einen Eidschwur zum Schutze des Grabes des hl. Petrus verpflichtet werden sollte, und 3) dem Papste die Zusicherung gab, ihn gegen seine römischen Feinde zu beschützen. Darauf fand am 2. Febr. **962** die **Kaiserkrönung** statt, wobei der Papst und das Volk von Rom dem Kaiser den Treueid leisteten. Nachdem Otto vom Papste die Billigung einiger kirchlicher Maßregeln in Deutschland erlangt hatte (vor allem des Planes, in Magdeburg ein Erzbistum zu errichten, § 55 c), bestätigte er in einer Urkunde vom 13. Febr. 962 (dem sog. *Ottonianum*) die karolingischen Schenkungen unter Hinzufügung weiterer Gebiete, wahrte aber gleichzeitig im Gegensatz zum „Juramentum" die kaiserliche Obergewalt über Rom.

Als *Johann XII.* sich nach dem Abzuge der Deutschen mit Berengar verband, *h* setzte Otto auf einer römischen Synode 963 unter Verletzung des kanonischen Rechts (§ 32 n) Johann ab und erhob einen Laien, *Leo VIII*. (963–965). Nach dem Wegzuge Ottos kehrte Johann XII. nach Rom zurück; die Römer gaben ihm nach seinem Tode 964 in *Benedikt V*. einen Nachfolger, der aber nicht die Anerkennung Ottos fand. Vielmehr ließ dieser nach dem Tode Leos VIII. einen neuen Papst wählen (*Johann XIII.*); dieser wurde von den Römern mißhandelt und vertrieben, aber bei einem erneuten Anrücken Ottos von den Römern wieder anerkannt.

Unter *OTTO II.* (973–983), der nur in seinen beiden letzten Lebensjahren in *i* Italien weilte, und vollends nach seinem frühzeitigen Tode erfolgte ein Rückschlag; der Einfluß der Deutschen auf Rom ging verloren, in der Stadt herrschte die Familie der Crescentier. Das Papsttum geriet aufs neue in Verfall.

OTTO III. (983–1002) kam als 16jähriger 996 nach Rom, erlangte die Kaiser- *k* krone und behauptete sich, wenn auch unter Schwierigkeiten, gegen die Crescentier. Er hat zwei Päpste eingesetzt, einen Deutschen, seinen Vetter *Brun von Kärnten* (Gregor V.), und einen Franzosen, *Gerbert von Aurillac* (Silvester II.).

GREGOR V. (996–999) gehörte der Reformpartei an (§ 49). Er stützte sich auf *l* die pseudisidorischen Dekretalen und verfocht gegenüber dem Versuch der französischen Bischöfe, sich [nach dem Aufkommen der Capetinger 987] vom deut-

§ 48/49   Aufstieg der Papstkirche

schen Einfluß und von Rom loszumachen, kräftig den päpstlichen Standpunkt. Der Kampf ging besonders um das Erzbistum Rheims; hier hatte die antirömische Richtung den Erzbischof Arnulf abgesetzt und Gerbert von Aurillac erhoben, dem aber der Papst die Anerkennung versagte.

m   Als *SILVESTER II.* (999–1003) verleugnete Gerbert sofort seine kirchenpolitische Vergangenheit; er stützte sich nun selber auf Pseudisidor, ja erkannte seinen Gegner Arnulf als Erzbischof von Rheims an. Gerbert war ein berühmter Gelehrter (§ 53 e), aber als Papst weniger bedeutend. Wie weit er Otto III. beeinflußte, ist nicht sicher.

n   Dem Kreis der Politiker um Otto III. schwebte ein universales, Römer und Italiener wie Deutsche und Slaven umspannendes Imperium vor (vgl. § 55 m n) über Polen und Ungarn). Hier wirkten die karolingisch-ottonischen und augustinischen Gedanken vom Kaiser als dem Schutzherrn der Kirche und Vorkämpfer des Gottesreichs auf Erden. Mit den hochfliegenden Weltherrschaftsgedanken verband sich daher bei Otto III. ungezwungen starke religiöse (= asketische) Ergriffenheit. Er stand in engen Beziehungen zu der italienischen Eremitenbewegung der Zeit (§ 49 e), suchte den [auch politisch sehr einflußreichen] hl. *Nilus* von Rossano in Calabrien auf, wallfahrtete zum Grabe des *Adalbert* von *Prag* (eines Nilusschülers, der 997 von den heidnischen Preußen erschlagen worden war). Über das Papsttum dachte Otto III. wie Karl d. Gr., an dessen Vorbild er bewußt anknüpfte (Erhebung der Gebeine des Kaisers in Aachen i. J. 1000); von Gleichstellung des Papsttums mit dem Kaisertum war nicht die Rede; Otto erkannte die den früheren Päpsten gemachten Schenkungen nicht an; die Donatio Constantini hielt er für gefälscht. Doch waren ihm nirgends nachhaltige Wirkungen beschieden; in Italien und im Reich erhob sich der Widerstand; Otto mußte Rom verlassen und starb mit 22 Jahren in Paterno.

o   Das Papsttum versank nach der kurzen Erhebung unter Gregor V. und Silvester II. von neuem in Schwäche. Nach dem Tode Ottos III. gewann der jüngere *Johannes Crescentius* die Herrschaft; nach seinem Tode 1011 oder 1012 bemächtigte sich das Adelsgeschlecht der Tuskulaner der Gewalt über Rom und das Papsttum.

§ 49. Die cluniacensische Reformbewegung und ihre Erfolge bis zum Tode Kaiser Heinrichs III. (1056).

ESACKUR, Die Cluniacenser, 2 Bde., 1892–94. – JEVANS, Monastic Life at Cluny 910–1157, 1931. – *KHALLINGER, Gorze-Kluny, Studien zu den monastischen Lebensformen und Gegensätzen im Hochmittelalter, 2 Bde., Rom 1950–51 (mit bedeutsamer Korrektur der älteren, durch Sackur und Hauck vertretenen Forschung). – BTÖPFER, Volk und Kirche zur Zeit beginnender Gottesfriedensbewegung in Frankreich, 1957. – WFRANKE, Romuald von Camaldoli I, 1913. – *AMICHEL, Humbert und Kerullarios, 2 Bde., 1925–30. – SRUNCIMAN, The Eastern schism, New York 1955. – ABRACKMANN, s. § 43.

a   1. Der Anstoß, der zu einer wirklichen Reform des Papsttums führte, kam aus ganz anderen Kreisen, nämlich aus dem Mönchtum. Es war in der ausgehenden Karolingerzeit von dem gleichen Schicksal betroffen worden, wie die Kirche überhaupt; das 10. Jh. aber sah ein mächtiges Wiederaufleben der asketischen Ideale, vornehmlich in Frankreich und Italien. Am folgenreichsten war die von dem burgundischen Kloster **Cluni** ausgehende Klosterreform, aus der die große Kirchenreform des Zeitalters Hildebrands hervorgegangen ist. In der 1. Hälfte des 11. Jhs. erstieg der Einfluß der Cluniacenser seinen Höhepunkt; eine große Anzahl von Klöstern in Frankreich, Burgund, Lothringen, Italien und Nordspanien wurde für die „consuetudines Cluniacenses" gewonnen und durch dauernde Unterordnung unter den Abt von Cluni zur Kongregation von Cluni zusammengeschlossen.

Das Kloster Cluni (Clugny) in Burgund wurde **910** vom Herzog *Wilhelm von* b
Aquitanien begründet. Schon unter dem ersten Abte, *Berno*, wurden von Cluni
aus andere Klöster reformiert; unter *ODO*,

Äbte von Cluni.
910– 927 Berno v. Baume.
927– 942 Odo.
942– 964 (948) Aymardus.
964 (948)–994 Majolus.
994–1049 Odilo.
1049–1109 Hugo.

dem eigentlichen Begründer des Einflusses Clunis, wurde die cluniacensische Reform auf eine große Anzahl namentlich südfranzösischer Klöster sowie nach Italien übertragen (S. Maria Aventinese in Rom, Monte Cassino usw.). Was Odo begonnen hatte, setzten seine Nachfolger fort, besonders *ODILO*, der über ein halbes Jahrhundert an der Spitze von Cluni stand. Das Programm war im 10. Jh. noch nicht, wie im 11. Jh., kirchenpolitisch, sondern die Reform des Klosterlebens nach den ursprünglichen mönchischen Idealen, im einzelnen:

1) **Reform der Klosterwirtschaft**, Ausdehnung des Klostergutes und c
Sicherstellung gegen die Raublust der weltlichen Herren;

2) **Befreiung der Klöster von der Obergewalt des Episkopats**
und unmittelbare Unterstellung unter den Schutz des Papstes;

3) strenge Durchführung der Mönchszucht nach der Benediktinerregel
(in der Modifikation des Benedikt von Aniane), vor allem Forderung unbedingten
Gehorsams gegen den Abt;

4) **Pflege einer spezifisch romanischen Mönchsreligiosität** (gesteigertes Innenleben, verbunden mit dem ausschweifendsten Mirakelglauben und Zeremoniendienst).

Die cluniacensische Bewegung war ihrem Wesen nach rein **romanisch**, d
nach Deutschland griff sie erst im 11. Jh. hinüber (§ i). Hier war aber gleichzeitig mit ihr und von ihr unabhängig die **lothringische Klosterreform** entstanden, der cluniacensischen verwandt, aber ohne deren Gegensatz zu den Bischöfen, daher von diesen begünstigt. In Oberlothringen war das Kloster **Gorze**, in Niederlothringen das Kloster **Brogne** (bei Lüttich) der Mittelpunkt. Die lothringische Bewegung erfaßte im Reich etwa 150 Klöster. Die Cluniacenser wurden an einem stärkeren Vordringen in das Deutsche Reich zunächst durch den Widerstand des alten benediktinischen Mönchtums, vor allem der Mönche von St. Gallen, gehindert.

In **Italien** entstand unter der Einwirkung des orientalischen Mönchtums ein e
schroffes Eremitentum. Die Führer der Bewegung waren der Kalabrese *Nilus* († 1005) und vor allem *Romuald*, ein Sproß des ravennatischen Herzogsgeschlechts († 1027). Er stiftete 1012 in Camaldoli in den Apenninen die strenge Eremitenkongregation der **Camaldulenser**. Dazu trat als ein weiterer eifriger Anhänger der Reform der Orden von **Vallombrosa** (gestiftet 1038). Der Mittelpunkt der italienischen Reformfreunde war der von schwärmerischer Frömmigkeit erfüllte *PETRUS DAMIANI* († 1072), früher Lehrer der freien Künste in Ravenna, dann Einsiedler in Fonte Avellana, der Heilige des Volkes (schroffste Askese; Eintreten für die im 11. Jh. aufkommende Geißelbuße). Vgl. § 52 g.

2. Mit dem **Eindringen der Reformgedanken in den Klerus** ver- f
änderte die Reformbewegung ihren ursprünglichen Charakter. Im 10. Jh. war das Ziel der Cluniacenser rein religiös: Reform der Klöster, Wiederherstellung der Geltung der Klosterregel. Im 11. Jh. wurde ihr Ziel **kirchenpolitisch**: Reform der Kirche, Wiederherstellung der in Vergessenheit geratenen älteren kirchlichen Gesetzgebung, vor allem Herstellung straffer Zucht im Klerus und Befreiung der Kirche von jeder unkanonischen Einwirkung der Laien. Die Reformfreunde begannen den Kampf gegen die **Simonie** und den **Nikolaitismus**.

g **Simonie** bedeutete (1) ursprünglich, nach Apg. 8 $_{18-24}$, den Kauf bzw. Verkauf der priesterlichen Ordination; (2) seit dem Ausgang der Karolingerzeit verstand man darunter die Übertragung einer kirchlichen Stelle gegen eine Geldzahlung oder irgendwelchen materiellen Gewinn: in diesem Sinne wurde der Begriff auf Laien anwendbar; (3) eine weitere Abwandlung erfuhr der Begriff im Zeitalter Hildebrands (nämlich Ausdehnung auf die Laieninvestitur, s. § 50 b).

h **Nikolaitismus** (§ 26 q) nannte man nach Apk. 2 $_6$ das Leben der Kleriker in der Ehe oder im Konkubinat; beides war im 11. Jh. sehr häufig, besonders in Italien.

i 3. Handelte es sich aber nicht mehr bloß um die Reform der Klöster, sondern um die Durchführung des kanonischen Rechts in der Kirche, so mußte davon früher oder später das deutsche Königtum getroffen werden. Denn die in Deutschland zu Recht bestehende Regierung des Königs in der Kirche widersprach dem kanonischen Recht (§ 44 d). Indessen so wenig es in der 1. Hälfte des 11. Jhs. an Gegnern der kirchlichen Rechte des deutschen Königs völlig fehlte, so wenig war doch in weiteren Kreisen ein klarer und prinzipieller Gegensatz vorhanden. Daher konnten gerade die deutschen Könige, die am zähesten an dem königlichen Investiturrecht festhielten, Heinrich II. und Heinrich III., die tatkräftigsten Förderer der cluniacensischen Reform werden.

k HEINRICH II. (1002–1024, Kaiser seit 1014) übte einerseits mit verständigem Sinn die Investitur und unterdrückte den Widerstand, der sich dagegen hier und da unter Domherren und Bischöfen erhob, griff auch in die Organisation der deutschen Kirche selbstherrlich ein (1004 Bistum Merseburg, 981 aufgehoben, wiederhergestellt; 1007 Bistum Bamberg gegründet). Andererseits hielt er mit Papst Benedikt VIII. die Reformsynoden zu Bamberg (1020) und Pavia (1022) und bekämpfte Simonie [im zweiten Sinn, § g] und Nikolaitismus.

l KONRAD II. (1024–1039), ein befähigter Herrscher, aber ohne stärkeres Interesse für die Kirche, übte unbeschränkt die Investitur; bei der Übergabe der Pfründen erhielt der König ein „Geschenk". Diese Sitte wurde von Heinrich III. als „simonistisch" wieder beseitigt.

m Gleichzeitig begann die Reformpartei in FRANKREICH zu erstarken, wo sie außer der Krone auch die großen Vasallen gewann; nach harten Kämpfen mit dem widerstrebenden Adel gelang 1040 in Südfrankreich die Aufrichtung des **Gottesfriedens** („Treuga Dei"; trêve = Waffenstillstand), der die Adelsfehden auf gewisse Tage der Woche beschränkte und allmählich auch im übrigen Frankreich durchgeführt wurde. Die schon im 10. Jh. anhebende Gottesfriedensbewegung zeigt übrigens, wie die Kirche auf die unteren Schichten einzuwirken und Massenbewegungen auszulösen verstand, ohne aber die Interessen der Feudalherren zu verletzen.

n Das Papsttum war unterdessen von neuem in Verfall geraten. Der von den Grafen von Tusculum erhobene Papst *Benedikt VIII.* war ein kriegerischer Papst, dem vornehmlich an der tatkräftigen Bekämpfung der Sarazenen und der Griechen in Süditalien gelegen war. Der Tuskulaner *Johann XIX.*, vordem dux et senator Romanorum, hatte das Gold rollen lassen, um Papst zu werden. Sein Nachfolger *Benedikt IX.* erscheint in der offenbar stark übertreibenden Darstellung der Reformpartei als ein halber Knabe, der schamlos Verbrechen auf Verbrechen häuft; er wurde von der alten Gegenpartei der Tuskulaner, den Crescentiern, vertrieben. Der neue Papst *Silvester III.*

Adelspäpste.
1012–1024 Benedikt VIII.
1024–1032 Johann XIX.
1032–1044 Benedikt IX.
1045 Silvester III.
(1045 Benedikt IX.)
1045–1046 Gregor VI.

vermochte sich aber gegen Benedikt IX., der 6 Wochen nach seiner Vertreibung zurückkehrte, nicht zu behaupten und trat zurück. Dann verkaufte Benedikt IX.

die päpstliche Würde an den römischen Kleriker *Johannes Gratian (Gregor VI.)*, mit dessen Erhebung die italienischen Reformgesinnten die größten Hoffnungen verbanden; daß er Simonist war, sickerte wohl erst allmählich durch.

4. Es war das deutsche Königtum, das die Reform des Papsttums *o* durchführte. Die entscheidende Wendung erfolgte durch den politisch sehr mächtigen *HEINRICH III.* (1039–1056). Er war persönlich von der strengen Frömmigkeit seiner Zeit erfüllt und stand auch durch seine französischen Beziehungen (seine zweite Gemahlin war Agnes von Poitou) mit den Cluniacensern in naher Fühlung. Im Sinne der Reform beseitigte er **1046** auf den Synoden zu **Sutri** und Rom die simonistischen Päpste und erhob damit das Papsttum aus seinem tiefen Verfall.

Gregor VI. mußte auf der Synode zu Sutri über sich selbst die Absetzung *p* verhängen; *Silvester III.* wurde zu Sutri, *Benedikt IX.* in Rom seiner priesterlichen Würde entkleidet. Darauf wurde der Bischof Suidger von Bamberg vom Könige nominiert, von Klerus und Volk zum Papste gewählt (*Klemens II.*); er krönte Heinrich zum Kaiser. Ein Vertrag mit den Römern gab Heinrich die Würde des „patricius Romanorum" mit dem Recht, den von Klerus und Volk von Rom zu wählenden Papst zu nennen.

Die kaiserlichen Päpste.

1046–1047 Klemens II. (Suidger von Bamberg).
1047–1048 Benedikt IX.
1048 Damasus II. (Poppo von Brixen).
1049–1054 Leo IX. (Bruno von Toul).
1055–1057 Viktor II. (Gebhard von Eichstätt).

5. α) Die nächsten Päpste waren sämtlich von Heinrich ernannt *q* und sämtlich Deutsche. Epochemachend ist der Pontifikat *LEOS IX.,* eines entschlossenen Anhängers der Reformbewegung. **Unter Leo ging die Reform der Kirche, die Durchführung des kanonischen Rechts, auf das Papsttum über.** Er erneuerte binnen kurzem die tatsächliche Regierung des Papstes in der Kirche, berief die hervorragendsten Vertreter der Reformpartei nach Rom und unterwarf dadurch den römischen Stadtklerus der Reform.

(1) Leo hat vor allem durch Einführung regelmäßiger Synoden (jährliche *r* Ostersynoden in Rom) und durch zahlreiche Reisen in Italien, nach Frankreich und Deutschland (Vorbild: der deutsche König) dem Papsttum realen Einfluß auf die verschiedenen Kirchen gegeben.

(2) Die neue universalkirchliche Stellung des Papsttums machte eine univer- *s* salkirchliche Behörde notwendig. Leo wurde der Begründer des **Kardinalats** in der seitdem bestehenden Form. *Cardinalis sacerdos* war seit dem 6. Jh. Titel für die angesehensten Glieder des römischen Stadtklerus (von „cardo", eigentlich Türangel, Drehpunkt, übertragen: die Hauptkirche des Bischofs). Diese Gruppe begann sich nun mehr und mehr zu einer Art von päpstlichem Senat zu entwickeln. Leo berief in diese Stellen zum Teil, unter Ausschaltung des kanonischen Rechts (§ 26 i), Auswärtige (Humbert; Friedrich von Lothringen; Hugo Candidus; auch Hildebrand, doch dieser zunächst in untergeordneter Stellung, § 50 b). Die endgültige Gestalt des Kardinalkollegiums stammt aus der Zeit des Wibertinischen Schismas (Clemens III., § 50 o). Man unterschied zwischen den [6–8] Kardinalbischöfen, den Inhabern der suburbikarischen oder Kardinalbistümer, den Kardinalpresbytern (meist 28) und den Kardinaldiakonen (seit dem 12. Jh. 18).

t β) Auch mit der selbständigen Politik, die der Papst in Süditalien einschlug, bahnte sich etwas Neues an. Im Zusammenhang mit ihr erfolgte **1054** der definitive **Bruch** zwischen der lateinischen und der griechischen Kirche.

u Leo IX. mengte sich in die Wirren in Süditalien, wurde dabei 1053 bei Civitate von den Normannen geschlagen und gefangen, aber gegen Aufhebung des über sie verhängten Banns freigelassen. Als der Kaiser Konstantin Monomachos durch Annäherung an die Kurie die wankende Stellung der Griechen in Süditalien zu festigen suchte, erneuerte der Patriarch von Konstantinopel, *MICHAEL CERULARIUS*, durch diese Politik seines Kaisers verstimmt, den kirchlichen Streit. Das Ende war, daß die Gesandten des Papstes (*Humbert*, Friedrich von Lothringen, Petrus von Amalfi) am 16. Juli 1054 den päpstlichen Bannfluch gegen Michael Cerularius auf dem Hauptaltar der Hagia Sophia in Konstantinopel niederlegten, was die Byzantiner alsbald mit der Exkommunikation der Lateiner erwiderten. Das Schisma hatte sich schon längst vorbereitet. Es verhärtete sich durch die Kreuzzüge, besonders die Eroberung Konstantinopels durch die Kreuzfahrer (§ 56 q). Vorher fehlte es nicht an manchen Annäherungen.

v 6. Durch die Reform des Papsttums hat Heinrich III. der **Reformbewegung** den ihr naturgemäßen Führer gegeben und den Grund zu dem nun folgenden unvergleichlichen Aufschwung der abendländischen Kirche gelegt. Zugleich bezeichnet Heinrich III. den Höhepunkt des Einflusses des deutschen Königtums auf die Kirche. Freilich hat gerade die Unumschränktheit seiner kirchlichen Macht in den Reformfreunden das Verlangen nach der „Freiheit" der Kirche erweckt und den großen Kirchenstreit unmittelbar vorbereitet.

§ 50. Der Kampf um die Freiheit der Kirche unter Gregor VII., seinen Vorgängern und seinen Nachfolgern.

GMeyer von Knonau, Jahrbücher des Deutschen Reichs unter Heinrich IV. und Heinrich V., 7 Bde., 1890–1904. – KHampe, Deutsche Kaisergeschichte in der Zeit der Salier und Staufer [bis 1250], ⁷1937. – CMirbt, Die Publizistik im Zeitalter Gregors VII., 1894. – *AFliche, Études sur la polémique religieuse à l'époque de Grégoire VII. Les Prégrégoriens, 1916. La réforme grégorienne, 2 Bde., 1924f. – PScheffer-Boichorst, Die Neuordnung der Papstwahl durch Nikolaus II., 1879. – ECaspar, Das Register Gregors VII. (MG, epist. sel. 2), 2 Bde., 1920 bis 23. – *WMPeitz, S. J., Das Originalregister Gregors VII. (SWA 165, 5), 1911. – WMartens, Gregor VII., 2 Bde., 1894. – *WWühr, Studien zu Gregor VII., 1930.

*KHofmann, Der Dictatus papae Gregors VII., 1933. – *Studi Gregoriani per la storia di Gregorio VII, Roma 1947ff.; dazu PESchramm, GGA 207, 1953, 62–140. – BSchmeidler, Kaiser Heinrich IV. und seine Helfer im Investiturstreit, 1927. – ACartellieri, Der Aufstieg des Papsttums im Rahmen der Weltgeschichte, 1047–95, 1936. – Ders., Der Vorrang des Papsttums zur Zeit der ersten Kreuzzüge, 1095–1150, 1941. – *AMichel, Papstwahl und Königsrecht, 1936. – Ders., HJ 59, 1940, 291–351. – HWKlewitz, Studien über die Wiederherstellung der römischen Kirche in Süditalien durch das Reformpapsttum (QFJAB 25), 1933f. – Ders., Die Entstehung des Kardinalkollegiums (ZSavKan 25), 1936. – ABrackmann, Canossa und das Reich (= KvRaumer und ThSchieder, Stufen und Wandlungen der deutschen Einheit [1943], S. 9–32). – AHofmeister, Das Wormser Konkordat (Festschr. für Dietrich Schäfer 1915). – Quellen zum Wormser Konkordat, ed. WFritz (KlT 177), 1955. – CSachsse, Tiara und Mitra der Päpste, ZKG 35 (1914), 481–501. – ABecker, Studien zum Investiturproblem in Frankreich (1049–1119), 1955. – JBVillars, Les Normands en Méditerranée, Paris 1951.

1. Als Heinrich III., erst 39jährig, unerwartet starb und die Nach- *a*
folge dem noch nicht 6jährigen HEINRICH IV. (1056–1106) hinterließ, veränderte sich die Lage vollkommen. Das deutsche Königtum sank unter der Regierung einer schwachen Regentin und eigennütziger Fürsten[1] rasch von seiner Machthöhe herab; das Papsttum aber schickte sich an, sich gegen das Königtum, von dem es emporgetragen war, zu wenden und den Vernichtungskampf gegen es zu eröffnen. Die Jahre bis 1073 waren die Zeit der Vorbereitung auf diesen Kampf. In dieser Zeit ist es der päpstlichen Politik gelungen, sich vom Einfluß des deutschen Königtums freizumachen und die Papstwahl gegen jede weltliche Einwirkung zu sichern. Ferner wurden die politische Machtstellung des Papsttums in Italien und seine kirchliche Herrschaft im Abendlande ungemein verstärkt und der Kampf gegen die Laieninvestitur siegreich begonnen.

Die päpstliche Politik dieser Zeit wurde vor allem durch zwei Männer bestimmt, durch Humbert und Hildebrand, den nachmaligen Gregor VII. Der Burgunder *HUMBERT*, zuerst Mönch in Moyen-Moutiers in Lothringen, 1049 in Rom (§ 49 s), 1051 Kardinalbischof von Silva Candida, ist einer der einflußreichsten Männer der Papstgeschichte (gest. 1061). 1054 führte er in Konstantinopel den Bruch mit Michael Cerularius herbei (§ 49 u). 1057 verfaßte er die von politischer Leidenschaft erfüllten „libri tres adv. Simoniacos", worin er das neue kirchenpolitische Programm der Reformpartei entwickelte. Er dehnte darin den Begriff der Simonie auf die Laieninvestitur aus, einerlei ob eine Geldzahlung damit verbunden war oder nicht: Damit gab er das Signal zum Investiturstreit. Sein hitziger Charakter zeigte sich auch im Berengarschen Abendmahlsstreit (§ 53 f). Neuere Forscher glauben auch das Papstwahldekret von 1059 (§ d) und die Schwenkung der päpstlichen Politik gegenüber den Normannen (§ f) mit einiger Wahrscheinlichkeit auf Humbert zurückführen zu können. Er war es, der zuerst wieder an die Donatio Constantini anknüpfte, die einige Jahrzehnte unwirksam geblieben war. *HILDEBRAND* war der Sohn eines Landmanns in Suana im Toskanischen (JHaller vermutet eine über die Tuskulaner, Marozia [§ 47 e] und Waldrada [§ 44 h] auf Karl d. Gr. zurückgehende Ahnenreihe!). Er kam durch seine Erziehung in S. Maria Aventinese frühzeitig mit den cluniacensischen Reformgedanken in Berührung, begleitete 1046 seinen Lehrer Johannes Gratian (§ 49 n) in die Verbannung nach Köln, weilte vielleicht [vorübergehend?] in Cluni, kam 1049 mit Leo IX. nach Rom zurück und wurde zunächst Subdiakon am Lateran (nicht schon Kardinal!). Sein Einfluß auf die Politik begann erst allmählich wirksam zu werden. Seit 1059 war er Archidiakon und Kardinal.

Schon bei der ersten Papstwahl nach dem Tode Heinrichs III. trat die Feind- *c*
seligkeit gegen das deutsche Königtum zutage: man ließ nicht bloß das Recht des Königs, den Papst vor der Wahl zu bezeichnen, außer acht und holte erst nachträglich die Bestätigung der Wahl ein, sondern wählte *Friedrich von Lothringen (STEPHAN IX.)*, den Bruder Herzog *Gottfrieds von Lothringen*, des ärgsten Feindes des deutschen Königshauses, der nach seiner Vertreibung aus Deutschland als Gemahl der Beatrix von Tuscien der mächtigste Fürst Mittelitaliens war (vgl. § f).

Päpste.
1057–58 Stephan IX.
1058–59 Benedikt X.
1058–61 Nikolaus II.
1061–73 Alexander II.
1061–64 Honorius II.
1073–85 Gregor VII.
1080–1100 Klemens III.

---

[1] 1056–62 Regentin *Agnes von Poitou*. 1062 (bzw. 1063) bis 1065 Regentschaft der Erzbischöfe *Anno von Köln* und *Adalbert von Bremen* (§ 55 d).

§ 50 Aufstieg der Papstkirche

d   Als nach Stephans IX. Tode während der Abwesenheit Hildebrands die reformfeindliche Partei der Tuskulaner *Benedikt X.* erhob (1058), griff die Reformpartei selbst noch einmal auf das Recht des deutschen Königs zurück; sie erklärte die unter Verletzung dieses Rechts vorgenommene Wahl Benedikts für ungültig und erhob im Einverständnis mit dem deutschen Hofe den Bischof Gerhard von Florenz zum Papst (*NIKOLAUS II.*). Aber das **1059** auf der römischen Ostersynode erlassene **Papstwahldekret** beseitigte doch nicht nur den Einfluß der römischen Adelsparteien auf die Besetzung des päpstlichen Stuhles, sondern untergrub auch das Recht des deutschen Königs. Den Wahlvorschlag hatten danach die Kardinalbischöfe; der übrige Klerus und das Volk hatten das Recht der Zustimmung [oder Ablehnung]; das Recht des deutschen Königs auf die Mitwirkung an der Papstwahl wurde zu einem Heinrich IV. vom Papst verliehenen und seinen Nachfolgern „persönlich" zu verleihenden Rechte umgestempelt („*salvo honore debito et reverentia Heinrici regis*"); der Inhalt dieses Rechtes blieb unbestimmt (die Fragen der ältesten Textform und der Auswertung des Dekrets sind stark umstritten).

e   Infolge des Widerspruchs des deutschen Hofes und der deutschen Bischöfe gegen das Papstwahldekret kam es bei der nächsten Papstwahl zum **Schisma:** Hildebrand ließ durch die Kardinäle Anselm von Lucca zum Papst wählen (*ALEXANDER II.*), dem der deutsche Hof, der deutsche und der oberitalienische Episkopat und der römische Adel in Cadalus von Parma (*HONORIUS II.*) einen Gegenpapst entgegenstellten (1061). Nach anfänglichen Erfolgen Honorius II. erlangte Alexander II. das Übergewicht; die Synoden von Augsburg (1062) und Mantua (1064) erkannten ihn an.

f   Inzwischen hatte das Papsttum wertvolle politische Bundesgenossen gewonnen, und zwar:

in Süditalien an den **Normannen** (das Papsttum gab seine feindliche Stellung zu den Normannen [§ 49 u] auf, erhob 1059 Robert Guiskard, den Herzog von Apulien und Calabrien, und Richard von Aversa, den Fürsten von Capua, zu päpstlichen Lehnsträgern und wurde dadurch auf Kosten des Kaisertums Herr von Unteritalien. Unter päpstlichem Segen eroberten darauf die Normannen 1072 bis 1090 das sarazenische Sizilien);

in Mittelitalien an dem Herzogtum **Tuscien** (*Beatrix*, die Witwe des Markgrafen Bonifatius, neu vermählt mit Gottfried von Lothringen [gest. 1069; vgl. § c!], und besonders ihre Tochter *Mathilde*, die „große Gräfin", waren von unbedingter Ergebenheit gegen das Papsttum erfüllt);

g   in Oberitalien an der **Pataria** (Name eines Stadtviertels in Mailand, = Trödelmarkt), der sozial-revolutionären Partei in den großen Städten der Lombardei, vor allem in Mailand (Gegensatz zwischen dem hohen Klerus, der mit dem Adel und dem höheren Bürgerstand verbündet war, und dem mit der demokratischen niederen Bürgerschicht verbundenen niederen Klerus). Neuerdings vermutet man einen Zusammenhang zwischen der Pataria und den häretisch-dualistischen Strömungen des 11. Jhs. Die oberen Schichten (Intellektuelle, Aristokraten) huldigten der dualistischen Lehre; die unteren Schichten standen feindlich gegen Hierarchie und Liturgie und huldigten übertriebener Askese. Vgl. § 59.

Dazu wuchs der kirchliche Einfluß des Papsttums. Es gelang mehrfach, deutsche Bischöfe, meist wegen Simonie, hart zu demütigen (1068, 1070, 1071). Einen großen Sieg erfocht die Kurie in der Lombardei. Hier wurde der Erzbischof *Wido* von Mailand 1059 durch den päpstlichen Legaten Petrus Damiani zum Gehorsam gegen den Papst gebracht: er empfing seine Kirche, mit der er durch königliche Investitur belehnt worden war, in Rom von neuem aus der Hand des Papstes. Als Wido 1071 abdankte, brach ein Streit um die Besetzung des Erzbistums Mailand aus: der Kampf mit dem deutschen Königtum, auf den die Kurie unaufhaltsam hindrängte, begann. Heinrich ernannte den Grafen *Gottfried von Castiglione*; die Mailänder erhoben *Atto*. Die römische Ostersynode von 1073 aber verhängte über die Räte Heinrichs IV. wegen Simonie die Exkommunikation.

Kurz darauf starb Alexander II.; bei seiner Beisetzung im Lateran wurde *Hildebrand* unter Nichtbeachtung der Bestimmungen von 1059 (§ d) vom Volk und vom Klerus in tumultuarischer Weise zum Papste erhoben.

2. In *GREGOR VII.* **(1073–1085)**, einem der gewaltigsten und *h* erfolgreichsten aller Päpste, erreichte die kirchliche Reformbewegung des 11. Jhs. ihren Höhepunkt. Die immer stärker gewordene cluniacensische Reformbewegung ging nun in die **gregorianische Reform** über. Durch Erzwingung des Priesterzölibats und energische Bekämpfung der Simonie förderte Gregor die innerkirchliche Reform. Er gab der Idee des Papsttums ihre folgerichtige Fortbildung; Papsttum und Kirche begannen gleichbedeutende Begriffe zu werden; Romanisierung und Vereinheitlichung der abendländischen Kirche machten bedeutende Fortschritte. Vor allem hat Gregor den Kampf um die Freiheit der Kirche von den weltlichen Gewalten mutig aufgenommen und mit der Beharrlichkeit des großen Politikers durchgeführt.

Seine Anschauungen (s. seine Briefe und besonders die „Dictatus Gre- *i* gorii Papae", 27 kurze Thesen über die päpstliche Macht, Frühjahr 1075 von Gregor selbst verfaßt) ruhen auf Augustins De civitate dei, Gregor I., Pseudo-Isidor und Nikolaus I. Die Hauptgedanken sind diese: Der Papst ist der unumschränkte Herr der Universalkirche. Er kann Metropoliten und Bischöfe absetzen und ernennen, ja für jede Kirche Kleriker konsekrieren; er allein darf eine allgemeine Synode berufen; seine Legaten stehen an Rang über den Bischöfen, usw. Der Papst ist der oberste Herr der Welt. Er trägt die kaiserlichen Insignien[2], nur ihm, nicht den übrigen Bischöfen, haben die Fürsten die Füße zu küssen, er darf sogar den Kaiser seiner Würde entsetzen und die Untertanen vom Treueid entbinden. Papsttum und weltliche Gewalt verhalten sich wie Sonne und Mond; dieser empfängt von jener sein Licht. Der Papst steht unter dem besonderen Schutze des Petrus; der „canonice" gewählte Papst wird durch die „Verdienste" des Petrus ohne Zweifel heilig. Die römische Kirche hat niemals geirrt und wird niemals irren.

Aus Jer. 48$_{10}$ („verflucht sei, wer seinem Schwerte das Blut mißgönnt") floß für Gregors Gewissen die Notwendigkeit des erbarmungslosen Kampfes gegen die Feinde des hl. Petrus zur Erringung der „libertas ecclesiae". Er war von der Überzeugung durchdrungen, für die „iustitia" zu kämpfen; darin liegt die psychologische Erklärung zB. für die Ungeheuerlichkeit der Rechtskonstruktionen, mit denen er manche Ansprüche stützte, und die Unbedenklichkeit, mit der er im Kampfe Bann, Interdikt und Aufreizung der Volksmassen ausspielte. Hiermit erweckte er auch bei vielen Reformfreunden, zB. in Frankreich, schwere Bedenken.

3. Gregor hat den großen Prinzipienkampf fast ausschließlich mit *k* dem durch Heinrich IV. vertretenen **deutschen Königtum** ausgefochten. Er kämpfte zunächst um die Beseitigung der **Laieninvestitur**, seit 1076 aber um die **politische Oberherrschaft der Kirche in der Welt**. Bei den religiösen Überzeugungen des Zeitalters mußte Gregor das Übergewicht haben; in allen Ländern bildete sich eine große gregorianische Partei. Mochte auch sein Pontifikat äußerlich mit einer halben Niederlage enden, seine Gesamtwirkung war dennoch eine **gewaltige Stärkung der kirchlichen Macht**.

Während der ersten Jahre Gregors VII. herrschte zwischen der Kurie und dem *l* deutschen Hofe Friede. Gregors erste Maßnahmen betrafen nicht das Verhältnis zum deutschen Königtum, sondern die innerkirchliche Reform; die Fasten-

---

[2] Seit 1059 trug der Papst die Tiara mit einer Krone, seit Ende der Regierung Bonifaz' VIII. mit zwei, etwas später (nachweisbar 1314) mit drei Kronen. Die Tiara (seit dem 11. Jh. üblich; nach oben in eine Spitze auslaufend) ist das Abzeichen der fürstlichen Gewalt des Papstes; als Liturg usw. trägt er die bischöfliche Mitra.

synode von **1074** schärfte die alten Zölibatvorschriften von neuem ein und suchte ihre Durchführung durch die schärfsten Mittel zu erzwingen: die Amtshandlungen der verheirateten Priester wurden [im Widerspruch mit dem altkirchlichen Recht, § 20 c] für ungültig erklärt, die Laien zur Revolution aufgereizt.

m Dagegen eröffnete Gregor auf der Fastensynode von **1075** den Kampf mit dem deutschen Königtum: die Synode erließ das **Verbot der Laieninvestitur** und gefährdete damit die wichtigsten Grundlagen des Reichs. Die Durchführung des Verbots hätte einen unerhörten Umsturz zur Folge gehabt: mit der Beseitigung der Investitur und des Lehnseides wären die Bischöfe vom König unabhängige Fürsten geworden, und das Reichskirchengut wäre mit einem Schlage dem Reiche verlorengegangen: die militärischen und materiellen Verpflichtungen, die die Bischöfe und Äbte bisher ihrem weltlichen Lehnsherrn geleistet hatten (§ 48 b), wären nun plötzlich der Kirche, d. i. dem Papsttum zu leisten gewesen. Zwei Rechtsanschauungen stießen hart aufeinander, die altkirchliche vom Eigentum Gottes am Kirchengebäude (§ 26 d) und das germanische Eigenkirchenrecht (§ 31 m, 35 g).

n Zum offenen Streit mit dem König kam es, als dieser sich 1075 aufs neue in die Mailänder Angelegenheit einmischte, für die Aristokratie gegen die Pataria Partei nahm und den Erzstuhl von Mailand und die Bistümer Spoleto und Fermo besetzte. Gregor drohte durch ein Schreiben und eine geheime mündliche Botschaft mit Bann und Absetzung (Dez. 1075). Als sich darauf Heinrich dazu hinreißen ließ, auf der Synode zu Worms Jan. 1076 gemeinsam mit den deutschen Bischöfen über Gregor die Absetzung auszusprechen, verhängte unmittelbar darauf der Papst auf der Fastensynode von **1076** die Exkommunikation und die Absetzung des deutschen Königs und der führenden deutschen und oberitalienischen Bischöfe und verfügte die Lösung der Untertanen vom Treueid. Die Welt fuhr erschrocken zurück; Heinrichs Anhang löste sich auf. Die deutschen Fürsten aber beschlossen im Okt. 1076 zu Tribur, den König seines Amtes zu entsetzen, falls er nicht in Jahresfrist vom Banne gelöst wäre. Da zwang Heinrich rasch entschlossen durch die Kirchenbuße im Schlosse zu **Canossa** (25.–28. Jan. **1077**) Gregor zur Aufhebung des Bannes. Die Frage, ob Heinrich wieder vollberechtigter König sei, blieb in der Schwebe.

Canossa bedeutete, im ganzen gesehen, einen Tiefpunkt in der Geschichte des deutschen Königtums, eine ganz schwere Erschütterung des Ansehens der weltlichen Gewalt überhaupt, damit aber auch einen der entscheidenden Wendepunkte der abendländischen Geschichte: Das bittere Vorbild von Canossa löste bei den weltlichen Gewalten ein immer stärker werdendes Streben aus, den Staat unter Zurückdrängung der universalen Gewalten, Kaisertum und Papsttum, auf nationaler Grundlage zu entwickeln und die Kirche dem Staat entschieden einzuordnen. So wurzeln in Canossa sowohl der Niedergang des ersten Reichs wie das [von den Normannen ausgehende] Emporsteigen der neueren Nationalstaaten (ABrackmann).

o Mit der Erhebung des Gegenkönigs *Rudolf von Schwaben* (März 1077) begann in Deutschland der Bürgerkrieg. Gregor verhielt sich zunächst abwartend; erst als Heinrich erstarkte, erklärte sich Gregor für Rudolf, erneuerte Bann und Absetzung über Heinrich und löste seine Untertanen vom Treueid, ja prophezeite seinen Untergang bis Peter und Paul (März 1080). Darauf ließ Heinrich den Erzbischof *Wibert* von Ravenna zum Gegenpapst erheben (*Klemens III*.; Wibertinisches Schisma 1080–1100) und kam nach dem Tode Rudolfs von Schwaben (nach der Schlacht bei Hohenmölsen, 15. Okt. 1080) nach Italien; hier eroberte er 1083 nach mancherlei Kämpfen die Leo-Stadt; Gregor behauptete sich in der Engelsburg. Als die Römer zu Heinrich abgefallen waren, wurde **1084** Klemens III. feierlich inthronisiert und Heinrich zum Kaiser gekrönt. Freilich entsetzte der Normannenherzog *Robert Guiskard* den Papst und nötigte den Kaiser zum Abzug; aber die Normannen plünderten die Stadt so furchtbar, daß Gregor vor der Wut der Römer entwich; er folgte den Normannen nach Süditalien und starb am 25. Mai **1085** zu Salerno. (Seine letzten Worte: „Dilexi justitiam et odivi [sic!] iniquitatem, propterea morior in exilio!").

Auch andere politische Mächte behandelte Gregor als politisch vom p
Papsttum abhängig (Dalmatien, Ungarn, Böhmen, Rußland, Dänemark, England, den Grafen der Provence, Spanien, Sardinien, Korsika, Sizilien und Unteritalien, Gebiete Mittelitaliens). Gespannt war lange Zeit das Verhältnis zu den Normannen; *Robert Guiskard* hat 6 Jahre im päpstlichen Banne gelebt. Bis nahe an den Bruch kam es gegenüber *Philipp I.* von Frankreich; 1074 richtete Gregor an die französischen Bischöfe einen seiner schärfsten Erlasse. Wenig befriedigte den Papst auch die Gestaltung der Kirche Englands unter dem von ihm so begünstigten *Wilhelm dem Eroberer*, der 1066 von der Normandie aus im Einverständnis mit der Kurie England erobert hatte; er förderte zwar die cluniacensische Reform, verbot aber den Bischöfen, nach Rom zu reisen; doch hütete sich Gregor, es mit dem englischen Könige zu verderben.

4. Nach dem Tode Gregors VII. wurde der Streit noch ein Men- q
schenalter lang mit höchster Leidenschaft und Erbitterung fortgesetzt. Dem politischen Ringen ging eine lebhafte publizistische Erörterung der Streitfragen zur Seite. Der politische Kampf veränderte insofern seinen Charakter, als Gregors Nachfolger die Weltherrschaftsansprüche fallen ließen und sich auf die Bekämpfung der Laieninvestitur beschränkten.

α) Die Lage der Gregorianer war zunächst r
recht bedrängt. *Urban II.* machte erst seit
1093 dank der Gunst der politischen Verhältnisse Fortschritte, kam dann aber rasch
voran. Heinrichs IV. Bemühungen, den Gegenpapst Klemens III. in Deutschland zur
Anerkennung zu bringen, scheiterten, besonders infolge der rührigen Agitation der Hirsauer (§ 52 b). Den Höhepunkt der Regierung Urbans II. bildete die **1095** abgehaltene **Synode von Clermont**. Hier wurde über *Philipp I.* von Frankreich, der seine rechtmäßige Gemahlin verstoßen hatte, der Bann verhängt, ferner die Laieninvestitur und die Ablegung des Lehnseides durch Geistliche verboten und vor allem der Kreuzzugsbeschluß gefaßt (§ 51 h), der das Papsttum tatsächlich an die Spitze des Abendlandes stellte. Seitdem war das Gegenpapsttum bedeutungslos.

1086–1088 Viktor III.
1088–1099 Urban II.
1099–1118 Paschalis II.
1118–1119 Gelasius II.
    1118–1121 Gregor VIII.
1119–1124 Kalixt II.

β) Nach dem Tode Urbans II. (1099) und des Gegenpapstes Klemens III. s
(1100) blieb der allgemein ersehnte und erwartete Friede aus; *PASCHALIS II.* setzte mit der Erneuerung des Bannfluches über Heinrich IV. 1102 den Kampf fort, ohne jedoch wesentliche Erfolge erzielen zu können. *Heinrich IV.*, der 1105 abdankte († 1106), erlag nicht dem Papsttum, sondern den aufständischen Fürsten, an deren Spitze sein eigener Sohn Heinrich (V.) stand; von den kirchlichen Rechten des deutschen Königs hatte Heinrich IV. im Laufe des Kampfes kein einziges preisgegeben.

Auch erlebte Paschalis II. **1106** die Beendigung des **englischen Investitur-** t
streits, in dem freilich die Kirche keinen uneingeschränkten Sieg errang. In England war schon unter *Wilhelm II. Rufus* (1087–1100) ein heftiger Zwist zwischen der Krone und dem hochkirchlichen Erzbischof *Anselm von Canterbury* (§ 53 g) ausgebrochen; Anselm hatte sich nach Rom geflüchtet. *Heinrich I.* (1100–1135) rief ihn zwar nach Canterbury zurück, forderte aber von ihm die Ablegung des Lehnseides. Das führte zum englischen Investiturstreit. Anselm verweigerte den Eid (vgl. den Beschluß von Clermont § r) und ging aufs neue in die Verbannung. Doch kam 1106 der Friede zustande: Heinrich verzichtete auf die Investitur mit Ring und Stab; die Kirche aber ließ es fortan zu, daß der kanonisch gewählte Bischof vor seiner Weihe dem König den Lehnseid leistete.

Ähnlich war das Ergebnis in FRANKREICH, wo es zu keinem eigentlichen u
Investiturstreit gekommen ist. Aus den kirchenrechtlichen Arbeiten französischer Gelehrter wie *Ivo von Chartres* († 1116) und anderer lernte man zwei verschie-

§ 50 Aufstieg der Papstkirche

dene Arten von Investitur unterscheiden: (1) die Investitur mit Ring und Stab, welche die geistliche Würde und den Besitz des Kirchengebäudes überträgt, und (2) die Investitur mit dem Szepter, welche mit dem weltlichen Besitz der Kirche belehnt. Diese Unterscheidung hat schließlich auch in Deutschland den Frieden ermöglicht (§ x).

v Zunächst freilich lenkte in Deutschland *HEINRICH V.*, 1106 (1105)–1125, seit 1107 mit Entschiedenheit in die Bahn seines Vaters ein und nahm das Investiturrecht für sich in Anspruch. Die Folge war die Erneuerung des Investiturverbotes durch den Papst (1107, 1108, 1110). Als Heinrich V. nach Italien kam, um die Kaiserkrönung zu erlangen, schloß Paschalis mit ihm 1111 den Vertrag von S. Maria in turri (gewöhnlich Vertrag von Sutri genannt): die Kirche sollte alle Regalien, d. h. ihre weltlichen Güter und weltlichen Rechte, dem König zurückgeben, der König auf die Investitur verzichten. Doch dieser Vertrag, der das Ende der geistlichen Fürstentümer bedeutet hätte, scheiterte an der einmütigen Opposition der in Rom versammelten geistlichen und weltlichen deutschen Fürsten. Heinrich V. ertrotzte darauf durch Gefangennahme des Papstes und der Kardinäle das Zugeständnis der Investitur und die Kaiserkrönung. Die Zusicherung der Investitur entfesselte aber einen solchen Entrüstungssturm der Gregorianer, daß Paschalis sie auf der Lateransynode von 1112 außer Kraft setzte. Die Synode von Vienne 1112 aber verhängte über Heinrich die Exkommunikation.

w γ) Auch die Regierung *Gelasius' II.* (1118–1119), dem Heinrich V. einen neuen Gegenpapst entgegenstellte, brachte den Frieden nicht, und noch unter *KALIXT II.* (1119–1124) wurde der Friede anfänglich hinausgeschoben: als die ersten Friedensbemühungen ins Stocken gerieten, verhängte der Papst über Heinrich von neuem den Bann (1119).

x 5. Endlich gelang es dem vermittelnden Eingreifen der deutschen Laienfürsten, einen Kompromiß herbeizuführen: **1122** schlossen Heinrich V. und Kalixt II. das **Wormser Konkordat,** das dadurch zustande kam, daß beide Gegner ihre Forderungen ermäßigten. Heinrich verzichtete [für sich und seine Nachfolger] auf die Investitur mit Ring und Stab, erhielt aber [für seine Person[3]] die Investitur mit dem Szepter, die in Deutschland vor der Weihe, in Italien und Burgund innerhalb von 6 Monaten nach der Weihe erfolgen sollte. Die Kurie hat den Friedensschluß auf der I. ökumenischen Lateransynode **(1123)** als ihren Sieg gefeiert.

y Der deutsche König verlor das von den Karolingern, den sächsischen und den salischen Kaisern ausgeübte Recht, die Bischöfe des Reiches zu bestellen, und wurde darauf beschränkt, die unter seiner Mitwirkung (§ z) Ernannten mit den weltlichen Gütern zu belehnen. Aber wenigstens in Deutschland behielt Heinrich die Möglichkeit, ihm politisch nicht genehme Personen noch nach der Wahl durch Verweigerung der Investitur vom Episkopat auszuschließen. Für das römische Gebiet verzichtete der Kaiser auf alle Regalien und Rechte.

z Bei der kanonischen Wahl der Bischöfe und Äbte wurde dem König oder seinen Bevollmächtigten für Deutschland das Recht der Anwesenheit („*absque simonia et aliqua violentia*") zugestanden. Die Wahl erfolgte durch Klerus und Adel der Diözese, im 13. Jh. wurde sie das ausschließliche Recht des Domkapitels, d. i. der Korporation der Geistlichen der Kathedrale (§ 43 m); dies wählte niemanden, der in Rom nicht genehm war.

---

[3] Die Nachfolger Heinrichs V. hatten keinerlei Recht in kirchlichen Dingen, wenn sie es sich nicht eroberten!

§ 51. Die Lage im Orient. Der erste Kreuzzug.
Das Papsttum an der Spitze des Abendlandes.

CErdmann, Die Entstehung des Kreuzzugsgedankens, 1935. – SRunciman, A History of the Crusades, 3 Bde., London 1951–54, deutsch 1957ff. – JRichard, Le Royaume latin de Jérusalem, Paris 1953. – *AWaas, Geschichte der Kreuzzüge, 2 Bde., 1956. – RCSmail, Crusady Warfare 1097–1193, Cambridge 1956. – Pálphandéry et ADupront, La chrétienté et l'idée de croisade, Paris 1959.

1. Die gewaltigste Wirkung des religiösen und kirchlichen Auf- *a* schwungs, den das Abendland im 11. Jh. genommen hatte, war die Kreuzzugsbewegung. Sie ist in ihrer Entstehung und in ihrem Verlauf nur im Zusammenhang mit der politischen und kirchlichen Lage in den östlichen Ländern zu verstehen.

Im ISLAM war es schon 661 zu der religiösen Spaltung in Sunniten und *b* Schiiten gekommen. 750 entstand aus dem religiösen Gegensatz die Reichsspaltung (Sturz der Omaijaden und Ablösung durch die im persischen Osten erhobenen Abbassiden; der letzte Omaijade Abderrahman rettet sich nach Spanien und begründet das Emirat Korduba, seit 929 Kalifat). 936 ging der Kalif in Bagdad seiner weltlichen Macht verlustig und war fortan nur die oberste geistliche Autorität. Als solche wurde er auch von den selbständigen Teilstaaten anerkannt, abgesehen von den Fatimiden (Mittelpunkt Ägypten, Hauptstadt Kairo), die ein eigenes [schiitisches] Kalifat bildeten; ihr Reich erstreckte sich vom Atlantischen Ozean bis nach Mekka und Damaskus.

Im 11. Jh. wurde Vorderasien die Beute der TÜRKEN, wilder Nomaden- *c* horden aus dem Innern Zentralasiens, die das arabisch-persische Gebiet überfluteten. Ihr Hauptstamm waren die Seldschuken; sie begründeten mehrere Reiche, vor allem das von Ikonium oder Rum. In Kleinasien eröffneten sie den Angriff gegen die Byzantiner, in Syrien stießen sie mit den Fatimiden zusammen; so wurden Syrien und Palästina der Schauplatz der Kämpfe um die Vormacht in Vorderasien.

BYZANZ hatte unter der Dynastie der Makedonier (867–1056) noch einmal *d* einen politischen Aufschwung, dann aber (seit 1028) einen um so größeren Verfall erlebt. Erst unter *Alexios I. Komnenos* (1081–1118) erfolgte ein neuer Aufschwung. Nachdem er sich der Normannen und der wilden Nomadenhorden der Petschenegen erwehrt hatte, bat er durch Vermittlung des Papstes das Abendland um Hilfe gegen die Seldschuken.

Bereits seit altkirchlicher Zeit waren Pilgerfahrten nach dem hl. Lande *e* üblich (§ 27 v). Die Araber hatten gegen einen geringen Tribut den Besuch der heiligen Orte gestattet, aber seit der Eroberung Palästinas durch die Fatimiden (10. Jh.) stießen die Pilger auf ständig steigende Feindseligkeit der Muhammedaner, und vollends seit der Unterwerfung des Landes unter die Seldschuken (1070ff.) brachten die Pilger empörende [die Wirklichkeit wohl übertreibende] Berichte von der bedrängten Lage der Wallfahrer und der in Palästina ansässigen Christen und von der Profanierung der heiligen Stätten nach der Heimat.

Das Abendland war für den Kreuzzugsgedanken empfänglich, da der Kampf *f* gegen den Islam im Laufe des 11. Jhs. schon an mehreren Punkten lebhaft entbrannt war: in Spanien kämpften der spanische und der südfranzösische Adel mit Erfolg gegen die arabische Macht (§ 64 g h); die aufblühenden italienischen Handelsstädte Venedig, Amalfi, Pisa und Genua standen im Kampf mit den islamitischen Mächten, um direkte Handelsverbindungen mit der reichen muhammedanischen Kulturwelt zu erkämpfen; dazu hatten die süditalienischen Normannen bis 1090 Sizilien von den Sarazenen zurückerobert. Religiöse Begeisterung und kriegerische Eroberungslust waren bei diesen Kämpfen untrennbar verbunden.

2. α) Als das Papsttum über Heinrich IV. die Oberhand gewonnen *g* hatte, leistete es dem Hilfegesuch des Alexios Komnenos (§ d) Folge,

trat an die Spitze der großen antimuhammedanischen Bewegung des Abendlandes und organisierte den **ersten Kreuzzug (1096–1099)**.

h   Im Kreuzzugsgedanken vereinten sich 1) der alte Wallfahrtsgedanke, 2) der im Rittertum lebendige Gedanke der Bewährung ritterlicher und kirchlicher Ehre im Heidenkrieg, und 3) der vom Papsttum geförderte Gedanke der militia S. Petri (kirchlich geweihte Fahnen seit der 2. Hälfte des 10. Jhs.; positive Stellung des Reformpapsttums zum Kriege!). Entscheidend für das Zustandekommen des ersten Kreuzzuges war die von *URBAN II.* geleitete **Synode zu Clermont 1095**. Hier erweckte die unter freiem Himmel vor einer großen Menge gehaltene Rede des Papstes den begeisterten Beschluß des Kreuzzuges („*Deus lo volt*"); viele Tausende, meist Franzosen, nahmen in den nächsten Wochen unter dem Eindruck der begeisterten Kreuzzugsprediger das Kreuz. Unter den Motiven zur Kreuzfahrt wirkten von Anfang an neben den religiösen (alle Teilnehmer erlangten vollkommenen Ablaß) auch weltliche: Abenteuerlust, phantastische Vorstellungen vom märchenhaften Orient und seinen Schätzen, das Verlangen, sich lästigen Verhältnissen in der Heimat zu entziehen u. a. Das Unternehmen berührt im ganzen überaus wirklichkeitsfremd.

i   Ein wüster Zug von Abenteurern, darunter der feurige Kreuzzugsprediger *Peter von Amiens*, zog im Frühjahr 1096 dem eigentlichen Kreuzheer voraus, erlag aber teils schon den Bulgaren, teils in der Ebene von Nicäa den Seldschuken. Im Herbst 1096 brach das eigentliche Kreuzheer auf, französische, normannische und flandrische Ritter, von Deutschen nur niederlothringische. Die Fürsten blieben dem Zuge fern, daher fehlte es an einer einheitlichen Führung. Die Kämpfe im Orient wurden mit fanatischer Grausamkeit gegen die „Ungläubigen" beiderlei Geschlechts geführt: den Höhepunkt bildeten die Kämpfe um Antiochia (1098; Auffindung der heiligen Lanze) und um Jerusalem (Juli 1099 von den Kreuzfahrern erobert).

k   β) Mit den überschwenglichsten Erwartungen begleitete das Abendland den mit unvergleichlichem religiösem Enthusiasmus unternommenen Zug: der Islam sollte aus seinen Eroberungen vertrieben, die byzantinische und die armenische Kirche dem Papsttum unterworfen werden. Das Ergebnis war weit bescheidener: nur das westliche Kleinasien und der Küstenstrich von Syrien wurden erobert; jenes traten die Kreuzfahrer vertragsgemäß an Byzanz ab; in Syrien wurden mehrere lateinische Herrschaften und die lateinische Kirche errichtet.

Die Lage der **Kreuzfahrerstaaten** in den ersten Jahrzehnten nach ihrer Gründung war wenig erfreulich. Nicht nur lagen die Normannenfürsten von Antiochia in beständigem Kampfe mit den Byzantinern, ihren alten Gegnern (§ 50 f), sogar kriegerische Verwickelungen der lateinischen Herrschaften untereinander blieben nicht aus. Dazu bestanden scharfe Gegensätze innerhalb der buntgemischten Bevölkerung der Kreuzfahrerstaaten: „Franken" (= Abendländer), Syrer, Griechen, „Pullanen" (abendländisch-orientalische Mischlinge) standen nebeneinander. Unter dem verweichlichenden Klima griffen Sittenlosigkeit und schlimme Laster reißend um sich.

l   γ) Weit bedeutender war die Rückwirkung des Kreuzzugsunternehmens auf das Abendland, die Wandlung der Kultur, die infolge der großen Erweiterung des räumlichen Gesichtskreises und der Berührung mit den überlegenen Kulturen der Araber und der Byzantiner erfolgte und schon wenige Jahrzehnte nach dem ersten Kreuzzuge spürbar wurde. Mit der Befreiung des westlichen Mittelmeers von den Arabern und dem Aufschwung des Handels hoben sich die Städte, namentlich in Frankreich und Italien, hinter denen Deutschland mit Ausnahme des Niederrheins erheblich zurückblieb. Die rasche Steigerung der Geldwirtschaft, die Verfeinerung der Lebensbedürfnisse, eine reichere Individualisierung der Gesellschaft, ein starkes Streben der Laien nach Anteil an geistiger Bildung waren die nächsten Folgen. Neben Adel und Klerus trat der „dritte Stand", das Bürgertum. In religiöser Hinsicht steigerten die Kreuzzüge zunächst das Ansehen des Papstes, sowie das Reliquien- und Ablaßwesen, späterhin aber die Neigung zu Kritik und Skepsis (§ 61 y).

§ 52. Der Aufschwung der Askese im Zeitalter des großen Kirchenstreits.

*LJanauscheck, Origines Cisterciensium I, 1877. – FWinter, Die Cistercienser des nö. Deutschlands, 3 Bde., 1868–71. – Ders., Die Prämonstratenser des 12. Jhs., 1865. – HPrutz, Die geistlichen Ritterorden, 1908. – *KSpahr, Die Cistercienserabtei des 12. Jhs. in geographischer Schau, 1953. – Ders., De fontibus constitutivis primigenii iuris constitutionalis, 1953. – *GSchreiber, Kurie und Kloster im 12. Jh., 2 Bde., 1910. – HsHirsch, Die Klosterimmunität seit dem Investiturstreit, 1913. – *SHilpisch, Die Doppelklöster, 1928. – Clara König, Englisches Klosterleben im 12. Jh., 1928. – Augustinerregel: PSchröder, Arch. f. Urkundenforschung 9, 1926, S. 271–306. – MDessubré, Bibliographie de l'ordre des Templiers, 1928.

1. MÖNCHTUM. In dem fünfzigjährigen Streit mit dem deut- *a* schen Königtum war das Papsttum von der mächtig anschwellenden religiösen Strömung getragen worden. Im ganzen hat der Kampf zwischen Imperium und Sacerdotium die Frömmigkeit und den kirchlichen Sinn verstärkt. Dies zeigt sich vor allem in dem steigenden Andrang zu den Klöstern, in den Reformen und Neugründungen im Mönchtum und in der Neubelebung der vita canonica, sowie in der Strenge der mönchischen Askese. Ein wichtiger Zug der Neugründungen dieser Zeit ist die Entstehung des Ordenswesens im strengen Sinn; es handelt sich nun meist nicht mehr um die Stiftung einzelner Klöster, sondern weit verzweigter, oft viele Länder umspannender Organisationen. Im Vordergrund dieser mönchischen Reformbewegung stand Frankreich; auch die bedeutendste Neugründung dieser Zeit, der Zisterzienserorden, der den Einfluß Clunis verdrängte und die kirchliche Großmacht des 12. Jhs. wurde, ist französischen Ursprungs.

In DEUTSCHLAND gewann die cluniacensische Bewegung während des In- *b* vestiturstreits endlich größeren Einfluß (vgl. § 49 d), und zwar durch das im alten Herzogtum Franken gelegene Kloster Hirsau (reformiert 1069). Im Investiturstreit haben die umherziehenden Hirsauer Mönche durch lebhafte Agitation gegen Wibert (§ 50 o r) und ernste Predigt eine große Einwirkung auf die Laien geübt; es bildeten sich asketische Genossenschaften von Weltchristen unter Leitung der Mönche.

In FRANKREICH entstanden zunächst einige kleinere Mönchsorden, die zwar *c* zu keiner großen Bedeutung für die Gesamtkirche gelangten, aber für die herrschende weltflüchtige Stimmung charakteristisch sind. Der Orden von **Grammont** erwuchs aus einer Mönchsgesellschaft, die *Stephan von Tigernum* († 1124) nach dem Vorbilde der italienischen Eremitengenossenschaften (§ 49 e) um 1076 begründet hatte. Viel wichtiger war der Orden der **Kartäuser,** dessen Mutterkloster, die Einsiedelei **La Chartreuse** (in einer wilden Gebirgsschlucht bei Grenoble) **1084** von einem deutschen Kleriker *Bruno* (aus Köln, † 1101) gestiftet wurde. Die Mönche leben, voneinander streng getrennt, in Einzelzellen mit Einzelgärtchen. Die Askese ist äußerst schroff; bis auf wenige Stunden in der Woche herrscht beständiges Stillschweigen. Der Orden von **Fontévraud** (Pauperes Christi), den der berühmte französische Wanderprediger *Robert von Arbrissel* († 1117) 1100/1101 begründete, führte das System der **Doppelklöster** durch, d. h. je ein Nonnen- und ein Mönchskloster wurden unmittelbar nebeneinander errichtet und der Leitung der Äbtissin des Nonnenklosters unterstellt[1].

d Zu diesen kleineren Orden trat eine höchst bedeutsame Gründung, der Orden der **ZISTERZIENSER.** 1098 stiftete der strenge Abt *Robert* († 1108) das Benediktinerkloster **Citeaux** (Cistercium). Unter seinem dritten Abt, *Stephan Harding,* und unter dem Einfluß des *hl. Bernhard,* der 1113 in Citeaux eintrat (§ 54 c), nahm es einen solchen Aufschwung, daß zahlreiche Tochterstiftungen nötig wurden (die bekannteste **1115 Clairvaux,** Claravallis; erster Abt: Bernhard). Stephan Harding ist der eigentliche Stifter des Ordens; er war es, der **1118** durch die „**Charta charitatis**" die Zisterzienser als einen selbständigen Orden von den Benediktinern löste.

e Die Regel ist die **nicht gemilderte,** durch die „Charta charitatis" ergänzte Regula S. Benedicti. Die **Verfassung** ist nicht monarchisch, wie in der Kongregation von Cluni, sondern **aristokratisch.** Die Zisterzienser sind der erste eigentliche „**Orden**": die Klöster sind nicht, wie meist im älteren benediktinischen Mönchtum, voneinander unabhängig gegründet, sondern von vornherein durch ein bestimmtes System der Neben- und Unterordnung straff organisiert. Die höchste Autorität ruht bei dem alljährlich tagenden **Generalkapitel der Äbte.** Jedes Kloster wird alljährlich durch sein Mutterkloster, Citeaux selbst durch die 4 ältesten Tochterklöster **visitiert.** Der Orden zerfällt in 5 „**lineae**"; an ihrer Spitze stehen Citeaux und die 4 ältesten Tochterklöster (La Ferté, Pontigny, Clairvaux, Morimond).

f Charakteristisch ist die **scharfe Askese,** das [anticluniacensische] Streben nach äußerster **Einfachheit** im Klosterleben wie im Gottesdienst (ganz schmucklose Kirchengebäude, ohne steinerne Türme und ohne alle Kostbarkeiten und Farbenpracht; der Baustil der Zisterzienser beruht auf Übernahme und Kanonisierung einer bestimmten Phase der burgundischen Frühgotik). Die Frömmigkeit war mystisch und neigte zum Visionär-Ekstatischen; besonders gepflegt wurde die Marienverehrung. Der Orden schloß die religiöse Beeinflussung der Bevölkerung grundsätzlich von seiner Tätigkeit aus. Zu einem wichtigen Kulturfaktor wurde er durch seine rege **wirtschaftliche Tätigkeit,** besonders in Deutschland (s. § 55 b; Kultivierung unbebauten Landes, musterhafte Viehzucht und Ackerwirtschaft, Wein- und Gartenbau, Einführung fremder Obstsorten usw.).

g Wie die italienischen Eremitengenossenschaften des 11. Jhs. (zuerst die von Vallombrosa, § 49 e) führten die Hirsauer, Grammontenser, Kartäuser und Zisterzienser das Institut der **Laienbrüder** ein *(fratres barbati, laici, conversi);* zu wirklicher Bedeutung gelangte es erst bei den Zisterziensern. Es entstand in der orientalischen Kirche, wo es in der Zeit der Bilderstreitigkeiten zuerst nachweisbar ist. Während die Tätigkeit der Vollmönche auf die Klosterzelle und Klosterkirche beschränkt wurde, hatten die Laienbrüder die schweren Arbeiten

---

[1] Doppelklöster gab es bereits im altchristlichen Mönchtum; das Konzil zu Agde (Provence, 506) und Justinian I. untersagten sie; sie fanden sich aber in der Folgezeit bei Iroschotten und Angelsachsen, gelegentlich auch in Frankreich, im Osten seit dem Bilderstreit, seit dem 12. Jh. im Abendland, außer in Fontévraud auch bei den Prämonstratensern (§ k) und in dem auf England beschränkt gebliebenen Orden der Gilbertiner (gegründet 1135 von *Gilbert von Sempringham*), später auch im Birgittenorden (§ 66 c). Die asketische Strenge erforderte völlige Trennung der Nonnen und der Mönche; diese betraten das Nonnenkloster ordnungsgemäß nur zwecks Abholung einer Leiche, eventuell zur Erteilung der Sterbesakramente. Ärgernisse blieben in Verfallszeiten nicht aus.

auf den Äckern und in den Handwerkstuben der Klöster zu verrichten. Sie unterstanden der Regel, lebten streng asketisch, hatten aber an der Regierung (Abtswahl usw.) keinen Anteil. Die Laienbrüder stammten meist aus den niederen, die Mönche meist aus den höheren Volksschichten.

2. VITA CANONICA. Von der Reformbewegung wurden auch *h* die Kanoniker, die Kathedral- und Domgeistlichen, erfaßt. Seit der Karolingerzeit war die „vita canonica" (§ 45 e) in Verfall geraten; jetzt suchte die Reformpartei sie zu erneuern und zu verschärfen. Diesem Streben dienten die römischen Synoden von 1059 und 1063 und die Einbürgerung der sog. „Regel Augustins". Die nach ihr lebenden Kanoniker, die sog. „regulierten Kanoniker" oder „Augustiner-Chorherren", waren bald sehr zahlreich. Eine Fortbildung stellt der Prämonstratenserorden dar, der dem Zisterzienserorden an Bedeutung zur Seite trat.

Die von den **Augustiner-Chorherren** befolgte „Regel Augustins" ist eine bis ins *i* 7. oder 8. Jh. zurückzuverfolgende Paraphrase von Augustins Schreiben (ep. 2$_{11}$) über die „vita canonica"; sie hat die mildere Aachener Chorherrenregel von 816 (§ 45 e) und andere mit der Zeit verdrängt. An den meisten Kathedralen und Stiften wurde die vita canonica nicht wieder eingeführt; ihre Mitglieder hießen „Säkularkanoniker". Innerhalb des Augustiner-Chorherren-Ordens entstanden zahlreiche Kongregationen, zB. die von St. Viktor bei Paris (§ 54 e g).

Der Orden der **PRÄMONSTRATENSER** nahm seinen Anfang von Prémontré, *k* das 1120 durch *Norbert von Xanten* gestiftet wurde; die Berufung Norberts zum Erzbischof von Magdeburg 1126 verpflanzte den Orden in die deutschen Wendenländer, wo er sein Hauptarbeitsfeld fand. Die Prämonstratenser sind ein Orden von regulierten Kanonikern, nicht von Mönchen; aber ihre Verfassung näherte sie den Zisterziensern, mit denen sie auch das Arbeitsfeld teilten (§ 55 b).

3. SPITAL- UND RITTERORDEN. Neben diesen ausschließlich *l* dem asketischen Zweck dienenden Orden entstanden die Spitalorden, die sich bestimmten praktischen Zwecken widmeten, der Krankenpflege oder der Loskaufung von Christensklaven. Zu ihnen gehörten auch die in den Kreuzfahrerstaaten zum bewaffneten Geleit der Pilger sich bildenden Ritterorden, von denen die beiden ältesten, der Templer- und der Johanniterorden, noch in dieser Periode entstanden, während der Deutsche Orden erst 1190 gegründet wurde (§ 64 e).

Die Spitalorden waren Verbände von Laienbruderschaften (vgl. § g; also nicht: *m* Kloster, Abt, Mönche, sondern: Haus, Meister, Brüder). Es entstanden einerseits Spitalorden ohne Waffendienst, andererseits Spitalorden mit Waffendienst oder Ritterorden. Die Ritterorden vereinigten das asketische und das ritterliche Ideal; zu dem dreifachen Gelübde des Mönchs (Armut, Keuschheit, Gehorsam) trat das Gelübde des Kampfes gegen die Ungläubigen.

1. RITTERORDEN. Am weitesten zurück reicht die Vorgeschichte der *n* **Johanniter.** Das Mutterhaus der Johanniter war ein Spital in Jerusalem. Sein Aufschwung datiert von der Eroberung der Stadt durch die Kreuzfahrer (1099); Meister *Gerard*, der ihm damals vorstand, begründete von dem jerusalemischen Spital aus eine Menge von „Xenodochien" in südfranzösischen und italienischen Hafenorten, für Pilger aus allen Ländern. Aus der freien Bruderschaft entstand dann unter dem nächsten Meister, *Raimund du Pui*, allmählich (seit c. **1120**) ein Orden; zu der Aufgabe der Krankenpflege fügte man nach dem Vorbilde der Templer [vor 1137] die des Waffendienstes (Kampf gegen die Ungläubigen

Geleit der Pilger), vermutlich zuerst in Spanien. Die ordnungsmäßige Ausgestaltung der **Verfassung** erfolgte nur langsam und unter dem Einfluß der Templer. Die **Ordenstracht** der Ritter war ein schwarzer Mantel mit weißem Kreuz, im Kriege ein roter Waffenrock. Der **Name** „Johanniter" bezieht sich wohl auf den alexandrinischen Bischof Johannes den Barmherzigen (606–616).

o   Der Orden der **Templer** reicht in seinen Anfängen nicht so hoch hinauf wie der Johanniterorden, entwickelte sich aber früher als dieser zu einem Ritterorden. Um **1120** verband sich *Hugo von Payens* mit mehreren französischen Rittern zum bewaffneten Schutz des hl. Landes und der Pilger. Man nannte sie „Milites templi", da ihnen Balduin II. von Jerusalem einen Teil seines vermeintlich auf dem alten Tempelplatz gelegenen Palastes angewiesen hatte. Den raschen Aufschwung verdankte die Vereinigung u. a. der Gunst *Bernhards von Clairvaux*. Außer in Palästina verbreiteten sich die Templer frühzeitig auf der Pyrenäenhalbinsel. Der Orden wurde straff **zentralistisch** ausgestaltet; an der Spitze stand der auf Lebenszeit gewählte **Großmeister** mit fürstlichem Rang; unter ihm die [adligen] **Ritter**, die [adligen] **Geistlichen** und die [nicht-adligen] **dienenden Brüder**. Die Ordenstracht der Ritter war ein weißer Mantel mit rotem Kreuz.

p   2. SPITALORDEN OHNE WAFFENDIENST. Von den Spitalorden ohne Waffendienst war der älteste, noch in dieser Periode entstehende, der **Antoniusorden** (Orden der Antoniter). Er erwuchs aus einem Hospital in St. Didier de la Mothe im Dauphiné und wurde angeblich von Urban II. 1095 bestätigt. Seit dem Ende des 13. Jhs. wurde er in einen vornehmen Chorherrenorden umgewandelt („Tönniesherren").

§ 53. Der Aufschwung der kirchlichen Wissenschaft. Die Frühscholastik.

*Beiträge zur Geschichte der Philosophie des Mittelalters, her. von CBaeumker bzw. MGrabmann, 1891ff. – *Scholastik 1926ff. (Vierteljahrsschrift.) – *MGrabmann, Geschichte der scholastischen Methode, 2 Bde., 1909–11. – *MDe Wulf, Geschichte der mittelalterlichen Philosophie, deutsch von REisler, 1913. – *CBaeumker, Christliche Philosophie des Mittelalters (= Kultur der Gegenwart I 5), ²1913. – Ders., Der Platonismus im Mittelalter, 1916. – *JMVerweyen, Die Philosophie des Mittelalters, ²1926. – *EGilson, Der Geist der mittelalterlichen Philosophie, deutsch Wien 1950; vollständiger die französische Originalausgabe: L'esprit de la philosophie médiévale, ²Paris 1944. – *AMLandgraf, Dogmengeschichte der Frühscholastik, 4 Teile, 8 Bde., 1952–56. – *MDChenu, La Théologie au douzième siècle, Paris 1957. – PThHoffmann, Der mittelalterliche Mensch, ²1937. – SMDeutsch, Abälard, 1883. – AHausrath, Abälard, 1893. – Peter Abaelard, Theologia summi boni, ed. HOstlender 1939. – GvBülow, Des Dominicus Gundissalinus Schrift Vom Hervorgange der Welt, 1925. – Jv Walter, Magistri Gandulphi Bononiensis sententiarum libri IV, 1924. – HBeumann, Widukind von Korvey, 1950.

a   1. Der allgemeine Aufschwung der Kirche trat auch in einem neuen Aufblühen der kirchlichen **Wissenschaft** zutage. Das geistige Leben des Abendlandes war durch den Verfall der karolingischen Kultur aufs schwerste getroffen worden; viele Dom- und Klosterschulen waren eingegangen; die übrigen hatten mit der wirtschaftlichen Sicherheit den Sinn für die Wissenschaft verloren. So weist das ganze 10.Jh. nur vereinzelte Ansätze zu einer neuen geistigen Erhebung auf. Im Laufe des 11.Jhs., mit unter den Einwirkungen des großen **Kirchenstreits**, erfolgt dann aber der entscheidende Fortschritt zu einer Neugestaltung der kirchlichen Theologie. Es entstand allmählich die **dialektische Methode**; an die Stelle der rein traditionalistischen

Die Frühscholastik § 53

Theologie des vorangehenden Zeitalters, die in der Hauptsache im Zusammentragen älterer literarischer Stoffe, besonders von Zitaten aus den Kirchenvätern bestand, trat eine Methode, die bei voller Bindung an die Autorität der Kirchenlehre doch dem intellektuellen Triebe Raum gab: man begann die Kirchenlehre logisch zu durchdenken und ihre Vernünftigkeit zu beweisen. Dabei war bezeichnend, daß die neue Methode sofort nach ihrem Hervortreten im Berengarschen Abendmahlsstreit in den Dienst hochkirchlicher Anschauungen genommen wurde.

1. α) DEUTSCHLAND brachte im 10. Jh. wenigstens einige tüchtige Geschichtsschreiber hervor (vor allem *Widukind von Korvey*, „Res gestae Saxonicae", begonnen 967 oder schon 957/58). Die im 9. Jh. begründete altdeutsche theologische Literatur (§ 45 l) setzte sich bis ins 11. Jh. fort. Mittelpunkt war St. Gallen; hier hat *Notker Labeo* († 1022) durch Übersetzungsarbeit die ersten theologischen Bücher in deutscher Sprache hergestellt. *b*

β) Auch in ENGLAND, wo nach dem Tode Alfreds d. Gr. (901) die gelehrte *c* lateinische Literatur neuem in Verfall geraten war, gedieh durch Übersetzungstätigkeit die Literatur in angelsächsischer Prosa, besonders durch die Bemühungen des gelehrten Benediktiner-Abtes *Aelfric* († 1020/25); die Eroberung Englands durch die Normannen brachte der angelsächsischen Literatur den Untergang.

γ) Besonders arg war der Verfall im 10. Jh. in ITALIEN, wo unter Laien wie *d* Klerikern antik-heidnische Anschauungen verbreitet waren und gelegentlich keck hervortraten. Ein einziger bedeutender theologischer Schriftsteller gehört Italien im „dunkeln Jh." an, noch dazu ein Ausländer, *Ratherius*, geb. bei Lüttich, vorübergehend Bischof von Verona, später von Lüttich († 974).

δ) FRANKREICH dagegen brachte selbst im 10. Jh. eine interessante Erscheinung hervor, *GERBERT VON AURILLAC*, der als Lehrer, Abt, Bischof, Erzbischof in Rheims, Bobbio, Ravenna wirkte und schließlich als Silvester II. 999–1003 Papst war (§ 48 m). Er war in seiner Zeit durch die Vielseitigkeit seiner Kenntnisse unerreicht, dazu als Lehrer hochgefeiert, später der Zauberei verdächtig. Sein Schüler *FULBERT* († 1029), Bischof und Begründer der theologischen Schule von Chartres, bezeichnet bereits den Übergang zur dialektischen Methode. Bei Gerbert und Fulbert begegnet auch eine neue Form des Wissenschaftsbetriebes, die an die Stelle der alten Dom- und Klosterschulen tritt; jetzt waren es einzelne hervorragende Schulhäupter, die einen freien, nur durch die persönliche Anziehungskraft des Lehrers zusammengehaltenen Schülerkreis um sich scharten; diese Unterrichtsform war die Vorstufe zur Entstehung der Universitäten (§ 62 c). *e*

2. Fulberts Schüler *BERENGAR*, Kanonikus und Scholastikus an der Schule *f* zu Tours († 1088), schritt entschlossen zur Anwendung der dialektischen Methode auf die Theologie fort. Er geriet darüber in Streit mit dem Italiener *LANFRANK*, Abt des Klosters Bec in der Normandie, zuletzt Erzbischof von Canterbury († 1089); dieser war ebenfalls dialektischer Theolog, aber weit konservativer. Zwischen beiden kam es zu einem neuen **Abendmahlsstreit** (vgl. § 45 n). Die Abendmahlslehre des Paschasius Radbertus war noch nicht kirchliches Dogma. Berengar vertrat, wie Ratramnus, nicht eine rein symbolische Abendmahlslehre; durch die Konsekration tritt zu den sichtbaren Elementen ein Neues, Unsichtbares, aber Reales hinzu, nämlich der ganze himmlische Christus, den der Gläubige (nur dieser!) empfängt. Von einer Wandlung der Substanz ist nicht die Rede. Nachdem sich mehrere Synoden mit dem Streit befaßt hatten (1050 Rom und Vercelli, 1054 Tours), wurde Berengar 1059 in Rom durch den fanatischen Kardinal *Humbert* (§ 50 b) genötigt, ein den Paschasius Radbertus weit überbietendes Bekenntnis anzunehmen: Leib und Blut Christi werden von den Priestern angefaßt und von den Empfängern mit den Zähnen zerrieben. Der Streit lebte 1068 noch einmal auf, wurde aber von Gregor VII. beendet; Berengar bekannte, geirrt zu haben, und wurde darauf für rechtgläubig erklärt (**1079**). Er starb im Frieden mit der

199

Kirche. Das Ergebnis des Streits war der Sieg des **Traditionalismus** gegenüber der Dialektik und die kirchliche Anerkennung der Lehre von der Wandlung (ihre endgültige dogmatische Festsetzung erfolgte erst 1215, s. § 56 s t; der Ausdruck *transsubstantiatio* erst im 12. Jh.).

g 2. Gegen Ende des 11.Jhs. setzt die eigentliche **Scholastik,** zunächst die Frühscholastik, ein. Ihr erster, seine Vorgänger um ein bedeutendes übertreffender Vertreter war *ANSELM VON CANTERBURY,* ein hervorragender Denker von ausgeprägter wissenschaftlicher Eigenart, zugleich von tiefer, warmer Frömmigkeit. Wie sein Lehrer Lanfrank, verband er mit einer streng konservativen Haltung gegenüber der kirchlichen Überlieferung eine dialektische Behandlung der dogmatischen Fragen.

h *Anselm* (1033–1109) aus Aosta in Piemont, Abt von Bec in der Normandie, 1093 Erzbischof von Canterbury, als solcher starrer Verfechter der Grundsätze Gregors VII. (§ 50 t), schrieb u. a. „Proslogium", „Monologium", „Cur deus homo". Der Ausgangspunkt seines theologischen Denkens ist der Satz: *credo, ut intelligam* (dem Sinne nach schon bei Augustin, c. Acad. III 43, im Anschluß an Jes. 7_9: *nisi credideritis, non intelligetis*). Anselm nimmt also zuerst den kirchlichen Glauben an, sucht ihn aber durch die dialektische Theologie zum Erkennen zu erheben. Dabei traut er dem menschlichen Erkenntnisvermögen die Fähigkeit zu, die Denknotwendigkeit der kirchlichen Dogmen zu beweisen. So führt er im „Proslogium" den sog. **ontologischen Gottesbeweis,** in dem er aus dem Begriff eines Wesens, *quo majus cogitari non potest,* auf die Existenz dieses Wesens schließt (Gott ist das allervollkommenste Wesen, wäre dieses aber nicht, wenn er nur in der Vorstellung und nicht zugleich in der Wirklichkeit existierte; vgl. § 1). Wichtig ist ferner seine scharfsinnige, beinahe eine einzige Kette von Syllogismen darstellende **Satisfaktionstheorie** („Cur deus homo"): Sünde heißt: Gott nicht die schuldige Unterwürfigkeit unter seinen Willen erzeigen, Gott das Seine rauben. Die Ehre Gottes fordert nicht bloß Rückerstattung des Geraubten, sondern eine Rekompensation, eine Genugtuung (*satisfactio*). Verzicht auf diese durch Gott würde seine Ehre, die Ordnungen seines Reichs, die göttliche Gerechtigkeit verletzen. So bleibt nur die Genugtuung oder Bestrafung übrig. Aber die Bestrafung (Verdammung) seines kostbarsten Geschöpfes ist Gott unmöglich; so bleibt allein die Genugtuung. Zu ihr aber ist der Mensch außerstande; seine Schuld ist zu groß („*nondum considerasti, quanti ponderis sit peccatum*"). Daraus ergibt sich der Schluß: „*necesse est, ut eam faciat deus homo.*" Indem der Gottmensch sein Leben freiwillig dahingibt, schafft er eine Genugtuung von unendlichem Wert. Gott muß, weil er gerecht ist, diese Gabe notwendig vergelten; daher macht er die Menschen zu Erben des Verdienstes des Gottmenschen.

i Anselms Meinung, daß sich die Denknotwendigkeit der kirchlichen Dogmen rational demonstrieren lasse, haben die folgenden großen Scholastiker nicht mehr zu teilen vermocht; sie suchen nur noch die Denkmöglichkeit der Dogmen zu erweisen. *Kants* „Kritik der reinen Vernunft" (1781) hat auch hierin der Theologie neue Wege gewiesen (§ 108 g).

k 3. In welcher Stärke der philosophische Trieb erwacht war, zeigt die erste Phase des **Universalienstreits.** Die Frage nach der Realität der „universalia", der Gattungen und Arten (der Allgemeinbegriffe), wurde seit dem 11.Jh. das mit leidenschaftlicher Disputiersucht behandelte philosophische Grundproblem. Erst in der Reformationszeit trat das Problem zurück, ohne daß der Streit zwischen „Realisten" und „Nominalisten" eine Lösung gefunden hatte.

l 1. Der **Realismus** faßte die *universalia* als *res,* als wirklich existierend; der Grad der Realität steigert sich mit dem Grade der Allgemeinheit (neuplatonische Metaphysik: je näher die Dinge der Gottheit sind, desto mehr „Sein" haben sie), so daß das Absolute, Gott, zugleich das Allerrealste (*ens realissimum*) ist. Auf dieser Voraussetzung beruht der ontologische Beweis Anselms: das Absolute (das zugleich das Allervollkommenste, *ens perfectissimum* ist) kann nur als existierend gedacht werden, seine Existenz folgt aus seinem Begriff. Der extreme Realismus lehrte in der Nachfolge Platos: *universalia ante res*, d. h. die allgemeinen Begriffe sind vor den Einzeldingen vorhanden. Der gemilderte Realismus lehrte im Anschluß an Aristoteles: *universalia in rebus*, d. h. die allgemeinen Begriffe liegen *in* den Einzeldingen und kommen durch Betrachtung der Einzeldinge in den menschlichen Geist.

2. Der **Nominalismus** lehrte: *universalia post res*, d. h. die Gattungsbegriffe *m* sind bloße Abstraktionen des Verstandes (*nomina*), nur die individuellen Einzeldinge sind „real", wahrhaft wirklich. Sein bedeutendster Vertreter war der Kanonikus *ROSCELLINUS VON COMPIEGNES*, den die Anwendung des Nominalismus auf die Trinitätslehre freilich zur Leugnung der Wesenseinheit der drei Personen der Trinität, somit nach der Auffassung der Zeitgenossen zum Tritheismus führte. Die Synode von Soissons 1092 nötigte ihn zum Widerruf. Seitdem herrschte der Realismus, bei der Minderheit in seiner extremen, platonischen Form (*WILHELM VON CHAMPEAUX*, Lehrer an der Pariser Kathedralschule, der Begründer von St. Viktor bei Paris, † 1121 als Bischof von Châlons s. M.), bei der Mehrheit in der gemäßigten, aristotelischen Form. Der Nominalismus galt seit der Verurteilung Roscellins als Ketzerei (vgl. § 66 e).

4. Die interessanteste und glänzendste Erscheinung unter den *n* Scholastikern des Menschenalters nach Anselm war der Franzose *PETER ABAELARD,* der Typus des disputierfreudigen, zu einer gewissen Kritik neigenden Dialektikers, freilich ein unruhevoller, wenig ausgeglichener Charakter. Er scheiterte an dem Widerstand, den der kirchliche Traditionalismus in der Person Bernhards von Clairvaux (§ 54 c) seiner dialektischen Kühnheit entgegensetzte.

Sein LEBEN gleicht einem Roman. 1079 zu Pallet (Bretagne) als der Sohn eines *o* Ritters geboren, begann er in jugendlichem Alter zu Paris eine von beispiellosem Erfolge begleitete Lehrtätigkeit. Da stürzte ihn seine Liebe zu seiner Schülerin *Heloise* ins Unglück und verschloß ihm die klerikale Laufbahn. Abaelard wurde Mönch in St. Denis (1119) und begann bald von neuem zu lehren, wurde aber 1121 auf einer Synode zu Soissons verurteilt, seinen Traktat „De unitate et trinitate divina" eigenhändig ins Feuer zu werfen. Nach seiner Flucht aus St. Denis gründete er die Einsiedelei Paracletum, lebte dann eine Zeitlang unter den zuchtlosen Mönchen von St. Gildas in Ruys (Bretagne) und begann 1136 von neuem in Paris zu dozieren. Da erlag er seinen kirchlichen Gegnern, an deren Spitze der hl. *Bernhard* stand. *Innocenz II.* bestätigte den **1140** (nicht 1141!) auf der Synode zu Sens über Abaelards Ansichten verhängten Spruch, verurteilte ihn zu Klosterhaft, befahl, seine Schriften zu verbrennen und exkommunizierte seine Anhänger. Abaelard fand in Cluni eine Zuflucht († 1142 in dem unter Cluni stehenden Priorat St. Marcell bei Chalon-sur-Saône). Abaelard hat sein Leben [bis 1136] in der „Historia calamitatum" selbst beschrieben; sein berühmter Briefwechsel mit Heloise († 1164 als Äbtissin von Paracletum) ist keine rein objektive Wiedergabe der wirklichen Briefe der Heloissa.

Abaelards THEOLOGIE war vorbereitet durch Männer wie *Wilhelm von* *p* *Champeaux* (§ m) und *Anselm von Laon*. Bei diesen liegen die Anfänge der scholastischen Quästionenliteratur, die sich im Zusammenhang mit dem Disputationswesen der Schulen entwickelte, und sie sind auch die Urheber der ersten, bereits die Einwirkungen der Dialektik aufweisenden Sentenzenwerke. An diese Vorgänger knüpft Abaelard an; der von ihnen angebahnten Methode hilft er zum Siege (keine selbständige Erörterung und Lösung der Probleme, sondern Aufsuchen der richtigen Lösung aus der Reihe der widerspruchsvollen Entscheidungen der Autoritäten und dialektische Ausgleichung ihrer Widersprüche). Charakteristisch ist besonders seine Stellung zur Dialektik (Philosophie). Sie ist ihm nicht nur ein wertvolles Hilfsmittel für die Theologie, er will sie auch um ihrer selbst willen betrieben wissen. Besonders schätzt er den Aristoteles. Er war kein grundsätzlicher Rationalist; gleichwohl läßt sich ein rationalisierender Zug in seinem Denken nicht verkennen (Anselm: „Credo, ut intelligam"; Abaelard: „*Nihil credendum, nisi prius intellectum*"). Allerdings war er kein „Aufklärer" oder Leugner der Kirchenlehre; er fühlte sich durchaus als ihren Anwalt. Wenn er nach dem Vorgang anderer in seiner Schrift „Sic et non" ihre Widersprüche nebeneinander stellte, so war freilich dabei wohl eine gewisse kritische Stimmung mit im Spiele. Der freiere Zug seines Denkens zeigt sich auch darin, daß er Offenbarung auch in der vorchristlichen Welt, bei den griechischen Philosophen und Dichtern, anerkannte.

q Eigenartig ist seine starke Betonung des Ethischen (s. seine Schrift „Scito te ipsum"); auch die Versöhnungslehre bewegt sich in ethischen Kategorien: Jesus erweckt, indem er in seinem Leben und Sterben die vollkommene Offenbarung der Liebe Gottes gibt, die Gegenliebe der Menschen, die dadurch aus der Sündenknechtschaft erlöst und zur Gotteskindschaft erhoben werden. In der Christologie näherte er sich dem Adoptianismus. Abaelards Versöhnungslehre und seine Betonung der Ethik blieben ohne Wirkung; aber in der Universalienfrage vertrat er bereits den Standpunkt, der im 13. Jh. der Sache nach der herrschende wurde (*universale est in intellectu cum fundamento in re*).

r 5. Der Widerspruch gegen Abaelard galt weniger seiner Dialektik als solcher, als ihrer schrankenlosen Anwendung. Die Dialektik ließ sich auch mit einer streng traditionalistischen Haltung und der tieferen mystischen Frömmigkeit verbinden. Abaelards Schüler näherten sich den Traditionalisten; doch blieb deren Gegensatz gegen die Vertreter der Dialektik lebendig und richtete sich vornehmlich gegen den bedeutendsten Schüler Abaelards, den „Lombarden".

s *PETRUS LOMBARDUS* aus Novara, außer von Abaelard auch von Hugo von St. Viktor (§ 54 g) beeinflußt, lehrte in Paris und starb daselbst als Bischof 1160. Seine **„Sententiarum libri IV"**, die ihm den Beinamen des „magister sententiarum" eintrugen, sind das dogmatische Lehrbuch der folgenden Jahrhunderte geworden. Sie gruppieren den Stoff im Anschluß an Johannes von Damaskus in der seitdem üblichen Anordnung: 1) von Gott, 2) von den Kreaturen, 3) von der Erlösung, 4) von den Sakramenten und den letzten Dingen. Von seinen Zeitgenossen verdient *Dominikus Gundissalinus*, Diakon in Segovia (um 1150) Erwähnung, der bereits die arabische peripatetische Philosophie auf sich wirken ließ (vgl. § 62 b).

§ 54. Die mönchische Frömmigkeit.

Bernhard: ed. Mabillon, MSL 182–85. – *CVACANDARD, Leben des hl. Bernhard, 2 Bde., deutsch 1897f. – *JRIES, Das geistliche Leben nach seinen Entwicklungsstufen nach der Lehre des hl. Bernhard, 1906. – RLINHARDT, Die Mystik des hl. Bernhard, 1924. – *EGILSON, La Théologie mystique de Saint Bernard, Paris 1934. – *JLECLERCQ, Saint Bernard mystique, Bruges 1948. – *PDUMONTIER, Saint Bernard et la Bible, Paris 1953. – CSTANGE, Bernhard von Clairvaux (Lutherakademie, N. F. 3), 1954. – *JLORTZ [u. a.], Bernhard von Clairvaux, (Sammelband) 1955. – WPREGER, Geschichte der deutschen Mystik im Mittelalter I, 1874. – JBERNHART, Die philosophische Mystik des Mittelalters, 1922. – *CBUTLER s. § 2 q. – HLIEBESCHÜTZ, Das allegorische Weltbild der hl. Hildegard von Bingen, 1930. – WOEHL, Deutsche Mystikerbriefe des Mittelalters, 1100 bis 1550, 1931. – MBERNARDS, Speculum Virginum, Geistigkeit und Seelenleben der [Kloster-] Frau im Hochmittelalter, 1955.

a Nicht zuletzt erlebte auch die in den Klöstern gepflegte Frömmigkeit in dieser Zeit eines allgemeinen kirchlichen Aufschwunges einen bedeutsamen Wandel. Im Vergleich mit den vorangehenden Jahrhunderten weist das 12. eine große Verinnerlichung und Individualisierung der Frömmigkeit auf.

1. Aus der verinnerlichten mönchischen Frömmigkeit des 11. Jhs. *b* erwuchs eine eigenartige **Devotion** gegen den **irdischen Christus**. Die gesteigerte religiöse Phantasie lieh dem blassen dogmatischen Christusbilde Leben und Farbe; an der Betrachtung des menschlich-geschichtlichen Bildes des göttlichen Dulders entzündete sich die volle Glut des religiösen Empfindens. Der eigentliche Begründer und Bahnbrecher der Frömmigkeit des „Ecce homo" war **BERNHARD VON CLAIRVAUX**, der religiöse Genius des 12. Jhs., als Ratgeber der Päpste und der Fürsten der ungekrönte Herrscher Europas.

BERNHARD (1091–1153), geb. zu Fontaines bei Dijon) entstammte einer *c* streng kirchlichen burgundischen Adelsfamilie. 1113 wurde er Mönch in Citeaux, 1115 Abt der Tochterstiftung Clairvaux (§ 52 d). In echter Mönchsdemut verschmähte er die hohen kirchlichen Würden; trotzdem übte er durch seine zahlreichen Beziehungen und seine rastlose Tätigkeit einen unvergleichlichen Einfluß aus. Dieser temperamentvolle Franzose verstand es, durch seine Predigt die Massen fortzureißen, auch wo sie ihn nicht verstanden (Kreuzzugspredigt Bernhards am Rhein). Sein Hauptwerk, „De consideratione ad Papam Eugenium", richtete sich gegen die Weltherrschaft der Päpste (§ 56 d).

Bernhard ist in seinen theologischen Gedankengängen sehr stark von Hugo von *d* St. Viktor (§ g) beeinflußt. Mit der areopagitischen Mystik, die für Bernhard das Höchste ist, konkurriert, mit den Mystischen verwoben oder von ihm sich loskämpfend oder von ihm zurückgedrängt, die eigenartig-bernhardinische **Christus-Devotion** (besser nicht als „Christusmystik" zu bezeichnen). Sie versenkt sich in die Betrachtung des menschlichen **Bildes des Gekreuzigten**, seiner Gliedmaßen, seiner Wunden, oder des Kindes in der Krippe, und erregt durch den Anblick alle Leidenschaft des frommen Gefühls, aber auch eine eigenartige religiöse **Erotik**, die sich an den glutvollen orientalischen Hochzeitsliedern des **Hohen Liedes** zu befriedigen sucht, der vermeintlichen allegorischen Darstellung des Verhältnisses der Seele zu ihrem „Bräutigam". Die reiche religiöse **Lyrik**, die der bernhardinischen Frömmigkeit entquoll, wirkt bis in die Gegenwart.

2. Gleichzeitig wurde die **areopagitische Mystik** erneuert *e* und gelangte nun zu einer bis ins 14. Jh. anhaltenden Blüte. Ihre wichtigste Pflegestätte war das regulierte Chorherrenstift **St. Viktor** bei Paris, ihr hervorragendster Vertreter Hugo von St. Viktor. Die Verbindung dieser beiden Formen der Frömmigkeit, der areopagitischen Mystik und der Christusdevotion, schuf im 12. Jh. den für die folgende Zeit feststehenden Grundtypus der klösterlichen Frömmigkeit.

Die **areopagitische Mystik** (§ 36 o), nur um eine leichte Schattierung christ- *f* licher als die heidnisch-neuplatonische, gipfelt in dem **Metaphysischen**, in dem Schauen des unfaßbaren, einen Gottes, und bedroht die Frömmigkeit mit einem pantheistischen Ineinanderfließen der Seele und der Gottheit. Wie man hier die Welt sich vorstellt als ein von der Materie durch das Geistige hindurch zu den überweltlichen Mächten und schließlich zur Gottheit emporführendes System, so richtet der Mystiker auf die Dinge in eben dieser Reihenfolge seine Kontemplation, um schließlich in der **Ekstase** für wenige Augenblicke das wallende Gefühl der Berührung der Seele mit dem Absoluten zu erleben, einen Genuß, den er freilich mit der starken seelischen **Depression** erkauft, die in der Mystik regelmäßig dem höchsten Erlebnis folgt. Die Hauptvertreter der areopagitischen Mystik im 12. Jh. sind die **Viktoriner**.

Den Weltruf von St. Viktor begründete *HUGO* (1097–1141), entweder ein *g* Flamländer aus Ypern oder ein Sachse, aus dem Geschlecht der Grafen von Blankenburg am Harz, Leiter der Klosterschule von St. Viktor. Er schrieb „De sacramentis christianae fidei" (Hauptwerk, mehr dialektisch gerichtet), daneben mystische Schriften, zB. Kommentar zum Areopagiten, sowie die drei zusammengehörigen mystischen Traktate: „De arca morali", „De arca mystica", „De vanitate mundi". Sein bedeutendster Schüler war *RICHARD* von St. Viktor (geborener Schotte, seit 1162 Prior von St. Viktor, † 1173; schrieb „De trinitate", „De praeparatione animae ad contemplationem", „De gratia contemplationis").

h   Das Interesse der Viktoriner galt 1) der mystischen Frömmigkeit, die sie systematisch ausbauten, indem sie das religiöse Erlebnis der Reflexion unterwarfen. So entstand eine mystische Theologie, die das „wissenschaftliche Gegenstück" zu der unreflektierten praktischen Frömmigkeit Bernhards war. Daneben behandelten sie 2) das Gebiet der Dogmatik, erstrebten wie Abaelard die Versöhnung von Glauben und Wissen, suchten aber die Einheit beider mehr im Akte des religiösen Erlebens, als durch rein logisches Denken zu gewinnen. Da sie reichlich Methoden und Denkformen der Dialektik verwandten, bestand hier zwischen ihnen und Abaelard nur ein Unterschied des Grades. Der Gegensatz zwischen Scholastik und Mystik darf überhaupt nicht überspannt werden. Die „mystischen Theologen" seit den Viktorinern bedienten sich der scholastischen Methoden, die Scholastiker hatten vielfach die mystische Frömmigkeit zur Voraussetzung und zum Ziel (vgl. § 62 h k, 66 i, 71 f).

i   Ausgangspunkt ihrer mystischen Theologie ist eine Analyse des religiösen Erlebens; dabei gewinnen sie die psychologische Unterscheidung zwischen *cogitatio, meditatio* und *contemplatio*. Noch wichtiger ist ihre Zergliederung des „Glaubens"; sie ergibt, daß dieser nicht bloß ein Akt des Intellekts, eine Zustimmung der Vernunft zur Kirchenlehre (*cognitio*), sondern eine Richtung des Willens ist (*affectus*): eine Erkenntnis, die rasch wieder vergessen und erst von Luther wieder errungen worden ist. Über diesem Glauben, der nach keinen Beweisen verlangt (Stufe der schlichten Frömmigkeit), steht der Glaube, der durch Beweise gesichert ist (Stufe der scholastischen Theologie), über diesem die Kontemplation, das Schauen Gottes.

k   Die areopagitische Mystik ist im 12. Jh. ausschließlich in den Klöstern heimisch gewesen, in Deutschland (am Rhein) und Flandern namentlich unter inspirierten Nonnen, die in ihren Offenbarungen gegen die Entartung der Kirche auftraten (*Hildegard* von Bingen, † 1179, *Elisabeth* von Schönau, † 1164). Irgendein Gegensatz zwischen der Mystik und dem kirchlich-sakramentalen Christentum war im 12. Jh. nicht vorhanden.

§ 55. Die Ausbreitung des Christentums im Norden und Osten Europas.

Adam von Bremen [vgl. § 1 d], ed. BSchmeidler, ³1917. – GDehio und Hv Schubert, s. § 45. – LGiesebrecht, Wendische Geschichten, 3 Bde., 1843. – *ANaegle, KG. Böhmens, I 1 [4. bis 9. Jh.], 1915. – PKehr, Das Erzbistum Magdeburg (ABA 1920). – ABrackmann, Die Ostpolitik Ottos d. Gr. (HZ 134, 1926, S. 242–256). – *GSchreiber, Stephan I. der Heilige, 1938. – HLjungberg, Die nordische Religion und das Christentum, deutsch von HWSchomerus, 1940. – § h: WBaetke, Die Gotteslehre der Snorra-Edda (BSA 97, 3), 1950. – § o: *AMAmmann, Abriß der ostslawischen KG, 1950. – Ders., Die ostslawische Kirche im jurisdiktionellen Verband der byzantinischen Großkirche 988–1453, 1955. – Igor Smolitsch, Russisches Mönchtum 988–1917, 1953. – EBenz u.a., Russische Heiligenlegenden, 1953. – HEckart, Russisches Christentum 988–1917, 1947. – FDvornik, The Slavs, their early history and civilization, Boston 1956.

a   Während sich in den führenden Kulturländern der in den vorstehenden §§ geschilderte Aufschwung der Papstkirche vollzog, erfolgte an den nordöstlichen Rändern der abendländischen Kulturwelt ein anderer, sehr wichtiger Vorgang: das allmähliche Vordringen des Christentums gegenüber dem nordischen, dem slawischen und dem finnisch-ugrischen Heidentum. In zäher, Jahrhunderte langer Arbeit wurden Mittel- und Nordeuropa und der westliche Teil Osteuropas der römischen Kirche unterworfen. Die Hauptarbeit leisteten das 10., das 12. und das 13. Jh.

Das 9. Jh. hatte die Grenze gegen das Heidentum, wie sie beim *b* Tode Karls d. Gr. bestand, nur wenig vorzuschieben vermocht, trotz hingebender Arbeit (§ 45 b). Erst der politische Aufschwung Deutschlands im 10. Jh. gab den Anstoß zu einem neuen Vordringen der Mission. Um 950 trat Böhmen, um 1000 traten Polen, Ungarn und die nordischen Länder der christlichen Staatenfamilie bei. Allerdings haben sich Polen und Ungarn schon damals, infolge des Niedergangs der deutschen Macht, den deutschen Einflüssen wieder entzogen und von Rom abhängige, aber vom deutschen Königtum unabhängige Nationalkirchen gebildet; Otto III. hat diese Entwicklung vergeblich aufzuhalten gesucht. Fast gleichzeitig entstand die Kirche Rußlands; sie trat unter Konstantinopel. Mit dem Anschluß der Tschechen und der Polen an Rom, der Russen an Konstantinopel setzte sich die im 9. Jh. (§ 46) angebahnte kirchliche Scheidung der Slavenwelt fort. Das Werk Ottos d. Gr. unter den Elbslaven war durch den großen Slavenaufstand von 983 wieder vernichtet worden; auch der Neugründung des Christentums im Wendenlande in der Zeit des großen Adalbert von Bremen folgte ein neuer heidnischer Rückschlag; erst im 12. Jh. wurde die Bekehrung der Wenden östlich von der Elbe vollendet, in der Hauptsache im Zusammenhang mit der großen ostdeutschen Kolonisation, im wesentlichen dem Werk der deutschen Fürsten (nicht des Kaisertums!) und der Orden der Zisterzienser und der Prämonstratenser. Der Einfluß auf die nordische Welt ging freilich der deutschen Kirche durch die Kurie im 12. Jh. endgültig verloren. Die baltischen Länder wurden erst seit dem Ausgang des 12. Jhs. bekehrt (§ 64 a).

Einzelheiten.

1. Die **Elbslaven** oder **Polaben** (Abodriten, Wilzen, Sorben) hatten schon unter *c* Karl d. Gr. in einer losen Abhängigkeit vom fränkischen Reiche gestanden. Heinrich I. unterwarf die Elbslaven von neuem. Aber ein beispielloser Rassengegensatz erschwerte die Begründung der deutschen Herrschaft und des Christentums ungemein. Otto d. Gr. errichtete **948** unter den Wilzen die Bistümer Havelberg und Brandenburg, etwas später unter den Abodriten Oldenburg (in Holstein; c. 1160 nach Lübeck verlegt), **968** unter den Sorben das Erzbistum Magdeburg (vgl. § 48 g; die Stadt dann lange Zeit der Hauptort des deutschen Ostens) mit den Suffraganen Meißen, Merseburg und Zeitz (1032 nach Naumburg verlegt). Es war freilich vulkanischer Boden; durch den **großen Slavenaufstand 983** wurden die schwachen Anfänge des Christentums wieder vernichtet. Bei den Sorben blieb wenigstens die kirchliche Organisation bestehen; das Volk blieb bis ins 13. Jh. hinein heidnisch. Bei den Wilzen und den Abodriten ging für die nächste Zeit sogar die kirchliche Organisation wieder zugrunde.

Erst über ein halbes Jahrhundert später, unter *ADALBERT VON BREMEN* *d* (Erzbischof 1043/45–72; über ihn Adam von Bremen, § 1 d), der glänzendsten Gestalt der deutschen Kirche in der Zeit ihrer Vorherrschaft (§ 50 a[1]), machte die Mission in den Wendenländern wieder Fortschritte. Mit ihm im Bunde gewann der heldenhafte Wendenherzog *Gottschalk*, einst im Kloster Lüneburg erzogen, dann Heide und grausamer Christenverfolger, jedoch am Hofe Knuts (§ h) zum Chri-

§ 55   ZA. der Cluniacenser, des Investiturstreits, des ersten Kreuzzuges

stentum bekehrt, einen großen Teil des ostelbischen Gebiets und organisierte hier die Kirche. 1066 wurde Adalbert gestürzt, im gleichen Jahr starb Gottschalk den Märtyrertod; die Kirche im Wendenlande wurde von neuem zerstört.

e   Der Kreuzzugsbewegung von 1147 (§ 56 d) entsprang der Gedanke, den Kampf gegen die Heiden in Europa, zunächst gegen die heidnischen Wenden, in die Formen des Kreuzzugs zu kleiden. Doch erreichte der Wendenkreuzzug von 1147 sein Ziel („Ausrottung oder Bekehrung!") nicht entfernt, störte vielmehr nur die friedliche Mission, die hier bereits im Gange war und um die sich der Bremer Domschulmeister *VICELINUS* († 1154 als Bischof von Oldenburg in Holstein) das größte Verdienst erwarb. Erst in den nächsten Jahrzehnten wurden die Deutschen endgültig die Herren im Wendenlande, teils durch friedliche Missionsarbeit, teils durch die Kriegszüge Heinrichs des Löwen und Albrechts des Bären; ein großer Teil der Wenden war vernichtet und durch deutsche Einwanderer ersetzt, den übrigen wurde das Christentum aufgenötigt.

f   Bei den **Pommern**, die seit 1121 unter polnischer Oberhoheit standen, vollzog sich die Bekehrung ohne Blutvergießen. Vom Polenherzog Boleslav III. berufen, gründete der Bischof *OTTO VON BAMBERG* durch zweimaligen Aufenthalt in Pommern (**1124, 1128**) die pommerische Kirche. (Bistum Wollin, vor 1180 nach Kammin verlegt, exemt.) Dem Heidentum auf Rügen wurde von Dänemark aus ein Ende gemacht (1168 Zerstörung des Heiligtums des Swantewit auf Arkona). Die Insel kam kirchlich unter Lund.

g   2. Bei den **Skandinaviern** war die Mission Anskars und seines Nachfolgers Rimbert fast ohne Spuren vorübergegangen. Der Sieg Heinrichs I. über die Dänen (934) öffnete der Mission von neuem die Wege. Unter Otto d. Gr. gelang es, den Dänenkönig *Harald Blauzahn* zur Taufe zu bewegen. **947** erfolgte die kirchliche Organisation Dänemarks durch Gründung der Bistümer Schleswig, Ripen und Aarhus. Diese Bistümer wurden durch den deutschen König besetzt; ganz Jütland stand 934–83 unter deutscher Oberherrschaft.

h   Diese Anfänge gingen indessen im letzten Viertel des 10. Jhs. wieder zugrunde. Aber auf diesen heidnischen Rückschlag folgte **um 1000** die Begründung des Christentums (1) in DÄNEMARK durch *Sven Gabelbart* (985–1014) und seinen Sohn *Knut d. Gr.* (1014–1035), der Dänemark, Norwegen und England zu einem Reiche vereinte (Winter 1026–27 Wallfahrt Knuts nach Rom); (2) NORWEGEN wurde durch die grausamen Könige *Olaf Tryggvason* (995–1000) und *Olaf den Dicken* (den „Heiligen", 1015–1030) dem politischen Herrscherwillen des Oberkönigtums und der Kirche unterworfen; (3) SCHWEDEN durch *Olaf Schoßkönig* (getauft nach 1000) „christlich". Von Norwegen aus wurde das von Normannen besiedelte Island (Landnahme c. 900) und von Island aus Grönland (die normannische Ansiedlung, die bis zur Eiskatastrophe von c. 1400 bestand) bekehrt. Auf Island trieb der Gegensatz zwischen den heidnischen und den christlichen Bauern dem unvermeidbar scheinenden inneren Kriege zu; da schloß die Thingversammlung von 1000 den Kompromiß, gegen das Zugeständnis gewisser heidnischer Gebräuche (abgeschafft 1016) das Christentum einzuführen. Die Erinnerung an die heidnische Zeit blieb gerade auf Island lange lebendig. In Schweden und Norwegen erfolgte der Übergang zur neuen Religion nur langsam; noch in der 2. Hälfte des 11. Jhs. stand der berühmte Tempel des schwedischen Volkes in Alt-Upsala, dessen Fest König und Volk zusammenschloß.

i   Infolge der Verbindung der skandinavischen Welt mit England (Wikingerfahrten; dänische Herrschaft über England unter Knut) wurde die Christianisierung Skandinaviens durch angelsächsische Priester durchgeführt. Doch behauptete Hamburg-Bremen zunächst seine Metropolitanrechte. *Adalbert von Bremen* (§ d) hatte sogar den großartigen Plan, das Erzbistum Hamburg-Bremen zu einem nordischen Patriarchat zu erheben. Die Kurie ging zwar auf diesen Plan nicht ein, aber tatsächlich herrschte Adalbert in den 50er Jahren des 11. Jhs. in Bremen wie ein „König der Nordsee". Skandinavien, die Orkney-Inseln, Island, Grönland, Vinland (wahrscheinlich ein durch die Normannen zeitweilig bekannter Küstenstrich Nordamerikas) hat er kirchlich beherrscht. Mit seinem

Sturz als Regent für den unmündigen Heinrich IV. brach seine Macht völlig zusammen. 1104 errichtete die Kurie das Erzbistum **Lund**; damit war die Vormachtstellung Hamburgs in der skandinavischen Welt für immer vernichtet. 1151 wurde für Norwegen das Erzbistum **Nidaros** (Drontheim), 1164 für Schweden das Erzbistum **Upsala** begründet.

Von Schweden aus erfolgte die Bekehrung von **Finnland** (1154–1293) und *k* **Lappland** (14. Jh.).

3. In **Böhmen** wurde der christliche König *Wenzeslav* (der heilige Wenzel) 929 *l* (oder 935) durch seinen Bruder *Boleslav*, den Führer der heidnisch-tschechischen Nationalpartei, ermordet. Doch wurde *Boleslav* (bis 967) von Otto d. Gr. zur Anerkennung der deutschen Lehnshoheit und zur Annahme des Christentums genötigt (seit **950**). Das Bistum **Prag** (gegr. 973) stand [bis 1344] unter Mainz, die böhmische Kirche entwickelte sich aber national-tschechisch.

4. Nach **Polen** brachten dynastische Beziehungen zu Böhmen im 10. Jh. das *m* Christentum. Der Herzog *Miecislav* ließ sich **966** taufen und organisierte die polnische Kirche. Sein Nachfolger *Boleslav Chrobry* errichtete im Jahre **1000** das Erzbistum **Gnesen** (auf Kosten von Magdeburg!). Otto III. wirkte dabei mit; er glaubte Polen in sein universales Imperium (§ 48 n) einzugliedern; tatsächlich verstärkte er damit die national-polnische Entwicklung der Kirche.

5. Bei den **Ungarn** begann die Mission etwa 970, außer von Deutschland an- *n* fangs auch von Byzanz aus. Einer der mächtigen Stammesherren, *Waik* (als Christ *Stephan der Heilige*, 997–1038), ließ sich taufen und begründete das ungarische Königtum (**1000** Krönung mit der vom Papst Silvester II. übersandten Krone) und im Zusammenwirken mit Kaiser Otto III. die ungarische Kirche. Mit der Errichtung des Erzbistums **Gran** (auf Kosten von Passau, 1001) wurde die ungarische Kirche den deutschen Einflüssen entzogen; Ottos III. Politik gegenüber Ungarn war der gegenüber Polen in Absicht wie Wirkung analog (§ m).

6. Bei den **Russen** finden sich bereits in der ersten Hälfte des 10. Jhs., wenn *o* nicht schon früher, Spuren von Christentum. Entscheidend für die Bekehrung war die Politik *Wladimirs d. Gr.* (980–1015). Er nötigte die Byzantiner, ihm eine byzantinische Prinzessin zur Gemahlin zu geben, empfing **987** die Taufe und zwang dem russischen Volke das Christentum auf. Die russische Kirche stand rechtlich in Abhängigkeit von Byzanz, entwickelte sich aber russisch-national (slavische Kirchensprache; Metropole **Kiew**, hier das berühmte **Höhlenkloster**, die Bildungsschule des russischen Klerus und Pflegestätte der russischen Literatur).

II. Das Zeitalter des weltbeherrschenden Papsttums.

§ 56. Der Aufstieg des Papsttums zur Weltherrschaft. Alexander III. und Innocenz III.

AFRUGONI, Arnaldo da Brescia, Rom 1954. – Briefe und Schriften Innocenz' III.: MSL 214–17. – HTILLMANN, Papst Innocenz III., 1954. – *FRKEMPF, S. J., Papsttum und Kaisertum bei Innocenz III., Rom 1954. – CRCHENEY, From Becket to Langton, English Church government 1170–1213, Manchester 1956.

1. In den Jahrzehnten nach dem Wormser Konkordat (1122, vgl. *a* § 50 x) hatte die Kirche in Europa eine unbestrittene Machtstellung inne. Durch *BERNHARD VON CLAIRVAUX*, die führende religiöse Persönlichkeit dieser Zeit (§ 54 c), gelangte der strenge Geist des Zisterziensertums in der Kirche zur Herrschaft; die alte Partei der Gregorianer wurde nun durch eine neue kirchliche Richtung überflügelt, die den Einfluß der Kirche nicht durch ihre unmittelbare politische Herrschaft, sondern durch Vertiefung der Frömmigkeit der Völker zu sichern suchte. Der Hauptsitz dieser neuen Richtung war Frank-

reich, das nun für ein Menschenalter in den Vordergrund der Kirchengeschichte trat, während die Vorherrschaft der deutschen Kirche gebrochen war. Die führenden Staaten gerieten mit dem Anschwellen der bernhardinischen Strömung mehr und mehr unter den Einfluß der Kirche. Den Höhepunkt dieser Bewegung bezeichnet der 2. Kreuzzug. In merkwürdigem Gegensatz zu diesem Übergewicht der Kirche in Deutschland, Frankreich und England stand die **politische Schwäche des Papsttums in Italien**; jahrelang war das Papsttum durch ein Schisma gelähmt; nach dessen Beendigung ging Rom den Päpsten für mehrere Jahre verloren.

b   In Deutschland hatte die kirchliche Partei unter *LOTHAR* (1125–1137) eine glänzende Stellung inne; erst gegen Ende seiner Regierung wurde er der Kirche gegenüber selbständiger. Der „Pfaffenkönig" *KONRAD III.* (1138–52; Kaiser wurde er nicht), ein unbedeutender Politiker, stand völlig innerhalb der kirchlichen Strömung und wurde erst nach dem Mißlingen des zweiten Kreuzzuges von der Mißstimmung gegen die Kurie mit erfaßt. In Frankreich schlossen sich unter *LUDWIG VII.* (1137–80) Königtum und Kurie eng aneinander, nachdem ein Zwist zwischen beiden rasch beigelegt war; der zweite Kreuzzug ist von dem frommen Ludwig VII. geplant worden. In England war die Kirche in den inneren Wirren oft ausschlaggebend; freilich folgte hier wie in Deutschland seit den 50er Jahren ein starker Rückschlag gegen die Herrschaft des Klerus.

c   Inzwischen war es in Italien zum **Schisma des Anaklet** gekommen, **1130–38**. Es entsprang dem Gegensatz der Adelsparteien. Die Frangipani erhoben in unrechtmäßiger Wahl *INNOCENZ II.* (1130–43), die Pierleoni in unanfechtbarem Wahlvorgange den einer ehemals jüdischen Familie angehörenden *ANAKLET II.* (1130–38). Anaklet verfügte über den römischen Adel und nahm Besitz von Rom; seine Hauptstütze war das süditalisch-sizilische Normannenreich, ein päpstlicher Lehnsstaat, dessen Herrscher Roger II. 1130 von Anaklet zum König erhoben wurde. Innocenz II. aber ging nach Frankreich und gewann Bernhard von Clairvaux und die französischen Mönche zu Bundesgenossen, mit ihrer Hilfe die Anerkennung der Herrscher von Frankreich, Deutschland und England. Doch konnte Innocenz II. erst nach Anaklets Tode 1138 auf der **II. Lateransynode 1139** die Beendigung des Schismas feiern.

Päpste.
(die Gegenpäpste nicht vollständig.)
1124–1130 Honorius II.
1130–1143 Innocenz II.
1130–1138 Anaklet II.
1143–1144 Coelestin II.
1144–1145 Lucius II.
1145–1153 Eugen III.
1153–1154 Anastasius IV.
1154–1159 Hadrian IV.
1159–1181 Alexander III.
1159–1164 Viktor IV.
1164–1168 Paschalis III.
1168–1178 Kalixt III.
1178–1179 Innocenz III.
1181–1185 Lucius III.
1185–1187 Urban III.
1187   Gregor VIII.
1187–1191 Klemens III.
1191–1198 Coelestin III.
1198–1216 Innocenz III.
(Forts. § 57 b.)

d   Aber auch jetzt vermochte der Papst weder der Normannen, noch Roms Herr zu werden. Die Römer erklärten 1142 die Republik. Papst *Lucius II.* wurde 1145 im Straßenkampf von einem Steinwurf getroffen und starb an den Folgen. *EUGEN III.* (1145–1153), ein Schüler des hl. Bernhard, mußte 1146 aus Rom weichen. Seit 1147 stand Rom unter dem Einfluß *ARNOLDS VON BRESCIA*. Dieser gewaltige Prediger und enthusiastische, charaktervolle Asket (er war regulierter Kanoniker) forderte von der verweltlichten Kirche **Rückkehr zur apostolischen Armut**. Damit war in die erregten Massen ein zündendes Schlagwort geworfen, das der Grundgedanke der kirchlichen Opposition der folgenden Jhh. wurde. *Eugen III.*, der sich Roms 1149 mit Waffengewalt bemäch-

tigt hatte, mußte 1150 die Stadt von neuem verlassen und starb 1153 in Tivoli. Aus seiner letzten Zeit stammt Bernhards „De consideratione" (§ 54 c), worin er dem Papste, ganz ähnlich wie Arnold, Armut, Demut und Beschränkung auf das religiöse Gebiet empfahl.
Unterdessen war es zu einem schweren Zusammenbruch der Kreuzzugsbewegung gekommen. Im Abendlande war, nachdem 1101 viele Tausende von Kreuzfahrern im Innern Kleinasiens ein grauenvolles Ende gefunden hatten, die Kreuzzugsbegeisterung rasch der Ernüchterung gewichen. Erst über ein Menschenalter später, als der Einfluß der bernhardinischen Partei seinen Höhepunkt erreicht hatte, brachte die hinreißende Predigt Bernhards die Bewegung von neuem in Fluß. Es kam zum **zweiten Kreuzzug (1147–1149)**, der von dem Kapetinger *Ludwig VII.* und dem Staufer *Konrad III.* (§ b) geleitet wurde. Schon auf dem Hinmarsche erlag der größte Teil der Kreuzfahrer den Angriffen der Türken und dem Hunger; der Rest scheiterte vor Damaskus. Die Zuchtlosigkeit und das gegenseitige Mißtrauen der Kreuzfahrer und die treulose Haltung der Byzantiner wirkten verhängnisvoll. Erbitterte Feindschaft gegen Byzanz und ein Sinken des kirchlichen Geistes im Abendlande waren die unmittelbaren Folgen; Bernhard erschien nun als falscher Prophet.

2. In scharfem Gegensatz folgte auf das asketisch-klerikal be- *e* stimmte Zeitalter Bernhards (gest. 1153) die Glanzzeit des deutschen Kaisertums und des Rittertums, die Zeit des großen Staufers *FRIEDRICH I.* „Barbarossa" (1152–90). Hatten sich in der Zeit Bernhards die großen politischen Mächte fast widerspruchslos von der Kirche leiten lassen, so entbrannte jetzt ein hell lodernder Streit, der erste Akt des höchst dramatisch verlaufenden Ringens der Päpste und der Staufer um die Weltherrschaft. Friedrich, ein Mann von glänzendem staatsmännischen Talent, erstrebte die Wiederherstellung der alten Rechte der Krone; unter der Einwirkung des wiederbelebten römischen Rechts, besonders des Kaiserbegriffs Justinians, gewann seine Politik [seit 1158] einen imperialistischen Zug. Da auf der andern Seite die Kurie seit Hadrian IV. sehr entschieden zu den gregorianischen Herrschaftsansprüchen zurücklenkte, war ein Zusammenstoß unvermeidlich. *ALEXANDER III.* hat den großen Kampf durchgeführt und nach langem, erbittertem Ringen über den Kaiser zu triumphieren vermocht.

Das Verhältnis Friedrichs zur Kurie war anfangs freundlich, wurde aber unter *f* *HADRIAN IV.* (1154–59), dem einzigen Engländer unter den Päpsten, gespannt. Zwar leistete Friedrich dem Papste den Dienst, den flüchtigen *Arnold von Brescia* (§ d) seinen römischen Henkern auszuliefern; und anderseits krönte der Papst Friedrich zum Kaiser. Aber es fehlte schon auf diesem ersten Römerzuge nicht an mancherlei Unstimmigkeiten. Bei der ersten Begegnung hatte sich Friedrich dem Ansinnen, dem Papste den Dienst des Strators (Reitknecht) und des Marschalls zu leisten (d. h. das Pferd des Papstes eine Strecke weit zu führen und dann beim Absteigen dem Papst den Bügel zu halten), nur nach lebhaftem Widerstreben gefügt. Unverhüllt trat der Gegensatz 1157 auf dem Reichstag zu Besançon hervor. Hier überreichte der Kardinal *Roland Bandinelli* (§ g) ein Schreiben des Papstes, worin auf die Kaiserkrönung das Wort „*beneficium*" angewandt war. Friedrichs Kanzler, der nachmalige Kölner Erzbischof *Reinald von Dassel*, übersetzte „beneficium" mit „Lehen". Ein heftiger Streit war die Folge; Hadrian lenkte ein und erklärte: „*beneficium non feudum, sed bonum factum*". Das Ganze war vermutlich ein „verdeckter Vorstoß" der Kurie, den Reinald erkannt und abgewehrt hat.

1158 ließ Friedrich auf den Ronkalischen Feldern von den Juristen von Bo- *g* logna die kaiserlichen Rechte feststellen, um den ihm feindlichen, mit dem Papste verbündeten lombardischen Städten die Regalien zu entreißen. Der Streit

14 Heussi, Kompendium 13. Aufl.

über die mathildischen Güter (§ 50 f) und anderes trat hinzu und verschärfte die Lage. Da starb Hadrian IV. Die gregorianisch gesinnte Mehrheit der Kardinäle aber wählte Roland Bandinelli (§ f) zum Papst; er nannte sich *ALEXANDER III.* **(1159–81)**; die kaiserlich gesinnte Minderheit hatte schon vorher *Viktor IV.* (Kardinal Oktavian) erhoben. Bandinelli entstammte dem aufstrebenden Bürgertum, Oktavian der herrschenden feudalen Oberschicht. Friedrich ließ Viktor auf der Synode zu Pavia 1160 anerkennen und gab ihm nach seinem Tode 1164 in Paschalis III., diesem 1168 in Kalixt III. einen Nachfolger. Alexander, der 1160 gegen Barbarossa den Bann schleuderte, vermochte sich in Italien nicht zu halten und ging nach Frankreich, fand aber auch in den meisten übrigen Ländern Anerkennung. Der Gang der politischen Ereignisse, vor allem die durch die Treulosigkeit Heinrichs des Löwen verschuldete Niederlage Barbarossas gegen die Lombarden bei Legnano 1176, gaben Alexander das Übergewicht. Im **Frieden von Venedig 1177** ließ Friedrich den Gegenpapst fallen und erkannte Alexander III. an. Der Friede war eine politische Niederlage des Kaisers, ließ aber die Stellung des Königs in der deutschen Kirche unverändert (vgl. § o!).

h Wie den Kaiser, so demütigte Alexander auch den zweitmächtigsten Herrscher seiner Zeit, den Gebieter Englands und des größeren Teils von Frankreich, *HEINRICH II.* von Anjou-Plantagenet (1154–89). Dieser mußte sich auf dem Grabe seines Todfeindes, des Erzbischofs *Thomas Becket* von Canterbury (1170 von normannischen Rittern ermordet), der Geißelbuße unterziehen (1174); mit dieser Demütigung erkaufte er die Lossprechung vom päpstlichen Bann. Zum Streit zwischen dem König und seinem ehemaligen Günstling Thomas Becket war es infolge der Konstitution von Clarendon (1164) gekommen, mit der der König die englische Kirche dem Staate unterordnen wollte.

i Nachdem Alexander nach langer Verbannung die Herrschaft über Rom zurückgewonnen hatte, feierte er **1179** auf der **III. ökumenischen Lateransynode** seine Siege. Zur Verhütung künftiger Schismen faßte die Synode in Kan. I einen wichtigen Beschluß über die **Papstwahl** (erforderlich Zweidrittelmehrheit der Kardinäle; vgl. § 50 d). Bald drang in Rom die papstfeindliche Stimmung von neuem durch: Alexander verließ die Stadt und starb 1181 in Civitas Castellana.

k 3. Unter den wenig bedeutenden Nachfolgern Alexanders III. stieg die Macht der Staufer glänzend empor. Barbarossa versöhnte sich 1183 (Friede zu Konstanz) mit den Lombarden, behauptete die mathildischen Güter und eröffnete 1186 durch die Vermählung seines Sohnes Heinrich mit Konstanze von Sizilien seinem Hause die Aussicht auf das süditalisch-sizilische Königreich. Nachdem der greise Kaiser 1190 auf dem dritten Kreuzzuge in Kleinasien sein Ende gefunden hatte, verwirklichten sich unter *HEINRICH VI.* (1190–1197) alle Aussichten auf Ausdehnung der kaiserlichen Herrschaft über ganz Italien; das Papsttum war von dieser gewaltigen Machtbildung umklammert und aufs höchste bedroht. Da befreite der unerwartete Tod des 32jährigen Kaisers das Papsttum aus der Gefahr. Die Doppelwahl in Deutschland, die Heinrichs erst 3jährigen Erben Friedrich (II.) überging, schwächte die königliche Gewalt und trennte das Königreich beider Sizilien vom Reich.

l 4. In dieser für das Papsttum überaus günstigen Lage bestieg *INNOCENZ III.* **(1198–1216)** den römischen Stuhl, fraglos einer der größten Päpste. Die Gunst der politischen Verhältnisse, aber auch das Herrschertalent des Papstes und der streng kirchliche Geist der abendländischen Völker ermöglichten, daß der römische Stuhl unter ihm zwar nicht die Weltherrschaft inne hatte, aber tatsächlich der **Mittelpunkt der europäischen Politik** war. Innocenz hat nicht bloß α) die päpstliche Macht in Rom, in Mittel- und Süditalien und auf Sizilien zur Anerkennung gebracht, sondern vor allem β) im deutschen Thronstreit das Kaisertum zu einem päpstlichen Lehen herabgedrückt und überdies wichtige kirchliche Zugeständnisse erlangt; ebenso war γ) seine Politik gegenüber Frankreich, England und einer Reihe kleinerer Staaten von Erfolg gekrönt; dazu kamen δ) verheißungsvoll scheinende Triumphe im Orient und schließlich ε) die ersten entscheidenden Schritte gegen die inneren Feinde der Kirche, die in Südfrankreich mächtig erstarkten Katharer (§ 59 d–f).

Lothar von Segni (geb. 1160 zu Anagni aus einem altlangobardischen Grafengeschlecht) hatte zu Paris und Bologna Theologie und die Rechte studiert, war bereits unter seinem Oheim Klemens III. Kardinaldiakon und wurde mit 37 Jahren Papst. Als theologischer Schriftsteller („De contemptu mundi") mittelmäßig, war er ein scharfsinniger Jurist, ein Genie der Verwaltung und ein ausgezeichneter Diplomat. Er war ein rein politischer Papst. Seine besonders in seinen Briefen ausgesprochenen, nicht ganz einheitlichen theoretischen Anschauungen von der Allgewalt des Papstes enthalten im Prinzip nichts Neues. Die weltlichen Herrscher betrachtete er als die Lehnsträger des Papstes, der sie einsetzt und unter Umständen ihrer Würde wieder entkleidet. Der Papst ist zwar „geringer als Gott, aber größer als ein Mensch". Er ist nicht nur der Statthalter Petri, eines bloßen Menschen, sondern Statthalter Christi oder Gottes. Eine große Kontroverse der damaligen Dekretisten (vgl. § 58 c) ging um die Frage, ob der Papst sich direkt („*habet imperator gladium a papa*") oder indirekt in die weltlichen Dinge einschalte. Die Bezeichnung des Papstes als „vicarius Christi" war seit der Mitte des 12. Jhs. üblich.

Zu α) In Rom unterwarf Innocenz die Kommune (§ i). Einige Gebiete Mittelitaliens schlug er zum Kirchenstaat. Im Süden erreichte er, daß *Konstanze* (§ k), die Regentin beider Sizilien (gest. Nov. 1198), die Beziehungen zum Reich abbrach, die päpstliche Oberlehnsherrschaft wieder anerkannte und den Papst zum Vormund für *Friedrich (II.)* bestellte.

Zu β) Im deutschen Thronstreit suchte Innocenz den Anspruch durchzusetzen, daß das Papsttum das Kaisertum zu vergeben habe. In geschickter Diplomatie hat er erst *OTTO IV.*, dann *PHILIPP VON SCHWABEN*, nach dessen Ermordung wieder Otto IV. anerkannt, schließlich gegen diesen *FRIEDRICH II.* ausgespielt und im Verlaufe dieses politischen Getriebes Zugeständnisse über Zugeständnisse erlangt, – so von Otto IV. den Vertrag von Neuß 1201 (u. a. Verzicht auf die Reichsrechte in dem vom Papst zum Kirchenstaat geschlagenen Gebieten, § n; die Urkunde enthält die älteste genauere Abgrenzung des Kirchenstaats!), von demselben das Versprechen von Speyer 1209 (Preisgabe des Wormser Konkordats; Verzicht auf das Spolien- und Regalienrecht[1], Freigabe aller Appellationen des Klerus nach Rom), von Friedrich II. das Versprechen von Eger 1213, worin Friedrich die von Otto IV. gemachten Zugeständnisse beschwor und damit zum Reichsrecht erhob; hier liegt der eigentliche Gipfel der Erfolge Innocenz' III.: die „Freiheit der Kirche" von der politischen Gewalt war erreicht.

Zu γ) Von den Erfolgen, die der Papst den anderen Staaten gegenüber errang, war der bedeutendste sein Triumph über *JOHANN OHNE LAND* von England, der von Innocenz abgesetzt wurde und **1213** England als päpstlicher Vasall zu Lehen nahm. Doch zogen den eigentlichen Gewinn aus dieser Erniedrigung der Krone nicht der Papst, sondern Adel und Klerus von England; diese zwangen 1215 den König zur Annahme der Magna charta libertatum, die Innocenz III. vergeblich durch den Bannfluch zu vernichten suchte. In Frankreich hatte *Philipp II. August* seine rechtmäßige Gemahlin verstoßen; durch Bann und Interdikt (1200) zwang der Papst ihn zum Einlenken.

---

[1] Regalienrecht = Recht des Königs auf Bistumserträgnisse während der Vakanz; Spolienrecht = Recht auf die fahrbare Habe des verstorbenen Bischofs.

Alfons IX. von Leon mußte sich auf des Papstes Geheiß von seiner mit ihm blutsverwandten Gemahlin trennen. *Peter von Aragon* legte seine Krone in Rom nieder und empfing sie aus den Händen des Papstes zurück. Ebenso fand Innocenz in Portugal, Dänemark, Polen, Böhmen, Ungarn, Dalmatien Gehorsam.

q   Zu δ) Der vom Papste zustande gebrachte **vierte Kreuzzug (1202–04)** führte zur Eroberung Konstantinopels und zur Errichtung des Lateinischen Kaisertums (1204–61): die von den Päpsten längst ersehnte Unterwerfung der morgenländischen Kirche schien der Verwirklichung nahe. Tatsächlich hat freilich die staatliche und kirchliche Vergewaltigung der Orientalen den Gegensatz nur verschärft.

r   Zu ε) Gegen die südfranzösischen ketzerfreundlichen Grafen erregte Innocenz III. die furchtbaren Albigenserkriege (§ 59 n).

s   Mit der **IV. ökumenischen Lateransynode 1215,** einer glänzenden Schaustellung der päpstlichen Machtfülle, schloß der Pontifikat Innocenz' III. eindrucksvoll ab.

t   Anwesend waren im ganzen über 2000 Personen. Die Beratungen galten vornehmlich der Reform der Kirche und der Eroberung des hl. Landes. Am wichtigsten waren die Beschlüsse über die Transsubstantiation (§ 62 q), die bischöfliche Inquisition, die Ohrenbeichte (§ 38 l, 61 h, 62 r) und das Verbot neuer Ordensgründungen (§ 58 k), das freilich eine neue große Welle von Ordensgründungen nicht aufzuhalten vermochte.

u   Innocenz' Pontifikat war der Höhepunkt, aber auch der Wendepunkt in der Geschichte des weltbeherrschenden Papsttums. Die Zeichen des Verfalls traten unter ihm schon erschreckend deutlich hervor, so die finanzielle Ausbeutung der Völker und die Nepotenwirtschaft. Das rein politische Papsttum hat die religiöse Verehrung der Völker für den Stuhl des Petrus untergraben.

v   Das gilt besonders für Deutschland (*Walter von der Vogelweide,* § 63 e), Italien und England. In den Sekten setzte sich seitdem der Gedanke fest, daß der römische Papst der Antichrist sei.

§ 57. Die Nachfolger Innocenz' III. Der Sieg über die Staufer. Der Beginn des französischen Einflusses auf die Kurie.

BSÜTTERLIN, Die Politik Kaiser Friedrichs II. und die römischen Kardinäle 1239–50, 1929. – GEORGINA MASSON, Frederick II of Hohenstaufen, London 1957. *FXSEPPELT, Monumenta Coelestiniana, Quellen zur Geschichte des Papstes Cölestin V., 1921.

a   1. Bereits unter den Nachfolgern Innocenz' III. begann das Papsttum von seiner Höhe wieder herabzusinken. In *FRIEDRICH II.* (1215–1250) erwuchs den päpstlichen Weltherrschaftsansprüchen ein äußerst gefährlicher Gegner; von neuem entspann sich ein mit beispiellose Heftigkeit geführter Kampf der Päpste mit den Staufern. Der Kampf war rein politisch; gekämpft wurde nicht mehr um kirchliche Rechte des Kaisers, sondern um das Recht des Papstes auf die Weltherrschaft. Das gewaltige Ringen endete mit dem Untergang der Staufer und einer schweren Erschütterung des moralischen Ansehens und der politischen Macht der Kurie.

b   *FRIEDRICH II.,* „stupor mundi", Enkel Barbarossas und Sohn Heinrichs VI., in Sizilien unter bunten Einflüssen aufgewachsen, bot der Welt in der Tat Stupendes (auf seinen Zügen begleiteten ihn Leoparden und ein Harem mit jungen Orientalinnen und schwarzen Eunuchen) und gemahnt weltanschaulich und politisch bereits an die Renaissance. Unter dem friedfertigen *HONORIUS III.* (1216–1227) blieb der Friede zwischen dem Papst und Friedrich II. trotz zeitweiliger starker Spannung zunächst gewahrt. Als das von Honorius mit großem Eifer betriebene Unternehmen eines Kreuzzuges unter unmittelbarer Leitung eines päpstlichen Legaten einen ungünstigen Verlauf nahm (5. Kreuzzug, 1218–1221; Kämpfe um Damiette in Ägypten), suchte die Kurie die verzweifelte Lage im Orient zu retten, indem sie Friedrich II. zur Ausführung seines 1215 in Aachen abgelegten Kreuzzugsgelübdes nötigte. Indessen Friedrich schob trotz der nachgiebigen Haltung der Kurie (1220 Kaiserkrönung) den ihm unliebsamen Kreuzzug immer weiter hinaus.

Papstliste.
1216–1227 Honorius III.
1227–1241 Gregor IX.
1241 Coelestin IV.
1243–1254 Innocenz IV.
1254–1261 Alexander IV.
1261–1264 Urban IV.
1265–1268 Klemens IV.
(Forts. § k).

GREGOR IX. (1227–1241, vorher Kardinal Ugolino von Segni, Neffe Innocenz' III.) war entschlossen, den Gegner mit allen Mitteln einer verschlagenen Politik niederzuringen. Sofort entbrannte der offene Kampf; das weltbeherrschende Papsttum, das ohne starke politische Herrschaft über Italien undenkbar war, und das Kaisertum Friedrichs II., das den Süden und den Norden Italiens und den Kirchenstaat zusammenzuschließen strebte, waren naturnotwendig Todfeinde.

Als Friedrich II. **1227** nach Palästina in See stach, aber nach wenigen Tagen wegen des Ausbruchs einer Pest mit seinem Heere zurückkehrte, verhängte Gregor IX. über den Kaiser den Bann und löste die Untertanen vom Treueide. Friedrich protestierte in mehreren Kundmachungen gegen die päpstlichen Weltherrschaftsansprüche; vor der Empörung der starken kaiserlichen Partei wich der Papst aus Rom. 1228 brach Friedrich von neuem auf (**6. Kreuzzug 1228–1229**) und errang in Palästina durch seine Diplomatie rasch einen Erfolg (Vertrag mit Sultan *Al Kamil:* Abtretung des Gebiets von Jerusalem, Bethlehem und Nazareth und des Küstenstrichs von Sidon bis Joppe; Friedrich krönte sich selbst zum König von Jerusalem). Die Erneuerung des Bannes über den Kaiser und die Verhängung des Interdikts über die heiligen Orte in Palästina verfehlten ihre Wirkung; Kleriker wie Laien blieben mit dem gebannten Kaiser im Verkehr, selbst Hermann von Salza, der Hochmeister des Deutschen Ordens. Friedrich vertrieb nach seiner Rückkehr die päpstlichen „Schlüsselsoldaten" aus Süditalien und erlangte **1230** im Frieden von Ceprano (n. von Gaëta) die Absolution.

Bei der Schärfe des Gegensatzes war ein dauernder Friede ausgeschlossen. Die politischen Fortschritte Friedrichs in der Lombardei (1237 Niederlage der Mailänder bei Cortenuova) veranlaßten Gregor IX., sich mit Venedig und den Lombarden zu verbünden und den Kaiser von neuem zu bannen (1239). Der Kampf mit den Waffen war von einem heftigen Streitschriftenkriege begleitet. *Friedrich II.* deutete in seinen flammenden Kundmachungen (verfaßt von seinem höchsten Staatsbeamten *Petrus de Vineis*) das Einvernehmen des Papstes mit den Lombarden als Einverständnis mit den lombardischen Ketzern (§ 59 i) und bezeichnete ihn als den Drachen der Apokalypse und den Antichrist, *Gregor IX.* erhob gegen den Kaiser den Vorwurf des Unglaubens und erklärte ihn [ohne Beweis] für den Urheber des Wortes von den drei größten Betrügern („tres impostores", Moses, Jesus, Mohammed). Ungeheure Erregung bemächtigte sich der Welt; der Widerspruch gegen die päpstliche Willkürherrschaft begann laut hervorzutreten. Als Friedrich 1241 gegen Rom rückte, um die Stadt zur Residenz seines Kaiserreiches zu machen, starb Gregor. Nach dem kurzen Pontifikat *Coelestins IV.* (1241) blieb der römische Stuhl 2 Jahre unbesetzt.

INNOCENZ IV. (1243–1254), ein hervorragender Jurist und als Kardinal kaiserlich gesinnt, verhängte nach vergeblichen Friedensverhandlungen auf dem großen **Konzil von Lyon 1245** von neuem den Bann über Friedrich und führte den Kampf um die Weltherrschaft mit allen Mitteln fort. Auch die Streitschriftenfehde wurde mit großer Heftigkeit fortgesetzt. In Frankreich, England und Deutschland begann man sich von der Idee der päpstlichen Weltherrschaft abzuwenden. (In Deutschland die sog. „Sekte" von Schwäbisch-Hall; Forderung der Armut des Klerus, der Papst der Antichrist usw.). Vergeblich erregte der Papst gegen den Kaiser die Revolution; der „Pfaffenkönig" *Heinrich Raspe* fand wenig Anhang; in Italien behauptete Friedrich das politische Übergewicht.

g   Nach dem Tode Friedrichs II. **1250** haben die Päpste den Vernichtungskampf gegen *Konrad IV.* (1250–1254) und *Manfred* weitergeführt; das Königreich beider Sizilien wurde von der Kurie *Karl von Anjou* übertragen, dem Bruder Ludwigs IX. von Frankreich; er hat im Dienst des Papsttums das Geschlecht der Staufer vernichtet (**1268** Hinrichtung *Konradins* in Neapel, nach seiner Niederlage bei Tagliacozzo).

h   2. **Das Papsttum** hatte durch seinen Sieg über die Staufer das deutsche Kaisertum aus der geschichtlichen Entwicklung ausgeschaltet. Unaufhaltsam vollzog sich in Deutschland und Italien die Auflösung des Reichs in eine Anzahl selbständiger Territorien, deren politische Macht die Päpste nicht mehr zu fürchten brauchten. Trotzdem geriet die Machtstellung der Päpste rasch in Verfall; in den letzten Jahrzehnten des 13. Jhs. stand das Papsttum in **Abhängigkeit von den Franzosen**, denen es gegen die Staufer zur Herrschaft über Neapel und Sizilien verholfen hatte.

i   Bezeichnend für die politische Schwäche des Papsttums sind die längeren Sedisvakanzen und die große Selbständigkeit und politische Bedeutung der Kardinäle; die um das italienische und burgundische Erbe der Staufer miteinander ringenden Mächte, Italiener, Franzosen, Spanier, suchten durch ihre Anhänger im Kardinalskollegium die Papstwahlen und die päpstliche Politik zu beeinflussen.

k   Gregor X. war machtlos und arm an Erfolgen. Vergeblich waren seine Friedensversuche in Oberitalien, wo Ghibellinen und Guelfen sich fanatisch bekämpften, vergeblich seine Bemühungen auf dem **Konzil von Lyon 1274**, die Kreuzzugsbegeisterung neu zu beleben; die in Lyon abgeschlossene **Union** mit den Griechen war ein bloßer Eintagserfolg (64 k), und die vom Konzil beschlossene **Konklaveordnung** (strenge Einschließung der Kardinäle) beseitigte das Übel der langen Sedisvakanzen nur zeitweilig. Die folgenden Päpste standen sämtlich unter dem Einfluß Karls von Anjou und seines Nachfolgers, Karls II. Unter *Martin IV.* verwickelte das Einvernehmen mit dem Hause Anjou die Kurie in die Katastrophe der Franzosen auf Sizilien (**Sizilianische Vesper 1282**), durch die Peter III. von Aragon, ein Schwiegersohn des Staufers Manfred, König von Sizilien wurde. Der gegen ihn geschleuderte päpstliche Bann blieb wirkungslos, der Einfluß des Papsttums auf Sizilien war auf mehr als ein Jahrhundert verloren, *Coelestin V.* (der 80j. Einsiedler Peter von Murrhone, Gründer eines Einsiedlervereins in den Abruzzen, aus dem später die sehr ansehnliche Benediktiner-Kongregation der Coelestiner erwuchs) mußte unter dem Übergewicht Karls II. seinen Sitz nach Neapel verlegen und dankte bald darauf ab.

1268–1271	SEDISVAKANZ
1271–1276	Gregor X.
1276	Innocenz V.
1276	Hadrian V.
1276–1277	Johann XXI.
1277–1280	Nikolaus III.
1281–1285	Martin IV.
1285–1287	Honorius IV.
1288–1292	Nikolaus IV.
1292–1294	SEDISVAKANZ
1294	Coelestin V.
1294–1303	Bonifatius VIII.

§ 58. Die kirchliche Stellung des Papsttums.

*PMBaumgarten, Aus Kanzlei und Kammer, 1907. – Ders., Von der apostol. Kanzlei, 1908. – Corpus iuris canonici, ed. EFriedberg, 2 Bde., 1879. – RSohm, Das altkathol. Kirchenrecht und das Dekret Gratians, 1918. Dazu UStutz, ZSavKan 1918, 238–46.

Unter Innocenz III. und seinen Nachfolgern vollendete sich der *a* stolze Bau der päpstlichen Universalkirche. Der Einfluß der weltlichen Mächte auf die innerkirchlichen Angelegenheiten war ausgeschaltet, der Papst tatsächlich der unumschränkte Herr der Kirche.

1. GESETZGEBUNG. Vor allem war der Papst der Gesetzgeber *b* der Kirche. In absoluter Machtvollkommenheit konnte er das bestehende kirchliche Recht fortbilden oder auch durch Erteilung von Privilegien und Dispensen beliebig durchbrechen. So verband sich mit dem Absolutismus der päpstlichen Herrschaft sofort ein Zug zur Willkür, neben der Ausbildung des kurialen Fiskalismus (§ i) die verhängnisvollste Wendung in der Geschichte des Papsttums in diesem Zeitalter.

Etwas nach 1140 oder früher veröffentlichte der Bologneser Kamaldulenser *c* *GRATIAN* († 1158) seine „Concordantia discordantium canonum", gewöhnlich **Decretum Gratiani** genannt. Das Werk gab eine die älteren Sammlungen an Brauchbarkeit übertreffende Zusammenfassung des geltenden kirchlichen Rechts. Es wurde sofort in Bologna und Paris für den Unterricht verwandt. Gratian selbst begründete durch seine Vorlesungen die Schule der Kanonisten oder Dekretisten, welche das kanonische Recht [nach der von den Bologneser „Legisten" am römischen Recht geübten Methode] glossierten und dadurch seine große Verbreitung herbeiführten. So zweigte sich das **Kirchenrecht** als eine besondere Wissenschaft von der Scholastik ab.

Die päpstlichen Einzelentscheidungen wurden von den Kirchenrechtslehrern als Ergänzungen oder Abänderungen des Decretum Gratiani betrachtet und unter unmittelbarer Mitwirkung der Päpste dem Werke Gratians angegliedert. So entstand allmählich das **Corpus iuris canonici.** Es besteht aus dem Dekret Gratians und folgenden Ergänzungssammlungen: 1. „Liber extra Decretum" oder „Libri V decretalium Gregorii IX.", zusammengestellt 1230–34 im Auftrage Gregors IX. (zitiert mit „X", d. h. extra). – 2. „Liber sextus decretalium", die 1298 von Bonifaz VIII. veröffentlichte Vervollständigung der 5 Bücher Gregors IX. (zitiert mit „in VI"). – 3. Constitutiones Clementinae, hergestellt unter Klemens V., definitiv in Geltung gesetzt 1317 durch Johann XXII. (zitiert mit „in Clementinis"). – Zu diesen drei amtlichen Dekretalensammlungen traten noch 4. „Extravagantes", d. h. päpstliche Erlasse, die in die offiziellen Zusammenstellungen nicht aufgenommen worden waren, später aber in der privaten Ausgabe des französischen Rechtsgelehrten *Jean Chappuis* (vor 1500) dem Corpus iuris angegliedert wurden; sie zerfallen in „Extravagantes Joannis XXII" und „Extravagantes communes".

2. RECHTSPRECHUNG. Wie der oberste Gesetzgeber, so war *d* der Papst der oberste Richter der Kirche. Bereits seit dem 4. und 5. Jh. hatten die römischen Bischöfe die oberste Richtergewalt in kirchlichen Angelegenheiten für sich in Anspruch genommen (§ 32 g n); Pseudisidor und Nikolaus I. hatten sie durchgesetzt (§ 44 d g); die Päpste des 11. bis 13. Jhs. arbeiteten eifrig an dem Erstarken dieser Gewalt.

Besonders Innocenz III. suchte die Fälle zu mehren, in denen Rom die oberste *e* Appellationsinstanz in den geistlichen und den weltlichen Angelegenheiten war. Überdies erweiterte er nach Kräften die Kompetenz der geistlichen (bischöflichen) Gerichte in weltlichen Angelegenheiten. Die Appellationen nach Rom waren schon im 12. Jh. eine Ursache ärgster Mißstände.

3. VERWALTUNG. Sodann unterstand jetzt die Verwaltung der *f* Kirche in einem vordem unbekannten Maße dem päpstlichen Einfluß. Zwar fehlte auch jetzt noch viel an einer unmittelbaren Regierung der Gesamtkirche durch den Papst; sie ist überhaupt erst durch die Ver-

kehrsmittel der neuesten Zeit möglich geworden. Aber vornehmlich auf Grund eines klug ausgebauten Systems von Präzedenzfällen war es dem Papste möglich, nach Belieben überall in die innerkirchlichen Angelegenheiten einzugreifen. Der Episkopat, der in früheren Jhh. von Rom verhältnismäßig unabhängig gewesen war, war jetzt dem päpstlichen Einfluß unterworfen.

g α) Der neugewählte **Metropolit** mußte sich [seit dem 9. Jh.] in Rom das Pallium (eine weißwollene, mit schwarzen Kreuzen versehene Brust- und Schulterbinde, ursprünglich ein staatliches Abzeichen) holen und dem Papst den Gehorsamseid leisten (vgl. § 32 n über die erste Palliumverleihung); seit Gregor IX. (§ 57 c) war der Obödienzeid gesetzliche Forderung.

h β) Die Wahl der **Bischöfe** war durch Innocenz III. unter endgültigem Ausschluß der Rechte des übrigen Klerus und der Laien zum ausschließlichen Recht der Domkapitel (§ 50 z) gemacht worden. Zugleich aber hatte sich das Papsttum die Möglichkeit eines unmittelbaren Einflusses auf die Besetzung der Bistümer verschafft. Dem diente: 1. der Anspruch des Papstes auf Prüfung und Bestätigung der Wahl; 2. sein Anspruch auf die Entscheidung bei Doppelwahlen; 3. die „Postulation": war die Wahl eines Mannes kanonisch unzulässig, so konnte das Domkapitel die Wahl desselben beim Papste „postulieren". Um möglichst viele Postulationen herbeizuführen, vermehrte der Papst systematisch die kanonischen Hindernisse. Von diesen dispensierte er dann nur gegen bedeutende Zugeständnisse, z. B. Leistung des Obödienzeides durch den neugewählten Bischof in Rom (gesetzliche Forderung erst unter Martin V., § 69 g, aber schon unter Innocenz III. ungemein häufig). Auch sonst verstärkte die Kurie ihren Einfluß auf den Episkopat; Zitation nach Rom, Versetzung oder Absetzung von Bischöfen mehrten sich.

i γ) Auch auf die Besetzung der **niederen kirchlichen Stellen** übte das Papsttum seit Innocenz II. (§ 56 c) einen stetig wachsenden Einfluß, indem es Anwartschaften (Exspektanzen) und Provisionsmandate ausstellte, wesentlich im fiskalischen Interesse. Damit begann der unerfreuliche Pfründenschacher, der das Verderben der Kirche wurde (vgl. § 65 o p).

k δ) Dem Erstarken der päpstlichen Monarchie diente ferner die Politik der Päpste gegenüber den **Klöstern und Orden**. Die Kurie förderte das Streben der Klöster nach Lösung aus dem bischöflichen Diözesanverbande durch Gewährung von Exemtionen (unmittelbare Unterstellung unter den römischen Stuhl) und Erteilung des päpstlichen Schutzes (beides in mannigfacher Abstufung). Noch mehr verstärkte die Entstehung der großen internationalen Orden den kirchlichen Zentralismus. Seitdem die IV. Lateransynode 1215 (§ 56 s t) die Gründung neuer Orden verboten hatte, bedurfte jede Ordensregel der päpstlichen Bestätigung.

l ε) Nicht minder zeigt sich im **Kultus**, daß die abendländische Kirche zur Papstkirche geworden war. Die Heiligsprechung (Kanonisation) war nunmehr dem Papste vorbehalten (seit Alexander III.); die Verehrung neuer Reliquien hing an seiner Erlaubnis (seit 1215); der Papst nahm ferner das Recht in Anspruch, neue Feste einzuführen und sonstige liturgische Anordnungen zu treffen.

m Zur Bewältigung der an Zahl ständig wachsenden Regierungsgeschäfte umgab sich das Papsttum allmählich mit einem ausgedehnten System von **kurialen Behörden**. Es schuf zB. die Rota Romana (rota = Rad) für allerlei Prozesse, die Camera apostolica für das Finanzwesen der Gesamtkirche und die Regierung des Kirchenstaats, die Poenitentiaria apostolica für Bußangelegenheiten, die Cancellaria apostolica für die Anfertigung von Urkunden. Es bedurfte weiter zur Regierung der Gesamtkirche, aber auch zu seinen politischen Kämpfen gewaltiger Geldmittel, die die Kräfte des Patrimonium Petri weit überstiegen und vornehmlich durch ein umsichtig ausgebautes Gebührenwesen und durch Besteuerung des Kirchenvermögens aufgebracht wurden (vgl. § 65 n–p).

§ 59. Die großen Sekten des 12. Jahrhunderts und die Inquisition.

HGrundmann, Religiöse Bewegungen im Mittelalter, 1935. – Eine unmittelbar katharische Quelle: ADondaine, O.P., Un traité néomanichéen du XIIIe siècle [Liber de duobus principiis], Rom 1939. – HChLea, Geschichte der Inquisition im Mittelalter, 3 Bde., 1888, deutsch 1905–13; dazu: *PMBaumgarten, Die Werke von HChLea und verwandte Bücher, 1908. – ABorst, Die Katharer, 1953. – Ders., Neue Funde und Forschungen zur Geschichte der Katharer (HZ 174, 1952, 17–30). – Über neuere jugoslavische Arbeiten über die Bogomilen: RHE 50, 1955, 1142f. – KMüller, Die Waldenser und ihre einzelnen Gruppen bis zum Anfang des 14. Jhs., 1886. – HBöhmer, Waldenser (RE³ XX, 799–840). – RManselli, Studi sulle eresie del secolo XII, Roma 1953.

1. Seit der Überwindung des germanischen Arianismus hatte die *a* katholische Kirche ein halbes Jahrtausend lang wirklich die gesamte Bevölkerung des christlichen Abendlandes beherrscht. Es gab also im Unterschied vom kirchlichen Altertum keine Sekten. Zwar kam es vor, daß sich einzelne Männer auf häretische Abwege verirrten; aber die Klosterhaft oder der vom Volke verhängte Feuertod machte der Ketzerei stets ein rasches Ende. Dieser Zustand änderte sich im 12. Jh.: jetzt sah sich die katholische Hierarchie zwei großen, rasch anwachsenden Geheimkirchen gegenüber, die besonders in den romanischen Ländern die Stellung der Kirche eine Zeitlang aufs stärkste gefährdeten. Das waren die großen Sekten der Katharer und der Waldenser.

Unzutreffend ist die sehr verbreitete Annahme, diese Sekten ebensowohl wie die Humiliaten (§ i) hätten sich vorwiegend in handwerkerlichen und proletarischen Schichten verbreitet. Die Anhänger kamen vielmehr aus dem Adel, dem reichen Bürgertum, dem Klerus und dem Mönchtum; erst seit der Mitte des 13. Jhs. ergänzten sich die Waldenser meist aus handwerkerlichen und bäuerlichen Kreisen. Sie kleideten sich allerdings mit christlicher Einfachheit und trieben vielfach ein Handwerk (vgl. § d).

α) Die **Katharer** oder „Neumanichäer" standen mit dualistischen *b* Häretikern des Ostens in Zusammenhang. Ihre Haupteigentümlichkeit lag daher in ihrer schroffen Askese.

Die Wurzeln des Katharertums sind die Paulicianer und die Bogomilen der *c* Balkanhalbinsel. Im 10. Jh. hatten die Byzantiner einen großen Teil der **Paulicianer** (§ 46 b) als kriegerische Grenzbevölkerung in Thrazien angesiedelt; hier ist die Sekte im 12. Jh. unter byzantinischem Drucke erloschen. Daneben verbreitete sich auf der Balkanhalbinsel eine zweite große Sekte, die **Bogomilen** („Gottesfreunde"), kleinasiatischen Ursprungs, letzten Endes auf gnostische und euchitische Einflüsse zurückweisend. Um 1110 hart verfolgt, bestanden sie fort, ja verbreiteten sich unter den Bulgaren und in Bosnien. Handelsbeziehungen (die über Amalfi und Bari führten), die Pilgerfahrten nach Jerusalem, die Kreuzzüge und flüchtige Bogomilen brachten die häretischen Ideen von der Bulgarei nach dem Abendlande (erste Spur Ende des 10. Jhs.). Hier begegnen besonders seit der 1. Hälfte des 12. Jhs. allerlei kirchenfeindliche Umtriebe, oft mit religiöser Phantastik verquickt: so glaubte der Niederländer *Tanchelm* (erschlagen 1115 oder 1124) an seine Inspiration durch den hl. Geist, und der Bretone *Eudo de Stella* (1148 zur Klosterhaft verurteilt) hielt sich für den Weltenrichter. In Südfrankreich eiferten die Petrobrusianer (*Petrus von Bruys*, verbrannt um 1135, und der ehemalige Benediktiner [Cluniacenser?] *Heinrich*, † nach 1145) gegen die katholische Kirche.

Die eigentlichen **Katharer** (καθαροί, hiervon das deutsche „Ketzer") bildeten *d* keine Einheit. In manchen Gegenden hießen sie Bulgari oder Publicani (= Pauliciani), in Frankreich (weil die Katharerapostel, wohl nach Apg. 18 ₃) ihren Lebensunterhalt durch Weben verdienten), auch Tisserands oder nach der Stadt Albi (im Languedoc) Albigenser, in Italien auch Gazzari (= $\varkappa\alpha\vartheta\alpha\varrho o\iota$), Concorrezzaner (nach Concorrezzo bei Monza), Albanesen (nach Alba in Piemont) usw. Die Hauptherde der Ketzerei waren **Südfrankreich und Oberitalien**.

e Die dem Dualismus entsprechende überstrenge Askese wurde nur von dem eigentlichen Kern der Sekte ausgeübt, den „Aposteln" („bonshommes", „perfecti"). Neben ihnen gab es einen weiteren Anhängerkreis, die in der Welt lebenden „credentes" (vgl. § 21 h). Die Aufnahme unter die „perfecti" erfolgte durch die Zeremonie des „**consolamentum**" (Geistestaufe, Mitteilung des Parakleten Joh. 14 ₂₆). Um nicht wieder in Sünde zu fallen, nahmen viele gleich darauf die **Endura**, den Hungertod auf sich. Die meisten empfingen das consolamentum, das zur Seligkeit für notwendig galt, erst auf dem Totenbett.

Die perfecti waren hierarchisch gegliedert; es gab Bischöfe, Diakonen usw. In ihren Gottesdiensten wurde das NT. in romanischer Sprache benutzt; dagegen wurden gewisse Bestandteile des AT.s verworfen. Ferner **verwarfen** die Katharer die Ehe, die kirchlichen Sakramente, Altäre, Kreuze, die Verehrung der Bilder, Heiligen und Reliquien, den Genuß tierischer Nahrung mit Ausnahme von Fischen, usw. Die „Credentes" blieben äußerlich Glieder der katholischen Kirche und waren mit den dogmatischen Lehren der perfecti nicht genauer bekannt.

f In Südfrankreich haben die Katharer 1165 auf der Synode zu **Lombers** offen mit den katholischen Bischöfen disputiert; die Mehrzahl der südfranzösischen Großen beschützte das Katharertum. 1167 konnten die Katharer bei Toulouse ein eigenes Konzil abhalten.

g β) Im Unterschied von dem aus dem Osten eingeschleppten Neumanichäismus liegt der Ursprung der **Waldenser** auf dem Boden des katholischen Christentums. Sie entstanden aus einem asketischen Laienpredigerverein zu Lyon, der von der katholischen Kirche verboten wurde und sich rasch zu einer mit ihr stark wetteifernden Sekte entwickelte. Ihre Hauptanziehungskraft, zugleich ihr originellster Zug, war ein strenger **Biblizismus**.

h Der Lyoner Kaufmann *WALDES* (Waldus; der Vorname Petrus ist erst 1368 bezeugt) wurde **1176,** in schlimmer Teuerungszeit, unter dem Eindruck der Legende vom hl. Alexius und der ihm in der Volkssprache zugänglichen Evangelien zum Armutsideal bekehrt. Als sich ihm Gleichgesinnte anschlossen, begründete er einen Verein von Männern und Frauen, die in apostolischer Wanderpredigt Buße verkündigten (Matth. 10). Lucius III. verhängte **1184** über sie die Exkommunikation.

i Die Feindschaft der Hierarchie vermochte die rasche Verbreitung der Bewegung nicht zu hindern. Am wichtigsten war, daß die „Pauperes spiritu" („Pauperes de Lugduno", „Leonistae" = Lyoneser, „Sabbatati" = Sandalenträger, „Valdesii" = Waldenser) sich sehr rasch mit einer verwandten Erscheinung zusammenfanden, den **Humiliaten** (= Demütige), einem asketischen Verein von Laien, aber auch Klerikern in Mailand, dem die Kurie ebenfalls die Predigt untersagt hatte. Indem ein Teil der Mailänder Humiliaten mit den „Armen" verschmolz, entstand neben dem französischen Zweig oder der **Stammesgenossenschaft** ein zweiter großer Zweig des Waldensertums, der der „Pauperes Lombardi". Die Sonderart der Lombarden (zB. ihr Festhalten an der Handarbeit) und das herrische Auftreten des Waldes führten sehr bald zu Reibungen und schließlich **c. 1210** zum Bruch. Die „Franzosen", deren Hauptsitz das Languedoc war, verbreiteten sich rasch in Lothringen, Flandern und Nordspanien, die „Lombarden" in Oberitalien und in Süddeutschland.

k Dem Eintritt in die Genossenschaft mußte die *conversio*, die Absage an die Welt, und eine ein- bis sechsjährige Probezeit vorausgehen. Die Mitglieder verpflichteten sich durch ein Gelübde zu apostol. Armut und apostol. Beruf. Sie zogen zu zweien in apostol. Tracht Buße predigend umher. Die Eigentümlichkeiten ihrer Verkündigung flossen teils aus dem Gegensatz zur Hierarchie, teils aus der Hochschätzung der *lex Christi*, der gesetzlich gehandhabten hl. Schrift, die sie in der Volkssprache (zuerst provenzalisch) besaßen und zu großen Teilen auswendig wußten. Auch das Katharertum hat sie beeinflußt, mochten sie es auch bekämpfen. Sie verwarfen den Eid, den Krieg, die Blutgerichtsbarkeit, die Seelenmessen, Almosen und Gebete für die Toten, das Fegefeuer, die Ablässe; sie bestritten die Wirksamkeit der Sakramente unwürdiger Priester (vgl. § 25 g). Großen Wert legten sie auf das Fasten und das Beten des Vaterunser. Waldenser des 13. Jhs. bestritten den römischen Aufenthalt des Petrus.

2. Die katholische Kirche raffte sich seit dem Zeitalter Inno- *l* cenz' III. zu einer nachdrücklichen Bekämpfung der Abtrünnigen auf. Sie stiftete kirchliche **Orden**, die wie die Sekten das arme Leben Jesu und der Apostel nachahmten und so auf friedlichem Wege nicht wenige zurückgewannen (§ 60); sie führte im Bunde mit der französischen Krone die greuelvollen **Albigenserkriege** (§ n), und sie begründete die päpstliche **Inquisition**, einen stehenden Gerichtshof zur Aufspürung und Verurteilung der Ketzer.

Während im christlichen Römerreich Häresie als Staatsverbrechen gegolten *m* hatte (§ 25 a, 26 c), kannten die germanisch-romanischen Staaten bis gegen das Ende des 12. Jhs. für Ketzer nur kirchliche Strafen (Bann, Klosterhaft), aber keine staatlichen. Doch bildete sich im Norden und Osten Frankreichs und in Deutschland die volkstümliche Gewohnheit, die Häretiker zu verbrennen. Die Kirche bekämpfte anfangs diese Sitte, ging aber mit dem Anwachsen des Katharertums im 12. Jh. auf sie ein und suchte nun die politischen Gewalten zum Erlaß staatlicher Ketzergesetze zu bestimmen. Wirklich wurde 1184 durch Friedrich I. Barbarossa in seinen italienischen Gebieten Häresie mit dem Reichsbann bedroht, 1197 in Aragon sogar die Todesstrafe dafür festgesetzt.

Die entscheidende Wendung erfolgte mit der Beendigung der **Albigenser-** *n* **kriege** (1209–1229). Nachdem die Provence dem französischen Königtum und der katholischen Kirche unterworfen, freilich auch ihre Kultur zugrunde gerichtet und die Bevölkerung zum Teil ausgerottet war, wurde die **Inquisition** seit **1232** durch Gregor IX. zu einer stehenden Einrichtung unter unmittelbarer Leitung des Papstes umgewandelt und seitdem fast ausschließlich mit Dominikanern besetzt. Ludwig IX. von Frankreich und der Staufer Friedrich II. führten die gesetzliche **Todesstrafe** für Häresie ein. (Barbarisches Prozeßverfahren, Folter usw., lebenslängliches Gefängnis für reuige Ketzer, Feuertod und Güterkonfiskation für Hartnäckige). In Deutschland, wo 1231 über die Waldenser eine große Verfolgung erging, wurde der Inquisitor **Konrad von Marburg**, der Beichtvater der hl. Elisabeth von Thüringen, 1233 von Rittern erschlagen; doch bestand die päpstliche Inquisition in Deutschland weiter.

§ 60. Die Entstehung der Bettelorden.

FRANCISCUS: 1) Quellen: Analekten zur Geschichte des Franziskus von Assisi, ed. HBöhmer, 1904; kleine Ausg., ed. HBöhmer bzw. FWiegand (SQS, N.F. 4), ²1929; hier die echten Opuscula S. Francisci, vor allem die Regeln, das Testament, der Sonnengesang. Sonstige wichtige Quellen: Thomas de Celano, Vita I (1228) und Vita II (1247), ed. Analecta Franciscana X, Quaracchi 1926–28; Legenda trium sociorum (13. Jh.), ed. Civezza et Domenichelli, Rom 1899; Speculum perfectionis (1318), ed. PSabatier, Manchester 1928; weniger wertvoll die offizielle Legende: Bonaventura, Legendae duae de vita S. Francisci, Quaracchi 1923. Fioretti di San Francesco, ed. BBughetti, Florenz 1925. – 2) Bearbeitungen: WGötz, Italien im Mittelalter I, 1942, 125–192. – HThode, Franziskus von Assisi und die Anfänge der Kunst der Renaissance in Italien, ²1904. – PSabatier, Vie de St.-François, ¹1893, édition définitive 1931; deutsch 1897. – HTilemann, Studien zur Individualität des Franziskus von Assisi, 1914. – *HFelder, Die Ideale des

§ 60 Zeitalter des weltbeherrschenden Papsttums

hl. Franziskus, ⁶1951. – K Beyschlag, Die Bergpredigt und Franz von Assisi, 1955. – *L Casutt, Die älteste franziskanische Lebensform, 1955. – *J Lortz, Der unvergleichliche Heilige (Franziskus), 1952. – *R Saitschick, Franziskus von Assisi, ⁵1931. – *K Esser, Das Testament des hl. Franziskus, 1949. – Lilly Zarncke, Der Anteil des Kardinals Ugolino an der Ausbildung der drei Orden des hl. Franz, 1930. – *L Hardick [und E Grau], Leben und Schriften der hl. Klara von Assisi, 1952. – Liselotte Junge, Die Tierlegenden des hl. Franz, 1932. – *B Kleinschmidt, Franziskus von Assisi in Kunst und Legende, ⁵1926. – Ders., Antonius von Padua, 1931. – DOMINICUS: Quellen und Forschungen zur Geschichte des Dominikanerordens in Deutschland, 1907ff. – *B Altaner, Der hl. Dominikus, 1922. – *H Ch Scheben, Der hl. Dominikus, 1927. – H Grundmann s. § 59. – *H Peltier, Histoire du Carmel, Paris [1958].

a 1. Im ersten Viertel des 13. Jhs. wurde das kirchliche Ordenswesen um eine ganz neue Form bereichert: die **Bettelorden**. Die religiöse Idee, die ihnen zugrunde liegt, ist die Nachfolge des armen Lebens Jesu und der Apostel. Die „Mendikanten" waren keine Mönche im alten Sinne; sie lebten nicht, wie diese, in einsam gelegenen Klöstern dem eigenen Seelenheil, sondern widmeten sich der geistlichen Arbeit unter der Bevölkerung. Nicht bloß die einzelnen Ordensglieder sollten, wie schon die bisherigen Mönche, völlig besitzlos leben, sondern auch der Orden selbst sollte keine Häuser, keinen Grund und Boden, keine Renten usw. besitzen dürfen. Er war eine heimatlose, straff zentralistisch geleitete, stets schlagfertige und ungemein bewegliche Hilfstruppe des Papsttums.

b Die wirtschaftliche Voraussetzung der Bettelorden war das Aufblühen der Städte; der überwiegend ländlichen Kultur bis zum 11./12. Jh. entsprachen die großen, auf dem Lande gelegenen Klöster der Benediktiner und Zisterzienser, der städtischen Kultur seit dem 12./13. Jh. die engen Niederlassungen der Bettelorden in den Städten. Der Unterhalt der Brüder sollte aus freiwilligen Spenden fließen; die wirtschaftliche Erhaltung der Mendikanten durch die Bevölkerung war ebenfalls nur in der volksreicheren Stadt, nicht auf dem Lande möglich.

c In gewissem Sinne waren die Mendikanten die Fortsetzung des Waldensertums innerhalb der Kirche. Der Gedanke der Nachfolge Jesu und der Apostel in Armut und Wanderpredigt, der im 12. Jh. zu gefährlichen kirchenfeindlichen Bewegungen geführt hatte (§ 56 d, 59 g), wurde jetzt von der Kirche übernommen und dem päpstlichen Zentralismus dienstbar gemacht. Der Gründung der großen Bettelorden gingen einige kleinere Gründungen voraus: 1) der Orden der **Humiliaten,** 1201 von Innocenz III. zur Rekatholisierung der italienischen Waldenser und in Anlehnung an den älteren Mailänder Humiliatenverein (§ 59 i) gegründet, umfaßte drei Orden (Chorherren, Mönche, Laien) samt drei weiblichen Parallelen, zählte um 1216 in der Diözese Mailand 150 Klöster und bestand bis 1571; 2) die Katholischen Armen (Pauperes catholici), 1208 aus bekehrten Waldensern gebildet; 3) die Wiedervereinigten Lombarden, 1210. Die zweite und die dritte Gruppe hatte keinen Bestand; doch kamen die Erfahrungen, die die Kurie mit diesen Gründungen machte, dem Ausbau der Bettelorden zugute.

d 2. Die weitaus bedeutendste Erscheinung in diesem Zusammenhange ist der heilige *FRANZ VON ASSISI*. Er unternahm den erfolgreichsten reformatorischen Versuch vor dem 16. Jh., durch Rückgang auf das ursprüngliche, echte, freilich ganz streng asketisch gefaßte Christentum die gesamte Christenheit, insbesondere auch die Laien, mit dem Geiste des „Evangeliums" zu erfüllen. Damit gab er seinem Zeitalter, auch der Kunst, mächtige Antriebe. Das greifbarste Ergebnis seines Wirkens wurde dann die Gründung einiger neuer ordensmäßiger Organisationen, des Ordens der **Franziskaner** oder **Minoriten** („Ordo fratrum minorum", abgekürzt O.F.M.), sowie des 2. und des 3. Ordens des hl. Franz.

Giovanni Bernardone, genannt *Franciscus*, 1181 oder 1182 in Assisi als Sohn *e* eines reichen Tuchhändlers geboren, war nach einer dem Ehrgeiz und den Freuden der Welt gewidmeten Jugend zu einem phantastisch-absonderlichen Büßerleben, dann unter dem Eindruck des Evangeliums von der Aussendung der Jünger *(Matth. 10)*, das er in der Kirche S. Maria Portiuncula bei Assisi vernahm, zur Nachfolge Christi in Armut und Wanderpredigt bekehrt worden (24. Febr. 1208, „Tag der Vermählung des hl. Franz mit der Armut"). Mit mehreren Genossen begann er im April 1208 in gänzlicher Armut die Wanderpredigt. 1209 oder 1210 gab er den „Viri paenitentiales de civitate Assisi" (später von Franz „Fratres minores" genannt) die erste [nicht überlieferte] Regel. Sie fand 1210 die Bestätigung des Papstes; doch sind die Einzelheiten der Begegnung zwischen Franz und Innocenz III. bald von der Legende verschleiert worden.

Bald war ganz Italien von der franziskanischen Bewegung erfaßt. Während *f* Franz mit seinen Genossen eine außerordentlich umfassende Tätigkeit entfaltete, auch schon früh die äußere Mission ins Auge faßte (erfolglose Ansätze 1212 und 1213; 1219 Franz selbst im Orient, predigt vor dem Sultan Al Kamil § 64 r; 1220 5 Brüder Märtyrer in Marokko), gewann seine Gründung allmählich festere Formen. Namentlich der Minorit *Elias von Cortona* und der Kardinal *Ugolino von Segni* (§ 57 c), seit 1220 der Protektor der Minoriten, machten sich um die Organisation verdient. In der zweiten Fassung, die Franz der Regel gab (1221), sind die Minoriten bereits ein Orden. Die dritte, endgültige Fassung fand **1223** die Bestätigung durch Honorius III. Fortan wurde der Unterhalt nicht mehr durch Arbeit, sondern durch den Bettel erworben; die Wanderpredigt war beseitigt. An der Spitze des Ordens stand der minister generalis, unter ihm die ministri provinciales, deren jeder eine Ordensprovinz unter sich hatte; jede Provinz zerfiel in eine Anzahl Custodien, deren jede einem Custos unterstand. Alle 3 Jahre tagte das Generalkapitel aller Provinzialen. Allmählich erfolgte der Übergang von der ruhelosen Missionswanderung zur Seßhaftigkeit und der Bau eigener Konventshäuser, deren jedes einem Guardian unterstellt wurde.

Nach der Überlieferung trug Franz seit einer Vision auf dem Monte Alverno, *g* in der ihm ein Seraph erschien (1224), die Wundenmale Christi (Stigmata; „Pater seraphicus"). Er starb am 3. Oktober **1226,** nachdem er noch in seinem Testament gegen gewisse ihn beunruhigende Erscheinungen in seinem Orden seine warnende Stimme erhoben hatte. Franz ist der „Troubadour Gottes": Der Grundzug seiner Frömmigkeit ist ein starkes, überquellendes, vielfach in Verzückung hinüberfließendes Gefühl der Freude, das sich besonders an der Betrachtung der Leiden und der Armut Christi entzündet, aber auch an der Natur (vgl. seinen „Sonnengesang"). So verbindet sich mit seiner Religion ein starker künstlerischer Zug, ein feines poetisches Empfinden. Der Kirche stand er als strengster Katholik, voll aufrichtiger Verehrung und williger Unterordnung gegenüber. Bereits 1228 wurde Franz heilig gesprochen. Über dem Grabe des Poverello errichteten die Franziskaner die großartige, auf gewaltigen Substruktionen ruhende, aus Unterkirche und Oberkirche bestehende Kirche San Francesco in Assisi, die „caput et mater" des ganzen Ordens wurde (mit der früher Giotto zugeschriebenen Darstellung der Franziskuslegende, s. § 63 s).

Der Orden fand eine ungemein rasche und starke Verbreitung und gewann *h* schnell die Gunst des Volkes. Die Päpste förderten ihn durch reiche Privilegien. Mit dem Aufkommen der Bettelorden setzte sich der schon im 12. Jh. zu beobachtende Prozeß fort, daß die Mönche allmählich die Tätigkeit der Pfarrer an sich zogen (gefördert wurde diese Entwicklung dadurch, daß man außerordentlich viele Pfarrkirchen benachbarten Klöstern „inkorporierte", vgl. § 61 c d). Seit 1220 wandten sich die Minoriten auch den Wissenschaften zu (der Portugiese *Antonius von Padua* Lehrer der Theologie in Bologna; vgl. § i). Über den zweiten und den dritten Orden des hl. Franz, Clarissen und Tertiarier, vgl. § o, 61 s.

§ 60   Zeitalter des weltbeherrschenden Papsttums

i   Die berühmtesten Franziskaner der älteren Zeit waren *Elias von Cortona* (§ f), *Thomas von Celano* (Biograph des hl. Franz, angeblich auch der Verfasser des Hymnus „Dies irae", der aber älter ist), *Antonius von Padua* (§ h; wirkte zuletzt als ein eindrucksvoller Bußprediger in Padua, † 1231), die Scholastiker *Alexander von Hales, Bonaventura, Duns Scotus* (§ 62 f h l m), der gewaltige Volksprediger *Berthold von Regensburg* (§ 61 g) und *Giacopone da Todi* (Jacoponus, Jacobus de Benedictis, † 1306), der Dichter des tiefempfundenen „Stabat mater dolorosa".

k   3. Während die Franziskaner vornehmlich der Predigt und der Seelsorge unter dem kirchentreuen Volke lebten, widmete sich der von dem Spanier DOMINIKUS gestiftete **Dominikaner- oder Predigerorden** („Ordo fratrum praedicatorum", O.P.) besonders der Widerlegung der Ketzer und ihrer Unterwerfung unter die Hierarchie, fand also in Predigt, Theologie und Inquisition seine Haupttätigkeit. Er war ein Orden von Regularklerikern.

l   Dominikus (geb. 1170) stammte aus Calaroga in Altkastilien. Er begann, anfangs im Gefolge seines Bischofs *Diego von Osma* († 1206), unter den Albigensern Wanderpredigt zu treiben. Sein Plan, einen eigenen Orden zu gründen, stieß 1215 bei Innocenz III. auf Schwierigkeiten, fand aber **1216** sofort die Billigung Honorius' III. Seit **1220** war der neue Orden ein Bettelorden. Seit 1232 verwalteten die Dominikaner fast ausschließlich die Inquisition (§ 59 n). Der Orden fand rasche Verbreitung (1221 bereits 8 Ordensprovinzen und 60 Klöster). Dominikus starb **1221** in Bologna (heilig gesprochen 1234).

m   Die Verfassung war der des Minoritenordens ähnlich: an der Spitze der magister generalis (vom Generalkapitel auf Lebenszeit gewählt), unter ihm die Provinzialen (die Leiter der Ordensprovinzen), unter diesen die Prioren der einzelnen Häuser.

n   4. Die vom Armutsideal bestimmte religiöse Strömung erfaßte seit dem 12. Jh. in steigendem Maße auch die Frauenwelt, besonders in den nördlichen Ländern. Seit dem 13. Jh. erstrebte die religiöse Frauenbewegung die organisatorische und seelsorgerliche Leitung durch die großen Bettelorden und vermochte ihr Verlangen in einem mehrere Jahrzehnte erfüllenden Kampf schließlich mit Hilfe der Kurie durchzusetzen. So entwickelten sich die beiden weiblichen Zweige des Franziskaner- und des Dominikanerordens. Soweit die Frauenbewegung nicht in die klösterliche Organisation einzumünden vermochte, schuf sie sich die asketische Lebensform des Beginentums oder verlor sich in häretische Schwärmerei (§ 61 s x).

o   Die religiöse Frauenbewegung entsprang der asketischen Abkehr vornehmer und begüterter Kreise (Adel, städtisches Patriziat) von dem unrecht erworbenen Gut und von der Ehe, nicht etwa wirtschaftlichen Motiven (wie äußerer Armut oder dem Frauenüberschuß der Kreuzzugszeit). Sie fand im 12. Jh. vorübergehend Anschluß an die Prämonstratenser, dann an die Zisterzienser. *Dominikus* gründete 1206 das Frauenkloster Prouille in Südfrankreich und noch einige weitere; dann erhob sich die Abneigung der Dominikaner gegen weitere Gründungen. *Franziskus* ließ die Gründung eines einzigen Frauenklosters geschehen, San Damiano bei Assisi (1212, *Clara Sciffi*; durch Zusammenschluß dieses Klosters mit einer größeren Zahl selbständig entstandener mittelitalischer Frauenkonvente schuf Gregor IX. 1227 den Orden des hl. Damian, seit dem Tode der hl. Clara 1253 **Clarissenorden** genannt). Im übrigen widerstrebte Franziskus lebhaft der Inkorporation von Frauenkonventen in den Orden. Die Kurie war, von Schwankungen abgesehen, für die Eingliederung. Der Widerstand der Dominikaner war seit 1259 (einheitliche Konstitutionen für die Frauenkonvente) endgültig überwunden; die Franziskaner klammerten sich noch bis gegen 1300 an einige [tatsächlich wenig bedeutende] rechtliche Vorbehalte. Der Sieg der Nonnen erklärt sich aus dem Einfluß, den sie durch ihre vornehmen und reichen Verwandten übten. In Deutschland wurden die Frauen vorwiegend dem Prediger-, in Frankreich dem Minoritenorden eingegliedert. Die mit der Inkorporation erlangte wirtschaftliche Sicherheit und das am Ordensleben bald empfundene Ungenügen waren Vorbedingungen für die Entstehung der sog. deutschen Mystik, § 66 h.

5. Von den späteren Bettelorden vermochte keiner eine ähnliche *p* Rolle zu spielen wie die Minoriten und die Dominikaner. Doch brachten es die Karmeliter und die Augustiner-Eremiten zu ansehnlichem Bestand.

Der **Karmeliterorden** entstand aus einer 1156 auf dem Berge Karmel in Palä- *q* stina begründeten Eremitengenossenschaft, die 1238 nach dem Abendland verpflanzt und in einen Bettelorden umgebildet wurde. Der **Augustiner-Eremiten-Orden** wurde 1256 von Alexander IV. durch Vereinigung einiger italienischer Eremitenvereine gebildet, die seit 1243 nach der „Regel Augustins" (§ 52 i) lebten.

§ 61. Das kirchliche Volksleben und die oppositionellen Richtungen des 13. Jahrhunderts.

USTUTZ, Pfarrer, Pfarre (RE³ XV, 239–252). – *AFRANZ, Die Messe im deutschen Mittelalter, 1902. – Ders., Die kirchlichen Benediktionen im Mittelalter, 2 Bde., 1909. – JGREVEN, Die Anfänge der Beginen, 1912. – *KBALTHASAR, Geschichte des Armutsstreits, 1912. – PLEHMANN, Die Parodie im Mittelalter, 1922. – Ders., Parodistische Texte, 1923 .– PWIEGLER, Der Antichrist, eine Chronik des 13. Jhs., 1928. – HGRUNDMANN, s. § 59. – EBUONAIUTI, Gioacchino da Fiore, 1931. – EBENZ, Ecclesia spiritualis, Kirchenidee und Geschichtstheologie der franziskanischen Reformation, 1934. – WKAMLAH, Apokalypse und Geschichtstheologie, 1935. – *JCHHUCK, Joachim von Floris und die joachitische Literatur, 1938. – HGRUNDMANN, Neue Forschungen über Joachim von Fiore, 1950. – *PBROWE, Die eucharistischen Wunder des Mittelalters, 1938.

1. PFARRKLERUS UND ORDENSGEISTLICHE. Mit dem *a* Aufkommen der Bettelorden mehrten sich die Kräfte, durch die die Kirche die breiten Massen der Bevölkerung beherrschte; mit den Pfarrern teilten sich nun die Ordensgeistlichen in die priesterliche und seelsorgerliche Arbeit.

Dem Sinken der kirchlichen Bedeutung der Bischöfe (§ 48 d) entsprach das *b* Wachsen des Einflusses der **Pfarrer**. Ein wichtiger Fortschritt war die Entstehung der städtischen Pfarrsprengel im 12. und 13. Jh. Noch im 11. Jh. bildete die deutsche Bischofsstadt, mochte sie auch außer der Kathedrale noch mehrere Stiftskirchen besitzen, nur *eine* Gemeinde. Daher war die städtische Seelsorge ein Anhängsel der Tätigkeit der Stiftsherren und ganz ungeregelt. Dem begegneten die Bürger durch Anstellung eigener Pfarrer.

Es fehlte freilich nicht an schweren, der Institution schädlichen Mißständen. *c* Sie ergaben sich 1) aus dem Patronat. Auf dem Lande wurden die Pfarren tatsächlich durch den Grundherrn besetzt; Nichtachtung der Vorschriften über das kanonische Alter, ja Einsetzung von Knaben, Ämterhäufung, Verwaltung der Pfarrämter durch schlecht bezahlte Vikare usw. waren die Folge. Schädlich wirkte 2) die Inkorporation zahlreicher Pfarreien in Klöster, Stifter usw. (vgl. § 60 h). Dazu war 3) die Bildung des Weltklerus vor dem Aufkommen der Universitäten völlig unzureichend. Schließlich waren 4) die Einkünfte der Pfarrer ungenügend. Sie bestanden aus dem Grundertrag der Pfarrei, dem Anteil am Zehnten und den Stolgebühren (für Taufe, Trauung usw.), deren Zahlung bereits seit dem 12. Jh. feste Sitte, seit Innocenz III. Pflicht war.

Eine starke Verminderung des Einflusses der Pfarrer auf die Laien wurde *d* durch den Eintritt der Bettelorden in die geistliche Arbeit herbeigeführt. Darüber kam es zu schweren Kämpfen. Doch war das Recht der Bettelmönche, zu predigen und Beichte zu hören, gewissen Beschränkungen unterworfen.

e 2. KULTUS UND SEELSORGE. Für die Gestaltung des Gottesdienstes und der Seelsorge ist das 13. Jh. vielfach entscheidend geworden. Besonders wichtig wurden die Beschlüsse des IV. ökumenischen Laterankonzils (1215, § 56 s t), vor allem die über das Dogma von der Transsubstantiation und die Pflicht der jährlichen Beichte.

f α) Die **Messe.** Schon seit der altchristlichen Zeit waren die beiden Geheimnisse der Wandlung von Brot und Wein und des Opfers (der Darbringung des Leibes und Blutes Christi, vgl. § 18 k) die alles überragenden Hauptbestandteile des Meßgottesdienstes. Die Krönung dieser Entwicklung des Kultus ist das Dogma von der Transsubstantiation (§ 53 f, 56 t, 62 q). Zugleich machte die Synode von 1215 den Gläubigen zur Pflicht, mindestens einmal jährlich zu kommunizieren. Aus der Vorstellung von der Wandlung ergab sich der Verzicht der Laien auf den Kelch, die Elevation der Hostie und ihre Anbetung durch Niederfallen (§ 62 q).

g β) Die **Predigt** trat hinter dem Rituellen zurück. In den Pfarrkirchen lag sie arg darnieder; hier ist erst seit dem 15. Jh. regelmäßig gepredigt worden. Doch nahm die Predigt seit dem 13. Jh. durch die Bettelmönche einen großen Aufschwung; und zwar haben sich die Minoriten als Volksprediger, die Dominikaner (besonders im 14. Jh., § 66 g–l) in der Klosterpredigt hervorgetan. Der bedeutendste Volksprediger des 13. Jhs. war *Berthold von Regensburg* (O.F.M., † 1272), der auf seinen ausgedehnten Predigtwanderungen unter beispiellosem Andrange des Volkes sprach und auf die breitesten Schichten wirkte. Selbstverständlich wurde in der Volkssprache gepredigt.

h γ) Die Berührung des Klerus mit dem Volke wurde außer durch die Predigt (Jugendunterricht durch die Geistlichkeit gab es nicht!) durch das Hören der **Beichte** vermittelt (Ursprung § 38 l). Die Lateransynode von 1215 machte den Gläubigen zur Pflicht, wenigstens einmal im Jahre ihrem Pfarrer zu beichten. Der Andrang zur Beichte war sehr stark. Seit dem Anfang des 13. Jhs. tauchen die „Summae confessorum" auf, Handbücher für den Gebrauch der Beichtväter. Für die Hand der Laien hatte man seit dem Ende des 13. Jhs. „Beichtspiegel". Verhängnisvoll wurde die schon im 12. Jh. von den Scholastikern näher umschriebene **Ablaßtheorie,** nach der an die Stelle der auferlegten Satisfaktion eine Geldzahlung an die Kirche treten kann (vgl. § 75 f).

i δ) Das Wachsen des Einflusses der Kirche auf das Leben des Laien zeigt sich auch in der Verkirchlichung der **Eheschließung.** Zwar gab es im 13. Jh. noch keine kirchliche Trauung (s. u.); die Mitwirkung der Kirche bei der Vermählung beschränkte sich vielmehr auf das kirchliche Aufgebot und die Brautmesse, d. i. die kirchliche Einsegnung der Ehe nach der Trauung. Aber das kirchliche Aufgebot, schon von Karl d. Gr. gefordert, dann von der II. Lateransynode (1139) zum Kirchengesetz erhoben, wurde von der IV. Lateransynode (1215) erneut zur Pflicht gemacht. Im 14. Jh. entstand die **kirchliche Trauung,** und zwar dadurch, daß an die Stelle des weltlichen Trauvormundes [zunächst in freier Wahl] der Priester treten konnte und die Trauung in diesem Falle unmittelbar vor die Kirchtüre verlegt wurde; die Verlegung dieses Aktes in das Kirchengebäude und seine Einfügung in die Brautmesse erfolgte erst im 16. Jh.

k ε) Besonders deutlich tritt das Übergewicht, das die Kirche im Kulturleben hatte, in der überaus hohen Zahl der kirchlichen **Feiertage** in die Erscheinung. Abgesehen von den Hauptfesten wies der Festkalender in den einzelnen Ländern und Landschaften große Verschiedenheiten auf. Ein Erzeugnis des 13. Jhs. ist das **Fronleichnamsfest** (festum corporis Christi), das 1246 auf Veranlassung einer ekstatischen Nonne, der hl. Juliana, der in der religiös besonders erregten Diözese Lüttich (§ s) eingeführt, 1264 von Urban IV. auf die ganze Kirche ausgedehnt, aber erst seit dem 14. Jh. von Bedeutung wurde. Auch das **Trinitatisfest,** schon im 12. Jh. und zuerst in den Klöstern gefeiert, war im Vordringen (allgemein

erst 1334 durch Johann XXII.). Über das Fest der unbefleckten Empfängnis s. §
m. Eine Eigentümlichkeit der Festfeier waren die geistlichen Schauspiele (Mysterien), die seit dem 11. Jh. zu Weihnachten, in der Passionszeit und zu Ostern aufgeführt wurden. Später, als sie entarteten, wurden sie aus den Kirchen hinausverlegt, ebenso die besonders in Frankreich beliebten, derb komischen Narren- und Eselsfeste.

3. OBJEKTE DER RELIGION. Die Beziehung auf Gott und *l* Christus ist der katholischen Frömmigkeit niemals verlorengegangen. Aber das Herz des Volkes hing fraglos weit mehr an den Heiligen. Besonders die Kreuzzüge gaben dem „niederen Kultus", der Heiligen-, Reliquien- und Bilderverehrung, einen neuen Aufschwung.

Die Zahl der **Heiligen** wuchs bis auf etwa 1500. Die erste von Rom aus erfolgende *m* Heiligsprechung war die des Bischofs Ulrich von Augsburg 993. Seit Gregor IX. (1234) war die Heiligsprechung (Kanonisation) ein Vorrecht des Papstes; vordem hatte das Volk bestimmt, wer heilig sei, wohl meist mit bischöflichem Einverständnis. Besonders blühte die Marienverehrung. Seit dem Ende des 12. Jhs. betete man das Ave Maria (Lk. 1 $_{28\ 42}$; die jetzige Gestalt[1] seit der Ausgabe des römischen Breviers durch Pius V. 1568, allgemein erst seit dem 17. Jh.). Die Marienfeste waren seit c. 1140 um das Fest der unbefleckten Empfängnis bereichert (festum immaculatae conceptionis beatae Virginis, 8. Dez.). Auch das Rosenkranzgebet, das seit dem 12. Jh. aufkam, bezeugt die Vorliebe für die Maria. Der Mariendienst und der ritterliche Frauendienst haben sich gegenseitig gefördert. Besonders ausschweifend trat die Marienverehrung in der Predigt hervor. Schon für Berthold von Regensburg (§ g) war Maria eine Versöhnerin aller Christenleute. Der vornehmste Schutzheilige der Kreuzfahrer war Sankt Georg, der Drachentöter, eine reine Phantasiegestalt.

4. FRÖMMIGKEIT. Für die subjektive Seite der volkstümlichen *n* Frömmigkeit sind neben der streng kirchlichen, autoritätsgläubigen Haltung und der Häufung der religiösen Handlungen der ungebrochene Wunderglaube und die starke seelische Erregbarkeit charakteristisch. Besonders die Wirksamkeit der Bettelorden führte im 13. Jh. die Laien zu einer tieferen Religiosität.

Die Kirche galt dem Frommen als eine selbstverständliche, heilige und un- *o* verletzliche Ordnung, der er sich willig und bedingungslos unterordnete. Mit tiefer Ehrfurcht begegnete der Laie dem Priester. Das Leben des einzelnen verlief in regelmäßiger und häufiger Berührung mit der Kirche und dem Heiligen. Jedermann besuchte regelmäßig und häufig den Gottesdienst, vor allem die heilige Messe, und sprach oftmals am Tage Gebete, Segenssprüche und Zauberformeln. Die priesterliche Segnung (Benediktion) fehlte der Vermählung oder der Schwertleite so wenig wie der Königskrönung; auch Haus und Hof, Feld, Weinberg und Garten, die Nahrungsmittel, die Waffen wurden gesegnet; mit Hilfe des Weihwassers konnten auch die Laien die Segnung vollziehen (rein superstitiöser Gebrauch des Weihwassers seit dem 4. Jh.; regelmäßige kultische Wasserweihe seit dem 8. oder 9. Jh.).

Das alles hatte den ungebrochenen **Wunderglauben** zur Voraussetzung. Die *p* Frömmigkeit lebte vom Wunder. Die Autorität des Klerus ruhte auf dem Sakramentswunder seiner Weihe, durch die er der Mittler zwischen Himmel und Erde war. Die Heiligen, die Reliquien, die Bilder wurden verehrt, weil man Wunder von ihnen erwartete. Der Gottesdienst gipfelte in dem Wunder der Messe; ebenso schrieb man den übrigen Sakramenten magisch-wunderbare Wirkungen zu. Man freute sich an den zahllosen Wundern der Legenden. Nicht wenige glaub-

---

[1] Ave Maria, gratia plena, Dominus tecum: benedicta tu in mulieribus, et benedictus fructus ventris tui Jesus. Sancta Maria, Mater Dei, ora pro nobis peccatoribus nunc et in hora mortis nostrae. Amen.

15 Heussi, Kompendium 13. Aufl.

§ 61   Zeitalter des weltbeherrschenden Papsttums

ten, selbst Wunder erlebt zu haben. Der Überschwenglichkeit des Wunderglaubens entsprach die Häufigkeit des „frommen Betruges".

q   Die starke seelische Erregbarkeit äußerte sich in der Neigung zum Visionären und Ekstatischen, sowie den Massenerregungen, die der Kreuzzugsgedanke (im 13. Jh. freilich nur noch in starker Abschwächung) oder auch die Geißlerzüge (§ 66 q) hervorriefen.

Die Vorstellungen vom Fegefeuer und von den Höllenqualen und der Schmerz über die eigene Sündhaftigkeit wirkten mit so unbezwinglicher Gewalt, daß das plötzliche Umschlagen überschäumender Lebenslust in Weltentsagung und rastlose Sorge um das ewige Heil häufig vorkam. Die Sündenvergebung suchte man durch gute Werke zu verdienen: durch Fasten, Almosen, unermüdlich wiederholte Gebete, Wallfahrten, Bau von Kirchen und Kapellen, Stiftungen, Selbstgeißelung, Kreuzfahrt, Eintritt ins Kloster.

r   5. LAIENVEREINE. Die asketische Frömmigkeit, die im 10.Jh. die verweltlichten Klöster, im 11. den Klerus, im 12. das Rittertum erfaßt hatte, gewann im 13.Jh. den jüngsten Stand, das Bürgertum. Im Anschluß vor allem an die Minoriten und die Dominikaner entstanden fromme Vereine von Laien, die zwar in ihrem bürgerlichen Berufsleben blieben, aber soweit wie möglich den asketischen Forderungen nachkamen: die Tertiarier.

s   Die **Tertiarier** oder Bußbrüder *(Fratres poenitentiae)* bildeten den „dritten Orden" des Franziskus oder Dominikus; als zweiter Orden galt der weibliche Zweig der Franziskaner oder Dominikaner. Eine Art von weiblichen Tertiariern sind auch die **Beginen**. Diese sind Scharen von Frauen, die von dem religiösen Ideal der Weltentsagung erfaßt waren, aber in den überfüllten Frauenklöstern keine Aufnahme fanden (§ 60 o). Aus solchen weiblichen Religiosen des Bistums Lüttich ist etwa im 1.Jahrzehnt des 13.Jhs. das Beginentum als neue religiöse Genossenschaft hervorgegangen. Da man diese religiösen Frauen anfangs im Verdacht der Häresie hatte, nannte man sie „Beginen" (vermutlich Verstümmelung von „Albigenser" = Katharer, § 59 d). Dagegen ist das Beginentum wohl nicht mit dem Lütticher Priester *Lambert le bègue* († 1177) in Verbindung zu bringen. Die Beginen fanden in den Niederlanden, am Rhein und in Frankreich starke Verbreitung. Sie lebten, meist in kleinerer Zahl, in den sog. Beginenhöfen, unter Aufsicht eines Pfarrers oder eines Klosters (Gütergemeinschaft; kein bindendes Gelübde). Später verfielen sie vielfach in Häresie (s. § x). Die parallelen Männervereine der Begharden oder Lollharden hatten geringe Bedeutung.

t   6. OPPOSITION. Der brutale Vernichtungskampf gegen die großen Sekten, Katharer und Waldenser (§ 59), verhinderte doch nicht, daß neue oppositionelle Richtungen hervortraten, teilweise sogar im Mönchtum. Vor allem kam es 1) zu einer die Leidenschaften tief erregenden Spaltung im Minoritenorden; dazu trat 2) im Joachimismus eine apokalyptisch-prophetische Strömung hervor; andere Schwärmereien brachte 3) das Jahr 1260, von dem der Prophetismus große Dinge erwartete; schließlich verbreiteten sich 4) eine häretische Mystik und 5) bewußte Skepsis.

u   1. Das ursprüngliche **Franziskanertum** lehnte sich gegen die Verweltlichung des Ordens auf, vor allem gegen den der Regel widersprechenden Besitz von Ordenshäusern und Kirchen. Der Orden spaltete sich in zwei einander heftig bekämpfende Richtungen, die milderen „Fratres de communitate" und die schrofferen „Zelatores" oder „Spirituales". Der Sieg der Schrofferen hätte eine weite Verbreitung des Ordens unmöglich gemacht; daher suchten die Päpste durch „Auslegungen" der Minoritenregel den Laxeren zu Hilfe zu kommen, trieben aber dadurch das ursprüngliche Franziskanertum in offenen Widerstand gegen die Kurie. 1230 erklärte *Gregor IX*. (Bulle „Quo elongati") das Testament des hl. Franz (§ 60 g) für nicht streng verbindlich und gestattete dem Orden [gegen die Regel von 1223] die Sammlung von Geld, wenn sie durch Mittelspersonen erfolge, die selbst keine Franziskaner seien. 1279 brachte *Nikolaus III.* (Bulle „Exiit qui seminat") die Tatsache, daß der Orden durch Stiftungen zahlreiche Klöster und Kirchen besaß, mit dem strengen Armutsgebot der Regel in Einklang: die Güter seien das Eigentum des Papstes und dem Orden nur zum Nießbrauch überlassen. Im Innern des Ordens äußerte sich der Gegensatz vornehmlich in den Kämpfen um das Generalat.

2. Der Kampf der schroffen Franziskaner erhielt dadurch seine volle Schärfe, *v* daß eine prophetische Richtung, der **Joachimismus,** bei ihnen Eingang fand. Der Urheber dieser Prophetie, *JOACHIM VON FLORIS* (Stifter und erster Abt des Zisterzienserklosters Floris in Calabrien, † 1201/02), blieb unangefochten. In biblisch-apokalyptischen Studien entwarf er mit typologischer Exegese eine Dreizeitalterlehre: Auf das Zeitalter des Vaters (AT; in der Kirche Vorherrschen der Verheirateten und Laien) und das des Sohnes (seit Usia, vollends seit Christus; Vorherrschen der Priester) folgt das des hl. Geistes (Vorherrschen der Mönche, anbrechend mit Benedikt, stärker mit den Zisterziensern, vollends **1260**); in seiner Fülle wird dieses eine Geisteskirche ähnlich dem Urchristentum (Gedanke der reformatio!), einen ordo iustorum, ein „geistliches Verständnis", die Predigt des „ewigen Evangeliums" (Apk. 14 $_6$) hervorbringen (also ein vollkommenes Zeitalter auf Erden! scharfer Gegensatz zu der Eschatologie von Augustins de civitate Dei!). Diese Anschauungen verbreiteten sich rasch über Italien und verbanden sich vielfach mit der ghibellinischen Papstfeindschaft. (Der Papst der Antichrist; nach den älteren Joachimiten war das staufische Kaisertum, insbesondere Friedrich II., der Antichrist: Ursprung der deutschen Kaisersage.) In der die ursprünglichen Ideen Joachims stark abwandelnden, entschiedenen, antipäpstlichen Form drang der Joachimismus in die Kreise der schroffen Franziskaner ein. Als das „ewige Evangelium" galt nun ein Schriftenkorpus, bestehend aus echten und unechten joachitischen Schriften, als der ordo iustorum galten die Spiritualen. 1254 veröffentlichte der Spirituale *Gerhard von Borgo San Donnino* in Paris seinen „Introductorius in Evangelium aeternum" (= Einleitung in die joachitischen Schriften). Der Introductorius wurde 1255 vom Papst verurteilt, eine Anzahl minoritischer Joachimiten 1258 mit lebenslänglicher Klosterhaft bestraft, der Joachimismus im Minoritenorden damit aber nicht unterdrückt (§ 66 b, 67 b).

3. Die durch die Joachimiten auch unter den Laien verbreitete Erwartung, *w* daß **1260** das „Zeitalter des Geistes" anbrechen werde, rief in Italien 1260 eine große Geißlerwallfahrt hervor. Bereits die Bußpredigten des Antonius von Padua (§ 60 i) hatten Geißlerprozessionen veranlaßt. In der religiösen Erregung des Jahres 1260 liegt auch der Ursprung der schwärmerischen Gemeinschaft der **Apostelbrüder,** die das Armutsideal zu verwirklichen suchten und die römische Kirche für die babylonische Hure der Apokalypse erklärten. Ihr Stifter, *Gerhard Segarelli,* wurde 1300 verbrannt. Sein Nachfolger, *Fra Dolcino,* verteidigte sich mit einer Schar fanatischer Apostelbrüder zwei Jahre lang (1305–07) gegen ein Kreuzheer auf einem Berge bei Vercelli.

4. Neben diesen apokalyptischen Schwärmern gab es seit dem Anfang des 13. *x* Jhs. pantheistisch-mystische Sekten. Sie lehrten, daß in der mystischen Ekstase die Gottheit in den Menschen eingehe und ihn sündlos mache, so daß für ihn zB. Unkeuschheit keine Sünde sei. Dieser Libertinismus verband sich mit den apokalyptischen Ideen vom Zeitalter des Geistes, vom Antichristentum des Papstes usw. Die häretische Mystik tritt zuerst in der religiösen Sekte der **Amalrikaner** hervor, die sich von *Amalrich von Bena* herleitete († 1204; Entdeckung und Unterdrückung der Sekte zu Paris 1209 f.). Auch der Pariser Magister *David von Dinant* (verurteilt 1210, gest. nach 1215) lehrte pantheistisch. Seit der Mitte des 13. Jhs. begegnen wir den Amalrikanern in ihren Anschauungen und wohl auch in ihrem Ursprung verwandten **„Brüder und Schwestern des freien Geistes"** in Frankreich und Deutschland, die das ganze 14. Jh. über bestanden; nicht wenige Beginen und Begharden (§ s) verfielen den Anschauungen dieser Sekte und wurden, bes. im 14. Jh., von der Inquisition als Ketzer verfolgt.

y 5. Auch bewußter **Unglaube** war im Vordringen, genährt durch das Mißlingen der Kreuzzüge, aber auch durch das Eindringen der pantheistischen arabischen Philosophie in die Kreise der französischen Gelehrten. Ein Hauptherd der Skepsis war der Hof Friedrichs II. zu Palermo mit seiner normannisch-arabischen Mischkultur (vgl. § 57₃).

§ 62. Die Universitäten und die kirchliche Wissenschaft. Die Hochscholastik.

Vgl. § 53. – Thomas-Literatur: unübersehbar. Zeitschriften: *Divus Thomas, 1914ff.; *Revue Thomiste, 1917ff.; *Scholastik, 1926ff. – *Die deutsche Thomasausgabe, 1933ff. – *HDenifle, Geschichte der Universitäten im Mittelalter I, 1885. – HRashdall, The Universities of Europe in the Middle Ages, 3 Bde., 1936. – Duns-Bibliographie: *SSchäfer, Einführungen in das Studium der Philosophie 23, 1953. – Joannis Duns Scoti Opera omnia, ed. CBalić, Civ. Vat., 1950ff. – ChBalić, O.F.M., Les commentaires de Jean Duns Scot sur les quatres livres des sentences, 1927. – *JNEspenberger, Grund und Gewißheit des Glaubens in der Hoch- und Spätscholastik (FLDG XIII, 1), 1915. – *MGrabmann, Thomas von Aquino, ⁵1926. – Ders., Einführung in die Summa des hl. Thomas, ²1928, sowie zahlreiche weitere Schriften Grabmanns. – *Xenia Thomistica, 3 Bde., Rom 1925. – *JHessen, Thomas von Aquin und wir, 1955. – *MSchmaus, Der Liber propugnatorius des Thomas Anglicus und die Lehrunterschiede zwischen Thomas von Aquin und Duns Scotus, Teil II, 2 Bde., 1930. – GvBülow s. zu § 53. – *JAuer, Die Entwicklung der Gnadenlehre in der Hochscholastik, 2 Bde., 1942 bis 1949. – *HDettloff, Die Lehre von der acceptatio divina. bei Duns Scotus, 1954.

a 1. In demselben Jahrhundert, in dem das Papsttum den Gipfel seiner Macht erstieg, erlebte auch die kirchliche Wissenschaft ihren **Höhepunkt (zweite Periode der Scholastik);** sie behauptete die entschiedene Vorherrschaft im Geistesleben, verfügte über eine stattliche Zahl hervorragender geistiger Kräfte und vollbrachte den Ausbau großartiger **theologischer Systeme**. Der Aufschwung, den die Scholastik im 13.Jh. nahm, beruhte vornehmlich auf der Einwirkung des erst jetzt im Abendlande in seinem ganzen Umfange bekannt werdenden aristotelischen Systems, auf der Entstehung der Universitäten und auf dem Eintritt der Bettelorden in die wissenschaftliche Arbeit.

b (1) Die Kenntnis des **vollständigen Aristoteles** verdankten die Scholastiker den arabischen und jüdischen Philosophen Spaniens; sie empfingen von diesen freilich den Aristotelismus [in den lat. Übersetzungen des Archidiakons von Segovia *Dominikus Gundissalinus*, um 1150, und anderer] mit mancherlei neuplatonischen und selbst arabischen Einflüssen versetzt und lernten erst seit c. 1230 den griechischen echten Aristoteles kennen. Zum ersten Male trat das wissenschaftliche Denken der jungen germanisch-romanischen Nationen an ein System der Weltanschauung heran, das unabhängig von christlichen Gedanken entstanden, also „natürlich" war: darin lag ein außerordentlicher Antrieb zur Ausgleichung der „natürlichen" Welterkenntnis mit dem kirchlichen Dogma und zur Aufstellung eines eigenen kirchlichen Systems, einer großen Gott-Welt-Philosophie. Dabei entsprach es dem herrschenden Autoritätsbedürfnis, daß Aristoteles ebenso wie das Dogma als eine unwandelbare Autorität betrachtet wurde.

c (2) Aus den freien Kreisen von Scholaren, die sich um einzelne hervorragende Lehrer geschart hatten (§ 53 e), erwuchsen um 1200 die **Universitäten.** Unter „universitas" oder „studium generale" verstand man damals nicht die „universitas litterarum", sondern die „universitas magistrorum et scholarium", d. h. den

Zusammenschluß der Lehrer und der Studenten zu einer Korporation. Die bedeutendsten Universitäten waren Paris (hauptsächlich für Theologie) und Bologna (hauptsächlich für Rechtswissenschaft). Obligatorische Vorschule für die drei oberen Fakultäten war die unter diesen stehende vierte, artistische Fakultät, in der die „septem artes liberales" (§ 43 s) gelehrt wurden.

(3) Die Festsetzung der Bettelmönche an den Universitäten gelang *d* nur unter heftigen Kämpfen. Bereits 1229 erlangten die Dominikaner die Errichtung eines theologischen Lehrstuhls an der Pariser Universität, bald auch die Franziskaner; aber erst 1259 war der Widerspruch in Paris beseitigt.

2. Die großen Scholastiker des 13. Jhs. gehörten alle den beiden *e* großen Bettelorden an. Ihre Reihe wird eröffnet durch die Minoriten Alexander von Hales und Bonaventura und den Dominikaner Albertus Magnus, den Lehrer des Aquinaten.

ALEXANDER VON HALES, O. F. M. (Alexander Halesius, „Doctor irre- *f* fragabilis", aus England, berühmter theologischer Lehrer in Paris, in vorgerücktem Alter Minorit, † 1245) ist der erste Scholastiker, der den ganzen Aristoteles herangezogen hat. Hauptwerk: „Summa universae theologiae."

ALBERTUS MAGNUS, O. P. (Albert Graf von Bollstädt, geb. 1193 (?) zu *g* Lauingen in Schwaben, studierte in Padua und lehrte vornehmlich in Köln, 1260–62 Bischof von Regensburg, † 1280, heilig 1931) war ein gründlicher Kenner des Aristoteles, dazu ein Gelehrter von erstaunlicher Vielseitigkeit („Doctor universalis"; umfangreiche naturwissenschaftliche, medizinische und philosophische Kenntnisse). Er war der einzige bedeutende Scholastiker deutscher Herkunft. Hauptwerke: Kommentare zu Aristoteles, zum Lombarden, zu Ps.-Dionysius Areopagita; Summa theologiae (unvollendet).

BONAVENTURA, O. F. M. (Johannes Fidanza, „Doctor seraphicus", geb. *h* 1221 zu Bagnorea im Kirchenstaat, Schüler des Alexander Halesius, seit 1248 Lehrer der Theologie in Paris, 1257–74 Minoritengeneral, seit 1273 Kardinalbischof von Albano, † 1274 auf dem Konzil zu Lyon, auf dem er eine hervorragende Rolle spielte; 1482 heilig) war weit stärker als von Aristoteles von der Mystik des Areopagiten beeinflußt.

3. Den Höhepunkt der Scholastik überhaupt bezeichnen der *i* Dominikaner Thomas von Aquino und der Franziskaner Duns Scotus. In der „Summa" des *THOMAS VON AQUINO* hat die Hauptaufgabe der Scholastik, die Zusammenfassung von Vernunft und Offenbarung zu einem harmonischen System, ihre klassische Lösung gefunden. Das thomistische System hat in seinen einzelnen Lehrstücken wie in seinen prinzipiellen Grundlagen die katholische Theologie entscheidend beeinflußt, in der zweiten Hinsicht auch die altprotestantische.

THOMAS VON AQUINO, O. P. („Doctor angelicus", geb. 1225 als der Sohn *k* des Grafen von Aquino auf dem Schlosse Roccasecca bei Aquino) studierte unter Albertus Magnus (§ g) und lehrte in Paris, Rom und Neapel († 1274 auf der Reise zum Konzil von Lyon im Zisterzienserkloster Fossanuova bei Terracina; 1323 heilig). Hauptwerk: **Summa totius theologiae** (ein Werk von bewundernswerter Architektonik, unvollendet). Auf seine Anschauungen haben vor allem Aristoteles und daneben Augustinus und der Areopagite gewirkt. Thomas hat, Bonaventura folgend, die kirchlichen und weltlichen Ansprüche des Papsttums, auch die Unfehlbarkeit, in seine Dogmatik eingearbeitet; im modernen Katholizismus ist er zu normativer Geltung gelangt. Vgl. § 116 c.

4. Vielfach im Gegensatz zu Thomas stand *DUNS SCOTUS*. *l* Dieser Meister der Dialektik wies scharfsinnig die Schwächen des thomistischen Systems, besonders seiner erzwungenen Harmonisierung auseinanderstrebender Gedanken nach und entwickelte durch Fortbildung der älteren franziskanischen Theologie, unter stärkerer Be-

tonung augustinischer Bestandteile der Scholastik, ein eigenes dogmatisches System, dessen Angelpunkt die Lehre vom Primat des Willens vor dem Intellekt war.

m   JOHANNES DUNS SCOTUS, O. F. M. („Doctor subtilis"; Lebensumstände wenig bekannt; geb. um 1270 wohl in Südschottland, lehrte in Oxford, Paris und kurze Zeit in Köln; † 1308 zu Köln), der scharfsinnigste Scholastiker überhaupt, hat umfangreiche Schriften, aber keine „Summa" verfaßt; sein Hauptwerk ist das „Opus Oxoniense" (Kommentar zu den Sentenzen des Lombarden). Die Interpretation des Duns ist durch seine Terminologie sehr erschwert. Veraltet ist die Annahme, Duns habe Glauben und Wissen, Theologie und Philosophie scharf getrennt und sich der arabischen Lehre von der doppelten Wahrheit und dem Skeptizismus genähert. Ebenso unrichtig ist es, aus seiner Betonung der „voluntas" und des „liberum arbitrium" auf halbpelagianische oder gar pelagianische Tendenzen zu schließen. So sehr Duns zur Kritik neigt, so entschieden hält er an der Kirchenlehre fest.

n   Der Gegensatz zu Thomas durchzieht die ganze Theologie des Duns. Folgende Unterschiede seien genannt:

1) die Gotteslehre (Thomas faßt Gott in erster Linie als Sein, Duns als unumschränkten Willen; Thomas: Gott will, was gut ist, d. h. der göttliche Wille ist der göttlichen Weisheit untergeordnet; Duns: was Gott will, ist gut);

2) die Psychologie (Thomas: der Wille ist durch die Erkenntnis des Guten determiniert; Duns: der Wille ist absolut frei; die mit der Handlung verbundenen Vorstellungen sind nur Gelegenheitsursachen, die Entscheidung liegt beim Willen);

3) das Werk Christi (Thomas: „satisfactio superabundans", das Werk Christi ist von unendlichem Wert; nach Duns wird es wertvoll erst durch die „acceptatio", d. h. dadurch, daß Gott es als hinreichend gelten läßt);

4) die Marienlehre (Thomas: Maria ist nicht frei von der Erbsünde, denn sonst wäre Christus nicht der Erlöser aller Menschen; Duns: Maria ist unbefleckt empfangen worden; vgl. § 115 n).

o   5. Seitdem die Dominikaner 1286 ihre Ordensangehörigen bei Strafe der Exkommunikation auf Thomas von Aquino verpflichtet und die Minoriten in gleicher Weise die Autorität des Duns Scotus festgestellt hatten, zerfielen die Scholastiker in die beiden Hauptschulen der Thomisten und der Scotisten, die sich in den beiden folgenden Jahrhunderten heftig bekämpften.

Anhang zu § 62.

p   Von der scholastischen Behandlung der einzelnen dogmatischen Lehrstücke ist besonders die **Sakramentslehre** wichtig. Die Siebenzahl der Sakramente setzte sich vor allem durch den Einfluß des *Petrus Lombardus* durch (*baptismus, confirmatio, eucharistia, poenitentia, unctio extrema, ordo, coniugium*). Die offizielle Anerkennung der scholastischen Sakramentslehre erfolgte auf der Florentiner Unionssynode 1439 (§ 69 p q). Nach scholastischer Lehre wirken die Sakramente *ex opere operato*, d. h. durch den äußeren Vollzug der Handlung, sofern der Empfänger kein Todsünder ist; auch die Sakramentsverwaltung eines unwürdigen Priesters ist wirkungskräftig, falls er die „intentio" hat, das Sakrament wirklich zu verwalten. Von den Sakramenten wurden die übrigen gnadenvermittelnden Zeremonien (Exorzismen und Benediktionen) als Sakramentalien unterschieden. Thomas bezeichnete die „res visibiles" des Sakraments als die *materia*, die „verba" als die *forma*. Besonders wichtig sind Eucharistie und Buße.

q   Die **Eucharistie** (§ 27 i, 45 n, 53 f, 56 t, 61 f). Form: die Einsetzungsworte. Materie: die Elemente. Verzicht der Laien auf den Kelch (*communio sub una*) seit dem 12. Jh. (begründet seit Alexander Halesius durch die Lehre von der *concomitantia*: in jeder „Species", im Brot wie im Wein, ist der ganze Christus). Wandlungslehre seit 1215 Dogma. (Die *transsubstantiatio* [§ 53 f] ist das Wunder, wodurch der konsekrierende Priester Brot und Wein, unter Wahrung ihrer species accidentalis, ihrer Substanz nach in die Substanz von Leib und Blut Christi verwandelt). Anbetung der geweihten Hostie durch Niederfallen seit 1217 (Honorius III.). Verdrängung der Kinderkommunion (vgl. § 18 i; bekämpft durch Synoden seit 1196, beseitigt durch das Tridentinum; im Orient bis heute herrschend; im Abendland wieder eingeführt 1910 durch Pius X.).

Die **Buße** (§ 38 l). Form: die priesterlichen Worte: „Ego te absolvo". Materie bei den Scholastikern umstritten, nach den Beschlüssen von Florenz 1439 die [schon von Hildebert von Tours und Petrus Lombardus aufgestellten] Bußforderungen: *Contritio cordis, confessio oris* (vor dem Beichtvater) und *satisfactio operis*. Unverletzlichkeit des sog. Beichtsiegels (sigillum confessionis, Beichtgeheimnis). Über die Bestimmungen des 4. Laterankonzils § 56 t, 61 h, über den Ablaß § 61 h, 75 f.

r

§ 63. Die Stellung der Kirche im Kulturleben.

KBurdach, Der Gral, 1938. – FRanke, Gott, Welt und Humanität in der deutschen Dichtung des Mittelalters, [1952]. – HJKoppitz, Wolframs Religiosität, 1959. – Deutsches Dante-Jahrbuch, N. F., her. FchSchneider, 1928ff. – KVossler, Die göttliche Komödie, 2 Bde., ²1925. – FchSchneider, Dante, ⁵1960. – EGilson, Dante und die Philosophie, deutsch 1953. – GDehio, Geschichte der deutschen Kunst, 3 Bde., ⁴1930f. – WWorringer, Formprobleme der Gotik, ⁷⁻¹² 1921. – KScheffler, Der Geist der Gotik, 1919. – WDrost, Romanische und gotische Baukunst, [1944]. – WSchlesinger, Meißner Dom und Naumburger Westchor, 1952. – JPope-Hennessy, Italian Gothic Sculpture, London 1955. – Zum Bamberger Reiter: RWiebel (1939); OHartig (1939); HSteuerwald (1947).

1. LITERATUR. Während die Kirche im 13. Jh. die Wissenschaft *a* vollständig beherrschte, setzte sich in der übrigen Geisteskultur die schon im 12. Jh. zu beobachtende Emanzipation der Kultur von der Kirche fort. Der Klerus wurde aus seiner führenden literarischen Stellung durch das Rittertum verdrängt; er zog sich auf die lateinische Literatur zurück. Sobald das Laientum Anteil an der literarischen Produktion erlangte, wandelte sich der Charakter der Dichtkunst; neben den beibehaltenen geistlichen Stoffen wurden weltliche bevorzugt; ein starkes Lebensgefühl gewann neben dem Glauben und der Askese in der Literatur Raum, gelegentlich auch entschiedene Opposition gegen Klerus und Kurie oder religiöse Gleichgültigkeit. Trotz alledem war die Einwirkung des Christentums auf die Literatur immer noch bedeutend.

SÜDFRANKREICH, das Ursprungsland des Rittertums, war auch das Ursprungsland der ritterlichen Poesie; schon im 11. Jh. bildete sich der Stand der Troubadoure, die den Minnesang pflegten, aber auch kirchliche Stoffe behandelten und mit ihren politischen Liedern in den Albigenserkriegen einen bedeutenden Einfluß übten. Der Vandalismus der Kirche nach diesen Kriegen bereitete dieser Kultur ein Ende (vgl. § 59 n). *b*

NORDFRANKREICH, wo vor allem das Epos gepflegt wurde, hat den übrigen Ländern die bekanntesten Sagenkreise aus dem Gebiet der christlichen Legende und der Helden- und Abenteuergeschichten übermittelt, die Sagen von Kaiser Karls Wallfahrt nach dem heiligen Land, das Rolandslied, die bretonischen Sagen vom König Artus und Zauberer Merlin, von Tristan, vom heiligen Gral, von Parzival und Lohengrin usw., vgl. § e. *c*

In enger Verbindung mit Frankreich entwickelte sich die Literatur in SPANIEN, wo neben der Heldendichtung (den Romanzen vom Cid, dem gefeierten Maurenbezwinger der 2. Hälfte des 11. Jhs.) und neben einer reichen volkstümlichen Liebeslyrik die religiöse Dichtung im 13. Jh. eine bedeutende Stellung einnahm, befruchtet durch die entschieden kirchliche Gesinnung, die der Jhh. lange Glaubenskampf erzeugt hatte. *d* e In DEUTSCHLAND brachte die 1. Hälfte des 12. Jhs. die letzten wertvolleren Erzeugnisse der geistlichen Dichtung. Dann trat, wie in den übrigen Ländern, mit dem Aufkommen des Minnesangs die Laienpoesie in den Vordergrund. Der religiöse Geist wirkte trotzdem auf die Dichtung ein. Auch die scharfe Polemik *Walters von der Vogelweide* (gest. gegen 1230) gegen die Herrschsucht und Habgier der römischen Kurie entsprang nicht der Irreligiosität, sondern dem gerechten Zorn des aufrichtig gläubigen Mannes. Das höfische Epos aber benutzte neben antiken Stoffen (Aeneis) mit Vorliebe zwei Stoffe, in denen Rittertum und christlich religiöser Sinn verschmolzen sind, die Sage vom König Artus und seiner Tafelrunde und die Sage vom heiligen Gral (Gral = Schale, ein kostbares Gefäß mit dem Leib und Blut des Herrn, mit Wunderkräften ausgestattet, in einer wunderbaren Burg in Spanien von einer auserwählten Schar streng asketischer Ritter bewacht: das Ganze die höchste dichterische Verklärung des im eucharistischen Christus beschlossenen Heils und des geistlichen Rittertums). Die Gralsage verwendete der bedeutendste epische Dichter des 13. Jhs., *Wolfram von Eschenbach* († 1220), in seinem Hauptwerke, dem „Parzival". Auch *Hartmann von der Aue* (gest. gegen 1220) behandelte kirchliche Stoffe; so feierte er im „Armen Heinrich" die asketische Selbsthingabe. Die antiasketische Tendenz vertrat dagegen *Gottfried von Straßburg* in „Tristan und Isolde", einer Verherrlichung der irdischen Liebe. Neben der höfischen Lyrik und Epik blühte das volkstümliche Epos, dessen Hauptwerke, Nibelungenlied und Gudrunlied, die altgermanischen Tugenden Tapferkeit, Treue usw., feiern und vom Christentum nur äußerlich berührt sind.

f In ITALIEN zeigen die Werke des großen ***DANTE ALIGHIERI*** aus Florenz (1265–1321), der für Italien eine ähnlich umfassende Bedeutung hat wie Luther für Deutschland, die Herrschaft der kirchlichen Weltanschauung (Hauptwerk: die **„Divina commedia"**; das Beiwort „divina" erst seit dem 16. Jh.). Dabei war Dante entschiedener Parteigänger der Ghibellinen, also Verfechter der Ansprüche des Kaisertums gegenüber der päpstlichen Weltherrschaft (1302 Verbannung aus Florenz, gest. im Exil zu Ravenna; theoretische Darlegung seiner politischen Anschauungen in der Schrift „Monarchia": die kaiserliche Würde unmittelbar von Gott, Kaisertum und Papsttum einander gleichgeordnet). Vgl. § 72 b.

g 2. KUNST. Noch unerschüttert war die Herrschaft der Kirche auf dem Gebiet der bildenden Kunst. Im 12. und 13. Jh. erstanden die schönsten Werke des romanischen und des gotischen Kirchenbaus, eindrucksvolle Symbole der Frömmigkeit dieses Zeitalters.

h 1. Die **romanische Kirche** entstand aus der altkirchlichen Basilika, vermutlich unter östlichen Einwirkungen. Die Fortbildung der Basilika zum romanischen Kirchenbau begann bereits im vorkarolingischen Frankreich. Indem man das Mittelschiff über das Querschiff hinaus verlängerte, entstand die Kreuzform des Grundrisses. Die Reliquienverehrung führte zur Erhöhung des Chors und zur Anlage einer Krypta (Gruft) unter demselben, sowie zur Anlage eines zweiten Chors, eines Westchors. Ferner verschönte man den Turmbau und brachte ihn in organische Verbindung mit der Kirche. Im Innern wurde die Säule durch den Pfeiler verdrängt. Die verschiedenen Nationen entwickelten den romanischen Stil in größter Mannigfaltigkeit und Freiheit; er erfuhr in allen Ländern eine fortgesetzte Weiterbildung. Am reichsten entfaltete er sich in Deutschland und Frankreich.

i In DEUTSCHLAND sind zwei Grundtypen zu unterscheiden, der romanische Flachbau und der romanische Gewölbebau (erste vollendete Durchführung im Dom zu Speyer 1097; Dome zu Mainz und Worms, Abteikirche zu Maria-Laach). Der Übergang von der flachen Holzdecke zur gewölbten Steindecke (Kreuzgewölbe) war die bedeutsamste Veränderung, die die Geschichte des romanischen Stils aufweist. Eine weit größere Mannigfaltigkeit zeigt der romanische

k Stil in FRANKREICH. Man verwandte nicht bloß das Kreuzgewölbe, sondern auch die Kuppel und das Tonnengewölbe, und ersetzte in Südfrankreich die Basilika durch die einschiffige Saalkirche oder die Hallenkirche oder mannig-

l fache Kombinationen. ITALIEN blieb in größerer Nähe der altkirchlichen Bauweise; in Venedig (S. Marco, 12. Jh.) wirkten byzantinische Einflüsse ein, in den Normannenbauten auf Sizilien byzantinische und arabische; die wertvollsten Werke italienischer Romanik entstanden in Toskana (Dom zu Pisa, mit schiefem Campanile; S. Miniato bei Florenz; 12. Jh.).

2. Der romanische Stil wurde seit dem 12. und 13. Jh. durch den **gotischen** m **Stil** verdrängt. 1) Das Hauptmerkmal der Gotik ist die **Auflösung der Wände in Pfeiler und Fenster**, ermöglicht durch den **Spitzbogen**, dessen Verwendung die Last des Gewölbes auf wenige Punkte der Mauern konzentriert und die übrigen Wandmassen entbehrlich macht; die Pfeiler, die so die gesamte Last der gewölbten Decke tragen, werden nach außen hin durch mächtige **Strebepfeiler** verstärkt. Eigentümlich ist 2) die starke Betonung der **Vertikallinie** (große Höhe des Schiffs und der Türme, steil aufsteigendes Dach; auch viele Einzelglieder wirken in derselben Richtung: Spitzgiebel über Türen und Fenstern, Fialen [Türmchen] auf den Strebepfeilern usw.) und 3) die neue, ungemein reiche Gestaltung der **Einzelglieder** (reich durchgebildetes Maßwerk, Rosette über dem Hauptportal, Bündelpfeiler; starker Einfluß des Spitzbogens auf das Ornament, das aus sich schneidenden Kreisen usw. gebildet ist; Glasmalerei). Nur 1–2 Türme, in Deutschland sehr hoch, mit einer durchbrochenen Steinpyramide abgeschlossen, in Frankreich von mäßiger Höhe und meist mit horizontalem Abschluß.

Die unzutreffende Bezeichnung „gotisch" ist von den Italienern der Renais- n sancezeit geschaffen, um den Stil als barbarisch zu brandmarken. Er entstand in **Nordfrankreich**, in Ile-de-France und den angrenzenden Provinzen und blühte von der zweiten Hälfte des 12. Jhs. bis ins 15. Jh. In FRANKREICH bildet die o Abteikirche von St. Denis (1140–44) den Übergang vom romanischen zum gotischen Stil. Hauptwerke: Notre-Dame zu Paris (1163–1360), die Kathedralen zu Chartres, Reims und Amiens. Die französische Gotik wirkte auf ENGLAND, das allmählich eine selbständige Spielart der Gotik entwickelte. In DEUTSCHLAND p nahm man zuerst nur einzelne Elemente der Gotik auf: so entstand der **Übergangsstil,** dessen Kirchen, weniger wuchtig als die romanischen, zu den schönsten zählen (Spitzbogen, Rippengewölbe). Er vermochte den Sieg der eigentlichen **Gotik** nicht zu hindern; auf die maßvolle deutsche Frühgotik (Elisabethkirche in Marburg, 1235 begonnen) folgte rasch die volle Entfaltung der Gotik in ihrem Hauptwerk, dem **Dom zu Köln** (1248 Grundsteinlegung unter Bischof *Konrad von Hochstaden*, 1880 Vollendung); daneben das Münster zu Straßburg (begonnen um 1230, 1277 Beginn der Fassade durch Meister *Erwin*) und die Bauten zu Freiburg i. B., Ulm, Prag, Wien, Basel usw. In ITALIEN wurden nur einzelne Bestandteile q der Gotik aufgenommen; das Resultat hatte mit dem gotischen Kirchenbau der nördlichen Länder wenig gemein (S. Francesco in Assisi, 13. Jh.; Dome zu Florenz [Kuppel aus der Frührenaissance], Orvieto, Siena, Bologna, Mailand).

Ebenso wie die Architektur standen **Plastik** und **Malerei** noch völlig im Dienste r der Kirche. Die Plastik entwickelte sich vom 11. bis zum 13. Jh. aus großer Unbeholfenheit zu bedeutender Höhe. **Frankreich** erlebte diese Blüte der Plastik unter dem Einfluß der Gotik, **Deutschland** im Zeitalter des Übergangsstils (§ p; Goldene Pforte des Doms zu Freiberg in Sachsen; Fürstenstatuen im Naumburger Dom; der Bamberger Reiter: die Welt als Fürst? Idealbild des deutschen Ritters? Stephan der Heilige? Konstantin d. Gr.? Heinrich II.?); in **Italien**, wo die Plastik sich schon im 12. Jh. selbständiger zu entfalten begann, bezeichnen *Niccolo Pisano* (gest. c. 1280) und sein Sohn *Giovanni Pisano* (gest. nach 1320) den Bruch mit der konventionellen Skulptur.

Die **Malerei** war noch lange schablonenhaft und unpersönlich. Die Gotik, die s die Wandflächen ausschaltete, war der Wandmalerei wenig günstig, förderte aber die Glasmalerei. In Italien, wo Bürger und Bettelmönche miteinander erstarkten, gab die Predigt der **Franziskaner** der Malerei Anregungen. Den Fortschritt zu einer freieren Produktion fand der italienische Meister *Giotto* (gest. 1336). Giotto-Schüler malten die Franziskuslegende (§ 60 g). Vgl. § 72 s.

§ 64. Eroberungen und Verluste der lateinischen Kirche. Der Mongolensturm.

WHubatsch, Quellen zur Geschichte des Deutschen Ordens, 1954. – ECaspar, Hermann von Salza, 1924. – MBrink, Der Deutsche Ritterorden, 1940.

a   In den beiden Jahrhunderten nach Innocenz III. erreichte die lateinische Kirche die größte räumliche Ausbreitung, die sie in der alten Welt je erlangt hat.

1. DIE OSTSEEPROVINZEN. α) Seit 1185 wurden die von Finnen und Letten bewohnten baltischen Länder durch deutsche Kaufleute, Ritter und Mönche der deutschen Kultur und dem Christentum unterworfen, zuerst Livland, von hier aus unter beständigen Kämpfen Estland und Kurland.

b   In LIVLAND erbaute der Holsteiner Augustinerchorherr *Meinhard* 1185 in Üxküll die erste Kirche; das Hauptverdienst gebührt dem Bremer Domherrn *Adalbert*, der 1201 Stadt und Bistum **Riga** (1255 Erzbistum) und 1202 den Schwertorden gründete (1237 nach einer schweren Niederlage gegen die Litauer mit dem Deutschen Orden vereinigt). ESTLAND kam politisch bis 1346 an Dänemark, doch blieb seine Kultur deutsch.

c   β) 1230–1283 hat dann der Deutsche Orden, unterstützt von großen Scharen von Kreuzfahrern, in wechselvollen blutigen Kämpfen die Preußen niedergeworfen. Das eroberte Gebiet wurde zum Preußischen Ordensstaat zusammengeschlossen.

d   Unter den PREUSSEN hatte schon 997 *Adalbert von Prag* zu wirken gesucht, ohne den geringsten Erfolg (§ 48 n). 1209 begann der Zisterzienser *Christian* die Mission; gleichzeitig faßte der polnische Herzog *Konrad von Masowien* die Unterwerfung und Bekehrung ins Auge. Auf ihr Hilfegesuch ließ der Hochmeister *Hermann von Salza* einen Zweig des Deutschen Ordens (§ e) ins Kulmer Land übersiedeln (1230). In schweren Kämpfen wurde die heidnische Bevölkerung fast völlig ausgerottet und durch deutsche Kolonisten ersetzt. Westpreußen wurde durch polnische Zisterzienser bekehrt und blieb polnisch.

e   Der **Deutsche Orden** war 1190 von deutschen Kaufleuten vor Akkon als Spitalbruderschaft gestiftet und 1198 zum Ritterorden erweitert worden. Im Orient kam er nicht mehr zur Geltung, seine Hauptaufgabe fand er in Preußen. Der Sitz des Hochmeisters wurde 1291 nach Akkon nach Venedig, 1309 nach der Marienburg verlegt. (Tracht: weißer Mantel, schwarzes Kreuz.)

f   Seit der Bekehrung Preußens war im Südostgebiet der Ostsee nur noch LITAUEN heidnisch. Hier hatte ein im 13. Jh. unternommener Missionsversuch keine bleibende Wirkung; erst 1386 begann mit der Taufe des Großfürsten *Jagiello* von Litauen, der Bedingung für seine Vermählung mit der polnischen Königin *Hedwig*, die Christianisierung des Landes (Bistum Wilna 1387, unter Gnesen).

g   2. SPANIEN. Auf der Iberischen Halbinsel hatten die Kämpfe gegen den Islam im 11. Jh. einen großen Aufschwung genommen. Um 1250 war Spanien, mit Ausnahme des kleinen Königreichs Granada im Süden, das erst 1492 erobert wurde, dem Christentum zurückgewonnen.

h   Die Anfänge der **christlichen Pyrenäenstaaten** waren aus den Resten des spanischen Westgotenreichs (§ 41 a) und aus der spanischen Mark Karls d. Gr. (801) hervorgegangen. Teilungen und Vereinigungen führten mannigfache Gruppierungen dieser Mächte herbei, bis schließlich **Kastilien**, **Aragon** und **Portugal** das Übergewicht erlangten. In dem Jhh. langen erbitterten Ringen mit dem Islam festigten sich das ausgeprägte Nationalbewußtsein und der religiöse Fanatismus der Spanier.

3. VERLUSTE IM ORIENT. Dagegen ging im östlichen Mittel- *i* meergebiet 1261 das lateinische Kaisertum in Konstantinopel wieder zugrunde, und die Kreuzzüge fanden mit dem Untergang der letzten Reste der Kreuzfahrerstaaten in Syrien und den vergeblichen Angriffen Ludwigs des Heiligen auf Ägypten und Tunis ein ruhmloses Ende. Der Versuch, das byzantinische Reich und Syrien den Lateinern zu unterwerfen, war endgültig gescheitert.

Die Kreuzzüge endeten mit der Eroberung von Akkon **1291** durch die Mo- *k* hammedaner. Die Christen zogen ab. Johanniter und Templer verlegten 1291 ihren Sitz nach Cypern, die Deutschritter nach Venedig (§ e); 1310 siedelten die Johanniter nach Rhodus über („Rhodiserorden"), 1526 nach Malta („Malteser"), 1798 löste Bonaparte sie auf; der Templerorden wurde 1312 aufgehoben (s. § 65 f). Inzwischen hatte *Michael VIII. Paläologus*, der Herrscher des Reichs von Nicäa, **1261** Konstantinopel erobert und das byzantinische Kaiserreich erneuert, freilich nur als einen Schatten des ehemaligen Reichs. Die Union, die der Kaiser aus politischer Berechnung 1274 mit der römischen Kirche schloß, war bei dem erbitterten Widerstande der griechischen Bevölkerung undurchführbar.

4. DER MONGOLENSTURM. Eine Zeitlang schwebte die ge- *l* samte abendländische Kultur in allerhöchster Gefahr: der furchtbare Mongolensturm, der die blühenden Kulturländer des inneren Asien verwüstete und das geistige Leben der islamitischen Völker bis heute brach, bedrohte 1241 auch das Abendland; indessen die Mongolen kehrten nach dem Osten zurück.

Seit 1208 eroberten die wilden, heidnischen Mongolenhorden des „Dschingis- *m* Khan" (Ober-Khan) *Temudschin* das nördliche China, seit 1218 verwüsteten sie das Reich der Chowaresmier (im nördlichen Iran) und drangen bis Rußland vor. Seit 1238 verheerte *Batu* Rußland, schlug die Russen, die Polen, die Ungarn, 1241 bei Liegnitz die deutschen und polnischen Ritter, ohne den Sieg auszunutzen. Nur das südliche Rußland blieb unter mongolischer Herrschaft („Reich der goldenen Horde" oder Reich Kiptschack, 1240–1480; das nördliche Rußland in drückender Abhängigkeit von den Mongolen).

Die Kirche der **Nestorianer** (§ 34 r), die um 1200 im mittleren Asien eine be- *n* deutende Stellung innehatte (25 Metropoliten unter dem Katholikos von Bagdad), empfing durch die Verwüstungszüge der Mongolen und die im 14. Jh. einsetzenden Verfolgungen einen furchtbaren Stoß und schmolz rasch zu einem bedeutungslosen Rest zusammen. Die Thomas-Christen in Indien wurden von dem Mongolensturm nicht berührt. Auch die Kirche der Jakobiten und die Kirche der Armenier gerieten seit der Mongolenzeit in Verfall.

5. FRIEDLICHE MISSIONSVERSUCHE. α) Die Missionsver- *o* suche, die von den abendländischen Christen bei den Mongolen unternommen wurden, hatten keinen dauernden Erfolg, öffneten aber dem Handel der Venetianer neue Gebiete und trugen so dazu bei, die Verbindung mit den ostasiatischen Kulturvölkern herzustellen.

Dem Übertritt der Mongolenkhane zum Islam ging eine Zeit des Schwankens *p* zwischen Christentum, Islam und Buddhismus voraus. Zwei Reisen, die einige Venetianer auf dem Landwege nach China unternahmen (1295 Reisebeschreibung des *Marco Polo*), führten zur Begründung von Missionsgemeinden in China (1291 ff.; Kirchen in Kambaluk = Peking). 1370 wurden diese Missionsgemeinden wieder vernichtet.

β) Ganz ergebnislos verliefen die Missionsversuche unter den *q* Mohammedanern in Nordafrika, Spanien und Sizilien.

r Hier wirkten namentlich die Bettelmönche; viele fanden dabei das ersehnte Martyrium. *Franciscus* selbst versuchte 1219 vor Damiette den Sultan Al Kamil zu bekehren (§ 60 f). Vergeblich war auch die unermüdliche, aufopferungsvolle Tätigkeit des *Ramon Lull* (Raymundus Lullus, O. F. M.) aus Majorka, der Sprachenklöster für Missionare begründen wollte. Er wurde 80j. 1316 in Algier gesteinigt. Sein Hauptwerk, die „Ars magna", eine verworrene Mischung scholastischer und kabbalistischer Elemente, entwickelte eine eigenartige Methode, den philosophisch gebildeten Mohammedanern gleichsam mechanisch-zwingend das Christentum anzudemonstrieren. Die „lullische Kunst" fand im 14. Jh. als Reform der Scholastik viele Anhänger.

Fünfte Periode.
Vorreformation und Renaissance.
(Vom Anfang des 14. bis zum Anfang des 16. Jahrhunderts.)

Vorblick auf §§ 65—72.

Mit der Wende vom 13. zum 14. Jh. wandelt sich das Geamtbild überraschend schnell. Die kirchliche Einheitskultur löst sich auf, eine Fülle verschiedenartigster Bestrebungen tritt hervor. Beherrscht wird die Entwicklung vornehmlich durch die Vorreformation, d. h. durch die große kirchliche Krisis, die der Reformation des 16. Jhs. voranging, und durch die Renaissance, in der das für dieses Zeitalter charakteristische Streben nach einer selbständigen Laienkultur gipfelt. Das Ganze ist nicht nur Zersetzung, Auflösung, Verfall, sondern auch Umbildung und Neubildung.

Die beiden Universalgewalten, die seit dem 8. und 10. Jh. die Geschichte vornehmlich bestimmt hatten, das Kaisertum und das Papsttum, traten nun zurück. Das Kaisertum war neben den neuen Nationalstaaten, sogar neben den deutschen Territorialmächten, nur noch ein Schatten. Aber auch das Papsttum geriet, politisch wie kirchlich, in Verfall. Es erlebte die wenig rühmliche „Babylonische Gefangenschaft" in Avignon und die schlimme Zeit des römisch-avignonensischen Doppelpapsttums. Auch im kirchlichen Leben zeigt sich ein reißend schneller Niedergang. Zwar fehlt es dem 14. Jh. nicht an so erfreulichen Erscheinungen wie der wundervollen Blüte der dominikanischen Mystik in Deutschland, aber die ungesunde Entwicklung des kirchlichen Rechts, die Schäden des päpstlichen Finanzwesens, der Niedergang der Orden, die Ablösung der intellektualistischen Hochscholastik durch die voluntaristische, das Erkennen begrenzende Spätscholastik, die Mißstände im Ablaßwesen und im niederen Kultus, auch der Niedergang der Gotik, das alles sind Anzeichen für die Zersetzung, die das katholische Kirchenwesen ergriffen hatte. Die Anschauungen über Glauben und Wissen, über Theologie und Philosophie, über Kirche und Staat, die das 14. Jh. vorträgt, vollends die scharfe antikirchliche Opposition eines Wiclif, sind schon wie ein Wetterleuchten der Reformation des 16. Jhs. Schon seit dem Ausgang des 14. Jhs. erhebt sich der Ruf nach einer Kirchenreform, und wirklich kommt es schon jetzt zu einer umfassenden, vielgestaltigen Reformbewegung. In England sucht Wiclif, in Böhmen auf Wiclifs Spuren Hus die Kirche auf revolutionärem Wege zu reformieren; anderseits entsteht die besonders von der Pariser Universität ausgehende kirchlich-ständische Reformbewegung, die zu den großen Konzilien des 15. Jhs. führt. Aber die Reformbewegung hat im ganzen nur bescheidene Erfolge; viele Mißstände bleiben bestehen. In den folgenden Jahrzehnten vermag sich der Katholizismus, auch nach seinen guten Seiten, neu zu festigen, besonders in Italien und Spanien. Es bedurfte neuer religiöser Entdeckungen, um den Bau des Katholizismus so zu erschüttern, wie das durch die Reformation des 16. Jhs. geschehen ist.

§ 65. Der Sturz der päpstlichen Weltherrschaft. Die Päpste in Avignon.

WDrumann, Geschichte Bonifaz' VIII., 2 Bde., 1852. – RScholz, Die Publizistik zur Zeit Philipps des Schönen und Bonifaz' VIII., 1903. – HFinke, Aus den Tagen Bonifaz' VIII., 1902. – Ders., Acta Aragonensia, 3 Bde., 1908–22. – Ewald Müller, Das Konzil von Vienne, 1934. – KMüller, Der Kampf Ludwigs des Bayern mit der römischen Kurie, 2 Bde., 1879f. – HFinke, Papsttum und Untergang des Templerordens, 2 Bde., 1907. – Vatikanische Quellen zur Geschichte der päpstlichen Hof- und Finanzverwaltung 1316–1378, 1910ff. – *BGuillemain, La politique bénéficiale du pape Benoît XII., Paris 1952. – RScholz, Unbekannte politische Streitschriften aus der Zeit Ludwigs des Bayern, 2 Bde., 1911f. – Ausgaben des Defensor pacis von RScholz (2 Bde., 1932f.) und von OW. Previté-Orton (1928). – RScholz, Marsilius von Padua und die Genesis des modernen Staatsbewußtseins (= HZ 156, 1937). – Marsilius, deutsch von HKusch, 2 Bde., 1953. – Konrad von Megenberg, Klagelied der Kirche über Deutschland (1338), deutsch von HKusch, 1957. – *HHoberg, Die Inventare des päpstlichen Schatzes in Avignon, Città del Vat., 1944. – CAWillemsen, Kardinal Napoleon Orsini, 1927.

1. Bereits in den letzten Jahrzehnten des 13. Jhs. hatten die Päpste *a* unter dem Einflusse der Anjous von Neapel gestanden (§ 57 h). Noch weit Schlimmeres folgte unter BONIFATIUS VIII. (1294–1303). Der stolze Mann liebte es, durch großen Prunk zu bekunden, daß er der Herr der Welt sei; aber hinter den hochstrebenden Ansprüchen stand keine wirkliche Macht mehr. Als er im Kampfe mit Philipp IV. von Frankreich noch einmal die päpstlichen Weltherrschaftsansprüche vertrat, erlitt er gegen die mächtige französische Monarchie und das erstarkte Nationalbewußtsein des französischen Volks eine ganz schwere Niederlage. Der Kampf enthüllte in krassester Weise die mit den päpstlichen Ansprüchen seltsam in Widerspruch stehende völlige politische Ohnmacht des Papstes; seine Weltherrschaftsansprüche fanden weder an den führenden politischen Mächten, noch an den religiösen Überzeugungen der Völker mehr eine Stütze. Der Versuch, die abendländische Universalkirche zu einem theokratischen Universalstaat umzugestalten, war gescheitert.

Der Gegenstand des Streits war die Besteuerung des Klerus und der *b* Klöster durch den Staat. 1296 erklärte Bonifatius VIII. in der Bulle „Clericis laicos" die Besteuerung der Kirchen für das ausschließliche Recht des Papstes und bedrohte die Verletzung dieses Rechts mit Bann und Interdikt. Aber weder in England noch in Frankreich vermochte er durchzudringen. Die Feier des ersten Jubeljahres in Rom (**1300**), die ungezählte Pilger nach der Stadt führte und dem Papst reiche Geldeinnahmen verschaffte, sowie einige kleinere Erfolge stärkten dem Papste das Rückgrat. Aber neue Kämpfe und neue Niederlagen folgten. In England erhob das Parlament 1301 scharfen Widerspruch gegen den Papst, der 1299 Schottland für das Eigentum der römischen Kirche erklärt und Eduard I. von England die Eroberung Schottlands verboten hatte. Noch empfindlicher war die Niederlage des Papstes im Kampf mit *PHILIPP IV*. dem Schönen von Frankreich. Hier erreichte der Streit den Siedepunkt, als der König den Bischof von Pamiers, Bernhard Saisset, der als päpstlicher Legat an Philipps Hofe mit größter Anmaßung aufgetreten war, nach der Rückkehr in sein Bistum verhaften und ihm den Prozeß machen ließ. Der Papst wies darauf in der Bulle „Ausculta fili" (1301) den König scharf zurecht und berief die französischen Prälaten und Gelehrten zur Beratung nach Rom. Da traten aber die französischen Reichsstände (Adel, Klerus, Volk) 1302 in gewaltiger nationaler Aufwallung auf die Seite des Königs, der durch Vorlegung einer verfälschten Gestalt der Bulle die Gemüter noch mehr erhitzte. Darauf faßte Bonifaz VIII. in der berühmten Bulle **„Unam sanctam"** **1302** noch einmal die schroffsten kurialistischen Sätze zusammen (Lehre von den beiden Schwertern, der geistlichen und der weltlichen Gewalt, Lk. 22 $_{38}$!) und erklärte den Gehorsam gegen den römischen Bischof für heilsnotwendig (*„porro subesse Romano pontifici omni humanae creaturae... omnino esse de necessitate salutis"*). Philipp appellierte an ein allgemeines Konzil, ein großer Teil seines Volkes schloß sich der Appellation an. Der Papst wies diese als nichtig zurück und bereitete die Verkündigung des Banns über Philipp vor; da ließ der französische König den Mann, der sich für den Beherrscher der Welt hielt, durch eine Handvoll Bewaffneter unter *Wilhelm von Nogaret* im Schlosse zu Anagni gefangennehmen (1303). Dieser Vorgang bedeutet den Sturz der päpstlichen Weltherrschaft. Von den Bürgern von Anagni befreit, starb Bonifaz infolge der Erregung wenige Wochen später in Rom.

c 2. In den nächsten Jahrzehnten stand die Kurie in schmachvollster Abhängigkeit von Frankreich und erlebte einen bedenklichen politischen und moralischen Verfall. α) Bonifaz' übernächster Nachfolger verlegte den päpstlichen Sitz von Rom nach **Avignon** in der Provence, in das Einflußgebiet der französischen Krone. Hier haben die Päpste (1) ihre „babylonische Gefangenschaft" **(1309–1377)** verbracht. Als ein gefügiges Werkzeug der französischen Politik ließen sich die avignonschen Päpste (2) zu einem Ketzerprozeß gegen den toten Bonifaz VIII., und, noch ärger, (3) zu einem Prozeß gegen den Templerorden mißbrauchen, dessen politische Machtstellung in Frankreich der erstarkenden französischen Krone im Wege war.

d

Päpste.

1303–04 Benedikt XI.
1305–14 Klemens V.
1314–16 SEDISVAKANZ
1316–34 Johann XXII.
1334–42 Benedikt XII.
1342–52 Klemens VI.
1352–62 Innocenz VI.
1362–70 Urban V.
1370–78 Gregor XI.

ad 1) Der Gascogner *KLEMENS V.* (Bertrand de Got, vorher Erzbischof von Bordeaux) blieb in Frankreich (Inthronisation in Lyon) und nahm nach längerem Schwanken **1309** seinen Sitz in **Avignon,** wo die nächsten Päpste residiert haben. Hier lebten sie zwar nicht auf französischem Gebiet, aber in der Machtsphäre Frankreichs (Avignon gehörte dem König von Neapel und Grafen von der Provence, also einem Lehnsmanne des Papstes, seit 1348 diesem selbst, s. § 67 b).

ad 2) Auf Verlangen Philipps IV. mußte der schwache Klemens V. den **Prozeß** *e*
gegen Bonifaz VIII. eröffnen; doch verzichtete der König schließlich auf die Verurteilung dieses Papstes und begnügte sich damit, daß Klemens V. die Bulle
„Unam sanctam" [scheinbar] außer Kurs setzte.

ad 3) Die **Templer,** die sich seit dem Ende der Kreuzzüge besonders in *f*
Frankreich niedergelassen hatten, waren wegen ihres großen Grundbesitzes
und ihrer Privilegien dem französischen König im Wege. Er beseitigte sie daher
mit Hilfe des Papsttums. Ihr Großmeister *Jakob von Molay* wurde nach Frankreich gelockt und gefangengesetzt; alle in Frankreich lebenden Templer wurden
verhaftet (1307) und der Ketzerei und Sittenlosigkeit beschuldigt (Anwendung
der Folter). Die päpstlichen Untersuchungskommissionen sprachen indessen den
Orden frei; ebensowenig verurteilte ihn das Konzil von Vienne 1310–1312; da
erlag Klemens V. dem Drängen Philipps und verfügte 1312 die **Aufhebung des
Templerordens.** Seine Besitzungen sprach er den Johannitern zu; sie wurden aber
zumeist eine Beute des Königs und der weltlichen Großen. Jakob von Molay
wurde 1314 von Philipp dem Scheiterhaufen überliefert.

β) So ohnmächtig das Papsttum der französischen Krone gegen- *g*
über war, so anmaßend war seine Politik gegenüber dem machtlosen
Deutschen Reich. Hier hielt der Papst im Kampf mit Ludwig dem
Bayern an allen seinen Weltherrschaftsansprüchen fest. Dieser letzte
Kampf zwischen Kaisertum und Papsttum, dem es an großen Persönlichkeiten und an spannender Dramatik fehlte, brachte dem
Kaisertum neben manchen Erfolgen schwere Demütigungen; doch
wurde der Anspruch der Kurie auf Bestätigung der deutschen Königswahl mit Hilfe der deutschen Fürsten abgewiesen.

Der Streit brach aus, als *LUDWIG DER BAYER* (1314–1347) nach 8j. *h*
wüster Fehde den Gegenkönig *Friedrich von Österreich* bezwungen hatte (1322
Schlacht bei Mühldorf, Friedrich gefangen) und nach Oberitalien hinübergriff.
Da suspendierte ihn Papst *JOHANN XXII.*, weil er die päpstliche Bestätigung
seiner Königswürde nicht nachgesucht habe, von seinem Amt (1323). Ludwig
appellierte Jan. **1324** in der **Sachsenhäuser Appellation** an ein allgemeines Konzil,
der Papst aber verhängte über ihn Bann und Absetzung.

Indessen starke Gruppen von Papstgegnern stärkten Ludwig den Rücken; *i*
zu ihm hielten außer (1) dem deutschen Bürgertum und (2) den italienischen
Ghibellinen auch (3) einige hervorragende kirchenpolitische Publizisten: **1326**
überreichten ihm in Regensburg die Pariser Doktoren *Marsilius von Padua* und
Johann von Jandun ihre von revolutionärem Laiengeist erfüllte Streitschrift
„Defensor pacis", in der eine auf der Lehre von der Volkssouveränität aufgebaute
antiklerikale Staatstheorie vorgetragen wird (Unabhängigkeit der staatlichen Gewalt von der kirchlichen, der Bischöfe vom Papst, der Gemeinde von
der Hierarchie; beeinflußt durch den radikalen Pariser Vornominalismus, den
Averroïsmus, die antipäpstliche Haltung der italienischen Städte). Einen weiteren
Bundesgenossen fand Ludwig (4) an den Minoriten; 1328 flohen der Ordensgeneral *Michael von Cesena, Wilhelm von Occam* und andere aus der päpstlichen
Haft zu Ludwig nach Pisa (§ 1): infolge des neu entbrannten Streits über das
Armutsideal stand fast der ganze Orden in Opposition zum Papste (§ 66 b).
Occam wurde durch seine den 30er und 40er Jahren angehörende publizistische
Tätigkeit der einflußreichste literarische Anwalt der kaiserlichen Rechte gegenüber der Kurie; die Nachwirkung seiner zersetzenden Anschauungen ist bedeutend.

Auf der anderen Seite fand auch der Kurialismus lebhafte literarische Ver- *k*
teidigung. Der bedeutendste literarische Vertreter dieser Anschauungen war der
Augustinermönch *Ägidius von Rom* (gest. 1316), neben dem der Augustinermönch
Jakob Capocci aus Viterbo (gest. 1308) zu nennen ist; ihren Spuren folgten die
Kurialisten im Zeitalter Ludwigs des Bayern. Bemerkenswert ist, daß auch diese
strengen Kurialisten an den kirchlichen Zuständen ihrer Zeit scharfe Kritik übten.

l Der Fortgang des Kampfes war für Ludwig wenig rühmlich. Sein Römerzug (1327–29), auf dem er durch den Präfekten der Stadt Rom zum Kaiser gekrönt wurde und einen Spiritualen zum Gegenpapst erhob (*Nikolaus V.*), endete kläglich, der Gegenpapst kroch schon 1328 in Avignon zu Kreuz, und Ludwig selbst blieb in dem langen Kampf aus Furcht ür sein Seelenheil nicht durchweg fest, sondern fand sich zu den demütigendsten Zugeständnissen bereit. Doch erklärten die deutschen Kurfürsten **1338** im **Kurverein zu Rense**, daß jeder, den die Kurfürsten wählten, auch ohne päpstliche Zustimmung rechtmäßiger König sei; kurz darauf beschloß ein Reichstag zu Frankfurt, daß der Gewählte ipso iure Kaiser sei, schaltete also jede Mitwirkung des Papsttums bei der Erhebung zum Kaiser aus. Auch jetzt blieb Ludwigs Haltung schwankend; doch ist er als Gebannter gestorben (1347).

m Der 1346 von den Luxemburgern und dem französischen Papsttum gegen Ludwig erhobene „Pfaffenkönig" *KARL IV.* (1346–1378), der die Krone unter schmachvoller Preisgabe der Reichsrechte vom Papste erkaufte, hat nach seiner Anerkennung in Deutschland doch zu erhalten gewußt, was sein Vorgänger im Kampf mit dem Papsttum errungen hatte: in der **„Goldenen Bulle" 1356**, die die Königswahl endgültig regelt, ist von der päpstlichen Bestätigung des neugewählten deutschen Königs nicht mehr die Rede. Freilich kostete diese Abwehr päpstlicher Eingriffe weitere kirchliche Zugeständnisse.

n γ) Seit den Kreuzzügen vollzog sich im Wirtschaftsleben der abendländischen Kulturvölker, zuerst in Italien und Frankreich, eine ungeheure Umwälzung: der Übergang von der Naturalwirtschaft zur Geldwirtschaft. Die Kirche ist rechtzeitig auf die große Wandlung eingegangen; vor allem die Kurie entwickelte sich zur ersten großen Geldmacht des Abendlandes. Für diese Entwicklung war die avignonensische Periode entscheidend. Seit der Übersiedlung nach der Provence der Einkünfte aus dem römischen Patrimonium teilweise beraubt, ersannen die Päpste, vornehmlich Johann XXII., ein durchgebildetes System der Besteuerung des Klerus, das zu einer wahren Ausplünderung des Klerus ausartete.

o **Einnahmequellen der Kurie** waren: 1. die Erträgnisse des Patrimonium Petri; 2. der Peterspfennig (denarius S. Petri), eine regelmäßige Häusersteuer in England und einigen nördlichen und östlichen Ländern, und der Lehnszins, den England, Irland, Sizilien und Aragonien entrichteten; 3. der Zins der exemten Klöster und Bistümer; 4. die Gebühren für die „Provisionen", d. i. für die Ämterverleihung: α) servitia communia (seit dem 15. Jh. auch als Annaten bezeichnet, s. u.), zu entrichten von den Bischöfen und Äbten für die Ernennung oder Bestätigung durch den Papst; β) Palliengelder, für die Verleihung des erzbischöflichen Palliums; γ) Kommendengelder, für die Erneuerung der auf Widerruf erfolgten Pfründenverleihung; δ) Annaten (annatae, annalia), Abgabe der ersten halben Jahreseinnahme der verliehenen Pfründe; 5. die Spolien (Hinterlassenschaft der Bischöfe) und die Einkünfte erledigter Stellen (fructus medii temporis); 6. außerordentliche Besteuerung des Klerus (Kreuzzugssteuern usw.); 7. Gebühren für Dispense, Privilegien, Gnadenbriefe usw.; 8. freiwillige Geschenke, sowie die Ablässe (bes. einträglich die Jubeljahre, seit 1300, ursprünglich in 100jähriger Wiederkehr geplant, wofür aber 1340 ein 50-, 1389 ein 33-, 1470 ein 25jähriger Cyklus eingeführt wurde).

p Den Pfründenschacher beleuchten besonders grell die Reservationen (die Päpste reservierten sich die Besetzung von Stellen, die ihnen eigentlich nicht zustand, um den Ertrag der „servitia communia" zu steigern) und die Kommenden (Verleihung von Pfründen auf Widerruf, nicht selten an Laien, die das Amt durch einen schlecht bezahlten Vikar verwalten ließen). Die fälligen Gelder wurden mit allem Nachdruck eingetrieben (päpstliche Exekutoren; Bann und Interdikt).

§ 66. Frömmigkeit, Theologie und kirchliches Leben in der Zeit des babylonischen Exils der Päpste.

*KWerner, Die Scholastik des späteren Mittelalters, 4 Bde., 1881–87. – WPreger, Geschichte der deutschen Mystik im Mittelalter, 3 Bde., 1874–93. – FPfeiffer, Deutsche Mystiker des 14. Jhs., 2 Bde., ²1906f.; dazu ASpamer, Zur Überlieferung der Pfeifferschen Eckehart-Texte (Beitr. zur Gesch. der deutschen Sprache und Lit. 34, 1909, S. 307–420). – ASpamer, Über die Zersetzung und Vererbung in den Texten der deutschen Mystiker, 1908. – Meister Eckhart, die deutschen und lateinischen Werke (im Erscheinen seit 1936). Über den Stand der Ausgabe: ThLZ 1957, 438–440. – Tauler, ed. FVetter, 1910. – Käte Grunewald, Studien zu Joh. Taulers Frömmigkeit, 1930. – Seuse, ed. KBihlmeyer 1907. – ROtto, West-östliche Mystik, ²1929 – *HDenifle, Meister Eckeharts lateinische Schriften (Archiv für Lit.- und KG des Mittelalters, Bd. II, 1886). – Ders., Taulers Bekehrung kritisch untersucht, 1879. – Ders., Die deutschen Mystiker des 14. Jhs., ed. OSpieß 1951 (verfaßt wohl 1874). – *MGrabmann, Neu aufgefundene lat. Werke deutscher Mystiker (SMA 1921). – Ders., Neu aufgefundene Pariser Quaestionen Meister Eckharts, 1927 (AMA, Bd. 32, Nr. 7). – OKarrer, Meister Eckehart, 1926. – HEbeling, Meister Eckharts Mystik, 1941. – WMuschg, Die Mystik in der Schweiz, 1935. – KHeussi, Meister Eckart; KWeiss, Meister Eckharts Stellung innerhalb der theologischen Entwicklung des Spätmittelalters (Luther-Akademie, N.F. 1), 1953. – *Maria Alberta Lücker, Meister Eckhart und die Devotio moderna, Leiden 1950. – Über den Gottesfreund vom Oberland: KRieder (1905), WRath (1930). – LZoepf, Die Mystikerin Margarete Ebner, 1914. – GHoffmann, Der Streit über die selige Schau Gottes 1331–38 1917. – EFogelklou, Die hl. Birgitta, deutsch 1929. – ArthurHübner, Die deutschen Geißlerlieder, 1931. – WAPantin, The English Church in the XIVth Century, London 1955. – Zu § g¹: KHoll, Enthusiasmus und Bußgewalt im griechischen Mönchtum, 1898.

a Dem Verfall der kirchlichen Zentralgewalt entsprach ein fast allgemeiner Niedergang der übrigen kirchlichen und religiösen Kräfte.

1. DER VERFALL DER ORDEN. Die großen Orden, Benediktiner, Cluniacenser, Zisterzienser, Johanniter, waren in Reichtum und Wohlleben versunken, die asketische Strenge war gewichen, der Einfluß, den sie ehedem geübt hatten, verlorengegangen. Auch die Bettelorden hatten ihren Höhepunkt überschritten und erlagen im 14. Jh. dem Verfall. Geradezu zersetzend wirkte der leidenschaftliche Streit, den die Spiritualen mit den Päpsten über die Armut Christi führten. Dieser Kampf endete mit der gewaltsamen Unterdrückung der Schichten, die die Strenge des alten Franziskanertums zu behaupten suchten.

b In der **Armutsfrage** blieb die Politik der Päpste lange schwankend (vgl. § 61 u). Johann XXII. verhängte über die Spiritualen 1317 die Inquisition und erklärte 1323 („Cum inter nonnullos") die Meinung, Christus und die Apostel hätten kein gemeinsames Eigentum besessen, d. i. die theoretische Grundlage des Franziskanertums, für häretisch. Das rief den Widerstand fast des ganzen Ordens und eine heftige literarische Fehde hervor. Von den Spiritualen sonderten sich nun die extremen **„Fraticelli"** ab, die sich in Italien über ein Jh. behaupteten, die Kirche als „Babel" verwarfen und vielfach mit anderen Sekten, Begharden, Apostelbrüdern usw. zusammenflossen. Die Mehrheit der Minoriten kehrte 1329 zum Gehorsam zurück.

c Es fehlte nicht an neuen Orden. Aber keiner von diesen vermochte annähernd mit den führenden Mönchsorden zu wetteifern, und keiner hat eine neue religiöse Idee verkörpert. Die vergleichsweise bedeutendste Stiftung ist der um die

16 Heussi, Kompendium 13. Aufl.

nordischen Länder verdiente **Birgittenorden** (gestiftet um 1346 von der hl. *Birgitta*, einer schwedischen Prinzessin, † 1373 in Rom; Mittelpunkt das Kloster Wadstena in Schweden; Doppelklöster, vgl. § 52 c^1).

d 2. DER VERFALL DER SCHOLASTIK. Ebenso geriet die in erster Linie von den Bettelorden gepflegte kirchliche Wissenschaft in Verfall. Verwüstend wirkte der endlose Streit zwischen Scotisten und Thomisten. Aber auch die systematische Arbeit selbst begann ihre großartige Geschlossenheit zu verlieren. Die neue Phase der Scholastik, die „via moderna", deren einflußreiches Haupt **WILHELM VON OCCAM** war, bedeutete in vieler Hinsicht ein Moment der Zersetzung. Duns Scotus (§ 62 l m) noch überbietend, suchten die „Modernisten" Glauben und Wissen aufs schärfste zu trennen und mit allem Scharfsinn die Unfähigkeit der Vernunft zur Erkenntnis des Übersinnlichen zu beweisen. Noch beschleunigt wurde die Auflösung der Scholastik durch die Verwilderung der Logik, die der Occamismus verschuldete (spitzfindige Probleme, toter Formalismus). Andererseits erarbeitete aber diese dritte Periode der Scholastik (vgl. § 62 a) eine Reihe außerordentlich folgenreicher Gedanken, die die Spätscholastik geradezu als ein wichtiges Moment der werdenden neuzeitlichen Philosophie erscheinen läßt.

e *Wilhelm von Occam*, ein englicher Franziskaner und Schüler des Duns Scotus, war Professor in Paris; in den Streit der Spiritualen mit dem Papste verwickelt, floh er 1328 zu Ludwig dem Bayern und starb nach 1347 in München (§ 65 i). Die „Modernisten" feierten ihn als ihren „venerabilis inceptor". Occam bestritt in der Universalienfrage jeglichen „Realismus"; die Allgemeinbegriffe sind „termini", Zeichen, denen außerhalb der Seele keine Realität zukommt. Obwohl sich dieser Standpunkt von dem der älteren Nominalisten (§ 53 m) unterschied, wurde er seit dem 15. Jh. allgemein als Nominalismus bezeichnet. Nach Occam treten Glauben und Wissen scharf auseinander, und eine Begründung des Glaubens mit der Vernunft ist unmöglich. Daher bleibt nur übrig, den Glauben mit der Autorität der Kirche zu begründen, deren Entscheidungen nicht als vernunftgemäß, sondern als willkürlich gedacht werden (vgl. den Primat des Willens bei Duns Scotus). Der Dualismus von Theologie und Philosophie erlaubt eine weitgehende philosophische Kritik der Dogmen, da man mit solchen Erörterungen den Glauben gar nicht zu berühren glaubt.

f Ein Zeitgenosse Occams war *Nikolaus von Lyra* (c. 1270–1340, O.F.M., Lehrer an der Sorbonne), der in seiner „Postille" eine fortlaufende Erklärung des Wortsinns aller biblischen Bücher gab. Von den übrigen Theologen dieser Zeit ist noch der Engländer *Thomas von Bradwardina* zu nennen (Professor in Oxford, gest. 1349 als Erzbischof von Canterbury), der durch Erneuerung des Augustinismus die scholastische Gnadenlehre bekämpfte.

g 3. DIE MYSTIK. Inmitten des allgemeinen Niedergangs der Kirche im 14. Jh. stand eine Lichterscheinung: eine Blüte der Mystik in Deutschland[1]. α) Vor allem die Dominikaner haben die mit der

---

[1] Auch in der griech. Kirche blühte die Mystik. Der bedeutendste griechische Mystiker war **SYMEON DER NEUE THEOLOGE**, gest. 1022, nicht c. 1041!). Von der Lebendigkeit der mystischen Religiosität zeugt vornehmlich der Anspruch der Mönche, prophetisch inspiriert zu sein. Er führte zu dem eigenartigen **Hesychastenstreit** (1341—1351), der damit endete, daß die Kirche für den Enthusiasmus eintrat. Die Hesychasten ($\dot\eta\sigma\upsilon\chi\acute\alpha\zeta o\nu\tau\varepsilon\varsigma$, $\dot\eta\sigma\upsilon\chi\acute\alpha\sigma\tau\alpha\iota$ = die Ruhenden, von den Gegnern als $\dot o\mu\varphi\alpha\lambda\acute o\psi\upsilon\chi o\iota$ = Nabelseelen verspottet), Mönche auf dem Athos, dem „heiligen Berge" (§ 70 x), versetzten sich durch krampfhaftes Fixieren des Nabels in Ekstase und glaubten in diesem Zustand das „ungeschaffene

thomistischen Theologie verbundene Mystik in den ihrer geistigen Leitung anvertrauten Frauenkonventen und in den städtischen Laienkreisen durch Predigten und Schriften verbreitet. Die Hauptpflegestätten dieser mystischen Frömmigkeit waren die Dominikanerklöster am Rhein, besonders in Köln und Straßburg.

Die früher übliche Bezeichnung „deutsche Mystik" darf nicht so verstanden *h* werden, als sei diese Mystik etwas spezifisch Deutsches. Sie ist vielmehr „ein ausländisches Gewächs, entsprungen im Morgenlande, gereift in Byzanz, verpflanzt nach Frankreich und dort fortgebildet, in Deutschland nur vertieft und religiös eigenartig bereichert" (KBurdach). Mystische Schriften in deutscher Sprache gab es schon im 13. Jh.; am bedeutendsten ist „Das fließende Licht der Gottheit", verfaßt von *Mechthild von Magdeburg* († 1277 als Zisterzienserin in Helfta bei Eisleben, vgl. § 54 k).

Die dominikanische Mystik des ausgehenden 13. und beginnenden 14. Jhs. *i* ist vertreten durch Männer wie *Johann von Sterngassen* (sein Sentenzenkommentar das älteste uns bekannte von einem „deutschen Mystiker" verfaßte Handbuch spekulativer Theologie und Philosophie), *Dietrich von Freiberg* im Erzgebirge (gest. nach 1310), und vor allem *MEISTER ECKHART*, geb. (c. 1260?) zu Hochheim bei Gotha, aus ritterlichem Geschlecht, O. P., 1302 zu Paris Magister („Meister"), 1303–1311 Ordensprovinzial über die von Utrecht bis Dorpat reichende Dominikanerprovinz Sachsen, 1311 von neuem Lehrer in Paris, später kurze Zeit in Straßburg, zuletzt Lesemeister in Köln. Er verfaßte ein umfangreiches gelehrtes Werk („Opus tripartitum", rein scholastisch-theologisch, nur fragmentarisch erhalten), sowie deutsche Traktate; doch ist das meiste, was unter seinem Namen geht, von andern aufgezeichnet und keine zuverlässige Wiedergabe seiner Predigten. Er starb 1327 zu Köln während seines Ketzerprozesses, der 1329 mit der Verdammung von 28 [aus dem Zusammenhang gerissenen] Eckhartschen Sätzen endigte.

Eckhart war ein Mann von großer denkerischer Kraft. Aber das meiste, was er bietet, ist kirchliches Gemeingut oder Weiterbildung kirchlicher Lehren. Auf die Bildung seines Gedankensystems haben Thomas, der Neuplatonismus, auch Bernhard von Clairvaux und andere Mystiker eingewirkt, dazu arabische Denker wie Avicenna und Averroes und der jüdische Philosoph Moses Maimonides. Die thomistischen Bestandteile seines Denkens sind vielfach nach dem Neuplatonischen hin umgefärbt. Stark entwickelt ist das ontologische Interesse. *Esse est deus*, d. h. Gott ist das Sein schlechthin, das absolute Sein. Die Wendungen, mit denen Eckhart das tiefste religiöse Erleben beschreibt, haben vielfach einen pantheistischen Klang; Eckhart meinte aber den Intentionen der Kirchenlehre zu folgen. Seine Hauptbedeutung liegt in der religiösen Verinnerlichung. Das Wichtigste für den Frommen ist nach Eckhart der geheimnisvolle Vorgang der Geburt Gottes in der Seele; in ihm erreicht das Herabfluten des Göttlichen seinen unteren Endpunkt, um sich sofort in das Zurückfluten in die göttliche Sphäre umzusetzen. Die Gottesgeburt erfolgt in der „Abgeschiedenheit", der Leerheit der Seele von allem Kreatürlichen, allen „Bildern". Die geheimnisvolle Berührung mit der Gottheit erfolgt im Seelengrund, dem „Seelenfünklein" (dies eine in der Patristik, der Scholastik und Mystik weitverbreitete Lehre). In gewissen Gedankenreihen bezeichnet Eckhart das Seelenfünklein als unerschaffbar und unerschaffen, in anderen als geschaffen. Für sein metaphysisches Gedankengefüge sind die konstitutive dogmatischen Lehren (Sünde, Sündenvergebung, Tod Christi, überhaupt der menschlich-geschichtliche Christus), die Sakramente, das übliche kirchliche Gebetsleben, die äußeren Werke treten bei Eckhart zurück. Nicht gute Werke machen einen guten Mann, sondern ein guter

---

Licht der Gottheit" zu sehen, das den Herrn auf dem Berge der Verklärung umleuchtet habe. *Gregorios Palamas* (1296—1357/58), Erzbischof von Thessalonich, ein bedeutender Theolog, wirkte mäßigend und klärend auf die hesychastische Bewegung ein, die in dieser ermäßigten Form für die Balkanchristen der Türkenzeit und für die russischen Christen Bedeutung gewann.

§ 66 Vorreformation und Renaissance

Mann wirkt gute Werke. Eckhart hat auf die folgenden Generationen von Mystikern in Deutschland stark eingewirkt, diese haben wieder einerseits [aber nur bedingt!] Luther (der von Eckhart nichts wußte), andererseits die spiritualistischen Richtungen der reformatorischen und gegenreformatorischen Zeit bis hin zum Pietismus beeinflußt; bei ihnen allen ist die Betonung der „Innerlichkeit" mystisches Erbe. Außerdem läuft eine Linie philosophischer Einwirkung von Eckhart zu Nikolaus von Cues, Weigel und Böhme und weiter zu Kant, dem nachkantischen Idealismus, besonders Hegel, Schopenhauer, Nietzsche. In der neuesten Phase der Eckhartinterpretation begegnen drei Einseitigkeiten: Eckhart als möglichst korrekter katholischer Scholastiker, als Bahnbrecher arteigener germanischer Religion, als ontologisch eingestellter Philosoph.

k Schulebildend wirkte Eckhart durch seine Predigten. *JOHANN TAULER* (c. 1300–1361, O. P., Prediger vornehmlich in Straßburg), neben Berthold (§ 61 g) der bedeutendste Prediger dieser Jhh., ist von Eckhart stark beeinflußt, doch um Annäherung der Frömmigkeit des Meisters an die Kirchenlehre, vor allem um Vermeiden des pantheisierenden Zuges bemüht.

l Ein Schüler Eckharts war auch *HEINRICH SEUSE* (lat. Suso, c. 1295 bis 1366, aus schwäbischem Adel, O. P., meist in Konstanz, seit etwa 1348 in Ulm, jahrzehntelang in fast ekelerregender Askese). Er war eine sehr weich und poetisch veranlagte Natur; mit seinem „Büchlein der ewigen Weisheit" hat er die schönste Schrift der deutschen Mystik geschaffen.

m Der hervorragendste unter den niederdeutschen Mystikern ist *JOHANNES VAN RUYSBROECK* (sprich Reusbruck), geb. 1293 bei Brüssel, bis 1353 Weltgeistlicher in Brüssel, dann in einem Chorherrenstift in der Nähe Brüssels, † 1381 („Doctor ecstaticus"; großer Einfluß auf die erweckten Laien).

n β) Die Verbreitung der Mystik und der zunehmende Drang nach Verinnerlichung des religiösen Lebens zeigen sich in den süddeutschen „Gottesfreunden", die in der zweiten Hälfte des 14. Jhs. in den Klöstern und Beginenhäusern, unter den Bürgern und Handwerkern der Städte und unter dem Adel zahlreich zu finden waren.

o Die **„Gottesfreunde"** (Ev. Joh. 15 ₁₄ f.) standen untereinander in regem Verkehr. Ihre Mittelpunkte waren Straßburg (Anhänger *Taulers*) und Basel. Zu den Straßburger Gottesfreunden gehörte der ehemalige Kaufmann *Ruleman Merswin* (um 1350); der rätselhafte „große Gottesfreund aus dem Oberland", der unter den Gottesfreunden am Oberrhein gewirkt haben soll, ist eine bloße Erfindung Merswins (große wissenschaftliche Kontroverse). Eine Reihe interessanter religiöser Individualitäten findet sich unter den Nonnen, die den Gottesfreunden angehören, so *Margaretha Ebner* in Medingen bei Dillingen und *Elsbeth Stagel* in Töß bei Winterthur, die geistliche Freundin Seuses.

p 4. VOLKSTÜMLICHE FRÖMMIGKEIT. Die breiten Schichten des Volkes konnten von der Mystik unmöglich berührt werden. Die volkstümliche Frömmigkeit bewegte sich vielmehr, wie ehedem, um die Wallfahrten, Abläße, Reliquien, Wunder, sowie um die kirchliche Sitte, die sich in dieser Periode immer mehr festigte. Gelegentlich kam es zu ungesunden Übersteigerungen wie dem durch die Not des „schwarzen Todes" (der Pest 1348–1351) verursachten wilden Bußenthusiasmus der Geißler.

q Große Züge von Geißlern (**„Flagellanten"**) zogen 1348 f. unter fortgesetzter Selbstgeißelung von Stadt zu Stadt; Ungarn, Deutschland, die Schweiz, die Niederlande, England und Schweden wurden von der seltsamen Bewegung erfaßt. Um 1400 fanden berühmte Geißlerzüge unter Führung von *Vincentius Ferrer*, O.P. (gest. 1419), in den Pyrenäenstaaten, Frankreich und Oberitalien statt. Das Flagellantentum ist eine Form der ekstatischen Askese. Vgl. § 61 q w.

§ 67. Die Rückkehr der Kurie nach Rom. Die Entstehung der großen abendländischen Kirchenspaltung. Die kirchlichen Reformbestrebungen bis zum Konzil von Pisa (1409).

NVALOIS, La France et le Grand Schisme de l'Occident, 4 Bde., 1896–1902. – JHALLER, Papsttum und Kirchenreform I, 1903. – EGÖLLER, Repertorium Germanicum I (Klemens VII.), 1916. – KBURDACH und PPIUR, Briefwechsel des Cola di Rienzo, I 1–2, III–V, 1912–29. – PPIUR, Cola di Rienzo, Wien 1931.

1. α) Inzwischen nahmen aber die Dinge in Italien eine Wendung, die eine längere Abwesenheit des Papstes immer unrätlicher erscheinen ließ. Denn Italien löste sich in ein Chaos wildester Parteikämpfe auf, die das Papsttum geradezu mit dem Verluste des Kirchenstaats bedrohten und schließlich zur Rückkehr nach Rom nötigten.

In Rom gewann *Cola di Rienzo* 1347 als „Volkstribun", bald als „Augustus", auf 7 Monate die Herrschaft, ein von vielfach schwärmerischen Ideen erfüllter Mann (Begeisterung für die antike Größe Roms; Einfluß Petrarcas § 72 b), sowie der Fraticelli § 66 b). Er wollte Rom zum Mittelpunkt der nationalen Wiedergeburt Italiens und der Erneuerung der gesamten Christenheit machen (Ansatz zur Renaissance; vgl. § 72 a b). Rienzos Sturz bedeutete nichts weniger als die Wiederaufrichtung der päpstlichen Herrschaft. Eben damals erwarb *Klemens VI.* Avignon durch Kauf von Johanna von Neapel (1348): er dachte nicht an eine Rückkehr nach Rom. *Innocenz VI.* machte wenigstens den Versuch, den Kirchenstaat zurückzugewinnen; er sandte den Kardinal *Albornoz*, einen Spanier, nach Rom, der 1353 mit Waffengewalt die päpstliche Herrschaft im Kirchenstaat wiederherstellte.

1367 kehrte *Urban V.* nach Rom zurück, nahm aber 1370 von neuem seinen Sitz in Avignon. **1377** verlegte *Gregor XI.* die päpstliche Residenz wieder nach Rom; mehr noch als die Stimmen der hl. *Katharina von Siena* (O.P., † 1380) und der hl. *Birgitta* (§ 66 c) bewogen ihn politische Gründe zur Rückkehr. Zum Unglück starb aber Gregor XI. schon 1378.

β) Aber schon trieb die kirchliche Entwicklung einer schweren Katastrophe zu, die durch die Zurückverlegung der päpstlichen Residenz nach Rom keineswegs verhütet, ja im Gegenteil noch beschleunigt wurde: die Kirche brach in zwei Papstkirchen auseinander, die eine mit dem Mittelpunkt in Rom, die andere in Avignon. 37 Jahre lang hat das **große abendländische Schisma** bestanden **(1378–1415).**

Entstehung und Andauern des Schismas erklären sich nicht bloß aus der nationalen Eifersucht zwischen Franzosen und Italienern, die beide das Papsttum für sich beanspruchten, sondern vornehmlich aus dem Gegensatz zwischen der päpstlichen Autokratie und den oligarchischen Bestrebungen der Kardinäle. Denn der Italiener *URBAN VI.* (1378–1389) fand zunächst auch die Anerkennung der „ultramontanen" (d. i. französischen) Kardinäle. Als er aber energische Reformen der Kurie in Angriff nahm und Miene machte, durch Vermehrung der italienischen Kardinäle seine Stellung zu verstärken, sagten sich die „Ultramontanen" von ihm los und erhoben den Kardinal Robert von Genf zum Papste; er nannte sich *KLEMENS VII.* (1378–1394) und nahm nach der Niederlage seiner Truppen vor Rom seinen Sitz in Avignon.

Zur **Obödienz von Avignon** gehörten: Frankreich, Sardinien, Sizilien, Neapel, Schottland und eine Anzahl von west- und süddeutschen Territorien, vor allem die habsburgischen Gebiete. Zur **Obödienz von Rom** zählten: das Deutsche Reich, Mittel- und Norditalien, die östlichen und nördlichen Länder, Flandern und England. Um Neapel wurde mehrere Jahre Krieg geführt; Urbans Nachfolger *Boni-*

faz IX. unterwarf es der römischen Obödienz. Auch Portugal, die habsburgischen Gebiete und das Erzbistum Mainz gingen von Avignon zu Rom über. **Katharina von Siena** trat für Urban VI. ein, der hl. *Vincentius Ferrer* (§ 66 q) für Klemens VII. [und Benedikt XIII., s. § 69 d].

f γ) Die verwüstenden **Folgen** des Schismas wurden bald im religiösen wie im wirtschaftlichen Leben der Völker fühlbar. Die Bannflüche, mit denen jeder der beiden Päpste die Obödienz des Gegners belegte, schufen für die Frommen peinvolle Ungewißheit des ewigen Heils; und mit der Verdoppelung des Papsttums verdoppelte sich der auf den Völkern lastende finanzielle Druck und die mit der päpstlichen Regierung verbundene Mißwirtschaft. Dieser Verfall des Papsttums und der Niedergang der übrigen kirchlichen Organe führten das Zeitalter der großen Reformversuche herauf.

g   **Papstliste.**

Päpste von Rom.	Päpste von Avignon.
1378–1389 Urban VI.	1378–1394 Klemens VII.
1389–1404 Bonifaz IX.	1394–1409 (1417) Benedikt XIII. († 1424).
1404–1406 Innocenz VII.	
1406–1409 (1415) Gregor XII.	

Die dritte Reihe (seit 1410 in Rom).

1409–1410 Alexander V.	1431–1447 Eugen IV.
1410–1415 Johannes XXIII.	(1439–1449 Felix V.)
1417–1431 Martin V.	

h 2. DIE REFORMBESTREBUNGEN BIS 1409. α) Es erhob sich der Ruf nach einer ,,Reform der Kirche an Haupt und Gliedern''. Mittelpunkt der Reformbestrebungen war die Universität Paris, die infolge ihres internationalen Charakters von dem Schisma ganz besonders betroffen wurde. Ihre hervorragendsten Wortführer hatte die Reform an den Pariser Professoren *d'AILLI* und *GERSON* (§ 71 f).

i   Der lebhaften Erörterung der kirchenpolitischen Lage entsprangen verschiedene Vorschläge, das Schisma zu überwinden: die *via concilii generalis*, die *via compromissi* (Schiedsgericht) und die *via cessionis* (Abdankung der beiden Päpste und Wahl eines neuen). Die Vorstellungen von der allgemeinen Synode, die in dieser Zeit begegnen, waren alle schon vor 1378 vorhanden; sie sind seit der Berufung der Synode von 1215 durch Innocenz III. (§ 56 s) durch kurialistische wie antikurialistische Schriftsteller allmählich entwickelt worden. Im Unterschied von den altkirchlichen Konzilien wurde das Universalkonzil seit Innocenz III. als Vertreter der gesamten Christenheit, nicht bloß der Hierarchie gefaßt; daß es die Kirche repräsentiert, ist mit prinzipieller Schärfe zuerst von Marsilius von Padua (§ 65 i) ausgesprochen worden.

k β) Das Schicksal der Reformbestrebungen verknüpfte sich mit dem in Frankreich ausbrechenden Streit der Parteien Orléans und Burgund um die Regentschaft für den wahnsinnigen König Karl VI. Die Bemühungen, den einen der beiden Päpste zur Abdankung zu bewegen, mißglückten bei den Päpsten, ebenso der Versuch, mehrere Länder zur ,,Neutralität'' gegenüber den beiden Päpsten zu vereinigen und diese durch Entziehung der Einkünfte zur Abdankung zu zwingen. Schließlich beriefen die Kardinäle der beiden Päpste für **1409** ein allgemeines Konzil nach **Pisa**. Die Synode verhängte über Gregor XII.

und Benedikt XIII. die Absetzung und wählte einen neuen Papst, Alexander V., einen Griechen. Aber da die beiden anderen Päpste sich weigerten, ihrer Würde zu entsagen, war das Übel nur vergrößert: statt zweier Päpste hatte die Kirche drei.

 Zu *Alexander V.* hielten Frankreich und England, zu *Benedikt XIII.* (Petrus *l* de Luna) die Pyrenäenhalbinsel und Schottland, zu *Gregor XII.* der deutsche König und zahlreiche deutsche Territorien, Rom und Neapel.

§ 68. Wiclif und Hus.

 HBWorkman, John Wiclif, 2 Bde., 1926. – McFarlane, John Wycliffe, London 1953. – AHauck, Studien zu Johann Huß, 1916. – JLoserth, Huß und Wiclif, ²1925. – FStrunz, Hus, sein Leben und sein Werk, 1927. – MVischer, Jan Hus, Aufruhr wider Papst und Reich, 1955.

 1. WICLIF. α) Inzwischen war nun aber in England und dann in *a* Böhmen eine zugleich revolutionär und national gerichtete Reformbewegung hervorgetreten, deren Auswirkungen den weiteren Verlauf der kirchlich-ständischen Reformbewegung mit bestimmten. Ihr Urheber war der Oxforder Theologieprofessor *JOHN WICLIF*. In England war, wie in Frankreich, infolge des politischen Aufschwungs das Nationalgefühl erwacht und mit ihm der national begründete Widerspruch gegen das Papsttum. Krone und Parlament hatten seit 1346 gegen die päpstlichen Provisionen und Reservationen (§ 65 o p) und anderes mit Entschiedenheit Stellung genommen. Eine lebhafte Strömung im Weltklerus und an der Oxforder Universität richtete sich gegen die von den Päpsten mit Vorrechten überhäuften Bettelorden. Auch im Volk war eine dem Papsttum und den Mönchen feindliche Stimmung weit verbreitet. Diese Verhältnisse waren die Voraussetzung für das Auftreten und Wirken von Wiclif. Seine Bedeutung liegt darin, daß er sich von dem nationalen zu einem rein religiösen Widerspruch gegen das Papsttum durchrang, mit scharfem Blick die Entfernung der Kirchenlehre von der hl. Schrift erkannte und diese zum Richtmaß für alle kirchlichen Lehren und Einrichtungen erhob.

 John Wiclif, geb. um 1328, stammte aus dem angelsächsischen Adel. Er lehrte *b* an der Universität Oxford Philosophie, seit 1363 Theologie, und erwarb sich als Gelehrter rasch einen geachteten Namen. Im ersten Zeitabschnitt seines Kampfes gegen das Papsttum hat er als englischer Patriot, also aus nationalen, noch nicht aus religiösen Gründen, Widerspruch gegen die päpstlichen Mißbräuche erhoben. Er gewann dadurch die Gunst des Hofs; der König verlieh ihm 1374 die Pfarrei Lutterworth. Doch verfeindete er sich den Klerus. Als er in seiner Schrift „De dominio divino" die Unabhängigkeit der weltlichen Gewalt vom Papste behauptet und das Kirchengut für Nationaleigentum erklärt hatte, erhob der Bischof von London gegen ihn Anklage; aber das bewaffnete Eingreifen des Adels in die Gerichtssitzung schützte ihn (1377). Der Verurteilung einer Anzahl Wiclifscher Sätze durch Gregor XI. (1377) folgte ein neuer Prozeß, aber wiederum wurde Wiclif durch den Adel und die Bürger von London geschützt (1378).

 Allmählich aber schritt Wiclif von der politischen und nationalen Bekämpfung *c* des Papsttums zu einem religiös begründeten Angriff fort und entwickelte ein umfassendes theologisches Reformprogramm. Zugleich nahm er durch positive Maßregeln eine Reform der Kirche in Angriff. Er übersetzte mit Hilfe seiner Freunde die Vulgata ins Englische, um das „Gesetz Gottes" den Laien vertraut zu machen. Ferner begann er Wanderprediger nach dem Vorbild von Mt. 10

auszusenden; das Volk nannte sie mit einem weitverbreiteten Ketzernamen „Lollharden". Da wurde der **Bauernaufstand** von 1381 für Wiclif verhängnisvoll. Seine Gegner machten, mit Unrecht, ihn und seine Prediger für den Bauernaufruhr verantwortlich. Infolgedessen zog sich der Adel von Wiclif zurück. Gleichzeitig hatte Wiclif seine **Thesen über die Wandlungslehre** ausgehen lassen und dadurch manchen Anhänger verloren. So konnte der Episkopat von neuem gegen ihn einschreiten; 1382 wurde auf einer von dem Erzbischof von Canterbury, *William Courtenay*, nach **London** berufenen Versammlung („Erdbebenkonzil", weil während der Versammlung ein Erdbeben entstand) eine Anzahl Wiclifscher Sätze verurteilt. Zu einer gewaltsamen Unterdrückung der Bewegung gab sich freilich das Unterhaus nicht her, aber es gelang den Bischöfen, die Wiclifiten aus Oxford zu verdrängen. Wiclif zog sich auf seine Pfarrei **Lutterworth** zurück und setzte von dort aus durch Flugschriften seine kirchenfeindliche Tätigkeit fort, seit 1383 mit besonders scharfer Wendung gegen die Bettelorden. Kurz vor seinem Tode (31. Dez. 1384) vollendete er sein Hauptwerk, den „**Trialogus**".

d   Die Methode und selbst viele Grundanschauungen sind noch ganz scholastisch. Sein wichtigstes Prinzip ist die **Heilige Schrift**, das „**Gesetz Gottes**"; die Beschlüsse der Päpste und Konzilien sind Menschenlehren und wertlos, wenn sie nicht in der wörtlich auszulegenden Hl. Schrift enthalten sind. Die gegenwärtige Kirche ist die des **Antichrists**. In Wahrheit ist die **Kirche** „communio praedestinatorum", ihr einziges Haupt Christus. Da der Herr dem Petrus nicht den Primat gegeben hat, ist das **Papsttum** zu verwerfen; der Papst ist der Antichrist. Auch die Hierarchie widerspricht dem Gesetz Christi, das nur Presbyter und Diakonen kennt, überdies ein **armes Leben des Klerus** fordert: auch die Ordination, die letzte Ölung, die der Taufe zugefügten Zeremonien lassen sich aus der Bibel nicht begründen, ebensowenig die „Sekten", d. s. Papst, Mönche, Kanoniker, Bettelorden. Vollends die Transsubstantiation erscheint ihm als Ketzerei; das Abendmahl hat vielmehr sinnbildliche Bedeutung und nur für den Gläubigen Wert. Folgerichtig dehnt er seinen Widerspruch aus auf Heiligen-, Reliquien- und Bilderverehrung, die Ohrenbeichte, die Lehre vom Schatz der überschüssigen guten Werke, die Ablässe, die Unzahl der Feste usw.

e   β) Während Wiclif persönlich unbehelligt blieb, wurden seine in allen Schichten des englischen Volkes zahlreich vertretenen Anhänger, die „**Lollharden**", später **verfolgt**. Nachdem 1401 in England, wo man bis dahin die Inquisition nicht gekannt hatte, die Todesstrafe auf Ketzerei eingeführt worden war, kam es zu zahlreichen Hinrichtungen, die die Lollharden aus dem öffentlichen Leben verdrängten.

f   1417 wurde ihr Hauptführer aus dem Adel, Sir *John Oldcastle* (Lord Cobham), verbrannt. Insgeheim hielten sie sich in England bis ins 16. Jh.

g   **2. DIE WICLIFIE IN BÖHMEN BIS 1414.** Als die Wiclifie in England unterdrückt wurde, hatte sie schon an einer ganz andern Stelle Europas einen fruchtbaren Boden gefunden und eine gewaltige kirchliche Revolution entfesselt, in **Böhmen**. Dynastische Beziehungen zwischen Böhmen und England hatten eine Anzahl junger tschechischer Adliger zum Studium nach Oxford geführt. Diese brachten Wiclifs Lehren nach der Universität Prag. Hier gingen die Tschechen auf den scholastischen Realismus Wiclifs und auf seine Reformgedanken ein. Ihr Führer war der Universitätslehrer und Prediger ***JOHANNES HUS***, kein origineller Geist, aber ein von starker religiöser Begeisterung erfüllter, auf die Massen faszinierend wirkender Mann. Trotz der Gegnerschaft, die Hus bei den Deutschen an der Universität, bei der Geistlichkeit, beim Erzbischof und schließlich bei der Kurie fand, erfaßte sein Einfluß alsbald ganz Böhmen.

Johannes Hus, geb. 1369 (?) als armer Leute Kind in Hussinetz in Südböhmen, *h* Professor und Priester in Prag, 1405 vom Erzbischof *Sbynko* (Sbynjek) zum Synodalprediger ernannt, war seit 1402 mit Schriften Wiclifs in Berührung gekommen und auf seine Gedanken eingegangen, ohne sie irgend umzubilden, aber auch ohne ihnen bis zum Ende zu folgen; so hielt er an der Wandlungslehre fest. Die Abhängigkeit von Wiclif geht so weit, daß Hus' lateinische Schriften ebenso wie seine tschechischen Predigten oft wörtlich den Werken Wiclifs entnommen sind.

1403 kam es an der Universität zum Streit; die in der Mehrheit befindlichen *i* Deutschen verboten 45 teils wirklich, teils vermeintlich Wiclifsche Sätze. Doch Hus' Stellung blieb unerschüttert. Sein scharfes Vorgehen gegen den entarteten Klerus, den er in seiner Stellung als Synodalprediger mit Wiclifschen Reformideen (§ d) angriff, trug ihm indessen eine Anklage beim Erzbischof Sbynko ein, der ihn 1408 seiner Stellung als Synodalprediger enthob.

1409 führte der Streit über die **Stellung zum Schisma** zum offenen Bruch zwischen den Deutschen und den Tschechen an der Universität, sowie zwischen Hus und dem Erzbischof. Als sich nämlich *Wenzel* von Böhmen 1409 der Neutralität anschloß (vgl. § 67 k), fand er nur bei der böhmischen „Nation" der Universität Beifall, die deutschen „Nationen" (Sachsen, Bayern, Polen) und der Erzbischof hielten an Gregor XII. fest. Da änderte Wenzel, um die Majorität der Universität für die „Neutralität" zu gewinnen, die Universitätsverfassung: er gab den Tschechen 3 Stimmen, den Ausländern zusammen nur 1 Stimme. Die Folge war, daß die deutschen Professoren und Studenten Prag verließen und die Universität Leipzig gründeten (1409).

Als Sbynko sich Alexander V. (§ 67 k l) unterworfen hatte und, gestützt auf *k* eine von diesem erwirkte Bulle, 1410 gegen die Wiclifiten in Prag energisch einzuschreiten begann (Bücherverbrennung, Predigtverbot, Bann über Hus und seine Anhänger), kam es in Prag zur Revolution; die Bürgerschaft ergriff leidenschaftlich für Hus Partei. Hus trotzte allen Verfügungen und setzte seine Predigt fort. 1411 wurde der Bann über ihn in den meisten Prager Kirchen verkündigt und die Stadt mit dem Interdikt belegt. Aber schon hatten die Reformgedanken allenthalben in Böhmen und auch in Mähren stürmische Aufnahme gefunden.

Die Gärung erreichte einen bedenklichen Grad, als Papst Johann XXIII. *l* (§ 69 b) auch in Böhmen gegen Ladislaus von Neapel, den Parteigänger Gregors XII., den Kreuzzug predigen und Ablaß verkaufen ließ und Hus mit scharfen Thesen Studenten und Volk gegen die kriegführende Hierarchie und den Ablaß erregte. Doch da erfolgte eine entscheidende Wendung: die theologische Fakultät erklärte sich gegen Hus (**1412**). Nun verhängte der Papst den großen Bann über Hus und das Interdikt über jeden Ort, an dem er verweilen würde. Auf den Wunsch Wenzels verließ Hus Prag und begab sich in den Schutz böhmischer Adliger; aus dem Lager seiner Anhänger entstand nicht lange danach die Stadt Tabor (§ 69 k). Hus stand auf der Höhe seines Einflusses. Da forderte König *Sigmund* (1410–1437, Wenzels jüngerer Bruder), dem an der Wiederaufrichtung der kirchlichen Ordnung in Böhmen gelegen war, Hus auf, sich unter königlichem Geleit auf das Konstanzer Konzil zu begeben und hier durch ein Religionsgespräch einen Ausgleich mit den Gegnern herbeizuführen (vgl. § 69).

§ 69. Die Reformkonzilien zu Konstanz und Basel und die Überwindung der konziliaren Krisis des Papsttums.

HFINKE, Forschungen und Quellen zur Geschichte des Konstanzer Konzils, 1889. – Ders., Acta concilii Constantiensis, 4 Bde., 1896–1928. – Concilium Basiliense, Studien und Quellen zur Geschichte des Konzils von Basel, 7 Bde., 1896 bis 1926. – PLAZARUS, Das Basler Konzil, 1912. – LPETIT, Documents relatifs au concile de Florence (Patrologia orientalis 15 und 17), 1920, 1923. – CPILLEMENT, Pedro de Luna, 1955.

1. **KONSTANZ.** Das zahlreich besuchte allgemeine Konzil zu *a* **Konstanz (1414–18),** das vornehmlich durch das Verdienst des Königs

Sigmund zustande kam, eine glänzende Versammlung, hatte eine **dreifache Aufgabe**: die Überwindung des Schismas, die Beilegung der wiclifitischen Unruhen, die kirchliche Reform *(causa unionis, causa fidei, causa reformationis)*. Die führenden Männer waren Gerson und d'Ailli (§ 67 h).

b   Papst *JOHANNES XXIII.* (Balthasar Cossa)[1] war 1410 dem Konzilspapst Alexander V., der Gregor XII. aus Rom vertrieben hatte, auf dem päpstlichen Stuhle gefolgt. Politische Nöte führten ihn zu einem Bündnis mit Sigmund, der ihn zur Berufung des Konstanzer Konzils bewog. Damit der Papst nicht durch die große Zahl der anwesenden Italiener die Mehrheit der Synode habe, wurde nicht nach Köpfen, sondern nach **Nationen** abgestimmt (italienische, deutsche, französische, englische Nation; dazu wurde später noch den Kardinälen eine fünfte Stimme gegeben).

c   α) Der größte Erfolg des Konzils war die tatsächliche **Beseitigung des Schismas**. Johannes XXIII. suchte sich der Verzichtleistung durch die Flucht zu entziehen; seine Hoffnung, das Konzil werde sich auflösen, blieb jedoch unerfüllt. Die Synode erklärte sich für ein rechtmäßiges allgemeines Konzil und erhob mit dem Beschluß, daß das allgemeine Konzil dem Papste übergeordnet sei, den **Episkopalismus zum Dogma** (6. April 1415, Dekret „Haec sancta synodus"). Nach der Gefangennahme und Absetzung Johannes' XXIII. (29. Mai 1415) dankte Gregor XII. ab, die Obödienz Benedikts XIII. aber löste sich auf.

d   *Benedikt XIII.* (Petrus de Luna, ein Catalone), nach dem Abfall des hl. Vincentius Ferrer (§ 66 q, 67 e) auch von Frankreich preisgegeben, hielt zwar selbst bis zu seinem Tode 1424 an seinen Ansprüchen fest, war aber auf Peniscola (bei Valencia) beschränkt und gänzlich bedeutungslos.

e   β) Gleichzeitig beschäftigte das Konzil die **Verhandlung gegen Hus**, die am 6. Juli **1415** mit seiner Verurteilung zum Feuertode endete.

f   *HUS* war Nov. 1414, früher als Sigmund, in Konstanz eingetroffen und alsbald von seinen Landsleuten, den Prager Theologen (vgl. § 68 l), als Ketzer verklagt und trotz seines Geleitsbriefes (der nicht viel mehr als ein Reisepaß war) wegen Fluchtverdachts gefangengesetzt worden. Er wurde in martervoller Haft gehalten. Der König war über dies Verfahren anfangs empört, opferte aber Hus, um nicht das Konzil zu gefährden. Am 4. Mai 1415 wurden Lehre und Person Wiclifs verurteilt; dem folgte nach endlosen, qualvollen Verhören die Verurteilung Hus', der jeden Widerruf ablehnte. Am 30. Mai 1416 erlitt sein Anhänger *Hieronymus von Prag* die gleiche Strafe.

g   γ) Dagegen hatten die Bemühungen, eine **Reform der Kirche** herbeizuführen, kein durchgreifendes Ergebnis. Zwar wurde 1417 in dem Dekret „Frequens" beschlossen, das allgemeine Konzil zu einer ständigen Einrichtung zu machen und in bestimmtem Abstande zu berufen. Aber die politischen Verwicklungen, insbesondere der Wiederausbruch des großen englisch-französischen Krieges, wirkten beschleunigend auf die Papstwahl. Kaum war aber *MARTIN V.* (1417 bis 1431, vorher Kardinal Otto Colonna) gewählt, so vereitelte er alle weiteren Reformen, vornehmlich durch den Abschluß von **Sonder-Konkordaten** mit den einzelnen „Nationen" (mit den Romanen,

---

[1] Seit der Erhebung Papst Johannes XXIII. (Roncalli) 1958 wird Johannes XXIII. (Cossa) von der katholischen Kirche offiziell nicht mehr als Papst gezählt.

mit Deutschland und England), mit sehr bescheidenen Zugeständnissen. 1418 löste er das Konzil auf.

2. DIE HUSSITEN BIS 1431. Der Tod von Johannes Hus gab *h* den tschechischen Wiclifiten einen Märtyrer und Nationalheiligen und setzte ganz Böhmen in Aufruhr. Vergeblich mühte sich Wenzel, die Empörung niederzuwerfen. Als er 1419 starb und die böhmische Krone auf König Sigmund überging, erhob sich die tschechische Nation in flammendem Hasse gegen den „Mörder" Hussens und wehrte sich in den schauervollen Hussitenkriegen (1419–1436) gegen diesen Herrscher und die römische Kirche.

Das religiöse Symbol der Bewegung war der Laienkelch („Communio sub *i* utraque forma", vgl. § 62 q, eingeführt von dem Prager Magister *Jakob von Mies*, von Hus nicht lange vor seinem Tode gebilligt, von dem Konstanzer Konzil 1415 verboten). Im Innern waren die „Hussiten" in zwei Parteien gespalten, eine gemäßigte, die Prager, und eine schroffe, die Taboriten. Die **Prager** (Utraquisten, Kalixtiner = Kelchler) hatten an der Universität, in der Prager Bürgerschaft und unter dem Adel ihren Hauptanhang; 1421 schloß sich ihnen auch der Erzbischof an. Sie behaupteten im ganzen den maßvollen Standpunkt von Hus; was nicht dem „göttlichen Gesetz" ausdrücklich widersprach, sollte bestehen bleiben. Ihre Forderungen stellten sie in den „vier Prager Artikeln" 1420 zusammen: 1. freie Predigt des göttlichen Wortes, 2. Laienkelch, 3. Säkularisation des Kirchengutes und Rückkehr des Klerus zur apostolischen Armut, 4. strenge Kirchenzucht im Klerus.

Die **Taboriten** (so genannt nach der von den Hussiten erbauten Stadt Tabor, *k* § 68 l) trugen im Vergleich mit den „Pragern" einen demokratischen Zug. Sie nahmen ebenfalls die 4 Prager Artikel von 1420 an, gingen aber in vielem über Hus, ja selbst über Wiclif hinaus; phantastische Wiederkunftsgedanken joachimitischer Herkunft und kommunistische Ideen fanden bei ihnen Eingang. Was nicht im göttlichen Gesetz ausdrücklich angeordnet war, galt als unbedingt zu verwerfen (Zeremonien und Riten, Priestergewänder, Heiligenanrufung, Bilder, Reliquien, Ohrenbeichte, Fasten, Seelenmessen, Eid usw.). Ihr Hauptanhang war das Landvolk. Die Taboriten waren die eigentliche treibende Kraft des Hussitentums.

Die Spaltung der „Hussiten" führte zu blutigem Zwist. Nach *l* außen blieben sie geeint und unüberwindlich. Die Angriffe, die Sigmund einerseits von Deutschland, anderseits von Ungarn und Österreich aus unternahm, scheiterten sämtlich. Seit 1427 überfluteten die Hussiten mordend und brennend die Nachbarländer, ja streiften bis zur Ostsee. Es ergab sich, daß man nur durch friedlichen Ausgleich der tschechischen Revolution Herr werden konnte. Diesen Ausgleich unternahm das 1431 in Basel zusammentretende Konzil.

Der Anordnung von Konstanz gemäß wurde 1423 ein Konzil in Pavia er- *m* öffnet, aber alsbald nach Siena verlegt und 1424 aufgelöst. Endlich berief Martin V. eine neue allgemeine Synode nach Basel und betraute den reformfreundlichen Kardinal *Julian Cesarini* mit der Leitung. Eröffnet wurde die Synode erst nach Martins V. Tode, unter *EUGEN IV.* (1431–1447), einem Venetianer.

3. DAS KONZIL VON BASEL. α) Das allgemeine Konzil von *n* **Basel (1431–1449)** bezeichnet in seinem ersten Abschnitt den Höhepunkt des ständischen Konziliarismus. Als nämlich Papst Eugen IV. am 18. Dez. 1431 die Synode auflöste und für 1433 nach Bologna berief, widersetzte sich die Baseler Versammlung, erhob gegen den Papst, der die Auflösungsbulle nicht zurücknahm, die Anklage

des Ungehorsams und begann durchgreifende Reformen. Der Papst lenkte ein: er erkannte das Konzil schließlich an. Einen weiteren Erfolg erlebte das Konzil 1433 mit dem Abschluß der Prager Kompaktaten (vgl. § w).

o   Diese Erfolge stärkten die von Anfang an vorhandene demokratische Haltung des Konzils. Sie trat schon in der 1431 beschlossenen Geschäftsordnung hervor; die Synode organisierte sich nicht, wie die Konstanzer, in „Nationen", sondern in 4 Deputationen, deren jede bestimmte Aufgaben erhielt. Der Führer der Radikalen war der Kardinal *Louis d'Allemand von Arles*; aber auch *Nikolaus von Cues* (§ 71 f) und *Enea Silvio Piccolomini* (§ 69 u, 70 e), nachmals Verfechter des Kurialismus, waren damals Episkopalisten (beide freilich noch in untergeordneten Stellungen).

p   β) Weitere scharfe Reformdekrete des Konzils, die die Einkünfte des Papsttums völlig zu zerstören drohten, schufen aber von neuem eine starke Spannung zwischen dem Konzil und Eugen IV. Als die Griechen, von den Türken aufs äußerste bedrängt, dem Abendlande eine Union anboten, forderte Eugen die Verlegung des Konzils nach Italien. Da brach nach einigen stürmischen Sitzungen das Basler Konzil auseinander: die Mehrheit blieb in Basel, die gemäßigte Minderheit zog nach Italien ab (1437), wo Eugen IV. 1438 das Konzil in Ferrara eröffnete; 1439 verlegte er es nach Florenz. Hier errang er den großen Scheinerfolg der Union mit den Griechen.

q   Da die Griechen (Kaiser *Johann Palaeologus*) die Hilfesuchenden waren, mußten sie sich in dem **Unionsdekret von 1439** („Laetentur coeli") im wesentlichen den Lateinern fügen (Anerkennung des päpstlichen Primats; Vertuschung der dogmatischen Gegensätze; Duldung des Ritus und der Priesterehe der Griechen). Da sich das griechische Volk gegen die Union erhob und 1453 die Eroberung Konstantinopels allen Unionsverhandlungen ein Ende machte, blieb die Union von 1439 ein Stück Papier, gewann aber als Grundlage der Beschlüsse von Trient Bedeutung (§ 88).

r   γ) Gleichzeitig verscherzte sich das Konzil von Basel durch seine Maßlosigkeit die Geneigtheit der weltlichen Mächte, vor allem durch die Absetzung Eugens IV. und die Wahl des Herzogs Amadeus von Savoyen zum Gegenpapst (Felix V.), 1439. Felix V. fand außerhalb Savoyens kaum Anerkennung. Gegenüber dem Streit zwischen Eugen IV. und dem Baseler Konzil hielten sich die meisten Mächte neutral oder standen auf seiten Eugens. Im Laufe der vierziger Jahre gingen fast alle Staaten zu Eugen IV. über. Das Konzil starb allmählich dahin.

s   1443 fand die letzte öffentliche Sitzung statt. 1448 siedelte das Konzil nach Lausanne über, wo *Felix V.* residierte. 1449 gelang es den Bemühungen Frankreichs, Englands und anderer Staaten, Felix V. zur Abdankung zu bewegen; darauf wählte das Konzil Eugens IV. Nachfolger Nikolaus V. (der tatsächlich schon seit 1447 regierte) zum Papst und ging auseinander.

t   Am besten hatte Frankreich abgeschnitten. Die französische Gesetzgebung hatte bereits 1407 die „gallikanischen Freiheiten" erklärt; die Grundzüge dieser Gesetzgebung waren vom Baseler Konzil übernommen worden. **1438** nahm Frankreich in der **pragmatischen Sanktion von Bourges** die Reformdekrete der Baseler Synode mit einigen Abänderungen an (Grundlage der gallikanischen Kirche, § 70 q).

u   Ganz anders war der Verlauf in Deutschland. Hier verfuhren zunächst die deutschen Kurfürsten 1439 in der Mainzer Akzeptationsurkunde ähnlich wie die Franzosen. Aber der Kurie gelang es mit Hilfe des kaiserlichen Geheimschreibers Enea Silvio (§ o), der jetzt ganz in ihrem Sinne arbeitete, Friedrich III. durch Bestechung von der Neutralität auf die Seite des Papstes hinüberzuziehen und darauf den Widerstand der Kurfürsten, die an der Abmachung von 1439 festhalten wollten, durch ein ränkevolles Spiel zu brechen. Durch das **Wiener Konkordat** von **1448** wurden alle Reformen vereitelt, die den deutschen Kirchen in der Mainzer Akzeptationsurkunde gesichert schienen; die geldliche Bedrückung Deutschlands durch die Kurie bestand fast unvermindert fort.

δ) Der Versuch einer großen Reform der abendländischen Kirche *v* war gescheitert, hauptsächlich infolge des Fehlens einer starken politischen Zentralgewalt. Aber dieses Ergebnis war nichts weniger als ein Sieg des Papsttums; denn der Konziliarismus als System war unüberwunden, und das Reformverlangen sowie die Hoffnung auf Durchsetzung der Reform auf einem neuen Konzil blieben lebendig. Den Hauptgewinn hatten die weltlichen Staaten, deren kirchliche Macht durch die Konzilszeit gesteigert wurde.

4. AUSGANG DES HUSSITENTUMS. In Böhmen hatten die *w* Prager Kompaktaten (§ n) den Hussiten im wesentlichen nur den Laienkelch gewährt, aber die übrigen Forderungen der Prager Artikel von 1420 (§ i) so gut wie unverwirklicht gelassen; sie erlangten in Böhmen keine Rechtskraft. Die kirchliche Spaltung in Utraquisten, Taboriten und „Römische" bestand also auch nach 1433 fort. Erst nach fünf Jahrzehnten neuer religiöser und politischer Wirren erlangte Böhmen den Frieden (1485).

Die **Taboriten** wurden 1434 bei Böhmischbrod von den Utraquisten vernich- *x* tend geschlagen, ihre Reste 1453 bei Tabor von Georg Podiebrad auseinandergesprengt (vgl. § 71 v w).

Die **Utraquisten** waren bei weitem die stärkste Partei. *Georg Podiebrad* (seit *y* 1448 der Herr Böhmens, 1458–1471 anerkannter König) stellte sich auf ihre Seite; der Papst verhängte 1466 über ihn den Bann und reizte den katholischen böhmischen Adel zur Empörung, den König Matthias Corvinus von Ungarn zum Kriege gegen den „Ketzerkönig", ohne ihn zu stürzen. Nach Podiebrads Tode wählten die Utraquisten den polnischen Prinzen *Wladislaus Jagello* zum König; dieser beendigte **1485** durch den Frieden von Kuttenberg den Kampf zwischen Utraquisten und böhmischen Katholiken; die Utraquisten behaupteten den Laienkelch. Der Führer der Utraquisten war bis 1471 der frühere Prager Magister *Johann von Rokyczana*, den die Stände zum Erzbischof gewählt hatten. Nach seinem Tode 1471 verzichteten die Utraquisten auf die Wahl eines neuen Erzbischofs und stellten ein **Konsistorium** (4 Laien, 8 Geistliche) an die Spitze.

Die Führung der **„Römischen"** lag beim Prager Domkapitel, in das der Utra- *z* quismus nicht einzudringen vermochte.

Über die „böhmischen Brüder" s. § 71 v w.

§ 70. Das Papsttum und die politischen Mächte seit den Reformkonzilien. Die Lage im Osten.

*LvPastor, s. § 2 r. – *EHocks, Pius II. und der Halbmond, 1941. – SRunciman [s. § 51] Bd. 3. – FGregorovius, Lucrezia Borgia, ⁴1908. – JSchnitzer, Der Tod Alexanders VI., 1929. – HChLea, A History of the Inquisition in Spain, 4 Bde., 1906f., deutsch 3 Bde., 1911f. – BGebhardt, Die Gravamina der deutschen Nation, ²1895. – JHashagen, Staat und Kirche vor der Reformation, 1931. – KHoll, Die kirchliche Bedeutung Konstantinopels im Mittelalter (ZThK 1901, 83ff. = Ges. Aufs. II, 409–417). – Zu § x (Athos): EAdeMendieta, Le Mont Athos, Bruges [1955].

a   1. DAS PAPSTTUM. Das Papsttum erlebte in den Jahrzehnten nach den Konzilien einen schweren Niedergang. Es war eine Zeit vollster **Verweltlichung** der Kurie. Der Kirchenstaat war nicht viel mehr als ein italienisches Fürstentum. Fast durchweg regierten die Päpste in rein dynastischem Interesse, für ihre Nepoten oder gar ihre Bastarde; wie die übrigen italienischen Fürsten trieben sie eine Politik des nackten Egoismus, der Hinterlist, der Gewalt. Nicht bloß die unmoralische Staatskunst (*MACHIAVELLI*, gest. 1527)[1], auch die Genußsucht, das Lasterleben und die religiöse Skepsis zogen in die Paläste des Papstes und der Kardinäle ein. Nur die eifrige Förderung der **Kunst** durch einige dieser „Renaissancepäpste" vermag das Bild dieses Verfalls etwas zu mildern.

b   Die **kirchlichen** Aufgaben des Papsttums traten zurück. Nach dem Falle Konstantinopels, das 1453 zum Entsetzen des Abendlandes in die Hände der Türken fiel, suchten die Päpste einen Kreuzzug gegen die **Türken** in Gang zu bringen; sie scheiterten aber mit allen ihren Bemühungen, obwohl das Vordringen der Türken, das die Papstkirche und den Islam räumlich zusammenrückte, nicht geringe Gefahren für das Abendland in sich barg. Erfolgreicher waren die Bemühungen der Päpste, die geringen Erfolge des Konziliarismus noch weiter einzuschränken und dem **Kurialismus** zum Siege zu verhelfen.

c   *Nikolaus V.* (1447–1455) war der erste Renaissancepapst, ein Freund der Baukunst und der griechischen Studien: er stiftete die Vatikanische Bibliothek. Er schloß das Wiener Konkordat (§ 69 u), erlebte die letzte Kaiserkrönung in Rom (1452, Friedrich III.), die Abdankung des letzten Gegenpapstes (§ 69 s), sowie die Eroberung Konstantinopels durch die Mohammedaner (1453; vgl. § t u). Schon er bemühte sich vergebens, einen Türkenzug zustande zu bringen.

     Kalixt III. (1455–1458, Alfonso Borgja, ein Spanier; italienische Namensform: Borgia) war der Renaissance feindlich, vermochte aber ihr weiteres Vordringen im hohen Klerus nicht zu hindern. Er lebte im wesentlichen dem Plane eines Türkenzuges und der Begünstigung seiner Verwandten (sein Neffe Rodrigo Borgia Kardinal, vgl. § e).

     PIUS II. (1458–1464, Enea Silvio Piccolomini, § 69 o u, eine typische Renaissancepersönlichkeit) hat als Papst seine kirchenpolitische und literarische Vergangenheit (erotische Dichtungen) vergessen zu machen gesucht („Aeneam reicite, Pium recipite!") und sich den kirchlichen Aufgaben gewidmet. In der Bulle „**Execrabilis**" (1460) verdammte er die Appellation vom Papst an ein allgemeines Konzil (vgl. § p). Einen kläglichen Verlauf nahmen dagegen der **Fürstenkongreß von Mantua** (1459), den Pius II. zur Beratung eines Türkenzuges berufen hatte, und alle weiteren Schritte in dieser Sache. Pius II. starb in Ancona, wo er sich zum Kreuzzug einschiffen wollte („ein guter Tod sühnt ein übles Leben"), ohne zu ahnen, daß die Ritter, die er anzuführen gedachte, von ihm abgefallen waren.

d   *Paul II.* (1464–1471) war prachtliebend und verschwenderisch, führte aber ein strenges, von Nepotismus freies Regiment. Er vertrieb die zahlreichen an der Kurie lebenden Literaten.

     Sixtus IV. (1471–1484, Francesco della Rovere, vor seiner Wahl Franziskanergeneral) eröffnete die Reihe der Päpste, mit denen die Entartung den Gipfel erreichte. Mit ihm begann von neuem die Herrschaft des **Nepotismus**; aus Gebieten des Kirchenstaates suchte Sixtus IV. seinem Günstling Girolamo Riario ein Fürstentum zu gründen. Die Korruption der päpstlichen Finanz-

---

[1] Er entband die Fürsten nicht etwa schlechthin von den Gesetzen der Moral, sondern nur, wenn es für den Staat unbedingt erforderlich war.

wirtschaft stieg aufs höchste (Ämterschacher; 1477 Ablaßbulle: der Ablaß auch für die Seelen im Fegefeuer wirksam). Verdienste hatte Sixtus IV. um die Kunst (Sixtinische Kapelle, römische Bauten).

Innocenz VIII. (1484–1492) war der erste Papst, der seine Bastarde öffentlich anerkannte (Hochzeitsfeiern seiner Kinder und Enkel im Vatikan). Gegen jährliche Zahlung von 40000 Dukaten leistete er dem Sultan Bajazet II. den Dienst, dessen Bruder und Nebenbuhler Dschem gefangen zu halten. Einen verhängnisvollen Einfluß übte Innocenz VIII. auf die Steigerung des Hexenwahns (vgl. § 71 s).

ALEXANDER VI. (1492–1503, Rodrigo Borgia, ein Spanier, vgl. § c) trach- *e* tete seine Kinder mit Fürsten zu verheiraten und ihnen aus dem Kirchenstaat ein Fürstentum zu verschaffen (besonders bekannt seine Tochter *Lucrezia Borgia* und sein Sohn *Cesare Borgia*, bis zu seinem Verzicht 1498 Erzbischof von Valencia und Kardinal). Schon stand Cesare Borgia nach greuelvollen Kämpfen mit dem römischen Adel unmittelbar vor seinem Ziel, als der plötzliche Tod des Papstes und die schwere Erkrankung Cesares (vermutlich an dem für einen Kardinal bestimmten Gift!) den Sturz der Borgia herbeiführten. Cesare floh nach Spanien, wo er in den Diensten des Königs von Navarra 1507 gefallen ist.

JULIUS II. (1503–1513, Giuliano della Rovere, Neffe Sixtus' IV.), persönlich *f* nichts weniger als ein Priester, aber ein bedeutender Staatsmann und Feldherr, setzte die Kämpfe Cesares fort, doch nicht um seinen Verwandten, sondern um dem Papsttum einen festgefügten Staat zu begründen. Durch fortgesetzte Kämpfe, gegen Venedig im Bunde mit den Franzosen, dann gegen die Franzosen im Bunde mit Venedig und Spanien, hat Julius II. dieses Ziel erreicht. Das von Ludwig XII. von Frankreich gegen Julius II. 1511 berufene Konzil von Pisa wurde von den papstfreundlichen Mailändern und Schweizern gesprengt, das französische Heer zum Rückzug über die Alpen gezwungen. Dann berief Julius II. das **V. ökumenische Laterankonzil** (1512–1517): Frankreich verharrte indes bis Ende 1513 im Schisma. – Bedeutend sind die Verdienste Julius' II. um die Kunst (1506 St. Peter; Bramante, Raffael, Michelangelo nach Rom gezogen: vgl. § 72 t).

LEO X. (1513–1521, Giovanni Medici, der Sohn Lorenzos des Prächtigen), un- *g* geistlich, genuß- und kunstliebend, war als Politiker von mäßigen Gaben, doch vom Glück begünstigt. Er bewog Franz I. von Frankreich zur Aufhebung der pragmatischen Sanktion und zur Annahme eines Konkordats, 1516 (§ m). 1517 beendete Leo das V. Laterankonzil, das u. a. der Verurteilung des Episkopalismus (Bulle „Pastor aeternus" 1516) zustimmte. Unter Leo X. begann die Reformation Luthers (§ 75).

2. WESTEUROPA. Das Erlahmen der politischen Kraft der Kurie *h* begünstigte das stärkere Hervortreten nationalkirchlicher Bestrebungen, besonders in Westeuropa, wo sich im 15. Jh. starke Nationalstaaten gebildet hatten. In Spanien (§ 64 g h) schlossen sich die beiden stärksten Mächte, Kastilien und Aragon, durch die Vermählung Isabellas und Ferdinands (1469) zu unlösbarer Einheit zusammen. In Frankreich und England hatten sich schon seit dem 14. Jh., zum guten Teil im Kampfe gegen die Übergriffe der Kurie, Nationalbewußtsein und Nationalstaat entwickelt; im 15. Jh. wird in beiden Ländern die Kraft des Feudaladels gebrochen und die königliche Macht gestärkt. So stehen am Ausgang der Periode gefestigte nationale Monarchien an der Spitze der Staaten Westeuropas.

Diese politische Entwicklung, die im 16. Jh. für den Gang der *i* Reformationsgeschichte entscheidend wurde, wirkte schon im 15. Jh.

auf die Gestaltung der kirchlichen Verhältnisse ein. In allen drei Ländern bildeten sich infolge der Festigung der nationalen Monarchie **Nationalkirchen** heraus.

k Am glänzendsten entfaltete sich die **spanische Kirche** unter *Isabella* (Königin von Kastilien 1474–1504) und *Ferdinand* „dem Katholischen" (König von Aragon 1479–1516). Seit dem Konkordat von 1482 war die spanische Kirche der Macht des Staates unterworfen und den Eingriffen der Kurie eine scharfe Grenze gezogen (Besetzung der Bistümer an die Vorschläge der Krone, die Verkündigung päpstlicher Erlasse an das landesherrliche Placet, *placetum regium*, gebunden). Ferner wurden die durch ihren Grundbesitz und ihre enge Verflechtung mit dem Adel mächtigen spanischen Ritterorden (von Alcantara und Calatrava) durch eine Reform in völlige Abhängigkeit von der Krone versetzt. Unheilvoll war die Neubelebung der Inquisition (1481, zuerst in Kastilien), die gegen die Juden und Mauren in entsetzlicher Weise zu wüten begann. Diese waren seit 1391 gewaltsam zum Christentum bekehrt worden, hielten aber insgeheim an der väterlichen Religion fest. Unter dem ersten Großinquisitor, *Thomas de Torquemada* (spr. Torkemāda, O.P., Großinquisitor 1483–1498), wurden gegen 9000 Autodafés (= actus fidei) veranstaltet.

l Die Stärkung seiner kirchlichen Gewalt hat das spanische Königtum zur Förderung kirchlicher und klösterlicher Reformen benutzt. Die führende Persönlichkeit der Reform war *Franz Ximenes*[2] (O.F.M., Beichtvater Isabellas, 1507 Großinquisitor, † 1517). Das von streng katholischem Glaubensleben erfüllte Spanien ist das Ursprungsland der Gegenreformation geworden (§ 86).

m Die Entstehung der **französischen Nationalkirche** (gallikanischen Kirche) war die Frucht der konziliaren Bewegung (§ 69 l). Als sich das Konzil von Basel mit Eugen IV. überwarf, erklärte sich die französische Kirche auf der Nationalsynode von Bourges in diesem Streite neutral, nahm aber die vom Konzil gefaßten Reformbeschlüsse mit mehrfachen Veränderungen an (Pragmatische Sanktion von Bourges, 1438. Inhalt die sog. „gallikanischen Freiheiten", insbesondere: konziliare Theorie über das Verhältnis von Papsttum und Universalkonzil; weitgehender Einfluß der Krone auf die Besetzung der kirchlichen Stellen; das Pariser Parlament [Gerichtshof] in Sachen der geistlichen Gerichtsbarkeit zuständig). Die Päpste arbeiteten mit Eifer an der Beseitigung der „Pragmatischen Sanktion". Nach wechselnden Geschicken wurde sie 1516 (§ g) endgültig beseitigt und das Verhältnis zwischen dem Papsttum und dem französischen Staat durch das **Konkordat von 1516** geregelt. Gegen das Zugeständnis der Annaten erkannte die Kurie die gallikanischen Freiheiten an (Ernennung der Bischöfe durch die Krone, Schmälerung der geistlichen Gerichtsbarkeit, regelmäßige Besteuerung der Kirche durch den Staat). Von großer Bedeutung für die Macht des Königtums über die Kirche war die sog. „appellatio tamquam ab abusu", die im 15. Jh. aufgekommen war, wonach von jedem Urteil eines kirchlichen Gerichts an das königliche Gericht appelliert werden konnte.

n In **England** war bereits seit **1399** die Kirche ein Bestandteil des nationalen Staats. Das absolutistische Königtum der Tudor (*Heinrich VII.* 1485–1509, *Heinrich VIII.* 1509–1547) erbte daher von seinen Vorgängern eine bedeutende kirchliche Macht (Ernennung der Bischöfe, reiche kirchliche Einkünfte). Heinrich VIII. hat durch seinen Kanzler *Thomas Wolsey*, der als päpstlicher Kardinallegat umfassende Vollmachten hatte, tatsächlich die englische Kirche regiert. Als er die englische Kirche von Rom losriß (§ 84 h), war sie schon mehrere Generationen hindurch eine fast unabhängige Nationalkirche gewesen.

o 3. **DEUTSCHLAND.** α) Während Frankreich, das unter einer starken Zentralgewalt politisch geeinigt war, die Errungenschaften der Konzilsperiode sich zu erhalten vermochte, gingen in dem ohnmächtigen, in ungezählte Territorien zersplitterten Deutschen Reich selbst die geringen Vorteile des Wiener Konkordats (§ 69 u) wieder verloren.

---

[2] Spr. Chimēnes, das „ch" wie in dem deutschen Wort „machen".

Die Verletzung des Konkordats durch die Kurie entfachte unter Pius II. einen heftigen **Streit der deutschen Fürsten mit dem Kaiser und dem Papst**; der Streit offenbarte die Stärke der in Deutschland vorhandenen antipäpstlichen Stimmung und schädigte von neuem das Ansehen der Kurie, verminderte aber die finanzielle Ausplünderung Deutschlands durch Rom nicht im geringsten.

Der Führer der deutschen Opposition war Erzbischof *Diether von Mainz* (seit *p* 1459), der von Pius II. gebannt worden war, weil er die Zahlung der vom Papst nachträglich gesteigerten Annatenforderung verweigerte. Er appellierte an ein allgemeines Konzil; die Kurfürsten von Brandenburg, von der Pfalz und von Trier schlossen sich der antipäpstlichen Opposition an. 1461 vom Papste seines Erzbistums entsetzt, leistete er zwei Jahre bewaffneten Widerstand, wurde aber 1463 zum Verzicht genötigt. Gleichzeitig entbrannte ein Streit zwischen dem Bischof von Brixen, *Nikolaus von Kues*, und dem Herzog *Sigmund von Tirol*. Gegenstand des Zwistes waren verschiedene politische Hoheitsrechte. Pius II. verhängte über Sigmund den Bann, über Tirol das Interdikt und suchte den Kaiser und zahlreiche Reichsstände zum Krieg gegen Sigmund aufzureizen (1460). Der Herzog antwortete mit einer Appellation an ein allgemeines Konzil. 1464 lenkte die Kurie ein. Der sachkundige Helfer Diethers und Sigmunds war der Jurist *Gregor von Heimburg* (1460–1472 im päpstlichen Bann, † 1472; Hauptschrift: „Admonitio de usurpationibus Paparum Romanorum ad Imperatorem").

Dem Unwillen über die finanzielle Aussaugung Deutschlands durch das Papst- *q* tum gaben die bis in die Reformationszeit hinein immer wieder neu formulierten „Gravamina" der deutschen Nation Ausdruck (zuerst auf dem Frankfurter Fürstentag 1456). Neben ihnen gibt es **städtische Gravamina gegen den Klerus**.

β) Während das Deutsche Reich als Ganzes unfähig war, der wirt- *r* schaftlichen Bedrückung durch die Kurie zu steuern, entwickelten sich in den **Einzelterritorien** zum Teil ähnliche kirchenpolitische Verhältnisse wie in den großen Staaten Westeuropas und damit die Möglichkeit, die Kirchen gegen die Steuerforderungen des Papstes zu schützen. Das war die Vorstufe zu dem in der Reformationszeit entstehenden **Landeskirchentum**.

Abgesehen von viel weiter zurückgreifenden geschichtlichen Zusammenhängen *s* erklärt sich das Erstarken des Laieneinflusses aus der Ausbildung der Landeshoheit. Die Fürsten suchten durch innere Vereinheitlichung ihrer oft bunt zusammengewürfelten und örtlich zersplitterten Territorien und durch möglichst strengen Abschluß ihrer Gebiete nach außen die landesherrliche Gewalt zu verstärken. Diesem Bestreben entsprach es, daß sie die in ihrem Territorium gelegenen Stifter, Klöster und Kirchen ihrem Einfluß zu unterwerfen und dem Einfluß auswärtiger Gewalten zu entziehen und von Besetzung mit ausländischen Klerikern freizuhalten suchten (bekannte, einen bestimmten Einzelkomplex falsch isolierende und stark übertreibende jüngere Formulierung: „Dux Cliviae [Kleve] est papa in territorio suo"). Die alten **Patronats- und Vogteirechte** boten die rechtliche Voraussetzung für eine solche Beeinflussung der Kirche durch die Landesherren. In den östlichen Gebieten, in Böhmen, Brandenburg und Österreich, später auch in Sachsen, gelangten die Laienfürsten sogar in den Besitz von **Landesbistümern**, d. h. diese Bistümer wurden nun nicht mehr vom König, sondern vom Landesherrn besetzt, wurden aus reichsunmittelbaren zu **reichsmittelbaren** Bistümern, zu **Landsassen** (zB. Olmütz, Prag, Brandenburg, Havelberg, Lebus, Naumburg, Merseburg, Meißen). Der kirchliche Einfluß der Landesherren ging in manchen Territorien ziemlich tief. Durchgängig aber verband er sich mit eifrigster kirchlicher Devotion und guten Beziehungen zur Kurie, die den Einfluß der fürstlichen Laien auf die Kirche hier und da durch Privilegien förderte.

t   4. DER OSTEN. Unterdessen war in den östlichen Mittelmeergebieten eine völlig veränderte politische Lage entstanden. 1453 eroberten die Türken Konstantinopel und machten es zur Hauptstadt des Osmanenreichs. In den folgenden zwanzig Jahren wurde die Eroberung der Balkanhalbinsel (bis auf Montenegro), sowie der letzten Stützpunkte der Lateiner und der Griechen im Schwarzen Meer vollendet. Damit endeten das byzantinische Reich und die byzantinische Reichskirche. Ein einziges zur orientalisch-orthodoxen Christenheit gehöriges Volk wurde von den Türken nicht unterworfen: die Russen. Auf Rußland, das gerade in dieser Zeit einen verheißungsvollen Aufschwung nahm, ruhte die Zukunft der orientalisch-orthodoxen Kirche für fast ein halbes Jahrtausend.

u   1. Für das religiöse Empfinden der orientalischen Christenheit war der Fall Konstantinopels, der „gottbehüteten Stadt" mit ihren reichen Reliquienschätzen ein schwerer Schlag. Ebenso tief war der Eindruck im Abendland; trotzdem blieben die Versuche der Päpste, von neuem eine Kreuzzugsbewegung zustande zu bringen, ohne Erfolg.

v   2. Rechtlich erhielten die von den Türken unterworfenen Christen Glaubensfreiheit und eine eigene, an die kirchliche Verfassung sich anschließende politische Organisation. An der Spitze stand der Patriarch von Konstantinopel; unter ihm standen die Metropoliten als die obersten Behörden der einzelnen christlichen Völkerschaften. Volkstum und Kultur der Südslaven wurden von den Türken mit Grausamkeit gebrochen; erträglicher war die Lage der Griechen.

w   3. Byzanz hatte, obwohl es seit dem Bilderstreit des 8. Jhs. nicht entfernt eine ähnlich reiche Geschichte erlebt hatte wie das Abendland, doch im stillen eine bedeutende Wirkung geübt.

α) Bis zum Aufkommen der Türken hat Byzanz Osteuropa gegen den Islam geschirmt.

β) Bis ins 12. und 13., wenn nicht bis ins 15. Jh. hinein, war der Stand der allgemeinen Bildung in Byzanz höher als irgendwo im christlichen Abendlande.

γ) Die Völker im Norden, die Russen, die Bulgaren, die Serben sind unter dem Eindruck der byzantinischen Kultur zum Christentum übergegangen.

x   δ) Die byzantinische Kirche hatte zwar seit dem 9. Jh. politisch keine sonderliche Bedeutung mehr (völlige Unfreiheit gegenüber dem kaiserlichen Despotismus; Ohnmacht gegenüber der sittlichen Verworfenheit und den Ränken des Hofs: die würdigsten Priester verherrlichten die schändlichsten Kaiser und priesen die blutigsten Thronrevolutionen als Werke der Vorsehung) und leistete auch theologisch nichts Hervorragendes (die Theologie erging sich in einseitiger Beschreibung der Kultusmysterien und immer erneuter Widerlegung längst erledigter Häresien). Wohl aber wurde durch die byzantinische Kirche trotz aller Versteinerung der kultischen Formen und des Dogmas die Frömmigkeit im Volke lebendig erhalten. Vor allem hatte das Mönchtum große Bedeutung. Da das Volk den Mönchen besondere Gaben, wie Krankenheilung, zuschrieb und die Mönche wegen ihrer „Heiligkeit" den in der Ehe lebenden Priestern überordnete, hatten die Mönche großen Einfluß auf die Laien. Die Mönche waren die Seelsorger und Berater des Volkes; von den Zeiten des Bilderstreits bis ins 13. Jh. waren die Mönche und nicht die Priester die Spender der Beichte. Ähnlich war die Bedeutung des Mönchtums in den slavischen Tochterkirchen von Byzanz. Eine eigenartige Einrichtung der Ostkirche war die Mönchsrepublik auf dem Berge Athos (östliche Landzunge der Chalkidike), entstanden nach 960. Sie hat sich bis in unsere Zeit hinüber gerettet. Das östliche Mönchtum war Träger einer tiefen Mystik (s. § 66 g[1]).

y   4. Die russische Kirche hatte sich seit der Mongolenzeit (§ 64 m) kräftig entwickelt. Im Süden genoß sie die Gunst der tatarischen Herrscher, im Osten und Norden förderten zahlreiche Klostergründungen Christentum und Kultur.

Der nationale und kirchliche Mittelpunkt Rußlands (vgl. § 55 o) wurde seit dem 14. Jh. Moskau. Als die Großfürsten von Moskau im 15. Jh. im Kampf mit den Teilfürsten und der mongolischen Fremdherrschaft (erloschen 1480) das monarchische neurussische Reich gründeten, stand ihnen die Kirche tatkräftig zur Seite; damit vollendete sich die für die russische Kirche charakteristische Verschmelzung des Religiösen mit dem Russisch-Nationalen. Seit dem Untergang des byzantinischen Reichs 1453 fühlten sich die Russen politisch und kirchlich als die Erben des oströmischen Reichs. Sie übernahmen von Byzanz den ausgeprägten Cäsaropapismus.

§ 71. Innerkirchliche Zustände im 15. Jahrhundert.

WILLY ANDREAS, Deutschland vor der Reformation, 1932. – EBARNIKOL, Studien zur Geschichte der Brüder vom gemeinsamen Leben (ZThK 1917, Ergänzungsband). – Zu § d (Bursfelde): PVOLK I, 1955. – RSTADELMANN, Vom Geist des ausgehenden Mittelalters, Studien zur Geschichte der Weltanschauung von Nicolaus Cusanus bis zu Seb. Franck, 1929. – Zur Spätscholastik: GRITTER, SHA 1921. 1922. 1926/27. – Ders., Romantische und revolutionäre Elemente in der deutschen Theologie am Vorabend der Reformation (DV V, 1927, S. 342–380). – Über den Cusaner: Studien von EVANDENSTEEGHE (Paris 1920), SLORENZ (1926), JRITTER (1927). Neue kritische Ausgabe der Heidelberger Akademie: Nicolai de Cusa opera omnia, 1932ff.; Schriften in deutscher Übersetzung, ed. EHoffmann, 1936ff. – Über Gerson: JLCONNOLLY (Louvain 1928) und WDRESS (1931). – *BMELLER, Studien zur Erkenntnislehre des Peter von Ailly, 1953. – Zur Imitatio Christi: LMJDELAISSÉ, Le manuscrit autographe de Thomas a Kempis et l'Imitation de Jésus-Christ, 2 Bde., Brüssel 1956. – HROSENFELD, Der mittelalterliche Totentanz, 1954. – *LUDGER MEIER, Wilsnack als Spiegel deutscher Vorreformation (ZRGG 1951). – JHANSEN, Zauberwahn, Inquisition und Hexenprozeß, 1900 – Ders., Quellen und Untersuchungen zur Geschichte des Hexenwahns, 1901. – Der Hexenhammer, deutsch von JWSCHMIDT, 1906. – *JSCHNITZER, Savonarola, 2 Bde., 1924. – Ders., Peter Delfin, 1926. – MFERRARA, Bibliografia Savonaroliana, Florenz 1958. – JHUIZINGA, Herbst des Mittelalters, deutsch 1924. – CVOGL, Peter Cheltschizki, 1926. – JOSTHMÜLLER, Geschichte der Böhmischen Brüder, 3 Bde , 1922–31. – Die Brüderunität 1457–1957 (Sammelband), Prag 1956. – Zu den Böhmischen Brüdern: Arbeiten von EPESCHKE, WZ Rostock. – FBROCK, The Political and Social Doctrines of the Unity of Czech Brethren, La Haye 1957.

1. KLERUS UND MÖNCHTUM. Wie der auf den Konzilien *a* unternommene Versuch einer Reform des Papsttums gescheitert war, so blieb auch der Gesamterfolg der Reformen des Klerus und der religiösen Orden sehr bescheiden. Es fehlte der Zeit weder an Blick für die offenkundigen Schäden, noch an redlichem Willen, sie zu bessern, wohl aber an fruchtbaren neuen Gedanken und an religiöser Kraft. Meist betrafen die Reformen nur äußerliche Dinge, fanden keine sonderlich bedeutenden Führer und nur in einem kleinen Teil der Klöster und Stifte Eingang.

1. Die Zustände schrieen nach Reform. Die Prälaten führten vielfach ein *b* weltförmiges und genußfreudiges Dasein. Die Kapitel waren in den Händen des Adels, der die geistlichen Stellen meist nur als Sinekuren betrachtete; die unkanonische Vereinigung mehrerer Pfründen in einer Hand war nichts Seltenes. Der erbärmlich bezahlte, ungebildete Landklerus stand auf tiefster Stufe. Vor allem die sittlichen Zustände unter den Klerikern waren arg. Nicht besser waren die Zustände im Mönchtum. Es war im 15. Jh. keine Macht mehr. Der asketische Enthusiasmus war gewichen; die Kulturarbeit aber, die das Mönchtum seit dem 6. Jh. vorgefunden hatte, war entweder geleistet oder in andere Hände übergegangen.

§ 71 Vorreformation und Renaissance

c   2. Ernste Reformarbeit begann in den Niederlanden schon vor den großen Konzilien. Hier entstanden in den 80er Jahren des 14. Jhs. in Deventer die **Brüder vom gemeinsamen Leben,** ein freier religiöser Verein von Klerikern und Laien mit klosterartigem Leben, aber ohne feierliches Gelübde; er entstand aus dem Schüler- und Freundeskreis des Laienpredigers GERHARD GROOTE (1340 bis 1384) und seines Schülers *Florentius Radewyns*, dessen Vikariatshaus in Deventer nach Grootes Tode der Mittelpunkt dieses Kreises von Devoten war. Den Unterhalt erwarben die Brüder durch Arbeit, vornehmlich durch Bücherabschreiben. Dem ersten Bruderhaus in Deventer folgten weitere in den Niederlanden und im nw. Deutschland. In enger Verbindung mit den Brüdern stand die aus ihrem Kreise hervorgegangene Windesheimer Kongregation (Ausgangspunkt das Augustinerchorherrenstift Windesheim bei Zwolle, 1386). Die Brüder wurden besonders für das Schul- und Erziehungswesen der Niederlande von Bedeutung, im 15. Jh. öffneten sie sich einem gemäßigten Humanismus (§ 72 g). Auch fand in ihren Kreisen die Mystik reiche Pflege (§ i).

d   3. Dazu kam es zu **Reformen älterer Orden.** In Niedersachsen entwickelte *Johann Busch* († 1479), der bekannteste Zögling des Windesheimer, eine rege Reformtätigkeit unter Augustinerchorherren, Benediktinern und Zisterziensern. Die Bundesgenossin der Windesheimer auf demselben Gebiet war die Kongregation von Bursfelde, eine Vereinigung reformierter Benediktinerklöster (1439). Auch in Italien und Spanien gab es reformierte Benediktiner (Kongregation von S. Giustina in Padua, 1412). Unter den Franziskanern entstand aus der rigoristischen Partei (§ 61 u) eine eigene Kongregation, die Franziskaner-Observanten. 1517 trennten sich die Minoriten in zwei selbständige Orden, die Konventualen und die strengeren und bevorrechteten Observanten. Von den Reformen der Dominikaner, die den Bettel aufgaben, ist die toskanische durch Savonarola, von denen der Augustiner-Eremiten die deutsche Kongregation regulierter Augustiner-Observanten durch Staupitz bekannt geworden.

e   2. THEOLOGIE. α) Die durch den Sieg des Occamismus geförderte Entartung der Scholastik zu einem Gewirr sinnloser Spitzfindigkeiten und ihre Unfruchtbarkeit für das religiöse Leben wurden von nicht wenigen empfunden. Aber auch hier blieben die Reformen auf Pläne und wirkungslose Ansätze beschränkt.

f   Der berühmte Verfechter der Kirchenreform auf dem Konstanzer Konzil, *PIERRE D'AILLI* († 1420 in Avignon; vgl. § 67 h), schrieb Dogmatisches in den Bahnen Occams, Mystisches in den Bahnen der Viktoriner. Sein Kampfgenosse in der Kirchenreform, *JEAN CHARLIER*, genannt *GERSON* († 1429 zu Lyon), war wie d'Ailli zugleich Anhänger der „via moderna" und der Mystik (Einfluß der Viktoriner und Bonaventuras). *Nicolas de Clémanges* (Rektor der Universität Paris, zuletzt in einem Kartäuserkloster, † 1437) trat mit Nachdruck für eine Reform des theologischen Studiums und der Kirche, namentlich für ein regeres Studium der Bibel ein. Eine Sonderstellung hatte *Raimund von Sabunde* inne (Spanier, lehrte um 1430 in Toulouse Medizin, Philosophie und Theologie). Er suchte über die occamistische Auseinanderreißung von Wissen und Glauben hinauszukommen, indem er zwei untrügliche Erkenntnisquellen annahm, das „Buch der Natur" und die hl. Schrift. Eine höchst originelle und interessante Erscheinung ist *NIKOLAUS VON CUES* (Cusanus, aus Cues an der Mosel, † 1464 als Kardinal und Bischof von Brixen; vgl. § 69 o, 70 p). In staunenerregender Aufnahmefähigkeit faßte er alle geistigen Bestrebungen der Zeit zusammen. Er sah in allen Religionen Strahlen der Wahrheit. Aus seinen mathematischen und astronomischen Studien erwuchs der Vorschlag zur Reform des julianischen Kalenders. Seine Weltanschauung war nicht mehr die ptolemäische. Besonders originell ist sein Gottesbegriff: Gott, die unendliche Einheit, die alles in sich schließt und alles aus sich entfaltet, das absolute Maximum und Minimum, Können und Sein zugleich: *possest*. Das Hauptwerk des Cusanus, „De docta ignorantia", richtet sich gegen die Methode der Scholastik. Seit c. 1450 drang neben der **via moderna** von neuem die **via antiqua** vor. Beide Schulen waren im wesentlichen durch die Tendenz ihrer Erkenntnistheorie geschieden. Die Thomisten vertraten [gewöhnlich, aber nicht durchweg, im Verein mit den Skotisten] die via antiqua, die Occamisten die via moderna mit ihren nominalistischen Tendenzen. Im allgemeinen war der Thomismus im starken Vordringen; charakteristisch ist der Sentenzenkommentar *Dionysius des Kartäusers* (Dionysius Rickel, Mönch in Roermonde, † 1471). Ein später Vertreter der via moderna war *Gabriel Biel* (Professor in Tübingen, † 1495), dessen Schriften auf Luther gewirkt haben.

β) Neben der herrschenden Scholastik traten in der Theologie in der 2. Hälfte des 15. Jhs. vereinzelt neue Ansätze zutage; unter dem Einflusse der Brüder vom gemeinsamen Leben und der Schriften Augustins näherten sich einige Gelehrte am Rhein und in den Niederlanden gewissen Anschauungen der Bibel, ohne doch grundsätzlich die Grenzen des Katholischen zu überschreiten und ohne stärker zu wirken.

Es sind dies: *Johann (Pupper) von Goch* (in Kleve; Stifter eines Priorats regulierter Kanonissen in Mecheln, † nach 1475), *Johann (Ruchrat) von Wesel* in Kleve (Professor in Erfurt, dann Prediger in Mainz und Worms, 1479 von der Inquisition zum Widerruf und zur Verbrennung seiner Schriften gezwungen, † 1479/81 in Klosterhaft) und *Wessel Gansfort* aus Groningen (Lehrer der Philosophie in Heidelberg, † 1489 in Groningen, ohne je in den Klerus eingetreten zu sein; Hauptschrift: Farrago, hrsg. 1521 von Luther). „Vorläufer der Reformation" sind Goch, Wesel und Wessel nur sehr bedingt gewesen; dazu macht sie weder die allen dreien gemeinsame These, daß die hl. Schrift alleinige Norm sei (so auch Augustin und Thomas von Aquino!), noch das Zurückgreifen auf andere augustinische Gedanken. Auch die Bekämpfung des Ablaßwesens und anderer Mißbräuche durch Wesel und Wessel bedeutet noch keinen Bruch mit der katholischen Kirche.

Daneben wurden die Traditionen der **Mystik** fortgesetzt, besonders in den Kreisen der Brüder des gemeinsamen Lebens. Gerhard Groote war von Ruysbroek (§ 66 m) beeinflußt. Das berühmteste mystische Buch des 15. Jhs., die Schrift **De imitatione Christi**, stammt aus diesen Kreisen. Die Jahrhunderte hindurch immer wieder erörterte Frage nach dem Verfasser ist seit der Veröffentlichung der Originalhandschrift 1956 eindeutig geklärt: Das Manuskript trägt die Unterschrift des *Thomas von Kempen* (Subprior auf dem Agnetenberg bei Zwolle, gest. 1471) und nennt 1441 als Jahr der Vollendung der Schrift.

3. FRÖMMIGKEIT. α) Die volkstümliche Frömmigkeit war im Laufe des 15. Jhs. wieder lebendiger geworden. Die aus den früheren Jahrhunderten überlieferten Formen (Werkdienst, Bruderschaften, Wunderglaube, Wallfahrten, Heiligen- und Reliquienverehrung, Ablaßwesen) erfuhren im 15. Jh. eine Steigerung; aber auch eine der furchtbarsten Ausartungen des „Glaubens" kam jetzt zur Herrschaft: der Hexenwahn. Die Frömmigkeit trug auch in den germanischen Ländern vorwiegend romanisches Gepräge, da sie unter dem Einfluß der in den romanischen Ländern wurzelnden Bettelorden stand.

Die ungebrochene Kirchlichkeit zeigt sich 1) in der starken kirchlichen Devotion, die ihre Hauptwurzel an der ausgeprägten Todesfurcht dieser Zeit hatte (Totentänze, tanzende Skelette, zur Veranschaulichung der Macht des Todes, Bilder und Texte, seit dem 14. Jh.) und alle Kreise umfaßte, voran die Fürsten (Sitte der Bestattung in Klosterkirchen und im Mönchsgewand); 2) in der Zahl der kirchlichen Personen und Anstalten, besonders an den Bischofssitzen. Es gab z. B. in Köln bei 30–40000 Einwohnern 11 Stifter, 19 Pfarrkirchen, mehr als 100 Kapellen, 22 Klöster, 12 Spitäler, 76 religiöse Konvente, in ganz Deutschland vielleicht c. 3000 Klöster.

Die **Heiligenverehrung** war im Vergleich mit den vorangehenden Jhh. womöglich noch gesteigert, besonders der Kultus der Maria, die unter Zurückstellung Christi, des zornigen Richters, geradezu als die versöhnende, erlösende

§ 71 Vorreformation und Renaissance

Macht aufgefaßt wurde. Eine Konsequenz der Lehre von der unbefleckten Empfängnis der Maria war der Aufschwung, den der Kultus der hl. Anna, der Mutter der Maria, nahm. Für jedes Land, jede Stadt, jede Kirche, ja für jede Krankheit, jede Not, jeden Stand, selbst für das Rind im Stall gab es einen eigenen Schutzheiligen.

n Auch der **Reliquienkultus** war kaum noch der Steigerung fähig. In den Reliquien trat den Gläubigen das Göttliche in materieller, greifbarer Gestalt entgegen; dazu war mit ihrer Verehrung Ablaß verbunden. Daher scheute man kein Opfer, aber auch keine Unredlichkeit, Reliquien zu erwerben. Luthers Landesherr *Friedrich der Weise* zB. hatte bis 1509 bereits 5005 Reliquienpartikeln gesammelt und stand damit nicht allein.

o Die **Wallfahrten** zu den Heiligtümern arteten bisweilen in Epidemien aus. Man wallfahrtete zum heiligen Michael in der Normandie, zu den Apostelgräbern in Rom, nach Loreto bei Ancona, nach S. Jago di Compostella in Spanien, nach Jerusalem, – in Deutschland zum heiligen Blute von Wilsnack in der Priegnitz (Hostienwunder), zu wundertätigen Marienbildern, nach Aachen, seit 1519 mehrere Jahre nach Regensburg usw.

p Die **Bruderschaften** (*confraternitates, fraternitates, sodalitates*) erlebten am Ausgang des 15. und Anfang des 16. Jhs. ihre Blütezeit. Es waren Verbrüderungen von Mönchen mit Männern und Frauen der Gemeinde zu bestimmten Gebetsleistungen und guten Werken, mit eigenen Ablässen, Seelenmessen und Festen (berühmt zB. die Rosenkranzbruderschaft der Kölner Dominikaner, gestiftet 1475). Viele Laien traten m e h r e r e n Bruderschaften bei, um sich den Anteil an möglichst vielen „geistlichen Schätzen" zu sichern.

q Die Verstärkung der Kirchlichkeit zeigt sich auch in der wachsenden Bedeutung der **Predigt.** Sie wurde in der Volkssprache gehalten. Besonders viel predigten die Bettelmönche; an den städtischen Hauptkirchen wurden feste Predigerstellen eingerichtet. Auch in der Verbreitung der **Bibel** zeigt sich das Verlangen, über das bisher von der Kirche Gebotene hinauszukommen. Von 1466–1521 erschienen nicht weniger als 18 Drucke der Bibel in deutscher Übersetzung, davon 14 in Hochdeutsch. Sie wirkten freilich mehr verwirrend als fördernd. Die kirchlichen Autoritäten standen daher der Verbreitung der Bibel in der Volkssprache ablehnend gegenüber: 1486 verbot der Erzbischof Berthold von Mainz den Druck nicht zensurierter Übersetzungen.

r Die Steigerung der kirchlichen Frömmigkeit stiftete viel Gutes (K r a n k e n h ä u s e r und S p i t ä l e r), hatte aber auch s c h w e r e S c h ä d e n im Gefolge. Die Anschauung, daß jedes Almosen ein gutes Werk sei, zog ein arbeitsscheues und scheinheiliges B e t t e l g e s i n d e l groß, namentlich für die Städte eine Last, um deren Verminderung sie eifrig bemüht waren. Die Mühelosigkeit, mit der man A b l a ß für Jahrhunderte erwerben konnte (vgl. § 75 f), wiegte die Leute in Sicherheit und schwächte den religiösen Ernst. Daher auch die Häufigkeit des „frommen Betruges", der Diebstähle von Reliquien, die Ausnützung der Leichtgläubigkeit des Volkes zur Inszenierung betrügerischer Wunder (Jetzerprozeß in Bern, 1509), wie denn das Volk einem ausschweifenden A b e r g l a u b e n huldigte (Höllen- und Teufelsphantasien, Hexenwahn).

s In den früheren Jahrhunderten hatte die Kirche den **Hexenwahn** gleich dem übrigen Volksaberglauben verworfen, dann aber war sie auf ihn eingegangen und hatte ihn dem kirchlichen Lehrsystem eingefügt (zuerst Thomas von Aquino). In Deutschland haben erst die Kölner Dominikaner und Inquisitoren *Heinrich Institoris* und *Jakob Sprenger* mit Hilfe der von Innocenz VIII. erwirkten Bulle „Summis desiderantes affectibus" (1484) den Hexenprozeß begründet, zugleich in ihrem **„Malleus maleficarum"** (Hexenhammer) den Hexenwahn mit all seinen grotesken Einzelheiten kodifiziert (1487 oder 1488). Die Zahl der während der großen Hexenverfolgung bis c. 1700 als Hexen verbrannten Mädchen und Frauen geht in die Hunderttausende.

t β) Die religiöse Aufgeregtheit wird auch durch die weite Verbreitung apokalyptischer Gedanken gekennzeichnet. Zu einer großen Bewegung führte der apokalyptische Prophetismus, vereint mit

der Erregung der asketisch gerichteten christlichen Frömmigkeit gegen
die Entartung der Kurie und die halb heidnische Renaissancekultur,
durch das Wirken des großen Bußpredigers *GIROLAMO SAVONA-
ROLA*.

Savonarola, O. P., geb. in Ferrara 1452, Prior von San Marco in Florenz, ein *u*
scharfsinniger Theolog und strenger Asket, zu visionären Zuständen neigend, trat
als Bußprediger und Prophet einer Reform der Kirche auf. Nach der Vertreibung
der Medici, deren Feind er war, beherrschte Savonarola durch seinen religiösen
Einfluß drei Jahre lang die Florentiner und errichtete auf der Grundlage einer
streng asketischen Lebensordnung eine religiöse Demokratie. Widerspruch
gegen das Dogma und die kirchlichen Institutionen lag Savonarola völlig fern.
Seinem Einfluß arbeiteten bald gefährliche Widersacher entgegen. Papst *Alexander VI.*, der von Savonarola scharf angegriffen war, eröffnete gegen ihn den Prozeß, verhängte die Exkommunikation und stellte die für Savonarola und seine
Mönche unerfüllbare Forderung, von der strengen toskanischen Dominikaner-Kongregation zu der laxen lombardischen zurückzutreten. Die Katastrophe
wurde dadurch beschleunigt, daß Savonarolas Gegner die von seinem Genossen
Fra Domenico angebotene Feuerprobe zu vereiteln wußten. Nun brach ein
Tumult des Volkes gegen Savonarola los; er wurde der Inquisition ausgeliefert
und nach fürchterlichen Folterqualen am 31. Mai **1498** gehenkt und verbrannt.

γ) Von den Sekten der vorangehenden Jahrhunderte sind die Wal- *v*
denser in Deutschland am Ausgang des 15. Jhs. verschwunden; ihre
letzten Reste haben sich mit einer neuen Sekte verschmolzen, die in
der 2. Hälfte des 15. Jhs. entstand, den böhmischen und mährischen Brüdern, einem Produkt des Hussitismus.

Der Führer dieser Gruppe war ein wohlhabender, von der Welt zurückgezogen *w*
lebender Laie, *Peter von Cheltschitz*. Durch Vermittlung Rokyczanas (§ 69 y) erhielt
sie 1457 von Georg Podiebrad das Dorf Kunwald in der Herrschaft Senftenberg
angewiesen. Seit 1467 bildete sie eine selbständige religiöse Sekte, die „**Unitas
fratrum**". Ihr erster Bischof erhielt seine Weihe von einem Waldenser. Die Gemeinschaft hat die Reste der Taboriten und böhmischen Waldenser aufgesogen, dazu zahlreiche Utraquisten aufgenommen und alle Verfolgungen überdauert. Charakteristisch sind das Streben nach echt brüderlicher Gesinnung,
das weltflüchtige, schlichte Leben (Verwerfung von Kriegsdienst, Eid, Bekleidung
staatlicher Ämter), das Heiligkeitsideal, die strenge Zuchtübung, die einfachen
Formen des Gottesdienstes, die Verfassung. Im Gegensatz zu dem engen Geist
der ersten Generation kam unter Führung des Magisters *Lukas von Prag* eine
„junge" Partei empor, die sich auf der Synode von 1494 durchsetzte. Seitdem
stand die Brüderunität in stärkster Fühlung mit der ,,Welt", mit Wissenschaft
und Staat (rege Verwendung der Buchdruckerkunst, namentlich reiche pädagogische Literatur).

§ 72. Renaissance und Humanismus in kirchlicher Hinsicht.

JBurckhardt, Die Kultur der Renaissance in Italien, [1] 1860. – KBrandi, Die
Renaissance in Florenz und Rom, [6] 1923. – KBurdach, Deutsche Renaissance,
1916. – Ders., SBA 1910, 549–664. – Ders., Reformation, Renaissance, Humanismus, [2] 1926. – KBorinski, Die Weltwiedergeburtsidee in den neueren Zeiten, I
(SMA 1919). – JHuizinga, Das Problem der Renaissance (Wege der Kulturgeschichte, 1930, S. 89–139). – HSchaller, Die Renaissance, 1935. – JHashagen,
Das Renaissanceproblem (= Die Welt als Geschichte VII, 1941). – GRitter, Die
geschichtliche Bedeutung des deutschen Humanismus (HZ 127, 1923, 393–453). –
Opus epistolarum Desiderii Erasmi Roterodami, ed. PSAllen, 1906ff. – EGarin,
Der italienische Humanismus, 1947. – KAMeissinger, Erasmus, [2] 1948. – *LBouyer, Autour d'Érasme, Paris 1955. – AvMartin, Die Soziologie der Renaissance,
[2] 1949. – FMasai, Pléthon et le Platonisme de Mistra [= Sparta], Paris 1956. –

JHuizinga, Erasmus, deutsch von WKaegi, ⁴1951. – CStange, Erasmus und Julius II. – eine Legende, 1937. – Epistolae obscurorum virorum, ed. ABömer, 2 Bde., 1924. – W. Pirckheimers Briefwechsel I, 1940. – HMackowsky, Michelangelo, ⁶1940. – MarPutscher, Raphaels Sixtinische Madonna, 1955.

Zur Problemgeschichte.

Der Ausdruck „Renaissance" wurzelt in der Bewegung selber, stammt aus biblischen Vorstellungen (Vulgata: renasci, renovari, reformari; regeneratio, renovatio, nova vita) und ist gemeinsamer Ausgangspunkt für die Renaissancebewegung und die Reformation. Periodologisch wird „rinascita" schon von dem Kunsthistoriker Vasari (1511–1574) für die italienische Malerei seit Cimabue und Giotto verwendet. Der neuere periodologische Gebrauch des Begriffs ist seit Jules Michelet (1855) und vor allem Jakob Burckhardt (1860) im Vordringen.

Inhaltlich wird die Renaissance bei den Neueren sehr verschieden gefaßt. Die allgemein verbreitete Auffassung: Wiederbelebung des klassischen Altertums. Burckhardt: Die gewaltige Wende des gesamten politischen und kulturellen Lebens Italiens seit dem 14. Jh., das Auftreten des Renaissancemenschen, d. h. die volle Entfaltung der Persönlichkeit in den kraftstrotzenden Fürsten, Tyrannen, Condottieri, bedenkenlosen Diplomaten, genialen Künstlern; auf dieser Basis Wiederanknüpfen an das klassische Altertum. Nach Burckhardt wird der Renaissancebegriff von manchen erheblich abgewandelt: entscheidend für die Renaissance der religiöse Aufschwung, die Anfänge daher bei Joachim von Floris und Franziskus (der französische Kulturhistoriker Emile Gebhart 1879, der deutsche Kunsthistoriker Henry Thode 1885, s. zu § 60). Die Anknüpfung an die Antike wird hier unwesentlich. Ähnlich KBurdach: Renaissance nicht Wiedergeburt der Antike, sondern innere Wiedergeburt des Menschen des 14. Jhs. Den äußersten Punkt der Zurückdrängung der Antike erreicht der Kunsthistoriker Carl Neumann (Rembrandt, 1902): die eigentliche Renaissance (Persönlichkeitsentfaltung, Wendung zur Welt und Natur) verdorben durch die vom absterbenden Byzanz her erfolgende Wiederanknüpfung an das Altertum. Auch in der Kunstgeschichte wurde der Begriff erheblich erweitert; nun erschien die Entwicklung der Kunst im Norden seit den großen flandrischen Malern des 14. Jhs. (den Brüdern van Eyck) als „nördliche Renaissance". So ist alles im Fluß. – Fernhalten muß man die Vorstellung eines nach vorwärts und rückwärts klar abgegrenzten Zeitalters. Die Renaissance ist eine Bewegung, eine Strömung; sie entspringt innerhalb des Zeitalters vielfacher Zersetzung und Anbahnung neuer Entwicklung, das zwischen c. 1300 und c. 1500 liegt.

a **1. DIE RENAISSANCE IN ITALIEN.** Im 14. und 15. Jh. verbreitete sich von Italien aus eine neue Geistesbildung, die Renaissance oder der Humanismus. Es handelt sich um eine entschiedene Hinwendung zur Welt. Die mit den Kreuzzügen einsetzende großartige politische und wirtschaftliche Entwicklung Italiens hatte ein neues Lebensideal emporsteigen lassen: An die Stelle der asketischen Verneinung der Welt trat der ästhetische Genuß ihrer Schönheit und die freie Aneignung aller der eigenen Persönlichkeit zusagenden Bildungselemente. Dies Ideal zog einen Teil seiner Kraft aus der antiken Literatur und Kunst. Zwar hatte man auch während der vorangehenden Jahrhunderte lateinische Dichter wie Vergil gelesen und in Italien unter den Resten der antiken Bauten und Bildwerke gelebt; aber seit dem 14. Jh. traten die Italiener dem Alten mit gereifterem Verständnis und mit enthusiastischer Bewunderung gegenüber. Dichter, Künstler und Gelehrte begannen die Alten zu studieren und nachzuahmen, erst die Werke der Römer, später auch die der Griechen. Im 15. Jh. wurde diese Bildung Gemeingut der geistigen Oberschicht Italiens und verdrängte hier völlig die Scholastik. Bei manchen wurden antike Weltanschauung und Lebenshaltung wieder lebendig. Doch wurde der äußere Bruch mit der katholischen Kirche auch bei innerer Entfremdung meist vermieden; nicht wenige Humanisten haben von kirchlichen Pfründen gelebt.

Die Bewegung setzt im 14. Jh. ein. Der große italienische Dichter *Dante Alighieri* (§ 63 f) steht noch ganz im Banne der katholisch-kirchlichen Weltanschauung, zeigt aber schon ein verstärktes Interesse für die Antike (vgl. die Rolle Vergils in der „Divina commedia"); auch *Giotto* († 1336), der Vorläufer der Renaissancemalerei (§ 63 s), ist kirchlich noch völlig gebunden. Wichtige Renaissancegedanken finden sich bei dem politischen Schwärmer *Rienzo* (s. § 67 b). Voller Ausdruck der Renaissance war der Kleriker und Dichter *FRANCESCO PETRARCA* (1304–1374). Er lebte in und bei Avignon, das für die Frührenaissance eine große Bedeutung hatte, dann in Italien. Bei ihm finden sich schon alle charakteristischen Züge der neuen Kultur: Begeisterung für die Schönheit der antiken Formen, Sammlung und Studium antiker Literatur, Distanzgefühl gegenüber den letztverflossenen Jahrhunderten, aristokratische Instinkte, Unsterblichkeitsdurst. Er hat die Gebrechen des Klerus und der Kurie sowie die Scholastik bekämpft, aber mit der Verehrung Vergils die von Augustins Konfessionen verbunden. Neben ihm steht als sein Freund und Bewunderer *Giovanni Boccaccio* (1313–1375), Mittelpunkt eines Humanistenkreises in Florenz; trotz seiner Novellensammlung „Il Decamerone" mit ihrem völligen Verzicht auf sittliche Wertmaßstäbe ohne Bewußtsein eines grundsätzlichen Gegensatzes zur Kirche. b

Das 15. Jh. bringt die Blütezeit der italienischen Renaissance. Mittelpunkt war Florenz (Cosimo de' Medici, † 1464, und sein Enkel Lorenzo il Magnifico, † 1492), später vor allem Rom (Nikolaus V., Pius II., Sixtus IV., Julius II., Leo X.). Inhaltlich wurde die Renaissancebildung im 15. Jh. durch die beginnende Erschließumg des griechischen Altertums, zunächst Platos, bereichert; zahlreiche griechische Gelehrte, die durch die Unionsverhandlungen 1438 f. sowie den Untergang Ostroms 1453 nach Italien geführt wurden, waren die Vermittler (Georgios Gemisthos Plethon, Bessarion). Es gab nun wieder Aristoteliker und vor allem Platoniker, tatsächlich Neuplatoniker; Plato genoß in diesem Kreise eine fast religiöse Verehrung. Offene Angriffe auf die Kirche blieben vereinzelt; nur einzelne Aristoteliker schritten zur naturalistischen Bestreitung der individuellen Unsterblichkeit fort. Bemerkenswerter sind die ersten Ansätze zur historischen Kritik: *Laurentius Valla* bewies die Unechtheit der Donatio Constantini (§ 42 k, 75 s) und vermutete die Unechtheit des Apostolikums und der Schriften des Areopagiten (§ 36 o). Die Leiter der Kirche ließen im allgemeinen die Humanisten gewähren. c

Daneben fehlt es nicht an positiver Stellung zum Christentum. Wenigstens der kleine Kreis der Platonischen Akademie in Florenz, in seiner Mitte *Marsilio Ficino*, stellte sich die Aufgabe, durch Rückgang auf die Quellen eine Erneuerung des Christentums („Restitutio Christianismi") herbeizuführen. Das Ergebnis war eine an Plato (tatsächlich am Neuplatonismus) und an Paulus sich nährende Laienfrömmigkeit, die von der Scholastik, der Hierarchie und der sakramentalen Vermittlung unabhängig war. Ähnliches erstrebte der vornehme *Giovanni Pico della Mirandola* (1463–1494). Die Bewegung war für Italien von geringer Bedeutung, beeinflußte aber Faber Stapulensis, John Colet und Erasmus, § p. d

2. DER DEUTSCHE HUMANISMUS. α) Seit dem 15. Jh. verbreitete sich die Renaissance von Italien nach den übrigen Kulturländern, so nach Frankreich, England und Spanien. Blieb die Bewegung in diesen Ländern unbedeutend und unselbständig, so gewann sie in Deutschland eigenartiges Gepräge und umfassende Wirkung. Zur Kirche stand der deutsche Humanismus im allgemeinen freundlicher als der italienische. Kirchliche Gleichgültigkeit war selten; radikale Anschauungen fehlten nicht, blieben aber auf die untergeordneten e

§ 72　Vorreformation und Renaissance

Kreise abenteuernder Poeten beschränkt, während die maßgebenden humanistischen Gelehrten an den Lateinschulen und den Universitäten, im städtischen Patriziat, im Klerus und unter den Mönchen in den kirchlichen Fragen gemäßigt dachten, meist sogar an einer Besserung der kirchlichen Zustände arbeiteten.

f Die Vorgeschichte des deutschen Humanismus reicht bis ins 14. Jh. zurück. Bereits Kaiser Karl IV. (1347–1378) stand in Beziehungen zu Petrarca und huldigte im Stil seiner Bauten und im Latein seiner Hofkanzlei in Prag humanistischen Bestrebungen. Im 15. Jh. kamen einzelne italienische Humanisten zu den Konzilien nach Deutschland (Enea Silvio, § 69 o); allmählich begannen auch Deutsche in Italien zu studieren und verbreiteten dann als vagierende Poeten
g humanistische Ideen in der Heimat. Entscheidend für den Sieg des Humanismus wurde sein Eindringen in die Lateinschulen seit c. 1470 (*Rudolf Agricola* in Heidelberg; *Jakob Wimpfeling* aus Schlettstadt). Besonders die berühmte Schule in Schlettstadt und die von den Brüdern des gemeinsamen Lebens geleitete Schule zu Deventer pflegten, übrigens in durchaus kirchlichen Bahnen,
h die humanistischen Studien. Schließlich gelang es den Humanisten seit dem Ausgang des 15. Jhs., sich an einer Reihe von Universitäten festzusetzen. Allerdings vermochten sie diese reformbedürftigen Anstalten nicht zu erneuern, sondern sich nur in der artistischen Fakultät neben den vorhandenen Fächern ein Daseinsrecht zu erkämpfen. Die erste Universität, in die der Humanismus eindrang, war Wien (Konrad Celtes). Der eigentliche Mittelpunkt der humanistischen Studien wurde die Universität Erfurt in ihrer Blütezeit 1517–1521. Hier bildete sich ein Kreis von jüngeren Humanisten (§ m), die in dem Gothaer Kanonikus *Konrad Mutianus Rufus* (1471–1526) ihr geistiges Haupt verehrten. Auch
i bei den Patriziern der reichen deutschen Städte fanden die humanistischen Studien Eingang. Zu nennen ist vor allem der Nürnberger Ratsherr *Willibald Pirkheimer*, der Freund Albrecht Dürers.

k β) Die beiden berühmtesten unter den deutschen Humanisten waren REUCHLIN und ERASMUS. Von ihnen war Erasmus zugleich der Hauptvertreter derjenigen Humanisten, die nicht nur, wie viele andere, ihre formale Bildung in den Dienst der Kirche stellten, also das Mönchslatein durch das klassische ersetzten, sondern einen materiellen Einfluß der neuen Religiosität der Renaissance (§ d) auf die Kirchenlehre, eine Modernisierung der Theologie erstrebten.

l JOHANN REUCHLIN (1455–1522, aus Pforzheim) hat in buntem Wechsel an süddeutschen und französischen Universitäten studiert, mehrmals Italien gesehen und das Ende seines bewegten Lebens in Süddeutschland, meist in Württemberg verbracht. Er war der erste bedeutende deutsche Gräcist und Hebraist („**De rudimentis hebraicis libri tres**" 1506, d. i. über die hebr. Anfangsgründe, die erste brauchbare hebräische Sprachlehre in Deutschland, von großer Bedeutung für die Reformation). Sein Werk „De arte cabbalistica" 1517 zeigt den Einfluß der neuplatonisch-katholischen Mystik des Pico della Mirandola (§ d).

m In seinen letzten Lebensjahren war Reuchlin in die **Reuchlinistenfehde** verwickelt. Ein getaufter Jude und Freund der Kölner Dominikaner, *Johann Pfefferkorn*, erwirkte ein kaiserliches Mandat zur Vernichtung der rabbinischen Literatur, die voller Schmähungen des Christentums sei. Als ausgezeichneter Kenner wurde Reuchlin beauftragt, ein Gutachten abzugeben; er trat zum Entsetzen der Kölner Dominikaner mit Freimut für die Erhaltung der jüdischen Literatur ein (1510). Die Folge war ein wüster, die Welt stark erregender Federkrieg; schließlich wurde Reuchlin sogar der Prozeß gemacht; dieser endete nach jahrelangem Hin und Her damit, daß 1520 ein päpstliches Breve Reuchlin verurteilte. Den moralischen Sieg aber hatte Reuchlin davongetragen, vornehmlich durch die während des Streites von jüngeren Humanisten herausgegebenen **Epistulae obscurorum virorum** („Dunkelmännerbriefe", 1515 und 1517), eine drastische Verspottung der Kölner Dominikaner in treffender Satire (Verfasser einige Humanisten des Erfurter Kreises, vor allem *Crotus Rubianus;* auch *Hutten* war beteiligt, vgl. § 75 s).

DESIDERIUS ERASMUS VON ROTTERDAM **(1466–1536)**, geb. zu n Gouda bei Rotterdam als der natürliche Sohn eines Rotterdamer Priesters, verlor nach kurzem Besuch der berühmten Lateinschule zu Deventer (§ g) noch nicht 13jährig die Eltern und lebte mehrere Jahre in großer Not, die ihn gegen seine Neigung in ein Kloster führte. Dann war er vorübergehend Sekretär des Bischofs von Cambrai, später unabhängiger Gelehrter, im Besitz eines ganz beispiellosen Ruhms, von den Gelehrten, den Fürsten, dem hohen Klerus bis hinauf zum Papst aufs höchste verehrt, durch eine umfangreiche Korrespondenz mit ihnen allen in Fühlung, von Karl V. und anderen fürstlichen Gönnern mit reichen Jahrgehältern ausgestattet. 1506–1509 lebte er in Italien, 1509–1514 in England, 1515–1521 in den Niederlanden, besonders in Löwen. 1521 ließ er sich in Basel nieder; 1529 vertrieb ihn die Reformation nach Freiburg i. B.; er starb, auf einer Reise nach Brabant begriffen, zu Basel.

Er verfaßte u. a.: 1502 Enchiridion militis Christiani (Erbauungsbuch o für die Gebildeten); 1509 Encomium Moriae (Μωρίας ἐγκώμιον, Laus stultitiae, in England im Hause seines Freundes Thomas Morus verfaßt und diesem gewidmet; satirisch); **1516 Novum Instrumentum omne** (erste kritische Ausgabe des griechischen NT. mit eigener lat. Übersetzung und kurzen Anmerkungen; die 2. Ausgabe [1519] lag Luther vor, vgl. § 76 b); 1518 Colloquia familiaria (beliebteste und verbreitetste Schrift); 1516 f. und 1523 ff. Kirchenväterausgaben (1526 Irenäus, von Einfluß auf die lutherische Abendmahlslehre). Die politischen und kirchenpolitischen Anschauungen des Erasmus dürfen nicht nach dem Dialog „Julius exclusus" (gemeint ist Papst Julius II.) gezeichnet werden, der ihm nach den Nachweisungen von CStange nicht zugehört.

Erasmus stand unter dem religiösen Einfluß des englischen Humanisten *John* p *Colet,* der wieder von dem platonischen Paulinismus des Marsilio Ficino abhängig war (§ d). Indem Erasmus 1) kritisch zwischen der reinen Kirche des klassischen Altertums und der durch allerlei heidnischen Aberglauben entstellten Kirche der barbarischen Jahrhunderte unterschied, und indem er 2) unter Zurückgreifen auf die Logoslehre der alten Kirchenlehrer den Kern des Christentums mit den wertvollen Erkenntnissen der vorchristlichen Antike gleichsetzte, gewann er einen universalen Theismus mit moralisierenden Tendenzen. Die reinste Ausprägung dieser Anschauung fand er in der Bergpredigt; Christus war ihm vor allem Lehrer und Vorbild dieser Religiosität. Die Bergpredigt ist ihm aber zugleich die Krone von allem Humanen; bei Jesus ist alles Wahre und Gute vereinigt und durch himmlische Autorität bekräftigt, was die Stoa, Plato, Epikur, Aristoteles, Sokrates, Diogenes und Epiktet gelehrt haben (vgl. § 12 h).

Von dieser Religiosität aus ergab sich ihm die Notwendigkeit kirchlicher q Reformen, die er besonders durch derben satirischen Spott deutlich machte. Das Heil erwartete er von einer Regeneration der Kirche von innen heraus; jeder Revolution war er abhold. In die Reuchlinistenfehde (§ m) einzugreifen, hat er vermieden. Auch von Luther konnte er sich nur distanzieren (§ 76 y). Doch hat Erasmus der Reformation vor allem negativ durch seine Kritik an der Kirche bedeutsam vorgearbeitet.

3. DIE KUNST. Besonders tief waren die Einwirkungen der r Renaissance auf die bildende Kunst, die in Italien seit dem 15. Jh. einen außerordentlichen Aufschwung nahm. Die italienischen Künstler wahrten den Zusammenhang mit der Kirche und behandelten ganz überwiegend kirchliche Stoffe, benutzten diese freilich oft genug als das bloß äußerlich-zufällige Material ihrer ganz anders gearteten künstlerischen Tendenzen. Parallel mit der italienischen Renaissance und durch sie befruchtet entwickelte sich die kirchliche Kunst auch in Deutschland zu einem Höhepunkte (erreicht um 1510/1520).

§ 72　Vorreformation und Renaissance

s　Die italienische **Frührenaissance** (Quattrocento, 15. Jh.; Hauptstätte: Florenz) hat ihr hervorragendstes Baudenkmal an der großen Kuppel des Florentiner Doms, die Filippo Brunellesco († 1446) ausgeführt hat. In der Plastik war die führende Persönlichkeit *Donatello* († 1466), der erste, der seit dem Untergang der Antike wieder nackte Statuen (David, Florenz; Putten) schuf. Die Malerei der Renaissance hat ihre bedeutendsten Vorläufer an *Giotto* († 1336), dem Begründer der toskanischen Freskomalerei, und *Fra Angelico* († 1455), dem Meister unerreicht zarter, leuchtender, inniger Paradiesesbilder. Die Malerei des eigentlichen Quattrocento beginnt mit dem gewaltigen *Masaccio* (1401 bis 1428); von ihm waren Fra Filippo Lippi, Filippino Lippi, Botticelli, Ghirlandajo und andere „Präraffaeliten" beeinflußt.

t　Die italienische **Hochrenaissance** (Cinquecento, beginnendes 16. Jh.; Hauptsitz Rom) bringt die glänzendsten Künstler hervor: den genialen, vielseitigen *LIONARDO DA VINCI* (1452–1519; „Abendmahl" im Kloster S. Maria delle Grazie in Mailand), den gigantischen *MICHELANGELO BUONAROTTI* (1475 bis 1564; Pietà, David, Grabmäler der Mediceer und Julius' II. [Mosesstatue], Deckengemälde der Sixtinischen Kapelle, Kuppel der Peterskirche), und den Meister der Darstellung sonst unerreichter, verklärter Schönheit, *RAFFAEL SANTI* (1483–1520; Sixtinische Madonna, Madonna della Sedia, Stanzen im Vatikan, usw.). Das bedeutendste Bauwerk des Cinquecento ist der Neubau von St. Peter in Rom, begonnen 1506 von *Bramante*.

u　In **Deutschland** begann der Aufschwung der Kunst mit der Alt-Kölner Malerschule (14. und 15. Jh.; *Meister Wilhelm*, † 1410; *Stephan Lochner*, † 1452). Den nächsten bedeutenden Fortschritt bezeichnen die altflandrische Schule (die Brüder *Hubert* und *Jan van Eyck*, † 1426 und 1444; Flügelaltar für S. Bavo in Gent) und die brabantische Schule (*Hans Memling*, † 1495). Dann folgte die sog. deutsche Renaissance, deren Werden auch durch italienische Einflüsse bestimmt wurde; ihren Gipfel bezeichnet der Nürnberger Holzschneider, Kupferstecher und Maler *ALBRECHT DÜRER* (1471–1528), der mit vollendet scharfer Beobachtung der Wirklichkeit erstaunlichen Gedankenreichtum, Tiefe und echt deutsches Gemüt verband, in seiner letzten Periode ein Freund der lutherischen Reformation. Hauptwerk: die „vier Apostel" [Joh., Pt., – Pls., Mk.]. Der bedeutendste deutsche Maler neben Dürer war Matthies Neidhardt aus Aschaffenburg (c. 1460–1528), von Späteren *Matthias Grünewald* genannt, ein Meister von unüberbietbarer Gedankentiefe, packendster Ausdruckskunst und unnachahmlichem Kolorit, der mit großer Genialität weit spätere Entwicklungen vorwegnahm.

Sechste Periode.

Reformation und Gegenreformation (1517—1689).

Vorblick auf §§ 73—101.

Im 16. Jh. brach über die Papstkirche eine gewaltige Katastrophe herein: die Reformation. Das Ergebnis der lebhaften Kämpfe, die die Reformation hervorrief, war die **Auflösung der abendländischen Kircheneinheit und die Entstehung und Selbstbehauptung evangelischer Kirchen** neben der Papstkirche.

Der Protestantismus blieb keine einheitliche Erscheinung. Das Auftreten Luthers gegen das Papsttum löste auch in den übrigen Ländern reformatorische Kräfte aus, vor allem in der Schweiz, wo Zwingli und Calvin selbständige Formen des evangelischen Kirchentums begründeten. Am Ende der Reformationszeit standen neben der römisch-katholischen Kirche drei neue, protestantische Kirchentypen, der **anglikanische Typus**, der sich in einzelnen Punkten mit dem römischen Katholizismus eng berührte, der **lutherische Typus**, der schon weit entschiedener den Bruch mit der Papstkirche vollzogen hatte, und der **reformierte Typus**, der die schroff antikatholische Form des Protestantismus darstellte. Neben diesen Kirchen gab es in der Reformationszeit noch eine Reihe von **Nebenströmungen** meist spiritualistischer und täuferischer Art. Auch die **humanistische Reformbewegung** wirkte als Unterströmung fort.

In den ersten Jahrzehnten nach dem Auftreten Luthers hatten die reformatorischen Richtungen das Übergewicht; sie setzten eine Fülle religiöser Kräfte aus sich heraus und drängten in mehreren Ländern die katholische Kirche fast ganz zurück. Aber seit den 30er Jahren erhob sich eine **katholische Reaktion** von bedeutender religiöser Energie; dieser Reaktion, deren treibende Kraft der Jesuitenorden des Spaniers Ignatius von Loyola war, gelang es, eine **Restauration des Katholizismus** in großem Stile herbeizuführen. Die katholische Frömmigkeit und das katholische Selbstgefühl wurden neu belebt, das Papsttum von dem neuen religiösen Geist erobert und seinen kirchlichen und religiösen Aufgaben zurückgewonnen, das katholische Dogma auf dem Tridentiner Konzil im schroffsten Gegensatz zum Protestantismus festgestellt. Damit wurde der Katholizismus in vielem ein völlig anderer als der, den Luther vorgefunden hatte. Aus der Erneuerung der katholischen Kirche erwuchs die **Gegenreformation**, das Unternehmen, die zum Protestantismus abgefallenen Völker und Bevölkerungsschichten zum Gehorsam gegen die katholische Kirche zurückzuführen. Die Gegenreformation gab der damit anhebenden Periode das vorwiegende Gepräge. Schon in der Zeit des siegreichen Vordringens der Reformation hatte die Entstehung der neuen Kirchen zu kriegerischen Verwickelungen geführt; aber nun brach das eigentliche Zeitalter der Konfessionskriege an, das mit den Hugenottenkriegen und dem Freiheitskampf der Niederländer anhob und erst 1688 mit der „glorreichen Revolution" Wilhelms III. endigte. Die gewaltige, mit den großen politischen Kämpfen der Völker sich verbindende Auseinandersetzung der Konfessionen erfolgte in zwei Abschnitten; der **erste Abschnitt** spielte in der zweiten Hälfte des 16. Jhs. in Westeuropa, besonders in Frankreich und in den Niederlanden, wo der Calvinismus im Kampf gegen das spanisch-katholische Weltreich Philipps II. in unvergleichlichem Heldentum seine Existenz rettete; der **zweite Abschnitt** war in der Hauptsache durch den Dreißigjährigen Krieg bestimmt, in dem sich das deutsche Luthertum unter unsäglichen Leiden behauptete, daneben durch die **große englische Revolution**, in der der Protestantismus noch einmal bedeutende religiöse Neubildungen hervorbrachte.

Einleitung.

§ 73. Die politische Lage Europas um 1519.

R.B.MERRIMAN, The Rise of the Spanish Empire, 3 Bde., 1925f. – P.KALKOFF, Die Kaiserwahl Friedrichs IV. und Karls V., 1925. – K.BRANDI, Kaiser Karl V., 2 Bde., ³1941. – R.TYLER, The emperor Charles the Fifth, 1956, deutsch 1959. – T.DAVIES, Spaniens goldene Zeit, deutsch 1939.

a 1. Das europäische Staatensystem zeigte zu Beginn der Reformationszeit folgendes Bild: In Westeuropa hatten drei starke nationale Monarchien die beherrschende Stellung inne, Spanien, Frankreich und England. Auch im Norden, wo Dänemark, Norwegen und Schweden seit 1397 in Personalunion vereinigt waren, bestand ein umfassendes politisches Gebilde, das freilich 1521 infolge der Befreiung Schwedens von Dänemark in zwei Teile zerfiel. Im Osten war außer dem moskowitischen Staate, dessen rasche Machtentfaltung damals das Abendland noch nicht beunruhigte, das Haus der Jagellonen in glänzendem Aufschwung; unter ihm stieg Polen-Litauen zur Vormacht Osteuropas empor, während eine zweite Linie des Geschlechts seit 1490 die Krone von Böhmen und Ungarn innehatte. So erhoben sich rings um Zentraleuropa starke Nationalstaaten; nur Deutschland und Italien waren zersplittert und machtlos.

b 2. Den Gang der politischen Verwickelungen der nächsten Jahrzehnte bestimmten nun vornehmlich der Aufschwung Spaniens und sein Wettbewerb mit Frankreich, der sich in dem Ringen der beiden Mächte um den Besitz Italiens entlud. Infolge der Entdeckung Amerikas 1492 erlangte Spanien einen gewaltigen Vorsprung. Der damit eingeleitete Erwerb eines großen, an Edelmetallen überreichen Kolonialreiches (1521 Eroberung Mexikos) erhob Spanien zur ersten europäischen Großmacht. Seit 1496 stand das spanische Königshaus mit dem Hause Habsburg durch eine Heirat in Verbindung. Der Zusammenschluß des großen spanischen Reichs mit den Habsburgern führte die politische Vorherrschaft Spaniens über Europa herauf.

c Das Haus Habsburg war durch eine Reihe von Glücksumständen binnen kurzem zur bedeutendsten europäischen Fürstenfamilie emporgestiegen:

d α) *Maximilian*, der Sohn Friedrichs III., brachte durch seine Vermählung mit *Maria*, der Erbin Karls des Kühnen von Burgund (1477), die Niederlande und die Freigrafschaft Burgund in habsburgischen Besitz.

e β) *Philipp der Schöne*, der einzige Sohn Maximilians und Marias, wurde 1496 mit *Johanna der Wahnsinnigen* vermählt, einer Tochter Ferdinands und Isabellas von Spanien. Das gewaltige spanische Erbe fiel beim Tode Ferdinands (1516) an KARL I., den Sohn Philipps († 1506) und Johannas. Beim Tode Maximilians (1519) erhielt Karl auch den gesamten habsburgischen Besitz.

f γ) Wenige Jahre vorher (1515) war durch den Wiener Ehevertrag zwischen Maximilian und dem Jagellonen *Wladislaw II.* von Böhmen und Ungarn dem Hause Habsburg die Aussicht auf die Wiedererwerbung von Böhmen und Ungarn eröffnet worden (Vermählung der jüngeren Geschwister Karls, *Marias* und *Ferdinands*, mit Wladislaws Kindern *Ludwig* und *Anna*).

g 3. Nach dem Tode Maximilians I. 1519 traten Spanien und Frankreich in Wettbewerb um die deutsche Kaiserkrone. Nach monatelangem Schwanken entschieden sich die Kurfürsten für den jungen spanischen König Karl I. (als Kaiser *KARL V.*, **1519 bis 1556**). Für den Verlauf der Reformation war diese Entscheidung von schicksalhafter Bedeutung.

Den Ausschlag zu seiner Wahl gab (abgesehen von den geldlichen Mitteln, *h* die er mit Hilfe der Augsburger Firma Fugger in die Waagschale warf) seine Verwandtschaft mit dem althabsburgischen Stamme, sowie die Hoffnung auf ein wenig drückendes Regiment des jungen Herrschers (geb. 1500 zu Gent). Indessen der äußerlich unscheinbare, verschlossene, langsame Monarch erwies sich bald als ein selbständiger, seine Pläne zäh verfolgender Staatsmann.

Karl faßte sein Kaisertum in großem Stil, aber in streng katho- *i* lischem Geist: Wiederherstellung des alten Imperiums, Erhaltung der alten Kirche, Niederwerfung des Islam waren seine Ziele. Daß dieser spanisch-habsburgische Kaiser einen gewaltigen **Kampf mit Frankreich** zu bestehen haben würde, lag nach der Kaiserwahl klar zutage. Dieser Kampf verlief in fünf Akten, den sog. italienischen Kriegen (1521–1559, mit Unterbrechungen); er hat den Verlauf der Reformationsgeschichte vielfach bestimmt.

4. Gleichzeitig begann ein erneuter Ansturm der **Türken** gegen *k* die Südostlinie des christlichen Abendlandes. Der **Kampf gegen den Islam** hat wie der gegen Frankreich Karl V. unablässig beschäftigt und gelegentlich ebenfalls das Schicksal der Reformation beeinflußt.

1521 eroberte Sultan *Suleimann II.*, der Große oder der Prächtige (1519–1566) *l* **Belgrad**; 1522 verloren die Johanniter **Rhodus** (sie erhielten dafür von Karl V. Malta); der nächste Vorstoß der Türken ging gegen **Ungarn** (1526 Sieg der Türken über die Ungarn bei Mohács).

5. Während die peripherischen Staaten Europas unter Leitung *m* starker Zentralgewalten zu großer politischer Macht gelangten, befand sich das alte **Deutsche Reich** in voller politischer Auflösung. Auf allen Seiten erfolgte ein unaufhaltsamer Rückgang. Der Grund lag in der **Schwäche der Zentralgewalt und dem Erstarken der Territorialgewalten**. Bei dieser Lage war eine einheitliche Politik des Reichs nach außen so unmöglich wie nach innen. Die Ohnmacht der Zentralgewalt und die Selbstherrlichkeit der halb souveränen Territorialherren haben die Reformation ermöglicht.

Die Reichsreform, die *Maximilian I.* (1493–1519) seit dem Wormser *n* Reichstag von 1495 in Angriff genommen hatte, um die politische Geltung der Zentralgewalt zu heben, war ohne namhaften Erfolg geblieben (1496 Bildung des Reichskammergerichts in Frankfurt a. M.; 1500 Bildung des Reichsregiments in Nürnberg zur Vertretung der Fürsten bei der Reichsregierung; vgl. § 76 n). Die Fürsten des 16. Jhs. wachten mit Eifersucht über ihrer „Libertät" und haßten, ob protestantisch, ob katholisch, die „viehische Servitut", die ihnen der spanische Kaiser auferlegen wollte.

6. Die **wirtschaftliche Lage Deutschlands** war in den ersten *o* Jahrzehnten des 16. Jhs. noch günstig; die Folgen der großen überseeischen Entdeckungen, die den Handel der deutschen Städte lahmlegten, wurden erst seit der Mitte des Jahrhunderts wirksam. Vor allem die **Städte** erfreuten sich großen Wohlstandes und entwickelten eine reiche Kultur (Entstehung der Weltwarenhäuser der Fugger u. a. in den süddeutschen Städten; Pflege der Kunst und des Kunstgewerbes). Das wohlhabende und geistig regsame deutsche Bürgertum hat an dem Siege der Reformation hervorragenden Anteil.

p   Ungünstig war die Lage des niederen Adels (Raubrittertum), teilweise auch die Lage des Bauernstandes, in dem eine gewaltige soziale Gärung einer furchtbaren Revolution entgegentrieb.

§ 74. Die allgemeinen Ursachen der Reformation.

*JLORTZ, Die Reformation in Deutschland I, 1939, S. 1–144. — WDILTHEY, Weltanschauung und Analyse des Menschen seit Renaissance und Reformation (aus den Jahren 1891–1900, = Ges. Schr. II).

a   Daß Luther das Werk der Losreißung eines großen Teils der Christenheit von der Papstkirche vollbrachte, daß das Auftreten eines einzelnen Mönchs so zündend wirkte und eine europäische Massenbewegung wie die Reformation auslöste, ist nur aus ganz umfassenden geschichtlichen Zusammenhängen heraus zu erklären. Es beruht auf dem Zusammentreffen einer genialen Einzelbegabung mit einer ganz stark auf eine kirchliche Umwälzung hindrängenden allgemeinen Lage. Bei dieser waren kirchliche, politische, wirtschaftliche Dinge, auch allgemein-geistige Bestrebungen und das Nationalgefühl im Spiel.

b   1. Es ist unmöglich, daß eine in jahrhundertelanger Geschichte gefestigte Institution einen solchen Niederbruch erlebt, wie die katholische Kirche im 16. Jh., wenn der Bau nicht tiefe Risse aufweist, wenn nicht eine kritische Stimmung, ja eine starke Opposition vorhanden sind. Die Kirche trieb damals mit Notwendigkeit einer Katastrophe zu. Mochten Mattherzigkeit, Lässigkeit, Eigennutz und Gewohnheit den Bau hinfristen, er stürzte unvermeidlich ein, sowie der Sturm losbrach.

c   Im Laufe des 14. und 15. Jhs. war eine erhebliche Zersetzung und Geltungsminderung der katholischen Kirche erfolgt. Folgende Kräfte und Vorgänge waren in dieser Richtung wirksam:
1. der Sturz der päpstlichen Weltherrschaft, der wieder eine Folge der Zertrümmerung der Kaisergewalt und des Aufkommens der westlichen Nationalstaaten war; er vornehmlich hat das Ansehen des Papsttums untergraben; 2. die radikalen Geister des 14. Jhs., Occam, Marsilius, die Spiritualen des Minoritenordens; besonders der Occamismus hatte die geheime Tendenz zur Skepsis und Negation; 3. die große Kirchenspaltung und das Doppelpapsttum, die den Glauben an das Papsttum schwer erschütterten; 4. der kirchenpolitische Radikalismus der Pariser Professoren der Konzilsära, vornehmlich die Einführung des Nationalitätenprinzips in den Katholizismus und die Überordnung des Konzils über den Papst; 5. der in 4. wurzelnde Anspruch der Universität Paris, die von Gott berufene Einrichtung zur Beurteilung der kirchlichen Dinge zu sein: die Universitätswissenschaft begann, sich als kritische Instanz der Kirche überzuordnen (hier liegt eine der Wurzeln von Luthers

d   Anschauung über Rechte und Pflichten seines Doktorgrades); 6. die Ergebnislosigkeit der Konzilien; unmöglich konnte es auf die Dauer ohne Folgen bleiben, daß die Reform der Kirche seit Menschenaltern gefordert, aber nie verwirklicht worden war; der Ruf nach einer „Reform der Kirche an Haupt und Gliedern", das Schlagwort aus der Zeit des großen Schismas (§ 69 v), war keineswegs verhallt; 7. die nach der Konzilsperiode sich vollziehende Verbindung zwischen dem Nominalismus und dem Gallikanismus (Verminderung der Kirchengewalt; Richtung auf eine Kirche als Parlament mit immer stärkerer Berücksichtigung der Laien innerhalb der Grenzen des Nationalen); 8. die Mystik, die wenigstens in gewissem Sinne kirchlich zersetzend wirkte (Begünstigung eines gemeinschaftsfernen religiösen Individualismus); 9. der Humanismus, der, wenigstens bei Konsequenz, nur Indifferenz, Skepsis und Ablehnung der Kirche bewirken konnte; 10. die geheime Nachwirkung und Einwirkung der Sekten (Wiclifiten und Hussiten), so sehr ihr Einfluß auch abgedämmt zu sein schien; in Böhmen bestand eine ganze Landeskirche, die vom Papst getrennt und häretisch war (§ 69 y).

Träger der Kritik waren nicht nur Humanisten wie Erasmus, Hutten und *e* die Verfasser der Dunkelmännerbriefe, oder Satiriker wie Sebastian Brant in Straßburg (Das Narrenschiff, 1494), sondern auch Prediger wie Dionysius der Karthäuser (§ 71 f, Schriften zu einer Reform im Stile Gersons) oder der Straßburger Prediger Geiler von Kaisersberg (1445—1510). In vorreformatorischen Flugschriften, Apokalypsen usw. treten ein glühender Haß gegen die arbeitsscheuen Mönche und Pfaffen, religiöse Verherrlichung der Handarbeit und des Ehestandes, vereinzelt sogar offener Widerspruch gegen das asketische Ideal hervor. Von der kritischen Stimmung erfaßt waren besonders die Laiengewalten, die Territorialherren und die aufstrebenden Städte (§ 70 r s); bei diesen nährten die fortgesetzten Reibungen mit der Kirche eine Abneigung gegen Kurie und Klerus. Auch unter den Gebildeten in den Städten herrschte ein lebhaftes Gefühl für die Reformbedürftigkeit der Kirche; es war hauptsächlich eine Folge der von den Humanisten an der Kirche geübten Kritik (§ 72 q). Schärfste Kritik der Kirche, mit papstfeindlichen apokalyptischen Phantasien verquickt, fand sich im Bauernstande; hier lag der Grund zur Kirchenfeindschaft in den sozialen Zuständen.

Die Schäden, die am meisten auf der Oberfläche lagen und daher die zeit- *f* genössische Kritik am lebhaftesten erregten, waren folgende: 1. die Rückständigkeit der kirchlichen Einrichtungen: die Kirche hemmte durch ihr Zinsverbot die Geldwirtschaft; sie beanspruchte Steuerfreiheit, eigene Gerichtsbarkeit, das alleinige Recht auf Unterrichtserteilung, sie förderte das Bettelunwesen, sie hemmte durch die Unzahl ihrer Feste Handel und Wandel; 2. die üble Finanzpolitik der Kurie und ihr hartnäckiger Widerstand gegen alle Reformforderungen erregten starke Erbitterung; 3. weit stärkere Kritik als dies alles erregten die sittlichen Zustände; das schandbare Leben vieler Päpste, Kardinäle und Kurtisanen machte zwar keinen Katholiken an der Berechtigung der kirchlichen Ämter irre, beeinträchtigte aber doch das Ansehen ihrer Vertreter. Dazu kam das unenthaltsame Leben unzähliger Priester und Mönche. Nicht wenige Kleriker lebten ganz offen im Konkubinat, was skandalöse Zustände zur Folge hatte. Reformwille der Bischöfe scheiterte oft am Widerstand der Kapitel; manche Bischöfe duldeten das Übel, indem die Konkubinarier eine Geldstrafe zahlten! Besonders schlimm waren die Zustände in vielen Klöstern, am bedenklichsten in nicht wenigen Nonnenklöstern.

2. Es waren um 1517 aber auch starke positive Kräfte *g* lebendig, die auf eine kirchliche Neugestaltung zustrebten. α) Die Zeit war streng religiös. Es bestand ein ungemein starkes religiöses Verlangen, das sich zunächst in einer krampfhaft festgehaltenen und gesteigerten Kirchlichkeit zu befriedigen suchte (§ 71 k), die katholisch-kirchlichen Mittel aber sofort verließ, sowie sich das Gehaltvollere darbot. In der lebendigen Religiosität der Zeit liegt der Grund, warum die Reformation zwar mit dem katholischen System, aber nicht mit dem Christentum brach, sondern im Gegenteil eine starke, allen älteren Formen des Christentums gegenüber eigenartige Frömmigkeit entwickelte.

β) Positiv aufbauend waren weiter die religiösen Kräfte, die *h* aus der Mystik, dem Occamismus, der schlichten Frömmigkeitsübung der vorreformatorischen Zeit zu Luther hinüberströmten und seine religiöse Verinnerlichung und seine religiösen Anschauungen mitgestalten halfen.

18 Heussi, Kompendium 13. Aufl,

§ 74   Zeitalter der Reformation

i   γ) Dazu kamen die **Reformgedanken**, die durch die sog. Vorläufer der Reformation seit Arnold von Brescia verbreitet worden waren und trotz des Scheiterns ihrer Urheber weiterwirkten, Luther zunächst unbekannt blieben, aber in ihm wieder auflebten und eine ungeahnte Zusammenballung und Durchschlagskraft erhielten.

k   Vor allem Arnold von Brescia (§ 56 d; Gedanke einer Reform der Kirche durch Rückkehr zum freilich noch ganz asketisch gefaßten apostolischen Ursprung), die Waldenser (§ 59 g–k), Marsilius von Padua (§ 65 i), Wiclif (§ 68 c d), die Wiclifie in Böhmen (Hus, § 68 h), die Konzilien von Konstanz und Basel, die Gravamina nationis germanicae (§ 70 q) sind hier zu nennen. Die Reformgedanken Luthers sind sämtlich schon vor ihm ausgesprochen worden. Daß sie erst durch ihn zu voller Wirkung kamen, liegt nicht bloß an seiner genialen Persönlichkeit, sondern auch daran, daß die Zeit inzwischen für diese Ideen reif geworden war.

l   δ) Eine wichtige positive Vorbereitung der Reformation war ferner mit dem **Aufstreben der Laienwelt** gegeben, besonders des Bürgertums der blühenden deutschen Städte, das an dem Siege der Reformation hervorragenden Anteil gewinnen sollte. Von gesundem Sinn, steigendem Selbstgefühl und lebhafter Empfindung für die Werte seines weltlichen Kulturschaffens bildete es sich ein neues, unasketisches **Lebensideal**, das die Ehrfurcht vor den asketischen Ständen verminderte. Dazu erwuchs in dem aufstrebenden Bürgertum, angeregt durch Mystik und Renaissance, ein starkes Verlangen nach **Teilnahme am Geistesleben**.

m   Der Trieb zum Geistigen, schon vor der Mitte des 15. Jhs. sehr stark, führte zunächst zu gesteigerter Handschriftenherstellung, dann folgerecht zur Erfindung der **Buchdruckerkunst**, die nun ihrerseits wieder das Verlangen nach Geistesbildung ungeahnt anwachsen ließ. Bezeichnenderweise waren es vor allem Bibeln, die zuerst gedruckt wurden (§ 71 q); dies spiegelt das Verlangen der städtischen Bildungsschicht wider, in die bisher vom Klerus gehütete Überlieferung selbständig einzudringen und sie sich zu eigen zu machen. Die Buchdruckerkunst wurde die Voraussetzung für die schnelle Verbreitung des reformatorischen Gedankenguts, und die Reformation wieder eine Voraussetzung für den großen Aufschwung des Buchdrucks im 16. Jh.

n   ε) Zu der Eroberung neuer geistiger Welten durch den Humanismus trat die erstaunliche **Erweiterung des räumlichen Horizonts**, die die großen Entdeckungen jenseits der Weltmeere ergaben. Es sollte alsbald die von den Reformatoren freilich befehdete oder doch mit großer Zurückhaltung aufgenommene riesenhafte Erweiterung des räumlichen Horizontes durch Kopernikus kommen. Es war eine **gewaltige Zeit.** Man lebte in dem Gefühl, inmitten größter Umwälzungen zu stehen. Das wirkte anspornend, auch auf kirchlichem Gebiet eine volle Umwälzung durchzuführen.

o   Vgl. den für die Lebensstimmung der Zeit bezeichnenden Ausspruch Huttens: „O Jahrhundert! o Wissenschaften! Es ist eine Lust zu leben!" (Brief an Willibald Pirkheimer, 25. Okt. 1518). Von dieser Stimmung wurde die Reformation in ihren Anfangsjahren sehr gefördert.

p   ζ) Im Zusammenhang mit diesem neuen Weltgefühl drang auch der aus der Antike stammende **philosophische Gottesbegriff** von neuem vor. Damit begann der von der katholischen Kirche bis dahin gepflegte naive **Polydämonismus** zu verblassen, und es entstand auch auf dieser Entwicklungslinie der Trieb zu einer Reinigung der kirchlichen Vorstellungswelt.

274

Der philosophische Monotheismus, ein Produkt der antiken Philosophie *q*
von Xenophanes (6. Jh. vor Chr.) und Anaxagoras (5. Jh. vor Chr.) bis zu Markus
Aurelius, war in der Spätantike durch das Christentum zurückgedrängt worden.
Er entsprach auch nicht dem Auffassungsvermögen der jungen germanischen
und romanischen Völker, die sich Gott-Vater, Christus, den Hl. Geist, die Engel
und die Heiligen als Einzelgestalten nach Art der polytheistischen Götter dachten. Darüber drängte die humanistische Bildung hinaus, aber auch schon die
Spekulation der Scholastik und Mystik. Auch Luther, der den philosophischen
Gottesbegriff ablehnte, spottete doch über den Gaukelhimmel, wie ihn die Maler
malen. Melanchthon war vom ciceronisch-stoischen Theismus beeinflußt. Stärker
ist der philosophische Einschlag in der Gottesanschauung Zwinglis (§ 77 p).
Eine das kirchliche Dogma sprengende Kraft erwies der philosophische Gottesbegriff erst seit der Entstehung selbständiger metaphysischer Systeme im 17. Jh.

r_l) Auf eine kirchliche Neugestaltung drängten in besonderem Maße *r*
auch die politischen und wirtschaftlichen Verhältnisse. Politisch war die Kirche schon längst nicht mehr die führende Macht; sie
war in steigendem Maß in die Gewalt des unaufhaltsam emporsteigenden
modernen, autonomen Staates geraten, auch in Deutschland, wo das
Landeskirchentum schon lange vor Luther im vollen Werden war
(§ 70 r s). Wirtschaftlich war die große Umlagerung von der Natural-
zur Geldwirtschaft von größter Bedeutung, weil sie alle Lebensbedin-
gungen von Grund aus veränderte und eine Anpassung der Kirche
an die neuen Lebensformen dringend erforderte.

Allgemeine Literatur zur Geschichte der Reformation.

GWOLF, Quellenkunde der deutschen Reformationsgeschichte I, II 1–2, *s*
1915–22. – Bibliographie zur deutschen Geschichte im Zeitalter der Glaubensspaltung, her. von KSchottenloher, 6 Bde., 1932–40. Daraus separat: Zeittafel
zur deutschen Geschichte des 16. Jhs., 1939. – PUBLIKATIONSORGANE:
ARG, QF und SchrVerRefG, s. § 2 m. – Quellenschriften zur Geschichte des
Protestantismus, hrsg. von JKunze und KStange, 1903ff. – Reformationsge-
schichtliche Studien und Texte, begründet von *JGreving, hrsg. von *AEhrhard, 1906ff. – Lutherana (Lutherhefte der StKr), 1917ff. – Jahrbücher und
Vierteljahrsschrift („Luther") der Luthergesellschaft, 1919ff.

I. **Quellen.** a) Allgemeines. **CR** = Corpus Reformatorum (Werke Melan- *t*
chthons, Calvins, Zwinglis; vgl. § 119 p). – **CC** = Corpus Catholicorum, 1919ff. –
Bekenntnisschriften s. § 2 k. – VELöscher, Vollständige Reformations-Acta,
3 Bde., 1720ff. – Tentzel-Cyprian, Historischer Bericht vom Anfang und Fortgang
der Reformation (darin u. a. die Annalen Spalatins), 2 Bde., 1717f. – Förstemann,
Archiv für Geschichte der Reformation, 1831. – Ders., Neues Urkundenbuch,
1842. – Neudecker, Urkunden aus der Reformationszeit, 1835. – Ders., Neue Beiträge, 2 Bde., 1841. – KLanz, Korrespondenz des Kaisers Karl V., 3 Bde., 1844ff.
– MLenz, Briefwechsel Landgraf Philipps mit Bucer, 3 Bde., 1880–91. – AvDruf-
fel, Briefe und Akten zur Geschichte des 16. Jhs., 4 Bde., 1873ff. – FGess, Akten
und Briefe Herzog Georgs von Sachsen I, 1905, II, 1917. – Nuntiaturberichte
aus Deutschland, nebst ergänzenden Aktenstücken, in mehreren Reihen, 1892ff.
– Deutsche Reichstagsakten unter Karl V., hrsg. von GKluckhohn und
AWrede, 1893ff. – Flugschriften aus den ersten Jahren der Reformation, hrsg.
von OClemen, 1906ff.; NF 1921ff. – Die ev. Kirchenordnungen des 16. Jhs.,
hrsg. von AeLRichter, 2 Bde., 1846, hrsg. von ESehling, 5 Bde., 1902ff.; fortgeführt seit 1955.

b) **Luther.** 1. Werke. Die wichtigsten Ausgaben: **EA** = Erlanger Ausgabe, *u*
1826ff.; überholt durch: **WA** = Weimarer Ausgabe, 1883ff.; **BA** = Braunschwei-
gisch-Berliner Volksausgabe, 8 Bde. [und 2 Ergänzungsbände.], ³1905. – Luthers
Werke in Auswahl, hrsg. von OClemen, 8 Bde., 1912ff. – Luthers Werke [Auswahl],
hrsg. von AEBerger, 3 Bde., [1917]. – Martin Luther, Ausgewählte Werke, hrsg.

§ 74   Zeitalter der Reformation

von HHBorcherdt und GMertz (Münchener Ausgabe), ³1948–57. – Luther deutsch, her. von KAland, 1948ff. – Wichtige Einzelausgaben s. § 75. – 2. Briefwechsel. Briefe, Sendschreiben und Bedenken, hrsg. von De Wette [und Seidemann], 6 Bde., 1825ff. – Briefwechsel, hrsg. von CAHBurkhardt, 1866. – Analecta Lutherana, hrsg. von ThKolde, 1883. – Briefwechsel, hrsg. von KEnders, GKawerau, PFlemming, OAlbrecht, 18 Bde., 1884ff. – GBuchwald, Martin Luthers Briefe [Auswahl, die lat. in Übersetzung], 1925. – Vgl. HDegering, Aus Luthers Frühzeit, 1916. – 3. Die Disputationen Luthers, hrsg. von PDrews, 1895. – 4. Tischreden. Neue Ausgabe von EKroker in der WA, 6 Bde, 1912–21, (s. § 84 u).

Hilfsmittel. KAland u.a., Hilfsbuch zum Lutherstudium, 1957. – GBuchwald, Luther-Kalendarium, ²1929. Handschriftenproben des 16. Jhs., hrsg. von JFicker und OWinkelmann, I 1902, II 1905. – AGötze, Die hochdeutschen Drucker der Reformationszeit, 1905. – GLepp, Schlagwörter der Reformationszeit, 1908. – AGötze, Frühneuhochdeutsches Glossar (KlT 101), ²1920.

v **II. Bearbeitungen.** α) Ältere Reformationsgeschichten. JohSleidanus, De statu religionis et reipublicae Carolo Quinto Caesare Commentarii, 1555 (neue Ausgabe 1785f.). – VLvSeckendorff, Commentarius historicus et apologeticus de Lutheranismo, ²1692.

β) Neuere. LvRanke, Deutsche Geschichte im Zeitalter der Reformation, 1839–47; Ausgabe der Deutschen Akademie, ed. PJoachimsen, 6 Bde., 1926. – *JohJanssen, Geschichte des deutschen Volkes seit dem Ausgang des Mittelalters, ¹1876ff., 8 Bde., in zahlreichen Auflagen. – KBrandi, Deutsche Reformation und Gegenreformation, 2 Bde., [1927–30], ³[1941], 1 Bd. – Die Kultur der Gegenwart, hrsg. von PHinneberg, Teil I, Abt. IV 1. ²1909 (S. 431–755: ETroeltsch, Protestantisches Christentum und Kirche in der Neuzeit.). – KKaulfuss-Diesch, Das Buch der Reformation, geschrieben von Mitlebenden, ³1917. – WKöhler, Luther und Luthertum in ihrer weltgeschichtlichen Auswirkung, 1933. – *JLortz, Die Reformation in Deutschland, 2 Bde., ³1949. – GRitter, Die Weltwirkung der Reformation [1942]. – PJoachimsen, Die Reformation als Epoche der deutschen Geschichte, 1951. – Marxistisch: Verf.-Koll., Geschichte des Mittelalters II (tatsächlich 16. u. 17. Jh.!), Berlin 1958.

w γ) Ältere Lutherbiographien von Melanchthon 1546 (CR VI, 155ff.). – *JCochläus 1549 (§ 79 n). – MRatzeberger (ed. Neudecker 1850). – JMathesius 1566 (ed. GLösche ²1906); vgl. HVolz, Die Lutherpredigten des Joh. Mathesius (QF 12), 1930.

δ) Neuere. JKöstlin und GKawerau, Martin Luther, 2 Bde., ⁵1903. – ThKolde, Martin Luther, 2 Bde., 1884–88. – AEBerger, Martin Luther in kulturgeschichtlicher Darstellung, 3 Bde., 1895–1921. – AHausrath, Luthers Leben, 2 Bde., ³1913f. – *HDenifle, Luther und Luthertum in der ersten Entwicklung, I, 1–2, ²1904ff. – HBöhmer, Luther im Lichte der neueren Forschung, ⁵1918. – Ders., Der junge Luther [1925], ⁵1952. – OScheel, Martin Luther, I³ 1921, II ³⁻⁴1930. – *HGrisar, S.J., Luther, 3 Bde., 1911f., ³1924f. – Ders., Martin Luthers Leben und sein Werk, 1926. – GRitter, Luther, Gestalt und Symbol, ²1928 (⁵1949 unter dem Titel: Luther, Gestalt und Tat). – HWendorf, Martin Luther, der Aufbau seiner Persönlichkeit, 1930. – HPreuss, Luther der Künstler, 1931. – Ders., Martin Luther der Prophet, 1933. – Ders., Martin Luther der Christenmensch, 1942. – RThiel, Luther, 2 Bde., 1933–35. – JohLuther, Legenden um Luther, 1933. – RHBainton, Hier stehe ich, das Leben Martin Luthers, deutsch 1951. – HLilje, Luther, Anbruch und Krise der Neuzeit, ³1952. – HFausel, D. Martin Luther (im Spiegel eigener Zeugnisse), ³1955. – FrzLau, Luther (Sammlung Göschen 1187), 1959.

x ε) Theologie: JKöstlin, Luthers Theologie, 2 Bd., ²1901. – ESeeberg, Grundzüge der Theologie Luthers, 1940. – JvWalter, Die Theologie Luthers, 1940. – RSeeberg, Die Lehre Luthers (DG. Bd. IV), ⁴1933. – ORitschl, Dogmengeschichte des Protestantismus, 4 Bde., 1908–1924. – HEWeber, Reformation, Orthodoxie und Rationalismus, I 1–2, II, 1937–51. – Studien von CStange 1928, EHirsch 1954, EWolf 1954. – WBraun, Die Bedeutung der Concupiscenz in Luthers Leben und Lehre, 1908. – WKöhler, Luther und die Lüge, 1912. – P. Wernle, Der ev. Glaube, Bd. I: Luther, 1918. – KHoll, Luther (= Gesammelte

Aufsätze zur KG, 1), 1921, ⁶1932. – WKöhler, Dogmengeschichte, das Zeitalter der Reformation, 1951. – HBornkamm, Luthers geistige Welt, ²[1953]. – FBlanke, Der verborgene Gott bei Luther, 1928. – HBandt, Luthers Lehre vom verborgenen Gott, 1958. – FKattenbusch, Die Doppelschichtigkeit in Luthers Kirchenbegriff, 1928. – PAlthaus, Communio sanctorum I (FGLPr, I 1), 1929. – Wv Loewenich, Luthers Theologia crucis (FGLPr, II 2), 1929. – HMMüller, Erfahrung und Glaube bei Luther, 1929. – ESeeberg, Luthers Theologie I: Die Gottesanschauung, 1929. II: Christus, Wirklichkeit und Urbild, 1937. – ERoth, Sakrament nach Luther, 1952. – PSchempp, Luthers Stellung zur Hl.Schrift, 1929. – EBizer, Luther und der Papst, 1958. – GJacob, Der Gewissensbegriff in der Theologie Luthers, 1929. – PAlthaus, Unsterblichkeit und ewiges Sterben bei Luther, 1930. – HJIwand, Rechtfertigungslehre und Christusglaube, 1930. – RHermann, Luthers These „Gerecht und Sünder zugleich", 1930. – WWalther, Die Ethik Luthers, 1910. – Ottmar Dittrich, Geschichte der Ethik, Bd. III u. IV 1, 1930–32. – JohHeckel, Lex charitatis (das Recht in der Theologie Luthers; AMA 1953; zur Diskussion um Heckel s. ZKG 1958, 163–166). – FLau, Luthers Lehre von den beiden Reichen, 1952. – Weitere Lit. zur Lehre von den zwei Reichen: EKL III, 1959, 1945–47. – GWingren, Luthers Lehre vom Beruf, deutsch 1952. – VVajta, Die Theologie des Gottesdienstes bei Luther, 1952. – HBeintker, Die Überwindung der Anfechtung bei Luther, 1954. – HObendiek, Der Teufel bei Luther, 1931. – ESeeberg, Studien zu Luthers Genesisvorlesung, 1932. – PMeinhold, Die Genesisvorlesung Luthers und ihre Herausgeber, 1936. – WvLoewenich, Luther als Ausleger der Synoptiker, 1954. – WHolsten, Christentum und nichtchristliche Religion nach der Auffassung Luthers, 1932. – EEllwein, Vom neuen Leben, 1932. – WElert, s. zu § 81. – AKurtz, Die Heilsgewißheit bei Luther, 1933. – HBornkamm, Das Wort Gottes bei Luther, 1933. – HThimme, Christi Bedeutung für Luthers Glauben, 1933. – ERietschel, Das Problem der unsichtbar-sichtbaren Kirche bei Luther, 1932. – AHamel, Der junge Luther und Augustin, 2 Bde., 1934f. – HLammers, Luthers Anschauung vom Willen, 1935. – GHeintze, Luthers Predigt von Gesetz und Evangelium, 1958. – WJoest, Gesetz und Freiheit, ²1956. – WLink, Das Ringen Luthers um die Freiheit der Theologie von der Philosophie, 1940. – BHägglund, Theologie und Philosophie bei Luther und in der occamistischen Tradition, Lund [1955]. – HHPflanz, Geschichte und Eschatologie bei Luther, 1939. – HWKrumwiede, Glaube und Geschichte in der Theologie Luthers, 1952. – HZahrnt, Luther deutet Geschichte, 1952. – FFrey, Luthers Glaubensbegriff, 1939. – JHaar, Initium creaturae Dei, 1939. – FBuri, Kreuz und Ring. Die Kreuztheologie des jungen Luther und die Lehre von der ewigen Wiederkunft, 1947. – ERoth, Privatbeichte und Schlüsselgewalt in der Theologie der Reformatoren, 1952. – HSchuster, Luther heute, 1958. – HPohlmann, Hat Luther Paulus entdeckt?, 1959.

ζ) Andere Reformatoren: Melanchthon s. § 76. – Zwingli s. § 77. – Calvin y s. § 82. – Bucer: ALang, Der Evangelienkommentar Martin Bucers und die Grundzüge seiner Theologie, 1941. – Bibliographia Bucerana, 1952. – Martini Buceri Opera latina, Bd. 16, De regno Christi, ed. F Wendel 1954. – ALang, Puritanismus und Pietismus (von Bucer bis zu Melanchthon), 1900. – HBornkamm und RStupperich, Bucers Bedeutung für die europäische Reformationsgeschichte, 1952. – Vgl. § t. – GAnrich, Martin Bucer, 1914. – WPauck, Das Reich Gottes auf Erden, Utopie und Wirklichkeit (AKG 10), 1928. – Brenz: OFricke, Die Christologie des Joh. Brenz, 1927. – EBizer, Predigten des Joh. Brenz, [1955]. – Ökolampad: EStaehelin, Das theologische Lebenswerk Johannes Ökolampads, 1939. – Briefe und Akten zum Leben Ökolampads, hrsg. von EStaehelin, 2 Bde., 1927–34. – Bullinger: GvSchulthess-Rechberg, 1904. – PWalser, Die Prädestination bei Bullinger, 1957. – HFast, Bullinger und die Täufer, 1959.– Bugenhagen: GGeisenhof, Bibliotheca Bugenhagiana, 1908. – Sammelwerk, ed. WRautenberg, 1958. – Blarer (Blaurer): Briefwechsel der Brüder Ambrosius und Thomas Blaurer, hrsg. von TSchieß, 3 Bde., 1908–12.

η) Zur Beurteilung: OHegemann, Luther im katholischen Urteil, 1905. – z WWalther, Für Luther wider Rom, 1906. – WKöhler, Das katholische Lutherbild der Gegenwart, 1922. – JHashagen, Die apologetische Tendenz der Lutherforschung und die sog. Lutherrenaissance (HV 1939, 625–650). – KLEESE, Die Religion des protestantischen Menschen, 1938. – *AHERTE, Das katholische Lutherbild im Bann der Lutherkommentare des Cochläus, 3 Bde., 1943. – KA MEISSINGER, Der katholische Luther, 1952. – *EZEEDEN, Luther und die deutsche Reformation im Urteil des deutschen Luthertums, 2 Bde., 1950–52. – HBORNKAMM, Luther im Spiegel der deutschen Geistesgeschichte, 1955.

I. Das Zeitalter der Reformation (1517–1555/60).

a) DIE REFORMATION IN DEUTSCHLAND UND IN DER DEUTSCHEN SCHWEIZ.

§ 75. Martin Luther und die Anfänge der Lutherischen Bewegung bis zum Wormser Reichstag von 1521.

Luthers Frühzeit: Vgl. § 74 w x; dazu: Dokumente zu Luthers Entwicklung, her. von OScheel, ²1929. – EStracke, Luthers großes Selbstzeugnis 1545, 1926. – *LMEIER, Research of the Ockhamism of Martin Luther at Erfurt (Arch. Franc. Hist.), 1950. – EBizer, Fides ex auditu (über die Entdeckung der Gerechtigkeit Gottes durch Luther), 1958. – HBöhmer, Luthers Romfahrt, 1914. – JFicker, Anfänge reformatorischer Bibelauslegung I: Luthers Vorlesung über den Römerbrief 1515–1516, 1908, ³1925. – II: Luthers Vorlesung über den Hebr.-Brief 1517–1518, 1929. – Die Vorlesung über Rm. jetzt auch WA 56, 1938. – Luthers Vorlesung über den Hebr.-Brief, her. von EHirsch und HRückert, (AKG 13), 1929. – HvSchubert, Luthers Vorlesung über den Galaterbrief 1516–17, 1918. – EVogelsang, Unbekannte Fragmente aus Luthers zweiter Psalmenvorlesung (AKG 27), 1940. – KBauer, Die Wittenberger Universitätstheologie und die Anfänge der deutschen Reformation, 1928. – EVogelsang, Die Anfänge von Luthers Christologie (AKG 15), 1929. – GSiedel, Theologia deutsch, 1929. – CStange, Die Anfänge der Theologie Luthers (Luther-Akademie), 1957. – Anreger: Staupitz' Tübinger Predigten, her. von Buchwald und Wolf, 1927. – EWolf, Staupitz und Luther, 1927. – AJeremias, Joh. v. Staupitz, 1927. – Gegner: *JGreving, Johann Eck als junger Gelehrter, 1906. – Hutten: PKalkoff (1920, 1925), FWalser (1928), PHeld (1928), HHolborn (1929), OFlake (1929). – Ablaßstreit und römischer Prozeß: *EGöller, Der Ausbruch der Reformation und die spätmittelalterliche Ablaßpraxis, 1918. – *NPaulus, Geschichte des Ablasses, 3 Bde., 1922f. – *ELaslowski, Beiträge zur Geschichte des spätmittelalterlichen Ablaßwesens (nach schlesischen Quellen), 1929. – ASchulte, Die Fugger in Rom 1495–1523, 2 Bde., 1904. – Dokumente zum Ablaßstreit, her. von WKöhler, ²1934. – PKalkoff, Forschungen zu Luthers römischem Prozeß, 1905; Der Prozeß des Jahres 1518, 1912; Die Miltitziade, 1911; Die Depeschen des Nuntius Aleander, 1897; Aleander gegen Luther, 1908; Die Entstehung des Wormser Edikts, 1913; Luther und die Entscheidungsjahre der Reformation, 1917; Der Wormser Reichstag, 1922. – HvSchubert, Die Vorgeschichte der Berufung Luthers auf den Reichstag zu Worms, 1912. – PKirn, Friedrich der Weise und die Kirche, 1926.

Zur Problematik.

Entscheidend für das Verständnis der Reformationsgeschichte ist die Frage, in welchem Grade das Wirken Luthers als epochemachend anzusehen ist. Man muß also fragen, in welchem Maße Luther sich von den vorangehenden Zeitaltern unterscheidet, und in welchem Maße die folgenden Zeitalter von ihm beeinflußt sind; dabei muß man beachten, ob die Frage im kirchen- (bzw. dogmengeschichtlichen) oder politischen oder allgemein-kulturellen usw. Rahmen beantwortet werden soll. Ferner sind die Oberflächenwirklichkeit und das Prinzip zu unterscheiden. Stellt man die Frage, welchen Fortschritt Luther im Rahmen der Kirchengeschichte getan hat, so kann die Antwort nur lauten, daß dieser Fortschritt eminent gewesen ist. Luther hat erstens den Katholizismus im Prinzip überwunden, und er hat zweitens eine Befreiung sondergleichen vollbracht, indem er tatsächlich einen Großteil der Christenheit vom Papsttum losriß.

1. LUTHER BIS 1517. α) Die deutsche Reformation, eine der *a* umfassendsten Bewegungen der Geschichte, hat in ihrem Verlauf fast alle Gebiete des Kulturlebens mehr oder minder stark beeinflußt. Aber sie war in ihrem Ursprung eine rein kirchliche Bewegung; sie wurzelt durchaus in der theologischen Entwicklung ihres Führers, *MARTIN LUTHER* (10. Nov. **1483** bis 18. Febr. **1546**).

Martin Luther, aus Eisleben gebürtig, entstammte einer bäuerlichen Familie, die in Möhra im westlichen Thüringen ansässig war. Der Vater, der Bergmann Hans Luther, war mit seiner Frau, Margarete (eine geb. Ziegler oder Lindemann?) nach Eisleben ausgewandert; ein halbes Jahr nach der Geburt Martins siedelte er mit seiner Familie nach Mansfeld über, wo er es allmählich zu Wohlstand brachte. Die häusliche Erziehung war streng, doch nicht härter, als damals üblich. Martin Luther wurde auf der Stadtschule zu Mansfeld, seit 1497 zu Magdeburg, seit 1498 auf der Lateinschule zu Eisenach unterrichtet. 1501 wurde er Student der artistischen Fakultät der Universität Erfurt. Hier herrschte noch die Scholastik; der kleine humanistische Kreis des Conrad Mutianus Rufus (§ 72 h) bildete sich erst, als Luther bereits im Kloster weilte. Luther war als Student ein Freund froher Gesellschaft und der Musik, aber schon von schweren religiösen Fragen erfaßt.

1505 wurde er zum Magister artium promoviert; er hatte eben nach dem Wunsche des Vaters das juristische Fachstudium begonnen, als es ihn plötzlich ins Kloster trieb; am 17. Juli 1505 trat er in das Kloster der Augustiner-Eremiten zu Erfurt ein. Der letzte Anstoß war ein [nicht unbedingt bindendes] Gelübde, das er in Lebensgefahr während eines schweren Gewitters auf dem Wege von Mansfeld nach Erfurt abgelegt hatte. 1506 wurde er durch die „Profeß" endgültig in den Orden aufgenommen. 1507 empfing er die Priesterweihe. Der Prior bestimmte ihn zum Studium der Theologie. Luther hörte nun Vorlesungen über die Bibel und über die Sentenzen des Lombarden (§ 53 s). Daß er im Kloster um den Besitz der Bibel habe kämpfen müssen, ist Legende; er studierte sie eifrig, zunächst die Vulgata. Daneben las er spätscholastische Theologen (Occam, Biel, Gerson, d'Ailli), später (vor 1509) auch Augustin; auch mystische Schriftsteller lernte er kennen.

Der Kampf um die evangelische Vollkommenheit, der ihm als Mönch auferlegt *b* war, stürzte ihn in schwere seelische Anfechtungen. Er rang um den gnädigen Gott; ihn, den strengen Richter, durch genugtuende und verdienstliche Werke zu versöhnen, mühte er sich vergeblich; sein fein organisiertes Gewissen zeugte immer wieder gegen ihn. Neben dem Gesetz war eine Quelle entsetzlicher Gedanken der „infernalisch" wirkende Zweifel an seiner Erwählung. Die klösterliche Seelsorge vermochte den vermeintlich nur „Skrupulösen" nicht zu trösten. Doch kam Luther allmählich zu einer gewissen Beruhigung, noch bevor er zu prinzipieller theologischer Klarheit vordrang (§ c).

1508 wurde Luther in den Konvent zu Wittenberg versetzt, damit er an der dortigen Universität (gegr. 1502 von Friedrich dem Weisen) seine theologischen Studien vollende und zugleich in der artistischen Fakultät selbst zu lehren beginne. Während des Winters 1508–09 erfreute er sich des täglichen Umgangs mit dem Ordensvikar *Johann von Staupitz*, dem er vordem kaum nähergetreten war. Frühjahr 1509 wurde er zum „biblischen Bakkalar" promoviert; Herbst 1509 rückte er, nach Erfurt zurückberufen, zum „Sententiar" auf; als solcher hielt er Vorlesungen über die Sentenzen des „Magisters" (§ 53 s). Noch war er völlig in der [occamistischen] Scholastik befangen. Im Spätherbst 1510 ging er, zusammen mit einem Ordensbruder, in einer Angelegenheit seines Ordens nach Rom. Er hat als ergebener Sohn der Kirche in Rom geweilt; der Einblick in die verrotteten Zustände im römischen Klerus hat die religiösen Eindrücke fürs erste kaum abzuschwächen vermocht.

1511 ging Luther endgültig in den Wittenberger Konvent über. **1512** mußte er auf Staupitz' Veranlassung zum Doktor der Theologie promovieren und die bis dahin von Staupitz verwaltete biblische Professur übernehmen. In dieser Stellung las er, bis an sein Ende, ausschließlich über biblische Bücher

(1513–1515 Ps., 1515f. Rm., 1516 Gal., 1517f. Hebr.). Gleichzeitig begann er im Kloster und in der Stadtkirche zu predigen. 1512 wurde er Unterprior, 1515 der Leiter der Studien im Kloster und Distriktsvikar über elf sächsische und thüringische Klöster.

c β) 1511/12 errang Luther durch eifriges Studium seine **religiöse Grundanschauung**. An Rm. 1 $_{17}$ gewann er die Gewißheit, daß der biblische Begriff der „Gerechtigkeit Gottes" nicht den Zorn des richtenden und strafenden Gottes bedeute, sondern die göttliche Barmherzigkeit und Liebe, die den Sünder auf seinen **Glauben**, d. h. auf sein Vertrauen hin, begnadigt. Welch revolutionierende Kraft in dieser Erkenntnis schlummerte, blieb ihrem Entdecker einstweilen noch verborgen[1].

d Nach seiner späteren Erinnerung hat Luther seine Grundeinsicht als plötzlich reifende Frucht fortgesetzter exegetischer Studien und angestrengten Grübelns über Rm. 1 $_{17}$ gewonnen (das sog. **Turmerlebnis**)[2]. Das Entscheidende war die Befestigung der Erkenntnis, daß das Verhältnis zwischen Gott und Mensch nicht durch eine **Lohnordnung** bestimmt sei (so schon die apostol. Väter; auch von Augustin nicht überwunden), sondern durch eine **Gnadenordnung**: (vgl. FLoofs): Gott fordert keine merita, sondern Anerkennung seines Urteils, daß alle Menschen Sünder sind, und rechtfertigt „geschenkweise durch seine Gnade auf dem Wege über die Erlösung in Christus Jesus" (Rm. 3 $_{23-24}$). Positiv vorbereitet wurde Luthers Entdeckung des paulinischen Evangeliums vor allem durch **Augustin**, besonders seine Sünden- und Gnadenlehre. Gefördert haben ihn in gewisser Weise auch zwei der sog. „deutschen Mystiker", **Tauler** (§ 66 k) und der sog. **Frankfurter** (das „Büchlein von der deutschen Theologie", verfaßt um 1400 von einem unbekannten Priester des Frankfurter Deutschherrenhauses, von Luther 1516, vollständig 1518 herausgegeben); freilich hat Luther die spezifisch „mystischen", auf den Areopagiten (§ 36 o) zurückgehenden Gedanken mit steigender Schärfe abgelehnt, überdies vielfach seine eigenen Gedanken in die Mystiker hineingelesen. Der **Humanismus** arbeitete der Reformation durch seine philologischen Fortschritte und durch den Wiedergeburtsgedanken vor (*ad fontes*!). In vielen Einzelheiten ist Luther auch vom **Occamismus** beeinflußt worden. Von hier stammt seine scharfe Trennung von Vernunft und Offenbarung; occamistisch ist seine Auffassung von Beichtsiegel und Nutzlüge (§ 79 g); besonders im Abendmahlsstreit tauchen occamistische Gedanken wieder empor (§ 78 k). Auch die kritischen Gedankengänge Occams haben Luther gefördert. Aber zu seinem neuen Verständnis des Evangeliums hat er ihm **nicht** verholfen.

e γ) Durch Luther kam das **Studium Augustins** an der Universität Wittenberg in Aufnahme; seine Kollegen Karlstadt und von Amsdorf gingen auf die neuen Gedanken ein; so bildete sich in Wittenberg eine neue, an der Bibel und an Augustin orientierte Theologenschule. Alsbald erkannte man den Gegensatz der Scholastiker zu Augustin und stellte sie zurück; mit der Scholastik geriet auch Aristoteles in Mißachtung.

[1] Über Luthers theologische Entwicklung bis 1517 belehren uns außer Luthers eigenen späteren Angaben (vor allem in der Vorrede zu seinen Werken von 1545; WA 54, 179–187) wertvolle neuere Quellenfunde, besonders L.s eigene Kolleghefte über Ps. und Rm., sowie seine Vorlesungen über Gal. und Hebr. (Kollegnachschrift bzw. Abschrift davon). So wertvoll die neueren wissenschaftlichen Erkenntnisse über den Luther von „vor 1517" auch sind, die eigentliche Reformationsgeschichte beginnt nach wie vor mit dem 31. Okt. 1517 (§ h).

[2] D. h. in Luthers Studierzimmer im Gartenturm des grauen Klosters. Die Entdeckung des „Evangeliums" durch Luther erfolgte nach OScheel zwischen Herbst 1512 und Sommer 1513, nach KHoll 1512 oder 1511. KAMeißinger bestreitet das Turmerlebnis. Andere wollen es wenigstens nicht zu isoliert verstanden wissen.

2. DER STREIT UM DEN ABLASS. α) Bei der Originalität der *f* von Luther errungenen Frömmigkeit und der Stärke seiner religiösen Überzeugung war ein Zusammenstoß mit den Vertretern des herrschenden katholischen Systems auf die Dauer wohl unvermeidlich. Der Zusammenstoß erfolgte dort, wo die Veräußerlichung der Frömmigkeit und die Entwürdigung des Heiligen durch die Führer der Kirche am drastischsten zutage traten, nämlich beim Ablaß.

Der **Ablaß** hat eine lange Entwicklungsgeschichte. Bereits im 9. Jh. begegnet die Vorstellung, daß den im Kampfe gegen die Ungläubigen gefallenen Kriegern die kirchlichen Bußstrafen erlassen seien. Auf dieser Grundlage entstand der Kreuzablaß, der Erlaß kirchlicher Bußstrafen für die Teilnehmer am Glaubenskriege (2. Hälfte des 11. Jh., vgl. § 51 h). Von Anfang an galten die Ablässe auch als Erlaß der von Gott verhängten Fegfeuerstrafen. Seit dem 12. Jh. konnten auch solche, die nicht persönlich in den Krieg zogen, gegen eine Geldzahlung Ablaß erwerben. Seitdem wurde der Ablaß eine wichtige Einnahmequelle der Kurie, besonders seit der Einrichtung der Jubiläen durch Bonifatius VIII. (1300, vgl. § 65 o). Der Jubiläumsablaß wurde durch eine Wallfahrt nach Rom, später ebenfalls durch eine Geldzahlung erworben. Seit Bonifatius IX. (1393) war der Jubiläumsablaß mit dem Bußsakrament verbunden: der Gläubige empfing nun „Erlaß von Schuld und Strafe", d. h. durch die Absolution in der Beichte Tilgung der Schuld, durch den Ablaß Erlaß der Fegefeuerstrafen. Seit Sixtus IV. (1477) gab es auch die für die Kirche sehr einträglichen Ablässe für die Toten. Die Scholastik hatte den Ablaß dogmatisch bearbeitet, insbesondere die Lehre entwickelt, daß der Papst den Ablaß spenden könne, weil er der Verwalter des „thesaurus bonorum operum" sei, des Schatzes der überschüssigen Verdienste der Heiligen. Über viele Punkte herrschte große Unklarheit.

1506 hatte Julius II. zum Neubau der Peterskirche in Rom einen *g* Jubiläumsablaß (§ f) ausgeschrieben, der 1514 von Leo X. erneuert wurde. Der Unwille über diesen neuen Ablaß war in Deutschland weit verbreitet; die Aussaugung der Deutschen durch die Kurie, also durch Italiener, verletzte die nationale Gesinnung, das frivole Gebaren der Ablaßprediger den religiösen Ernst.

In den Sprengeln Mainz, Magdeburg und Halberstadt lag der Vertrieb des Ablasses in den Händen des Hohenzollern *Albrecht*, Erzbischofs von Mainz und Magdeburg und Administrators (Verwesers) von Halberstadt. Die Kurie hatte Albrecht nur gegen Zahlung einer „Komposition" (Vergleichssumme) von 10000 Dukaten in diesen drei Pfründen bestätigt, war ihm aber durch Überlassung des Ablaßhandels in seinen Sprengeln behilflich, die beim Hause Fugger gemachten Schulden zu tilgen. Seit Anfang 1517 betrieb *Johann Tetzel*, O. P., in Albrechts Auftrage im Magdeburgischen und Brandenburgischen das Ablaßgeschäft. Im Kurfürstentum Sachsen war der Ablaßkram verboten; aber Tetzel predigte unter großem Zulauf an der Grenze.

β) Martin Luther lernte als Beichtvater die verwüstenden Folgen *h* des Ablasses für das religiöse Leben kennen. Nachdem er (seit Juli 1516) vergebens gegen die Mißstände gepredigt hatte, forderte er am **31. Oktober 1517** durch **95 Thesen**, die er an die Türe der Schloßkirche zu Wittenberg schlug, zu einer akademischen Disputation über den Wert der Ablässe auf.

Die Thesen waren keineswegs als ein Aufruf zu einer kirchlichen Umwälzung gedacht: Luther fühlte sich als Anwalt der Kirche und meinte nur gegen einen Mißbrauch des Ablasses durch untergeordnete kirchliche Instanzen zu kämpfen. Im Grunde vermochte er schon damals am Ablaß in keiner Form mehr festzuhalten.

i   Zur Disputation kam es nicht. Aber die Thesen verbreiteten sich rasch in immer neuen Auflagen in Deutschland und darüber hinaus und erweckten stürmischen Beifall, aber auch den Widerspruch der streng kurialistisch gerichteten Theologen. Das Geschäft der Ablaßkrämer geriet ins Stocken.

Den literarischen Waffengang eröffnete *Tetzel* mit unbedeutenden Gegenthesen (veröffentlicht in Frankfurt a. d. O., verfaßt von *Konrad Wimpina*). Luther antwortete 1518 mit dem „Sermon von Ablaß und Gnade". Noch ein zweiter Schriftwechsel folgte. Luthers Hauptgegner wurde der Ingolstädter Professor JOHANN ECK (1486–1543); er stellte Luther auf eine Linie mit Hus. Auf seine nur handschriftlich verbreiteten „Obelisci" erwiderte Luther mit seinen ebenfalls nur in Abschriften umlaufenden „Asterisci".

k   3. LUTHERS RÖMISCHER PROZESS. Der Papst hielt anfangs eine gütliche Beilegung des „Mönchsgezänks" für möglich, ließ aber nach dem Scheitern des Versuches, Luther zu „besänftigen", den Prozeß gegen ihn einleiten, dem nach einigen Wochen ein summarisches Verfahren gegen Luther als notorischen Ketzer mit dem Ziele, ihn möglichst rasch unschädlich zu machen, folgte.

Schon im Dez. 1517 war Luther in Rom von seinem Erzbischof (§ g) angezeigt worden, Anfang 1518 auch von den Dominikanern. Der Papst suchte zunächst durch Luthers Ordensobere auf ihn einzuwirken. Allein Luther lehnte den Widerruf ab (März 1518). Gleichzeitig empfing er insgeheim die Zusicherung des Beistandes seines Landesherrn, des Kurfürsten FRIEDRICH DES WEISEN von Sachsen (1486–1525), ohne dessen umsichtige Politik die Bewegung ganz anders verlaufen wäre. Auch das Generalkapitel der Augustiner-Eremiten zu Heidelberg (April 1518), wo in Luthers Gegenwart über seine Sache verhandelt wurde, brachte keine entscheidende Wendung (*Brenz* und *Bucer* für Luther gewonnen). Im Mai sandte er seine „Resolutiones", eine ausführliche Erklärung zu seinen 95 Thesen, in der er nun schon schärfere Konsequenzen zog, mit einem ergebenen Briefe an Leo X. Indessen der Papst befahl im Juni, nachdem höchst wahrscheinlich eine zweite Anzeige der Dominikaner eingegangen war, gegen Luther den Ketzerprozeß zu eröffnen, und forderte von dem magister sacri palatii, *Silvester Mazzolini Prierias*, O. P., ein theologisches Gutachten. Daraufhin erging an Luther die Aufforderung, binnen 60 Tagen vor seinen römischen Richtern zu erscheinen (Juli 1518).

l   Da setzte unvermutet eine zweite, ganz neue Phase des Prozesses ein, welche die Luther drohende Gefahr noch bedeutend verschärfte. Durch Ränke der Dominikaner von Luthers notorischer Ketzerei überzeugt, bewirkte *Cajetanus* (Thomas de Vio aus Gaëta), der päpstliche Kardinallegat in Deutschland, daß die Kurie in einem neuen Verfahren gegen Luther wegen notorischer Ketzerei einschritt. Schon waren die nötigen Beschlüsse erlassen, Luther „in contumaciam" verurteilt, seine Auslieferung vom Kurfürsten verlangt (Aug. 1518).

m   Da erfolgte eine neue Wendung. Mit Rücksicht auf die politische Lage im Reich (besonders die Frage der nächsten Kaiserwahl), die der Kurie gute Beziehungen zu Friedrich dem Weisen als vorteilhaft erscheinen ließen, gestand die Kurie dem sächsischen Kurfürsten zu, daß Luther in Deutschland, vor dem päpstlichen Legaten Kardinal Cajetanus auf dem Reichstage in Augsburg, Herbst 1518, verhört wurde.

Die [nach Schluß des Reichstages erfolgende] Begegnung Luthers mit *Cajetanus*, einem streng kurialistischen Theologen, führte zu keinem Ergebnis, da Luther jeden Widerruf ablehnte. Am 16. Okt. appellierte Luther „a papa non bene informato ad melius informandum", entfloh darauf aus Augsburg, veröffentlichte in Wittenberg seine „Acta Augustana" und appellierte am 28. Nov. vom Papst an ein allgemeines Konzil. Cajetans Ansuchen an Friedrich den Weisen, Luther auszuliefern (25. Okt.), wurde vom Kurfürsten abgelehnt (8. Dez 1518).

Ergebnislos, wie die Verhandlung mit Cajetan, blieb auch das *n* eigenmächtige Eingreifen des von Rom gesandten sächsischen Junkers Miltitz, der im Januar 1519 auf dem Schlosse zu Altenburg eine Unterredung mit Luther hatte.

Karl von Miltitz, ein päpstlicher Kurtisane untergeordneter Stellung (nicht etwa „Kammerherr") und eitler Wichtigtuer, war zu keinen selbständigen Verhandlungen ermächtigt, sondern sollte lediglich dem Kurfürsten die goldene Tugendrose überbringen und Luthers Auslieferung durchsetzen. Miltitz versuchte Jan. 1519 auf dem Schlosse zu Altenburg, den Kurfürsten zur Auslieferung Luthers zu bewegen, darauf in Verhandlungen mit Luther selbst einen friedlichen Ausgleich herbeizuführen. Das einzige, was er erlangte, war Luthers Versprechen, fortan zu schweigen, wenn seine Gegner schwiegen, und den Streit durch einen gelehrten Bischof schlichten zu lassen. Die folgenden Wochen standen ganz im Zeichen des **Wahlkampfes um die Kaiserkrone** (§ 73 g h) und erneuter Bemühungen des Papstes, sich den Kurfürsten in der Wahlangelegenheit willfährig zu erhalten. Inzwischen hatte Cajetan durch Miltitz aufs neue (zu **Weimar** am 27. Mai 1519) mit dem Kurfürsten verhandelt, um die [wohl schon in Altenburg geforderte] Suspension Luthers von seinem priesterlichen Amt zu erwirken, wiederum vergeblich.

Weder Gewalt noch Vertuschung konnten die Bewegung aus der Welt schaffen. *o* Dazu entband ein neuer Angriff der Gegner Luther von seinem Versprechen, zu schweigen. Durch **Ecks Thesen vom Dez. 1518** wurde Luther in den theologischen Kampf hineingezogen, den *Karlstadt* Mai 1518 mit *Eck* begonnen hatte. Der Streit sollte mit Genehmigung Herzog *Georgs des Bärtigen* von Sachsen auf einer Disputation zu Leipzig zum Austrag gelangen.

4. DIE LEIPZIGER DISPUTATION UND IHRE FOLGEN. *p*

Die **Leipziger Disputation** (27. Juni bis 16. Juli **1519**), der an einigen Tagen auch Herzog Georg beiwohnte, von nun an Luthers geschworener Gegner, drängte Luther auf der betretenen Bahn ein gutes Stück vorwärts und machte den aussichtslosen Versöhnungsversuchen ein Ende. Dem Wortkampf zwischen Karlstadt und Eck über den freien Willen folgte seit dem 4. Juli die Debatte zwischen Luther und Eck über das Papsttum. Eck drängte Luther zur **Leugnung der Heilsnotwendigkeit des päpstlichen Primats** und zur Bestreitung der **Irrtumslosigkeit der Konzilien**, besonders zu der Behauptung, daß unter den in Konstanz 1415 verurteilten Sätzen von Hus echt evangelische gewesen seien. Damit **war Luther als Ketzer erwiesen.** Aus dem Kampf um das Ablaßwesen war ein grundsätzlicher und umfassender Widerspruch gegen die Grundlagen der Papstkirche erwachsen.

Luthers kühne Haltung auf der Leipziger Disputation gewann *q* ihm die Freundschaft der **Humanisten**; für ein paar Jahre flossen die beiden großen geistigen Strömungen, die lutherische und die humanistische, fast ineinander. Durch Luther wurde Wittenberg die erste Universität, an der Latein, Griechisch und Hebräisch gelehrt wurden, wie die Humanisten es forderten. Durch die Eingliederung der humanistischen Gelehrsamkeit in den wittenbergischen Universitätsbetrieb wurde dem Reformator sein bedeutendster theologischer Mitarbeiter geschenkt, *PHILIPP MELANCHTHON* (1497–1560).

r   *Philipp Schwarzert*, mit seinem humanistischen Namen *Melanchthon*, seit 1531 *Melanthon*, der Großneffe des Humanisten Reuchlin, war am 16. Febr. 1497 zu Bretten in der Pfalz als Sohn eines Waffenschmieds geboren, studierte 1509–1512 zu Heidelberg, 1512–1514 zu Tübingen, wurde hier 1514 mit nicht ganz 17 Jahren Magister und hielt Vorlesungen über Aristoteles und antike Schriftsteller. 1518 siedelte er als Professor des Griechischen an die Universität Wittenberg über; übrigens war Luther gegen die Berufung gewesen. Melanchthon war anfangs von den erasmischen Reformgedanken erfüllt, wurde aber unter dem Eindruck Luthers für dessen Sache und die Theologie gewonnen.

s   Zahlreich waren die Verehrer Luthers unter den Humanisten Süddeutschlands, in Nürnberg, Freiburg i. B. und sonst. Auch der kühnste und bedeutendste aus der jüngeren Generation der deutschen Humanisten, Hutten, schloß sich Luther an. ULRICH VON HUTTEN (1488–1523) trieb eine geräuschvolle Polemik gegen die Römlinge, von humanistischen und nationalen, durchaus nicht religiösen Interessen geleitet (Hauptschriften: die Dialoge „Vadiscus sive Trias Romana" und „Inspicientes" vom Frühjahr 1520; Veröffentlichung von L. Vallas Schrift über die Konstantinische Schenkung 1519, vgl. § 72 c). In Nürnberg waren der Maler *Albrecht Dürer* (§ 72 u), der treffliche Ratsschreiber *Lazarus Spengler* und *Willibald Pirkheimer* für Luther gewonnen, in Freiburg i. B. der Jurist *Ulrich Zasius*, in Schlettstadt *Beatus Rhenanus*; auch *Crotus Rubianus* (Johann Jäger aus Dornheim) trat mit ihm in Verbindung.

t   Durch Hutten trat Luther in Beziehung zu der revolutionär gestimmten **Reichsritterschaft**. Die Reichsritter *Franz von Sickingen* und *Silvester von Schaumberg* boten Luther Juni 1520 für den Notfall ein Asyl auf ihren Burgen an.

u   5. DIE HÖHE. α) Das Jahr **1520** brachte Luthers **drei reformatorische Hauptschriften:** „An den christlichen Adel", „De captivitate Babylonica" und „Von der Freiheit eines Christenmenschen". Von diesen ist die Schrift an den Adel die eigentliche Reformationsschrift; sie hat binnen kurzem vom äußersten Südwesten bis zum äußersten Nordosten des deutschen Sprachgebiets den Beginn der kirchlichen Neugestaltung ausgelöst.

1. Die Schrift **„An den christlichen Adel** deutscher Nation von des christlichen Standes Besserung" (Aug. 1520) ruft den Kaiser, die Fürsten und den übrigen „Adel" zu einer durchgreifenden Reform auf, da der Papst und die Bischöfe sich dem Reformverlangen versagen. Luther zeigt, wie die „drei Mauern der Romanisten" jede Reform der Kirche unmöglich machen (1. die Lehre, daß die geistliche Gewalt über der weltlichen stehe; 2. daß allein der Papst unfehlbarer Ausleger der hl. Schrift sei; 3. daß allein der Papst ein rechtmäßiges Konzil berufen könne). Darauf entwickelt Luther ein ausführliches **Reformprogramm**. (Reform des Papsttums, das zur Nachfolge der Armut Christi und zum Verzicht auf seine weltlichen und kirchlichen Herrschaftsansprüche genötigt werden soll; Unabhängigkeit des [deutschnationalen] Kaisertums und der zur Nationalkirche zu gestaltenden deutschen Kirche von Rom; Abstellung der finanziellen Aussaugung der Deutschen durch die Kurie [hier verwertete Luther die „Gravamina der deutschen Nation", vgl. § 70 q]; Reform des christlichen und weltlichen Lebens, zB. des Klosterlebens, des Priesterzölibats, des gesamten niederen Kultus, der Seelenmessen, der Ablässe, der Universitäten und der Schulen, des Bettels und der Armenpflege, Beseitigung des Luxus, der Unzucht; zugunsten der hart bedrängten Bauern verwirft er das Zinsnehmen usw.).

v   2. Die Schrift **„De captivitate Babylonica ecclesiae praeludium"** (Okt. 1520) gibt eine sehr scharfe Kritik der sieben römischen Sakramente, von denen Luther nur drei, bei strenger Rede nur zwei, als Sakramente anerkennen wollte, Taufe, [Buße], Abendmahl. (Bestreitung des sakramentalen Charakters der Buße in Melanchthons Loci von 1521, s. § 76 b).

3. Die Schrift **„Von der Freiheit eines Christenmenschen"** (Nov. 1520, lateinisch und deutsch) behandelt auf Grund von I. Kor. 9$_{19}$ die beiden Sätze: „Ein

Christenmensch ist [nach dem inwendigen Menschen, im Glauben] ein freier Herr über alle Dinge und niemand untertan" und „Ein Christenmensch ist [nach dem auswendigen Menschen, in den Werken] ein dienstbarer Knecht aller Dinge und jedermann untertan."

β) Inzwischen war in Rom der **Ketzerprozeß** gegen Luther *w* nach langer Verschleppung im Januar 1520 wieder aufgenommen und unter Mitwirkung von Luthers Gegner Eck durch Erlaß der **Bulle „Exsurge domine"** (15. Juni 1520) um einen entscheidenden Schritt vorwärts gebracht worden.

Diese **Bannandrohungsbulle** (nicht: Bannbulle; vgl. § x) verurteilte 41 [ziemlich verständnislos ausgewählte] Sätze Luthers als häretisch, gebot die Verbrennung sämtlicher Schriften Luthers und forderte von ihm binnen 60 Tagen den Widerruf; widrigenfalls sollte er als verurteilter Häretiker gelten. *Eck* und *Aleander* brachten als Nuntien die Bulle über die Alpen; während aber Aleander in den **Niederlanden** ohne Schwierigkeiten die Bulle publizierte, vermochten er und Eck in **Deutschland** nur an wenigen Orten die Publikation durchzusetzen. Luther appellierte am 17. Nov. von neuem an ein allgemeines Konzil und verfaßte die Schrift: „Adversus execrabilem Antichristi bullam" (execrabilis = fluchwürdig); es war ihm seit Ende 1518 immer klarer geworden, daß das Papsttum der Antichrist sei.

Die Verbrennung seiner Schriften zu Löwen durch den Nuntius *x* Aleander (vgl. § 84 f) beantwortete Luther damit, daß er am **10. Dez. 1520 die Bulle „Exsurge domine" und die päpstlichen Dekretalen** in Gegenwart der Wittenberger Professoren und Studenten feierlich **verbrannte.** Die Kunde hiervon versetzte die gesamte Nation in Erregung. Am 3. Jan. 1521 wurde in Rom die Bannbulle gegen Luther („Decet Romanum pontificem") ausgestellt; sie fand wenig Beachtung.

γ) Das weitere Schicksal Luthers und seiner Sache hing an der *y* Stellung des Reichs. Auf dem **Reichstage zu Worms,** dem ersten, den der junge Karl V. auf deutschem Boden abhielt, setzten die Fürsten, voran Friedrich der Weise, durch, daß Luther zum Verhör geladen werde. In heldenhaftem Gottvertrauen ging Luther unter kaiserlichem Geleit nach Worms und beharrte hier in der berühmten Sitzung des Reichstags vom **18. April 1521** in einer längeren, erst deutsch, dann lateinisch gehaltenen Rede auf seiner Überzeugung [3]. Ebensowenig ließ er sich in den Verhandlungen vom 24. und 25. April davon abdrängen, ausschließlich Gründe der Hl. Schrift gelten zu lassen. Am 19. April erklärte der Kaiser den Ständen, daß er entschlossen sei, unter Einsetzung aller seiner Reiche, seiner Freunde und seines eigenen Lebens gegen Luther „als einen wahren und überführten Ketzer zu verfahren". Dementsprechend verhängte das **Wormser Edikt** (verfaßt von Aleander, datiert vom 8. Mai, vom Kaiser unterschrieben am **26. Mai 1521)** über Luther und seine Anhänger die **Reichsacht** und gebot die Verbrennung ihrer Schriften und die Einsetzung einer geistlichen Bücherzensur für alle in Deutschland gedruckten Bücher. Der lutherischen Ketzerei schien der Lebensnerv durchschnitten zu sein.

---

[3] Sein Schlußwort lautete vermutlich nur: „Gott helf mir, amen."

z Es entsprach nicht den Tatsachen, wenn sich das Wormser Edikt als Ausdruck des Willens der Reichsstände gab; über die Verbrennung der lutherischen Schriften und die bischöfliche Zensur war auf dem Reichstage gar nicht verhandelt worden. Erst auf dem zweiten Nürnberger Reichstage 1524 (§ 76 n) ist das „erschlichene Reichsgesetz" von den Ständen angenommen worden.

§ 76. Die Entwicklung der lutherischen Reformation von der Wartburgzeit bis zum Bauernkriege (1525). Luthers entscheidende Auseinandersetzung mit den „Schwärmern", den Bauern und Erasmus.

Zu Luther als Übersetzer: HDibbelt, Hatte Luthers Verdeutschung des NT den griechischen Text zur Grundlage? (ARG 38, 1941, 300–330). – HGerdes, Luthers Streit mit den Schwärmern um das rechte Verständnis des Gesetzes Mose, 1955. – Melanchthons Werke, CR 1–38, 1834–60. – Supplementa Melanchthoniana, ed. OClemen, 7 Abteilungen, 1910ff. – Mel.-Heft der StKr 1912, 4. – Die Loci communes Melanchthons, ed. GPlitt bzw. ThKolde, ⁴1925. – Melanchthons Werke in Auswahl, ed. RStupperich, 1951ff. – Über Melanchthon: GEllinger (1902), HEngelland (1932). – HSick, Melanchthon als Ausleger des AT, 1959. – Über Spalatin: IrmgHöss (1956). – Über Justus Jonas: WDelius [1952]. – Über Karlstadt: HBarge, 2 Bde., 1905 (über die sich anschließende Kontroverse: WKöhler (GGA 1912); EHertzsch (1932). – Thomas Münzers Briefwechsel, hrsg. von HBöhmer und PKirn, 1931. – ThMünzer, sein Leben u. seine Schriften, hrsg. von OHBrandt, 1933. – Über Münzer: PWappler (1908), HBöhmer (1922), JZimmermann (1925), ALohmann (1931), AMeusel (1952). – ARosenkranz, Der Bundschuh, 2 Bde., 1927. – WStolze, Bauernkrieg und Reformation (SchrVerRefG 141), 1926. – Ders., Ges. Aufs., 1927, S. 187–222. – OHBrandt, Der große Bauernkrieg, 1925. – GüFranz, Der deutsche Bauernkrieg, ⁴1956. – AStern, Quellen und Darstellungen des Bauernkriegs (SBA 1929). – HvSchubert, Revolution und Reformation im 16. Jh., 1927. – PAlthaus, Luthers Haltung im Bauernkrieg, 1925 u. ö. – CHinrichs, Luther und Münzer, 1952 – KGSteck, Luther und die Schwärmer, Zollikon-Zürich 1955. – EKroker, Katharina von Bora, ²[1925]. – HvSchubert, Lazarus Spengler und die Reformation in Nürnberg, 1934. – AEngelhardt, Die Reformation in Nürnberg, 3 Bde., 1936–39. – *GertaKrabbel, Caritas Pirckheimer, 1940 (beleuchtet die Vorgänge in Nürnberg).

a 1. DIE WARTBURGZEIT. α) Vor der drohenden persönlichen Gefahr wurde Luther wiederum durch Friedrich den Weisen gerettet, der ihn auf der Rückreise von Worms in Thüringen aufheben und auf der Wartburg verbergen ließ. Zehn Monate (4. Mai 1521 bis 1. [?] März 1522) hat Luther als „Junker Jörg" auf seinem „Patmos" geweilt, trotz schwerer seelischer Anfechtungen in eifriger literarischer Tätigkeit. Vor allem entstand auf der Wartburg Luthers deutsche Übersetzung des Neuen Testamentes.

b Luther begann die Übersetzung Dez. 1521 und brachte sie in 2½ Monaten zum Abschluß; zugrunde liegen die Vulgata und die lat. Übersetzung des Erasmus (§ 72 o), der griech. Text ist nur gelegentlich berücksichtigt. Die Arbeit erschien, mit bedeutsamen Vorreden, Sept. 1522 („Septemberbibel"); die ganze Bibel in Luthers Übersetzung 1534. Auf der Wartburg entstanden noch: 1) das „Büchlein von der Beichte", Franz von Sickingen gewidmet; 2) Stücke der deutschen Kirchenpostille (Sammlung von Predigten); 3) „De votis monasticis" (§ d). – In Wittenberg verfaßte Melanchthon in diesen Monaten seine „Loci com-

munes"[1] (hrsg. Dez. 1521), die erste theologische Formulierung der religiösen Grundgedanken Luthers. Dies Büchlein, dessen verschiedene Auflagen die Entwicklung von der ursprünglichen reformatorischen Frömmigkeit zur dogmatischen Versteifung widerspiegeln, ist weit mehr eine „Ethik" als eine Dogmatik. Charakteristische Wendungen: „*Fallitur quisquis aliunde christianismi formam petit, quam e scriptura canonica.*" „*Statim post ecclesiae auspicia per Platonicam philosophiam Christiana doctrina labefactata est.*" „*Mysteria divinitatis rectius adoraverimus quam vestigaverimus.*" „*Hoc est Christum cognoscere, beneficia eius cognoscere, non… eius naturas, modos incarnationis contueri.*" „*Omnia, quae eveniunt, necessario iuxta divinam praedestinationem eveniunt, nulla est voluntatis nostrae libertas*"[2]. „*Fides non aliud nisi fiducia misericordiae.*"

β) Während Luther auf der Wartburg weilte, schritten seine Anhänger in Wittenberg, voran Karlstadt, zu **praktischen Reformen**. Vor allem erstrebten sie eine Reform der Messe. Diese ersten Wittenberger Reformen sind infolge des Fehlens eines überlegenen, klaren Willens gescheitert, aber als erster Versuch, das kirchliche Handeln mit den neuen religiösen Erkenntnissen in Übereinstimmung zu bringen, bemerkenswert.

Die Neuerungen begannen damit, daß im Frühjahr 1521 einige **Priester** in den **Ehestand** traten, wozu Luther in der Schrift an den Adel geraten hatte. Was Luther für die Priester gefordert hatte, wollte *KARLSTADT* (eigentlich Andreas Bodenstein, aus Karlstadt in Franken, c. 1480–1541) auf die Mönche und Nonnen ausgedehnt wissen; er befürwortete die völlige **Aufhebung des Mönchtums**. Luther, bereits seit seiner Vorlesung über Rm. (1515 f.) über das Unberechtigte der Vorzugsstellung der Mönche im klaren, zeigte an Rm. 14 $_{23}$ die Nichtigkeit der Klostergelübde („De votis monasticis", Sept. 1521). Noch stärker bewegte die Wittenberger die **Reform der Messe**. Die Reform war notwendig, weil die Messe den neuen religiösen Erkenntnissen aufs stärkste widersprach, aber äußerst schwierig, weil jede Neugestaltung das gesamte, umfassende kirchliche Stiftungswesen, also die wichtigsten finanziellen Grundlagen der Kirche, anrührte. Zu Michaelis 1521 nahm *Melanchthon* mit seinen Schülern das Abendmahl „sub utraque"; doch blieben daneben katholische Feiern. Etwas später stellten die Wittenberger Augustiner unter dem Einfluß des stürmischen *Gabriel Zwilling* die Messen überhaupt ein. Die Lage in Wittenberg wurde **immer unklarer**. Im Nov. traten von den 40 Augustinern 15 aus; im Laufe des Dez. kam es durch Bürger und Studenten mehrfach zu ärgerlichen **Tumulten**. Weihnachten hielt *Karlstadt* in der Stiftskirche mit 2000 Teilnehmern eine ev. **Abendmahlsfeier**; gleiche Feiern folgten, unter großem Zudrang, bis zum 6. Jan. Noch gesteigert wurde die Gärung der Wittenberger Bevölkerung durch die Ankunft der **Zwickauer Propheten** (27. Dez.: der Tuchmacher *Niklas Storch* und der ehemalige Wittenberger Student *Markus Stübner*, beide Anhänger von Thomas Münzer, § r). Am 6. Jan. tagte in Wittenberg unter dem Vorsitz des Generalvikars Wencesslaus Link ein Generalkapitel der Augustiner; auf ihm löste sich die deutsche Augustinerkongregation tatsächlich auf. Am 24. Jan. 1522 erließ der Rat die unter Mitwirkung von Karlstadt redigierte „**Ordnung der Stadt Wittenberg**", die den Gottesdienst neu gestaltete und die finanziellen Grundlagen der Kirche durchgreifend reformierte; Luther selbst hatte schon vor seiner Reise nach Worms eine „Ordnung des gemeinen Beutels", die älteste ev. Armenordnung, verfaßt. Der Rat suchte die beschlossene Reform mit Eifer durchzuführen, aber die Erregung der Menge wuchs ihm über den Kopf: im Febr. kam es zu einem **Bildersturm**.

---

[1] Loci theologici = die Grundbegriffe, die das Verständnis des Ganzen der Theologie erschließen.

[2] Diese schroffe, deterministische Prädestinationslehre hat Melanchthon seit 1527 aufgegeben (Kommentar zum Kolosserbrief).

g   Schon am 20. Jan. 1522 hatte das Nürnberger Reichsregiment (Herzog *Georg von Sachsen*) die Ernestiner und ihre Bischöfe gegen die kirchlichen Neuerungen scharf gemacht. Bald darauf schritt die kurfürstliche Regierung in Wittenberg ein. Luther aber, der mit den Seinen stets in brieflichem Verkehr geblieben, im Dez. auch einmal persönlich in Wittenberg gewesen war, kehrte, von den Wittenbergern gerufen, am 6. März nach Wittenberg zurück und stellte durch die berühmten Invocavitpredigten vom 9.–16. März die Ruhe wieder her („Schonung der Schwachen"; ev. Freiheit, kein neues Gesetz!). *Karlstadt* wurde auf seine Lehrtätigkeit an der Universität beschränkt. *Zwilling* unterwarf sich, die Zwickauer Propheten zogen ab: sie hatten auf den Gang der Dinge keinen erheblichen Einfluß geübt. Von den Reformen blieben: die Bettelordnung, die Streichung der auf die Opferidee bezüglichen Worte der Messe, die Beseitigung der Winkelmessen und der Ohrenbeichte; wieder eingeführt wurden die lateinische Sprache der Messe, die communio sub una, die Meßgewänder und die Elevation der Hostie, die erst 1543 abgeschafft wurde. Mit diesen sparsamen Reformen seit dem Frühjahr 1522 nahm die Ausbildung des protestantischen Kirchentums ihren Anfang.

h   2. AUSBREITUNG DER LUTHERISCHEN BEWEGUNG.
α) Inzwischen hatte die Predigt des Evangeliums, besonders seit dem Reichstag von 1521, eine erstaunliche Ausbreitung erlangt. Die Jahre 1522–1523 bilden die Höhe der religiösen Gärung der deutschen Nation. Der Mittelpunkt der Bewegung war Wittenberg mit den sächsisch-thüringischen Gegenden, sowie Süddeutschland; alsbald schlugen ihre Wellen bis Tirol, Salzburg und Vorderösterreich, Mähren und Ungarn, Preußen und Livland, bis in die Niederlande, wo 1523 die ersten Märtyrer des Luthertums starben (§ 84 f), und in die deutsche Schweiz, wo durch Ulrich Zwingli eine selbständige Form der Reformation begründet wurde (§ 77). Allenthalben waren Pfarrer und Mönche die Hauptträger der Bewegung; aber auch die Laien wurden von dem gewaltigen Geistessturm erfaßt; eine erstaunlich anwachsende Flugschriftenliteratur und das religiöse Volkslied verbreiteten das „Evangelium" in immer weiteren Kreisen [3].

i   In diese Zeit der höchsten Gärung fiel der **Aufstand der Reichsritter,** deren Führer, *Franz von Sickingen,* nur von wenigen Genossen unterstützt, gegen das Erzbistum Trier losbrach; er verfolgte das unklare Ziel einer politischen Re-

---

[3] Luthers nächste Mitarbeiter in Wittenberg waren, neben Melanchthon: *Nikolaus von Amsdorf* (1511 Professor in Wittenberg, 1524–42 Superintendent in Magdeburg, 1542–47 ev. Bischof in Naumburg, seit 1550 in Eisenach, gest. 1565), *Justus Jonas* (1521 Propst an der Schloßkirche und Theologieprofessor in Wittenberg, 1541–46 als Reformator in Halle, seitdem infolge seiner Verfeindung mit Herzog Moritz in unstetem Dasein oder untergeordneten Stellungen, gest. 1555), *Johann Bugenhagen* (aus Pommern, seit 1522 in Wittenberg, 1523 Stadtpfarrer, 1535 Mitglied der theol. Fakultät, der einflußreiche Organisator des norddeutschen, bes. des niedersächsischen Kirchenwesens: Braunschweig, Hamburg, Lübeck, Pommern, Dänemark, Schleswig, Hildesheim, Wolfenbüttel; gest. 1558). Am kursächsischen Hofe wirkte für Luthers Sache der Hofkaplan Friedrichs, *Georg Spalatin* (1525 Superintendent in Altenburg, gest. 1545), der Mittelsmann zwischen Friedrich dem Weisen und Luther, die sich persönlich nie gesprochen haben. – Unter den Oberdeutschen war weitaus der einflußreichste Parteigänger Luthers *Martin Bucer* (*Butzer*) aus Schlettstadt im Elsaß, OP, 1521 Weltpriester, seit 1524 Pfarrer in Straßburg, hier der maßgebende Reformator, von Einfluß auch auf zahlreiche andere Kirchen, von Bedeutung im Abendmahlsstreit, Vertreter strenger Kirchenzucht, Begründer der ev. Konfirmation, von 1549 bis zum Tode 1551 in Cambridge, vgl. Register und § 74 y.

form zugunsten des Adels und auf Kosten der Pfaffen. Vom Reiche geächtet hat Sickingen 1523 auf seiner Feste Landstuhl Spiel und Leben verloren; *Hutten,* in Sickingens Fall verstrickt, floh arm und krank nach der Schweiz und starb in Zwinglis Schutze auf der Insel Ufenau im Züricher See (Aug. 1523). Luther hatte sich weder mit Hutten noch mit den Reichsrittern näher eingelassen; so blieb seine Sache von dem Ausgang der Adelsrevolution unberührt.

Seit 1524 und 1525 gingen **Straßburg** (endgültig 1528; die Prediger *Matthäus* k *Zell, Martin Bucer, Wolfgang Capito*), **Nürnberg** (der Prediger *Andreas Osiander;* vgl. § 75 s), Konstanz, Ulm, Nördlingen, Eßlingen, Magdeburg, Stralsund, Bremen zur Reformation über, meist unter Führung des Rates. Fast überall erfolgte die Einführung unter Unruhen und meist ganz allmählich. Die ersten bedeutenden Eingriffe in die alte **Liturgie** (nach den §§ c–f erwähnten) erfolgten durch *Thomas Münzer* in Allstedt 1523, seit 1524 in einer Reihe von Städten. *Luther* hielt seit seiner Rückkehr von der Wartburg mit Änderungen im Gottesdienst sehr zurück (Abschaffung der Heiligentage; Ende 1524 Beseitigung der Privatmessen auch in der Wittenberger Stiftskirche). Und erst seit 1523 trat er literarisch mit seinen höchst gemäßigten Reformvorschlägen hervor („Formula missae et communionis", 1523, und „Das Taufbüchlein verdeutscht", 1523). Um so fortschrittlicher waren die Forderungen einer gründlichen Unterrichtsreform, die er 1524 erhob („An die Ratsherren aller Städte deutschen Landes").

Wo die Reform der Messe durchgeführt wurde, fiel die bisherige **kirchliche** l **Verfassung:** an den ev. Kirchen gab es nur Pfarrer und deren Gehilfen (mit verschiedenen Titeln), während das große Heer der „Meßpfaffen" beseitigt war. Daher zog die Reform des Gottesdienstes eine einschneidende Reform des gesamten zu gottesdienstlichen Zwecken gestifteten Kapitals nach sich. Nach dem Vorgang der Ordnung der Stadt Wittenberg (§ f) wurde 1523 unter großem Anteil Luthers die **„Leisniger Kastenordnung"** aufgestellt, die sich freilich in Leisnig als undurchführbar erwies. Dagegen gelang die gleiche Reform 1525 in Nürnberg. Mit diesen Maßregeln wurde der schon vor der Reformation begonnene Kampf gegen den Bettel tatkräftig fortgeführt. Auch ging man in einigen Städten an die allmähliche Auflösung der Klöster.

β) Daß sich das Luthertum trotz des Wormser Edikts ungehemmt m verbreiten konnte, erklärt sich aus der Schwäche der politischen Zentralgewalt und der Verbindung der Reformation mit einer Anzahl von Landesherren. Der Kaiser, in unaufhörliche Kriege verwickelt (§ 73 i), war lange von Deutschland abwesend; die Reichstage aber schoben die Frage der Durchführung des Wormser Edikts in eigenartiger Verlegenheit immer wieder hinaus. So kam alles auf die Haltung der Territorialmächte an. Da ihre Stellungnahme uneinheitlich blieb, bahnte sich seit 1524 die konfessionelle Spaltung Deutschlands an.

Bereits der **Nürnberger Reichstag** von 1522 erklärte, als der im übrigen reform- n freundliche neue Papst *Hadrian VI.* (§ 86 e) durch seinen Nuntius *Chieregati* die Durchführung des Wormser Edikts forderte, die Ausführung des Edikts für unmöglich und vertagte die Entscheidung der religiösen Frage bis zum nächsten Konzil, das binnen einem Jahre in Deutschland berufen werden sollte. Der Nürnberger Reichstag von **1524** (päpstlicher Legat: *Campegio*) kam nicht viel weiter; die Fürsten versprachen, das Edikt „so viel als möglich" durchzuführen, die Städte lehnten die Durchführung ab. Fürsten und Städte zusammen aber sprengten das Nürnberger Reichsregiment (§ 73 n); es wurde, im Grunde nur noch eine kaiserliche Behörde, nach Eßlingen verlegt. An ein Vorgehen des Reichs gegen die Ketzerei war nun vollends nicht zu denken. Die Folge war, daß nun auf Betreiben Campegios die süddeutschen katholischen Stände (Ferdinand von Österreich, die bayrischen Herzöge, die süddeutschen Bischöfe) im Juni **1524** das **Regensburger Bündnis** schlossen, zur Durchführung des Wormser Edikts.

§ 76 Zeitalter der Reformation

o   Um so wichtiger war, daß Luthers Schutzherr, *Friedrich der Weise*, bei persönlicher Zurückhaltung durch seine äußerst geschickte Politik die Reformation begünstigte. Seine Verdienste um die Reformation sind meist bedeutend unterschätzt worden. Vor seinem Tode (5. Mai 1525) hat er sich durch Zurückweisung der letzten Ölung und communio sub utraque zum Evangelium bekannt. Seine Nachfolger, *Johann der Beständige* (1525–1532) und *Johann Friedrich der Großmütige* (1532–1547, gest. 1554), waren treue Anhänger Luthers (vgl. § 78 b).

p   3. TRENNUNGEN. Die Jahre 1524 und 1525 waren für die innere Entwicklung der Reformation voll bedeutender Entscheidungen.

α) Jetzt begannen Luther und die Seinen sich immer nachdrücklicher von den seit 1520 nachweisbaren „Schwärmern" zu trennen, von dem mystischen Subjektivismus, der in Deutschland an Karlstadt und Thomas Münzer seine ersten Vertreter hatte und der sich in der Schweiz zum Täufertum fortbildete.

q   1. *KARLSTADT*, durch die Katastrophe vom März 1522 (§ g) in Wittenberg isoliert, geriet auf die Bahn einer nach innen gekehrten mystischen Kontemplation. Herbst 1523–24 wirkte er als Pfarrer in Orlamünde. Im Sept. 1524 aus Kursachsen vertrieben, führte er ein unruhiges Wanderleben in Süddeutschland (u. a. in Straßburg und Rothenburg ob der Tauber). Der Bruch zwischen Luther und Karlstadt erfolgte über die Abendmahlslehre. Karlstadt hatte eine neue Auffassung vom Abendmahl gewonnen, die er 1524 in 5 Traktaten darlegte (Leugnung der Realpräsenz; das „τοῦτο" der Einsetzungsworte beziehe sich auf den menschlichen Leib Jesu, auf den Jesus mit der Hand gezeigt habe). Darüber entspann sich eine literarische Auseinandersetzung mit Luther; dieser richtete gegen ihn das „Sendschreiben an die Christen zu Straßburg" (Dez. 1524) und die schroffe Schrift „Wider die himmlischen Propheten von den Bildern und Sakrament" (Dez. 1524 und Jan. 1525). *Karlstadt* unterwarf sich 1525 und lebte mehrere Jahre in Dürftigkeit auf dem Lande in Kursachsen; nach seiner Flucht 1529 wirkte er in Holstein und Ostfriesland und fand zuletzt ein Asyl in der Schweiz. Er starb 1541 als Geistlicher und Professor in Basel.

r   2. Weit radikaler war *THOMAS MÜNZER* (§ f k), der von lutherischen Gedanken ausgegangen war, aber bereits seit 1520 als Pfarrer in Zwickau „schwärmerische" Gedanken verkündigt hatte (Notwendigkeit des „Kreuzes", d. h. des Erlebens seelischer Höllenqualen, von denen der „Gläubige" dann in dem mystischen Zustande der „Gelassenheit" ausruht; das „Wort Gottes" wirkt im menschlichen Herzen als übernatürliche Erleuchtung, Vision usw.; phantastische Schriftauslegung). Seine Verbindung mit den aufrührerischen Zwickauer Tuchknappen veranlaßte schon im April 1521 seine Vertreibung aus Zwickau. Er wirkte seit 1523 als Pfarrer in Allstedt, darauf in Mühlhausen in Thüringen, von unversöhnlicher Feindschaft gegen die katholische Kirche, das Luthertum und die Fürsten erfüllt. Er schritt in seinem Fanatismus zur Predigt des Aufruhrs fort. 1524 aus Sachsen vertrieben, schleuderte er auf der Flucht nach Süddeutschland gegen Luther die maßlose Schrift: „Wider das geistlose sanftlebende Fleisch in Wittenberg." Er verband sich dann mit der Bauernrevolution von 1524–25 und wurde in ihre Katastrophe verwickelt (s. § u).

s   3. Auch im Einflußgebiete Zwinglis entstand eine radikale Strömung (§ 77 h). Hier kam die Mündigentaufe auf (von den Gegnern als „Wiedertaufe" bezeichnet). Nach Beendigung des Bauernkrieges überflutete das Täufertum ungemein rasch ganz Deutschland und wuchs zu einer dritten großen Strömung neben der alten Kirche und den neuen ev. Kirchen an (§ 85 c–n).

t   β) Dazu wurde Deutschland 1525 von der furchtbaren Tragödie des **Bauernkrieges** heimgesucht, dessen Ausgang auch auf die Reformation zurückwirkte: die Stellung, die Luther der aufrührerischen Bauernschaft gegenüber einnahm, kostete ihm seine Volkstümlichkeit; er selbst wurde durch den Bauernkrieg wie durch nichts anderes in seinen konservativen Neigungen bestärkt. Der Sieg der Fürsten über die Bauern aber steigerte die Macht des Landesfürstentums, was sehr bald einerseits in den Fortschritten der politischen Reaktion der altgläubigen Fürsten, anderseits im kirchlichen Einfluß der ev. Territorialherren (§ 78 e) offenbar wurde.

Der **Bauernaufstand** war selbstverständlich durch die Temperatur der Jahre 1519–1524 mitbedingt und läßt sich unmöglich gegen die Auswirkungen der Reformation isolieren. Der Aufruhr vom Frühjahr **1525,** der mit großer Schnelligkeit zu einem ungeheuren Brande anwuchs, verbreitete sich von Südwestdeutschland her ostwärts bis Kärnten und Österreich, nordwärts bis Thüringen und Sachsen. Die Erhebung verband sich bald mit gewissen, freilich entstellten, reformatorischen Gedanken; in den „Zwölf Artikeln aller Bauernschaft" (Schwaben, März 1525) wurden die sozialen und kirchlichen Forderungen der Bauern als „göttliches Recht" formuliert. Indessen die „zwölf Artikel" fanden nur in engeren Kreisen und nur vorübergehend Anerkennung, und die Bewegung entartete zu einer an Greueln und Gewalttaten überreichen Revolution. In breiten Strichen des Aufstandsgebietes waren die Bauern von der reformatorischen Strömung noch unberührt. Anderseits gerieten in Mitteldeutschland die Aufständischen unter den Einfluß *Thomas Münzers* und seiner wild phantastischen, zu Brand und Mord aufreizenden Predigt.

Luther griff zuerst April 1525 mit seiner „Ermahnung zum Frieden auf die zwölf Artikel der Bauernschaft in Schwaben" beschwichtigend ein. Als er dann von den Greueltaten der Empörer erfuhr, schrieb er [ohne seine in der ersten Schrift eingenommene prinzipielle Auffassung zu ändern, und vor der Schlacht bei Frankenhausen] die leidenschaftliche Schrift „Wider die mörderischen und räuberischen Rotten der Bauern", worin er die Obrigkeit zu schonungslosem Einschreiten aufforderte. Die Niederlage der Bauern bei Frankenhausen (15. Mai 1525) und das dem Siege folgende entsetzliche Strafgericht beendigten den Aufstand. *Thomas Münzer* wurde gefangengenommen und enthauptet.

In die düstere Zeit der Bauernrevolution fällt Luthers Vermählung mit *Katharina v. Bora* (1499–1552), einer ehemaligen Nonne des Zisterzienserinnen-Klosters Nimbschen bei Grimma (13. Juni 1525).

γ) In denselben Jahren vollzog sich mit der scharfen Auseinandersetzung zwischen Luther und Erasmus die **Scheidung der Lutheraner und der Humanisten**; seitdem wurde der Humanismus aus einer ungestüm vorwärtsdrängenden, an den Quellen der Antike sich nährenden Welt- und Lebensanschauung zur reinen philologischen Gelehrsamkeit; in dieser Gestalt hat er den Kirchen der Reformation wie später der katholischen Kirche noch wertvolle Dienste geleistet.

Erasmus hatte die Fortschritte der Reformation mit ständig wachsender Abneigung beobachtet. Herbst 1524 endlich erfolgte der von vielen längst erwartete Angriff auf Luther in der „Diatribe de libero arbitrio" (synergistisch). Erst Dez. 1525 trat ihm Luther mit seiner Schrift „De servo arbitrio" entgegen (schroff prädestinatianisch [4]). Erasmus erwiderte noch mit der Schrift „Hyperaspistes" (1526 bis 27). Die verschiedene Grundrichtung der Frömmigkeit Luthers und der Humanisten hatte die beiden Strömungen nach zeitweiliger Annäherung wieder auseinandergeführt. Der Bruch war unheilbar, das Urteil des Erasmus über das Luthertum fortan schroff abweisend („*malo hunc, qualisqualis est, rerum humanarum statum quam novos excitari tumultus*"; „*ubicunque regnat Lutheranismus, ibi literarum est interitus*"). Infolge des Bruchs ging eine ganze Reihe humanistischer Anhänger Luthers wieder ins Lager der Altgläubigen zurück, so *Pirkheimer, Crotus Rubianus, Zasius* u. a.

---

[4] Nach ARitschl wäre Luthers De servo arbitrio „ein unglückliches Machwerk"; nach anderen ist die darin vorgenommene Unterscheidung zwischen dem **verborgenen und dem offenbaren Gott** „Luthers größter spekulativer Gedanke" (HHoltzmann).

§ 77. Zwingli.

Zwinglis Werke, ed. Schuler und Schultheß, 8 Bde., 1828–42; – neue Ausgabe von EEgli, GFinsler, WKöhler, OFarner, FBlanke, LMuralt = CR, Bd. 88ff., seit 1905. – Zwingliana (Mitteilungen zur Geschichte Zwinglis und der Reformation), seit 1897. – Auswahl der Schriften Zwinglis von Finsler, Ruegg, Köhler 1918, der Briefe in Übersetzung von Farner 1918ff. – Huldrych Zwingli, Hauptschriften, her. von FBlanke, OFarner, RPfister, 12 Bde., 1941ff. – Quellen und Abhandlungen zur schweizerischen Reformationsgeschichte, hrsg. von WKöhler und OFarner. – RStählin, Huldreich Zwingli, 2 Bde., 1895–97. – ABaur, Zwinglis Theologie, 2 Bde., 1885–89. – EEgli, Schweizerische Reformationsgeschichte I, 1910. – Ulrich Zwingli 1519–1919 (Prachtwerk), 1919. – PWernle, Der ev. Glaube, Bd. II: Zwingli, 1919. – WKöhler, Die Geisteswelt Ulrich Zwinglis, Christentum und Antike, 1920. – Ders., Zwingli und Luther, 2 Bde., 1924–53. – Ders., Züricher Ehegericht und Genfer Konsistorium, 2 Bde., 1932–42. – Ders., Das Buch der Reformation Huldrych Zwinglis, von ihm selbst erzählt, 1926. – Ders., Zwingli und Bern, 1928. – Ders., Huldrych Zwingli, 1943, ²1952. – ARich, Die Anfänge der Theologie Zwinglis, Zürich 1949. – AFarner, Die Lehre von Kirche und Staat bei Zwingli, 1930. – KGuggisberg, Das Zwinglibild im Wandel der Zeiten, 1934. – OFarner, Das Zwinglibild Luthers, 1931. – Ders., Huldrych Zwingli, 1943ff. – RPfister, Das Problem der Erbsünde bei Zwingli, 1939. – Ders., Die Seligkeit erwählter Heiden bei Zwingli, 1952. – Ders., Zur Begründung der Seligkeit der Heiden bei Zwingli (Ev. Missionsmagazin), 1951. – FSchmidt-Clausing, Zwingli als Liturgiker, 1952. – GWLocher, Die Theologie Huldrych Zwinglis im Lichte seiner Christologie I, Zürich 1952. – Ders., Im Geist und in der Wahrheit [Gottesdienst!], 1957. – SRother, Die religiösen und geistigen Grundlagen der Politik Zwinglis, 1956. – Das Buch der Basler Reformation, 1929. – LMuralt, Die Badener Disputation 1526, 1926.

a   1. ZWINGLIS ANFÄNGE. Ein zweiter Mittelpunkt der Reformation neben Wittenberg und ein zweiter, selbständiger Typus des evangelischen Christentums neben dem lutherischen entstand in der deutschen Schweiz, zuerst in **Zürich**. Seit dem Beginn des 16. Jhs. war das geistige Leben der schweizerischen Städte vom Humanismus berührt, der zunächst sehr maßvolle Reformbestrebungen wachrief. Die jüngere Generation fand ihren Lehrmeister in Erasmus, den seine Verbindung mit seinem Baseler Buchhändler seit 1514 alljährlich nach der Schweiz führte. Aus dem erasmischen Lager ist auch *ULRICH ZWINGLI* (**1484–1531**), der Reformator der deutschen Schweiz, hervorgegangen.

b   Ulrich (*Huldreich*) *Zwingli* stammte aus wohlhabenden bäuerlichen Kreisen; er wurde am 1. Jan. 1484 zu Wildhaus in der Grafschaft Toggenburg als Sohn eines angesehenen Gemeindeammannes geboren, besuchte die Schulen zu Basel und Bern, studierte 1500 in Wien (der Humanist *Celtes*) und 1502–06 in Basel (der humanistisch-biblizistische Theolog *Thomas Wyttenbach*), wurde 1506 magister artium, war 1506–16 Pfarrer in Glarus, 1516–18 Leutpriester (Pfarrer) in dem Wallfahrtsort Mariä Einsiedeln und wurde Ende 1518 Leutpriester am Großmünster zu Zürich. Als Feldpriester der Glarner hat er 1513 den Sieg der Schweizer bei Novara, 1515 ihre Niederlage bei Marignano miterlebt.

c   Seit 1513 eignete er sich durch eifriges Studium des NT.s und der Kirchenväter immer mehr die Anschauungen des Erasmus an, den er Frühjahr 1516 persönlich kennenlernte, und errang bereits vor dem Auftreten Luthers klare religiöse Überzeugungen; den Einfluß, den späterhin Luther auf Zwingli ausübte, hat Zwingli mit Recht als nicht entscheidend angesehen. Zunächst lag ihm ein gewaltsamer Umsturz, ja selbst eine offene Bekämpfung des herrschenden Kirchentums fern; ganz im Sinne des Erasmus dachte er die Gemeinde allmählich durch sein humanistisches Christentum zu heben und nach und nach eine geläuterte Frömmigkeit herzustellen.

Als gemäßigter humanistischer Reformfreund stand er auch noch in Zürich in *d* freundschaftlichen Beziehungen zur Hierarchie. 1518 erhielt er auf eigenes Nachsuchen von dem päpstlichen Legaten den Titel eines päpstlichen Akoluthen. Zwinglis Widerspruch gegen den Ablaßkrämer *Bernhard Samson* 1518 war nichts weniger als eine Parallele zum Auftreten Luthers gegen Tetzel; die Tagsatzung und selbst der Bischof von Konstanz wandten sich ebenfalls gegen den Ablaß, und der Papst lenkte ein.

2. REFORMATION IN ZÜRICH. Seit der kühnen Haltung Lu- *e* thers auf der Leipziger Disputation wurde Zwingli in den Bannkreis Luthers gezogen. Unter dem Einfluß der lutherischen Schriften festigte er seine unabhängig von Luther errungene religiöse Position und schritt zu einem **systematischen Angriff auf das bestehende Kirchentum** fort.

Doch vollzog sich der Fortschritt von Erasmus zu Luther nur nach und nach. *f* Zunächst richtete sich Zwinglis Kampf nur gegen das **Reislaufen und das Pensionswesen**, d. h. gegen die Sitte, bei fremden Mächten Kriegsdienste zu nehmen, und gegen die festen Jahrgelder, für die die bürgerliche Aristokratie den auswärtigen Mächten die Befugnis erwirkte, in der Schweiz Söldner zu werben. Er selbst verzichtete 1520 auf die päpstliche Pension, die er bis dahin bezogen hatte. Anfang 1522 verbot der Züricher Rat das Reislaufen.

Bereits dieser politische Kampf versetzte die Bewohner Zürichs in lebhafte *g* Gärung; die Erregung wuchs, als Zwingli seit dem **Frühjahr 1522** offen gegen die kirchlichen Zustände auftrat. Als einige Bürger unter seinem Einfluß die **Fastengebote** brachen und der Bischof von Konstanz dagegen einschritt, verfaßte er seine erste reformatorische Schrift, „**Vom Erkiesen und Freiheit der Speisen**". Im Sommer ließ er seine „**Supplicatio**" (freie Predigt des Evangeliums, Priesterehe) und seine Apologie „**Archeteles**" folgen. Darauf drängte Zwingli den unschlüssigen Rat zur **ersten Züricher Disputation** (29. Jan. **1523**) und damit zur Entscheidung. Die Disputation selbst, für die Zwingli seine **67 Schlußreden** verfaßte (seine bedeutendste reformatorische Schrift!), blieb ohne eigentliches Ergebnis, da der Führer der Gegner, der Konstanzer Generalvikar *Johann Faber*, der Versammlung das Recht zur Entscheidung der diskutierten Fragen bestritt. Aber der Rat entschied, daß fortan alle Prediger das Evangelium zu predigen hätten.

Die nächsten Wochen brachten Zwinglis bedeutsame Schrift „**Auslegung und Grund der Schlußreden**" und die ersten praktischen Reformen.

Ein Bildersturm, zu dem sich das Volk im Herbst 1523 ganz gegen Zwinglis *h* Wünsche hinreißen ließ, veranlaßte die **zweite Züricher Disputation** (26.–28. Okt. **1523**, über Bilder und Messe). Sie endete mit der Einführung der (von *Zwingli* und *Leo Judä* vorgeschlagenen Reform: Beseitigung der Bilder, aber auf geordnetem Wege, durch die Obrigkeit. Schon begann eine schwärmerische Bewegung hervorzutreten (*Grebel*, *Hubmaier*, *Stumpf*).

Zur Belehrung des Volkes schrieb Zwingli seine „**Kurze christliche Ein-** *i* **leitung**" (Nov. 1523); 1525 erschien sein „**Commentarius de vera ac falsa religione**". Die kirchliche Reform wurde seit Ende 1523 Schritt für Schritt weiter durchgeführt, geleitet von einer Kommission aus Pfarrern und Mitgliedern des Rats. Die Reform bedeutete einen **radikalen Bruch** mit dem katholischen Kultus und der katholischen Verfassung; nichts wurde beibehalten, was sich nicht aus der hl. Schrift begründen ließ. So verschwanden mit der katholischen Messe die Orgel, der Kirchengesang und die Altäre, ferner die Prozessionen, die Reliquien, die Bilder, die Firmelung, die letzte Ölung. Das Kirchenregi-

§ 77 Zeitalter der Reformation

ment, die Ehegesetzgebung, die Sittenzucht wurden in die Hände des Rats gelegt. Eine Armenordnung wurde geschaffen, das Schulwesen neu geregelt, die Leibeigenschaft 1525 beseitigt.

k 3. FORTSCHRITTE UND HEMMUNGEN. Von Zürich verbreitete sich die Reformation in andere schweizerische Orte. Sie erstarkte nicht ohne schwere Gefährdung. Die Urkantone Schwyz, Uri, Unterwalden, sowie Luzern, Zug und Freiburg hielten mit Entschiedenheit am alten Glauben fest. Dagegen fielen Bern, Basel, St. Gallen, Schaffhausen, Glarus und andere Orte der Reformation zu. Auch in Oberdeutschland verbreitete sich eine Zeitlang der Einfluß Zwinglis.

l Um 1526 kam die Bewegung eine Zeitlang zum Stillstand: auf der **Disputation zu Baden** im Aargau (Mai 1526: Johann Faber, Eck, Murner, Ökolampad, Haller) errang die katholische Partei einen Sieg, der die Sache Zwinglis in der Schweiz in Frage stellte. Aber die **Disputation zu Bern** (Jan. 1528: Haller, Bucer, Capito u. a.) befestigte die ev. Sache von neuem.

m Wie im Reich folgte auch in der Eidgenossenschaft der religiösen Spaltung unmittelbar der Abschluß entgegengesetzter politischer Bündnisse. Zuerst einigten sich die katholischen Orte in einem Sonderbund. Darauf schloß Zürich mit Konstanz ein „christliches Burgrecht", dem Bern, Basel und andere Städte beitraten. Dem stellten die altgläubigen Fünforte (Schwyz, Uri, Unterwalden, Zug, Luzern) ein Bündnis mit König Ferdinand entgegen. Schon standen die feindlichen Parteien in Waffen einander gegenüber, als der Verzicht der Altgläubigen auf das österreichische Bündnis den Ausbruch eines Krieges verhütete (1. Landfriede zu Kappel, 1529).

n 4. CHARAKTER DES WERKES ZWINGLIS. Der Sondercharakter, den die Reformation in der deutschen Schweiz gegenüber der von Kursachsen ausgehenden Reformation annahm, ergab sich zum Teil aus den verschiedenen geschichtlichen Bedingungen beider Länder, zum Teil aus der verschiedenen Individualität und dem verschiedenen Entwicklungsgang der beiden Reformatoren.

o Zwingli begann nicht als weltfremder Mönch in der Klosterzelle, sondern stand von vornherein als lebensfroher Humanist, als Weltpriester, Feldgeistlicher, Politiker in der breiten, hellen Wirklichkeit. Seine innere Entwicklung führte nicht durch schwere seelische Erschütterungen; er wußte nichts von mystischen Erlebnissen, er gewann vielmehr seine Anschauungen durch fleißiges Studium in den Bahnen des *Erasmus*. Während Luther die Vernunft in Glaubensdingen haßte, war Zwingli Rationalist; er behandelte die Fragen mit klarer Vernünftigkeit und verfolgte die Gedanken ruhig und furchtlos bis zu ihrem Ende. Luthers Hauptanliegen war das allerinnerlichste, unweltlichste: das Verlangen der Seele nach einem gnädigen Gott. Zwinglis Anliegen war eminent praktisch: Neugestaltung des kirchlichen Lebens auf Grund des wiederentdeckten Evangeliums, die Umsetzung der aufgeklärten theologischen Erkenntnisse des Erasmus in die kirchliche Praxis. Dazu tat er das ganze bisherige Kirchenwesen ab (§ i) und begann einen Neubau, während sich Luther mit der Ausscheidung der „ungöttlichen" Bestandteile des Kirchenwesens begnügen konnte. Die reformierte Kirchenverfassung ist von Zwingli ausgegangen; Calvin hat hier nur auf dem von Zwingli gelegten Grunde weitergebaut. Der stark ethische, gesetzlich wirkende Zug des reformierten Protestantismus geht mithin auf Zwingli zurück (WKöhler).

p Der Mittelpunkt der **Theologie** Zwinglis war die Lehre von der göttlichen Prädestination, auf die er auch die Sünde zurückführt: Gott hat die Sünde gewollt, um an ihrer Bestrafung seine Gerechtigkeit in ihrer ganzen Herrlichkeit zu offenbaren. Zwingli denkt die Prädestination nicht auf die Kirche beschränkt: Sein Himmel vereint auch die großen Männer des heidnischen Altertums, — ein für Luther gänzlich unvollziehbarer Gedanke. Zwinglis Gottesbegriff ist platonisch, aber keineswegs pantheistisch; hier hat der christliche Platonismus der Renaissance (*Pico della Mirandola*, § 72 d) auf ihn eingewirkt. Luthers Unterscheidung zwischen deus absconditus und deus revelatus (§ 76 y[4]) ist Zwingli völlig fremd. Da Zwingli die Sünde mit in den ursprünglichen göttlichen Weltplan einstellt, ist sein Bild vom Lauf der Welt weit einheitlicher als das Luthers, nach dem der Fall Adams den von Gott gewollten Zustand völlig verdorben hat. Daraus folgt für Zwingli eine positivere Stellung zu den weltlichen Ordnungen, auch eine weit lebendigere Teilnahme an den politischen Dingen, als sie für Luther möglich war; Zwingli war Mitglied des Züricher Rats. Außer durch die Erwählungslehre ist Zwinglis Theologie besonders durch seine Sakramentslehre gekennzeichnet (§ 78 k). Die Gottheit Christi wird sehr streng gefaßt.

§ 78. Die lutherische Reformation, die Territorien und das Reich vom 1. Reichstag von Speyer (1526) bis zum Nürnberger Anstand (1532). Entstehung des Territorialkirchentums. Der Abendmahlsstreit zwischen Luther und den Schweizern.

GMentz, Johann Friedrich der Großmütige, 3 Bde., 1904–08. – WKöhler, Zwingli und Luther, ihr Streit über das Abendmahl, 2 Bde., 1924–1953. – EBizer, s. § 79. – HvSchubert, Bekenntnisbildung und Religionspolitik 1529/30, 1910. – JMeyer, Historischer Kommentar zu Luthers Kleinem Katechismus, 1929. – JKühn, Die Geschichte des Speyrer Reichstags von 1529 (SchrVerRefG, 146), 1929. – WKöhler, Das Marburger Gespräch, 1929. – HvSchubert, Die Anfänge der ev. Bekenntnisbildung bis 1529/30 (SchrVerRefG, 143), 1928. – Jv Walter, Die Depeschen des venezianischen Gesandten Nicolo Tiepolo, 1928. – WGussmann, Quellen und Forschungen zur Geschichte des Augsburgischen Glaubensbekenntnisses, I 1–2, 1911; II, 1930. – FWSchmidt und KSchornbaum, Die fränkischen Bekenntnisse, eine Vorstufe der AC, 1930. – Über die CA: LFendt (1930), JFicker (1930), RHermann (Luther-Jahrb. XII, 1930), ESeeberg (1930), KThieme (1930), Palthaus (²1931), WElert (1931). Ausgabe der CA mit Kommentar bei HHWendt (1927). HBornkamm, Der authentische lateinische Text der CA (SHA 1956). – HGrundmann, Landgraf Philipp von Hessen auf dem Augsburger Reichstag 1530 (SchrVerRefG, 63), 1959.

1. BÜNDNIS UND GEGENBÜNDNIS; SPEYER 1526. Neue *a* politische Spannungen brachte die nächste Zeit nach der Niederwerfung des Bauernaufstandes. Nachdem in Norddeutschland ein katholisches Bündnis und ein evang. Gegenbündnis (Dessauer und Torgauer Bund) einander gegenübergetreten waren, war kaum noch an eine friedliche Lösung der Spannung zu denken, um so weniger, als Karl V. 1526 durch Beendigung der auswärtigen Kriege die Hände gegen die deutschen Ketzer freizubekommen schien; doch da wurde er aufs neue in politische Nöte verstrickt, und unter dem Eindruck dieser Lage verschob der [erste] Reichstag von Speyer 1526 die Entscheidung der kirchlichen Frage von neuem bis zum nächsten Konzil.

Im Juli 1525 schlossen mehrere katholische Fürsten (Herzog Georg von Sach- *b* sen, Albrecht von Mainz, Joachim I. von Brandenburg, Erich und Heinrich von Braunschweig) zur gewaltsamen Ausrottung der ev. Lehre das **Bündnis von Dessau**. Gegenüber der drohenden katholischen Reaktion schloß der junge Landgraf *PHILIPP VON HESSEN*, an dem die ev. Seite seit Frühjahr 1524 einen äußerst regsamen, kühn vorwärtsdrängenden, politisch weitblickenden Führer erhalten hatte, mit dem Kurfürsten *Johann von Sachsen* das **Bündnis von Gotha** (Febr. 1526, ratifiziert zu Torgau, daher „Torgauer Bund"), dem bald noch einige andere norddeutsche ev. Stände beitraten.

§ 78 Zeitalter der Reformation

c Auf dem [ersten] **Reichstag von Speyer** Sommer **1526** hatten die Altgläubigen die Mehrheit. Es wurde beschlossen, daß bis zum Konzil, das in anderthalb Jahren zusammentreten sollte, jeder Reichsstand in Sachen des Wormser Ediktes so verfahren solle, „wie er das gegen Gott und kaiserliche Majestät hoffe und vertraue zu verantworten". Dieser Reichstagsabschied bedeutete tatsächlich nur eine neue Vertagung der Ausführung des Wormser Edikts; die ev. Stände aber erblickten in ihm bald die rechtliche Grundlage zu kirchlichen Reformen in ihren Territorien (§ e).

d In den diese Jahre erfüllenden auswärtigen politischen Wirren wurden merkwürdigerweise der Papst und der Kaiser vorübergehend durch ihre Haltung zu unfreiwilligen Bundesgenossen der Evangelischen: der Kaiser, indem er den Papst durch eine Appellation an ein allgemeines Konzil zu schrecken suchte, der Papst, *Klemens VII.*, indem er den Kaiser in Italien beschäftigte. Im Mai **1527** erstürmte das kaiserliche Heer Rom und plünderte die Stadt (der **„Sacco di Roma"**). In der Kanzlei Karls konnte in dieser Zeit der Spannung mit der Kurie eine so reformfreundliche Schrift wie der „Dialogo" des Spaniers *Alfonso de Valdés* geschrieben werden. Inzwischen war den Habsburgern eine neue Gefahr im Osten erwachsen: seit der Schlacht bei **Mohács** (Aug. 1526) grenzte die Türkei unmittelbar an die habsburgische Macht und nahm diese künftig stark in Anspruch. 1529 lagen die Türken zum ersten Male vor Wien.

e 2. TERRITORIALKIRCHLICHER AUSBAU. In den Jahren seit 1526 begann man mit der Organisation lutherischer Landeskirchen, zuerst in Kursachsen und Hessen. Diese Reformen wurden von den Landesherren unternommen, denen Luther die Pflicht zuschrieb, die Ordnung in der Kirche aufrechtzuerhalten. Damit vollendete die Reformation, was schon das vorhergehende Jahrhundert angebahnt hatte: die landesherrliche Kirchengewalt (§ 70 r s).

f 1. **1526–1530** wurde durch die **kursächsische Kirchen- und Schulvisitation** die sächsische Landeskirche organisiert. Der Gedanke, durch eine vom Landesherrn ausgehende Visitation die kirchlichen Zustände zu regeln, wurde besonders von dem Zwickauer Prediger *Nikolaus Hausmann* angeregt. Die Visitation begann versuchsweise im Jan. 1526, also bereits vor dem Reichstag von Speyer, in großem Umfang 1527. Dabei erwiesen sich die kirchlichen Zustände als wenig befriedigend. Im Zusammenhang mit der Visitation entstanden:
  1526 Luthers „Deutsche Messe",
  1527 Melanchthons lateinische Visitationsartikel (Widerspruch Agricolas, s. § 92 d),
  1528 Melanchthons deutscher „Unterricht der Visitatoren" (bestimmt die Einsetzung von „Superattendenten"),
  1529 Luthers **Katechismen** (zuerst der kleine Katechismus in Plakatform, dann der große Katechismus, schließlich der kleine in Buchform), Luthers „Traubüchlein" und die Neubearbeitung des „Taufbüchleins" von 1523 (§ 76 k).

g 2. In **Hessen** begann die Organisation der ev. Kirche mit der Berufung der **Homberger Synode** durch den Landgrafen Philipp (Okt. 1526). Hier wurde unter dem Einflusse von *Franz Lambert von Avignon*, einem ehemaligen Franziskaner, die Homberger Kirchenordnung aufgestellt, die auf der grundsätzlichen Scheidung der „Gemeinde der Gläubigen" und der großen Menge der bloßen Mitläufer beruhte, aber auf Luthers Rat unausgeführt blieb. Daher folgten die Hessen dem von Kursachsen betretenen Wege (**1527:** Visitation und Superintendenten). 1527 gründete Philipp auf Lamberts Rat die Universität Marburg, die erste von Anfang an evangelische Hochschule.

h 3. ABENDMAHLSSTREIT. Inzwischen war der verhängnisvolle Abendmahlsstreit zwischen den Lutheranern und den Schweizern entbrannt (1525–1528), in dem sich zeigte, daß diese beiden ev. Richtungen nicht auf die Dauer friedlich nebeneinander hergehen konnten, und in dem bei Luther der Prozeß beschleunigt wurde, daß wertvolle religiöse Erkenntnisse seiner früheren Jahre zurücktraten und die scholastischen Grundlagen seines Denkens wieder emportauchten.

Der Anfang des Abendmahlsstreites gehört in die Geschichte Karlstadts *i* (§ 76 q). Seit dem Frühjahr 1525 trat auch *Zwingli* mit seiner Abendmahlslehre hervor, vor allem in seinem „Commentarius de vera ac falsa religione"; er war 1523 mit der Lehre des Niederländers *Cornelis Henrixs Hoen* im Haag bekannt geworden (tropische Auffassung der Einsetzungsworte: „*est*" = „*significat*") und hatte unter ihrem Einfluß seine Abendmahlslehre abgeschlossen. Nun zog die literarische Erörterung der Abendmahlsfrage rasch weitere Kreise. So verwandten sich *Oekolampad* und *Bucer* für die symbolische Auffassung, *Brenz* in Hall für die reale Gegenwart von Leib und Blut Christi; gleichzeitig kreuzten *Bugenhagen* und *Zwingli* die Klingen. Das Jahr **1527** brachte dann die große literarische Auseinandersetzung der beiden Führer (*Zwingli:* „Amica exegesis", Febr. 1527; *Luther:* „Daß diese Worte: Das ist mein Leib, noch feststehen, wider die Schwarmgeister", April 1527; *Zwingli:* „Daß diese Worte ...... ewiglich den alten Sinn haben werden", Juni 1527; *Luther:* [großes] „Bekenntnis vom Abendmahl", März 1528).

Die Stellung *Luthers* ist dadurch gekennzeichnet, daß er die Wandlung ver- *k* wirft, aber an der **realen Gegenwart** des Leibes und Blutes Christi im Sakrament festhält; sein religiöses Interesse hängt daran, daß das Abendmahl ein **Handeln Gottes mit den Menschen** ist. Die Frage, wie Leib und Blut Christi in das Abendmahl gelangen, hatte er noch 1524 abgelehnt; in der Auseinandersetzung mit Zwingli unternahm er dagegen den Versuch einer Erklärung, der offenbar machte, wie stark Luther in der **Scholastik wurzelte** (Fortbildung der Christologie des Chalcedonense durch schärfere Fassung der scholastischen Lehre von der **Communicatio idiomatum**: gegenseitige Mitteilung der Eigenschaften der göttlichen und der menschlichen Natur in Christus: daher die menschliche Natur, Leib und Blut, allgegenwärtig: „**Ubiquität**" des Leibes Christi). Charakteristisch ist seine „objektive" Fassung der Sakramente, sein Pochen auf die kirchliche Überlieferung und den Buchstaben der Schrift unter heftiger Abweisung der Vernunft, die Gleichsetzung des „Glaubens" mit den überlieferten Glaubenssätzen; Zwingli, der nicht in allen „Stücken" den „Glauben" vertrat, war ihm ein „Schwarmgeist" und „Unchrist".

Zwingli war für das religiöse Interesse, das Luther an der leibhaftigen Gegenwart Christi im Abendmahl hatte, ohne Verständnis. Er faßte das „*est*", das Luther „zu gewaltig" war, als „*significat*" und sah im Abendmahl einen **Bekenntnisakt der Gemeinde**. Seine rationalisierende Auffassung steht deutlich unter dem Einflusse des Geistes des Erasmus.

4. SPEYER UND MARBURG 1529. Inzwischen hatte sich die *l* politische Lage der Evangelischen von neuem verschlechtert.

a) Unter dem Eindruck der politischen Erfolge des Kaisers, der seit 1528 in Friedensunterhandlungen mit dem Papste stand, einten sich die katholischen Stände unter Ferdinands Führung auf dem [zweiten] **Reichstage zu Speyer** Frühjahr **1529** zu tatkräftigem Vorgehen gegen die Evangelischen und faßten einen der Reformation höchst gefährlichen Beschluß, dem die vergewaltigte evangelische Minderheit nur eine feierliche **Protestation** entgegenzusetzen vermochte („Protestanten").

Der Reichstag beschloß nämlich die **Aufhebung des Speyrer Abschieds** *m* von 1526 (§ c); wo das Wormser Edikt bisher gehalten wäre, sollte es auch ferner durchgeführt werden; die übrigen Territorien sollten sich aller Neuerungen enthalten, keinen geistlichen Stand entsetzen, katholischen Gottesdienst dulden; alle „Sakramentierer" (also auch die Anhänger Zwinglis) und Taufgesinnten sollten ausgerottet werden. In der **Protestation** vom 19. April 1529 vereinigten sich im ganzen 6 Fürsten und 14 oberdeutsche Städte.

§ 78 Zeitalter der Reformation

n   β) In diesem Augenblick erschien ein enger Zusammenschluß aller Evangelischen, besonders der deutschen und der schweizerischen, als unabweisbare Notwendigkeit. Bisher war der von Philipp von Hessen [seit 1527] vertretene Gedanke, durch ein Religionsgespräch den dogmatischen Gegensatz zu beseitigen und dadurch ein politisches Bündnis zu ermöglichen, an den Wittenbergern gescheitert; jetzt, im Okt. **1529,** gelang es, das **Religionsgespräch zu Marburg** zustande zu bringen. Indessen trotz einer gewissen freundlichen Annäherung von seiten der Lutheraner war der Gegensatz nicht zu überbrücken.

o   Anwesend waren in Marburg *Luther, Melanchthon, Jonas, Brenz, Osiander, Zwingli, Oekolampad, Bucer, Hedio* u. a. Im ganzen blieben die Besprechungen ohne Erfolg, obwohl Luther den Schweizern weit entgegenkam: eine von den Lutheranern in privater Verhandlung vorgeschlagene Einigungsformel wollte nur Luthers Grundgedanken von der wirklichen Gegenwart des Leibes Christi im Abendmahl anerkannt wissen, jede nähere Fassung des „Wie" der Präsenz auf sich beruhen lassen. Allein Zwingli und Oekolampad lehnten auch diese weite Formulierung ab. Wie nahe man sich gleichwohl gekommen war, zeigen die vor dem Auseinandergehen beratenen 15 Marburger Artikel (Ursprung s. § p); in 14 Artikeln erklärten die beiden Gruppen ihre [vielfach gezwungene] Übereinstimmung, im 15. Artikel (vom Abendmahl) freilich ihren Dissensus. Luther hat nicht nur die Schweizer, sondern auch die Straßburger nicht als „Brüder" anerkannt.

p   Auf dem **Schwabacher Konvent** wenige Tage später (16. Okt. 1529) stellte sich heraus, daß nicht einmal zwischen den Wittenbergern und den oberdeutschen Evangelischen ein engeres politisches Bündnis zu erzielen war, da man sich über wichtige theologische Fragen nicht verständigte. Denn Straßburg und Ulm verweigerten die Anerkennung der **17 Schwabacher Artikel,** in denen die Theologie Zwinglis in schroffer Polemik abgelehnt war; nur Nürnberg blieb den Wittenbergern treu. (Die Schwabacher Artikel sind nicht, wie man früher annahm, von Luther auf Grund der Marburger Artikel ausgearbeitet, sondern vor Marburg, vermutlich Mitte Juli bis Mitte September 1529 im Kreise der Wittenberger als dogmatische Grundlage für ein abzuschließendes politisches Bündnis ausgearbeitet und um dieses Zwecks willen zunächst geheimgehalten worden; die Marburger Artikel sind ein Torso der Schwabacher.) Vollends scheiterte Philipps Plan einer großen, auch ausländische Mächte (Dänemark, Venedig, Frankreich) umfassenden antihabsburgischen Koalition. Luther stand diesen politischen Bestrebungen mit großer Abneigung gegenüber.

q   5. AUGSBURG, SCHMALKALDEN, NÜRNBERG. α) 1530 kam Karl V. nach langer Abwesenheit nach Deutschland, um den für den Sommer **1530** berufenen **Augsburger Reichstag** selbst zu leiten. Hier sollte die religiöse Frage entschieden werden. Auch jetzt ließ die politische Weltlage den Versuch einer gewaltsamen Unterdrückung der Ketzer wenig ratsam erscheinen: Karl glaubte vielmehr, die religiöse Frage auf dem Wege gütlicher Verhandlungen lösen zu können. Doch führte der Reichstag den Umschwung, den Evangelische wie Altgläubige von ihm erwartet hatten, nicht herbei. Das Ergebnis der langen Verhandlungen war im Grunde doch wieder das alte: die Evangelischen verharrten bei ihrer Überzeugung; der Kaiser drohte, war aber außerstande, den Drohungen schon jetzt Taten folgen zu lassen.

r   Da der Kaiser „eines jeden Gutdünken, Opinion und Meinung" zu hören begehrte, setzte *Melanchthon* im Auftrage seines Kurfürsten eine Rechtfertigungsschrift der Evangelischen auf; durch mehrfache Umarbeitung erwuchs daraus die **Confessio Augustana** (Entstehungsgeschichte s. § 102 c; Luther, der während des Reichstages auf der Koburg weilte, war an der Abfassung nicht beteiligt).

Sie sucht zu beweisen, daß die Evangelischen dogmatisch **auf dem Boden der katholischen Kirche** stünden, betont daher geflissentlich das beiden Parteien **Gemeinsame** und stellt das Gegensätzliche (z. B. den Widerspruch der Lutheraner gegen die Wandlungslehre und gegen das Papsttum) völlig zurück: in der ev. Lehre sei nichts enthalten, *„quod discrepet a scripturis vel ab ecclesia catholica vel ab ecclesia Romana, quatenus ex scriptoribus nota est"* ......*„Tota dissensio est de paucis quibusdam abusibus"* (!). Am 25. Juni 1530 wurde die CA in deutscher Fassung durch den sächsischen Kanzler vor dem Kaiser und den Fürsten verlesen; unterzeichnet war sie von Kursachsen, Ansbach, Braunschweig-Lüneburg, Hessen, Anhalt, sowie den Reichsstädten Reutlingen und Nürnberg. Vier oberdeutsche Städte (Straßburg, Konstanz, Memmingen, Lindau), denen die Unterschrift der CA wegen Art. X (Abendmahl) unmöglich war, reichten eine eigene „Confessio Tetrapolitana" ein (verfaßt von *Bucer* und *Capito*). *Zwingli* übersandte seine „Fidei ratio ad Carolum imperatorem". Luther urteilte über die CA sehr einschränkend und ironisch.

Der Kaiser berief darauf eine Anzahl katholischer Theologen (darunter *Eck*, *Faber*, *Cochläus*) zur Ausarbeitung einer schriftlichen Widerlegung („**Confutatio**"); nach ihrer Verlesung betrachtete Karl die CA als widerlegt. Mündliche Ausgleichsverhandlungen des ängstlichen Melanchthon, der den Gegnern übermäßig entgegenkam, verliefen ergebnislos, vor allem, weil Luther von der Koburg her durch seine Briefe den Evangelischen den Rücken stärkte. In den bewegten Verhandlungen über den Reichstagsabschied legten die Evangelischen die von Melanchthon gegen die „Confutatio" gerichtete **„Apologie"** der CA vor (vgl. § 102 d); doch Karl wies sie zurück. Nachdem die ev. Stände den Reichstag unter Protest verlassen hatten, setzte die zurückgebliebene kath. Mehrheit das Wormser Edikt wieder in Kraft und verhieß ein Konzil binnen Jahresfrist.

β) Da an den feindseligen Plänen des Kaisers nicht mehr zu zweifeln war, schlossen die ev. Stände im Febr. 1531 den **Schmalkaldischen Bund**, ein Kriegsbündnis zum Schutz gegen die Durchführung des Reichstagsbeschlusses, zunächst auf sechs Jahre.

Die besonders von den Theologen gehegten schweren Bedenken gegen einen bewaffneten Widerstand gegen den Kaiser wurden von den Juristen mit der Theorie beschwichtigt, daß das Territorialfürstentum die von Gott verordnete Obrigkeit und der Kaiser nur von den Fürsten eingesetzt sei. Der Bund umfaßte außer Kursachsen, Hessen, Braunschweig-Lüneburg und -Grubenhagen und zwei Grafen von Mansfeld drei norddeutsche Städte (Lübeck, Magdeburg, Bremen) und mehrere süddeutsche, voran Straßburg. Der Anschluß der **Süddeutschen** war der Haupterfolg; ihre Annäherung an die Wittenberger hatte bereits während des Augsburger Reichstages begonnen (Sept. 1530 Unterredung zwischen *Bucer* und Luther in Koburg). Philipp von Hessen gab dem Bündnis eine scharfe **Spitze gegen Habsburg**, indem er Beziehungen zu Frankreich, England, Dänemark, Ungarn-Siebenbürgen und sogar zu den katholischen bayrischen Herzögen herstellte.

Im selben Jahre (1531) kam es in der **Schweiz** (vgl. § 77 m) zum Kriege, in dem *Zwingli* fiel. Von Bern im Stich gelassen, wurde Zürich von dem Heere der fünf katholischen Orte am 11. Okt. **1531 bei Kappel** geschlagen, Zwingli, der als Feldprediger mitgezogen war, niedergestoßen, sein Leichnam vom Henker geviertelt und verbrannt. Der **zweite Friede von Kappel 1531** setzte der weiteren Ausbreitung des Protestantismus in der Schweiz zunächst ein Ziel; erst mit der Festsetzung des Protestantismus in der französischen Südwest-Schweiz begann wieder ein neuer Aufschwung (vgl. § 82). Wenige Wochen nach Zwingli starb *Oekolampad* in Basel. Zwinglis Nachfolger wurde *Heinrich Bullinger*, Oekolampads Nachfolger *Oswald Mykonius*.

γ) Die Begründung des Schmalkaldischen Bundes und die Türkengefahr nötigten den Kaiser zum Einlenken. Im **Nürnberger Anstand** (Waffenstillstand) 1532 wurde den Evangelischen zum ersten Male, wenn auch nur auf begrenzte Zeit, **Duldung zugestanden**: bis zum nächsten, binnen einem Jahre zu berufenden Konzil sollte der Protestantismus in seinem bisherigen Umfange geduldet sein; die beim Reichskammergericht wegen Einziehung geistlicher Güter schwebenden Prozesse sollten niedergeschlagen werden.

§ 79. Höhe der politischen Macht des Schmalkaldischen Bundes und erste politische Erfolge des Kaisers, 1532—1546.

Politische Korrespondenz des Herzogs und Kurfürsten Moritz von Sachsen, hrsg. von EBrandenburg, 2 Bde., 1900–03; EBRANDENBURG, Moritz von Sachsen I, 1898. – FPRÜSER, England und die Schmalkaldener 1535–1545, 1929. – WFRIEDENSBURG, Karl V. und Paul III. (SchrVerRefG 153), 1932. – HVOLZ, Luthers Schmalkaldische Artikel und Melanchthons Tractatus de potestate papae, 1931. – Ders., KIT 179, 1957. – EBIZER, Studien zur Geschichte des Abendmahlsstreites im 16. Jh., 1940. – HSTEPHAN, Luther in den Wandlungen seiner Kirche, ²1951. – Zu § g: WKÖHLER, Luther und die Lüge, 1912.

a 1. Die nächsten Jahre nach dem Nürnberger Anstand waren die **Glanzzeit** des Schmalkaldischen Bundes. Unaufhaltsam drang die ev. Bewegung in immer neue Gebiete ein, so von den größeren Territorien 1534 in **Württemberg** und **Pommern**, 1539 in das **herzogliche Sachsen** und in **Brandenburg**. Allenthalben aber war es das strenge Luthertum, das im Vordringen begriffen war. Zustatten kam ihm die schwere Katastrophe, die mit dem Falle von Münster über das „Schwärmertum" hereinbrach (1535; § 85 g); im Norden wurden nun die täuferischen, im Süden die täuferischen und zwinglischen Elemente immer mehr zurückgedrängt und die Prediger strenger an die CA gebunden.

b Bereits seit 1533 verpflichteten die Wittenberger bei ihren Promotionen auf die CA. **1536** gelang es den unablässigen Bemühungen von *Martin Bucer*, die seit dem Abendmahlsstreit (§ 78 i) zwischen den Wittenbergern und den Oberdeutschen bestehende starke Entfremdung zu überwinden; in der **Wittenberger Konkordie** einigte man sich auf Anerkennung der CA, der Apologie Melanchthons und einer von Mel. verfaßten Abendmahlsformel. Seitdem drang das strenge Luthertum, teilweise freilich nur langsam, auch in den oberdeutschen Städten durch.

c Auch in **Württemberg** siegte im ganzen das strengere Luthertum. Hier wurde die Reformation durch Herzog *Ulrich* eingeführt, der 1519 vertrieben worden war und 1534 in einem günstigen politischen Augenblick mit hessischer und französischer Hilfe sein Land zurückgewann. Zur Durchführung der Reformation berief er *Ambrosius Blarer* (zwinglisch-bucerisch) und *Erhard Schnepf* (streng lutherisch); auch *Johann Brenz*, der Reformator von Schwäbisch-Hall, wurde zur Reform des Kirchen- und Schulwesens herangezogen. Seit der Entlassung Blarers (1538) siegte das Luthertum über den zwinglisch-oberdeutschen Typus, bei mancher Annäherung an diesen (Entfernung der Bilder; einfachere Liturgie). Das Herzogtum **Pommern** erhielt 1535 seine Kirchenordnung durch *Bugenhagen*; ebenso erfolgte im Herzogtum Sachsen und in Kurbrandenburg die Einführung der Reformation im Einvernehmen mit Wittenberg. Im **Herzogtum Sachsen** machte 1539 der Tod Georgs des Bärtigen, des grimmigen Feindes Luthers, der Reformation den Weg frei; sein Nachfolger, Herzog *Heinrich* (1539–41), führte sie sofort durch; sein Teilgebiet Freiberg war von ihm schon seit 1537 reformiert worden. In **Brandenburg** erhielt die Reformation 1539 durch Kurfürst *Joachim II.* (1535–71) eine so konservative Gestalt, daß anfangs (bis 1543) sogar die bischöfliche Verfassung beibehalten wurde.

2. **Das Anwachsen und Reifen des deutschen Protestantismus** *d* wurde dadurch ermöglicht, daß Karl V. seit dem Sommer 1532 beinahe ein Jahrzehnt ausschließlich durch seine kriegerischen Verwicklungen mit Frankreich und der Türkei in Anspruch genommen wurde. So war er außerstande, die Schmalkaldener mit Waffengewalt niederzuwerfen, und aufs neue auf den Weg friedlicher Ausgleichsversuche gewiesen. Sie blieben freilich immer wieder ohne durchschlagenden Erfolg. Da brachte das Jahr 1541 einen diplomatischen Erfolg, der die politische Machtstellung des deutschen Protestantismus untergrub und die Katastrophe des Schmalkaldischen Bundes wirksam vorbereitete; ein Separatabkommen des Landgrafen Philipp mit dem Kaiser setzte den rührigsten protestantischen Fürsten politisch matt. Seitdem verschob sich die Lage zugunsten des Kaisers.

α) Der erste Mißerfolg Karls seit 1532 war das Scheitern des geplanten Kon- *e* zils. Als Papst Paul III. nach langem Hin und Her unter dem Drucke des Kaisers das Konzil nach Mantua ausschrieb, war sein Zustandekommen schon wieder zweifelhaft geworden, da sich Frankreich ablehnend verhielt. Dazu lehnten die protestantischen Stände auf der Bundesversammlung zu Schmalkalden Febr. 1537 das Konzil als unfrei ab (Melanchthons „Tractatus de potestate et primatu papae" von den ev. Ständen angenommen; über Luthers sog. „Schmalkaldische Artikel" s. § 102 e). Da so die Aussicht, den Protestanten beizukommen, von neuem zerronnen war, schloß ein Teil der katholischen Fürsten auf elf Jahre eine „Defensivliga" gegen die Protestanten: den **Nürnberger Bund** (1538). Damit schien ein Krieg in unmittelbare Nähe gerückt. Doch nötigte die politische Lage Karl von neuem zum Einlenken. Das Ergebnis der Verhandlungen war der **Frankfurter Anstand 1539**; er machte den Evangelischen nur geringe Zugeständnisse, beseitigte aber die drohende Kriegsgefahr und schaffte beiden Teilen eine neue Frist.

β) In den nächsten Jahren beschritt der Kaiser von neuem den Weg fried- *f* licher Verständigung mit den Lutheranern durch Veranstaltung von **Religionsgesprächen**. Diese Reunionspolitik war von Karl anfangs (anders § 1) ehrlich gemeint; nur war sein Ziel kein anderes, als durch theologische Widerlegung die Protestanten zum Gehorsam gegen die kath. Kirche zurückzuführen; höchstens in unwichtigen Dingen sollten ihnen Zugeständnisse gemacht werden, aber auch nur bis zum Konzil. Nachdem die Verhandlungen zu **Hagenau** (Juni 1540) ohne positives Ergebnis verlaufen waren, wurde Nov. **1540** bis Jan. **1541** das Religionsgespräch zu **Worms** veranstaltet; Eck und Melanchthon disputierten auf Grund der CA über die Erbsünde. April und Mai 1541 verhandelten die Parteien von neuem auf dem Religionsgespräch zu **Regensburg**. Mit vieler Mühe brachte man einen Vergleich über die Rechtfertigungslehre zustande, der aber sowohl von der Kurie wie von Luther verworfen wurde. Heftiger Streit entbrannte bei der Debatte über die Wandlungslehre. Die Einigungsversuche waren zunächst gescheitert.

γ) Da verschaffte die **Doppelehe des Landgrafen** dem Kaiser einen *g* billigen Erfolg. Philipp von Hessen hatte im März 1540 unter Einwilligung seiner Gemahlin, Christina von Sachsen, mit einem Hoffräulein insgeheim eine zweite Ehe geschlossen. Um die Zustimmung der Mutter der Braut zu gewinnen, hatte er vorher *Luther* und *Melanchthon* den Beichtrat vom 10. Dez. 1539 entlockt, worin sie als Beichtväter dem Landgrafen Dispens erteilten, insgeheim eine zweite Ehe zu schließen. Es war der *dies ater* der deutschen Reformationsgeschichte. Die ungeheuerliche Angelegenheit zeigt das Versagen der damaligen, vorwissenschaftlichen Theologie, die die Stellung des AT zur Bigamie nicht zu verstehen vermochte; sie zeigt aber auch Luthers rückständige Auffassung vom Beichtrat. Das Gerücht von dem, was geschehen war, lief rasch durch die Lande. Philipp, durch seine Tat nicht nur aufs schlimmste bloßgestellt, sondern durch das Reichsrecht an Leben und Land bedroht, mußte sich mit dem Kaiser verständigen

301

§ 79 Zeitalter der Reformation

und seiner oppositionellen Politik entsagen (Separatabkommen vom 13. Juni 1541).

h ε) Weitere Erfolge des Kaisers waren, daß Herzog *Moritz von Sachsen* (1541 bis 1553), ein Mann von kühler politischer Berechnung und voller religiöser Gleichgültigkeit, dem Bündnisse seines Schwiegervaters Philipp von Hessen mit Karl (§ g) beitrat (23. Juni 1541), und daß *Joachim II.* von Brandenburg (§ c) dem Schmalkaldischen Bunde fernblieb (24. Juli). Ein heftiger Gegensatz zwischen den beiden sächsischen Linien bildete sich heraus. Im Bistum Meißen prallten die Albertiner und die Ernestiner aufeinander („Wurzener Fehde"); nur die Vermittelung des Landgrafen verhütete einen Krieg. Doch trat Moritz aus dem Schmalkaldischen Bunde aus, ohne freilich damit der Kirchenreform zu entsagen.

i ς) Andererseits machten auch die Evangelischen in diesen Jahren noch wichtige Fortschritte: 1542 gerieten im SÜDEN die sog. junge Pfalz (Pfalz-Neuburg und -Sulzbach, unter *Ott-Heinrich*) und die Stadt Regensburg, im NORDEN die seit Anfang des 16. Jhs. landsässigen sächsischen Bistümer (Naumburg, Merseburg, Meißen) in ihre Gewalt, dazu Braunschweig-Wolfenbüttel (Vertreibung des Herzogs *Heinrich* durch Kursachsen und Hessen; Luthers Schrift „Wider Hans Worst" 1541) und etwas später die Bischofsstadt Hildesheim. Auch in Mecklenburg gewann die Reformation immer mehr an Boden; 1547 war hier der Sieg errungen. Ein noch größerer Erfolg winkte im WESTEN: seit 1543 arbeitete der Kölner Erzbischof *Hermann von Wied* an der Reformation des Erzstiftes Köln. Er berief Bucer und Melanchthon. Da auch der Herzog *Wilhelm von Kleve*, sowie *Franz von Waldeck*, der Bischof von Münster, Minden und Osnabrück, reformfreundlich waren, schien der Sieg der Reformation im ganzen Nordwesten in sicherer Aussicht zu stehen. Indessen nun begann die verhängnisvolle Wirkung des Separatabkommens Philipps mit dem Kaiser (§ g); gemäß diesem Vertrage verweigerten die Schmalkaldener dem Herzog Wilhelm von Kleve die Aufnahme in ihren Bund und unterließen es, den Herzog zu unterstützen, als er 1543 mit Karl um den Besitz von Geldern in Fehde geriet (**Klevischer Krieg**); so warf Karl ihn mit leichter Mühe nieder und zwang ihn zum Verzicht auf seine kirchlichen Reformen. Das wirkte wieder auf Köln zurück, wo die katholische Reaktion nun ständig an Boden gewann und 1546 Hermann von Wied verdrängte (gest. 1552 in Wied als Protestant). Damit war das siegreiche Vordringen des Protestantismus im Nordwesten Deutschlands zum Stillstand gebracht.

k 3. Überdies glückte es nun Karl, die auswärtigen Kriege zu beendigen (1544 bzw. 1545); damit gewann er endlich die Möglichkeit, den schon seit einiger Zeit beschlossenen Krieg gegen die Ketzer und fürstlichen Revolutionäre in Deutschland zu beginnen. Und jetzt gelang es ihm auch, sich mit dem Papst über das Konzil zu verständigen; Nov. 1544 berief Paul III. auf den 15. März 1545 ein Konzil nach Trient, dem alleräußersten Winkel des Deutschen Reichs.

l Die deutschen Protestanten lehnten auf dem Reichstag zu Worms März 1545 die Beschickung der Tridentiner Synode ab (Luthers Schrift „Wider das Papsttum zu Rom, vom Teufel gestiftet"). Wenn Karl die Ausgleichsverhandlungen (vgl. § d f) noch immer fortsetzte, so wollte er damit die gutgläubigen Protestanten nur hinhalten, bis er losschlagen könnte. (Jan. 1545 Melanchthons „Reformatio Wittenbergensis", voller Zugeständnisse; Jan. 1546 das ganz ergebnislose Religionsgespräch zu Regensburg.)

m In dieser schwülen Zeit vor dem Ausbruch des Religionskrieges wurde Martin Luther in Eisleben, wo er einen Streit der Grafen von Mansfeld geschlichtet hatte, den Seinen am **18. Febr. 1546** entrissen. Seine letzten Lebensjahre waren durch viel Krankheit und schwere Enttäuschungen verdüstert. Die Berechtigung seines Aufstandes gegen den Papst stand ihm zwar außer Zweifel, aber sein Pessimismus gegenüber Welt und Menschen gewann von Jahr zu Jahr an Stärke, seine Polemik an Heftigkeit (scharfe Kampfschriften gegen die Juden: „Von den Juden und ihren Lügen" und „Vom Schem Hamphoras", 1543).

Die Erinnerung an den Reformator blieb zu allen Zeiten lebendig. Freilich *n* nicht nur die porträtmäßige Vorstellung von Luther wandelte sich im Laufe der Jhh., sondern jede Generation gestaltete sich auch einseitig nach ihren Idealen ihr eigenes literarisches **Lutherbild**; schon den Zeitgenossen, noch mehr den Epigonen fehlte es an Kongenialität, ihn voll zu erfassen. Die Orthodoxie sah in ihm den Erneuerer der „reinen Lehre", der Pietismus den Beter und Glaubenshelden, die Aufklärung den Bahnbrecher der Vernunft und Gegner des Aberglaubens, die Zeit der Freiheitskriege den deutschen Nationalhelden usw. Der Verherrlichung Luthers durch seine Anhänger stand der wütende Haß seiner Gegner, der Schwärmer (*Thomas Münzer*, § 76 r) und der Altgläubigen, gegenüber; ihm entsprang die lange Reihe gehässiger Angriffe bis herab auf Denifle (§ 116 s) und seine Nachfolger (vgl. § 74 z). Sie begannen mit der Lutherbiographie des *Johann Cochläus* („Commentaria de actis et scriptis Martini Lutheri", 1549).

§ 80. Krisis und Rettung des deutschen Protestantismus, 1546 bis 1555.

PHEIDRICH, Karl V. und die deutschen Protestanten am Vorabend des Schmalkaldischen Krieges, 2 Bde., 1911f. – KBRANDI, Der Augsburger Religionsfriede (kritische Textausgabe), ²1927.

1. Nachdem die Lutheraner die Beschickung der Tridentiner *a* Synode verweigert hatten, war eine kriegerische Auseinandersetzung unvermeidlich geworden. Sie erfolgte im Schmalkaldischen Kriege 1546–1547 und endete mit der Niederlage des Schmalkaldischen Bundes.

Zu Bundesgenossen hatte der Kaiser neben mehreren katholischen Mäch- *b* ten (der Papst, König Ferdinand, Herzog Wilhelm von Bayern) auch eine Anzahl von ev. Fürsten, denen er kirchliche Zugeständnisse machte (*Moritz von Sachsen*, Hans von Küstrin, Erich von Braunschweig-Kalenberg, Albrecht von Brandenburg-Kulmbach). Der Krieg wurde auf zwei Kriegsschauplätzen geführt, in Süddeutschland (1546) und in Norddeutschland (1546–47). Nachdem die süddeutschen Städte sich dem Kaiser unterworfen hatten, kam es im Norden zur Entscheidung: im Gefecht bei Mühlberg auf der Lochauer Heide 24. April **1547** wurden die Schmalkaldener geschlagen. Kurfürst Johann Friedrich von Sachsen wurde gefangen; Landgraf Philipp ergab sich im Juni dem Kaiser; beide Fürsten blieben in Haft. In der Wittenberger Kapitulation 19. Mai 1547 erhielten die Albertiner von den Ernestinern die Kurwürde mit dem Kurkreis (Wittenberg).

2. Nachdem der Kaiser die protestantischen Stände niederge- *c* schlagen hatte, schien sein letztes Ziel erreichbar nahe: Beschränkung der ständischen Freiheiten und Wiederherstellung der alten Kirche. Da das Einvernehmen mit dem Papst inzwischen schon wieder getrübt war (§ 88 f), begann Karl die kirchlichen Angelegenheiten des Deutschen Reichs auf eigene Hand zu regeln. Dem diente das vom Augsburger Reichstag im Mai **1548** angenommene **Augsburger Interim.** Der Protestantismus schien aufs äußerste bedroht.

Das Interim, in der Hauptsache das Werk der kath. Theologen *Pflug* und *Hel- d ding* unter Anteilnahme des brandenburgischen Hofpredigers *Johann Agricola*, machte den Protestanten nur das Zugeständnis des Laienkelchs und der Priesterehe, aber nur bis zum nächsten Konzil; im übrigen schrieb es in Lehre und Brauch die kath. Auffassung vor.

Die süddeutschen Protestanten, dem Kaiser gegenüber völlig wehrlos, *e* unterwarfen sich dem Interim oder wurden durch Gewalt zur Unterwerfung ge-

§ 80   Zeitalter der Reformation

f zwungen. Sie halfen sich, so gut sie konnten, durch passiven Widerstand. An manchen Orten erfolgte sogar die sofortige Wiederherstellung des katholischen Kirchenwesens in seinem ganzen Umfange.

Die **norddeutschen** Stände, namentlich die Städte, konnten weit stärkeren Widerstand leisten. Die Entschlossensten verweigerten offen die Durchführung des Interims; vor allem in **Magdeburg** („unseres Herrgotts Kanzlei") sammelte sich eine Schar überzeugungstreuer Lutheraner. In **Kursachsen** ließ Moritz, infolge seiner Haltung im Schmalkaldischen Kriege seiner protestantischen Bevölkerung gegenüber in schwieriger Lage, von seinen Theologen ein etwas maßvolleres Interim ausarbeiten, die Formel von Alt-Zella oder das **Leipziger Interim** (Dez. **1548**). In dieser Formel (Hauptverfasser *Melanchthon*) wurde über Rechtfertigung und gute Werke evangelisch gelehrt, der canon missae beseitigt usw., aber unter dem Namen der „**Adiaphora**" eine Menge katholischer Riten und Zeremonien beibehalten, selbst Fronleichnam (§ 92 e).

g 3. Da nahmen die Dinge plötzlich eine unerwartete **Wendung**. Die Rücksichtslosigkeit, mit der der spanische Herrscher seit 1547 seinen Sieg in Deutschland ausnutzte, erregte leidenschaftliche Erbitterung. Diese Stimmung erleichterte den politischen Umschwung. Der Retter des Protestantismus wurde *MORITZ* von Sachsen. Er **wechselte die Partei**, überlistete in höchst verschlagener Politik den Kaiser und vernichtete mit einem Schlage alle Erfolge, die der Kaiser in den letzten Jahren errungen hatte.

h Der Widerspruch gegen die kaiserliche Politik erhob sich bei einer Gruppe von Fürsten. Moritz von Sachsen schloß sich ihnen an und wurde ihr Führer. Die neu errungene Kurwürde ließ sich nicht in Feindschaft mit den norddeutschen protestantischen Ständen behaupten; auch war er seinen ev. Untertanen gegenüber als der „Judas von Meißen" in peinlicher Lage; überdies war er durch die heimtückische Gefangennahme seines Schwiegervaters Philipp von Hessen, sowie durch die vertragswidrige Vorenthaltung der Stifter Magdeburg, Halberstadt und Merseburg von Karl V. persönlich gekränkt. Er verfuhr mit meisterhafter Diplomatie. Während er im Auftrage des Kaisers die **Reichsacht** an **Magdeburg** (§ f) vollstreckte (Kapitulation am 4. Nov. 1551), verband er sich insgeheim mit **Frankreich** (Preisgabe der Stifter Cambrai, Metz, Toul und Verdun). Im Frühjahr 1552 überrumpelte er den Kaiser in **Innsbruck**. Karl rettete sich mit knapper Not nach Villach in Kärnten; das Konzil in Trient aber löste sich auf.

i Nun waren die protestantischen Stände die Herren der Lage. Im **Passauer Vertrage** 2. Aug. **1552** wurde den Evangelischen von neuem bis zum nächsten Reichstage ein Stillstand gewährt; Philipp von Hessen wurde die Freiheit geschenkt (Johann Friedrich war schon vorher freigelassen worden). Das volle Reifen der Früchte seiner Politik hat Moritz nicht mehr erlebt; er starb 1553 nach dem siegreichen Gefecht bei Sievershausen an einer Verwundung.

k 4. Am 25. Sept. **1555** wurde auf dem von Karl V. berufenen, von Ferdinand geleiteten Reichstag zu Augsburg der **Augsburger Religionsfriede** geschlossen. Er besiegelte (1) die **konfessionelle Spaltung** Deutschlands, indem er einerseits die „Verwandten der AC" reichsrechtlich anerkannte, aber anderseits durch das „Reservatum ecclesiasticum" die Erhaltung der furchtbar verfallenen alten Kirche sicherte; er entschied (2) die **konfessionelle Geschlossenheit** der deutschen Territorien, die sich bis zum Beginn des 19. Jhs. erhalten hat; er barg (3) infolge zahlreicher, zum Teil absichtlicher Unklarheiten die **Keime zu neuen Konflikten** in sich; erst der Westfälische Friede 1648 brachte klarere Lösungen.

Die Hauptbestimmungen des Augsburger Religionsfriedens.

1) Kein Reichsstand sollte künftig wegen seiner Zugehörigkeit zur Confessio *l* Augustana oder zur „alten Religion" mit Krieg überzogen werden. Dagegen blieben alle, die nicht den beiden genannten „Religionen" zugehörten, vom Frieden ausdrücklich ausgeschlossen (also Taufgesinnte, Zwinglianer usw.; vgl. § 94 g).

2) Der Friede proklamierte nicht „Religionsfreiheit" in unserm Sinne, sondern *m* gewährte nur den **Landesherren** die Freiheit, sich für die eine oder die andere der beiden „Religionen" zu entscheiden (das „*ius reformandi*" nach späterem Ausdruck), während die **Untertanen** dem Bekenntnis des Landesherrn zu folgen hatten (später mit dem Satze bezeichnet: „*cuius regio, eius religio*"). Doch sollten andersgläubige Untertanen ohne Schaden an Ehre und Gut mit Weib und Kind **auswandern** dürfen.

3) Für die geistlichen Gebiete setzten die Altgläubigen dagegen das *n* „**Reservatum ecclesiasticum**" (den „geistlichen Vorbehalt") durch, um den Fortbestand des geistlichen Fürstentums zu retten: danach ging ein zum Protestantismus übertretender geistlicher Fürst seiner geistlichen Würde und aller damit verbundenen Territorialbesitzungen und Einkünfte ohne weiteres verlustig. Die Protestanten stellten die Gegenforderung, daß die zur CA gehörigen Ritter, Städte und Gemeinden in den geistlichen Territorien geduldet werden sollten, wenn sie schon längere Zeit darin lebten; Ferdinand gewährte dies Zugeständnis, aber nur in Gestalt einer besonderen königlichen Deklaration („**declaratio Ferdinandea**"), auf die das Reichskammergericht nicht verpflichtet wurde. Dagegen wurde das den Protestanten ungünstige „Reservatum ecclesiasticum" in den Reichstagsabschied aufgenommen.

4) Die geistliche Jurisdiktion wurde in den evangelischen Gebieten „bis *o* zu endlicher Vergleichung der Religion" suspendiert. Das Reichskammergericht sollte mit Vertretern beider Konfessionen besetzt werden. Die eingezogenen reichsmittelbaren geistlichen Güter blieben den Protestanten. Die katholischen Minoritäten der Reichsstädte sollten von den Protestanten geduldet werden.

5) Der Friede war zunächst als **provisorisch** gedacht; doch sollte der end- *p* liche Vergleich „nicht anders denn durch christliche, freundliche, friedliche Mittel" erstrebt werden; wenn der Ausgleich nicht erfolgte, sollte der Friede ein „ewig währender" sein.

§ 81. Ergebnisse und Eigenart der lutherischen Reformation.

ETROELTSCH, Die Bedeutung des Protestantismus für die Entstehung der modernen Welt, ⁵1928. – Ders., Soziallehren, s. § 2 r. – KHOLL, s. § 74 x. – HEINR HOFFMANN, Reformation und Gewissensfreiheit, 1932. – WELERT, Morphologie des Luthertums, Bd. I (Theologie und Weltanschauung), 1931; Bd. II (Soziallehren und Sozialwirkungen), 1932. – THPAULS, Luthers Auffassung von Staat und Volk, 1925. – PJOACHIMSEN, Sozialethik des Luthertums, 1927. – OWINKELMANN, Das Fürsorgewesen der Stadt Straßburg, 1922. – LFENDT, Der lutherische Gottesdienst des 16. Jhs., 1923. – RLANSEMANN, Die Heiligentage, 1938. – WFRIEDENSBURG, Geschichte der Universität Wittenberg, 1917. – WSOHM, Die Schule Joh. Sturms und die Kirche Straßburgs, 1912. – Zu § h) GWOLFRAM, Ein feste Burg, 1936.

1. DIE ZENTRALIDEE. Fragt man nach der Eigenart der luthe- *a* rischen Reformation, so muß man von der religiösen Zentralidee des Luthertums ausgehen (vgl. § 75 c d). Die religiöse Zentralidee aber war das von Luther errungene „sola fide", die Rechtfertigung ohne des Gesetzes Werke allein aus dem Glauben.

20 Heussi, Kompendium 13. Aufl.

b Danach ist die Religion etwas ganz Innerliches, nämlich das durch den Glauben vermittelte Erlebnis der Sündenvergebung. „Glaube" ist nicht [bloß] die Unterwerfung unter die Kirchenlehre, sondern die tief empfundene Zuversicht zu dem in Christo gnädigen Gott. Der Glaube wird geweckt durch das „Evangelium" oder „Wort Gottes". Das Erlebnis der Sündenvergebung, mit dem Gott mitten in der durch die Erbsünde verderbten Welt den Gläubigen begnadigt, ist schlechthin ein göttliches Wunder. Es gibt dem Gläubigen einen Heldenmut des Gottvertrauens und des Bekennens.

c Diese Frömmigkeit beherrschte das ganze Luthertum, wenn sie auch bei den breiten Massen der Lutheraner begreiflicherweise manche Vergröberung erlitt. Aus ihr ergab sich die höchst charakteristische Stellung der lutherischen Christen zur „Welt". Die Welt galt als die Stätte des Kampfes zwischen Gott und dem Teufel. Durch den Sündenfall Adams ist das Werk des Schöpfers verdorben. Staat, Recht, soziale Unterschiede usw. sind Erzeugnisse von Gewalttaten. Aber diese irdischen Verhältnisse, so schlecht sie sein mögen, sind von der göttlichen Vorsehung zugelassen. Daher besteht das sittliche Handeln in der Bewährung der Rechtfertigungsgnade; d. h. der Christ ist in diese Welt „geworfen", um im Kampf mit dem Teufel sich als Gotteskind zu bewähren. Die irdische Arbeit ist Pflicht gegen Gott, der überdies seinen Segen auf die Arbeit gelegt hat, so daß der Christ gern arbeitet, weiter Pflicht gegen die Mitmenschen, von deren Schweiße man nicht leben darf. Diese Einstellung gab freilich keine Antriebe zu einer Umgestaltung der irdischen Verhältnisse, außer wenn diese ein Hemmnis für den Glauben waren. Sie kannte kein anderes Ziel als die schlichte, demütige Einordnung des einzelnen in die Welt mit ihren Ordnungen (Obrigkeit, Rechtsordnung, Familienleben, treue Pflichterfüllung). Aber sie bewirkte ein grundsätzlich neues Arbeitsethos: Die irdische Arbeit die allein von Gott gewollte (kein Werkdienst, keine asketischen Stände!); alle ehrliche, in rechter Gesinnung betriebene Arbeit, auch die niedrigste, auch der Stalldienst der Magd, ist 1) gleichwertig, ist 2) ein Gottesdienst und entspricht 3) einem göttlichen Auftrag. Das Wort „Beruf", im NT die göttliche Berufung zum Heil, bei den Mönchen die Berufung zum mönchischen Stand, bezieht sich nun auf den von Gott dem einzelnen gegebenen irdischen Stand; die Mönche haben gerade keinen „Beruf", da die Gelübde widergöttlich sind.

d 2. ALTES UND NEUES. α) Von dieser religiösen Stellung aus hat Luther das katholische System teilweise sehr durchgreifend umgestaltet; doch war ihm alles erträglich, was mit seinen neuen religiösen Einsichten vereinbar war. Im Grunde war Luther eine höchst konservative Natur. In seinen konservativen Neigungen bestärkte ihn noch der Kampf mit den „Schwärmern".

e Beseitigt hat Luther: die spezifisch katholischen Autoritäten (Papst, Konzilien, kirchliche Tradition), den Priesterbegriff, die hierarchische Verfassung, die Vorstellung „göttlicher" Bestandteile des Kirchenrechts, den Glauben an das Fegefeuer, das Meßopfer und was damit zusammenhing (Winkelmessen, Seelenmessen, ungezählte Meßpfründen usw.), die katholische Auffassung der Sakramente, die Sakramente selbst außer Taufe und Abendmahl, die gesamte „Religion zweiter Ordnung" (Heiligenanrufung, Bilderverehrung, Reliquien, Wallfahrten, Prozessionen, Weihwasser, Amulette usw.), den gesamten Werkdienst, das Mönchtum und die doppelte Sittlichkeit, den religiös sanktionierten Bettel, den ekstatischen und visionären Zug der Frömmigkeit, wenigstens grundsätzlich die allegorische Schrifterklärung.

Unangetastet gelassen wurden: die gesamte supranaturalistische Weltanschauung, der massive Glaube an Engel, Teufel, Dämonen, Hexen usw., der starke Pessimismus gegenüber dem Erdendasein und die damit zusammenhängende eschatologische Erwartung, die altchristliche Vorstellung von der einen, allein wahren Kirche.

Zwiespältig waren die Wirkungen der Reformation auf die Autorität der hl. Schrift (verstärkt, sofern sie nach Wegfall der übrigen Autoritäten zur alleinigen Autorität und zum Maßstab für die katholischen Dogmen und Institutionen wurde, – geschwächt, sofern Luther zwischen „Schrift" und eigentlichem „Wort" zu unterscheiden lernte), die Verbalinspiration (hier kam es bei den Reformatoren zu Ansätzen zur Korrektur § w, bei den Epigonen zu übertriebenster Verstärkung § 95 b), das altkirchliche Dogma (dessen Geltung Luther für das 16.–18. Jh. verstärkt, dessen Auflösung seit dem 18. Jh. er durch gewisse Grundsätze vorbereitet hat). Auch die Askese hat Luther keineswegs radikal beseitigt (er verwarf die Weltflucht, behielt aber das Fasten, doch unter Ausschluß aller Gesetzlichkeit und Werkheiligkeit, bei; asketische Beurteilung des Sexuallebens neben positiver Bewertung der Ehe, s. § r).

β) Gleichwohl bezeichnet Luthers Werk eine vom Katholizismus *f* prinzipiell geschiedene Gesamtauffassung des Christentums. Allerdings wollten Luther und seine Anhänger keine Neuerer sein; sie beurteilten das Vollbrachte als eine „reformatio", d. h. eine Wiederherstellung der ursprünglichen Form des Christentums, als die Wiederentdeckung des „Evangeliums". Sie betrachteten sich selbst als die Glieder der alten Kirche, die Päpstlichen als die Abtrünnigen. Historisch gesehen bezeichnet aber die lutherische Reformation eine neue Form des Christentums.

Dies schließt nicht aus, daß die reformatorische Rechtfertigungslehre, die in *g* einer ähnlichen Kampfsituation wie der Paulinismus entstanden ist (Kampf gegen die katholische Werkheiligkeit – Kampf gegen das pharisäische Gesetz), ihrer innersten Tendenz nach der paulinischen verwandt ist, so daß der Anspruch des Luthertums auf den Besitz des „Evangeliums" eine bestimmte Berechtigung hat. Die Sondergestalt, die das Luthertum darstellt, beruht in der Hauptsache darauf, daß Luther im NT unter starker Verkennung der Synoptiker einseitig die paulinisch-johanneischen Gedanken verwertete, sich überdies nur eine Auswahl paulinischer Gedanken aneignete. Ein geschichtlich zutreffendes Verständnis des Paulinismus besaß die Zeit selbstverständlich noch nicht.

3. KULTUS. Die gleiche Stilart (§ d) wie Luthers „Theologie" *h* weist auch der lutherische Kultus auf. Weit entfernt von dem Radikalismus der Schweizer hat Luther die katholische Messe nicht beseitigt, sondern von dem „gereinigt", was seiner religiösen Grundanschauung widersprach, und dem Worte Gottes den gebührenden Raum in ihr verschafft; die lutherische Messe war ein Umbau der römischen Messe.

Luther behielt den Aufbau der römischen Messe bei, strich aber alle „unchristlichen Fabeln" und fügte ihr die Predigt und den Gemeindegesang ein. Die lutherische Messe hatte somit zwei Höhepunkte, die Predigt und die Abendmahlsfeier, mit der jeder Gottesdienst beschlossen wurde; doch verzichtete Luther darauf, die Beteiligung der ganzen Gemeinde an jeder Abendmahlsfeier zu fordern. Die Predigt trug sehr lehrhaftes Gepräge; die altkirchlichen Perikopen behielt Luther, obwohl sie ihm nicht voll genügten, im wesentlichen bei. Auch die Choräle sollten der dogmatischen Belehrung des Volkes dienen. Die Nebenaltäre wurden entfernt, dagegen blieben Hauptaltar, Bilder und Orgel. Bei der Taufe behielten die Lutheraner den Exorzismus bei. Die ältesten ev. Gesangbücher gehören dem Jahre 1524 an (darunter das sog. Wittenberger Achtliederbuch). Von Luther stammen 27 Lieder (Ein feste Burg nicht sicher datierbar; vielleicht aus der Türkennot Herbst 1529, GWolfram).

Eine große Rolle spielten Katechismusunterricht und Katechismusexamen; das zweite ersetzte die katholische Firmelung. Seit Luthers „Deutscher Messe und Ordnung des Gottesdienstes" von 1526 war der lutherische Gottesdienst **deutsch**; auch nach 1526 ließ Luther neben der deutschen Messe zur Belehrung der Jugend **lateinische Nebengottesdienste** abhalten. Von den übrigen Gottesdienstordnungen der Lutheraner wahrten die von *Bugenhagen* verfaßten den von Luther geschaffenen Typus am reinsten.

i   4. KIRCHE UND STAAT. α) Seit den 20er Jahren hatte das Luthertum unter dem Zwange der politischen Verhältnisse Anlehnung an die Territorialgewalten gesucht; es entwickelte sich zum **Landeskirchentum**, d. h. es zerfiel in ebensoviele voneinander rechtlich unabhängige Territorialkirchen, wie es politische Territorien erobert hatte, und es war überall der Gewalt der Territorialherren unterworfen. Die einzelnen Territorien waren, von geringen Ausnahmen abgesehen, konfessionell geschlossen (§ 80 k); es bestand ein harter Dogmen- und Kirchenzwang.

1. Das Organ der fürstlichen Kirchenregierung war zunächst die fürstliche **Kanzlei**. Daneben wurden von Fall zu Fall **Visitatoren** bestellt; außerdem hatte man als ständige kirchliche Beamte, zuerst 1527f. in Kursachsen, die **Superintendenten**; sie entsprachen den bischöflichen Offizialen (richterlichen Beamten) der kath. Kirche. Luther hatte an der organisatorischen Seite des Kirchenwesens nur mäßiges Interesse (anders Zwingli § 77 o und Calvin § 83 h!). Das älteste **Konsistorium**, 1539 in Wittenberg für den Kurkreis und den Torgauer Kreis geschaffen, war im wesentlichen nur ein kirchlicher Gerichtshof, besonders für Ehesachen, nicht etwa Organ des landesherrlichen Kirchenregiments. – Ein zweiter, wesentlich anders konstruierter Typus des Konsistoriums entstand in **Württemberg 1553** (seit 1559 unter dem Namen „Kirchenrat"). Das württembergische Konsistorium ist im Unterschiede von dem kursächsischen aus dem Visitationswesen hervorgegangen und hat mit der kirchlichen Gerichtsbarkeit fast nichts zu tun; es war vielmehr das Organ des fürstlichen Kirchenregiments. Das württembergische System fand Nachahmung in Baden-Durlach, in der Pfalz, in Braunschweig-Wolfenbüttel, Hessen, Kursachsen (1580ff., 1606ff.) und Brandenburg (1614–18).

k   2. Luther kannte nur „Obrigkeiten", keine „Staaten". Die Obrigkeit aber galt ihm als ein Notbehelf, als durch den Sündenfall nötig geworden, doch als von Gott eingesetzt. Der Christ hat der Obrigkeit unbedingt zu gehorchen, außer wenn sie den lutherischen Glauben unterdrückt; dann darf er ihr passiven Widerstand entgegensetzen. Das ihr von Gott verliehene Recht, überall einzugreifen, wo es notwendig und nützlich ist, hat die Obrigkeit, die ja selbst christlich ist, auch auf **kirchlichem** Gebiet zu betätigen; sie hat also gemeinsam mit den kirchlichen Organen die Christenheit zu regieren. Luther hat das jedoch nur als einen **Notbehelf** angesehen, mit dem er nie ganz zufrieden war. – Den tatsächlichen, geschichtlich gewordenen Zustand, daß der Landesherr der oberste Herr der Landeskirche war, erklärte man im Zeitalter der Orthodoxie durch das **Episkopalsystem**. Es ruhte auf der bereits 1556 nachweisbaren, geschichtlich unzutreffenden Anschauung, daß mit der in Passau 1552 und in Augsburg 1555 verkündeten Suspension der bischöflichen Gewalt in den protestantischen Gebieten die Bischofsgewalt stillschweigend auf die Landesherren übertragen worden sei, also auf einer Fiktion. – Die Gedanken über eine weitgehende **Autonomie der Gemeinden**, die Luther besonders in den Jahren 1520–23 äußerte (z. B. 1523: „Daß eine christliche Gemeinde das Recht habe, alle Lehre zu urteilen und Lehrer zu berufen"), aber auch später hegte, ließen sich bei der Unreife der Laien nicht verwirklichen.

l   3. Die Reformation hat auf nahe Sicht die **Intoleranz**, auf weite Sicht die **Toleranz** gefördert. Die Freiheit des Gewissens, die Luther in Worms am 18. 4. 1521 in Anspruch nahm, bestand [für sein Bewußtsein] darin, die objektiv vorhandene, göttliche Autorität anerkennen zu dürfen (nicht, wie in der neueren Zeit darin, sich subjektiv Autoritäten auswählen und eigene neue religiöse Anschauungen bilden zu dürfen). Toleranz im Sinne der Anerkennung anderer

Überzeugungen als gleichberechtigter ist auf diesem Standpunkt unmöglich. Aus der Pflicht der Obrigkeit, Zwietracht und Aufruhr zu verhindern, folgt, daß sie in ihrem Territorium nur *eine* Art Gottesdienst und das Hervortreten nur *einer* religiösen Überzeugung gestatten kann. Aus der Verantwortung der Obrigkeit für das Seelenheil ihrer Untertanen ergibt sich, daß sie sie zum sonntäglichen Gottesdienst nötigt. Andersgläubige durften auswandern (kurfürstliche Instruktion zur Visitation von 1527, § 78 f, vgl. § 80 m). Doch ließen es die Lutheraner geschehen, daß Katholiken (die von ihnen niemals für Häretiker gehalten und nirgends hingerichtet worden sind), sofern sie sich still hielten, in ihrem Territorium blieben. Das *privilegium emigrandi* war ein damals als Wohltat empfundener Fortschritt; hier liegt eine der Wurzeln der neueren Religionsfreiheit (vgl. § 104 e). Die altkirchlichen Dogmen (Dreieinigkeit, Gottheit Christi) waren durch das Reichsrecht geschützt (§ 24 x); Widerspruch gegen sie war Gotteslästerung und Störung der öffentlichen Ordnung. Daher wurden die Ketzer (zB. Taufgesinnte, auch bei sonstiger völliger Harmlosigkeit) am Leben gestraft (mit dem Schwert, nicht durch Verbrennung); Luther berief sich dafür auf das AT, auf Mose, auf den „Ketzertreiber" David, auf die frommen isr. Könige. Dagegen wollte der Württemberger Reformator *Johann Brenz* schon 1529 nach Mt. 18 nur ein „geistliches" Töten der Taufgesinnten durch Wort und Bann gelten lassen.

β) Die Folgen der Verbindung von Kirche und Staat waren für *m* beide Teile ziemlich tiefgreifend.

1. Die Kirche hatte davon einerseits den größten Gewinn: lediglich der Bund mit den Territorialmächten ermöglichte ihr im 16. Jh. das Dasein. Anderseits blieben unerfreuliche Folgen nicht aus, wie die Verflechtung der Kirchen in die Kleinstaaterei und die Entstehung eines rückgratlosen Hoftheologentums. Doch zog der unerschütterliche Glaube an den übernatürlichen Ursprung der Kirche und den göttlichen Charakter des „Wortes" der fürstlichen Willkür eine Schranke.

2. Im Staate erstarkte unter der Einwirkung der Refor- *n* mation der fürstliche Absolutismus; denn (1) war die Kirche auf das religiöse Gebiet beschränkt und ihr Anspruch auf weltliche Herrschaft beseitigt; (2) war das landesherrliche Kirchenregiment entstanden (vgl. § 78 e); (3) waren die Landesfürsten, sehr gegen Luthers Wunsch, durch Säkularisation von Klöstern und Kirchengut bereichert worden.

Luther hat durch seine Lehre vom allgemeinen Priestertum aller Gläubigen (An den Adel, § 75 u) die Unterscheidung zwischen den beiden „Körpern" der Christenheit, oder den beiden „Reichen", dem geistlichen und dem weltlichen, und damit die Unterordnung des Staats unter die Kirche (Augustin § 33 n; Bonifaz VIII., § 65 b!), aber auch die Gewalt des Staats über die Evangeliumsverkündigung radikal beseitigt. (Keine Unter- oder Überordnung, sondern im Grundansatz völlige Trennung der Aufgaben! Daher der Türkenkrieg kein „Kreuzzug", sondern ein rein weltlicher Krieg, § 104 d; der Kaiser zwar der universale Oberherr ,aber rein weltlich, nicht mehr der Schutzherr der Christenheit, § 43 g!).

5. UNTERRICHTSWESEN. Aus Luthers Auffassung der Reli- *o* gion ergab sich ein starkes Interesse für das Unterrichtswesen; der lutherische Glaube machte Bibelfestigkeit und einen bestimmten Umfang dogmatischen Wissens unumgänglich. Auch abgesehen hiervon war Luther von der Nützlichkeit menschlicher Wissenschaft überzeugt. Namentlich die Räte der Städte gingen mit größter Opfer-

§ 81   Zeitalter der Reformation

willigkeit auf die Forderungen Luthers ein. Doch kamen die Reformen hauptsächlich den **Universitäten** und den **Lateinschulen** zugute, eine wirkliche Volksschule vermochte auch die Reformation nicht zu schaffen.

p   *Luther* (1520 „An den Adel"; 1524 „An die Ratsherren aller Städte deutschen Landes, daß sie christliche Schulen aufrichten und halten sollen"; 1530 „Sermon, daß man die Kinder zur Schule halten solle") forderte gründlichen Jugendunterricht, und zwar für beide Geschlechter, schrieb der Obrigkeit die Pflicht zu, für Schulen und Bibliotheken zu sorgen, und forderte sogar eine Zeitlang allgemeinen Schulzwang. *Melanchthon* bekundete schon mit seiner Wittenberger Antrittsvorlesung „De corrigendis adulescentiae studiis" (1518) seine pädagogischen Interessen. Durch seine weitverbreiteten Unterrichtsbücher, seine organisatorische Tätigkeit in den Lateinschulen und Universitäten, durch seinen Einfluß auf die Stellenbesetzung wurde er tatsächlich der „praeceptor Germaniae". Auf ihn geht in erster Linie der humanistische Einschlag im Luthertum zurück. Zur Erhaltung des Evangeliums forderte Luther gründliches Studium des Lateinischen, Griechischen und Hebräischen: „Die Sprachen sind die Scheiden, darin das Messer des Geistes steckt" (An die Ratsherren, WA 15, 38; zitiert von Goethe).

q   Der Volksschulunterricht bestand zwar nur in religiöser Unterweisung des Gesindes und der Kinder aus dem Volk durch den Küster, erhielt aber durch Luther im „Kleinen Katechismus" (1529; s. § 102 b) ein Volksschulbuch von außerordentlicher Bedeutung, durch das die religiöse und sittliche Erziehung vieler Menschenalter bestimmt worden ist. Für die lutherischen Lateinschulen war das protestantische Gymnasium zu Straßburg typisch, begründet 1537 durch *Johann Sturm*, den bedeutendsten humanistischen Schulrektor des 16. Jhs. Erziehung und Unterricht waren streng kirchlich, der Humanismus verflüchtigte sich mehr und mehr zu einer rein formalen Technik. Die lutherischen Universitäten[1] organisierte vor allem Melanchthon; er verfuhr mit den überlieferten Einrichtungen sehr konservativ und behielt die hergebrachten Fakultäten und den Vorrang der Theologenfakultät bei.

6. DIE ÜBRIGEN KULTURGEBIETE erfuhren ebenfalls mehr oder minder starke Einwirkungen der Reformation.

r   α) Für das **Familienleben** wurde nicht bloß die Entstehung des deutschen evangelischen Pfarrhauses von Bedeutung; das Luthertum beseitigte die katholischen Ehehindernisse; die Leugnung des sakramentalen Charakters der Ehe ergab die Möglichkeit der [faktisch überaus seltenen] Ehescheidung. Das Familienleben selbst blieb rein patriarchalisch, die Frau völlig der Gewalt des Mannes untergeben. Luthers Eheanschauung ist nicht einheitlich und führt grundsätzlich über das 15. Jh. nicht hinaus. Er konnte die Ehe grob naturalistisch oder als Keimzelle für alle sozialen Lebensformen oder auch rein „geistlich" bewerten. Im Grunde verharrt er bei I. Kor. 7: die Ehe ist ein Heilmittel gegen Unkeuschheit; eheliche Gemeinschaft ist Keuschheit. Individuelle Liebe spielt in seiner Eheauffassung überhaupt keine Rolle.

s   β) Im **Wirtschaftsleben** brachten das Eingehen ungezählter Klöster, Stifte und Meßpfründen, sowie der Wegfall zahlreicher Feiertage und die neue Wertung der Berufsarbeit eine Zunahme des Volkswohlstandes. Doch war es kein Zufall, daß es auf lutherischem Gebiet noch auf lange Zeit an einer großzügigen Wirtschaftspolitik fehlte; denn Luther und das ältere Luthertum teilten durchaus noch das asketisch bedingte Mißtrauen gegen das Erwerbsleben (Zinsnehmen als Wucher verboten; nur in gewissen Fällen hielt Luther den Zinskauf älterer Art, d. i. das Leihen von Geld auf ein bestimmtes liegendes Gut, gegen einen mäßigen Zinsfuß, für sittlich erlaubt).

---

[1] Neugründungen der Reformationszeit: Marburg 1527; Königsberg 1544; Jena 1558 (bez. 1548); – Reorganisationen: Wittenberg 1520 (abgeschlossen 1536); Greifswald 1534; Rostock 1534; Tübingen 1535; Leipzig 1539.

γ) Die Beobachtung, daß die Wirkungen der Reformation auf die **Sittlichkeit** *t* wenig tief waren, gehörte zu den Erfahrungen, die Luthers letzte Lebensjahre verbitterten. Der Zusammenbruch des katholischen Systems entzog vielen „Schwachen" den sittlichen Halt; dazu war Luthers Predigt von der Sündenvergebung ohne menschliches Werk schweren Mißverständnissen ausgesetzt. Trotzdem besserte sich allmählich im Bereich der Reformation der sittliche Zustand der Gemeinden. Das erhebliche Sinken der Zahl der Ehelosen, die Sitte frühzeitiger Eheschließung und das Ende des religiösen Vagabundentums (§ 71 r) leiteten die Volkssittlichkeit in gesunde Bahnen. Sehr günstig waren die Auswirkungen von Luthers Auffassung von Arbeit und Beruf, vgl. § c.

δ) Auch die **Rechtsverhältnisse** erfuhren die Einflüsse der Reformation. *u* Zwar wurde das barbarisch strenge Strafrecht (Tortur usw.) beibehalten; auch die Hexenprozesse dauerten fort, ja erlangten im 16. und 17. Jh. und gerade in Mitteleuropa eine entsetzliche Verbreitung; aber das kanonische Recht und damit die bevorzugte Stellung der Kirche und der Geistlichkeit wurden allmählich beseitigt. Anderseits verstärkte der Protestantismus, vor allem Melanchthon, die Geltung des römischen Rechts, das als Ausführung des Dekalogs betrachtet wurde.

ε) In der **Wissenschaft** wurde die Vormachtstellung der Theologie *v* durch die Reformation neu befestigt; alle übrigen Wissenschaften waren theologisch gebunden, von einer freien Wissenschaft waren die lutherischen Universitäten des 16. Jhs. noch weit entfernt. Doch ist das kopernikanische Weltbild zuerst durch Lutheraner verbreitet worden. Am stärksten äußerte sich die kirchliche Umwälzung in der Theologie selbst. Die Verbindung der Reformation mit dem Humanismus und Luthers hermeneutische Grundsätze (Ablehnung der Allegorese) förderten das Bibelstudium; der Kampf gegen das Papsttum trieb zu einer kritischen Betrachtung der Kirchengeschichte (§ x); in beiden Beziehungen setzten die Lutheraner die Arbeit der Renaissance fort. Die Königin der Wissenschaften war die Dogmatik. Luther war von unbesieglichem Haß gegen Scholastik und Philosophie, d. h. gegen den Gebrauch der Vernunft in Glaubensdingen, erfüllt. Gleichwohl stellte sich mit der Zeit, vornehmlich durch Melanchthon, doch wieder eine der Scholastik verwandte, von der Philosophie beeinflußte Behandlung der Glaubenslehre ein. Auch der „verdammte, hochmütige, schalkhaftige Heide" Aristoteles (vgl. An den Adel, WA 6, 456) fand wieder Eingang. Diese Entwicklung war innerlich notwendig. Die Scholastik hatte echte, teilweise noch heute ungelöste Probleme bearbeitet; man kann die gesamte scholastische und altprotestantische Theologie als eine allmählich weiterschreitende, notwendige Klärung letzter erkenntnistheoretischer Einstellungen ansehen (KHeim). Im volkstümlichen Aberglauben blieben die lutherischen Gelehrten in gleicher Weise befangen wie die humanistischen und die katholischen, so Melanchthon in der Astrologie, Luther im Teufelsglauben.

Luthers kritische Äußerungen über biblische Bücher (Bestreitung *w* des apostolischen Charakters von Jak., Jud., Hebr., Apk.: Blick für die Irrtümer und Ungenauigkeiten der hl. Schrift) sind interessante Belege für die gewaltige Kühnheit seines „Glaubens", entsprangen aber vorwiegend dogmatischen Motiven und blieben auf die Entstehung der kritischen Bibelwissenschaft (seit dem 17. Jh.) ohne Wirkung.

Bedeutsamer war die Kritik der Kirchengeschichte; sie blieb zwar auch *x* im Banne der Dogmatik und Polemik und nahm nur bestimmte Punkte der Überlieferung unter die Lupe, zeigte sich aber ein umfangreiches, epochemachendes kirchengeschichtliches Werk, das von *Matthias Flacius Illyricus* und anderen Theologen verfaßten Magdeburger Zenturien (1559–1574, 13 Bände, bis 1300 reichend; vgl. § 1 f).

Von unermeßlicher Wirkung auf das gesamte deutsche Geistesleben war die Züchtung einer intellektuellen und moralischen Ausleseschicht durch das deutsche Pfarrhaus (unter den c. 1600 großen Deutschen der Allgemeinen Deutschen Biographie sind 861 Pastorensöhne!).

ζ) Auf dem Gebiet der **Kunst** war das Luthertum ärmer als der Katholizismus, *y* aber reicher als der schweizerische Protestantismus. Vor allem der Plastik und

§ 81/82 Zeitalter der Reformation

der Malerei war es insofern wenig günstig, als es durch die Beseitigung des Heiligendienstes den Bilderkreis verengte und in seiner Armut den Künstlern nicht so glänzende Aufträge zu geben vermochte wie die katholische Kirche. Dagegen begünstigte es die Musik (Entstehung des lutherischen Chorals aus dem Volkslied; Kirchenmusik). Die bedeutendsten Werke der Malerei, in denen eine ev. Auffassung zum Ausdruck gelangte, schufen *Albrecht Dürer* (§ 72 u), *Hans Holbein* der Jüngere (1497–1543, aus Augsburg, gest. in London) und *Lucas Cranach* (1472–1553, in Wittenberg, gest. in Weimar).

z η) Schließlich ist auch die **deutsche Sprache** sehr stark durch Luther beeinflußt worden. Er hat mit seiner Bibelübersetzung die sprachliche Einheitsbewegung, die seit dem 14. und 15. Jh. durch eine Anzahl fürstlicher Kanzleien zunächst in engem Rahmen in Fluß gekommen war, fortgeführt, ja überhaupt erst zu allgemeiner Bedeutung erhoben. Im nichtprotestantischen Deutschland ist die neuhochdeutsche Schriftsprache erst infolge des Aufschwungs der Literatur im 18. Jh. zur Herrschaft gelangt.

b) CALVIN UND SEIN WERK IN GENF.

§ 82. Calvin.

§ 82–83. Calvins Schriften = CR, Bd. 29–86. – Calvini opera selecta, ed. PBarth et WNiesel, 1926ff. – Joh. Calvin, Unterricht in der christlichen Religion, deutsch von EFKMüller, ²1928. – Calvins Lebenswerk in seinen Briefen, Auswahl von RSchwarz, 2 Bde., 1909. – *FWKampschulte, Joh. Calvin, sein Staat und seine Kirche, 2 Bde., 1869–99. – EDoumergue, Jean Calvin, 7 Bde., 1899 bis 1927; dazu Iconographie Calvinienne, 1909. – Imbart de la Tour, Calvin, deutsch 1936. – EPfisterer, Calvins Wirken in Genf, neu geprüft, 1940 (gegen Kampschulte), ²1954. – McNeill, The History and Character of Calvinism, New York 1954. – RSeeberg, DG IV 2, ²⁻³ 1920. – KHoll, Calvin, 1909 (= Ges. Aufs. III, 254–284). – PWernle, Der ev. Glaube, Bd. III: Calvin, 1919. – Ade Quervain, Calvin, 1926. – HHoffmann, Johannes Calvin [1929]. – PBrunner, Vom Glauben bei Calvin, 1925. – KFröhlich, Gottesreich, Welt und Kirche bei Calvin, 1930. – WKrusche, Das Wirken des hl. Geistes nach Calvin, 1957. – WNiesel, Calvins Lehre vom Abendmahl, 1930. – HWeber, Die Theologie Calvins, 1931. – WNiesel, Die Theologie Calvins, ²1957. – EMühlhaupt, Die Predigt Calvins, 1931. – HOtten, Calvins theologische Anschauung von der Prädestination, 1938. – WAHauck, Calvin und die Rechtfertigung, 1938. – Ders., Christusglaube und Gottesoffenbarung nach Calvin, 1939. – Ders., Sünde und Erbsünde nach Calvin, 1939. – *LSmits, Saint Augustin dans l'oeuvre de Jean Calvin, Louvain–Paris 1956ff. – HBerger, Calvins Geschichtsauffassung, Zürich 1955. – ABieler, La pensée économique et sociale de Calvin, Genève 1959. – HWendorf, Calvins Bedeutung für die protestantische Welt, 1940. – HGrass, Die Abendmahlslehre bei Luther und Calvin, 1940. – GAnrich, Straßburg und die calvinische Kirchenverfassung, 1928. – HHausherr, Der Staat in Calvins Gedankenwelt (SchrVerRefG 136), 1923. – HBaron, Calvins Staatsanschauung und das konfessionelle Zeitalter, 1924. – PFGeisendorf, Théodore de Bèze, Genf 1949. – Max Weber, Die protestantische Ethik und der „Geist" des Kapitalismus (= Ges. Aufsätze zur Religionssoziologie 1920, zuerst im Archiv f. Sozialwiss. 20–21, 1905). – HVuilleumier, Histoire de l'église réformée du Pays de Vaud I, 1927.

a 1. Ein dritter Mittelpunkt der Reformation neben Wittenberg und Zürich und eine neue Spielart des Protestantismus von höchst ausgeprägtem Charakter und erstaunlicher Werbekraft, von Bedeutung für ganz Westeuropa, entstand durch die Tätigkeit des Franzosen *JOHANN CALVIN* **(1509–1564)** in Genf. Calvin war ein klarer Geist, von tiefer Frömmigkeit, aber enger und pedantischer als Luther.

Jean Cauvin (Caulvin, lat. Calvinus) war am 10. Juli 1509 zu Noyon in der *b* Pikardie als der Sohn eines bischöflichen Sekretärs geboren. Der Mutter frühzeitig beraubt, empfing er im Hause eines adligen Gönners Erziehung und ersten Unterricht; von dort stammt der aristokratische Zug seines Wesens. Durch diesen Gönner erhielt er bereits mit 12 Jahren eine Pfründe; mit 18 Jahren empfing er die Einkünfte einer Pfarrei und die Tonsur. Dann widmete er sich juristischen und humanistischen Studien; seine Erstlingsschrift war eine Erklärung zu Senecas „De clementia" (1532). In Paris kam er mit einem Kreise von ev. Gesinnten in Berührung. Im einzelnen ist seine innere Entwicklung vielfach dunkel; er hat sie später niemals vor der Mitwelt bloßgelegt. Vermutlich in den Herbst 1533 (oder schon 1527/28? oder Ende 1533? oder Anfang 1534?) fällt seine Bekehrung. Am 1. Nov. 1533 hielt sein Freund Nicolas Cop an der Sorbonne eine [von Calvin verfaßte?] Rektoratsrede, die ihn und Calvin zur Flucht nötigte. Calvin kehrte Anfang 1534 nach Paris zurück, verließ aber Frankreich Dez. 1534. Er ging zunächst nach Basel. Hier veröffentlichte er **1536** seine **„Institutio religionis christianae"**, eine klassische Darstellung der reformatorischen Anschauungen (wichtigste Ausgaben: 1536, 1539, 1559). Daneben beteiligte er sich an der französischen Bibelübersetzung seines Verwandten *Robert Olivetan*. Kurze Zeit weilte er auch am Hofe der Herzogin *Renata von Ferrara* (§ 84 y). Als er 1536 auf der Durchreise Genf berührte, bestimmte ihn der temperamentvolle Genfer Reformator *Wilhelm Farel*, das Amt eines „Lecteur public" (für das NT) daselbst zu übernehmen.

2. **Die Anfänge der Reformation in der französischen Schweiz** *c* gehen in der Hauptsache auf die kühn vorwärtsdrängende Politik von Bern und die Tätigkeit des Predigers Wilhelm Farel zurück. Er war es, der mit Hilfe von Bern 1535 der evangelischen Bewegung in Genf zum Siege verhalf. Freilich entsprang dieser Sieg nicht einer religiösen Bewegung der Bevölkerung, sondern dem Kampf um die politische Unabhängigkeit vom Herzogtum Savoyen und dem mit diesem eng verbundenen Genfer Bistum.

Genf war Bischofssitz und stand in einer rechtlich wenig klaren Abhängigkeit *d* vom Herzogtum Savoyen. Als der Herzog die Stadt völlig mit Savoyen zu vereinen suchte, kämpfte sich Genf mit Hilfe von Bern und Freiburg von Savoyen frei und schloß sich 1531 der Eidgenossenschaft an. Während dieser Kämpfe bildete sich allmählich in der Bürgerschaft ein religiöser Gegensatz heraus. Für die ev. Sache wirkte vor allem der Prediger *WILHELM FAREL* (1489–1565, aus dem Dauphiné). Seine Mitarbeiter waren *Anton Froment* und *Peter Viret*. 1535 tat Genf gewaltsam den Katholizismus ab. Der kath. Bischof von Genf residierte fortan in Annecy.

3. Nun galt es, in der nur äußerlich evangelischen Stadt wirk- *e* liche evangelische Frömmigkeit und Sittlichkeit zu begründen. In diese Aufgabe, der Farel nicht gewachsen war, trat Calvin (§ b). Zunächst ohne öffentliches Amt, dann als besoldeter Prediger gewann er rasch in Genf beherrschenden Einfluß. Doch der Widerstand, den Calvin und Farel durch ihre strenge Kirchenzucht und Lebensordnung bei einem Teile der Bürgerschaft hervorriefen, war so stark, daß sie bereits Ostern 1538 aus Genf weichen mußten.

Trotzdem war mit dieser **ersten Wirksamkeit Calvins in Genf (1536–1538)** der *f* Grund für seine späteren Erfolge gelegt. Anfangs gestalteten sich die Dinge sehr verheißungsvoll. Calvin verfaßte 1537 eine „Instruction et confession de foi" (auch „Katechismus" genannt) und erreichte vom Rat, daß die Bevölkerung

§ 82   Zeitalter der Reformation

Apr. 1537 auf ein **Glaubensbekenntnis** (Auszug aus der „Instruction") **eidlich verpflichtet** wurde. Ebenso gelang es, eine **straffe Sittenzucht** durchzuführen, die den Charakter der Stadt binnen kurzem veränderte. Aber das Verhältnis von **Kirche und Staat** gestaltete sich anders als Calvin wünschte und schuf eine Spannung. Dazu erweckte die Strenge der ev. Prediger den heftigen Widerstand der **laxeren Elemente** der Gemeinde; ein Teil von ihnen hatte sich dem Eide entzogen und weigerte sich, die Stadt zu verlassen. Die Wahlen vom Febr. 1538 brachten den Gegnern Calvins die Mehrheit in der Stadtverwaltung; der Rat enthob die Prediger ihrer Ämter und **verwies sie aus Genf** (23. Apr. 1538).

g   *Farel* ging nach Neuchâtel, wo er bis zu seinem Tode (1565) wirkte, *Calvin* auf Bucers Ruf nach **Straßburg (1538–1541**; Leitung der französischen Emigrantengemeinde). In der Zeit seines Straßburger Aufenthaltes kam Calvin in engere Fühlung mit der deutschen Reformation, besonders mit Melanchthon (Begegnung beider Männer in Regensburg 1541, s. § 79 f; seitdem lebhafter Briefwechsel).

h   4. In Genf wurden die Parteikämpfe nach der Vertreibung Calvins immer wüster. Schließlich kam seine Partei wieder in die Höhe. Calvin wurde zurückgerufen und leistete, nach längerem Widerstreben und nachdem er für die Ausführung seiner kirchlichen Pläne weitgehende Zusicherungen erlangt hatte, im Sept. **1541** dem Rufe Folge. Damit begann einer der eigenartigsten Abschnitte der Kirchengeschichte, die Zeit, in der Calvin in Genf ein Kirchenwesen begründete, das ganz seinen religiösen Ideen entsprach. Freilich auch jetzt noch hatte der Reformator über ein Jahrzehnt mit einem erbitterten Widerstande zu ringen, den er mit unnachsichtiger Strenge zu Boden warf. 1555, in dem gleichen Jahre, in dem das Luthertum in Deutschland die reichsrechtliche Anerkennung erlangte, war Calvins Sieg in Genf entschieden.

i   Der erste Erfolg Calvins nach seiner Rückkehr war, daß der Rat Nov. **1541** die **Ordonnances ecclésiastiques** [mit einigen Änderungen] annahm, worin die Organisation der [mit der politischen Gemeinde gleichgesetzten] kirchlichen Gemeinde geregelt war (s. § 83 k). Gegen die damit eingeführte strenge Kirchenzucht erhob sich seit 1543 ein allmählich bedrohlich erstarkender Widerstand, selbst bei vormaligen Anhängern Calvins. 1545–1555 führten die Gegner und die unbedingten Anhänger des Reformators einen erbitterten Kampf um die Herrschaft.

k   Mit strenger Konsequenz wurde die neue Ordnung in Genf durchgeführt. 1544 wurde der ausgezeichnete humanistische Rektor *Sebastian Castellio* wegen zu freier Anschauungen (zB. über das Hohe Lied) aus Genf verdrängt. Die Erbitterung der Gegner Calvins wuchs durch die Verurteilung des angesehenen Kaufmanns Pierre Ameaux, der im Hemd und mit bloßen Füßen auf freiem Platze Abbitte leisten mußte (1546), und durch die Hinrichtung des Bürgers Jacques Gruët (wegen Hochverrats und Blasphemie, 1547). Die Seele des Widerstandes wurde ein früherer Freund Calvins, der hochangesehene Syndikus *Ami Perrin*, den Calvin vergeblich zu vernichten suchte. 1547 erstieg die Leidenschaft des Kampfes den Gipfel (Calvin durch Volkstumult in Lebensgefahr).

l   Mit dem politischen Ringen der Parteien verflochten sich zweimal **theologische Streitigkeiten**:

α) 1551 griff der Arzt *Hieronymus Bolsec*, ein ehemaliger Karmelitermönch, Calvins Prädestinationslehre an. Bolsec wurde verurteilt, und die Prädestinationslehre war seitdem in Genf amtlich anerkanntes Dogma (Jan. 1552 Consensus Genevensis de aeterna Dei praedestinatione).

β) 1553 verflochten sich die politischen Kämpfe mit dem Prozeß gegen den Antitrinitarier *MICHAEL SERVET* (§ 85 u v). Seit Februar 1553 waren Calvins Gegner im Rate in der Mehrheit, seine leidenschaftlichsten Widersacher nahmen für Servet Partei. Es war politisch wie dogmatisch für Calvins Werk ein höchst kritischer Augenblick; Calvin kämpfte nicht nur für die altkirchliche Trinitätslehre, sondern auch um seine politische Stellung. Der Prozeß endigte mit der **Verbrennung Servets** am 27. **Okt. 1553.** (Ketzerbrände kamen im ev. Bereich sonst nicht vor: Calvin hatte sich vergeblich für die Enthauptung Servets eingesetzt.)

Seit den Wahlen vom Jan. 1555 war die städtische Gewalt in den Händen der *m* unbedingten Anhänger Calvins; der lächerliche „Aufstand" vom Abend des 16. Mai 1555, in dem Calvins Feind Ami Perrin sich wieder in den Besitz der Gewalt zu setzen suchte, konnte daran nichts ändern. Der seit 1547 währende zermürbende Kleinkrieg in den Mauern von Genf war beendet, Calvin für die volle Durchführung der Genfer Reformation frei.

5. Nun begann die große Zeit Calvins, in der sich der Calvinismus *n* in Genf ungehindert entfaltete und durch seine Festsetzung in ganz Westeuropa zu einer **Weltmacht** emporstieg. α) Calvin betrachtete als sein Wirkungsfeld nicht nur Genf, sondern **Europa**. Die günstige geopolitische Lage Genfs forderte hierzu geradezu auf. Durch seine erstaunlich ausgedehnte Korrespondenz und durch die Genfer Akademie (§ t) wirkte er auf die evangelischen Kirchen in den westlichen und östlichen Ländern aufs stärkste ein.

Seine Hauptsorge galt der ev. Kirche **Frankreichs**, die sich völlig unter *o* seinem überlegenen Einfluß gestaltete (§ 84 d). In **England** hatte er Beziehungen zu Cranmer, Somerset, Eduard VI. (§ 84 k). In **Schottland** wirkte sein begeisterter Anhänger John Knox (§ 89 r). Auch zu den Evangelischen in **Polen** und **Ungarn** hatte er rege Beziehungen (§ 84 t v).

β) Nach Überwindung einiger Schwierigkeiten unterwarf Calvin *p* auch die übrigen protestantischen Kirchen der **Schweiz** seinem religiösen Geiste; eben damit entschied sich freilich auch der Bruch Calvins mit den **deutschen Lutheranern**.

Die Vereinigung der Schweizer Kirchen wurde durch den **Consensus Tigurinus** *q* (verfaßt **1549** von *Bullinger*) angebahnt, eine Verständigung zwischen Genf und Zürich über das Abendmahl, der die übrigen Schweizer Kirchen beitraten. Der Consensus beruhte auf gegenseitiger Annäherung beider Parteien.

Damit war die Einheit der schweizerischen Reformation gesichert, aber auch *r* der scharfe Bruch zwischen Calvin und dem **deutschen Protestantismus** eingeleitet. Calvin stand ursprünglich den deutschen Lutheranern sehr nahe. Aber der Zwist zwischen Melanchthon und den Gnesiolutheranern (§ 92 b–k) und die Annäherung Calvins an die Zwinglianer im Consensus Tigurinus führten zu einem neuen **Abendmahlsstreit** und zu bitterer Feindschaft. Der Streit begann 1552 mit dem Auftreten des eifrigen Lutheraners *Joachim Westphal* in Hamburg, der mit seiner „**Farrago** confuseanarum et inter se dissipantium opinionum de coena Domini" ebenso die Anhänger Melanchthons wie die Reformierten aufbrachte (vgl. § 92 h). Der endgültige Abschluß der reformierten Kirche gegen die lutherische erfolgte nach Calvins Tode mit der Annahme der von *Bullinger* verfaßten **Confessio Helvetica posterior** (1566) durch die meisten reformierten Kirchen (§ 103 g).

6. Calvin starb am 27. Mai 1564. Sein Nachfolger als Leiter der *s* Kirche von Genf wurde der ehrwürdige *THEODOR BEZA* (de Bèze, 1519–1605, ein Mann von größerer persönlicher Milde als Calvin, aber ebenfalls von streng prädestinatianischer Theologie.

Beza wirkte an der **1559** begründeten **theologischen Akademie;** diese wurde für *t* die Heranbildung calvinischer Prediger für West- und Osteuropa von unermeßlicher Bedeutung.

§ 83. Eigenart des Calvinismus.

a 1. GESCHICHTLICHE STELLUNG. Calvin war ein Epigone der Reformation; er war ein Menschenalter jünger als Luther und besonders von Luther, aber auch von Melanchthon, Zwingli und Bucer abhängig. Er war Luther an religiöser Tiefe nicht durchweg ebenbürtig, aber überlegen durch seinen ungemein stark entwickelten Willen. Indem er verstandesscharf und furchtlos die theologischen Probleme bis in ihre letzten Konsequenzen hinein verfolgte und mit unbeugsamem Willen das Leben der Menschen nach seinen Ideen formte, begründete er die Gestalt des Protestantismus, in der der Gegensatz zur katholischen Kirche am reinsten zum Ausdruck kam. Es war von weltgeschichtlicher Bedeutung, daß Calvin sein Lebenswerk in derselben Zeit vollbrachte, in der der Katholizismus sich neu kräftigte und zum Vernichtungskampfe gegen die Evangelischen rüstete (§ 86, 87). Die nächsten Jahrzehnte waren durch die Namen Calvin und Loyola bestimmt.

b 2. THEOLOGIE, FRÖMMIGKEIT UND KULTUS. Calvin war der größte Dogmatiker unter den Reformatoren, seine „Institutio religionis christianae" (§ 82 b) das geschlossenste systematische Werk, das die Reformation hervorgebracht hat. Calvin eigentümlich waren die Betonung der Prädestinationslehre und seine Auffassung vom Abendmahl. Der beherrschende Gedanke seines theologischen Systems war die Idee der unumschränkten göttlichen Freiheit oder der unermeßlichen Selbstverherrlichung Gottes. Von dieser Idee empfing die gesamte Schöpfung Calvins ihr eigentümliches Gepräge.

c Die Lehre von der **Prädestination** wurde von Luther und Melanchthon anfangs vertreten, allmählich aber zurückgestellt, von Melanchthon zuletzt bekämpft. Calvin dagegen verfolgte den Prädestinationsgedanken mit unerbittlicher Konsequenz und scheute auch vor der doppelten Prädestination und vor dem Supralapsarismus nicht zurück, d. h. er lehrte, daß das göttliche Dekret der Gnadenwahl von Ewigkeit her bestimmte Menschen zur Seligkeit, die andern zur Verdammnis vorausbestimmt habe, und er dachte den Fall Adams als von Gott gewollt. Diese schroffe Prädestinationslehre war durch den **Gottesbegriff** bedingt. Den letzten Zweck alles Seins sieht Calvin in der schrankenlosen Selbstverherrlichung Gottes. Ihr dient aber geradeso die Seligkeit des Gläubigen, wie die Höllenqual des Verdammten; Gott schafft das Gute wie das Böse, um seine göttliche Ehre zu erweisen.

d Dem entspricht das Gepräge der **Frömmigkeit.** Der Calvinist fühlt sich als Erwählter, als ein Werkzeug in Gottes Hand, das in der Welt bestimmten Zwecken zu dienen hat; diesem Gedanken entspringt eine große Aktivität gegenüber der Welt, ein starker Heroismus und eine unversöhnliche Härte im Kampf für die Ehre Gottes. Im Wirken für Gottes Sache sieht der Calvinist einen Beweis für seine Erwählung. Die calvinische Frömmigkeit war einseitiger, starrer, härter als die lutherische; im religiösen Verhältnis zu Gott überwog die Gottesfurcht. Wie der Gott Calvins alttestamentliche Züge aufweist, so empfing die calvinische Frömmigkeit überhaupt einen starken alttestamentlichen Einschlag (Verwendung des AT.s als göttlich geoffenbarten Gesetzes; alttestamentliche Vornamen; Herübernahme der Rachepsalmen).

e In der **Abendmahlslehre** nahm Calvin eine mittlere Stellung zwischen Luther und Zwingli ein, stand aber der Auffassung Luthers näher als der Zwinglischen.

Eine Wandlung der Elemente, eine leibliche Gegenwart Christi im Abendmahl findet nicht statt; das „*est*" der Einsetzungsworte = „*significat*" (gegen Luther und die katholische Auffassung). Aber das Abendmahl ist doch nicht nur eine sinnbildliche Handlung der Gemeinde (gegen Zwingli), sondern eine **Gnadengabe Gottes an den Gläubigen**, dem durch den heiligen Geist der wahrhaftige, im Himmel befindliche Leib Christi zu „geistlichem" Genusse unsichtbar gespendet wird. Diese „geistliche" Vereinigung mit dem verklärten Christus ist nicht an den materiellen Genuß des Abendmahls gebunden, sie findet auch außerhalb des Sakraments statt. Calvins Christologie und Abendmahlslehre liegen nach dem antiochenischen Typus hin, wie die Luthers nach dem cyrillischen (vgl. § 34 e).

Im **Kultus** hat Calvin, wie Zwingli, die römische Messe vollständig beseitigt; *f* sie galt den Calvinisten als „Götzendienst". Die **Genfer Gottesdienstordnung von 1542**, deren Vorbild die Ordnung der Straßburger Fremdengemeinde war (§ 82 g), kennt außer der **Predigt** nur **Gebet** und **Gesang** von alttestamentlichen **Psalmen** (französischer Psalter, Grundstock von *Clement Marot* 1542). Während Luther in die „gereinigte" Messe die evangelische Predigt einfügte und jeden Gottesdienst im Abendmahl gipfeln ließ, **trennte Calvin Predigtgottesdienst und Abendmahlsgottesdienst** (Abendmahl viermal im Jahre unter Teilnahme der ganzen Gemeinde). Die **Feiertage** wurden mit Ausnahme der drei hohen Feste und der Sonntage beseitigt. Orgeln, Bilder, Kreuze, Kerzen, Altäre wurden aus den Kirchen entfernt, die Orgeln verkauft.

Entsprechend der Grundanschauung von der Verherrlichung Gottes wurde *g* der Kultus als von Gott gewollte Veranstaltung zu seiner Verehrung betrachtet; hier konnte sich später leicht die sabbatmäßige Sonntagsfeier anschließen, als vom Herrscherwillen Gottes in der hl. Schrift geboten.

3. KIRCHENBEGRIFF. KIRCHE UND STAAT.
Ein bedeuten- *h* der Unterschied des Calvinismus vom Luthertum lag auf dem Gebiet der kirchlichen **Organisation**. Hier hat Calvin auf dem von Zwingli gelegten Grunde (§ 77 o) weitergebaut. Der Kirchenbegriff Calvins deckt sich zwar in den meisten Punkten mit dem lutherischen, ging aber in einem wichtigen Punkt über Luther hinaus: nach Calvin war **die in der heiligen Schrift von Gott gebotene Gemeindeverfassung für die Kirche wesentlich**. Während das Luthertum gegen alle Fragen der Organisation gleichgültig war, galt im Calvinismus die Verfassung als von Gott geboten, die „sichtbare Kirche" als Darstellung der erwählten Gemeinde Christi, bestimmt, Gott zu verherrlichen, der Heiligung der Erwählten zu dienen und die Nicht-Erwählten unter das Gesetz Gottes zu beugen.

Unter diesen Voraussetzungen war strenge **Sittenzucht** so selbstverständlich *i* wie harter **Dogmenzwang** (§ 82 l). Gewissensfreiheit wurde verabscheut (Beza: „Mahumetanum hoc dogma est, in sua religione quenque servari"). Die Stellung zu den Freuden dieser Welt war bei Calvin wesentlich anders temperiert als bei dem weit unbefangener denkenden Luther; die Freude der Christen sollte nach Calvin „gleichsam in der Gegenwart Gottes sein". Doch ging das rigoristische Gepräge von Genf in den Ansätzen schon auf die Zeit vor Calvin zurück (Verbot von Tanz und Glücksspiel usw. durch die Obrigkeit). Calvin begründete 1541 (§ 82 i):

(1) **vier geistliche Ämter**: *k*
  α) **Pastoren** (*ministres*, für Predigt und Seelsorge);
  β) **Doktoren** (*docteurs*, für den Unterricht);
  γ) **Älteste** (*anciens*, aus dem weltlichen **Rat** entnommen; für die Kirchenzucht);
  δ) **Diakonen** (*diacres*, für die Armenpflege); —

l   (2) **zwei kirchliche Ausschüsse:**
   α) die **Vénérable compagnie**, gebildet aus den *ministres und* den *docteurs* (Befugnisse: Verwaltung des Lehramts, Wahl der Geistlichen);
   β) das **Konsistorium** (consistoire), zusammengestellt aus den *ministres* und den *anciens*, die selbständige Vertretung der Kirche zur Leitung ihrer Angelegenheiten (also im Unterschiede von den lutherischen Konsistorien [§ 81 i] eine Synode!).

m   Das Konsistorium übte vor allem die für die Kirche Calvins charakteristische **Kirchenzucht**, d. h. es überwachte das gesamte Leben der Gemeinde (Recht der Ältesten zu ungehindertem Zutritt in allen Häusern) und suchte jeden sittlichen Flecken, sittliche und religiöse Vergehen ebenso wie Übertretungen der bürgerlichen Ordnung, durch Verhängung geistlicher Strafen zu ahnden (Tadel, Kirchenbuße, öffentliche Abbitte vor der Gemeinde, Exkommunikation); wenn diese Strafen nicht fruchteten, beantragten die Ältesten (die zugleich Mitglieder des Rats waren, § k) beim Rat weltliche Strafen. Strafmaß und Strafvollzug waren im Genf Calvins nicht grausamer als damals überhaupt; die in Genf geltenden Rechtsgrundsätze entsprachen weithin der Carolina, der „Peinlichen Gerichtsordnung Kaiser Karls V." von 1532.

n   **Außerhalb der Schweiz** entwickelte sich die reformierte Kirchenverfassung in einigen Punkten über Calvin hinaus:
   1) Der französischen Hugenottenkirche entstammt die reformierte **Synodalverfassung** und **kirchliche Selbstregierung** (Nationalsynode und Provinzialsynoden; vgl. § 84 d). Die reformierten Kirchen am Niederrhein, in den Niederlanden, in Schottland übernahmen diese Ergänzung der Verfassung; von der schottischen Kirche ging sie in den englisch-amerikanischen Presbyterianismus über.

o   2) Wo die Calvinisten in einem katholischen Staate lebten, wie in Frankreich und anfangs in Schottland, bildeten sie den Gedanken der Unterordnung des Staates unter die Souveränität Gottes konsequent um zu der **Pflicht der Gläubigen**, in schonungslosem Kampf die andersgläubige Obrigkeit durch eine gläubige Obrigkeit zu **ersetzen** (Souveränität und Widerstandsrecht des christlichen Volkes; Recht des Adels und der Stände [nicht des einzelnen!] zum Tyrannenmord). Diese Ideen, die in den Hugenottenaufstand und die Konfessionskämpfe in Schottland hineinspielten, wo ihnen John Knox eine scharfe Formulierung gab, sind bereits in der Scholastik ausgebildet worden.

p   Eine weitere Konsequenz der calvinischen Gedanken über Staat und Wort Gottes war, daß die **Hugenotten**, als sie den Staat nicht zu gewinnen vermochten, die Verbindung mit dem Staate lösten und eine Art **Staat im Staate** bildeten. Die Auflösung der altcalvinischen Staatsauffassung vollzog sich zuerst in den **Niederlanden**.

q   **4. EINFLUSS AUF DAS KULTURLEBEN.** Calvin hat das gesamte Kulturleben seiner Anhänger in eigentümlicher Weise mit seinem religiösen Geist durchdrungen.

r   Die Stellung des Calvinismus zum **Wirtschaftsleben** war, da Genf auf Handel und Industrie angewiesen war, von vornherein ganz anders als die des Luthertums, das sich in überwiegend agrarischen Ländern ausbreitete. Der Calvinismus gewährte eine größere Freiheit in Wahl und Wechsel der **Berufe** und stand dem kaufmännischen **Unternehmertum** mit größerer Unbefangenheit gegenüber. Ein Fortschritt war, daß Calvin (der Jurist!), anders als das kanonische Recht, zwischen **Zins** und **Wucher** klar zu scheiden wußte. Die reine **Geldwirtschaft**, besonders das Zinsnehmen, gab auch Calvin nicht völlig frei; ethische Erwägungen und obrigkeitliche Festsetzung sollten den **Zinsfuß** regeln; unter diesen Bedingungen hielt Calvin, ebenso wie Luther (1525), einen Zinsfuß bis zu 5% für erlaubt. Seit dem 17. Jh. wurde der Calvinismus hierin unbedenklicher. Noch später hat dann der puritanische Seitenzweig des Calvinismus, besonders auf nordamerikanischem Boden, durch seine religiös bedingte rastlose Erwerbsarbeit einen Beitrag zur Entstehung des modernen **Kapitalismus** geleistet.

Nicht günstig wirkte der Calvinismus mit seiner düsteren Lebensanschauung *s* auf die Kunst. Die holländische Malerei des 17. Jhs., die in *Rembrandt* (1607 bis 1669) gipfelt, ist nicht dem strengen Calvinismus zuzurechnen; freilich ist sie eigentümlich protestantisch.

c) DIE FESTSETZUNG DES PROTESTANTISMUS AUSSERHALB DEUTSCHLANDS UND DER SCHWEIZ.

§ 84. Der Zug der Reformation durch Europa.

AASCHELVEN, Het Calvinisme II (Schottland, England, Nordamerika), Amsterdam 1951. – EMARCKS, Coligny I 1, 1892. – IMBART DE LA TOUR, Les origines de la Réforme, 3 Bde., 1905–14. – IVIÉNOT, Histoire de la réforme française des origines à l'Édit de Nantes, 1926 – ARENAUDET, Préréforme à Paris 1494 bis 1517, ²Paris 1953. – JCHAMBON, Der französische Protestantismus, ⁶1948. – *GCULKIN, The English Reformation, London 1954. – JENEALE, Queen Elizabeth I, London 1952. – EHBICKNELL, A theological introduction to the 39 Articles of the Church of England, 1919. – CSCARTER, The English Church and the Reformation, 1925. – JCLAYTON, The Historical Basis of Anglicanism, 1925. – NBELLOC, Wolsey, (London 1931). – ALANG, Bekenntnis und Katechismus in der englischen Kirche unter Heinrich VIII., 1917. – ERODACANACHI, La réforme en Italie, 2 Bde., 1920f. – HRÜCKERT, Die theologische Entwicklung Contarinis (AKG 6), 1926. – HHOLMQUIST, Die schwedische Reformation (SchrVer RefG 129), 1925. – PTSCHACKERT, Urkundenbuch zur RefGesch. des Herzogtums Preußen, 3 Bde., 1900. – Ders., Herzog Albrecht von Preußen, 1894. – KVÖLKER, Der Protestantismus in Polen, 1910. – THWOTSCHKE, Geschichte der Reformation in Polen [bis 1570], 1911. – LARBUSOW, Die Einführung der Reformation in Liv-, Est- und Kurland, 1921. – OPOHRT, Reformationsgeschichte Livlands (SchrVerRefG 145), 1928. – MMURKO, Die Bedeutung der Reformation und Gegenreformation für das geistige Leben der Südslaven, 1927. – GSTÖKL, Die deutsch-slavische Südostgrenze des Reiches im 16. Jh., 1940. – Über Cordatus IKıšš 1959. – FTEUTSCH, Geschichte der ev. Kirche in Siebenbürgen, 2 Bde., 1921f. – Ders., Kirche und Schule der Siebenbürger Sachsen, 1923. – EROTH, Die Geschichte des Gottesdienstes der Siebenbürger Sachsen, 1954.

Von Deutschland und der Schweiz aus wurden während des Refor- *a* mationszeitalters die übrigen europäischen Länder sämtlich in irgendwelchem Maße von der reformatorischen Bewegung erfaßt. Aber nur in den skandinavischen Staaten sowie im Herzogtum Preußen und in den Ostseeprovinzen gelangte das Luthertum zur Alleinherrschaft, nur in Schottland der Calvinismus. In Frankreich blieb der [calvinische] Protestantismus in der Minderheit. In England entstand die anglikanische Staatskirche, ein eigenartiger konfessioneller Sondertypus zwischen Protestantismus und Katholizismus, der nicht die Gesamtheit der Bevölkerung zu gewinnen vermochte. In den Niederlanden konnte die sehr lebhafte evangelische Bewegung unter dem Druck der spanisch-habsburgischen Regierung während der Reformationszeit noch nicht zur Gemeindebildung gelangen. In Polen-Litauen zersplitterte der Protestantismus von vornherein seine Kräfte und ließ trotz aller Augenblickserfolge die Grundfesten der römischen Kirche unerschüttert. Verheißungsvoll für die evangelische Sache ließen sich die Dinge in Ungarn und Siebenbürgen an: aber auch hier blieb die römische Kirche bestehen.

Einzelheiten.

1. Frankreich.

b   1) Die ev. Bewegung in Frankreich läßt sich seit etwa 1522 nachweisen. Es bildeten sich kleine Kreise **humanistisch Gebildeter**, bei denen die Schriften Luthers einen empfänglichen Boden fanden. Ein voller Sieg dieser Bewegung war freilich von vornherein ausgeschlossen. Denn dem französischen **Königtum**, das seit dem Konkordat von 1516 (§ 70 q) die katholische Kirche Frankreichs ganz in seiner Hand hatte, die Prälaten ernannte und aus der Kirche reiche Einkünfte bezog, war an der Erhaltung dieser Verhältnisse zu viel gelegen.

c   Daher hat schon *FRANZ I.* (1515–1547) die französischen „Lutheraner" mit Inquisition und Scheiterhaufen **verfolgt**. Er selbst, leichtfertig und religiös gleichgültig, empfand nichts von Ketzerhaß; er hat Humanisten, wie Briçonnet, Lefèvre u. a., trotz ihrer ev. Neigung beschützt, und als politischer Gegner der Habsburger ist er mehrfach mit den deutschen Protestanten in Verbindung getreten; er ließ mit Bucer in Straßburg verhandeln, ein Gutachten Melanchthons einholen, sogar [ohne Erfolg] beide nach Frankreich einladen. An seiner Schwester, *Margarethe von Navarra*, hatten die Evangelischen sogar eine tatkräftige Gönnerin. Ohne mit der kath. Kirche öffentlich zu brechen, war sie überzeugte Anhängerin des humanistisch-mystischen Biblizismus (1531 ihr „Miroir de l'âme pécheresse"). Sie stand mit Bischof *Briçonnet* von Meaux in Briefwechsel, an dessen Hof sich ein Kreis religiös interessierter Humanisten gesammelt hatte. Als dieser Kreis 1525 gesprengt wurde, bot sie den Bedrängten an ihrem Hofe Schutz, 1530 auch dem bedeutendsten Vertreter dieser Richtung, *Lefèvre d'Étaples* (Faber Stapulensis, † 1536; 1512 Kommentar zu den paulinischen Briefen usw.).

d   2) Unter dem unbedeutenden *HEINRICH II.* (1547–1559) wurden die Maßregeln gegen die Ketzer noch verschärft (die „**Chambre ardente**" im Pariser Parlament). Trotz der zahlreichen Ketzerverbrennungen nahm aber der französische Protestantismus einen **bedeutenden Aufschwung**. Jetzt vollzog sich 1) der **Übergang zum Calvinismus**, und zwar unter dem Einflusse *CALVINS*. Durch seine Briefe, seine Schriften und die Wirksamkeit seiner Schüler wußte er einen unvergleichlichen Heroismus und eine schroff katholikenfeindliche Gesinnung zu erwecken. Ungefähr gleichzeitig mit dem Vordringen des Calvinismus tauchte der Name „**Hugenotten**" auf und verdrängte die ältere Bezeichnung „Lutheraner"; er ist vielleicht eine Entstellung aus Iguenots = Eidgenossen. 2) Nunmehr konstituierten sich, nach dem Muster von Genf, evangelische **Gemeinden**. **1559 fand die erste französische Nationalsynode zu Paris statt.** Sie nahm die „**Confession de foi**" (Confessio Gallicana) und die „Discipline ecclésiastique" an, beide entworfen von Calvin. 3) Schließlich fällt in diese Zeit der Übertritt einiger Familien des hohen Adels zu den Hugenotten, vor allem des Hauses **Bourbon-Vendôme** (Prinz *Ludwig von Condé* und sein Bruder *Anton*) und des Hauses **Châtillon** (Coligny); er verstrickte den französischen Protestantismus in die Gegensätze des Adels und wandelte ihn in eine **politische Partei**, schenkte ihm aber auch seine größten religiösen Charaktere, den Admiral *KASPAR VON COLIGNY* und *JOHANNA D'ALBRET* (1528–1572, Tochter Margarethes von Navarra, Gemahlin Antons von Condé und Mutter Heinrichs IV.).

e   Die Führer der **katholischen Gegenpartei** waren die lothringische Adelsfamilie der *GUISE* (Herzog *Franz* und sein Bruder *Karl*, Erzbischof von Reims) und der Connétable *von Montmorency*. Durch die Vermählung ihrer Nichte *Maria Stuart* von Schottland mit dem Dauphin Franz (II.) 1558 wurden die Guisen mit dem französischen Königshause verwandt.

2. Die Niederlande.

f   Schon frühzeitig drang von Deutschland aus das **Luthertum** in die mittleren und nördlichen Provinzen der Niederlande ein. Dann verbreitete sich besonders in Friesland und Holland das **Täufertum**, das zum Teil wild phantastische Formen annahm, bis der Fall von Münster (§ 85 g h) Ernüchterung brachte. Später drang von Nordfrankreich her der **Calvinismus** ein und verdrängte die lutherischen Einflüsse. Die Bewegung stieß von Anfang an auf den entschlossenen Widerstand der Regierung. *KARL I.* (*V.*) 1519–1556 wollte die politisch nur lose zusammenhängenden geistlichen und weltlichen Territorien, aus denen die Niederlande damals bestanden, zu einem straff organisierten, einheitlichen Staatswesen machen und suchte aus diesem Grunde mit unerhörter Grausamkeit die kirchliche Einheit aufrechtzuerhalten. Schon am 7. Nov. 1519 verdammte die Universität Löwen die Anschauungen Luthers. Die Bulle „Exsurge Domine" (§ 75 w) und das Wormser Edikt (§ 75 y) wurden in den Niederlanden durchgeführt, scharfe Edikte gegen die Ketzer („Plakate") erlassen und die Inquisition in Bewegung gesetzt. 1523 starben in Brüssel die ersten Märtyrer der Reformation, *Heinrich Voes* und *Johann Esch,* zwei Augustinermönche aus Antwerpen. Im ganzen wurden unter Karl in den Niederlanden mehrere tausend Ketzer hingerichtet, meist Taufgesinnte.

3. Schottland.

In Schottland reichen die Anfänge der ev. Bewegung ebenfalls bis in die 20er Jahre hinauf. 1528 starb *Patrick Hamilton* als Schottlands erster protestantischer Märtyrer. Seit den 40er Jahren wurde die Bewegung lebhafter; der Widerstand der Regierung, die von neuem mit Hinrichtungen vorging, trieb die Evangelischen zum festen Zusammenschluß und zur Empörung, aber die Aufständischen wurden 1547 mit Hilfe einer französischen Flotte in St. Andrews überwältigt und auf die französischen Galeeren gebracht. Die Bewegung gewann nun aber zahlreiche Anhänger unter dem schottischen Adel; diese schlossen 1557 den Covenant, ein Bündnis zum Schutze und zur Durchführung des Wortes Gottes und seiner „congregation" (Gemeinde). Als die Regierung einschritt, kam es zu einem ausgedehnten Bilder-, Kirchen- und Klostersturm und zum Bürgerkriege. 1560 errichtete das schottische Parlament die **reformierte schottische Staatskirche,** in der die Grundsätze Calvins in klassischer Form verwirklicht wurden. (Vgl. § 103 m.)

4. England.

1) Weit weniger als auf dem Festlande drängten die Verhältnisse in England zum kirchlichen Umsturz. Trotzdem ist es auch in England zu einer „Reformation" gekommen, nicht infolge einer religiösen Bewegung des Volkes, sondern durch einen Willkürakt des fast unumschränkten Königtums. *HEINRICH VIII.* (1509–1547) war ursprünglich zum Kleriker bestimmt und in Oxford theologisch gebildet. Seine 1521 gegen Luther gerichtete Schrift „Assertio septem sacramentorum" trug ihm bei Leo X. den Titel eines „defensor fidei" ein. Im Zusammenhang mit den politischen Verwicklungen und seinem Ehehandel wurde Heinrich aber zum Bruch mit dem Papsttum getrieben. Er wollte vom Papst die Lösung seiner ihm verhaßten Ehe mit *Katharina von Aragon* erlangen, die notwendige Vorbedingung für die ersehnte Vermählung mit der Hofdame *Anna Boleyn.* Die Ehe mit Katharina war in der Tat unkanonisch, da Katharina die Witwe von Heinrichs älterem Bruder Arthur war, aber Julius II. hatte zu der Vermählung Heinrichs mit Katharina den päpstlichen Dispens erteilt. Als Heinrichs Kanzler, Kardinal *Thomas Wolsey,* zugleich päpstlicher Legat, in den Verhandlungen mit der Kurie nicht zu dem erwünschten Ziel gelangte, wurde er 1529 gestürzt und der englische Klerus genötigt, den König als Oberhaupt der englischen Kirche anzuerkennen (1531). Durch diesen Gewaltakt erreichte Heinrich 1533 die kirchliche Trennung seiner Ehe mit Katharina und die Heirat mit Anna Boleyn (die er freilich bereits 1536 aufs Schafott schickte; er hat dann noch vier neue Ehen geschlossen). 1534 erkannte das Parlament in der **Suprematsakte** den König als „supreme head in earth of the Church of England" an. Der maßgebende Berater Heinrichs in der kirchlichen Reform wurde der erbarmungslose *Thomas Cromwell.* Grausam wurde jeder Widerstand gegen die neue Ordnung niedergeschlagen. 1534–1539 wurden die Klöster aufgehoben. Das Klostergut fiel an die Krone, die einen großen Teil veräußerte.

Heinrichs Vorgehen war keine religiöse Reform. Die von ihm errichtete **anglikanische Staatskirche** war vielmehr in Verfassung und Dogma bis auf die Verwer-

§ 84　　　　　　　Zeitalter der Reformation

fung des Papsttums und die Beseitigung der Klöster zunächst vollkommen **katholisch**. Wohl drangen seit den 20er, in verstärktem Maße seit den 30er Jahren vom Kontinent ev. Einflüsse nach England herüber, indessen Heinrich VIII. hat alle **evangelischen Regungen blutig unterdrückt**. Eine Zeitlang neigte Heinrich auf die ev. Seite. Diesen ev. Anwandlungen folgte aber eine schroffe katholische Reaktion: das „**Blutige Statut**" von **1539** hielt unter Androhung der schwersten Strafen die katholischen Auffassungen über (1) Transsubstantiation, (2) Laienkelch, (3) Priesterehe, (4) Gültigkeit der Keuschheitsgelübde, (5) Privatmessen und (6) Ohrenbeichte fest. *Thomas Cromwell* wurde 1540 enthauptet; seitdem war der ev. Einfluß auf Heinrich völlig beseitigt.

k　2) Unter dem schwächlichen Knaben *EDUARD VI.* (1547–1553; Sohn der Johanna Seymour, der 3. Gemahlin Heinrichs VIII.) versuchten die „Protektoren", der Herzog von Somerset und sein Nachfolger, der Herzog von Northumberland, den **Protestantismus einzuführen**. Kultus und Dogma wurden in gemäßigt protestantischem Sinne reformiert, dagegen die bischöfliche Verfassung beibehalten. Unter den theologischen Führern der ev. Partei ist besonders der Erzbischof *Thomas Cranmer* von Canterbury zu nennen, der schon unter Heinrich VIII. eine Rolle gespielt hatte. **1549** erschien das „**Book of common prayer**", **1552** ein Glaubensbekenntnis, die „**42 Artikel**" (mit völlig evangelischer Rechtfertigungs- und calvinischer Abendmahlslehre). Wichtig war, daß der lutherische Einfluß seit 1547 durch Einwirkungen Zwinglis und Calvins abgelöst wurde; sie wurden durch eine Anzahl nach England berufener protestantischer Gelehrter vermittelt (*Petrus Martyr Vermigli* nach Oxford, *Bernardino Ochino* nach London, *Martin Bucer* nach Cambridge; Flüchtlingsgemeinde in London unter Leitung von *Joh. Laski*). *Calvin* selbst wirkte durch seinen Briefwechsel mit Cranmer, Somerset und Eduard VI.

l　3) Bei der breiten Masse des Volkes fand diese Reform keinen Widerhall; die Mißwirtschaft, deren sich die Regierung Eduards VI. in anderer Hinsicht schuldig machte, verstärkte die Zurückhaltung gegenüber den kirchlichen Maßnahmen. So konnte unter der „katholischen" oder „blutigen" *MARIA TUDOR* (1553 bis 1558) eine scharfe **Reaktion des Katholizismus** eintreten. Der Versuch des Herzogs von Northumberland, die von Heinrich VIII. erlassene **Thronfolgeordnung** (Eduard, Maria, Elisabeth) zugunsten seiner protestantischen Schwiegertochter *Johanna Gray*, einer Großnichte Heinrichs VIII., umzustoßen, scheiterte an der Festigkeit Marias; Northumberland und die 16jährige Johanna Gray wurden hingerichtet. Maria war durch das Andenken an ihre unglückliche, streng katholische Mutter Katharina von Aragon (§ h) und ihre Verbindung mit *Philipp II.* von Spanien auf die katholische Seite gewiesen; 1554–1555 weilte Philipp als Marias Gemahl in England. Die päpstliche **Jurisdiktion** wurde 1554 **wiederhergestellt**, die evangelische Partei hart verfolgt (gegen 300 Hinrichtungen; 1556 wurde auch *Cranmer* verbrannt); zahlreiche Evangelische flohen nach den Niederlanden. Maria erlag am 17. Nov. 1558 einer Krankheit.

m　4) Das Schreckensregiment und die unglückliche äußere Politik der katholischen Maria förderten nur die Abneigung gegen das Papsttum und gegen Spanien. *ELISABETH I.* (1558–1603) lenkte daher, anfangs vorsichtig, wieder in **protestantische Bahnen** ein und errichtete von neuem **die von Rom unabhängige englische Staatskirche**. Die Königin, wenig tief veranlagt und religiös gleichgültig, wurde durch politische Rücksichten und durch ihre Jugendeindrücke auf die protestantische Seite geführt (Zurücksetzung durch Heinrich VIII., der sie nach dem Sturze ihrer Mutter Anna Boleyn für illegitim erklären ließ; Leidenszeit unter der Regierung der Maria). Das Parlament erneuerte **1559 die königliche Suprematie** und den **Suprematseid**; nur wurde der Inhaber der Königswürde fortan nicht mehr, wie unter Heinrich VIII. und Eduard VI., als „supremum caput ecclesiae" bezeichnet, sondern als „oberster Regent des Staates in ecclesiasticis et politicis", d. h. die Verwaltung von Wort und Sakrament lag außerhalb seines Einflusses. Die **Uniformitätsakte** (1559) stellte die Liturgie Eduards VI. mit geringen Abweichungen wieder her (Bilder, Kreuze, Kirchenmusik und Priestergewänder wurden beibehalten, einige antikatholische Stellen der Liturgie Eduards VI. gestrichen). Von den 16 Bischöfen verweigerten 15 den

Suprematseid und wurden vertrieben; der übrige Klerus unterwarf sich zum größten Teil. 1559 wurde der neue Erzbischof von Canterbury geweiht, *Matthäus Parker*, der die [von Rom für ungültig erklärte] apostolische Sukzession des anglikanischen Klerus vermittelte.

In den **1563** angenommenen **39 Artikeln,** einer Überarbeitung der 42 Artikel *n* von 1552, erhielt die anglikanische Kirche ihr Glaubensbekenntnis (Milderung der calvinischen Abendmahlslehre durch Anlehnung an die Lehre von Brenz); 1571 wurden die 39 Artikel vom Parlament genehmigt.

In **Irland** erhoben sich, als Eduard VI. den Versuch einer Protestantisierung machte, Klerus und Volk einmütig für die katholische Kirche. Unter Elisabeth I. veranlaßte die religiöse Frage neue Unruhen. Das Ergebnis war, daß den Iren ein anglikanischer Klerus aufgezwungen wurde, während das irische Volk katholisch blieb und die Last, aus seiner Armut einen eigenen katholischen Klerus zu unterhalten, auf sich nahm.

5. Die skandinavischen Reiche.

Bereits in den zwanziger und dreißiger Jahren erfolgte der Übergang der *o* nordischen Reiche zum Luthertum. Unter gänzlicher Beseitigung des Katholizismus wurde ein rein lutherisches Kirchentum höchst konservativen Gepräges errichtet. Diese Reform entsprang nicht dem religiösen Bedürfnis des Volkes, sondern der Politik der Fürsten, die dem Volke die neue Gestaltung der Kirche aufzwangen.

1) In **Dänemark** suchte bereits *Christian II.* (1513–1523) die Reformation ein- *p* zuführen (1520 *Karlstadt* 3 Wochen in Kopenhagen), vermochte sich aber gegen den Adel und die Geistlichkeit nicht zu halten und gab mit seiner Flucht 1523 seinen Thron preis. *Friedrich I.* (1523–1533) mußte zwar dem kathol. gesinnten dänischen Adel versprechen, nichts gegen die kathol. Kirche zu unternehmen, war aber [zunächst insgeheim] der Reformation freundlich gesinnt; er duldete in den schleswigschen Herzogtümern seit 1524 die ev. Predigt, ernannte den ev. Prediger *Hans Tausen* 1526 zu seinem Kaplan und ließ **1527** auf dem **Reichstag zu Odense** die Duldung der Lutheraner bis zum nächsten Konzil aussprechen. Unter *Christian III.* (1533–1559) wurde dann **1536** die Reformation wirksam durchgeführt. Die dänische Kirchenordnung verfaßte *Bugenhagen*. Das Kirchengut fiel zum größten Teil an die Krone. Die 7 Bischöfe des Landes wurden ihrer Ämter enthoben und durch 7 Superintendenten ersetzt, für die später der Name „Bischöfe" wieder aufkam; doch war von einer apostolischen Sukzession keine Rede.

In dem mit Dänemark verbundenen **Norwegen** wurde die Reformation seit *q* 1536 eingeführt; auf **Island** setzte sie sich seit 1539 allmählich durch.

2) In **Schweden,** das 1521 bzw. 1523 von Dänemark politisch unabhängig geworden war, wurden die ev. Anschauungen zuerst durch die beiden in Wittenberg gebildeten Brüder *Olaus Petri* und *Lorenz Petri*, sowie durch *Lorenz Andreae* verbreitet. Mit ihnen verband sich der neue König *Gustav Wasa*, der durch die Einführung der Reformation die königliche Gewalt zu verstärken und die Unabhängigkeit Schwedens von Dänemark zu sichern hoffte. Als im Volke die reformatorische Bewegung nicht in Gang kommen wollte, erzwang Gustav Wasa **1527** auf dem **Reichstage zu Westerås** durch [zeitweilige] Niederlegung der Krone die Überweisung des Kirchenguts an den König und die Freigabe der ev. Predigt. Dadurch war die schwedische Kirche völlig der Gewalt des Königs unterworfen.

Die geistlichen Stellen wurden vom Könige besetzt. Durch Beibehaltung vieler katholischer Zeremonien (Elevation der Hostie, Exorzismen, Gebete für die Verstorbenen, Meßgewänder usw.) erhielt die schwedische Kirche ein sehr konservatives Gepräge. Für die höchsten Geistlichen wurde der Bischofstitel, für den Bischof von Upsala sogar der Titel Erzbischof beibehalten; doch war der Erzbischof nur primus inter pares. Da die alten Geistlichen nicht verjagt wurden, vollzog sich die Durchführung der Reform nur langsam. Das Volk widerstrebte anfangs hartnäckig (1529 Aufstand der Småländer); erst in den folgenden Generationen schlug das Luthertum Wurzel.

§ 84 Zeitalter der Reformation

6. Die östlichen Länder.

r 1) **1525** verwandelte der Hochmeister *Albrecht von Brandenburg* das Ordensland **Preußen** auf Luthers Rat und im Einverständnis mit Polen in ein weltliches Herzogtum unter polnischer Lehnshoheit und unterwarf es der kirchlichen Reform.

s 2) In den **Ostseeprovinzen** faßte die Reformation zuerst 1523 in der Stadt Riga Boden. **1539** wurde ein ev. Erzbischof von Riga gewählt; das entschied den Übergang von Livland und Estland zum Luthertum. Bei der Auflösung des Livländischen Ordensstaates **1561** wurde Kurland von dem bisherigen livländischen Heermeister *Gotthard Kettler* in ein weltliches Herzogtum unter polnischer Lehnshoheit verwandelt und lutherisch; das übrige Gebiet wurde an Schweden, Dänemark, Polen und Rußland verteilt, doch blieb das lutherische Bekenntnis zunächst überall geduldet (vgl. § 90 c).

t 3) **Polen-Litauen.** Überaus bunt gestalteten sich die konfessionellen Verhältnisse im Staate der Jagellonen. Hier gab es außer zahlreichen Juden (1) römische Katholiken und (2) in den ehemals russischen Gebieten Litauens [neben den hier eingedrungenen Lateinern] Russisch-Orthodoxe. Dazu traten nun im 16. Jh. alle Spielarten des festländischen Protestantismus, zuerst (3) das Luthertum, das unter dem Adel und in den vorwiegend deutschen Städten (1523 Danzig) um sich griff. Seit den 40er Jahren verbreiteten zahlreiche italienische Flüchtlinge (4) den schweizerischen, besonders den calvinischen Typus; ein eifriger Apostel eines ausgesprochenen Calvinismus war der Pole *Johannes a Lasco* (Laski, vgl. § 84 k, seit 1556 wieder in Polen, † 1560). Seit 1548 gab es (5) zahlreiche böhmisch-mährische Brüder, die nach dem für sie verhängnisvollen Ausgang des Schmalkaldischen Krieges (§ 80 a b) aus ihrer Heimat vertrieben waren (§ u). Und dazu kam schließlich noch (6) der Antitrinitarismus, der in Polen zur Kirchenbildung gelangte (§ 85 z).

u 4) In **Böhmen,** wo die römische Kirche nur noch über einen kleinen Bruchteil der Bevölkerung verfügte, gewann das Luthertum namentlich im Norden (deutsche Bevölkerung!) eine feste Stellung. Im tschechischen Kernland erlagen sowohl die Utraquisten wie die Brüderunität lutherischen Einflüssen und verweigerten daher im Schmalkaldischen Kriege 1546 Ferdinand die Heeresfolge gegen die Protestanten. Die Utraquisten büßten das mit schwerer Bedrängnis, die böhmischen Brüder mit grausamer Verfolgung; doch vermochte Ferdinand die beiden Kirchen nicht zu beseitigen. (Vgl. § 85 a[1].)

In der Markgrafschaft **Mähren,** (seit 1526 österreichisch), wo die römische Kirche neben den Utraquisten und der Brüderunität weit stärker vertreten war als in Böhmen, drang das Luthertum in mehrere Städte ein, besonders in Iglau; auf dem platten Lande gab es Täufergemeinden (§ 85 a[1] n).

In der **Slovakei** (östlich von Böhmen, kam 1526 von Ungarn an Österreich) wirkte 1520f. und 1525f. *Konrad Cordatus* (1525f. auch in Fühlung mit der Bergarbeiterbewegung daselbst, seit 1524 wiederholt in Wittenberg in nächster Nähe Luthers; der erste, der Tischreden Luthers aufschrieb).

v 5) **Ungarn.** Große Verbreitung erlangte der Protestantismus in Ungarn. Er gewann nicht bloß fast alle oberungarischen Städte (Deutsche), sondern auch fast sämtliche Magnaten und Adlige (Magyaren). Auch im türkischen Ungarn verbreitete sich die ev. Lehre. Den Charakter des ungarischen Protestantismus bestimmte zunächst Wittenberg. Ihr einflußreichster Agent war *Matthias Biró (Dévay)*, ein Schüler Wittenbergs und Freund Melanchthons; freilich leitete er seit 1543, nach seinem Exil in der Schweiz, die Zurückdrängung des Luthertums durch die „helvetische Konfession" ein. Zu einer Gesamtorganisation der ev. Kirche Ungarns ist es nicht gekommen.

w 6) Auch in **Siebenbürgen** erlangte der Protestantismus das Übergewicht. Hier gingen die drei „Nationen", die deutsche („sächsische"), die magyarische und die szeklerische, zur Reformation über, das katholische Kirchenwesen sank zu einem kleinen Rest zusammen. Nur die im Lande wohnenden Wallachen hielten an ihrem griechischen Katholizismus fest. Die **Sachsen,** die schon im vorreformatorischen Zeitalter kirchlich und politisch einheitlich organisiert waren, vollzogen die Umwandlung ihrer Kirche in eine protestantische Nationalkirche lutherischen Gepräges (1545). Der Reformator der Siebenbürger Sachsen war *Johann Honter*, der in Kronstadt wirkte († 1549). Seit 1571 gab es vier von der Regierung „rezipierte" Konfessionen: röm. Katholiken, Lutheraner, Reformierte, Unitarier (§ 85 z).

7) Unter den **Slovenen** in Krain wurde seit 1561 eine ev. Kirche organisiert, *x* die bis 1599 bestand (§ 91 i). Durch Übersetzung kirchlicher Schriften (Katechismus, NT, Ps., Kirchenlieder usw.) ins Slovenische wurde die slovenische Literatur begründet.

7. Die südromanischen Länder.

1) In den südromanischen Ländern kam es nur zu evangelischen Regungen. *y* In **Italien** war schon die unmittelbare Gegenwart der Kurie ein Schutz gegen den Abfall; ihr finanzieller Druck war hier längst nicht so stark wie etwa in Deutschland; überdies bedeutete der römische Stuhl für die Italiener einen Vorzug unter den abendländischen Völkern, dessen sie sich nicht begaben. Nur kleine Kreise gingen hier auf die ev. Anschauungen ein, erlagen aber sehr bald restlos dem Druck der katholischen Kirche. Neben denen, die eine Neubelebung der Frömmigkeit in streng katholischem Geist erstrebten (§ 86 b c), gab es in Italien die mannigfachsten Spielarten von **evangelisch Gesinnten**. Gemäßigte Vertreter dieser Richtung waren einzelne hohe Geistliche, zB. *Gasparo Contarini, Giovanni Morone, Reginald Pole*. Stärker von ev. Anschauungen beeinflußt waren kleine Kreise in Venedig, Modena, Ferrara, Neapel. In Neapel wirkte der Spanier *Juan Valdés* († 1541; Bruder von Alfonso Valdés, § 78 d); in Ferrara bildete die Herzogin *Renata* den Mittelpunkt; auch sonst ist diese Bewegung durch die Teilnahme bedeutender Frauen charakterisiert (*Olympia Morata*, am Hofe von Ferrara; die gefeierte Dichterin *Vittoria Colonna*, Markgräfin von Pescara). Die religiöse Kraft der Richtung lag in einer ev. Rechtfertigungslehre; ihre berühmteste Schrift war das Buch „Von der Wohltat Christi" („Benefizio di Cristo"), verfaßt von dem Augustinermönch *Benedetto da Mantova*, aus dem Kreise des Juan Valdés. Das Schicksal dieser Bewegung entschied sich schon **1542** mit der Erneuerung der **Inquisition** durch Paul III. (vgl. § 86 e). Die ev. Kreise wurden zersprengt, nicht wenige Standhafte hingerichtet; andere flüchteten ins Ausland, namentlich nach der Schweiz, so der Augustinerchorherr *Petrus Martyr Vermigli* und *Bernardino Ochino* (§ k), sowie der Bischof von Capodistria, *Pietro Paolo Vergerio* (1535 noch als Legat des Papstes bei Luther, aber in den 40er Jahren für ev. Überzeugungen gewonnen).

2) Ganz vereinzelt blieben die ev. Regungen in **Spanien**. Schon 1521 wurde die *z* Verbreitung ev. Schriften unter die schwersten Strafen gestellt. Gegen die kleinen Kreise evangelisch Gerichteter, die sich in Sevilla und in Valladolid bildeten, schritt die Inquisition seit 1557 bzw. 1558 ein: die Autos da fé (actus fidei) von 1559 und 1560 erstickten die unbedeutende Bewegung im Keime.

d) *DIE NEBENSTRÖMUNGEN DER REFORMATION.*

§ 85. Die Taufgesinnten. Der mystische Spiritualismus. Der Antitrinitarismus.

Quellen zur Geschichte der Wiedertäufer, Bd. I (Herzogtum Württemberg, von GBossert, QF 13), 1930. – Quellen zur Geschichte der Wiedertäufer in der Schweiz, ed. LvMuralt und WSchmid, 1952 ff. – RMJones, Spiritual Reformers, 1914, deutsch 1925. – FBlanke, Brüder in Christo, die Geschichte der ältesten Täufergemeinde 1525, Zollikon [1955]. – Über Manz: EKrajewski [1957]. – WMau, Balthasar Hubmaier, 1912. – CSachsse, Balthasar Hubmaier als Theologe, 1914. – AMSchwindt, Hans Denk, 1924. – Hans Denck, Schriften I, her. von GBaring (QF 24), 1955. – Dass., II, her. von WFellmann (ebd. 1956). – PKawerau, Melchior Hoffmann, Haarlem 1954. – PWappler, Inquisition und Ketzerprozeß in Zwickau, 1908; Die Stellung Kursachsens und des Landgrafen Philipp zur Täuferbewegung, 1910; Die Täuferbewegung in Thüringen, 1913. –

§ 85   Zeitalter der Reformation

HWSchraepler, Die kirchenrechtliche Behandlung der Täufer in der deutschen Schweiz, Südwestdeutschland und Hessen 1525–1618, 1957. – HvSchubert, Der Kommunismus der Wiedertäufer, 1919. – LydiaMüller, Der Kommunismus der mährischen Wiedertäufer, 1927. – RStupperich, Das Münsterische Täufertum [1958]. – CKrahn, Menno Simons, 1936. – RHBainton, David Joris, 1937. – AHegler, Geist und Schrift bei Sebastian Franck, 1892. – Francks Paradoxa, hrsg. von HZiegler, 1909. – AReimann, Seb. Franck als Geschichtsphilosoph, 1921. – WMatthiessen, Theophrast von Hohenheim (ARG 1917, S. 1–48). – KEcke, Schwenkfeld, Luther und der Gedanke einer apostol. Reformation, 1911. – Zu Paracelsus: Arbeiten von KGoldammer seit 1947. – FTrechsel, Die prot. Antitrinitarier vor Faustus Socinus, 2 Bde., 1839–44. – OFock, Der Sozinianismus, 2 Bde., 1847. – RHBainton, Hunted Heretic (Servetus), Boston 1953. – Castelliana, Leiden 1951. – BBecker, Autour de Michel Servet et de Sébastien Castellion (Sammelband), Haarlem 1953. – EMorseWilbur, A History of Unitarism, Socinianism and its Antecedents, Cambridge Mass., 1945. – NTollin, Das Lehrsystem Michael Servets, 3 Bde., 1876f. – DCantimori, Italienische Häretiker der Spätrenaissance, 1949. – Jacobus Acontius, ed. WKöhler, 1927. – Acontiana, hrsg. von WKöhler und EHassinger, 1932.

a   1. ALLGEMEINES. Die Reformationsgeschichte verlief nicht nur als ein Kampf zwischen der alten Kirche und den ev. Kirchen. Daneben gab es vielmehr eine Reihe von Nebenströmungen. Dahin gehören, abgesehen von den Resten der vorreformatorischen Oppositionsparteien, die sich den reformatorischen Ideen, übrigens in verschiedenem Maße, näherten[1], folgende drei Gruppen: 1) die beinahe unübersehbare Gruppe der „Täufer", 2) eine Reihe von mystisch-spekulativen Denkern, 3) die sog. Antitrinitarier. Unter sich stehen diese radikalen Strömungen in mannigfachen Berührungen und in mannigfachem Gegensatz; Gedanken der verschiedenartigsten Herkunft begegnen sich in bunter Mischung: Mystisches, Chiliastisches, Pantheistisches, Sozialrevolutionäres, kritische Gedanken der Scholastik des 14. und 15. Jhs., Ideen der Renaissance und der lutherischen und der zwinglischen Reformation. Gemeinsam ist diesen Richtungen vor allem der Gegensatz zu den Kirchen, zur kathol. Kirche wie zu den so merkwürdig schnell in feste Formen erstarrenden ev. Kirchen. Im einzelnen gehen sie aber weit auseinander.

b   So wird das Dogma von den einen radikal verworfen, von den andern pantheistisch umgedeutet, von den dritten kritiklos anerkannt. Bei manchen wird die Schrift dem „innern Licht" der persönlich erlebten Offenbarung untergeordnet, bei andern die hl. Schrift zu einem unumstößlichen, absolut verpflichtenden Gesetz aufgerichtet. Bei einigen schwere Exzesse religiösen Wahnsinns; bei den meisten schlichtes, friedliches Leben in stiller Zurückgezogenheit; neben vornehmen, gebildeten Männern einfältige Leute aus dem Volk. Das „Moderne" an diesen Richtungen und das Maß ihrer geistigen Selbständigkeit neben Luther darf nicht überschätzt werden; vor allem ihre Stellung zur hl. Schrift ist von der des neueren Protestantismus durchaus verschieden.

---

[1] Von den vorreformatorischen Oppositionsparteien erlagen die **Waldenser** im 16. Jh. einer durchgreifenden Protestantisierung (1532 Synode zu Chanforans in Savoyen), bezahlten das aber mit furchtbaren Verfolgungen, bes. in Südfrankreich 1545. Die Waldenser in Piemont überdauerten alle Verfolgungen (vgl. § 125 i). Zurückhaltender gegen die Reformation waren die **Akatholiken in Böhmen**, d. h. die Brüderunität und die Utraquisten; sie näherten sich ihr aber doch so weit, daß sie zu ev. Richtungen wurden. (Vgl. § 84 u.)

2. DAS TÄUFERTUM. α) In der gewaltigen religiösen Gärung, *c* die durch das Auftreten Luthers hervorgerufen worden war, trat seit 1520 eine „schwärmerische", durch Berufung auf selbsterlebte übernatürliche Offenbarung gekennzeichnete Richtung hervor. Die Geschichte ihres ersten großen Agitators, Thomas Münzer, ist § 76 r berührt. Auch im Einflußgebiet Zwinglis entstand sehr bald eine radikale Strömung, die Gemeinden der wirklich Gläubigen und Geheiligten zu verwirklichen suchte und seit 1524 als wirkungsvolles Agitationsmittel die von den Gegnern als „Wiedertaufe" bezeichnete Taufe der Mündigen verfocht. Zwinglis Einschreiten gegen die Taufgesinnten in Zürich bewirkte nur eine außerordentlich rasche Verbreitung des Täufertums; bald waren das Alpengebiet, Mähren, der Niederrhein und Friesland von seinen Wanderaposteln überflutet. Die Täufer verbreiteten sich meist in den kleinbürgerlichen Kreisen.

In Zürich waren die Führer *Konrad Grebel*, *Felix Manz*, sowie der Waldshuter *d* Pfarrer *BALTHASAR HUBMAIER* (1528 in Wien verbrannt). Die Wiedertaufe wurde hier im Süden zuerst Frühjahr 1524 von Wilhelm Röubli gefordert; die erste Taufe war die Hubmaiers durch Röubli. Neben Hubmaier waren die Hauptführer: *JOHANN DENK*, der Papst der Anabaptisten, wie ihn Bucer nannte (Rektor der Sebaldusschule in Nürnberg, 1525 aus Nürnberg verwiesen, gest. 1527 in Basel an der Pest), *LUDWIG HÄTZER* (begann als Kaplan in Zürich, wirkte in Augsburg, Straßburg, in der Pfalz usw. und wurde 1529 wegen Ehebruchs in Konstanz enthauptet, *HANS HUT* in Franken, ein erfolgreicher Volksprediger (gest. 1527 infolge eines von ihm selbst verursachten Gefängnisbrandes in Augsburg), und *MELCHIOR HOFFMANN* (ein Kürschner aus Schwäbisch-Hall, wirkte in Livland, Schweden, Ostfriesland und Straßburg, gest. 1543 im Gefängnis in Straßburg); er verkündigte mit zündendem Enthusiasmus die bevorstehende Aufrichtung des himmlischen Jerusalem auf dieser Erde (§ f–h).

Den Täufern eigentümlich ist 1. das Mißtrauen gegen den Staat und jeg- *e* liches Staatskirchentum; 2. die Aufstellung einer gesetzlichen Sittlichkeit besonders auf Grund der Bergpredigt; 3. das geduldige, demütige Ertragen alles Unrechts und aller Gewalt, besonders von der Obrigkeit; 4. die mystische Lehre vom „inneren Licht", d. i. die Berufung auf eigene prophetische Erleuchtung; 5. der Anspruch, Gemeinden von tatsächlich Heiligen zu bilden; 6. die Forderung der Spättaufe. Von diesen sechs Punkten widersprechen Nr. 4 und 5 den reformatorischen Grundsätzen am schärfsten, 4 dem Satze, daß die hl. Schrift die alleinige Quelle der Offenbarung ist, 5 der Rechtfertigungslehre.

Mit diesen Eigentümlichkeiten verbanden sich vielfach kommunistische *f* Bestrebungen und eine phantastische Apokalyptik. Schon bei Hans Hut, vor allem aber bei den Anhängern Melchior Hoffmanns, den Melchioriten, schlug der Gedanke des stillen Duldens in die furchtbare Phantasie um, Gott gebiete den Seinen die Vernichtung der Gottlosen durch das Schwert. Diese Exzesse waren die Wirkung der von Katholiken wie Evangelischen über die Taufgesinnten verhängten, beispiellos brutalen Verfolgungen. Melanchthon hat sich in einem Gutachten der Wittenberger Fakultät von 1531 für die Hinrichtung der Taufgesinnten ausgesprochen, und Luther hat dem zugestimmt. Gerade auch in Kursachsen sind zahlreiche Wiedertäufer hingerichtet worden, nicht nur Aufrührer, sondern auch solche, die nur im Glauben irrten (vgl. § 81 k).

β) Aus der wild-phantastischen apokalyptischen Predigt ging das *g* entsetzliche „Reich Christi" in Münster hervor. Mit der Katastrophe, die mit dem Falle von Münster 1535 über das Täufertum hereinbrach, hatte die religiöse „Schwarmgeisterei" ihre Rolle ausgespielt. Aus den Fanatikern wurden stille Gemeinden; die weitere Geschichte der Täufer war trotzdem eine Märtyrergeschichte sondergleichen.

h Das Täufertum war von Ostfriesland, wo *Melchior Hoffmann* gewirkt hatte (§ d f), nach den Niederlanden gelangt und hatte in Amsterdam in *Jan Matthys*, einem Bäcker aus Haarlem, einen Führer gefunden. Matthys hielt sich für den Propheten Henoch; die von ihm ausgesandten „Apostel" verbreiteten die wiedertäuferische Bewegung binnen kurzem über ganz Holland. Von Holland aus verpflanzte sich der täuferische Enthusiasmus der Melchioriten nach **Münster** in Westfalen. Hier war 1533 infolge der Predigt des Kaplans *Bernt Rothmann* die Reformation zum Siege gelangt; aber Rothmann selbst geriet in den Bann der radikalen Schwärmer. 1534 kamen die „Propheten" *Jan Beuckelssen* (Bockelson) aus Leiden und *Jan Matthys* selbst nach Münster und gewannen mit ihren Anhängern sehr rasch die Mehrheit im Rat und bald die völlige Herrschaft über die Bewohner (der Tuchmacher *Bernt Knipperdolling* Bürgermeister). Dann gings an die Durchführung der täuferischen Ideen (Kommunismus, gesetzliche Wiedertaufe). Der Bischof von Münster, *Franz von Waldeck*, begann seine Stadt zu belagern. Als Matthys im Kampfe gefallen war, unternahmen die Täufer unter Führung Jans von Leiden die entsetzliche, grausam-wollüstige Verwirklichung ihrer apokalyptischen Phantasien, die Errichtung des „Königreichs Zion" (Jan von Leiden „König", Durchführung der Vielweiberei, brutale Niederhaltung der Andersdenkenden). Am 25. Juni **1535** wurde Münster erstürmt, darauf eine grausame Bestrafung über die Schwärmer verhängt und der Katholizismus wiederhergestellt.

i Die Katastrophe des Wiedertäuferreichs in Münster hat für die Entwicklung des Täufertums die stärksten Wirkungen gehabt; sie gab das Zeichen zu erbarmungslosen Verfolgungen, die unterschiedslos über alle Taufgesinnten hereinbrachen, nicht bloß über die wenigen revolutionären, sondern auch über die große, friedlich gesinnte Masse. Mit unvergleichlichem Heldenmut ertrugen Tausende das Martyrium.

k Ebenso wurde der Fall von Münster für die innere Entwicklung des Täufertums entscheidend. Es gelang, zuerst in den nördlichen Niederlanden, die gemäßigten Täufer zu Gemeinden zu organisieren und das revolutionär-enthusiastische Täufertum allmählich zu überwinden. Das war vornehmlich das Werk von *MENNO SIMONS* (geb. 1496 in Friesland, gest. 1561), einem ehemaligen katholischen Priester; er war nicht der Begründer, wurde aber sehr bald das Haupt der nach ihm benannten Sekte der **Mennoniten.** Er wirkte in West- und Ostfriesland, am untern Rhein, an der Ostsee (Wismar) und in Holstein. Die Anhänger verwarfen die Kindertaufe und den Eid, lebten in strengster Zurückgezogenheit von der Welt, meist in reger Betriebsamkeit, und suchten durch strenge Kirchenzucht Gemeinden von aktiv Heiligen darzustellen. Im übrigen erkannten sie das reformierte Bekenntnis an. Nach manchen standhaft ertragenen Verfolgungen erlangten die Mennoniten seit 1572 in Holland, später auch in der Schweiz, in einer Anzahl von norddeutschen Städten (Emden, Hamburg, Danzig, Elbing) und in der Pfalz Duldung.

l Die Mennoniten, durch innere Spaltungen geschwächt, vermochten nur einen Teil des Täufertums an sich zu ziehen. Kleinere Kreise von chiliastisch-prophetisch erregten Täufern gab es noch allenthalben in den nächsten Jahrzehnten nach 1535. Sie hatten einen hervorragenden Führer an *DAVID JORIS*, einem ehemaligen Delfter Glasmaler. Nach abenteuerreichem und gefahrvollem Wirken vermochte er sein Leben nur in tiefster Verborgenheit unter fremdem Namen (Johann von Brügge) in Basel zu fristen, scheinbar ein strenger Zwinglianer, insgeheim durch seine prophetischen Schriften der geistige Führer des radikalen Täufertums († 1556).

m Selbst das friedlich gesinnte Täufertum Hollands wurde nicht völlig vom Mennonitentum aufgesogen; vielmehr entstand hier eine besondere Gruppe von Taufgesinnten, die weltoffener und dogmatisch freier gerichtet waren als jene und mit den Arminianern (§ 96 p) und den Sozinianern (§ 85 z) Fühlung nahmen (vgl. § 96 q).

In größeren organisierten Gemeinden lebten die Taufgesinnten außerdem in *n* **Mähren**. Über die mährischen Täufer ergingen zwar seit 1535 grausame Verfolgungen; ihr Führer, *Jakob Huter* aus Tirol, wurde 1536 zu Innsbruck unter grauenvollen Qualen hingerichtet; aber 1554–1592 folgte eine lange Periode der Duldung, in der ihre kommunistisch organisierten Gemeinden trefflich gediehen. Die katholische Reaktion fegte sie 1622 aus Mähren hinweg (Reste in Amerika).

3. DIE MYSTISCH-SPEKULATIVEN RICHTUNGEN. In ein- *o* zelnen Denkern und zwei kleinen Gemeinschaften lebte die vorreformatorische Mystik fort, teilweise verstärkt durch die platonische Mystik und die neue Naturanschauung der Renaissance. Die Vertreter dieser Strömung hielten sich von den großen Kirchen und den Gemeinden der Taufgesinnten fern oder gehörten ihnen nur äußerlich an. Sie brachen mit dem katholischen Dogma, indem sie es beiseite schoben oder pantheistisch umdeuteten, ordneten dem „Buchstaben" der Schrift den „Geist" über, der als „inneres Licht", d. h. als persönlich erlebte Offenbarung, die einzige Quelle der Gewißheit sei (Spiritualismus), legten im Zusammenhang damit großen Wert auf psychologische Selbstbeobachtung und ergingen sich in mehr oder minder phantastischen Spekulationen. α) Der bedeutendste Vertreter dieser spekulativen Mystik war *SEBASTIAN FRANCK*.

Sebastian Franck aus Donauwörth (1499–1542/43) war zuerst katholischer *p* Priester im Bistum Augsburg, darauf lutherischer Prediger im Nürnbergischen, legte aber 1528 sein Amt nieder und lebte als freier Volksschriftsteller in Nürnberg und in Straßburg, eine Zeitlang als Seifensieder in Eßlingen, dann als Schriftsteller und Buchdrucker in Ulm, zuletzt in Basel. Dem Papsttum, Luther, Zwingli und den in Gesetzlichkeit verfallenden Täufern gleich abgeneigt, vertrat er einen reinen Individualismus, der auf jeglichen Kultus verzichtete. Als Spiritualist betrachtete er als Autorität den „Geist", das im Innern der Menschen wirkende „Wort Gottes", nicht den „Buchstaben". Christologie und Trinität schaltete er durch spekulative Umdeutung aus. Seine Ethik war mystisch. (Unter seinen Schriften: „Chronika, Zeitbuch oder Geschichtsbibel", 1531, von großer Bedeutung für die Anfänge akatholischer Geschichtschreibung; „Paradoxa", 1534, die klarste Darstellung seiner Anschauungen.)

Ähnliche Anschauungen vertrat der weniger bedeutende *Theobald Thamer* *q* (persönlicher Schüler und Verehrer Luthers, Professor in Marburg, trat zum Katholizismus zurück und starb 1569 als katholischer Theologieprofessor in Freiburg i. B.). In den folgenden Generationen setzten sich die mystisch-spekulativen Richtungen in dem Zschopauer Pastor *Valentin Weigel*, dem ehemaligen Dominikaner *Giordano Bruno* und dem Görlitzer Schuster *Jacob Böhme* fort (vgl. § 93 z, 95 t). In gewisser Hinsicht sind auch die abenteuerlichen, phantastisch-mystischen Naturphilosophen und wissenschaftlichen Pioniere *Agrippa von Nettesheim* († 1535) und *Bombastus Paracelsus von Hohenheim* († 1541) zu dieser Gruppe zu rechnen.

β) Gemeinschaftsbildend haben die mystisch-spiritualistischen *r* Ideen nur in zwei Sekten gewirkt, den Familisten und den Schwenkfeldianern.

1. Der Kaufmann *Heinrich Niclaes* (1501/02–1570/80), der sich für inspiriert *s* hielt, begründete auf seinen Reisen in England, Holland und im nw. Deutschland die Sekte der **Familisten** (das „Haus der Liebe", familia charitatis, family of love), mit sonderbarer hierarchischer Organisation, mystisch-pantheistischer Frömmigkeit, Forderung der Spättaufe usw.; nicht Niclaes selbst, aber einige

§ 85   Zeitalter der Reformation

t seiner Anhänger vertraten eine antinomistisch-libertinistische Ethik. Der Einfluß der Sekte war auf dem Kontinent gering; dagegen ist sie in England in ihren Ausläufern bis c. 1660 nachweisbar; dort sind die sog. „Ranters" der Revolutionszeit offenbar ihre Fortsetzung.

t 2. Der theologisch interessierte schlesische Edelmann *KASPAR SCHWENKFELD* (geb. 1489 in Ossig, verläßt 1529 die Heimat, † 1561 in Ulm) war zuerst Anhänger Luthers, brach dann aber entschieden mit dem Buchstabenglauben und dem Kirchentum (mystische Frömmigkeit; Gedanke der Einwohnung Christi in den Gläubigen; eigentümliche Abendmahlslehre und Christologie). Die von ihm begründete kleine Sekte der **Schwenkfeldianer** bestand in Schwaben bis ins 17., in Schlesien bis ins 18. Jh.; aus Schlesien 1720 durch eine Jesuitenmission vertrieben, fand sie eine Freistatt in Pennsylvania, wo sie heute noch existiert.

u 4. DIE ANTITRINITARIER. α) Der Haß gegen das Kirchentum machte sich bei einer ganzen Reihe radikaler religiöser Strömungen in der Bekämpfung der Trinitätslehre Luft. Der bedeutendste Antitrinitarier des 16. Jhs. war der Spanier *MICHAEL SERVET*, der am 27. Okt. **1553** in Genf lebendig verbrannt wurde.

v Die Anfänge Michael Servets liegen im Dunkel (geb. 1509? in Villanova [Aragonien]?). 1530 weilte er bei Öcolampad in Basel, wurde aber ausgewiesen; ebenso erging es ihm in Straßburg 1531; gleichzeitig erschien sein erster heftiger Angriff auf die Trinität („De Trinitatis erroribus", Hagenau 1531). Seitdem lebte er unter dem Namen Villanovanus als Korrektor einer Druckerei in Lyon, als Student der Medizin in Paris und als Arzt in Charlieu und Vienne. Hier arbeitete er sein Hauptwerk aus („Christianismi Restitutio"), worüber er 1545–1546 mit *Calvin* einen Briefwechsel führte, den dieser mit Entrüstung abbrach. Nach dem Erscheinen dieses Werkes (Anfang 1553) wurde er auf eine von Genf her [mit Calvins Wissen?] erfolgende Anzeige von der kathol. Inquisition in Vienne verhaftet und nach glücklicher Flucht „in effigie" verbrannt. Auf der Flucht nach Italien in Genf ergriffen, wurde er auf Calvins Betreiben festgehalten; das Gericht verurteilte ihn zum Feuertode, obwohl sich die ev. Prediger zuletzt für eine mildere Todesart verwandten. Servet war ein geistig hervorragender, vielseitig begabter Mann. Mit genialem Scharfblick erkannte er den Unterschied zwischen dem Christus der Evangelien und dem Christus des Dogmas. Seine Anschauung war ein pantheistischer Neuplatonismus.

w Während die führenden Männer der Reformation (Melanchthon, Beza, Bullinger u. a.) die Hinrichtung Servets einstimmig guthießen, entstand seitdem bei romanischen Humanisten eine Richtung, die, ohne in den Antitrinitarismus oder die geschichtslose Mystik zu fallen, das theologische System rationalisierend und moralisierend bearbeitete und den Gewissenszwang bekämpfte. Dahin gehört zB. *Castellio* (§ 82 k), der sich immer weiter von Calvin entfernte, vor allem aber *ACONTIUS* aus Trient (gest. um 1566), der in der Schweiz, in Straßburg und London wirkte („Stratagemata Satanae", Basel 1565) und dessen Einfluß ungemein weit gereicht hat (§ 96 c q, 98 v).

x β) Zu einer größeren antitrinitarischen Bewegung kam es außer im südl. Frankreich, wo Servet wirkte, in Italien, Polen und Siebenbürgen; im Osten gelangte der Antitrinitarismus sogar zur Kirchenbildung (Sozinianer).

y 1. Eine Anzahl religiös interessierter italienischer Gelehrter verband die kritischen Ansätze der Scholastik (Occam, § 66 e) mit den philosophischen Methoden und dem Geist der Renaissance, vollzog damit die Befreiung vom Katholizismus und schuf eine nüchterne Dogmatik, in der unter Anerkennung der Schriftautorität die spezifisch kirchlichen Dogmen (Trinität, Christologie, Sakramente) umgebildet waren. Die Bewegung verschmolz rasch mit dem von der Schweiz eindringenden Anabaptismus, blieb aber auf einen kleinen Kreis literarisch Gebildeter beschränkt. Zu ihren Führern gehörten *Camillo*

Renato, Matthias Gribaldo, Georg Blandrata, Valentin Gentilis, Lelio Sozzini. **1550** fand ein antitrinitarisch-anabaptistisches Konzil zu Venedig statt, besucht von 60 Abgeordneten. Von Italien, wo sie sich nicht zu halten vermochten, gingen sie nach der Südschweiz hinüber und stießen hier auf die Kirche Calvins.

2. Aus der Schweiz durch die Hinrichtung Servets (§ v) vertrieben, sammelten z sich zahlreiche Antitrinitarier in Polen und Siebenbürgen. In Siebenbürgen erwirkte besonders *Blandrata* seinen Glaubensgenossen Duldung. Er berief auch *FAUSTO SOZZINI* (1539–1604), den Neffen Lelio Sozzinis (§ y), **1579** nach Polen, der hier unter dem Schutze der Pax dissidentium (§ 90 b) die unitarische (antitrinitarische) Kirche der **Sozinianer** mit dem Mittelpunkt Rakow begründete. Die Bekenntnisschrift war der [zweite] Rakower Katechismus (1605). Aber schon wenige Jahrzehnte später erlag der Sozinianismus den Jesuiten. 1638 wurde die Schule in Rakow zerstört, 1658 die „arianische Sekte" aus Polen vertrieben. Ihre Reste retteten sich teils nach Siebenbürgen, teils nach den Niederlanden, wo sie mit den Arminianern und den Mennoniten verschmolzen (vgl. § k, 96 p). Ihr theologisches System verbindet rationalistische und supranaturalistische Bestandteile. Scharfe, auf den Scotismus zurückweisende Kritik der Lehren von der Trinität, der Gottheit Christi, den Sakramenten usw. Christus ein Mensch, aber von der Jungfrau geboren, vor seinem öffentlichen Wirken durch *raptus in coelum* zu Gott versetzt und von ihm belehrt, nach dem Tode auferweckt. Strenger Theismus. Betonung des Ethischen. Toleranz gegen Andersdenkende. Rechtfertigung = Sündenvergebung auf Grund der Gesinnung. Strenge Kirchenzucht. – Die Sozinianer blieben eine kleine verfolgte Partei, und ihre Dogmenkritik machte im 16. und 17. Jh. wenig Eindruck; aber ungemein groß war ihre Fernwirkung auf die seit dem 18. Jh. sich erhebende freiere Theologie.

II. Das Zeitalter der Gegenreformation (1555/60–1689).

a) DIE ERNEUERUNG DER KATHOLISCHEN KIRCHE.

Papstliste.

1513—1521	Leo X.	1585—1590	Sixtus V.
1522—1523	Hadrian VI.	1590	Urban VII.
1523—1534	Klemens VII.	1590—1591	Gregor XIV.
1534—1549	Paul III.	1591	Innocenz IX.
1550—1555	Julius III.	1592—1605	Klemens VIII.
1555	Marcell II.	1605	Leo XI.
1555—1559	Paul IV.	1605—1621	Paul V.
1559—1565	Pius IV.	1621—1623	Gregor XV.
1566—1572	Pius V.	1623—1644	Urban VIII.
1572—1585	Gregor XIII.	1644—1655	Innocenz X.

§ 86. Die Anfänge der Restauration des Katholizismus.

LvRanke, Die römischen Päpste, [12]1923, 2 Bde., ([1]1834). – *Else Hocks, Der letzte deutsche Papst, Adrian VI., 1939. – KBrandi, Gegenreformation und Religionskriege, [1930]. – *GBuschbell, Reformation und Inquisition in Italien um die Mitte des 16. Jhs., 1910. – GVJourdan, The Movement towards Catholic Reform in the early sixteenth century, 1914. – *PCuthbert, Die Kapuziner, deutsch 1931. – RHBainton, Bernardino Ochino (it.), Florenz [1940].

1. SPANIEN. Der Ursprungsort der Restauration der katho- a lischen Kirche (vgl. Vorblick auf §§ 73–101) war Spanien. Die Erneuerung begann hier bereits vor dem Auftreten Luthers (§ 70 l), war aber um 1517 noch nicht so erstarkt, daß sie dem reißenden Abfall in

§ 86   Zeitalter der Gegenreformation

den andern Ländern hätte wehren können. Wohl aber erfuhr sie ihre weitere Ausgestaltung im bewußten Gegensatz zum Protestantismus. Von Spanien aus hat dann der neue, strenge Katholizismus die gesamte Papstkirche unterworfen. Während des ganzen 16. Jhs. hatte die spanische Kirche eine Art Vorherrschaft in der katholischen Welt.

b   2. ITALIEN. Unter den Einflüssen Spaniens, sowie unter negativer und positiver Einwirkung des Luthertums vollzog sich seit den 20er Jahren auch in Italien ein lebhafter Aufschwung der Frömmigkeit. Gerade in Italien verlangten die Zustände im Klerus wie im kirchlichen Volksleben in besonderem Maße nach einem Wandel. Das Verlangen nach Reformen bekunden mehrere Ordensgründungen, aber auch die Verbreitung evangelischer Anschauungen in kleineren Kreisen (§ 84 y). Der tatkräftige Vertreter der spanischen Reformbewegung in Italien war Gian Pietro *CARAFA,* der spätere Paul IV.

c   *Carafa,* Bischof von Chieti (Theate) in den Abbruzzen, stand zu Spanien in persönlichen Beziehungen; er hatte mehrere Jahre als päpstlicher Nuntius am Hofe Ferdinands und Isabellas gelebt. Es fehlte in Italien nicht an gleichgesinnten Klerikern: 1) 1523–1527 (bis zum Sacco di Roma) bestand in Rom das **Oratorium der göttlichen Liebe,** ein freier Verein von 30–60 Klerikern zur Pflege mystisch-katholischer Frömmigkeit, dem außer Carafa auch *Sadolet, Giberti, Gaetano da Thiene* angehörten; – 2) zur Neubelebung der Frömmigkeit des Volkes und zur Bekämpfung der Ketzerei gründeten *Gaetano da Thiene, Carafa* u. a. den **Orden der Theatiner** (Cajetaner; bestätigt 1524), einen Orden regulierter Kleriker, genannt nach Carafas Residenz Theate; – 3) zu wirklichem Einfluß unter dem Volk gelangten die 1528 vom Franziskanerorden abgezweigten **Kapuziner;** sie zählten *Bernardino Ochino* (§ 84 k), den bedeutendsten italienischen Prediger jener Zeit, zu den Ihren; – 4) die Steigerung der katholischen Frömmigkeit in Italien in den 30er und 40er Jahren spiegelt sich in der Menge neuer Ordensgründungen; s. § 93 f–k.

d   Die Kurie stand diesen Reformbestrebungen zunächst ohne Verständnis gegenüber. Auf dem Stuhl des hl. Petrus herrschte, nachdem der kurze Pontifikat Hadrians VI. ohne Wirkungen vorübergegangen war, wieder der alte Geist der Renaissance. Die Päpste richteten ihre Aufmerksamkeit hauptsächlich auf die politischen Dinge; in der Stadt der Päpste aber lebte, von einem Paul III. selbst gefördert, eine weltliche Gesinnung, die in glänzenden, rauschenden Festen wie dem Karneval in die Erscheinung trat. Doch erfolgte 1542 mit der Erneuerung der Inquisition der erste Schritt zu einer grundsätzlichen Wendung.

e   *HADRIAN VI.* (1522–1523, ein Niederdeutscher aus Utrecht, der letzte nicht-italienische Papst, groß geworden in der devotio moderna, O. P., Lehrer Karls V., dann in verschiedenen politischen und kirchlichen Ämtern, besonders als Inquisitor, in Spanien), ein finsterer, strenger, wirklichkeitsferner Asket, der den Italienern als Barbar erschien, war von ehrlichem, aber unfruchtbarem Reformeifer (vgl. § 76 n). *KLEMENS VII.* (1523–1534), ein illegitimer Mediceer, leichtfertig und weltlich, ging ganz in den politischen Verwicklungen auf (§ 78 d).
PAUL III. (1534–1549, Alexander Farnese) war persönlich ganz weltlich gerichtet (an seinem Grabmahl fehlt bezeichnenderweise jedes religiöse Symbol), vor allem ganz dem Nepotismus ergeben, konnte sich aber den Einflüssen der Reformpartei nicht mehr entziehen. Er berief ihre Führer *Contarini, Pole, Sadolet, Carafa* zu Kardinälen und ließ sich unter dem Eindruck des auch in Italien reißend um sich greifenden Abfalls **1542** von den streng Gesinnten bestimmen, das gesamte **Inquisitionswesen** neu zu gestalten und in Rom einen Mittelpunkt der Inquisition für alle Länder zu errichten (Konstitution „Licet ab initio", 1542).

§ 87. Die Gesellschaft Jesu.

*AFeder, Lebenserinnerungen des hl. Ignatius von Loyola, 1922. – Ders., Aus dem geistlichen Tagebuch des hl. Ignatius v. L., 1922. – Des hl. Ignatius geistliche Briefe, deutsch von OKarrer, 1922. – Ignatius von Loyola, Briefwechsel mit Frauen, ed. *HRahner, S. J., 1956. – EGothein, Ignatius von Loyola und die Gegenreformation, 1895. – HBöhmer, Studien zur Geschichte der Gesellschaft Jesu I: Loyola, 1914. – HBöhmer, Die Jesuiten, ²ed. KDSchmidt, 1957. – *PDelattre, Les établissements des Jésuites en France depuis quatre siècles, 4 Bde., Enghien-Wetteren 1945–56. – KHoll, Die geistlichen Übungen des Ignatius von Loyola (Ges. Aufs. III, S. 285–301). – LillyZarncke, Die exercitia spiritualia (SchrVerRefG 151), 1931. – PvHoensbroech, Der Jesuitenorden, 2 Bde., 1926f. – *BDuhr, Geschichte der Jesuiten in den Ländern deutscher Zunge, 4 Bde., 1907 bis 28. – Ders. Jesuitenfabeln, ⁴1904. – HLeube, Der Jesuitenorden und die Anfänge nationaler Kultur in Frankreich, 1935. – *ABaumstark, Missale Romanum, [1930].

1. Von den im 16. Jh. neu begründeten katholischen **Orden** gewann die von dem Spanier *IGNATIUS VON LOYOLA* gestiftete **Societas Jesu,** ein Orden von Regularklerikern, eine umfassende Bedeutung (Compañia de Jesus, bestätigt durch Papst Paul III. **1540**). In ihr erhielt der neubelebte Katholizismus für den Kampf mit der Reformation seine schlagfertigste Truppe. *a*

Don Inigo de Oñaz y de Loyola entstammte dem vornehmen baskischen Adel (geb. 1491 auf dem Schlosse Loyola). An einer schweren Verwundung darniederliegend, die er 1521 bei der kühnen Verteidigung von Pamplona gegen die Franzosen erlitten hatte, wurde er durch eifrige Lektüre von Heiligenlegenden in seiner glutvollen, schwärmerisch-ekstatischen Frömmigkeit bestärkt und entschloß sich, seine Kraft in den Dienst der Kirche zu stellen. Er weihte 1522 in der Wallfahrtskapelle Monserrat in Katalonien seine Waffen der Maria, der er fortan als geistlicher Ritter dienen wollte, und lebte darauf eine Zeitlang in einem Spital zu Manresa seiner Askese und seinen Visionen (Entstehung der „Exercitia spiritualia", s. § g). 1523 pilgerte er nach Palästina; doch nötigten ihn die Minoriten zur Umkehr. Nach seiner Rückkehr erwarb sich der 33jährige 1524f. auf der Schulbank in Barcelona die Vorbildung für ein gründliches Studium und bezog 1526 die Universität Alcalá, darauf Salamanca. Der Drang, seine Frömmigkeit auf andere zu übertragen (Abhaltung der „exercitia spiritualia" mit seinen Freunden), brachte ihn in gefährliche Berührung mit der Inquisition; seit 1528 betrieb er daher seine Studien in Paris. *b*

1534 legten Ignatius und seine Freunde (der Savoyarde *Peter Faber,* der navarresische Adlige *Franz Xavier,* die Kastilianer *Jakob Lainez* und *Alonso Salmeron* u. a.) auf dem Montmartre bei Paris das gemeinsame Gelübde ab, in Palästina für die Kirche zu wirken oder sich vom Papst zu beliebigen Zwecken verwenden zu lassen. An der vom Papst 1537 gebilligten Reise nach dem hl. Lande hinderte sie der Krieg zwischen Venedig und der Türkei. Sie wirkten daher zunächst im Venetianischen und gingen dann nach Rom, wo sie die Gunst *Pauls III.* erlangten. 1539 liegen die eigentlichen Anfänge des Ordens. Mit der Bestätigung des neuen Ordens durch die Bulle „Regimini militantis ecclesiae" 1540 und der Wahl Loyolas zum General 1541 war die Gründung der „Societas Jesu" äußerlich abgeschlossen. Der innere Ausbau vollzog sich nur allmählich. Loyola lebte bis zu seinem Tode (31. Juli 1556) in Rom, das der ständige Sitz des Jesuitengenerals geblieben ist. Sein erster Nachfolger war *Jakob Lainez* (1558–1565, s. o.), der nächste bedeutende General nach Lainez *Claudius Aquaviva* (1581 bis 1615). 1545 erhielten die Jesuiten das Privileg, überall ohne Erlaubnis des Diözesanbischofs und des Pfarrers zu predigen und das Bußsakrament zu spenden; andere Privilegien folgten. *c*

2. Die ungemein große geschichtliche Wirkung des Jesuitenordens beruhte auf seiner straffen, militärischen Verfassung und auf der von *d*

§ 87   Zeitalter der Gegenreformation

ihm mit größter Beharrlichkeit festgehaltenen Richtung der Frömmigkeit.

e   VERFASSUNG. An der Spitze des Ordens stand der General, von der Generalkongregation auf Lebenszeit gewählt, mit beinahe monarchischer Gewalt und umfassenden Vollmachten ausgestattet; unter ihm die Provinzialen (die Leiter der Ordensprovinzen), unter diesen die Rektoren (die Vorsteher der Ordenshäuser). Dem Eintritt in den Orden ging ein 2j. Noviziat voraus. Darauf folgte (1) die Ablegung der drei Mönchsgelübde (Armut, Keuschheit, Gehorsam) und die Aufnahme in die Klasse der Scholastiker (Studium der Philosophie und Theologie, daneben eigene Lehrtätigkeit); die begabtesten Scholastiker erhielten (2) nach c. 15 Jahren die Priesterweihe und wurden in die Klasse der geistlichen Coadjutoren aufgenommen (Studien, Lehrtätigkeit an den Kollegien, Seelsorge usw.); von diesen rückten nur die wirklich Bewährten frühestens mit 45 Jahren (3) in die Klasse der Professi auf („professi quattuor votorum"); sie hatten zu den drei Mönchsgelübden noch das Gelübde des unbedingten Gehorsams gegen den Papst abzulegen und bildeten den eigentlichen Kern des Ordens. – Die weniger befähigten Novizen wurden überhaupt nicht zum Eintritt in die geistliche Laufbahn zugelassen, sondern als weltliche Coadjutoren zu Verwaltungsgeschäften usw. verwendet (Ablegung der drei Mönchsgelübde, keine Priesterweihe).

f   Durch ein eigenartiges Überwachungssystem, das sich auf alle Ordensglieder und selbst auf den General ausdehnte, wurde die bedingungslose Unterwerfung der einzelnen („*perinde ac si cadaver essent*"; ein altmönchisches Motiv!) unter den höchsten Zweck gesichert. Der General war durch eine umfassende Korrespondenz über alle vorhandenen Kräfte und über alle Vorgänge im Orden aufs genaueste unterrichtet.

g   RELIGIOSITÄT. Der Einfluß des Ordens erklärt sich hauptsächlich aus der Macht der von ihm gepflegten Religiosität. Diese kennzeichnen am meisten die **Exercitia spiritualia,** geistliche Übungen (Gebete, Betrachtungen usw.), die gewöhnlich alljährlich vier Wochen hindurch unter Leitung eines kundigen Seelenführers abgehalten wurden, auf Grund des in Manresa (§ b) entstandenen, von glänzendem pädagogischen Talent zeugenden Büchleins des Ignatius („Exercicios espirituales", sehr oft gedruckt, zuerst 1548). Unter starker Erregung der Einbildungskraft wird die Betrachtung auf die Abscheulichkeit der Sünde, das Leben und Leiden des Heilandes, den auferstandenen und verklärten Christus, die Liebe Gottes usw. gerichtet; die Übungen sollen auf Gefühl und Willen wirken, zu religiöser Hingabe und lebendiger Mitarbeit am Reiche Christi erziehen. Verwendet ist das reiche Erbe der Mystik (die Vita Jesu Christi des Ludolf von Sachsen, die Imitatio Christi, Ps.-Bonaventura u. a.), deren weitverbreitetes, auf den Platonismus zurückgehendes Schema (Reinigung, Erleuchtung, Vereinigung) im Aufriß durchschimmert, nur daß Loyola an dritter Stelle die Hingabe des empirischen Ich einschiebt. Die asketischen Mittel sind die altmönchischen; Loyola lehrt nicht eine „Religion des Heroismus" (KHoll), sondern der altmönchischen ταπείνωσις (Selbsterniedrigung, Selbstüberwindung). Das Neue liegt in der gedanklichen Schärfe, der zielbewußten Anwendung der Psychologie, der ungeheuren Steigerung des Angriffs auf die dem Exercitienmeister ausgelieferte Seele. – Ignatius empfahl häufige Beichte, häufige Kommunion, eifrigen Besuch der Messe, Verehrung der Reliquien, Wallfahrten usw.; Askese und Gebet sind niemals Selbstzweck, sondern nur Mittel. – Die Jesuiten verzichteten auf das feierliche Chorgebet und auf das Mönchsgewand.

h   POLITISCHER ZWECK. Die Gesellschaft Jesu sammelte ihre Kräfte auf ein einziges Ziel: Herstellung der Alleinherrschaft der katholischen Kirche durch Bekehrung der Ketzer und Heiden. Dieses Ziel suchte der Orden durch streng methodisches und systematisches Vorgehen zu erreichen; die Gegner warfen ihm vor, daß er alle Mittel, die diesem höchsten Zweck dienten, auch Intrige und Hinterlist, mit seiner Moral zu vereinigen wisse (vgl. über die katholische Morallehre § 93 s t); die Lehre von der Volkssouveränität und vom Rechte des Tyrannenmords, im Zeitalter der Konfessionskämpfe von größter Bedeutung (vgl. § 83 o), fand auch im Jesuitenorden Eingang (vgl. § 93 u).

WIRKSAMKEIT. Ihre Wirksamkeit fanden die Jesuiten (1) an den Fürsten- *i* höfen als Beichträte und Prinzenerzieher, (2) im Beichtstuhl, (3) in den Schulen und Universitäten und (4) als Missionare. Ihre Haupterfolge blühten ihnen, nachdem eine neue Generation in den Schulen groß geworden war. (Errichtung zahlreicher Jesuitenkollegien, d. s. Gymnasien; das berühmteste, das **Collegium Romanum** in Rom 1551; berühmte Studienordnung von *Claudius Aquaviva* [§ c]; – 1552 Errichtung des **Collegium Germanicum** in Rom, eines theologischen Seminars zur Ausbildung deutscher Kleriker.)

AUSBREITUNG. Der Orden erlebte eine überraschend schnelle **Ausbrei-** *k* **tung.** Am schnellsten faßte er in Italien, Spanien, Portugal und Südamerika Fuß; in Deutschland erschienen die ersten Jesuiten auf den Reichstagen zu Worms und Regensburg (§ 79 f); in den Niederlanden wurde sein Hauptsitz Löwen. Dagegen stieß er in Frankreich anfangs auf den zähen Widerstand des Pariser Parlaments, doch setzte die Geschicklichkeit seines Generals Lainez 1561 die Zulassung durch. Doch ging der Kampf weiter. Die überseeischen Missionen der Jesuiten s. § 100. Im Laufe seiner Geschichte ist der Jesuitenorden ungefähr 40mal aus verschiedenen Ländern vertrieben worden. Die Liste der 26 Jesuitengenerale umfaßt 11 Italiener, 5 Spanier, 4 Belgier, 2 Deutsche, 1 Tschechen, 1 Holländer, 1 Schweizer, 1 Polen; in der Interimszeit 1942–47 regierte ein Franzose die SJ, der Pater de Boigne.

§ 88. Das Tridentinum.

Wichtigste Quellensammlung zum Tridentinum die der Görresgesellschaft: Concilium Tridentinum, seit 1901. – *HJedin, Geschichte des Konzils von Trient, 1 ²1951, II 1957. Dazu * JLortz, ThRev 47, 1951, Sp. 157–170. – *GSchreiber, Das Weltkonzil von Trient, 2 Bde, 1951. – *Bacht, Fries, Geiselmann, Die mündliche Überlieferung, 1957.

1. ALLGEMEINES. Paul III., der den Jesuitenorden bestätigt *a* und die Inquisition neu organisiert hat, brachte auch das vom Kaiser geforderte, von der Kurie längst verheißene Konzil zustande. Das **Tridentinum (1545–1563)** hat eine ziemlich verwickelte Geschichte gehabt. Je nach der politischen Lage haben die Päpste das Konzil berufen, eröffnet, hingeschleppt, vertagt, verlegt. Der Gegensatz zwischen dem Papst und dem Kaiser durchzieht die ganze Geschichte des Konzils. Karl V. wollte durch das Konzil einen wirklichen Ausgleich zwischen den streitenden kirchlichen Parteien herbeiführen und wünschte daher, daß man wenigstens formell den Protestanten entgegenkomme. Dieselbe Stellung nahm sein Nachfolger Ferdinand I. dem Konzil gegenüber ein. Das Konzil aber war von vornherein schroff protestantenfeindlich gestimmt.

Trotz seiner geschlossenen Stellung gegenüber den Evangelischen *b* war das Konzil in sich nicht einheitlich. Die kurialistische Partei wurde von einer ziemlich starken episkopalistischen Richtung bekämpft und vermochte gegen den Widerstand derselben ihre letzten Absichten nicht zu verwirklichen (z. B. die Anerkennung der Unfehlbarkeit des Papstes). Doch vermied man, um die Einheitlichkeit des Konzils nicht in Frage zu stellen, möglichst die Behandlung von innerkatholischen Streitpunkten. So spielte der Episkopalismus nicht die Rolle wie auf den Reformkonzilien des 15. Jhs.; der Papst war vielmehr der tatsächliche Herr des Konzils, auch die Geschäftsordnung (§ d) war darauf zugeschnitten, daß der Papst die volle Verfügung über die Synode behielt.

§ 88   Zeitalter der Gegenreformation

c   2. VERLAUF. Von den drei Perioden des Tridentinums ist die erste Periode (1545–1547, bzw. 1549) bei weitem die wichtigste; die dritte Periode entbehrte nicht des äußeren Glanzes, reichte aber an Bedeutung nicht an die erste heran.

d   [ERSTE PERIODE.] Das Konzil wurde von Papst Paul III. auf den 1. Dez. **1542** nach **Trient** (Tridentum) berufen (§ 79 k) und endlich, nachdem zuletzt noch die päpstlichen Legaten *del Monte, Cervini* und *Pole* die Eröffnung möglichst verzögert hatten, mit der feierlichen Sitzung vom 13. Dez. 1545 eröffnet. Die **Geschäftsordnung** verfügte die Abstimmung nach Köpfen; stimmberechtigt waren die Bischöfe und Ordensgenerale; von einer Abstimmung nach Nationen (§ 69 b) war nicht mehr die Rede. Die eigentlichen Beratungen fanden in Kongregationen und Generalkongregationen statt; die feierlichen Sitzungen waren nur dekorativ. Der Papst wünschte zuerst das Dogma, der Kaiser zuerst die Kirchenreform behandelt zu sehen; das Konzil nahm beide Fragengruppen gleichzeitig in Angriff (Dekrete *de fide* und Dekrete *de reformatione*).

e   Es fanden zunächst acht Sitzungen statt. In **Sess. IV.** wurden die Quellen der Kirchenlehre festgestellt (die Apokryphen des AT.s kanonisch; zwei Offenbarungsquellen: Schrift und Tradition; die Vulgata authentische Übersetzung; die Kirche allein maßgebende Auslegerin der hl. Schrift); Sess. V. behandelte die Erbsünde, Sess. VI. die Rechtfertigung, VII die Lehre von den Sakramenten; in V, VI, VII wurden außerdem kirchliche Reformen beschlossen[1].

f   Frühjahr **1547** gab der Ausbruch eines Fiebers den Legaten erwünschte Gelegenheit, das Konzil von dem der Kurie unsympathischen, weil auf dem Gebiet des Kaisers gelegenen Trient nach dem päpstlichen **Bologna** zu verlegen (vgl. § 80 c), wo es **1547–1549** weiter tagte. Doch fanden hier nur zwei wenig bedeutende Sitzungen (IX, X) statt; dann suspendierte Paul III. das Konzil (13. Sept. 1549). Einige Monate darauf starb er.

g   [ZWEITE PERIODE.] Der neue Papst, *JULIUS III.* (1550–1555, der bisherige Konzilsleiter Kardinal del Monte, s. § d), berief unter dem Druck des Kaisers das Konzil von neuem nach **Trient** (**1551**). Frankreich lehnte jetzt das Konzil ab; dagegen hatte den Kaiser den Erfolg, daß einige ev. Stände das Konzil beschickten. Von den sechs Sessionen dieses Abschnitts befaßten sich XIII mit der **Eucharistie**, XIV mit der **Buße** und der **letzten Ölung**. Am 28. April **1552** wurde das Konzil wegen des Anmarsches des Kurfürsten Moritz (§ 80 h) um zwei Jahre vertagt; aus den zwei Jahren wurden tatsächlich zehn. Julius III. hat den Wiederzusammentritt der Synode nicht mehr erlebt. *Marcell II.* (1555) regierte nur drei Wochen, *PAUL IV.* aber (1555–1559, Gian Pietro Carafa, § 86 b c e) ist als Papst nicht das gewesen, was man nach der Vergangenheit des Mannes erwarten konnte; er förderte zwar eifrig die Inquisition und arbeitete an der Reform der Kurie und des Klerus, trieb aber ganz im Stil der Renaissancepäpste Nepotenpolitik, von der er erst ließ, als er durch seine Nepoten in einen Krieg mit dem ihm verhaßten Spanien verwickelt und der Kirchenstaat durch Herzog Alba besetzt worden war (1558). Das Konzil hat dieser Papst überhaupt nicht berufen. Erst *PIUS IV.* (1559–1565), der unter dem Einfluß seines Neffen, des trefflichen Carlo Borromeo (§ 93 m) stand, berief das Konzil von neuem. Und nun kam es ziemlich rasch zum Abschluß.

---

[1] Die Tridentinische Lehre von der *iustificatio*, ein mit viel Bedacht und Kunst gewobener Kompromiß, ist im einzelnen sehr kompliziert. Das Wichtigste: Der eigentlichen iustificatio geht die *dispositio* oder *praeparatio* des Menschen voraus (die zuvorkommende Gnade gibt den Glauben [= das Fürwahrhalten der göttlichen Offenbarungen und Verheißungen], die Hoffnung, den Anfang der Liebe zu Christus). Darauf folgt, erstmalig in der Taufe, dann in der Buße, die iustificatio. Sie ist ein Gerechtmachen, ein Eingießen (*infusio*) der Gnade, also ein physisch-hyperphysischer Vorgang, – nicht nur Sündenvergebung, sondern auch Heiligung und Erneuerung durch Einflößung von Glaube, Hoffnung, Liebe (s. o.; jetzt als infusae!). Die iustificatio ist also ein durch das ganze Leben hindurchgehender Prozeß. Er erfolgt nicht sola fide.

[DRITTE PERIODE.] Der letzte Abschnitt des Konzils spielte in **Trient** vom *h* 13. Jan. 1562 bis zum 4. Dez. 1563. Auf der glänzend besuchten, von den Jesuiten beherrschten Versammlung (der Jesuitengeneral *Lainez* war anwesend) entstanden nicht nur durch den Gegensatz zwischen Episkopalisten und Kurialisten, sondern vor allem auch durch die Reformvorschläge *Ferdinands I.* große Schwierigkeiten; das „Reformationslibell" des Kaisers forderte die Abstellung zahlreicher Mißstände (Fiskalismus, Kultus, Leben der Kleriker und der Mönche) und forderte Laienkelch, Fastenerleichterung und Priesterehe. Doch verzichtete der Kaiser schließlich auf diese Reformforderungen. Wichtig ist außer zahlreichen Reformdekreten der Synode der Beschluß über das Sakrament der Ehe (Sess. XXIV; Ungültigkeit der „geheimen" Ehe). Mit der Sess. XXV am 3. und 4. Dez. 1563 wurde die Synode geschlossen; Index, Katechismus, Brevier und Missale abzufassen, überließ das Konzil dem Papst, der mit der Bulle „Benedictus Deus" am 26. Jan. 1564 die Konzilsbeschlüsse bestätigte. Diese fanden aber nur in Österreich, Portugal, Polen, Savoyen und fast ganz Italien unbedingte Annahme; die übrigen Staaten machten Schwierigkeiten, doch setzten sich die meisten Bestimmungen tatsächlich durch.

3. ERTRAG. Der Gesamtertrag der Tridentiner Synode und ihre *i* Wirkung auf die Folgezeit waren bedeutend. Mit ihr hatte die katholische Kirche den Protestantismus offiziell abgewiesen und den Zusammenhang mit ihrer eigenen Vergangenheit aufrechterhalten. Aber genötigt durch die evangelischen Angriffe hatte sie das Dogma auf einen klaren Ausdruck gebracht und durch die Reformdekrete der Synode eine ganze Reihe von Mißständen des kirchlichen Lebens beseitigt, so das Amt der Ablaßprediger, die Aufnahme von „pueri oblati" in die Klöster, die päpstlichen Provisionen und Exspektanzen und anderes. So hat die Entstehung der Kirchen der Reformation dazu gedient, den religiösen Ernst auch in der katholischen Kirche zu verstärken.

In den Jahren nach dem Abschluß des Konzils wurden an der Kurie folgende *k* wichtige Arbeiten, sämtlich in streng papalistischem Geiste, hergestellt: 1) die **Professio fidei Tridentinae**, ein Bekenntnis mit Gehorsamseid gegen den Papst (1564); 2) der sog. Tridentinische **Index** (Index librorum prohibitorum, 1564; zur Weiterführung wurde 1571 eine besondere Indexkongregation eingesetzt); 3) der **Catechismus Romanus** (1566; Handbuch für die Pfarrer); 4) das römische **Brevier** (1568); 5) das römische **Missale** (1570); 6) dazu kamen schließlich zwei arg mißglückte „authentische" Ausgaben der **Vulgata**, nämlich 1590 die Editio **Sixtina**, von Papst Sixtus V. veranstaltet und für fehlerlos erklärt, tatsächlich voller Fehler und deshalb unterdrückt und 1592 unter Klemens VIII. durch die Editio **Clementina** ersetzt, die freilich auch noch zahlreiche Fehler aufwies.

b) DIE GEGENREFORMATION, ERSTER ABSCHNITT (1555/60—1598).

§ 89. Die Konfessionskämpfe in Westeuropa.

KMÜLLER, Die Bartholomäusnacht (Aus der akad. Arbeit, 1930, S. 213 bis 235). - AFSCOTTPEARSON, Thomas Cartwright and Elizabethan Puritanism 1535–1603, 1925. – FRACHFAHL, Wilhelm v. Oranien und der Niederländische Aufstand, 3 Bde., 1905–24. – HNAEF, La conjuration d'Amboise et Genève, 1922. – AOMEYER, England und die katholische Kirche unter Elisabeth und den Stuarts I, 1911. - HKRESSNER, Schweizerische Ursprünge des anglikanischen Staatskirchentums (SchrVerRefG 170), 1953. – AUGLANG, Puritanismus und Pietismus, [1941].

§ 89   Zeitalter der Gegenreformation

a   1. ALLGEMEINES. Den ersten Abschnitt des Zeitalters der Gegenreformation beherrschen vornehmlich die großen westeuropäischen Konfessionskämpfe. Sie spielen sich gleichzeitig in Frankreich, in den Niederlanden, in Schottland und England ab, stehen aber in engem Zusammenhang miteinander; je mehr der Calvinismus in Westeuropa erstarkte, desto mehr schloß sich der Katholizismus zu einer großen, einheitlich geleiteten Aktion gegen ihn zusammen. Die Fäden dieser gegenreformatorischen Politik führen alle nach Madrid. Das Hauptfeld des Kampfes bilden daher die Niederlande, wo sich der Protestantismus im unmittelbaren Kampf mit der spanischen Herrschaft emporringt und behauptet.

b   PHILIPP II. von Spanien (1555–1598), despotisch, bedächtig und zäh, ohne Genialität, wurde durch das Zusammentreffen der Umstände, nicht durch eigentliche Überlegenheit, das politische Schicksal Westeuropas. Er erstrebte die Aufrichtung eines spanisch-katholischen Weltreichs und setzte an die Erreichung dieses Zieles den Wohlstand Spaniens. Im Bunde mit Philipp II. bewegte sich 1) eine Zeitlang, am Anfang unserer Periode, England, wo Maria Tudor (§ 84 l) als Verbündete der Spanier und Gemahlin Philipps II. den Katholizismus wiederherstellte; unter Elisabeth (§ 84 m) entzog sich freilich England den Spaniern und wurde schließlich ihr gefährlichster Gegner. 2) In Frankreich stand die Partei der Guisen (§ 84 e) schon seit dem Beginn der Regentschaft der Katharina von Medici (Dez. 1560) in engstem Einvernehmen mit Madrid; aber auch die französische Krone, während des Reformationszeitalters im schärfsten Gegensatz zum spanisch-habsburgischen Weltreich, stand seit dem Frieden von Cateau-Cambrésis (1559) und Philipps II. Vermählung mit Elisabeth von Valois in freundschaftlichen Beziehungen zu Spanien; nur die Zeit des Einflusses Colignys auf den jungen Karl IX. (§ e) war durch eine Abwendung von den Spaniern gekennzeichnet. 3) Durch die Guisen war die katholische Partei in Schottland in Verbindung mit Frankreich und daher mittelbar mit Spanien, seit 1565 mit diesem auch unmittelbar.

c   2. FRANKREICH. In Frankreich entlud sich die politische und religiöse Spannung, die im Innern durch die Ausbreitung des Protestantismus und seine Verbindung mit der oppositionellen Adelspartei geschaffen war, in den Greueln der furchtbaren, nur durch kurze Pausen unterbrochenen **Hugenottenkriege 1562–1598.** In ihnen kämpften die Hugenotten um die Anerkennung ihres religiösen Bekenntnisses und um ihren politischen Einfluß.

d   Unter dem unmündigen *Franz II.* (1559–1560, Gemahl der Maria Stuart) hatten Franz und Karl von Guise die unumschränkte Herrschaft. Die gegen die Guisen sich richtende Verschwörung von Amboise, an der auch Hugenotten beteiligt waren, mißglückte (1560). *Katharina von Medici*, die für ihren unmündigen Sohn *Karl IX.* (1560–1574) die Regentschaft führte, spielte gegen die ihr lästigen Guisen die Bourbonen aus (Anton von Navarra Generalstatthalter des Königs). Sie berief 1561 das Religionsgespräch von Poissy und gewährte in dem Duldungsedikt von St. Germain 1562 den Hugenotten beschränkte Duldung. Bereits schien der Gegensatz eine friedliche Lösung gefunden zu haben, als unmittelbar darauf die Verletzung dieses Edikts durch das Blutbad von Vassy im März 1562 (Überfall auf Hugenotten durch Franz von Guise) die Religions- und Bürgerkriege einleitete.

e   Es sind ihrer ganzen 8 Kriege. Der den 3. Krieg beendende Friede von St. Germain-en-Laye 1570, der vor allem durch das Verdienst der Johanna d'Albret und Colignys zustande kam, konnte wie ein endgültiger Abschluß der Wirren erscheinen. Coligny lebte seit 1571 am Hofe und gewann großen Einfluß auf den jungen König Karl. Die Vermählung Heinrichs von Navarra, des Sohnes der Johanna d'Albret, mit Margarethe von Valois, Karls jüngster Schwester, sollte die Versöhnung besiegeln. Da ließen sich Katharina und die Guisen, die durch das Emporkommen der Hugenotten ihren politischen Einfluß zu verlieren fürchteten, zu einem Mordanfall auf Coligny (22. Aug. 1572, mißlungen) und zu dem furchtbaren Massenmord der **Bartholomäusnacht** hinreißen (23.–24. Aug. **1572,** ,,Pariser Bluthochzeit"; die Zahl der in Paris und in den folgenden Wochen in den Provinzen Ermordeten steht nicht fest; unter den Opfern war Coligny). Damit brach der Religionskrieg von neuem aus.

In den Kämpfen der letzten Jahre Karls IX. und der Zeit *Heinrichs III.* (1574 *f* bis 1589) war *HEINRICH VON NAVARRA* der Führer der Protestanten. Er war nach der Bartholomäusnacht zum Übertritt zur kath. Kirche genötigt worden, aber zu den Hugenotten entflohen und zum Calvinismus zurückgetreten. Die Führer der katholischen Partei waren seit dem Tode des Kardinals Karl die beiden jüngeren *Guisen,* Herzog *Heinrich* und Kardinal *Ludwig,* Erzbischof von Rheims. **1576** stiftete Heinrich von Guise im Einverständnis mit Philipp II. von Spanien und dem Papst die ,,heilige Liga" zur Vernichtung der Reformierten und fand die Zustimmung der von den Jesuiten aufgestachelten katholischen Bevölkerung. **1588** ließ Heinrich III., der Tyrannei der Guisen endlich müde, den Herzog Heinrich von Guise und den Kardinal Ludwig ermorden. Durch dies Verbrechen entfremdete er sich seine bisherigen Anhänger. Er floh ins Lager der Hugenotten und wurde hier durch Jacques Clément, O. P., ermordet.

Der Übergang der Krone auf den Hugenotten Heinrich von Na- *g* varra brachte die entscheidende Wendung. Nachdem *HEINRICH IV.* (1589–1610) nach hartem Kampfe mit der Liga und durch erneute Annahme des Katholizismus (1593) den Thron behauptet hatte, gab er den Hugenotten **1598** durch das **Edikt von Nantes** eine gesicherte Rechtslage.

Das Edikt gewährte beschränkte Duldung: volle Gewissensfreiheit, das *h* Recht der Ausübung des ref. Gottesdienstes überall, wo er 1597 bestanden hatte (mit einigen Ausnahmen), bürgerliche Gleichberechtigung, also Zutritt zu allen Staatsämtern, gemischte Gerichtshöfe, Überlassung von Sicherheitsplätzen als Unterpfand auf 8 Jahre. – Nur mit großer Mühe vermochte Heinrich IV. den Widerstand der kath. Untertanen gegen die Durchführung des Ediktes zu bezwingen. (Forts. § 96 w.)

3. NIEDERLANDE. In den Niederlanden entfesselte der poli- *i* tische und religiöse Gegensatz der Bevölkerung gegen ihre spanischen Bedrücker den großen **niederländischen Freiheitskampf** (1566 bis 1609; 1621–1648). Der gewaltige, mit bewunderungswürdigem Heldenmute auf der einen, mit schonungsloser Härte auf der andern Seite geführte Kampf war nur teilweise ein Religionskrieg, aber sein Ausgang hat über die Religion der Niederländer entschieden.

Seit 1555 war *PHILIPP II.* Regent der Niederlande. Die Opposition, die *k* sich gegen den unerträglichen Druck seiner Regierung erhob, war zunächst rein politisch, ihr Träger der in seinen ständischen Rechten verletzte Adel; den äußeren Anlaß zum Hervortreten der Opposition gab eine kirchliche Neuorganisation der Niederlande, die das Land kirchlich vom Ausland unabhängig machen sollte (Erzbistümer Mecheln, Cambrai, Utrecht).

Als Philipp II. 1559 die Niederlande verließ, setzte er seine Halbschwester *l Margarethe von Parma* zur Statthalterin ein und gab ihr den Kardinal *Granvelle* als den eigentlichen Leiter der Politik zur Seite. Granvelle, seit 1561 Erzbischof von Mecheln und Primas der Niederlande, erregte jedoch so heftigen Widerspruch, daß Philipp ihn 1564 abberief. Aber auch Margarethe war der schwierigen Lage nicht gewachsen. Ein 1565 in Brüssel begründeter Adelsbund, von den Gegnern alsbald Geusenbund genannt, forderte **1566** von der Regentin in einer Massenpetition Aufhebung der Ketzerplakate und Berufung der Generalstaaten; gleich-

§ 89   Zeitalter der Gegenreformation

zeitig wurde das Land von einer **starken religiösen Bewegung** erfaßt (Feldpredigten, ungeheurer Bilder-, Kirchen- und Klostersturm). In der Bedrängnis ließ sich die Regentin zu Zugeständnissen herbei; dann warf sie den Aufstand nieder und nahm ihre Zugeständnisse zurück. Und nun folgte unter der Generalstatthalterschaft des Herzogs *Alba* 1567 bis 1573 eine greuelvolle **Reaktion** des spanischen Absolutismus und des Katholizismus; bereits vor seinem Eintreffen ergriffen an hunderttausend Calvinisten die Flucht. Der von Alba errichtete „Rat der Unruhen" hat bis 1573 etwa 18000 Ketzer, aber auch Katholiken wie die Grafen *Egmont* und *Hoorn*, als Hochverräter hingerichtet. Durch dies Schreckensregiment wurde der Aufstand der Niederländer erst allgemein. Unbedeutend blieb die Unterstützung der Niederländer durch auswärtige Protestanten.

m   Der Hauptführer der Niederländer wurde *WILHELM* Graf von *NASSAU-ORANIEN* (geb. 1533, Page und Günstling Karls V., durch seine zweite Ehe ein Schwiegersohn des Kurfürsten Moritz von Sachsen; 1567 Flucht nach Deutschland, 1568 geächtet; 1573 offener Übertritt zum Calvinismus). Dieser hervorragende Staatsmann wurde der Hauptbegründer der staatlichen und religiösen Freiheit der Niederlande. Nach seiner Ermordung durch einen von Philipp II. gedungenen Mörder (1584) übernahm sein Sohn *MORITZ* (geb. 1567) Statthalterschaft und Führung im Freiheitskriege.

n   Das Ergebnis des Kampfes war, daß α) die **sieben nördlichen Provinzen** sich von Spanien losrissen (1579 die ewige Union von Utrecht) und nach mancherlei Wechselfällen des Krieges im Waffenstillstand von 1609, endgültig im Westfälischen Frieden 1648, ihre Selbständigkeit als **unabhängige Republik** behaupteten. Damit war der Calvinismus in den nördlichen Provinzen gerettet.

o   Der Protestantismus hatte sich während des Krieges rasch entfaltet. **1566** war auf der **Synode von Antwerpen** die **calvinische Kirche** organisiert worden (Annahme der „Confessio Belgica", vgl. § 103 k). 1571 wurde die erste niederländische **Nationalsynode in Emden** abgehalten, außerhalb der Niederlande, weil die Schreckensherrschaft Albas eine Versammlung auf niederländischem Gebiet ausschloß. Der **Calvinismus** wurde in der niederländischen Republik **Staatsreligion**; Andersgläubige wurden aber **geduldet** (1580 Einführung der fakultativen Zivilehe in Holland und Westfriesland). Auch die **Katholiken** wurden geduldet, durften aber keine Staatsämter bekleiden und keinen öffentlichen Gottesdienst halten: sie bildeten in den nördlichen Provinzen anfangs noch die Mehrheit. Die Gründung **protestantischer Universitäten** leitete eine reiche Blüte der Gelehrsamkeit ein (1575 Gründung der Universität Leiden, zum Lohn für die tapfere Gegenwehr der Stadt gegen die Spanier; 1585 Franeker, 1612 Groningen, 1636 Utrecht, 1648 Harderwijk).

p   β) Ganz anders war das Ergebnis in den **mittleren und südlichen Provinzen**; diese blieben **spanisch** und wurden nach der Vernichtung der ev. Elemente wieder **rein katholisch**. Die Protestanten, meist germanischen Ursprungs, wanderten massenweise aus und wurden durch nachrückende katholische Romanen ersetzt; der wirtschaftliche Niedergang der vordem blühenden Provinzen war die Folge.

q   4. SCHOTTLAND. Trotz der wenig hervorragenden Rolle, die das Königreich Schottland im 16. Jh. im allgemeinen Kulturleben der europäischen Völker spielte, gewann die Reformationsgeschichte dieses Landes verhältnismäßig große Bedeutung. Denn einerseits gelangte hier der Calvinismus in ganz besonderer Folgerichtigkeit zur Verwirklichung. Und anderseits rückte Schottland, da seine katholische Partei durch die Guisen mit **Frankreich** verbunden war und später

340

Maria Stuart unmittelbar mit Spanien anknüpfte und so den gesamten Katholizismus an ihrem Geschick beteiligte, zeitweilig in den Brennpunkt der europäischen Politik.

In Schottland kam es nach der Rückkehr der *MARIA STUART* (nach dem Tode ihres Gemahls, Franz II., § d) zum Entscheidungskampf um den Protestantismus. Die an dem frivolen französischen Hofe in leichtfertigen Lebensanschauungen erzogene, dabei streng katholische Königin und der rigoristische Calvinismus der Schotten waren unvereinbare Gegensätze. Der Führer der Evangelischen war *JOHN KNOX*, der Typus des stahlharten, unbeugsamen Calvinisten (1505 bis 1572; 1547 in St. Andrews [§ 84 g] gefangen, zwei Jahre auf den französischen Galeeren, dann in England, Genf, Frankfurt a. M., seit 1559 endgültig wieder in Schottland). Maria nahm nicht bloß für ihren Hof das Recht des katholischen Gottesdienstes in Anspruch, sondern arbeitete auch an der Herstellung einer katholischen Mehrheit im schottischen Adel. Durch unüberlegtes Handeln der Königin (ihre zweite Ehe mit dem katholischen Lord *Darnley*, ihre Ehe mit dem protestantischen Grafen *Bothwell*), durch Intrigen und schwere Gewalttaten ihrer rohen Umgebung gestaltete sich das Leben am Edinburger Hofe als so empörend, daß die Schotten sie zwangen, zugunsten ihres 1j. Söhnchens (Jakob VI., § s, 98 b) abzudanken. Im Fortgang der Wirren entschloß sich Maria Stuart zur verhängnisvollen Flucht nach England, wo ihre Verwandte, Elisabeth I., sie gefangennahm und nicht wieder freilassen konnte, da Maria das Wappen von England angenommen hatte (§ u).

Unter dem Grafen *Jakob von Murray*, dem Regenten für den minderjährigen *JAKOB VI.* (1567–1625, Sohn der Maria Stuart, seit 1603 als Jakob I. zugleich König von England), wurde 1567 die reformierte Kirche in Schottland endgültig staatsrechtlich anerkannt. Der Katholizismus wurde völlig beseitigt, auf die Feier der Messe die Todesstrafe gesetzt. Das Kirchengut war zumeist eine Beute des Adels geworden.

5. ENGLAND. Mehr und mehr wurde auch England unter *ELI-SABETH I.* (§ 84 m) in den großen westeuropäischen Kampf der Konfessionen hineingezogen und schließlich in einen Krieg mit Spanien verwickelt, dessen Ausgang England und den Bestand der anglikanischen Kirche rettete und jede Aussicht auf Errichtung eines spanisch-katholischen Weltreichs begrub.

Die englischen Katholiken bestritten die legitime Geburt der Königin und ihr Recht auf die Thronfolge und begünstigten den Anspruch der *Maria Stuart* auf den englischen Thron. Diesen Anspruch Marias unterstützte [seit dem Tode Franz II. von Frankreich] Philipp II., dessen katholische Weltmachtpolitik sich seitdem gegen Elisabeth richtete. Nachdem Maria Stuart **1568** die Gefangene der Elisabeth geworden war (§ r), erhielt der Kampf seine schärfste Form. 1569 war Elisabeth zum ersten Male von einer katholischen, zugunsten der Maria Stuart unternommenen Verschwörung bedroht. Weitere Verschwörungen folgten. 1570 schleuderte *Pius V.* gegen Elisabeth den päpstlichen Bann. Scharenweise kamen insgeheim von Rom und Frankreich katholische Priester ins Land; die Kurie schürte das Feuer; seit der Ermordung Oraniens (1584) war es offenbar, was Elisabeth von den fanatischen Katholiken zu erwarten hatte. Nur durch den Hochverratsprozeß gegen Maria Stuart 1586 war Elisabeth zu retten. Maria Stuart wurde am 8. Febr. **1587** auf Schloß Fotheringhay enthauptet, das unglückliche Opfer einer ruchlosen Zeit, aber auch eigenen Versagens. Die Hinrichtung der Maria Stuart beantwortete der Führer der katholischen Welt, Philipp II., mit einem gewaltigen Kriegszug gegen England. Er endete **1588** mit der Katastrophe der „unüberwindlichen" Armada im Kanal.

Die anglikanische Kirche, ein Erzeugnis politischer Kompromisse, stand mit ihren Zeremonien, ihrer bischöflichen Verfassung und ihrer Hochschätzung der apostolischen Sukzession dem Katholizismus nahe, verwarf aber die päpstliche Jurisdiktion und die katholische Messe und lehrte ein protestantisches, gemäßigt calvinisches Dogma; die enge Verbindung mit dem Staat gab ihr ein stark nationales Gepräge und das Gefühl des von Gott auserwählten Volkes. Ein großer Teil der Engländer, der inzwischen vom Calvinismus berührt war, hielt sich freilich abseits.

w Diese calvinischen Gegner der Staatskirche, die diese vom „papistischen Sauerteig" reinigen wollten, nannte man etwa seit der Mitte der 60er Jahre **Puritaner.** Elisabeth verfolgte sie hart und setzte 1583 einen eigenen Gerichtshof („high commission") zur Bestrafung aller „Nonconformisten" oder „Dissenters" ein. Viele wanderten nach den Niederlanden aus. Der einflußreichste Führer wurde der viel verfolgte *Thomas Cartwright* (1535–1603), der als erster die Einführung der presbyterianischen Verfassung ins Auge faßte (seit 1569). Die „Presbyterianer" sind die eigentlichen Puritaner. In einem weiteren Sinn bezeichnet der Ausdruck „Puritaner" im 17. Jh. alle englischen Protestanten, die als politische Gegner des absolutistischen Königtums der Stuarts die Parlamentsfreiheit verfochten, mochten sie dabei durch religiöse Motive mitbestimmt sein oder nicht, – in einem anderen weiteren Sinn alle englischen Protestanten, die für eine strenge, „biblische" Lebensführung eintraten, den Sonntag sabbatmäßig begingen, Theater und Kunst ablehnten usw., einerlei ob ihnen die anglikanische Kirchenverfassung anstößig war oder nicht. Der Puritanismus als Sittenstrenge verstanden hatte sein Gegenbild an der englischen Kultur des Elisabethanischen Zeitalters (Nachblüte der Renaissance; Blüte des Theaters, *Shakespeare*; arge Sittenverwilderung des wohlhabenden Londoner Bürgertums, des Adels, des königlichen Hofs). Doch wurden zur Zeit Shakespeares auf der Bühne alle Frauenrollen von Männern gegeben.

§ 90. Die Gegenreformation in Polen und Schweden.

*JLORTZ, Kardinal Stanislaus Hosius, 1931. – GKLEEBERG, Die polnische Gegenreformation in Livland (SchrVerRefG 152), 1931.

a In den siebziger und achtziger Jahren, in denen die westeuropäische Gegenreformation (§ 89) ihren Höhepunkt erreichte, begann der neu erstarkende Katholizismus auch im Osten, zunächst in Polen, den Protestantismus zurückzudrängen, und die dynastischen Beziehungen zwischen Polen und Schweden bedrohten eine Zeitlang auch Schweden mit der Rekatholisierung; als der streng katholische Sigismund III. die polnische und die schwedische Krone vereinte, schien eine neue katholische Großmacht im Nordosten im Werden. Indessen das Luthertum behauptete in Schweden die Alleinherrschaft, und Schweden sagte sich politisch von Polen los. Auf dem Scheitern der Gegenreformation in Schweden beruhte es, daß der deutsche Protestantismus im größten aller Konfessionskriege, dem Dreißigjährigen Kriege, seine Existenz behaupten konnte.

b 1. In **Polen** war die Lage der verschiedenen katholischen Parteien (§ 84 t) noch um 1570 recht günstig. Die ev. Richtungen schlossen **1570** den **Consensus von Sandomir,** eine föderative Union, in der die gegenseitigen Beziehungen im Sinne eines „Schiedlich-friedlich" geregelt waren. Die beinahe anarchischen Zustände des polnischen Staates ermöglichten die fast ungehinderte Verbreitung der Nichtkatholiken. Die schwachen polnischen Könige suchten vergebens durch scharfe Gesetze dem Vordringen des Protestantismus zu wehren. Als Polen nach dem Aussterben der Jagellonen 1572 Wahlkönigtum geworden war, gewährte die **Pax Dissidentium** von **1573,** die von jedem neuen König beschworen werden sollte, allen religiösen Parteien staatliche Duldung. Nun konnten selbst die Sozinianer Gemeinden gründen (§ 85 z). Inzwischen erstarkte aber der **Katholizismus** und *c* fand an *STANISLAUS HOSIUS*, Bischof von Ermland, einen tatkräftigen Vorkämpfer († 1579); durch ihn wurde Polen eines der ertragreichsten Wirkungsfelder der Jesuiten (1565 Jesuitenkolleg zu Braunsberg). Unter *SIGISMUND III. WASA* (1587–1632) begannen schwere Bedrückungen der Protestanten. Gleichzeitig entzweiten sich diese untereinander. Am schlimmsten erging es den **Sozinianern** (Antitrinitariern), die schließlich aus Polen völlig vertrieben wurden (§ 85 z). Dagegen vermochten die Jesuiten die übrigen Nichtkatholiken Polens nicht ganz zu beseitigen; der polnische Protestantismus überdauerte das Ende des polnischen Staats (1772 ff.). In **Livland** konnte infolge der politischen Abhängigkeit des Landes von Polen (§ 84 s) der Katholizismus von neuem eindringen und die Jesuiten einführen (1582 ff., 1589 ff., besonders in Riga). Doch vermochte sich das Luthertum zu behaupten und seit den 90er Jahren des 16. Jhs. neu zu erstarken; durch die Eroberung Livlands durch Gustav II. Adolf von Schweden (1621) kam die lutherische Kirche wieder zur Alleinherrschaft.

2. In **Schweden** versuchte König *Johann III.* aus politischen Gründen (Hoff- *d* nung auf die polnische Krone) eine Zeitlang, das schwedische Luthertum zu einem gemäßigten Katholizismus umzubilden, trat 1578 heimlich zur katholischen Kirche über und verhandelte mit dem Papst. Aber noch unter Johann III. wurden die ins Land gezogenen Jesuiten wieder vertrieben. Sein Sohn *Sigismund*, seit 1587 König von Polen, war Katholik und eifriger Jesuitenfreund, mußte aber 1594 (nach der Kirchenversammlung von **Upsala 1593**) geloben, das lutherische Bekenntnis Schwedens nicht anzutasten, und büßte 1604 seine Vorliebe für den Katholizismus mit dem Verlust des schwedischen Throns. Unter *Karl IX.* festigte sich das schwedische Luthertum; *Gustav II. Adolf* rettete durch sein Hinübergreifen nach Deutschland den deutschen Protestantismus (§ 94 d). Über *Christine* s. § 97 d.

Haus Wasa.
1523–1560 Gustav I. Wasa.
1560–1568 Erich XIV.
1568–1592 Johann III.
1592–1604 Sigismund.
1604–1611 Karl IX.
1611–1632 Gustav II. Adolf.
1632–1654 Christine.

§ 91. Die Gegenreformation in Deutschland.

Epistulae et acta Canisii, ed. OBraunsberger, 8 Bde., 1896–1923. – MRitter, Deutsche Geschichte im Zeitalter der Gegenreformation und des 30j. Krieges, 3 Bde., 1890–1908. – VBibl, Maximilian II., der rätselhafte Kaiser, 1929. – GLoesche, Geschichte des Protestantismus in Österreich, ³1930. – Ders., Die böhmischen Exulanten in Sachsen, 1923. – JLoserth, Die Reformation und Gegenreformation in den innerösterreichischen Ländern, 1898. – *OBraunsberger, Canisius, ²⁻³1921. – WSchäfer, Petrus Canisius, 1931. – Frhr. von Pölnitz, Echter von Mespelbrunn, 1934.

1. Gegenüber dem Katholizismus vermochte das Luthertum in *a* Deutschland in den nächsten Jahren nach dem Augsburger Religionsfrieden zunächst noch weitere Fortschritte zu machen. Von den größeren **weltlichen Territorien** blieben nur wenige unter katholischer Herrschaft, und auch diese Gebiete waren stark vom Protestantismus durchsetzt, namentlich auch die Habsburgischen Erblande. Die größeren **Reichsstädte** mit Ausnahme von Köln und Aachen waren dem Protestantismus zugefallen. Ebenso war in den **geistlichen Territorien** die Bevölkerung überwiegend oder großenteils evangelisch; ja in zahlreichen geistlichen Gebieten Norddeutschlands geriet trotz des geistlichen Vorbehalts die Regierung in die Hände der Protestanten.

§ 91 Zeitalter der Gegenreformation

Um 1570 schätzte man, daß sieben Zehntel der Einwohner Deutschlands evangelisch wären. Im Reichstag hatten die Protestanten das Übergewicht. Es schien, als ob sich der Protestantismus in ganz Deutschland durchsetzen würde.

b   Begünstigt wurde diese Entwicklung durch die Haltung der beiden nächsten Nachfolger Kaiser Karls V. *Ferdinand I.* (1558-1564) war bei durchaus katholischer Gesinnung zu Zugeständnissen gegenüber den Evangelischen bereit. Auf seine Veranlassung fand noch einmal ein Religionsgespräch (zu Worms, 1557) statt, das freilich ebenso wie alle vorangehenden Gespräche seinen Zweck verfehlte. Sein Nachfolger *Maximilian II.* (1564–1576) hatte geradezu protestantische Neigungen; er opferte diese zwar schließlich der Politik, blieb aber einem offenen Kampf gegen die Evangelischen abgeneigt.

c   2. In Wirklichkeit hatte freilich der Protestantismus den Höhepunkt seiner Machtstellung im Deutschen Reich schon am Ende der 50er Jahre überschritten. Innerlich zerklüftet und geschwächt, vermochte er der katholischen **Gegenreformation,** die seit etwa **1559** wirksam wurde, nur geringen Widerstand entgegenzusetzen. Auf katholischer Seite kam nun mehr und mehr die schroff protestantenfeindliche Haltung der Jesuiten zur Herrschaft, denen die gewaltsame Unterwerfung der Ketzer als religiöse Pflicht, jeder Ausgleichsversuch als Verrat erschien, und die nun planmäßig die noch vorhandenen Reste des Katholizismus zu kräftigen und den Protestantismus zurückzudrängen begannen. Seit 1573 wurden sie aufs wirksamste durch die Kurie unterstützt.

d   Schon in den vierziger Jahren hatten sich einzelne Jesuiten in Deutschland aufgehalten; besonders einflußreich wurde der Holländer *PETER CANISIUS* (1511–1597, heilig und Doctor ecclesiae 1925, Verfasser eines weitverbreiteten Katechismus; Herausgabe der Werke Taulers: Beginn der literarischen Arbeit der deutschen Jesuiten. Seit 1549 faßten die Jesuiten in Bayern Fuß (Ingolstadt), bald auch in den Habsburgischen Ländern und in den süddeutschen geistlichen Territorien, langsamer am Rhein. Einer ihrer Hauptförderer war der Kardinal *Otto Truchseß*, Bischof von Augsburg. Die Jesuiten bemächtigten sich durch Festsetzung an den Universitäten und durch Errichtung von Kollegien des Unterrichtswesens (bemerkenswerte Pädagogik, Wettbewerb mit den protestantischen Schulen, Pflege eines formalen Humanismus). Das ungebildete Volk gewannen sie durch den sinnlichen Zug ihrer Frömmigkeit (überladene Pracht der Kirchenbauten; Prozessionen, Wallfahrten, Heiligen-, Bilder-, Reliquiendienst; Skapuliere, Amulette usw.). Für die Ausbildung deutscher Priester im Geiste des Jesuitenordens sorgte das Collegium Germanicum in Rom (gegr. 1552; s. § 87 i). Das Hauptmittel zur Erreichung dieses Zieles, der Beseitigung des Protestantismus, war die Verwendung des Grundsatzes „Cuius regio, eius religio" zugunsten des Katholizismus (§ 80 m).

e   Epochemachend für die Erneuerung des deutschen Katholizismus wurde das Eingreifen der Kurie in die deutschen Angelegenheiten unter Gregor XIII. (§ 93 c). Er berief (1) 1573 die Congregatio Germanica, einen ständigen Ausschuß von Kardinälen zur Behandlung der deutschen Frage, – gab (2) dem Collegium Germanicum (§ 87 i) eine sichere geldliche Grundlage und sandte (3) stehende Nuntien nach Deutschland ab (1581 Wien, 1582 Köln, 1586 Luzern).

f   3. Die Erfolge der Gegenreformation waren bedeutend. **Um 1600 war das Bild ein wesentlich anderes als um 1570.** Bayern, die Markgrafschaft Baden-Baden, Steiermark, Kärnten und

Krain waren wieder rein katholisch. Von den größeren geistlichen Territorien waren im Norden Köln, Paderborn, Münster, das Eichsfeld und Fulda, im Süden Würzburg, Bamberg, Salzburg, die sämtlich schon überwiegend evangelisch gewesen waren, rekatholisiert. Das Übergewicht der Protestanten im Reichstag aber war von den Katholiken durch Verdrängung der Administratoren[1] aus dem Reichstage (1598) beseitigt.

Den ersten großen Erfolg errang die deutsche Gegenreformation seit 1559 in *g* **Bayern** unter Herzog *Albrecht V.*, der den Klerus rekatholisierte, die Untertanen auf das katholische Bekenntnis verpflichtete und den protestantischen Adel vom Landtag ausschloß. Seit c. 1575 war Bayern rein katholisch. In derselben Weise stellte Albrecht in der Markgrafschaft Baden-Baden, wo er die vormundschaftliche Regierung führte, 1570f. die Alleinherrschaft des Katholizismus wieder her.

Dazu kamen die Eroberungen der Gegenreformation in den **geistlichen Für-** *h* **stentümern**. 1572 begann die Gegenreformation in der Reichsabtei Fulda (abgeschlossen erst 1602), 1574 in dem zu Mainz gehörenden Eichsfelde. Besonders wichtig war der Kampf um das Erzstift **Köln** 1580–1583. Hier trat der Erzbischof *Gebhard Truchseß von Waldburg* zum Protestantismus über, um seine Geliebte, die Kanonissin Gräfin Agnes von Mansfeld, heiraten zu können, versuchte aber, gegen den „geistlichen Vorbehalt" (§ 80 n), sein Territorium zu behaupten; den Untertanen wollte er Religionsfreiheit gewähren. Er scheiterte an der katholischen Haltung des Domkapitels und der Stadt Köln. Der Sieg der Gegenreformation in Köln war die entscheidende Wendung in der Geschichte der Konfessionen am Niederrhein. Der Erfolg in Köln wirkte auf die Lage in Paderborn und Münster, wo nun ebenfalls die Gegenreformation siegte. Ferner siegte sie in den 80er und 90er Jahren in Würzburg (Bischof *Julius Echter von Mespelbrunn*), Bamberg und Salzburg.

Schließlich errang die Gegenreformation große Erfolge in den **Habsburgischen** *i* **Gebieten**, zuerst in Tirol, wo der Protestantismus nur wenig verbreitet war, – dann in Ober- und Niederösterreich, wo die katholische Reaktion in den Städten siegte, während allerdings der Adel seine Religionsfreiheit behauptete. Zu brutalen Gewalttaten kam es in Innerösterreich (Steiermark, Kärnten, Krain); hier hat *Ferdinand II.*, der spätere Kaiser, gleich seinem Vetter Maximilian von Bayern (§ 94 b) ein Jesuitenzögling und wie jener ein fanatischer Gegner der Ketzer, seit 1598 den Protestantismus vollständig ausgerottet.

§ 92. Die politischen und theologischen Gegensätze im deutschen Luthertum seit 1546. Die Konkordie von 1577. Das Vordringen des reformierten Bekenntnisses seit 1560.

EHirsch, Die Theologie des Andreas Osiander und ihre geschichtlichen Voraussetzungen, 1919. – UStutz, Kurfürst Johann Sigismund und das Reformationsrecht (SBA 1922). – OHintze, Calvinismus und Staatsraison in Brandenburg zu Anfang des 17. Jhs., 1930. – *JBGötz, Die erste Einführung des Calvinismus in der Oberpfalz, 1933. – GMoldaenke, Schriftverständnis und Schriftdeutung im ZA. der Reformation, I: Flacius, 1936. – EBizer, s. § 79. – HCvHase, Die Gestalt der Kirche Luthers, der casus confessionis im Kampf des M. Flacius gegen das Interim, 1940. – ESchlink, Theologie der lutherischen Bekenntnisschriften, 1940. – KHeussi, Geschichte der Theologischen Fakultät zu Jena, 1954.

1. INNERE GEGENSÄTZE. Die innere Entwicklung des deut- *a* schen Luthertums seit Luthers Tode war durch die tiefgreifenden Gegensätze bestimmt, die in seinem eigenen Lager hervortraten.

---

[1] Verwalter reichsunmittelbarer geistlicher Stiftslande, die zum Protestantismus übergegangen waren.

Diese Gegensätze waren teils politisch, teils dogmatisch. α) Bereits in der Reformationszeit hatte zwischen den beiden größten protestantischen Territorien, damals Kursachsen und Hessen, eine gewisse Spannung geherrscht. Der Schmalkaldische Krieg, durch den die Ernestiner ihre Kurwürde an die Albertiner verloren, säte Feindschaft zwischen den beiden Sachsen, dem kurfürstlichen und dem herzoglichen, und in der 2. Hälfte des 16. Jhs. bildete sich ein Gegensatz zwischen Kursachsen und der Kurpfalz heraus, der bis in die Zeit des Dreißigjährigen Krieges die protestantische Politik beherrscht hat.

b Mit diesen politischen Gegensätzen verbanden sich β) die dogmatischen Streitigkeiten, die nach dem Tode Luthers unter seinen Epigonen ausbrachen und die bei der Wichtigkeit, die man damals theologischen Lehrformulierungen beimaß, fast zu Lebensfragen des lutherischen Kirchentums wurden. Die Streitigkeiten entsprangen zum größten Teil daraus, daß MELANCHTHON selbst, durch seinen humanistischen Bildungsgang und persönliche Anlage von Luther geschieden, vornehmlich in 3 Punkten allmählich zu Abweichungen von Luther gelangte: 1) in seiner Lehre vom Synergismus (Mitwirkung des menschlichen Willens beim Erlangen der göttlichen Gnade), 2) in seiner Lehre von der Notwendigkeit guter Werke, 3) in der Abendmahlslehre, in der er sich Calvin näherte (Aufgabe der „manducatio oralis", Betonung der geistlichen Nießung des Christus als des Wesentlichen; 1540 Confessio Augustana variata).

c Gegen diese Lehrabweichungen Melanchthons und seiner Anhänger, der „Philippisten", kämpften mit unbändiger, maßloser Streitsucht die „Gnesiolutheraner", an ihrer Spitze MATTHIAS FLACIUS, noch ein persönlicher Schüler Luthers.

Matthias Vlacich (Flacius) aus Albona in Istrien (daher „Illyricus"; 1520 bis 1575; vgl § 81 x) war ein Mann von bedeutenden Eigenschaften, unbeugsam im Kampfe für die reine Lehre, aber freilich maßlos in der Bekämpfung seiner theologischen Gegner.

Die Gegensätze verteilten sich auf beide Sachsen: das albertinische Kurfürstentum mit der Universität Wittenberg war philippistisch, das ernestinische Herzogtum entschieden lutherisch: hier wurde im Laufe des Kampfes die Universität Jena (Anfänge seit 1548, feierliche Eröffnung 1558) der Mittelpunkt der „Gnesiolutheraner". Die Gereiztheit der schroffen Lutheraner wuchs mit dem Vordringen des Calvinismus in den deutschen Territorien, als dessen geheime Anhänger („Kryptocalvinisten") die Philippisten ihren Gegnern erschienen. Tatsächlich vollzog die Kurpfalz den Übergang zum Calvinismus (§ s).

Die dogmatischen Streitigkeiten der Epigonen Luthers im einzelnen.

d α) Der **antinomistische Streit**, das Vorspiel zu den dogmatischen Kämpfen der Lutheraner, fällt bereits in die 20er und 30er Jahre; 1527 widersprach *Johann Agricola* der in Melanchthons Visitationsbüchlein vertretenen Auffassung, daß der Glaubenspredigt eine an das at. Gesetz anknüpfende Bußpredigt vorangehen müsse. Luther, obwohl hiervon unmöglich voll befriedigt, stellte sich auf Melanchthons Seite. 1537 richtete Agricola seinen Angriff gegen Luther selbst, mußte widerrufen und floh nach Kurbrandenburg.

β) Der **interimistische** oder **adiaphoristische Streit** 1548–1552 entsprang dem *e* scharfen Widerspruch des *Flacius* und seiner in Magdeburg sich haltenden Genossen gegen das Leipziger Interim, zu dem sich Melanchthon herbeigelassen hatte (vgl. § 80 f). Während Melanchthon sogar die 7 Sakramente, Bilder, Fasten usw. als unwesentlich für den Glauben ($\dot{\alpha}\delta\iota\dot{\alpha}\varphi o\varrho\alpha$) bezeichnet hatte, bestand Flacius auf der Meinung, daß in „statu confessionis et scandali" nichts als Adiaphoron gelten dürfe. Melanchthon gab 1552 nach.

γ) Der **osiandrische Streit** 1549–1566, ohne prinzipiellen Zusammenhang mit *f* den übrigen Streitigkeiten (δ ε ζ), erregte aufs tiefste die Kirche des Herzogtums Preußen. *Andreas Osiander* (seit 1549 in Königsberg) verfocht gegenüber der Rechtfertigungslehre Melanchthons (Zurechnung der Gerechtigkeit Christi durch einen forensischen Akt) die Lehre von der durch den Glauben vermittelten realen Einwohnung der wesentlichen Gerechtigkeit Christi in den Gläubigen. Er fand in Preußen bei Joachim Mörlin u. a. heftigen Widerstand. Der Streit nahm nach dem Tode Osianders 1552 durch Verquickung mit dem Kampf um die Gunst des Königsberger Hofes einen besonders widerwärtigen Charakter an (Kampf Mörlins gegen den osiandrisch lehrenden Hofprediger Funck, der 1566 durch einen Akt politischer Parteijustiz hingerichtet wurde).

δ) Den **majoristischen Streit** über die Notwendigkeit der guten Werke (1552 *g* bis 1558) führte *Nikolaus v. Amsdorf* gegen die Melanchthonianer Georg Major in Eisleben und Justus Menius in Gotha. Der These Majors, daß gute Werke zur Seligkeit notwendig seien, setzte Amsdorf im Laufe des Kampfes die schroffe Behauptung entgegen, gute Werke seien zur Seligkeit schädlich. Im wesentlichen gaben die Philippisten nach.

ε) 1552 brach der **Abendmahlsstreit** zwischen Lutheranern und Reformierten *h* von neuem aus (§ 82 r). 1555 schlug der eifrige Lutheraner Johann Timann in Bremen gegen seinen melanchthonischen Kollegen Albert Hardenberg los; der Streit überdauerte den Tod Timanns und endete erst 1562. Melanchthons vorsichtige Haltung gegenüber den streitenden Parteien festigte seine Gegner in der Meinung, daß er ein heimlicher Calvinist sei.

ζ) Den **synergistischen Streit** 1556–1560 rief der Leipziger Professor und *i* Superintendent *Joh. Pfeffinger* hervor, der den Synergismus im Sinne Melanchthons vertrat. Gegen ihn erhoben sich Amsdorf und Flacius; die Wittenberger Philippisten und die Jenenser Streittheologen standen in heftigster Fehde gegeneinander. Als der Herzog von Sachsen, Johann Friedrich der Mittlere, von Flacius und Genossen das Weimarer Confutationsbuch ausarbeiten und zur gesetzlichen Lehrnorm im Herzogtum Sachsen erheben ließ, brach der Streit in Jenas eigenen Mauern aus; der Theologieprofessor Victorin Strigel und der Superintendent Andreas Hügel widersetzten sich dem Confutationsbuche und wurden deshalb vom Herzog mehrere Monate in harter Haft gehalten. Flacius aber geriet durch Übertreibung seines lutherischen Standpunktes selbst über die Grenze der Orthodoxie, indem er 1560 auf dem Weimarer Colloquium gegen Strigel behauptete, durch den Fall Adams sei die Erbsünde die Substanz der menschlichen Natur geworden; er wurde von da an als Ketzer betrachtet.

Inzwischen hatte der Tod am 19. April 1560 Melanchthon von der „rabies theo- *k* logorum" erlöst. *Melanchthon* war in seinen besten Zeiten von geradezu europäischem Ansehen (Korrespondenz mit zahlreichen Hochgestellten). Von universalem Wissen, ein genialer Didaktiker und glänzender Organisator, war er wirklich der „praeceptor Germaniae" (§ 81 p). Nicht eigentlich schöpferisch, aber von feinstem Einfühlungsvermögen und ein Meister der Formulierung, wurde er der eigentliche Begründer der lutherischen Dogmatik, darüber hinaus der Urheber der Verbindung der theologischen und der außertheologischen Erkenntnisse zu einem natürlichen System der Wissenschaften; die in erster Linie auf ihn zurückgehende Verschmelzung des Protestantismus mit den klassisch-antiken Überlieferungen und der Mathematik bestimmte das protestantische Geistesleben bis weit

§ 92   Zeitalter der Gegenreformation

ins 18. Jh. hinein. Es fehlte ihm aber an Entschlossenheit und, verglichen mit Luther, an letzter religiöser Tiefe. Der schlimme Widerstand, der ihm in seinen letzten Jahren aus der eigenen Anhängerschaft erwuchs, war doch durch seine Enge und seine Schwäche mitverursacht.

l   2. DIE KONKORDIE. Bald zeigten sich die verwüstenden Folgen des endlosen Theologenhaders. Abhilfe tat dringend not. Man fand sie, indem man den Weg zur Lehrkirche konsequent fortschritt und ein eingehendes Lehrbekenntnis als unüberschreitbare Norm aufrichtete. Dieses einheitliche Lehrbekenntnis war die **Formula Concordiae** von **1577,** in der die schwebenden Streitfragen zuungunsten der Philippisten, aber auch der extremen Lutheraner entschieden wurden; sie ist das abschließende Bekenntnis des Luthertums und die Grundlage der lutherischen Orthodoxie geworden.

m   Die Einigungsversuche wurden zunächst von den Fürsten betrieben. Auf dem Wormser Religionsgespräch 1557 hatte sich der innerprotestantische Zwiespalt vor den Katholiken in aller Deutlichkeit enthüllt; infolge der intransigenten Haltung der Flacianer gegenüber den Philippisten war das Gespräch, der letzte vom Deutschen Reich unternommene Versuch dieser Art, gescheitert. Ein Ausgleich war bitter notwendig. 1558 vereinigten sich die einflußreichsten evangelischen Fürsten im Frankfurter Rezeß, scheiterten aber wiederum an der ablehnenden Haltung des Herzogs Johann Friedrich des Mittleren von Sachsen und seiner Streittheologen. 1559 arbeiteten Flacius und Genossen im Auftrage ihres Herzogs ein ausführliches Lehrbekenntnis von schroff lutherischer Haltung aus, das Weimarer Confutationsbuch (§ i). Die Philippisten setzten ihm 1560 das Corpus doctrinae christianae entgegen, das seit 1567 im Kurfürstentum Sachsen vom „Vater" August als allgemein gültiges Lehrbuch anerkannt wurde (seitdem „Corpus doctrinae Misnicum" genannt). In andern Kirchen entstanden eine Reihe streng lutherischer Corpora doctrinae. 1561 machten die Fürsten auf dem Naumburger Fürstentage einen neuen Einigungsversuch; er scheiterte an dem heftigen Widerspruch der strengen Lutheraner gegen die Unterschrift der Variata (§ 102 c) und andere Punkte. Die Verhandlungen standen bereits unter dem Eindruck des Übergangs der Pfalz zum Calvinismus (§ s).

n   Ein Fortschritt erfolgte einerseits durch die Verminderung des Einflusses der lutherischen Streittheologen im herzoglichen Sachsen: 1561 wurden Flacius, Wigand und vierzig Pastoren von Johann Friedrich wegen ihrer unerträglichen Glaubenstyrannei ihrer Ämter entsetzt. Zwar kehrten die Flacianer nach dem Sturze Johann Friedrichs 1567 wieder nach dem Herzogtum Sachsen zurück, aber ohne ihre Führer; Flacius hatte sich durch seine schroffe Lehre von der Erbsünde (§ i) sein Ansehen verscherzt. Anderseits erlebte auch der Philippismus in Kursachsen eine Katastrophe. Hier war der eifrig lutherisch gesinnte, aber theologisch schlecht beschlagene Kurfürst *August* ganz in den Händen der Philippisten, seines Leibarztes und Ratgebers Kaspar Peucer, des Schwiegersohns Melanchthons, ferner des Hofpredigers Stössel, des Geheimen Rats Cracow und anderer. Sie gaben sich ihm gegenüber als lutherisch, suchten aber insgeheim die calvinische Abendmahlslehre einzuschmuggeln. Da wurde ihr Treiben dem Kurfürsten 1574 entdeckt; nun trat eine völlige Wendung ein: die Häupter des sächsischen **„Kryptocalvinismus"** wurden mit hartem Kerker bestraft und das Luthertum in Kursachsen wiederhergestellt.

o   Inzwischen waren von Württemberg her neue mühsame Einigungsversuche im Gange. Ihre Seele war *JAKOB ANDREAE*, der Kanzler von Tübingen; er fand Unterstützung bei Christoph von Württemberg und Julius von Braunschweig und dessen gemäßigt lutherischen Theologen Martin Chemnitz und Nikolaus Selnecker. Aus mannigfachen Vorarbeiten württembergischer, niedersächsischer, badischer Theologen entstand März bis Mai 1577 die **Formula Concordiae** (§ 102 g). Am 25. Juni 1580, genau 50 Jahre nach der Übergabe der CA, erschien in Dresden das Konkordienbuch (die drei altkirchlichen Symbole, CA,

Apologie, Schmalkaldische Artikel [nebst Melanchthons tractatus de potestate et primatu papae], Großer und Kleiner Katechismus, FC), unterzeichnet von 86 Reichsständen und 8000–9000 Theologen. Freilich von einer Reihe evangelischer Stände wurde die FC abgelehnt, auch von Braunschweig trotz der anfänglichen Geneigtheit des Herzogs.

3. NACH DER KONKORDIE. Dem Konkordienwerk war zwar *p* ein großer, aber kein voller Erfolg beschieden: nur ein großer Teil, keineswegs die Gesamtheit der deutschen evangelischen Landeskirchen fiel der FC zu. So dauerte die konfessionelle Zersplitterung auch nach 1580 noch an: Neben den lutherischen Kirchen, die die FC angenommen hatten, gab es ein Luthertum ohne FC, und eine Anzahl Territorien des Westens folgten der Kurpfalz und gingen, hauptsächlich aus Abneigung gegen die lutherische Abendmahlslehre, zum Calvinismus über. Damit verschärfte sich die Feindschaft zwischen Luthertum und Calvinismus außerordentlich[1].

α) Zum **Herrschaftsgebiet der FC** gehörten von größeren Territorien vor allem: *q* Brandenburg, Mecklenburg, Lüneburg, das Magdeburgische Gebiet, das albertinische und das ernestinische Sachsen, die Oberpfalz und Württemberg. In Kursachsen erhob unter Augusts unbedeutendem Nachfolger Christian I. (1586 bis 1591) der Kryptocalvinismus noch einmal sein Haupt und suchte die FC zu beseitigen. Der Träger dieser Politik war der Kanzler *Nikolaus Krell*, der durch Reisen in Frankreich und der Schweiz innerlich für den Calvinismus gewonnen war. Doch brachte der Tod des Kurfürsten den Umschwung; das Land wurde durch die calvinistenfeindlichen Sächsischen Visitationsartikel von 1592 von den Kryptocalvinisten gesäubert, Krell verhaftet und nach langwierigem Prozeß 1601 durch Justizmord beseitigt.

β) Zu den **lutherischen Gebieten ohne FC** gehörten u. a. Pommern (hier wurden *r* erst 1593 wenigstens drei Artikel anerkannt!), Holstein, das Erzbistum Bremen (nicht die Stadt!, s. § s), Braunschweig, Anhalt, Hessen. In den beiden letztgenannten Territorien wurden um 1600 Versuche gemacht, zum Calvinismus hinüberzulenken, aber in beiden Gebieten nur mit ganz begrenzten Erfolgen. Zwar führte *Moritz* (1592—1632) trotz des Widerstandes der Bürger und der Ritterschaft in Hessen-Kassel das „reformierte" Bekenntnis ein und setzte die lutherischen Theologen der Universität Marburg ab; aber Hessen-Darmstadt verharrte beim Luthertum (1607 Gießen lutherische Gegenuniversität gegen das reformierte Marburg), und selbst im nördlichen Oberhessen siegte das Luthertum; nur die Universität Marburg blieb reformiert. In Anhalt suchte Johann Georg I., der alle anhaltischen Gebiete in seiner Hand vereinte, gewisse calvinische Ordnungen einzuführen, vermochte aber nur in wenigen Kirchen seinen Willen durchzusetzen. Die Verhältnisse in Anhalt blieben strittig und unklar. Anhalt-Zerbst ging 1644 wieder zum Luthertum über.

γ) Wirklich **calvinische Kirchen** entstanden dagegen in einer Anzahl von *s* westdeutschen Territorien. Die wichtigste Eroberung, die der Calvinismus machte, war die **Kurpfalz**. Sie war unter Ott Heinrich (1556–1559) lutherisch geworden, aber sein Nachfolger *Friedrich III.* der Fromme (1559–1576) war seit 1560 zum Calvinismus übergegangen. Es folgte dann unter Ludwig VI. (1576 bis 1583) noch einmal eine lutherische Periode. Aber *Johann Casimir*, der die vormundschaftliche Regierung für seinen unmündigen Neffen Friedrich IV. führte, stellte den Calvinismus wieder her. In dem **1563** herausgegebenen **Heidelberger Katechismus** (§ 103 f) erhielt der Calvinismus eine weitverbreitete Bekenntnisschrift. Calvinisch wurden ferner die Grafschaften Nassau-Dillenburg, Sayn, Wittgenstein, Solms, Isenburg, Wied, sowie die Stadt Bremen (seit 1580) und schließlich die Grafschaft Lippe (seit 1602; die Stadt Lemgo behauptete ihr Luthertum).

---

[1] Die Dreiteilung in § q–s im Anschluß an GDROYSEN 1893.

t   In **Kurbrandenburg** trat 1613 der Kurfürst *Johann Sigismund* zum Calvinismus über. Seine Absicht war, nach dem Vorbilde der Pfalz (§ s) seine Untertanen ebenfalls calvinisch zu machen. Die Stände widersetzten sich aber dieser Absicht des Kurfürsten und erhielten durch einen Revers von 1615 den dauernden Bestand ihres lutherischen Bekenntnisses zugesichert.

u   Ein eigenartiges Gebilde war die reformierte Kirche am **Niederrhein**, im Gebiet von Jülich, Kleve, Berg und Mark. Hier blieb die Landeskirche, die sich zeitweilig erasmischen Reformbestrebungen geöffnet hatte, katholisch, aber es entstand, teils im Verborgenen, teils offen, eine Menge evangelischer Gemeinden (Mittelpunkt die Stadt Wesel), deren Mehrzahl unter dem Einfluß wallonischer und niederländischer Flüchtlinge seit c. 1564 das reformierte Bekenntnis annahm (Kirche unter dem Kreuz). Die Exulanten hielten ihre Verbindung mit der niederländischen Kirche aufrecht und nahmen auch die deutschen ref. Gemeinden am Niederrhein in den kirchlichen Zusammenhang mit den Niederlanden auf. Erst 1610 trennten sich die niederrheinischen ref. Synoden von der niederländischen Kirche und bildeten eine eigene Generalsynode. Neben den reformierten Gemeinden im niederrheinischen Gebiet gab es auch lutherische, so unter dem Einfluß von Soest besonders in Mark; in Ravensberg waren alle Evangelischen Lutheraner.

v   Bei den zum Calvinismus übergegangenen deutschen Protestanten wurde es, vermutlich seit dem Ausgang der 70er Jahre, üblich, sich als „**reformiert**" zu bezeichnen, nicht als calvinisch; man wollte an Luther festhalten, aber die Reformation konsequenter durchführen als die „Lutheraner". Vordem brauchte man das Wort „reformiert" in Deutschland als Selbstbezeichnung aller reformatorischen Richtungen (so in der FC mit Bezug auf die Bekenner der CA von 1530). Prinzipiell ist zu sagen, daß die Bekenntnisbildung, bez. die Erhebung der Bekenntnisse zu dogmenähnlicher Geltung, zeitgeschichtlich notwendig war. Der Platz, der durch Luthers Ableben leer geworden war, konnte nicht durch eine andere, gleich autoritative Person ersetzt werden. Es blieb nur übrig, den Inbegriff seiner Lehre, so wie die Epigonen ihn verstanden, zur Norm zu erheben.

§ 93. Der nachtridentinische Katholizismus.

EGothein, Staat und Gesellschaft des Zeitalters der Gegenreformation (Kultur der Gegenwart II, V 1, 1908, 137–230). – JBaruzi, St. Jean de la Croix et le problème de l'expérience mystique, 1924. – LPonnelle et LBordet, S. Philippe Neri et la Société romaine de son temps, 1928. – AvHübner, Rom unter Sixtus V., [1933]. – FStegmüller, Geschichte des Molinismus I, 1935.

a   1. DAS PAPSTTUM. Die katholische Reaktion hatte das rein weltlich gerichtete Renaissancepapsttum durch ein von kirchlichem Geist erfülltes Papsttum ersetzt. Aber eine vollständige und nachhaltige Umwandlung der Kurie oder gar Roms war durchaus nicht erreicht. Zwar lebte in Pius V., Gregor XIII. und auch noch in Sixtus V. der fanatisch-strenge, asketische Geist der Restauration, aber die religiöse Wirkung dieser Männer auf die Kurie und die römische Gesellschaft überdauerte nicht ihren Tod. Nicht einmal der Nepotismus verschwand. Vollends seit dem Ausgang des 16. Jhs. war das Papsttum wieder eine rein politische Größe.

b   *PIUS V.* (1566–1572), vordem Großinquisitor, O. P., ein strenger Asket, führte die kirchliche Reform fort (§ 88 k), verfolgte die Ketzer (Inquisition; Erneuerung der Bulle „In coena Domini"[1]), sprach 1570 die Absetzung über Elisabeth I.

---

[1] Die „Abendmahlsbulle", eine in Rom besonders am Gründonnerstag verlesene Aufzählung und Verfluchung von Häretikern, geht auf Urban V. (1364) zurück. Ihre endgültige Redaktion empfing sie 1627 unter Urban VIII.; Klemens XIV. stellte 1770 die regelmäßige Verlesung auch in Rom ein.

von England aus (§ 89 u) und erfocht zusammen mit Spanien und Venedig über die Türken 1571 den Seesieg bei Lepanto.

GREGOR XIII. (1572–1585), der die Bartholomäusnacht durch Tedeum und *c* Denkmünze feierte, förderte die theologischen Seminare in Rom und errichtete neue Nuntiaturen in Deutschland (§ 91 e). Seine verdienstvolle **Kalenderreform 1582** (Ausfall des 5.–14. Okt. 1582) wurde von den Protestanten erst sehr spät angenommen (Deutschland 1700, England 1752, Schweden 1753), von den Orientalen abgelehnt; erst nach dem ersten Weltkriege ging der christliche Orient zu einem dem gregorianischen ähnlichen Kalender über (1923; s. § 137 b).

SIXTUS V. (Felice Peretti, 1585–1590), bäuerlicher Herkunft, ein überaus *d* tatkräftiger Herrscher, machte mit grausamer Strenge dem Banditenunwesen im Kirchenstaat ein Ende, gab den Kardinal-Kongregationen ihre in der Hauptsache seitdem bestehende Organisation, sammelte durch geschickte und wenig wählerische Finanzpolitik (Ämterverkauf, harte Auflagen) einen päpstlichen Schatz, schuf durch großartige, aber viele Altertümer rücksichts- und verständnislos zerstörende Bautätigkeit tiefgreifende Veränderungen im Stadtbild (Bau der Peterskuppel); in seiner klugen Außenpolitik begünstigte er die Selbständigkeit Frankreichs gegenüber dem Machtstreben Spaniens.

KLEMENS VIII. (1592–1605) war besonders mit den Vorgängen in Frank- *e* reich beschäftigt, wo Heinrich IV. zum Katholizismus zurückkehrte, aber auch die alten episkopalistischen Neigungen wieder rege wurden (1594 *Pierre Pithous* „Libertés de l'église gallicane").

2. DIE ORDEN. Weit mehr als auf dem Papsttum, das erst im *f* 19. Jh. wieder zu umfassender Bedeutung gelangte, beruhte die Stellung des Katholizismus auf der straffen Organisation seiner religiösen Kräfte in den Orden, deren Zahl sich in diesem Zeitalter beträchtlich vermehrte. Ihr Ziel war nicht mehr die „vita contemplativa", sondern die Arbeit in der Welt, Krankenpflege, Jugendunterricht usw.

1. KLERIKERORDEN. Von den neuen Klerikerorden der Restaurationszeit, *g* den Theatinern (Cajetanern, 1524; vgl. § 86 c), den Somaskern (in Somascho, Lombardei, 1532, bestätigt 1540, zum Orden [„Orden vom hl. Majolus"] erhoben 1568), den Barnabiten (Mailand 1530; Barmherzigkeit, Seelsorge, Jugendunterricht), der Gesellschaft Jesu (§ 87), den Piaristen (1597, Jugendunterricht), blieb die Societas Jesu bei weitem die wichtigste.

2. MÖNCHS- UND NONNENORDEN. Zu den zahlreichen älteren Mönchs- *h* und Nonnenorden gesellten sich die Kapuziner (1528 vom O.F.M. abgezweigt, 1619 selbständig), die Barmherzigen Brüder (Granada 1540; unentgeltliche Krankenpflege; sehr verbreitet), die Ursulinerinnen (als freier Verein begründet in Brescia 1535, bestätigt 1544; Kongregation durch Borromeo, § m; 1612 in Frankreich in einen Orden umgewandelt; Mädchenerziehung; bis in die Gegenwart weit verbreitet).

3. KONGREGATIONEN sind ordensähnliche Genossenschaften, deren Mit- *i* glieder die drei Gelübde (Armut, Keuschheit, Gehorsam) nicht als „vota solemnia", sondern nur als „vota simplicia" ablegen, die eine geringere kirchenrechtliche Tragweite haben. Beweglicher als die alten Mönchsorden stellen sie die in neuerer Zeit verbreitetste Form des katholischen Ordenswesens dar. Der Zeit der Restauration und der Gegenreformation gehören an: die Oratorianer (begründet in Rom 1548 durch *Filippo Neri*, bestätigt 1574; von ihren musikalischen Aufführungen stammt der Name „Oratorium").

4. REFORMEN ALTER ORDEN. Unter den reformierten alten Orden sind *k* zu nennen: die Unbeschuhten Karmeliter (1562 bzw. 1568 durch *Teresa de Jesus* und *Juan de la Cruz* reformiert), sowie die Kongregation der Feuillanten (Zisterzienserkloster Feuillans bei Toulouse; 1586), die das alte, strenge Zisterziensertum zu erneuern suchten.

§ 93   Zeitalter der Gegenreformation

l   3. DIE FRÖMMIGKEIT. Die Frömmigkeit des nachtridentinischen Katholizismus hat ihre kennzeichnenden Züge einerseits an der besonders von Spanien aus vordringenden [quietistischen] Mystik, anderseits in den breiten Schichten an einer krassen Superstition, einer Steigerung des grob Sinnlichen und Massiven. Auch nach dem Tridentinum fehlte es nicht an eindrucksvollen religiösen Persönlichkeiten, die das kirchliche Leben und die Religiosität bestimmten.

m   Zu nennen sind die edle Mystikerin *Teresa de Jesus* (1515–1582, Karmeliterin in Avila in Kastilien), ihr Seelenverwandter *Juan de la Cruz* (Johann vom Kreuz, Karmeliter; 1926 Doctor ecclesiae) und *CARLO BORROMEO* (1538–1584, 1610 heilig; Nepot Pius' IV., Kardinal und Erzbischof von Mailand), der Typus des mit Eifer für seine Kirche wirkenden Bischofs.

n   4. THEOLOGIE. α) In der katholischen Theologie äußerte sich der Rückschlag gegen den Protestantismus vornehmlich in zähem Festhalten an der Lehre von der Tradition. In unmittelbarem Zusammenhang mit der gesteigerten Bedeutung des Traditionsbegriffes entfaltete sich im nachtridentinischen Katholizismus eine reiche Blüte patristischer Gelehrsamkeit. Doch blieb die Patristik dem dogmatisch-polemischen Interesse untergeordnet. Die beiden Hauptzweige der Theologie waren Polemik und Dogmatik.

o   Das theologische Denken wurde von der **Scholastik** beherrscht. Der Zwist zwischen Thomisten und Scotisten in seiner früheren Form trat nun zurück; der Thomismus hatte im allgemeinen gesiegt. Im Jesuitenorden war Thomas maßgebend; nur in der Gnadenlehre und in der Lehre von der unbefleckten Empfängnis der Maria erhielt die jesuitische Dogmatik einen scotistischen Einschlag. Die Patristik zeitigte das große, von umfassender Gelehrsamkeit zeugende Annalenwerk des *Caesar Baronius* (1538–1607; vgl. § 1 g). In der Polemik hatte der italienische Jesuit *ROBERT BELLARMINI* die Führerstellung inne (1542 bis 1621; selig 1923, heilig 1930). Sein Hauptwerk „**Disputationes de controversiis christianae fidei**" ist das bedeutendste theologische Werk dieser Periode von katholischer Seite (wichtiger Einwand gegen die Protestanten: auch der Protestantismus stütze sich auf die von ihm verworfene Tradition, denn nur die Tradition sage uns, daß die Bibel Autorität ist). Die systematische Theologie blühte vornehmlich in Spanien. Genannt seien die beiden Spanier *Melchior Canus* (Cano, O.P., 1509–1560) und *FRANZ SUAREZ* (S.J., Professor in Coimbra in Portugal, 1548–1617), der bedeutendste katholische Systematiker des 16. Jhs., Begründer einer eklektischen, thomistische und augustinisch-scotistische Bestandteile verbindenden Theologie.

p   β) Zu innerkatholischen Lehrstreitigkeiten gab die Lehre von der Willensfreiheit Anlaß. In diesem Streit waren die Jesuiten die Führer der für die Willensfreiheit eintretenden Partei.

q   Als der Jesuit *LUDWIG MOLINA* an der portugiesischen Universität Evora mit großem Scharfsinn eine ganz extreme, dem Pelagianismus sich nähernde Anschauung über göttliche Gnade und menschliche Freiheit verfocht (1588), traten die Dominikaner als getreue Anhänger des Thomismus gegen die Jesuiten in die Schranken; die Kurie schob die Entscheidung lange hinaus und beendete den Streit 1611 damit, daß sie jede weitere Erörterung der Frage verbot. Die pelagianisierende Gnadenlehre der Jesuiten erlangte in der Folgezeit das Übergewicht.

r   Doch der Widerstand dagegen blieb rege, auch außerhalb des Predigerordens. Unabhängig von diesem bildete sich an der katholischen Universität Löwen ein Herd des Augustinismus, den die Verurteilung von 76 Sätzen des Professors *MICHAEL BAJUS* durch Papst Pius V. (Bulle „Ex omnibus afflictionibus", 1567) nicht zerstörte. (Vgl. § 97 p–s.)

γ) Eine eigentümliche Entwicklung nahm im Zusammenhang mit s
der steigenden Bedeutung des Beichtstuhls und unter dem Einfluß des
Jesuitenordens die Moraltheologie.
Dieser Zweig der katholischen Theologie soll dazu dienen, dem Beichtvater t
Anleitung zur Beurteilung der ihm gebeichteten Sünden zu geben. Die Methode dieser Moraltheologie ist daher kasuistisch, d. h. die allgemeinen Moralgesetze werden auf einzelne konkrete Fälle des praktischen Lebens angewandt, schwierige Fragen konstruiert und gelöst. Lebhafter Streit entstand über die verschiedenen Moralsysteme, besonders über das sog. **Probabilismus**. Dieser stammt von Dominikanern der Schule des Melchior Cano (§ o), wurde alsbald auch im Jesuitenorden heimisch und von zahlreichen jesuitischen Moraltheologen vertreten[2]. Danach darf man im Falle des Zweifels über das Bestehen oder die Ausdehnung eines Gesetzes die der Freiheit vom Gesetz günstige Meinung befolgen, wenn diese Meinung *probabilis* (d. i. durch wirklich triftige Gründe gestützt) ist, auch wenn die entgegengesetzte, für das Gesetz sprechende Meinung wahrscheinlicher (*probabilior*) ist. Dieser Grundsatz wurde von nicht wenigen Moralisten, besonders aus dem Jesuitenorden, so weit ausgedehnt, daß sie in den Laxismus fielen. Ihre Gegner (bes. unter den Jansenisten, § 97 p–s) verfielen in das andere Extrem und forderten die Befolgung des Gesetzes, selbst wenn die für die Freiheit vom Gesetz sprechende Meinung *opinio probabilior* sei (absoluter Tutiorismus). Die Kurie verurteilte den Laxismus wiederholt (1656, 1666, 1679, 1690), den Rigorismus 1690.

Die katholische **Staatslehre** wurde ebenfalls besonders von den Jesuiten ge- u
pflegt. *Robert Bellarmini*, S. J., lehrte, den veränderten Zeitverhältnissen nachgebend, daß der Papst in weltlichen Dingen nur indirekt der oberste Herr sei, gab dann freilich dieser indirekten Gewalt eine so weite Ausdehnung, daß tatsächlich die Kirche die Leiterin der Völker war (1586). Trotzdem hat Sixtus V. die Lehre von der *potestas indirecta* verworfen. Die Entstehung der fürstlichen Gewalt leitete Bellarmini von der Souveränität des Volkes her, woraus sich das Recht des Volkes zur Absetzung des Fürsten ergab (vgl. § 83 o). Doch wurde die Theorie vom Recht des Tyrannenmords, die der spanische Jesuit *Juan Mariana* (1599) nach dem Vorgang scholastischer Schriftsteller vertrat, vom Jesuitengeneral verurteilt.

5. KULTURLEBEN. Die Stärke der von der katholischen Re- v
stauration ausgehenden religiösen Impulse zeigt sich in dem fördernden
und hemmenden Einfluß der Kirche auf die Literatur und Kunst
der romanischen Länder. Die Anziehungskraft, die der Katholizismus
im Zeitalter der Gegenreformation besonders auf die oberen gesellschaftlichen Schichten ausübte, lag nicht zum mindesten in seiner engen
Verbindung mit der ästhetischen Kultur.

1. KUNST UND LITERATUR. In **Italien,** wo *Michelangelo Buonarotti* noch w
in die Zeit der Restauration hereinragt (gest. 1564; Kuppel der Peterskirche in Rom), waren *Tizian*, der Meister leuchtender Farbenpracht (gest. 1576), *Paolo Veronese*, der prunkvolle „Festmaler Venedigs" (gest. 1588) und *Correggio* (gest. 1554) noch Vertreter der weltlichen Auffassung religiöser Gegenstände; mit dem ausgehenden 16. Jh. beginnt deutlich ein stärkerer religiöser Einfluß. Die bedeutendste Leistung der Dichtkunst des erneuerten Katholizismus war *Torquato Tassos* berühmtes, freilich weichlich-sentimentales Epos „Das befreite Jerusalem" (1575). Auf musikalischem Gebiet begründete *Palestrina* († 1594) die klassische Kirchenmusik des Katholizismus.

Die reinste Ausprägung der von der großen katholischen Restauration beein- x
flußten Kultur entstand in **Spanien.** Hier hatte der Humanismus nur die Form, nirgends den inneren Gehalt der Literatur- und Kunstwerke berührt; es bedurfte

---

[2] Diese Tatsache wird entstellt, wenn man den Probabilismus als „das jesuitische Moralsystem" bezeichnet oder gar von einer besonderen „Jesuitenmoral" spricht.

23 Heussi, Kompendium 13. Aufl.

nicht erst der Rückkehr von einer halb heidnischen Weltanschauung zum Geist der Kirche wie in Italien. Das bedeutendste Bauwerk, der von Philipp II. errichtete **Eskorial** (vollendet 1584), spiegelt in seiner Vereinigung von Palast, Kirche und Kloster die enge Verbindung von Kirche und Staat im spanisch-katholischen Weltreich wider.

y Weniger durchgreifend war **Frankreich** vom Geiste der religiösen Restauration bestimmt. Hier treten uns in Bodin und Montaigne schon die ersten Ansätze zur „Aufklärung" entgegen (vgl. § 105 p).

z 2. WISSENSCHAFT. Als starkes Hemmnis erwies sich der restaurierte Katholizismus auf dem Gebiet der Wissenschaft. Zwar vermochte die Geschichtswissenschaft neben der ganz scholastischen Theologie wenigstens innerhalb gewisser Grenzen Tüchtiges zu leisten. Aber die von der kirchlichen Metaphysik sich befreiende Philosophie und die zu eigener Beobachtung fortschreitende Naturwissenschaft suchte der Katholizismus zu vernichten. *GIORDANO BRUNO* (geb. 1548 in Nola in Campanien, O.P.), der die von Kopernikus begründete heliozentrische Weltanschauung mit der neuplatonisch-mystischen Frömmigkeit der Renaissance verband und durch Auflösung der Vorstellung von der Himmelsfeste (Firmament) die Stellung des Menschen im Kosmos entdeckte, endete am 17. Febr. **1600** in Rom auf dem Scheiterhaufen.

c) DIE GEGENREFORMATION, ZWEITER ABSCHNITT (1598—1689).

§ 94. Der Dreißigjährige Krieg und der Westfälische Friede in kirchlicher Hinsicht.

JOHPAUL, Gustav Adolf, 3 Bde., 1927–32. – NAHNLUND, Gustav Adolf, [1938]. – *JSCHMIDLIN, Kirchliche Zustände und Schicksale des deutschen Katholizismus während des Dreißigjährigen Krieges, 1940. – DALBRECHT, Die deutsche Politik Papst Gregors XV., 1956.

a 1. Mit dem Anfang des 17. Jhs. mehrten sich die Anzeichen eines bevorstehenden Religionskrieges. Der aufs äußerste gespannte Gegensatz entlud sich in dem furchtbaren **Dreißigjährigen Kriege (1618 bis 1648).** Er war ebensowenig wie die kriegerischen Verwicklungen in Westeuropa in der zweiten Hälfte des 16. Jhs. ausschließlich Religionskrieg, sondern entsprang religiösen und politischen Gegensätzen; in den späteren Jahren des Krieges trat der konfessionelle Gegensatz sogar völlig zurück. Aber der Krieg bedrohte zeitweilig den deutschen Protestantismus ernstlich in seiner Existenz, und sein Ausgang entschied die Gestaltung der konfessionellen Verhältnisse Deutschlands für lange Zeit.

b Aus der **Vorgeschichte** des Krieges ist 1) die Entstehung zweier entgegengesetzter politisch-konfessioneller **Bündnisse** 1608 und 1609 hervorzuheben. Den Anlaß gab die Vergewaltigung der ev. Reichsstadt Donauwörth durch den streng katholischen Herzog *MAXIMILIAN* von Bayern, der den Auftrag, an der Stadt die Reichsacht zu vollstrecken, dazu benutzte, den Katholizismus wieder einzuführen und die Stadt zu Bayern zu schlagen. Darauf schlossen mehrere lutherische und reformierte Fürsten unter Führung *Friedrichs IV.* von der Pfalz **1608** die **Union** zu Ahausen, auf der andern Seite Maximilian von Bayern und eine Anzahl geistlicher Fürsten **1609** die **Liga.** 2) Neue Zwistigkeiten brachte der Erbfolgestreit um Jülich und Kleve, in den auch die konfessionellen Gegensätze hereinspielten; doch einigten sich hier die Gegner (*Wolfgang Wilhelm* von Pfalz-Neuburg, der während des Streites Katholik, und *Johann Sigismund* von Brandenburg, der Calvinist geworden war, s. § 92 t) 1614 über eine vorläufige Teilung.

3) Den letzten Anstoß zu dem unvermeidlichen Kriege gaben die politischen Verwicklungen in den **Habsburgischen Ländern**. Hier trieb das Regiment des unfähigen Kaisers *Rudolf II.* die Stände wie die Erzherzöge zur Empörung. In den sich jahrelang hinziehenden Wirren erlangten die Stände sowohl von Rudolfs Bruder Matthias, wie von Rudolf selbst weitgehende kirchliche Freiheiten für die Protestanten (von Matthias zuerst im Frieden von Wien 1606 für Ungarn, später auch für Mähren und Österreich, von Rudolf im Majestätsbrief von 1609 für Böhmen; gleiche Zusicherungen erhielten die Evangelischen in Schlesien).

Verletzungen des Majestätsbriefes führten zum **Ausbruch des Krieges**. 1618 *c* erhoben sich die böhmischen Stände im offenen Aufruhr gegen ihren König, den Kaiser Matthias, und erkannten nach seinem Tode (1619) die Nachfolge *Ferdinands von Steiermark* (§ 91 i) in Böhmen nicht an, sondern wählten den Kurfürsten *Friedrich V. von der Pfalz*, den Schwiegersohn Jakobs I. von England, zum König von Böhmen. Kaiser *FERDINAND II.* (1619-1637) verbündete sich mit Spanien, Kursachsen und der Liga; die Schlacht am Weißen Berge 1620 bereitete der Herrschaft des „Winterkönigs" (Friedrich V.) ein rasches Ende. Dem folgte die gewaltsame **Rekatholisierung Böhmens** (auch der Utraquisten), der **Oberpfalz** (das Gebiet um Amberg), die an Bayern kam, und der **Rheinpfalz** (die Bibliotheca Palatina von Heidelberg nach Rom gebracht). Die pfälzische Kurwürde fiel 1623 an Maximilian von Bayern. Die Gefährdung der deutschen Protestanten führte zur Einmischung **Dänemarks**. *Christian IV.* von Dänemark wurde abgeschlagen und mußte 1629 im Frieden von Lübeck auf jede weitere Einmischung verzichten. Ganz Norddeutschland war durch die Heere Wallensteins und Tillys dem Kaiser unterworfen; im **Restitutionsedikt (1629)** forderte Ferdinand von den Protestanten die Rückgabe aller seit dem Passauer Vertrage (1552) eingezogenen geistlichen Güter und beschränkte den Religionsfrieden auf die „Augsburgischen Konfessionsverwandten", schloß also die „Reformierten" aus.

Da brachte *GUSTAV II. ADOLF* von Schweden (§ 90 d), ein hervorragender *d* Staatsmann und Feldherr, dazu ein überzeugter Protestant, der in seinem Heere treffliche Zucht und fromme Begeisterung zu erhalten wußte, den **deutschen Protestanten die Rettung**. Zwar vermochte er, infolge der Unschlüssigkeit der Kurfürsten von Brandenburg und Sachsen in seinem Vordringen aufgehalten, die Einnahme und Zerstörung Magdeburgs durch Tilly (1631) nicht zu verhindern, aber sein Sieg über Tilly bei Breitenfeld 1631 öffnete ihm Süddeutschland; er besetzte die fränkischen Bistümer, Mainz, Augsburg, München, und plante eine tiefgehende politische Umgestaltung Deutschlands. Sein Tod in der Schlacht bei Lützen 1632 und die Niederlage der Schweden bei Nördlingen 1634 machten freilich dem politischen Übergewicht des Protestanten rasch wieder ein Ende, aber die völlige Unterdrückung des deutschen Protestantismus war nach Gustav Adolfs Zuge nicht mehr möglich. 1635 schloß Kursachsen, das sich 1631 mit Schweden verbündet hatte, mit dem Kaiser den **Separatfrieden von Prag**.

In seinem letzten Abschnitt war der Krieg ein rein politisches Ringen **Schwe-** *e* **dens und Frankreichs** mit dem habsburgischen Kaisertum (*FERDINAND III.*, 1637-1657) und Spanien.

2. Der nach langen Verhandlungen zu Münster und Osnabrück am *f* 24. Okt. **1648** abgeschlossene **Westfälische Friede** regelte Konfessionsstand, Gebietsverhältnisse und Reichsverfassung. Die Regelung der konfessionellen Angelegenheiten erfolgte nach dem Grundsatz der **Parität der Stände beider Konfessionen**.

1) Passauer Vertrag und Augsburger Religionsfriede wurden aner- *g* kannt und ausdrücklich auf die Reformierten ausgedehnt, gegen die Wünsche der Lutheraner (§ m), besonders durch die Bemühungen des Großen Kurfürsten (vgl. § p, 95 o!); die Sekten dagegen blieben ausgeschlossen. Paritätische Besetzung des Reichskammergerichts und der Reichstagsdeputationen (vorbereitende Ausschüsse); bei religiösen Streitigkeiten keine gemeinsame Reichstagsabstimmung,

§ 94 Zeitalter der Gegenreformation

sondern gesonderte Abstimmung (*itio in partes*); d. h. das Corpus catholicorum (Vorsitz: Mainz) und das Corpus evangelicorum (Vorsitz: Kursachsen) stimmen getrennt ab; nur bei beider Übereinstimmung erfolgt ein Reichstagsbeschluß. (Sitz des immerwährenden Reichstags 1663–1806 Regensburg.)

h   2) Das „reservatum ecclesiasticum" (§ 80 n) wurde aufrechterhalten, doch sollten alle im **Normaljahr 1624** in protestantischem Besitz gewesenen geistlichen Gebiete den Protestanten verbleiben. (Also Verzicht auf das Restitutionsedikt von 1629, vgl. § c.)

i   3) Das „ius reformandi" der Reichsstände blieb bestehen, erhielt aber einige Beschränkungen: (α) Minderheiten der andern Konfession, die 1624 ihren Kultus ausgeübt hatten, sollten auch fernerhin geduldet werden; (β) wer nach Abschluß des Friedens von der Konfession des Landesherrn zur anderen Konfession übertrat, konnte vom Landesherrn entweder geduldet oder zur Auswanderung, jedoch ohne Konfiskation der Güter, gezwungen werden; (γ) wurde ein lutherischer Landesherr reformiert oder ein reformierter lutherisch, so durfte er seine Untertanen nicht zum Bekenntniswechsel nötigen (diese Bestimmung galt auch für den Übergang eines Territoriums an einen Landesherrn der anderen protestantischen Konfession).

k   4) Zur Regelung der Gebietsverhältnisse wurden Säkularisationen geistlicher Territorien vorgenommen: Schweden erhielt Bremen (nicht die Stadt!) und Verden als weltliche Herzogtümer. – Kurbrandenburg: Kammin, Halberstadt und Minden als weltliche Fürstentümer, sowie die [1680 erfüllte] Anwartschaft auf das „Herzogtum" Magdeburg, – Mecklenburg die Bistümer Schwerin und Ratzeburg, usw.; – Frankreich behielt die Bistümer Metz, Toul, Verdun (besetzt 1552, vgl. § 80 h).

l   5) Bayern behielt die rekatholisierte Oberpfalz (§ c) und die Kurwürde. Die Kurpfalz wurde im Umfange der Rheinpfalz wiederhergestellt und mit einer neuen, der achten Kurwürde ausgestattet. Die Niederlande und die Schweiz wurden als unabhängig anerkannt.

m   Papst *Innocenz X.* protestierte mit der Bulle: „Zelo domus dei" (1648) gegen den Westfälischen Frieden; dieser Protest verhallte wirkungslos. Auch die Mehrzahl der lutherischen Theologen hatte sich aus dogmatischen Gründen gegen den Frieden, besonders gegen die Freigabe des reformierten Bekenntnisses, lebhaft gewehrt und den Abschluß beinahe verhindert.

n   Ausgeschlossen vom Westfälischen Frieden waren die **Österreichischen Erblande**, wo die Protestanten bis auf Joseph II. beständigen Bedrückungen ausgesetzt waren, die fast völlig mit ihnen aufräumten, – ferner ein Teil von **Schlesien**, wo zwar die Herzogtümer Brieg, Liegnitz, Wohlau, Münsterberg und Öls und die Stadt Breslau ihre kirchlichen Freiheiten behielten (§ b), den unmittelbaren Herzogtümern aber nur die drei „Friedenskirchen" in Jauer, Schweidnitz und Glogau gewährt wurden. In den Jahren 1652–1654 wurden in Schlesien über 650 ev. Kirchen geschlossen und über 500 Pfarrer vertrieben. Tausende wanderten nach der Oberlausitz aus. Vgl. § 111 d.

o   3. Der schlimme Verfall der Kultur, den der Dreißigjährige Krieg verursachte, das unheimliche Sinken der Bevölkerungsziffer, die Verwüstung des Wohlstandes und der Geisteskultur, die entsetzliche Verrohung der Sitten, das Überhandnehmen des Aberglaubens (Höhe des Hexenwahns), das alles wirkte zerstörend auf das kirchliche Leben. An der Gesundung der Verhältnisse hatte das deutsche Luthertum mit seinem Duldersinn und seinem furchtlosen Gottvertrauen einen erheblichen Anteil.

p   Neben der selbstlosen Arbeit des Pfarrerstandes war eine ganze Reihe hervorragender Landesfürsten an dem Wiederaufbau der Kultur tätig, so vor allem *Friedrich Wilhelm der Große Kurfürst* von Brandenburg und Herzog *Ernst der Fromme* von Sachsen-Gotha (gest. 1675).

§ 95. Innerkirchliche Zustände des deutschen Luthertums im Zeitalter der Orthodoxie.

HEWeber (s. § 74 x), Bd. II, 1951. – MWundt, Die deutsche Schulmetaphysik des 17. Jhs., 1939. – PhWackernagel, Das deutsche Kirchenlied, 3 Bde., 1864–70. – IRöbbelen, Theologie und Frömmigkeit im deutschen ev.-luth. Gesangbuch des 17. und frühen 18. Jhs., [1957]. – HLeube, Die Reformideen in der deutschen lutherischen Kirche zur Zeit der Orthodoxie, 1924. – Ders., Calvinismus und Luthertum im Zeitalter der Orthodoxie I, 1928. – KLeese, Von Jakob Böhme zu Schelling, 1927. – EBenz, Der vollkommene Mensch nach Jakob Böhme, 1938. – HGrunsky, Jakob Böhme, 1955. – WEPeuckert, Die Rosenkreuzer, 1928. – Ders., Pansophie (Versuch zur Geschichte der weißen und schwarzen Magie), ²1956. – GKrüger, Die Rosenkreuzer, 1932. – HMaier, Der mystische Spiritualismus Valentin Weigels, 1926. – WZeller, Die Schriften Valentin Weigels, 1940. – PGraff, Die Auflösung der alten gottesdienstlichen Formen in der ev. Kirche Deutschlands, I ²1937. – FKalb, Die Lehre vom Kultus der lutherischen Kirche in der Zeit der Orthodoxie, 1959.

1. THEOLOGIE. Seit dem Abschluß der Konkordienformel *a* herrschte im Luthertum die Orthodoxie, eine theologische Richtung, welche ganz intellektualistisch Frömmigkeit und Theologie gleichsetzte und das starre Festhalten an den Formulierungen der Bekenntnisschriften für unumgänglich notwendig erachtete. Diese Theologie der „reinen Lehre" widmete sich zwei Hauptanliegen: der Polemik gegen Katholiken und Reformierte, die auch nach dem gegenseitigen Abschluß der Konfessionskirchen mit Eifer noch jahrzehntelang fortgesetzt wurde, und dem Ausbau eines dogmatischen Systems.

Die **orthodoxe lutherische Dogmatik** hatte ihre nächste Parallele an der *b* Scholastik, ja nahm sogar die jesuitisch-spanische Neuscholastik im 17. Jh. auf (starrer Formalismus, bedingt durch die aristotelische Logik; streng konservative Stellung zu der überlieferten Form der kirchlichen Lehre). Sie gab sich als Schriftauslegung, d. h. sie betrachtete die hl. Schrift als den Kodex der göttlichen Lehroffenbarung, aus dem die lutherische Lehre zu erheben war. Die Voraussetzung hierfür war eine bis in die letzten Konsequenzen hinein ausgebildete Inspirationstheorie (wörtliche Inspiration des Urtextes der hl. Schrift, selbst der Vokalzeichen unter den hebräischen Konsonanten; so zuerst *Flacius*, dann *Johann Gerhard* und die folgenden). Das orthodoxe System als Ganzes war fraglos von innerer Geschlossenheit, zeugte von einem sehr entwickelten logischen Vermögen und von strenger Gewissenhaftigkeit und Pietät, war aber doch das Erzeugnis eines autoritätsbedürftigen, unschöpferischen Zeitalters; es war eine Versteinerung des ursprünglichen Luthertums.

Dogmatik und Polemik erstickten alle übrigen theologischen Interessen, nicht *c* nur die Kirchengeschichte, die sich im wesentlichen mit Auszügen aus den Zenturien (§ 81 x) begnügte, sondern selbst die Exegese. Die Bibelauslegung war gänzlich an die Bekenntnisschriften gebunden, die Bibel erschien als eine große Sammlung von „dicta probantia" (Beweisstellen) für die Dogmatik. Die Konsequenz dieser „Scheinphilologie" waren so groteske Versuche wie der, in der Genesis die gesamte lutherische Theologie nachzuweisen.

Der Hauptsitz der lutherischen Orthodoxie war Wittenberg, die „cathe- *d* dra Lutheri"; eine etwas mildere Richtung herrschte im 17. Jh. in Jena. Die bedeutendsten lutherischen Dogmatiker waren:

MARTIN CHEMNITZ (1522–1586, zuletzt Superintendent in Braun- *e* schweig; „Loci theologici", eines der wichtigsten dogmatischen Werke des Luthertums, noch frei von dem Formalismus der Späteren; „Examen concilii Tridentini", Polemik gegen den Katholizismus; vgl. § 92 o), *LEONHARD HUTTER* (Hütter, lat. Hutterus, 1563–1616, Professor in Wittenberg, der Orthodoxeste der Orthodoxen, verdrängte durch sein Compendium locorum theologicorum ex Scriptura sacra et libro Concordiae collectum [1610] die letzten Nachwirkungen Melanchthons), *JOHANN GERHARD* (1582–1637, Superintendent in Koburg, seit 1616 Professor in Jena; seine neunbändigen „**Loci theologici**" 1610ff. sind das **Hauptwerk der lutherischen Orthodoxie**), *ABRAHAM CALOV* (1612–1686), Ostpreuße, seit 1650 in Wittenberg, der echte Typus des unermüdlichen orthodoxen Streittheologen, von maßloser Polemik, schrieb u. a. zur Widerlegung von Hugo Grotius [§ 96 p] das exegetische Werk „**Biblia illustrata**", ferner Polemisches gegen Katholiken, Synkretisten [§ k–m], Sozinianer usw.), *Johann Andreas Quenstedt* (1617–1688, Professor in Wittenberg; „Theologia didactico-polemica") und *David Hollaz* (1648–1713, Propst in Jakobshagen in Pommern, der letzte orthodoxe Dogmatiker, doch schon von anderen Einflüssen, besonders der Arndtschen Mystik, berührt; „Examen theologicum acroamaticum", 1707)[1].

f   Von den theologischen Kämpfen innerhalb des Luthertums ist erstens der **christologische Streit zwischen Tübingen und Gießen** erwähnenswert. Die Tübinger Theologen (*Hafenreffer*) behaupteten, Christus habe im Stande der Erniedrigung den Gebrauch bestimmter göttlicher Eigenschaften **verhüllt** (κρύψις), die Gießener (*Mentzer*), er habe auf den Gebrauch **verzichtet** (κένωσις). Die kursächsischen Theologen traten in ihrer „Solida decisio" 1624 im wesentlichen für die Auffassung der Gießener ein, die die herrschende wurde; die Schwaben verharrten bei ihrer südwestdeutschen Extra-Orthodoxie. Von Interesse ist zweitens der **Rahtmannsche Streit**, der um die erste leise Lockerung des orthodoxen Inspirationsgedankens geführt wurde. Der Pastor *Hermann Rahtmann* in Danzig († 1628) behauptete, daß das von der hl. Schrift bewirkte Übernatürliche außerhalb ihres Gebrauchs nicht vorhanden sei, sondern erst bei der Verkündigung des Wortes hinzutrete. Die Orthodoxen warfen ihm Rückfall in die Lehre Schwenckfelds vor und behaupteten, die übernatürlichen Kräfte der hl. Schrift seien auch vor und außer dem Gebrauch in ihr enthalten.

g   **2. DIE IRENIKER. GEORG CALIXT UND DER SYNKRETISMUS. AUSGLEICHSVERSUCHE.** α) Gegenüber den anderen Konfessionen beobachtete die Orthodoxie eine ablehnende Haltung. Es fehlte zwar bei einzelnen Männern, namentlich auf reformierter Seite, nicht an Neigung, ein besseres Einvernehmen zwischen den beiden evangelischen Konfessionen herzustellen, aber die Stimmen dieser **Ireniker** verhallten fast wirkungslos.

h   Literarisch traten u. a. die Heidelberger Professoren *Franciscus Junius* (seit 1592 in Leiden, † 1602) und *David Pareus* († 1622) für den konfessionellen Frieden zwischen Lutheranern und Reformierten ein; in ähnlichem Sinne suchte der Schotte *Johannes Duraeus* auf zahlreichen Reisen auf dem Kontinent seit 1631 zu wirken (s. § 98 o).

i   1631 versuchten Lutheraner und Reformierte, durch die kriegerischen Erfolge des Kaisers (§ 94 c) aufeinander angewiesen, auf dem **Religionsgespräch zu Leipzig** eine Verständigung (Kursachsen, Hessen, Brandenburg); sie kam zwar nicht zustande, wohl aber erfolgte eine zeitweilige Abschwächung des Gegensatzes.

k   β) Auch das Programm des Helmstedter Professors *GEORG CALIXT,* durch Herausstellung des allen christlichen Konfessionen Gemeinsamen eine Verständigung herbeizuführen, vermochte sich gegen den erbitterten Widerspruch der orthodoxen Streittheologen nicht durchzusetzen. Doch bilden die **synkretistischen Streitigkeiten**, die sich an die Theologie Calixts anschlossen, den Wendepunkt in der Geschichte der Orthodoxie; denn Calixt konnte sich trotz aller Angriffe

---

[1] „Acroamaticum" = in der Unterrichtsform der zum Anhören [ἀκροᾶσθαι] bestimmten Vorlesung, nicht in Frageform. Der Ausdruck geht auf den Schulbetrieb des Aristoteles zurück.

in der Kirche behaupten, und die Streittheologen entfremdeten sich durch diesen Streit die Sympathien der Gebildeten: der strenge Konfessionalismus begann zu ermatten.

Georg Calixt (Callisen, 1586–1656, ein Pastorensohn aus dem Herzogtum *l* Schleswig, seit 1614 Theologieprofessor in Helmstedt) war orthodox wie seine Gegner, unterschied sich aber von ihnen durch seine **konfessionelle Milde und seinen Sinn für das Gemein-Christliche**. Beides war das Ergebnis der melanchthonischen Traditionen seines Vaterhauses sowie der Einflüsse der Universität Helmstedt (humanistische Philologie, Studium der Kirchenväter) und mehrjähriger Reisen in Deutschland, England, Holland, Frankreich. Sein Grundgedanke war, durch Beschränkung der Zahl der „articuli fundamentales" (der heilsnotwendigen Glaubenssätze) einen allen Konfessionen gemeinsamen Besitz festzustellen und auf Grund dieses „consensus" einen Ausgleich herbeizuführen. Den gemeinsamen Besitz fand er in dem Dogma der ersten fünf Jahrhunderte („consensus quinquesaecularis"). Seine Wittenberger Gegner bekämpften seinen Standpunkt als **Synkretismus** und **Kryptokatholizismus** (συγκρητισμός, abzuleiten von Κρής, der Kreter, heißt bei Plutarch soviel wie Befolgung der Taktik der Kreter, trotz häuslicher Zwistigkeiten nach außen zusammenzuhalten).

Nachdem kleinere Angriffe auf Calixt vorangegangen waren (1621, 1640), *m* brachte der persönliche Zusammenstoß Calixts mit den orthodoxen Lutheranern auf dem „liebreichen" **Thorner Religionsgespräch** 1645 den Stein ins Rollen (Calixt war auf seine Bitten von dem Großen Kurfürsten nach Thorn entsendet worden). 1646 entbrannte der **große synkretistische Streit**; fast das ganze deutsche Luthertum, an der Spitze *ABRAHAM CALOV* und die Wittenberger, erhob sich gegen Calixt und seine Anhänger in Helmstedt und Königsberg; erfolglos blieben die Ausgleichsversuche der Jenenser. Doch scheiterten die Wittenberger sowohl mit ihrem Plane, auf einem Theologenkonvent eine Verurteilung Calixts herbeizuführen, wie mit dem Versuch, den Gegner durch Aufstellung eines neuen Symbols zu vernichten („Consensus repetitus fidei vere Lutheranae", 1655). Der Streit dauerte auch nach Calixts Tode fort, ohne ein greifbares Ergebnis zu zeitigen; erst in den 80er Jahren des 17. Jhs. erlosch die Debatte.

Im Zusammenhang mit der synkretistischen Bewegung erfolgten noch einige *n* **Ausgleichsversuche zwischen Reformierten und Lutheranern** in Hessen und Brandenburg. In Hessen veranstaltete Landgraf *Wilhelm VI.*, der Schwager des Großen Kurfürsten, **1661** das **Kasseler Gespräch** zwischen den lutherischen (calixtinischen) Theologen aus Rinteln und den streng orthodoxen Calvinisten aus Marburg; es verlief resultatlos.

In Brandenburg scheiterte *Friedrich Wilhelm der Große Kurfürst* (1640–1688) *o* mit dem 1662–1663 zwischen Lutheranern und Reformierten abgehaltenen **Berliner Religionsgespräch** an dem Mißtrauen der brandenburgischen Lutheraner. Seine Ausgleichsbemühungen schrumpften darauf zusammen, daß er 1664 die **Kanzelpolemik** gegen die Angehörigen der andern Konfession Lutheranern und Reformierten **verbot**. Das Dekret rief auf lutherischer Seite heftigen Widerstand hervor; mehrere Amtsentsetzungen waren die Folge; unter den Abgesetzten war *Paulus Gerhardt*, der sich aus Gewissensbedenken dem Verbote nicht fügen konnte und deshalb 1666 sein Amt in Berlin verlor (§ r).

3. DIE FRÖMMIGKEIT. α) Der Intellektualismus der Theologie *p* war der Frömmigkeit wenig günstig. Trotzdem lebte unter diesen erstarrten Formen eine tiefe Religiosität. Das Zeitalter der lutherischen Orthodoxie war die Blütezeit des lutherischen **Kirchenliedes**. Es bewegte sich völlig in dem von der Dogmatik vorgezeichneten Schema, erhielt aber unter der Einwirkung vorreformatorischer katholischer Schriftsteller einen **mystischen** Einschlag. Daneben gab es eine **deutsche Erbauungsliteratur** von großer Innerlichkeit, die ebenfalls zur Mystik hinüberlenkte.

q   Das Kirchenlied war für das religiöse Volksleben von größter Bedeutung; es war die wichtigste Quelle der Religiosität und spielte außer im Gottesdienst im häuslichen Leben eine große Rolle.

r   Die Zahl der **Kirchenliederdichter** und ihrer Lieder war überraschend groß. Zu den Dichtern der Reformationszeit, *Luther, Paul Speratus, Nikolaus Decius, Johann Mathesius, Nikolaus Hermann*, gesellten sich um die Wende des 16. Jhs. *Valerius Herberger, Nikolaus Selnecker, Philipp Nikolai*, in der Zeit des Dreißigjährigen Krieges *Johann Heermann, Martin Rinckart, Paul Flemming, Simon Dach* und vor allem der bedeutendste Meister des Kirchenliedes neben Luther: *PAULUS GERHARDT* (1607–1676, Propst zu Mittenwalde, dann Diakonus in Berlin, zuletzt Pfarrer in Lübben in der Niederlausitz, vgl. § o). In allen Generationen mit Ausnahme der rationalistischen hat sich auch der Barockdichter *Johannes Angelus Silesius* (der Mediziner Johann Scheffler aus Breslau, † 1677) mit einigen Liedern im ev. Gesangbuch behauptet, er selbst Konvertit zum Katholizismus, O. F. M., Priester, fanatischer Protestantenfeind, von Jakob Böhme (§ t) und romanischer Mystik abhängig, in seinen Reimsprüchen („Cherubinischer Wandersmann") stark pantheisierend. Wie das Kirchenlied, so wurde auch die ev. Gebetsliteratur seit der 2. Hälfte des 16. Jhs. in immer stärkerem Maße von der Mystik abhängig, vielfach durch Entlehnung aus jesuitischen Erbauungsbüchern.

Eine neue, stark mystisch gestimmte Gläubigkeit bemächtigte sich so der führenden lutherischen Theologen (vgl. das Dogma von der *unio mystica* in der lutherischen Orthodoxie).

s   β) Es fehlte nicht an einer starken Reaktion gegen die herrschende lutherische Frömmigkeit, an einer Nebenströmung, in der sich die radikale Mystik und die phantastische Naturphilosophie und Theosophie des Reformationszeitalters fortsetzten (vgl. § 85 o–q).

t   So huldigte der lutherische Pastor *Valentin Weigel* in Zschopau (1533–1588), wie seine nachgelassenen Schriften ergaben, insgeheim einer gegen Kirche und geschichtliches Christentum gleichgültigen Mystik. Bekannter ist der fromme Görlitzer Schuster und Philosoph *JAKOB BOEHME* (1575–1624), der ein höchst phantastisches, dualistisches, mystisch-theosophisches System entwickelte. („Aurora oder die Morgenröte im Aufgang", 1612, gedruckt 1634.)

u   Die ungesunde Sucht der Zeit nach dem Geheimnisvollen trat namentlich in der Angelegenheit der **Rosenkreuzer** zutage. 1614–1616 erschienen in Kassel und Frankfurt a. M. mehrere anonyme Schriften (vgl. § w), die der erstaunten Welt die Existenz des geheimen Ordens der Rosenkreuzer enthüllten und zu einer großen Reformation der Geister aufriefen; geistige Grundlage war eine Makrokosmos und Mikrokosmos umspannende, mit allerlei Geheimniskrämerei (der „echten" Alchymie) verbundene „Allweisheit". Die Kunde rief eine umfassende, längere Zeit andauernde Bewegung hervor.

v   γ) Auch unter den Rechtgläubigen gab es einzelne tiefblickende Männer, die die Schäden der einseitigen Betonung der reinen Lehre für das religiöse Leben klar erkannten. Sie kamen vor allem in der deutschen Erbauungsliteratur zu Worte, standen aber immer in Gefahr, des „Mystizismus" verdächtigt zu werden; der echte Orthodoxe verfolgte jeden, der nur das „Leben" neben der „reinen Lehre" betonte, als „Weigelianer". Erst der Pietismus vermochte das Eis zu brechen.

w   Namentlich der originelle Württemberger *JOHANN VALENTIN ANDREAE* (1586–1654, der Enkel von Jakob Andreae, s. § 92 o) wirkte als praktischer Kirchenmann und Schriftsteller in dieser Richtung, ein Vorläufer des Pietismus („Reipublicae christianopolitanae descriptio", eine interessante christliche Utopie, u. a.; Andreae war auch der Hauptverfasser der Rosenkreuzerschriften, die Gestalt des Christian Rosenkreuz seine literarische Erfindung; s. § u). Das Tiefste, was das von der verinnerlichten Mystik befruchtete Luthertum auf dem Gebiet der Erbauungsliteratur hervorbrachte, schrieb *JOHANN ARNDT*

(1555–1621, Generalsuperintendent in Celle; „Vier Bücher vom wahren Christentum" 1605–1609; „Paradiesgärtlein" 1612); er wurde trotz dogmatischer Korrektheit von den strengen Orthodoxen aus Anhalt und Braunschweig vertrieben, seine Schriftstellerei jahrzehntelang heftig befehdet.

δ) Um 1700 herrschte im gesamten Gebiet des deutschen Luthertums noch strengste Kirchlichkeit; freilich war das Ganze weithin zu einer rein äußerlichen kirchlichen Sitte erstarrt.

Regelmäßiger Besuch des Gottesdienstes (vielfach durch Polizeistrafen erzwungen) und des Abendmahls war selbstverständlich. Der Beichtstuhl spielte noch in der 1. Hälfte des 18. Jhs. eine Rolle, auch im Leben der Fürstenhöfe. Ansatzpunkte zu einer individuellen Vertiefung der Frömmigkeit waren auch in dieser stark kollektivischen Kirche vorhanden: der einzelne sollte die gehörte Predigt bei sich zur Anwendung bringen und sich durch Abendmahlsempfang seines persönlichen Gnadenstandes vergewissern; er setzte in der vom Kirchenlied bestimmten Frömmigkeit die Devotion des einzelnen Mönchs (der einzelnen Nonne) der katholischen Zeit fort (§ q r).

§ 96. Die Entwicklung des reformierten Protestantismus in den Niederlanden, in der Schweiz und in Frankreich.

GSCHRENK, Gottesreich und Bund im alten Protestantismus, vornehmlich bei Coccejus, 1923. – JCHAMBON (s. § 84), S. 99–181.

1. In den reformierten Kirchen des westeuropäischen Kontinents kam es, wie im deutschen Luthertum, zur Entstehung einer strengen Orthodoxie. Aber sie vermochte nicht, wie die lutherische Orthodoxie, die Alleinherrschaft zu erlangen, vielmehr behauptete sich neben ihr eine mildere Richtung. Diesem Gegensatz der Richtungen entsprang der einzige innertheologische Kampf im reformierten Protestantismus, der größere Ausdehnung gewann, der in den Niederlanden spielende **arminianische Streit (1604–1619).** In ihm handelte es sich um das calvinische Zentraldogma, die Lehre von der Prädestination.

Der Streit begann als eine theologische Debatte zwischen zwei Leidener Professoren, *JAKOB ARMINIUS* (1560–1609), dem bedeutendsten theologischen Gegner der Prädestinationslehre, und dem strengen Calvinisten *Franz Gomarus*, ergriff aber rasch weitere Kreise, verschmolz mit den sozialen und politischen Gegensätzen der niederländischen Republik und entwickelte sich zu einer großen inneren Krisis des niederländischen Staatswesens.

In den führenden Kreisen des Bürgertums herrschte eine gediegene humanistische Bildung; die Folge war, daß man den Calvinismus nur in gemilderter Form festzuhalten vermochte, vor allem die Prädestinationslehre fallen ließ; die Entschiedensten schritten zur konfessionellen Indifferenz fort („Neutralisten"). Der erste eindrucksvolle Bekämpfer der Lehre von der partikularen Gnadenwahl war *Dirk Volkerts Coornhert*, Jurist in Haarlem, der in den Bahnen von Erasmus, Sebastian Franck, Castellio und Acontius (§ 85 w) die konfessionelle Streittheologie durch eine humanistische Theologie rationalistischen Gepräges zu überwinden suchte. Damit verband er die Forderung der Toleranz. In kirchenpolitischer Hinsicht verfochten die Gegner des schroffen Calvinismus die Herrschaft des Staates in der Kirche. Zu diesen dogmatisch weitherzig gesinnten Humanisten gehörte *OLDENBARNEVELDT*, der hochverdiente Ratspensionär der Staaten von Holland, sowie der geniale *HUGO GROTIUS*, hervorragend als Staatsmann, Theolog und Rechtsphilosoph (§ p).

Gegenüber der religiösen Lauheit der Ratsgeschlechter hielten die unteren Schichten des Volkes unter dem Einfluß ihrer streng calvinischen Prediger mit großer Entschiedenheit an dem alten, schroffen Calvinismus fest, wollten daher weder von einer Beseitigung der Prädestinationslehre noch von einer Herrschaft des Staates über die Kirche etwas wissen.

f **1610** überreichten die Arminianer den Staaten von Holland und Westfriesland die **Remonstranz,** um die staatliche Anerkennung ihrer theologischen Sondermeinung zu erlangen. Dagegen erhoben sich aber in stürmischer Entrüstung die schroffen Calvinisten mit der **Contraremonstranz von 1611.** Das Land war mit einem Schisma bedroht; eine staatliche Beilegung des Streites zwischen Remonstranten (Arminianern) und Contraremonstranten (Gomaristen) war un-
g umgänglich. Die Entscheidung fiel auf dem politischen Gebiet. Der überraschende Anschluß des durchaus nicht puritanisch lebenden Generalstatthalters *MORITZ VON ORANIEN* an die strengen Calvinisten sicherte ihm den Anhang der breiten Massen des Volks und damit den Sieg über die republikanische Staatenpartei des höheren Bürgertums. Ihr Führer, der 72j. Oldenbarneveldt, wurde verhaftet und endete trotz seiner Verdienste auf dem Schafott. Hugo Grotius, zu lebenslänglicher Haft verurteilt, entrann glücklich dem Gefängnis. Dem poli-
h tischen Siege der oranischen Partei folgte die Entscheidung des kirchlichen Streits. Die **1618–1619** tagende **Dordrechter Synode,** an der Abgesandte fast aller größeren reformierten Kirchen mit Ausnahme der Hugenotten teilnahmen, verurteilte den Arminianismus und fixierte die calvinische Prädestinationslehre, wenn auch nicht mit alleräußerster Strenge.

i 2. Seitdem hatte in der reformierten Kirche der Niederlande die calvinische Orthodoxie die Alleinherrschaft. Sie entwickelte eine strenge Scholastik, wie das gleichzeitige Luthertum. Der niederländische Calvinismus stand noch mehrere Generationen hindurch in hoher Blüte. Im Unterschied von den lutherischen Fanatikern der „reinen Lehre" legten die niederländischen Orthodoxen großes Gewicht auf ein strenges Leben („Präzision"); der Gegensatz zwischen „Orthodoxie" und „Pietismus", für den deutschen Protestantismus um 1700 von erheblicher Bedeutung, blieb den Niederlanden erspart.

k Das Haupt der calvinischen Scholastiker war *GISBERT VOETIUS* (spr. Vutius), Professor in Utrecht (der „niederländische Papst", 1588–1676; vgl. § 106c).
l Einem Rückschlag gegen den starren Scholastizismus entsprang die Verbreitung und energische Durchbildung der **Föderaltheologie,** einer die Bibel stärker verwertenden theologischen Methode, die wohl auf melanchthonische und bucerisch-calvinische Einflüsse zurückgeht, im 16. Jh. an Bullinger, Olevianus, Ursinus Vertreter hatte und nun von dem feinsinnigen Leidener Professor *JOHANNES COCCEJUS* (Koch aus Bremen, 1603–1669) systematisch ausgebaut wurde (Einteilung der Dogmatik nicht nach den „loci", den Glaubensartikeln, sondern nach den biblischen Bundschließungen). Ebenso maßgebend wie der Gedanke des Bundes ist für Coccejus der Gedanke des Reiches Gottes. Trotz heftiger Angriffe durch die schroffen Orthodoxen behaupteten sich die „Coccejaner" in der Kirche.

m Der dogmatische Sieg des strengen Calvinismus bedeutete keinen Sieg seiner kirchenpolitischen Ideale. Vielmehr vollzog sich gerade in den Niederlanden zuerst die Auflösung des genuin calvinischen Kirchenbegriffs: der Staat herrschte über die Kirche, er duldete neben der calvinischen Staatskirche allerlei Sekten und gewährte Philosophen wie Descartes und Spinoza eine Freistatt; außerstande, die Gesamtheit der niederländischen Calvinisten einer strengen Sittenzucht zu unterwerfen, zog sich der sittliche Rigorismus auf kleine Kreise und Konventikel zurück.

n Eine eigenartige Separation, die dem calvinischen Kirchenbegriff und Einwirkungen katholischer Frömmigkeit entsprang, begründete 1668 der Exjesuit *JEAN DE LABADIE* (1610–1674), ein feuriger Südfranzose, in der wallonisch reformierten Gemeinde zu Middelburg (unter seinen Anhängern *Anna Maria von Schürmann*). 1670 fand er mit seiner über 50 Seelen zählenden Gemeinde ein Asyl bei der Pfalzgräfin Elisabeth, der Äbtissin des protestantischen Damenstifts Herford, wich aber 1672 vor dem beim Reichskammergericht drohenden Prozeß nach Altona, wo er starb. Die Labadisten, nun 162 Seelen stark, kehrten wenig später nach den Niederlanden zurück und gründeten auf einem ihnen geschenkten Landsitze bei Wiewert in Westfriesland eine Kolonie auf kommunistischer Grundlage, die 1675–1690 in Blüte stand, dann aber völlig verfiel.

Zu den von der niederländischen Republik geduldeten Sekten *o* gehörten seit 1630 auch die Arminianer. In ihnen setzte sich die Religiosität und theologische Arbeit des Erasmus fort; ihre Wirkung auf die Gesamtkirche lag in dem starken Anteil, den ihre wissenschaftliche Tätigkeit an der Entstehung der kritischen Theologie des Aufklärungszeitalters hatte.

1618 waren die **Arminianer** (Selbstbezeichnung: „Remonstranten") zu einem *p* großen Teil ins Ausland geflüchtet; nach dem Tode Moritzens von Oranien (1625) kehrten sie nach Holland zurück und gründeten eine eigene Kirche, die zwar nicht gesetzliche, aber doch tatsächliche Duldung erlangte (offizielle Anerkennung erst 1795, § 111 t). 1634 errichteten sie ein eigenes theologisches Seminar in Amsterdam (1873 nach Leiden verlegt). Nach dem Tode des Arminius (1609) waren *Simon Episcopius* und *Jan Wtenbogaert* (Uytenbogaert) ihre theologischen Führer. Ihr wissenschaftlicher Stern aber war *HUGO GROTIUS* (1583–1645; der Begründer einer undogmatischen, grammatisch-historischen Exegese; apologetisch: „De veritate religionis christianae"). Die Arminianer waren in der reformierten Kirche des 17. Jhs. „unstreitig die wichtigste Erscheinung auf dem dogmatischen Gebiet" (FCBaur); sie wirkten im 18. Jh. sehr stark auf das deutsche Luthertum hinüber (freie, durch keinen Symbolzwang eingeschränkte theologische Meinungsbildung; freie hermeneutische Grundsätze; Duldung anderer Überzeugungen; Abschwächung der orthodoxen Dogmatik durch rationalisierende Bestrebungen, besonders in der Trinitätslehre und metaphysischen Christologie; Betonung der Willensfreiheit; Wertlegen auf undogmatische, praktische Frömmigkeit). In Deutschland fanden die Arminianer in Holstein-Gottorp Duldung. (1621 Gründung von Friedrichstadt.)

Seit 1621 traten in Rijnsburg die auf *Giesbrecht van der Kodde* zurückgehenden *q* Kollegianten hervor, die alles Sonderkirchentum, Bekenntniszwang und berufsmäßiges Predigtamt verwarfen und damit Gedanken von Acontius, Castellio und Coornhert in die Praxis umsetzten. Sie führten die Untertauchung bei der Erwachsenentaufe ein. (Vgl. § 85 m.) Auch die Sozinianer (§ 85 z) konnten sich in den Niederlanden festsetzen und von hier aus ihren Anteil zur Entstehung der Aufklärungstheologie beisteuern (Bibliotheca fratrum Polonorum, von *Wissowatius* seit 1656 in 10 Bdn. in Amsterdam herausgegeben).

3. Außerhalb der Niederlande wurden die Kanones von Dordrecht *r* nur in Frankreich und in der Schweiz angenommen. In den übrigen Ländern, so vor allem auch in den reformierten Kirchen Deutschlands, blieb Raum für einen gemilderten Calvinismus.

Wo die Canones Dordraceni in Geltung standen, wurde freilich auch nicht die *s* leiseste Milderung der Lehre von der partikularen Gnadenwahl geduldet. Das zeigt der Kampf, den die Lehre vom sog. „Universalismus hypotheticus" hervorrief: *Moyse Amyrault* (Amyraldus), Professor am hugenottischen Seminar zu Saumur, lehrte, Gott habe durch ein hypothetisches Dekret das Heil allen bestimmt, wenn sie glauben würden, daneben aber durch ein anderes Dekret nur eine bestimmte Anzahl zu Objekten der göttlichen Gnade gemacht. Diese von den Dordrechter Beschlüssen eigentlich kaum abweichende Lehre wurde aufs heftigste angegriffen. Die strengen Calvinisten der Schweiz brachten gegen sie sogar noch eine Bekenntnisschrift zustande, die von *Heidegger* in Zürich und *Turretin* in Genf verfaßte Formula consensus Helvetica (1675), die aber nur zeitweilig in Geltung blieb (§ 103 h).

t 4. Die theologischen Leistungen des reformierten Protestantismus des 17. Jhs., besonders die philologischen und historischen, waren denen des gleichzeitigen Luthertums bedeutend überlegen.

u Die reformierte Gelehrtengeschichte weist eine Reihe glänzender Namen auf. Die exegetischen Studien standen im Unterschied vom Luthertum in hoher Blüte, namentlich auch die orientalische Philologie (die Hebraisten *Johann Buxtorf sen.*, † 1629, und *Johann Buxtorf jun.*, † 1664, beide in Basel; *Ludwig Cappellus* in Saumur, der 1624 in seinem „Arcanum punctationis revelatum" die spätere Entstehung der Vokale im hebr. AT nachwies, ohne seine Anschauung gegen die von den ref. Bekenntnisschriften geschützte Inspirationstheorie durchsetzen zu können). Auch die kirchengeschichtliche Kritik wurde mit Eifer ausgebaut (*David Blondel*, † 1655, vgl. § 44 d f[1]; *Jean Daillé*, † 1670, vgl. § 1 h, 36 o; die großen Philologen *Isaak Casaubonus*, † 1614, *Joseph Justus Scaliger*, † 1609, *Gerhard Johann Voss*, † 1649 und viele andere).

v 5. Gegen Ende dieser Periode verschlechterte sich die Gesamtlage des reformierten Protestantismus sehr wesentlich durch die Vernichtung der Hugenottenkirche, die dem staatlichen Absolutismus und der streng katholischen Gesinnung des „Roi-soleil" zum Opfer fiel[1].

w Die **Hugenotten** bildeten seit 1598 (§ 89 g) einen Staat im Staate. Diese Ausnahmestellung war mit dem staatlichen Absolutismus unvereinbar; daher wurden die Rechte der Hugenotten, die sich immer wieder in bewaffnetem Aufstande erhoben, allmählich beschränkt, schließlich aufgehoben. Der Kardinal *Richelieu*, der 1624–1642 den französischen Staat leitete, gewährte ihnen 1629 das Gnadenedikt von Nîmes; ihre religiösen und bürgerlichen Rechte blieben erhalten, ihre politische Organisation wurde ihnen genommen. Obwohl nun der Abfall des hohen Adels zur katholischen Kirche begann, blieb die Lage der Protestanten im ganzen noch günstig, bis *LUDWIG XIV.* gegen sie vorzugehen begann. Die erstarkte Monarchie konnte nicht Untertanen ertragen, die den Glauben der Majestät für satanisch hielten. Seit 1681 wurden die Protestanten durch die brutalen Dragonaden (Einquartierung von Militär) massenweise bekehrt; **1685** verfügte Ludwig die **Aufhebung des Edikts von Nantes**. Wohl einige Hunderttausend Réfugiés, meist aus den gebildeten und gewerbfleißigen Schichten, verließen Frankreich und fanden in Holland, England, Brandenburg, Hessen und in der Pfalz sowie in Südafrika Aufnahme. Vielen mißlang die Auswanderung, die von der Regierung verboten war; sie endeten durch Hinrichtung oder auf den Galeeren. Ein schauerliches Nachspiel war der Aufstand der Camisarden in den Cevennen, der erst 1709 völlig niedergeworfen wurde. Offiziell war Frankreich wieder ein rein katholischer Staat; ganz im Verborgenen freilich bestand das Hugenottentum fort (§ 111 d). In Brandenburg-Preußen gewannen die eingewanderten Réfugiés in den führenden und gebildeten Kreisen großen Einfluß.

§ 97. Die römisch-katholische Kirche im 17. Jh.

*GSchnürer, Katholische Kirche und Kultur in der Barockzeit, 1937. – Ausgewählte Schriften des hl. Franz von Sales, hrsg. von OKarrer u. a., 4 Bde., 1925–28. – Briefe des hl. Franz von Sales an die hl. Franziska von Chantal, hrsg. von EHeine, 1927. – MMüller, Die Freundschaft des hl. Franz von Sales mit der hl. Franziska von Chantal, 1924. – *FRotter, Das Seelenleben in der Gottesliebe nach Franz von Sales, 1935. – *LKönigbauer, Das Menschenbild bei Franz von Sales, 1955. – *LAVeit und *LLenhart, Kirche und Volksfrömmigkeit im Zeitalter des Barocks, 1956. – *LVerheylezoon, S. J., La dévotion du Sacré-Coeur, Paris 1954. – CASainte-Beuve, Port Royal, 5 Bde., 1840–59. – HReuchlin, Geschichte von Port Royal, 2 Bde., 1839–44. – MaxKrüger, Die Ent-

---

[1] Die Anschauung vom „Sonnenkönig" ist aus Vorstellungen französischer Humanisten des 16. Jhs. geflossen. Doch war schon Kaiser Heinrich II. (§ 49 k) als Sonnenkaiser dargestellt worden.

wicklung und Bedeutung des Nonnenklosters Port Royal im 17. Jh., 1936. – Für die Entstehungsgeschichte des Jansenismus sehr wichtig die Quellenveröffentlichungen und Untersuchungen von *LUCIENCEYSSENS, O. F. M., besonders: Jansenistica III, Malines 1957; Weiteres RHE Bd. 53, 1958, S. 830–838. – KBORNHAUSEN, Pascal, 1920. – PLLANDSBERG, Pascals Berufung, 1929. – MKRUSE, Das Pascalbild in der französischen Literatur 1955. – Weitere neuere Lit. EKL III, 71. – RELACOMBE, L'Apologétique de Pascal, Paris 1958. – MCAGNAC, Fénelon, Paris 1918. – WTSSIMPSON, A Study of Bossuet, 1937. – HvEINEM, Bemerkungen zur Cathedra Petri des Lorenzo Bernini (NGG 1955, 4). – VLTAPIÉ, Baroque et Classicisme, Paris 1957. – RWITTKOWER, Bernini, the Sculptor of the Roman Baroque, London 1955.

Die Konfessionskriege grenzten den Besitzstand der Konfessionen *a* gegeneinander ab, wie er, von geringen Verschiebungen abgesehen, bis ins 20. Jh. geblieben ist. Damit wurde die katholische Kirche zu einer vorwiegend **romanischen** Größe. Die Verluste alten Gebiets und alter Rechte hielten sie in dauernder Erregung und belebten immer wieder ihre Eroberungslust, ihren Ketzerhaß und ihre Intoleranz. Im übrigen entbehrte sie, nachdem der Geist der tridentinischen Restauration verflogen war, des großen Impulses.

Lage und allgemeines Gepräge des Katholizismus waren in den einzelnen Ländern *b* zum Teil sehr verschieden. Besonders lenkt **Frankreich** den Blick des Historikers auf sich, wo die glänzende Entfaltung der Kultur im Zeitalter **Ludwigs XIV.** die Kirche mannigfach anregte und förderte.

1. PAPSTTUM. Die Päpste dieser Zeit waren wieder vorwiegend *c* mit der Politik, in der Hauptsache mit den nächstliegenden Aufgaben des Kirchenstaats, beschäftigt. Das kirchliche Interesse trat vielfach zurück. Es fehlte an großen Persönlichkeiten und an großen Zielen. Die politische Macht des Katholizismus ruhte auch weiterhin auf dem weltlichen Fürstentum, wie im 16. und beginnenden 17. Jh. auf **Spanien**, so nach dessen politischer Erschöpfung (Pyrenäenfriede 1659) auf dem gewaltig emporstrebenden **Frankreich**. Auch in den katholischen Ländern war das Papsttum durch die weltliche Macht vielfach gehemmt, sein Verhältnis zu ihr oft getrübt.

So erlitt *PAUL V.* (Borghese) in seinem **Streit mit Venedig** eine glatte Niederlage. *d* Der Streit gestaltete sich zu einem Prinzipienstreit über das Verhältnis von geistlicher und weltlicher Gewalt. Der Papst verhängte nach dem Brauch früherer Zeiten über den Dogen und die Behörden den Bann, über die Stadt das Interdikt. Die Venetianer setzten trotz des Interdikts die gottesdienstlichen Handlungen fort, wiesen die päpstlich gesinnten Jesuiten, Theatiner und Kapuziner aus und ließen durch den Servitenprovinzial *Paolo Sarpi*, einen sehr frei gesinnten Theologen, ihren Standpunkt literarisch verteidigen („Traktat über das Interdikt"). Die Jesuiten durften das nächste halbe Jahrhundert nicht nach Venedig zurückkehren. Seitdem haben die Päpste nicht wieder das Interdikt über einen Staat zu verhängen gewagt. Kirchlicher erscheint *GREGOR XV.*, der Jesuitenfreund (Ignatius und Franz Xaverius heiliggesprochen) und Organisator der „Mission" (Errichtung der „Congregatio de propaganda fide", eines stehenden Ausschusses von Kardinälen für die Bekehrung der Heiden und der nichtkatholischen Christen). *URBAN VIII.* sah seine Aufgabe unter rein weltlich-politischem Gesichtswinkel,

Papstliste.
1605–1621 Paul V.
1621–1623 Gregor XV.
1623–1644 Urban VIII.
1644–1655 Innocenz X.
1655–1667 Alexander VII.
1667–1669 Klemens IX.
1670–1676 Klemens X.
1676–1689 Innocenz XI.
1689–1691 Alexander VIII.
1691–1700 Innocenz XII.

nahm auch im Dreißigjährigen Kriege nach rein politischen Erwägungen Stellung (Gegensatz gegen das Haus Habsburg). *INNOCENZ X.*, der in würdeloser Abhängigkeit von seiner Schwägerin *Olympia Maidalchina* regierte und dessen Protest gegen den Westfälischen Frieden wirkungslos verhallte, offenbarte den Verfall des Papsttums, der allmählich eingetreten war und den insbesondere die französische Politik des Kardinals *Richelieu* herbeigeführt hatte: dieser ist der eigentliche Totengräber der politischen Macht der Kurie geworden. *ALEXANDER VII.* erlebte den großen Triumph, daß die Königin *Christine* von Schweden, die Tochter Gustav Adolfs, nachdem sie 1654 auf den Thron verzichtet hatte, konvertierte (gest. 1689 in Rom, Grabmal in S. Pietro), hatte aber Schwierigkeiten mit Ludwig XIV.

e   Sein dritter Nachfolger, *INNOCENZ XI.* (1956 selig), erbte von seinem Vorgänger den **Regalienstreit** mit der französischen Krone, zu dem sich ein Streit über die **gallikanischen Freiheiten** gesellte. Ludwig XIV. versuchte, das Regalienrecht (das Recht, während der Vakanz einer geistlichen Stelle die Einkünfte einzuziehen, auf Grund des Konkordats von 1516, § 70 m) auf die Bistümer sämtlicher französischer Provinzen auszudehnen. *Innocenz XI.* setzte sich zur Wehr; der französische Klerus aber trat auf dem Nationalkonzil von **1682** für die Krone ein und bekannte sich in einer von *Bossuet* (§ k) verfaßten Deklaration zu den **Quattuor propositiones cleri Gallicani:** 1. die Fürsten sind in den zeitlichen Dingen von der geistlichen Gewalt unabhängig; 2. die Gewalt des Papstes in geistlichen Dingen ist durch die in Konstanz (§ 69 c) beschlossene Autorität der allgemeinen Synode beschränkt; 3. die päpstliche Gewalt ist durch die Gesetze und Gewohnheiten des Königreichs Frankreich beschränkt; 4. das Urteil des Papstes ist in Glaubenssachen nicht unfehlbar, wenn es nicht von der Kirche bestätigt ist. – Innocenz XI. beharrte bei seinem Widerspruch. Ein neuer Streit entstand über das **Asylrecht** des französischen Botschafterpalastes in Rom. Erst 1693, unter Innocenz XII., wurde der Friede wiederhergestellt; der französische Klerus **unterwarf sich** dem Papst und nahm die Propositionen von 1682 demütig zurück; aber der Gallikanismus war nicht überwunden, das Regalienrecht der französischen Krone nicht wieder entrissen.

f   **2. KIRCHLICHES LEBEN.** Was das kirchliche Leben anlangt, so waren die Beschlüsse von Trient nur teilweise ausgeführt worden; an neuen, durchgreifenden Reformen fehlte es völlig; man verharrte beim Bestehenden. Kriegsnöte haben das innere Leben auch der katholischen Kirche in vielen Landschaften schwer geschädigt. Gleichwohl bieten das Ordenswesen, die katholische Theologie, die Religiosität neben sehr bedenklichen Zügen auch manche Lichtseiten. Auf allen diesen Gebieten war die romanische Art die bestimmende.

g   Unter den führenden Persönlichkeiten ist *FRANZ VON SALES* zu nennen (1567–1622, 1665 heilig, 1878 Doctor ecclesiae; savoyischer Grafensohn, Bischof von Annecy [Genf], Ketzerbekehrer und Seelenhirt), das Urbild des vornehmen Beichtvaters der französischen Gesellschaft, der die quietistische Mystik salonfähig machte und besonders in der Frauenwelt starke Eindrücke hinterließ (Freundschaft mit der Baronin *Johanna Franziska von Chantal*, heilig 1767). Frau v. Chantal stiftete unter seiner Mitwirkung den Orden der **Visitantinnen** („Ordo de visitatione Mariae virginis", nach Franz von Sales auch „Salesianerinnen" genannt, 1610; Mädchenerziehung). Neben Franz steht der Südfranzose *VINCENTIUS VON PAULO* (1576–1660; nicht: von Paula!), der ausgezeichnete Organisator der katholischen caritas, ein Mann bäuerlicher Herkunft, der einst von Seeräubern als Sklave nach Tunis verkauft worden war und nach seiner Befreiung in der Heimat ganz den Werken der Barmherzigkeit an Galeerensklaven, Armen und Notleidenden lebte. Er stiftete die beiden Kongregationen der **Lazaristen** („Priester der Mission", d. i. der inneren Mission, zur Pflege sittlich Verwahrloster, 1624) und der **Barmherzigen Schwestern** („Vincentinerinnen", „Filles de charité", „Soeurs grises", für Krankenpflege, 1633, bestätigt 1668): es bedurfte starken Glaubensmutes, die gottgeweihten Jungfrauen der schützenden Klausur zu entnehmen und allen Gefahren des Lebens in der Welt auszusetzen. Ähnlich kühn war die Stiftung der Kongregation der **Schwestern von der Zuflucht** durch den Priester *Jean Eudes* zu Caen in der Normandie 1644 (zur Besserung gefallener Mädchen).

Ferner sind zu nennen: der französische Zweig der **Oratorianer** (1611; vgl. *h* § 93 i); – die **Mauriner** in Frankreich, eine Benediktiner-Kongregation, bedeutsam durch Pflege der Wissenschaft (1618); – die **Englischen Fräulein**, hervorgegangen aus dem von der Engländerin *Mary Ward* in St. Omer in Nordfrankreich 1609 gestifteten, von der Kurie 1631 aufgehobenen weiblichen Zweig der Jesuiten, der dann in veränderten Formen von neuem erstand; – die **Trappisten**, begründet 1664 von *Jean le Bouthillier de Rancé* im Zisterzienserkloster **La Trappe** in der Normandie, im 17. Jh. nur dies eine, im 18. Jh. noch zwei weitere Klöster umfassend, äußerst streng (strengstes Stillschweigen bis auf Gebet und gottesdienstliche Gesänge und den gegenseitigen Gruß: „*memento mori*"); – die **Schulbrüder** („Frères ignorantins"), gegründet 1680 durch *J. B. de La Salle* in Rheims (bei seinem Tode in ganz Frankreich verbreitet, ein nicht übersehbarer Bestandteil des „siècle de Louis quatorze"), wie die „Institute Mariae" (die Häuser der „Englischen Fräulein"), doch diese erst im 19. Jh. von einiger Bedeutung.

Die Hauptstütze der katholischen Kirche war und blieb die **Gesellschaft Jesu**, *i* die 1640 mit der haßerfüllten „Imago primi saeculi" ihr erstes Jubiläum feierte. Besonders verhängnisvoll wirkten die Jesuiten durch die gewagteste Ausbildung des **Probabilismus** (vgl. § 93 t; der Spanier *Escobar y Mendoza*, gest. 1669, und der Deutsche *Hermann Busenbaum*, gest. 1668), – ferner durch Pflege krasser **Superstition**, durch Steigerung des Sakramentarismus, des Heiligen- und Reliquienkultus, des Wunderglaubens. Zahlreiche neue **Heilige** kamen auf (der hl. Joseph, der „Nährvater" Jesu, durch die hl. Teresa, die hl. Knaben Stanislaus und Aloysius, und in Böhmen nach 1620 [§ 94 c] der hl. Nepomuk durch die Jesuiten). Die Jesuiten brachten die Sitte des häufigen Abendmahlsgenusses auf; im 17. Jh. wurde die ewige Anbetung der Hostie eingeführt. Schon im 16. Jh. befürworteten die Jesuiten, besonders Canisius (§ 91 d), den **Herz-Jesu-Kultus**; seit der berühmten Vision der *Marguerite Marie Alacoque* im Kloster Paray-le-Monial (1675) verbreiteten sie ihn mit besonderem Eifer; die Parallele, der **Herz-Mariä-Kultus**, wurde gleichfalls besonders von den Jesuiten gefördert.

Auch unter den bedeutenden Vertretern der gelehrten **Theologie** begegnen *k* zahlreiche Jesuiten, so der Exeget *Cornelius a Lapide* in Löwen (gest. 1637) und der Dogmenhistoriker *Denis Petau* (Dionysius Petavius, gest. 1652). Die Sterne der katholischen Gelehrsamkeit der Zeit gehören den Maurinern (§ h) an, vor allem *Jean Mabillon* (gest. 1707), der hervorragendste Kirchenhistoriker und Altertumsforscher des 17. Jhs. Als Kontroverstheologe, aber auch als letzter namhafter Vertreter der auf Augustin zurückgehenden Geschichtstheologie, verdient der Bischof *Bossuet* von Meaux (gest. 1704) Erwähnung („Histoire des variations des Églises protestantes", 1688 u. ö.).

3. KULTURLEBEN. Sehr eng war teilweise noch die Verbindung *l* des Katholizismus mit der **Kunst** (Zeitalter des **Barock**), die ihm seinen besonderen Glanz gab. Dagegen hatte er für die emporstrebende exakte **Naturwissenschaft** nur schärfste Ablehnung; damit nahm er eine Wendung, die sich in den folgenden Jahrhunderten für ihn selbst als verhängnisvoll erwies.

Am stärksten unter katholisch-religiösem Einfluß stand die Kunst in **Spanien**. *m* Der bedeutendste religiöse Maler Spaniens war *Murillo* (gest. 1682), der unvergleichliche Darsteller der ekstatisch-mystischen Glaubensglut seines Volkes. In der spanischen Literatur jener Zeit, bei *Cervantes* so gut wie bei den großen Dramatikern *Lope de Vega* und *Calderon*, wird durchweg ein strenger Katholizismus vorausgesetzt.

In den spanischen Niederlanden (Flandern) malte *Peter Paul Rubens* (gest. 1640) ganz im Geiste des jesuitischen Katholizismus seine farbenprangenden, Fülle, Kraft, Leidenschaft atmenden Barockbilder.

In **Italien** zeigen zB. die drei *Carracci*, sowie *Guido Reni* (gest. 1642) und *Carlo Dolci* den Einfluß des restaurierten Katholizismus, freilich zugleich den Niedergang der italienischen Malerei gegenüber den großen Meistern der Hochrenaissance. Guido Reni, durch seine religiösen Bilder von breiter Wirkung (Christus mit der Dornenkrone, Mater dolorosa usw.), malte aber auch die Aurora (den Siegeszug des Helios) genial und schön. In Italien wirkte auch der größte Meister der Architektur des Barock, *Lorenzo Bernini* (gest. 1680; Kolonnaden am Petersplatz; Bronzebaldachin über dem Hauptaltar, Cathedra Petri in der Chortribuna von St. Peter u. a.).

Der römische Barock verbreitete sich auch in Südamerika.

n Das Urteil der katholischen Kirche über die exakte Naturwissenschaft wurde durch den berühmten Prozeß gegen *GALILEO GALILEI* (aus Pisa, gest. 1642) festgelegt. Galilei wurde **1633** von der römischen Inquisition genötigt, die Lehre des Kopernikus von der Bewegung der Erde um die Sonne abzuschwören. Bis 1835 standen die Werke des Kopernikus und Galileis auf dem „Index" (§ 88 k).

o 4. INNERE KÄMPFE. Die lebhaften innerkatholischen Kämpfe, die das Zeitalter erlebte, spielten sich hauptsächlich in der gallikanischen Kirche ab und wurden in ihrem Ausgang durch das absolute Königtum und den Jesuitismus bestimmt.

p α) Die tiefe, feinsinnige Richtung des **Jansenismus** entsprang Gedankengängen Augustins. Die Jansenisten waren streng katholisch, dem Protestantismus feind, aber Gegner der Jesuiten. Die religiös empfänglichen Schichten der höheren Bildung, besonders der Laienwelt, sammelten sich um die Jansenisten. Aber die Jesuiten schlugen mit Hilfe des Hofs und der von Versailles abhängigen Kurie die Bewegung zu Boden. Dadurch wurden die gebildeten Katholiken Frankreichs der radikalen Aufklärung in die Arme getrieben; künftig gehörte Frankreich den Extremen, den Voltairianern und den mirakelgläubigen Jesuiten.

q *CORNELIUS JANSEN* (1630 Professor in Löwen, 1636 Bischof von Ypern, † 1638) war durch eifriges Studium Augustins in lebhaften Gegensatz zu den Jesuiten geraten. Gegen sein Lebenswerk „**Augustinus**" (1640), das seinem Testamente gemäß nach seinem Tode veröffentlicht wurde und in dem Augustins Sünden- und Gnadenlehre erneuert war, richtete sich sofort der erbitterte Angriff der Jesuiten; das Buch wurde 1642 von Urban VIII. verdammt (Bulle „In eminenti"). Während sich die Anhänger Jansens in den Niederlanden dem päpstlichen Spruche fügten, erhob sich in Frankreich ein nachhaltiger Widerstand.

r Ihren Mittelpunkt hatten hier die Jansenisten an dem Zisterzienserinnenkloster **Port Royal des Champs,** in dessen Nähe sich eine ganze Reihe bedeutender Männer zu einem der frommen Betrachtung und der Schriftstellerei gewidmeten Leben niederließ. Zu diesem Kreise gehörten der Beichtvater von Port Royal, Jansens Jugendfreund Jean Duvergier de Hauranne, nach seiner früheren Abtei *ST.-CYRAN* genannt (bis kurz vor seinem Tode 1643 von Richelieu 5 Jahre lang gefangengehalten, von den Seinen später wie ein Heiliger verehrt), *Angelika Arnauld*, die bedeutende Äbtissin der beiden Klöster Port Royal de Paris und Port Royal des Champs, und mehrere Glieder ihrer Familie, vor allem der gelehrte *Anton Arnauld*, Doktor der Sorbonne, ferner der bis heute einflußreiche typische Vertreter der Geistigkeit des Barock, *BLAISE PASCAL* (1623–1662), der geistvolle Apologet des Christentums („Pensées sur la religion", 1669) und Bekämpfer der Jesuiten („Lettres provinciales" 1656f., s. § s), u. a. Die religiös Interessierten der höheren Stände sahen in den Frommen von Port Royal ihre religiösen Führer. Daher scheiterte der Ansturm der Jesuiten auf Anton Arnaulds Buch „De la fréquente communion", in dem die von den Jesuiten empfohlene Häufigkeit des Sakramentsgenusses bekämpft und eine ernstere Behandlung der

Buße gefordert wurde (1643). Darauf suchten die Jesuiten den Kreis durch eine Verdammung von 5 Sätzen aus Jansens Augustinus zu treffen, zu der sich Papst Innocenz X. nach schweren Bedenken herbeiließ (Bulle „Cum occasione", 1653).
Der Streit ging aber fort, und der Einfluß der Jansenisten erreichte seinen s Höhepunkt, als Pascal **1656f**. pseudonym seine berühmten **Lettres provinciales** veröffentlichte, die erfolgreichste, freilich sehr satirisch gehaltene Polemik gegen die Jesuiten. Seit 1660 aber begann Ludwig XIV. auf Mazarins Rat die Verfolgung, die zu einer vorläufigen, nur äußerlichen Unterdrückung der Bewegung führte; mit der von Klemens IX. geschlossenen „Pax Clementina" endete der erste Abschnitt der jansenistischen Streitigkeiten (1669). Forts. § 111 h.

β) Ebenso wie der Jansenismus erlag die quietistische Mystik *t* dem Fanatismus der Jesuiten, die jede Regung einer selbständigen, individuellen Frömmigkeit erstickten.

Die **quietistische Mystik** hatte in Italien ihren Hauptvertreter an dem Spanier *u* *MICHAEL MOLINOS* (1640–1696). Er gewann durch seinen „Guida spirituale" (Rom 1675) in den romanischen Ländern zahlreiche Anhänger. Auf Betreiben der Jesuiten und der Dominikaner untersuchte die Inquisition seine Anschauungen, sprach ihn aber frei (1682). Darauf gelang es den Jesuiten (*Lachaise*), an Ludwig XIV. einen Bundesgenossen in diesem Kampfe zu gewinnen: auf seine Veranlassung ließ Innocenz XI., der persönlich der Mystik durchaus geneigt war, 1685 ein neues Inquisitionsverfahren eröffnen, das 1687 mit der Verdammung des Molinos endete. Molinos wurde zu lebenslänglicher Klosterhaft verurteilt, von seinen Anhängern wurden etwa 200 gefangengesetzt, einige hingerichtet.

Eine eigenartige Übertreibung der quietistischen Mystik vertrat die geist- *v* volle, aber exzentrische Frau *VON GUYON* (1648–1717), die in Paris, eine Zeitlang auch an verschiedenen Orten der Westalpen lebte. Ihre Anschauungen von dem Glauben, der keine Beweise fordert („foi nue"), der Liebe, die keinen Lohn will („amour désintéressé"), dem völligen Aufgehen in Gott usw. und allerlei Intrigen ihrer Gegner stürzten sie ins Unglück (1688 und 1696ff. in Klosterhaft, 1698–1701 in der Bastille). Da fand sie einen Verteidiger an *FÉNELON*, dem Erzieher der Enkel Ludwigs XIV., seit 1695 Erzbischof von Cambrai; in seinen „Explications des maximes des saints sur la vie intérieure" (1697) trat er für einige mystische Lehren ein, rief damit aber die schroffe Polemik des Bischofs von Meaux, *Bossuet*, gegen sich hervor. 1699 wurde Fénelons Buch vom Papste verurteilt, woraufhin sich der Erzbischof sofort dem päpstlichen Urteil unterwarf, das päpstliche Breve selbst auf der Kanzel verlas und sein Buch eigenhändig verbrannte.

§ 98. Großbritannien 1603 bis 1689.

HWEINGARTEN, Die Revolutionskirchen Englands, 1868. – HWITTE, Die Ansichten Jakobs I. von England über Kirche und Staat, 1940. – JCHAMBON, Der Puritanismus, 1944. – SRGARDINER, Oliver Cromwell, deutsch 1903. – HONCKEN, Cromwell, 1935. – MFREUND, Die Idee der Toleranz im England der großen Revolution, 1927. – LPINKHAM, William III. and the Respectable Revolution, Cambridge, Mass., 1954. – CHBURRAGE, The early English dissenters, 2 Bde., 1912. – WCBRAITHWAITE, The Beginnings of Quakerism, ²1955. – Ders., The Second Period of Quakerism, 1919. – THSIPPELL, Zur Vorgeschichte des Quäkertums, 1920. – EVASIEVEKING, Die Quäker und ihre sozial-politische Wirksamkeit, 1948. – PHELD, Der Quäker G. Fox, 1949. – LSCHÜCKING, Die Familie im Puritanismus, 1929. – WSTRUCK, Der Einfluß Jakob Böhmes auf die englische Literatur des 17. Jhs., 1936.

1603–1649 Haus Stuart.
    1603–1625 *Jakob I.*
    1625–1649 *Karl I.* (Sohn Jakobs I.)
1649–1660 Republik.
    1653–1658 *Oliver Cromwell*, Protektor.

§ 98   Zeitalter der Gegenreformation

1660–1688 (1714) Haus Stuart.
1660–1685 *Karl II.* (Sohn Karls I.)
1685–1688 *Jakob II.* (Bruder Karls II.)
1689–1702 *Wilhelm III.* von Oranien und *Maria* (Tochter Jakobs II., gest. 1694).
1702–1714 *Anna* (Tochter Jakobs II.)

a   1. VORGESCHICHTE DER REVOLUTION. In England hatte die Reformation im 16. Jh. keine Lösung gefunden, die alle Teile des Volkes befriedigte. Die Puritaner (Presbyterianer), die die calvinischen Grundsätze möglichst streng durchzuführen suchten, bildeten schon unter Elisabeth eine bedeutende Minorität, die der Staat durch harten Druck zur Anerkennung der anglikanischen Staatskirche zu zwingen suchte (§ 89 w). Zu dieser Spannung gesellte sich die steigende Unzufriedenheit mit dem staatlichen Absolutismus der Stuarts, die die alte Parlamentsfreiheit zu beseitigen strebten. Während die Episkopalisten zugleich den königlichen Absolutismus verfochten, waren die Puritaner zugleich die Vorkämpfer der politischen Freiheit. In diesen kirchlichen und politischen Zuständen lagen die Keime zu schweren Konflikten.

b   Bereits unter *JAKOB I.* (1603–1625), dem Sohne der Maria Stuart, der England und Schottland in Personalunion vereinigte, entwickelten sich die vorhandenen Gegensätze zu bedeutender Schärfe. Jakob huldigte den übertriebensten Vorstellungen von dem göttlichen Ursprung und der unumschränkten Gewalt der Krone. Die geordnete Regierung der Kirche durch den König hielt er nur bei Durchführung der bischöflichen Verfassung für möglich. Daher hat er die Katholiken anfangs milde behandelt. Trotzdem fühlten sie sich von ihm enttäuscht; ihre Erbitterung führte zur Pulververschwörung (1605), zu dem [rechtzeitig vereitelten] Plan, König und Parlament in die Luft zu sprengen. Seitdem war die Lage der Katholiken weniger günstig. Dagegen hat Jakob I. die Presbyterianer aufs tiefste verletzt, vor allem durch den Versuch, in der presbyterial verfaßten schottischen Kirche den Episkopalismus einzuführen, aber auch durch die Bekämpfung der strengen Sonntagsfeier (1618 Erlaß des „Book of Sports", einer Liste der erlaubten Sonntagsvergnügungen), sowie durch die Vermählung des Thronfolgers Karl (I.) mit der katholischen Henriette Maria von Frankreich (1625).

c   Die Gärung steigerte sich mit dem Thronwechsel. *KARL I.* (1625–1649), sittenrein, aber unzuverlässig und ohne staatsmännische Klugheit, machte sich der puritanischen Mehrheit des Volkes durch seine streng absolutistische und hochkirchliche Politik rasch verhaßt. Wie sein Vater dachte er das Königtum als völlig unumschränkt, den Episkopat als eine staatliche Notwendigkeit: „no bishop, no king". Sein Ratgeber in allen kirchlichen Fragen wurde *WILLIAM LAUD*, seit 1633 Erzbischof von Canterbury, der Begründer der hochkirchlichen Richtung der anglikanischen Kirche. Dieser Richtung ist eigentümlich: 1) die gesteigerte Wertschätzung des Episkopats; 2) die Wiedereinführung zahlreicher katholischer Zeremonien; 3) das Abbiegen der Theologie zu arminianischen und katholischen Anschauungen.

d   2. AUSBRUCH DER REVOLUTION. α) Die hochkirchlichen Bestrebungen der Regierung, das rücksichtslose Vorgehen der Gerichte gegen die Puritaner, die mildere Behandlung der Katholiken nährten in der puritanischen Bevölkerung den Verdacht, England solle rekatholisiert werden, und trieben schließlich zusammen mit dem politischen Druck des königlichen Absolutismus das englische Volk zur **Revolution**.

Die Unruhen begannen 1637 in Schottland, wo Karl I. das von Jakob I. *e*
begonnene Werk fortsetzte, die schottische Kirche der anglikanischen völlig
gleichzumachen (§ b). Da Karl Geld zur Kriegführung brauchte, sah er sich genötigt, das englische Parlament nach 11jähriger parlamentloser Regierung zu
berufen. Damit verpflanzten sich die Unruhen nach England; das neue englische
Parlament („Kurzes Parlament", April bis Mai 1640) machte dem König
Schwierigkeiten, Karl löste es auf und berief für den Nov. 1640 das **„Lange Parlament"** (1640–1653). Indessen auch dieses trat sofort in leidenschaftliche
Opposition. 1641 gelang ihm der Sturz der verhaßten Ratgeber des Königs, des
Grafen *Strafford* und des Erzbischofs *Laud*; beide wurden des Hochverrats angeklagt; Strafford wurde 1641, Laud nach langer Gefangenschaft 1645 hingerichtet. **1642** folgte ein entscheidender Schlag gegen die bischöfliche
Kirche. Das Parlament beschloß den Ausschluß der Bischöfe aus dem Oberhause
und zwang Karl im April 1642, diesen Beschluß zu unterzeichnen; „damit war die
bischöfliche Verfassung als integrierender Bestandteil des Staatswesens beseitigt".
Aug. 1642 brach der Bürgerkrieg aus.

β) Da das Parlament, das vorwiegend mit Presbyterianern besetzt *f*
war, seit dem Ausbruch der Revolution (1642) den König nicht mehr
anerkannte, begann es selbst eine Reformation der englischen Kirche
nach dem Muster des in Schottland verwirklichten Presbyterianismus
durchzuführen. Zu diesem Zweck ernannte es aus seiner Mitte einen
[beratenden] Ausschuß, die sog. W e s t m i n s t e r s y n o d e 1643–1647.

Die **Westminstersynode** stand seit dem 25. Sept. 1643 mit dem schottischen
Covenant in feierlich beschworenem Bündnis und suchte auch mit den reformierten Kirchen des Kontinents Fühlung zu gewinnen. Entsprechend der Zusammensetzung des Parlaments waren die Presbyterianer auf der Synode in
großer Mehrheit; die Episkopalisten und die Independenten [§ g] hatten nur
wenige Stimmen. Aus der Synode gingen die streng calvinische **Westminster-Konfession** (vgl. § 103 n) und anderes hervor.

3. AUFKOMMEN DER INDEPENDENTEN. Als die West- *g*
minstersynode zusammentrat, schien es, als sollte die bisherige, bischöflich verfaßte Staatskirche Englands durch eine presbyterial verfaßte
Staatskirche ersetzt werden. Da kam neben den Puritanern eine neue
Partei empor, die dem Verlauf der Dinge eine völlig neue Wendung gab,
indem sie unter Verwerfung j e g l i c h e n Staatskirchentums die R e l i g i o n s f r e i h e i t und die volle A u t o n o m i e d e r E i n z e l g e m e i n d e
erstrebte: die Partei der **Kongregationalisten** oder **Independenten.**

Grundlegend sind die Verfassungsprinzipien. In der Sichtbarkeit gibt es *h*
nur einzelne Gemeinden. Die Einzelgemeinde („congregation") deckt sich
nicht mit der bürgerlichen Gemeinde, sondern besteht nur aus wirklich „Gläubigen"; sie ist völlig unabhängig vom Staat und kann zwar mit anderen „congregations" eine Nationalsynode veranstalten, ist aber allen übrigen Gemeinden
völlig gleichgeordnet. Es gibt keinen Unterschied zwischen Geistlichen und
Laien; alle dürfen in der Gemeindeversammlung reden, denen der Geist es eingibt. Es gibt keinerlei feste liturgische Gebete oder Glaubensbekenntnisse,
denn die Reformation schreitet fort, man darf nicht bei Luther und Calvin beharren. Ebensowenig gibt es Feiertage, außer solchen, die eigens für besondere
Fälle beschlossen werden. Im übrigen lehrten die Kongregationalisten die calvinische Theologie.

Die Entstehung des Kongregationalismus ist in vielen Punkten problematisch.
Separatistische Bestrebungen finden sich in England schon im ausgehenden 16.
Jh., so vor allem bei *Henry Barrow* (1593 hingerichtet), prinzipiell weniger entschieden bei *Robert Browne*, der aus der anglikanischen Staatskirche ausschied,
eine eigene Gemeinde bildete und mit dieser 1581 nach Middelburg in Seeland
auswanderte, freilich später selber zur anglikanischen Kirche zurücktrat. Doch

geht der Independentismus wahrscheinlich weder auf Barrow und Browne, noch auf Einwirkungen des festländischen Täufertums zurück, wie man früher allgemein annahm, sondern er entstammt nicht-separatistischen englischen Puritanergemeinden des Festlandes und wurde durch den Prediger *Henry Jacob* (gest. 1624) nach England verpflanzt.

Seit dem Ausbruch des Bürgerkrieges war die vordem unbedeutende Zahl der Independenten (der „**Heiligen**") in raschem Wachsen; das Aufhören der langjährigen harten Bedrückung der Nonconformisten führte Tausende englischer Flüchtlinge aus Holland und Amerika nach England zurück. Unter der stürmischen Erregung der Kriegsjahre bemächtigte sich der Independenten ein gewaltiger religiöser Enthusiasmus, mit dem sich vielfach ein extremer Spiritualismus und Chiliasmus verband.

Die enthusiastisch-spiritualistisch-chiliastische Mystik war nicht auf dem Boden des Kongregationalismus, sondern im Schoße der anglikanischen Kirche erwachsen und schon vor dem Bürgerkriege in breiten Schichten der Bevölkerung vorhanden. Bereits im 16. Jh. wirkten in England die „Familisten" (§ 85 s), in der ersten Hälfte des 17. Jhs. besonders der anglikanische Geistliche *John Everard* (gest. c. 1650) u. a. Diese Kreise glaubten an ihre eigene unmittelbare göttliche Erleuchtung und erwarteten eine unmittelbar bevorstehende große Wendung aller Dinge. Außer der Mystik floß auch die in England vor der Revolutuion nur schwache täuferische Bewegung (§ r) nun zum Teil für einige Jahre völlig mit dem Independentismus zusammen.

k   4. DER SIEG CROMWELLS. Für den Fortgang der kirchlichpolitischen Kämpfe der 40er Jahre wurde entscheidend, daß das Parlamentsheer durch den gewaltigen OLIVER CROMWELL mit der ernsten und entschiedenen independentischen Frömmigkeit erfüllt wurde. Die psalmensingenden Krieger des unbesieglichen Cromwell wurden das Schicksal Englands und Karls I.

l   *Oliver Cromwell* (geb. 25. April 1599) entstammte dem englischen Landadel; Thomas Cromwell, der Minister Heinrichs VIII. (§ 84 h i), war sein Vorfahr. Er wuchs unter den Einflüssen des strengen, bibelfesten Puritanismus auf; 1628 wurde er zu einer bewußten, intensiven, schwärmerischen Frömmigkeit erweckt. 1628 war er Mitglied des Unterhauses, 1640 gehörte er dem Kurzen Parlament an. Nach dem Ausbruch des Kampfes zwischen dem König und dem Parlament stand er bald in den vordersten Reihen der Opposition; der Kampf gegen den König war ihm religiöse Pflicht. 1642 bildete er aus puritanischen Bauern eine eigene Truppe; sie wurde der Grundstock des independentischen Heeres der nächsten Jahre. Neben Cromwell ist die interessanteste Erscheinung unter den Independenten *John Milton* (1608–1674), der Cromwell persönlich nahe stand, seit 1645 als Staatssekretär. (Kirchenpolitische Schriften; 1667 das religiöse Epos: „Das verlorene Paradies".)

m   Nach den Siegen des independentischen Heeres über die königlichen Truppen flüchtete Karl zu den Schotten (1646), wurde aber von diesen 1647 dem englischen Parlament ausgeliefert. Das Parlament suchte jetzt die monarchische Verfassung und die Person des Königs zu retten; das Heer aber kündigte dem Parlament den Gehorsam auf, bemächtigte sich der Person Karls, besetzte London und reinigte im Dez. **1648** mit Waffengewalt das Parlament von seinen royalistischen Mitgliedern („Rumpfparlament"); seitdem lag die tatsächliche Macht in den Händen Cromwells. Von der calvinischen Überzeugung aus, ein Werkzeug in der Hand Gottes zu sein, sah Cromwell in seinen zahlreichen Siegen und in der Gefangennahme Karls ebensoviele Zeichen, daß Gott sich zu der Sache des Heeres bekenne. Er drängte weiter: am 1. Jan. 1649 mußte das „Rumpfparlament" gegen den König die Anklage des Hochverrats erheben. Am 30. Jan. **1649** starb „Karl Stuart" als „Tyrann, Verräter, Mörder und Feind des Gemeinwesens" auf dem Schafott. 8 Tage später wurde England unter Beseitigung des Königtums und des Oberhauses zur Republik erklärt.

Freilich erwies sich die parlamentarische Republik als unhaltbar. 1653 sprengte *n* Cromwell das „Rumpfparlament", den letzten Rest des „Langen Parlaments" (§ e m), auseinander und berief das **Parlament der Heiligen** oder **Barebon-Parlament** (4. Juli bis 12. Dez. **1653**), das aus lauter überzeugten Independenten bestand. Dieses merkwürdige Parlament begann jede Sitzung mit ernstem Gebet, hielt durchaus religiös orientierte, mit Bibelworten durchsetzte Reden, die nicht selten in eindringlichen Predigten oder selbst Verzückungen endigten, und verfocht, von schwärmerischen religiösen Erwartungen erfüllt, als Hauptziel mit unermüdlicher Arbeitskraft die Aufrichtung des Reiches der Heiligen, zu der es sich von Gott berufen glaubte. Schließlich trieb Cromwell die frommen Phantasten auseinander. Die Beschlüsse dieses Parlaments blieben unausgeführt.

1653–1658 hat Cromwell, zum Lord-Protektor auf Lebenszeit erhoben, Großbritannien ganz monarchisch regiert, ohne die verworrenen Verhältnisse im Innern meistern zu können. Die Königskrone lehnte er ab (1657). Er starb am 3. Sept. 1658, mit allen Parteien zerfallen, von Verschwörern bedroht, zuletzt ein vereinsamter, finsterer Despot. Sein Sohn *Richard Cromwell* erbte das Protektorat, vermochte sich aber nicht zu behaupten und legte im Mai 1659 seine Würde nieder. Die folgenden Wirren endeten mit der Restauration der Stuarts 1660 (§ t).

5. DIE BEDEUTUNG DER CROMWELLSCHEN ÄRA für die *o* Kirchengeschichte liegt in folgendem:

α) Cromwell hat eine bewußt protestantische äußere Politik betrieben, nicht bloß seine diplomatischen Beziehungen unermüdlich in den Dienst bedrückter protestantischer Minderheiten anderer Länder gestellt, sondern vor allem seine Politik stets durch den Gedanken eines Zusammenschlusses aller protestantischen Mächte und das religiöse Selbstgefühl der Engländer (§ 89 v) bestimmen lassen. So trug der englische Imperialismus von seinen Anfängen an religiösethische Färbung.

1655 hat Cromwell gegen die grausame Verfolgung der Waldenser durch den Herzog von Savoyen „die ganze protestantische Welt aufgerufen". 1654–1657 wirkte der Schotte *Johann Duraeus* (John Durie) in Cromwells Auftrage in Deutschland, Holland und der Schweiz für einen Zusammenschluß der Protestanten (§ 95 h).

β) Unter Cromwell hat in England, wenn auch mit gewissen Ein- *p* schränkungen, für die christlichen Denominationen Religionsfreiheit geherrscht, zum ersten Male im neueren Europa, das historisch 1648 anhob (vgl. für Amerika § 101 c e f).

Ausgeschlossen von der Religionsfreiheit waren die Katholiken, die wenig zahlreichen Antitrinitarier und, seit 1655, die Episkopalisten. 1689 wurde unter Wilhelm III. die Gewissensfreiheit zum Gesetz erhoben (§ y z). Die Dinge waren theoretisch noch wenig geklärt. Die eigentliche Toleranz setzt einen Standort oberhalb der Konfessionen voraus und war erst seit der westeuropäischen Aufklärung erreichbar (vgl. für England [Locke!] § 105 i, Frankreich [Voltaire!] § 105 q). Der Augsburger Religionsfrieden 1555 beruhte keineswegs auf dem Toleranzgedanken; er war zunächst auch nur als provisorisch gedacht (§ 80 l–p). Vollends die „Religionsfreiheit" in Siebenbürgen und in Polen (§ 85 z) war nur politische Konzession der schwachen Regierungen dieser Länder. Ähnlich stand es in Frankreich (§ 89 g h; vgl. § 96 w!).

γ) Im Zeitalter Cromwells haben die enthusiastischen, my- *q* stisch-anabaptistischen Nebenströmungen des Protestantismus ihre Höhe und ihren Wendepunkt erlebt. Den Höhepunkt bildet das „Parlament der Heiligen" von 1653 (§ n). Hier ist, zum letzten Male in der bisherigen Geschichte, der Versuch gemacht worden, das gesamte Kulturleben unter die Herrschaft rein religiöser Grundsätze zu zwingen. Unaufhaltsam vollzog sich seitdem die volle Lösung der Kultur von der Vorherrschaft der Religion; der religiöse Enthusiasmus aber zog sich auf sich selbst zurück, unter den religiösen Parteien Englands begann eine Klärung und Sichtung, deren bedeutendstes Ergebnis die von George Fox gestiftete Sekte der Quäker war.

r   Unter den **Independenten** bildete sich eine große, zwischen den Episkopalisten und den übrigen Independenten vermittelnde Gruppe von abgeklärter milder Frömmigkeit. Daneben gewann das **Täufertum** an Boden. Seit c. 1610 gab es in England infolge der Tätigkeit des Predigers *John Smyth* kleine Kreise von Taufgesinnten, die anfangs von holländischen Mennoniten angeregt waren und gleich diesen die allgemeine Gnadenwahl lehrten (daher General Baptists genannt). Eine zweite Gruppe englischer Taufgesinnter löste sich von dem Kreise *Henry Jacobs* (§ h); diese entwickelte sich ohne Einwirkungen des festländischen Anabaptismus, hielt an der calvinischen Prädestinationslehre fest (Particular Baptists) und vollzog seit 1642, wie später auch die erste Gruppe, die Taufe durch völliges Untertauchen. Unter den zahlreichen Sekten gab es auch solche, die nach der Katastrophe von 1653 an ihrem radikalen Enthusiasmus festhielten und Cromwell als Verräter brandmarkten: so die Quintomonarchier, die nach den vier Weltreichen bei Daniel als fünftes Reich das Reich Christi erwarteten. Mit höchstem Argwohn betrachtete Cromwell auch die radikale, politisch demokratische und religiös schwärmerische Sekte der Leveller (Gleichmacher).

s   Die reinste Gestaltung des mystischen Spiritualismus seit dem 16. Jh. ist die „Gesellschaft der Freunde" (so die Selbstbezeichnung) oder Sekte der **„Quäker"** („Zitterer", so vom Volke genannt, wahrscheinlich wegen ihrer konvulsivischen Zuckungen in der Ekstase), zuerst 1654 erwähnt. Der Begründer war ein einfacher Schuster, *GEORGE FOX* (1624–1691), der seit 1649 unter ungezählten Gefahren und Verfolgungen als Wanderprediger umherzog, überzeugt von seiner inneren Erleuchtung. Er gewann rasch begeisterte Anhänger; in ihrer Sturm- und Drangzeit 1654–1657 standen die Quäker an der Spitze der erregten, Cromwell abgeneigten „Heiligen". Allerlei Ausschreitungen der neuen Propheten, wie der Messiaseinzug des James Naylor in Bristol 1656, führten zu Verfolgungen mit Gefängnis und Pranger für Tausende, aber auch zu einer Ernüchterung, die zu einer zweiten Periode des alten Quäkertums überleitet; der Chiliasmus tritt zurück, die Lehre der Quäker wird vornehmlich von *George Keith* (1692 von den Quäkern ausgeschlossen, anglikanischer Geistlicher und eifriger Gegner der Quäker) durch Aufnahme von Bestandteilen der Kabbala zu einem mystischen System umgebaut. Von Keith abhängig ist der Normaltheolog der Quäker, *Robert Barclay* (1648–1690; „Theologiae vere christianae apologia", 1673). Über *William Penn* s. § 101f.

Grundlage ist die Lehre vom „inneren Licht" oder vom „Christus in uns" als der Grundkraft der Frömmigkeit, d. i. der Glaube an die unmittelbare, supranaturale Erleuchtung aller Gläubigen durch Gott. Aus dieser Grundanschauung ergeben sich alle weiteren Eigentümlichkeiten (der Gottesdienst ein Warten auf prophetische Eingebungen, daher auch stille Versammlungen; keine berufsmäßigen Prediger, Gleichgültigkeit gegen die Sakramente, die Bibel, den historischen Christus, das Dogma und das historisch überlieferte Christentum überhaupt; keine Bekenntnisschriften, Toleranz; Wertlegen auf praktische Frömmigkeit: strengste Wahrhaftigkeit, Einfachheit der Kleider und Lebensformen, Vermeiden des Scherzes usw., Verwerfung des Eides, des Kriegsdienstes, nur äußerlicher Umgangsformen; große Menschenfreundlichkeit, schon bei Penn Kampf gegen die Sklaverei).

t   **6. RESTAURATION DER STUARTS.** Der Restauration der Stuarts 1660 folgte ein völliger Umschwung der kirchlichen Verhältnisse Englands. Von neuem erhob sich die bischöfliche Staatskirche, die protestantischen Dissenters wurden nach kurzer Duldung rücksichtslos verfolgt, die Katholiken dagegen entgegenkommend behandelt, schließlich sogar die Rekatholisierung Englands vorsichtig in die Wege geleitet.

KARL II. (1660–1685) neigte persönlich zum Katholizismus, gab sich aber *u* äußerlich als Anglikaner. Den Presbyterianern hatte er anfangs Religionsfreiheit zugesichert; indessen das Parlament, in der Mehrheit episkopalistisch gesinnt, wies diese Zugeständnisse zurück und stellte **1662** mit der Erneuerung der Uniformitätsakte die Alleinherrschaft der Episkopalkirche wieder her. An einem Tage (24. Aug. 1662) wurden mehr als 2000 puritanische Geistliche vertrieben, darunter auch der treffliche *Richard Baxter* (1615–1691, Presbyterianer, Verfasser der „Ewigen Ruhe der Heiligen", 1649). Der Erlaß der Konventikelakte (1664, 1670), gegen die Nichtteilnahme am anglikanischen Gottesdienst und alle Privatgottesdienste der Dissenters gerichtet, brachte Hunderte von nonkonformistischen Geistlichen ins Gefängnis; unter Karl II. wurden über 8000 Dissenters mit Gefängnis, über 60000 sonstwie bestraft. Der Baptist *John Bunyan*, berühmt durch sein weitverbreitetes Erbauungsbuch „Die Pilgerreise" („The Pilgrim's Progress", 1678), erduldete 12jährige Gefangenschaft. Mit unvergleichlicher Geduld hat das Dissentertum diese Leidenszeit überstanden.

War diese Aufhebung der Religionsfreiheit verfehlt, so war die Wiederauf- *v* richtung der **Episkopalkirche** an sich durchaus berechtigt; diese Kirche wurzelte tatsächlich in den religiösen Bedürfnissen des größten Teils des Volkes und verfügte über hervorragende geistige Kräfte. In ihrer Mitte blühte eine bedeutende theologische Gelehrsamkeit, die sich besonders der kritischen Erforschung archäologischer, exegetischer und dogmengeschichtlicher Fragen widmete, meist im Dienste der kirchlichen Kämpfe der eigenen Zeit (*James Ussher*, Erzbischof von Armagh, † 1656; *John Pearson*, † 1686; *John Lightfoot*, † 1675, u. a.). Bedeutsame künftige Wandlungen bahnten sich damit an, daß die jüngere Generation der Theologen bei aller Anhänglichkeit an die anglikanische Kirche dogmatisch weitherzig gesinnt war. Dieser **„Latitudinarismus"** hatte Vorläufer an Männern wie *William Chillingworth* († 1644), *John Hales* († 1656) u. a., die alle von Acontius (§ 85 w) beeinflußt waren. Unter den restaurierten Stuarts waren die einflußreichsten Latitudinarier die Cambridger Philosophen *Henry More* und *Ralph Cudworth*, die durch eine Erneuerung des Platonismus die Theologie gegen Hobbes und andere Materialisten verteidigten. Der bekannteste aus diesem Kreise war *John Tillotson* (1630–1694, unter Wilhelm III. seit 1691 Erzbischof von Canterbury), ein ausgezeichneter und gefeierter Prediger.

Ganz unerwartet verkündigte 1672 die königliche Indulgenzerklärung all- *w* gemeine Duldung. Das Parlament, das darin den versteckten Versuch zur Einführung des Katholizismus erkannte, erließ darauf **1673** die **Testakte,** welche die Bekleidung von Staatsämtern vom anglikanischen Bekenntnis abhängig machte (Treueid, Supremat, eidliche Verwerfung der Transsubstantiationslehre).

Karl II. starb als Katholik. Sein Bruder *JAKOB II.* (1685–1688), schon als *x* Herzog von York offener Anhänger der katholischen Kirche, arbeitete mit Eifer an der Rekatholisierung: „er setzte drei Reiche für eine Messe und verlor sie alle drei." Die „Deklaration der Gewissensfreiheit" 1687, scheinbar die Befreiung der prot. Dissenters aus ihrer Rechtsunsicherheit, war tatsächlich nur dazu bestimmt, der Einführung des Katholizismus zu dienen.

7. DIE TOLERANZ. Der Widerstand gegen die Kirchenpolitik *y* der Stuarts wuchs in dem Maße, in dem das englische Volk die drohende Gefahr einer gewaltsamen Zurückführung zur katholischen Kirche erkannte. In der „glorreichen Revolution" von **1688** wurde das Haus Stuart zum zweiten Male gestürzt und der englische Thron *WILHELM III. VON ORANIEN*, dem protestantischen Schwiegersohne Jakobs II., übertragen. Damit war der letzte Versuch, England dem Katholizismus zurückzugewinnen, gescheitert. **1689** erließ Wilhelm III. im Einvernehmen mit dem Parlament die **Toleranzakte,**

welche die Gewissensfreiheit, wenn auch mit mancherlei Beschränkungen, zum Gesetz erhob.

z Seitdem hatten die protestantischen Dissenters das Recht öffentlichen Gottesdienstes; aus den Oppositionsparteien innerhalb der anglikanischen Staatskirche wurden selbständige religiöse Denominationen neben ihr. Doch mußten die Dissenters an die bischöfliche Kirche den Zehnten usw. entrichten und konnten nicht Staats- und Gemeindebeamte oder Parlamentsmitglieder werden, da die Testakte in Kraft blieb (aufgehoben erst 1828, § 123 e). Die Geistlichen der Dissenterkirchen mußten die 39 Artikel beschwören, waren jedoch von den Artikeln dispensiert, die ihrem Glauben entgegen waren. Den Quäkern wurde statt des Eides ein einfaches „ja" gestattet. Schulen und Universitäten blieben im alleinigen Besitz der Staatskirche. Ausgeschlossen von der Duldung waren die Sozinianer und die Katholiken.

d) DAS CHRISTENTUM AUSSERHALB DES ABENDLÄNDISCHEN KULTURKREISES.

§ 99. Die orientalischen Kirchen.

CRAGeorgi, Die Confessio Dosithei, 1940. – RStupperich, Staatsgedanke und Religionspolitik Peters d. Gr., 1936. – EBenz, Die Ostkirche im Lichte der protestantischen Geschichtsschreibung von der Reformation bis zur Gegenwart, 1952. – Vgl. Lit. zu § 55.

a Die Kirchen des Orients, die Reste der alten Patriarchate in der Türkei sowie die russische Kirche, führten in diesen Jahrhunderten ihr Sonderdasein neben den abendländischen. Sie verharrten auf einer ziemlich tiefen Bildungsstufe und hielten alle Einwirkungen der großen kirchlichen Umwälzung des Abendlandes von sich fern.

b 1. TÜRKEI. Der orthodoxen anatolischen Kirche waren unter der drückenden türkischen Oberherrschaft alle Bedingungen für eine innere Entwicklung vollends verlorengegangen. Jeder Versuch, diese erstarrte Kirche dem Abendlande anzunähern, wurde mit Leidenschaft zurückgewiesen. Die Unionsbemühungen der Jesuiten und der römischen „Propaganda" (97 d) waren daher ebenso erfolglos wie die Beziehungen, die vereinzelte, nach dem Abendland reisende Griechen im 16. Jh. mit protestantischen Theologen anknüpften, oder der Briefwechsel zwischen den Tübinger Theologen und dem Patriarchen Jeremias II., durch den die Tübinger die Griechen für die ev. Sache zu gewinnen hofften (1573 bis 1581). Von griechischer Seite hat allein *CYRILLUS LUKARIS*, Patriarch von Konstantinopel, ernsthaft versucht, seiner Kirche die neuen religiösen Gedanken des Abendlandes zuzuführen (1629 sandte er seine calvinisierende '$Ανατολικὴ$ $ὁμολογία$ $τῆς$ $χριστιανικῆς$ $πίστεως$ nach Genf); er erlag jedoch dem Widerstand der griechischen Geistlichkeit und den Intrigen der Jesuiten; 1638 ließ ihn der Sultan wegen Hochverrats erdrosseln und ins Meer werfen. Zur Bekämpfung des Cyrillus Lukaris, aber auch zur Selbstbehauptung der orthodoxen Kirche in dem kirchlich höchst verworrenen Litauen verfaßte der orthodoxe Metropolit von Kiew, *Petrus Mogilas* († 1647), ein Glaubensbekenntnis, das auf russischem und türkischem Gebiet Verbreitung fand (Confessio orthodoxa, '$Ορθόδοξος$ $ὁμολογία$ $τῆς$ $πίστεως$ $τῆς$ $καθολικῆς$ $καὶ$ $ἀποστολικῆς$ $ἐκκλησίας$ $τῆς$ $ἀνατολικῆς$). **1672** hat der Patriarch von Jerusalem, *Dositheus*, auf einer **Synode zu Jerusalem**, der letzten Gesamtsynode der anatolischen Kirche bis 1923 (s. § 137 b), das Bekenntnis des Cyrillus Lukaris nochmals verdammt (Annahme der weitgehend mit römisch-katholischen Auffassungen durchsetzten Confessio Dosithei; die Protestanten $αἱρετικῶν$ $κορυφαιότατοι$).

2. RUSSLAND. Noch weniger nahm die russische Kirche irgendwelche Einwirkungen der abendländischen Reformation auf. Freilich hat auch Rußland unter dem tatkräftigen Patriarchen *NIKON* eine „Reformation" erlebt (beschlossen auf dem Konzil zu Moskau **1667**), sie bestand aber nur in der Berichtigung der verderbten liturgischen Texte und der Änderung einiger liturgischer Sitten. Trotzdem bemächtigte sich des Volkes eine leidenschaftliche Erregung. Aus den Gegnern der Reform erwuchs das ziemlich verbreitete russische Sektierertum, die „Altgläubigen" („Starowerzy"), die bis 1874 (1884) vom Staate aufs härteste verfolgt wurden (§ 128 c–e).

§ 100. Die Mission in den überseeischen Ländern.

*AJann, Die kath. Missionen in Indien, China und Japan, 1915. – *RCorrigan, Die Kongregation de propaganda fide und ihre Tätigkeit in Nordamerika, 1929. – Francisco de Xavier, Briefe 1942–52, deutsch ³1950. – *JLaures, Die Anfänge der Mission von Mijako (= Kyôto, alte Hauptstadt Japans) 1559–70, 1951. – *JBettray, Die Akkomodationsmethode des P. Matteo Ricci, S. J., in China, Rom 1955; dazu GRosenkranz, ThLZ 1957, 874–76. – FGel, Las Casas, 1955.

1. Die Entdeckungsfahrten der Spanier (1492 Entdeckung Amerikas durch den Genuesen Kolumbus) und der Portugiesen (1498 Entdeckung des Seewegs nach Ostindien durch Vasco da Gama) eröffneten eine eifrige Kolonialpolitik der europäischen Völker in den überseeischen Ländern und brachten der katholischen Kirche eine ungeahnte Gebietserweiterung. Das religiöse Moment hatte an den kühnen Entdeckungsfahrten einen bedeutenden Anteil; mit der Gier nach den Reichtümern, besonders dem Golde, der fremden Welt verband sich alsbald der Missionseifer. Die Organe der Mission waren die Orden, neben Franziskanern und Dominikanern vor allem die Jesuiten. Diese Mission arbeitete in Amerika, Ostindien, Japan und China mit großem äußerem Erfolge. Im 17. Jh. trat ein Rückgang der Mission ein, in Japan ging das Missionswerk sogar wieder zugrunde.

1. AMERIKA. In **Amerika** bereiteten zunächst die Eroberer selbst, Spanier und Portugiesen, der Mission durch ihre abscheuliche Grausamkeit gegen die Eingeborenen die größten Hemmnisse. Der edle Spanier *de las Casas*, O. P. († 1566), hat das Verdienst, den Indianern Milderung der Sklaverei erwirkt und die Möglichkeit, sie zu christianisieren, dargetan zu haben. Freilich hatte das zur Folge, daß nun die Aussiedelung afrikanischer Negersklaven nach Amerika einsetzte. Große missionarische und kolonisatorisch-wirtschaftliche Erfolge hatten die Jesuiten seit 1610 unter den Indianern im La-Plata-Gebiet (**Paraguay**): Zusammenfassung der Eingeborenen in den sog. Reduktionen, festen dörflichen Siedelungen mit kommunistischen Lebensformen (vgl. Thomas Campanellas Utopie „Der Sonnenstaat", 1611), unter streng autoritärer jesuitischer Leitung, bei völligem Abschluß gegen die Außenwelt, in ganz loser Abhängigkeit von Madrid; in Europa bis um 1750 so gut wie unbekannt[1]. Vgl. § 111 k.

2. ASIEN. α) **Vorderindien**. In den Küstengebieten und auf den Inseln von Vorderindien wirkte seit 1543 *FRANZ XAVIER*, S. J. (§ 87 c). Trotz mangelhafter Sprachkenntnisse hatte er infolge seiner sehr äußerlichen Missionsmethode beispiellose Erfolge. Von den nach Xavier in Malabar wirkenden Missionaren ist der bekannteste *Roberto de Nobili*, S. J. (seit 1606); er gab sich als „römischen Brahmanen", um die Brahmanen zu gewinnen.

---

[1] Die Bezeichnung „Jesuitenstaat" weckt falsche Vorstellungen; es handelt sich um koloniale Niederlassungen.

§ 100/101   Zeitalter der Gegenreformation

d β) **Japan.** Seit 1549 verschaffte *Xavier* der Mission in Japan Eingang. Er starb 1552 auf dem Wege nach China. Durch Anpassung an den in vielen Punkten dem Katholizismus verwandten Buddhismus (Hierarchie, Klöster, Wallfahrten, Rosenkränze usw.) gelang den Jesuiten die Gründung einer ziemlich bedeutenden japanischen Kirche. Eine seit 1587 auftretende, rasch anwachsende christenfeindliche Strömung hat aber bis etwa 1640 das Christentum in Japan durch grausame Verfolgungen wieder vernichtet.

e γ) In **China,** wo es schon Christen gegeben hatte (§ 34 r, 64 p), begründeten der Italiener *MATTH. RICCI*, S. J. (in China seit 1572, † 1610) und der Kölner *Adam Schall*, S. J. (seit 1628, † 1665) eine Missionskirche. Ricci verschaffte sich durch seine mathematischen und astronomischen Kenntnisse und weitgehende Anpassung an die Lehren des Confucius und die chinesischen Volkssitten (Ahnenkultus) Eingang. Infolge des Widerspruchs der Dominikaner und Franziskaner gegen die jesuitische Missionspraxis entstand der lange Streit über die „chinesischen Riten", an denen die Jesuiten den päpstlichen Verboten zum Trotz bis 1742 festhielten.

f 2. Diesen Missionserfolgen der Katholiken hatten die Protestanten so gut wie gar nichts an die Seite zu stellen. Das erklärt sich vor allem daraus, daß die großen Kolonialmächte des 16. und 17. Jhs., Spanien und Portugal, rein katholische Staaten waren. Als im 17. Jh. zwei protestantische Staaten, Holland und England, bedeutende Kolonien erwarben, tauchte bei ihnen auch sofort der Missionsgedanke auf, freilich ohne daß den Plänen und Ansätzen durchgreifende Taten gefolgt wären.

g Sowohl die holländisch-ostindische wie die holländisch-westindische Handelskompagnie nahmen die Christianisierung der Eingeborenen in Angriff; man erzielte aber nur einen äußerlichen Anschluß an die Kirche. Die seit 1620 in Nordamerika angesiedelten Puritaner begannen statt der von der englischen Krone erhofften Mission einen blutigen Vernichtungskrieg gegen die Indianer, bis 1645 der edle *John Elliot* als Missionar unter den Indianern zu wirken anfing. *Cromwells* großartiger Plan eines umfassenden protestantischen Konkurrenzunternehmens zur katholischen Propaganda blieb ein Stück Papier.

§ 101. Die Anfänge der nordamerikanischen Kolonien.

a 1. Ging der Protestantismus auf dem Gebiet der Mission zunächst leer aus, so erschloß sich ihm auf dem Wege der Kolonisation ein neues, ungeheures Ländergebiet, das ihm zwei Jahrhunderte später zur Behauptung seiner Weltstellung hervorragende Dienste leisten sollte: Nordamerika. 1607 begann mit der Gründung der Kolonie Virginia die englische Besiedelung der nordamerikanischen Ostküste. Im Zusammenhang mit den religiösen und politischen Unruhen in England nahm die Kolonisation in den nächsten Jahrzehnten einen großen Aufschwung: Anhänger unterdrückter religiöser Minderheiten errangen sich durch die Auswanderung nach Nordamerika und die Begründung eigener Ackerbaukolonien die ungehinderte Ausübung ihres religiösen Bekenntnisses.

b Diese Bewegung begann **1620** mit der Gründung von Massachusetts durch die puritanischen **„Pilgerväter".** Diese entstammten einer Gemeinde von englischen Separatisten (vgl. § 98 h), die *John Robinson* von England nach Holland geführt hatte.

2. Seitdem verpflanzten sich allmählich die religiösen Gegen- c
sätze Europas nach Nordamerika, wo sie sich frei auswirken konnten.
Bemerkenswert ist, daß in einigen der neuen Kolonien, allerdings
nicht durchweg aus rein religiösen Beweggründen, Toleranz für alle
christlichen Bekenntnisse eingeführt wurde.

α) Das erste Gemeinwesen, dessen Bürger Religionsfreiheit genossen, war die d
von dem katholischen Lord *Baltimore* 1632 begründete Kolonie Maryland. Die
Gründe für die Toleranz waren hier rein wirtschaftlich; man wünschte eine
größere Zahl von Kolonisten. Später wurden in Maryland die Katholiken von den
Puritanern hart bedrückt (§ 110 d).

β) Während die Puritaner in Massachusetts, New Hampshire und Connec- e
ticut in starrer Intoleranz nur Anhänger ihrer Überzeugung duldeten, entstand
in dem kleinen Gemeinwesen Rhode Island (1636), der Schöpfung des edlen
Separatisten *Roger Williams*, die erste von Protestanten begründete Kolonie,
die ihren Bewohnern Religionsfreiheit gewährleistete.

γ) Weit bedeutender als das kleine Rhode Island war der **1682** von dem Quä- f
ker William Penn errichtete Staat **Pennsylvania** (Hauptstadt Philadelphia), in
dem ebenfalls volle Freiheit aller christlichen Bekenntnisse herrschte, auch des
Katholizismus. *WILLIAM PENN* (1644–1718), der Sohn eines vornehmen
englischen Admirals, ein reich begabter und ausgezeichnet gebildeter Mann,
war der einflußreichste Vertreter des Quäkertums im 17. Jh. Zur Tilgung einer
bedeutenden Forderung, die Penn als Erbe seines Vaters an die englische Krone
hatte, belehnte ihn Karl II. 1681 mit einem großen Kolonialgebiet, auf dem Penn
das „heilige Experiment" der Gründung eines Staatswesens unternahm, das auf
rein demokratischer Verfassung und dem Grundsatz völliger Toleranz beruhte.
Die Kolonie gedieh äußerlich trefflich, im Innern vermochten sich aber die Grundsätze des echten Quäkertums nicht einmal bei den Quäkern selbst zu behaupten.

Anhang zu §§ 73—101.
Übersicht über die protestantischen Bekenntnisschriften.

§ 102. Die lutherischen Symbole.

I. DIE ÖKUMENISCHEN SYMBOLE.
(Die irrtümliche Bezeichnung „ökumenisch" seit 1577.)

1. Das sog. „**Apostolicum**", eine seit dem 6. Jh. (Caesarius von Arles) nachweisbare a
   Erweiterung des Symbolum Romanum (§ 10 h), wohl zuerst im Frankenreich
   verbreitet, in Rom vermutlich in der Karolingerzeit rezipiert.
2. Das angebliche „**Nicaenum**", in Wirklichkeit das sog. **Nicäno-Constantinopolitanum**, eine Erweiterung des [aus Cyrills Katechesen bekannten] Taufsymbols
   von Jerusalem, die im Osten seit Justinian, im Westen seit Papst Vigilius das
   eigentliche Nicaenum verdrängt hat. Vgl. § 24 y³.
3. Das sog. „**Athanasianum**", nach seinem Anfang auch Quicumque genannt
   („quicumque vult salvus esse"), unsicherer Herkunft, vielleicht 450/600 in
   Südgallien entstanden, von manchen auch auf Ambrosius zurückgeführt.

II. DIE LUTHERISCHEN PARTIKULAR-SYMBOLE.

1529 **Der große und der kleine Katechismus Luthers.** Veranlassung: die kursäch- b
   sische Kirchenvisitation (§ 78 f). Entstehung: Luther begann zunächst den
   [bes. für die Pfarrer bestimmten] großen Katechismus (Grundlage: L.s
   Katechismuspredigten von 1528), gab aber vor Vollendung desselben den [für
   die Jugend und das Volk bestimmten] kleinen Katechismus heraus, zuerst in

einzelnen tabulae, nach dem Erscheinen des großen Katechismus in Buchform. Weite Verbreitung; symbolische Geltung erst seit der Aufnahme ins Konkordienbuch 1580.

c 1530 **CONFESSIO AUGUSTANA.** Veranlassung und Tendenz s. § 78 q r. Hauptverfasser: Melanchthon; Mitarbeiter: Jonas, Agricola, Spalatin. Zugleich deutsch und lateinisch ausgearbeitet. Vorarbeiten: α) für Teil I die Schwabacher und die Marburger Artikel (§ 78 o p); β) für Teil II die von den Wittenberger Theologen auf Befehl des Kurfürsten ausgearbeiteten Torgauer Artikel (vom März 1530). Die beiden Originale der CA sind verschwunden. 1531 erste Ausgabe durch Melanchthon. Seit 1540 sog. Augustana variata [Art. X!], zuerst bemängelt von Eck auf dem Reichstag zu Worms 1541. Auf dem Naumburger Fürstentag 1561 (§ 92 m) erfordert die Kollationierung der verschiedenen von Melanchthon veranstalteten Ausgaben der CA zweitägige Arbeit der Theologen. Der Streit um Variata und Invariata wird für die protestantische Einheit bedrohlich. Rückkehr zur Invariata infolge der kryptocalvinischen Streitigkeiten.

d 1530–1531 **Melanchthons Apologie der Confessio Augustana.** Zweck: Widerlegung der von den katholischen Theologen auf dem Augsburger Reichstage verfaßten Confutatio der CA (vgl. § 78 s).

e 1537 **Luthers Schmalkaldische Artikel.** Ursprünglich bestimmt für das von Paul III. für den Mai 1537 nach Mantua ausgeschriebene Konzil, jedoch auf dem Konvent zu Schmalkalden Febr. 1537 auf Betreiben Melanchthons in Abwesenheit des schwer erkrankten Luther nur von den Theologen unterschrieben (Vgl. § 79 e).

f 1537 **Melanchthons Traktat De potestate et primatu papae,** im Konkordienbuch [in völliger Unbekanntschaft mit der Entstehungsgeschichte] als Anhang zu den Schmalkaldischen Artikeln gedruckt. Offizielle Geltung seit dem Tag von Schmalkalden Febr. 1537 (§ 79 e).

g 1577 Die **FORMULA CONCORDIAE.** Veranlassung: die theologischen Streitigkeiten unter den Augsburgischen Konfessionsverwandten. Haupturheber: Jakob Andreä, Kanzler der Universität Tübingen; Hauptförderer: Herzog Julius von Braunschweig und (seit 1574) Kurfürst August von Sachsen. Entstehungsgeschichte: 1) 1568–1570 erste, vergebliche Einigungsversuche Andreäs; sie scheitern am Widerstreben der strengen Lutheraner wie der Philippisten (1570 Konvent zu Zerbst). 2) 1574 Sturz der Philippisten in Kursachsen, günstig für das Konkordienwerk. 1574 Andreäs „Schwäbische Konkordie", überarbeitet durch die niedersächsischen Theologen (Martin Chemnitz) zur „Schwäbisch-sächsischen Konkordie". 1576 „Maulbronner Formel", von württembergischen (Lukas Osiander) und badischen Theologen ausgearbeitet. 3) 1576 Ausarbeitung des „Torgauer Buchs" durch Andreä, Chemnitz, Selnecker u. a. auf dem Torgauer Konvent; Grundlage die Schwäbisch-sächsische Konkordie; dazu Benutzung der Maulbronner Formel. 4) 1577, März bis Mai, wird in Kloster Berge bei Magdeburg das „Torgauer Buch" α) von Andreä, Chemnitz, Selnecker zum „Bergischen Buch" umgearbeitet (= Solida declaratio der FC), und β) von Andreä zu einem kurzen Auszug zusammengezogen (= Epitome der FC). Beides zusammen bildet die Konkordienformel. (Vgl. § 92 l–o).

1580 Das Konkordienbuch (mit allen genannten Symbolen).

§ 103. Die wichtigsten reformierten Bekenntnisschriften.

I. VORCALVINISCHE BEKENNTNISSE.

a 1530 Confessio tetrapolitana. (Reichstag zu Augsburg; Straßburg, Konstanz, Memmingen, Lindau; Verfasser: Bucer und Capito.) § 78 r.

b 1534 **Confessio Basileensis** [prior]. Verfasser vermutlich Oswald Mykonius.

c 1536 **Confessio Helvetica prior** (Basileensis posterior). Anlaß: Bucers Unionsverhandlungen mit den Wittenbergern (§ 79 b). Verfasser: Bullinger, O. Mykonius, Grynäus u. a. Abendmahlslehre durch Bucer beeinflußt.

II. CALVINISCHE UND NACHCALVINISCHE BEKENNTNISSE.

1. Die Schweiz und die Rheinpfalz.

1545 **Calvins Catechismus Genevensis.** (Französisch wohl schon 1541; zu unter- *d* scheiden von dem Katechismus von 1537, s. § 82 f). Große Verbreitung, später vom Heidelberger Katechismus überflügelt.
1549 **Consensus Tigurinus,** hervorgegangen aus Unterhandlungen zwischen Calvin *e* und Bullinger zur Vereinigung der Protestanten der deutschen und der französischen Schweiz (§ 82 q).
1563 **Heidelberger Katechismus.** Verfaßt auf Befehl Friedrichs III. von der Pfalz *f* (§ 92 s) hauptsächlich von Zacharias Ursinus und Kaspar Olevianus. Die am meisten verbreitete reformierte Bekenntnisschrift.
1566 **Confessio Helvetica posterior.** Verfaßt 1562 von Bullinger als sein Privat- *g* bekenntnis, veröffentlicht 1566 von Friedrich III. von der Pfalz zur Rechtfertigung seines Übertritts (§ 92 s), dann angenommen in der Schweiz (Basel erst 1642), in Frankreich, Schottland, Ungarn, Polen usw.
1675 **Formula consensus Helvetica.** Anlaß: der Widerspruch der Schweizer gegen *h* die Theologen von Saumur (Amyrault u. a.; vgl. § 96 s). Verfasser: Heidegger und Turretin. Schroffe Prädestinations- und Inspirationslehre. Nur in der Schweiz und nur bis 1722 anerkannt, in Basel nur bis 1686.

2. Frankreich.

1559 **Confessio Gallicana.** Entwurf Calvins, mit geringen redaktionellen Änderungen *i* angenommen auf der ersten Nationalsynode zu Paris (§ 84 d).

3. Die Niederlande.

1561 **Confessio Belgica,** verfaßt 1559 (französisch) von dem wallonischen Prediger *k* Guido de Bres, ursprünglich als Apologie gegenüber Philipp II. gedacht, aber rasch in den Gemeinden verbreitet.
1619 **Canones synodi Dordracenae,** gegen die Remonstranten (§ 96 h). Behauptung *l* der [infralapsaristischen] Prädestination. Offiziell angenommen nur in den Niederlanden, in Frankreich und in der Schweiz.

4. Die Presbyterianer in Schottland [und England].

1560 **Confessio Scoticana [prior]**[1]. Verfasser J. Knox und 5 andere Prediger. Schroff *m* antirömisch.
1646 **Westminster-Confession,** von den englischen Presbyterianern der Westmin- *n* stersynode unter schottischem Einfluß verfaßt (§ 98 f), aber in England, abgesehen von Nonconformisten, nur vorübergehend in Geltung, dagegen Hauptbekenntnis der schottischen (1647) und der amerikanischen Presbyterianer (§ 126 m).

5. Die anglikanische Kirche.

1549 **Book of Common Prayer,** im wesentlichen von Cranmer entworfen. Revidiert *o* 1552, 1559, 1562 (§ 84 k).
1563 Die **39 Artikel,** redigiert von Erzbischof Parker durch Überarbeitung der 42 *p* Artikel von 1552, verfaßt von Cranmer (§ 84 k n), 1571 vom Parlament angenommen. Grundbekenntnis der Anglikaner.

6. Ungarn.

1562 **Ungarisches Bekenntnis,** eine Redaktion von Bezas „Confessio Christianae *q* fidei", hergestellt auf den Synoden von Tarcsal (Ungarn, 1562) und Torda (Siebenbürgen, 1563); seit 1567 Annahme der Confessio Helvetica posterior (§ g).

---

[1] Als Confessio Scot. posterior bezeichnet man die Urkunde über die Beschwörung des Covenant durch König Jakob VI. im Jahre 1581.

Siebente Periode.
Das Zeitalter der Aufklärung.

Vorblick auf §§ 104—111.

Mit der „glorreichen Revolution" und der Toleranzakte Wilhelms III. von England (1688 f.) endigt das Zeitalter der Konfessionskriege. Die Kirchengeschichte der folgenden Jahrzehnte zeigt ein völlig verändertes Bild. Auf die gewaltige Steigerung des religiösen Lebens im Zeitalter der Reformation und Gegenreformation folgt als Reaktion ein Ermatten der religiösen Kräfte. Das Interesse an den konfessionellen Ausprägungen des Christentums, die im 16. und 17. Jh. so schwere Kämpfe herbeigeführt hatten, erlahmt, und der konfessionelle Gegensatz verliert allmählich alle Schärfe; nur in einigen unbedeutenden Nachspielen setzt sich die Gegenreformation noch im 18. Jh. fort. Religion und Kirche beginnen im öffentlichen Leben der Völker, besonders in der Politik, zurückzutreten; eine neue, weltliche Kultur entfaltet sich, die von aller kirchlichen Bevormundung sich losringt und die Kirchen in eine völlig neue Atmosphäre versetzt. Alsbald erliegen sie selbst in steigendem Maße den Einwirkungen der neuen Kultur. Diese Umwälzung des Kulturlebens und die veränderte Stellung der Kirche zu den übrigen Kulturzweigen ist die wichtigste Tatsache der nachreformatorischen Kirchengeschichte. Die intellektuelle Seite dieses Umschwungs ist die in den Kreisen der literarisch Gebildeten sich vollziehende Abwendung von der supranaturalistischen Weltanschauung der Kirche und die Ausgestaltung einer neuen, von den überlieferten Autoritäten unabhängigen Welt- und Lebensanschauung. Diesen Prozeß bezeichnet man als die Aufklärung.

Mit dem Vordringen der Aufklärung verlor die Kirche die unbedingte Herrschaft über das geistige Leben eines beträchtlichen Teils der gebildeten Laien. Am radikalsten waren die Wirkungen der Aufklärung auf katholischem Gebiet, in Frankreich, wo viele dem Materialismus und Atheismus verfielen, und wo die Bewegung während der französischen Revolution in einen wilden Haß gegen Kirche und Christentum ausartete. Gemäßigter war die Aufklärung in den übrigen katholischen Ländern und auf protestantischem Gebiet. Hier öffneten sich zwar viele Gebildete einem mehr oder minder ausgeprägten Subjektivismus, entfremdeten sich der Kirchenlehre und ersetzten die naive Gläubigkeit ihrer Väter durch eine religiös gefärbte Weltanschauung, in der gewisse Reste der ererbten Religiosität mit Bestandteilen der neuen wissenschaftlichen Erkenntnisse verschmolzen waren; aber radikale Ablehnung der Religion war hier ganz vereinzelt. Die unteren Bevölkerungsschichten blieben noch ganz unter der Herrschaft der kirchlichen Frömmigkeit und des kirchlichen Vorstellungskreises. Auch die Welt- und Lebensanschauung der Gebildeten, die mit der Kirchenlehre gebrochen hatten, hing natürlich noch mannigfach mit dem konfessionellen Christentum der voraufgehenden Periode zusammen.

Höchst folgenreich war nun, daß die **Kirchen** selbst dem Zuge der Zeit nachgaben. Von den Theologen gingen die **protestantischen**, besonders die deutschen, zu einem großen Teil unbefangen auf die neuen Kulturströmungen ein. Damit begann eine bedeutende innere Umbildung des Protestantismus, der die Anschauungen der Aufklärung in gewissem Umfange und unter charakteristischer Umbiegung herübernahm und sich der fortschreitenden Kultur allmählich anpaßte. Seitdem verlor die protestantische Theologie die Einheitlichkeit und Geschlossenheit, die ihr in der Periode der Orthodoxie eigentümlich gewesen war. Zu der Zersplitterung des Protestantismus in zahlreiche Territorialkirchen und Sekten trat die Zerklüftung in verschiedene dogmatische Überzeugungen. Auch die Geistlichkeit der **römisch-katholischen Kirche** erlag teilweise der Aufklärung, freilich in weit geringerem Umfange. Die **orientalischen Kirchen** wurden von der Aufklärung nicht berührt.

Neben der Aufklärung weist dieser Zeitabschnitt noch eine Reihe ganz andersartiger Bewegungen auf, ohne deren Würdigung das geschichtliche Verständnis des Zeitalters unmöglich ist. Im Protestantismus Deutschlands und der Niederlande entstand, noch bevor sich hier die Aufklärung entfaltete, die starke religiöse Strömung des **Pietismus**; aus ihm erwuchs später (seit dem Ende des 18. Jhs., vornehmlich aber nach 1814) eine kräftige Gegenbewegung gegen die Aufklärung. Eine dem Pietismus verwandte Erscheinung auf englischem Gebiet ist der **Methodismus**, der aber eine andere geschichtliche Stellung einnimmt, da er nach der Aufklärung entstand und diese in England ablöste. Zu diesen beiden religiösen Strömungen kommen entscheidende Vorgänge auf philosophischem und ästhetischem Gebiet, die sämtlich über die Aufklärung hinausführten, so in Deutschland der **deutsche Idealismus**, d. i. die klassische deutsche Philosophie und klassische deutsche Dichtung, in England besonders die Anfänge des **Positivismus**, in Frankreich gewisse Bestandteile der Gedankenwelt **Rousseaus**, usw. Zu breiterer und dauernder Wirkung gelangten diese Strömungen freilich erst nach 1814; für die Breite der kirchlichen Entwicklung des 18. Jhs. war die Aufklärung die entscheidende Größe.

§ 104. Allgemeines über Ursprung und Charakter der Aufklärung.

SGoranssön, Die Auflösung der europäischen Konfessionspolitik in den Jahren 1654–60, Uppsala 1956. – ETroeltsch, Aufklärung (Ges. Schr. IV, 338 ff.). – WDilthey, Das natürliche System der Geisteswissenschaften im 17. Jh. (= Gesammelte Schriften Bd. II, 1914). – Ders., Studien zur Geschichte des deutschen Geistes (= ebd. Bd. III, 1927). – WPhilipp, s. § 107. – ASchlatter, Die philosophische Arbeit seit Cartesius nach ihrem ethischen und religiösen Ertrag, ²1910. – ECassirer, Die Philosophie der Aufklärung, 1932. – ThDevaranne, Konfuzius in aller Welt, 1929. – HWelzel, Die Naturrechtslehre Pufendorfs, 1958.

Bereits seit dem 12. und 13. Jh. vollzog sich eine allmähliche *a* Lösung einzelner Kulturzweige von der Vorherrschaft der Kirche (§ 63 a). Dieser Vorgang beschleunigte sich im Zeitalter der Renaissance; damals entstand die erste individualistische, von der kirchlichen Autorität freie Welt- und Lebensanschauung der neueren Zeit. Die Renaissance wurde dann von den religiösen Bewegungen des 16. Jhs. in eigentümlicher Weise durchkreuzt und gehemmt, aber nicht völlig unterdrückt; sie setzte sich vielmehr als Unterströmung fort und entwickelte sich im 16. und 17. Jh. in der Stille zur exakten Naturwissenschaft und historisch-philologischen Kritik. Als die konfessionellen Kämpfe nachließen, verbanden sich diese wissenschaftlichen Bestrebungen mit der allgemeinen Reaktion, die sich gegen die kirchlich bestimmte Kultur erhob; so entstand die Weltanschauung der **Aufklärung**. Der Überdruß am konfessionellen Hader, der Eindruck der naturwissenschaftlichen Entdeckungen, die Erweiterung des räumlichen Horizonts und die nivellierende Wirkung des wachsenden Verkehrs führten sie rasch zum Siege, zuerst in den Ländern politischer Freiheit, Holland und England, dann in Frankreich und den übrigen Ländern West- und Mitteleuropas, besonders Deutschland; hier haben die Aufklärung und der fürstliche **Absolutismus** sich vielfach gegenseitig gefördert. Die Buchliteratur und die seit ca. 1700 zu größerer Bedeutung gelangenden Zeitungen machten die Aufklärung rasch zu einer internationalen Bewegung.

b   Trotzdem war die Aufklärung keine ganz einheitliche Größe. Sie trug in den führenden Ländern, England, Frankreich und Deutschland, verschiedene Färbung und ließ in jedem einzelnen Lande großer Mannigfaltigkeit Raum. Das allen Aufklärern Gemeinsame lag namentlich in der **Grundstimmung des Seelenlebens**. Am hervorstechendsten ist der ausgesprochene **Intellektualismus**. Erkenntnistrieb und Wahrheitsforschung steigerten sich zu außergewöhnlicher Intensität; an die Stelle des blinden Autoritätsglaubens der früheren Generationen und ihrer scheuen Pietät gegen alles Überlieferte trat der rücksichtslose Drang nach selbständiger Erkenntnis; nichts sollte gelten, was sich nicht vor der Vernunft zu rechtfertigen vermochte. **Diesseits-** und **Kulturfreudigkeit** verdrängten die asketische Jenseitsstimmung; ein fast unbegrenzter **Optimismus** gegenüber der Schöpfung und dem Menschenherzen trat an die Stelle der pessimistischen Betrachtung, der die Welt die Stätte des Satans war; erst das furchtbare Erdbeben in Lissabon 1755 erschütterte die optimistische Stimmung. In der Durchschnittsaufklärung begleitete den Optimismus ein platter **Utilitarismus**. Dem frohen Fortschrittsglauben entsprach ein reger **Reformeifer**, der sich in Staat und Wirtschaftsleben, Kirche und Erziehungswesen betätigte; dem Zurücktreten des Religiösen entsprach eine starke Betonung der Moral. Bei alledem sehr verständlich ist die Begeisterung vieler Aufklärer für die [von ihnen idealisierte] Kultur der **Chinesen**, besonders für Konfucius (§ 105 y). Der deistische Gottesbegriff und die Ethik der Chinesen haben sehr stark auf die Aufklärung eingewirkt.

c   Aus der Vorstellungswelt der Aufklärung ist das sog. „**natürliche System der Geisteswissenschaften**" für die Bewegung am meisten charakteristisch. Es gründet Religion, Moral, Staatsverfassung, Wirtschaftsordnung und Recht auf die „Natur" oder die „Vernunft", beurteilt das geschichtlich Gewordene, das mit den Forderungen der „Vernunft" nicht übereinstimmt, als Entfernung von dem ursprünglichen, normativen Zustande und verwendet gegenüber den bestehenden Zuständen die „Vernunft" als kritische Norm: Das Natürliche und Allgemeingültige ist das allein Wahre. Die Elemente dieses „natürlichen Systems" stammen aus der Stoa, waren schon im kirchlichen Altertum in die kirchliche Theologie übernommen und im 16. Jh. von der protestantischen Theologie beibehalten worden und fanden im 17. Jh. infolge der erneuten Beschäftigung mit der Stoa weite Verbreitung unter den Gelehrten. Daß diese Denkweise auf einer Illusion beruhte, sofern sie als von Anfang an gegeben betrachtete, was in Wirklichkeit nur Abstraktion des geschichtlich Gewordenen war, wurde nur von wenigen hervorragenden Denkern des 18. Jhs. erkannt; für die Weltanschauung der großen Mehrzahl der Aufklärer war das „natürliche System" in einer mehr oder weniger entwickelten Gestalt ein bestimmender Faktor.

1. POLITIK UND STAATSLEHRE. Am raschesten vollzog sich die Säkularisation der Kultur seit dem Ende des 17. Jhs. auf dem politischen Gebiet. Aus der äußeren Politik der Kabinette schied seitdem, vornehmlich nach dem Vorgang des Kardinals Richelieu in Frankreich, die Rücksicht auf die religiösen und konfessionellen Gegensätze völlig aus; symptomatisch ist, daß seit dem 18. Jh. die Türkei von den christlichen Staaten ganz allgemein als bündnisfähig betrachtet wurde; damit fand der Kreuzzugsgedanke nun tatsächlich sein Ende (vgl. § 81 n). *d*

Dieser tatsächlichen Säkularisation der Politik entsprach eine neue, kirchlich *e* indifferente Staatslehre. An die Stelle der scholastischen Staatstheorie, welche den Staat religiös begründete, setzten Jean Bodin, Hugo Grotius, Thomas Hobbes, John Locke, Samuel Pufendorf die naturrechtliche Auffassung, nach der der Staat das natürliche Ergebnis eines Vertrages zwischen Volk und Regierung war. Damit verblaßte die [religionsgeschichtlich bis in den antiken Orient zurückzuverfolgende, im abendländisch-christlichen Kulturkreis unter den Karolingern aufgebrachte] Anschauung vom Gottesgnadentum der Herrscher („Dei gratia"), die bei den absoluten Monarchen der 2. Hälfte des 17. Jhs. und ihren Hoftheologen und Hofjuristen in überschwenglicher Weise vertreten worden war (Ludwig XIV., „le roi-soleil"!). Jetzt dagegen wurde der Staatszweck rein diesseitig bestimmt, der Staat prinzipiell von der Vorherrschaft der Kirche befreit. Nun war der Fürst nicht mehr für das Seelenheil seiner Untertanen verantwortlich; diese Erwägung war im 18. Jh. [neben den aus dem 16. und 17. Jh. nachwirkenden religiösen Motiven] einer der Hauptgründe für die Toleranz. Freilich blieben tatsächlich Kirche und Staat ziemlich eng verbunden; nirgends wurde der Summepiskopat des Landesherrn ernstlich in Frage gestellt, eher prinzipiell noch verstärkt; während das alte Episkopalsystem (§ 81 k) die landesherrliche Kirchengewalt als Fortsetzung der bischöflichen Jurisdiktion angesehen hatte, betrachtete das im 18. Jh. vorherrschende kirchenrechtliche System, das Territorialsystem (Pufendorf, Thomasius, Böhmer) die staatliche Kirchengewalt als Ausfluß der Staatshoheit: der Staat hat kraft der ihm innewohnenden Gewalt die volle Herrschaft über die Kirche. Demgegenüber vertrat allerdings das Kollegialsystem (Pfaff 1719; § 107 g) den Gedanken, daß die Kirche ein selbständiger Verein innerhalb des Staates sei und daß die eigentliche Kirchenregierung der Kirche selbst zukomme. Doch wurden hieraus nicht die vollen Konsequenzen für das Verhältnis von Kirche und Staat gezogen; nur wo die Aufklärung neue politische Zustände schuf, wie in Nordamerika und in Frankreich seit 1789, trennte sie Kirche und Staat.

§ 104　　　　　　　Zeitalter der Aufklärung

f 　　2. WIRTSCHAFTSLEBEN UND SOZIALES. Von den Wandlungen der sozialen Schichtung gewann vor allem das Emporsteigen des Bürgertums kirchengeschichtliche Bedeutung; es verdrängte vielfach den Adel aus seiner bevorrechteten Stellung, gelangte zu größerem Besitz, geistiger Bildung und teilweise zu politischen Rechten und wurde durch das alles zum eigentlichen Träger der Aufklärung. Eine völlige Säkularisation zeigen die Wirtschaftslehren des 18. Jhs., die auf die theologischen Erörterungen der früheren Wirtschaftstheoretiker verzichteten und dafür einen als ideal gedachten Naturzustand voraussetzten (so der Engländer *Adam Smith*, † 1790, der Begründer der modernen Volkswirtschaftslehre). Die theologische Gebundenheit der Anfänge der wissenschaftlichen Erforschung der sozialen und wirtschaftlichen Verhältnisse zeigt sich noch in dem Titel des Werks, mit dem der Berliner Theologe *Johann Peter Süßmilch* die Statistik begründete: „Göttliche Ordnung in den Veränderungen des menschlichen Geschlechts" (1741).

g 　　3. NATURWISSENSCHAFT. Das 17. Jh. war die Glanzzeit der mathematischen Naturwissenschaft. Binnen weniger Jahrzehnte begründeten Galilei, Kepler, Descartes, Gassendi, Newton, Leibniz u. a. die neuere Mechanik, Mathematik und Astronomie. Diese Forscher wollten keine Feinde der Kirche sein; aber tatsächlich standen die neuen Ergebnisse im schärfsten Widerspruch zu dem von der Bibel und der Kirche vertretenen Weltbilde. Mit der Ausbildung einer empirischen, von der kirchlichen und von jeder anderen Autorität freien Naturforschung erfolgte (1) eine völlige Umwälzung des wissenschaftlichen Denkens. Der Eindruck auf die Zeitgenossen war tief; von den naturwissenschaftlichen Erfolgen empfingen sie vor allem einen starken Antrieb zu rationalistischem Denken; die menschliche Vernunft, der die Lösung der großen kosmischen Probleme und die Bewältigung der Naturkräfte durch die [im 17. Jh. noch als teuflisch empfundene] Maschine gelungen war, schien zur Lösung überhaupt aller Fragen fähig. In der Konsequenz lag weiter (2) die Zertrümmerung des alten Weltbildes, d. i. der Vorstellung von den drei Stockwerken Himmel, Erde und Hölle, und die Entgeisterung der Natur, die Überwindung des Teufels-, Dämonen-, Hexen- und Zauberglaubens. Die Welt erschien mehr und mehr als „perpetuum mobile", Gott als „primum movens". Von geringerem Einfluß auf die Kirche war, daß (3) das neue Weltbild pantheisierende religiöse Gefühle auslöste.

h 　　4. GESCHICHTSWISSENSCHAFT. Das Aufklärungszeitalter dachte insofern „unhistorisch", als es die geschichtliche Erkenntnis praktischen Zwecken, namentlich der Moral, unterordnete und in seiner naiven Reformbegeisterung keine Vorstellung von der ungeheuren Wucht alles geschichtlich Gewordenen hatte, widmete sich aber mit Eifer dem Studium der Geschichte und machte auf diesem Gebiete bedeutende Fortschritte. An die Stelle der vom 17. Jh. gepflegten „Polyhistorie", der ungefügen Anhäufung ungeheurer Stoffmassen, trat eine verstandesmäßige Durchdringung der Geschichte (Aufdeckung der Kausalzusammenhänge durch die sog. „pragmatische Methode"). Besonders vertiefte sich die Historie unter dem Einfluß der im 18. Jh. mit Eifer betriebenen Psychologie. Dazu verfeinerten sich allmählich die Methoden der historischen Kritik. Wunder-, Teufels- und Dämonenglaube traten auch in der Geschichtsschreibung mehr und mehr zurück, wenn auch eine wirklich historische Bewältigung der Wunderberichte dem 18. Jh. noch nicht gelang. Das zweite große Ergebnis war die Erkenntnis des relativen Charakters aller historischen Phänomene, der Staatenbildungen, der Religionen usw. Sehr lebhaft war das Distanzgefühl gegenüber dem sog. „Mittelalter".

i 　　5. PHILOSOPHIE. In der Philosophie vollzog sich bereits im 17. Jh. durch den Bruch mit der Autorität des Aristoteles die Lösung von der kirchlichen Scholastik, also die Säkularisation. Die Begründer der neueren Philosophie waren zwar noch sämtlich mit der scholastischen Theologie vertraut und unbewußt in zahlreichen Punkten von ihr abhängig, rangen aber nach autonomer Erkenntnis und standen der Kirchenlehre (jedoch nicht der Religion!) meist indifferent, zum Teil feindlich gegenüber. Das gilt von *Bacon* († 1626), dem ersten Forscher, der die Bedeutung der induktiven Methode grundsätzlich erfaßte, *Descartes* (§ 105 b), *Spinoza* (§ 105 c), *Hume* (§ 105 n) und auch von *Kant* (§ 105 i) und *Locke* (§ 108 f-h); *Locke* (§ 105 i) und *Leibniz* (§ 105 u-w) standen der Kirchenlehre näher, waren aber darum prinzipiell von Autoritäten nicht weniger frei als die vorhergenannten. Durch Säkularisation der in einer bedeutenden Tradition (von Augustinus bis zu Bossuet) vertretenen christlichen Geschichtstheologie entstand die moderne Geschichtsphilosophie (*Giovanni Battista Vico* 1668–1744, *Voltaire* § 105 q, *Herder* § 108 e).

6. KUNST UND LITERATUR. Auf dem Gebiet der Kunst und der Literatur *k* hatte bereits die Renaissance die entscheidende Befreiung von der Vorherrschaft der Kirche vollzogen und in Malerei, Plastik und Architektur, Epos, Lyrik und Drama eine von der Kirche unabhängige Kunst geschaffen. Doch fehlte es nicht an Rückschlägen gegen das Theater, besonders von katholischer Seite. Dem berufsmäßigen Schauspieler wurden Sakrament und Bestattung in geweihter Erde vom katholischen Klerus noch lange verweigert. Auch der Calvinismus wahrte bis ins 18. Jh. hinein seine Theaterfeindschaft. Der Hauptvorkämpfer des Theaters wurde *Voltaire* (§ 105 q); durch ihn wurde die Bühne mehr und mehr eine mit der Kirche oftmals stark rivalisierende Macht. Am längsten behauptete sich der kirchliche Einfluß in der Musik; ja in der 1. Hälfte des 18. Jhs. fand in *Johann Sebastian Bach* (1685–1750, seit 1723 Thomaskantor in Leipzig) die lutherische Religiosität ihren gewaltigsten musikalischen Interpreten und die altlutherische Choralkunst, die sog. große Kantate und die Passion, ihren Höhepunkt und Schlußpunkt. Dann aber trat auch die Musik aus ihrer einseitig kirchlichen Gebundenheit mehr und mehr heraus.

7. MORAL, RELIGION, THEOLOGIE. Selbst die innerlichsten Angelegen- *l* heiten des Menschen, Moral und Religion, wurden von der Entkirchlichung mit erfaßt. Waren früher das sittliche Gesetz wie die Kräfte zum sittlichen Handeln ganz supranaturalistisch aufgefaßt worden, so versuchten es die Moralphilosophen der Aufklärung mit einer rein natürlichen Auffassung des Sittlichen. Trotzdem hielten die älteren Vertreter der Aufklärung fast sämtlich noch daran fest, Religion und Sittlichkeit miteinander zu verbinden. Aber schon Pierre Bayle (§ 105 d) und zahlreiche Moralisten der zweiten Hälfte des 18.Jhs., namentlich Franzosen und Engländer, führten die völlige Trennung von Religion und Sittlichkeit durch. Hinfällig wurde damit u. a. die von der Kirche seit ihrer ältesten Zeit gepflegte Auffassung, daß der dogmatische Ketzer eo ipso ein unsittlicher Mensch sein müsse.

Selbst Religion und Theologie wurden säkularisiert: An die Stelle der von der *m* Kirche verkündeten Religion und Theologie setzte die Durchschnittsaufklärung eine „natürliche Religion" bzw. „natürliche Theologie".

§ 105. Der Verlauf der Aufklärungsbewegung in Holland, England und Frankreich. Ihre Anfänge in Deutschland.

GWLeibniz. Sämtliche Schriften und Briefe, c. 40 Bde., im Erscheinen. – D'Alembert, Einleitende Abhandlung zur Enzyklopädie, (1751), ed. GKlaus 1958. – GVLechler, Geschichte des englischen Deismus, 1841. – ETroeltsch, Deismus (Ges. Schr. IV, 429ff.); Die englischen Moralisten (Ges. Schr. IV, 374ff.). – RNStromberg, Religious Liberalism in eighteenth-Century England, London 1957. – MSchinz, Die Anfänge des französischen Positivismus I, 1914. – Grundpositionen der französischen Aufklärung (Neue Beiträge zur Lit.-Wiss., ed. WKrauss, I 1955). – RHEWeis, Geschichtsschreibung und Staatsauffassung in der französischen Enzyklopädie, 1956. – WZiegenfuss, J.-J. Rousseau, 1952. – LStrauss, Die Religionskritik Spinozas, 1930. – Über Spinoza ferner: ACresson (1940), AAWolfson (englisch, 1948), SHampshire (1952), LRoth (1954). – WDilthey, Studien zur Geschichte des deutschen Geistes (Ges. Schr. III), 1927. – Über Leibniz Arbeiten von HHoffmann (1903), *FXKiefl (1913), RHönigswald (1928), GStammler (1931), KHildebrandt (Haag 1953). – HSchöffler, Deutscher Osten im deutschen Geist, 1940. – EKohlmeyer, Kosmos und Kos-

§ 105　　　　Zeitalter der Aufklärung

monomie bei Christian Wolff, 1911. – RLieberwirth, Christian Thomasius (Bibliogr.), 1955. – MFleischmann, Chr. Thomasius, 1931. – *HZwetsloot, Friedrich Spee und die Hexenprozesse, 1954. – ERosenfeld, Friedrich Spee, 1958. – Vgl. § 107.

a　1. HOLLAND. Am frühesten verbreitete sich die Aufklärung in Holland, wo Amsterdam einer der wichtigsten Druckorte der Aufklärungsliteratur wurde. Seit der Losreißung von Spanien (§ 89 n) hatte die holländische Kultur einen glänzenden Aufschwung genommen; um die Mitte des 17. Jhs. erreichte sie ihre Blüte. Dem wirtschaftlichen Wohlstand entsprach eine vielseitige und gründliche Bildung des Bürgertums, selbst der Handwerkerschicht, und eine hohe Blüte von Wissenschaft und Kunst. In dieser Umwelt entstand frühzeitig eine kirchliche Toleranz (§ 89 o, 96 m); auch dem wissenschaftlichen Denken wurde größere Freiheit gegönnt als sonst irgendwo. Hier konnte nicht nur Hugo Grotius seine natürliche Theologie, sein Naturrecht und seine historisch-grammatische Exegese lehren (§ 96 p), hier blühte auch eine kirchlich-dogmatisch nur wenig gebundene humanistische Philologie, und freie Denker wie Descartes, Spinoza und Pierre Bayle fanden hier ein Asyl; so haben die ersten großen metaphysischen Systeme der neueren Zeit, das cartesianische und das spinozistische, zuerst in Holland und von Holland aus gewirkt.

b　Sie bedeuten beide eine energische Absage an die überlieferten Autoritäten. Der Franzose RENÉ DESCARTES (1596–1650), der durch seinen langjährigen holländischen Aufenthalt Holland zum Hauptsitz der cartesianischen Schule machte, suchte eine völlig autonome und zugleich jeglichem Zweifel unzugängliche Philosophie zu erringen („cogito ergo sum", d. h. über allen Zweifel erhaben ist die Tatsache des Zweifelns selbst, des Denkens, des psychischen Seins); sein System, die erste selbständige philosophische Weltanschauung nach der Scholastik, ließ zwar durch seine Anerkennung des Gottesbegriffs und seine klare Scheidung zwischen Geist und Körperwelt für wichtige christlich-religiöse Begriffe Raum, war aber tatsächlich gegen Offenbarungsglauben und Religion völlig gleichgültig.

c　Noch weit radikaler war BARUCH SPINOZA (Benedictus de Spinoza, 1632–1677, ein holländischer Jude portugiesischer Herkunft). Er entwickelte, unbekümmert um Synagoge und Kirche, einen konsequenten, den persönlichen Gott und die individuelle Unsterblichkeit verneinenden Pantheismus („deus sive natura"), verfocht die Lösung des wissenschaftlichen Denkens von den Dogmen der Religion, beschränkte die Religion auf Liebe und frommes Gefühl und unterzog die Bibel der historischen Kritik; so hat er bereits die allmähliche Entstehung des Pentateuchs erkannt. (Hauptschriften: „Tractatus theologico-politicus", gedruckt 1670, von ungemein großer Wirkung, und „Ethica, ordine geometrico demonstrata", gedruckt 1677). Seine Anschauungen, von den zahlreichen Gegnern als „Atheismus" gebrandmarkt und leidenschaftlich bekämpft, fanden doch auch vereinzelte Anhänger; seit der 2. Hälfte des 18. Jhs. übte der [allerdings nicht richtig verstandene] Spinozismus im deutschen Geistesleben bedeutenden Einfluß aus.

d　In der schöpferischen Kraft des Denkens einem Descartes und Spinoza längst nicht zu vergleichen, aber von weit größerem Einfluß auf die eigene Zeit war der Franzose PIERRE BAYLE (1647–1706). Eine überaus kritisch veranlagte Natur, empfand er die Krisis, in die der überlieferte Dogmenkomplex durch die neuen wissenschaftlichen Erkenntnisse geraten war, aufs stärkste, war aber außerstande, die gewaltigen Probleme anders als durch die Theorie der doppelten

Wahrheit zu bezwingen. 1682 veröffentlichte er die „Lettres sur les comètes". Sein Hauptwerk, der „Dictionnaire historique et critique" (1695–1697), wurde eines der grundlegenden Werke der Aufklärung und wirkte namentlich durch seine skeptische, zersetzende Kritik.

Die Wirkungen der Aufklärung auf die holländische Theologie waren um 1700 *e* noch schwach. Doch verstärkte sich allmählich der Zug zur Kritik, namentlich bei den remonstrantischen Theologen (vgl. § 96 p; *Johann Leclerc* [Clericus], 1657–1736; *Johann Jakob Wettstein*, 1751 f. kritische Ausgabe des NT.s). Aber das Dogma blieb unangetastet. Als der Amsterdamer Prediger *Balthasar Bekker* unter dem Einfluß der cartesianischen Philosophie in seinem aufsehenerregenden Buche „De betoverde Wereld" (Die bezauberte Welt, 1691) allen Teufels- und Zauberglauben kühn bestritt und die biblischen Berichte von den Heilungen dämonisch Besessener „natürlich" erklärte, verlor er sein Amt, obwohl er im übrigen ein streng supranaturalistischer Biblizist war. Sein Werk wurde aber sofort in mehrere andere Sprachen übersetzt.

2. ENGLAND. Am Ende des 17. Jhs. trat die englische Auf- *f* klärung in den Vordergrund. Sie entsprang der allgemeinen Lage Englands nach der Cromwellschen Revolution. Die schwere Erschütterung, die die religiösen Kämpfe der Revolutionszeit verursachten, erzeugte ein lange anhaltendes Bedürfnis nach einer Überwindung der religiösen Gegensätze. Das Steigen der wissenschaftlichen Bildung, die Berührung des Handelsvolkes mit Völkern und Religionen anderer Kulturkreise, der lebhafte Aufschwung der Literatur, die Rationalisierung der Theologie im Latitudinarismus (§ 98 v), das alles wirkte erweichend auf das christliche Dogma. Daneben wirkte die im Auslande, besonders in Holland, emporgewachsene Religionskritik auf England ein (Arminianer, Sozinianer, Spinoza, Bayle). Als 1688 das absolutistische Regiment der Stuarts beseitigt und die politische Freiheit gesichert war (1694 Preßfreiheit!), griff die Aufklärung in England rasch um sich und verdichtete sich zum **englischen Deismus,** in dem die antitheologischen Bestrebungen der Zeit zuerst einen scharfen Ausdruck und eine in die Breite gehende Wirkung erzielten.

1.Vorläufer hatte der Deismus in England selbst schon in der ersten Hälfte *g* des 17. Jhs. Bereits *EDWARD HERBERT VON CHERBURY* (1581–1648), ein vielgereister Abenteurer, vertrat die Grundzüge des Deismus (Hauptwerke: „De veritate", Paris 1624; „De religione gentilium errorumque apud eos causis", London 1645, vollständig Amsterdam 1663). Er nahm das Vorhandensein gewisser „communes notitiae" an, allen Menschen angeborener, vernünftiger Grundwahrheiten, die den eigentlichen Inhalt der Religion ausmachen. Herbert zählt deren fünf: 1. es gibt einen Gott; 2. Gott muß verehrt werden; 3. die Hauptbestandteile der Gottesverehrung sind Tugend und Frömmigkeit; 4. der Mensch hat die Pflicht, die Sünde zu bereuen und zu verabscheuen; 5. es gibt im Diesseits und im Jenseits eine göttliche Vergeltung. Diese Ideen sind nach Herbert in allen Religionen enthalten; sie decken sich mit dem ursprünglichen Christentum, während das spätere Christentum eine Verfälschung des ursprünglichen ist.

Unter den Unruhen der Revolutionszeit geriet Herbert rasch in Vergessenheit. *h* Die Zeit der Stuartschen Restauration (1660ff.) brachte in dem Philosophen *THOMAS HOBBES* (1588–1679) einen der einflußreichsten Bahnbrecher der englischen Freigeisterei hervor, der sich freilich von den „Deisten" (§ k) durch sein Eintreten für die schroffste kirchliche Intoleranz des Staats wie durch seine radikalere Stellung zur Religion unterschied. Hobbes, ein durchaus irreligiöser Geist, vertrat einen konsequenten Sensualismus, für den alle Philosophie Körperlehre ist, alle Erkenntnis aus Empfindungen entspringt, alle Dinge rein mechanisch erklärbar sind.

§ 105   Zeitalter der Aufklärung

i   2. Den entscheidenden Anstoß zur Entstehung des englischen Deismus gab die theologische Schriftstellerei des berühmten Philosophen *JOHN LOCKE* (1632 bis 1704), des Begründers der englischen Erfahrungsphilosophie, der freilich selbst nicht zu den Deisten zu rechnen ist. Denn seine Religionstheorie vereint mit einer entschieden rationalistischen, den Deismus anbahnenden Betrachtungsweise einen maßvollen, am Dogma, an den Wundern und an der Inspiration festhaltenden Supranaturalismus. Zugleich war Locke einer der einflußreichsten literarischen Vorkämpfer der Toleranz; die katholische Kirche und den Atheismus nimmt Locke von der Duldung aus. Entsprechend der positiv-gläubigen Stellung Lockes zur Religion ist seine Forderung der Toleranz durchaus religiös begründet; sie steht unter der Einwirkung des englischen Täufertums („Letters on toleration", 1689–92; „The reasonableness of Christianity", 1695, u. a.).

k   3. Die folgende Generation blieb bei dem Lockeschen Kompromiß zwischen Vernunft und Offenbarung nicht stehen, sondern gelangte durch Rationalisierung der Offenbarung zu weit radikaleren Anschauungen. Die Vertreter dieser neuen Auffassung sind die eigentlichen **„Deisten"**; sie selbst nannten sich „Freidenker" („Freethinkers")[1]. Der „Deismus" in diesem Sinne ist die Religionsphilosophie der Aufklärung, der erste Versuch, die Religion, die man bisher naiv als etwas Selbstverständliches von den Vätern übernommen hatte, dem kritischen Nachdenken zu unterwerfen und sie so umzubilden, daß sie für das fortgeschrittene wissenschaftliche Denken annehmbar wurde. Der Grundbegriff des deistischen Systems war die „natürliche Religion", die nur „Vernünftiges" zum Inhalt hat, nämlich rationale Metaphysik (Gott und Unsterblichkeit) und Ethik, dagegen nichts „Widervernünftiges", wie die kirchlichen Dogmen über Trinität und Inkarnation. Die „natürliche Religion" galt als die normative, die allein wahre, die absolute Religion; die geschichtlichen, auf supranaturale Offenbarung begründeten Religionen sollten nur soweit anerkannt werden, wie sie mit der natürlichen Religion übereinstimmen. Jesus wurde, unter naiver Vergewaltigung der Quellen, als ein [rein menschlicher] Prophet der natürlichen Religion gefaßt. Das Ergebnis der deistischen Religionsphilosophie war eine eindringende Kritik der christlichen und der außerchristlichen Religionsgeschichte. Dabei wurden bereits alle wichtigeren kritischen Fragen namentlich der Entstehungsgeschichte des Christentums erörtert, wenn auch längst nicht bewältigt.

l   Der erste und zugleich der bedeutendste Deist war der Ire *JOHN TOLAND* (1670–1722), der nachzuweisen suchte, daß das ursprünglich rein vernünftige Christentum durch Einflüsse des Judentums, der griechischen Mysterien und der platonischen Philosophie entstellt worden sei (Hauptschrift: „Christianity not mysterious", 1696). Das Hauptwerk des englischen Deismus schuf *Matthew Tindal* (1656–1733) mit seinem Buche „Christianity as old as the creation" (1730); es war der erste bedeutende Versuch, eine alle Religionen umfassende philosophische Anschauung der Religionsgeschichte zu gewinnen. Nach Tindal ist die Vernunftreligion die Urreligion der Menschheit, die im Judentum und Christentum erneuert, in den übrigen Religionen wenigstens fragmentarisch erhalten geblieben sei. Als deistische Bibelkritiker sind daneben *Antony Collins, Thomas Woolston* und *Thomas Morgan* zu nennen; der radikale *Peter Annet*, der erste, der die biblischen Wunderberichte mit den Gründen einer spinozistisch-monistischen Metaphysik bekämpfte (1747), sowie *Conyers Middleton*, der den umfassendsten geschichtlichen Beitrag zur Wunderfrage lieferte (1748), gehen in ihren positiven Anschauungen bereits über den Deismus hinaus.

m   Auch außerhalb der im engeren Sinne „deistischen" Gruppe war religiöse Aufklärung in England verbreitet; dahin gehört die Schriftstellerei des frivolen weltmännisch-skeptischen Lords *Bolingbroke* († 1751) und des berühmten, feinsinnigen Philosophen Lord *Shaftesbury* († 1713), des Begründers einer autonomen ästhetischen Gefühlsmoral. Ein völliger Sieg war aber dem Deismus auf englischem Boden nicht beschieden. Die Schuld daran trug seine heftige Polemik

---

[1] Als Schmähwort begegnet das Wort **Deismus** bereits im 16. Jh., so mit Bezug auf die Lehre der Sozinianer, also eine zwar den Gottesglauben, aber nicht den Christusglauben verfechtende Theologie.

gegen das anglikanische Staatskirchentum, die die politischen und literarischen Kreise zu vornehm zurückhaltender und ablehnender Haltung zwang. Weit stärkere Wirkungen als in England selbst übte der englische Deismus in Frankreich und in Deutschland.

4. In England hatte der Deismus um 1750 seinen Höhepunkt überschritten. *n* Das religiöse Interesse der Engländer wandte sich seit 1739 der methodistischen Erweckung zu (§ 109), die wissenschaftliche Kritik aber erkannte die Unhaltbarkeit der deistischen Position und vertiefte sich in dem glänzendsten Vertreter der englischen Philosophie, *DAVID HUME* (1711–1776), zum Positivismus. Hume begründete mit vollendetem Scharfsinn einen erkenntnistheoretischen Empirismus. Alle Erkenntnis stammt aus der sinnlichen Wahrnehmung, Kausalbegriff und Substanzbegriff sind bloße Gebilde der menschlichen Verstandestätigkeit. Daher ist ein Schluß von den Tatsachen der Erfahrung über den Erfahrungskreis hinaus wissenschaftlich unzulässig. Gott und Unsterblichkeit der Seele sind für das Wissen unerreichbar. Damit zerstörte Hume die rationale Metaphysik der Deisten. Die Religion hielt er im letzten Grunde für eine Illusion, sie entstammt der Furcht des Naturmenschen vor den Naturgewalten und war ursprünglich polytheistisch („The natural history of religion", 1755). Diese Auffassung zerstörte die Geschichtsphilosophie des Deismus, die deistische Theorie von der Identität von Vernunftreligion und Urreligion und dem Hervorgehen der positiven Religionen aus der Vernunftreligion; die deistische „Naturreligion" war als ein gelehrtes Phantasiegebilde erkannt. Die prinzipielle Tragweite dieser Anschauungen kam dem 18. Jh. noch nicht zum Bewußtsein. Der Kreis, in dem damals Humesche Ideen zur Wirkung gelangten, war überdies klein. Der bedeutendste Historiker aus diesem Kreise war der Lord *Edward Gibbon* († 1794), der in seiner berühmten „History of the decline and fall of the Roman empire" (1776–1788) die Entstehung und Ausbreitung des Christentums und seinen zersetzenden Einfluß auf das Römerreich als eine Abfolge ganz natürlicher Vorgänge schilderte.

3. FRANKREICH. In Frankreich gewann die Aufklärung *o* das kräftig emporstrebende Bürgertum, teilweise auch den Adel und den Klerus; nur der französische Hof verhielt sich den neuen Ideen gegenüber völlig ablehnend, während alle übrigen bedeutenden Throne Europas im Laufe des 18. Jhs. von der Aufklärung erobert wurden. Die französische Aufklärung hat ihre Probleme und ihre wissenschaftlichen Methoden in der Hauptsache von England übernommen. Trotz dieses Mangels an Originalität war sie von größter Bedeutung: erst die Franzosen, die ihr glänzendes formales Talent, ihre Kunst, scharfgeschliffene Schlagwörter zu prägen, in den Dienst der Aufklärung stellten, machten diese zu einer internationalen Bewegung; und erst auf französischem Boden erhielt die Aufklärung ihre schärfsten, ausgesprochen kirchen- und religionsfeindlichen Akzente und damit ihre durchschlagende Kraft. Der Hauptgrund zu diesem Radikalismus lag in der engen Verbindung der gallikanischen Kirche mit dem französischen Staat. Die Kirche hatte an den heillosen politischen und sozialen Zuständen Frankreichs vor der Revolution erheblichen Anteil. Der Widerspruch gegen das ancien régime traf daher auch die katholische Kirche. Verhängnisvoll wirkte daneben die Intoleranz der Geistlichkeit (vgl. § 111 d 5).

1. Die ersten Ansätze zur französischen Aufklärung liegen in der Zeit der *p* Hugenottenkämpfe des 16. Jhs. *Jean Bodin* (1530–1596/97) übte bereits historische Kritik und nahm in seiner Religionsauffassung gewisse Tendenzen des Deismus vorweg, war aber ein Gegner der Bekämpfung des Hexenwahns. *Michel de Montaigne* (1533–1592), der Verfasser weltberühmter „Essays", war von anti-

ken Skeptikern angeregt und vertrat eine konsequente Skepsis („Que sais-je?"), war aber im äußeren Leben und im Sterben Katholik.

Weit stärker als dieser vereinzelte literarische Widerspruch gegen die Kirchenlehre arbeitete die Kultur des Zeitalters Ludwigs XIV. der Aufklärung vor; hinter einer starren, rein äußerlichen Kirchlichkeit verbarg sich ein wüstes Genußleben, das alle Sittlichkeit und Religion entwurzelte. Der offene literarische Angriff auf die Kirche blieb freilich unter dem höchst bigotten „Sonnenkönig" und auch noch unter seinem Nachfolger gefährlich; dem kühnen Schriftsteller drohte die Bastille, seinem Werk der Scheiterhaufen. *Molière* wagte es gleichwohl, in seinem „Tartuffe" den religiösen Heuchler zu porträtieren. Vor allem durch die Philosophie drang skeptische Kritik in die französische Gesellschaft ein, vornehmlich durch *Pierre Bayle* (§ d).

Auf diese Lage traf im 18. Jh. die Einwirkung des englischen Geisteslebens. Noch zu Beginn des 18. Jhs. waren die englischen Zustände den Franzosen so gut wie unbekannt. Der erste, der auf sie hinwies, war der Baron *de Montesquieu* (1689–1755); seine Schriftstellerei richtete sich vor allem gegen die französische Staatsverfassung, kritisierte aber auch das herrschende Kirchentum („Lettres persanes", 1721).

q   2. Der typische Vertreter der französischen Aufklärung in allen ihren Vorzügen und Schwächen, zugleich ihr ruhmgekrönter Führer war *VOLTAIRE* (1694–1778, aus Paris, von Jesuiten erzogen; seit 1758 im Besitz der Herrschaft Ferney bei Genf), eine Persönlichkeit von unermeßlicher Wirkung. Er war der größte Popularisator der englischen Religions- und Naturphilosophie. Von seinem deistischen Standpunkte aus trieb er eine leidenschaftliche, schneidend scharfe Polemik gegen alle positive Religion, besonders die katholische Kirche und ihre Intoleranz: damit gab er der französischen Aufklärung ihren radikalen, kirchenfeindlichen Charakter (seine Devise: *écrasez l'infâme!*"). Für seine Entwicklung wurde sein Aufenthalt in England (1726–1728) entscheidend. An dem Gottesglauben in der Form des englischen Deismus hielt er zeitlebens fest, wenn auch mit steigender Unsicherheit; Gott ist nach Voltaire zwar nicht theoretisch als denknotwendig zu erweisen, aber aus praktischen Gründen muß an seine Existenz geglaubt werden. Dagegen gab er den Glauben an die individuelle Unsterblichkeit auf und förderte dadurch den Materialismus. Wirkliche Verdienste hat Voltaire um die Toleranz. Am bekanntesten ist sein tapferes und erfolgreiches Eintreten für die Familie des unschuldig hingerichteten Hugenotten *Jean Calas* in Toulouse (1762). (Voltaires Hauptwerk: „Essai sur les moeurs et l'esprit des nations", 1754–1758.)

r   3. Die Verbreitung der Aufklärung unter der großen Menge der Gebildeten unternahmen die sog. **Enzyklopädisten**, an ihrer Spitze *Diderot* und *d'Alembert*, die Herausgeber der 35bändigen „Enzyklopädie" (1751–1765 bzw. 1780), eines großen Nachschlagewerkes. Hier herrschten im wesentlichen die philosophischen Anschauungen Voltaires, doch mit stärkerer Wendung zur religiösen Skepsis und zum Atheismus; die politischen Ideen waren überwiegend konservativ-legitimistisch. War in diesem Werke der metaphysische Radikalismus mehr nur angedeutet als ausgesprochen, so schritten andere Schriftsteller zum unverhüllten **Materialismus** fort. Ihn vertrat zB. der Arzt und Schriftsteller *de Lamettrie* (1700 bis 1751), der die sinnliche Lust für den leitenden Begriff der Moral erklärte („L'homme machine", 1748; „L'art de jouir", 1751, von beispiellosem Zynismus). Der bekannteste unter den französischen Materialisten ist der Deutschfranzose Baron *Dietrich von Holbach* (c. 1723–89). Das von ihm unter Mitwirkung einiger Freunde verfaßte Buch „Système de la nature" (1770) ist das Glaubensbekenntnis der radikalen französischen Gesellschaft vor der Revolution; es erklärt alles seelische Leben restlos aus der Materie und bekämpft jeglichen Gottesglauben als Wahnwitz.

s   4. Die Reaktion gegen die einseitige Verstandesaufklärung und die Religionsfeindschaft der Enzyklopädisten bezeichnet der geniale *JEAN-JACQUES ROUSSEAU* (1712–1778, aus Genf), der feurige Prophet des Gefühls und der Natur, dessen Anschauungen teilweise schon über die Aufklärung hinausführten. Nach Rousseau ist der Naturzustand ein Zustand völligen Glücks und völliger

Gleichheit, den die Kultur, der Staat, der Privatbesitz verdorben haben. Daraus ergab sich das Programm der größtmöglichen Annäherung an die Natur im Staatsleben, in der Erziehung und in der Religion. Darüber handeln seine beiden ungemein einflußreichen Hauptwerke, „**Du contrat social**" (1762, Rousseaus Staatstheorie, von stärkstem Einfluß auf die französische Revolution) und „**Emile ou sur l'éducation**" (1762, für vernünftige, naturgemäße Erziehung). Im „Emile" ist der bedeutendste Abschnitt das eingeflochtene Glaubensbekenntnis des savoyischen Vikars, das Rousseaus eigenes Glaubensbekenntnis ist. Tief religiös gestimmt, aber alles Christliche ablehnend, tritt er für die „Naturreligion" ein (Gott, Freiheit, Unsterblichkeit), die freilich bei ihm etwas wesentlich anderes ist als die Vernunftreligion der früheren Deisten. Denn nach Rousseau kann Gott nicht verstandesmäßig bewiesen werden, vielmehr gründet sich die Religion auf das „sentiment", auf das natürliche, unverdorbene Gefühl des Herzens.

4. DEUTSCHLAND. In Deutschland lag die Kultur nach *t* dem Dreißigjährigen Kriege jahrzehntelang völlig darnieder. Unter dem Druck der schlimmen wirtschaftlichen Verhältnisse blieb das geistige Leben dürftig und armselig. In der Theologie herrschte eine starre Orthodoxie, die zwar von den großen Umwälzungen im wissenschaftlichen Denken der westlichen Nachbarländer Kenntnis nahm, aber zu einer Weiterbildung oder Umbildung ihrer Anschauungen außerstande war und das Neue in schroffer Polemik abwies [2]. Allmählich aber begann auch der deutsche Geist sich wieder zu regen, und nun setzte langsam auch in Deutschland eine Aufklärungsbewegung ein. Aber im Unterschiede vom englischen Deismus und vom Radikalismus der Franzosen vertraten die deutschen Aufklärer mit geringen Ausnahmen sehr maßvolle Anschauungen. Das gilt insbesondere von dem Manne, der wie kein anderer dem Verlauf der deutschen Aufklärung die Richtung gegeben hat, dem genialen Leibniz.

GOTTFRIED WILHELM LEIBNIZ (1646–1716), Staatsmann und Philo- *u* soph erst im Dienste von Kurmainz, dann von Hannover, war ein Mann von ganz außergewöhnlicher Universalität, der sehr anregend auf seine Zeit wirkte (erstaunlich umfangreiche Korrespondenz; Gründung der wissenschaftlichen Akademie zu Berlin 1700). Von seinen Schriften waren besonders zwei von Einfluß, die populär gehaltenen „Essais de Théodicée" (Amsterdam 1710) und die erst 1765 veröffentlichten „Nouveaux essais sur l'entendement humain". Leibnizens religiöse Interessen erhellten bereits aus seinen Bemühungen um eine Union zwischen Katholiken und Protestanten (vgl. § 111 f); die Hauptbedeutung Leibnizens für die Kirchengeschichte liegt aber in seiner Gedankenarbeit, darin, daß er die Vereinbarkeit des christlichen Gottes- und Unsterblichkeitsglaubens mit der mechanischen Naturwissenschaft zu erweisen suchte. So begründete er in scharfem Gegensatz zu der von Bayle vertretenen Theorie der doppelten Wahrheit (§ d) die für die deutsche Aufklärung charakteristische Synthese von Christentum und idealistischer Philosophie.

Leibniz denkt die Welt als ein System von Monaden, unzerstörbaren Kraft- *v* substanzen, die in lückenloser Stufenfolge von niederen Formen (Materie) aufsteigen zu den Seelen und Geistern (Engeln) und zur Zentralmonade, Gott (Monadenlehre). Aus dem Substanzcharakter der Seele folgt ihre Unsterblichkeit. Den Konflikt, in den die Annahme der Zweckmäßigkeit und Vollkommenheit der Welt mit der Tatsache des Übels gerät, sucht er mit einer scharfsinnigen **Theodicee** zu lösen (das physische Übel ist eine Folge des moralischen Übels, das moralische Übel eine Folge des metaphysischen Übels, d. h. der Beschränktheit der endlichen Wesen, diese aber eine notwendige Folge der Existenz der Welt: denn

---

[2] Typisch etwa *Christian Kortholt* (in Kiel), „De tribus impostoribus", 1680 (gegen Herbert v. Cherbury, Hobbes, Spinoza).

eine Welt ist nur als eine Vielheit sich gegenseitig bedingender und beschränkender Wesen denkbar; aber unter allen möglichen Welten ist die wirkliche Welt die denkbar beste).
Der damit gesicherte Optimismus der Weltanschauung beherrscht Leibnizens Frömmigkeit. Diese besteht in der richtigen religiösen Erkenntnis und der daraus fließenden Gottesliebe und in tugendhaftem Handeln. Alles Asketische, die Sünden- und Gnadenlehre, Kultus und Zeremonien treten völlig zurück.

w Neben der natürlichen Theologie läßt Leibniz den geoffenbarten Wahrheiten ihr Recht; Inkarnation, Abendmahl und andere Dogmen hat er verteidigt. Die Wunder werden beschränkt, die wichtigsten, zB. die Auferstehung Christi, anerkannt. Unausgeglichen steht neben der orthodoxen Unterscheidung zwischen „theologia revelata" und „theologia naturalis" die deistische Anschauung, die das Christentum mit der Vernunftreligion gleichsetzt und in Jesus nicht den menschgewordenen Gott, sondern den hervorragendsten Religionsstifter erblickt. So ist seine Theologie, ähnlich der Lockes (§ i), eine Verbindung des deistischen Schemas mit allerlei Überresten des orthodoxen Systems.

x Der erste einflußreiche Vorkämpfer der Aufklärung an den Universitäten wurde der Jurist *CHRISTIAN THOMASIUS* (1655–1728). Er lehrte zunächst an der Universität Leipzig, hielt hier unter größtem Aufsehen die ersten Vorlesungen in deutscher Sprache und gab 1688–1689 die erste deutsche wissenschaftliche Zeitschrift heraus, erregte jedoch heftigen Widerstand und siedelte 1690 nach Halle über (Universität seit 1694). Thomasius war kein schöpferischer Geist und ohne systembildende Kraft, blieb daher vielfach in Halbheiten und Oberflächlichkeit befangen. Er war ein Gegner des Wolffschen Intellektualismus (§ y), eine Zeitlang konnte er sogar mit den Pietisten sympathisieren. Von weitreichendem Einfluß wurde er besonders durch die Begründung des kirchenrechtlichen Systems des Territorialismus (§ 104 e), sowie seinen Kampf für die Abschaffung der Folter (1740 in Preußen, dann in den übrigen deutschen Ländern abgeschafft) und für die Abschaffung der Hexenprozesse. Thomasius bestritt zwar nicht die Realität des Teufels und der Dämonen, aber die Möglichkeit von Teufelsbündnissen; damit fielen die Anklagen auf Teufelsbuhlschaft dahin. (Der erste Bekämpfer des Hexenwahns war der Evangelische *Johannes Weyer*, 1515–1588, Leibarzt in Cleve; im 17. Jh. wirkte der Jesuit *Friedrich von Spee*, 1591–1635, gegen die Hexenprozesse; letzter Hexenbrand im Deutschen Reich 1775 in Kempten, also in einem geistlichen Territorium.)

y Weit stärker als Thomasius hat der Philosoph *CHRISTIAN WOLFF* (1679 bis 1754, seit 1706 Professor in Halle) die Wissenschaften mit dem Geiste der Aufklärung durchdrungen. Auch Wolff war kein originaler Denker; er war von der englischen Aufklärung und vor allem von Leibniz abhängig, dessen Ideen er popularisierte und verbreitete, ohne ihre Feinheiten zu erhalten. Das Hauptcharakteristikum Wolffs ist die mathematisch-demonstrierende Methode, die er auf alle Wissenschaften anwandte. Trotz seiner verhältnismäßig konservativen Anschauungen wurde er von den protestantischen Theologen, besonders von den hallischen Pietisten (§ 106 g–k) heftig bekämpft. Den Hauptanstoß nahmen sie an seinem Determinismus, den sie als „Atheismus" und „Spinozismus" verschrieen; aber auch seine Verherrlichung des Konfucius (1721 „Oratio de Sinarum philosophia practica") erregte lebhaften Widerstand. Die Hallenser benutzten ihren Einfluß bei Friedrich Wilhelm I., den Philosophen mißliebig zu machen; der Soldatenkönig gebot Wolff, bei Strafe des Stranges binnen 48 Stunden Preußen zu verlassen (1723). Wolff fand an der Universität Marburg Aufnahme, wo er seine Glanzzeit verlebte. Unter Friedrich II. kehrte er nach Halle zurück (1740).

§ 106. Der Pietismus.

ARitschl, Geschichte des Pietismus, 3 Bde., 1880–86. – PAlthaus, Die Bekehrung in reformatorischer und pietistischer Sicht, NZsystTh I, 1959, 3–25. – PGrünberg, Spener, 3 Bde., 1893–1906. – KAland, Spener-Studien (AKG 28), 1943. – Speners Pia desideria, ed. KAland (KlT 170), ²1955. – HStahl, August Hermann Francke, 1939. – WGoeters, Die Vorbereitung des Pietismus in der ref. Kirche der Niederlande bis 1670, 1911. – FTanner, Die Ehe im Pietismus, Zürich [1952]. – WMahrholz, Der deutsche Pietismus (Auswahl von Bekenntnissen usw. aus dem 17.–19. Jh.), 1921. – ALangen, Der Wortschatz des deutschen Pietismus, 1954. – ALehmann, Es begann in Tranqebar, die Geschichte der ersten ev. Kirche in Indien, ²[1956]. – MWieser, Der sentimentale Mensch, 1924. – ESeeberg, Gottfried Arnold, 1923. – Zeitschrift f. Brüdergeschichte, hrsg. von JThMüller, GReichel, WESchmidt seit 1907. – JThMüller, Zinzendorf als Erneuerer der alten Brüderkirche, 1900 – OPfister, Die Frömmigkeit des Grafen von Zinzendorf, ²1925 (psychoanalytisch). – GReichel, Der Senfkornorden Zinzendorfs I, 1914. – Ders., Die Anfänge Herrnhuts, 1922. – OUttendörfer, Alt-Herrnhut, 1925. – OUttendörfer, Zinzendorfs Weltbetrachtung, 1929. – – HWErbe, Zinzendorf und der fromme hohe Adel seiner Zeit, 1928. – SHirzel, Der Graf und die Brüder, 1934. – OUttendörfer, Zinzendorfs religiöse Grundgedanken, 1935. – Ders., Zinzendorfs christliches Lebensideal, 1940. – WBettermann, Theologie und Sprache bei Zinzendorf, 1935. – SEberhard, Kreuzestheologie, das reformatorische Anliegen in Zinzendorfs Verkündigung, 1938. – FBlanke, Zinzendorf und die Einheit der Kinder Gottes, 1950. – OUttendörfer, Zinzendorf und die Mystik, 1950. – Über den jungen Zinzendorf: LFendt, ThLZ 1954, 593–596. – EBeyreuther, Der junge Zinzendorf, [1957]. – GReichel, Spangenberg, 1906. – WJannasch, Gräfin Zinzendorf, 1914. – ElisZinn, Die Theologie des F. C. Oetinger, 1932.

1. ALLGEMEINES. Von ca. 1690 bis ca. 1730 stand der deutsche *a* Protestantismus unter der Herrschaft des **Pietismus.** Der deutsche Pietismus ist eine Teilerscheinung einer großen interkonfessionellen Bewegung, die im 17. Jh. durch die großen wirtschaftlichen und politischen Erschütterungen und die Erstarrung des orthodoxen Kirchenwesens ausgelöst wurde. Er hat an der katholischen Mystik und am Jansenismus, am englischen Puritanismus und Quäkertum des 17. Jhs. und am englischen Methodismus des 18. Jhs. seine Parallelen. Seine Quellen waren die bereits in der 1. Hälfte des 17. Jhs. verbreitete mystische Erbauungsliteratur, aber auch bestimmte Elemente Luthers. Die Eigenart des Pietismus liegt in dem Beieinander folgender Züge: 1) er pflegte eine lebendige, verinnerlichte Religiosität („Herzensfrömmigkeit"; damit verbunden vertiefte Selbstbeobachtung; Tagebücher, Biographien); 2) er betonte die „praxis pietatis", die Betätigung der Frömmigkeit in den Werken; 3) er schied sich klar von der „Welt" und ihren Vergnügungen (Tanz, Kartenspiel, Theater, weltliche Lektüre usw.) und neigte zu asketisch-gesetzlicher Regelung des Lebens; hiermit verband er öfters eschatologische Erwartungen; 4) er entfremdete sich innerlich dem Staatskirchentum („Cäsaropapismus"), das mit dem Erstarken des fürstlichen Absolutismus immer äußerlicher wurde, und zog sich auf religiöse Gesinnungsgemeinschaften (Konventikel) zurück, in denen es bisweilen zu allerlei Absonderlichkeiten, auch zu separatistischen Neigungen kam. Mit seiner lebendigen Frömmigkeit und seiner seelischen Vertiefung hat der Pietismus seiner eigenen und der folgenden Zeit ungemein Wertvolles gegeben.

2. DER REFORMIERTE PIETISMUS. Pietistische Bestre- *b* bungen zeigten sich zuerst auf reformiertem Boden, vor allem in den Niederlanden. In der reformierten Kirche erwuchs der Pietis-

mus aus dem asketisch-gesetzlichen Lebensideal Calvins und gewissen Einwirkungen des englischen Puritanismus.

c   In den Niederlanden war der maßgebende Führer der Bewegung der Utrechter Professor *Gisbert Voetius* (§ 96 k), der Begründer des niederländischen „Präzisismus", einer auf lebendige, individuell vertiefte Frömmigkeit dringenden Richtung. Voet organisierte ein innerkirchliches Konventikelwesen, das die Frömmigkeit der Gesamtheit neu beleben sollte. Die Bewegung erstarkte unter heftigen Kämpfen vor allem gegen *Coccejus* und die Cartesianer. Entscheidend für ihre weitere Entwicklung war die Berufung *de Labadies* nach Middelburg und seine Separation (1668; vgl. § 96 n). Die Mehrheit seiner Anhänger blieb in der Landeskirche als eine von den Weltchristen bedrückte Minderheit. Seitdem gewannen die Konventikel ein anderes Gepräge; sie waren fortan Versammlungen der Wiedergeborenen, die sich schroff von den übrigen schieden. Mit der Abschwächung des Gegensatzes zwischen Coccejanern und Voetianern erschlossen sich die Konventikel auch gewissen biblizistischen Gedanken des Coccejus (Reich Gottes, Endkatastrophe). Von Holland aus strömte der Pietismus in die reformierten Kirchen des nordwestlichen Deutschland ein (der Mystiker *Gerhard Tersteegen*, ein Bandwirker, seit 1728 religiöser Schriftsteller in Mülheim a. d. Ruhr, 1697 bis 1769). Der lutherische Pietismus hat fraglos starke Einwirkungen von der reformierten Kirche empfangen.

d   3. SPENER. Im deutschen Luthertum ging der stärkste Anstoß zur pietistischen Bewegung von *PHILIPP JAKOB SPENER* (1635 bis 1705) aus, der als Senior von Frankfurt a. M., dann als Oberhofprediger in Dresden, schließlich als Propst in Berlin auf die Theologenwelt und den norddeutschen Adel tiefe Einwirkungen übte, zuerst durch seine berühmten „Pia desideria" von **1675**.

e   Spener, ein stiller, bescheidener, fast zaghafter Mann, war nichts weniger als eine hinreißende Prophetennatur, besaß aber einen klaren Blick für die Schäden der Kirche. Mit dem Luthertum oberdeutscher Färbung, das die Heimat (Rappoltsweiler im Elsaß) in ihm pflanzte und das Studium in Straßburg in ihm befestigte, kreuzten sich Einflüsse der asketisch-mystischen Erbauungsliteratur (Johann Arndts und englischer Puritaner), sowie Einwirkungen des Calvinismus (Studienreise nach Genf; Begegnung mit Labadie). Als Senior (Oberpfarrer) in Frankfurt a. M. begann er mit kirchlichen Reformen (Neubelebung des Katechismusunterrichts, Verbreitung der Konfirmation[1]; seit 1670 Abhaltung der „collegia pietatis", regelmäßiger Konventikel der ernsten Christen). Das Erscheinen seiner **Pia desideria 1675** lenkte die Aufmerksamkeit weiter Kreise auf seine Bestrebungen; er gab in diesem Buch eine scharfe Kritik der kirchlichen Zustände und 6 Reformvorschläge (1. intensivere Beschäftigung mit dem Worte Gottes; 2. Aufrichtung des „geistlichen Priestertums", d. i. regere religiöse Betätigung der Laien; 3. Beherzigung der Erkenntnis, daß das Christentum nicht im Wissen, sondern in der Tat bestehe; 4. liebevolles Verhalten in Religionsstreitigkeiten; 5. Reform des Theologiestudiums: die Theologie als eine „praktische Sache" an ein „gottseliges Leben" gebunden; 6. die Predigt nicht rhetorisch gelehrt, sondern erbaulich).

f   1686 wurde Spener in die sehr einflußreiche Dresdener Oberhofpredigerstelle berufen. Eine Zeitlang schien es, als sollte die Universität Leipzig ein Sitz des Pietismus werden; mehrere junge Magister, August Hermann Francke und andere, hielten dort „collegia biblica", bald in völlig pietistischem Geist und mit großem Erfolge bei den Studenten und der Bürgerschaft; sie wurden jedoch 1690 aus Leipzig verdrängt. Spener selbst, als strenger Sittenprediger dem Kurfürsten unbequem, siedelte 1691 nach Berlin über. In die Berliner Zeit fällt der

---

[1] Die Sitte der Konfirmation stammt vermutlich von den Böhmischen Brüdern; dann haben sich besonders *Martin Bucer*, sowie niederländische und niederrheinische Protestanten um die Konfirmation bemüht; durch Pietismus und Aufklärung wurde sie allmählich Gemeinbesitz der ev. Christenheit. Vgl. § 122f.

literarische Hauptkampf Speners mit der sehr beunruhigten Orthodoxie, die ihn trotz seiner Übereinstimmung mit der lutherischen Kirchenlehre nicht als echten Lutheraner anerkennen wollte, aber in Wirklichkeit mit ihrer Polemik den Gegner gar nicht traf: sie suchte das Neue, das Spener brachte, in seiner Dogmatik, statt in seiner Frömmigkeit.

4. DIE HALLENSER. Für den Fortgang der pietistischen Be- g wegung wurde es von größter Bedeutung, daß die 1694 gestiftete kurbrandenburgische Universität Halle unter dem Einflusse von Thomasius und Spener eine pietistische theologische Fakultät erhielt. Da sich die neue Universität bald eines ungemein starken Zuzugs erfreute, war mit der Festsetzung des Pietismus in Halle sein Sieg in der norddeutschen Theologenwelt entschieden. Die führende Größe des hallischen Pietismus war *AUGUST HERMANN FRANCKE* (1663–1727); er gab durch die Verbindung der von ihm begründeten Anstalten, namentlich des Waisenhauses, mit der Universität dem hallischen Pietismus seine Eigenart.

Francke (geb. in Lübeck), ein energischer, schroffer und herrschsüchtiger Mann, h war nach seiner Vertreibung aus Leipzig (§ f) ein Jahr lang Pfarrer in Erfurt, wo er aber auf Betreiben der Orthodoxen abgesetzt wurde. Später vereinigte er das Amt als Pfarrer (im Vorort Glaucha, dann an St. Ulrich) und Professor in Halle, seit 1698 in der theologischen Fakultät. Franckes Hauptverdienste liegen in seinen „**Stiftungen**", deren Entstehungsgeschichte er selbst in den „Segensvollen Fußstapfen des noch lebenden und waltenden liebreichen und getreuen Gottes" 1701–09 berichtet hat. Seine Verbindungen mit dem Adel und die Gunst des Berliner Hofes halfen die schwierigen Anfänge seiner Anstalten überwinden. Seine durch einen starken Vorsehungsglauben getragene, mit großem Organisationstalent durchgeführte praktische Tätigkeit galt (1) dem Unterricht und der Erziehung der Jugend (Armenschule, Bürgerschule, Pädagogium, Waisenhaus, Latina, 1694–98 allmählich aufgebaut); – (2) der lutherischen Heidenmission (zu der bereits Luther wertvolle Gedanken geäußert hatte); König *Friedrich IV.* von Dänemark gründete 1706 in der dänisch-ostindischen Kolonie Trankebar eine Station zur Bekehrung der Tamulen; der geistige Leiter dieser Mission wurde alsbald Francke. Der erste Tamulenmissionar war Franckes Schüler *Ziegenbalg*, der das NT ins Tamulische übersetzte. 1710 begründete Francke (3) zusammen mit dem Freiherrn *Hildebrand von Canstein* die Cansteinsche Bibelanstalt (billige Bibeln). 1727 wurden an Franckes Schulen 2200 Kinder von 170 Lehrkräften unterrichtet.

Der Pietismus, unter Spener ganz in der Verteidigung, ging unter Francke i zum Angriff über. So nahmen die **pietistischen Streitigkeiten** einen unerquicklichen Fortgang. Bald lag die von Francke geleitete theologische Fakultät von Halle im Streit mit der hallischen Geistlichkeit, bald mit dem ehemaligen Gönner der Pietisten, dem Professor des Rechte *Christian Thomasius;* das größte Aufsehen erregte der Kampf gegen den verdienten Philosophen *Christian Wolff* in Halle (§ 105 y). Unter den literarischen Gegnern des Pietismus erstand als der gründlichste und eindruckvollste der würdige, maßvolle Orthodoxe *VALENTIN ERNST LÖSCHER* (Professor in Wittenberg, dann Superintendent in Dresden, gest. 1749; Herausgeber der „Unschuldigen Nachrichten von alten und neuen theologischen Sachen", der ersten deutschen theologischen Zeitschrift, die er antipietistisch redigierte; Hauptwerk gegen den Pietismus: „Vollständiger Timotheus Verinus", 1718 und 1722). Bei Franckes Tode (1727) hatte der hallische Pietismus seinen Höhepunkt schon überschritten.

Francke unterschied sich von Spener vor allem durch sein intensiveres, glut- k volleres religiöses Gefühlsleben und seine noch größere Einseitigkeit. Wer nicht eine „Bekehrung" mit „Bußkampf", „Gnadendurchbruch" usw. nach dem Vorbild Franckes erlebt hatte, galt nicht als Christ. Was nicht der Erbauung diente, wurde als schädlich gemieden; damit schrumpfte das theologische Stu-

§ 106　　　　　Zeitalter der Aufklärung

dium zur erbaulichen Beschäftigung mit der Bibel zusammen, die Vorlesungen wurden zu Bekehrungspredigten, Wissenschaft und Philosophie gerieten in Mißkredit (Francke: der rechte Theologiebeflissene „schätzt ein Quentlein des lebendigen Glaubens höher als einen Zentner des bloßen historischen Wissens"). An die Aufgabe der systematischen Theologie hat Francke „überhaupt keine Hand gelegt" (Ritschl II, 256). Auch die sehr eifrig betriebene pietistische Kirchenliederdichtung erhob sich nicht über die Mittelmäßigkeit. Am krassesten tritt die religiöse Einseitigkeit in Franckes Pädagogik zutage (Schülererweckungen; stets strenge Beaufsichtigung der Kinder; Verbot aller Fröhlichkeit und alles Spielens, statt dessen Beschäftigung mit den Realien: Ansatz zur Realschule).

l　　5. DER RADIKALE PIETISMUS. Neben dem Spenerschen und hallischen Pietismus, der den Zusammenhang mit der Landeskirche wahrte, entstand ein **radikaler Pietismus** meist mystisch-enthusiastischer Art, der auf **separatistische** Abwege geriet und mit allerlei sektiererischen Strömungen zusammenfloß.

m　　Spener selbst leistete durch seinen nach 1675 hervortretenden Gedanken, die bekehrten Christen jeder Gemeinde zu einer *„ecclesiola in ecclesia"* zu sammeln, dem Separatismus Vorschub. Der Haupther des separatistischen Enthusiasmus war die Wetterau, wo die Reichsgrafen von Isenburg, Wittgenstein, Büdingen usw. die religiösen Enthusiasten begünstigten und schützten; hier entstanden ganze Separatisten- und Inspirationsgemeinden, diese unter dem Einfluß einiger französischer Camisarden (seit 1714; vgl. § 96 w). Unter den Separatisten finden sich mehrere höchst originelle und interessante Persönlichkeiten, so vor allem *GOTTFRIED ARNOLD* (1666–1714), der durch seine „Unparteiische Kirchen- und Ketzerhistorie" (1699–1700; vgl. § 1 h) die Orthodoxie in eine langanhaltende Aufregung versetzte. Das in gewisser Hinsicht geniale, wenn auch im einzelnen sehr fehlerhafte Buch rückte die Kirchengeschichte in eine von der herkömmlichen orthodoxen gründlich abweichende Beleuchtung: waren bisher die Ketzer als Söhne des Teufels geschildert, so nahm Arnold, tatsächlich nichts weniger als unparteiisch, gegen die Orthodoxie aller Zeiten leidenschaftlich für die Ketzer und Sektierer Partei und glaubte nur bei ihnen wahre Frömmigkeit zu finden. Arnold fand sich später wieder zur Kirche zurück und starb als Pfarrer in Perleberg. Radikaler als Arnold war *Konrad Dippel* (1673–1734), der viel verfolgte, abenteuernde „Freigeist aus dem Pietismus". Von einem mystischen Individualismus aus bekämpfte er alles katholische und protestantische „Papsttum", vor allem die Satisfaktionslehre, aber auch die „Inspiration" der Separierten in der Wetterau (s. o.).

n　　6. WÜRTTEMBERG. Eine selbständige, von Spener und den Hallensern wesentlich verschiedene Ausprägung erhielt der Pietismus in Württemberg. Hier gewann er einen sehr maßvollen, kirchlichen und volkstümlichen Charakter.

o　　Im Unterschiede vom norddeutschen Pietismus verbreitete sich der württembergische nicht unter dem Adel, sondern nur unter den Theologen, den Bürgern und den Bauern. Auch hielt er sich von religiöser Verstiegenheit (Bußkampf) frei, blieb mit der wissenschaftlichen Theologie in Fühlung und erfreute sich der Gunst des Kirchenregiments, das auf gewisse pietistische Forderungen einging und dadurch die Spaltung der Theologen in eine pietistische und eine orthodoxe Partei verhütete. Der Hauptvertreter des Pietismus unter den gelehrten Theologen war der Biblizist *Johann Albrecht Bengel* († 1752, zuletzt Prälat in Stuttgart, Verfasser des „Gnomon" 1742 und anderer exegetischer Werke). Von großem Einfluß auch der Prälat *Friedrich Christoph Ötinger* († 1782), der die Biblizismus Bengels zu einer originellen Theosophie ausbaute. Der ziemlich lebhafte Separatismus wurde vom Kirchenregiment durch die Freigabe von Privaterbauungsversammlungen („Stunden") seit 1743 geschickt bekämpft, aber nicht völlig überwunden.

7. DIE HERRNHUTER. Neben dem hallischen und dem würt- *p* tembergischen Pietismus entstand noch ein dritter großer Zweig der von Spener ausgehenden Bewegung, eine eigene Kirchenbildung, die Herrnhuter Brüdergemeinde. Ihr Stifter, *NIKOLAUS LUDWIG* Graf *VON ZINZENDORF* (1700–1760), war von Spener und den Hallensern beeinflußt, bezeichnet aber einen relativ selbständigen Typus des Pietismus und ist die originellste und bedeutendste Persönlichkeit, die die Geschichte der christlichen Frömmigkeit im 18. Jh. aufweist.

Zinzendorf, der Sohn eines frühverstorbenen sächsischen Kabinettsministers, *q* stammte aus einer pietistischen, von Spener angeregten Familie und wuchs unter den einseitig religiösen Einflüssen seines Hauses und des Franckeschen Pädagogiums in Halle (1710–16) heran. Nach abgeschlossenem Rechtsstudium (Wittenberg) und beendeter Kavalierstour (Holland, Frankreich; Verkehr mit Reformierten und mit katholischen Prälaten) wurde er 1721 Hof- und Justizrat in Dresden, lebte aber hauptsächlich Werken des „Reiches Gottes". 1722 ließen sich mährische Brüder (§ 71 v w, 85 a¹) auf Zinzendorfschen Besitzungen nieder und begründeten die Kolonie **Herrnhut** (Oberlausitz), bald eine Zufluchtsstätte für allerlei Schwärmer und Sektierer. Hier suchte Zinzendorf den Spenerschen Gedanken einer „ecclesiola in ecclesia" zu verwirklichen; er schuf am 12. Mai **1727** in Herrnhut unter dem Namen der „erneuerten Brüderunität" ein eigenes politisch-kirchliches Gemeinwesen mit eigenartiger Verfassung und eigenartigem Gottesdienst. Er beabsichtigte keine Separation, betrachtete vielmehr Herrnhut als eine der benachbarten Parochie Berthelsdorf eingegliederte „ecclesiola" für die „Erweckten"; die Brüdergemeinde sollte eine den konfessionellen Gegensätzen übergeordnete religiöse Zentrale zur Neubelebung der Christenheit sein. Tatsächlich freilich wurde Herrnhut der Ausgangspunkt einer selbständigen Sonderkirche.

Herrnhut blühte rasch auf; durch Reisen nach Thüringen, nach der Wetterau, *r* nach Kopenhagen gewann Zinzendorf Gesinnungsgenossen; die Verbindung mit dem dänischen Hofe ermöglichte die Anfänge der herrnhutischen Mission auf der dänischen Insel St. Thomas in Westindien (1732) und unter den Eskimos in Grönland (1733; hier wirkte bereits seit 1721 der Norweger *Hans Egede*). Die Unsicherheit der Lage in Sachsen, wo die Regierung seit 1732 gegen Zinzendorf einschritt, lenkte seine Blicke vollends auf die überseeischen Länder. Zinzendorf selbst, der durch Eintritt in den lutherischen Theologenstand (1734 Rechtgläubigkeitsprüfung in Stralsund, Ernennung zum Kandidaten in Tübingen) zeigen wollte, daß er kein Separatist sei, wurde verbannt (1736, endgültig 1738); Herrnhut dagegen wurde geduldet.

Zinzendorf begab sich zunächst nach der Wetterau (§ m; Gründung der Ge- *s* meinden Marienborn 1736 und Herrnhaag 1738), ließ sich 1737 von dem ref. Hofprediger *Jablonski* in Berlin, der zugleich Bischof der alten mährischen Brüderunität war, zum Brüderbischof ordinieren und wirkte in rastloser Betriebsamkeit auf weiten Reisen (nach den Ostseeprovinzen, England, Nordamerika, St. Thomas) für seine Sache. 1747 wurde ihm die Rückkehr nach Sachsen gestattet; nachdem die Brüdergemeinde sich 1748 zur Confessio Augustana invariata bekannt hatte, erlangte sie auch in Sachsen staatliche Anerkennung (1749) und zwar nicht, wie in England (§ 109 g) und Preußen, als Sekte, sondern als Augsburgische Konfessionsverwandte mit vollständig freiem „Religionsexerzitium" innerhalb der Landeskirche.

Inzwischen hatte die religiöse Schwärmerei in der sog. „Sichtungszeit" *t* 1743–50 zu großen Absonderlichkeiten geführt (forcierte Natürlichkeit und Kindlichkeit; süßliche Tändeleien der „νήπιοι" [vgl. Mt. 11 ₂₅] mit dem „Bruder Lämmlein", dem „Seitenhöhlchen" usw.; geschmacklose Lieder mit krassester Benutzung der aus dem Hohen Liede abgeleiteten mystischen Bilder; vgl. § 54 d). In Herrnhaag (§ s), wo die Schwärmerei am tollsten war, kam es zur Katastrophe; die Büdingsche Regierung schritt 1750 ein, die Gemeinde löste sich auf.

§ 106   Zeitalter der Aufklärung

Seitdem machte die Schwärmerei einer größeren Nüchternheit Platz. Zinzendorf lebte seit 1750 meist in London, seit 1755 meist in Herrnhut; er starb hier am 9. Mai 1760.

u Die VERFASSUNG der Herrnhuter war ein Produkt altmährischer Brüdertraditionen und Zinzendorfschen Geistes (starke Beteiligung des Laienelements); an der Spitze der ganzen Unität stand seit 1764 die Ältestenkonferenz zu Berthelsdorf; strenge Kirchenzucht, gegenseitige seelsorgerliche Überwachung; soziale Gliederung in sog. Chöre, getrennt nach Geschlechtern, Altersstufen und ehelichem oder ledigem Stande; bei allen wichtigen Gemeindeangelegenheiten wurde Jesus selbst durch ein Losorakel befragt, vgl. Apg. 1 $_{26}$).

v Die Grundlagen von Zinzendorfs THEOLOGIE sind lutherisch; aber durch andere Akzentuierung und manche Besonderheiten entstand ein eigener Typus. Zinzendorfs religiöse Gedankenwelt war streng christozentrisch („ich habe nur eine Passion, die ist er, nur er"); sein Zentraldogma ist die Lehre vom Versöhnungstode Christi. Gott der Vater verschwindet fast völlig hinter Christus, der der Schöpfer und der Spezialvater der Menschen ist, mit der Brüdergemeinde überdies in einem „Spezialbunde" steht (seit der Londoner Synodalkonferenz von 1741). Die Blut- und Wundenlehre ist stark entwickelt; merkwürdig ist der Kultus der Seitenwunde Christi, der sich beinahe verselbständigt. Konsequenzen der höchst realistisch vorgestellten Gemeinschaft der Gläubigen mit Christus sind (1) die Hochschätzung des Abendmahls und (2) die religiöse Auffassung der Eheschließung und des ehelichen Geschlechtsverkehrs, die als göttliche Mysterien (vgl. Eph. 5 $_{32}$) behandelt wurden. Höchst absonderlich dachte Zinzendorf auch über die Trinität (der hl. Geist als Mutter; die Trinität als „Papa, Mama und ihr Flämmlein, Bruder Lämmlein").

Die FRÖMMIGKEIT Zinzendorfs ist noch gefühlvoller, empfindsamer als die des hallischen Pietismus, die Grundstimmung im Gegensatz zu dem düstern Pessimismus der Hallischen fröhlich-optimistisch (Verwerfung des Bußkampfes).

w Nach Zinzendorfs Tode hat *AUGUST GOTTLIEB SPANGENBERG* (1704 bis 1792), der langjährige erprobte Leiter der amerikanischen Provinz der Brüderkirche, ein in seiner umsichtigen, praktischen Veranlagung dem genialen, phantasievollen Zinzendorf sehr unähnlicher Mann, die Brüderunität in eine Periode ruhiger, gefestigter Entwicklung hinübergeführt („Idea fidei fratrum", 1779). Die empfindliche Schranke des Herrnhutertums blieb freilich ihre konventikelhafte Enge, die neben der Pflege der Religion und ihrer Propaganda nur Raum für kaufmännische Betriebsamkeit, aber nicht für wissenschaftliche und künstlerische Bestrebungen offen ließ.

x Aus den Kreisen des hallischen Pietismus erwuchs Zinzendorf seit 1734 eine äußerst feindselige Gegenpartei; auch unter den Orthodoxen wurde heftiger Widerstand lebendig. Die Ausschreitungen der 40er Jahre (§ t) erschwerten den Gegnern ein gerechtes Urteil ungemein. Trotz der ablehnenden Haltung des Luthertums hat die Brüdergemeinde im 18. Jh. außerhalb ihres eigenen Kreises in der Stille einen bedeutenden Einfluß geübt. Durch die Persönlichkeit *Schleiermachers* wurden die reinsten und wertvollsten Motive der herrnhutischen Frömmigkeit dem Gesamtprotestantismus vermittelt und gewannen dort einen bedeutenden Anteil an dem religiösen Aufschwung nach 1814.

y 8. PIETISMUS UND AUFKLÄRUNG. Trotz aller Gegensätze hatten Pietismus und Aufklärung gemeinsame Züge. Daher hat der Pietismus den Siegeszug der Aufklärung in Deutschland vorzubereiten geholfen, und er ist schließlich teilweise selbst in die Aufklärung übergegangen.

z Pietismus und Aufklärung erwuchsen beide aus dem Elend der Zeit nach 1648, aus dem sie herauszuführen suchen, der Pietismus durch praktisches, „rechtschaffenes" Christentum, die Aufklärung durch Gewinnung eines oberhalb des Konfessionshaders liegenden Religionsbegriffs. Beide bilden den schon in der

Orthodoxie vorhandenen Individualismus fort (vgl. § 95 y). Beide stehen in Beziehungen zum Spiritualismus des 16. und 17. Jhs. (das „innere Licht" der Mystik wird zur „Aufklärung").
Der Pietismus hat die dogmatische Indifferenz begünstigt und dadurch die Aufklärung unmittelbar angebahnt. So konnte der Hallische Pietismus in der dritten Generation einfach in die Aufklärung ausmünden. Dagegen blieben der niederländische und niederrheinische Pietismus streng orthodox, was sich im 19. Jh. erheblich auswirkte (§ 117 h i).

§ 107. Die Höhe der Aufklärung im protestantischen Deutschland.

HAKorff, Voltaire im literarischen Deutschland des 18. Jhs., 1917. – WPhilipp, Das Werden der Aufklärung in theologiegeschichtlicher Sicht, 1957. – AF Stolzenburg, Die Theologie des Joh. Fr. Buddeus und des Chr. Matth. Pfaff, 1926. – KHeussi, Johann Lorenz Mosheim, 1906. – Über Semler: HHoffmann (1905), PGastrow (1905), GKaro (1905); LZscharnack, Lessing und Semler, 1905. – Über Teller: PGabriel (1914), Spalding: HNordmann (1929), Nicolai: KAner (1912). – ASchweitzer, Geschichte der Leben-Jesu-Forschung, ²1913 (¹1906 unter dem Titel: Von Reimarus zu Wrede). – KAner, Die Theologie der Lessingzeit, 1929. – HStephan, s. § 119. – LisRichter, Immanenz und Transzendenz im nachreformatorischen Gottesbild, 1954. – PSturm, Das ev. Gesangbuch der Aufklärung, 1923. – WMaurer, Aufklärung, Idealismus und Restauration, 2 Bde., 1930. – PGraff (s. § 95), Bd. II, 1939. – Zu § r (Klettenberg): Gr Mecenseffy, ZKG 65, 1953f., 65–104.

1. VERWELTLICHUNG DER BILDUNG. Ihren Höhepunkt *a* erreichte die deutsche Aufklärung in den Jahrzehnten nach 1740/50. Nun fielen weite Kreise des gebildeten Bürgertums der Aufklärung zu. Mit dem Aufschwung der geistigen Kultur Deutschlands bereicherte sich der Kulturinhalt in überraschender Weise. In den Vordergrund traten die ästhetischen Interessen. Lessing bedeutete eine neue Epoche der deutschen Literatur; mit Eifer wurde die neue Wissenschaft der Ästhetik ausgebaut; dazu vertiefte sich die Psychologie; auch Geschichtswissenschaft und klassische Philologie machten bedeutende Fortschritte. Das Hauptergebnis dieser Entwicklung der Kultur für die Kirchengeschichte war, daß eine reiche Welt der Phantasie mit unerschöpflichen Anregungen für Geist und Gemüt erschlossen und eine ästhetisch orientierte Lebensauffassung erzeugt wurde, die sich von der weltflüchtig gestimmten Weltanschauung der Kirche durch ihre unbefangene Stellung zur Natur und zur Sinnlichkeit scharf unterschied. Mit alledem traten zum ersten Male in Deutschland Bildung und kirchliche Weltanschauung auseinander.

1. Folgenreich war, daß in *FRIEDRICH II.* (1740–86) ein überzeugter An- *b* hänger der Aufklärung den preußischen Thron bestieg, der es für seine Regentenpflicht erachtete, die Aufklärung in Kirche und Schule zu verbreiten (1740 Zurückberufung Wolffs, s. § 105 y). Friedrich war persönlich von der französischen Aufklärung abhängig; er stand in Beziehung zu Voltaire; er berief französische Gelehrte wie Maupertuis an die Berliner Akademie. Der „Philosoph von Sanssouci" glaubte an das Dasein Gottes; unter seinen Werken findet sich eine Kritik des „Système de la nature" von Holbach (§ 105 r). Dagegen urteilte er skeptisch über den Seelenbegriff. Dem Christentum stand er ganz fern; die Theologie lehnte er ironisch ab. Er war allem religiösen Fanatismus und den „Fafen" aller

Konfessionen höchst abgeneigt; doch wußte er aufrichtige altgläubige Frömmigkeit zu respektieren. Eine seiner ersten Kundgebungen nach seinem Regierungsantritt galt der Toleranz (berühmte Randnote vom Jahre 1740: „Die Religionen müssen alle toleriert werden... hier muß jeder nach seiner Fasson selig werden"[1]); von ihr nahm er auch die Jesuiten nicht aus (§ 111 k). Die Anschauungen des Königs über Kirche und Staat fanden einen Niederschlag in dem Allgemeinen Landrecht für die preußischen Staaten (in Geltung gesetzt 1794).

c 2. Anders geartet war die Aufklärung, die in dem aufstrebenden deutschen Bürgertum Eingang fand. Sie war nur zu einem geringen Teile durch den Einfluß der von Friedrich II. vertretenen französischen Aufklärungsphilosophie bedingt, wenn auch Voltaire und Rousseau gewisse Einwirkungen übten. Weit stärker war der englische Einfluß; antideistische und später rein deistische Literatur wurde in Deutschland massenhaft verbreitet und drängte die Leibniz-Wolffsche Aufklärung zurück. Die Stellung zur Religion wurde im wesentlichen von der sog. **Popularphilosophie** der Berliner Aufklärer beherrscht, einem ziemlich oberflächlichen, nüchternen Deismus mit starker Betonung der Moral. Typisch ist der Berliner Buchhändler und Schriftsteller *Friedrich Nicolai* (1733–1811), Herausgeber vor allem der sehr einflußreichen „Allgemeinen deutschen Bibliothek" (1765–1805). Geistig bedeutender war Nicolais und Lessings Freund *Moses Mendelssohn* in Berlin, aus Dessau (1729–86). Er verkündete nicht ohne Schwung das religiöse und sittliche Ideal der Aufklärung, den Glauben an Gott und Unsterblichkeit („Phaedon", 1767; „Morgenstunden", 1785 u. a.).

d Das Überwiegen des Intellektualismus und die Mattheit des religiösen Empfindens in den Erbauungsschriften der Popularphilosophen ließ freilich die tiefsten Bedürfnisse des Gemütslebens unbefriedigt; was in dieser Zeit an Mystik lebte, flüchtete sich in die von England aus nach Deutschland verpflanzten Freimaurerlogen (1737 Hamburg, 1740 Berlin; vgl. § 109 c). Sie waren im übrigen die Hauptkanäle für die Verbreitung der Aufklärung, auch für die Judenemanzipation; Lessing, Nicolai und Mendelssohn waren in ihnen von großem Einfluß.

e Den Einfluß der neuen Bildung auf die heranwachsende Generation sicherte ihr Eindringen in das **Schulwesen.** Aus der Berührung der Schule Wolffs mit dem Erziehungsideal Rousseaus ging der Philanthropinismus hervor, dessen Vertreter *Basedow* (1774 Eröffnung des ersten „Philanthropins" [Mustererziehungsanstalt] zu Dessau) und andere für eine aufgeklärte und natürliche Erziehung wirkten. Ungleich zukunftsreicher waren die Anfänge des Neuhumanismus in den höheren Schulen; hatten die alten Lateinschulen melanchthonischen Gepräges die klassischen Sprachen dem theologischen Zwecke untergeordnet („sapiens atque eloquens pietas" das Ziel ihrer Pädagogik), so galt dem Neuhumanismus als Ziel die Humanität und als Hauptbildungs- und Erziehungsmittel die antike, besonders die griechische Literatur und Kunst (1764 *Winckelmanns* „Geschichte der Kunst des Altertums"). Dadurch wurde die neue ästhetische Lebensanschauung allmählich Gemeingut der Gebildeten; das Christentum wurde daneben festgehalten, aber der einseitig kirchliche Charakter der höheren Schulen war gebrochen. Der Wandel spiegelte sich äußerlich darin, daß seit dem Ende des 18. Jhs. das höhere Schulwesen den Theologen entrissen wurde, weiter in der neuen Stellung der philosophischen Fakultät als der Trägerin einer nach Unabhängigkeit trachtenden Forschung. Ferner trat unter den Einflüssen der Aufklärung das Volksschulwesen in ein neues Stadium ein, besonders in Preußen durch die Bemühungen Friedrichs d. Gr. (§ b); am Ende des 18. Jhs. war die preußische Regierung von der Anschauung beherrscht, daß die Volksschule Angelegenheit des Staates und nicht der Konfession sei. Die kirchliche Reaktion nach den Freiheitskriegen hat jedoch verhindert, daß alle Folgerungen aus dieser Anschauung gezogen wurden. Auch der geniale Neubegründer des Volksschulwesens, der Schweizer Johann Heinrich *Pestalozzi* (1746–1827), war ein Sohn der Aufklärung, doch von einer warmen, gemütvollen Frömmigkeit erfüllt.

---

[1] Gemeint war: jeder in seiner Konfession, – nicht etwa: jeder nach seiner subjektiven Art.

2. THEOLOGISCHE AUFKLÄRUNG. Die protestantische Kir- *f*
che, d. h. die Theologenschaft, war außerstande, die ungeheure Umwälzung der Weltanschauung, die sich in den Schichten der Gebildeten vollzog, zu verhindern; sie erlag vielmehr selbst den neuen Ideen. So strömte die Aufklärung in die Kirche ein und erzeugte eine neue Frömmigkeit und eine neue Theologie. Das orthodoxe System der Dogmatik wurde allmählich zersetzt; an die Stelle des alten, geschlossenen dogmatischen Systems trat, dem individualistischen Charakter der Zeit entsprechend, eine Reihe verschiedener theologischer Standpunkte; doch blieb das Maß des Gemeinsamen noch ziemlich groß. Im ganzen trug die deutsche Aufklärungstheologie einen verhältnismäßig konservativen Charakter: fast durchweg wurde die „Offenbarung" anerkannt, aber in ihrer Bedeutung abgeschwächt und in kein klares Verhältnis zur „Vernunft" gesetzt; es fehlte der Bewegung an prinzipieller Schärfe des Denkens wie an religiöser Tiefe.

Innerhalb der Theologie bildeten sich die Anfänge zu einer wissenschaftlichen *g*
Kirchengeschichte und Exegese schon im 17. Jh. in **Westeuropa** teils bei den Anglikanern (Ussher, Pearson, Lightfoot u. a., § 98 v), teils bei den französischen und niederländischen Calvinisten (§ 96 t u), teils bei den Remonstranten (§ 96 p, 105 e), teils bei den großen katholischen Gelehrten Frankreichs (§ 97 k). An patristischen Untersuchungen gewann man die ersten Grundsätze der historischen Kritik; daneben begannen die Bemühungen um einen guten neutestamentlichen Text und die leisen Anfänge der Bibelkritik. Das Dogmensystem wurde von dieser eben erst erwachenden Kritik, von wenigen Ausnahmen abgesehen, noch nicht berührt.

1. Das Nebeneinander von wissenschaftlichem Geist und Zurückhaltung gegenüber dem Dogma charakterisiert auch die deutsche evangelische Theologie der ersten Jahrzehnte des 18. Jhs. Der entscheidende Fortschritt war, daß das AT und das NT zunächst noch ohne sachliche Kritik unter die Kategorie des Historischen gerückt wurden. Auch das sachliche Interesse verschiebt sich vom dogmatischen auf das historische Gebiet, so schon bei dem Jenenser Professor *Franz Buddeus* (1667–1729), der auch für den zeitgenössischen Pietismus weitgehendes Verständnis hatte, ebenso bei dem vielseitigen und betriebsamen Tübinger Kanzler *Christoph Matthäus Pfaff* (1686–1760) und vollends bei dem feinsinnigen und kenntnisreichen *Johann Lorenz von Mosheim* (1693–1755, Professor in Helmstedt, seit 1747 Kanzler und Professor in Göttingen)[2], der auf die wissenschaftliche Behandlung der Kirchengeschichte (§ 1 k) wie auf die neuere Predigt einen starken Einfluß ausgeübt hat. Der gleichalterige *Johann Georg Walch* in Jena (1693–1775), antipietistisch und orthodox, zeigt ebenfalls ein lebhaftes geschichtliches Interesse (Walchsche Lutherausgabe!). Dogmatisch orthodox war auch die seit den 30er Jahren hervortretende Schule der theologischen Wolffianer im engeren Sinn, geführt von dem Hallischen Professor *Sigmund Jakob Baumgarten* (1706–1757).

Die Form der Frömmigkeit, die – in Deutschland wie in England – in diesen *h*
und den folgenden Altersreihen bevorzugt wurde, stand im Zusammenhang mit der Physiko-Theologie. Man ging von der Betrachtung der großen, aber auch der kleinen und kleinsten Wunder der Natur aus, um dann von der hier sich erschließenden Herrlichkeit Gottes (biblisch: seiner kābōd oder dóxa) überwältigt zu werden. Diese Art der frommen Betrachtung war – bei ganz anderer geistiger Grundsituation – schon dem Barock geläufig. Sie war ausgelöst durch den gewaltigen Umbruch der Anschauung vom Kosmos seit Kopernikus, Bruno, Galilei usw. In der ungemein weit verbreiteten Literatur der physiko-theolo-

---
[2] Als Geburtsjahr, das immer wieder falsch angegeben wird, steht 1693 durch das Lübecker Kirchenbuch fest, vgl. KHEUSSI (s. Lit.).

gischen oder physiko-teleologischen Gottesbeweise fand sie ihren Ausdruck in einer großen Zahl von Abwandlungen (Ichthyo-, Insecto-, Litho-, Hydro-, Pyro-, Bronto-, Akrido-, Astro-, Melitto- und etwa 30 andere Theologien). Der einflußreichste Physikotheolog war der Hamburger Senator und Dichter *Barthold Hinrich Brockes* (1680–1747) mit seinem 9bändigen Dichtwerk „Irdisches Vergnügen in Gott", 1721–1748).

i   Daneben tauchten in dieser Zeit einige radikale Stürmer auf, die sich aber nicht durchzusetzen vermochten. Aus dem Pietismus ging *Johann Christian Edelmann* hervor (1698–1767), ein höchst unruhiger, verworrener Geist, dessen wüste, Bibel und Offenbarung ins Gemeine herabziehende Schriftstellerei gewaltiges Aufsehen erregte. Ein radikaler Außenseiter der Wolffianer war der Kandidat *Lorenz Schmidt*, der Herausgeber der sog. Wertheimer Bibelübersetzung (Teil I, 1735), einer freien Übertragung des Pentateuchs in die Anschauungen der Aufklärung. Er kam als Religionsspötter vor den obersten Gerichtshof des hl. römischen Reichs und büßte mit Gefängnis.

k   2. Im Abschnitt seit c. 1750 wurde der starke Wandel des deutschen Geisteslebens (Klopstock, Lessing, Winckelmann, der frühe Herder) auch in der protestantischen Theologie spürbar, zuerst in den theologischen Fakultäten, dann auch im Kirchenamt. Sie entwickelte sich in zwei Richtungen, einer konservativeren und einer etwas freieren. Für die konservativ-supranaturalistisch gerichtete Gruppe ist vornehmlich *Christian Fürchtegott Gellert* typisch (1715–69, seit 1751 Professor der philosophischen Fakultät in Leipzig). Zu dieser gemäßigten Gruppe gehören auch die Kirchenhistoriker *Matthias Schroeckh* in Wittenberg (1733–1808) und *Franz Walch* in Göttingen (1726–1784), ferner der Leipziger Neutestamentler *Johann August Ernesti* (1707–1781, zugleich Philolog) und der Göttinger Alttestamentler *Johann David Michaelis* (1717–1791). Die zweite, etwas freiere Richtung wird vor allem durch mehrere Berliner Theologen repräsentiert, die Oberkonsistorialräte Aug. Friedr. Wilh. *Sack* (1703–86), Joh. Joach. *Spalding* (1714–1804; „Bestimmung des Menschen", 1748, [13] 1794!) und Wilh. Abr. *Teller* (1734–1804).

l   Ihren bedeutendsten wissenschaftlichen Vertreter hatte die kritisch gerichtete Theologie an **JOHANN SALOMO SEMLER** (1725–91), seit 1752 Professor der Theologie in Halle. Angeregt besonders von der latitudinarischen Theologie der Engländer und Holländer wurde Semler der Begründer einer historisch orientierten Theologie. Zwar führte seine Arbeit zu keinen abschließenden Ergebnissen, aber schon die Formulierung der neuen Probleme war epochemachend. Durch seine Unterscheidung zwischen Theologie und Religion (= Gottvertrauen) sicherte er der Wissenschaft völlige Freiheit. Die Kritik aber wandte er nicht bloß auf die Kirchengeschichte an, sondern, zum ersten Male in Deutschland, auf den biblischen Kanon („Abhandlung von freier Untersuchung des Kanons", 1771–1775). Unter Verzicht auf die Inspirationslehre in der überlieferten Form zeigte er die allmähliche Entstehung des Kanons und den ungleichen Wert seiner verschiedenen Bestandteile; göttlichen Ursprungs sei nur, was „zur moralischen Ausbesserung diene", das übrige sei als „lokale" und „temporelle" „Akkommodation" Jesu und der Apostel an ihre Zuhörer zu beurteilen und für die Gegenwart bedeutungslos. Er bestritt, daß das älteste Christentum in jeder Hinsicht vollkommen gewesen sei und leugnete ganz relativistisch das Vorhandensein eines absoluten Lehrsystems in der Geschichte. Der Begriff der „natürlichen Religion" war für Semler nicht mehr vorhanden. Diese kühnen, revolutionären Überzeugungen wurden nun aber in ihrer Wucht wesentlich abgeschwächt durch Semlers Unterscheidung zwischen öffentlicher und Privatreligion. Das mündige Individuum – dagegen nicht die große Menge – hat das Recht zu voller Freiheit der religiösen Überzeugung, aber die öffentliche Religion darf von den selbständig sich verändernden Privatmeinungen nicht berührt werden, nur der Staat hat über ihre Gestalt zu bestimmen. Von diesem Standpunkt aus konnte Semler sogar das Wöllnersche Religionsedikt verteidigen (1788; vgl. § t).

m   Nur vereinzelte radikale Geister schritten über die sehr maßvolle Position der meisten theologischen Zeitgenossen hinaus zum **Naturalismus** fort und bekämpften alle Offenbarung. Dahin gehört das „enfant terrible" der Aufklärung, der durch schandbares Leben und frivole, extravagante Ansichten berüchtigte *Karl Friedrich Bahrdt* (1741? bis 1792, nacheinander in verschiedenen angesehenen theologischen und pädagogischen Stellungen, überall nach kurzer Zeit unmöglich; darauf Dozent in Halle; zuletzt, sittlich völlig verkommen, Gastwirt; seine geschmacklose „Musterversion" des NT.s unter dem Titel „Neueste Offenbarungen Gottes in Briefen und Erzählungen", 1773–75).

Ein weit ernster zu nehmender Vertreter des Naturalismus war *HERMANN* n *SAMUEL REIMARUS* (1694–1768, Professor am akademischen Gymnasium in Hamburg). Bei äußerlicher Beobachtung der kirchlichen Sitte und dogmatisch unanstößigen literarischen Veröffentlichungen (im Stile der Wolffianer) huldigte er insgeheim einem kritischen Radikalismus, der an der „natürlichen Religion" festhielt, aber alle Offenbarung bestritt und die Entstehung des Christentums auf einen Betrug zurückführte: die Jünger hätten wahrscheinlich den Leichnam Jesu gestohlen und die Lüge aufgebracht, er sei auferstanden. Jesus und seine Jünger hätten zwei verschiedene „Systeme" gehabt: Jesus war Messias im politischen Sinn; nach seiner Katastrophe verkündigten seine Jünger einen unpolitischen Messianismus. Diese Anschauungen entwickelte Reimarus in seiner zunächst nur handschriftlich dem nächsten Freundeskreise unterbreiteten „Apologie oder Schutzschrift für die vernünftigen Verehrer Gottes"; einzelne Teile davon gab *Lessing* (vgl. § 108 b c) 1774–1778 als „Fragmente eines Ungenannten" in Wolfenbüttel heraus. Die **Wolfenbütteler Fragmente** waren der schärfste Angriff auf die christliche Religion, den Deutschland im 18. Jh. erlebte; sie erweckten stürmischen Widerspruch, aber niemand konnte sie mit den damaligen historischen Methoden überzeugend widerlegen (der sog. Fragmentenstreit 1777 bis 1778).

3. Aus den beiden Hauptgruppen der Zeit nach c. 1750, der gemäßigten und o der kritischer gerichteten, entwickelten sich in den letzten Jahrzehnten des 18. Jhs. die beiden theologischen Schulen der Rationalisten und der Supranaturalisten, die in das 19. Jh. hineinragen. Der **Rationalismus** stand vornehmlich unter dem Einfluß Kants, von dessen Philosophie freilich nur die Bestandteile wirkten, die selbst der Aufklärung entstammten, nicht die, welche über die Aufklärung hinausführten (§ 108 f–h). Unter den älteren Rationalisten sind vor allem der Helmstedter Kirchenhistoriker und Dogmatiker Philipp Konrad *Henke* (1752 bis 1809), der Exeget Heinrich Eberhard Gottlieb *Paulus* in Jena und Heidelberg (1761–1851, vgl. § 119 n), der Kirchenhistoriker bzw. Profanhistoriker Ludwig Timotheus *Spittler* in Göttingen (1752–1810) zu nennen. Der [ältere] **Supranaturalismus** blühte hauptsächlich in Württemberg, wo die Universität Tübingen überhaupt keine rationalistische Periode erlebte (die supranaturalistische „ältere Tübinger Schule", ihr Führer Gottlob Christian *Storr*, 1746–1805); in Norddeutschland war der Dresdener Oberhofprediger Franz Volkmar *Reinhard* (1753–1812), wohl der hervorragendste Prediger seiner Zeit, ein bedeutender Vertreter dieser Richtung. Trotz heftiger gegenseitiger Befehdung waren Rationalismus und Supranaturalismus nahe verwandt, was namentlich an den Vermittlungsversuchen deutlich ist (rationaler Supranaturalismus und supranaturaler Rationalismus; dies der Standpunkt einiger bedeutender Gelehrter, wie des Göttinger Kirchenhistorikers Gottlieb Jakob *Planck* (1751–1833), und des Orientalisten und Exegeten Johann Gottfried *Eichhorn* in Jena, später Göttingen (1752–1827). Der Gegensatz war unscharf gebildet (klare Gegensätze wären: Supranaturalismus und Naturalismus, Rationalismus und Irrationalismus).

Mit dem Reformeifer, der diesem Zeitalter eigen war, gingen die Aufklärungs- p theologen an die **Umsetzung der neuen Anschauungen in die kirchliche Praxis** und paßten Predigt, Gesangbuch, Agende usw. ihren religiösen Bedürfnissen an. Die Predigt der aufgeklärten Pfarrer ließ das eigentlich Dogmatische zurücktreten und pflegte dafür einen schlichten, herzlichen Vorsehungsglauben und die Moral; bisweilen entartete die Kanzelrede zu sentimentaler Naturpredigt oder gar zur Nützlichkeitsrede über Dinge des praktischen Lebens. Was veraltet schien, wurde beseitigt: die alten Wandmalereien in den Kirchen wurden übertüncht, die alten Kirchenlieder dem sprachlichen Ausdruck und den Anschau-

§ 107   Zeitalter der Aufklärung

ungen des 18. Jhs. angepaßt; hieran beteiligte sich kein Geringerer als *Klopstock*. Zahlreiche neue Gesangbücher traten hervor (am bekanntesten das von *Teller* und *Spalding* redigierte Berliner Gesangbuch von 1780). Ebenso wurden die alten Agenden an vielen Orten durch neue ersetzt; doch blieben in manchen Gegenden, zB. in Schlesien, die alten Gottesdienstordnungen bestehen. Seit den 60er Jahren traten auch neue Katechismen hervor. Die symbolischen Bücher, tatsächlich bedeutungslos, blieben rechtlich in Kraft, was später den orthodoxen Rückschlag wesentlich erleichterte. – Bei all diesen Reformen fehlte es an groben Geschmacklosigkeiten so wenig, wie es der pietistischen oder der orthodoxen Zeit daran gefehlt hatte; geschichtlichen Sinn, d. i. Verständnis für die Eigenart vergangener Zeiten, haben erst Herder, die Romantik und das 19. Jh. errungen.

q   3. REAKTIONEN. Die Aufklärung hatte einen großen Teil der Theologenwelt erobert. An fast allen Universitäten waren Lehrer und Studenten der Theologie von ihr erfaßt; sie herrschte auf den Kathedern und in der wissenschaftlichen Literatur. Trotzdem darf ihre Verbreitung nicht überschätzt werden. In manchen Landschaften war sie sicher nur schwach vertreten; neben der ausgesprochenen Aufklärungstheologie erzeugte die Praxis mancherlei Übergänge und Vermittlungen, und die alten Formen der Frömmigkeit, der Pietismus und selbst die alte streitbare Orthodoxie, bestanden als Unterströmungen fort, ja der Pietismus nahm in den letzten Jahrzehnten des 18. Jhs. einen neuen Aufschwung. Auch sonstige irrationale Strömungen waren in dieser Zeit im Vordringen.

r   1. Der **Pietismus** hatte allerdings seine Hauptburg, Halle, an die Aufklärung verloren, aber in Südwestdeutschland und in den reformierten Gebieten am Niederrhein und in Westfalen war seine Kraft ungebrochen. Auch die Herrnhuter Brüdergemeinde übte unter Spangenbergs Leitung (§ 106 w) nicht unbedeutende Wirkungen; vgl. die Bekehrungsgeschichte des Fräuleins *Susanna von Klettenberg* in Goethes Roman „Wilhelm Meisters Lehrjahre" („Bekenntnisse einer schönen Seele"); die feine und tiefe Schilderung zeigt, was für religiöse Mächte abseits von der Aufklärung lebendig waren. Gegner der Aufklärung waren auch die Pietisten, die von dem neuen Geiste der Sturm- und Drangperiode berührt waren und die „Genialität" von der ästhetischen in die religiöse Tonart transponierten. Männer wie *Hamann* (§ 108 e), *Lavater* (§ 108 e) und der Arzt *Jung-Stilling* († 1817), Goethes Freund aus der Straßburger Zeit, oder der [nicht dem Pietismus zuzurechnende] „Wandsbeker Bote" *Matthias Claudius* († 1815), der Verkündiger einer gemütvollen Herzensfrömmigkeit.

s   Im Südwesten des Reichs aber wirkte *Johann Urlsperger* (1728–1806, eine Zeitlang Senior in Augsburg) als überzeugter Gegner der Aufklärung. Er gründete 1780 die „Deutsche Christentumsgesellschaft", eine Vereinigung von Freunden der alten Frömmigkeit, mit dem Sitze in Basel. Es war ein erster Versuch zu einer freien Organisation für Werke der inneren und äußeren Mission, zunächst nur von schwacher Wirkung, aber für die Zukunft nicht ohne Bedeutung: die Baseler Bibelgesellschaft (1804) und die Baseler Missionsschule (1815) sind aus der Stiftung Urlspergers erwachsen.

Eine streitbare **Orthodoxie** vertrat zB. der Hamburger Hauptpastor *Johann Melchior Goeze* († 1786), bekannt durch seinen Kampf gegen das Theater, Goethes Werther, Lessing und die Fragmente des Ungenannten (§ n).

t   2. Je entschiedener seit den 70er Jahren die Aufklärung wurde, desto mehr regten sich der pietistische und orthodoxe Widerstand und mancherlei irrationale Strömungen, Mystizismus, Okkultismus und sonstiger Aberglaube, die jetzt eine Blütezeit erlebten. 1766 erließ Kursachsen ein erstes gegen die Aufklärung gerichtetes Religionsedikt; andere Staaten erließen ähnliche Edikte. Sie blieben sämtlich wirkungslos, auch das bekannteste dieser Reihe, das sog. **Wöllnersche Religionsedikt** in Preußen, das **1788** unter dem unbedeutenden Nachfolger

Friedrichs II., *Friedrich Wilhelm II.*, auf Betreiben des Ministers *v. Wöllner* erlassen wurde (eines ehemaligen Pfarrers, dann aufgeklärten Freimaurers, der schließlich in dem aufklärungsfeindlichen, mystisch-theosophischen Geheimbund der „Rosenkreuzer" gelandet war). Die aufgeklärten Pastoren sollten sich in ihren Predigten aller mit der Kirchenlehre nicht übereinstimmenden Lehren enthalten, auch bei gegenteiliger Überzeugung. Weitere Maßregeln errichteten über Kandidaten und Pastoren ein förmliches Überwachungssystem. Diese aufklärungsfeindliche Politik rief aber einen Sturm der Entrüstung hervor und blieb im ganzen wirkungslos; unter *Friedrich Wilhelm III.* (1797–1840) wurde das Religionsedikt zwar nicht formell, aber tatsächlich außer Kraft gesetzt (Jan. 1798).

§ 108. Der Fortgang von der Aufklärung zum deutschen Idealismus.

ETroeltsch, Der deutsche Idealismus (Ges. Schr. IV, 532ff.). – WLütgert, Die Religion des deutschen Idealismus und ihr Ende, 4 Bde., 1923–30. – NicolaiHartmann, Die Philosophie des deutschen Idealismus, 2 Bde., 1923–29. – EHirsch, Die idealistische Philosophie und das Christentum, 1926. – HGroos, Der deutsche Idealismus und das Christentum, 1927. – HHoffmann, Christentum und Idealismus, 1934. – Franz Schultz, Klassik und Romantik der Deutschen, 1935. – ErFranz, Deutsche Klassik und Reformation, 1937. – ESchmidt, Lessing, ³1909. – GFittbogen, Die Religion Lessings, 1923. – HLeisegang, Lessings Weltanschauung, 1931. – HThielicke, Offenbarung, Vernunft und Existenz, Studien zur Religionsphilosophie Lessings, ³[1957]. – J. G. Hamanns Hauptschriften, hg. von FBlanke und LSchreiner, 8 Bde., 1956ff. – RUnger, Hamann und die Aufklärung, 2 Bde., ²1925. – FBlanke, Hamann als Theologe, 1928. – Ders., Hamann-Studien, 1956. – LZscharnack, Hamanns Tagebuch eines Christen [London 1758], ThLZ 1952, 651–662. – WLeibrecht, Gott und Mensch bei J. G. Hamann, [1958]. – EKühnemann, Herder, ²1912. – HStephan, Herder in Bückeburg, 1904. – MDoerne, Die Religion in Herders Geschichtsphilosophie, 1927. – RStadelmann, Der historische Sinn bei Herder, 1928. – de Boor, Herders Erkenntnislehre in ihrer Bedeutung für seinen religiösen Realismus, 1929. – Über Kant: KunoFischer, ⁴1899; EPaulsen, ⁴1904; BBauch, ²1921; EKühnemann, 1923f.; KVorländer, 1924; MWundt, Kant als Metaphysiker, 1924. – EAdickes, Kants opus postumum, 1920. – JBohatec, Die Religionsphilosophie Kants in der Religion innerhalb der Grenzen der bloßen Vernunft, 1939. – HAKorff, Geist der Goethezeit, 4 Bde., 1923–53, ²1954ff. – EKühnemann, Goethe, 2 Bde., 1930. – GKrüger, Die Religion der Goethezeit, 1931. – Über Goethe in seinem Verhältnis zur Religion: KJobenauer (1921), HvSchubert (1925), ENeubauer (1925), WFliedner (1929), EFranz (1932), ESeeberg (1932), HHoffmann (1940), PMeinhold (1950–53). – HLeisegang, Goethes Denken, 1932. – GFricke, Der religiöse Sinn der Klassik Schillers, 1927. – RHaym, Die romantische Schule, ed. OWalzel, ⁴1920. – RicardaHuch, Blütezeit der Romantik, ¹⁰⁻¹¹1920; Ausbreitung und Verfall der Romantik, ⁸⁻⁹1920. – RBenz, Die deutsche Romantik, ²1940. – FImle, Friedrich v. Schlegels Entwicklung von Kant zum Katholizismus, 1927. – ThLHaering, Hegel, 2 Bde., 1929–38. – HGlockner, Hegel, 2 Bde., 1929–40. – WSchulz, Die Vollendung des deutschen Idealismus in der Spätphilosophie Schellings, 1955. – KJaspers, Schelling, 1955.

Als die Aufklärung in die breite Masse der Theologen und der *a* gebildeten Laien eindrang, waren bei den geistigen Führern der Nation schon ganz andere Kräfte wirksam. Hier entstand der **deutsche Idealismus**, eine neue Dichtung, Weltanschauung und Philosophie. Ein erstaunlicher Reichtum an Erscheinungen tritt uns, in die kurze Spanne weniger Jahrzehnte zusammengedrängt, entgegen: neben der kritischen Schärfe Lessingschen Geistes das starke subjektivistische

Gefühlsleben der Genieperiode, neben der epochemachenden Vernunftkritik Kants der Klassizismus, die durch das Bündnis mit dem Neuhumanismus charakterisierte Dichtung Goethes und Schillers in den Jahren ihrer Reife, über sie hinausführend der übermütigausgelassene Subjektivismus der Romantik und, von ihr und von der Kantischen Philosophie befruchtet, die neue metaphysische Spekulation des nachkantischen Idealismus. Alle diese Richtungen setzen zwar die Aufklärung voraus, gehen aber, mehr oder minder bewußt, in manchem sehr entschieden über sie hinaus und suchen neue Lösungen der von der Aufklärung aufgeworfenen Probleme. Der deutsche Idealismus war anfangs auf verhältnismäßig kleine Kreise beschränkt, hat aber im 19. Jh. das deutsche Geistesleben aufs tiefste beeinflußt und auch auf die geistige Entwicklung Englands, Frankreichs, Nordamerikas eingewirkt; ihm entstammt der größte Teil der fruchtbarsten und tiefsten Ideen der neueren Geistesgeschichte.

b   1. An der Schwelle der neuen Zeit steht *GOTTHOLD EPHRAIM LESSING* (1729–1781), der kühnste und schärfste Denker zwischen Leibniz und Kant und einflußreichste theologische Schriftsteller dieser Zeit, der wie kein anderer die literarisch Gebildeten der Kirchenlehre entfremdet hat.

c   Von seinen theologischen Schriften sind die wichtigsten: die Schriften zum Fragmentenstreit der Jahre 1777–78 (§ 107 n), in denen aber Lessings wahre Meinung nur versteckt enthalten ist, das religionsphilosophische Drama „Nathan der Weise" (1778) und die kleine religionsphilosophische Schrift „Die Erziehung des Menschengeschlechts" (1780). Die Aufklärungstheologen rechneten Lessing zu den Ihren; in Wirklichkeit grenzte er sich gegen die vermittlerische Aufklärungstheologie, dies „Flickwerk von Stümpern und Halbphilosophen", sehr scharf ab; in der Zukunft soll die Stufe des NT.s vom „ewigen Evangelium", von der „Stufe der Aufklärung und Reinigung" überboten werden, wo die Menschen die Tugend um ihrer selbst willen, nicht für irgendeinen Lohn, lieben. Das ἕν καὶ πᾶν Spinozas, zu dem sich Lessing 1780 in einem Gespräch mit Friedrich Heinrich Jacobi bekannte, bedeutet in seinem eigenen, von christlicher Spekulation ausgehenden System allerdings Übereinstimmung mit *Spinoza* in dem wichtigen Ansatz (Denken, Wollen, Schaffen in Gott sind identisch), aber nicht in der Durchführung (Gott, für Lessing der Dreieinige, der denkend zur persönlichen Ursache der Welt wird, fällt nicht mit dem All zusammen, sondern ist eines und zugleich alles).

d   2. Ein starker Widerspruch zur Aufklärung erwuchs auch aus dem neuen, subjektivistischen Gefühlsleben, das in den sechziger Jahren in der deutschen Literatur hervorbrach (Genieperiode, Sturm und Drang). Man entdeckte die schöpferische Kraft des Individuums und der begabten Völker und gewann Sinn für das Ursprüngliche, Volkstümliche, Naive; damit regte sich, anfangs noch unabgeklärt, ein neues Verständnis der Geschichte. Die Wirkung auf die Religion war der Durchbruch einer überschwenglichen Gefühlsfrömmigkeit.

e   Hierher gehört der dunkle, geistreich-gesuchte, unsystematische *Johann Georg Hamann* (1730–88, in Königsberg), der sich zu einem offenbarungsgläubigen Christentum pietistischer Färbung hindurchrang, ferner der originelle, bewegliche Züricher Prediger *Johann Kaspar Lavater* (1741–1801), der ein starkes religiöses Gefühlsleben nicht ohne ausschweifende Phantastik pflegte. Beiden weit überlegen war der Ostpreuße *JOHANN GOTTFRIED HERDER* (1744–1803), der als Prediger in Riga und Bückeburg und als Generalsuperintendent in Weimar wirkte. Er gewann ein neues, tieferes Verständnis des Christentums; Jesus war ihm nicht mehr der rationalistische Moralprediger, sondern der Vermittler göttlicher Kräfte. Auch das AT rückte Herder in neue Beleuchtung, indem er die Schönheit der Bibel entdeckte („Vom Geiste hebräischer Poesie" 1782 f). Seine größte Tat ist seine Geschichtsphilosophie; im Gegensatz zur rein empirischen Geschichtschreibung der Aufklärung suchte er das Walten der „Ideen" in der Geschichte auf. Die heiligen Bücher der Völker, auch die Schriften der Bibel, waren ihm Urkunden der Gotteserlebnisse der Menschheit. Das Christentum war ihm die Religion der Humanität; als zweite starke Quelle der Humanität neben dem Christentum verehrte er die Antike. Herders Theologie ist eine Vorstufe zur Romantik und zu Schleiermacher; manche seiner Anregungen kamen erst um 1900 zur Geltung. (Hauptwerk: „Ideen zur Philosophie der Geschichte der Menschheit", 1784–91.)

3. In einem ganz anderen Sinn wurde der große *IMMANUEL* ƒ *KANT* (1724–1804, seit 1770 ordentlicher Professor der Philosophie in Königsberg) ein Überwinder der Aufklärung. Sofern die Aufklärung als ein Ideal gefaßt wurde, bekannte er sich mit Entschiedenheit zu ihr[1]. Komplizierter war seine Stellung zur tatsächlich vorhandenen Aufklärungsphilosophie seines Jahrhunderts. In seiner ersten, der „vorkritischen" Periode, bewegte er sich in den Geleisen der Wolffschen Schule; in seiner „kritischen", 1781 anhebenden Periode hielt er einerseits an der von dort übernommenen rein intellektualistischen Deutung der Religion fest, schritt aber anderseits durch die Zertrümmerung der aufgeklärten Schulmetaphysik und durch seine spekulative Ausdeutung des ideellen Gehalts mancher kirchlicher Dogmen über die Aufklärung hinaus.

Der in der „Kritik der reinen Vernunft" **1781** entwickelte Kritizismus *g* (Transzendentalphilosophie, transzendentaler Idealismus) behandelt das Problem des Zustandekommens der Erkenntnis, also die Erkenntniskritik oder Erkenntnistheorie nach modernem Ausdruck. Während *Wolff* (in der Nachfolge der Scholastik) über den Kreis der menschlichen Erfahrung hinausschreitet, ohne die Fähigkeit der Vernunft zu solchem Hinausschreiten geprüft zu haben, und *Hume* die wissenschaftlich gültigen Aussagen auf den Bereich der menschlichen Erfahrung beschränkt, die Notwendigkeit dieser Beschränkung aber rein dogmatisch behauptet, untersucht Kant die Möglichkeit einer transzendentalen, d. i. den Kreis menschlicher Erfahrung überschreitenden Erkenntnis („Wie sind synthetische Urteile a priori möglich?"). Theoretische Erkenntnis bleibt auf den Bereich möglicher menschlicher Erfahrung beschränkt; der Mensch erkennt die Dinge nur, wie sie ihm erscheinen (als Phänomena), nicht, wie sie wirklich sind (als Noumena): das „Ding an sich" bleibt ewig unerkennbar. Insbesondere zertrümmert der „Alleszermalmende" die herkömmlichen theoretischen Gottesbeweise. Er will damit aber nicht das Metaphysische (den transzendenten, theistisch gefaßten Gott) bestreiten, sondern nur die Schulmetaphysik, die dogmatische Methode, zum Metaphysischen hinzuführen. In der „Kritik der praktischen Vernunft" (1788) sucht Kant mit einer neuen Methode zum Metaphysischen vorzustoßen („Ich mußte das Wissen aufheben, um zum Glauben Platz zu bekommen"): Gott, Freiheit, Unsterblichkeit sind zwar durch die theoretische Vernunft nicht zu begründen, aber notwendige Überzeugungen des moralischen Bewußtseins, unabweisbare „Postulate der praktischen

---

[1] Vgl. seine kleine Schrift „Was ist Aufklärung?" (1784) mit der bekannten Definition: „Aufklärung ist der Ausgang des Menschen aus seiner selbstverschuldeten Unmündigkeit. Unmündigkeit ist das Unvermögen, sich seines Verstandes ohne Leitung eines andern zu bedienen."

§ 108 Zeitalter der Aufklärung

Vernunft", der Kant den Primat vor der theoretischen Vernunft zuerkennt. Voraussetzung für diese Gedanken ist Kants **Ethik**. Auch mit ihr tritt er der vulgären Aufklärung mit Entschiedenheit entgegen und setzt gegen ihren **Eudämonismus** (Zweck des sittlichen Handelns die menschliche Glückseligkeit) einen harten **Rigorismus**. Der Mensch soll lediglich aus Pflicht handeln, d. h. das Sittliche soll nicht durch Zwecke des Handelns **bedingt**, sondern **unbedingt** sein (**kategorischer Imperativ**[2]; von Kant mit fast religiöser Inbrunst betrachtet: „der bestirnte Himmel über mir und das moralische Gesetz in mir"). Pflicht und Neigung müssen immer im Kampf miteinander liegen.

h   Kants **Religionsphilosophie** (vgl. „**Die Religion innerhalb der Grenzen der bloßen Vernunft**", 1793, die ihn in Konflikt mit dem Ministerium Wöllner brachte, § 107 t) zeigt, in welchem Verhältnis der in der Kritik der praktischen Vernunft entwickelte Vernunftglaube zu den historischen Religionen steht. Nach Kant wird der tiefer über die Dinge Nachdenkende von der Ethik unweigerlich zur Religion geführt; diese ist [nicht = Moral, sondern] etwas rein Intellektuelles, nämlich **Erkenntnis**, „Erkenntnis aller unserer Pflichten als göttlicher Gebote". Wer die **Gottesidee**, Gott im Denken hat, der hat danach Religion (Ausschluß aller Mystik!). Ein **gutes** und ein **böses Prinzip**, das ein **radikal Böses**, ein wurzelhaft Böses ist (Analogie zur kirchlichen Erbsündenlehre), liegen miteinander im Kampf. Das **gute Prinzip** ist das Ideal der Menschheit, der gottwohlgefällige Mensch, oder bildlich gesprochen, Gottes Sohn; doch ist dies Urbild der Vollkommenheit immer nur als Vernunftideal, niemals in der empirischen Welt wirklich. Der endliche Sieg des guten Prinzips über das böse ist die Begründung des Reiches Gottes auf Erden. Die **sichtbaren historischen Kirchen** sind nur die ersten Ansätze zu diesem Reich, enthalten das Moralische vermischt mit bloß Historischem und Statutarischem und müssen allmählich durch einen „reinen Religionsglauben" verdrängt werden. Kant betrat nicht die Kirche, auch nicht bei Universitätsfeiern.

i   4. In starkem Gegensatz zur Aufklärung stand auch der **Klassizismus**, die Dichtung Goethes und Schillers in der Zeit von 1787 bis 1805. Ihr Ideal war Humanität, die ihnen aus dem idealisierten klassischen Griechentum entgegenleuchtete und das Christentum weit überstrahlte; als Weg zur Erreichung dieses Humanitätsideals galt ihnen weder die religiöse, noch die moralische, sondern die ästhetische Erziehung.

k   *GOETHE* (1749–1832) hat im Laufe seiner Entwicklung mit sehr verschiedenen Anschauungen sympathisiert. Der „junge Goethe" war vorübergehend von der Voltaireschen Aufklärung, dann vom Pietismus berührt (vgl. § 107 r). Im ersten Weimarer Jahrzehnt bekannte er sich zum Evangelium der Humanität und war, mit unter dem Einfluß seiner naturwissenschaftlichen Studien, „Pantheist". Unter den Eindrücken seiner italienischen Reise trat eine noch stärkere Entfremdung vom Christentum ein, die sich zeitweilig bis zu einem „julianischen Haß" steigern konnte, aber unter dem Einfluß der Freundschaft Schillers und des kantischen Kritizismus gelangte er zu einer ruhigeren Würdigung und in seinem Alter zu einer abgeklärten Weltanschauung, die sich freundlicher zum Christentum stellte. Aber über dieses hinausgehend setzte er als letztes die **Entwicklung des in der eigenen Persönlichkeit angelegten Göttlichen**. So wenig Goethe eine eigentlich religiöse Natur war, so sehr war er doch von einer eigentümlichen und tiefen Religiosität erfüllt; Ehrfurcht vor dem Unerforschlichen war ihm innerstes Bedürfnis. Die Gestalt Christi blieb ihm sein ganzes Leben hindurch ehrwürdig; mit der Bibel war er wohlvertraut.

l   *SCHILLER* (1759–1805) war besonders von der Philosophie Kants und dem Studium der Geschichte beeinflußt. Dem Christentum stand er persönlich fern;

---

[2] Es gibt drei Formulierungen; die bekannteste: „Handle so, daß die Maxime (= subjektive Richtschnur) deines Willens jederzeit zugleich als Prinzip einer allgemeinen Gesetzgebung gelten könne."

er betrachtete es als eine in der Hauptsache der Vergangenheit angehörende Größe. Sein Herz gehörte der vorchristlichen Antike, deren Untergang ihm schmerzlich war. Gott wird als kantische Idee festgehalten; es gibt für Schiller keine bewußte Beziehung auf einen der Welt gegenüber transzendenten, bewußten Gott. Doch erfüllten ihn „die welthistorische Wirkung der Christuslehre, die reine, heilige Gestalt ihres Stifters, die unendliche Tiefe der Natur mit Ehrfurcht, die gegen das Ende seines Lebens immer inniger und tiefer wurde" (Schillers Leben II 1830, S. 306).

5. Neben dem Klassizismus kam in den an geistiger Produktionskraft überreichen 90er Jahren die Romantik empor. In ihrer ersten Phase war sie eine auf einen kleinen Kreis von Schriftstellern in Jena und in Berlin beschränkte literarische Richtung, die eine rein ästhetische Weltauffassung vertrat und zur Religion überhaupt keine Beziehungen hatte. Eigenartig genug erfolgte aber alsbald eine Wendung zur Religion. Die Betonung des Gefühls und der Phantasie führte zu einer neuen Mystik, dem stark entwickelten Naturgefühl und dem Einflusse des Spinozismus entsprang ein Zug zum Monismus: so entstand eine neue, ästhetisch-mystisch-pantheistische Frömmigkeit. Damit näherten sich aber die Romantiker dem Katholizismus, der sie mit dem geheimnisvollen Halbdunkel seiner Mysterien und Legenden und seinem starken ästhetischen Einschlag gefangennahm. Ein voller Gegensatz zu der verstandesklaren Aufklärung, aber auch zum Klassizismus mit seiner von Winckelmann bestimmten Verehrung der heidnischen Antike war erreicht. *m*

Der philosophische Anreger der Romantik war *Fichte* in seiner Frühzeit (§ r). *n* Die Führer waren *August Wilhelm Schlegel, Friedrich Schlegel* und *Ludwig Tieck*. Das älteste Dokument der katholisierenden Tendenz sind die „Herzensergießungen eines kunstliebenden Klosterbruders" von *Wackenroder* [und Tieck], 1797. Bald erging man sich trotz protestantischer Herkunft in Marien- und Heiligenverehrung, so auch der feinsinnige *Novalis* († 1801), der bedeutendste religiöse Lyriker der Romantik. 1808 trat *Friedrich Schlegel* zum Katholizismus über, wie vorher schon Friedrich Stolberg (§ 111 o). Andere Romantiker folgten ihnen auf dem Wege nach Rom.

6. Die Wendung der Romantik zur Religion wurde durch das Erscheinen eines epochemachenden Buches verstärkt, der **1799** anonym veröffentlichten „Reden über die Religion" von **FRIEDRICH SCHLEIERMACHER** (§ 119 b). Dies Buch, das der frühromantischen Gedankenwelt nahestand, aber die Neigung der Romantik zum Katholizismus nicht teilte, ist eine glänzende, zunächst an die entkirchlichten Romantiker gerichtete Apologie. Es verkündet eine individuelle, dem romantischen Geist zugängliche Deutung „der" Religion, eine Synthese von idealistischer Philosophie und herrnhutischer Frömmigkeit, und bedeutete einen entscheidenden Schritt zur Überwindung der Aufklärung von theologischer Seite. *o*

Entscheidend ist die Betonung der Selbständigkeit der Religion gegenüber der Metaphysik und Moral, der Rückgang von den Dogmen und Lehrsystemen auf das religiöse Leben selbst, auf die „frommen Erhebungen des Gemüts". Religion ist „Anschauung und Gefühl", „Anschauung des Universums", „Sinn und Geschmack fürs Unendliche", „das unmittelbare und ursprüngliche Sein Gottes in uns durch das Gefühl". Ob man die Vorstellung eines persönlichen Gottes oder die einer unpersönlichen Allmacht bevorzugt, hängt von *p*

§ 108　　　Zeitalter der Aufklärung

der Richtung der Phantasie ab. Die Art, wie sich die meisten Menschen die Unsterblichkeit vorstellen, ist irreligiös. Die Religion ist notwendig „gesellig"; dem Streben, das individuelle religiöse Leben mitzuteilen, entspringt die Kirche. Der Unterschied zwischen Priestern und Laien ist aber kein „Unterschied zwischen Personen, sondern nur ein Unterschied des Zustands und der Verrichtung". Kirche und Staat hätten sich nie miteinander verbinden sollen. Das „Wesen der Religion" (in diesem Begriff wirkt der von Schleiermacher verworfene Begriff der „natürlichen Religion" nach) ist nur in den „Individuen der Religion", d. h. den positiven, geschichtlich gewordenen Religionen, faßbar. Aus dem wahren Religionsbegriff entspringt Duldsamkeit; Jesus, einer der „größten Heroen" der Religion, hat nie behauptet, der einzige Mittler zu sein. Das Christentum wird es dulden, daß eine neue Religion neben ihm heraufsteigt (vgl. § 119 a–c).

q　　7. In enger Fühlung mit der romantischen Dichtung entwickelte sich, zuerst in Jena, eine neue subjektivistische Philosophie, der **nachkantische Idealismus**. Den Ausgangspunkt dieser vornehmlich von Fichte, Schelling und Hegel vertretenen Philosophie bildet die Beseitigung des widerspruchsvollen kantischen „Dinges an sich" (§ g). Damit gelangte man zu einem konsequenten Idealismus, der die Welt restlos in Bewußtseinsphänomene auflöst. Die Versuche, die Welt unter dieser Voraussetzung als ein „System der Vernunft" oder ein notwendiges Erzeugnis des Geistes zu begreifen, führten zu einer Reihe glänzender und umfassender philosophischer Weltanschauungen. So war auf die kantische Vernichtung der Metaphysik eine **neue metaphysische Spekulation** gefolgt, die, universell gerichtet, auch die Religion zum Gegenstand tiefer Gedanken machte. Die neuen Systeme waren jedoch durchaus **monistisch** und ließen sich höchstens scheinbar in ein befreundetes Verhältnis zur Kirchenlehre setzen. Auf die Aufklärung blickten diese Denker mit Geringschätzung zurück.

r　　Von den Genannten geriet der älteste, Johann Gottlieb *FICHTE* (1762–1814, 1794 Professor in Jena, seit 1799 in Preußen, seit 1810 Professor an der neugegründeten Universität Berlin), eine charaktervolle, von lebhaftestem Tatendrange und höchstem moralischem Pathos erfüllte Persönlichkeit, mit dem offiziell herrschenden Dogma in scharfen Konflikt, als er von seinem idealistischen Standpunkte aus erklärte, Gott nicht als den substantiellen Weltgrund, sondern nur als „moralische Weltordnung" denken zu können. Das rief seinen „Atheismusstreit" und seine Absetzung in Jena hervor (1799). Seine spätere Lehre erhielt einen mystischen Einschlag und bekannte sich zu einem spinozistisch gedachten „absoluten Sein".

s　　Friedrich Wilhelm Joseph *SCHELLING* (1775–1854, 1798 Professor in Jena, später in Würzburg, Erlangen und München, 1840 in Berlin, vgl. § 113 c) vertrat in seiner „Identitätsphilosophie", dem dritten seiner fünf aufeinanderfolgenden Systeme, einen religiös verbrämten Pantheismus: Natur und „Ich", objektive und subjektive Vernunft sind identisch; das gemeinsame Prinzip beider ist die absolute Vernunft, die Indifferenz von Natur und Geist, von Objekt und Subjekt, von Realem und Idealem, die Indifferenz aller Gegensätze, die er nun auch Gott nennt. Ebenso wie mit seiner Metaphysik ließ Schelling mit seiner Geschichtsbetrachtung die Aufklärung weit hinter sich. Der empirischen Geschichtsbetrachtung stellte er in seinen „Vorlesungen über die Methode des akademischen Studiums" (1803) eine „höhere" Geschichtsbetrachtung gegenüber, welche das Christentum philosophisch konstruiert, d. h. spekulativ umdeutet. Menschwerdung des Sohnes Gottes und Trinität, empirisch betrachtet sinnlos, werden spekulativ aufgefaßt zu notwendigen Wahrheiten, in denen sich die Erkenntnis des Wesens des Weltprozesses verbirgt. (Über die Einwirkung dieser Anschauungen auf die protestantische Theologie s. § 119 f–h.)

Noch einflußreicher wurde die Überbietung der Geschichtsbetrachtung der *t* Aufklärung durch Georg Wilhelm Friedrich HEGEL (1770–1831, 1801 Dozent in Jena, seit 1818 Professor in Berlin), der zuerst die großen objektiven geschichtlichen Gebilde, Staat, Recht, Sittlichkeit, Kunst und Religion, in ihrer von allem Individuell-Zufälligen unberührten, notwendigen Entwicklung verstehen lehrte („Phänomenologie des Geistes", 1807) und durch diese Richtung auf das objektiv Gegebene der Philosoph der die Aufklärung ablösenden Restauration wurde (§ 113 c).

§ 109. Die Lage der Kirche in England. Die englische Erweckung.

GEVERY, The High Church Party 1688–1718, London 1956. – FLOOFS, Methodismus (RE ³XII, 747–801; XXIV, 97–99). – HBWORKMAN, A new history of Methodism, 2 Bde., 1909. – The Journal of the Rev. John Wesley, ed. by Nehemiah Curnock, London [1909ff.]. – Joh. Wesleys Tagebuch, hrsg. von PScharpff, 1954. – MARTIN SCHMIDT, John Wesleys Bekehrung, 1938. – § g ELANGTON, History of the Moravian Church, London 1956.

1. ALLGEMEINES. Die protestantischen Kirchen Englands und *a* Schottlands erlebten in dem halben Jahrhundert von der Toleranzakte (1689) bis zum Einsetzen der methodistischen Erweckung (1739) eine völlige religiöse und sittliche Erschlaffung. In den zur anglikanischen Staatskirche gehörenden Schichten bestand die Kirchlichkeit nur als rein äußerliche Sitte. Im Adel herrschte vornehme Geringschätzung der Religion, im Bürgertum religiöse Gleichgültigkeit; die untersten Schichten, die Arbeiter in den Industriebezirken, waren unsagbar roh, unwissend und von allen kirchlichen Einflüssen unberührt. Nicht ganz so tief wie in der Staatskirche war der religiöse Niedergang bei den Dissenters; doch ist auch bei ihnen ein Erlahmen der religiösen Kräfte zu beobachten.

So entsprang es nicht etwa lebendiger Religiosität, sondern starrem Konser- *b* vativismus, wenn (im Gegensatz zu den Erfolgen der Aufklärung unter den Protestanten des Kontinents) bei der Mehrzahl der gebildeten Engländer und bei den englischen Geistlichen der Deismus keinen Eingang fand (vgl. § 105 m). Völlig vermochte sich freilich die **englische Theologie** rationalistischen Neigungen nicht zu entziehen; vielmehr kam im 18. Jh. in den englischen Kirchen der in der Polemik gegen Hobbes und die Deisten entstandene Latitudinarismus zur Herrschaft (vgl. § 98 v), eine Richtung, der der Rückzug vom Dogma auf die Bibel und ein rationalistischer Zug eigen waren. Der einflußreichste Vertreter der latitudinarischen Theologie des 18. Jhs. war der anglikanische Bischof *Joseph Butler* (1692–1752). Wie nahe die beiden Gegner, der Deismus und der antideistische Latitudinarismus, trotz aller Differenzen einander standen, zeigt die Tatsache, daß aus den Kreisen der Latitudinarier, teilweise unter Einwirkung des Arminianismus (§ 96 p), seit dem Anfang des 18. Jhs. eine **unitarische Richtung** hervorging. Einige unitarische Gemeinden und eine Akademie für freie theologische Forschung wurden gegründet. Einen begabten Vorkämpfer erhielten die englischen Unitarier in *Joseph Priestley*, einem Dissenterprediger und berühmten Naturforscher (Entdecker des Sauerstoffs, seit 1794 in Nordamerika, gest. 1804; vgl. § 126 v). In England bedrohte bis 1813 ein Gesetz, das freilich tatsächlich nicht mehr angewendet wurde, jede Verleugnung der Trinität mit der Todesstrafe. Nach der Aufhebung dieses Gesetzes breiteten sich die Unitarier in England rasch aus.

Verständlich ist, daß das Zeitalter, das so kräftig auf die Rationalisierung der *c* Religion drängte, auf der andern Seite dem Mystizismus und Okkultismus erlag. Das 18. Jh. war die Blütezeit des aus den alten „Bauhütten" hervorgegangenen **Freimaurerordens**, einer mit eigenartiger Symbolik verbundenen Gesellschaft für Humanität und Brüderlichkeit, in der im 18. Jh. deistische Freigeisterei, aber auch gelegentlich Spiritismus und sonstiger Aberglaube ihr Wesen trieben (1717 Stiftung der ersten Freimaurerloge in London; 1725 Paris, 1737 Hamburg, 1740 Berlin). Der Okkultismus brachte sogar eine eigene Sekte hervor, die Gemeinde der **Swedenborgianer** (in England seit 1788, seit 1792 in Nordamerika). Sie ruht auf dem phantastischen, halb rationalistischen, halb spiritistischen System des Stockholmer Bergrats *Emanuel von Swedenborg* (1688 bis 1772).

d   2. DER METHODISMUS. Gegen die religiöse Verödung und sittliche Kraftlosigkeit des englischen Protestantismus erhob sich seit 1739 ein Gegenschlag, eine religiöse Erweckung von bedeutender Kraft und großer Ausdehnung, der Methodismus. Seine Urheber waren zwei anglikanische Geistliche, *JOHN WESLEY* und *GEORGE WHITEFIELD*[1], Männer von großer religiöser Energie und gewaltige Prediger. Der Methodismus war zunächst eine Erweckungsbewegung innerhalb der anglikanischen Kirche, wuchs aber allmählich aus der Staatskirche heraus und entwickelte sich zu einer eigenen großen Dissenterkirche.

e   Der Name „Methodisten" war ursprünglich ein Spottname, den John Wesley und seine Freunde in ihrer Universitätszeit wegen ihrer geregelten Lebensführung erhielten und dann zur Selbstbezeichnung machten. Allerdings war der kleine von ihnen 1729 gegründete Oxforder Studentenverein nicht unmittelbar der Ausgangspunkt der methodistischen Bewegung, wenn ihm auch deren spätere Führer angehörten, der damalige Fellow *John Wesley* (1703–1791) und sein Bruder *Charles Wesley* (1707–1788), sowie, allerdings nur kurze Zeit, *George Whitefield* (1714–1770). Entscheidend für die religiöse Entwicklung der beiden Wesley wurde vielmehr, daß sie als junge Geistliche auf einer Reise nach Georgia in Nordamerika und auch nach ihrer Rückkehr nach England mit Herrnhutern in Berührung kamen (§ 106 s); unter dem Eindruck der herrnhutischen Frömmigkeit erlebten beide im Mai 1738 in London ihre „Bekehrung", John am 24. Mai 1738, abends 8¾ Uhr in einer Versammlung beim Anhören von Luthers Vorrede zum Römerbrief (Rechtfertigungslehre). Ein 14tägiger Aufenthalt John Wesleys in Herrnhut (Sommer 1738), der ihn gegen manche Eigentümlichkeiten der Herrnhuter kritisch stimmte, brachte seine religiöse Entwicklung zum Abschluß.

f   Seit dem Herbst 1738 trat John Wesley, bald auch sein Bruder Charles, als Erweckungsprediger hervor; Ende 1738 nahm auch George Whitefield, der schon seit 1736 in England und 1738 mehrere Monate in Amerika mit beispiellosem Erfolge gepredigt hatte, seine Tätigkeit in England wieder auf. In ganz schlichter volkstümlicher Weise, mit drastischer Ausmalung der Höllenqualen der Verdammten und mit eindringlicher Ermahnung zu sofortiger Bekehrung wurden die einfachen Grundgedanken des Evangeliums verkündigt. Die Wirkung war erstaunlich. Da sich der Klerus ablehnend verhielt und die anglikanischen Kanzeln den Erweckungspredigern bald versperrte, begann Whitefield und ihm folgend John Wesley unter freiem Himmel zu predigen, oft vor vielen Tausenden (**1739**). Damit setzte die eigentliche methodistische Bewegung ein. Sie gewann rasch eine große Ausdehnung; schon 1739 konnte man zur Errichtung eigener methodistischer Privatkapellen schreiten. Bristol und London waren die Mittelpunkte der Bewegung. Die Versammlungen führten von Anfang an zu allerlei Überspanntheiten; sie wurden häufig durch den rohen Pöbel gestört, die Prediger mit dem Tode bedroht („Bekehrungen" unter enthusiastischem Gebaren).

g   Bereits 1740 schied sich die Bewegung klar von den Herrnhutern, die nun eine selbständige englische Brüdergemeinde bildeten („Moravians" = Mähren); doch blieben Methodisten und Herrnhuter trotz der Trennung in freundschaftlichem Einvernehmen. Noch wichtiger war der Bruch zwischen John Wesley

---

[1] Aussprache: Hwittfild.

und Whitefield 1741; Whitefield verfocht die Prädestinationslehre, Wesley lehrte universalistisch. Fortan gab es, zunächst noch ohne scharfe gegenseitige Abgrenzung, unter den Methodisten zwei verschiedene Richtungen. Infolge des heftigen calvinistischen Streits, der 1770–77 geführt wurde, schied sich die methodistische Hauptgruppe klar von der Prädestinationslehre.

George Whitefield war der bedeutendste englisch-amerikanische Erweckungs- *h* prediger des 18. Jhs.; unermüdlich hat er England, Schottland und fast alle nordamerikanischen Kolonien bereist und über 18000 Predigten gehalten, auch die Erweckungsbewegung in den Dissenterkreisen stark beeinflußt. Aber da er die von ihm erweckten Kreise nicht organisierte, verwehten seine Spuren nach seinem Tode ziemlich rasch. *John Wesley* war nicht nur ein hervorragender Prediger, der auf seinen ständigen Reisen etwa 40000mal gepredigt haben soll, sondern zugleich ein bedeutendes organisatorisches Talent; indem er die „Bekehrten" (darunter auch solche, die von Whitefield „erweckt" waren) organisierte, gab er seinem Werke Bestand.

Die auf John Wesley zurückgehende **Organisation** ist einer der charakteristi- *i* schen Züge des Methodismus. Jede *society* (religiöser Verein) zerfiel in mehrere *classes*; die Mitglieder erhielten Vereinskarten (*tickets*), die vierteljährlich erneuert werden mußten; wer sich nicht bewährt hatte, schied dabei aus. Die Laien wurden als Prediger, als Helfer in den Klassen, als Krankenpfleger usw. sehr stark am Gemeindeleben beteiligt. Das Gesamtgebiet war in „*circuits*" (Bezirke) eingeteilt. Die Anhänger gehörten meist dem Bürgerstande an; durch Lady *Huntingdon* in Chelsea bei London drang diese Bewegung auch in die Kreise der Vornehmen ein. (1770 gab es 50 circuits mit 29406 Mitgliedern; 1783 in England, Schottland und Irland 45995 Mitglieder; um 1935 zählte der Methodismus 59824 Prediger und 11809488 erwachsene Mitglieder.)

Die Trennung von der anglikanischen Staatskirche lag John Wesley *k* ursprünglich so fern wie Whitefield. Doch vollzog sie sich allmählich, ohne daß es zu einer offiziellen Scheidung gekommen wäre. Von dem methodistischen Hauptstamm splitterte allmählich eine Anzahl kleinerer Denominationen ab. In der Hauptgruppe kam die Entwicklung der Verfassung nach unerfreulichen Kämpfen 1797 zum Abschluß (an der Spitze die aus 100 Predigern bestehende Konferenz und die aus den berufsmäßigen Reisepredigern zusammengesetzten Distriktskomitees). In der Lehre hielt man im wesentlichen an der anglikanischen Gestalt fest; die Kürzung der 39 Artikel durch John Wesley entsprang mehr dem Streben nach einer Beschränkung des religiösen Gedanken auf die wichtigsten, als eigentlichen Gegensätzen.

3. DIE EVANGELISCHE ERWECKUNG. Der Methodismus, *l* der im Laufe des 19. Jhs. zu einer Kirche von acht Millionen Bekennern wurde und somit durch sein Ausscheiden der anglikanischen Kirche wertvolle religiöse Kräfte entzog, hat in der Zeit seiner Entstehung der Mutterkirche auch starke Anregungen gegeben. Er war der wichtigste Antrieb der großen englischen Erweckungsbewegung des ausgehenden 18. Jhs. Außer durch den Methodismus war diese Erweckung durch eine Anzahl selbständiger Erweckungsprediger herbeigeführt worden. In den 90er Jahren wurde sie durch die Gegenwirkung, die die französische Revolution auslöste, verstärkt; unter dem Eindruck der französischen Greuel vollzog sich in den oberen Schichten der englischen Gesellschaft ein völliger Umschwung in der Beurteilung der Religion. Das Erstarken der Frömmigkeit brachte mehrere großartige Organisationen für Heidenmission und Bibelverbreitung hervor und führte eines der bedeutendsten philanthropischen Werke der Neuzeit, die Antisklavereibewegung, zum ersten, entscheidenden Siege.

m   1) HEIDENMISSION. **1792** gründete William Carey die Baptistenmissionsgesellschaft (Baptist Missionary Society). Es folgte 1795 die Londoner Missionsgesellschaft (London Missionary Society; interdenominationell, später rein kongregationalistisch), schließlich 1799 die Kirchliche Missionsgesellschaft (Church Missionary Society; anglikanisch, evangelikal).

n   2) BIBELVERBREITUNG. **1804** wurde die Britische und ausländische Bibelgesellschaft gegründet (British and Foreign Bible Society), die Angehörige aller Parteien umspannt und eine geradezu bewunderungswürdige Arbeit vollbracht hat.

o   3) ABOLITION. **1807** beschloß das englische Parlament die völlige Unterdrückung des Sklavenhandels; andere Staaten folgten. Der glänzende Führer der Antisklavereibewegung war der Parlamentarier *William Wilberforce* (1759 bis 1833), der Freund des jüngeren Pitt. Schon vor ihm hatten die Quäker die „Abolition" (die Abschaffung der Sklaverei) gefordert, hatten aber an den reichen Schiffsreedern und Sklavenhändlern in London und Liverpool heftige und skrupellose Gegner gefunden. (Die Abschaffung der Sklaverei überhaupt wurde vom englischen Parlament erst 1834 beschlossen; in Nordamerika erfolgte sie 1865).

§ 110. Die kirchliche Entwicklung von Nordamerika.

GJELLINEK, Die Erklärung der Menschenrechte, ³1919.

a   1. Von den europäischen Kolonien in Nordamerika (§ 101) sind die 13 englischen Siedlungsgebiete, aus denen 1776 die „Union" hervorging, für die Kirchengeschichte am wichtigsten geworden. Die Eigenart der kirchlichen Entwicklung dieser Länder beruhte darauf, daß sich hier infolge der andauernden Einwanderung fremder Kolonisten fast alle religiösen Parteien der alten Welt in buntestem Gemisch ansiedelten. Dieser Prozeß, der im 17. Jh. begann (§ 101), setzte sich im 18. Jh. fort. Trotz der Aufnahme aller dieser Richtungen waren die nordamerikanischen Kolonien nichts weniger als ein „Abklatsch" Europas, sondern gewannen auch in ihrem religiösen und kirchlichen Leben ein selbständiges Gepräge. Eigenartig sind namentlich die Erweckungsbewegungen („revivals") und die Organisation der einzelnen religiösen „Denominationen" zu großen kirchlichen Verbänden („Synoden"). Zu beidem liegen die Anfänge im 18. Jh.

b   Auf die religiöse Begeisterung der Zeit nach 1620 (§ 101 b) war seit der zweiten Hälfte des 17. Jhs. in breiten Schichten der englischen Kolonisten ein religiöser Niedergang gefolgt. Im ersten Drittel des 18. Jhs. war die innerkirchliche Lage in den Kolonien fast durchweg kläglich. Infolge des unglaublichen Pastorenmangels, der Unbildung zahlreicher Geistlicher, der ungeregelten Ordinationsverhältnisse usw. herrschte allenthalben die größte Verwirrung; größere kirchliche Verbände und festere Organisation gab es so gut wie nicht. Am schlimmsten waren die Zustände in der anglikanischen Staatskirche. Ein allgemeiner Aufschwung des kirchlichen Lebens erfolgte erst seit dem Einsetzen der ersten großen amerikanischen Erweckungsbewegung, die seit Ende 1734 durch die gewaltige Predigt von *Jonathan Edwards* (1703–58) hervorgerufen wurde. Der bedeutendste Prediger dieser Erweckung wurde der Methodist *George Whitefield* (§ 109 d–k). In wenigen Jahren ergriff das „revival" das gesamte Kolonialgebiet. Die Wirkungen zeigten sich in dem raschen Anwachsen der Gemeinden und der Denominationen, besonders der Baptisten. Um die Mitte des 18. Jhs. begann die Organisation größerer kirchlicher Verbände Fortschritte zu machen, auch unter den eingewanderten deutschen Protestanten. Den Anfang zu einer Organisation der Lutheraner bezeichnet die Errichtung der Synode von Pennsylvanien (1748) durch *Heinrich Melchior Mühlenberg* (in

Amerika seit 1742, † 1787), der von der Oberleitung der Franckeschen Stiftungen nach Pennsylvanien gesandt worden war. Um die deutschen Reformierten machte sich in ähnlicher Weise *Michael Schlatter* verdient (in Amerika seit 1746).

2. Für die weitere Entwicklung der kirchlichen Verhältnisse Nord- *c* amerikas wurden die politischen Verschiebungen seit 1763 bestimmend. Erstens entschieden der Übergang Kanadas an England, die Entstehung der Union, die Verdrängung Frankreichs und Spaniens aus Nordamerika das Übergewicht des Protestantismus auf dem nordamerikanischen Kontinent; und zweitens verwirklichte die Gründung der Union zum ersten Male in einem größeren Staatswesen das spezifisch moderne Verhältnis von Kirche und Staat. Als sich die „Vereinigten Staaten" 1776 als selbständige Republik von England losgerissen hatten, wurde zunächst in den Verfassungen der Einzelstaaten, später auch in der Gesamtverfassung der Union, die Trennung von Kirche und Staat durchgeführt und die Gleichberechtigung aller religiösen Bekenntnisse und die volle religiöse Freiheit des Individuums gewährleistet.

Vor 1776 gewährte von den nordamerikanischen Kolonien eine einzige, Penn- *d* sylvania, allen christlichen Bekenntnissen, auch dem Katholizismus, volle Religionsfreiheit (§ 101 f). In Maryland und Rhode Island (§ 101 d e) war den Katholiken die Religionsfreiheit wieder entzogen worden; nicht einmal die protestantischen Denominationen genossen in allen Kolonien die gleiche Freiheit. So haben zwar die independentisch-baptistischen Parteien des 17. Jhs. zuerst die Forderung der Religionsfreiheit erhoben, aber erst das Eindringen der Aufklärungsideen und die Begeisterung des Unabhängigkeitskampfes, der protestantische und katholische Bürger zu einem Gesamtstaat zusammenschmolz, haben die Forderungen verwirklicht. **1776** erließen die meisten nordamerikanischen Einzelstaaten die Erklärungen dér Rechte (bills of rights), worin die Religionsfreiheit als eines der angeborenen, unveräußerlichen Rechte jedes Menschen bezeichnet war. Die erste dieser Erklärungen ging von Virginia aus, wo vornehmlich *Thomas Jefferson*, ein entschiedener Anhänger der Aufklärung, die Religionsfreiheit durchsetzte. **1791** wurde die Religionsfreiheit in die Verfassung der Union aufgenommen; auch an dieser Maßregel hatte Jefferson Anteil.

Danach gibt es in der Union keine Staatskirche. Kirche und Religions- *e* unterricht sind Einrichtungen, mit denen sich der Staat grundsätzlich nicht zu befassen hat, die also auch vom Staate nicht finanziell unterstützt werden. Alle Religionsgemeinschaften haben die gleichen Freiheiten, die ihnen nur dann geschmälert werden, wenn sie gegen die Staatsgesetze verstoßen. Trotz der Trennung von Kirche und Staat trägt die Union einen allgemein-christlichen Grundcharakter; sie setzt bei der Mehrheit ihrer Bürger den Monotheismus als selbstverständlich voraus. Dahin gehören: das Gebet bei der Eröffnung der Sitzungen des Kongresses; die Festsetzung von Bußtagen durch den Präsidenten; die staatliche Anstellung von Kaplänen für Heer und Marine; die strengen Gesetze gegen Blasphemie und Entweihung der Sonntagsfeier in den meisten Einzelstaaten.

§ 111. Die römisch-katholische Kirche in den Stürmen der Aufklärung und der französischen Revolution.

HWEIDEMANN, G. W. Molanus, 2 Bde., 1925–29. – EGOTHEIN, Der christlichsoziale Staat der Jesuiten in Paraguay, 1883. – *GSCHNÜRER, Katholische Kirche und Kultur im 18. Jh., 1941. – *MDEMEULEMEESTER, Origines de la congrégation du Très Saint Rédempteur, 2 Bde., Louvain 1953–1957. – RPFISTER, A. Court (ThZs Basel, 1951). – GRHODE, Brandenburg–Preußen und die Protestanten in Polen 1640–1740, 1941. – PDEDIC, Der Geheimprotestantismus in

§ 111　　Zeitalter der Aufklärung

Kärnten 1711–1740, 1940. – DÖLLINGER und REUSCH, Geschichte der Moralstreitigkeiten in der römisch-kathol. Kirche I, 1889. – *GPFEILSCHIFTER-BAUMEISTER, Der Salzburger Kongreß und seine Auswirkung, 1929. – *HAARNOLDI, Tagebuch vom Emser Kongreß, hrsg. von Höhler, 1915. – Joh. Mich. Sailers Briefe, hrsg. von HSchiel, 1952 (Lit!). – Über Sailer: RSTÖLZLE 1910; JRGEISELMANN 1952; PBRACHIN, Paris 1952; GERHFISCHER 1953, 1955. – Über Stolberg: LSCHEFFCZYK 1952. – Der Josephinismus, Quellen zu seiner Geschichte, ed. FMaaß, 2 Bde., 1951–53. – AMATHIEZ, La révolution et l'église, 1910; Ders., Rome et le clergé français sous la Constituante, Paris 1911. – MARGOTLÜHRS, Napoleons Stellung zu Religion und Kirche, 1939. – MGÖHRING, Geschichte der großen Revolution I, 1950. – KGRIEWANK, Die französische Revolution 1789–99, ²1958 (Lit!). – JHÉRISSAY, La vie religieuse à Paris sous la terreur 1792–94, 1954.

Papstliste.

1691–1700 Innocenz XII.	1740–1758 Benedikt XIV.
1700–1721 Klemens XI.	1758–1769 Klemens XIII.
1721–1724 Innocenz XIII.	1769–1774 Klemens XIV.
1724–1730 Benedikt XIII.	1775–1799 Pius VI.
1730–1740 Klemens XII.	1800–1823 Pius VII.

a　1. VOR DEM STURM. Die römisch-katholische Kirche erlebte in den Jahrzehnten, die der Hochflut der Aufklärung vorausgingen, einen Rückgang ihrer äußeren Macht und ihres inneren Gehalts.

α) Ihre politische Geltung vermochte sie seit der Zeit Ludwigs XIV. auf lange hinaus nicht mehr zu verbessern; auf den Gang der großen Politik hatten die Päpste nicht mehr den mindesten Einfluß.

b　In der Rücksichtslosigkeit, mit der die Kabinette der führenden Staaten die Kurie hintansetzten, kündigten sich schon die nahenden Stürme an. *KLEMENS XI.* (Albani, 1700–21; vgl. § h) schnitt in seinem scharfen Konflikt mit Kaiser Joseph I., etwas später in dem mit Viktor Amadeus II. von Savoyen übel ab. *BENEDIKT XIII.* (Orsini, 1724–30) vermochte nicht einmal den kleinen Kanton Luzern zum Gehorsam zu zwingen, geschweige denn in seinen Streitigkeiten mit Kaiser Karl VI. und mit Sardinien die Oberhand zu erlangen. Nicht minder als in diesen Mißerfolgen zeigt sich in der Nachgiebigkeit, mit der der aufgeklärte und milde *BENEDIKT XIV.* (Prosper Lambertini, 1740–1758) alle Streitigkeiten mit auswärtigen Mächten beizulegen suchte, die politische Schwäche der Kurie. Die mißliche Lage des Papsttums tritt aber auch in den Vorgängen nach dem Tode Klemens' XII. in die Erscheinung: erst nach 255 Skrutinien gelang die Wahl Lambertinis; das Konklave hatte 4 Monate gedauert.

c　β) Allerdings verfügte die römische Kirche durch die katholischen Fürsten in manchen Ländern noch über einen bedeutenden **innerpolitischen Einfluß**, den sie zur Bedrückung, ja auch zur gewaltsamen Bekehrung protestantischer Minderheiten zu benutzen wußte. Doch waren diese Erfolge im ganzen, verglichen mit den Eroberungen der Gegenreformation, gering. Noch weniger erreichte der Katholizismus durch die zahlreichen meist auf jesuitische Arbeit zurückgehenden Übertritte von deutschen Fürsten und Mitgliedern des hohen Adels; denn die Hoffnung auf die Rekatholisierung der Untertanen der Konvertiten schlug gerade in den größeren Ländern, vor allem in Kursachsen, fehl.

d　1. **Verschiebungen des Konfessionsstandes** zugunsten des Katholizismus erfolgten 1) in der **Rheinpfalz**; hier wurde 1689, während des 3. Raubkrieges, eine große Zahl von Orten durch französische Truppen gewaltsam rekatholisiert;

dazu kamen fast das ganze 18. Jh. andauernde Bedrückungen der pfälzischen Protestanten durch ihre eigene Regierung (seit 1685 die kath. Linie Pfalz-Neuburg); die Universität Heidelberg war damals ein Hauptsitz der Jesuiten. – 2) 1731 wurden die lutherischen und reformierten Untertanen des Erzbistums **Salzburg** durch den Erzbischof Leopold Anton v. Firmian vertrieben, Hunderte mitten im bitter kalten Winter; 22000 verließen nach und nach ihre Heimat, die meisten fanden in Preußen Aufnahme. – 3) In der **Habsburgischen Monarchie** konnte der Katholizismus die noch vorhandenen Reste des Protestantismus immer mehr einschränken. In Schlesien wurden die Evangelischen freilich durch die preußische Eroberung 1740 von dem katholischen Drucke frei, aber ganz Oberschlesien war bereits katholisch geworden. In Ungarn wurden unter dem Jesuitenzögling Leopold I. (1658–1705) einige Hundert Protestanten eingekerkert und hingerichtet, unter Karl VI. (1711–1740) zahlreiche evangelische Kirchen von den Katholiken in Besitz genommen. – 4) In **Polen** beschloß der Reichstag 1733 den Ausschluß der Dissidenten von allen Staatsämtern; erst die Teilungen Polens (1772, 1793, 1795), die die Hauptmasse des Landes unter russisch-orthodoxe und unter protestantische Herrschaft brachten, besserten die Lage der Protestanten und der nicht-unierten Orthodoxen. – 5) In **Frankreich**, wo der heldenhafte *Antoine Court* (1695–1760) in ungeheuer gefahrvollem Wirken die Reste der Hugenotten in aller Stille von neuem zu Gemeinden gesammelt hatte (die „Kirche der Wüste", vgl. Apk. 12 $_6$), wurden 1724 und 1743–52 nochmals furchtbare Verfolgungen über die Hugenotten verhängt; freilich erregte ihre grausame Behandlung auch das Mißfallen vieler Katholiken, und seit der Hinrichtung des unschuldigen Jean Calas in Toulouse (1762) und dem Eintreten Voltaires für die Toleranz (§ 105 q) wandelte sich allmählich die Stimmung gegenüber den Protestanten; 1787 gewährte ihnen die Regierung Rechtssicherheit.

2. Unter den **fürstlichen Konvertiten** dieser Zeit ist der bekannteste *August e der Starke* von Sachsen, der durch seinen Übertritt 1697 die polnische Krone erkaufte. Dank der mutigen Haltung der kursächsischen Stände blieb aber dem Lande das ev. Bekenntnis gesichert; die Ausübung der landesherrlichen Kirchengewalt wurde den „in evangelicis beauftragten Geheimräten" (später: Staatsministern) übertragen. Auch in den Häusern Württemberg (1713) und Hessen-Kassel (1749) erfolgten aufsehenerregende Übertritte. Im ganzen hat die katholische Kirche mit diesen fürstlichen Konversionen so wenig gewonnen wie etwa mit der Konversion des berühmten Archäologen *Johann Joachim Winckelmann* (1754 in Dresden), die für diesen nur Mittel zum Zweck war.

3. Eine besondere Form der Rekatholisierungsversuche waren die Bemü- *f* hungen um eine **Vereinigung zwischen Katholiken und Protestanten.** Für diesen Gedanken wirkte in der 2. Hälfte des 17. Jhs. auf weiten Reisen mit großer Ausdauer der Spanier *de Spinola* (seit 1686 Bischof von Wiener-Neustadt, † 1695); er fand namentlich in Hannover bei *Molanus*, dem [lutherischen] Abte von Loccum, einem Schüler Calixts, und bei *Leibniz* großes Entgegenkommen. Auch *Bossuet*, Bischof von Meaux, beteiligte sich an dem Briefwechsel und setzte ihn mit Leibniz bis 1702 fort. Doch erwies sich vor allem das Tridentinum als jeder Union hinderlich.

γ) Den gleichen Niedergang zeigt das innere Leben der *g* katholischen Kirche der 1. Hälfte des 18. Jhs. Die verinnerlichte Frömmigkeit des Jansenismus und der Mystik war den Jesuiten erlegen oder erlag ihnen zu Beginn des 18. Jhs. (§ 97 o–v); das Ordenswesen, besonders der Jesuitenorden, und die überseeischen Missionen gerieten in Verfall; einzig die Ordensgelehrsamkeit verfügte zunächst noch über einige große Namen (§ 97 k), die dann freilich seit dem Vordringen der Aufklärung auf Jahrzehnte hin keine Nachfolger mehr fanden.

1. Zu Beginn des 18. Jhs. brach der **jansenistische Streit** (§ 97 o–s) nach einmal *h* aus. Jetzt wurde das Ketzernest Port Royal aufgehoben (1709) und völlig

§ 111   Zeitalter der Aufklärung

zerstört (1710). In dieser zweiten Phase bewegte sich der Kampf im wesentlichen um das französisch mit Anmerkungen herausgegebene „Neue Testament" des Oratorianers *PASCHASIUS QUESNEL* („Le Nouveau Testament en français avec des réflexions morales", Paris 1687). Obwohl sich das Buch der Schätzung Klemens' XI. und Ludwigs XIV. und der Fürsprache des Pariser Erzbischofs erfreute, wußten die Jesuiten den König gegen das Buch einzunehmen und durch seinen Einfluß die päpstliche Verurteilung herbeizuführen: **1713** verdammte Klemens XI. in der **Bulle „Unigenitus"** 101 Sätze aus dem NT Quesnels, darunter beinahe wörtliche Zitate aus Augustin. Die Bulle rief eine starke Bewegung in Frankreich hervor; selbst ein großer Teil des Klerus und der Orden, an der Spitze der Pariser Erzbischof, auch die Sorbonne und das Parlament von Paris verweigerten die Annahme der Bulle und appellierten an ein Konzil. Erst 1730 war der Widerstand zu Boden geschlagen. Die **1723** entstehende, von den Jesuiten als „Jansenistenkirche" verleumdete **Kirche von Utrecht** („Römische Katholiken von der altbischöflichen Klerisei") hängt nur sekundär mit der jansenistischen Bewegung zusammen. Sie entsprang Kompetenzstreitigkeiten zwischen den in Holland „missionierenden" Jesuiten und dem katholischen Überreste, der sich durch die Stürme der Reformationszeit hindurchgerettet hatte. Die kleine separierte Kirche verwarf die Bulle „Unigenitus", erkannte im übrigen den Papst als Oberhaupt an, wurde aber von Rom nicht anerkannt (im 19. Jh. Verbindung mit den deutschen und anderen Altkatholiken, § 115 u).

2. Für das Ordenswesen bezeichnend ist die Entwicklung, die der stark verweltlichte **Jesuitenorden** nahm (Handelsgeschäfte); hartnäckige, jahrzehntelange Unbotmäßigkeit gegen die Kurie im Streit über die chinesischen und malabarischen Riten, § 100 e), - weiter die Tatsache, daß das ganze 18. Jh. nur eine einzige bedeutende Ordensstiftung aufzuweisen hat, den Orden der **Redemptoristen** („Congregatio Sanctissimi Redemptoris", auch „Liguorianer" genannt, 1732, bestätigt 1749); er ist seiner religiösen Richtung nach den Jesuiten nächst verwandt. Der Stifter, der höchst abergläubische Neapolitaner *ALFONSO MARIA DE LIGUORI* (1696–1787, selig 1816, heilig 1839, Doctor ecclesiae 1871) ist auch durch seine stark umstrittene „Theologia moralis" höchst einflußreich geworden. Zu erwähnen ist noch die Benediktiner-Kongregation der **Mechitaristen**, die dem Abendland die Kenntnis der armenischen Literatur erschloß (gestiftet 1701 von dem Armenier *Mechitar*, Sitz seit 1715 die Insel S. Lazzaro bei Venedig).

i 2. KATASTROPHE DER JESUITEN. Auf die Jahrzehnte des Stillstandes und Rückganges folgten Jahrzehnte schwerer äußerer Erschütterungen. Sie begannen mit dem **Jesuitensturm** in den romanischen Ländern. Hier hatte die Aufklärung einen kräftigen Haß gegen die katholische Kirche (§ 105 o) und besonders gegen die Jesuiten ausgelöst, in denen die Aufklärer die eifrigen Verteidiger der Herrschafts- und Autoritätsansprüche des Papstes, die Hüter des „Aberglaubens" und die abgesagten Feinde alles Fortschritts, der innersten Tendenz des Zeitalters, erblickten. Als sich die Aufkärung mit dem Despotismus der romanischen Staaten verband, erlag die Gesellschaft Jesu, die diesen Mächten gegenüber wehrlos war.

k Der Kampf gegen den Orden begann in **Portugal** durch den Minister Marquis *von Pombal*. Den Anlaß gab die bewaffnete Erhebung der Indianer in **Paraguay**, das die Portugiesen 1750 von den Spaniern übernommen hatten (vgl. § 100 b). Der Aufstand (sog. Reduktionenkrieg) wurde niedergeschlagen, der Orden aus Paraguay verjagt und die ganze Kultur des Landes vernichtet. Darauf eröffnete Pombal den systematischen Kampf gegen den Orden; 1759 wurden die Jesuiten aus Portugal und allen seinen Kolonien (Brasilien) vertrieben.

In **Frankreich** brachte der Bankrott des Handelsgeschäfts eines Jesuiten auf der Insel Martinique den Stein ins Rollen; das Pariser Parlament (höchster Gerichtshof) verurteilte den Orden zur Bezahlung der Schulden dieses Geschäftes und erklärte die Verfassung des Ordens für unvereinbar mit den Landesgesetzen, seine Moral für staatsgefährlich. Vergeblich verwandte sich der bigotte Ludwig XV. für eine Reform des Ordens, um ihn vor der Katastrophe zu bewahren (Papst Klemens XIII.: „*Sint ut sunt aut non sint*")[1]. 1764 hob die französische Krone unter dem Druck der im Lande herrschenden Jesuitenfeindschaft den Orden für Frankreich auf. Nun folgten die übrigen bourbonischen Höfe: 1767 wurden die Jesuiten aus Spanien und aus Neapel vertrieben, 1768 aus Parma.

Darauf vereinigten sich die bourbonischen Regierungen, um beim Papst die Aufhebung des Jesuitenordens durchzusetzen (1769: Besetzung von Avignon und Benevent). In dieser Lage wurde *KLEMENS XIV.* (Lorenzo Ganganelli, O.F.M.) gewählt. Er schob die Entscheidung der schwierigen Frage solange wie möglich hinaus, verfügte aber schließlich am 21. Juli **1773** durch das Breve „**Dominus ac redemptor noster**" unter Berufung auf die göttliche Inspiration und für immer die Aufhebung der Gesellschaft Jesu. Nur Friedrich II. von Preußen und Katharina II. von Rußland gewährten dem Orden Asyle. Nach dem Tode Ganganellis war die Lage der Kirche so erschüttert, daß 265 Skrutinien erforderlich waren (vgl. § b!), bevor das „habemus papam" erschallen konnte (Wahl Pius' VI.).

3. AUFKLÄRUNG IM KATHOLISCHEN DEUTSCHLAND. *l*

Der Jesuitenorden war der Opposition erlegen, die sich in den **romanischen** Staaten gegen ihn erhoben hatte. Aber auch der **deutsche** Katholizismus, der im Zeitalter der Gegenreformation der getreueste Sohn Roms und der Jesuiten gewesen war, wurde, wenn auch in weit geringerem Grade, von der Aufklärung erfaßt. Das äußerte sich in einem neuen Hervortreten des Episkopalismus, sowie in einer gewissen Abschwächung des spezifisch Katholischen in den dogmatischen Anschauungen und im kirchlichen Leben.

1. Die Abneigung gegen die päpstlichen Ansprüche zeigte sich schon in den *m* 60er Jahren, in dem überraschenden Erfolge des kirchenrechtlichen Werkes „De statu ecclesiae et legitima potestate Romani pontificis", das seit **1763** unter dem Pseudonym *Justinus Febronius* erschien. Febronius erneuerte den **Episkopalismus** (§ 69 c), bestritt, daß der kirchliche Primat mit dem römischen Bistum verbunden sein müsse, behauptete die Unabhängigkeit des unfehlbaren allgemeinen Konzils von der päpstlichen Berufung und Bestätigung und bezeichnete den Kurialismus als Hindernis für die Wiedervereinigung mit den Protestanten. Das Buch wurde schon 1764 vom Papste verurteilt; sein Verfasser, der Trierer Weihbischof *Nikolaus v. Hontheim*, mußte sich 1778 als 77j. Greis unterwerfen; aber der Eindruck des auch in den romanischen Ländern verbreiteten Buchs ließ sich nicht verwischen.

Sogar eine Anzahl geistlicher Fürsten erwies sich als empfänglich für den „Febronianismus", ja, die deutschen Erzbischöfe wurden die Führer einer gegen Rom gerichteten Kirchenpolitik. Als die Kurie 1785 auf Wunsch der bayerischen Regierung in München eine neue päpstliche Nuntiatur errichtete (neben der in Köln, § 91 e) und der neue Nuntius sofort in verschiedene erzbischöfliche Rechte eingriff, setzten sich die drei rheinischen Erzbischöfe und der Erzbischof von Salzburg in der **Emser Punktation (1786)** mit Entschiedenheit zur Wehr. Ihre Forderungen liefen auf eine von Rom fast unabhängige deutsche Nationalkirche hinaus. Doch blieb die Kurie durch geschickte Politik Siegerin.

2. Für die Gestaltung des religiösen und kirchlichen Lebens war entscheidend, *n* daß sich an den geistlichen Fürstenhöfen zu Köln, Mainz und Würzburg Herde der Aufklärung bildeten (Reformen im Unterrichtswesen; 1786 Gründung der freisinnig-katholischen Universität Bonn; Berufung auch protestantischer Gelehrter). Die **katholische Theologie** dieser Zeit ist durch eine weitgehende Abschwächung der überlieferten dogmatischen Lehrsätze, durch Betonen des All-

---

[1] Dies Wort stammt von Klemens XIII., nicht vom Jesuitengeneral Ricci.

gemein-Christlichen und Empfänglichkeit für die historische Kritik gekennzeichnet; so konnte zB. der Mainzer Dogmatiker Franz Anton *Blau* 1791 eine „Kritische Geschichte der päpstlichen Unfehlbarkeit" veröffentlichen, und der Erzbischof von Würzburg 1803 den protestantischen Rationalisten *Paulus* (§ 107 o, 119 n) als Professor der Exegese berufen. Im **kirchlichen Leben** gerieten Zölibat und Klosterwesen in Mißachtung. Der konfessionelle Gegensatz trat mehr und mehr zurück; gegenseitige Aushilfe zwischen katholischen und ev. Geistlichen kam um 1800 vor. Ein besonderes Anliegen der katholischen Theologen der Aufklärungszeit war die Verbreitung deutscher Bibelübersetzungen (die bekannteste die von *Leander van Ess* in Marburg; das NT[1] 1807, [23] 1840!). – Unter den Gebildeten fand die Aufklärung selbst in ihrer radikalen Gestalt Eingang; zur Verbreitung des Deismus gründete *Adam Weishaupt*, Professor des kanonischen Rechts in Ingolstadt, 1776 den Illuminatenorden, einen Geheimbund nach Art der Freimaurerlogen, der eine Zeitlang besonders in Süddeutschland weitverbreitet war, aber schon 1785 dem Einschreiten der bayerischen Regierung erlag.

o   3. Trotz dieser Erfolge drang die Aufklärung in den deutschen Katholizismus weit weniger tief ein, als in die protestantischen Kirchen Deutschlands. In den unteren Schichten lebte die ererbte Frömmigkeit fort, bei nicht wenigen Priestern kirchliche Strenge; in einzelnen Kreisen aber entstand eine verinnerlichte Religiosität, welche den künftigen Aufschwung des Katholizismus (§ 114) vorbereiten half. In Süddeutschland übte vornehmlich der mystisch gerichtete, bei vollem Anschluß an das katholische Dogma gegen die Protestanten versöhnlich gestimmte *Johann Michael Sailer* (1751–1832, zuletzt Bischof von Regensburg, s. § 114 q) einen breiten Einfluß aus. Im Norden schloß sich ein Kreis religiös lebendiger Katholiken um die edle Fürstin *Amalie Galizin* (gest. 1806) in Münster. Mit diesem Kreise standen auch Protestanten wie *Hamann* (§ 108 e) in Verbindung. Unter dem Einfluß der Fürstin Galizin trat 1800 Graf *Friedrich Leopold von Stolberg* zum Katholizismus über; er gewann starken Anteil an der Überwindung des rationalistischen Geschichtsbildes durch das romantische in der katholischen Bildungsschicht.

p   4. DER JOSEPHINISMUS. Zu durchgreifenden kirchlichen Reformen im Sinne der Aufklärung kam es vor allem in Österreich unter *JOSEPH II.*[2] Dieser Fürst war gleich Friedrich dem Großen, seinem bewunderten Vorbild, ein Vertreter des humanen Absolutismus; kraft der Allgewalt des Staates hielt er sich für berechtigt, nicht nur die Beziehungen zwischen Staat und Kirche, sondern auch die innerkirchlichen Angelegenheiten gemäß der „Vernunft" gesetzlich zu regeln („Josephinismus").

q   1. Vor allem erhielten nun durch das **Toleranzpatent** vom 13. Okt. **1781** Lutheraner, Reformierte und nicht-unierte Griechen (nicht aber die Sekten!) Duldung zugestanden, d. h. bürgerliche Gleichberechtigung mit den römischen Katholiken und das Recht auf Religionsübung, Unterricht und kirchliche Organisation, jedoch mit gewissen Beschränkungen (zB. keine Glocken und Türme; Stolgebühren an die katholische Kirche usw.). Entsprach auch die Durchführung nicht entfernt den Absichten des Kaisers, so war doch der Fortschritt bedeutend.

2. Die römisch-katholische Kirche in Österreich suchte Joseph II. zu einer vom Auslande, vornehmlich vom Papst, ganz unabhängigen, in ihren inneren Angelegenheiten vom absoluten Staat restlos beherrschten Nationalkirche umzuwandeln. Dem dienten besonders das Verbot der Appellationen nach Rom, das landesherrliche Placet, die Lösung der Orden von ihren auswärtigen Generalen. Die Zahl der Klöster wurde um ein Drittel vermindert (von 2163 auf 1425); der Klerus wurde in aufgeklärten staatlichen „Generalseminaren" herangebildet, dagegen das Studium im Collegium Germanicum in

---

[2] 1780–1790, deutscher Kaiser seit 1765, in Österreich bis 1780 nur Mitregent seiner Mutter Maria Theresia.

Rom (§ 87 i) verboten; der Kultus wurde durch Zurückdrängung seiner sinnlich-mechanischen Bestandteile (Reliquien, Wallfahrten, Prozessionen, Zeremonien) dem Geschmack der Aufklärung erträglicher gemacht, das Eherecht reformiert (Erlaubnis der Scheidung und der Wiederverheiratung Geschiedener). Vergeblich suchte Pius VI. durch den außergewöhnlichen Schritt einer Reise nach Wien (1782) Joseph II. von seinen Reformplänen abzubringen. Doch hatte die Reform am Adel und am Klerus eine starke Gegnerschaft; in Belgien, das damals zu Österreich gehörte, führte die Reformpolitik sogar zum Aufstande (1790). Josephs Bruder und Nachfolger *Leopold II.* (1790–92), der schon als Großherzog von Toskana den Versuch einer Reform der toskanischen Kirche gemacht hatte (1786 Synode zu Pistoja, geleitet von *Scipione Ricci*), hielt in der Hauptsache an den kirchenpolitischen Zielen Josephs fest; dagegen wurden unter den folgenden Regenten allmählich die meisten Bestimmungen der josephinischen Kirchengesetzgebung beseitigt.

5. FRANKREICH. α) 1789–1801. Die Aufhebung des Jesuitenordens, das Wiedererwachen des Episkopalismus und die nationalkirchliche Politik der deutschen Erzbischöfe, sowie die kirchlichen Reformen Josephs II. waren nur die Vorzeichen des Sturms, der mit der **französischen Revolution** über die katholische Kirche und das Papsttum hereinbrach. In der Revolution von 1789 brachen das ancien régime und die mit diesem Regierungssystem aufs engste verflochtene gallikanische Kirche zusammen. Die Religions- und Kirchenfeindschaft, die von der französischen Aufklärungsliteratur erzeugt worden war, kam nun zum leidenschaftlichen Durchbruch und führte vorübergehend zur völligen Auflösung der Kirche und zur Abschaffung des Christentums. Auch das Papsttum wurde aufs schwerste gefährdet.

1. Schon die **Nationalversammlung** ergriff einschneidende kirchliche Maßnahmen:

1) erklärte sie das gesamte Kirchengut für Nationaleigentum (2. Nov. 1789); die Gehälter für den Klerus wurden sehr eingeschränkt und auf die Staatskasse übernommen;

2) löste sie sämtliche Klöster und geistliche Orden auf (13. Febr. 1790);

3) zerstörte sie durch die **Zivilkonstitution des Klerus** vom 12. Juli 1790 die hierarchische Gliederung Frankreichs und ordnete die kirchliche Verwaltung der staatlichen ein (83 Bistümer, den 83 Departements entsprechend; 10 Erzbischöfe; Wahl des Pfarrers durch sämtliche wahlberechtigte Bürger des Kantons, Protestanten und Juden eingeschlossen; Wahl des Bischofs durch die staatliche Departementsverwaltung).

Der Widerstand des Klerus gegen die Zivilkonstitution und der Beschluß der Nationalversammlung, von allen Klerikern bei Verlust ihres Amts den Eid auf die Konstitution zu fordern (27. Nov. 1790), entfesselten die heftigsten Kämpfe. 1792 wurden 40000 eidverweigernde Priester vertrieben; sie wirkten im Ausland als entschiedene Gegner der Revolution.

2. Der **Konvent** (1792–95), der die Republik erklärte (21. Sept. 1792) und Ludwig XVI. aufs Schafott schickte (21. Jan. 1793), verfügte 1793 die Abschaffung der christlichen Zeitrechnung (5. Okt.), das Verbot der christlichen Feste (20. Okt.) und schließlich die völlige Beseitigung des Christentums (7. Nov.; am 10. Nov. das Fest der „Vernunft" in Paris). Bei dem durch diese Maßnahmen veranlaßten Kirchensturm wurden c. 2000 Kirchen verwüstet, ihre Kunstschätze geraubt oder zerstört. 1794 erfolgte jedoch unter Führung von *Robespierre* ein Umschwung, am 8. Mai beschloß der Konvent die Anerkennung der Existenz eines höchsten Wesens und der Unsterblichkeit (8. Juni: Fest des „höchsten Wesens" in Paris); 1795, nach dem Ende der Schreckenszeit, stellte der Konvent die Religionsfreiheit wieder her (21. Febr.); die Republik als solche sollte religionslos sein.

§ 111   Zeitalter der Aufklärung

t   3. Neben dem herrschenden Atheismus hatte sich eine deistische Strömung erhalten; seit 1797 verbreitete sich der deistische Kultus der **Theophilanthropen** von Paris aus über ganz Frankreich, ging freilich nach kurzer Blüte rasch wieder zurück. Ungleich zukunftsreicher als dieses schwächliche Surrogat war der erste Ansatz zu einer Neubelebung der katholischen Frömmigkeit. Gegen den schrankenlosen Subjektivismus der Aufklärung und die Greuel der Revolution schien es manchen nur ein Heilmittel zu geben: die Rückkehr zu der unerschütterlich feststehenden Autorität des Papstes. Bereits zwei Schriften vom Jahre 1797 bringen diesen Gedanken zum Ausdruck: *de Maistres* ,,Considérations sur la France" und *de Bonalds* ,,Théorie du pouvoir politique et religieux" (vgl. § 114 n). Eine romantische Wendung nahm die kirchliche Gesinnung bei *Chateaubriand* (,,Le génie du Christianisme", 1802). Unter veränderten allgemeinen Verhältnissen sind diese Bestrebungen zu großer Wirkung gelangt (s. § 114 n).

   4. Ähnliche kirchliche Zustände wie in Frankreich bildeten sich infolge der französischen Eroberung in den Niederlanden (1795 Batavische Republik), in Italien (1797 Ligurische und Cisalpinische Republik; 1798 Römische Republik) und in der Schweiz (1798 Helvetische Republik). In religionsfeindlicher Absicht führte die französische Regierung auch in diesen Ländern die Trennung von Kirche und Staat und die Religionsfreiheit ein. Das **Papsttum** erlebte die schwersten Demütigungen, sogar die Aufhebung des Kirchenstaats. *PIUS VI.* (1775–99) hatte der französischen Revolution gegenüber anfangs eine abwartende Haltung eingenommen, war dann aber in einen heftigen Streit mit der französischen Regierung geraten (Wegnahme von Avignon und Venaissin durch die Franzosen Sept. 1791), so daß er nach dem Ausbruch des ersten Koalitionskrieges zum Kriege gegen die Republik rüstete. Das Ende dieses Appells an die Waffen war der Friede von Tolentino (1797), in dem der General Napoleon Bonaparte vom Papste 30 Millionen Livres und die Abtretung eines großen Teils des Kirchenstaats erpreßte. 1798 errichtete die französische Regierung die Römische Republik und beseitigte die weltliche Herrschaft des Papstes. Der greise Pius VI. wurde 1798 gefangen nach Frankreich gebracht und starb 1799 zu Valence. Doch konnte sein Nachfolger *Pius VII.* (1800–23), der unter dem Schutze der Österreicher in Venedig gewählt wurde, dank der Unterstützung der Engländer, Russen und Türken wieder in den Vatikan einziehen. Die Römische Republik wurde beseitigt, der Kirchenstaat wiederhergestellt (1800).

u   β) 1801–1814. Nach der Aufrichtung der bonapartischen Militärdespotie trat auch in den Geschicken der katholischen Kirche Frankreichs eine Wendung ein. *NAPOLEON BONAPARTE*, eine durchaus irreligiöse Natur, glaubte in der katholischen Kirche ein großartig organisiertes, für seine politischen Zwecke höchst geeignetes Polizeiinstitut zu erkennen und richtete daher die katholische Kirche in Frankreich wieder auf. Die Restauration erfolgte durch den Abschluß des **Konkordats** vom 15. Juli **1801.** In ihm wurde die katholische Kirche zwar nicht, wie die Kurie wünschte, als Staatsreligion, wohl aber als die ,,Religion der großen Mehrheit der französischen Bürger" staatlich anerkannt und rechtlich und finanziell gesichert, freilich anderseits der staatlichen Oberaufsicht unterworfen.

v   Das Konkordat, das durch den päpstlichen Staatssekretär *Consalvi* abgeschlossen wurde, bestimmte: das Recht des Staats, die Erzbischöfe und Bischöfe zu nominieren, und das Recht des Papstes, den also Ernannten die kanonische Institution zu erteilen; die Ableistung des staatlichen Treueides durch den Klerus; die Wahl der Pfarrer durch die Bischöfe, jedoch unter Beschränkung auf der Regierung genehmen Personen; die Dotation des Klerus aus der Staatskasse. Die Kirche erhielt alle nicht veräußerten Kirchengebäude zurück und verzichtete auf das in der Revolution verlorene Kirchengut. Für die 10 Erzbistümer und 50 Bistümer, die fortan bestehen sollten, wurden die Grenzen 1802 in einer sog. Zirkumskriptionsbulle festgesetzt („zirkumskribiert"). Das Konkordat ist das Vorbild für zahlreiche Konkordate des 19. Jhs. geworden; in Frankreich hat es bis 1905 in Geltung gestanden (§ 116 k).

Die Erhebung des Konkordats zum Staatsgesetz erfolgte unter gleichzeitigem Erlaß einer Einführungsverordnung, der sog. **Organischen Artikel** (8. April 1802), mit denen Bonaparte die Rechtslage willkürlich, ohne vorausgehende Verständigung mit dem Papste, nicht unwesentlich zugunsten des Staates verschob und eine andauernde Opposition der Kurie wachrief. Die Organischen Artikel banden vor allem die Veröffentlichungen aller päpstlichen Erlasse, die Annahme der Beschlüsse auswärtiger und die Abhaltung französischer Synoden an die Genehmigung der Regierung usw.

Das Verhältnis zwischen Bonaparte und Pius VII. wurde schon beim Abschluß des Konkordats von 1801 gespannt; der Gegensatz führte zu fortgesetzten Streitigkeiten und schließlich zur erneuten Aufhebung des Kirchenstaats und zur Gefangennahme des Papstes. Pius VII., der über die [nicht mit Namen genannten] Urheber der Beraubung der Kirche den Bann verhängte, wurde zusammen mit seinem Staatssekretär Pacca nach Savona gebracht, das Kardinalskollegium aus Rom verbannt. Als der Papst unnachgiebig blieb, ließ ihn Napoleon 1812 nach Fontainebleau schleppen, um ihn unter seinen persönlichen Einfluß zu bringen. Die Niederlage Napoleons im deutschen Feldzuge von 1813 kam dem Papst zu Hilfe; Napoleon verstand sich im Februar 1814 zur Wiederherstellung des Kirchenstaates; am 11. April entsagte er dem französischen Thron. Vgl. § 114 a.

6. DAS DEUTSCHE REICH. Inzwischen war auch das Deutsche Reich von dem Umsturz in Frankreich und der französischen Eroberungspolitik in Mitleidenschaft gezogen worden. Nachdem Napoleon Bonaparte die beiden ersten Koalitionskriege zugunsten Frankreichs entschieden hatte, erfolgte der Zusammenbruch des alten Deutschen Reichs und der katholischen Kirche in Deutschland. Mit der Abtretung des linken Rheinufers an Frankreich (1797) gingen die drei geistlichen Kurfürstentümer Mainz, Köln und Trier ihres linksrheinischen Gebiets verlustig. Auf Grund von Sonderverhandlungen der Großmächte in Paris verfügte dann der **Reichsdeputationshauptschluß von Regensburg (1803)** die Säkularisation sämtlicher rechtsrheinischer geistlicher Gebiete [bis auf drei, die noch bis 1815 bestanden]. Das war das Ende der geistlichen Fürstentümer in Deutschland (vgl. § 48 b).

Die Landesherren erhielten das Recht, mit den ihnen zugewiesenen geistlichen Gebieten nach Belieben zu verfahren; infolgedessen wurden viele Klöster aufgelöst. Die Hauptmasse der säkularisierten Bistümer, Stifter und Klöster fiel an Österreich, Preußen und Bayern. Infolge der Verarmung der Kirche wurde der Klerus überwiegend bürgerlich.

Bei der territorialen Neuordnung wurden vielfach evangelische mit katholischen Territorien zu einem Staatswesen vereinigt. Der Reichsdeputationshauptschluß erlaubte den Landesherrn, „andere Religionsverwandte zu dulden und ihnen den vollen Genuß bürgerlicher Rechte zu gestatten". Seitdem begann die Auflösung der konfessionellen Geschlossenheit der deutschen Territorien. Dieser Prozeß setzte sich seit 1815 in gesteigertem Maße fort, da der Wiener Kongreß (§ 112 c) bei der staatlichen Neuordnung Deutschlands katholische und protestantische Gebiete in bunter Mischung zu einheitlichen Staaten vereinigte. Dementsprechend gewährleistete Artikel 16 der Verfassung des Deutschen Bundes (§ 112 c) allen Angehörigen der christlichen Konfessionen in allen Bundesländern volle bürgerliche und politische Gleichberechtigung. Damit war der konfessionelle durch den paritätischen Staat ersetzt.

1806 legte Franz II., der 1804 den Titel „Kaiser von Österreich" angenommen hatte, die deutsche Kaiserkrone nieder: damit endete das Heilige Römische Reich Deutscher Nation (vgl. § 48 e[1]), das mit der katholischen Kirche allezeit aufs engste verbunden gewesen war.

Achte Periode.
Von der romantischen Reaktion bis zum ersten Weltkriege, 1814 bis 1914.

Vorblick auf §§ 112—130.

Das Jahrhundert von der Napoleonischen Zeit bis zum Ausbruch des ersten Weltkrieges ist das inhaltsreichste der neueren Geschichte. Es hat eine erstaunliche Intensität des Lebens erzeugt und auf allen Kulturgebieten bedeutende Wandlungen hervorgebracht. Die Kirchengeschichte nimmt an diesem Reichtum der Entwicklung teil und weist in diesem Zeitraum eine solche Fülle verschiedenartigster Erscheinungen und eine so enge Verflechtung mit dem sich immer weiter verzweigenden Kulturleben auf, daß die bereits im 18. Jh. sich auflösende Geschlossenheit und Einheitlichkeit der kirchlichen Entwicklung nun vollends schwindet.

1. Die wichtigste Grundtatsache der neueren Kirchengeschichte ist der große politische und kirchliche Rückschlag, der auf den Sturz Napoleons I. (1814 bzw. 1815) folgte. Im politischen Leben suchte man zu den vorrevolutionären Zuständen zurückzulenken und alle in der Revolutionszeit entbundenen freiheitlichen Regungen zu erdrücken. Von der gleichen rückläufigen Strömung wurde das geistige Leben erfaßt; jetzt gelangte die Romantik zur vollen Herrschaft und wurde zu einer internationalen Strömung. Damit wurde die Aufklärung zurückgedrängt. Im Zusammenhang mit dieser rückläufigen Richtung des politischen und des geistigen Lebens traten auch die Kirchen in eine Periode der Reaktion und Neubildung ein; sie erlebten einen bedeutenden Aufschwung der Religiosität, stießen die Aufklärung aus und erneuerten mehr und mehr ihre schroff konfessionellen Ausprägungen. Am sichersten wußte der Katholizismus die Gunst der neuen Lage zu einer völligen Erneuerung zu benutzen.

2. Mit dem allmählichen Verblassen der Romantik seit den 30er Jahren begannen die in der Aufklärung wurzelnden liberalen und revolutionären Bestrebungen von neuem hervorzutreten. Anderseits gewann die rückläufige Tendenz in den Kirchen immer mehr an Stärke und Umfang; in der römisch-katholischen Kirche siegte der Papalismus und feierte mit der Dogmatisierung der Unfehlbarkeitslehre auf dem Vatikanischen Konzil 1870 seinen höchsten Triumph; in den protestantischen Kirchen blühte eine zum 17. Jh. zurückgreifende, strenge Orthodoxie; in der anglikanischen Kirche entstand die sog. anglokatholische Bewegung, die die vorreformatorischen Grund-

lagen des englischen Kirchentums betonte und es dem Romanismus annäherte. Je mehr die Kirchen sich in dieser Weise verengten und versunkene Glaubensformen wieder emporsteigen ließen, desto tiefer wurde die Kluft zwischen ihnen und der von der Kirche befreiten Weltanschauung. Seit den 40er Jahren gewann die **Entkirchlichung und Entchristlichung** der Gebildeten und bald auch der Arbeiterwelt größeren Umfang, materialistische und pessimistische Denkweisen griffen um sich und beuteten die Ergebnisse der inzwischen ausgebauten exakten Naturwissenschaft und kritischen Geschichtswissenschaft in kirchenfeindlichem Sinne aus. Gleichzeitig kam der unter dem Einflusse der wirtschaftlichen Umwälzungen erwachsene **Sozialismus** rasch in die Höhe. So war die Geschichte etwa des zweiten Drittels des 19. Jhs. durch die Entstehung der scharfen Parteigegensätze charakterisiert, deren Kämpfe in der Folgezeit fortdauerten.

3. In den letzten Jahrzehnten vor dem ersten Weltkriege errang der **römische Katholizismus** bedeutende politische Erfolge, erlitt aber auch empfindliche Niederlagen und hatte infolge seiner ablehnenden Stellung zu der modernen Kultur mit großen Schwierigkeiten selbst im eigenen Lager zu ringen. In den **protestantischen Kirchen** trat sichtlich ein Zurückweichen der orthodoxen Hochflut ein; in ungemein schneller Entwicklung öffnete sich die **protestantische Theologie** namentlich in Deutschland unter dem Eindruck der modernen Geschichtswissenschaft freieren Anschauungen. Dazu leistete die christliche **Philanthropie**, im wesentlichen von den altgläubigen Kreisen getragen, Hervorragendes in den Werken der äußeren und inneren Mission, während anderseits religiöse Gleichgültigkeit, Abneigung gegen die Kirchen und **Atheismus** in manchen Ländern, besonders Deutschland und Frankreich, einen bedrohlichen Umfang erreichten. Damit trat eine gewaltige **religiöse Krisis** ein, die in keinem früheren Stadium der Kirchengeschichte eine Parallele hat. Dasselbe Zeitalter, das der Religion die Schicksalsfrage stellte, hat die in größerem Umfange erst seit ca. 1800 betriebene **Christianisierung der Naturvölker** auf das energischste fortgeführt und die Erweiterung des Schauplatzes der Kirchengeschichte über die ganze Erde erlebt. Auch die **orientalischen Kirchen** wurden in dieser Zeit nach langer innerer Ruhe wieder lebendiger.

a) KULTURGESCHICHTLICHE ORIENTIERUNG.

§ 112. Wirtschaftsleben und Politik.

GEgelhaaf, Geschichte der neuesten Zeit [seit 1871], ⁶1917. – ChSeignobos, Politische Geschichte des modernen Europa (1814–1896), deutsch 1910. – WSombart, Sozialismus und soziale Bewegung im 19. Jh., ¹⁰1924. – KGriewank, Der Wiener Kongreß, ²[1954]. – MBourquin, Histoire de la Sainte–Alliance, Genf 1954.

1. Die gewaltigsten Umwälzungen brachte das 19. Jh. in den *a* **wirtschaftlichen und sozialen Verhältnissen**. Das erstaunliche

§ 112   Von der romantischen Reaktion bis 1914

Anwachsen der Bevölkerungsziffer, die ungeahnte Ausbildung des Verkehrs zu Lande und zur See, die Ausbreitung der europäisch-amerikanischen Rasse durch die Besiedelung des Westens von Nordamerika und durch Kolonisation in Asien, Afrika, Australien und Polynesien, die Auswanderung aus Europa, die steigende Industrialisierung der führenden Kulturländer, die Entstehung der modernen Großstädte und der Rückgang des platten Landes, das Emporsteigen der Industriearbeiter (des „vierten Standes") und die sonstigen Wandlungen der sozialen Schichtung, vor allem die starke Demokratisierung der Gesellschaft durch bessere Schulbildung der unteren Schichten und die Gewährung politischer Rechte: alle diese Vorgänge haben das Leben der Gesellschaft gründlich gewandelt.

b   2. Auch die **politische Entwicklung seit 1814** war reich an großen Entscheidungen und bedeutenden Umwälzungen. Ihren Hauptinhalt kann man mit vier Stichwörtern andeuten: **Nationalismus, Konstitutionalismus, Sozialismus und Imperialismus**. Bis 1870 war die politische Geschichte vorwiegend durch das Streben der Völker nach freiheitlichen (konstitutionellen) und nationalen Staatsordnungen bestimmt; seitdem gewannen die sozialen Kämpfe im Ringen der Proletarier mit dem erstarkenden Kapitalismus mehr und mehr an Bedeutung; seit den letzten Jahrzehnten des 19. Jhs. schließlich entwickelte sich der moderne Imperialismus, die Weltherrschafts- und Weltwirtschaftspolitik der Großmächte.

c   (1) Das Verlangen der Völker nach freiheitlichen Staatsordnungen war seit der französischen Revolution von 1789 mit elementarer Gewalt hervorgebrochen; in den Kämpfen mit Napoleon I. aber war der Kosmopolitismus in einen neuen Nationalismus umgeschlagen. Jedoch die staatliche Neuordnung Europas auf dem **Wiener Kongreß 1814–1815** tat den Hoffnungen auf nationale und konstitutionelle Staatsverfassungen kein Genüge. Auf dem Kongreß siegten das Prinzip der Legitimität und die monarchische Staatsform über den Liberalismus; nur wo es im Interesse der größeren Staaten lag, wurde die Umsturzpolitik Napoleons sanktioniert (Säkularisationen, vgl. § 111 y z). In Deutschland wurde der **Deutsche Bund** (1815–66) errichtet, der an seiner Wehrlosigkeit gegen ausländische Einmischung und an dem preußisch-österreichischen Dualismus von Anfang an unheilbar krankte. Ebenso schlimm stand es in Italien; auch hier blieben Kleinstaaterei und Einfluß des Auslandes (8 Staaten, fast alle im engen Verhältnis zu Österreich; Lombardo-Venetien sogar in österreichischem Besitz).

d   Die politische Entwicklung der drei folgenden Jahrfünfte stand im Zeichen der **Heiligen Allianz,** eines im Sept. **1815** in Paris zwischen den drei „Monarchen" von Rußland, Österreich und Preußen geschlossenen Bundes, dem alle christlichen Staaten Europas beitraten, ausgenommen England und der Kirchenstaat (Heilige Allianz im engeren Sinn). Der mystische Einschlag ging ausschließlich auf Alexander I. zurück, der mit mystischen Kreisen (Frau von Krüdener § 124 b; der katholische Philosoph Franz von Baader) Verbindung unterhielt. Die Allianz war ursprünglich als Verpflichtung der Fürsten zu patriarchalisch-christlicher Regierung gedacht, wurde aber von dem österreichischen Staatskanzler Fürsten *Metternich* als Werkzeug zur Unterdrückung aller freiheitlichen Regungen im politischen und geistigen Leben mißbraucht. Eine dumpfe **Reaktion** lagerte sich über Europa, in Deutschland als Gegenschlag gegen die Gründung der deutschen Burschenschaft (18. Okt. 1817 Wartburgfest, vgl. § 117 f) und die Ermordung Kotzebues durch den schwärmerisch-fanatischen Jenaer Studenten Karl Ludwig Sand aus Wunsiedel (März 1819; Aug. 1819 die **Karlsbader Be-**

schlüsse der reaktionären Regierungen; „Demagogen"-Verfolgungen, besonders an den deutschen Universitäten). Gegen die legitimistisch-reaktionäre Politik erhob sich aber der Liberalismus in einer Kette von Revolutionen. Die Erhebungen in Spanien (1820) und Italien (1820, 1821) wurden von der Heiligen Allianz niedergeworfen; dagegen scheiterte diese mit ihrer Intervention im südamerikanischen Unabhängigkeitskriege (1814–29; vgl. § 114 z) und im Freiheitskampfe der „Hellenen" gegen die Türkei (1821–1829; vgl. § 127 b); damit war die Allianz aus der Politik ausgeschaltet. Es folgte **1830** die **Pariser Julirevolution** (§ 114 n) mit ihren Nachspielen in Belgien (§ 114 o), Russisch-Polen (§ 128 l), Italien (§ 114 w) und einigen deutschen Mittelstaaten; dann **1848** die Pariser **Februarrevolution**, die die große europäische Krisis von 1848–1852 einleitete. Sie endete mit einem neuen Sieg der Reaktion; nur innerpolitische Reformen waren gesichert, die nationale Einheit Deutschlands und Italiens noch immer unverwirklicht. Da begannen seit dem Ende der 50er und Anfang der 60er Jahre zwei „Revolutionen von oben": Viktor Emanuel II. von Sardinien und sein leitender Minister Graf Camillo Cavour gründeten 1861 das **Königreich Italien**; in Deutschland aber schufen Wilhelm I. von Preußen und Bismarck durch die Kriege von 1864, 1866 und 1870 bis 1871 das **neue Deutsche Reich**. In den folgenden Jahrzehnten pflanzten sich die Kämpfe um nationale Freiheit und konstitutionelle Verfassung nach dem Osten fort; durch den russisch-türkischen Krieg von 1877–1878 und den Berliner Kongreß 1878 entstanden neue unabhängige slawische Nationalstaaten auf dem **Balkan** (§ 127 d); durch die Revolution von 1905 trat Rußland in die Reihe der Verfassungsstaaten ein (§ 128 i), durch die unblutige Revolution von 1908 und die blutige vom April 1909 auch die Türkei.

(2) Inzwischen war der moderne **Sozialismus** erstarkt. Schon bei J.-J. Rousseau *e* waren sozialistische Tendenzen wirksam (§ 105 s); in der französischen Revolution trat Babeuf mit sozialistischen Ideen hervor. Bedeutender war die Wirksamkeit des Grafen *Saint-Simon* (1760–1825), der durch eine Neuorganisation der Industrie eine neue Wirtschaftsordnung begründen wollte. Der von einigen seiner Anhänger nach der Julirevolution in Paris unternommene Versuch, seine Gedanken zu verwirklichen, geriet auf Abwege und fiel der Sittenpolizei zum Opfer. Im Revolutionsjahr 1848 war die französische Arbeiterwelt bereits von kommunistischen Ideen erfüllt, wurde aber in der blutigen Junischlacht von den Vertretern der bürgerlichen Republik niedergeworfen. Literarisch vertrat den Sozialismus damals in Frankreich *P.-J. Proudhon* (1809–65: „Eigentum ist Diebstahl"). In England, wo es 1837–48 zu der Chartistenbewegung kam, wirkte *Robert Owen* (1771–1858) durch Schriften und kommunistische Experimente für den Sozialismus; doch hat dieser erst seit der Jahrhundertwende in England größere Verbreitung erlangt. Der einflußreichste wissenschaftliche Sozialist, der erste, der den Kapitalismus erfaßt hat, wurde *Karl Marx* (1818-83, aus Trier, aus ursprünglich jüd. Familie, lebte meist in London; Hauptwerk: „Das Kapital", 1867 bis 1894; vgl. § 113 d); sein Mitarbeiter war *Friedrich Engels* (1820–95). Mit dem Anwachsen der Industrie verbreitete sich überall der Sozialismus. In Deutschland organisierten 1869 Wilhelm Liebknecht und August Bebel die **sozialdemokratische Arbeiterpartei**, die in ihrem Programm die Religion als Privatsache bezeichnete, Christentum und Kirche scharf bekämpfte, aber auch von der Kirche scharf bekämpft wurde.

(3) Die letzten Jahrzehnte vor 1914 brachten die Entwicklung der modernen *f* **Weltpolitik**. An die Stelle des europäischen Staatensystems, dessen Beziehungen weit bis ins 19. Jh. hinein die politische Geschichte ausmachten, trat ein **Weltstaatensystem**. England erweiterte sein Kolonialreich ins Riesenhafte; die Vereinigten Staaten nahmen allmählich die ganze Westhälfte des nordamerikanischen Kontinents in Besitz, vernichteten im spanisch-nordamerikanischen Kriege 1898 die spanische Kolonialmacht und gewannen Gebiete im Stillen Ozean (1898 die Philippinen, 1900 Hawai; ferner vergrößerte sich Rußland durch ständiges Fortschreiten in Zentral- und Ostasien. In den 80er und 90er Jahren vollzog sich in überraschendem Tempo die **Aufteilung Afrikas** unter die europäischen Kolonialmächte; der Löwenanteil fiel auch hier an die Engländer,

die seit dem Burenkrieg (1899–1902) das nur von Deutsch-Ostafrika unterbrochene Ländergebiet von Ägypten bis zum Kaplande beherrschten. Dazu begann Ostasien sich wieder zu regen und mit der europäisch-amerikanischen Kulturwelt in Verbindung zu treten. China wurde seit dem englisch-chinesischen Opiumkriege 1839–42 und Japan seit 1854 dem Handel der Europäer und Amerikaner geöffnet; Japan aber erschloß sich seit ca. 1870 durch innere Reformen der Zivilisation des Westens, begründete durch den japanisch-chinesischen Krieg 1894–95 seine Vorherrschaft in Ostasien und behauptete sie in dem folgenreichen russisch-japanischen Krieg 1904–05.

g   3. Religion und Kirchentum wurden von diesen wirtschaftlichen und politischen Wandlungen in mannigfacher Weise beeinflußt. Die sozialen Kämpfe rückten die Kirche vor gewaltige, schwierige Aufgaben; die Bevölkerungsmischung bewirkte gewisse Verschiebungen der räumlichen Verteilung der Konfessionen und nivellierte vielfach die religiösen Gegensätze; der Sieg des konstitutionellen und paritätischen Staates schuf die das 19. Jh. charakterisierende Verquickung der Religion mit dem politischen Parteitreiben und bahnte eine Neuregelung des Verhältnisses von Kirche und Staat an („Trennung"); die moderne Weltwirtschaft und Weltpolitik aber und die damit zusammenhängende Reduktion der ausschlaggebenden Kultursysteme auf zwei (das westeuropäisch-nordamerikanische und das ostasiatische) schienen völlig neue Möglichkeiten für eine Weltstellung des Christentums in der Zukunft zu ergeben.

§ 113. Weltanschauung, Wissenschaft und Kunst.

ThZiegler, Die geistigen und sozialen Strömungen des 19. Jhs., ⁷1921. – MLenz, Geschichte der Friedrich-Wilhelms-Universität zu Berlin, 4 Bde., 1910 bis 1918. – WLütgert, s. zu § 108. – Über Hegel: s. zu § 108. – JoaRitter, Hegel und die französische Revolution, 1957. – Über Nietzsche: EBertram, 1918; HRömer, 1921; KJObenauer, 1924; LKlages, 1926; ABaeumler, 1931; KJaspers, 1936; EBenz, 1956; KSchlechta, 1958. – Über Burckhardt: WKaegi, 4 Bde., 1947ff. – Über Dilthey: OFBollnow, ²[1955].

a   Auch im geistigen Leben hat das 19. Jh. auf den im 17. und 18. Jh. geschaffenen Grundlagen eine überaus reiche, im ganzen kaum zu überblickende Entwicklung hervorgebracht. Da die meisten Strömungen und Tendenzen, die auf dem Gebiet der Weltanschauung, der Wissenschaft und der Kunst wirksam wurden, auch nach dem Hervortreten neuer, über sie hinausführender Richtungen in mannigfachen Umbildungen oder Nachwirkungen fortbestanden, gewann das Ganze des geistigen Kulturlebens von Jahrzehnt zu Jahrzehnt an Kompliziertheit; doch lassen sich die wichtigsten Kulturerscheinungen auf eine übersehbare Zahl von Grundtypen zurückführen. Anderseits bahnte der ständig steigende internationale Austausch allmählich eine Vereinheitlichung der westeuropäisch-nordamerikanischen Kulturwelt an; die wichtigsten Strömungen hatten in allen führenden Kulturländern Parallelen. Als das große Erbe des 18. Jhs. hat die moderne außerkirchliche Kultur das Prinzip der Freiheit des Individuums in Sachen der Weltanschauung und der Religion überkommen; es ermöglichte eine bunte Fülle aller irgend erdenklichen Stellungen zur Religion, von der autoritätsgläubigen Unterwerfung bis zu freiester philosophischer Umdeutung oder völliger Ablehnung.

1. WELTANSCHAUUNG, WISSENSCHAFT, LITERATUR. In **Deutsch-** *b* **land** war im Geistesleben der nächsten Jahrzehnte nach 1814 die **Spätromantik** die ausschlaggebende Größe. Sie betonte die Bedeutung der großen, objektiven Gebilde, der Religion, der Sitte, des Rechts, des Staats, begünstigte daher die politische und kirchliche Reaktion und vertiefte das Verständnis der kirchlichen Vergangenheit. In der Philosophie dieser Zeit herrschte *G. FR. W. HEGEL* (§ 108 t), *c* der in seinem großartigen, den ganzen Weltprozeß umspannenden, freilich einseitig intellektualistischen System alles Wirkliche als „vernünftig" begreifen lehrte. Indem er der Philosophie und der Religion das gleiche Objekt zuschrieb, nur mit dem Unterschiede, daß der Religion das Objekt in der niederen Form der „Vorstellung" gegeben sei, der Philosophie in der höheren der „Idee", schien er Religion und Philosophie versöhnt zu haben. In seiner Geschichtsphilosophie ist die christliche Religion „entscheidende Angelegenheit der Weltgeschichte". So vermochten auch orthodoxe Protestanten sich mit der Hegelschen Philosophie zu befreunden. Indessen nach seinem Tode (1831) entwickelten die „Junghegelianer" die radikalen Gedanken, die in dieser Philosophie schlummerten, und sprengten die Hegelsche Schule in eine **Rechte** und eine **Linke** auseinander. (Hauptvertreter der Linken: *David Friedrich Strauß*, s. § 119 t; *Ludwig Feuerbach* [1804–72] betrachtete in seinen Werken „Das Wesen des Christentums" 1841 und „Das Wesen der Religion" 1845 die Religion als eine bloße Illusion, die Gottesvorstellungen als Projektionen der menschlichen Wünsche und Ideale in eine angenommene Transzendenz, demnach als das Geheimnis der „Theologie" die „Anthropologie" [der Mensch schaffe Gott nach seinem Bilde] und gelangte schließlich zum Sensualismus; *Max Stirner* [eigentlich Kaspar Schmidt], „Der Einzige und sein Eigentum" 1845, entwickelte einen konsequenten, anarchistischen, Nietzsche vorbereitenden Egoismus.) Friedrich Wilhelm IV. von Preußen suchte dem radikalen Hegeltum ein Gegengewicht zu geben, indem er den Philosophen *Schelling*, der damals bei seinem fünften System, der „Philosophie der Offenbarung", angelangt war (§ 108 s), von München nach Berlin berief (1840), verfehlte aber damit seinen Zweck; denn infolge eines wirksamen literarischen Angriffs des alten Rationalisten Paulus (§ 119 n) stellte Schelling in Berlin seine *d* Lehrtätigkeit sehr bald ein. Seit den 40er Jahren begann ein starker **Niedergang der Philosophie**; die Einzelwissenschaften entzogen sich völlig allen philosophischen Einwirkungen und beschränkten sich streng auf die reine Erfahrung, die Weltanschauung aber geriet unter dem Einfluß der allgemeinen Zeitverhältnisse und der aufblühenden Naturwissenschaften in den Bann des atheistischen Materialismus und Pessimismus. Den ödesten, von aller tieferen philosophischen Besinnung unberührten **Materialismus** vertraten *Karl Vogt*, *Ludwig Büchner* („Kraft und Stoff" 1855, [21] 1904), *Jakob Moleschott* u. a. Nach der von *Karl Marx* (§ 112 e) vertretenen **materialistischen Geschichtsauffassung** (oder „ökonomischen" Geschichtsauffassung) wird der geschichtliche Wandel durch wirtschaftliche Vorgänge bewirkt, während das Politische und das Geistige nur der „Oberbau" zu den wirtschaftlichen Faktoren sind; danach ist die Religion die bloße Spiegelung von wirtschaftlichen Klassenkämpfen; eine Religions- und Kirchengeschichte gibt es nach Marx überhaupt nicht. Einen neuen Impuls erhielt die naturwissenschaftliche Weltanschauung durch den **Darwinismus** (§ m). Im letzten Menschenalter vor 1914 wurde diese Richtung vor allem von dem Jenaer Naturforscher *Ernst Haeckel* verfochten, mit entschlossener Feindschaft gegen die Kirche (1834–1919; „Der Monismus" 1892; „Die Welträtsel" 1899, in 10 Jahren in fast ¼ Million Exemplaren verbreitet). Die Wirkung dieser Literatur war die innerliche Abwendung zahlreicher Gebildeter und Halbgebildeter vom Christentum. Doch blieb daneben eine theistisch gerichtete **idealistische Philosophie** lebendig, die sich mit dem Christentum *e* vereinigen ließ und einen großen Anhängerkreis unter den Gebildeten um sich scharte; ihre bekanntesten Vertreter waren *Hermann Lotze* in Göttingen (1817

§ 113   Von der romantischen Reaktion bis 1914

f bis 1881) und *Theodor Fechner* in Leipzig (1801–1887). Anderseits entstand die ausgesprochen antikirchliche **pessimistische** Philosophie *Arthur Schopenhauers* (1788–1860, Hauptwerk: „Die Welt als Wille und Vorstellung" 1819, wirksam erst in den 50er und 60er Jahren), der aus seiner Weltanschauung Christentum und Theismus radikal beseitigte und dafür Elemente des **Buddhismus** übernahm. Auf der Grundlage einer romantisch-phantastischen Metaphysik erklärte er alles Leben für **Leiden**; eine absolute **Erlösung** könnte nur durch eine völlige Verneinung des „Willens zum Leben", durch den Eingang ins **Nirwana** erreicht werden; da sie unerreichbar ist, bleibt nur die relative Erlösung des Versenkens

g in Wissenschaft und Kunst. Auch der viel gelesene, originelle und scharfsinnige Fortbildner Schopenhauers, *Eduard von Hartmann* (1842–1906, „Philosophie des Unbewußten" 1869, [11] 1904), der ein metaphysisches System ausbaute, begegnete dem Christentum mit zersetzender Kritik und betrachtete den liberalen Protestantismus als den „Totengräber" des Christentums, die freie spekulative Religionsphilosophie von Biedermann, Lipsius und Pfleiderer als den Keim einer

h neuen pantheistischen Religion. Den Höhepunkt der christentumsfeindlichen Philosophie der neuesten Zeit bezeichnet *FRIEDRICH NIETZSCHE* (1844 bis 1900; 1869–79 Professor der klassischen Philologie in Basel, seit 1889 geisteskrank; „Also sprach Zarathustra" 1883–84; „Zur Genealogie der Moral" 1887; „Antichrist" 1888), anfangs ein Verehrer Schopenhauers und Richard Wagners, nach dem Bruch mit dem Pessimismus der philosophische Schöpfer einer Moral der Lebensbejahung und Lebenserhöhung („Umwertung aller Werte"; der „Übermensch"; „Herrenmoral" und „Sklavenmoral"; der „Wille zur Macht" usw.). In der Tragik seiner Situation hat er Entsetzliches gesagt, aber auch Ergreifendes. Nietzsche hat mindestens bis 1939 denkbar stärkste, aber höchst uneinheitliche Wirkungen ausgeübt. In den letzten Jahrzehnten des 19. Jhs. verbanden sich vielfach Anregungen Nietzsches mit solchen des Baseler Kulturhistorikers *Jakob Burckhardt* (1818–1897; „Die Kultur der Renaissance in Italien", [1] 1860) zu einer rein **ästhetischen** Welt- und Lebensanschauung, für die die hellenische Antike und die italienische Renaissance, beide in scharf antichristlicher Fassung,

i die Ideale waren. Die Breite der philosophischen Entwicklung der letzten Jahrzehnte vor dem ersten Weltkriege wurde von keinem der genannten Philosophen beherrscht, sondern von dem **Neukantianismus**, der sich seit den 60er Jahren als Gegenschlag gegen den naturwissenschaftlichen Materialismus ausbildete. Er hatte eine große Zahl von Vertretern, u. a. *Otto Liebmann* (1840–1912), *Aloys Riehl* (1844–1924), *Hermann Cohen* (1842–1918, Begründer der „Marburger Schule" des Neukantianismus), *Wilhelm Windelband* (1848–1915, Begründer der „südwestdeutschen Schule"); eine eigenartige Weiterbildung des neukantischen Kritizismus brachte *Georg Simmel* (1858–1918) mit seiner Philosophie als „Attitude" oder existentieller Lebensausdruck. Verstärkt wurde die neukantische Richtung durch Einwirkungen des französisch-englischen **Positivismus**. Daneben gelangte *Wilhelm Dilthey* (1833–1912) mit seiner Analyse der modernen Geistesgeschichte zu später, aber starker Wirkung. Auch für ihn war Metaphysik unmöglich. Schließlich gewann seit dem Ende des 19. Jhs. das Streben nach einer **idealistischen Metaphysik** wieder Raum, teilweise durch eine Wiederholung der Entwicklung von Kant zu Fichte (*Rudolf Eucken* in Jena, 1846–1926; *Wilhelm Wundt* in Leipzig, 1832–1920, u. a.).

k In die im Laufe des 19. Jhs. unübersehbar werdende **schöne Literatur** kam zuerst in den 30er Jahren des 19. Jhs. durch das „junge Deutschland" mit seinem Evangelium von der „Emanzipation des Fleisches" ein entschieden kirchenfeindlicher Zug (*Heinrich Heine, Karl Gutzkow* u. a.); seitdem blieben Religionsfeindschaft oder religiöse Indifferenz, verstärkt durch den vom Ausland einströmenden Naturalismus, einem großen Teil namentlich der Romanliteratur erhalten; etwa seit 1890 traten in der Literatur mit der Wendung zu Symbolismus und Mystik die religiösen Probleme wieder mehr hervor.

l Von den geistigen Strömungen des **Auslandes** können nur einige der wichtigsten Erscheinungen erwähnt werden. Ein Produkt der französischen und englischen Geistesgeschichte ist der **Positivismus**, der wissenschaftliche Aussagen nur für den Bereich möglicher Erfahrung gelten läßt und die Existenz

Gottes entweder als unerkennbar bezeichnet oder bestreitet (erstes Stadium: die Philosophie David Humes, § 105 n). In Frankreich begründete ihn *August Comte* (1798–1857), der namentlich durch seine Geschichtsphilosophie (Soziologie) wirkte (Unterscheidung dreier Stufen der Menschheitsentwicklung; theologisches, metaphysisches und „positives", d. i. wissenschaftliches Zeitalter), in seiner letzten Periode sogar einen wunderlichen atheistischen Kult der „Menschheit" stiftete. Auf Ideen Comtes fußt die Richtung der modernen Soziologie, welche die naturwissenschaftliche Methode in die Geschichtswissenschaft einführt und als Aufgabe der „wissenschaftlichen" Historie die Ermittlung der Gesetze des Völkerlebens faßt (typisch der scharf antiorthodoxe Engländer *Thomas Buckle*, „History of civilisation in England", 1857–61, und der Franzose *Hippolyte Taine*, „Les origines de la France contemporaine", 1876–94). Philosophisch bauten den Positivismus die Engländer *John Stuart Mill* (1806–73) und *Herbert Spencer* (1820–1903) aus; Spencer verband ihn bereits mit dem Evolutionsbegriff. Der Siegeszug des Entwicklungsbegriffs begann jedoch erst mit der Deszendenztheorie von *CHARLES DARWIN* (1809–82; „Die Entstehung der Arten", *m* 1859; „Die Abstammung des Menschen", 1871), dessen Thesen von der Entstehung der Arten durch allmähliche Entwicklung aus ganz einfachen Gebilden (Kampf ums Dasein, natürliche Zuchtwahl, Vererbung und Anpassung) und von der Abstammung des Menschen und des Affen von einem gemeinsamen Ahnen eine gewaltige Revolution der Weltanschauung hervorriefen und Ungezählte zum Materialismus und Atheismus drängten. Darwin selbst war zuerst Deist, ging aber zum Agnostizismus über. Neben den positivistischen Denkweisen be- *n* standen überall idealistische; typisch ist für Frankreich der einflußreiche *Victor Cousin* (1792–1867), für England vor allem *Thomas Carlyle* (1795–1881), der Goethe ins englische Empfinden übersetzte und das Verständnis für die großen Persönlichkeiten der Geschichte zu wecken suchte. Von den großen Dichtern *o* des Auslandes sind namentlich zwei von symptomatischer Bedeutung für die Stellung der Religion im modernen Geistesleben: der Franzose *Emile Zola* (1840 bis 1902), der größte Dichter des Naturalismus, der mit unbestechlichem Wahrheitssinn allem menschlichen Elend ins Auge schaut und die naturgesetzliche Bedingtheit des Menschenlebens (Vererbung, Milieu) schildert, unter schärfster Abrechnung mit dem katholischen Kirchentum seiner Tage („Lourdes", „Rome", „Paris"); – der Norweger *Henrik Ibsen* (1828–1906), der mit scharfer Kritik der gesellschaftlichen Zustände die modernen Lebensprobleme durchgrübelt, in „Brand" und „Kaiser und Galiläer" auch religiöse Probleme von seinem individualistischen Standpunkte aus behandelt.

2. KUNST. In der **Musik** ist die Wiederbelebung der klassischen protestan- *p* tischen Kirchenmusik von Bach hervorzuheben, die der Kirche zugute kam, so wenig sie kirchlichen Motiven entsprungen war. Von den großen Meistern des 19. Jhs. haben *Ludwig van Beethoven* (1770–1827), *Felix Mendelssohn-Bartholdy* (1809–47), *Franz Liszt* (1811–86), *Johannes Brahms* (1833–1897), *Anton Bruckner* (1824–96) bedeutende religiöse Kompositionen geschaffen; *Richard Wagner* (1813 bis 1883) hat in seinen „Tondramen" einer von Schopenhauer beeinflußten pessimistischen Weltanschauung Ausdruck gegeben, zuletzt im „Parsifal" die christliche Erlösung, freilich mit buddhistischem Einschlag, gefeiert. Unter den Meistern der späteren Altersreihen ragt besonders *Max Reger* (1873–1916) durch sein geniales, auch die ev. Kirchenmusik stark anregendes Schaffen hervor.

In der **Malerei** schufen bedeutende Darstellungen religiöser Gegenstände: die *q* unter dem Einfluß der Romantik stehenden Nazarener (*Friedrich Overbeck*, 1789–1869, seit 1810 in Rom, 1813 Konvertit), der von diesen ausgehende, aber weit überragende *Peter von Cornelius* (1783–1867), unter dessen Schülern vor allem *Julius Schnorr von Carolsfeld* (1794–1872); der warmherzigen Frömmigkeit des christlichen Hauses lieh *Ludwig Richter* (1803–1884) volkstümlichkünstlerischen Ausdruck. Unter den „neuprotestantischen" Malern ragen hervor der realistisch gerichtete *Eduard von Gebhardt* (1838–1925), der ihm nahestehende, eine religiöse Volkskunst erstrebende *Wilhelm Steinhausen* (1846–1924), ferner *Hans Thoma* (1839–1924) und, als der eigenständigste dieser Gruppe, der von der naturalistischen Freilichtmalerei ausgehende *Fritz von Uhde* (1848–1911); unter

§ 113/114   Von der romantischen Reaktion bis 1914

den modernen Neuromantikern und Gedankenmalern, die nichts weniger als „kirchliche", aber doch modern religiöse Kunstwerke geschaffen haben, sind *Arnold Böcklin* (1827–1901) und *Max Klinger* (1857–1920) hervorzuheben. In England bilden die bedeutendste Erscheinung die Präraffaeliten (um 1848; Rückgang auf das Quattrocento, § 72 s; vgl. § 123 k); – in der französischen Schweiz der Freilichtmaler *Eugène Burnand* (1850–1921).

r   **Plastik**: *J. H. Dannecker* (1758–1841), der Däne *B. Thorwaldsen* (1770–1844), in Dresden *Ernst Rietschel* (1804–61; Entwurf zum Lutherdenkmal für Worms), der Belgier *Constantin Meunier* (1831–1905).

s   Die **Architektur** hat nichts geschaffen, was man den kirchlichen Baustil des 19. Jhs. nennen könnte, sondern ältere Stile, namentlich die Gotik, wieder aufleben lassen, sich aber auch ernstlich um das Problem des protestantischen Kirchenbaus bemüht. Dieser war lange durch das Eisenacher Regulativ von 1861 beherrscht (vgl. § 120 o), nahm dann aber von c. 1890–1914 einen bemerkenswerten Aufschwung.

b) DIE RÖMISCH-KATHOLISCHE KIRCHE.

Papstliste.

1800–1823 *Pius VII.* (Barnaba Luigi Chiaramonti).
1823–1829 *Leo XII.* (Annibale della Genga).
1829–1830 *Pius VIII.* (Francesco Saverio Castiglione).
1831–1846 *Gregor XVI.* (Mauro Cappellari).
1846–1878 *Pius IX.* (Giovanni Mastai-Feretti).
1878–1903 *Leo XIII.* (Gioacchino Pecci).
1903–1914 *Pius X.* (Guiseppe Sarto).

§ 114. Äußere und innere Erneuerung und erste politische Erfolge der katholischen Kirche.

§§ 114–16. Das Werk von AHudal über die österreichische, und das von FHanus über die preußische Vatikanbotschaft, 1952 bez. [1954]. – HHermelink, Das Christentum... von der französischen Revolution bis zur Gegenwart, I–III, 1951–55 (mehr nicht erschienen).

§ 114. *JSchmidlin, Papstgeschichte der neuesten Zeit I, 1934. – Gregorio XVI., Roma 1948, 2 Bde., (= Miscellanea Historiae Pontificiae, ed. Gregorianische Universität Bd. XIII.). – *HBrück, Geschichte der kathol. Kirche Deutschlands im 19. Jh., 4 Bde., 1901–08. – *FSchnabel, Deutsche Geschichte im 19. Jh., Bd. 4: Die religiösen Kräfte, 1937. – WGurian, Die politischen und sozialen Ideen des französischen Katholizismus 1789–1914, [1929]. – *JBDuroselle, Les débuts du catholicisme social en France [1822–1870], Paris 1951. – *CBoutard, Lamennais, 3 Bde., 1905–13. – ARVidler, Prophecy and papacy (Lamennais), London 1954. – *JRGeiselmann, Die theologische Anthropologie J.A.Möhlers, 1955. – *KMüller, Die katholische Kirche in der Schweiz seit dem Ausgang des 18. Jhs., 1928. – FStrobel, S.J., Die Jesuiten und die Schweiz im 19. Jh., Olten o.J. – *HSchrörs, Die Kölner Wirren (1837), 1927. – *KEschweiler, Die zwei Wege der neueren Theologie (Hermes–Scheeben), 1926. – *SLösch, Döllinger und Frankreich, 1955. – *JAMöhler, Die Einheit der Kirche, ed. J. R. Geiselmann, 1957.

a   1. DIE RESTAURATION. Mit der Abdankung Napoleons I. im April 1814 (§ 111 x) schlug für das Papsttum die Stunde der Befreiung. Im Mai 1814 kehrte Pius VII. unter dem stürmischen Jubel der Volks nach Rom zurück. Mit diesem Ereignis begann eine überraschende **Wiederbelebung des Katholizismus**, der nun, unaufhaltsam und sicher, in wenigen Jahrzehnten zu einer bedeutenden Machtstellung emporstieg.

α) Zunächst glückte den geschickten Verhandlungen *Consalvis* (§ 111 v) auf dem Wiener Kongreß die Wiederherstellung des **Kirchenstaats** fast in den Grenzen, die er bis 1797 (§ 111 t) gehabt hatte. Wieder im Besitz seiner Souveränität verfolgte das Papsttum mit Nachdruck die politische Richtung, in die es durch die kirchenfeindliche Aufklärung und die Französische Revolution hineingedrängt worden war; es wurde der schroffste Gegner aller Forderungen der Französischen Revolution und des modernen Kulturlebens überhaupt.

Im Kirchenstaat lenkte *Pius VII.* (1800–23) sofort zu den Zuständen zurück, die vor 1797 bestanden hatten (Wiedereröffnung zahlreicher Klöster; alle maßgebenden Staatsämter in den Händen des Klerus); seine kirchlichen Maßregeln richteten sich gegen die Aufklärung in jeder Gestalt. Die folgenden Päpste, *Leo XII.* (1823–29), *Pius VIII.* (1829–30) und *Gregor XVI.* (1831–46), bewegten sich auf derselben Linie (Erneuerung der Indexkongregation[1]; Verdammung aller gegen die katholische Kirche sich richtenden geheimen Verbindungen [der Freimaurer]; Verdammung der Bibelgesellschaften – es gab auch katholische – als einer „Pest"; Bestreben, die Vorbildung der Kleriker von den aufgeklärten Universitäten an die „tridentinischen" Seminare zu verlegen).

β) Am wichtigsten war, daß der Papst am 7. August **1814** durch die Bulle „Sollicitudo omnium ecclesiarum" den **Jesuitenorden** wiederherstellte (vgl. § 111 i k). Die Gesellschaft Jesu setzte sich rasch von neuem in allen Ländern fest und wurde im 19. Jh. noch ausschließlicher als früher der führende Orden. Vor allem hat der Jesuitismus seitdem das Papsttum seinem Einfluß unterworfen, ohne daß doch darum Jesuitismus und Kurialismus völlig gleichbedeutende Größen geworden wären.

Die Gesellschaft Jesu war schon 1801 für **Rußland**, 1804 für **Neapel** wiederhergestellt worden. Aus Rußland wurde sie aber bereits 1820 wieder ausgewiesen. In **Frankreich**, wo sie gesetzlich ausgeschlossen war, wurde sie von Ludwig XVIII. begünstigt. Nur **Portugal** hielt bis 1832 nachdrücklich am Ausweisungserlaß von 1759 fest.
Die Kurie erhöhte den Einfluß des Ordens, indem sie ihm 1824 das Collegium Romanum, 1836 die gesamte „Mission" übertrug (d. h. nach katholischem Sprachgebrauch auch die Bekehrung der akatholischen Christen). Die Mitgliederzahl des Jesuitenordens betrug: 1556 (Todesjahr des Stifters) über *1000*, 1750 c. *22600*, 1816 *614*, 1837 *3067*, 1846 *4752*, 1867 *8584*, 1886 *12070*, 1902 *15231* (davon 6743 Patres), 1914 *16715* (davon 8178 Patres), 1927 *20107* (davon 9417 Patres), 1932 über *23000*, 1940 *25945*.

γ) Auch gelang es der Kurie in den folgenden Jahren, durch **Konkordate** und andere Vereinbarungen mit den Staaten die in den Stürmen der Napoleonischen Zeit zum Teil zerstörte hierarchische Organisation wiederaufzurichten. Beim Tode Pius' VII. 1823 war der staatsrechtliche Bestand der katholischen Kirche in Europa von neuem gesichert.

Die Regierungen der **romanischen Staaten** waren nach 1815 fast sämtlich reaktionär. **Spanien** erneuerte das Konkordat von 1753 und stellte Inquisition und Klöster wieder her; das Königreich **Neapel** schloß 1818 ein Konkordat

---

[1] Auf dem Index stehen alle oder einzelne Werke zB. von Descartes, Hobbes, Spinoza, Locke, Bayle, Pascal, Bossuet, Leibniz, Voltaire, Rousseau, Friedrich II., Lessing, Kant, Gibbon, Döllinger, Heine, Ranke, Comte, Renan, Taine, Zola, Bergson. Im 17. Jh. war sogar die „Theologia deutsch" (§ 75 d) eine Zeitlang „indiziert".

ab, das der Kirche eine glänzende Stellung gab; das Königreich Sardinien (Piemont) setzte die Kirche wieder in ihre alten Rechte ein und übergab den Jesuiten die Leitung der Schule. Schroff reaktionär war auch die französische Regierung unter Ludwig XVIII. (1814/15–24), die freilich mit ihrem Versuche, das Konkordat von 1516 (§ 70 m) zu erneuern und dadurch die Stellung der katholischen Kirche in Frankreich noch zu verbessern, am einmütigen Widerspruch der Kammern und der öffentlichen Meinung scheiterte; so blieb das Konkordat von 1801 in Kraft (bis 1905).

g In **Deutschland** hoffte die Kurie auf dem Wiener Kongreß das alte Heilige Römische Reich und die kirchlichen Zustände, die vor 1803 (§ 111 y) bestanden hatten, wiederherzustellen. Diese Hoffnung scheiterte ebenso wie die verschiedenen Versuche, die kirchliche Frage in Deuschland einheitlich zu regeln. Daher verhandelte die Kurie schließlich mit den deutschen Einzelstaaten. 1817 kam ein Konkordat mit **Bayern** zustande, das im wesentlichen auf der kurialistischen Auffassung des Verhältnisses von Kirche und Staat beruhte, jedoch dem Landesherrn die Ernennung der Bischöfe und eines Teils der Pfarrer, sowie das Plazet für alle kirchlichen Erlasse gewährte. Der Staat veröffentlichte das Konkordat erst 1818, als Anhang des sog. Religionsedikts, das, ähnlich den Organischen Artikeln Bonapartes (§ 111 w), das Konkordat einseitig einschränkte. Der Widerspruch zwischen beiden Urkunden wurde die Quelle ständiger Reibungen zwischen Regierung und Kurie. Die Zirkumskriptionsbulle „Dei ac domini nostri Jesu Christi" (1818, von der Kurie veröffentlicht 1821) bestimmte für Bayern das Erzbistum München-Freising (mit den Bistümern Passau, Regensburg, Augsburg) und das Erzbistum Bamberg (mit Würzburg, Eichstätt, Speyer). Keine Neuregelung erfolgte in Sachsen und Österreich. Die Verhandlungen der Kurie mit den übrigen, sämtlich unter protestantischen Regierungen stehenden Staaten führten nicht zum Abschluß von Konkordaten, sondern nur zum Erlaß von Zirkumskriptionsbullen, in denen die Bistümer räumlich umgrenzt wurden (vgl. § 111 v). In **Preußen** organisierte die Zirkumskriptionsbulle „De salute animarum" 1821 das Erzbistum Köln mit den Suffraganen Trier, Münster, Paderborn, das Erzbistum Posen-Gnesen mit dem Suffraganbistum Kulm (Sitz des Bischofs: Pelplin) und die exemten Bistümer Breslau und Ermland (Sitz: Frauenburg). Die Bischöfe sollten von den Domkapiteln gewählt, vom Papste bestätigt werden; ein ergänzendes Breve gebot, vor der Wahl „serenissimo regi minus gratos" von der Kandidatenliste zu streichen.

h 1821 errichtete die Kurie durch die Zirkumskriptionsbulle „Provida sollersque" die **Oberrheinische Kirchenprovinz** mit dem Erzbistum Freiburg i. B. (zugleich Bistum für Baden) und den Bistümern Fulda (Hessen-Kassel), Mainz (Hessen-Darmstadt), Limburg a. d. L. (Hessen-Nassau und Frankfurt a. M.) und Rottenburg (Württemberg). Für das Königreich **Hannover** setzte die Zirkumskriptionsbulle „Impensa Romanorum pontificum" 1824 die Bistümer Hildesheim und Osnabrück fest (beide exemt). Alle diese Abschlüsse zwischen der Kurie und den deutschen Einzelstaaten waren von fortgesetzten diplomatischen Reibungen begleitet.

i Mit der **Schweiz** vermochte die Kurie erst 1828 zu einer Verständigung zu gelangen; die zum ehemaligen Bistum Konstanz gehörenden schweizerischen Gebiete wurden diesem genommen, mehrere kleinere nationalschweizerische Bistümer organisiert und unmittelbar unter Rom gestellt; doch blieben die Verhältnisse in vieler Hinsicht verworren.

Zwischen der Kurie und dem von dem Wiener Kongreß 1815 geschaffenen **Königreiche der Niederlande** (Holland und Belgien) wurde 1827 ein Konkordat abgeschlossen.

k 2. ERSTARKEN DES PAPALISMUS. Der Wiederaufrichtung der katholischen Organisation ging ein religiöser Aufschwung des Katholizismus zur Seite. Ihn förderten die Romantiker, von denen zB. in Frankreich Chateaubriand (§ 111 t) einen starken Widerhall gefunden hatte, sowie die Jesuiten. Durch eine fast unübersehbare, sich stetig vermehrende Zahl von Orden, Kongregationen und Vereinen unterwarf die Kirche weite Kreise aller Schichten der katholischen Bevölkerung ihrer Leitung und erfüllte sie mehr und mehr mit dem Geiste des strengsten Autoritätsglaubens. Freilich nicht sofort nach der Restauration von 1814 wurde der erneuerte Katholizismus papalistisch („ultramontan"); in Deutschland und selbst im Metternichschen Österreich wirkte im Klerus bis über die Julirevolution hinaus der Josephinismus nach, die französischen Bischöfe dieser Zeit lebten noch in den Ideen des Gallikanismus. Aber in Frankreich wurden bereits mit dem Erscheinen der Schriften von de Lamennais, de Maistre u. a. seit 1817 die ersten papalistischen Stimmen in der Publizistik laut; und seit der Julirevolution von 1830 war die vornehmlich von den Jesuiten gepflegte, streng papalistische Strömung in allen Ländern im Vordringen.

Die Kulturfeindschaft des erneuerten Katholizismus und die Verbindung mit den reaktionären Regierungen, die er nach 1814 einging, waren freilich der Hauptgrund, weshalb er der kirchenfeindlichen Aufklärung nicht völlig Herr zu werden vermochte. Da die Kirche politisch reaktionär war, wurde der politische Liberalismus kirchenfeindlich. Daher war namentlich in den romanischen Ländern die Folge der Restauration nicht die Rückführung der Gesellschaft zur Einheit des Glaubens und der Weltanschauung, sondern die Zerklüftung in die einander schroff bekämpfenden Parteien der Klerikalen und der Antiklerikalen. So wurde der Katholizismus des 19. Jhs. in das politische Parteigetriebe und in die revolutionären Bewegungen verwickelt. Seit der Julirevolution begannen die Klerikalen auf die revolutionären Strömungen einzugehen, aber nur um mit ihrer Hilfe völlige Freiheit für die Entfaltung des strengen Katholizismus zu erlangen.

Das Ursprungsland des modernen Papalismus und seine eigentliche Zentrale war Frankreich; den größten politischen Sieg dieser Jahrzehnte feierte er in Belgien, wo er im Bunde mit den Radikalen die Revolution von 1830 herbeiführte und dann in dem neuen freiheitlichen Staatswesen einen Aufschwung nahm wie sonst nirgends; in Deutschland stieß der erstarkende Katholizismus mit dem preußischen Staat im Kölner Kirchenstreit (seit 1837) zusammen, der mit einer eindeutigen Niederlage des Staats endete.

Einzelheiten.

1. Westeuropa.

1) In **Frankreich** folgte dem zweiten Sturze Napoleons eine fast sinnlose Reaktion (Sept. 1815 der sog. „weiße Schrecken", die greuelvolle Ermordung von Hunderten südfranzösischer Protestanten durch royalistische Katholiken, die sog. „weißen Jakobiner"). Seine Theorie schuf sich der reaktionäre Katholizismus und Royalismus in der modernen Unfehlbarkeitslehre, deren erste höchst einflußreiche literarische Anwälte der Abbé *de Lamennais* („Essai sur l'indifférence en matière de religion", 1817 ff.), *Joseph de Maistre*[2] („Du pape",

---

[2] Das „s" in „de Maistre" ist nicht stumm.

1819), u. a. wurden (vgl. § 111 t); sie sahen in der vollen Unterwerfung unter den Papst das einzige Heilmittel gegen den Umsturz. Die eigentlichen Leiter der Reaktion waren die Jesuiten. Den persönlich wohlmeinenden *Ludwig XVIII.* (1814/15–24) zwangen die Ultraroyalisten namentlich seit 1820 völlig in die Bahnen der Reaktion. Unter seinem Bruder *Karl X.* (1824–30) erstieg die Reaktion den Gipfel, erregte aber den wachsenden Widerstand des Liberalismus. Der Gegensatz führte zur **Pariser Julirevolution von 1830**; sie endete mit dem Siege des liberalen Bürgertums über die Bourbonen, Karl X. wurde entthront, *Ludwig Philipp* von Orléans (1830–1848) zum „König der Franzosen" erhoben.

Die Errichtung des „Bürgerkönigtums" mit seinem stark demokratischen Einschlag war eine Niederlage des Katholizismus, aber die Kirche fand sich in den neuen Verhältnissen rasch zurecht. Die Priester *de Lamennais* und *Lacordaire*, bereits in den 20er Jahren als papalistische Publizisten von Einfluß, traten nun mit Entschlossenheit von ihrem royalistisch-legitimistischen Standpunkt auf den Boden der Revolution hinüber und begründeten eine neue, Demokratie und Papsttreue vereinigende Richtung. Ihr Organ war die Zeitung L'Avenir (1830 bis 1832), ihr Hauptmitarbeiter der Graf *Montalembert*. Indessen Papst Gregor XVI. verdammte 1832 L'Avenir und die radikalen politischen Grundsätze der demokratischen Papalisten. Lacordaire und Graf Montalembert unterwarfen sich; Lamennais aber beharrte standhaft bei seinen Anschauungen und vollzog in seinen im Prophetenton gehaltenen „Paroles d'un croyant" 1834 in schroffster Weise den Bruch mit dem Papsttum. Der Papst hat dieses Buch sofort verdammt. Während Lamennais zum papstfeindlichen Sozialismus überging, wirkten seine ehemaligen Freunde Lacordaire und Graf Montalembert, unterstützt von einer einflußreichen Presse (die Zeitung L'Univers religieux), für den Papalismus, der im Laufe der 40er Jahre die französische Gesellschaft, auch den Hof, eroberte. Nun begannen die papalistischen Führer und die heimlich in Frankreich weilenden Jesuiten einen äußerst lebhaften Kampf um die „Unterrichtsfreiheit", d. h. tatsächlich um die Klerikalisierung des gesamten Unterrichtswesens. 1850 erlangten sie die Beseitigung des Staatsmonopols für die Gymnasien, 1875 für die Hochschulen.

o 2) Als in dem **Königreich der vereinigten Niederlande** (§ i) die Regierung den Jesuitenorden verjagte und den Bildungsgang des Klerus zu liberalisieren suchte, schlossen sich der antioranischen Liberalismus und die der Demokratie und der Arbeiterschaft angenäherte klerikale Partei zusammen und errangen durch die **Revolution von 1830** die Trennung Belgiens von Holland und die Errichtung einer konstitutionellen, mit demokratischen Elementen versetzten Monarchie in **Belgien**. Die erlangten politischen Freiheiten, zB. das liberale Vereinsgesetz, kamen der katholischen Kirche trefflich zustatten (katholische Universität Löwen; starke Vermehrung der Klöster). Der unnatürliche Bund der Klerikalen und der Liberalen ging nach der Revolution auseinander; der Liberalismus arbeitete vergeblich der steigenden Klerikalisierung Belgiens entgegen (Gründung der liberalen Universität Brüssel).

p Ebenso war in **England** die katholische Kirche in diesen Jahrzehnten im Vordringen begriffen. Hier waren die Katholiken durch die Testakte von 1673 (§ 98 w z) von den politischen Rechten ausgeschlossen; die Abhaltung eigenen Gottesdienstes war ihnen seit 1791 gestattet. Da brachten vornehmlich die kirchlichen Verhältnisse in Irland den Kampf um die Emanzipation der Katholiken in Gang. In Irland war die anglikanische Kirche Staatskirche; aber nur die angelsächsischen Großgrundbesitzer gehörten ihr an, die große Masse der Iren war katholisch, war darum aber von allen Ämtern sowie vom Parlament ausgeschlossen und im Erwerb von Grundbesitz beschränkt; die zahlreichen katholischen Priester mußten von der armen irischen Bevölkerung selbst erhalten werden, während die Anglikaner die reichen Pfründen des Landes innehatten. Seit 1809 wirkte im Bunde mit dem katholischen Klerus *O'Connell* († 1847) für die kirchliche und politische Gleichberechtigung der Katholiken; aber erst nach langen Kämpfen wurde vom Parlament 1828 die **Testakte aufgehoben** und **1829** die **Emanzipationsbill** erlassen, den Katholiken volle bürgerliche Gleichberechtigung mit den Protestanten gewährte. Da aber die den katholischen Iren äußerst verhaßte Zahlung des Zehnten an die anglikanische Staatskirche nicht beseitigt, sondern nur in der Form gemildert wurde (1838), hielt die leidenschaftliche Erregung in Irland an. Seit den 40er Jahren wanderten Hunderttausende von Iren aus kirchlichen und wirtschaftlichen Gründen nach Amerika aus. Erst durch die irische Kirchenbill von 1869 (in Kraft getreten 1870) verlor die anglikanische Kirche auf Irland ihren Charakter als Staatskirche.

2. Mitteleuropa.

1) Auch in den Ländern des **Deutschen Bundes** erstarkte die auf den Papalismus zusteuernde Richtung. Ihre geistigen Führer fand sie in dem Kreise, der sich in München um den Professor *Joseph (von) Görres* († 1848) scharte und der sich der besonderen Gunst König Ludwigs I. von Bayern erfreute. *q*

α) Das Vordringen des Papalismus zeigte sich erstens in der inneren Entwicklung des deutschen Katholizismus. Mit größter Unduldsamkeit wurden alle freieren katholischen Richtungen zurückgedrängt und vernichtet. In den 20er Jahren war der Klerus noch so frei von allem Fanatismus, daß in Schlesien und Süddeutschland (1826 bzw. 1830) Klerikervereine entstehen konnten, welche die Abschaffung des Zölibats erstrebten; 1828 veröffentlichten die Brüder *Anton* und *Augustin Theiner* in Breslau das aufsehenerregende Buch über „Die Einführung der erzwungenen Ehelosigkeit bei den christlichen Geistlichen und ihre Folgen". Die katholische Theologie wetteiferte in der Gediegenheit und Unbefangenheit ihrer Arbeiten mit der protestantischen. Aber schon gerieten einzelne hervorragende Führer mit den Ultras in Konflikt, so der Generalvikar von Konstanz, *Ignaz von Wessenberg*. Er erregte mit seinen Reformen den Unwillen der Kurie, lehnte aber in Rom die Unterwerfung unter die päpstliche Autorität ab und lebte seit der Aufhebung des Bistums Konstanz 1827 (§ i) als Privatgelehrter († 1860). Auch *Johann Michael Sailer* (§ 111 o, seit 1821 Domkapitular, 1822 Koadjutor, 1829 Bischof von Regensburg, † 1832) blieb nicht unangefeindet.

Seit der Julirevolution begann der systematische Kampf gegen die freiere katholische Theologie. Sein erstes Opfer war die kaum gegründete katholisch-theologische Fakultät in Marburg. 1831 für Kurhessen und das Herzogtum Nassau errichtet, wurde sie bereits 1833 infolge des Widerspruchs des Bischofs und Domkapitels von Fulda aufgehoben. *r*

Noch empfindlicher für das wissenschaftliche Leben war der Kampf gegen den Hermesianismus. Der Systematiker *Georg Hermes* in Bonn († 1831), nichts weniger als ein radikaler Geist, hatte der katholischen Glaubenslehre einen an Kant und anderen Philosophen orientierten Unterbau gegeben. Seine Schule war auf mehreren Lehrstühlen, vornehmlich in Bonn und in Breslau, vertreten. 1835 erwirkten die Gegner in Rom die Verurteilung der Schriften von Hermes; 1837 bzw. 1844 erfolgte die gewalttätige Unterdrückung des Hermesianismus an der katholisch-theologischen Fakultät zu Bonn durch den Kölner Erzbischof von Droste-Vischering (§ t).

An die Stelle der verdrängten freieren Richtung trat ein romantischer Katholizismus, der eine entschieden protestantenfeindliche Haltung einnahm. Seine größten Vertreter waren der geistvolle, bei streng katholischer Einstellung doch auch an protestantischer Wissenschaft gebildete JOHANN ADAM MÖHLER (1796–1838, Professor in München), der Verfasser einer glänzend geschriebenen, die protestantische Theologenwelt aufs lebhafteste erregenden „Symbolik" (1832, [10] 1921), und der Kirchenhistoriker IGNAZ (VON) DÖLLINGER (1799 bis 1890, seit 1826 Professor in München), der bedeutendste katholische Theolog seiner Zeit, der besonders durch sein tendenziöses Werk „Die Reformation" (1846ff.) bekannt wurde, später indessen eine andere Richtung einschlug (vgl. § 115 m o q t). *s*

β) Das Erstarken des Katholizismus zeigt sich zweitens in dem Zusammenstoß der Kirche mit dem preußischen Staat im **Kölner Kirchenstreit**. Den Anlaß gab die Stellung der Klerikalen zu der Frage der gemischten Ehen. Diese hatten sich seit dem Westfälischen Frieden eingebürgert und wurden von der katholischen Kirche in den konfessionell gemischten Ländern seit dem 18. Jh. tatsäch- *t* lich geduldet. Noch im ersten Jahrzehnt des 19. Jhs. herrschten in der Mischehenfrage friedliche Verhältnisse. Aber nach 1815 bildete sich bei den katholischen Geistlichen im **rheinischen Preußen** die Gewohnheit, die Trauung gemischter Paare nur gegen das vorangehende Versprechen katholischer Erziehung der zu erwartenden Kinder zu vollziehen. Hiergegen wandte sich eine Kabinettsorder *Friedrich Wilhelms III.* von 1825, welche zugleich eine königliche Deklaration von 1803 auf die seit 1815 preußischen Provinzen Rheinland und Westfalen ausdehnte; danach sollten in allen strittigen Fällen alle Kinder dem Bekenntnis des Vaters folgen. Als die preußische Regierung damit nicht durchdrang, begann sie Verhandlungen mit den rheinisch-westfälischen Bischöfen und dem Vatikan und suchte, nachdem sie beim Vatikan nicht zum gewünschten Ziele gelangt war, die Bischöfe durch geheime Abmachungen zu binden. Jedoch der neue Kölner Erzbischof, der schroff hierarchisch gesinnte, staats- und bildungsfeindliche *Klemens von Droste-Vischering*, den die preußische Regierung unter dem Einflusse des romantischen Kronprinzen 1835 erhoben hatte, schob dies Abkommen 1837 beiseite und blieb allen Friedensbemühungen der Regierung gegenüber unnachgiebig. Da griff die Regierung zur Gewalt: Droste wurde verhaftet und nach der Festung Minden abgeführt. Eine starke Spannung der preußischen Regierung mit dem Vatikan und eine lebhafte Erregung der öffentlichen Meinung in Deutschland war die Folge (1838 *Görres'* ,,Athanasius''): zum ersten Male nahm ein erheblicher Teil des preußischen Volkes gegen seine Regierung für den Papst Partei. Ein ganz ähnlicher Streit entspann sich im preußischen **Osten**. Hier wurde der Erzbischof von Posen-Gnesen, *Dunin*, vom Staat seiner Würde entsetzt, interniert und nach seiner Flucht nach Posen verhaftet und nach der Festung Kolberg gebracht (1839). Nach dem Tode des Königs lenkte sein Sohn *FRIEDRICH WILHELM IV.* sofort zum Frieden. Dunin durfte nach Posen zurückkehren; im Kultusministerium wurde eine katholische Abteilung errichtet, die bis 1871 bestanden hat; in der Mischehenfrage blieb die klerikale Auffassung im Recht; Droste, befreit und durch ein gnädiges Handschreiben des Königs ausgezeichnet, kehrte zwar nicht persönlich nach Köln zurück, empfing aber in einem Gesinnungsgenossen, dem Bischof von Speyer, *Johann (von) Geißel*, einen Koadjutor für die weltlichen Geschäfte mit dem Rechte der Nachfolge (Erzbischof 1845–1864).

u   Der Kölner Streit hatte einen ungeahnten volkstümlichen Aufschwung des deutschen Katholizismus zur Folge. **1844** konnte der Klerus wagen, eine Pilgerfahrt zum **heiligen Rock in Trier** zu veranstalten. Etwa 1100000 Pilger fanden sich vom August bis Oktober 1844 vor der angeblich wundertätigen Reliquie ein. Zwar erscholl selbst aus dem Kreise des katholischen Klerus heraus ein energischer Protest (*Johannes Ronge*, suspendierter Kaplan in Laurahütte in Schlesien, und *Johannes Czerski*, Vikar in Schneidemühl); doch die durch ihn hervorgerufene Bewegung, viel zu schwach und religiös und sittlich viel zu flach, um die erträumte katholische Nationalkirche zu verwirklichen, führte nur zur Entstehung von ,,deutsch-katholischen Gemeinden'', zuerst in Schneidemühl und Breslau. Sie versanken schließlich, als sie die staatliche Anerkennung zu erlangen anfingen, in einen religionslosen Radikalismus; 1859 flossen sie mit den vom Protestantismus ausgeschiedenen ,,Lichtfreunden'' zusammen (vgl. § 120 b)³.

v   2) Eine Niederlage erlitt der Klerikalismus in der **Schweiz** (§ i). Hier entstand nach der Julirevolution ein erbitterter politischer und konfessioneller Gegensatz zwischen den Radikalen und den Konservativen; die Stütze der klerikalen Partei waren die sieben **katholischen Kantone** Schwyz, Uri, Unterwalden, Luzern, Zug, Freiburg, Wallis, ihr Mittelpunkt Luzern. Es kam zu blutigen Zusammenstößen und zum Zusammenschluß der sieben katholischen Kantone zum ,,Sonderbund''; die Eidgenossenschaft war aufgelöst. Indessen in dem kurzen **Sonderbundskriege 1847** wurden die Klerikalen von den Radikalen geschlagen; darauf wurde von der Tagsatzung die Auflösung des Sonderbundes und die Ausweisung der Jesuiten aus der Schweiz beschlossen (1847). Doch hat der Klerikalis-

---

³ Der heilige Rock ist auch 1953 und 1959 ausgestellt worden, 1959 erschien er auf Briefmarken der Deutschen Bundesrepublik.

mus nach 1848 wieder Fortschritte gemacht. Die Jesuiten freilich sind noch gegenwärtig (1959) durch die schweizerische Verfassung aus der Schweiz ausgeschlossen.

3. Südeuropa.

1) In **Italien** führten die politischen und kirchlichen Mißstände (vgl. § 112 c) *w* schon 1820 bzw. 1821 zu revolutionären Erhebungen in Neapel und Piemont. Sie wurden zwar 1821 von Österreich im Auftrage der Heiligen Allianz niedergeworfen, aber im geheimen gärte es in Italien gewaltig fort (Geheimbund der Carbonari). So fiel die Kunde der Pariser Julirevolution in Italien auf empfänglichen Boden. Da starb im November 1830 der milde, wenig bedeutende *Pius VIII.* (1829–30). Ihm folgte nach Metternichs Wunsche ein schroff reaktionärer Papst, der gutmütige und gelehrte, aber von den Strömungen seiner Tage unberührte *GREGOR XVI.* (1831–46). Als Mauro Cappellari hat er 1799 die Schrift „il trionfo della santa Sede" verfaßt, die am Erstarken des Papalismus bedeutenden Anteil hat. Als Papst hat er die nationale Bewegung im Kirchenstaat nach Kräften [mit Hilfe Österreichs] niedergehalten und die modernen Richtungen in Wissenschaft und Politik mit dem päpstlichen Verdammungsurteil belegt (s. § n r). Bis 1838 mußte Gregor XVI. österreichische und französische Truppen auf kirchenstaatlichem Gebiete dulden. Trotz der schreienden Mißwirtschaft im Kirchenstaat und der leidenschaftlichen Erbitterung seiner Bewohner gegen die reformfeindliche klerikale Regierung entstand seit 1843 unter dem Einfluß *Antonio Rosminis*, des Generaloberen der „Väter der christlichen Liebe", des Erneuerers der italienischen Philosophie, und des piemontesischen Priesters *Vincenzo Gioberti* die sog. neuwelfische Richtung, welche den Katholizismus romantisch verherrlichte und vom Papst die Befreiung und nationale Einheit Italiens erhoffte.

2) Zu den heftigsten Kämpfen zwischen Klerikalen und Antiklerikalen kam *x* es in **Spanien.** Gegen die drückende Reaktion erhob sich die Militärrevolte von 1820 und nötigte den König Ferdinand VII. zur Anerkennung der Verfassung von 1812 und zur Vertreibung der Jesuiten. 1823 griff aber Frankreich im Auftrage der Heiligen Allianz in die spanischen Wirren ein und stellte den Absolutismus und die Herrschaft der Kirche wieder her; die Jesuiten kehrten zurück. 1833 entbrannte der 7jährige wilde Bürgerkrieg zwischen den Cristinos und den Carlisten, zugleich ein Kampf zwischen den Klerikalen und den Antiklerikalen, in dem die Cortes die Aufhebung der Klöster und des Zehnten und die Säkularisation alles Kirchenguts verfügten.

3) Ebenso standen in **Portugal** die Klerikalen in den Wirren seit 1820 auf der *y* Seite der Reaktion, und die Kirche wurde immer wieder von den politischen Stürmen mit erfaßt.

4. Das romanische Amerika.

Ähnliche Verhältnisse wie in Südeuropa bildeten sich in den neuen Staaten *z* im **romanischen Süd- und Mittelamerika,** die in dem mörderischen Unabhängigkeitskriege von 1814–29 ihre Freiheit von Spanien und Portugal erkämpften. Unter der spanischen und portugiesischen Herrschaft hatte die katholische Kirche in Südamerika eine glänzende Stellung innegehabt. Auch der große Unabhängigkeitskrieg hat die katholische Kirche zunächst nicht erschüttert. Indessen die Stellung der Kirche in dem Parteistreben der neuen Staaten trieb die Liberalen in antiklerikale Bahnen hinein, und so oft in den wechselvollen inneren Kämpfen der folgenden Jahrzehnte der politische Liberalismus siegte, erlitt die Kirche starke Einschränkungen ihrer Macht (Beschränkung des Klosterwesens und der Heiligentage, Ausweisung der Jesuiten, Säkularisation des Kirchenguts usw.). Im religiösen Volksleben behauptete der Katholizismus seine Herrschaft.

§ 115. Weiteres Anwachsen des Papsttums. Die Unfehlbarkeitserklärung. Krisis und Untergang des Kirchenstaates. Der Bismarcksche Kulturkampf.

Die Vorgeschichte des Kulturkampfes, Quellenveröffentlichungen aus dem Deutschen Zentralarchiv, ed. Adelheid Constabel, 1956. – *JSchmidlin (s. § 114) Bd. II, 1934. – *FVigener, Ketteler, 1924. – RLempp, Die Trennung von Kirche und Staat im Frankfurter Parlament, 1913. – *FXKraus, Cavour, 1902. – WFriedensburg, Cavour I, 1911. – MPaléologue, Cavour, deutsch 1929. – *CButler, The Vatican Council, 2 Bde., 1930. – Quirinus, Römische Briefe vom Konzil [69 Briefe, redigiert von Döllinger], 1870. – WKüchler, Ernest Renan, 1921. – PLasserre, La jeunesse d'Ernest Renan, I–II, 1925. – *JFriedrich, Ignaz von Döllinger, 3 Bde., 1899–1901. – EFörster, Adalbert Falk, 1927. – Über den Kulturkampf: LHahn, 1881, RALipsius, 1887, *FXSchulte, 1882, HWiermann, ²1886, FTroxler, ²1890, *PMajunke, ²1902, *JBKissling, 3 Bde., 1911–16, *GGoyau, Bismarck et l'Église, 4 Bde., 1911–13, GFranz, [1954], *SLösch s. § 114, HBornkamm (HZ 170, 1950, auch separat). – AWahl, Vom Bismarck der siebziger Jahre, 1920; Ders., Deutsche Geschichte von 1871 bis 1914, 1926 ff. – OBaumgarten, Bismarcks Glaube, 1915. – AOMeyer, Bismarcks Glaube, ²1939. – Über dieses Thema handeln ferner: Vossler, Schüssler, von Muralt, Pahlmann. – *FTrochu, Sainte Bernadette Soubirous 1844–79, Lyon 1953 (= die Heilige von Lourdes, § e). – Über diese auch MTrouncer, A grain of wheat, London 1958, auch Paris 1958.

a 1. α) Die außergewöhnlich lange und ereignisreiche Regierung **PIUS IX.** (1846–1878) begann mit einer der merkwürdigsten Episoden der Papstgeschichte. Jederzeit ein Verfechter des strengen Romanismus, glaubte Pius anfangs, damit einen politischen **Liberalismus** vereinigen zu können.

b Unter dem Jubel der Italiener lenkte der Papst in die Bahnen der **nationalen Reformpartei**, die vom Papsttum die Verwirklichung ihrer nationalen Zukunftsträume erwartete (§ 114 w). Im Bann dieser Partei ließ sich Pio nono zu **liberalen politischen Reformen** im Kirchenstaate treiben, die ihn rasch beliebt machten. Aber die Revolution von 1848 (§ 112 d) stürzte die päpstliche Herrschaft in Rom und vertrieb die Jesuiten. Pius floh nach dem neapolitanischen **Gaeta**. Nachdem französische und österreichische Truppen die revolutionäre Bewegung in Rom niedergeschlagen hatten, kehrte Pius 1850 zurück, **fortan ein abgesagter Feind des Liberalismus**.

c β) Nachdem das unnatürliche Bündnis zwischen Papsttum und Liberalismus gelöst war, wurden die **Jesuiten** die unumschränkten Herren der Kirche (ihr Hauptorgan die offiziöse Civiltà cattolica, seit 1850). Pius IX. und sein Staatssekretär Antonelli gingen zielbewußt auf die jesuitischen Bestrebungen ein, sowohl in politischer wie in dogmatischer Hinsicht (§ n); die gesamte Kirche wurde mehr und mehr jesuitischem Einfluß unterworfen. Seitdem gelang es, vor allem die **Massen**, die mittleren und unteren Schichten, in einer Unzahl von **Vereinen** (Piusvereinen usw.) zu organisieren, durch eine rührige, streitbare **Presse** zu leiten und mit einem streng kirchlichen Geiste zu erfüllen.

d 2. Wie im Kirchenstaat, war auch in den meisten übrigen Ländern in der **Revolution von 1848** die lang verhaltene Wut des Volkes gegen den Jesuitenorden losgebrochen. Abgesehen von Belgien wurden allenthalben die Jesuiten verjagt. Der Rückschlag, der auf die Revolution folgte, führte die Gesellschaft Jesu fast überall wieder zurück, und nun kamen die Jesuiten binnen kurzem glänzend in die Höhe. Vor allem mit ihrer Hilfe erfocht die Kurie in einer Reihe von Ländern gewichtige kirchenpolitische Erfolge, so in Frankreich, Österreich, Preußen, mehreren deutschen Kleinstaaten usw. Diesem Anschwellen der katholischen Strömung entsprach eine überraschende Vermehrung der Klöster und Ordenshäuser (in Österreich, Preußen, Bayern, Belgien, Frankreich, England und in den Vereinigten Staaten).

In **Frankreich** hat Louis Napoleon Bonaparte als Präsident wie als Kaiser *e* *Napoleon III.* die Klerikalen begünstigt. 1850 errangen sie die längst erstrebte Unterrichtsfreiheit (§ 114 n) und die Zulassung der Orden, auch der Gesellschaft Jesu; die Masse des Volkes wurde durch ausschweifenden Mirakelglauben gewonnen (1858 Erscheinung der Mutter Gottes vor der 14j. Bernadette Soubirous zu Lourdes in den Pyrenäen; seitdem vielbesuchter Wallfahrtsort). In Frankreich entstanden auch die Eucharistischen Kongresse (international Nr. 1 Lille 1881; Nr. 37 München 1960). Unter den Gebildeten herrschte freilich vielfach religiöse Skepsis; in diesen Kreisen wirkte der Orientalist *Ernest Renan* mit seiner oberflächlichen „Vie de Jésus" (1863).

Im Gebiet des **Deutschen Bundes** entsprangen der 48er Revolution bedeutende *f* Vorteile für die katholische Kirche. Nachdem das Frankfurter Parlament 1848 in den „Grundrechten" nicht nur volle Religionsfreiheit, sondern auch die volle Selbständigkeit der Kirchen in der Ordnung und Verwaltung ihrer inneren Angelegenheiten beschlossen hatte, verkündete die Würzburger Bischofskonferenz Herbst 1848 das Interesse der Kirche an der Sicherstellung dieser Forderungen und beanspruchte für die Kirche volle Unterrichts- und Lehrfreiheit, Selbständigkeit gegenüber den Regierungen usw. Besonders Preußen kam in seiner Verfassung von 1850 (Art. 15, 16, 18, 24) diesen Forderungen außerordentlich weit entgegen. Zurückhaltender war Bayern. Auch die zur oberrheinischen Kirchenprovinz (§ 114 h) gehörenden Staaten gingen nur zögernd auf die Denkschrift ihrer fünf Bischöfe von 1851 ein; daher kam es zu lebhaften Kämpfen und zu neuen Konkordatsverhandlungen. In diesen Kämpfen spielte der Mainzer Bischof Freiherr *von Ketteler* (1851 Vernichtung der katholisch-theologischen Fakultät Gießen) eine Rolle. Die mit Württemberg und Baden abgeschlossenen Konkordate (1857, 1859) scheiterten am Widerstand der Stände.

Den größten Triumph der Kurie in diesen Jahren bezeichnet das **Konkordat** *g* **mit Österreich 1855,** das den letzten Rest des Josephinismus beseitigte (Beseitigung des Plazets, Freiheit des Verkehrs der Bischöfe mit Rom, Auslieferung der Volksschule und der Klerikerbildung an die Kirche und die Jesuiten; Verzicht des Staats auf Anteil an der kirchlichen Vermögensverwaltung; ausgedehnte geistliche Gerichtsbarkeit, auch in Ehesachen usw.). Das Konkordat rief einen heftigen Widerstand des politischen Liberalismus und auch des niederen Klerus hervor und trieb den Staat in solche Schwierigkeiten hinein, daß er es nach der Verkündigung der Unfehlbarkeit (§ p q) für aufgehoben erklärte.

In dem von erbitterten Parteikämpfen und nicht endenden Revolutionen zer- *h* rissenen **Spanien** wurde zwar das Konkordat, das mit der devoten Königin Isabella geschlossen worden war, nach der Flucht der sittenlosen Königin aus Spanien 1868 wieder vernichtet, auch der Jesuitenorden verjagt und die Duldung anderer Kulte ausgesprochen, aber der Papalismus war so erstarkt, daß er dadurch nur geringe Einbußen erlitt. Weniger günstig war die Lage in Portugal. Auch im **romanischen Amerika** litt die Kirche unter den zahlreichen Revolutionen, besonders in Mexiko, wo die Liberalen seit 1873 in antiklerikalem Geiste eine radikale Trennung von Kirche und Staat durchsetzten. Doch blieben hier wie in den übrigen mittel- und südamerikanischen Staaten Bischöfe und Volk papalistisch.

Ein Zeichen für die Fortschritte des Katholizismus war auch die Wieder- *i* aufrichtung der **hierarchischen Organisation** in Holland (1853), in England (1850 Erzbistum Westminster; Erzbischöfe: Kardinal Wiseman 1850–65, Kardinal Manning 1865–82) und in Algerien (1867, französisch seit 1830; Erzbischof Lavigerie 1867–93). In Nordamerika, wo von 1808–46 die einzige Metropole Baltimore bestand, wurden 1846–53 sechs weitere Erzbistümer errichtet; 1852 konnte das erste nordamerikanische Nationalkonzil abgehalten werden.

k 3. Dagegen geriet die Kurie in Italien selbst seit 1848 durch das rasche Emporkommen des Königreichs Piemont und seine antiklerikale Politik, seit 1859 durch die Entstehung des italienischen Einheitsstaates in eine ganz gefährliche Krisis. Der neue Staat festigte sich, trotz des hartnäckigen Widerstands der Kurie und der Mehrheit des Klerus.

l In **Piemont** waren im März 1848 die Jesuiten verjagt und nach der Beendigung der Revolution unter *Viktor Emanuel II.* (1849–78, Ministerpräsident seit 1852 Graf *CAMILLO CAVOUR*) nicht wieder zugelassen worden. Das Ziel war, Piemont im Innern zu einem liberalen Staatswesen umzugestalten, nach außen mit Hilfe Frankreichs Italien von der Fremdherrschaft Österreichs zu befreien und ein großes „subalpinisches Königreich" zu errichten. Den Kampf gegen die Kirche eröffneten die berühmten Siccardischen Gesetze von 1850 (gegen die geistliche Gerichtsbarkeit, die kirchlichen Stiftungen usw.); ihnen folgte das Klostergesetz von 1855, das die Aufhebung aller Orden verfügte, ausgenommen die der Predigt, dem Unterricht und der Krankenpflege bestimmten. Zum höchsten Verdruß der Klerikalen zogen auch die Waldenser aus dem Siege des Liberalismus in Piemont Gewinn (Febr. 1848; § 125 h i).

m Als Piemont im Bunde mit Napoleon III. in dem siegreichen Feldzuge von 1859 Österreich zur Abtretung der Lombardei gezwungen hatte und ganz Italien in nationaler Begeisterung emporflammte, wurde die „römische Frage" akut. Dem strengen Katholiken galt der Kirchenstaat als Grundlage der päpstlichen Souveränität als unumgänglich notwendig, während andere (in Deutschland zB. Döllinger) die Notwendigkeit bestritten. 1860 vollzogen Toskana, Modena, Parma und die zum Kirchenstaat gehörende Romagna den Anschluß an Piemont; Sizilien und Neapel wurden durch die Freischaren Garibaldis gewonnen, darauf **1861** das **Königreich Italien** proklamiert. Den Rest des Kirchenstaats schirmte eine französische Besatzung gegen die Eroberungsgelüste der Italiener. Das erste italienische Parlament erklärte freilich am 27. März 1861 **Rom zur künftigen Hauptstadt**, aber Pius IX. bestand auf seinem Recht als weltlicher Souverän (als Papst-König, *Papa Rè*) und begegnete allen Vermittlungsvorschlägen mit seinem unveränderlichen „*Non possumus*", auch dem vom Grafen *Cavour* († 1861) vertretenen Programm der freien Kirche im freien Staate („*Chiesa libera in libero stato*").

n 4. Inmitten dieser politischen Bedrängnisse suchte die Kurie durch Stärkung des streng papalistischen Geistes die Mächte der Revolution zu beschwören. α) Der erste entscheidende Schritt in dieser Richtung war die gegen den Wunsch der namhaftesten damaligen katholischen Theologen erfolgende Verkündigung der **„immaculata conceptio"**, der unbefleckten Empfängnis der Maria, als göttlich geoffenbartes Dogma (Bulle „Ineffabilis Deus", 8. Dezember **1854**); sie entschied eine vom Tridentinum offengelassene Streitfrage (§ 62 n) zugunsten der franziskanisch-jesuitischen Ansicht. Am 8. Dezember **1864** erschienen die Enzyklika „Quanta cura" und der **Syllabus** (d. i. Verzeichnis), in dem 80 „Irrtümer" in Fragen der Religion, der Wissenschaft, der Politik, des Wirtschaftslebens verdammt werden: damit waren die leitenden Ideen des modernen Kulturlebens verurteilt, eine reinliche Grenze zwischen dem Katholizismus und der modernen Welt gezogen. In der Theologie beschleunigte dies

Emporkommen der jesuitischen Bestrebungen den entschlossenen Rückgang auf die Scholastik, besonders auf den Thomismus.

Die **Neuscholastik** kam mit überraschender Schnelligkeit von Italien aus seit *o* den 50er Jahren in die Höhe. Alle freisinnigen theologischen Richtungen, namentlich in Deutschland, wurden von der Kurie mit äußerstem Argwohn beobachtet und vernichtet. So wurde 1857 der Wiener Weltkleriker *Anton Günther*, der eine spekulative, aber durchaus katholische Philosophie entwickelt hatte, zur Unterwerfung genötigt. Der katholische Gelehrtenkongreß in der Münchener Benediktinerabtei 1863, der den Grad des wissenschaftlichen Freisinns eines Döllinger und anderer enthüllte, erregte bei der Kurie solches Mißtrauen, daß sie für die Zukunft ähnliche Vorkommnisse zu verhüten wußte. Während unter den katholischen Universitätstheologen neben *Döllinger* eine Reihe tüchtiger, verdienstvoller Gelehrter wie *Karl Joseph (v.) Hefele* in Tübingen (1809 bis 1893, seit 1869 Bischof von Rottenburg; „Konziliengeschichte" 1855ff.) u. a. der neuscholastischen Bewegung widerstanden, fand diese namentlich bei den Bischöfen Eingang. In Italien war ihr Hauptvertreter *Giovanni Perrone*, S. J., Professor am Collegium Romanum († 1876), den man als den päpstlichen Normaldogmatiker des 19. Jhs. bezeichnen kann. Als Moraltheolog gewann der Franzose *Jean-Pierre Gury*, S. J. († 1866), großen Einfluß (vgl. § 93 s, 111 h). In Deutschland wirkte die tiefsinnigste und geistreichste katholische Theologe des 19. Jhs., der Kölner Professor *Matthias Joseph Scheeben* (1835–1888; sein Grundthema Natur und Übernatur), selbst er übrigens durch die Überstrengen nicht ganz unangefochten.

β) Die Krönung dieser Bestrebungen war die Dogmatisierung *p* der Lehre von der Unfehlbarkeit des Papstes auf dem **Vatikanischen Konzil 1869–1870.** Damit gelangte die papalistische Strömung in der katholischen Kirche zur unbeschränkten Herrschaft.

Die im Febr. 1869 veröffentlichte Nachricht, daß das [von Pius bereits Dez. *q* 1864 ins Auge gefaßte] Konzil den Syllabus und die Unfehlbarkeitslehre „definieren" solle, rief eine lebhafte Bewegung hervor; auch im katholischen Lager fehlte es nicht an abmahnenden Stimmen (Graf *Montalembert*, § 114 n; Döllinger unter dem Pseudonym *Janus:* „Der Papst und das Konzil", 1869; Schreiben der Sept. 1869 in Fulda versammelten deutschen Bischöfe nach Rom). Der bayerische Ministerpräsident Fürst *Chlodwig zu Hohenlohe-Schillingsfürst*, der spätere deutsche Reichskanzler, schlug bei den Regierungen gemeinsame „Präventivmaßregeln" vor, scheiterte aber am Widerspruch Österreichs. So verbot keine Regierung, ausgenommen Rußland (vgl. § 128 l), den Prälaten die Reise nach Rom. Auch auf dem Konzil selbst, das am 8. Dez. 1869 eröffnet wurde, war eine Oppositionspartei vorhanden, aber durch die dem Konzil oktroyierte Geschäftsordnung und die Zusammensetzung des Konzils von vornherein zum Unterliegen verurteilt (unter den 774 anwesenden Konzilsvätern waren 80% Romanen, allein 276 Italiener, und nur 19 Deutsche). Die Opponenten, meist Bischöfe aus den führenden Kulturländern, Deutschland, Österreich, Frankreich, bereiteten der Kurie vor allem durch gelehrte literarische Darlegungen höchst unerwünschte Schwierigkeiten (u. a. Bischof *Hefele* von Rottenburg: „Causa Honorii papae", Neapel 1870; vgl. § 40 e), waren aber eine ständig kleiner werdende Minderheit. Die Publizistik verfolgte die Vorgänge auf dem Konzil mit gespanntester Aufmerksamkeit (ausgezeichnet die Berichte der „Augsburger Allgemeinen Zeitung", 1870 in Buchform: „Quirinus, [69] Römische Briefe vom Konzil", redigiert von Döllinger; seine Gewährsmänner in Rom waren Lord Acton und die Bischöfe Dupanloup von Orléans und Stroßmeyer von Sirmium). Nach langen, erregten Debatten wurde, nachdem der Papst der Minderheit die Abreise gestattet hatte, am **18. Juli 1870** die „Constitutio de ecclesia" mit 533 gegen 2 Stimmen angenommen. Seitdem ist es Dogma, (1) daß der Papst die unmittelbare Jurisdiktionsgewalt über die gesamte Kirche hat und (2) daß die vom Papst „*ex cathedra*" erlassenen Lehrentscheidungen über Glauben und Sitte unfehlbar sind. Die Unfehlbarkeit ruht auf dem göttlichen Beistand, der dem

Papst im hl. Petrus verheißen ist¹. Kathedralentscheidungen sind aus sich heraus, nicht infolge Zustimmung der Kirche, irreformabel. – Das Konzil schmolz nach Erledigung seiner Hauptaufgabe rasch zusammen; der Verlust des Kirchenstaats (§ r) ließ geraten erscheinen, das Konzil zu „vertagen" (20. Okt. 1870).

r 5. Auf den Triumph des Papsttums auf dem Vatikanum folgte wenige Wochen später eine empfindliche politische Niederlage: die Eroberung Roms durch die Italiener und der **Untergang des Kirchenstaats** (20. September **1870**).

Darauf beschloß eine römische Volksabstimmung mit 133 000 gegen 1500 Stimmen den Anschluß an das Königreich Italien. Am 21. Dezember verlegte Viktor Emanuel II., über den Pius IX. den Bann verhängt hatte, seine Residenz in den Quirinal. Das Garantiegesetz vom 13. Mai 1871 gewährte dem Papst den Rang eines Souveräns mit dem Rechte ungehinderten diplomatischen Verkehrs, den Vatikan, den Lateran, die Villa Castel Gandolfo und eine Jahresrente von 3 225 000 Lire. Der Papst wies das Gesetz und die Erhebung der Rente zurück und war von da bis 1929 der „Gefangene des Vatikans".

s 6. Nachdem des Konzil gesprochen hatte, unterwarfen sich die katholischen Bischöfe sämtlich dem neuen Dogma. Dagegen entstand unter den gebildeten Katholiken Deutschlands, ausgehend von den Kreisen der katholischen Universitätsprofessoren, der **Altkatholizismus**, eine die Fortbildung der alten Kirche zur Papstkirche ablehnende katholische Reformkirche. Sie gewann aber nur eine verschwindende Minderheit und war ganz außerstande, die Papstkirche von der eingeschlagenen Bahn wieder abzubringen.

t Die Führer der Bewegung waren *Döllinger* in München, der Kirchenrechtslehrer *v. Schulte* in Prag und viele andere Professoren in Bonn, München, Breslau usw. Da sie die Anerkennung des Vatikanums beharrlich verweigerten, begannen die Bischöfe mit dem Bann gegen sie vorzugehen (17. April 1871 Bann über Döllinger) und trieben dadurch die **Altkatholiken,** die sich als die echten Vertreter des Katholizismus betrachteten, zum Bruch mit Rom. Er erfolgte, als der erste Altkatholikenkongreß zu München (Sept. 1871) gegen den Widerspruch Döllingers die Abhaltung eigenen Gottesdienstes und die Begründung einer eigenen bischöflichen Jurisdiktion beschloß. Der erste Bischof, der Breslauer Theologieprofessor Josef Hubert *Reinkens* († 1896), wurde 1873 in Köln gewählt und in Rotterdam durch den altkatholischen Bischof Heykamp von Deventer (§ 111 h) konsekriert. Preußen, Baden und Hessen erkannten ihn an, Preußen und Baden gewährten den altkatholischen Staatszuschuß und verschafften ihnen das Recht auf Mitbenutzung römisch-katholischer Kirchen, das freilich den Altkatholiken seit 1879 fast überall wieder genommen wurde. Bayern hatte sich von Anfang an ablehnend verhalten; seit 1890 galten die Altkatholiken in Bayern als religiöse Privatgesellschaft (1920 wurden ihnen in Bayern die Rechte einer Körperschaft des öffentlichen Rechts zuerkannt). Die altkatholische Kirche verfügte 1908 über 63 Geistliche und 30 000 Seelen (1925: 33 000). Döllinger rechnete sich ihr zu († 1890; nach altkathol. Ritus bestattet). Die von ihm 1874–75 geführten Unionsverhandlungen mit Vertretern der orientalisch-orthodoxen, britischen, amerikanischen, protestantischen Kirchen hatten wenigstens mannigfache freundschaftliche Beziehungen, vor allem die Abendmahlsgemeinschaft mit den Anglikanern zur Folge; vgl. § 136 i.

u Verwandte Bewegungen entstanden in Österreich (1872), in der Schweiz (1876), in Paris (nach 1870 ganz unbedeutend); 1889 wurde von den deutschen, österreichischen und schweizerischen Altkatholiken eine Union mit der seit dem 18. Jh. bestehenden altkatholischen Kirche der Niederlande (§ 111 h) geschlos-

---

¹ Nach der „Constitutio de ecclesia" von 1870 ist das Kommen des Petrus nach Rom (vgl. § 8 u!) für die römischen Katholiken verpflichtender Glaubenssatz (nicht aber für die Ostkirche, s. § 137 e!).

sen. 1897 bzw. 1907 wurde die „Polnische Nationalkirche" (in Nordamerika, nach 1918 auch in Polen selbst), später auch die „Kroatische Nationalkirche" in die Union aufgenommen, dagegen wurden die Beziehungen zu den Mariawiten (§ 128 m) wieder gelöst, als diese auf bedenkliche Bahnen geraten waren. Ohne Verbindung mit der Union blieben die unbedeutenden Absplitterungen von der Papstkirche in Italien (1882–1902), Spanien und Portugal (1880), auf den Philippinen (1902) und in Mexiko (1869, 1904).

7. Diese innerkirchlichen Spannungen traten an Bedeutung völlig *v* zurück hinter dem sog. **Kulturkampf,** der **1872–1879** unter Führung des Fürsten *OTTO VON BISMARCK* von dem neuen Deutschen Reich, Preußen und einigen anderen Bundesstaaten geführt wurde und der nach zeitweiliger schwerster Erschütterung der Kirche mit dem fast völligen Siege der Kirche und einer ungemeinen Erstarkung des Katholizismus endete. Der Kulturkampf entsprang dem Streben, die Kirche der staatlichen Oberhoheit entschiedener als bisher unterzuordnen. Das Zentrum, das nach dem französischen Feldzuge als eine stattliche Partei mit klarem Programm und außerordentlich geschickter Leitung dastand, erfüllte Bismarck mit schweren, politischen Besorgnissen; er hielt es für das Werkzeug einer großen, reichsfeindlichen Aktion. Das veranlaßte ihn zum Angriff; auf dem Wege der Gesetzgebung sollte die Machtstellung der katholischen Kirche in Deutschland gebrochen werden.

Bei den Klerikalen, auch den deutschen, hatten die politischen Erfolge des *w* vorwiegend protestantischen Preußen, namentlich sein Sieg über Österreich und sein Bündnis mit Italien 1866, starke Erbitterung erzeugt. Bei Ausbruch des Deutsch-Französischen Krieges 1870 sympathisierten die süddeutschen Klerikalen mit Frankreich, dann suchten sie den Anschluß Bayerns an das „protestantische" Kaisertum zu hintertreiben. Dem entsprachen die Stimmungen der neuen **Zentrumspartei,** die sich bei den Wahlen zum preußischen Landtage (Nov. 1870) und zum ersten Deutschen Reichstage (eröffnet 21. März 1871) bildete (Führer: der ehemalige hannoversche Minister *Ludwig Windthorst* u. a.; offizielles Organ die „Germania", 1. Jan. 1871 bis 31. Dez. 1938).

Von den Reichsgesetzen, die den Einfluß der katholischen Kirche zu be- *x* schränken suchten, waren am wichtigsten: der sog. **Kanzelparagraph** (1871; StrGB § 130 a, gilt auch für Protestanten), der den Mißbrauch der kirchlichen Verkündigung zu politischen Zwecken mit Gefängnis oder Festung bis zu zwei Jahren bedrohte, – ferner das **Jesuitengesetz** (19. Juni **1872**), das die Gesellschaft Jesu und verwandte Orden und Kongregationen vom Gebiet des Deutschen Reichs ausschloß (veröffentlicht am 4. Juli; § 1: Verbot der Niederlassungen; § 2: Regelung des Aufenthalts einzelner Ordensglieder: Ausländer können ausgewiesen, Inländer auf bestimmte Gebiete beschränkt werden), – schließlich die **Zivilstandsgesetzgebung** von **1875,** die nach dem Vorgang Preußens (1874) die obligatorische Zivilehe einführte und den Taufzwang beseitigte. Von den preußischen Gesetzen sind besonders das Schulaufsichtsgesetz von 1872 und die vier **Maigesetze** von **1873** zu nennen (Beschränkung der zulässigen kirchlichen Straf- und Zuchtmittel, staatlicher Gerichtshof für kirchliche Angelegenheiten, Universitätsstudium und staatliches „Kulturexamen" für künftige Kleriker, Erleichterung des Kirchenaustritts). Bismarcks bedeutendster Mitarbeiter in diesem Kampf war der liberale preußische Kultusminister *Adalbert Falk*. Wie stark die Gemahlin Wilhelms I., die Kaiserin *Augusta*, in Briefen an ihren Gemahl der Kirchenpolitik Bismarcks und Falks entgegenwirkte, wurde in vollem Umfange erst durch neuere Aktenveröffentlichungen bekannt.

Ein zähes Ringen des Staates mit den entschlossen Widerstand leistenden *y* Bischöfen und Klerikern folgte. Der preußische Staat schritt gegen die Widersetzlichen mit Geldstrafen, seit 1874 mit Verhaftung, Amtsentsetzung und Verbannung ein. 1877 waren von den 12 preußischen Bischofssitzen 6 durch Amtsenthebung, 2 durch den Tod erledigt und nur noch 4 besetzt. Auch die Reihen des niederen Klerus lichteten sich. Der Kampf, für den die [schon viel ältere] Bezeichnung „Kulturkampf" aufkam, wurde durch das Eingreifen des Papstes noch verschärft. *Pius IX.* machte den Versuch, durch einen Brief an Kaiser Wilhelm vom 7. Aug. 1873 den Kaiser zum Einlenken zu veranlassen. Der Versuch schlug fehl. *Wilhelm I.* rechtfertigte in seiner Antwort vom 3. Sept. 1873 die Maßregeln seiner Regierung und wies den Anspruch, den Pius IX. in seinem Briefe erhoben hatte, daß „jeder, der die Taufe empfangen hat, in irgendeiner Art dem Papst angehöre", zurück. Am 5. Febr. 1875 ging *Pius IX.* in seiner Enzyklika „Quod nunquam" so weit, in aller Form die preußischen Maigesetze für nichtig zu erklären und dem Klerus unter Androhung der „maior excommunicatio" ihre Befolgung zu verbieten.

Auch eine Anzahl Mittelstaaten bekämpfte durch ihre Gesetzgebung die katholische Kirche (Baden, Hessen-Darmstadt, Sachsen); sogar in Bayern trotzte die Regierung der klerikalen Opposition.

Die volle Unterwerfung der Kleriker unter die Staatsgesetze erwies sich als unmöglich; Regierungen und Liberale hatten sich verrechnet. Die Wirkung des Kulturkampfes war vielmehr eine hochgradige Erregung der katholischen Massen (starkes Anwachsen der vor 1870 ziemlich unbedeutenden Kaplanspresse) und vor allem das Erstarken der Zentrumspartei. Symptomatisch für die Erregung der Volksmassen sind das Attentat auf Bismarck (13. Juli 1874), das in Kissingen ein katholischer Tischlergeselle verübte, die Wallfahrt deutscher Katholiken zur Muttergottes von Lourdes, der Patronin der „Revanche" (1875) u. a. Das Anwachsen des Zentrums zeigen die Reichstagswahlen; von den 397 Sitzen des deutschen Reichstags besetzte des Zentrum 1871 *58*, 1874 *91*, 1877 und 1878 *93*, 1881 *100*. Das gesteigerte katholische Bewußtsein fand in der Geschichtsschreibung von *Johannes Janssen* (seit 1877) lebhaftesten Ausdruck (§ 116 s).

z 8. Auch das katholische Ausland wurde durch den preußisch-deutschen Kulturkampf teilweise aufs heftigste erregt, vor allem Frankreich. Hier floß in den ersten Jahren der neuen Republik die jesuitisch-papalistische Frömmigkeit mit dem Revanchegedanken zusammen (Lourdes, s. § e), so daß die Klerikalen zeitweilig den beherrschenden politischen Einfluß innehatten.

§ 116. Der römische Katholizismus von 1878–1914.

Acta apostolicae sedis, 1909 ff. – Kirchliches Handbuch für das kath. Deutschland, hrsg. von *HAKrose, S.J.*, seit 1908. – *JSchmidlin (s. § 114) Bd. III, 1936. – UStutz, Die päpstliche Diplomatie unter Leo XIII., 1926. – Joh. Janssens Briefe, ed. *LvPastor, 2 Bde., 1920. – ELecanuet, L'Église de France sous la troisième république, 3 Bde., 1907–30. – Kommentar zum Syllabus „Lamentabili" von Heiner, ²1908. – AHoutin, Histoire du modernisme catholique, 1913. – JRivière, Le modernisme dans l'Église, 1929. – FHeiler, Alfred Loisy, [1947]. – Über denselben PGuerin, (Rev. d'hist. et de philos. relig. 1957). – ALoisy, Mémoires pour servir à l'histoire religieuse de notre temps, 3 Bde., 1931. – Ders., Georges Tyrell et Henri Bremond, 1936. – JJStam, Georges Tyrell, Utrecht 1938. Über Schell: *JHasenfuss, 1957. – Über Merkle: *ABigelmair, HJ 62/69, 1949. – *WSpael, Die Görres-Gesellschaft 1876–1941, 1957. – *LHertling, S.J., Geschichte der katholischen Kirche in den Vereinigten Staaten, [1954]. – *FX. Kraus, Tagebücher [1856–1901], 1957 (sehr aufschlußreich für die innere Situation im röm. Katholizismus). – *FPelster, S.J., Franz Kardinal Ehrle, zur Enzyklika „Aeterni Patris", 1954. – *Abbé Kerveleo, L'Église catholique en régime français de séparation, Tournai-Paris 1956 (Verhältnis von Kirche und Staat!). – *RReszohazy, Origines et formation du catholicisme social en Belgique 1842 à 1909, Louvain 1958. – (§ q) EdWinter, Rußland und die slavischen Völker in der Diplomatie des Vatikans (bes. unter Leo XIII.), 1950.

Die katholische Kirche 1878 bis 1914 § 116

1. Das Menschenalter, das dem Bismarckschen Kulturkampf *a* folgte, sah ein weiteres Erstarken der Papstkirche. Nachdem das Vatikanum die unumschränkte päpstliche Autorität bestätigt und die Ausbildung der modernen Verkehrsmittel alle räumlichen Entfernungen überwunden hatte, war der Papst wie nie zuvor der unmittelbare, überall gegenwärtige Herr der Kirche, der Inhaber eines gewaltigen, das ganze Erdenrund umspannenden internationalen Reichs, das eine bedeutende Macht darstellte.

α) Auf diese Höhe führte den Katholizismus *LEO XIII.* (1878 bis *b* 1903). Seine Hauptbedeutung lag in seiner politischen und organisatorischen Begabung. Nicht ganz unzutreffend nannten ihn Zeitgenossen den „Friedenspapst"; denn obwohl er an den Grundsätzen seines Vorgängers festhielt und Versöhnlichkeit gegenüber dem Protestantismus und der modernen Weltanschauung nicht kannte, suchte er doch die vorhandenen Gegensätze, wo es möglich war, auf friedlichem Wege auszugleichen.

Er erzog die Laien zu regerem kirchlichem Leben (auch zur Lektüre der Bi- *c* bel, 1893) und zur Teilnahme an der Politik, förderte die religiösen Vereine (die katholischen Arbeiter- und Gesellenvereine, den dritten Orden des hl. Franziskus, die Bruderschaft der hl. Familie usw.) und widmete sich mit Eifer dem Ausbau der Hierarchie (1878 Wiederherstellung der katholischen Organisation in Schottland; zahlreiche Bistumsgründungen in Amerika, Asien und Australien). Durch den Zusammenschluß der katholischen Welt zu einer fest organisierten Einheit sollte das gesamte Kulturleben der Völker, auch der nichtkatholischen, unter den Einfluß des Papstes gebracht werden. Ausdrücklich beanspruchte Leo XIII. die Leitung der Katholiken auch in den Fragen der Politik (Enzyklika „Sapientiae christianae", 10. Jan. 1890). Die soziale Frage sollte unter Führung des Papstes und der Kirche gelöst werden („Quod apostolici", 28. Dez. 1878 und „Rerum novarum", 15. Mai 1891, die bedeutendste Kundgebung Leos XIII.), die gottlos gewordene Wissenschaft unter die Autorität des hl. Thomas zurückkehren („Aeterni patris", 4. Aug. 1879), erhebt das System des Thomas von Aquino zur Normalphilosophie und -theologie).

β) Im ganzen hat Leo XIII. die Kirche mit Erfolg geleitet, nament- *d* lich während der ersten Jahre seines Pontifikats; weniger befriedigend verliefen in mancher Hinsicht seine letzten Jahre, in denen der schroffe Papalist und Franzosenfreund Mariano Rampolla (Kardinalstaatssekretär seit 1887; † 1913) steigenden Einfluß gewann. Leos Nachfolger, *PIUS X.* (1903–14, heilig 1954), ein ausgesprochen religiöser Papst („omnia instaurare in Christo"), war ihm an diplomatischem Geschick und geistiger Begabung nicht entfernt ebenbürtig und erlebte die schwere Niederlage der Kirche in Frankreich und tiefgreifende theologische Kämpfe im Innern der Kirche (Kardinalstaatssekretär Merry del Val, † 1930).

2. Die Politik der Kurie gegenüber den Einzelstaaten war *e* namentlich durch den scharfen Gegensatz erschwert, in dem die katholischen Parteien mancher Länder zu ihren Regierungen standen. Die Stellung der Kurie zu diesen Kämpfen war nicht immer klar und nicht immer nach dem Geschmack der Katholiken.

Mit dem **Deutschen Reich** (vgl. § 115 v–y) gelangte Leo XIII. bald in ein leid- *f* liches Einvernehmen und schließlich zum Frieden. Der Kultusminister Falk wurde gestürzt (14. Juli 1879); die Konservativen und das Zentrum waren fortan

29 Heussi, Kompendium 13. Aufl.

die Regierungsparteien. Nun begann der **Abbruch der Maigesetze.** Nach den fünf „Abänderungen der kirchenpolitischen Gesetze" von 1880, 1882, 1883, 1886, 1887 blieben von der Kulturkampfgesetzgebung der 70er Jahre nur Trümmer, nämlich die Reichsgesetze (Kanzelparagraph, Jesuitengesetz, Expatriierungsgesetz, Zivilehe und weltliche Regelung des Personenstandes), sowie die Verpflichtung, dauernde Besetzung der Pfarreien dem Oberpräsidenten anzuzeigen, die Errichtung von Kirchenvorständen zur Beaufsichtigung des kirchlichen Vermögens und ein Rest des Ordensgesetzes[1]. Die katholische Abteilung des Kultusministeriums und die Artikel 15, 16, 18 der preußischen Verfassung blieben beseitigt.

g   1882 wurde die diplomatische Vertretung Preußens beim Vatikan wiederhergestellt. 1885 trug Bismarck dem Papst das Schiedsrichteramt in dem Streit Deutschlands und Spaniens um die Karolinen an. Seit **1887** war der Friede wiederhergestellt. Der Katholizismus hat auch nach der Beendigung des Kulturkampfes, vollends in der für seine ruhige Entwicklung günstigen Zeit Wilhelms II., an Stärke immer mehr gewonnen und den Staat zu allerlei Aufmerksamkeiten genötigt (Besuche Kaiser Wilhelms II. im Vatikan 1888 und 1903) und sich seiner Unterstützung erfreut (zahlreiche Kirchenbauten). Im innerpolitischen Leben des Deutschen Reichs war der Einfluß des Zentrums oftmals ausschlaggebend. (1903 *100*, 1907 *105*, 1912 *90* Reichstagssitze.) Die Zahl der Klöster im Deutschen Reich stieg in den Jahren 1883–98 von 922 auf 2873, bis 1912 auf über 7000 (mit über 70000 Ordenspersonen). Die Geschlossenheit des deutschen Katholizismus zeigte sich auf den Katholikentagen und in dem trefflich organisierten Vereinswesen (besonders einflußreich der „Volksverein für das katholische Deutschland", mit bedeutender sozialer Tätigkeit; über 700000 Mitglieder). Vgl. § 122 u.

h   Unter *Pius X.* wurde der deutsche Katholizismus durch den ungemein heftigen Streit der [ultra-katholischen] „Berliner" und der [gemäßigteren] „Kölner" Richtung über die christlichen Gewerkschaften zerrissen. Der Kampf erreichte 1912 den Siedepunkt. In der Enzyklika „Singulari quadam caritate" („Gewerkschaftsenzyklika", 24. Sept 1912) erklärte Pius X., die christlichen, d. i. interkonfessionellen Gewerkschaften dulden zu können, ließ aber deutlich erkennen, daß seine Sympathien den rein katholischen Arbeitervereinen gehörten.

i   *Leos* Hauptsorge galt 1879–85 und dann wieder seit 1890 **Frankreich,** das ihm freilich die schwersten Enttäuschungen bereitete. Die Feindschaft der Katholiken gegen die Republik erregte die unkirchliche Aufklärung aufs höchste; 1880 kam es unter dem Präsidenten Grévy (1879–87) zu den Märzdekreten, welche den Jesuitenorden in Frankreich aufhoben und die Duldung der übrigen, nicht staatlich anerkannten Orden und Kongregationen von der Einholung der staatlichen Anerkennung abhängig machten. Nun mußten die Jesuiten weichen; auch 241 Männerklöster anderer Orden wurden geschlossen. Eine weitere liberale Maßregel war das Volksschulgesetz der Unterrichtsminister Ferry und Bert (1882–86), das Schulzwang forderte und an den Staatsschulen den Religionsunterricht und jede Einwirkung der Geistlichkeit ausschloß; so wuchs die neue Generation, soweit sie nicht in klerikalen Privatschulen erzogen wurde, unter einem von kirchlichen Einwirkungen freien Unterricht heran. Unter der Präsidentschaft von Emil Loubet (1899–1906) ging das Ministerium Waldeck-Rousseau energisch gegen die ohne staatliche Ermächtigung in Frankreich wirkenden Orden vor, besonders durch das Vereinsgesetz von 1901 („Orden, welche vom Staat nicht zugelassen sind, dürfen keinen öffentlichen Unterricht erteilen"). Mit diesem Erfolge nicht zufrieden, drängten unter dem Ministerium Combes die radikalen und sozialistischen Elemente des republikanischen Blocks

---

[1] 1887 wurde bestimmten Orden die Rückkehr nach Preußen gestattet. Nachdem der Reichstag seit 1894 wiederholt die Aufhebung des Jesuitengesetzes beschlossen hatte, willigte der Bundesrat 1904 in die Aufhebung von § 2 (vgl. § 115 x), 1917 in die völlige Beseitigung (Zugeständnis des uneingeschränkten U-Boot-Krieges durch die Zentrumspartei [§ 115 w] im Reichstag!).

auf völlige Beseitigung des klerikalen Schulwesens. Am 18. März 1903 wurde allen unterrichtenden Orden sowie auch den predigenden Orden und den Kartäusern durch Kammerbeschluß die staatliche Genehmigung verweigert, darauf wurden unter großer Erregung des Volkes die Klöster geschlossen und eingezogen. Gleichzeitig (März 1903) geriet die französische Regierung mit dem Vatikan über die Ernennung der Bischöfe in Streit, da die Kurie die durch das Konkordat von 1801 gegebene Rechtslage seit 1901 leise verschoben hatte.

Unter Pius X. kam es zum vollen Bruch. Frankreich fand Anlaß, den diplomatischen Verkehr mit dem Vatikan völlig abzubrechen (Juli 1904). Darauf erließ die Regierung das Gesetz der **Trennung von Kirche und Staat** (publiziert 11. Dez. **1905**). Es garantiert die freie Ausübung aller Kulte und sagt ihnen den staatlichen Schutz zu, löst aber jedes Band zwischen dem Staat und jeder Konfession, hebt insbesondere jeden finanziellen Beitrag des Staates zum Unterhalt der Kirchen auf. Eine katholische Gesamtkirche als rechtliche Größe war für den französischen Staat nicht mehr vorhanden, er kannte nur lokale religiöse Verbände („associations cultuelles"). Das Kirchengut (Kirchengebäude, Pfarrhäuser, Seminare) wurde Staatseigentum, konnte aber den Kultvereinen zur Nutznießung überlassen werden. Die zur Zeit im Amte befindlichen Geistlichen erhielten eine kleine Staatspension. Die „Trennung" rief eine arge Verwirrung der kirchlichen Verhältnisse hervor, besonders infolge der entschieden ablehnenden Haltung der Kurie. Die finanzielle Lage der Pfarrer wurde bei der geringen Opferwilligkeit der katholischen Bevölkerung äußerst drückend.

Dagegen behauptete in **Belgien** der Klerikalismus die Herrschaft (vgl. § 114 o); der unter einem liberalen Ministerium 1878–84 geführte belgische Kulturkampf blieb eine Episode. Die Stärke des belgischen Katholizismus zeigt sich in der bedeutenden Zahl der Klöster und Ordenshäuser: 1827 *265*, 1880 *1559*, 1909 *2764* mit ca. 47 000 Insassen. Von großer Bedeutung wurde der belgische Katholizismus für die Entstehung der christlichen Demokratie.

In **England** wuchs der Katholizismus nicht in dem Maße, wie es um die Mitte des 19. Jhs. erwartet werden konnte; der Hauptgrund dafür liegt wohl in dem Anwachsen der ritualistischen Strömung (§ 123 i).

In **Italien** (1878–1900 Humbert, 1900–47 Viktor Emanuel III.) ließ die Spannung zwischen Vatikan und Quirinal nur um ein geringes nach. Leos Ziel war eine politische Neugestaltung Italiens, bei der der Papst Rom und Latium zurückerhalten und dem italienischen Nationalstaat als souveräner Bundesfürst beitreten sollte. Dies und die Steigerung der Aktivität der kirchlich Gesinnten seit den 70er Jahren (1874 erster Katholikenkongreß in Venedig) verschärften den Gegensatz zu den Antiklerikalen, die von 1886–90 aufs leidenschaftlichste gegen den Papst und die Kirche agitierten (große antikirchliche Demonstration in Rom bei der Giordano-Bruno-Feier 1889) (vgl. § 93 z). Die Nationalen hielten sich vom kirchlichen Leben, die Papsttreuen auf das ausdrückliche Gebot Leos von jeder Beteiligung am politischen Leben fern. Seit dem Ende der 80er Jahre war das Ordenswesen wieder im Vordringen begriffen (1910 gab es in Italien 3841 Ordenshäuser mit 41 254 Ordensleuten).

In **Spanien** machte die Regierung 1910 unter starker Erregung der streng kirchlichen Kreise den Versuch, die Machtstellung des Katholizismus zu beschränken. Die Kurie vermied den Bruch.

In **Portugal,** wo unter der Herrschaft des Hauses Braganza der Katholizismus so gut wie alleinberechtigt war, verkündigte nach der Revolution vom 3.–5. Okt. 1910 (Vertreibung König Manuels II., Errichtung der Republik) die neue Regierung ein antiklerikales Programm (Trennung von Kirche und Staat, Einführung des Zivilstandswesens, Vertreibung der Mönche und Nonnen, Schulzwang; vgl. § 125 g).

In den **Vereinigten Staaten** war die katholische Kirche im Laufe des 19. Jhs. zu einer imposanten Macht erstarkt, besonders in den rapid emporkommenden Territorien des Westens, wo der Besitz der toten Hand sich anhäufte wie die großen Vermögen der Milliardäre. 1850 belief sich der Besitz der römischen Kirche in der Union auf 9 Millionen Dollar, 1906 in New York auf 32, in der Union auf

292 Millionen. 1822 gab es 78 Priester und angeblich 600000 Katholiken; 1922 waren es 21164 Priester und 17,6 Millionen Katholiken. Hand in Hand mit dem Steigen der Kopfzahl und des Vermögens ging ein erstaunliches Wachsen des politischen Ansehens der katholischen Kirche. Doch wurde die Macht des Katholizismus dadurch begrenzt, daß er sich zu einem großen Teil aus Einwanderern aus Europa rekrutierte, deren Nachkommen, sowie sie amerikanisiert waren, zum großen Teil der katholischen Kirche den Rücken kehrten.

p   In **Kanada,** das nach seinem Übergang in englischen Besitz (1763) noch sehr lange fast völlig katholisch war, hatte um 1910 der Protestantismus (58% der Bewohner) den Katholizismus überflügelt.

In **Mittel- und Südamerika** war die katholische Kirche unter dem wüsten Parteihader und den zahlreichen Revolutionen, die dem Unabhängigkeitskampfe gefolgt waren (§ 114 z), in manchen Staaten in eine ziemlich bedrängte Lage geraten. Die geringe Zahl der Kleriker, das niedere Bildungsniveau der unteren Geistlichkeit, ihre Verflechtung in die politischen Wirren, die ungeheure Ausdehnung der Diözesen begünstigten schwere religiöse und kirchliche Schäden. Unter Leo XIII. ist im ganzen eine Besserung der kirchlichen Zustände eingetreten. Die Herrschaft der katholischen Kirche im Volksleben war ungebrochen, in den meisten Staaten (zB. Columbia, Peru, Bolivia, Chile, Paraguay) hatte sie, wenn auch mit gewissen Beschränkungen, ihre Stellung als **Staatsreligion** behauptet.

q   Große Aufmerksamkeit wandte Leo XIII. den orthodoxen Kirchen des **Orients** zu, deren Unterordnung unter Rom eines der begehrtesten Ziele der päpstlichen Politik war und blieb.

r   3. Die innere Entwicklung der katholischen Kirche vor 1914 wurde vornehmlich durch das Hervortreten des **Reformkatholizismus** („Modernismus") bestimmt. Der bleierne Druck, den der starre Kurialismus auf das geistige Leben legte, wurde von einem großen Teil der gebildeten Katholiken auf das schmerzlichste empfunden, nicht weniger die geistige Enge, die der Taxilschwindel enthüllte[2]. Es entstand das Streben nach einer Reform: bei treuem Festhalten an der Kirche suchte man sich von der modernen Welt, vor allem von ihrer historischen Kritik und religiösen Erkenntnistheorie (Kant) so viel anzueignen, wie mit dem katholischen Standpunkte irgend vereinbar war, und erhoffte davon in siegesgewissem Optimismus eine neue Blüte der katholischen Kirche.

s   In **Deutschland** vertrat das Programm einer Modernisierung der katholischen Theologie der Würzburger Dogmatiker *Hermann Schell* (1850–1906), neben ihm vor allem eine Reihe tüchtiger Kirchenhistoriker. Denn während auf der einen Seite infolge des Kulturkampfes eine zwar gelehrte, aber parteiische Kirchengeschichtsforschung emporblühte (*Johannes Janssen*, Geschichte des deutschen Volkes seit dem Ausgang des Mittelalters, 1877 ff., und Janssens Schule; *Heinrich Denifle*, Luther und Luthertum, Band I, 1904), erlagen gerade die feinsinnigsten unter den katholischen Kirchenhistorikern immer mehr der siegreichen Gewalt historischer Forschung; so der bedeutendste unter den neueren katholischen Theologen Deutschlands, der geistvolle *Franz Xaver Kraus* in Freiburg i. Br. (hervorragender Kirchenhistoriker und Archäolog, 1840–1901), *Franz Xaver Funk* in Tübingen (1840–1907), *Albert Ehrhard*, zuletzt in Bonn (1862–1940), der der einseitigen Überschätzung des sog. Mittelalters entgegentrat, sowie *Sebastian Merkle* in Würzburg (1862–1945), der objektive Beurteilung der Aufklärung und der Re-

---

[2] Bloßstellung der Leichtgläubigkeit der romanischen Katholiken, auch der Kurie, durch die jahrelang (1885–97) betriebenen grotesken Schwindeleien des französischen Freimaurers *Leo Taxil* (Pseudonym) über angeblichen Teufelsdienst in den Logen.

formation forderte. Auf der zum „Modernismus" führenden Linie bewegten sich
Joseph Schnitzer in München (1859–1939; 1908 suspendiert) und *Hugo Koch*
(1869–1940, Professor in Braunsberg, 1910 „beurlaubt").
 Seit Ende des 19. Jhs. wurde der deutsche Reformkatholizismus von den *t*
parallelen Bewegungen im Auslande, besonders in Frankreich und England,
weit überflügelt. In **Frankreich** erstand das bedeutendste kritische Talent des
Reformkatholizismus, *ALFRED LOISY* (1857–1940; Professor der Religionsgeschichte am Collège de France in Paris), der entschlossen die prinzipiellen
Fragen in Angriff nahm und alttestamentliche und neutestamentliche Kritik zu
üben begann (1902 „L'Evangile et l'Eglise", eine Auseinandersetzung mit Harnacks „Wesen des Christentums"). Neben ihm ist der katholische Priester (bis
1912) *Albert Houtin* (1867–1926) zu nennen, der Darsteller der modernistischen
Bewegung.
 Einen empfänglichen Boden fand der Reformkatholizismus in **Italien**. Hier ge- *u*
wann die Bewegung besonders in der jüngeren Generation einen bedeutenden Anhang. Der Führer der italienischen Reformer war der Priester *Romolo Murri*
(1870–1944), der später weltlicher Parlamentarier wurde und im Frieden mit der
Kirche starb, – ihr bedeutendstes literarisches Talent der Dichter *Antonio Fogazzaro* (1842–1911), der mit seinem Roman „Il Santo" („Der Heilige", 1905)
für einen mystisch verinnerlichten Katholizismus warb.
 In **England** hatte der Katholizismus durch die zahlreichen Übertritte, welche *v*
der Oxfordbewegung folgten (§ 123 d–k), einen starken Zuschuß frischer religiöser Kräfte erhalten, deren Träger unbewußt noch von manchen protestantischen Ideen geleitet wurden. Das gab dem englischen Katholizismus gegenüber
dem des Kontinents ein eigenartiges Gepräge. Unter jenen Konvertiten war der
bedeutendste *Henry Newman* (1801–90, 1845 katholisch, seit 1879 Kardinal;
„Apologia pro vita sua", 1865; vgl. § 123 g), der den Entwicklungsbegriff mit dem
katholischen Dogma zu verbinden suchte. Ohne selbst „Modernist" zu sein, hat er
doch durch seine Schriften stark auf den Modernismus eingewirkt. Die interessanteste religiöse Persönlichkeit unter den englischen Reformkatholiken
war *George Tyrrell* (1861–1909, 1879 von der anglikanischen zur katholischen
Kirche übergetreten, 1880 Jesuit, 1906 Austritt aus dem Jesuitenorden, gestorben
als Exkommunizierter).
 Früher als in Deutschland, Frankreich und England war eine in der Grund- *w*
tendenz verwandte Bewegung in **Nordamerika** entstanden, der sog. Amerikanismus (der Name erst seit 1897). Der Begründer dieser Richtung war *Isaak
Hecker*, der 1858 eine Kongregation stiftete, die „Missionspriester vom heiligen
Apostel Paulus" oder „Paulisten" (1906: 4 Klöster, 1 Kolleg, 51 Priester, 25
Novizen). Sein Ziel, die Protestanten der Union für die katholische Kirche zu gewinnen, glaubte er nur erreichen zu können, wenn sich der Katholizismus dem
Charakter der Amerikaner möglichst anpasse, vor allem einer größeren Aktivität
des Individuums Raum gebe. Nach Heckers Tode (1888) fanden seine Ideen
weite Verbreitung, vor allem seit 1897 unter den französischen Klerikern.

Die Reformkatholiken gaben sich eine Zeitlang der Hoffnung *x*
hin, die Kurie für ihre Ideale zu gewinnen. Indessen der strenge Katholizismus stand den Reformbestrebungen mit eisiger Feindseligkeit gegenüber und veranlaßte die Kurie zum Einschreiten. 1898 wurden 4 Werke
Schells, 1899 der Amerikanismus, 1903 5 Werke Loisys sowie 3 Schriften Houtins, 1906 Fogazzaros „Il Santo" verurteilt. Die entscheidenden Schritte erfolgten **1907** unter Pius X. mit dem sog. neuen
Syllabus „Lamentabili" (3. Juli 1907) und der Enzyklika „Pascendi
dominici gregis" (8. September 1907): hierin wurde der „Modernismus" als der Zusammenfluß aller Häresien und die Quintessenz aller
Glaubensirrtümer verdammt und seine Ausrottung angeordnet.
 Ein Teil der Modernisten unterwarf sich, einige ihrer Zeitschriften erlagen dem *y*
kurialen Druck. Doch blieben gerade die großen Führer, Loisy, Murri und Tyr-

rell, aufrecht, auch als der Papst sie exkommunizierte. Zur Säuberung des Klerus von der „verschmitzten Menschenklasse der Modernisten" ordnete das Motu proprio „Sacrorum antistitum" vom 1. Sep. **1910** an, daß sämtliche Professoren, Beichtväter, Prediger, Weltgeistliche, Kanoniker, Benefiziaten usw. den ausführlichen **Antimodernisteneid** schwören sollten. Mißgriffen der theologischen Wissenschaft steuert die päpstliche Bibelkommission, die zB. die Zweiquellentheorie über den Ursprung der Evangelien für unvereinbar mit der kath. Tradition erklärte (Dekret vom 19. Juni 1911), aber die Auffassung des Comma Johanneum (I. Joh. 5, 7–8) als Glosse zuließ (1927), gegen die Entscheidung der römischen Indexkongregation von 1897.

z   Zu einer Kundgebung gegen das falsche Reformertum benutzte Pius X. das Jubiläum der Heiligsprechung des Kardinals Carlo Borromeo (sog. Borromäus-Enzyklika, „Editae saepe dei", Mai 1910, mit kräftigen Seitenhieben auf die Reformatoren und die protestantischen Fürsten des 16. Jhs.). Von protestantischer Seite blieb die Antwort in Gestalt von Protestversammlungen und anderen Kundgebungen nicht aus. Mit der Unterdrückung des Modernismus hat Pius X. die katholische Dogmatik vor Erweichung bewahrt, aber auch auf protestantische Kreise Eindruck gemacht.

c) DIE PROTESTANTISCHEN KIRCHEN.

1. Der deutsche Protestantismus.

α) 1814—1870.

§ 117. Die religiöse Erneuerung.

§ **117-122.** RSEEBERG, Die Kirche Deutschlands im 19. Jh., ³1910. – *FRZ. SCHNABEL Bd. 4 (s. § 114; bis c. 1848). – KKUPISCH, Zwischen Idealismus und Massendemokratie, eine Geschichte der ev. Kirche in Deutschland 1815–1945, [1955]. – HHERMELINK, s. zu § 114–116.
§ **117.** CHRTISCHHAUSER, Geschichte der ev. Kirche Deutschlands in der 1. Hälfte des 19. Jhs., 1900. – AHEGER, Evangelische Verkündigung und deutsches Nationalbewußtsein 1806–48, 1939. – LTIESMEYER, Die Erweckungsbewegung in Deutschland, 1901ff. – THHWANGEMANN, Geistliches Ringen und Regen am Ostseestrande, 1861. – GTHOMASIUS, Das Wiedererwachen des ev. Lebens in der lutherischen Kirche Bayerns, 1867. – KMÜLLER, Die religiöse Erweckung in Württemberg, 1925. – KHENNIG, Die sächsische Erweckungsbewegung am Anfang des 19. Jhs., 1928f. – Zur neueren Arndt-Forschung vgl. JHASHAGEN, ThBl 1941, 135–138. – MLEHMANN, Freiherr vom Stein, ³1928. – Claus Harms' Leben in Briefen, hrsg. von HZillen, 1909. – JBACHMANN, Hengstenberg, 3 Bde., 1879–92. – Aus vierzig Jahren deutscher KG, Briefe an EWHengstenberg, hrsg. von GNBonwetsch, 2 Bde., 1917–19. – WMAURER, s. zu § 107.

a   1. Der Sieg der Aufklärung in der zweiten Hälfte des 18. Jhs. hatte die breiten Massen der protestantischen Bevölkerung Deutschlands durchaus nicht entkirchlicht. Dem Christentum entfremdet war mit den literarischen Führern der Nation nur ein kleiner Teil der Gebildeten. In den übrigen Schichten herrschte eine schlichte, oft tief empfundene Frömmigkeit rationalistischen, orthodoxen oder pietistischen Gepräges. So war die Frömmigkeit um 1800 keineswegs ausgestorben. Und bereits waren die Kräfte zu einem neuen religiösen Aufschwung rege: der **Pietismus** begann sich seit den letzten Jahrzehnten des 18. Jhs. wieder zu rühren (§ 107 r); dazu hatte der **deutsche Idealismus** ein neues Verständnis der Religion erschlossen und damit eine Zurückwendung zur Religion bei den Gebildeten vorbereitet.

Die Zeit der französischen Herrschaft und der Freiheits- *b*
kriege brachte die neuen religiösen Kräfte zum Durchbruch; mit dem
nationalen Aufschwung erfolgte eine neue religiöse Erhebung. Unter dem
moralischen und wirtschaftlichen Druck der Fremdherrschaft wurden
der Kosmopolitismus und die religiöse Gleichgültigkeit überwunden.

Im Mittelpunkt dieser Entwicklung stand **Preußen,** dessen Staatswesen eine *c*
durchgreifende Reform erlebte. Der Schöpfer des neuen Staates wurde der geniale
Reichsfreiherr vom und zum *Stein*, ein Mann von gesunder Frömmigkeit, der
klar erkannte, daß das Reformwerk auf die religiöse Gesinnung des Volkes zu
gründen sei. An der sittlichen und religiösen Erneuerung haben vornehmlich zwei
Männer mitgewirkt, der Philosoph *J. G. Fichte* (§ 108 r; „Grundzüge des gegenwärtigen Zeitalters", 1806, „Anweisung zum seligen Leben", 1806, „Reden an die
deutsche Nation", 1808) und der Theologe *Schleiermacher* mit seinen einflußreichen patriotischen Predigten (vgl. § 119 b c). 1810 erhielten die regen geistigen Bestrebungen des aufstrebenden Staates eine Organisation durch die Eröffnung der
Universität Berlin.

Den Führern folgte das Volk nach. Im Frühling von 1813 kam die religiös-natio- *d*
nale Begeisterung zu überwältigendem Durchbruch (vgl. die religiös gestimmten
Freiheitslieder von *E. M. Arndt, Th. Körner, M. von Schenkendorf*). Diese Frömmigkeit war ganz theozentrisch; Gott und Unsterblichkeit waren ihr völlig sichere
Realitäten, das eigentlich Christliche trat dagegen zurück. Katholiken und Protestanten aller Richtungen fanden sich in ihr zusammen.

2. Die Jahre nach 1814 zeigen ein stetiges Ansteigen der *e*
religiösen Bewegung. Die Frömmigkeit gewann an Stärke und
verband sich immer bestimmter mit rückläufigen Bestrebungen:
von der Religiosität der Aufklärung lenkte man zum Christentum und
schließlich bewußt zu den konfessionellen Ausprägungen der orthodoxen Zeit zurück.

Zunächst war dies nur eine Unterströmung. Als das Reforma- *f*
tionsjubiläum von 1817 begangen wurde, herrschten noch der
Rationalismus und der Supranaturalismus; beide waren für die Besonderheiten der protestantischen Konfessionen ohne Verständnis und
in der Verurteilung des konfessionellen Haders einig. Daher wurde die
Union, die 1817 in Preußen und einigen kleineren deutschen Staaten
durchgeführt wurde, fast durchweg mit freudiger Zustimmung begrüßt (vgl. § 118). Aber bei demselben Reformationsfest traten bereits
die ersten Anzeichen jener Unterströmung hervor, noch unabgeklärt
und verschwommen bei den deutschen Studenten, die in romantisch-patriotisch-religiöser Begeisterung auf dem Wartburgfeste am
18. Oktober 1817 die deutsche Burschenschaft gründeten und in ihr
Programm neben dem Freiheitlichen und Nationalen auch das Christliche aufnahmen, weit entschiedener in den 95 Thesen, die der Pastor
Klaus Harms in Kiel samt Luthers 95 Thesen zum 31. Oktober 1817
herausgab.

KLAUS HARMS (1778–1855), ein ehemaliger Müllerbursche, war unter dem *g*
nachwirkenden Einfluß des Elternhauses und durch die Lektüre von Schleiermachers „Reden" aus dem Rationalismus seiner Studienzeit zu lebendiger kühner
Frömmigkeit erweckt worden. In seinen Thesen wandte er sich scharf gegen
Rationalismus und Union und forderte die Rückkehr zu den symbolischen
Büchern: der erste Schritt zur Erneuerung des orthodoxen Luthertums! Die
Thesen fanden starken Widerhall (etwa 200 Schriften); zunächst war der Widerspruch weit stärker als die Zustimmung.

§ 117   Von der romantischen Reaktion bis 1914

h   In den Jahren nach 1817 wurde die Wendung zum schlichten Glauben und zur frommen Sitte der Väter immer allgemeiner und entschiedener; die allgemeinen Zeitverhältnisse (Franzosenzeit, Freiheitsbewegung und nationale Enttäuschung, Reformationsjubiläum, politische Reaktion und wirtschaftliche Notjahre), die romantische Stimmung, die Reste des Pietismus, der religiös vertiefte Supranaturalismus und einzelne hervorragende Führer wie Schleiermacher wirkten alle in derselben Richtung. In einigen Kreisen vollzog sich der religiöse Umschwung [seit 1816] in der radikalen Form einer „Erweckung", plötzlicher Bekehrung zu einer pietistischen Herzensfrömmigkeit und streng biblisch-supranaturalistischen Gläubigkeit. So entstand der **moderne Pietismus**. Schon in den 20er Jahren wuchs er zu einer einflußreichen kirchlichen Partei. Auch außerhalb dieser pietistischen Kreise durchlebten nicht wenige in diesen Jahren unter dem Einflusse des deutschen Idealismus und der Romantik eine religiöse Entwicklung zum Glauben der Väter oder doch zu einem vertieften Verständnis desselben; dazu gehörten fast alle namhaften Theologen der nächsten Zeit.

i   Die **Erweckung** hatte ihre Hauptherde in WÜRTTEMBERG (Auswanderung zahlreicher von eschatologischen Erwartungen ergriffener Pietisten nach Südrußland [§ 128 b]; in Württemberg selbst Gründung Korntals, einer pietistischen Kolonie mit manchen kirchlichen Besonderheiten, und der Tochterkolonie Wilhelmsdorf; der eindrucksvollste Erweckungsprediger der Landeskirche der jung verstorbene *Ludwig Hofacker*, † 1828; seit den 40er Jahren gelangte *Johann Christoph Blumhardt*, † 1880, als Vertreter einer fröhlich gestimmten Erweckungsreligiosität zu Einfluß, bekannt durch seine charismatischen Heilungen, sowie als Inhaber von Bad Boll), am NIEDERRHEIN (*Samuel Collenbusch*, † 1803; Wirksamkeit der 3 *Krummacher*, des „Parabelkrummachers" Friedrich Adolf, † 1845, seines Bruders Gottfried Daniel, † 1837, und des Sohnes des älteren, Friedrich Wilhelm, † 1868, *Hermann Friedrich Kohlbrügge* in Elberfeld, † 1875), in BREMEN (*Gottfried Menken*, † 1831), HAMBURG (der Buchhändler *Friedrich Perthes*, Schwiegersohn von Matthias Claudius, seit 1821 in Gotha, Verleger einflußreicher theologischer Werke wie der „Theologischen Studien und Kritiken") und BERLIN. Der Berliner Kreis war der einflußreichste. Seinen Mittelpunkt, um den sich Adlige, Staatsmänner, Offiziere, Gelehrte scharten, bildete der schlesische Baron *Ernst von Kottwitz* (1757–1843), der durch herrnhutische Einflüsse bekehrt wurde und sein großes Vermögen zu Mildtätigkeitsanstalten verwandte. Durch v. Kottwitz hatte dieser pietistisch-adlige Kreis Beziehungen zum Berliner Hof und beeinflußte dadurch zB. die Besetzung der theologischen Professuren. Ein Verdienst der „erweckten" Kreise war ihre eifrige praktische Tätigkeit (innere und äußere Mission, s. § 120 u–y).

k   Ihren theologischen Führer erhielt diese Gruppe alsbald in *ERNST WILHELM HENGSTENBERG* (1802–69, 1826 Professor in Berlin). Vorwiegend verstandesmäßig veranlagt, zog er von seinen schroff supranaturalistischen Voraussetzungen mit unerbittlicher Logik alle Konsequenzen des altgläubigen Lehrsystems und wurde so später der Führer der konfessionalistischen, von der Erweckungstheologie sich sondernden Richtung (§ 119 x). Durch seine „Evangelische Kirchenzeitung" (seit 1827, von den Berliner Erweckten gegründet) und ihre vor keinem Mittel zurückschreckende, entschlossen reaktionäre Kirchenpolitik war er vier Jahrzehnte hindurch für ungezählte Theologen der maßgebende Führer (vgl. § 120 k).

§ 118. Die kirchliche Reorganisation (Union, Verfassung, liturgische Reform).

EFörster, Die Entstehung der preußischen Landeskirche, 2 Bde., 1905. – AHauck, Art. „Union", RE³ XX, 1908, 253–261. – WWendland, Die Religiosität und die kirchenpolitischen Grundsätze Friedrich Wilhelms III., 1920. – EFriedberg, Die geltenden Verfassungsgesetze der ev. deutschen Landeskirchen, 1895–1904. – RMarsson, Die preußische Union, 1923. – ASchnieber, Huschke, 1927. – FFischer, Ludwig Nicolovius (Anfänge der preußischen Landeskirche), 1939.

In engem Zusammenhang mit dem Aufschwung der Frömmigkeit *a* und mit der romantischen Reaktion erfolgte eine kirchliche Neuordnung des deutschen Protestantismus. Anfänge dazu, freilich noch ganz im Geiste des Territorialismus, waren bereits im Aufklärungszeitalter gemacht worden; aber unter den Wirren der Franzosenzeit waren diese Reformbemühungen ins Stocken geraten. Nach dem Frieden von 1814 kehrte man zu ihnen zurück; die politischen Umwälzungen, vor allem die Ersetzung des konfessionell geschlossenen Territoriums durch den modernen paritätischen Staat (§ 111 z), forderten eine kirchliche Neuordnung.

Die Reformen betrafen die Verfassung, die Liturgie, die *b* Union zwischen Lutheranern und Reformierten. Im Vordergrunde standen die Vorgänge in Preußen, wo König Friedrich Wilhelm III. an dem Reformwerk persönlichen Anteil hatte. Die Ergebnisse entsprachen den Erwartungen, die man anfangs gehegt hatte, nur wenig. Das unter den Gebildeten weitverbreitete Streben nach einer synodalpresbyterialen Verfassung gelangte nur zu bescheidenen Erfolgen; nur das rheinisch-westfälische Preußen, Rheinbayern und Baden erhielten solche Kirchenverfassungen, eine sehr unvollkommene Bayern rechts vom Rhein. Die Union wurde seit 1817 in Preußen und in einigen Kleinstaaten eingeführt, litt aber an innerer Unklarheit, geriet in Preußen in hemmende Verstrickung mit dem Agendenstreit und hatte an dem ständig erstarkenden Konfessionalismus einen gefährlichen Gegner. Auf liturgischem Gebiet siegte unter Führung der preußischen Landeskirche eine zum Altertümlichen zurücklenkende, alle Erinnerungen an das 18. Jh. ausmerzende Reform. Alle diese Veränderungen vollzogen sich unter heftigen Kämpfen, besonders in Preußen. Hier war das wichtigste Ergebnis die Entstehung des landesherrlichen Kirchenregiments im neuen Sinne. Nach der neuen Anschauung war der Landesherr nicht als Staatsoberhaupt, sondern als vornehmste Standesperson, der die erbliche Würde des „summus episcopus" zusteht, der Herr des Kirchenregiments; aus der Kirche des Staates war die Kirche des Landesherrn geworden. Verglichen mit dem Territorialismus (§ 104 e, 105 x) nahm sich das landesherrliche Kirchenregiment wie der erste Schritt zu einer Lösung der Kirche von der Staatsregierung aus.

Einzelheiten.

1. Union und Verfassung außerhalb Preußens.

c   1) Aug. 1817 (also noch vor der Einführung der Union in Preußen!) verschmolzen im **Herzogtum Nassau** (Wiesbaden) die lutherische und die reformierte Kirche zu einer einzigen; 1817–22 folgte das **Großherzogtum Hessen**; 1818 die **bayrische Rheinpfalz** sowie ein Teil von **Kurhessen** (Provinz Hanau, 1822 Universität Marburg; große Unklarheit des Bekenntnisstandes von Kurhessen seit dem Reorganisationsedikt von 1821); 1821 das **Großherzogtum Baden** und das **Fürstentum Waldeck**; 1820 **Bernburg**; 1827 **Dessau**. (**Köthen** ging nicht zur Union über, ist aber seit 1880 mit der unierten Kirche des übrigen Anhalt verbunden; 1863 wurden die drei Fürstentümer zu einem Herzogtum geeint.)

d   2) 1818 erhielt das rechtsrheinische **Bayern**, das die Union ablehnte, eine sehr unvollkommene Verfassung (Geistlichkeitssynoden, seit 1823 auch Laiensynodale); im gleichen Jahre wurde im Zusammenhange mit der Union in der **bayrischen Rheinpfalz** eine Verfassung eingeführt (Presbyterien und Synoden), ebenso 1821 zusammen mit der Union im **Großherzogtum Baden**.

2. Die Kämpfe um Union, Agende und Verfassung in Preußen bis 1840.

e   In **Preußen** war der Verlauf der Reorganisation in der Hauptsache durch die Anteilnahme *FRIEDRICH WILHELMS III.* (1797–1840) bestimmt, eines aufrichtig frommen, gewissenhaften, aber wenig weitblickenden und in kirchlichen Dingen trotz seiner eifrigen liturgischen Studien durchaus laienhaft urteilenden Mannes. Er war einseitig auf eine liturgische Reform bedacht und war bald den kirchlichen Verfassungsbestrebungen so abgeneigt wie den politischen.

f   1) Daher kam die **Verfassung** über Ansätze nicht hinaus. Zwar wurde 1816 die Organisation von Presbyterien und von Kreis- und Provinzialsynoden verfügt und sogar die Berufung einer Generalsynode in Aussicht gestellt; da aber der Kultusminister *Altenstein* (1817–40) von den Provinzialsynoden, die, 16 an der Zahl, seit Herbst 1818 tagten, Opposition in der Agendensache (§ h) befürchtete, verzichtete er 1823 auf die Berufung einer Generalsynode; damit war das Schicksal der Provinzialsynoden entschieden. Auch die Anfänge einer Organisation der Gemeinden in Presbyterien ließ der Kultusminister 1827 in der Stille wieder eingehen. Nur die westlichen Provinzen erlangten wenigstens einen Teilsieg: in der **rheinisch-westfälischen Kirchenordnung von 1835** wurden Synodalverfassung (Presbyterien, Kreissynoden, Provinzialsynoden) und landesherrliches Kirchenregiment (Generalsuperintendenten, Konsistorien) verschmolzen. Im übrigen Preußen erfolgte in den 20er Jahren die volle Durchführung des landesherrlichen Summepiskopats (1828 Einsetzung von Generalsuperintendenten, welche die 1815 eingerichteten, in dem Agendenstreit vielfach widersetzlichen Provinzialkonsistorien völlig unter den Willen des summus episcopus beugen sollten). Es war ein letzter Sieg des fürstlichen Absolutismus. Freilich der höchste Wunsch des Königs, die bischöfliche Verfassung in der ev. Kirche einzuführen, blieb unverwirklicht; der Kultusminister ging nur auf die Einführung des Bischofstitels ein, den 1826–40 alle Generalsuperintendenten führten; Borowski in Königsberg war sogar evangelischer „Erzbischof".

g   2) Die Einführung der **Union 1817** entsprang der Initiative des Königs[1]; in der berühmten **Deklaration vom 27. Sept. 1817** forderte er dazu auf, das bevorstehende Reformationsjubiläum durch eine protestantische Union zu krönen. Schon vor dem Bekanntwerden der Deklaration hatte die Berliner Geist-

---

[1] In Brandenburg-Preußen lag der Gedanke einer Union besonders nahe, da hier das Herrscherhaus seit 1613 (§ 92 t) reformiert war. Den ersten Versuch unternahm bereits König Friedrich I., der *Leibniz* und den ref. Hofprediger *Jablonski* dafür gewann; doch scheiterte der Plan an dem festen Widerstande der lutherischen Theologen (1703 das „*Collegium caritativum*" in Berlin).

lichkeit unter Schleiermachers Vorsitz beschlossen, am Reformationsfest durch gemeinsame Abendmahlsfeier mit gemeinsamem Ritus (Brotbrechen) die Union zu schließen. Dementsprechend wurde am 30. Okt. von der Berliner Geistlichkeit, am 31. Okt. in Berlin von den Gemeinden, in Potsdam vom preußischen Hof die Union geschlossen. Auch in den Provinzen rief die Union begeisterte Zustimmung hervor, wenn auch zunächst verhältnismäßig nur wenige Gemeinden den Unionsritus annahmen (nahezu alle in Rheinland-Westfalen, nur wenige in den andern Provinzen). Hemmend wirkte noch mehr als der außerhalb Preußens hervortretende literarische Widerspruch die mannigfache Unklarheit, die über das Wesen der Union bestand.

3) Die weitere Entwicklung der Union verwirrte sich mit dem **Agendenstreit.** *h* 1816 wurde eine vom König selbst verfaßte, stark altertümliche Liturgie im Berliner Dom und in den Garnisonkirchen von Berlin und Potsdam eingeführt, begegnete aber dem scharfen Widerspruche Schleiermachers und anderer Theologen. Ebenfalls sein persönliches Werk war die Weihnachten 1821 herausgegebene Kirchenagende, die er **1822** im Heere und im Berliner Dom einführen ließ. Seine Absicht war, die „freiwillige" Annahme dieser Agende in allen Gemeinden zu erreichen und dadurch eine völlige gottesdienstliche Uniformierung der preußischen Landeskirche zu begründen. Dieser Plan stieß auf den heftigsten Widerstand. Noch stärker als die dogmatischen und die liturgischen Bedenken regten sich die rechtlichen: hatte der Landesherr in liturgischen, ja in kirchlichen Dingen überhaupt ein Recht? (aufs energischste bestritten von *Schleiermacher,* „Über das liturgische Recht evangelischer Landesfürsten", 1824, veröffentlicht unter dem Pseudonym „Pacificus sincerus"). Ende 1826 verharrten von den 5708 preußischen Geistlichen immer noch 1802 bei ihrem Widerspruch. Er war nur durch einen Kompromiß zu beseitigen; der König verzichtete auf die volle liturgische Uniformierung und gestattete die Ausgabe von Provinzialagenden mit Parallelformularen, die den provinziellen Eigentümlichkeiten und den konfessionellen (auch den reformierten) Anschauungen Raum ließen (**1829**, in Pommern schon 1827, in Rheinland-Westfalen 1834). Damit war die liturgische Reform in Preußen prinzipiell durchgesetzt.

4) Die **Union** war während des Agendenstreits in den Hintergrund gedrängt *i* worden. Da gab das **Jubiläum der Confessio Augustana 1830** Gelegenheit, neue Schritte zu ihrer Beförderung zu unternehmen. Zwar wurde nun am 25. Juni die Union fast allgemein angenommen, aber angesichts des erstarkenden Konfessionalismus war ihre volle Durchführung unerreichbar. Der Versuch, sie mit Gewalt durchzusetzen, hatte die **Separation** der strengen Lutheraner zur Folge. Der lutherische Pastor und Theologieprofessor *Johann Gottfried Scheibel* in Breslau, ein abgesagter Feind der Reformierten („Isisdiener"), hatte schon in den 20er Jahren die Agende und die „Cäsaropapie" scharf bekämpft; als er 1830 suspendiert wurde, schloß sich mit seinem Anhang zu einer Gemeinde zusammen. Zu den Separierten gehörten die Breslauer Professoren *Ph. E. Huschke* (Jurist, † 1886) und *Heinrich Steffens* (Naturphilosoph, geb. in Norwegen, aber deutscher Herkunft, † 1845). Der Staat verweigerte die Anerkennung der „altlutherischen" Gemeinden und suchte die Bewegung durch Gewaltmaßnahmen zu ersticken (Scheibel 1832 abgesetzt; die Kirche in dem Dorfe Hönigern 1834 durch Militär den Altlutheranern entrissen; mehrere Geistliche mit Gefängnis bestraft); indes der Widerstand blieb ungebrochen, die Entschlossensten wanderten nach Amerika und Australien aus. Auch die **Kabinettsorder vom 28. Febr. 1834,** die beruhigend wirken sollte, verfehlte ihren Zweck (grundlegend für die Auffassung der Union und den Bekenntnisstand in Preußen: die Annahme der Agende obligatorisch, die der Union frei; die Union bedeute nicht das Aufgeben der Bekenntnisschriften des 16. Jhs., sondern bringe nur den „Geist der Mäßigung und Milde" zum Ausdruck). Das schuf nur noch größere Unklarheit.

Friedrich Wilhelm IV. (1840–1861) nahm die Zwangsmaßregeln sofort zurück *k* und ließ die letzten verhafteten Pastoren frei. **1841** schlossen sich die Altlutheraner auf einer Generalsynode zu Breslau zur **„Evangelisch-lutherischen Kirche in Preußen"** zusammen (bestätigt durch die königliche Generalkonzession von

1845, ergänzt durch das Gesetz von 1908). An die Spitze trat das Oberkirchenkollegium zu Breslau (erster Präsident: Huschke). Innerhalb der Separation entstand 1861 durch einen Verfassungsstreit eine neue Separation, die sog. Immanuelsynode (mit dem Sitz in Magdeburg, seit 1904 wieder mit dem Hauptstamm vereinigt). (Statistik: 1841 *19000*, 1860 *55000*, 1906 *58000*, 1910 *60000* Seelen.)

§ 119. Die protestantische Theologie im Zeitalter Schleiermachers und seiner Nachfolger.

HStephan, Geschichte der ev. Theologie seit dem deutschen Idealismus, 1938. – WElert, Der Kampf um das Christentum, 1921. – KBarth, Die protestantische Theologie im 19. Jh., ²1952. – WDilthey, Schleiermachers Leben I, 1870, ²1922 (hrsg. von HMulert); zu Schleiermacher ferner die Arbeiten von JWendland (1915), GWehrung (1920, 1927), WBartelheimer (1931), AvUngern-Sternberg (1931), ESchmiechen (1932). – HannaJursch, Schleiermacher als Kirchenhistoriker I, 1933. – Zu de Wette: EStaehelin, Dewettiana, Basel 1956; PHandschin, [1958]; RSmend jun., 1958. – MKähler, Mittelstraße 10, Erinnerungen an A. und M. Tholuck, 1899. – NBonwetsch, Aus A. Tholucks Anfängen (Briefe), 1922. – KHase, Ideale und Irrtümer, ⁵1894. – Ders., Annalen meines Lebens, 1891. – KHeussi, s. § 92. – WBeyschlag, Karl Immanuel Nitzsch, 1872. – AHausrath, Richard Rothe und seine Freunde, 2 Bde., 1902–06. – Über David Friedrich Strauß: AHausrath (2 Bde., 1876–1878) und ThZiegler (2 Bde., 1908). – DFStrauß und FTh Vischer, Briefwechsel, 2 Bde., 1952f. – ChrHartlich und WSachs, Der Ursprung des Mythosbegriffs in der modernen Bibelwissenschaft, 1952. – Über FCBaur: FGFrädrich (1909) und ESchneider (1909). – WNigg, Franz Overbeck, 1931. – EBarnikol, Das entdeckte Christentum im Vormärz (Bruno Bauer), 1927. – GRunze, Bruno Bauer redivivus, 1934. – EHübner, Schrift und Theologie (von Hofmann), 1956.

a 1. Auch für die protestantische Theologie waren die Jahrzehnte nach 1814 eine Zeit der Reorganisation. Diese vollzog sich vornehmlich durch die Verbindung der theologischen Wissenschaft mit dem neuerwachten Glaubensleben, den neuen philosophischen Anschauungen und dem romantischen Verständnis der Geschichte. Die beherrschende Gestalt in diesen Wandlungen der Theologie und zugleich der einflußreichste Theolog der neueren Zeit war **FRIEDRICH SCHLEIERMACHER**, in dessen Gedankenwelt sich die herrnhutische Frömmigkeit mit einer scharfen, an Kant geschulten Dialektik vereinte. Fast alle Richtungen der nachschleiermacherschen Theologie sind irgendwie von seinen Gedankengängen beeinflußt worden; freilich haben seine Ideen schon bei seinen ältesten Schülern weniger in ihrer ursprünglichen als in verkirchlichter Gestalt gewirkt.

b Friedrich Schleiermacher (21. Nov. **1768** bis 12. Febr. **1834**), geboren zu Breslau als Sohn eines reformierten Feldpredigers, wurde von den Herrnhutern auf dem Pädagogium zu Niesky und dem theologischen Seminar zu Barby erzogen, studierte nach seinem äußeren Bruch mit der Brüdergemeinde 1787–1789 in Halle, war 1796–1802 Prediger an der Charité in Berlin (enge Freundschaft mit dem Zirkel der Romantiker, Friedrich Schlegel u. a., vgl. § 108 m n), 1802 bis 1804 in seinem „Exil" als Hofprediger in Stolp, 1804 ao., 1806 o. Professor in Halle, nach der Aufhebung der Universität durch die Franzosen 1807 in Berlin, hier seit 1808 Prediger an der Dreifaltigkeitskirche, seit 1810 zugleich Professor an der neugegründeten Universität, auf Kanzel und Katheder von tiefster persönlicher Wirkung. HAUPTWERKE: 1799 „Über die Religion, Reden an die Gebildeten unter ihren Verächtern" (§ 108 o p); 1800 „Monologen"; 1803 Grundlinien einer Kritik der bisherigen Sittenlehre"; 1806 „Die Weihnachtsfeier";

1811 „Kurze Darstellung des theologischen Studiums", von nachhaltigem Einfluß auf die Methodologie der theologischen Disziplinen; 1821f. „Der christliche Glaube nach den Grundsätzen der evangelischen Kirche", ²1830f.

Vor allem der **Glaubenslehre** Schleiermachers verdankt die Theologie des *c* 19. Jhs. eine Fülle von Anregungen. Schleiermacher gibt hierin nicht eine Wissenschaft von Gott im Stile der älteren Dogmatik; deren Methode hat er ebenso verlassen wie ihren herkömmlichen Aufriß (§ 53 s). Glaubenssätze sind „Auffassungen der christlich-frommen Gemütszustände, in der Rede dargestellt"; die Glaubenslehre ist somit eine Darstellung des christlichen Glaubens in der der Zeit des Dogmatikers entsprechenden Form, daher eine „historische Disziplin". Die grundsätzliche Auffassung der Religion ist dieselbe wie in den „Reden" (§ 108 p); aber Schleiermacher ist dem allgemeinen Zuge der Zeit zu einer betonteren Christlichkeit (§ 117 h) gefolgt und erstrebt nun einen engeren Anschluß an die Kirchenlehre, was zu zahlreichen Umdeutungen führt. Die Person Christi und die Erlösung werden im bewußten Gegensatz zum Rationalismus stark betont, aber ganz modern gefaßt: der Erlöser ist „von allen unterschieden durch die stetige Kräftigkeit seines Gottesbewußtseins, welche ein eigentliches Sein Gottes in ihm war"; die Erlösung vollbringt er durch die Aufnahme der Gläubigen in die Kräftigkeit seines Gottesbewußtseins; übernatürliche Geburt, Auferstehung, Himmelfahrt und Wiederkunft sind entbehrlich. Das Werk ist ein interessantes Dokument der Restaurationszeit. Den ganzen Schleiermacher versteht man nur bei Berücksichtigung seiner Predigten, die Glaubenslehre nur unter Heranziehung der beiden „Sendschreiben an Lücke" (StKr 1829). Bei der Lektüre der Glaubenslehre fühlte sich wohl mancher gebildete Geistliche „glücklich als Christ und als Prediger" (JChrGaß).

Von **Schleiermachers Schülern** waren bei weitem die meisten viel stärker von *d* dem kirchlichen Christentum beherrscht als der philosophisch und kritisch veranlagte Meister, so *August Twesten* (1789–1876, Professor in Kiel, 1835 Schleiermachers Nachfolger in Berlin), die Neutestamentler *Friedrich Lücke* (1791–1855; in Göttingen) und *Friedrich Bleek* (1793–1859; in Bonn), der Dogmatiker *Karl Immanuel Nitzsch* (§ z). Diese Theologen bilden die sog. „Schleiermachersche Rechte". Die freiere „Schleiermachersche Linke" vertrat *Alexander Schweizer* (§ z).

Schleiermacher nahe stand *W. M. L. DE WETTE* (1780–1849, seit 1810 *e* Professor in Berlin, 1819 wegen eines Trostbriefs, den er an die Mutter Karl Ludwig Sands, des Mörders Kotzebues, gerichtet hatte, abgesetzt, 1822 Professor in Basel). In seiner an der Philosophie von J. Fr. Fries orientierten Religionstheorie betonte er die Bedeutung des Gefühls für die Religion; sehr verdienstlich waren seine zahlreichen bibelkritischen Arbeiten.

2. Neben Schleiermacher stand eine Gruppe von Theologen, die *f* von der zeitgenössischen spekulativen Philosophie Schellings und Hegels angeregt waren (§ 108 s t). Solange der pantheistische Charakter der „Philosophie des Absoluten" nicht erkannt war, konnte sie als beste Stütze des Glaubens gelten; schien sie doch, Kant zum Trotz, die Tatsächlichkeit des „Absoluten", das man dem Gott des Christentums gleichsetzte, bewiesen zu haben. Indem man sich so dem Ausbau einer neuen Metaphysik zuwandte, verlor man freilich das in Schleiermachers „Reden" errungene Verständnis der Religion (§ 108 p) und sank in den Intellektualismus der Aufklärung zurück.

Der Hauptvertreter der spekulativen Theologie war *Karl Daub* (1765–1836), *g* Professor in Heidelberg, eine charaktervolle, imponierende Persönlichkeit. Von außergewöhnlicher Anpassungsfähigkeit folgte er der zeitgenössischen Philosophie von Kant über Schelling zu Hegel. Als Aufgabe der Theologie betrachtete er das spekulative Eindringen in die Gottesidee, die dem Menschengeiste als göttliche Offenbarung innewohne. Die einzelnen Dogmen galten ihm als „absolut vernünftig"; sogar die Lehre vom persönlichen Teufel vermochte er sich anzu-

h eignen. Seiner Richtung verwandt war die von *Philipp Marheineke* (1780–1846, seit 1811 Professor in Berlin), der erst unter Schellings, dann unter Hegels Einwirkungen stand und mit seiner spekulativen Methode dieselbe hochkonservative Stellung zur kirchlichen Überlieferung verband wie Daub.

i 3. Eine dritte theologische Richtung bildete sich im engsten Zusammenhang mit der religiösen Erneuerung. Die „Erweckungstheologie" setzte den alten Supranaturalismus fort, gab ihm eine religiöse Vertiefung und verband ihn mit der romantischen Geschichtsauffassung. So entstand ein neuer pietistischer Supranaturalismus mit einem romantisch-idealistischen Einschlag.

k Die Erweckungstheologie vertraten der kindlich fromme, gelehrte, aber wenig kritische *August Neander* (1789–1850, jüdischer Herkunft, seit seiner Taufe 1806 Neander genannt, seit 1813 Professor der Kirchengeschichte in Berlin), der typische Vertreter der „Pektoraltheologie" („pectus est quod theologum facit") und bedeutende Darsteller der Kirchengeschichte vom Standpunkt des neuen Pietismus („Allgemeine Geschichte der christlichen Religion und Kirche", 1825 bis 1852), und der vielseitige, geistvolle *August Tholuck* (1799–1877, seit 1826 Professor in Halle), der vor allem durch seine persönliche Wirksamkeit als Studentenfreund und -seelsorger einen großen Einfluß übte (besonders einflußreich sein Büchlein: „Die Lehre von der Sünde und vom Versöhner, oder die wahre Weihe des Zweiflers", 1823, ein klassisches Dokument der Erweckungstheologie).

l Von ähnlichem Ausgangspunkt, doch unberührt von Idealismus und Romantik, entwickelte der tiefreligiöse, originelle *Johann Tobias Beck* (1804–78, seit 1836 Professor in Basel, seit 1843 in Tübingen) einen konsequenten Biblizismus asketisch-mystischen Gepräges, der auch vor der Konsequenz des Chiliasmus nicht zurückscheute und gegen jedwede Kirchenlehre gleichgültig war. Beck hat Tausende von Zuhörern gefesselt.

m 4. Neben diesen neuen Richtungen bestand der alte **Rationalismus** zunächst noch fort. Er verfügte über keine genialen Persönlichkeiten, aber über eine ganze Reihe tüchtiger Gelehrter, vertrat jedoch in Dogmatik und Exegese so rückständige Anschauungen, daß er um 1830 dem kühnen Ansturm des erneuerten Supranaturalismus und dem überlegenen Geschichtsverständnis der Romantik erlag.

n Der Nestor der rationalistischen Theologie war der Exeget *H. E. G. Paulus* (1761–1851, seit 1811 Professor in Heidelberg, vorher in Jena und Würzburg), der unermüdliche Verfechter der sog. natürlichen Wundererklärung. Die Normal-

o dogmatik dieses „Rationalismus vulgaris" verfaßte *J. A. L. Wegscheider* (1771 bis 1849, 1806 Professor in Rinteln, seit 1810 in Halle; „Institutiones theologiae dogmaticae", 1815, [8]1844!). Sie übernimmt das Schema der orthodoxen Dogmatik, zieht aber von jedem Lehrsatz ab, was dem gesunden Menschenverstand unerträglich erscheint. Der Mensch erreicht seinen religiös-sittlichen Zweck durch die Vernunft: es gibt keine übernatürliche Offenbarung und keine Wunder. Das Beste leistete der Rationalismus, wo er sich auf die historisch–philologische Ein-

p zelforschung zurückzog: so wurde *Wilhelm Gesenius* (1786–1842, seit 1810 Professor in Halle) durch verdienstvolle Arbeiten zur hebr. Sprache (Hebräisch-deutsches Handwörterbuch, 1810 ff.) auf viele Jahrzehnte hin der hebräische Lehrer der protestantischen Theologen Deutschlands, und der Gothaer Generalsuperintendent *K. G. Bretschneider* (1776–1848), der erste ernst zu nehmende Kritiker der Echtheit des Joh.-Ev., begründete 1834 das Corpus Reformatorum.

q Der **Kampf gegen den Rationalismus** begann bereits mit den Thesen, die *Klaus Harms* in Kiel zum Reformationsfest von 1817 herausgab (§ 117 f g). Es folgte der sächsische Rationalistenstreit; 1827 erklärte der von Königsberg nach Leipzig berufene Professor *August Hahn* in seiner Antrittsdisputation („De rationalismi vera indole") den Rationalismus für den Tod des Christentums und versetzte dadurch die sächsische Pastorenschaft, die der Mehrheit nach rationalistisch war, in große Erregung. Noch größeres Aufsehen erregte die sog.

Denuntiation der Evangelischen Kirchenzeitung (1830), die in einem anonymen Aufsatze Gesenius und Wegscheider auf Grund von Kollegnachschriften der Verhöhnung des evangelischen Glaubens beschuldigte. Diese kirchenpolitische Aktion erreichte zwar nicht, daß die Angegriffenen abgesetzt wurden, brach aber den Einfluß der Rationalisten; der König befahl, künftig nur Professoren zu berufen, die auf dem Boden des Bekenntnisses stünden.

Die nächsten Jahre brachten die entscheidende wissenschaftliche Niederlage *r* des Rationalismus durch den jungen Jenaer Professor *Karl Hase* (1800–1890; 1883 vom Herzog von Koburg geadelt). Von der Romantik, aber auch Schleiermacher, Schelling u. a. berührt, hatte er geschichtliches Verständnis für den Glauben der Vergangenheit. So konnte er neben seiner Dogmatik (1826, ³1870), die dem Rationalismus nicht so fern stand, und seinem nichts weniger als orthodoxen „Leben Jesu" (1829, ³1865) seinen „Hutterus redivivus" erscheinen lassen (1828, ¹²1883), einen geistvollen Versuch, den altprotestantischen Scholastiker ins 19. Jh. zu versetzen. Als sich der Rationalismus gegen diese vermeintliche Erneuerung der Orthodoxie erhob, erwies sich sein Wortführer, der Weimarer Generalsuperintendent *Johann Friedrich Röhr* (1777–1848, bekannt durch seine „Briefe über den Rationalismus", 1813), den überlegenen Waffen Hases („Anti-Röhr", 1834) nicht entfernt gewachsen.

5. Aber schon war eine neue kritische Richtung im Werden, *s* mit der die moderne entwicklungsgeschichtliche Betrachtung des Christentums sich anbahnte. Sie entstand unter dem Einfluß der spekulativen Philosophie Hegels, hatte bei ihrem ersten Hervortreten in dem „Leben Jesu" von David Friedrich Strauß (1835) im wesentlichen die Form „negativer" Kritik, erhob sich dann aber in dem genialen Ferdinand Christian Baur und seiner „Tübinger Schule" zu einer Geschichtschreibung, die sich nicht mit der kritischen Zersetzung der ältesten christlichen Überlieferung begnügte, sondern auf Grund einer methodischen Quellenkritik den wirklichen geschichtlichen Verlauf zu ermitteln suchte.

DAVID FRIEDRICH STRAUSS (1808–74, 1832 Repetent in Tübingen, *t* 1835 abgesetzt; seit der Vereitelung seiner Berufung nach Zürich 1839 durch die Züricher Orthodoxen privatisierender Schriftsteller) war von der Philosophie Hegels beeinflußt, zerstörte aber den kirchlichen Nimbus, mit dem die Hegelsche Schule bis dahin umgeben war. Hatte Hegel das Verhältnis von „Idee" und „geschichtlicher Erscheinung" nicht mit voller Klarheit entwickelt und die Menschwerdung Gottes in der Person Jesu behauptet, wiewohl seine Religionsphilosophie eines persönlichen Gottmenschen gar nicht bedurfte, so zog Strauß in seinem „**Leben Jesu**" (1835f., ⁴1840) die Konsequenz und erklärte das Eingehen der Idee in eine Einzelpersönlichkeit, also die geschichtliche Realität des Gottmenschen, für undenkbar; was die Dogmatik von dem Gottmenschen lehre, gelte in Wahrheit von dem Menschengeschlecht als Ganzem. Diese philosophische Anschauung bildet den Hintergrund zu seiner kritischen Zersetzung der evangelischen Geschichten, die er als Mythen, unbewußt erzeugte Phantasieprodukte der Gemeinde, zu verstehen sucht. Das Buch wirkte auf die kirchlichen Kreise geradezu erschreckend und rief eine Flut von Gegenschriften hervor, die doch die Wirkung von Strauß auf die nichttheologischen Kreise nicht abzuschwächen vermochten. In der Auseinandersetzung hauptsächlich mit Strauß bewegte sich die Leben-Jesu-Forschung des 19. Jhs., nach deren Ablauf wichtige Erkenntnisse von Strauß wieder hervortraten. 1840f. erschien Strauß' „Christliche Glaubenslehre", in der er die geschichtliche Entwicklung der christlichen Dogmen und ihre Auflösung durch die moderne Wissenschaft zur Darstellung brachte. 1864 kehrte er mit einem „Leben Jesu für das deutsche Volk" noch einmal zu theologischer Schriftstellerei zurück, ohne einen ähnlichen Eindruck wie 1835f. hervorzurufen. Sein letztes Werk, „Der alte und der neue Glaube" (1872), verkündet im Banne Darwins einen atheistischen Materialismus und die Ersetzung der Religion durch den Kunstgenuß.

u   Zu noch größerem Radikalismus als Strauß schritt *Bruno Bauer* fort (1809 bis 1882, Privatdozent in Berlin und Bonn, verlor 1842 die venia legendi, starb als Bankbeamter in Rixdorf); seine zersetzende Kritik an Joh., den Synoptikern, der Apg. und den Paulusbriefen geriet ins Uferlose, fand gleichwohl später in Holland Nachfolge (§ 124 g). Die Evangelien sind ihm rein schriftstellerische Produkte, nicht Niederschlag einer mündlichen Tradition, Mc. der „schöpferische Urevangelist"; das Christusbild der Evangelien, als Wirklichkeit gedacht grauenvoll, in seinen Wirkungen zum Vampyr der Welt geworden, gehört nur der Welt der Vorstellung an; die geschichtliche Existenz Jesu wird zweifelhaft und zuletzt bestritten („Christus und die Cäsaren", 1877).

v   Der Fortschritt über Strauß hinaus erfolgte durch den Kirchenhistoriker *FERDINAND CHRISTIAN BAUR* (1792–1860, Professor in Tübingen) und die um ihn sich sammelnde **Tübinger Schule** (*Eduard Zeller, Albert Schwegler, Reinhold Köstlin, Gustav Volkmar, Karl Holsten,* zeitweilig auch *Albrecht Ritschl,* vgl. § 121 b–e); nahestehend *Adolf Hilgenfeld.* Baur ist epochemachend für die Erforschung des NT., der Kirchen- und der Dogmengeschichte. Der Anschluß an die Hegelsche Philosophie gab ihm den weiten Horizont und schärfte ihm den Blick für die großen geschichtlichen Zusammenhänge (Selbstentwicklung der „Idee" in der Aufeinanderfolge von Thesis, Antithesis, Synthesis, s. Problemgeschichte vor § 14). Das Entscheidende war die rein wissenschaftliche, d. i. von theologisch-dogmatischen Voraussetzungen freie Stellung („Mein Standpunkt ist mit Einem Worte der rein geschichtliche"). Baur und seine Schüler wandten zum ersten Male konsequent den Entwicklungsbegriff auf die Geschichte der Kirche an, versuchten ihre Entstehung als einen von aller supranaturalen Wunderkausalität unberührten Vorgang zu verstehen und von ihrer Geschichte ein großzügiges Gesamtbild zu entwerfen. Die Hauptarbeit der Tübinger galt der Geschichte des Urchristentums, besonders der Kritik der Evangelien (Unechtheit des Joh.!), der Apg., der Paulusbriefe. Hauptwerke: Baur, Paulus, 1854, ²1866f.; Das Christentum und die christliche Kirche der ersten drei Jahrhunderte, 1853, ³1863; Schwegler, Das nachapostolische Zeitalter, 1846. Vgl. § 121 c. In Auseinandersetzung mit den Tübingern bewegte sich die weitere wissenschaftliche Arbeit am Neuen Testament im 19. Jahrhundert, die die Ergebnisse der Tübinger (Echtheitsfragen, Chronologie der nt. Schriften) fast durchgängig abzuschwächen suchte.

w   6. Inzwischen wandelte sich der erneuerte Supranaturalismus mehr und mehr in eine konfessionelle Orthodoxie, die teilweise zur „Repristination" des 17. Jhs. und zum Katholisieren ausartete, aber eine Reihe charaktervoller Führer gewann und namentlich in ihrem bedeutendsten Zweige, der Erlanger Schule, tüchtige wissenschaftliche Leistungen hervorbrachte. Die orthodoxe Richtung fand, besonders seit dem Revolutionsjahr 1848, die Gunst der Regierungen, erlangte das Übergewicht in den theologischen Fakultäten und eroberte die große Mehrheit der heranwachsenden Theologengeneration.

x   Einer der einflußreichsten Vorkämpfer des Konfessionalismus war *E. W. Hengstenberg* (§ 117 k), dessen Stärke indessen mehr auf kirchenpolitischem Gebiete lag, als in seinem durch ungeschichtlichen Sinn verdorbenen wissenschaftlichen Leistungen. Das Äußerste, was diese Richtung hervorbrachte, leistete *F. A. Philippi* (1809–82, Professor in Dorpat und Rostock; „Kirchliche Glaubenslehre", 1854ff.); er meinte, bei der Theologie des 17. Jhs. verharren und alle Weiterbildung ablehnen zu können. Bedeutender waren die **Erlanger.** Von ihnen erstrebte *Gottfried Thomasius* (1802–75, Professor in Erlangen) einen „organischen Fortschritt" der alten Kirchenlehre und vollzog ihn in der Christologie, indem er die alte Zweinaturenlehre durch die Lehre von der Kenosis ersetzte. Als Exeget, vorzugsweise des AT.s, leistete Hervorragendes der gelehrte *Franz Delitzsch* (1813–1890, Professor in Leipzig, vorher in Rostock und Erlangen), der sich allmählich der modernen Bibelkritik öffnete, ohne darum seine lutherische Grundposition zu wandeln. Die bedeutendste Erscheinung dieser Gruppe ist *JOH. CHRISTIAN KONRAD (V.) HOFMANN* (1810–77, Professor in Erlangen, kurze Zeit in Rostock; „Weissagung und Erfüllung", 1841 ff.; „Der Schriftbeweis", 1852 ff., ²1857 ff.; „Die hl. Schrift des NT.s zusammenhängend untersucht", 1862 ff., unvollendet). Hofmann wollte „Schrifttheologe" sein; die Dogmatik wird bei ihm fast zu einer biblischen Theologie. Sie sucht den christlichen Glauben aus der individuellen Erfahrung der Wiedergeburt herauszuspinnen. Seine Anschauung von der hl. Schrift zeigt einen **historischen** Einschlag; er faßt sie als einen einheitlichen, **heilsgeschichtlichen Organismus**, in dem das Frühere immer Vorbereitung und Weissagung des Folgenden ist. Schriftlehre wie dogmatische Methode Hofmanns waren originell und tiefsinnig. Unter den von Hofmann beeinflußten Theologen ragt *Fr. H. R. (v.) Frank* hervor (1827–94, Professor in Erlangen, § 121 i).

7. Die Entstehung der streng kritischen Tübinger Schule einerseits, *y* der stramm „positiven" konfessionalistischen Theologie anderseits hatte eine Schärfe des theologischen Gegensatzes erzeugt, die dem früheren Protestantismus völlig fremd gewesen war. Zwischen beiden Extremen bewegte sich die sog. **Vermittlungstheologie**, eine im wesentlichen eklektische Richtung, die mit dem Glauben der Väter mannigfache Elemente der modernen Welt zu vereinen suchte und sich damit auf der von **Schleiermacher** gewiesenen Bahn zu bewegen meinte, sowie eine kleine Zahl nicht schulmäßig gebundener, freier gerichteter Theologen.

Hierher gehören zunächst die „Vermittlungstheologen" im engeren Sinne, das *z* sind die Anhänger der sog. „Schleiermacherschen Rechten" *Karl Immanuel Nitzsch* (1787–1868, Professor in Bonn und Berlin; „System der christlichen Lehre", 1829, ⁶1851 und „Praktische Theologie", 1847–67), *Friedrich Lücke* (§ d), *Friedrich Bleek* (§ d), *Julius Müller* (1801–1878, Professor in Marburg und Halle, religiös von Tholuck beeinflußt; „Die christliche Lehre von der Sünde", 1838–44, ⁶1877) und der spekulativ gerichtete *Isaak August Dorner* (1809–84, seit 1862 Professor in Berlin; „Entwicklungsgeschichte der Lehre von der Person Christi", 1839, ²1845 ff.; „System der christlichen Glaubenslehre", 1879 f., ²1886). Diese waren eifrige Verfechter der Union. Eine in der Gesamthaltung den Genannten verwandte, aber in vielem eigenartige Theologie entwickelte *Richard Rothe* (1799 bis 1867, Professor in Heidelberg, eine Zeitlang in Bonn), ein Mann von fast kindlicher Frömmigkeit und starkem Triebe zu theologischer Spekulation. Von Kottwitz und den Erweckten herkommend, überwand er allmählich völlig die Unfreiheit des Pietismus und wurde, trotz starken Gegensatzes zu allem Rationalistischen, Mitglied des Protestantenvereins (§ 120 s). Eigentümlich ist seine Anschauung von dem „unbewußten Christentum" der Unkirchlichen und von der künftigen Auflösung der Kirche im Staat, d. h. von der völligen Christianisierung des öffentlichen Lebens (Hauptwerk: „Theologische Ethik", 1845–48, ²1867–71). Freier gerichtet war *Alexander Schweizer* (1808–88, Professor in Zürich), der bedeutendste Vertreter der „Schleiermacherschen Linken" und hervorragendste Fortsetzer der Theologie Schleiermachers überhaupt („Glaubenslehre der ev.-ref. Kirche dargestellt und aus den Quellen belegt", 1844–47; „Die protestantischen Zentraldogmen in ihrer Entwicklung innerhalb der ref. Kirche", 1845 f.; „Die christliche Glaubenslehre", 1863 f., ²1877). In Deutschland war der gefeiertste Vertreter einer freieren nicht-tübingischen Theologie (§ v) *Karl (v.) Hase* (§ r), der seit dem Erscheinen seiner „Kirchengeschichte" (1834, ¹¹1886) literarisch in erster Linie als Kirchenhistoriker wirkte, sich übrigens selber der spezifischen „Vermittlungstheologie" nicht zurechnete. Den Genannten nahe standen Vertreter einer konservativen Spekulation wie *Christian Hermann Weiße* (1801 bis 1866, Philosophieprofessor in Leipzig, auch für die Synoptikerforschung [Mk-Hypothese] wichtig) und *Wilhelm Vatke* (1806–1882, ao. Professor für AT. in Berlin, von Bedeutung auch für die Pentateuchkritik).

§ 120. Die Landeskirchen in der Blütezeit der neulutherischen Orthodoxie.

ESchaper, Die geistespolitischen Voraussetzungen der Kirchenpolitik Friedrich Wilhelms IV., 1938. - MGerhardt, Ein Jh. Innere Mission, 2 Bde., 1948. - Schriften Wicherns, hrsg. von JWichern und FMahling, 6 Bde., 1906; Der junge Wichern, Jugendtagebücher, hrsg. von MGerhardt, 1925. - Über Wichern: FOldenberg, 2 Bde., 1882-87; MGerhardt, 3 Bde., 1929-31; EMeissner, Der Kirchenbegriff Wicherns, 1938. - JDeinzer, W. Löhes Leben, 3 Bde., ³1901. - Über Theodor Fliedner: GFliedner, 3 Bde., 1908-1912; MGerhardt, 2 Bde., 1933-1937. - Über Vilmar: WHopf (2 Bde., 1912f.), MarthaWollenweber (1930), WSchwarz (1938). - Über Stahl: GMasur (Bd. I, 1930). - Über Harleß: ThHeckel 1933. - Über Kliefoth: EHaack, 1910. - Bodelschwingh, Ausgewählte Schriften, ed. AAdam, I 1955. - Über Ludwig Harms: HDörries (Zs für niedersächs. KG), 1952. - RHoenen, Die Freien ev. Gemeinden in Deutschland, 1930. - JRupp Gesammelte Werke, ed. PChr Elsenhans, 1910 ff. - Über Diaspora und Gustav-Adolf-Verein: Franz-Rendtorff-Festschrift (1930), FBlanckmeister (1931), HWBeyer (1932), OLerche (1932), PLutze (1932). - LCordier, Evangelische Jugendkunde, 3 Bde., 1925-1928.

a   1. Im Laufe der 30er Jahre gewann die neuorthodoxe Richtung unter den Pastoren über die rationalistische das Übergewicht. Der Rationalismus lebte zwar noch eine Zeitlang bei vielen Geistlichen und im Mittelstande fort und schuf sich in den „Lichtfreunden" eine Vereinigung; aber die lichtfreundlichen Pastoren wurden aus der Landeskirche hinausgedrängt und begründeten „freie Gemeinden", die infolge ihrer religiösen Kraftlosigkeit für das Volksganze bedeutungslos blieben.

b   Den Anlaß zum Zusammenschluß der **„Lichtfreunde"** (oder „protestantischen Freunde") in Mitteldeutschland gab die kirchenbehördliche Maßregelung des Magdeburger Pastors *Sintenis,* der 1840 die Anbetung Christi bekämpft hatte. Seit 1841 hielten die „Freunde", an der Spitze der Landpfarrer *Uhlich,* stark besuchte Volksversammlungen ab, seit 1842 in Köthen. Zur Katastrophe führte die Köthener Versammlung von 1844, auf der der Pfarrer *Wislicenus* die Frage, „ob Schrift ob Geist" die Norm des Glaubens sei, im subjektivistischen Sinne entschied. Nun legten Hunderte von orthodoxen Geistlichen in der „Evangelischen Kirchenzeitung" gegen die Lichtfreunde Bekenntnis ab, anderseits protestierte das liberale Laientum geräuschvoll gegen die Umtriebe der Anhänger Hengstenbergs. Der Sieg gehörte den „Finsterlingen"; die „Lichtfreunde" schieden aus der Kirche aus und begründeten **freie Gemeinden,** so in Königsberg der Divisionsprediger und Privatdozent der Philosophie Julius Rupp (1846), in Halle der Pfarrer Wislicenus (1846), in Magdeburg der Pfarrer Uhlich (Jan. 1848). Der König ließ sie gewähren, um die Kirche von den radikalen Elementen zu reinigen, und beseitigte durch das Toleranzpatent vom März 1847 die dem Freikirchentum entgegenstehenden standesamtlichen Schwierigkeiten. Doch brachten namentlich die 50er Jahre schwere Bedrückung durch allerlei Polizeimaßregeln. Tatsächlich war der Erfolg von Anfang an sehr bescheiden. 1859 (Versammlung zu Gotha) vereinigten sich die „freien Gemeinden" mit den „Deutschkatholiken" (§ 114 u) zum „Bunde freier religiöser Gemeinden". Die Zahl der Gemeinden betrug 1859 *53,* 1862 *110,* 1874 *155,* 1899 *50,* 1913 gegen *50* mit c. 35000 Gliedern.

c   2. Der Verlauf der lichtfreundlichen Bewegung, weit mehr noch die 1848er Revolution und die ihr folgende politische Reaktion, stärkten die Macht der neulutherischen Orthodoxie, die in den 50er und 60er Jahren das erdrückende Übergewicht über alle sonstigen Richtungen hatte. Die Hauptträger der konfessionalistischen Orthodoxie waren, abgesehen von Preußen, die Landeskirchen von Bayern, Sachsen, Hannover, Mecklenburg und Kurhessen; hier herrschte überall Feindschaft gegen die Union, zum Teil durch die politische Abneigung gegen Preußen bedingt. In Preußen mußte sich die konfessionelle Orthodoxie mit der Union abfinden, an der die Regierung festhielt, hatte aber trotzdem eine starke Stellung inne; die vermittlungstheologisch-unionistische Richtung verfügte zwar über eine Anzahl theologischer Katheder, aber in der Landeskirche nur über eine schwache Minorität. Vereinzelte Liberale gab es fast überall, aber eine Rolle spielte der Liberalismus nur in einigen der thüringischen Staaten, in der Rheinpfalz, in Baden und in Bremen.

(1) In BAYERN erhielt der neuerstarkende lutherische Konfessionalismus *d* seinen Mittelpunkt in der theologischen Fakultät von Erlangen. Führer wurde *Adolf (v.) Harleß*, ein höchst imposanter Kirchenmann (1806-79, zuletzt Präsident des Oberkonsistoriums in München). Neben ihm verkörperte diese Richtung *Wilhelm Löhe* (§ w), bei dem sie sich zu einem katholisierenden Hochkirchentum entwickelte, das ihn hart an den Rand der Separation brachte. Auf dem Katheder vertraten das konfessionelle Luthertum *Thomasius, Hofmann, Delitzsch, Frank* u. a. (§ 119 x).

Im Königreich SACHSEN, wo in den 20er und 30er Jahren unter den Theo- *e* logieprofessoren und Pastoren noch der Rationalismus vorwaltete (vgl. § 119 q), vertraten zuerst der aus Kopenhagen nach Glauchau berufene Superintendent *A. G. Rudelbach* (in Sachsen 1829–45) und *Martin Stephan*, Prediger der böhmischen Gemeinde in Dresden, den Konfessionalismus; Stephan wanderte mit 700 Getreuen nach Nordamerika aus, wurde aber nach der Entdeckung schwerer sittlicher Vergehen von seiner Gemeinde ausgeschlossen († 1846 als Katholik); seine Anhänger begründeten die schroff lutherische Missouri-Synode (§ 126 s). Weiterhin wirkten in Sachsen *Harleß, Kahnis* († 1888), *Delitzsch, Luthardt* († 1902; seit 1856 Professor in Leipzig, seit 1868 Herausgeber der „Allgemeinen ev.-luth. Kirchenzeitung") und der Pastor *Friedrich Ahlfeld* († 1881, seit 1850 in Leipzig), ein bedeutender Kanzelredner.

Im Königreich HANNOVER war *L. A. Petri* (Pastor in Hannover, † 1873) der *f* kirchenpolitische Führer der Konfessionellen, zu denen Männer wie *Philipp Spitta* („Psalter und Harfe", 1833) und *Ludwig Harms* (§ 130 g) gehörten. Den Standpunkt der hannoverischen Neulutheraner beleuchten Vorgänge wie ihr Übergang von der Norddeutschen Missionsgesellschaft zur Leipziger Mission, die Gründung des „Gotteskastens" (§ y), der Kampf gegen die vermittlungstheologisch gerichtete Fakultät der Landesuniversität. Seit 1866 verband sich die neulutherische Orthodoxie vielfach mit dem Welfentum.

In MECKLENBURG förderte den Konfessionalismus einerseits *Theodor* *g* *Kliefoth* (1810–95), der ein halbes Jh. hindurch, seit 1850 als Oberkirchenrat, die Landeskirche leitete, anderseits die Universität Rostock (*F. A. Philippi*, vgl. § 119 x). Zu lebhaften Streitigkeiten führte die Absetzung des positiv gläubigen Rostocker Professors *Michael Baumgarten*, dessen Opposition gegen das Staatskirchentum das Mißtrauen der mecklenburgischen Orthodoxen erweckt hatte (1858); die Gewaltsamkeit des Verfahrens fand außerhalb Mecklenburgs auch bei den Konfessionellen Mißbilligung.

In KURHESSEN erstand in *August Vilmar* (1800–1868, erst Gymnasialdirek- *h* tor, seit 1855 Theologieprofessor in Marburg, zugleich bekannter Literarhistoriker) ein leidenschaftlicher und sehr einflußreicher Vorkämpfer eines schroffen Luthertums („Die Theologie der Tatsachen wider die Theologie der Rhetorik", 1856).

(2) In PREUSSEN war *FRIEDRICH WILHELM IV.* (1840–1858 bzw. 1861) *i* gewillt, der ev. Landeskirche ein größeres Maß von Selbstverwaltung zu geben. **1846** tagte in Berlin unter dem Vorsitz des Kultusministers J. A. F. Eichhorn eine

§ 120   Von der romantischen Reaktion bis 1914

außerordentliche Generalsynode, tatsächlich nur eine Notabelnversammlung, um über die „Bedürfnisse der Kirche" zu beraten (Entwurf einer Verfassung; Aufstellung eines neuen, vermittlungstheologisch-unionistischen Glaubensbekenntnisses als Ordinationsformular auf Grund eines Gutachtens von *K. I. Nitzsch*). Die Hengstenbergische Partei eröffnete in ihrer Presse einen heftigen Kampf gegen die neue „Räubersynode", insbesondere gegen das „Nitzschenum"; da auch der König in seinen Erwartungen enttäuscht war, ließ die Regierung die Beschlüsse der Synode unausgeführt.

k   Die Revolution von 1848 brachte für drei Monate einen liberalen Kultusminister, den Grafen *Schwerin*, ans Ruder, der eine Synodalverfassung plante; aber schon unter seinem Nachfolger schwand dieser Plan dahin. Statt dessen erfolgte 1850 die Einsetzung des Oberkirchenrats in Berlin, eines vom Ministerium unabhängigen ausführenden Organs der Kirchengewalt des Summus episcopus. Nun kam unter dem Kultusministerium *v. Raumer* (1850–58) die Zeit der stärksten Reaktion in Politik und Kirche. Die geistigen Leiter der konservativen Partei, die sich seit 1848 um die „Neue preußische Zeitung" („Kreuzzeitung") sammelte, waren *Hengstenberg* (§ 117 k, 119 x) und *Julius Stahl* (1802 bis 1861, Professor des Staatsrechts in Erlangen, seit 1840 in Berlin), der eine starr autoritative, theokratische Auffassung vom „christlichen Staat" entwickelte. Diese Partei beherrschte die Leitung des Universitäts- und Schulwesens; in der Kirche suchte sie, durch mancherlei Zugeständnisse der Regierung ermutigt, die Union zu beseitigen. Dem Oberkirchenrat wurde 1855 das Recht gegeben, bei Berufungen theologischer Professoren „Lehre und Bekenntnis" derselben zu begutachten. 1856 scheiterte ein neuer Versuch, eine Synode zu berufen (Monbijou-Konferenz), wiederum an den Konfessionellen; sie erlangten sogar Parallelformulare zur Agende, wodurch der Unionsritus aus den meisten Gemeinden verdrängt wurde. Eine Wendung erfolgte erst mit der Berliner Tagung der „Evangelischen Allianz" und dem Ausscheiden Stahls aus dem Oberkirchenrat (1857).

l   Die „neue Ära", die mit **WILHELM I.** (1858 bzw. 1861–1888) anhob, erfüllte nicht die Hoffnungen, mit denen die Liberalen den Regierungswechsel begleiteten. Neue schwere kirchliche Kämpfe entstanden aus der Annexion von Hannover, Hessen-Kassel, Nassau und Schleswig-Holstein 1866. Hier empörte sich das konfessionelle Luthertum so leidenschaftlich gegen die Möglichkeit der Einführung der Union, daß die preußische Regierung Abstand nahm, die neuen Provinzen der altpreußischen Landeskirche einzuverleiben; vielmehr wurden die Kirchen der annektierten Provinzen selbständig gelassen und nur dem Kultusministerium (nicht dem Oberkirchenrat) unterstellt. Trotz der toleranten Haltung der preußischen Regierung leisteten nicht wenige Prediger entschlossenen Widerstand, wobei sich kirchlich-konfessionelle und politische Motive verbanden; in Hessen mußten in den 70er Jahren 41 „renitente" Pfarrer, Schüler Vilmars, abgesetzt werden. Die Hessische Renitenz existierte als kleine staatsfreie Kirche bis 1950 bzw. 1952.

m   (3) Die Hauptburg des kirchlichen Liberalismus waren einige der kleinen Staaten THÜRINGENS (der Gothaer Generalsuperintendent *Karl Schwarz*, † 1885; die theologische Fakultät in Jena: *Karl Hase* u. a., vgl. § 119 r z). Im Großherzogtum BADEN, wo der Oberkirchenrat (unter der Leitung von *Karl Ullmann*) und die theologische Fakultät in Heidelberg (*Richard Rothe*) vermittelnd gerichtet waren, stießen die theologischen Gegensätze infolge der Veröffentlichung einer neuen Agende 1858 hart aufeinander. Der Agendenstreit und der Kampf um das Konkordat (§ 115 f) führten in der protestantischen Kirche Badens eine liberale Ära herauf; das Kirchenregiment wurde in liberale Hände gelegt, 1861 die unvollkommene Verfassung von 1821 (§ 118 d) durch eine durchgebildetere ersetzt. Der von den Positiven gegen den Heidelberger Professor und Predigerseminardirektor *Daniel Schenkel* („Charakterbild Jesu", 1864) veranstaltete Sturm hatte keinen Erfolg. Fortschrittliche gab es ferner in WÜRTTEMBERG, wo jedoch *Ferd. Christian Baur* und seine Anhänger (§ 119 v) in kirchenpolitischen Dingen gemäßigt waren, in der bayrischen RHEINPFALZ, deren Kirche 1848 vom Oberkonsistorium in München getrennt wurde und 1856–61 einen erbitterten

Kampf der Liberalen gegen ein neues Gesangbuch erlebte, in HESSEN-DARMSTADT und in BREMEN.

3. α) Trotz des Erstarkens des kirchlichen Sinnes kam es hauptsächlich infolge des Gegensatzes zwischen den Konfessionellen und den Unionsfreunden zu keiner wirksamen amtlichen Vertretung des Gesamtprotestantismus.

1848 traten kirchlich gesinnte Theologen zum **Wittenberger Kirchentag** zusammen, um über die Bildung eines evangelischen Kirchenbundes für Deutschland zu beraten; doch scheiterte der Zusammenschluß an dem gegenseitigen Mißtrauen der Parteien. Von den folgenden Jahresversammlungen des Kirchentages (bis 1872), der über allerlei kirchliche Fragen beriet, blieben die konfessionellen Lutheraner fern. Auch die [nur beratende] „**Eisenacher Konferenz** deutscher evangelischer Kirchenregierungen", die seit 1852 regelmäßig zusammentrat, führte in der Frage des Zusammenschlusses nicht viel weiter; gerade Bekenntnis und Verfassung wurden von den Beratungen ausgeschlossen und statt dessen neutralere Fragen behandelt (Feiertage; kirchliche Versorgung der Deutschen im Auslande; „Revidierte Ausgabe" der lutherischen Bibelübersetzung, vollendet 1892).

β) Dagegen schlossen sich die Anhänger der theologischen Richtungen über die landeskirchlichen Grenzen hinweg zu großen **kirchlichen Parteien** zusammen. Die Parteibildung begann am Ende der 40er Jahre; den Anfang machten die konfessionellen Lutheraner; es folgten die konservativen und die vermittlungstheologischen Anhänger der Union und schließlich die Liberalen.

1849 organisierten sich die preußischen Lutheraner, 1868 gründeten preußische und außerpreußische Lutheraner die „**Allgemeine lutherische Konferenz**", deren Hauptanliegen in der ersten Zeit ihres Bestehens die Erhaltung des „reinen Luthertums" in den von Preußen annektierten Provinzen war; ihr Organ wurde die von Luthardt begründete „Allgemeine ev. luth. Kirchenzeitung" (1868). Seit 1857 entstanden Vereine der dogmatisch-positiv gerichteten Freunde der Union und traten in Verbindung mit der „Evangelischen Allianz" („Neue Evangelische Kirchenzeitung", 1859). 1863 (bzw. 1865) schuf sich der Liberalismus den **Protestantenverein**, der für die Versöhnung von Religion und moderner Kultur, für die Bekämpfung des Dogmenzwanges, für die Union und für die presbyterialsynodale Verfassung eintrat. Unter den überwiegend liberalen Mitgliedern befanden sich auch der Vermittlungstheolog Richard Rothe („der Heilige des Protestantenvereins"; vgl. § 119 z) und eine Zeitlang der Orthodoxe Michael Baumgarten (§ g). Das führende Organ war die „Protestantische Kirchenzeitung" (1854–1896).

4. Während sich ein großer Teil der kirchlichen Kräfte in unfruchtbarem Parteikampfe verzehrte, ging der Kirche die Fühlung mit einem bedeutenden Teil der gebildeten Laien fast völlig verloren. Radikale Schriftsteller wie Strauß, Feuerbach, Schopenhauer, Renan und der naturwissenschaftliche Materialismus beherrschten die Weltanschauung dieser Kreise. Mit dem Auftreten der Arbeiterbewegung drang der Unglaube in die Arbeiterschichten ein. Damit begann eine stetig wachsende Entfremdung von der Kirche, ein verwickelter, mannigfach bedingter Vorgang. Die Kirche stand der Entkirchlichung wehrlos und fast untätig gegenüber, ließ die wachsenden Großstädte ohne genügende kirchliche Versorgung und pflegte eine dogmatische, dem Durchschnittslaien wenig eindrucksvolle Predigt. Der Protestantenverein erregte zwar in seiner ersten Zeit bei vielen Gebildeten lebhaftes Interesse, vermochte es sich aber nicht zu erhalten.

u 5. Unfähig, mit ihrer Zeit fortzuschreiten, wußten die Kirchen nicht einmal gegenüber den großen Werken des **praktischen Christentums**, der äußeren und inneren Mission und dem Gustav-Adolf-Verein, eine unbefangene Stellung einzunehmen. Diese Bestrebungen, die in dem neu erstarkten Glaubensleben wurzelten, begegneten anfangs dem Mißtrauen streng kirchlicher Kreise und der Verständnislosigkeit der Kirchenregierungen; daher waren sie auf die freie außerkirchliche Organisation angewiesen.

v Die **Innere Mission** (den Ausdruck verwendet nicht erst Friedrich Lücke 1842, sondern schon Wichern 1836) hatte schon im 2. Jahrzehnt des 19. Jhs. rührige Vorkämpfer an dem edlen Menschenfreunde *Johannes Falk* († 1826; Fürsorge für die durch die Franzosenkriege verwaisten Kinder; 1821 Lutherhof bei Weimar), und an dem Grafen *v. d. Recke-Volmarstein* (Rettungsanstalten zu Overdyk bei Bochum 1819 und Düsseltal 1822). Auch *Christian Heinrich Zeller* († 1860), der 1820 die Armenschullehrer- und Kinderrettungsanstalt Beuggen bei Basel gründete, ist zu nennen. Die Grundlagen für den großen Aufschwung der Inneren Mission wurden in den 30er Jahren gelegt; wichtig war, daß ihr durch Wichern und Fliedner eine fachlich vorgebildete Berufsarbeiterschaft gegeben wurde. *JOHANN HINRICH WICHERN* (1808–1881), in seinem christlichen Feingefühl von der erdrückenden Wucht des Großstadtelends getroffen, gründete **1833** das „**Rauhe Haus**" in Horn bei Hamburg, eine Erziehungsanstalt für sittlich gefährdete Kinder. 1842 verband er damit ein „Gehilfeninstitut"; in ihm liegt der Anfang der männlichen Diakonie. Der Pfarrer *THEODOR FLIEDNER* (1800–1864) stiftete 1836 das **Diakonissenhaus in Kaiserswerth** zur Ausbildung von Kranken-, Jugend- und Gemeindepflegerinnen, eine zukunftsreiche Organisation, auf die die Entwicklung schon seit den Freiheitskriegen hindrängte; unter Fliedners Vorläufern ragt die edle *Amalie Sieveking* in Hamburg hervor († 1859). Dazu gründete Fliedner Seminare für Kleinkinderlehrerinnen (1836) und für Elementarlehrerinnen (1844, erstes privates ev. Lehrerinnenseminar in Preußen). So erschloß er der ev. Frau wichtige Felder pflegender, erziehender und sozialer Betätigung.

w Große Bedeutung erlangte diese Arbeit erst seit der 1848er Revolution. Auf dem Wittenberger Kirchentag von 1848 gelang es Wichern, durch eine zündende Rede mit einem Schlage seinem Werke Anerkennung und eifrigste Förderung zu verschaffen. Der seit dem II. Wittenberger Kirchentag (1849) alljährlich tagende „**Kongreß für Innere Mission**" und der „**Zentralausschuß für die Innere Mission der deutschen evangelischen Kirche**" gaben dem großen Werk, das von selbständigen Vereinen betrieben wurde, den notwendigen Zusammenhalt. Unter den konfessionell-lutherischen Gegnern Wicherns standen auch *Petri* in Hannover (§ f) und Pfarrer *WILHELM LÖHE* (1808–72) in **Neuendettelsau** in Bayern, der 1849 eine „Gesellschaft für Innere Mission im Sinne der lutherischen Kirche" und 1853 einen Verein für weibliche Diakonie gründete, zwei erfolgreiche Unternehmungen. Außerdem stiftete Löhe eine Missionsschule. Von den überaus zahlreichen Einzelanstalten sei die Begründung der ersten „**Herberge zur Heimat**" für wandernde Handwerksburschen durch den Bonner Juristen *Klemens Perthes* 1854 genannt.

x Einen selbständigen Zweig der Inneren Mission bilden die **Bibel- und Traktatgesellschaften**. Unter den deutschen Bibelgesellschaften ist die bedeutendste die Hauptbibelgesellschaft in Berlin (seit 1814); die Beziehungen der deutschen Anstalten zu der „Britischen und ausländischen Bibelgesellschaft" (§ 109 n) haben sich seit dem „Apokryphenstreit" 1824–26 gelockert; seitdem läßt die englische Gesellschaft die Apokryphen weg. Traktatgesellschaften entstanden in größerer Zahl (zB. der Christl. Verein im nördl. Deutschland 1811, die Wuppertaler Traktatgesellschaft 1814, der Calwer Verlagsverein 1833, die Agentur des Rauhen Hauses in Hamburg 1842).

y Der Versorgung der Evangelischen in der **Diaspora** diente der **Gustav-Adolf-Verein**. Er erwuchs 1842 aus mehreren Wurzeln; den Anfang bildete ein 1832 von dem Leipziger Superintendenten *Großmann* gegründeter Verein, der unbedeutend geblieben war; den entscheidenden Anstoß gab der Darmstädter Hofprediger *Zimmermann*. Leider gelang es nicht, den gesamten deutschen Protestantismus zu dem Werke zu einen; einerseits schloß der Verein die Lichtfreunde 1846 aus, anderseits hielt sich das strengste Luthertum fern und gründete seit 1853 zur Diasporapflege eigene Vereine unter dem Namen „Gotteskasten" (Hannover, Mecklenburg, Sachsen, Bayern, Württemberg). Die Zentrale des Gustav-Adolf-Vereins wurde Leipzig.

Die wichtigsten Vereine für **Äußere Mission** s. § 130 g.

β) 1870—1914.

§ 121. Die Entwicklung der Theologie.

Vgl. Lit. zu § 119; ferner ORITSCHL, Albrecht Ritschls Leben, 2 Bde., 1892–96. – ADELAGARDE, Lagardes Erinnerungen aus seinem Leben, ²1918. – AKÄHLER, Martin Kähler, 1926. – AGNES VON ZAHN-HARNACK, Adolf von Harnack, ²1951. – WKÖHLER, Ernst Troeltsch, 1941. – HGRESSMANN, Albert Eichhorn und die religionsgeschichtliche Schule, 1914. – Der Briefwechsel der Brüder Kaftan (Für Arbeit und Besinnung), 1948. – WGOEBELL, Theodor Kaftan (Verein für schleswigholst. KG), 1949.

Die theologische Entwicklung seit etwa 1870 stand im Zeichen des *a* unaufhaltsamen Vordringens der historischen Denkweise und des Zurücktretens der theologischen Spekulation. Das Hauptinteresse der Forscher und ihre bedeutendsten wissenschaftlichen Leistungen gehörten den historischen Disziplinen, die namentlich von dem linken Flügel der protestantischen Theologen allmählich in eine gegen alle Dogmen und alle Apologetik völlig gleichgültige, rein der Erforschung der Wirklichkeit nachgehende Geschichte der israelitisch-jüdischen und christlichen Religion umgewandelt wurden. Aber auch in die konservative Theologie drang die geschichtliche Betrachtungsweise immer tiefer ein, so daß der Gegensatz der Richtungen in dieser Hinsicht kein grundsätzlicher mehr war. Mit diesen Fortschritten trat eine den früheren Jahrhunderten unbekannte Entfremdung zwischen der wissenschaftlichen Theologie und dem Gemeindeglauben ein. Die systematischen Disziplinen vermochten die ihnen zufallende Vermittlung zwischen der historischen Theologie und der kirchlichen Verkündigung vielfach nur unter Ablehnung der Ergebnisse der Historiker zu erreichen und waren, soweit das der Fall war, von der Gefahr der Rückständigkeit bedroht und in einen schleichenden Krieg mit der freien Historie verwickelt. Fast durchweg gelangte in ihnen ein apologetisch gewandter philosophischer Agnostizismus zur Vorherrschaft.

1. Die protestantische Theologie der 70er und 80er Jahre empfing *b* ihre stärksten Anregungen durch *ALBRECHT RITSCHL*, den einflußreichsten protestantischen Dogmatiker seit Schleiermacher. Seine Theologie ist mit ihrem Realismus und Voluntarismus ein getreuer Ausdruck der Zeit.

Albrecht Ritschl (1822–89, der Sohn des Berliner Pastors und späteren „ev. *c* Bischofs" und pommerschen Generalsuperintendenten Karl Ritschl, Professor in Bonn, seit 1864 in Göttingen) hatte eine Zeitlang unter dem Einfluß der Baurschen Schule gestanden, aber mit der epochemachenden 2. Auflage seiner „Entstehung der altkatholischen Kirche" (¹1850, ²1857) den wichtigsten Beitrag zur Überwindung der Baurschen Geschichtskonstruktion gegeben. Seine große Zeit begann in Göttingen mit der Veröffentlichung seines Hauptwerkes: „Die christliche Lehre von der Rechtfertigung und Versöhnung" (Band I 1870, ⁴1902; II 1874, ⁴1900; III 1874, ⁴1895), das schulbildend wirkte. Geringeren Beifall fand seine „Geschichte des Pietismus" (1880–1886), s. § e.

d Charakteristisch sind seine DOGMATISCHEN PRINZIPIEN: Der Dogmatiker muß seinen Standort innerhalb der christlichen Gemeinde nehmen, die die Sündenvergebung als Wirkung Christi besitzt, und ihren Glauben teilen. Darum lehnt Ritschl die „Voraussetzungslosigkeit", welche in der Leugnung des Wunders besteht, ab. Die Gotteserkenntnis ist nach Ritschl allein an der Person Christi zu gewinnen; die natürliche Theologie wird restlos gestrichen, jede „Metaphysik" als Stütze der Dogmatik bekämpft. Damit tritt Ritschl aus dem Rahmen aller älteren theologischen Richtungen heraus, deren Unterschiede in der Hauptsache auf einem verschiedenen Mischungsverhältnis von „natürlicher Theologie" (spekulativer Philosophie) und „Offenbarung" beruhen. Aus der Verwerfung der natürlichen Theologie ergab sich eine starke Betonung der Bibel, voran des NT.s, dem Ritschl einen spezifischen Unterschied von der außerkanonischen Literatur zuschreibt, ohne jedoch die Inspirationstheorie noch zu teilen. Die biblische Kritik gibt er frei, steht aber in den Fragen der nt. Kritik im ganzen konservativ; vor allem war er ein abgesagter Gegner jedes Versuchs, ein „Leben Jesu" zu schreiben. Die Quelle der Dogmatik ist nicht das christlich-fromme Selbstbewußtsein, wie fast alle Theologen seit Schleiermacher gelehrt hatten, sondern das „Evangelium"; damit nähert sich Ritschl den „Biblizisten", von denen er sich aber durch sein Interesse für die kirchliche Entwicklung, besonders auch für Luther und die Bekenntnisschriften, unterscheidet.

e Ritschl betont vor allem die prinzipielle Verschiedenheit von religiösem Erkennen und Welterkennen, die er sich durch Kant und Lotze zu verdeutlichen suchte; so entstand seine vielfach mißverstandene, neukantische Erkenntnistheorie, wonach das religiöse Erkennen vom Welterkennen überhaupt nicht berührt wird, sondern in „Werturteilen", und nicht in theoretischen Urteilen, verläuft. Der Ritschlschen Dogmatik liegt eine ausgeprägte, herbe Frömmigkeit zugrunde; diese richtet sich auf Weltüberwindung, auf Selbstbehauptung der Persönlichkeit gegenüber der Brutalität des Lebens (Vorsehungsglaube, Römer 8 $_{31-33}$), auf Bewährung der Vollkommenheit in gewissenhafter Berufsarbeit zur Förderung des „Reiches Gottes" (der sittlichen Gemeinschaft der Menschen). Durch seine Geschichtsbetrachtung suchte Ritschl seine Dogmatik als echt christlich und echt lutherisch zu erweisen (Ablehnung der griechischen Metaphysik und Mystik sowie des Pietismus, den Ritschl auf mönchische und mystische Motive zurückführte).

f Seit 1874 sammelte sich um Ritschl eine Schar bedeutender Schüler, die alle von den Konfessionellen und den Vermittlungstheologen herkamen. Da keiner von ihnen bei Ritschls System verharrte, hat es eine **Ritschl**sche **Schule** im engsten Sinne niemals gegeben, wohl aber eine Gruppe von Theologen, die von Ritschl in den prinzipiellen Fragen entscheidende Anregungen empfangen hatten. Dazu gehören *Hermann Schultz* in Göttingen[1] (1836–1903), *Johannes Gottschick* in Tübingen (1847–1907), *Max Reischle* in Halle (1858–1906), *Ferdinand Kattenbusch* in Halle (1851–1935), *Hans Hinrich Wendt* in Jena (1853–1928), *Otto Ritschl* in Bonn (1860–1944), auf dem rechten Flügel *Julius Kaftan* in Berlin (1848–1926) und *Theodor Häring* in Tübingen (1848–1928). Die originellste und bedeutendste Umbildung der dogmatischen Anschauungen Ritschls schuf, im engen Anschluß an Kant und Schleiermacher, aber auch unter Einwirkung der Erweckungstheologie seines Lehrers Tholuck. *Wilhelm Herrmann* in Marburg (1846–1922). Er faßte die Religion als die individuelle Erfahrung, die der Mensch an der ihn überwältigenden Tatsache des inneren Lebens Jesu macht; die Aufgabe der Dogmatik ist die Beschreibung dieses Vorganges. Damit lenkte er in Wirklichkeit sehr weit von Ritschl ab. Unter den theologischen Historikern sind namentlich *Adolf Harnack* und *Friedrich Loofs* (§ m) von Ritschl beeinflußt worden.

---

[1] Ich nenne hier und im folgenden meist nur die letzte Wirkungsstätte.

2. Die älteren dogmatischen Richtungen, die konservati- g ven wie die spekulativ-kritischen, wandten sich gegen die Theologie Ritschls und seiner Anhänger in einer heftigen Polemik, die teilweise die Ritschlsche Ablehnung der philosophischen Metaphysik und seine Theorie der Werturteile mißverstand und daher die positive Stellung der Ritschlianer zu den Objekten des religiösen Glaubens verkannte. Allmählich wurden doch die meisten Dogmatiker irgendwie von Gedanken beeinflußt, denen Ritschl die erste eindrucksvolle Formulierung gegeben hatte.

Die **spekulativ-kritische Dogmatik** vertraten: der Schweizer *Alois Emanuel* h *Biedermann* in Zürich (1819–1885), der unter dem Einfluß von Hegel, Strauß und Schleiermacher mit großem Scharfsinn eine „konkret-monistische" Metaphysik entwickelte, ohne schulbildend zu wirken, *Otto Pfleiderer* in Berlin (1839 bis 1908), der eine spekulative Theologie und Religionsphilosophie Hegelscher Abkunft ausbaute, auch wertvolle Beiträge zur Geschichte des Urchristentums verfaßte, schließlich *Richard Adalbert Lipsius* in Jena (1830–1892) der dem Neukantianismus und der Theologie Ritschls näher kam.

Auf der **konservativen** Seite hatte die ältere konfessionell-lutherische Richtung, i vertreten besonders durch *Luthardt* (§ 120 e), zunächst noch den überwiegenden Beifall der Pastorenschaft, verlor aber immer mehr an wissenschaftlichem Ansehen. Der Biblizismus setzte sich in verschiedenen Spielarten fort; die Führung hatten *Martin Kähler* in Halle (1835–1912; scharfsinniges dogmatisches System, vom Rechtfertigungsgedanken aus entworfen; Kampf gegen die theologische Verwendung des sog. historischen Jesus) und *Adolf Schlatter* in Tübingen (1852–1938; umfangreiches Schrifttum, vielseitige Interessen, gelehrter Kenner des Spätjudentums; außer von J. T. Beck [§ 119 l] auch von dem „christlichen Philosophen" Franz Baader [1765–1841] berührt). Die Erlanger Theologie der „inneren Erfahrung" (§ 119 x) wurde von *Reinhold Frank* (1827–1894) weiter ausgebaut. Viel „moderner" als die Anschauungen von Frank muten die von *Reinhold Seeberg* in Berlin an (1859–1935); bei entschiedenem Festhalten am „Positiven" des Christentums ging er bereitwillig auf neue Fragestellungen ein, so in seiner Dogmengeschichte auf Anregungen Harnacks.

3. Seit den 80er Jahren trat die systematische Arbeit zurück, und k das Hauptinteresse richtete sich auf die historischen Disziplinen, vor allem die Erforschung des Alten und Neuen Testaments, der Dogmengeschichte und ältesten Kirchengeschichte.

Die folgenreichste Umgestaltung erfuhr die wissenschaftliche Auffassung des l ALTEN TESTAMENTS im wesentlichen durch die genialen Arbeiten von *Julius Wellhausen* (1844–1918; Professor für AT. in Greifswald, für semitische Sprachen in Marburg und Göttingen), einem der ganz großen Forscher des 19. Jhs. Er wirkte höchst anregend durch seine Studien zur Entstehungsgeschichte des Pentateuchs, sowie durch seine realistische, rein historische Darstellung der israelitisch-jüdischen Geschichte, später auch durch kritische Arbeiten zum NT. An ihn schloß sich eine große Zahl begabter Forscher an (*Bernhard Stade* in Gießen; *Bernhard Duhm* in Basel, der das Wesen des at. Prophetismus erschloß, usw.). Die Pentateuchkritik setzte sich nun weit bis ins konservative Lager hinein siegreich durch. Eine Sonderstellung nahm *Paul de Lagarde* ein (1827–1891, hieß eigentlich Bötticher; Orientalist in Göttingen), eine tief religiöse Natur, aber ein abgesagter Feind der Kirche und des Judentums, des Apostels Paulus, Augustinus', Luthers; er faßte die Theologie als Religionsgeschichte (vgl. § n–p!) und ersehnte ein an das Evangelium Jesu anschließendes deutsches Christentum (Deutsche Schriften, 1878–1881). Die Erforschung des NEUEN TESTAMENTS bewegte sich hauptsächlich in der Auseinandersetzung mit der Tübinger Schule (§ 119 v). Klassische Darstellungen der kritischen Position gaben *Karl Weizsäcker* in Tübingen (1822–1899) und vor allem *Heinrich Holtzmann* in Straßburg (1832–1910), das

Haupt der neutestamentlichen Forschung dieser Zeit (vgl. auch § h, Pfleiderer). Als ausgezeichneter kritischer Exeget und kenntnisreicher Patristiker erwies sich *Adolf Jülicher* in Marburg (1857–1938). Daneben wirkten Nachzügler der Vermittlungstheologie, wie der im ganzen sehr konservative *Bernhard Weiß* in Berlin (1827–1918), und Vertreter der streng traditionsgebundenen Exegese, wie der gelehrte *Theodor Zahn* in Erlangen (1838–1933).

m Das Glanzgestirn der KIRCHENGESCHICHTE dieser Zeit und der angesehenste Führer der freien Theologie der Wilhelminischen Ära überhaupt war ADOLF (VON) HARNACK (1851–1930; Professor in Gießen, Marburg, Berlin; hier auch Generaldirektor der Staatsbibliothek und Präsident der Kaiser-Wilhelm-Gesellschaft; 1914 erblicher Adel). Der in seiner Vielseitigkeit an Leibniz erinnernde Gelehrte, der auch organisatorisch stark wirkte, förderte mit der Hauptmasse seiner sehr zahlreichen Veröffentlichungen die Patristik, die Geschichte der alten Kirche, die Dogmengeschichte (§ 2 q), die nt. Wissenschaft. Von Ritschl angeregt (§ f), doch viel freier als dieser, betrachtete er das altkirchliche Dogma als völlig der Vergangenheit angehörendes „Produkt des griechischen Geistes auf dem Boden des Evangeliums". Die Orthodoxie bekämpfte ihn heftig (Apostolikumstreit 1892, s. § 122 k; Streit um das Wesen des Christentums, 1900). Seine Weggenossen unter den Kirchenhistorikern derselben Generation waren vornehmlich *Karl Müller* in Tübingen (1852–1940), *Friedrich Loofs* in Halle (1858–1928), *Hans von Schubert* in Heidelberg (1859–1931) und, auf der theologischen Rechten, *Albert Hauck* in Leipzig (1845–1918), der Darsteller der deutschen Kirchengeschichte. Völliger Außenseiter war *Franz Overbeck* in Basel (1837–1905; Freund Nietzsches, § 113 h), der zu völliger Skepsis gelangte und das ursprüngliche schroff kulturfeindliche asketische Christentum rein historisch darzustellen suchte.

n 4. Eine neue Wendung nahm die protestantische Theologie mit der sog. religionsgeschichtlichen Richtung, die in den 90er Jahren aufkam. Von der älteren kritischen Forschung nur durch Nuancen unterschieden, betonte sie stärker die Zusammenhänge des Christentums mit der außerchristlichen Religionsgeschichte, zB. mit Hellenismus und Spätjudentum, berücksichtigte neben der Lehrentwicklung stärker die Geschichte der Frömmigkeit und gelangte zu schärferer Erkenntnis des Abstandes der israelitischen, altchristlichen und altprotestantischen Frömmigkeit von der modernen.

o Die religionsgeschichtliche Schule im engeren Sinne war der auch von Lagarde (§ 1) berührte jüngere linke Flügel der Ritschlianer, der von Ritschl stark abbog und in der Grundhaltung bei anderer Stimmung sich den älteren Liberalen, wie Holtzmann und Pfleiderer, näherte. Man betonte aber stärker als jene die ursprünglichen, nicht lehrhaften Züge der alten Religion, den enthusiastischen und eschatologischen Charakter des Urchristentums, den Unterschied zwischen Jesus und Paulus, die Einwirkung fremder, auch primitiver religiöser Motive auf AT. und NT., zB. des antiken Sakraments- und Namenglaubens usw. Führend waren besonders der Alttestamentler *Hermann Gunkel* (1862–1932), die Neutestamentler *Wilhelm Bousset* (1865–1920) und *William Wrede* (1859–1906); hierher gehören ferner *Johannes Weiß* (1863–1914), *Wilhelm Heitmüller* (1869–1926), sowie aus den nächsten Jahrgängen *Paul Wernle* (§ 124 d), *Heinrich Weinel* (1874–1936) und zahlreiche andere. Durch die „Religionsgeschichtlichen Volksbücher" und die RGG[1] gelangte die Richtung zu breiter Wirkung. Bei etwas konservativerer Grundhaltung berührte sich mit den Genannten *Adolf Deißmann* (1866–1937), der dem Gespenst der „neutestamentlichen Gräcität" ein Ende bereitete. Starke Beachtung gewann auch als Neutestamentler der vielseitige *Albert Schweitzer* (geb. 1875, vgl. § 138 g). Sehr fruchtbringend war, daß die klassische Philologie in der Nachfolge von *Hermann Usener* (1834–1905) bei der Erforschung der Spätantike auf die gleichen Probleme stieß (*Paul Wendland, Albrecht Dieterich, Richard Reitzenstein, Eduard Schwartz* u. a.). Philologische, archäologische und theologische Interessen verband *Hans Lietz-*

mann (§ 134 f). Eine rasch vorübergehende Erscheinung war der sog. Panbabylonismus, der die gesamte antike und nachantike Kultur vom alten Babylon abhängig dachte, auch stark mit der Astralmythologie arbeitete (die Assyriologen *Hugo Winckler*, 1863–1918, *Friedrich Delitzsch*, 1850–1922, der die Orthodoxie durch den Bibel-Babel-Streit 1902–1905 stark beunruhigte, u. a.).

Die „religionsgeschichtlich" orientierte theologische Gruppe hatte ihren her- *p* vorragendsten Systematiker an *ERNST TROELTSCH* (1865–1923), Professor in Heidelberg, zuletzt Philosophieprofessor in Berlin. Indem er im Gegensatz zu Ritschl das Christentum aus seiner supranaturalistischen Isolierung löste und in die großen geschichtlichen Zusammenhänge einreihte, zeichnete er die Grundlinien einer vom neukantischen Positivismus zu einer idealistischen Metaphysik und Gedanken Schleiermachers zurücklenkenden Theologie. Durch zahlreiche Arbeiten zur Geistesgeschichte und Geschichtstheorie, sowie zur Soziologie, erwies er sich als „der größte Geschichtsphilosoph seit Hegel" (Harnack). Andere Systematiker dieses Kreises und dieser Altersschicht blieben näher bei Ritschl und JKaftan (*Arthur Titius*, 1864–1936, und *Georg Wobbermin*, 1869–1943).

Die religionsgeschichtliche Richtung wirkte auf die von *R. Seeberg* (§ i) be- *q* einflußten jüngeren konservativen Theologen hinüber. Es entstand das Programm einer „modernen positiven Theologie" (Seeberg), die zahlreiche Forderungen der Religionsgeschichtler als berechtigt anerkannte, aber Bedenken trug, von den überlieferten Glaubenssätzen so viele wie jene preiszugeben. Daneben fanden die systematischen Bestrebungen der älteren Richtungen zeitgemäße Fortbildung, so die der Schule Ritschls, die der vornehmlich durch Schlatter (§ i) bestimmten biblizistischen Richtung, die der Erlanger. Gegen Ausgang der Periode belebte sich das Interesse für die Religionspsychologie, aber auch für die metaphysisch-spekulativen Fragen.

Im Laufe des 19. Jhs. setzte sich die Anwendung streng wissenschaft- *r* licher Methoden im Bereiche der historischen Disziplinen der protestantischen Theologie mehr und mehr durch, auch in der Exegese, trotz Widerstandes der Orthodoxie, die schließlich ihre Stellung nur unter erheblichen Abschwächungen und Zugeständnissen behauptete. Besonders folgenreich war der Umsturz in der Auffassung des AT., der wichtige Voraussetzungen der älteren dogmatischen Theologie beseitigte. Am Anfang des 20. Jhs. hatte der mit Buddeus und Mosheim (§ 107 g) einsetzende Prozeß der Historisierung der Theologie seine Höhe erreicht.

§ 122. Die kirchlichen und religiösen Kräfte.

Evangelische Kirchenkunde, hrsg. von Paul Drews, bzw. MSchian, 7 Bde., 1902–19. – Chronik der Christlichen Welt, 1891–1917. – Zeitschrift „Evangelisch-sozial", seit 1904, hrsg. von WSchneemelcher, dann von JHerz. – Kirchliche Bewegungen der Gegenwart (Sammlung von Aktenstücken), hrsg. von FWiegand und AUckeley, 1908 ff. – JJüngst, Der Methodismus in Deutschland, ³1906. – PFleisch, Die moderne Gemeinschaftsbewegung, ³1912–14. – ATitius, Der Bremer Radikalismus, 1908. – GKögel, Rudolf Kögel, 3 Bde., 1899–1903. – WBeyschlag, Aus meinem Leben, 2 Bde., ²1896–99. – DvOertzen, Adolf Stöcker, ³⁻⁵1912. – FBrunstädt, Adolf Stöcker, 1935. – GvBodelschwingh, Friedrich v. Bodelschwingh, ¹1922. – MGerhardt, Friedrich von Bodelschwingh, 2 Bde., 1950–1958, (Abschluß von AAdam). – TGennrich und E. v. D. Goltz, Hermann von der Goltz, 1935. – ThHeuss, Friedrich Naumann, ²1949. – Evangelisches Ringen um soziale Gemeinschaft (über die Arbeit des ev.-soz. Kongresses, ed. JHerz), 1940. – JRathje, Die Welt des freien Protestantismus, dargestellt am Leben und Werk Martin Rades, [1952]. – WBredendiek, Christliche Sozialreformer des 19. Jhs., 1955.

1. KIRCHLICHE REFORMEN. Auch das Landeskirchentum *a* hat in den letzten Jahrzehnten vor dem Weltkriege bedeutende Wand-

lungen erlebt. Am wichtigsten war, daß in den 70er Jahren in Preußen und mehreren außerpreußischen Staaten das Streben nach einer **synodalen Verfassung** endlich zum Ziele gelangte. Die Verbindung der landesherrlich-konsistorialen Kirchenverfassung mit einem durchgebildeten Synodalwesen verstärkte die Selbständigkeit der Kirchen und brachte einen etwas frischeren Zug in die kirchliche Gesetzgebung. So hat das moderne Landeskirchentum, obwohl es im allgemeinen ein konservatives Gepräge bewahrte, durch allerlei **Reformen** dem Verfall des kirchlichen Lebens nach Kräften zu steuern gesucht.

b Im Vordergrund des geschichtlichen Interesses stehen die Vorgänge in **Preußen.** Hier wurde die Synodalverfassung unter dem Kultusminister Falk (1872 bis 1879, vgl. § 115 x) von den Liberalen zum Verdruß vieler Konservativer durchgesetzt. Das Hauptverdienst um ihre Einführung hat *Emil Herrmann* (1872 bis 1878 Präsident des Oberkirchenrats). Die Kirchengemeinde- und Synodalordnung von 1873 und ihre von einer außerordentlichen Generalsynode 1875 angenommene Redaktion (in Gesetzeskraft seit **1876**) bauten den kirchlichen Organismus in vier Stufen auf: 1. Gemeindekirchenrat, für wichtige Angelegenheiten erweitert zur Gemeindevertretung; 2. Kreissynode, alljährlich zusammentretend; 3. Provinzialsynode, alle 3 Jahre; 4. Generalsynode, alle 6 Jahre tagend, in der übrigen Zeit durch den Synodalvorstand vertreten. Die Synodalen der oberen Stufen wurden von denen der unteren Stufen gewählt, was auf eine Ausschaltung der Minderheiten hinauslief (sog. „Filtriersystem"); eine Anzahl von Synodalen wurden vom Landesherrn ernannt, einige von theol. Fakultäten entsendet. Die erste ordentliche Generalsynode fand 1879 statt.

c Diese Ordnung galt nur für Altpreußen. Die **1866 annektierten Provinzen** erhielten jede ihre selbständige Organisation, meistens in den 70er Jahren. Es sind dies die lutherischen Landeskirchen (1) von Hannover und (2) Schleswig-Holstein, (3) die reformierten Gemeinden von Hannover, (4) der konföderierte, d. h. Lutheraner, Unierte und Reformierte umspannende Konsistorialbezirk Kassel [das ehemalige Kurhessen], (5) der Konsistorialbezirk Wiesbaden [das frühere Herzogtum Nassau; Unierte und Lutheraner] und (6) der Konsistorialbezirk Frankfurt a. M. [Lutheraner und Reformierte; Regelung erst 1899].

d Von den **außerpreußischen Landeskirchen** erhielten Verfassungen: Württemberg (1851 Gemeinderäte und Diözesansynoden, 1867 Landessynode, erste Tagung 1869), Anhalt (1865–78), Sachsen (1868 Kirchenvorstands- und Synodalordnung, 1871 erste Tagung der Landessynode), Braunschweig (1871), Hessen-Darmstadt (1873f.), Weimar-Eisenach (1873), Meiningen (1870, erste Synode 1878) u. a. In Elsaß-Lothringen hat die 1913 fertiggestellte neue Kirchenverfassung nicht mehr Gesetzeskraft erlangt.

e Der Tätigkeit der neugebildeten kirchlichen Organismen entsprangen alsbald wichtige **Reformen.** Besonders notwendig war angesichts der großen Bevölkerungsvermehrung eine bessere kirchliche Versorgung der Großstädte (Vermehrung der geistlichen Stellen, Teilung der Riesengemeinden, Bau neuer gottesdienstlicher Gebäude; verdienstvoll die Reformvorschläge des Dresdener Pfarrers *Emil Sulze,* 1832–1914; „Die ev. Gemeinde", 1891, u. a.). Für die Reform des Kultus sorgten Neubearbeitungen der Gesangbücher und der Agenden; auch das Verständnis für künstlerische Ausstattung der Gesangbücher wurde neu belebt (*Johannes Ficker* in Straßburg, dann Halle, 1861–1944). Dazu gewann das Landeskirchentum an innerer Geschlossenheit, zB. durch Reform der Kirchensteuer, durch vermehrte Mitwirkung der kirchlichen Behörden bei der Besetzung geistlicher Stellen. Auch die Frage des Zusammenschlusses der deutschen evangelischen Landeskirchen wurde wieder lebhafter erörtert. 1903 trat zum erstenmal der **Deutsch-evangelische Kirchenausschuß** zusammen.

f Auch unabhängig von den Kirchenbehörden und den Synoden war ein reges Streben nach kirchlichen Reformen lebendig (Forderung des Einzelkelchs beim Abendmahl; Kampf um die Reform der Konfirmation, vor allem des Konfirmationsgelübdes; Beteiligung der Geistlichen bei der Feuerbestattung;

Kampf um das kirchliche Stimmrecht der Frauen; religiöse Diskussionsabende zur Wiedergewinnung der entkirchlichten Arbeiter; Dorfkirchenbewegung seit 1907). Besonders heftig wurde der Kampf um die Reform des Religionsunterrichts geführt. Der inneren Erneuerung des Gemeindelebens wollten die alljährlichen Beratungen des evangelischen Gemeindetages dienen (erste Versammlung 1910 in Braunschweig).

2. DIE KIRCHLICHEN PARTEIEN. Ein Teil der kirchlichen *g* Kräfte verzehrte sich in dem leidenschaftlichen Kampfe der kirchenpolitischen Parteien, deren Gegensätze sich seit den 70er Jahren noch verschärften. Die Hoffnung der Liberalen, daß die Einführung der Synodalverfassung eine Liberalisierung des Landeskirchentums zur Folge haben würde, war eine Täuschung; die Synoden wurden sofort der Bereich der kirchlichen „Rechten", während die „Linke" meist eine kleine Minderheit blieb.

In Preußen wurde die ausschlaggebende Partei die aus unionsfreundlichen *h* Positiven gebildete **Positive Union** („Hofpredigerpartei", begründet Mitte der 70er Jahre von *Rudolf Kögel;* Hauptförderer: *Adolf Stöcker).* Daneben entstand durch Professor *Willibald Beyschlag* in Halle die „Evangelische Vereinigung" (preußische **Mittelpartei**), vermittlungstheologisch gerichtet. Eine neue Richtung erwuchs unter dem Einfluß der Theologie Albrechts Ritschls im Anschluß an die von *Martin Rade* (1857-1940) seit 1886 herausgegebene „Christliche Welt", die sich, ursprünglich weit konservativer als späterhin, besonders der Auseinandersetzung zwischen dem Christentum und dem modernen Leben widmete; die Anhänger hielten seit 1892 regelmäßige Zusammenkünfte ab und organisierten sich 1903 als „Freunde der Christlichen Welt". Doch trug diese Vereinigung nicht kirchenpolitischen Charakter. Der **Protestantenverein** wurde in manchen Landeskirchen von den Anhängern Ritschls und der Christlichen Welt überholt. Doch kamen sich die freieren Gruppen allmählich näher; 1910 veranstalteten sie gemeinsam in Berlin den „Weltkongreß für freies Christentum und religiösen Fortschritt", an dem auch Vertreter außerchristlicher Religionen teilnahmen. Die **Konfessionellen** nahmen die „Vereinslutheraner", das sind die lutherisch Gesinnten innerhalb der Union, in die „Allgemeine evangelisch-lutherische Konferenz" auf; die Folge war, daß die strengsten unter ihnen sich absonderten und 1908 in Leipzig den „Lutherischen Bund" bildeten, eine Vereinigung zur Erhaltung und Stärkung der lutherischen Kirche.

Eine ganz eigenartige Entwicklung vollzog sich in Bremen („Bremer Radi- *i* kalismus", Verbindung mit dem Monistenbunde; Hauptführer *Albert Kalthoff,* s. § r). Eine durch Maß wie durch religiösen Gehalt ausgezeichnete „moderne Theologie" suchte sich in der bayrischen Landeskirche emporzuringen.

Der Kampf zwischen den „Positiven", die sich für alleinberechtigt hielten *k* und das Prädikat der „Kirchlichkeit" für sich in Anspruch nahmen, und den freier Gerichteten nötigte den Staat zu einer eigenartigen Universitätspolitik („Strafprofessuren") und gipfelte in einem großen Streit um das Apostolikum (1892, veranlaßt durch eine Erklärung *Adolf Harnacks* in der „Christlichen Welt", vgl. § r) und einer Reihe von „Fällen". Die 6. preußische Generalsynode erließ das sog. „Irrlehregesetz", ein „Kirchengesetz, betreffend das Verfahren bei Beanstandung der Lehre von Geistlichen"; danach sollte in diesem Falle nicht mehr das Disziplinarverfahren eintreten, die Entscheidung vielmehr durch ein „Spruchkollegium" erfolgen (in Kraft seit dem 16. März 1910). Der erste, gegen den das Gesetz angewandt wurde, war der Pfarrer *Karl Jatho* in Köln (1851 bis 1913), der seit langem mit starkem Erfolge im Geiste einer tief empfundenen subjektivistisch-mystischen Religiosität wirkte. Noch stärkere Erregung als seine Absetzung durch das Spruchkollegium (1911) verursachte das Disziplinarverfahren gegen den Führer der rheinisch-westfälischen Liberalen, den Dortmunder Pfarrer *Gottfried Traub* (geb. 1869), den der Oberkirchenrat 1912 wegen seiner kirchenpolitischen Agitation unter Verschärfung des weit milderen Urteils der Vorinstanz mit Dienstentlassung bestrafte (restituiert Nov. 1918).

l 3. DIE ENTKIRCHLICHUNG. Weder die Einführung der Synodalverfassung noch die Propaganda irgendeiner kirchlichen Partei oder theologischen Richtung vermochte an dem eigentlichen Grundübel des modernen Kirchentums, an der **unkirchlichen Haltung breiter Schichten der Bevölkerung**, das mindeste zu ändern. Zwar wurde die Krisis der Kulturkampfperiode (Einführung der Zivilehe und Aufhebung des Taufzwangs, § 115 x) überwunden; auch die in den 70er Jahren in der politischen Tagespresse herrschende Religionsfeindlichkeit milderte sich. Trotzdem entfremdeten sich in den letzten Jahrzehnten vor dem ersten Weltkriege immer weitere Kreise der Kirche, namentlich in den Großstädten. Die Kirche war weithin unbeliebt, ihr Einfluß im öffentlichen Leben gering.

m Die Berührung der Kirche mit einem beträchtlichen Teil ihrer Glieder beschränkte sich auf Taufe, Konfirmation, Trauung und Begräbnis. Die Teilnahme am Gottesdienst und vor allem am Abendmahl war im beständigen Sinken; in Berlin wurden 1910 von 19803 ganz oder halb ev. Brautpaaren nur 9443 kirchlich getraut. Doch hielten viele überzeugte Gegner des Christentums noch äußerlich am Landeskirchentum fest; erst seit 1903 traten größere Scharen von Arbeitern aus, meist in Berlin (hier 1911 *5135*, 1913 *12731*). Auch die erstaunliche Unwissenheit vieler „Gebildeten" in religiösen Dingen und der starke Eindruck, den die französische „Trennung" von 1905 in Deutschland machte, beleuchtete die Lage. Die Weltanschauung vieler „Unkirchlichen" stand im Banne des naturwissenschaftlichen Monismus und seiner drei Dogmen von der gesetzmäßigen Einheitlichkeit der Welt (Kausalgesetz), von der Entwicklung und von der Relativität alles Wirklichen. Die eifrigsten Anhänger organisierten sich im Monistenbund (Führer *Ernst Haeckel*, § 113 d); 1911 tagte in Hamburg der erste internationale Monistenkongreß unter dem Vorsitz von *Wilhelm Ostwald* („Ich schließe den ersten Monistenkongreß und eröffne das monistische Jahrhundert").

n 4. AUSSERKIRCHLICHE RELIGIOSITÄT. Da die Entfremdung von der Kirche teilweise religiösen Motiven entstammte, bildeten sich in buntester Mannigfaltigkeit allerlei Formen „unkirchlicher" Frömmigkeit. Außerhalb der Landeskirchen traten zu den älteren Freikirchen neue hinzu, besonders englisch-amerikanische Sekten. Innerhalb der Landeskirchen erstarkte einerseits die streng biblisch-supranaturalistisch gerichtete Gemeinschaftsbewegung, anderseits blühte eine freie, in allen erdenklichen Spielarten sich bewegende religiöse Schriftstellerei auf, der Ausdruck der in vollen Subjektivismus zerfließenden „Moderne".

o α) Unter den **Freikirchen** machten die **freireligiösen Gemeinden** (§ 120 b) Fortschritte, besonders durch die Steigerung der Austrittsbewegung (zB. in Frankfurt a. M.). Die **Altlutheraner** in Preußen erfreuten sich seit 1908 eines Gesetzes, das den Übertritt von der Landeskirche zu ihnen sehr vereinfachte. 1878 bildete *Theodor Harms*, der Bruder und Nachfolger von Ludwig Harms (§ 120 f), mit seinem Hermannsburger Missionsseminar und einem großen Teil seiner Gemeinde die dogmatisch schroffe „Evangelisch-lutherische Freikirche in Hannover", aus der nach ihrem Vergleich mit der hannöverschen Landeskirche noch eine weitere Sezession hervorging. Altlutherische Kirchen entstanden ferner im Königreich Sachsen (1871), in Kurhessen (1873), in Hessen-Darmstadt (1874).

p Von den **Freikirchen englisch-amerikanischer Herkunft** haben die **Baptisten** durch den Hamburger Kaufmann *Johann Gerhard Oncken* (1800–1884) seit 1834 in Deutschland Eingang gefunden; er verpflanzte den englisch-amerikanischen Baptismus auch nach Schweden, Dänemark, Holland, Österreich-Ungarn, der Schweiz und Rußland. Außerdem wirkten die **Methodisten** (1875 Missionsreise des ihnen nahestehenden Baptisten *Pearsall Smith* durch Deutschland), die Irvingianer und die neuen Irvingianer, die Plymouth-Brüder, die Heilsarmee (§ 123 s–v), die Albrechtsleute und die Adventisten (§ 126 i w), ohne größere Erfolge auch die Scientisten und selbst die Mormonen (§ 126 x y).

β) In den Landeskirchen selbst griff die strenggläubig-pietistische **Gemein-** q **schaftsbewegung,** die schon seit der großen „Erweckung" in größerem Umfange vorhanden war, immer weiter um sich; Kreise von Erweckten, die sich von der landeskirchlichen Frömmigkeit unbefriedigt fühlten, sammelten sich zu privaten Erbauungskränzchen, ohne äußerlich mit dem Landeskirchentum zu brechen. Das Gemeinschaftschristentum entwickelte sich vielfach im Zusammenhang mit den Werken der äußeren und inneren Mission, in denen es Tüchtiges leistete (Rettungshäuser, Blaues Kreuz, Weißes Kreuz, Jugendbund für entschiedenes Christentum usw.). Neben der maßvollen, den Zusammenhang mit den Landeskirchen und der positiven Theologie pflegenden Richtung erstarkte seit den 90er Jahren die schroff kultur- und theologiefeindliche Strömung, die zu allerlei Übertreibungen neigte. 1907 entstand aus der Gemeinschaftsbewegung in Kassel und anderwärts die Pfingstbewegung (Zungenreden), die von Kalifornien über Norwegen nach Deutschland gebracht war. 1910 wandten sich die maßvollen und nüchternen Kreise der Gemeinschaftsbewegung energisch von der Pfingstbewegung ab. – In engem Zusammenhange mit dem Gemeinschaftschristentum stand meist die „Evangelisation" einzelner umherreisender Erweckungsprediger (*Elias Schrenk, Samuel Keller* u. a.).

γ) Aus der Menge der spezifisch „modernen" religiösen Schriftsteller, die die r religiösen Probleme unermüdlich erörterten, ragen hervor: *Johannes Müller* (1864–1949) und *Heinrich Lhotzky* (1859–1930), die ihren religiösen Individualismus möglichst an das neutestamentliche Christentum anzuschließen suchten, *Arthur Bonus* (1864–1941), der das religiöse Problem mit Hilfe originell gewendeter Nietzschescher Gedanken zu bewältigen, die Religion aus „germanischem" Geiste heraus kraftvoll neu zu gestalten suchte, schließlich eine Reihe weiterer Mitarbeiter der „Christlichen Welt" (§ h); die äußerste Linke, die über jegliches historische Kirchentum hinaus war, bezeichneten *Christoph Schrempf* (1860 bis 1944, ein unerbittlicher Wahrheitskämpfer, ursprünglich württembergischer Pfarrer, 1892 wegen seines Widerspruches gegen das Apostolikum fristlos ohne Pension entlassen, was den Apostolikumstreit § k veranlaßte), weiter die zum Monismus hinüberlenkenden Bremer Radikalen, voran *Albert Kalthoff* (1850 bis 1906), dessen „Sozialtheologie" die geschichtliche Bedeutung der Person Jesu eliminiert und das Christentum als Massenbewegung entstanden denkt, und die von Nietzsche beeinflußte moderne Mystik (zB. *Ellen Key* in Schweden, 1849 bis 1926). Einen scharfen Angriff gegen die Geschichtlichkeit Jesu unternahm auch der von Eduard von Hartmann ausgehende Philosoph *Arthur Drews* (1865 bis 1935; „Die Christusmythe", 1909–11).

δ) Eine streng bibelgläubige, aber nicht an die Kirche gebundene christliche s Frömmigkeit hatte ihren Mittelpunkt in Bad Boll, wo [der jüngere] *Christoph Blumhardt* (1842–1919) mit seiner Botschaft vom Reiche Gottes und seiner Absage an alles „Fleisch" in der Religion das Werk seines Vaters weiterführte (§ 117 i); er wirkte auf die Schweizer Religiös-Sozialen (§ 124 d, auch Karl Barth, § 134 b).

5. DIE ABWEHR ROMS. Der zersplitterte und zersetzte Prote- t stantismus fühlte sich im großen und ganzen als Einheit in seiner Abwehrstellung gegen die römische Kirche. Das beweist die Verbreitung des Gustav-Adolf-Vereins und des Evangelischen Bundes.

Der **Gustav-Adolf-Verein** (§ 120 y) unterstützte bis Ende 1913 über 6000 Ge- u meinden mit einem Aufwand von etwa 60 Millionen Mark. Auch die Arbeit der „Gotteskasten" (§ 120 y) machte Fortschritte, ohne sich an äußeren Erfolgen mit dem Gustav-Adolf-Verein messen zu können. (Sie erhielten durch Begründung einer Hauptstelle [in Leipzig 1922, seit 1928 in Erlangen] eine straffe Zusammenfassung; neuer Name: „Martin-Luther-Bund".)

§ 122   Von der romantischen Reaktion bis 1914

v   Der „**Evangelische Bund** zur Wahrung der deutsch-protestantischen Interessen", begründet 1887 von den Professoren *W. Beyschlag* in Halle und *F. Nippold* und *R. A. Lipsius* in Jena, war eine Reaktion gegen den Aufschwung des Katholizismus nach dem Kulturkampf. Er suchte Protestanten aller Richtungen zu umspannen und gewann rasch Anhänger, im Westen besonders infolge der Erregung der Gemeinden über die gegen den Remscheider Pfarrer *W. Thümmel* (1856–1928, 1901 Professor in Jena) von katholischer Seite 1887 geführten Prozesse. Der Bund kämpfte für bewußt evangelische und bewußt deutsche Art, suchte über das Wesen des Katholizismus aufzuklären und dessen politische Übergriffe (den „Ultramontanismus") abzuwehren, sowie der Mischehennot zu begegnen; auch förderte er die Los-von-Rom-Bewegung in Österreich (§ 125 m). Der Bund verfügte 1914 über mehr als 500000 Mitglieder (Zentrale Halle a. d. S., seit Oktober 1912 Berlin). Einer der rührigsten Vorkämpfer der Bewegung war Graf *Paul von Hoensbroech* (spr. Hōnsbrōch; 1852–1923), der 1892 aus dem Jesuitenorden austrat und Protestant wurde.

w   6. INNERE MISSION UND SOZIALE FRAGE. Auch an den Werken des praktischen Christentums, die einen glänzenden Aufschwung nahmen und in engere Fühlung mit dem Landeskirchentum gesetzt wurden, wirkten Vertreter aller theologischen Richtungen des deutschen Protestantismus mit, ohne daß sich darum das pietistisch-altgläubige Gepräge der „Inneren Mission" geändert hätte. Wicherns soziale Anregungen wurden von der offiziellen Kirche und der „Inneren Mission" nicht verwertet. So hat der soziale Gedanke, nachdem er in der Theologenschaft gezündet hatte, sich eigene Organisationen geschaffen. Auch dabei gingen die verschiedenen theologischen Parteien zunächst Hand in Hand, bis die verschiedene politische und religiöse Anschauung eine Trennung herbeiführte.

x   Für den jungen *Wichern* (Denkschrift von 1849) war das Hauptmotiv sozialer Tätigkeit die christliche Barmherzigkeit, das Hauptziel die Kräftigung der Selbsthilfe der sozial Bedrückten; das soziale Versagen der Kirche erkannte er rückhaltlos an; für die sozialistischen Bestrebungen hatte er weitgehendes Verständnis. Dagegen galt die Hauptsorge des Hofpredigers *Adolf Stöcker* (1835–1909), eines einflußreichen Volksredners und Politikers, der Rettung des Staats und der Kirche vor der sozialistischen Revolution; er erstrebte patriarchalische Leitung der durch Beseitigung der Sozialnöte zufriedengestellten proletarischen Massen und ihre Wiedereinfügung in die Kirche, sowie Überwindung der von ihm schroff abgelehnten sozialdemokratischen Arbeiterpartei durch eine politische Konkurrenzpartei. Gemeinsam mit dem Nationalökonomen *Adolf Wagner* (1835–1917) gründete er 1878 die christlich-soziale Arbeiterpartei. Seine sozialreformerischen Gedanken verband er mit einer entschieden antijüdischen (anti„semitischen") Haltung. 1890 gründeten Stöcker u. a. den **Evangelisch-sozialen Kongreß,** der der sozialen Aufklärung und der Gewinnung weiterer Kreise von Gebildeten für die christlich-soziale Bewegung dienen sollte. Der Kongreß geriet bald unter den beherrschenden Einfluß des Pfarrers *Friedrich Naumann* (1860–1919), eines hochbegabten Sozialpolitikers und Volksredners, der wieder zu den Gedanken des jungen Wichern (s. o) zurücklenkte, tiefes Verständnis für die sozial gedrückten Massen hatte und die Kräfte des Evangeliums für die soziale Hilfe in Gang zu setzen wußte. Bald erwies sich aber die verschiedene kirchliche Stellung der Mitarbeiter des Kongresses als trennend; Stöcker schied aus und gründete 1897 die **Freie kirchlich-soziale Konferenz,** in der sich nur Vertreter der kirchlichen Rechten zusammenfanden. Inzwischen hatten sich die kirchlichen Aussichten der christlich-sozialen Bewegung verschlechtert (1890 freundliche, 1895 unfreundliche Stellungnahme des Oberkirchenrats, 1896 unfreundliche des Kaisers). Folgerichtig gingen die Führer nun in die Politik; Stöcker gründete 1896 die „christlich-soziale Partei" (nicht mehr: Arbeiterpartei!), Naumann die „national-soziale" Bewegung, die sich aber als politische Partei nicht durchzusetzen vermochte und 1903 im politischen Liberalismus aufging. Die ursprünglichen Gedanken des ev.-sozialen Kongresses verloren durch die religiöse Entwicklung Naumanns an Kraft; er erkannte die Unmöglichkeit, die sozialen Nöte der Zeit unmittelbar mit dem in weit primitiveren Wirtschaftsformen wurzelnden Evangelium Jesu zu bewältigen. Stöcker und Naumann erregten zwar die Aufmerksamkeit, hatten aber nur kleine Teile des Volkes hinter sich.

In der **„Inneren Mission"**, die seit 1881 eine Blütezeit erlebte, hat namentlich *y* Pastor *Friedrich von Bodelschwingh* (1831–1910) Bedeutendes geschaffen; er leitete u. a. seit 1872 die zur Pflege von Epileptischen 1867 begründete Anstalt Bethel bei Bielefeld und gründete die Arbeiterkolonie Wilhelmsdorf (1882). 1905 errichtete er als Gegengewicht zu den von ihm als „ungläubig" betrachteten theologischen Fakultäten der Universitäten in Bethel eine theologische Schule, die erste „Kirchliche Hochschule" in Deutschland (es folgten 1935–47 Wuppertal-Barmen, Berlin-Zehlendorf, Neuendettelsau).

2. Der außerdeutsche Protestantismus.

§ 123. Großbritannien.

OBaumgarten, Religiöses und kirchliches Leben in England, 1922. – MEdwards, After Wesley, London 1950. – PaulaSchäfer, Die katholische Wiedergeburt der englischen Kirche, 1933. – Kardinal Newman, Die Kirche, Übertragung und Einführung von OKarrer, 2 Bde., 1945f. – JHNewman, Centenary Essays, London 1945 (13 Aufsätze, Lit.!). – RMetz, Die philosophischen Strömungen der Gegenwart in Großbritannien, 2 Bde., 1935. – PAClasen, Der Salutismus, 1913. – HvRedern, William Booth, 1913. – HBegbie, The life of William Booth, 2 Bde., London 1920.

1. DIE STAATSKIRCHE. In England hatte das religiöse Leben *a* bereits im 18. Jh. neue kräftige Impulse empfangen. Gegen Ende des 18. Jhs. war dann aus dem Methodismus die „evangelikale Erweckung" hervorgegangen (§ 109 l). Diese Richtung erhielt sich in der Evangelischen oder Niederkirchlichen Partei (*Evangelical Party, Low Church Party*). Sie war ausgezeichnet durch streng calvinische, individuell vertiefte, werkfreudige Frömmigkeit und freundliche Stellung zu den Dissenters, mit denen sie sich zu gemeinsamer christlicher Liebestätigkeit verband, war aber ohne Fühlung mit den geistigen Strömungen der Zeit und daher ohne Wirkung auf die wissenschaftliche Theologie. Ihr Anhang beschränkte sich auf gewisse Kreise des Mittelstandes. Die im Gegensatz zu ihr stehende hochkirchliche Partei (*High Church Party*), die sich vornehmlich auf den hohen Adel und den hohen Klerus stützte, war gerade in den letzten Jahrzehnten des 18. Jhs. völlig erstarrt. Ihre Anhänger waren hauptsächlich politisch interessiert, betonten die enge Zusammengehörigkeit von Kirche und Staat, hielten streng auf das überlieferte Dogma und Zeremoniell und beobachteten vornehme Zurückhaltung gegenüber den Dissenters. Theologie und Frömmigkeit lagen darnieder. So war das englische Staatskirchentum, von der niederkirchlichen Partei abgesehen, noch um 1830 in religiöser Erstarrung.

Da brachten in den 30er Jahren zwei neue, voneinander sehr ver- *b* schiedene Strömungen einen Aufschwung, die Oxfordbewegung (anglo-katholische Bewegung), die der hochkirchlichen Partei neues religiöses Leben zuführte, und die breitkirchliche Richtung (*Broad Church Party*).

31 Heussi, Kompendium 13. Aufl.

c   Beide Richtungen wurzeln in einem **romantischen Idealismus**, den vor allem der Dichter und Philosoph *S. T. Coleridge* (1772–1834) vertrat, der vom deutschen Idealismus beeinflußt war.

d   α) Die **Oxfordbewegung** (Traktarianismus, im zweiten Stadium Puseyismus, im dritten Ritualismus) war eine Frucht der Romantik und der religiösen Reaktion der hochkirchlichen Partei gegen das Erstarken der Evangelical Party, die die Grenzen zwischen Staatskirche und Dissent verwischte, und besonders gegen den kirchlich-politischen Liberalismus, der das Staatskirchentum aufzulösen drohte.

e   1828 bewirkte der Liberalismus die Aufhebung der Testakte (§ 98 z), die den Nonkonformisten das Parlament und damit den Einfluß auf Angelegenheiten der Staatskirche öffnete, 1829 die Katholikenemanzipation (§ 114 p), seit 1830 unter dem Einfluß der Julirevolution eine Reihe von Maßnahmen zuungunsten der anglikanischen Bischöfe.

f   Hiergegen wehrte sich die hochkirchliche Richtung durch entschiedenes **Zurücklenken zu den katholischen Grundlagen des Anglikanismus**. So entstand in der englischen Staatskirche eine rückläufige Strömung, die namentlich seit ihrer Fortbildung zum „Ritualismus" das protestantische Gepräge dieser Kirche verwischte, und die eine interessante Parallele zum lutherischen Hochkirchentum und zum Erstarken des Katholizismus darstellt.

g   1. Der **Traktarianismus.** Die Bewegung entsprang einem hochkirchlichen Kreise an der Universität Oxford; zu ihm gehörte *HENRY NEWMAN* (1801 bis 1890), der seit **1833** zusammen mit seinen Genossen durch die **„Tracts for the time"** die „anglo-katholischen" Ideen zu verbreiten begann (scharfe Bekämpfung der Aufklärung und alles Liberalismus durch das „dogmatische Kirchenprinzip"). Die Traktate fanden zunächst bei den kirchlich Gesinnten Beifall, riefen aber auch heftigen Widerspruch hervor, als sie romanisierende Anschauungen laut werden ließen (Betonung der priesterlichen Schlüsselgewalt und des Gegensatzes zwischen Priestern und Laien; gesteigerter Sakramentarismus). In den Zeitungen und auf den Straßen ertönte wieder der Ruf: „No popery", wie unter der Königin Anna zu Beginn des 18. Jhs. Die Traktarianer gewannen an Einfluß, als sich ihnen der angesehene Professor *EDWARD PUSEY* (1800–82) endgültig angeschlossen hatte. **1841** trat die Bewegung in eine Krisis; der von Newman verfaßte 90. Traktat, der für die römisch-katholische Interpretation der 39 Artikel warb, bewirkte, daß sich die Universität gegen die Traktate erklärte und der Bischof von Oxford die Herausgabe weiterer Traktate verbot. Auch keiner von den übrigen Bischöfen fiel der anglokatholischen Bewegung zu. Nun begann unter den entschlossenen Anhängern, besonders jüngeren Geistlichen, eine **Übertrittsbewegung zur römischen Kirche** (namentlich seit 1842, vereinzelte Übertritte schon 1840). 1845–46 traten im ganzen etwa 150 Geistliche über, 1845 auch Henry Newman (vgl. § 116 v).

h   2. Der **Puseyismus.** Der Führer der Bewegung war seit 1841 *Edward Pusey*, nach dem sie „Puseyismus" genannt wurde. Zwar scheiterten die Versuche der Oxforder, ihre Theologie in der Kirche durchzusetzen und die Kompetenz des Staates in kirchlichen Fragen zu beseitigen; sie erlitten im **Gorhamschen Taufstreit** (1847–50) eine Niederlage, die einen neuen Exodus zur römischen Kirche zur Folge hatte (1851 Übertritt des Archidiakonen *H. E. Manning*, des nachmaligen Erzbischofs von Westminster; 1850 Wiederherstellung der katholischen Hierarchie in England, vgl. § 115 i); auch der **Denisonsche Abendmahlsstreit** (1851–58) verschaffte ihnen nur einen juristisch-formellen, keinen moralischen Sieg. Trotzdem erstarkte die Bewegung. Die Erregung der Gegner wurde durch die Übertritte noch gesteigert; auf Anregung des Schotten Chalmers (§ y) entstand 1846 in London die **„Evangelische Allianz"** gedacht als Bund aller evangelisch Gesinnten gegen das Vordringen des römischen Katholizismus, tatsächlich aber für das Festland infolge ihrer starr altdogmatischen Haltung ohne große Bedeutung (1855 Generalversammlung in Paris, 1857 in Berlin).

3. Der **Ritualismus**. Seit c. 1860 entwickelte sich die anglokatholische Bewegung zum „Ritualismus". Die Anglokatholiken begannen eigenmächtig das römisch-katholische Ritual in den anglikanischen Gottesdienst herüberzunehmen (Bilder, Kruzifixe, Altar, Altarbekleidung, Altarkerzen, Weihrauch, Weihwasser, Meßgewänder, Kirchenfahnen; Anrufung der Maria und der Heiligen, Elevation der Hostie, Ohrenbeichte, Gebete für die Toten, Fasten, Hochschätzung von Mönchtum und Zölibat usw.; vgl. § 136 c). Nicht bloß der Pöbel (Krawallszenen in den Kirchen), auch die höheren Schichten widersetzten sich lebhaft; die Gegner bekämpften den Ritualismus auf gerichtlichem Wege; ein in lauter einzelnen „Fällen" verlaufender, mit höchster Leidenschaft geführter Kleinkrieg entbrannte. Durch keine gerichtliche Strafe geschreckt, wußten die Ritualisten immer wieder den Wortlaut der Gesetze zu umgehen. Seit den 80er Jahren ließen die Prozesse nach, seit Anfang der 90er Jahre haben sie aufgehört; die ritualistische Bewegung ist durch sie nicht gebrochen worden, seit c. 1900 ist der Ritualismus in der hochkirchlichen Partei aufgegangen.

Die anglokatholische Bewegung hat tiefe **Wirkungen** auf die englische Staatskirche geübt. Realpräsenz und Opfer im Abendmahl haben durch sie in die englische Theologie Eingang gefunden. Die Hauptwirkungen aber liegen auf praktischem Gebiet: Stärkung des kirchlichen Sinns, besonders in den höheren Schichten; neue Methoden der Seelsorge; großartiger Aufschwung der christlichen Liebestätigkeit (Spitäler, Waisen-, Erziehungs- und Missionsanstalten); vortrefflich organisierte Bruder- und Schwesterschaften, namentlich weitverzweigte Schwesterschaften für Krankenpflege; Neubelebung der kirchlichen Baukunst, Musik und Malerei (die Präraffaeliten seit 1848). Die Gefahr, daß der Anglokatholizismus den Weg nach Rom ging, schwand mehr und mehr; die Nichtigkeitserklärung der anglikanischen Weihen durch Leo XIII. 1896 stärkte die Abneigung gegen das Papsttum. Im ersten Jahrzehnt des 20. Jhs. erstarkte unter den hochkirchlichen Geistlichen eine entschlossen sozialistische Bewegung.

β) Daneben erstarkte seit den 30er Jahren eine entschieden protestantische und liberale Richtung, welche die versandete anglikanische Theologie zu erneuern und zu liberalisieren suchte und zugleich eine lebhafte soziale Tätigkeit entfaltete, die **Breitkirche** (Broad Church). Sie war keine organisierte Partei wie die High Church und die Low Church, sondern eine Richtung unter den Gebildeten. Zu ihr zählte eine Anzahl Männer von Weltruf.

Die Begründer der Broad Church waren *S. T. Coleridge* (§ c) und *Thomas Arnold* (1795–1842, Schuldirektor in Rugby, zuletzt Geschichtsprofessor in Oxford), ihre bekanntesten Vertreter *CHARLES KINGSLEY* (1819–75, Pfarrer in Eversley, bekannt durch die theologischen Tendenzromane Alton Locke, Hypatia u. a.), ein Mann von „sonniger, rein evangelischer Art", und *F. W. ROBERTSON* (1816–53, Prediger in Brighton), der Meister einer individualistischmodernen Predigt. Aus den Kreisen der Broad Church gingen die berühmten Oxforder Essays von **1860** hervor („Essays and Reviews"), 7 Abhandlungen von 7 verschiedenen Oxforder Gelehrten, welche bei durchaus religiösen Grundanschauungen einem übrigens sehr maßvollen theologischen Liberalismus das Wort reden, der mit den Fortschritten der Natur- und Geschichtswissenschaft in Fühlung zu bleiben sucht. Die Essays riefen eine stürmische Bewegung und Gegnerschaft wach; 9000 Geistliche und alle Bischöfe protestierten. Eine neue Erregung verursachte das kritische Werk des Bischofs von Natal, *J. W. Colenso*, über den Pentateuch und das Buch Josua (7 Bände, 1862–79); doch wurde seine Verurteilung aus formellen Gründen für nichtig erklärt (1865).

Die Broad Church blieb in der Minderheit; die Mehrheit gehörte den Hochkirchlichen und den Evangelikalen. Der kirchliche Sinn, die kirchliche Mitarbeit und die Opferwilligkeit der gebildeten Laien waren ungleich stärker als in Deutschland, aber die unterste Schicht nicht minder entchristlicht als hier. Glänzend entwickelt war alles Praktische, voran Kanzelberedsamkeit und christliche Liebestätigkeit, schwach dagegen die Energie zum Durchdenken der brennenden Weltanschauungsfragen. Die Theologie der großen Mehrzahl der Geistlichen und der Laien war daher noch traditionalistisch; was an kritischer Theologie vorhanden war, ging meist auf deutsche Einwirkungen zurück.

q   Doch verfügte die englische **Theologie** des 19. Jhs. über eine Reihe bedeutender Gelehrter; zu nennen sind die Patristiker *J. B. Lightfoot* (1828–1889, Professor in Cambridge, zuletzt Bischof von Durham) und die bekannten Herausgeber des „Westcott-Hort" (kritische Ausgabe des NT.s., 1881) *F. J. A. Hort* (Professor in Cambridge, 1828–1892) und *B. F. Westcott* (Professor in Cambridge, zuletzt Bischof von Durham, 1825–1901), sowie die Oxforder Professoren *Th. K. Cheyne* (1841–1915) und *S. R. Driver* (1846–1914). Hinderlich war der Theologie die Herrschaft des starren Inspirationsdogmas (typisch das Eifern der Evangelikalen gegen die Ehe mit der Schwester der verstorbenen Frau; erst nach langen Kämpfen hat 1907 das Parlament solche Ehen legalisiert).

r   2. DIE DISSENTERS. Trotz des Aufschwungs, den die Staatskirche hauptsächlich infolge der anglokatholischen Bewegung genommen hat, ist sie wahrscheinlich[1] im Laufe des 19. Jhs. numerisch vom Dissent überflügelt worden. Seine Fortschritte beruhten darauf, daß seit dem Beginn der großen politischen Reformen die Privilegien der anglikanischen Kirche allmählich beseitigt und die Dissenters zu voller bürgerlicher Gleichberechtigung erhoben worden waren.

s   Zu den älteren Denominationen traten mehrere Neubildungen, die Irvingianer, die Plymouthbrüder und die Heilsarmee. Die **Irvingianer** sind eine prophetisch-eschatologisch-apokalyptische Sekte. Ihr Stifter war der Schotte *EDWARD IRVING* (1792–1834), ein Erweckungsprediger der nationalschottischen Gemeinde in London, der unter dem Eindruck seiner Erfolge auf die Bahn des Propheten geriet. In Schottland, wohin Irving zu Gastpredigten kam, entfesselte die Wiederkunftserwartung, zuerst in einem Dorfe, einen Enthusiasmus, den die Anhänger als Erneuerung der urchristlichen Glossolalie auffaßten. Die Irvingianer entwickelten seit 1832 allmählich nach vermeintlich apostolischem Vorbilde und unter symbolischer Ausdeutung der Einrichtungen der at. Stiftshütte eine eigentümliche Hierarchie (in jeder Gemeinde ein Prediger als „Engel" der Gemeinde, vgl. Apk. 2_1; ferner Apostel, Propheten, Älteste, Helfer, Diakonen usw.). Mit gleicher hierarchischer Gliederung entstanden in London sieben Gemeinden (Apk. 1_4), ebenso anderwärts in England und Schottland. Der Kultus sollte „Anbetung" sein, der Prediger wurde zum Liturgen, ein umständliches, feierliches Zeremoniell entstand. Die Aussendung der „zwölf Apostel" in alle Welt 1836 und 1839 brachte mehrere mit dem romanischen Katholizismus in Berührung; das entschied die 1840 einsetzende völlige Romanisierung der „apostolisch-katholischen Gemeinde", wie sich der Irvingianismus seitdem nannte. (Altäre, Kultusgewänder, 7armige Leuchter, Tabernakel, Weihrauch, seit 1868 auch Weihwasser; letzte Ölung; Opfercharakter der Eucharistie, wenn auch nicht ganz im katholischen Sinne; Forderung des Zehnten vom Gesamteinkommen.) Außer auf der Erneuerung des Apostolats und auf der Pracht des Gottesdienstes beruhte die Werbekraft der Sekte auf dem eigentümlichen Zeremoniell der „Versiegelung", durch die der Gläubige in die Zahl der 144000 aufgenommen und der Seligkeit unbedingt versichert wird (Apk. 7_3 ff.).

t   Im Auslande gewannen die Irvingianer namentlich in Deutschland Anhänger, selbst unter Gebildeten (*Heinrich Thiersch,* verzichtete 1850 auf seine theolo-

---

[1] Die letzte offizielle Statistik stammt aus dem Jahre 1851.

gische Professur in Marburg und wurde Prediger der Irvingianer), ferner in Amerika und Australien; ganz gering blieben die Erfolge in den romanischen Ländern. In Holland und Deutschland entstanden seit 1863 bzw. 1878 durch ein Schisma die „Neuen Irvingianer" (Selbstbezeichnung: „Apostolische Gemeinde", seit 1906 nach außen: „Neuapostolische Gemeinde"), die namentlich in den unteren Volksschichten Boden gewannen (strenges Festhalten an der Apokalyptik, aber Abstreifung des romanisierenden Zuges und Annäherung an den Methodismus: Erweckungspredigt).

Die **Plymouth-Brüder** (Selbstbezeichnung: „Brethren") sind Kreise von Separatisten, die sich seit dem Ausgang der 20er Jahre an mehreren Orten Irlands und besonders in Plymouth zusammenfanden. Die bedeutendste Kraft, die sie gewannen, war John Nelson *DARBY* (1800–82), ein anglikanischer Geistlicher, der 1828 die religiös erstarrte Staatskirche verlassen hatte und in seinen antidenominationellen Gedankengängen durch seine Berührung mit den Plymouthbrüdern gefördert wurde[2]. Ihr Grundgedanke war die Ablehnung alles Kirchentums; wahre Gläubige gibt es in allen Denominationen; aber diese wahre Kirche ist rein geistig und ohne sichtbare Organisation. Darum wollen die „Brüder" nichts weiter, als in Erwartung der nahe bevorstehenden Wiederkehr des Herrn gemeinsam sich erbauen und das Abendmahl feiern. Die Sekte wurde vornehmlich durch Darby auf ungezählten Reisen in zahlreichen Ländern verbreitet, außer auf den britischen Inseln besonders in der Westschweiz und in Amerika. *u*

Die **Heilsarmee** (Salvation Army) ist die Schöpfung des ehemaligen Methodistenpredigers *WILLIAM BOOTH* (1829–1912). Zum Kampf gegen den Teufel, d. h. gegen das Laster besonders in den verkommensten Schichten der Großstadtbevölkerung, den er zunächst in London-Ost seit 1865 geführt hatte, organisierte er 1878 eine Schar religiöser Krieger unter Benutzung von allerlei militärischen Formen (Booth selbst der Leiter als General, unter ihm Offiziere usw. Hauptzeitschrift „The War Cry", der Kriegsruf). Die Heilsarmee arbeitete mit psychologisch rohen Mitteln, vornehmlich durch Herbeiführung plötzlicher Bekehrungen in öffentlicher Versammlung nach Art des älteren Methodismus, und erzielte überraschende Erfolge, zuerst in England, seit 1880 auch in Nordamerika und auf dem europäischen Festland; sie war trotz aller Seltsamkeiten um ihrer eifrigen sozialen Tätigkeit willen von Segen (Sorge für Arbeitslose, Kampf gegen das Laster). *v*

Von den **älteren Dissenters** standen die Methodisten zahlenmäßig an erster Stelle. Unter den Baptisten erwarb sich *C. H. Spurgeon* (1834–1892, Prediger in London) seit den 50er Jahren internationalen Ruf, unter den Quäkern die um das Gefängniswesen hochverdiente *Elizabeth Fry* (1780–1845). Bei den seit 1813 geduldeten Unitariern fanden sich allerlei Spielarten des freien Christentums zusammen; der Verbreitung des religiösen Liberalismus diente die Hibbert-Stiftung, aus deren Mitteln seit 1878 die jährlichen Hibbert Lectures (Vortragszyklen) bestritten wurden. *w*

3. SCHOTTLAND. In der schottischen Staatskirche (Established Church) hatte bereits im 18. Jh. der Kampf um das Laienpatronat zur Absonderung zweier schottischer presbyterianischer Freikirchen (§ y) geführt. Nachdem am Anfang des 19. Jhs. auch Schottland eine „Erweckung" und die Entstehung einer „evangelischen Partei" erlebt hatte, wurde die Verfassungsfrage wieder aufgerollt. Nach längeren Kämpfen kam es 1843 zu einer neuen Sezession und zur Organisation der schottischen Freikirche (Free Church of Scotland), die, von tiefer und tatkräftiger Frömmigkeit getragen, nicht nur die Mittel zu ihrem Unterhalt, sondern auch zu einer glänzenden Tätigkeit auf dem Gebiete der inneren und äußeren Mission aufbrachte. *x*

---

[2] Darby ist nicht der Begründer der Sekte; daher ist die Bezeichnung der Brethren als „Darbysten" besser zu vermeiden.

y   Die treibende Kraft der Erweckung und der Sezession von 1843 war THOMAS CHALMERS (1780–1847; Pfarrer in Glasgow, seit 1823 Professor in St. Andrews, seit 1828 in Edinburgh, von Bedeutung auch als der Bahnbrecher der kirchlich-sozialen Bewegung; vgl. ferner § h). Die Aufhebung des Patronatsrechts für Schottland durch das Parlament 1874 hat die Sezession nicht beseitigt. 1900 bildete sich die United Free Church durch Zusammenschluß der Freikirche von 1843 und der „Vereinigten Presbyterianischen Kirche" (entstanden 1847 durch Verschmelzung der „Secession Church" von 1733 und „Relief Church" von 1752); eine kleine Minderheit der Freikirche (die sog. „Wee's") weigerte sich 1900, die Fusion mitzumachen, beanspruchte als legale Fortsetzung der „Freikirche" von 1843 („Legal Free Church") das gesamte Vermögen dieser Kirche und erhielt von den $20^{1}/_{4}$ Mill. Mk. Kapitalvermögen fast die Hälfte (Ende 1909). Vgl. § 136 c.

z   Wie in der Verfassung, so hielten die Schotten auch in der **Theologie** treu am strengen Calvinismus fest. Doch gewann die deutsche Vermittlungstheologie Einfluß, besonders in dem hervorragendsten schottischen Theologen der neueren Zeit, *Robertson Smith* (1846–1894). Er vermochte sich freilich gegen die schottische Orthodoxie nicht zu behaupten, wurde vielmehr 1881 von der Generalversammlung der Freikirche wegen seiner modern-kritischen Auffassung des AT.s seiner Professur in Aberdeen entsetzt und wurde 1889 Professor des Arabischen in Cambridge.

§ 124. Der Protestantismus in der Schweiz, in Holland und in Skandinavien.

Über Ragaz: ALINDT, Zollikon-Zürich [1957]. – MMATTMÜLLER, Bd. I, Zollikon-Zürich [1957]. – Über Kierkegaard: TBOHLIN (1925, 1927), CHRSCHREMPF (1927f.), EGEISMAR (1929), HDIEM (1929), WRUTTENBECK (1929), EHIRSCH (1930 bis 1933), u. a. – EDVARD LEHMANN, Grundtvig, 1932. – Zungenbewegung: NBLOCH-HOELL, Pinsebevegelsen, Oslo 1956.

a   In den protestantischen Kirchen Hollands, der Schweiz und Skandinaviens waren im 19. Jh. dieselben allgemeinen Tendenzen wirksam wie in Deutschland. Sie alle haben nach einer rationalistischen Periode eine Erweckung erlebt, allerdings in verschiedener Form, und sind dann schneller oder langsamer auf moderne Forderungen eingegangen. In Holland und in der Schweiz gelangte der Liberalismus zu bedeutendem Einfluß. Dagegen bewahrte sich das Kirchentum der Nordstaaten, namentlich Schwedens, ein weit konservativeres Gepräge. In Dänemark wich der Verlauf der Dinge insofern von dem allgemeinen Typus ab, als hier der erneute Konfessionalismus politisch liberal war, nicht konservativ. Während die Kirchengeschichte der Nordstaaten, wie im 18. Jh., nur von territorialem Interesse ist, kann die Hollands und der Schweiz allgemeines Interesse beanspruchen.

Einzelheiten.

b   1. In der **Schweiz** war um 1800 wie in den meisten andern Ländern ein gemäßigter Rationalismus zur Herrschaft gelangt. Gegen ihn erhob sich seit 1810 in dem französischen Sprachgebiet, zuerst in GENF, eine sehr lebhafte Erweckungsbewegung, die in den ersten Jahren ihres Bestehens durch die schwärmerisch-pietistische Freifrau *Juliane von Krüdener* (1813; 1817 aus der Schweiz, 1818 aus dem Deutschen Bund ausgewiesen, ging nach Rußland; vgl. § 112 d), etwas später durch methodistische Engländer entscheidende Einflüsse empfing. Die Erweckten, von den Gegnern als „Mômiers", d. i. Heuchler, verspottet, trennten sich nach häßlichen Verfolgungen durch den Pöbel von der Staatskirche und bildeten eine eigene Eglise libre. Von Genf griff die Erweckungsbewegung nach dem WAADTLANDE (Lausanne) hinüber, wo die Regierung indessen eine Separation zunächst vereitelte. 1845 kam es endlich auch hier zu einer Separation: 190 Geistliche verließen die Staatskirche und gründeten, unter schwerer Bedrängnis durch die Regierung, eine Eglise libre. Ihr Führer war der treffliche *Alexandre Vinet* (1797–1847; 1837–46 Theologieprofessor in Lausanne), der „Schleiermacher des französischen Protestantismus", bereits seit 1826 ein eifriger Vorkämpfer einer religiös begründeten Trennung von Kirche und Staat.

In der DEUTSCHEN SCHWEIZ setzte die Erweckung zunächst in milder c Form ein, als eine religiöse Vertiefung des bestehenden Kirchentums und der Theologie. In diesem Sinne wirkte an der Universität Basel seit 1822 *de Wette* (1780–1849; vgl. § 119 e), seit 1823 neben ihm der christlich milde *K. R. Hagenbach* (1801–1874); in ausgesprochen pietistischem Sinne wurde die Erweckung von den Anstalten der Baseler Mission beeinflußt. Dann gewann die Erweckungsbewegung durch Frau *v. Krüdener* (1816 und 1817) und andere Einwirkungen eine größere Entschiedenheit.

Seit den Kantonalrevolutionen von 1830–31, in denen in den meisten Kanto- d nen das alte aristokratische Regiment demokratischen Verfassungsformen weichen mußte und das alte Staatskirchentum ein Ende nahm, wurde das Verhältnis von Kirche und Staat zur brennenden Tagesfrage. In der französischen Schweiz hing die Entstehung der waadtländischen „Eglise libre" mit diesem Problem aufs engste zusammen (§ b). Weit lebhafter wurde der Kampf in der deutschen Schweiz geführt, wo sich in den 30er und 40er Jahren die Scheidung in die drei Gruppen der pietistisch-orthodoxen Rechten, der Mittelpartei und der radikalen Linken vollzog. Die Mittelpartei wurde durch *Hagenbach* in Basel (§ c) und *Alexander Schweizer* in Zürich (§ 119 z) würdevoll vertreten; zu den Führern der im wesentlichen von Hegelschen Anschauungen bestimmten Radikalen gehörte *A. E. Biedermann* (seit 1850 Professor der Dogmatik in Zürich; vgl. § 121 h); ganz für sich stand *Franz Overbeck* (§ 121 m). Seit 1870 errang die Reformpartei (die Linke) das Übergewicht. 1874 verfügte die revidierte Bundesverfassung für die ganze Eidgenossenschaft die völlige Trennung des Schulwesens von der Kirche; 1875 wurde die obligatorische Zivilehe eingeführt. In den meisten Kantonen wurde die Bekenntnisverpflichtung beseitigt, ferner als völliges Novum der Geschichte der Kirchenverfassung die Wahl der Pfarrer auf Zeit (6 Jahre) beschlossen. Seit 1883 war die Taufe in Basel und Zürich fakultativ; 1898 wurden in Zürich Nichtgetaufte ausdrücklich für Glieder der Kirche erklärt usw. Diese liberalen Reformen hatten die Entstehung einer weiteren Freikirche zur Folge, der Eglise indépendante in Neuchâtel, 1873 (*Frédéric Godet*, 1812–1900). Die Zeit um 1900 brachte einen lebhaften Aufschwung der kritischen Theologie (*Bernhard Duhm* [Alttestamentler, 1847 bis 1928] und *Paul Wernle* [Neutestamentler und Kirchenhistoriker, 1872–1939] in Basel, *Karl Marti* [Alttestamentler, 1855–1925] in Bern u. a.) und das Eindringen entschlossen sozialistischer Ideen in die Pastorenschaft (die Schweizer „Religiös-Sozialen", *Hermann Kutter* [1863–1931; „Sie müssen", 1903]; *Leonhard Ragaz* [1868–1948] u. a.). 1907 wurde in Genf die Trennung von Kirche und Staat beschlossen (in Kraft getreten am 1. Jan. 1909), 1910 in Basel-Stadt (in Kraft vom 1. April 1911 ab); weder das Genfer noch das Baseler Trennungsgesetz war religionsfeindlich wie das französische. In einer Reihe von Kantonen wurde das kirchliche Frauenstimmrecht eingeführt (so im Waadtlande 1909, in Genf 1910; in Zürich wurde 1905 das passive [nicht das aktive] Wahlrecht für Frauen beschlossen).

2. In den **Niederlanden** (bis 1830 mit Belgien vereinigt, vgl § 114 o) wurde nach e der Wiedereinsetzung des Hauses Oranien im Staatsgrundgesetz von 1815 die Gleichberechtigung aller vorhandenen Kulte ausgesprochen ($^3/_4$ der Protestanten waren Reformierte, die übrigen Lutheraner, Remonstranten, Mennoniten; die Staatskirche ist seit dem 16. Jh. reformiert: „Nederlandsche Hervormde Kerk"). Auch in Holland entstand eine Erweckung, welche gegenüber dem herrschenden Rationalismus und Latitudinarismus das konfessionelle Bewußtsein, also die Dordrechter Orthodoxie, verstärkte; ihre Führer waren der Dichter *Wilhelm Bilderdijk* (1759–1831) und der von ihm bekehrte Jude *Isaak da Costa* (1798–1860,

übergetreten 1822). Da sich indessen die reformierte Kirche der neuen Rechtgläubigkeit nicht unterwarf, führte das Wiederaufleben des strengen Dordrechter Dogmas 1836 zu einer Separation (unter Führung des 1834 abgesetzten Pfarrers *Hendrik de Cock*), die nach mancherlei Drangsalen 1839 von der Regierung als „Christlich-abgeschiedene Kirche" anerkannt wurde (seit 1869, nach der Verschmelzung mit einigen anderen separierten Gemeinden, „Christlich-reformierte Kirche", „Christelijk-gereformeerde Kerk" genannt).

f Bei der Mehrheit der Reformierten behaupteten die freiheitlichen Tendenzen das Übergewicht, auch nachdem sich eine theologische Gruppenbildung vollzogen hatte. Es entstanden drei Hauptgruppen: (1) die Leidener Richtung oder die sog. „Modernen", eine modernisierte Fortsetzung des Rationalismus, die mit der kritischen deutschen und schweizerischen Theologie Fühlung hielt, insbesondere mit den Arbeiten der Tübinger und der Wellhausenschen Schule (Hauptführer: *J. H. Scholten*, 1811–1885, und *Abraham Kuenen*, 1828–1891, beide Professoren in Leiden); die Anhänger dieser Richtung organisierten sich 1870 im „Protestantenbund", einer Nachahmung des deutschen Protestantenvereins; – (2) die vermittelnden Richtungen, zu denen die „Groninger" oder „Evangelischen" (an der Spitze der Groninger Professor *Hofstede de Groot*, 1802–1886), die „Ethischen" und die Schule des Utrechter Professors *von Oosterzee* (1817–1882) gehörten; – dazu trat Ende der 60er Jahre (3) die streng calvinische Richtung unter Führung des Predigers *Abraham Kuyper* (spr. Keuper; 1837–1920). Unter der Herrschaft des Liberalismus wurde eine Reihe wichtiger gesetzlicher Maßnahmen liberaler Tendenz getroffen; die Kirche wurde vom Staat mehr und mehr gelöst, 1856 durch das Schulgesetz der konfessionelle Religionsunterricht von der öffentlichen Schule ausgeschlossen (was die Entstehung zahlreicher konfessioneller Privatschulen zur Folge hatte), 1876 durch das Universitätsgesetz der moderne Konflikt zwischen theoretischer Wahrheitsforschung und kirchlichen Bedürfnissen einer gordischen Lösung unterworfen (Staatsprofessuren für die exegetische und historische, Kirchenprofessuren für die systematische und die praktische Theologie). Der Gegensatz der orthodoxen Calvinisten gegen diese Universitätsreform, die im wesentlichen den Sieg der modernen Wissenschaft gegenüber dem konfessionellen Dogmatismus bedeutete, war der Gründung der „freien", streng calvinischen Universität zu Amsterdam (1880); ihr erster Rektor wurde Abraham Kuyper (1901–05 Premierminister). Als es zwischen der an der Spitze der reformierten Kirche stehenden Synode, in der die Groninger und Leidener das Übergewicht hatten, und der freien Universität zu Differenzen kam, erfolgte eine neue Separation: seit 1886 bildeten die strengen Calvinisten unter Kuyper die „Niederländische reformierte Kirche" („Gereformeerde Kerk") oder „doleerende" Kirche (d. i. die wegen ihrer „Bedrückung" Betrübnis empfindende Kirche, vom lat. dolere). Sie hat sich 1892 mit einem Teil der „Christlich-reformierten Kirche" (§ e) vereinigt.

g Seit dem Ende der 70er Jahre trat in Holland eine kritische Theologie hervor, welche von einem einseitigen Evolutionsdogma aus die Echtheit sämtlicher paulinischer Briefe bestritt (*A. Pierson, S. A. Naber, A. D. Loman, W. C. van Manen*), teilweise auch die Geschichtlichkeit der Person Jesu, aber weder bei den Nestoren der holländischen „Modernen", Scholten und Kuenen, noch bei den kritischen Theologen Deutschlands Anklang fand. Glänzend entfalteten sich gleichzeitig die Religionsgeschichte (*C. P. Tiele*, Professor in Leiden, 1830–1902; *P. D. Chantepie de la Saussaye*, Professor in Leiden, 1848–1920) und die Religionsphilosophie (*L. W. E. Rauwenhoff* in Leiden, 1828–1889). Die deutsche historisch-kritische Theologie vertrat in Holland der gelehrte Neutestamentler *Hans Windisch* (1881–1935, aus Leipzig, 1914–29 Professor in Leiden, dann in Kiel und Halle).

h 3. α) Im kirchlichen Leben **Dänemarks** erfolgte die gleiche Wandlung zu einem erneuten Glaubensleben wie anderwärts. Der einflußreichste Kirchenmann Dänemarks im 19. Jh. wurde *N. F. S. Grundtvig* (1783–1872), Pastor, Geschichtsforscher und Dichter, ein scharf deutschfeindlicher dänischer Patriot, ein begeisterter Verkünder der Herrlichkeit der altnordisch-heidnischen Welt und eines weltfreudigen, das national-germanische Erbe in sich aufnehmenden Christentums altlutherischer Prägung, Bahnbrecher der Vertiefung der Staatskirche zur **Volkskirche** mit weitgehenden Freiheiten des einzelnen und dem bis auf das erste Pfingstfest zurückdatierten **Apostolikum** als Grundlage (unter Ausschluß der lutherischen Bekenntnisschriften), sowie Gründer der dänischen Volkshochschule (seit 1844), die auch für Norwegen, Schweden, Finnland Bedeutung gewann. Der **Grundtvigianismus** hat das gesamte kirchliche Leben Dänemarks stark beeinflußt, auch den Kirchengesang erneuert. Neben ihm wirkte, als Vertreter des modernen christlichen **Individualismus**, der Schriftsteller *SÖREN KIERKEGAARD* (spr. Kjérkegor; 1813–1855), der mit den Forderungen eines strengen, asketischen, an die buchstäbliche Erfüllung der Worte Jesu gebundenen Christentums Ernst machen wollte und das kirchliche Christentum seiner Gegenwart als Verfallserscheinung auf das temperamentvollste befehdete (vgl. § 134 b h). Eine starke Nachwirkung hatte er in der sog. Dialektischen Theologie des 20. Jhs. Von den Bestrebungen der modernen kritischen Theologie wurde die dänische Theologenwelt nur wenig berührt.

Seitdem das dänische Staatsgrundgesetz von 1849 die Alleinberechtigung des Luthertums aufgehoben hatte, machten besonders die **römisch-katholische** Kirche und die **Baptisten** Fortschritte, doch waren um 1900 noch 98% der Bevölkerung lutherisch.

β) Noch länger hat sich das Staatskirchentum **Schwedens** gegen alle modernen Einflüsse spröde gezeigt. Die seit 1803 hervortretende pietistisch-biblizistische Laienbewegung der „Läsare" (d. i. Leser, nämlich der Bibel und der Schriften Luthers) wurde auf Grund eines Konventikelgesetzes von 1726 mit Geld- und Freiheitsstrafen bedrückt; zahlreiche Separatisten wanderten nach Amerika aus. Erst seit 1860 wurde das starre Staatskirchensystem allmählich durchbrochen. Das Konventikelgesetz von 1868 ermöglichte 1877 die Entstehung einer freikirchlichen Bewegung unter *Paul Peter Waldenström* (1838–1917). Die schwedische Theologie öffnete sich modernen Strömungen mehr als die dänische. Der erste religionswissenschaftliche Kongreß tagte 1897 in Stockholm; einer der bedeutendsten neueren Erforscher der Religionsgeschichte, *Nathan Söderblom* (1866–1931), wurde 1914 als Erzbischof von Upsala an die Spitze der schwedischen Kirche berufen.

γ) **Norwegen** (bis 1905 mit Schweden in Personalunion verbunden), wo in den letzten Jahrzehnten des 18. Jhs. eine gemäßigte Aufklärung heimisch geworden war, erlebte seit dem Ende des Jhs. eine Erweckungsbewegung, deren Führer schlichte Laien aus den unteren Schichten waren, an der Spitze der Bauer *Hans Nielsen Hauge* (1771–1824). Auch hier stieß die Erweckung mit dem Staatsgesetz zusammen; Hauge hat lange Jahre im Kerker geschmachtet. Unter dem Einfluß der Erweckungsbewegung entstand an der Universität Christiania eine pietistisch gefärbte lutherische Orthodoxie (*C. P. Caspari*, 1814–1892, ein getaufter Jude aus Dessau, Schüler Hengstenbergs, seit 1847 Professor in Christiania, bekannt durch seine Forschungen zur Geschichte des altkirchlichen Symbols). Unter den Gebildeten hat seit den 80er Jahren des 19. Jhs. der moderne kirchenfeindliche Subjektivismus der großen norwegischen Dichter *Björnson* und *Ibsen* um sich gegriffen. Im 1. Jahrzehnt des 20. Jhs. ist von Norwegen die „Zungen-" oder „Pfingstbewegung" nach Deutschland verpflanzt worden (§ 122 q); 1911 tagte in Christiania ein von c. 500 Teilnehmern besuchter Zungenrednerkongreß.

§ 125. Die Protestanten in überwiegend katholischen Ländern.

GBONET-MAURY, Die Gewissensfreiheit in Frankreich, deutsch 1912. – WLÜTTGE, Religion und Dogma, ein Jahrhundert innerer Entwicklung im französischen Protestantismus, 1913. – EROCHAT, Le développement de la théologie protestante française au 19e siècle, 1942. – Zu Österreich: GLOESCHE, Von der Duldung zur Gleichberechtigung [1781–1861], 1911. – Ders., Inneres Leben der österreichischen Toleranzkirche, 1915.

Im Laufe des 19. Jhs. ist die Religionsfreiheit oder doch wenigstens die Toleranz in allen Kulturländern zum Siege gelangt, die konfessionelle Geschlossenheit der Staaten überall verschwunden. In vordem geschlossen katholischen Ländern (zB. Italien, Spanien, Belgien, Südamerika) hat der Protestantismus Wurzel gefaßt, umgekehrt der Katholizismus in vordem rein protestantischen Staaten (zB. Skandinavien). Diese Konfessionsverschiebungen waren meist die Folge der Bevölkerungsbewegungen (des Handelsverkehrs, der Auswanderung usw.), vereinzelt auch die Folge religiöser Propaganda; so kam es in Spanien, Österreich, Frankreich zu Übertrittsbewegungen. Das Gesamtbild der Verteilung der Konfessionen ist indessen durch diese Vorgänge kaum merklich verändert worden.

Einzelheiten.

b   1. In **Frankreich,** das seit Erwerbung des linken Rheinufers neben reformierten auch lutherische Protestanten in sich befaßte, gab es seit 1802 eine lutherische und eine reformierte Staatskirche (Regelung der Rechtslage im Anhang zu den Organischen Artikeln, § 111 w). Die innere Entwicklung des französischen Protestantismus nach 1815 zeigt wie die der übrigen protestantischen Kirchen das Nebeneinander einer freieren und einer pietistisch-orthodoxen Richtung. 1849 kam es in der reformierten Kirche über die Frage nach der Geltung der Bekenntnisse und des altkirchlichen Dogmas zu einem Schisma; seitdem gab es neben der reformierten Landeskirche eine [orthodoxe] reformierte Freikirche („Union des églises évangéliques de France"). Doch bestand der Gegensatz zwischen Orthodoxen und Liberalen auch in der reformierten Landeskirche fort; mit der reformierten Orthodoxie, deren Hauptführer *Adolphe Monod* war (1802–1856), rang ein theologisch von *Timothée Colani* (1824–1888), kirchenpolitisch von den beiden *Athanase Coquerel* (Vater und Sohn, 1795–1868, bzw. 1820–1875) vertretener Liberalismus. Die Lutheraner hatten ihren geistigen Mittelpunkt an der theologischen Fakultät in Straßburg, die mit der freieren deutschen Theologie in Fühlung stand (*Eduard Reuß*, bedeutender Exeget, 1804 bis 1891).

c   Der Zusammenbruch des zweiten Kaiserreichs und die Abtretung Elsaß-Lothringens an Deutschland (1871), die die Zahl der französischen Lutheraner verringerte, erforderten eine Reorganisation der reformierten und der lutherischen Staatskirche. Die Lutheraner (eingeteilt in 2 Inspektionen, die von Montbéliard und die von Paris) erhielten eine Generalsynode; dagegen brachten der scharfen Gegensatzes ihrer theologischen Richtungen keine Generalsynode zustande, vielmehr klafften, zwar nicht offiziell, aber tatsächlich eine orthodoxe und eine liberale Kirche auseinander. Als Ersatz für die verlorene Fakultät in Straßburg wurde 1871 eine protestantisch-theologische Fakultät zu Paris errichtet (gemeinsam für Reformierte und Lutheraner). Hier blühte die sehr bedeutende Pariser Schule („Symbolo-Fideismus", Betonung des symbolischen Charakters der religiösen Erkenntnis), vertreten durch *Auguste Sabatier* (1839–1901) und *Eugène Ménégoz* (spr.: -gos; 1838–1921); am Collège de France wirkten *Albert Réville* (1829–1906) und sein Sohn und Nachfolger *Jean Réville* (1854–1908); als Franziskus-Biograph erlangte *Paul Sabatier* (1858–1928) internationale Berühmtheit. Das Trennungsgesetz von 1905 schuf dem französischen Protestantismus Schwierigkeiten: Finanzelend und zeitweiligen Mangel an theologischem Nachwuchs.

d   Die von den liberalen Protestanten vertretenen Anschauungen wirkten auch auf den katholischen Klerus ein; hier wirkten sie teils auf die Entstehung des französischen Modernismus (vgl. § 116 t; von Einfluß besonders A. Sabatier), teils auf die Übertrittsbewegung zum Protestantismus, die in den 90er Jahren um sich griff (die „Evadés"; *André Bourrier* u. a.).

e   2. **Belgien** (§ 114 o) barg inmitten seiner katholischen Bevölkerung mehrere evangelische Gemeinden, die eine vom Staat geduldete, aber von den katholischen Klerikern und ihrem Anhang leidenschaftlich befehdete Evangelisation betreiben.

1839 schlossen sich die 7 kleinen evangelischen Gemeinden Belgiens zur „Union des églises évangéliques protestantes de la Belgique" zusammen; daneben bildete sich (1837 ff.) eine zweite Gemeinschaft, seit 1866 „Société évangélique ou église chrétienne missionnaire belge", seit 1900 „Eglise chrétienne missionaire belge" genannt, deren Propaganda nicht erfolglos blieb.

3. Auch in **Spanien** vermochte der Protestantismus einzudringen. Die ersten *f* Evangelisationsversuche wurden von dem englischen Gibraltar aus unternommen, aber mit Kerker und Verbannung unterdrückt. Erst nachdem in der Revolution von 1868 (§ 115 h) die Toleranz für die Akatholiken durchgesetzt war, bildeten sich in Madrid, Sevilla, Cordova und anderwärts evangelische Gemeinden, für deren Verbreitung auch deutsche (*Fritz Fliedner*, 1845–1901), englische und amerikanische Protestanten tätig waren (Anglikaner und Baptisten).

4. Dagegen blieb das kulturell ziemlich tiefstehende **Portugal** fast rein katholisch. Bis zur Einführung der Republik im Oktober 1910 (vgl. § 116 n) war auf *g* Grund der Verfassung der Katholizismus Staatsreligion, der Besitz politischer und bürgerlicher Rechte an das katholische Bekenntnis gebunden, doch hatte der politische Einfluß Englands die Bildung einiger kleiner evangelischer Gemeinden ermöglicht.

5. **Italien** mußte trotz der von den Regierungen nicht behelligten Fremden- *h* gemeinden in Livorno (seit 1607), Venedig (seit 1620), Bergamo (seit 1807) und der protestantischen Gesandtschaftskapellen in Rom (seit 1819), Neapel (1825) und Florenz (1826) noch 1848 als ein rein katholisches Land bezeichnet werden. Die Wendung knüpft sich an das Emporkommen Piemonts, das 1848 die Religionsfreiheit proklamierte und 1859 dem Königreich Italien übermittelte. Nun bildeten sich drei nationale protestantische Kirchen: (1) die Waldenser (§ 115 l), *i* die sich in piemontesischen Alpentälern erhalten hatten und sich nun über Piemont (1853 große Waldenserkirche in Turin) und seit 1860 über ganz Italien (auch in Rom) verbreiteten (Mittelpunkt: Torre Pellice, sw. Turin), (2) die Chiesa libera (seit 1889 Chiesa evangelica italiana), die sich 1854 von dem Waldensertum lossagte, und (3) die Chiesa cristiana, deren Entstehung auf Einflüsse der Plymouthbrüder (§ 123 u) zurückgeht. Neben den protestantischen *k* Italienern betrieben englische und amerikanische Methodisten und Baptisten Evangelisation. In neuester Zeit sind in Italien Waldenser und Methodisten einander sehr nahe gekommen. Die Gesamtzahl der italienischen Protestanten blieb gering.

6. α) Im Kaiserreich **Österreich,** das bis 1866 zum Deutschen Bunde gehörte, *l* genoß der Protestantismus lutherischen wie reformierten Bekenntnisses seit dem Toleranzedikt Josephs II. von 1781 (§ 111 q) beschränkte Duldung. In Tirol ließen die fanatisch katholischen Stände den einheimischen Protestanten nicht einmal die Möglichkeit der Existenz (1837 Auswanderung der 400 Zillertaler; Ansiedlung auf der preußischen Domäne Erdmannsdorf in Schlesien). Durch die Revolution von 1848 erlangte der österreichische Protestantismus wenigstens einige Zugeständnisse: das kaiserliche Patent vom 8. April **1861** brachte dann grundsätzlich die volle Freiheit, indem es den Protestanten volle bürgerliche Gleichberechtigung mit den Katholiken, selbständige Verwaltung ihrer Angelegenheiten und freie Wahl ihrer Geistlichen zusicherte. Nun erhielten die beiden evangelischen Kirchen (Augsburgischer und Helvetischer Konfession) eine Verfassung (an der Spitze zwei Generalsynoden, die in gemeinsamen Angelegenheiten zusammen tagten, zuerst 1864; für beide Kirchen der k. k. [= kaiserlich-königliche] evangelische Oberkirchenrat in Wien). Tatsächlich freilich ist dem Klerikalismus nach 1861 noch manche Benachteiligung der Protestanten geglückt; charakteristisch ist das Schicksal der evangelisch-theologischen Fakultät zu Wien, die weder ihre Eingliederung in die Wiener Universität, noch auch nur eine räumliche Angliederung durchzusetzen vermochte. In der österreichischen Republik wurde die volle Eingliederung endlich erreicht (Sommer 1922).

Trotz des klerikalen Widerstandes gewann der österreichische Protestantismus *m* beständig an Boden, besonders durch die Los-von-Rom-Bewegung seit 1898, die die katholische Kirche in erster Linie der deutschfeindlichen Haltung ihres Klerus in dem großen Nationalitätenkampfe zuzuschreiben hatte. Die Übertrittsbewegung wurde von den reichsdeutschen Protestanten durch Sendung von Predigern und durch Geldspenden unterstützt. Insgesamt traten von 1898–1913 75 222 über.

n β) Die Protestanten in **Ungarn** genossen seit dem Toleranzedikt Josephs II. von 1781 (§ 111 q) Duldung, seit dem Reichstage von 1833 Rechtsgleichheit mit den Katholiken. Nachdem Österreich die ungarische Revolution von 1848–1849 mit russischer Hilfe niedergeschlagen hatte, rangen die ungarischen Protestanten mit der österreichischen Regierung um die Behauptung ihrer kirchlichen Autonomie und widerstanden aufs hartnäckigste dem kaiserlichen Patent von 1859, das ihnen eine Kirchenverfassung oktroyieren wollte; dank dem politischen „Ausgleich" zwischen Österreich und Ungarn 1867 blieb ihnen die Autonomie erhalten. An Bedrückung des ungarischen Protestantismus durch die katholische Mehrheit hat es auch in den letzten Jahrzehnten vor dem ersten Weltkriege nicht gefehlt.

o 7. Zahlreiche Evangelische, besonders englischer und deutscher Zunge, wanderten in **Mittel- und Südamerika** ein. Die in den Verfassungen der mittel- und südamerikanischen Staaten gewährte Religionsfreiheit ermöglichte die Entstehung evangelischer Diasporagemeinden. Viele Deutsche wohnten in den beiden südlichen Staaten von Brasilien, Rio Grande do Sul und Santa Catharina; hier waren ⅔ der deutschen Ansiedler, etwa 150000, evangelisch. In Mexiko lebten gegen Ende des 19. Jhs. etwa 50–60000 Protestanten, in der Mehrzahl Engländer oder Nordamerikaner. Anderwärts gab es nur wenige kleine evangelische Gemeinden, so in Chile, Peru und Paraguay, oder nur einzelne Evangelische ohne Gemeindebildung.

Über die Evangelischen in Rußland s. § 128 b k.

§ 126. Der Protestantismus in den Vereinigten Staaten.

WILHMÜLLER, Das religiöse Leben in Amerika, 1911. – TLSMITH, Revivalism and Social Reform in Mid-Nineteenth-Century America, New York [1957]. – Zum nordamerikanischen Luthertum: MARTINSCHMIDT, Wort Gottes und Fremdlingschaft, 1953. – REINHART MÜLLER, Walter Rauschenbusch, Leiden-Köln 1957. – EDMEYER, Ursprung und Geschichte der Mormonen, 1912. – VAN DER VALK, De Profeet der Mormonen, Joseph Smith jr., 1921. – VWEISS, Die Heilslehre der Christian Science, 1927. – AKELLER s. § 136.

a Ganz eigenartig war der Verlauf der Kirchengeschichte in den Vereinigten Staaten von Amerika (vgl. § 110). Trotz der Trennung von Kirche und Staat, die den Staat auf die Wahrnehmung der äußeren Dinge beschränkte und einen „Kulturstaat" im engeren Sinne unmöglich machte, blieb nicht nur der Gesellschaft im ganzen der christliche Charakter erhalten, sondern es behauptete sich eine strenge Religiosität, das Gegenspiel zu dem ungemein entwickelten Erwerbssinn und der Herrschaft des Geldes mit allen daran haftenden sittlichen Schäden.

b 1. Charakteristisch für das religiöse Leben sind neben der strengen Sonntagsheiligung die Erweckungen („revivals"), die zeitweilig fast epidemisch auftraten (1800, 1826 ff., 1857 f.) und in den „camp-meetings" (religiösen Lagerversammlungen im Freien) ihre spezifisch amerikanische Organisation erhielten, später übrigens ihre Bedeutung verloren.

c 2. Eigentümlich war ferner die Zersplitterung in zahlreiche Denominationen, deren Spaltungen und Wiedervereinigungen sich mit großer Leichtigkeit vollzogen. Sie standen untereinander in lebhaftem Wettbewerb und paßten sich, um konkurrenzfähig zu bleiben, einander möglichst an, behandelten sich gegenseitig mit großer Achtung und fühlten sich gegenüber den Nichtprotestanten als Einheit.

Sieht man von den oft geringfügigen Unterschieden ab, so lassen sich die 155 Denominationen (1908) auf einige Hauptzweige zurückführen. Überdies erwachte um 1900 eine starke **Einheitstendenz**; häufig schlossen sich mehrere Denominationen zu bestimmten praktischen Aufgaben zusammen, ja sogar die völlige Verschmelzung verschiedener Denominationen wurde erstrebt, zum Teil verwirklicht. Auch interdenominationelle Organisationen, wie der weit verbreitete, methodistisch gefärbte Jugendbund für entschiedenes Christentum („Young People's Society of Christian Endeavor", 1881) verstärkten das Einheitsgefühl. Freilich verhielten sich so große Kirchenkörper wie die Lutheraner und die Episkopalisten gegen das Zusammengehen mit anderen Denominationen ablehnend.

3. Allen Denominationen, auch den ursprünglich klerikal-hierar- *d* chisch gearteten, war die **starke Beteiligung des Laienelements** eigentümlich. Unter gegenseitiger Anpassung haben die Denominationen ein demokratisches System kirchlicher Selbstregierung mit ausgebildetem Synodalwesen entwickelt und durch das Freiwilligenprinzip, das den größten Teil der Gemeindearbeit auf freiwillig sich darbietende Laienkräfte schob, das kirchliche Interesse bei den Laien ungemein rege erhalten (ausführliche Berücksichtigung der Religion in den Tageszeitungen). Auch die Frauen haben bereits im 19. Jh. bedeutend mitgearbeitet. Die Kehrseite der kirchlichen Betätigung der Laien war die oft wenig würdige Abhängigkeit der Pastoren und der Professoren.

4. Als Ruhmestitel der amerikanischen Kirchen ist ihre großartige *e* **praktische Tätigkeit** hervorzuheben (Heidenmission; „home mission", d. i. innere Mission; soziale Reformen: Kampf gegen Sklaverei, Alkohol, Kapitalismus), die durch eine unvergleichliche Freigebigkeit ermöglicht wurde. Daher übertrafen die Leistungen der amerikanischen Gesellschaften für Heidenmission die aller übrigen.

5. Die **geistige Bildung** stand stark unter den Einflüssen der *f* religiösen Denominationen. Die „public schools" erteilten zwar keinen Religionsunterricht, den ausschließlich die von den Gemeinden unterhaltenen Sonntagsschulen vermittelten, aber trugen durchaus christliches Gepräge, und die meisten Universitäten waren private Stiftungen denominationellen Gepräges mit religiösem Mittelpunkt, oft mit einer theologischen Fakultät. Erst im ausgehenden 19. Jh. gelangten die Staatsuniversitäten (ohne religiöse Institute) zu größerer Bedeutung; damit wurden die Beziehungen zwischen der allgemeinen Bildung und den Denominationen loser.

6. Die **Theologie** war, gemessen an der des europäischen Pro- *g* testantismus, rückständig, die Vorbildung der Geistlichen sehr mangelhaft. Beides hat sich in den letzten Jahrzehnten vor 1914 gewandelt. Namentlich bei den Kongregationalisten, Presbyterianern und Episkopalisten hat sich die Orthodoxie gemildert und gemäßigt-modernen Betrachtungsweisen Eingang gestattet.

Die wichtigsten Denominationen.

h   1. METHODISTEN. Zahlenmäßig am stärksten war die volkstümliche trefflich organisierte, für das religiöse Leben der Union sehr einflußreiche **Methodistenkirche**. Die „revivals" und die dabei ausgebildeten exzentrischen Formen der Frömmigkeit gehen in erster Linie auf methodistische Einwirkungen zurück. Neben dem ursprünglichen Stamme, der „Methodist Episcopal Church" (nicht zu verwechseln mit den Episkopalisten, s. § o!), standen zu Anfang des 20. Jhs. gegen 20 kleinere Absplitterungen. 1932 haben sich mehrere Abzweigungen dem Hauptstamm wieder angeschlossen. Die Methodisten sind groß in der Benutzung der Presse und in der Verbreitung von Büchern.

i   Den Methodisten verwandt sind die **„Evangelische Gemeinschaft"** („Evangelical Association", „Albrechtsleute", Abzweigung vom Methodismus, entstanden 1803 durch den deutschen Prediger Jakob Albrecht, 1759–1808; Propaganda auch in Deutschland) und die **„Vereinigten Brüder in Christus"** („United Brethren in Christ", Abzweigung von den Mennoniten, begründet 1800 von dem Deutsch-Reformierten Philipp Wilhelm Otterbein und dem deutschen Mennoniten Martin Böhm).

k   2. TAUFGESINNTE. Der **Baptismus** hat in Amerika seine Kräfte außerordentlich entfalten können; besonders gewann er durch die Trennung von Kirche und Staat, für die er schon längst eingetreten war. Im 19. Jh. zeichnete er sich, wie früher, ebenso durch seinen ethischen Gehalt wie durch dogmatische Enge aus (starre Inspirationslehre). Von den 14 Denominationen (1907) war der Hauptstamm („Regular Baptists") streng calvinistisch. Seit 1780 gab es auch in Amerika arminianische „Free-Will-Baptists". 1845 zweigten sich infolge der Sklavenfrage die Baptisten des Südens ab, nach 1865 die baptistischen

l   Neger (Negroes). Von den übrigen Taufgesinnten waren die **„Disciples of Christ"** (oder „Campbellite Baptists", begründet seit 1823 durch Alexander und Thomas Campbell; Verwerfung der Bekenntnisse, alleinige Lehrnorm die Bibel) zahlenmäßig die bedeutendste Denomination.

m   3. PRESBYTERIANER. Die Anfänge der **Presbyterian Church** in Nordamerika reichen bis 1614 zurück. Den Hauptstamm bildeten die Gemeinden, die 1788 die „Generalversammlung" begründeten. Er ging 1837 in eine Old School (konservativ) und eine New School (kongregationalistischer Einschlag) auseinander; von beiden Zweigen splitterten infolge der Sklavenfrage 1857 und 1861 die Presbyterianer der Südstaaten ab und schlossen sich 1863 zusammen. Darauf vereinigten sich auch die „Old School" und die „New School" des Nordens zu einem Kirchenkörper (1869). Die „Presbyterian Church" hat an der presbyterialen Verfassung und dem calvinischen Bekenntnis (Westminster-Konfession, vgl. § 103 n) streng konservativ festgehalten, aber 1902 durch eine einstimmig angenommene Revision ihres Bekenntnisses die Notwendigkeit einer Umbildung der dogmatischen Formulierung anerkannt.

n   4. KONGREGATIONALISTEN. Den Presbyterianern nahe stehen die **Kongregationalisten**, die Nachfahren der 1620 eingewanderten „Pilgerväter" (§ 101 b; 1636 Begründung des Harvard-College, ihrer ältesten theologischen Schule). Sie haben, teilweise zusammen mit den Presbyterianern, mit denen sie von 1801 bis 1852 in einem Unionsvertrag standen, eine großartige Aktivität entfaltet, theologisch seit dem Aufklärungszeitalter sich freieren Anschauungen, auch unitarischen Einflüssen geöffnet (die „progressive Orthodoxie" der Schule von Andover; der einflußreiche Theologe *Horace Bushnell*, 1802–1876). In vieler Hinsicht dürften sie als die bedeutendste Erscheinung der nordamerikanischen Kirchengeschichte gelten.

o   5. EPISKOPALISTEN. Die seit 1607 nach Amerika verpflanzte anglikanische Kirche, seit der Lösung von der englischen Mutterkirche 1783 offiziell „The Protestant Episcopal Church", gemeinhin **The American Church** genannt, ist seit der Überwindung der schwierigen Periode um 1800 innerlich und äußerlich stetig erstarkt. Mit Vorliebe hielten sich die oberen Gesellschaftsschichten zu ihr. Ihre Anhänger betrachteten sie allein als „die Kirche", alle übrigen Denominationen als „Sekten" (Beziehungen zu Campello, der „christ-katholischen"

Kirche der Schweiz und verwandten Strömungen, s. § 115 u). Die innerkirchlichen Richtungen sind dieselben wie in der englischen Staatskirche. In Theologie, Philanthropie, Mission und Kirchenbau hat diese Kirche Großes geleistet.

6. KLEINERE KIRCHEN ENGLISCHEN, HOLLÄNDISCHEN UND DEUTSCHEN URSPRUNGS. Die **Quäker** („Friends") haben auch im 19. Jh. im Verhältnis zu ihrer Zahl sehr starke Wirkungen auf das Volksleben geübt, aber im ganzen ihre frühere Bedeutung nicht behauptet, auch den alten Rigorismus teilweise ermäßigt. Die **Herrnhuter** („Moravians", vgl. § 109 g) bildeten, wie früher, blühende Gemeinschaften, blieben aber von beschränkter Zahl und beschränktem Einfluß. Von den **Reformierten Kirchen** holländischen und deutschen Ursprungs reicht die Holländisch-reformierte Kirche („Reformed Protestant Dutch Church", seit 1867: „Reformed Church in America") mit ihren Wurzeln in Amerika bis 1628 zurück. Die Deutsch-reformierte Kirche („The Reformed Church in the United States") entstand durch die starke Einwanderung von deutschen Reformierten, namentlich Pfälzern, seit dem Ende des 17. Jhs. Die deutschen reformierten Gemeinden Amerikas haben das Verdienst, den Amerikanern deutsche Theologie und Philosophie vermittelt zu haben (berühmtes theologisches Seminar 1836 in Mercersburg, Pennsylvania, 1872 in Lancaster; vor allem *PHILIPP SCHAFF*, Schüler Neanders, 1819–1893). Von der holländischen Kirche haben sich (seit 1857) mehrere kleinere Gruppen abgesplittert und 1882 bzw. 1890 zur „Christlich-reformierten Kirche" („The Christian Reformed Church in the United States") zusammengeschlossen (1922 *30562* Vollglieder). Eine sehr ansehnliche Kirche, die **Deutsche evangelische Synode von Nordamerika,** ist aus einem kleinen „Kirchenverein" hervorgegangen, der 1840 unter den sittlich verwilderten deutschen Ansiedlern des Westens von 8 Pastoren begründet wurde („unionistisch" gesinnt; 1845–1911 von 12 auf 1314 Gemeinden gewachsen).

7. LUTHERANER. Das amerikanische **Luthertum** hat durch die starke Einwanderung aus Europa andauernd starken Zuzug erhalten, aber von den eingewanderten Familien nach ihrer Amerikanisierung regelmäßig eine bedeutende Menge wieder verloren. Mit seinem starren dogmatischen Standpunkt und seiner exklusiven Haltung gegenüber den anderen Denominationen entspricht es den amerikanischen Verhältnissen nur wenig, hat daher trotz zahlenmäßiger Stärke keine starken Einwirkungen auf das Volksleben ausgeübt.

A. Der Osten. Auf die erste Organisation der amerikanischen Lutheraner (1748; *H. M. Mühlenberg*, § 110 b) folgte eine Zeit religiösen Niedergangs und schwerer Kämpfe um die Sprachenfrage. Der nächste Schritt zu einer durchgreifenden Organisation geschah 1820 durch die Gründung der lutherischen „**Generalsynode**", die freilich nur den kleineren Teil der Lutheraner Amerikas umfaßte. In ihr entspann sich ein jahrzehntelanger Kampf zwischen dem sog. „amerikanischen Luthertum" (puritanische und methodistische Einflüsse, Gleichgültigkeit gegen die Unterschiede zwischen Lutheranern und Calvinisten, Ablehnung der luth. Abendmahlslehre) und den sog. „Symbolisten", die für die unwandelbare Geltung der luth. Symbole eintraten und schließlich den Sieg erlangten. **1866** zweigte sich das extrem lutherische „**Generalkonzil**" ab, das die Inspiration der ganzen hl. Schrift verfocht und sich von den übrigen Protestanten völlig isolierte.

B. Der Westen. Auch in den neuen Staaten des Westens faßte ein strammes Luthertum Wurzel. Hier entstanden: 1) 1818 die Ohiosynode (der Name seit 1833); 2) 1845 die Buffalosynode; 3) **1847** die **Missourisynode**, die größte lutherische Gemeinschaft Amerikas, hervorgegangen aus den 1838 mit dem Dresdener Pastor *Martin Stephan* ausgewanderten Sachsen (§ 120 e), ein Kirchenkörper von äußerst entschiedenen Überzeugungen; 4) 1854 die Jowasynode, begründet von Schülern Wilhelm Löhes (§ 120 w); 5) **1872** die **Synodalkonferenz,** ein Zusammenschluß von lutherischen Kirchenkörpern der westlichen Staaten unter Führung der Missouri-Synode (erster Präsident der streng konfessionelle *C. F. W. Walther*, 1811–1887). In ihr spielte seit den 70er Jahren der mit großer Unduldsamkeit, doch ohne Ergebnis geführte sog. Walthersche Prädestinationsstreit.

§ 126 Von der romantischen Reaktion bis 1914

t C. Der Süden. Infolge des nordamerikanischen Bürgerkrieges von 1861–65 schieden **1863** die Lutheraner des Südens aus der lutherischen Generalsynode (§ r) aus und bildeten die „Generalsynode der ev.-lutherischen Kirche in den Konföderierten Staaten von Amerika", seit 1886 die „Vereinigte Synode im Süden".

u D. Die skandinavischen Lutheraner. Die Schweden, welche im 17. und 18. Jh. in Nordamerika einwanderten, gingen in der 2. Hälfte des 18. Jhs. zur anglikanischen Kirche und zur englischen Sprache über. Seit der Mitte des 19. Jhs. datiert eine neue Einwanderung von Schweden; nun entstand 1860 die **Augustana-Synode,** deren Gebiet sich allmählich über die gesamte Union ausgedehnt hat.

Die Norweger (Einwanderung seit 1825) gehörten 1860–70 zur Augustana-Synode, seit 1890 meist zur „Vereinigten norwegisch-lutherischen Kirche in Nordamerika".

Von geringerer Bedeutung sind die Dänen und die Isländer; die Besetzung Finnlands durch die Russen hat in den letzten Jahrzehnten vor 1914 auch zahlreiche Finnen nach Amerika geführt (Synode seit 1890).

v 8. Die **Unitarier** in Nordamerika (Priestley, s. § 109 b), deren älteste Gemeinden meist durch Absplitterung vom Kongregationalismus entstanden, haben sich als kirchliche Organisation verhältnismäßig nur wenig verbreitet (1911 503 Gemeinden), aber großen Einfluß auf das allgemeine Geistesleben ausgeübt. Eine Reihe hervorragender amerikanischer Schriftsteller gehört ihnen an, so der Dichter *R. W. Emerson,* der Historiker *Bancroft* und die um ihn gescharte historische Schule. Die theologischen Führer waren *W. E. Channing* (1780–1842) und der wesentlich liberalere *Th. Parker* (1810–60). Die alte antitrinitarische Polemik hat sich allmählich in historisch-kritisch und religionsphilosophisch unterbaute moderne Theologie verwandelt. Von den Unitariern der Zeit um 1900 ist besonders *F. G. Peabody* (an der Harvard-Universität) bekannt geworden.

w 9. In den 20er Jahren verbreitete sich in Nordamerika, wie in England (§ 123 s), die Erwartung der baldigen Wiederkunft Christi, als deren Termin ein gewisser *William Miller* den 23. April 1843 vorausverkündete. Die eschatologische Erwartung hielt auch nach diesem Zeitpunkt noch an. Im ganzen organisierten sich 6 Denominationen von **„Adventisten",** die stärkste ist die der **Seventh Day Adventists** (Feier des Sabbats auf Grund der hl. Schrift).

x 10. Eigenartig ist die Gruppe der **Mormonen** („Latter-Day-Saints", Heilige vom letzten Tage). Sie entstand in den Kreisen der ungebildeten, barbarischen, in ganz primitiven religiösen Ideen lebenden Ansiedler des Westens. Ihr Stifter war der „Prophet" *Joe Smith jr.* (1805–44), ein moralisch und intellektuell ziemlich tiefstehender Mensch, der sich für inspiriert hielt und Gläubige fand. Ausgangspunkt der Religionsstiftung wurde das „Buch Mormons" (1830), eine Offenbarungsschrift; doch ruht die weitere Entwicklung nicht auf diesem Buch, sondern auf den zahlreichen Orakeln des Propheten. Die rasch anwachsende, kommunistisch-theokratische Gruppe stieß bald auf erbitterten Widerstand und verlegte daher ihre Wirksamkeit immer weiter nach Westen, von Kirtland in Ohio und Missouri nach Illinois, wo sie die rasch aufblühende Stadt **Nauvoo** gründete, schließlich, nachdem Smith vom Pöbel erschossen worden war, unter Führung des gewaltigen *Brigham Young* (1801–1877) nach heldenhafter Wanderung durch die Felsenwüste der Rocky Mountains nach dem Großen Salzsee. Hier gründeten die Mormonen **Salt Lake City** und den Staat **Utah**. In diesem Staatswesen wurde auf eine von Smith erlassene, von Young veröffentlichte Offenbarung hin die Polygamie als zur Seligkeit notwendig angeordnet, doch nur bei einem kleinen Teil der Familien wirklich durchgeführt. 1848 wurde Utah Territorium der Union, 1896 Bundesstaat. Die Union hat seit 1882 die Vielweiberei energisch bekämpft. Auch in Europa trieben die Mormonen Propaganda, besonders in England; in Deutschland wurde ihre Werbetätigkeit immer sofort von der Polizei unterdrückt.

y 11. Auf einer Vermischung von Religion und Medizin beruht die Gruppe der **Christian Scientists** („Christian Science Church", Kirche der christlichen Wissenschaft), gestiftet von Mrs. *Mary Baker*, seit ihrer zweiten Heirat 1877 Mrs. *Eddy* in Boston (1821–1910). Diese lehrte in ihrem vielgelesenen Buche „Science and health" (Wissen und Gesundheit, ¹1870) die Heilung von körperlichen Krankheiten durch Gebet, vermeintlich nach dem Vorbilde Jesu, und entwickelte eine entsprechende, rein immaterialistische Metaphysik. Tatsächliche Erfolge bei nervös Überreizten haben die Gruppe sehr verbreitet, auch nach England und Deutschland.

12. Schließlich gelangte von Nordamerika aus seit 1848 der **Spiritismus** zu *z* weitester Verbreitung, der die Möglichkeit des Verkehrs mit den Geistern der Verstorbenen lehrt und durch allerlei Experimente diesen Verkehr auszuüben sucht. Ein Seitenzweig ist die **Theosophie**, die sich in Amerika, Indien (Madras) und Europa verbreitete, nachdem 1875 in New York durch eine Russin, Frau Helene Petrowna *Blavatsky*, und den amerikanischen Oberst Henry *Olcott* die Theosophische Gesellschaft gegründet worden war (Sitz seit 1879 Indien, seit 1882 Adyar bei Madras). Sie trat mit brahmanischen und buddhistischen Priestern in Verbindung; ihre radikaleren Anhänger erstrebten die Verdrängung des Christentums durch eine synkretistische Zukunftsreligion. Peinliche Enthüllungen ihrer spiritistischen Schwindeleien vermochten die Werbekraft nur wenig zu brechen. Fortsetz. § 136 d–f.

d) *DIE ORIENTALISCHEN KIRCHEN.*

§ 127. Die orthodoxen Landeskirchen des Mittelmeergebiets.

NMILASCH, Das Kirchenrecht der morgenländischen Kirche, deutsch ² 1905. – KBETH, Die orientalische Christenheit der Mittelmeerländer, 1902. – FJBLISS, The religions of Modern Syria and Palestine, 1912.

Auch das „orthodoxe" Christentum der Mittelmeerländer hat im *a* 19. Jh. bedeutende Umwälzungen erlebt, zwar nicht in der Weltanschauung, wie das Abendland, wohl aber auf kirchenpolitischem Gebiet. Im Zusammenhang mit der nationalen Entwicklung der Balkanvölker bildeten sich neben den alten, immer mehr eingeschränkten Patriarchaten die modernen anatolischen Autokephalkirchen (ἐκκλησίαι αὐτοκέφαλοι)¹.

Abgesehen von Rußland lebte zu Beginn des 19. Jhs. die Hauptmasse der *b* „orthodoxen" Christen in der Türkei und unterstand dem Patriarchen von Konstantinopel. Unter dem harten Drucke der türkischen Oberherrschaft war ein regeres geistiges Leben bei den Rajah jahrhundertelang unmöglich. Nur die Stellung der Griechen war etwas erträglicher. Infolge der französischen Revolution erwachte bei den Griechen der Gedanke einer nationalen Erhebung gegen die Türken; in dem heldenmütig geführten **griechischen Freiheitskriege 1821-29** erkämpften sie, unterstützt von England, Rußland und Frankreich, ihre Unabhängigkeit.

Damit begann die Befreiung der christlichen Völker der europäischen Türkei *c* von der türkischen Herrschaft. Sie wurde seit dem Scheitern der Heiligen Allianz (§ 112 d) und dem Vordringen des Grundsatzes der nationalen Selbstbestimmung der Völker von den europäischen Großmächten im ganzen begünstigt, wenn auch der Wettbewerb Englands und Rußlands um die Vormachtstellung im Mittelmeer und in Zentralasien eine klare und völlige Lösung der „orientalischen Frage" verhinderte. Keinen wesentlichen Fortschritt brachte der **Krimkrieg (1853-56),** den Rußland zum Schutze der orthodoxen Christen der Türkei und

---

¹ Eine Autokephalkirche ist nach vorherrschendem Sprachgebrauch ein kirchlicher Verband mit selbständigem Oberhaupt, das nicht einem auswärtigen Kirchenoberen, zB. dem Patriarchen von Konstantinopel, untergeordnet ist.

zur Festsetzung am Bosporus unternahm; denn mit Hilfe von England, Frankreich, Österreich und Sardinien wehrte die Türkei den russischen Angriff ab, und die Lage der Christen in der Türkei blieb unerfreulich. 1860 offenbarten greuelvolle Massenermordungen syrischer Christen von neuem die Rechtsunsicherheit der Christen wie den fanatischen Haß der islamitischen Bevölkerung (Zahl der Opfer angeblich 16000).

d Weit größer war das Ergebnis des **russisch-türkischen Krieges von 1877-78**, das der Berliner Kongreß von 1878 formulierte (Serbien 1817 abhängiges, 1878 unabhängiges Fürstentum, 1882 Königreich; Rumänien 1878 unabhängiges Fürstentum, 1881 Königreich; Bulgarien 1878 abhängiges Fürstentum, 1908 unabhängiges Königreich; Bosnien und Herzegowina 1878 von Österreich okkupiert, 1908 annektiert). Infolge des griechisch-türkischen Krieges von 1897-98 wurde Kreta in eine lose Verbindung mit Griechenland gestellt.

e Der politischen Befreiung der Balkanvölker von der Türkei folgte ihre kirchliche Trennung vom Patriarchat Konstantinopel und die Aufrichtung selbständiger Landeskirchen. 1833 erklärte die Kirche des Königreichs Hellas ihre Unabhängigkeit vom Patriarchat Konstantinopel (von diesem anerkannt 1850; Verfassung von 1852). Serbien wurde 1879, Rumänien 1885 kirchlich selbständig. Für die Bulgaren schuf der Sultan 1870 das bulgarische Exarchat; da der Patriarch es nicht anerkannte und 1872 über die Bulgaren den Bann verhängte, entstand ein Schisma; 1890 stellte der Sultan noch eine Reihe mazedonischer und albanischer Eparchien unter den bulgarischen Exarchen. 1880 verlor der Patriarch Bosnien und Herzegowina, 1900 Kreta.

f Im ganzen zerfiel die sog. „orientalisch-orthodoxe Kirche" um 1900 in 15–17 selbständige Kirchen, worunter allerdings einige, wie die alten Patriarchate Jerusalem und Alexandria, völlig bedeutungslos waren. Geistig stand die Kirche von Hellas am höchsten. Sie unterhielt Beziehungen zur protestantischen Theologie des Abendlandes und brachte eine Reihe tüchtiger Theologen hervor.

g Eine neue Ära in der Entwicklung des Ostens brach mit dem großen **Balkankrieg 1912–1913** an, in dessen erstem Teile die Türkei beinahe ihres gesamten europäischen Besitzes verlustig ging, während in der zweiten, noch greuelvolleren Phase die Balkanvölker miteinander um die Verteilung der eroberten Gebiete rangen.

§ 128. Rußland.

ALEROY-BEAULIEU, Das Reich der Zaren und die Russen III, 1890. – KSTÄHLIN, Geschichte Rußlands, 3 Bde., 1923-35 [bis zu Nikolaus I.]. – KHOLL, Tolstoi nach seinen Tagebüchern, 1922. – NBONWETSCH, KG. Rußlands im Abriß, 1923. – KGRASS, Die russischen Sekten, 1906ff. – *NARSENIEW, Das heilige Moskau, 1940. – Für die neuere Erforschung der Ostkirche bedeutsam *GEORG WUNDERLE in Würzburg (gest. 1950) und andere: Heftreihe „Das östliche Christentum", Neue Folge, 1947ff. – EBENZ, Die abendländische Sendung der östlich-orthodoxen Kirche. Die russische Kirche und das abendländische Christentum im Zeitalter des hl. Allianz (Akademie Mainz 1950). – EWINTER, Halle als Ausgangspunkt der deutschen Rußlandkunde im 18. Jh., 1953.

Überblick über die Konfessionen und Sekten
im zaristischen Rußland.

a 1. Die **russisch-orthodoxe Staatskirche**, seit 1589 unabhängig von Konstantinopel § 55 o, an der Spitze seit *PETER I.* (der die Würde eines russischen Patriarchen beseitigte) der 1721 eingesetzte „allerheiligste Synod", der im Namen des Zaren die Kirche regierte; er wurde geleitet durch einen „Oberprokurator", der den Zaren vertrat. Weitere Verengung des russischen Staatskirchentums besonders durch die [von der französischen Aufklärung beeinflußte] Kaiserin *Katharina II.* (gest. 1796): die Bischöfe staatliche Verwaltungsbeamte; die kirchliche Theologie durch Beseitigung der theologischen Fakultäten vom europäischen Geistesleben isoliert.

2. Die **römisch-katholische Kirche** im russischen Polen (mit Rußland vereint seit den Teilungen Polens 1772, 1793, 1795 und dem Wiener Kongreß 1815). Seit 1906 die Sekte der Mariawiten (§ m).

3. **Evangelische**:

α) Lutheraner in Finnland (lutherische Staatskirche; russisch *b* 1809–1917), in den Ostseeprovinzen, in Russisch-Polen und zerstreut;

β) Reformierte in Polen und Litauen;

γ) einzelne independente Gemeinden im Süden, entstanden durch Einwanderung pietistischer süddeutscher Kolonisten (1817 Gemeinde Hoffnungstal in Bessarabien, 1818 Gemeinden in Grusien).

Geistiger Mittelpunkt des deutschen Luthertums in Rußland war die deutschsprachige theologische Fakultät der protestantischen baltischen Landesuniversität Dorpat, bis zum Beginn der Russifizierung 1889 (s. § k) von abendländischem Gepräge; Blütezeit der streng lutherisch eingestellten Fakultät die mittleren Jahrzehnte des Jhs. (*F. A. Philippi* [§ 119 x]; der praktische Theolog und Lutherforscher *Theodosius Harnack*; der Systematiker *A. von Öttingen*).

4. Die **„Raskolniki"**, die Sektierer der russischen Kirche, ein bedeutender *c* Bruchteil der Bewohner Rußlands, bis 1905 (§ i) vielfach verfolgt. Aus dem bunten Gewirr des „Raskol" heben sich 3 Hauptgruppen heraus:

α) Die Starowjerzy oder Altgläubigen (§ 99 c), schon im 17. Jh. in die Popówzy oder Priesterlichen und die Bespopówzy oder Priesterlosen gespalten; aus beiden Zweigen ist wieder eine ganze Fülle verschiedener Sekten hervorgegangen;

β) die „geistigen Christen", die sich gegen die „Altgläubigen" wie *d* gegen die orthodoxe Staatskirche im Gegensatz fühlten, obwohl sich viele von ihnen äußerlich zur Staatskirche hielten; Pflege einer rein geistigen, mystisch gearteten Gottesverehrung. 4 Grundtypen: die schwärmerischen Chlysten (Geißler) oder „Gottesmenschen", mit einem ganz phantastisch ausgestalteten Glauben an die Inkarnation Gottes und Christi in den Bauern *Filipow* und *Suslow* (um 1650); die Skopzen (Selbstverstümmler), die von ihren Mitgliedern die Kastration forderten; die Duchoborzen (Geisteskämpfer), die von allen russischen Sektierern am radikalsten mit der Orthodoxie gebrochen hatten; die Molokanen, die einem mystischen Spiritualismus huldigten.

γ) Die „Stundisten" entstanden nach der Aufhebung der Leibeigen- *e* schaft (1861 ff.) unter den südrussischen Bauern unter dem Einfluß der in Südrußland angesiedelten süddeutschen Pietisten; dazu traten später Einflüsse des Baptismus, bei einem Teil Einflüsse Tolstois. Bibellektüre; pietistische Lebensgestaltung. (Der Name „Stunda" von den pietistischen Bibelstunden.)

In Rußland war bei dem engen Zusammenhang von Kirche und *f* Staat die Lage der Kirche noch weit mehr als in den westlichen Ländern von der Politik abhängig. Die Politik des zaristischen Staats war aber, von kurzen liberalen Zwischenzeiten abgesehen, schroff fortschrittsfeindlich. Die inneren Zustände unter der Autokratie waren entsetzlich; höhere Kultur fehlte fast völlig. Das Ziel der altrussischen Partei, die fast durchweg die Vorhand hatte, war der Abschluß Rußlands gegen die westeuropäische Kultur und die Herstellung der nationalen und kirchlichen Einheit Rußlands, also das Russischwerden aller Nichtrussen im Zarenreich und ihre Bekehrung zur orthodoxen Kirche. Unter dieser Politik haben die friedlichen Lutheraner der Ostseeprovinzen nicht weniger zu leiden gehabt als die zu Aufständen geneigten römisch-katholischen Polen; besonders aber über die Raskolniki, die bunte Menge der russischen Sektierer, ergingen immer wieder harte Verfolgungen. Der brutale Druck, mit dem das Altrussentum alle revolutionären Bewegungen zu Boden hielt, trieb Rußland mit unheimlicher Notwendigkeit der Revolution von 1905 zu, dem Vorspiel der großen Katastrophe des Zarentums im März 1917.

g   1. Von den Zaren war *ALEXANDER I.* (1801–25) in seiner ersten Zeit für die freieren Gedanken des Abendlandes nicht unempfänglich, geriet aber seit 1815 mehr und mehr in den Bann Metternichs (§ 112 d) sowie mystischer Anschauungen. Das Urbild des Selbstherrschers und der eifrigste Vorkämpfer des altrussischen Gedankens war sein Bruder, der militaristische *NIKOLAUS I.* (1825–55); sein Ziel nach innen: „ein Kaiser, eine Sprache, eine Religion"; sein Ziel nach außen: die enge Verbindung aller außerhalb Rußlands wohnenden Orthodoxen mit dem Zarenreich. Dies äußere Ziel vernichtete der Krimkrieg (§ 127 c).

h   Eine ganz neue Zeit schien mit *ALEXANDER II.* (1855–81) anzubrechen. Er wagte sich an die Riesenaufgabe, durch umfassende Reformen Rußland auf eine höhere Stufe zu heben. Seine Haupttat war die Aufhebung der Leibeigenschaft seit 1861. Auch die orthodoxe Staatskirche wurde durch den Zaren und den Heiligen Synod erneuert: der kastenartige Abschluß der niederen Geistlichkeit wurde beseitigt (1868), das Klosterleben geregelt, zur Bekehrung der Heiden und der Mohammedaner des Zarenreichs wurden orthodoxe Missionsgesellschaften begründet. Aber seit dem polnischen Aufstand von 1861 gewann allmählich das Altrussentum wieder das Übergewicht und vermochte den leicht bestimmbaren Zaren von seinem Programm abzubringen. Dieser Rückschlag reizte die idealistische Jugend zu schärfstem Widerstande; so entstand die terroristisch-revolutionäre Partei der **Nihilisten**, die durch radikalen Umsturz aller Verhältnisse und Anschauungen einen neuen Zustand zu schaffen strebte. 1881 wurde der Zar durch ein nihilistisches Attentat getötet.

i   Unter *ALEXANDER III.* (1881–94) war *Konstantin Pobjedonoszew* (1827 bis 1907), ein rücksichtsloser Gewaltmensch, das einflußreiche Haupt der altrussischen Partei. *NIKOLAUS II.* (1894–1917, erschossen 1918) hielt zunächst an Pobjedonoszew und dem Grundsatz der Autokratie fest. Doch nun ging die Saat des Nihilismus auf. Anfang **1905,** während des russisch-japanischen Krieges, brach eine gefährliche **Revolution** aus. Unter ihrem Druck gewährte der Zar am 30. Okt. 1905 eine Verfassung, die u. a. Gewissensfreiheit verhieß, und entließ Pobjedonoszew. Doch erfüllten sich die großen Erwartungen, die man an diese Wendung knüpfte, unter dem Zarentum nur zum kleinsten Teil.

k   2. In den **Ostseeprovinzen** erfolgten schon 1845–46 unter dem Druck des Staats massenhafte Übertritte livländischer und estländischer Bauern vom Luthertum zur russischen Kirche, veranlaßt durch trügerische Versprechungen von Land. Der Rücktritt von der Staatskirche zum Luthertum war streng verboten; Kinder aus gemischten Ehen mußten im orthodoxen Bekenntnis erzogen werden. Duldsam war Alexander II., der den Lutheranern 1865 das Eingehen von Mischehen erleichterte. Um so schlimmere Zeiten kamen unter Pobjedonoszew. Er eröffnete einen planmäßigen Kampf gegen die deutsche Kultur und die lutherische Kirche der Ostseeprovinzen; zahlreiche lutherische Pastoren wurden wegen „Vergehens" gegen die Staatskirche zu Gefängnis verurteilt, die orthodoxe Kindererziehung in gemischten Ehen von neuem gefordert, die Universität Dorpat, nun Jurjew genannt, fast völlig russisch gemacht (russische Unterrichtssprache 1895) usw.

l   3. Nicht immer so loyal wie die Deutschen der Ostseeprovinzen standen die **Polen** (§ a) dem russischen Staate gegenüber. Seit 1815 eine Art Staat im Staate, verloren sie nach der Erhebung von 1830–31 ihre Freiheiten; die seit der Union von Brest 1596 mit Rom Unierten wurden 1839 in ihrer Mehrzahl zur orthodoxen Kirche zurückgeführt (2 Millionen); der Rest, etwa ⅓ Million, wurde 1875 wieder russisch-orthodox. In den ersten Jahren Alexanders II. war die römisch-katholische Kirche in Polen duldsam behandelt worden, aber die fanatische polnische Erhebung von **1861**, an der die polnischen Priester sehr stark beteiligt waren, führte zu scharfen Maßregeln: 1864 wurde die Mehrzahl der römisch-katholischen Klöster aufgehoben, seit 1865 die geldliche Unabhängigkeit des römisch-katholischen Klerus vom russischen Staat beseitigt. Die feindselige Haltung des Vatikans beantwortete der Zar mit dem Abbruch der diplomatischen Beziehungen (1866); erst seit 1883 wurde wieder ein leidliches Einvernehmen mit der Kurie hergestellt.

Die kirchenpolitische Lage seit 1905 (§ i) begünstigte die Entstehung der römisch-katholischen Sekte der **Mariawiten** in Russisch-Polen, begründet von der Ordensfrau *Maria Franziska Koslowska* († 1922) und dem Priester *Johann Kowalski*. Die Sekte erlangte 1906 staatliche Anerkennung und trat 1909 mit den Altkatholiken (§ 115 t) in Verbindung. Ihre Religiosität war durch eine relativ hochstehende Marienverehrung und eine sehr anerkennenswerte karitative Tätigkeit gekennzeichnet (Mittelpunkt Lodz; Anfang 1912: 35 Geistliche, 96 Gemeinden). Seit 1920 geriet die Sekte auf Abwege (extrem nationalistische und schwärmerische Entwicklung; „mystische Ehen", übersteigerte Verehrung der Koslowska) und verfiel rasch; die altkatholische Bischofskonferenz brach 1924 die Beziehungen zu den Mariawiten ab.

m

4. Die interessantesten geistigen Erzeugnisse der russischen Zustände sind die Schriften des Grafen *LEO TOLSTOI* (1828–1910), der dem dekadenten Kulturleben seiner Zeit ein an der wörtlich befolgten Bergpredigt gewonnenes schroff asketisches Christentum entgegenhielt („Kurze Auslegung des Evangeliums", 1890; „Worin besteht mein Glaube?", ²1892; dazu Romane und Novellen, vor allem „Auferstehung", 1897). Neben ihm gelangte als religiöser Schriftsteller *F. M. Dostojewsky* (1821–81; „Die Brüder Karamasow", 1880) mit seiner psychologischen Schärfe, seinem sozialen Verständnis und dem Irrationalismus seiner Gottesanschauung zu starker Nachwirkung, besonders in der Kulturkrise nach dem ersten Weltkriege. Beide gewannen auch außerhalb Rußlands großen Einfluß.

n

§ 129. Die unierten und die häretischen Orientalen.

LWBROWN, The Indian Christians of St. Thomas, Cambridge 1956. – PKAWERAU, Amerika und die orientalischen Kirchen, Ursprung und Anfänge der amerikanischen Mission unter den Nationalkirchen Westasiens, 1959.

1. Neben den „orthodoxen" Orientalen gibt es noch mehrere Millionen orientalischer Christen, die mit Rom uniert sind. Diese erkennen den römischen Primat und das römisch-katholische Dogma an, feiern aber den Kultus nach eigenen orientalischen Riten und in orientalischer Kirchensprache (griechisch, altslavisch, syrisch, arabisch usw.). Die Kurie schenkte ihnen stets große Aufmerksamkeit, weil sie von diesem Fundamente aus die gesamte orientalische Christenheit zur römischen Kirche zurückzuführen hoffte.

a

Die einzelnen Gruppen des **„Ritus orientalis"** sind in Verfassung, Liturgie usw. voneinander mannigfach unterschieden; sie haben sich in wechselvoller Geschichte zu ganz verschiedenen Zeiten an die römische Kirche angegliedert, die Maroniten im Libanon (§ 40 e) bereits 1182, die meisten erst allmählich seit 1439 (§ 69 q). Unter den 5 Hauptgruppen war der $4^1/_2$ Mill. umfassende griechische Ritus der bedeutendste; er umfaßte u. a. den sehr beträchtlichen griechisch-ruthenischen Ritus (Österreich-Ungarn, c. $3^1/_2$ Mill., bis 1839 bzw. 1875 auch in Rußland, vgl. § 128 l) und den ebenfalls bedeutenden griechisch-rumänischen Ritus (Ungarn, Siebenbürgen, Serbien, Rumänien, annähernd 1 Mill.; vgl. § 137 b). Im 20. Jh. hat sich die 1839 und 1875 einsetzende rückläufige Bewegung innerhalb des „Ritus orientalis" (§ 128 l) fortgesetzt, vgl. § 137 b.

b

c   2. Eine eigentliche „Geschichte" haben die Unierten ebensowenig erlebt wie die Reste der häretischen orientalischen Nationalkirchen, die fast durchweg in völlige Barbarei versunken sind. Nur die **Armenier** standen seit dem 17. Jh. auf einer höheren Kulturstufe.

d   Das alte **Armenien** war unter die Türkei, Persien und [seit 1828] Rußland verteilt. In der Türkei wurden 1895 und 1896 an hunderttausend Armenier von den wilden Kurden und anderen Mohammedanern mit entsetzlichem Fanatismus hingemordet. Die jungtürkische Revolution (1908–09), welche die volle Gleichberechtigung der Moslemin und der Christen durchsetzte, besserte die Lage der Armenier keineswegs, vielmehr kam es zu neuen Greueln. Das Furchtbarste brachte dann der erste Weltkrieg (§ 137 h). In Rußland aber wirkte schon die Revolution von 1905–06, vollends dann die von 1917, auch auf die armenischen Verhältnisse verwüstend ein und gefährdete das geistige Leben, das sich seit den letzten Jahrzehnten des 19. Jhs. unter abendländischen Einwirkungen zu regen begonnen hatte (Studium von Armeniern an westeuropäischen, besonders deutschen Universitäten). Ein eifriger Freund der bedrückten Armenier war *Johannes Lepsius*, 1858–1926, Direktor der Deutschen Orient-Mission in Berlin (bis 1926). Vgl. § 137 h.

e   Die Jakobiten und die Nestorianer, alle in jämmerlichen Kulturzuständen, schmolzen im Laufe des 19. Jhs. unaufhaltsam zusammen, von den Nestorianern trat die persische Hälfte 1898 zur russischen Kirche über, um sich den Schutz Rußlands zu sichern. Die Kopten (2 Mill.) haben im 19. Jh. vornehmlich aus dem englischen Einfluß in Ägypten Vorteile ziehen können. Die abessinische Kirche (3 Mill.) erfreute sich als Landeskirche einer gesicherten Existenz, war aber geistig ebenso erstorben wie die anderen. Ebenso kulturlos waren die Thomas-Christen in Indien; sie waren zur Hälfte mit Rom uniert, zur Hälfte hielten sie an ihrem nationalen Kirchentum fest. Die von Evangelischen, namentlich von Engländern und Amerikanern, unter den Abessiniern, Kopten, Nestorianern und Thomas-Christen unternommenen Missionsversuche blieben ohne nennenswerten Erfolg; dagegen gelang den Amerikanern die Protestantisierung von 40000 Armeniern.

e) DIE AUSBREITUNG DES CHRISTENTUMS.

§ 130. Weltverkehr und Mission.

RGRUNDEMANN, Neuer Missionsatlas, ²1903. – *KSTREIT, Katholischer Missionsatlas, 1906. – GWARNECK, Abriß einer Geschichte der prot. Missionen, ¹⁰1913. – JRICHTER, Ev. Missionskunde, ²1927. – HFRICK, Die evangelische Mission, 1922. – *JGLAZIK, Die russisch-orthodoxe Heidenmission seit Peter d. Gr., 1954. – *GDKITTER, The White Fathers, London 1957. – CCARY-ELWES, China and the Cross, New York 1957. – CHWIGLEHART, Cross and Crisis in Japan, New York 1957. – Vgl. zu § 138.

a   Eine der bedeutendsten Tatsachen der Kirchengeschichte des 19. Jhs. ist die Erweiterung ihres Schauplatzes über die ganze Erde. Durch die ungeheure Ausbreitung der westeuropäisch-nordamerikanischen Rasse und Kultur waren bis zum Ausgang des 19. Jhs. Christen über die gesamte bewohnte Erde verstreut, an einigen Punkten, wie im Kaplande und auf dem Festlande von Australien, große christliche Ansiedlungen entstanden. War diese Verbreitung des Christentums die zufällige Begleiterscheinung des Welthandels und der Kolonialpolitik der Weltmächte, so entsprang der große Aufschwung der äußeren Mission überwiegend religiösen Motiven. Die energischen Versuche einer Christianisierung der Naturvölker vornehmlich auf der Inselwelt der Südsee und in Afrika und der alten Kulturvölker Asiens waren, so sehr die Ergebnisse auch hinter den erstrebten Zielen zurückblieben, auf jeden Fall bedeutsame Regungen des religiösen Lebens der christlichen Kirchen und ein Beweis, daß diese trotz aller nicht zu bestreitenden Zersetzung und Auflösung über starke religiöse Kräfte verfügten.

Ein neuer Abschnitt der Missionsgeschichte beginnt mit der englischen Erweckung am Ende des 18. Jhs. (vgl. § 109 m). Die großen katholischen Missionen waren im Laufe des 18. Jhs. und vollends unter den Wirkungen der französischen Revolution in Verfall geraten; erst seit den 30er Jahren, mit dem Wiedererstarken des Katholizismus, wurde der katholische Missionseifer wieder rege. Die Mission des 19. Jhs. stand mit der Ausdehnung der führenden politischen Mächte in engstem Zusammenhang, wobei Mission und kolonisatorische Unternehmungen sich gegenseitig förderten. *b*

Die **römisch-katholische Mission** hat vor der protestantischen den Vorzug *c* einheitlicher Leitung; die meisten katholischen Missionsbezirke unterstehen der „Congregatio de propaganda fide" (§ 97 d), einige wenige einer anderen Kongregation von Kardinälen. Von den Genossenschaften zur Ausbildung von Missionaren ist die 1805 in Paris gegründete, seit 1826 sich der Heidenmission widmende Pikpusgenossenschaft zu nennen, von den Vereinen zur Sammlung von Missionsbeiträgen der Lyoner Verein zur Ausbreitung des Glaubens (gegr. 1822).

Die **protestantische Mission** dagegen wird, von vereinzelten Ausnahmen abgesehen, nicht von den Kirchenregierungen, sondern von privaten Missionsgesellschaften betrieben, die von jenen unabhängig sind, aber im besten Einvernehmen mit ihnen stehen. Fast durchweg herrscht in ihnen die Orthodoxie; eine Ausnahme bildet der von freieren deutschen und schweizerischen Protestanten 1884 gegründete „Allgemeine evangelisch-protestantische Missionsverein", der hauptsächlich in Japan, aber auch in China wirkt. Die bedeutendsten protestantischen Missionsgesellschaften sind: *d*

in GROSSBRITANNIEN (vgl. § 109 m): 1) die Baptisten-Missionsgesellschaft von 1792, 2) die Londoner Missionsgesellschaft von 1795 (kongregationalistisch), 3) die Kirchliche Missionsgesellschaft („Church Missionary Society", 1799, episkopalistisch, doch tolerant), 4) die zu Übergriffen in fremde Missionsgebiete neigende ritualistische „Society for Propagation" (gegründet 1701), 5) die Wesleyanische Missionsgesellschaft (1814), 6) die „China Inland Mission" (1865, interdenominationell), 7) die „United Free Church of Scotland Mission" (1900 bzw. 1843 und 1847, vgl. § 123 y); *e*

in NORDAMERIKA: der American Board (Boston 1810), sowie Gesellschaften der Baptisten, der Methodisten, der Presbyterianer, der „Amerikanischen Kirche" (episkopalistisch, vgl. § 126 o) usw.; *f*

in DEUTSCHLAND und der SCHWEIZ: 1) die Baseler Missionsgesellschaft (1815, anfangs nur Missionsschule), 2) die Berliner (1824, „Berlin I"), 3) die Rheinische (1828, Barmen), 4) die Norddeutsche (1836, Hamburg, seit 1847 Bremen), 5) die Leipziger (gegr. 1819 in Dresden, seit 1836 Missionsseminar, seit 1848 in Leipzig), 6) die Goßnersche Missionsgesellschaft (1836, „Berlin II"), 7) die Berliner Mission für Deutsch-Ostafrika (1886, Bethel-Bielefeld, früher „Berlin III"). Aus dem 18. Jh. bestand noch die Mission der Brüdergemeinde (§ 106 r). Genannt sei noch die Missionsanstalt, die der Pastor Ludwig Harms 1849 in Hermannsburg in der Lüneburger Heide gründete (streng konfessionell-lutherisch). *g*

Auch die **russisch-orthodoxe Kirche** trieb äußere Mission (§ 128 h) in Ostasien, Palästina, Syrien und unter den Heiden Sibiriens und des russischen Zentralasiens, nirgends mit großen Erfolgen. *h*

Das Nebeneinander dieser von so verschiedenen christlichen Kirchen und Denominationen ausgehenden Missionen war von schweren Nachteilen. In den letzten Jahren vor dem ersten Weltkriege regte sich die Tendenz, die Missions- *i* unternehmungen der verschiedenen protestantischen Kirchen und Denominationen enger zusammenzuschließen; große Hoffnungen erweckte die von über 3000 Vertretern aller Länder besuchte **Edinburger Weltmissionskonferenz** (1910).

Überblick über die Hauptergebnisse der Mission.

k   In **Europa** sind die letzten Heiden im schwedischen und russischen **Lappland** im 19. Jh. christianisiert worden.

l   In **Amerika** hatte die Mission mit der Bekehrung der heidnischen Eskimos und Indianer, sowie der eingewanderten **Asiaten** (Chinesen, Japaner, Hindus) noch ziemlich schwierige Aufgaben zu lösen. (Gesamtziffer um 1910: 0,14 Mill. ev. Heidenchristen.)

m   **Asien** war religionsgeschichtlich der interessanteste Erdteil: in Westasien lebten Mohammedaner vermischt mit orthodoxen und schismatischen Orientalen, in Persien schiitische Mohammedaner, im Norden und Nordosten Asiens heidnische Naturvölker [und Russisch-Orthodoxe], in Zentralasien Mohammedaner, Buddhisten und Russisch-Orthodoxe, im Südosten Brahmanen, Buddhisten und Konfuzianer, dazu in größeren Ansiedlungen englische Protestanten. In dies bunte Völker- und Religionsgemenge schoben sich die protestantischen und katholischen Missionsstationen.

n   α) In dem fast völlig britischen **Vorderindien** gab es um 1910 0,85 Mill. evangelischer indischer Christen, diese gehörten aber fast nur den untersten Schichten an. In **Hinterindien** und auf den **malaiischen Inseln** waren trotz vereinzelter bedeutender Erfolge die Ergebnisse noch geringer, namentlich in den Kolonien der Holländer (Sumatra, Java, Celebes, Borneo, Molukken). Dagegen war es den katholischen Missionaren gelungen, auf den **Philippinen** (spanisch 1521-1898) angeblich schon im ersten Jh. nach der Besitzergreifung durch Spanien fast die gesamte Bevölkerung zu katholisieren. Seit dem Übergang der Inselgruppe an die Vereinigten Staaten hat auch die ev. Mission Eingang gefunden (1903: 7,65 Mill. Bewohner, 6,65 Mill. Kath., 0,75 Mill. Heiden und Mohammedaner).

o   β) In **China** bestand von dem früheren ansehnlichen katholischen Kirchenwesen (§ 100 e) zu Beginn des 19. Jhs. noch ein letztes Überbleibsel, das Bistum Peking. Seit dem Beginn des 19. Jhs. suchte auch die protestantische Mission in China einzudringen (der Pommer *Karl Gützlaff* seit 1826). Aber erst der „Opiumkrieg" (1839–42) und die Verträge, die China 1858 und 1868 mit den europäischen Mächten schloß, öffneten das Land der Mission. Sie vermochte ihren Hauptanhang zunächst nur aus der Hefe des chinesischen Volkes zu gewinnen. Ein schwerer Schlag war der dem Haß gegen die christianisierten Chinesen und dem Fremdenhaß entspringende Boxeraufstand von 1900, dem 135 Missionare (namentlich französische) und 20000 chinesische Katholiken und fast 2000 chinesische Protestanten zum Opfer fielen. (1911: 91 Missionsgesellschaften oder -organisationen, 4299 Missionsarbeiter, 278628 Anhänger.) Die Lage des Christentums und der christlichen Mission blieb kompliziert, die alte chinesische Kultur war unerschüttert. Fortsetzung § 138 b.

p   γ) **Japan** (vgl. § 100 d) wurde nach jahrhundertelanger völliger Absperrung gegen alle ausländischen Einflüsse seit 1854 den Fremden erschlossen. Dem folgten bedeutende Umwälzungen im Innern (Reform der Staatsverfassung, des Verkehrswesens, des Heeres und der Marine, des Unterrichtswesens, des Kalenders usw.). **1884** wurde die christliche Mission infolge der Gewährung voller Religionsfreiheit aller drückenden Fesseln ledig; die römisch-katholische und die russisch-orthodoxe Kirche sowie zahlreiche protestantische Missionsgesellschaften entfalteten eine rege Tätigkeit. (Ende 1912: 83638 protestantische, 66689 römisch-katholische, 32246 orientalisch-orthodoxe Japaner.) Ein starker Feind der Mission war die in den letzten Jahrzehnten des 19. Jhs. entstandene **Tenrikyo-Religion**, ein Mischgebilde aus shintoistischen und christlichen Bestandteilen (6 Mill. Bekenner). Anderseits hat die Berührung mit der europäischen Kultur bei vielen gebildeten Japanern die Religion überhaupt zersetzt und der religionslosen positivistischen Philosophie Eingang verschafft. Fortsetzung § 138 b.

In Gesamt-Asien gab es zu Anfang des 20. Jhs. c. 1,8 Mill. ev. Heidenchristen und c. 3,37 Mill. kath. Heidenchristen.

Das sehr dünn bevölkerte **Australien** (c. 3 Mill. Einwohner) war um 1900 *q* größtenteils christlich; die Mehrzahl der Bewohner waren protestantische und katholische Kolonisten. Die Eingeborenen, die auf sehr tiefer Stufe standen, waren infolge der europäischen Invasion größtenteils vernichtet, ihre Reste widerstanden hartnäckig der Mission. Größer sind die Missionserfolge auf den **Inseln der Südsee** (ihr Apostel *John Williams*, der 1839 den Kannibalen zum Opfer fiel); eine Reihe von Inseln ist christianisiert. (Australien und Polynesien: c. 0,3 Mill. ev., c. 0,1 Mill. kath. Missionierte.)

In **Afrika** ließ die Kolonialpolitik an einzelnen Punkten größere prote- *r* stantische und katholische Ansiedlungen entstehen. In Nordafrika, im Sudan und in Ostafrika herrschte der Islam. Die zahlreichen Naturvölker namentlich Zentralafrikas und des Südens verharrten im Heidentum. Ganz Afrika wurde mit protestantischen und katholischen Missionsstationen übersät, namentlich die Küste, seit der Erforschung des Innern durch den schottischen Missionar *David Livingstone* (1813–1873) und andere Forscher auch Zentralafrika. Die Erfolge der Mission wurden besonders durch die Fortschritte der mohammedanischen Propaganda erschwert, die bis nach Zentralafrika vordrang und ungleich größere Erfolge erzielte als die christliche Mission. Von den c. 170 Mill. Bewohnern Afrikas waren um 1905 c. 1,12 Mill. von der ev., c. 0,53 Mill. von der kath. Mission gewonnen. Am glänzendsten waren die Erfolge der ev. Mission auf Madagaskar, besonders seit 1869. Auf katholischer Seite ragte *Charles Lavigerie* hervor, der Ergründer der „afrikanischen Seele" (1825–92, Kardinal, Erzbischof von Karthago). Für die Mission unter den Afrikanern gründete er die „Weißen Väter". Er brachte eine moderne Antisklavereibewegung in Fluß (seit 1888; 1890 die Antisklavereiakte der europäischen Mächte); doch entsprachen die Erfolge nicht den anfangs gehegten Erwartungen.

Nicht entfernt mit der Heidenmission zu vergleichen waren die Missionsver- *s* suche unter den **Juden,** den **Mohammedanern** und den tief gesunkenen orthodoxen und schismatischen **Orientalen.** Die Ergebnisse der **Judenmission** (gegründet 1809 in London, nach Anfängen im Pietismus und bei Zinzendorf) Russisch-Polen, Deutschland, Niederlande, Frankreich, Türkei) waren gering; die besonders seit dem Krimkriege unternommene Mohammedanermission erzielte nur ganz bescheidene Erfolge; unter den christlichen Orientalen wirkten namentlich amerikanische Missionare nicht ganz erfolglos (vgl. § 129 e).

Neunte Periode.

Die Kirche in der jüngsten Vergangenheit (seit dem ersten Weltkriege).

Zum Problem der Darstellung neuester Geschichte.

Ist geschichtliche Darstellung der jüngsten Vergangenheit überhaupt möglich? Faßt man Geschichte als Selbstorientierung in der Zeit (hinter dem „Selbst" kann auch ein Kollektivum, eine Nation, eine Kirche, die „Menschheit" stehen), so ist deutlich, was der Verzicht auf die Erfassung der jüngsten Vergangenheit bedeuten würde. Allerdings wird in jeder Schilderung der jüngsten Geschehnisse die unvermeidliche Standortgebundenheit des Verfassers in der Auswahl und der Bewertung der Phänomene weit stärker hervortreten als bei der Behandlung weiter zurückliegender Perioden; doch handelt es sich hier nur um einen Unterschied des Grades; auch die Geschichte der älteren Zeitalter muß immer wieder neu geschrieben werden.

§ 131. Die Wandlungen der kirchlichen Gesamtlage.

§ 131–138: Bihlmeyer-Tüchle (s. § 2 n) Bd. III¹⁵, S. 480–556. – HvSchubert, Unsere religiös-kirchliche Lage in ihrem geschichtlichen Zusammenhange, 1920. – *HsMeyer, Die Weltanschauung der Gegenwart, 1949. – FJvRintelen, Philosophie der Endlichkeit als Spiegel der Gegenwart, 1951 (über Jaspers, Heidegger, Sartre usw.). – HJSchoeps, Die letzten dreißig Jahre, 1956. – *RGuardini, Rilkes Deutung des Daseins, [1953]. – PSchurek, Begegnungen mit Barlach, ³1958.

a 1. Den Vordergrund des äußeren Geschehens beherrscht die **Politik der Großmächte**. Sie gipfelt in den gewaltigen Kriegen 1914 bis 1918 und 1939–1945, die durch das Riesenhafte der Ausmaße, in denen sie sich abspielen, alle früheren Kriege weit hinter sich lassen. Das kirchengeschichtlich Bemerkenswerte ist, 1) daß diese Kriege, der längst erfolgten Säkularisation der Politik entsprechend (§ 104 d), um rein materielle Ziele geführt wurden, daß sie durch das Aufeinanderprallen der in unheimlichem Maß aufgesammelten wirtschaftlichen, politischen, nationalen Gegensätze entstanden, – daß ihr Ausbruch, ihre lange Dauer, die grausame Art der Kriegsführung nur bei **völliger Einflußlosigkeit des Christentums** und überhaupt jeder Religion und Ethik im politischen Leben der Völker möglich waren.

b 2) Im einzelnen waren folgende Ereignisse oder Ereignisreihen von allgemeiner kirchengeschichtlicher Bedeutung. α) Der Ausgang des ersten Weltkrieges brachte den **Sturz der drei Kaisermächte** Rußland, Österreich, Deutschland; sie waren während des 19. Jhs. die stärksten Bollwerke des politischen Konservatismus und des konservativen Kirchentums in ihren Ländern gewesen. β) Ihr Zusammenbruch führte in diesen drei Ländern das **demokratische Prinzip** zum Siege; dieses wirkte sich z. B. im deutschen Protestantismus sogleich im kirchlichen Verfassungsleben aus (kirchlicher Parlamentarismus). γ) Noch weit einschneidender wirkte das Freiwerden der **kommunistischen Kräfte**. In Rußland kam es 1918 zu einer scharfen Trennung von Kirche und Staat, der ein entschlossener Kampf gegen die gegenrevolutionäre Haltung der Kirche folgte. In Deutschland trat 1918 mit dem Siege der Demokratie ebenfalls die Tendenz auf Trennung von Kirche und Staat hervor, vermochte sich aber nicht voll durchzusetzen. δ) Eine um so stärkere Erschütterung brachte hier das Aufkommen des **Nationalsozialismus** 1933. Der nationalsozialistische Staat ging seit 1935 immer offener zur Unterdrückung der Kirche über, deren volle Beseitigung er sich zum Ziel setzte. ε) Ganz schwere Folgen hatte der **zweite Weltkrieg** für die Kirche in den vom Kriege betroffenen Ländern.

c 2. In engem Zusammenhange mit den politischen Geschehnissen vollzog sich eine gewaltige Umwälzung des **Wirtschaftslebens**. Sie begann schon mit dem Abfahren des ersten Mobilmachungszuges Ende Juli 1914, setzte sich während des Krieges und in der ersten Nachkriegszeit in raschem Tempo und mit unheimlicher Zwangsläufigkeit fort, steigerte sich am Ausgang der 20er Jahre zu einer Wirtschaftskrisis mit ungeheuerlichen Arbeitslosenziffern und gipfelte in der kaum überbietbaren wirtschaftlichen Katastrophe, von der mehr oder minder alle in den zweiten Weltkrieg verwickelten Länder erfaßt wurden.

Von der Not der Inflation nach dem ersten Weltkriege wurden zB. die *d* Kirchen in Frankreich und die deutschen Landeskirchen hart betroffen, diese besonders in den von Sozialisten regierten Ländern, Sachsen, Braunschweig, Thüringen; in Sachsen zahlte der Staat 1923 vier Millionen Papiermark, das waren zuletzt 0,0004 Goldpfennige. Ohne großzügige Hilfeleistung der Protestanten in valutastarken Ländern (Nordamerika, Schweden, Holland) wäre der völlige Zusammenbruch verschiedener deutscher Landeskirchen damals unvermeidlich gewesen.

3. Für das Kirchentum sehr fühlbar wurde der gesellschaft- *e* liche Strukturwandel, der sich in der ersten Hälfte des 20. Jhs. vollzog: Das Aufsteigen des seit dem 19. Jh. weithin entkirchlichten Proletariats beschränkte innerhalb der Städte den Kreis der Kirchenanhänger vielfach mehr und mehr auf die bürgerlichen und kleinbürgerlichen Schichten, die nun aber ihrerseits in den vom Kriege besonders getroffenen Ländern durch die wirtschaftlichen Umwälzungen stark reduziert wurden.

4. Wesentlich verschieden vom 19. Jh. gestaltete sich in diesem *f* Zeitabschnitt die Geisteskultur. 1) Allerdings setzten sich die meisten weltanschaulichen Spielarten der Zeit vor 1914 in der neuen Zeit fort, meist aber doch mit charakteristisch neuer Nuance und im ganzen als ein neuer geistiger Typus (Wertlegen auf die „Gestalt", die „Struktur" usw.). Der im wesentlichen naturwissenschaftlich orientierte Materialismus verstärkte sich in den dreißiger Jahren in Deutschland durch das Vordringen der vom Nationalsozialismus mit allen Mitteln propagierten Rassenlehre, erlitt aber gerade in den führenden wissenschaftlichen Kreisen durch sensationelle Fortschritte der Naturwissenschaft eine Abschwächung.

Besonders in Rußland erhielt der ältere, im Stil von Ernst Haeckel aufge- *g* faßte Materialismus einen neuen Auftrieb, ebenso wie die von Karl Marx und Friedrich Engels begründete materialistische Geschichtsauffassung. Sehr lebhaft waren die philosophischen Interessen in Frankreich (wichtige Fortschritte der Logik, der Soziologie, der Psychologie; Lebensphilosophie von *Henri Bergson* 1859–1941, mit Wendung zur Metaphysik), aber auch in England (idealistische und positivistische Richtungen; popularphilosophische Literatur; Geschichtsphilosophie von *H. G. Wells*). Holland stellte den Geschichtsphilosophen und Kulturhistoriker *Johan Huizinga* (1872–1945). In Italien wirkten *Benedetto Croce* (1866–1952) und *Giovanni Gentile* (1875–1944) im Sinne der Überwindung des Positivismus, unter Verwertung Hegelscher Momente.

In Deutschland blieben die vor 1914 vorhandenen geistigen Richtungen *h* lebendig oder traten nach vorübergehendem Zurückweichen wieder hervor. Dahin gehören die verschiedenen Zweige des Monismus (*Arthur Drews*, gest. 1935, jetzt mit wissenschaftlicher Vertiefung seiner Thesen, § 122 r), weiter die Strömungen, die sich an Nietzsche und die sich an Goethe anschlossen. Aber die erste Nachkriegszeit war von einer ausgesprochenen Krisenstimmung beherrscht. Sie zeigte sich zB. in der Unsicherheit, die die [doch nur physikalische] Relativitätstheorie von *Albert Einstein* (1879–1955) hervorrief. Der Krisenstimmung entsprachen weit mehr als Monismus, Goethe- und Nietzscheverehrung die pessimistischen und mystischen Richtungen, die seit 1918 eine Zeitlang in den Vordergrund traten. Den Pessimismus stärkte vor allem *Oswald Spengler* (1880–1936) mit seinem von großem Bucherfolg gekrönten Werk „Der Untergang des Abendlandes" (I 1918, II 1922), einer Morphologie der Weltgeschichte, die den schicksalhaften Ablauf der großen Kulturen lehrt und daher den Versuch wagt, Zukunft vorauszubestimmen. Das steigende Interesse für die Mystik zeigte sich einmal in der Lyrik: die schon vor dem Kriege bekannten Dichtungen eines *Rainer Maria Rilke* (1875–1926) und seiner Nachahmer kamen jetzt zu immer größerer Wirkung. Es zeigte sich weiter in der Weltanschauung, in der einerseits ein starker Einfluß der Russen zu beobachten war (*Dostojewski*, § 128 n), *Solowjow* 1853–1900, *Berdjajew*, § 137f. u. a.), anderseits eine entschiedene Hinwendung zum fernen Osten mit seiner eigenen Religiosität; hierher gehören Schriftsteller wie Graf *Hermann Keyserling* (1880–1946; ,,Das Reisetagebuch eines Philosophen" 1918; Begründung der Schule der Weisheit in Darmstadt) und *Leopold Ziegler* (geb. 1881; ,, Gestaltwandel der Götter" 1920; ,,Der ewige Buddho" 1922),

i der aber später von seinem Radikalismus zum Katholizismus zurücklenkte (,,Überlieferung", 1936; ,,Menschwerdung" 1949). Neben diesen teilweise mehr sensationellen Erscheinungen standen die ernsthaften geistigen Bestrebungen, in denen sich die individualistische philosophische Kultur der Zeit vor 1914 fortsetzte und verfeinerte. In der Philosophie war der Eindruck, daß man in einer Zeitwende stehe, allgemein, die Deutung des Wandels unsicher. Die Lebensphilosophie der Vorkriegszeit, die Zurückwendung zu Hegel, der Ruf nach einer ,,Auferstehung der Metaphysik" (Peter Wust, 1920) boten sich an. Weit größeren Erfolg hatte die um 1900 von *Edmund Husserl* (1859–1939) geschaffene, erst jetzt zu allgemeiner Beachtung gelangende Phänomenologie. Husserl zeigte die apriorische Natur der Logik, ihre Unabhängigkeit von der Psychologie, und suchte durch die Methode der ,,Wesensschau" die Philosophie zu einer strengen Wissenschaft zu erheben. Diese auf Analyse der geistigen Strukturen und Schichten ausgehende, alle positivistische Auflösung des Geistes oder seine Hereinziehung in das Seelische (,,Psychologismus") scharf ablehnende Methode ergab einen überraschenden formale Analogie zur Scholastik. Die von Husserl nicht vollzogene Anwendung der ,,Wesensschau" auf die Religion brachte der geniale *Max Scheler* (1874–1928; ,,Vom Ewigen im Menschen" 1921). Seine neukatholische, phänomenologische Religionsphilosophie arbeitete mit Gedanken Augustins und des Aquinaten, deren Modernität nun ans Licht trat. Später wandte sich Scheler von Christentum und Theismus ab und entwarf das Bild eines allmählich vom alogischen, blinden Drang zur Welt der Werte aufsteigenden Weltganzen.

k Die Phänomenologie bewirkte eine starke Krisis des Neukantianismus. Sie führte einerseits zur Altersphilosophie von *Paul Natorp* (Wendung zum Absoluten und zum Tremendum; die Welt als Erscheinung ist Aussprache Gottes, Wort, Logos, und zwar ewig transzendent). Anderseits verharrte *Nikolai Hartmann*, der Gedanken Cohens und Husserls zur unspekulativen Metaphysik und ,,kritischen" Ontologie fortbildete, bei der vielen Neukantianern eigenen Ablehnung der Religion. Schließlich ist die Weiterbildung der Phänomenologie Husserls und Schelers zur ,,Existenzphilosophie" von *Martin Heidegger* zu nennen (Fortbildung der ,,Wesensschau" zur ,,Interpretation des Daseins"). Sie ist atheistisch, konnte aber von offenbarungsgläubigen Theologen zur ontologischen Grundlage der Theologie gemacht werden (R. Bultmann).

l In der Geistesgeschichte war von großem Einfluß die Richtung des George-Kreises (die Richtung um den Dichter *Stefan George*, 1868–1933; Begründer einer neuidealistischen, durch antike und katholische Motive bestimmten Haltung). Zu nennen ist besonders *Friedrich Gundolf* (Schriftstellername; eigentlich Gundelfinger, 1880–1931).

m Neben den ,,metaphysisch" gerichteten Strömungen waren auch naturalistische Auffassungen im Vordringen, so die von dem Mediziner *Siegmund Freud* in Wien (1856–1939, gest. in London) seit dem Ausgang des vorigen Jhs. ausgebildete, erst jetzt in weiteren Kreisen bekannt werdende Psychoanalyse (Tiefenpsychologie). Freud entthronte alle geistigen Werte, besonders die Religion, die

n ihm ein auf Sublimierung der Sexualität ruhender Massenwahn war. Naturalistisch waren auch die Bemühungen um die Charakterologie, deren Hauptvertreter *Ludwig Klages* war (geb. 1872).

Es ist aber bemerkenswert, daß einige Naturforscher dieser Jahrzehnte *o*
zum religiösen Phänomen wieder positiver standen als ihre vom Materialismus beeinflußten Vorgänger im 19. Jh. (vgl. Max Planck, Religion und Naturwissenschaft, ²1928). Auch englische und französische Naturwissenschaftler wandten sich vom naturwissenschaftlichen Materialismus ab.

Auf dem Gebiete der Kunst war nach 1918 der den Impressionismus (Wieder- *p*
gabe des sinnlichen Eindrucks, auch der lichten, verschwimmenden Töne, plein air) ablösende Expressionismus („Ausdruckskunst"; Auflösung der Formen; Versuch der Darstellung von Stimmungen im eigenen Innern des Künstlers) einige Jahre die hervorstechendste Erscheinung, dann die Richtung für „neue Sachlichkeit". In der kirchlichen Kunst kam es zu beachtlichen Neuansätzen, zu neuer Erfassung der Bedeutung des Kultischen für die Raumgestaltung, zu vertieftem seelischen Ausdruck in Werken der Plastik (Ernst Barlach, 1870–1938) und Malerei.

Das in den 30er und beginnenden 40er Jahren in Deutschland verbreitete, sehr *q*
anspruchsvoll und unduldsam auftretende, grob dilettantische nationalsozialistische „weltanschauliche" Schrifttum, das die Dinge unter den „rassischen", d. i. überspitzt antisemitischen Gesichtswinkel rückte, konnte es zu keinen haltbaren Ergebnissen bringen. Die geistige Lage in Deutschland unter der Herrschaft des Nationalsozialismus war formal durch die rücksichtslose Unterdrückung der geistigen Freiheit charakterisiert (Korrumpierung der deutschen Universitäten; „Führer befiehl, wir folgen Dir", Inschrift in der Universität Jena), – materiell außer durch die Anwendung der Rassenlehre durch Benutzung gewisser Bestandteile der Lebensphilosophie (Vorwalten des Willens und des Gefühls vor dem Intellekt, des sog. „Mythos" vor dem „Logos") und des gefährlichen Wahrheitsbegriffs des Pragmatismus (wahr ist, was nützt). Die sog. völkische Theologie und Religionsphilosophie benutzte Gedanken, die von Richard Wagner, der „neuen Mystik" und der Jugendbewegung des Jahrhundertanfangs, vom Grafen Gobineau und H. St. Chamberlain („Die Grundlagen des 19. Jhs.", 2 Bde., 1899), auch von Arthur Bonus (§ 122 r) stammten. Sie entfaltete sich in zwei einander heftig bekämpfenden Richtungen, der christentums- und kirchenfeindlichen sog. Deutschen Glaubensbewegung (*Jakob Wilhelm Hauer* u. a., vgl. § r) und der Richtung der sog. Deutschen Christen (vgl. § 135 c). Bezeichnend für nationalsozialistisches Denken war, daß man wissenschaftlich „schulen" zu können meinte; dazu diente ein die Dinge so kraß verzeichnendes, auch im einzelnen unzuverlässiges Buch wie *Alfred Rosenbergs* „Mythus des 20. Jhs." (1930). Rosenberg, der das Christentum vernichten wollte, war einer der nächsten Vertrauten Hitlers.

2) Gegenüber dem 19. Jh. neu war der Versuch, durch kämpferi- *r*
sche Organisationen antichristliche Weltanschauungen zu verbreiten und ein antikirchliches Dogma durchzusetzen.

Im Gefolge der bolschewistischen Revolution erhob sich in Rußland der aggressive Atheismus, die organisierte und systematisch betriebene Gottlosenpropaganda, die gelegentlich auch auf andere Länder übergriff, so in den zwanziger Jahren auf Deutschland. Hier entstand in den dreißiger Jahren die nationalsozialistische Deutsche Glaubensbewegung (seit 1938 nannte sie sich „Kampfring deutscher Art"), die mehr und mehr zu einer Kampforganisation zur Entkirchlichung Deutschlands wurde, jedoch mit dem Sturz des nationalsozialistischen Systems sofort ihr Ende fand.

3) In den Jahren nach dem ersten Weltkriege bewegte sich das leb- *s*
hafte religiöse Suchen vielfach auf außerkirchlichen Bahnen und griff gern zu religiösen Surrogaten, die von indischen Motiven bestimmt waren. Doch blieben diese Strömungen ebenso in der Minderheit wie die unmittelbaren Einwirkungen der Kirche selbst. Lebensstimmung und Lebensauffassung entfernten sich vielmehr in raschem Tempo von der Gedanken- und Stimmungswelt der Kirche; die Rich-

tung auf volle Diesseitigkeit und religiöse Gleichgültigkeit setzte sich in verstärktem Maße fort (Säkularismus). Naturwissenschaft und Technik beherrschten den Menschen (der „technische Mensch" ein weit verbreiteter Typus dieser Zeit). Auch der Antihistorismus griff mit der Traditionslosigkeit um sich.

t   Als religiöse Surrogate und Konkurrenzbildungen zu Christentum und Kirche boten sich nach 1918 besonders der Okkultismus und die Theosophie an. Eine Zeitlang hatte die von *Rudolf Steiner* (1861–1925) geleitete Anthroposophie starke Erfolge, eine in manchem (zB. in ihrer dualistischen Christologie) an den Gnostizismus des 2. Jhs. erinnernde Geheimlehre, die ihren Adepten die hellseherische „Erkenntnis" höherer Welten verhieß. In ihren metaphysischen Lehren war sie von der von ihr heftig bekämpften „Theosophie" der Frau Blavatsky (§ 126 z) und ihrer Schülerin Annie Besant abhängig. Astrologie, Magie und Mantik begannen um 1920 manche Schichten zu fesseln; während des zweiten Weltkrieges lebte dieses Interesse von neuem auf.

u   5. Die schweren Erlebnisse der Kriegszeiten, zumal die unsäglichen Leiden, die im zweiten Weltkriege Millionen von Menschen erleben mußten, haben das kirchliche, religiöse und sittliche Leben der einzelnen aufs stärkste in Mitleidenschaft gezogen, zeitweilig belebt, im ganzen aber schweren Belastungsproben ausgesetzt und weithin schwer erschüttert, nicht wenige aber auch zu vertieftem Glaubensleben geführt. Von großer Wirkung war, daß die Christen nach Jahrhunderten der Sicherheit wieder Märtyrer in ihrer Mitte sahen.

v   Als solche muß man ideell alle anerkennen, die durch ihr christliches Gewissen in Konflikt mit den politischen Gewalten gerieten, auch wenn der Gewalthaber im Einzelfalle nicht beabsichtigte, den Christen als solchen zu verfolgen. Seltsam kontrastiert zu diesen ernsten Gestalten die religiöse Unberührtheit und sittliche Verrohung breiter Schichten, die niedrige Genußsucht, die Zuchtlosigkeit und Verwilderung der Jugend usw. Doch zeigte die Kriminalstatistik nicht durchgängig steigende, sondern in manchen Ländern auch abnehmende Zahlen.

w   6. Die organisierten Kirchen wurden durch die politischen Ereignisse mannigfachen und teilweise erheblichen Veränderungen unterworfen, die in der geographischen Umgrenzung, in der Statistik, in Zusammenschluß oder Neubildung von Kirchenkörpern zum Ausdruck kamen, aber auch in starken Verlusten an Kirchenbesitz, vor allem an Kirchengebäuden, von denen ungezählte den Kriegshandlungen zum Opfer fielen.

    Schon während des ersten Weltkrieges gingen in Polen, Galizien, Belgien, Nordfrankreich zahlreiche und auch künstlerisch wertvolle Kirchengebäude verloren oder wurden beschädigt, ebenso im spanischen Bürgerkriege von 1936–1939. Die im zweiten Weltkriege in allen vom Kriege erfaßten Ländern angerichteten Schäden sind unübersehbar. Auch die Kirchenglocken gingen während der großen Kriege zum Teil verloren, da das Metall militärischen Zwecken dienen mußte.

x   7. Von schlimmsten Wirkungen war die gegenseitige Absperrung und Entfremdung der Hauptkulturvölker durch die Kriegshandlungen, durch Mißbrauch von Presse, Kabel und Rundfunk, nach dem ersten Weltkriege auch durch die Jahre lang anhaltende Valutadifferenz, in der Hitlerzeit durch die von der nationalsozialistischen Regierung betriebene Autarkiepolitik, nach 1945 durch das Auseinanderbrechen der Menschheit in zwei sozial, wirtschaftlich, politisch, weltanschaulich völlig gegensätzlich orientierte Lager, ein westliches, kapitalistisches und ein östliches, sozialistisches. Aus alledem ergab sich eine schlimme Zerklüftung der Christenheit oder doch zeitweilige Erschwerung ihres Zusammenhangs. Die bitteren Erfahrungen förderten den Pazifismus sowie die kirchlichen Einigungsbestrebungen.

Die schweren ethischen Probleme, die der Krieg aufwarf, wurden besonders im ersten Weltkriege scharf empfunden und eifrig diskutiert („Politik und Moral", „Christentum und Krieg" usw.). Pazifistische Bestrebungen, in den Kulturländern schon seit geraumer Zeit langsam im Vordringen (vgl. zB. *Kant*, „Zum ewigen Frieden", 1795), wurden von den Regierungen in den Kriegszeiten zu Boden gehalten, von Hitler auch im Frieden, setzten sich aber immer wieder durch; in den neutralen Ländern konnten diese Dinge offen behandelt werden, so während des ersten Weltkrieges von protestantischen Theologen der Schweiz. Auch außerhalb der kirchlichen Kreise erhob sich der Pazifismus (besonders eindrucksvoll in Frankreich: Romain Rolland, Henri Barbusse u. a.). Es gelang nicht, die schwierigen Probleme auch nur theoretisch zu bewältigen. Während des ersten Weltkrieges konnten manche Theologen fragen, ob Jesus ein Maschinengewehr abgedrückt haben würde (!); in der Zeit gesteigerter Atomgefahr seit 1945 konnten manche Theologen dafür eintreten, daß die Verwendung von Atomwaffen mit dem Christentum vereinbar sei (!). *y*

Schon vor 1914 hatten sich deutsche und englische Theologen eifrig um eine Verständigung ihrer Länder bemüht; nach 1918 begann eine Ära der Annäherung und Verständigung der Kirchen, vgl. § 136 g–k. Nach 1945 erstarkte das kirchliche Gesamtgefühl rasch von neuem. *z*

Der protestantisch-katholische Gegensatz hat sich seit 1914 im allgemeinen ermäßigt, der gute Wille zur Verständigung hat sich weithin durchgesetzt. In Deutschland haben die gemeinsamen Leiden der Hitlerzeit Protestanten und Katholiken näher zusammengeführt. „Stimmungen" fluten auf und ab: aber das „kontroverstheologische Gespräch" hat sich gegenüber dem früheren deutlich verschoben (vgl. WStählin, HAsmussen). Saat auf Hoffnung ist die in der Zwischenkriegszeit entstandene Una-Sancta-Bewegung, die in Begegnungen und Gesprächen zwischen Anhängern beider Konfessionen das gegenseitige Verständnis zu fördern und eine Wiedervereinigung anzubahnen sucht (Sammelpunkte in Meitingen und Niederaltaich).

§ 132. Die römisch-katholische Kirche.

§ 132–138: Ekklesia, Sammlung von Selbstdarstellungen christlicher Kirchen, 1933ff. – § 132: Acta apostolicae sedis, commentarium officiale, seit 1909. – JSchmidlin (s. § 114), Bd. 3 und 4, 1936–1939. – Bihlmeyer-Tüchle (s. § 2 n), III, §§ 224–230. – HKrose s. § 116. – AVMüller, Papst und Kurie, ihr Leben und Arbeiten, 1921. – JBernhart, Der Vatikan als Thron der Welt, 1930. – UStutz, Der Geist des codex juris canonici, 1918. – AHudal, Der Vatikan und die modernen Staaten, 1935. – WvLoewenich, Der moderne Katholizismus, ²1956. – HHermelink, Die katholische Kirche unter den Piuspäpsten des 20. Jhs., 1949. – AManhattan, Der Vatikan und das 20. Jahrhundert., 1958. – *HPortmann, Kardinal von Galen, ⁵⁻⁶1958. – FHeiler, Das neue Mariendogma, 1951. – Lit. über Buonaiuti: VVinay, Ernesto Buonaiuti e l'Italia religiosa del suo tempo, 1956. Weiteres bei FHeiler, ThLZ 1958, 11–18.

Papstliste.

1914–1922 *Benedikt XV.* (Giacomo della Chiesa).
1922–1939 *Pius XI.* (Achille Ratti).
1939–1958 *Pius XII.* (Eugenio Pacelli).
seit 1958 *Johannes XXIII.* (Angelo Giuseppe Roncalli).

1. Die tragenden Hauptkräfte der Gesamtkirche waren in diesem Zeitalter einerseits die römisch-katholische Kirche, anderseits der Welt- *a*

protestantismus, insbesondere der immer mehr zu einer Einheit zusammenwachsende angloamerikanische Protestantismus und die ökumenische Bewegung. Für die römisch-katholische Kirche gab es freilich ernste Schwierigkeiten genug; doch wurde das Schiff der Kirche von seinen Lenkern mit altgewohnter Geschicklichkeit durch die Wogenbrandung der Kriegs- und Revolutionszeiten hindurchgelenkt. Freilich gingen nicht alle politischen Wünsche der Katholiken in Erfüllung; weder wurde der Papst nach 1918 zu den Friedenskongressen hinzugezogen, noch in den Völkerbund aufgenommen. Aber das moralische Ansehen des Papsttums ist seit 1914 bei den Völkern und bei den Regierungen ohne Zweifel gestiegen. Es gelang auch, die römische Frage zu lösen, wenn auch in unerwarteter Form.

b   Papst Pius X. (§ 116 d) starb bald nach Ausbruch des ersten Weltkriegs August 1914. Zum Nachfolger gaben ihm die Kardinäle einen Diplomaten aus der Schule Leos XIII. und Rampollas, den Kardinal und Erzbischof von Bologna, Giacomo della Chiesa (geb. 1854); er nannte sich *Benedikt XV.* (1914–1922). Kardinalstaatssekretär war seit Oktober 1914 Pietro Gasparri (§ g). Die Politik der Kurie unter Benedikt XV. wurde im wesentlichen durch den Krieg und die Revolution bestimmt. Da auf beiden kriegführenden Seiten römische Katholiken kämpften, waren Papst und Kurie bestrebt, sich möglichst unparteiisch zu geben. Seit dem Eintritt Italiens in den Krieg (24. Mai 1915) wurde die Lage der Kurie noch schwieriger als vorher; um so verständlicher war die eifrige diplomatische Bemühung des Papstes, den Ausbruch des Krieges zwischen Italien und Österreich zu verhindern. Nun wurde die römische Frage sofort brennend; das Garantiegesetz von 1871, das dem Papst den ungehinderten Kurier- und Chiffrierverkehr des Souveräns gewährte, versagte in dem Augenblick, in dem Italien mobil machte.

c   Daß der Kurie aus dieser Krisis Italiens künftig keine Vorteile erwachsen konnten, war den Italienern bereits am 26. April 1915 in § 15 des Londoner Vertrages von Frankreich, England und Rußland garantiert worden (keine Zulassung des hl. Stuhles zu Friedensverhandlungen usw. ohne Willen Italiens). So mußte sich der Papst begnügen, in feierlichen Kundgebungen die streitenden Völker zum Frieden zu mahnen. Besonderes Aufsehen erregte die mit der Note „Dès le début" am 1. Aug. 1917, zu Beginn des vierten Kriegsjahres, vom Papst
d eingeleitete Friedensaktion, die freilich erfolglos blieb. Dafür vermochte der Papst Erhebliches in der christlichen Caritas zu leisten. Er linderte die Not der gefangenen Soldaten, regte den Austausch Schwerverwundeter an, stiftete Geldmittel für die verwüsteten Gegenden in Nordfrankreich, Belgien, Ostpreußen, Polen. Er verwandte sich für die Aufhebung der Blockade gegen die Mittelmächte nach Kriegsende, erwirkte Lebensmittelsendungen besonders für deutsche Kinder und äußerte sich sehr besonnen zur Frage der Auslieferung der Kriegsschuldigen und zur Frage der Kriegsschuld.

e   Die Beziehungen der Kurie zu einer Reihe von Staaten wurden neu geknüpft oder gefestigt. Ende 1914 ernannte England, zur Wahrnehmung der Interessen der Entente bei der Kurie, einen Geschäftsträger beim Vatikan, unter dem Widerspruch englischer Protestanten. 1921 errichtete Frankreich eine diplomatische Vertretung beim Vatikan, nachdem die diplomatischen Beziehungen seit 1904 abgebrochen gewesen waren (§ 116 k), und behielt nach langem innerpolitischen Streit diese Vertretung 1925 bei. Portugal stellte 1918 die Beziehungen zur Kurie wieder her (vgl. § 116 n). Holland machte die 1915 vorübergehend eingerichtete Gesandtschaft beim Vatikan zu einer dauernden. Der 1919 ernannte deutsche Gesandte beim Vatikan wurde Vertreter des Reichs, nicht, wie bis 1915, Preußens; Bayern unterhielt gleichwohl bis 1934 eine eigene Gesandtschaft bei der Kurie. 1921 empfing der Papst den offiziellen Besuch des japanischen Kronprinzen. Und 1929 gelang endlich die Verständigung mit Italien (§ r). Dazu wurde eine Reihe päpstlicher Nuntiaturen wiederhergestellt (Paris) oder neu errichtet (Warschau § g, Berlin 1920 § g, Budapest, Paraguay, Haag, Bern, Riga).

Von Bedeutung wurde der Pontifikat Benedikts XV. schließlich durch den *f*
Abschluß der großzügigen, bereits 1904 unter Pius X. begonnenen Neukodi-
fikation des kirchlichen Rechts (1917). Der in 5 Bücher und 2414 Kanones ein-
geteilte „Codex iuris canonici Pii decimi" enthält in der Hauptsache nur das
schon bisher geltende gemeine Recht, aber auch mancherlei Neuerungen (zB. im
kirchlichen Eherecht, in den Bestimmungen über die Organisation der kurialen
Behörden). Von einer systematischen Regelung des Verhältnisses von Kirche
und Staat war Abstand genommen.

Nach Benedikts Tode wurde der „papabilissimo", Kardinal Achille Ratti *g*
(geb. 1857) zum Papst gewählt (Febr. 1922); er nannte sich *Pius XI.* (1922–1939).
Kardinalstaatssekretär blieb Gasparri († 1934); an seine Stelle trat Febr. 1930
Eugenio Pacelli, vorher Nuntius in Berlin. Ratti war seit 1919 päpstlicher Nuntius in Warschau gewesen, auch Kommissar für das Abstimmungsgebiet in Oberschlesien, dann Erzbischof von Mailand. Unter Pius XI. war die Kurie ungemein
rührig („Actio catholica" zur Arbeit am „Regnum Christi", d. i. Zusammenschluß aller katholischen Kräfte zur Förderung der katholischen Prinzipien im
individuellen, häuslichen, gesellschaftlichen Leben, unter dem Schutz des Herzens Jesu und des hl. Franziskus). 1925 wurde ein Jubeljahr veranstaltet (§
65 o); ein zweites folgte 1929 (50j. Priesterjubiläum des Papstes); ein dritter Anno
Santo (Ostern 1933 bis Ostern 1934) wurde als höchstes Jubeljahr der 1900.
Wiederkehr des Todestages Christi geweiht (doch vgl. § 7 a²!). Das Jahr vom 31.
Juli 1926 an weihte der Papst der Erinnerung an den hl. Franziskus. Dazu wurden
viele andere Jubiläen gefeiert und der Festkalender bereichert (1925 Fest zu Ehren
des Königtums Christi, seit 1926 am Sonntag vor Allerheiligen). Pius XI. setzte
die von seinem Vorgänger begonnene Konkordatspolitik fort (1922 Lettland,
1924 Bayern, 1925 Polen, 1927 Litauen, 1929 Italien, Rumänien und Preußen,
1932 Baden, 1933 Reichskonkordat). Er veröffentlichte bedeutsame Enzykliken,
so gegen den Laizismus (d. i. die moderne französische Schulpolitik, die die
Tätigkeit von Klerikern im Schul- und Erziehungswesen völlig unterbindet:
1925 „Quas primas"), gegen den Panchristianismus (1928 „Mortalium animos", gegen die kirchlichen Einigungsbestrebungen der Weltkonferenzen § 136 g),
für die Union mit der orientalischen Kirche (1928 „Rerum Orientalium"; 1931
„Lux veritatis"), gegen den Sozialismus (1931 „Quadragesimo anno"; vgl.
Leo XIII. 1891, § 116 c), gegen den Kommunismus (1937 „Die redemptoris"),
gegen den Nationalsozialismus (1937 „Ardenti cura"). Pius XI., der die vatikanische Gefangenschaft des Papstes beendigte (§ p, 115 r), war auch der erste
Papst, der durch das Radio das Wort an alle richtete. 1932 wurde eine Reorganisation des päpstlichen Hochschulwesens begonnen. Besonders eifrig förderte
Pius XI. die Heidenmission (§ 138 h).

Nach Pius' XI. Tode wurde der Kardinalstaatssekretär Pacelli (geb. 1876) in *h*
kurzem Konklave im 1. Wahlgang einstimmig auf den Stuhl des hl. Petrus erhoben und nannte sich *Pius XII.* (2. März 1939). Kardinalstaatssekretär wurde
Kardinal Maglione, (gest. 1944; seitdem regierte Pius XII. ohne Staatssekretär).
Pius XII. warnte 1939 Hitler vor dem Eintritt in den Krieg. Während des Krieges
setzte der Papst die Politik seines Vorgängers fort. Die Lage der Kurie war infolge
der Lateranverträge von 1929 weit weniger gehemmt als 1915–1918 (§ b). Unter
den Kriegshandlungen hatte Rom ungleich weniger zu leiden als viele andere
italienische Städte; das war ein Beweis für die hohe Achtung, deren sich das
Papsttum in der Welt erfreute. Wie schon während des Krieges, so erhielt die
vom Papste geleitete Caritas vollends nach der Einstellung der Kriegshandlungen eine kaum zu bewältigende Fülle von Arbeit. Die überaus schwierigen
praktischen und theoretischen Probleme der wirren Zeit erforderten immer wieder klärende und wegweisende Worte aus dem Vatikan, die in Ansprachen bei
Empfängen oder im Rundfunk usw., besonders aber in päpstlichen Enzykliken
verlautbart wurden. Die Höhe des Pontifikats Pius' XII. bildete der Anno santo
1950. Im Rahmen desselben wurde die aus der späteren christlichen Antike
stammende Lehre von der Himmelfahrt der Maria nach Leib und Seele
(Enzyklika „Munificentissimus Deus" vom 1. Nov. 1950; „Mariam... fuisse
corpore et anima ad caelestem gloriam assumptam") zum alle Katholiken

33 Heussi, Kompendium 13. Aufl.

verpflichtenden Dogma erhoben. Über die Grabungen unter San Pietro in Vaticano s. § 18 t, über den Verlust römisch-unierter Ostkirchen s. § 137 e.

Pius XII. starb am 9. Okt. 1958. Das Konklave wählte im 11. Wahlgang wieder einen Italiener, den fast 77jährigen Patriarchen von Venedig, Kardinal Angelo Guiseppe Roncalli; er nannte sich *Johannes XXIII.* (vgl. § 69 b[1]). Giovanni „venti tre" führte sogleich einen etwas beweglicheren Lebensstil des Papstes ein (stärkere Berührung mit der Außenwelt). Er ernannte am 15. Dez. 1958 23 neue Kardinäle; damit überstieg die Zahl der Kardinäle zum ersten Male die traditionelle Zahl von 70 (vgl. Num. 11 $_{16}$!). Kardinalstaatssekretär wurde Domenico Tardini (geb. 1888), der die Geschäfte des Staatssekretariats schon seit langem geführt hatte (s. o.). Die erste Enzyklika des neuen Papstes („Ad Petri cathedram", 2. Juli 1959) bezeichnete als Hauptziel des geplanten Konzils die Förderung des Wachstums der katholischen Kirche.

i   2. In nicht wenigen Ländern konnte sich die Stellung der katholischen Kirche seit 1914 verstärken, so in Frankreich und in Deutschland. Ein schwerer Schlag für den römischen Katholizismus war allerdings die Zertrümmerung der österreichisch-ungarischen Monarchie 1918. Besonders in der Tschechoslowakei gestaltete sich die Lage für die katholische Kirche wenig erfreulich, ebenso später auch in Mexiko und in Spanien. Um so glänzender war sie zunächst in dem neuerrichteten Polen.

k   (1) In **Deutschland** traten im ersten Weltkriege die Katholiken, wie anderwärts, rückhaltlos für ihr Staatswesen ein. Bei dieser Haltung der katholischen Kreise ließ sich der immer noch bestehende § 1 des Jesuitengesetzes (§ 116 f[1]) nicht mehr aufrechterhalten; er fiel am 19. April 1917. Damit war der Jesuitenorden in Deutschland ohne jede Einschränkung wieder zugelassen. Er organisierte eine oberdeutsche und eine niederdeutsche Provinz.

l   Nach der Revolution von 1918 stellte sich der deutsche Katholizismus sehr rasch auf den Boden der neuen Tatsachen, also der Demokratie. An der Existenz und dem entschlossenen Widerstand der Zentrumspartei mit in erster Linie scheiterte der Ansturm des religionsfeindlichen politischen Radikalismus gegen Kirche und Religionsunterricht 1919. In der neuen deutschen Republik hatte das Zentrum wichtige Ämter inne; von den Reichskanzlern gehörten Fehrenbach, Wirth, Marx und Brüning der Zentrumspartei an. 1925 schien das Zentrum in einer Umbildung begriffen zu sein; bei der Reichspräsidentenwahl nach dem Tode Friedrich Eberts unterlag Marx gegen Hindenburg, weil ein großer Teil der katholischen Wähler Hindenburg wählte; aber 1926 konnte sich das Zentrum von neuem festigen.

m   Zwar war durch die deutschen Gebietsverluste von 1919 der Anteil der katholischen Bevölkerung am Reich von 36,7 auf 33,5% gesunken, und die Zahl der jährlichen Übertritte zur ev. Kirche war durchweg höher als die Zahl der Übertritte zur kathol. Kirche (besonders hohe Zahlen 1925: 13951 und 6938). Aber die katholische Kirche erstarkte innerlich. Dafür sprachen das Ansteigen der Zahlen der Klöster und der Ordenspersonen (besonders in Bayern), Vorgänge wie die Errichtung der Berliner Nuntiatur (§ e) oder die Wiedererrichtung des in der Reformationszeit erloschenen Bistums Meißen (1921), ferner das Vordringen der Exercitienbewegung und die ungemein rührige Vertretung des katholischen Gedankens im geistigen Leben (Professuren für katholische Weltanschauung, 1922 in Frankfurt a. M., 1923 in Breslau bzw. Berlin: *Romano Guardini*, geb. 1885; Anstellung katholischer Studentenseelsorger). Ein verinnerlichter und verfeinerter Katholizismus war in der nun stärker hervortretenden liturgischen Bewegung lebendig (die Beuroner Benediktinerkongregation; Mittelpunkt die Erzabtei Beuron in Hohenzollern; Abt *Ildefons Herwegen* in Maria-Laach, 1874 bis 1946); sie bedeutete eine Verstärkung des altkirchlichen Geistes, der durch sie auch auf Malerei und Plastik wieder einzuwirken begann. In der wissenschaftlichen Theologie wurde die Mitarbeit katholischer Forscher immer beachtlicher, so in der Kirchengeschichte (die in § 116 s Genannten; *Martin Grab-*

mann, 1875–1949, *Georg Schreiber*, geb. 1882, *Joseph Lortz*, geb. 1887, dieser besonders als Reformationshistoriker; u. a.), Religionsgeschichte (*Franz Joseph Dölger*, 1879–1940), Archäologie (*Joseph Wilpert* in Rom, 1857–1944). Für das religiöse Leben der dreißiger Jahre war eine rasch um sich greifende Bibelbewegung kennzeichnend („Katholisches Bibelwerk" 1933, Sitz Stuttgart).

Als voller Erfolg der katholischen Kirche konnten auch die verschiedenen Konkordate gebucht werden, die in dieser Zeit abgeschlossen wurden, das Konkordat mit Bayern 1924, der Abschluß eines „Vertrages" mit Preußen 1929 (jährliche staatliche Dotation von 2,8 Millionen Reichsmark; für die Kirche günstige Regelung der Bischofswahlen; weitgehender Einfluß der Kirche auf die katholisch-theologischen Fakultäten; neue Bistümer in Aachen und Berlin; Erhebung der Bistümer Paderborn und Breslau zu Erzbistümern), der Abschluß eines Konkordates mit Baden 1932.

Dann aber trat mit der nationalsozialistischen Revolution von 1933 eine völlig neue Lage ein. Wie alle übrigen politischen Parteien mit Ausnahme der nationalsozialistischen löste sich nun die Zentrumspartei auf (5. Juli 1933). Das schon längst vorbereitete Reichskonkordat wurde zwar am 8. Juli 1933 von der nationalsozialistischen Regierung mit dem Vatikan abgeschlossen, aber die Verhältnisse drängten sehr rasch über seine Bestimmungen hinaus. Die Jahre nach 1933 gestalteten sich für den deutschen Katholizismus in vieler Hinsicht sehr viel ungünstiger, als noch beim Abschluß des Konkordats vermutet werden konnte. Die Bedingungen, unter denen bisher das kirchliche Vereinswesen und die Pflege der katholischen Jugend gestanden hatten, verschoben sich völlig. Die Weltanschauungskämpfe, die nun im protestantischen und im außerkonfessionellen Lager geführt wurden, erregten auch den katholischen Volksteil. Beunruhigend wirkten ferner die in großer Zahl und sensationeller Aufmachung von den Nationalsozialisten gegen Ordensangehörige geführten Prozesse. Eine große Zahl von katholischen Geistlichen und Laien schmachtete in den Konzentrationslagern, Gefängnissen und Zuchthäusern; viele kamen ums Leben. Trotz aller drohenden Gefahren fehlte es nicht an mutigen Bekennern der Wahrheit (genannt sei der Graf *Galen*, der unerschrockene Bischof von Münster, zuletzt Kardinal, gest. 1946). Die großen katholischen Tageszeitungen (Kölnische Volkszeitung, Germania) waren seit der Nazizeit verschwunden, dafür gewannen Diözesanblätter und katholische Wochenblätter weite Verbreitung.

(2) **Österreich,** seit 1919 Republik, ein Kleinstaat von 6,7 Millionen Einwohnern, davon 5,9 Millionen Katholiken, war in überaus schwieriger innerpolitischer und wirtschaftlicher Lage. Der Katholizismus stand in den zwanziger Jahren in harten Kämpfen mit den radikalen sozialistischen Strömungen. 1933 schlossen Kirche und Staat ein Konkordat. In den dreißiger Jahren, unter Dollfuß (ermordet 1934) und Schuschnigg, wurde Österreich von Klerikalen regiert. Nach dem gewaltsamen „Anschluß" an das Reich 1938 („Ostmark") wurde die Lage der katholischen Kirche bald ebenso gedrückt wie die der protestantischen. Seit dem 27. April 1945 war Österreich wieder Republik, seit dem Staatsvertrag von 1955 wieder frei. 1957–58 kam es zwischen dem Vatikan und Österreich zu Schwierigkeiten in der Konkordatsfrage.

(3) In **Frankreich** nahm die Religion 1914, wie überall, einen Aufschwung; Religion und Katholizismus flossen weithin zusammen. Das Verhältnis zum Staat gestaltete sich sofort freundlicher; zahlreiche Mönche und Nonnen konnten nach Frankreich zurückkehren. Auch die finanzielle Lage der katholischen Kirche besserte sich (Stiftung zahlreicher Messen für lebende und für tote Soldaten). Die siegreiche Beendigung des Krieges 1918 war zugleich ein Triumph der „Religion des Marschall Foch". Die Heiligsprechung der Jeanne d'Arc (in einer großartigen Feier in der Peterskirche in Rom, Mai 1921) war ein neuer Erfolg Frankreichs[1]; gleichzeitig wurde die gefeierte Marguerite-Marie Alacoque heilig-

---

[1] Jeanne d'Arc, geb. 1412 in Domrémy, die französische Nationalheldin, Retterin Frankreichs im Krieg gegen die Engländer, geriet in englische Hände, wurde durch das Inquisitionsgericht in Rouen verurteilt und verbrannt; 1456 für unschuldig erklärt, 1909 für selig.

gesprochen, ebenfalls eine Französin (§ 97 i). Die diplomatischen Beziehungen zum Vatikan wurden wieder aufgenommen (§ e). Um 1930 ließ sich ein deutlicher Aufschwung der katholischen Kirche in Frankreich feststellen. Die Intelligenz war weithin für sie zurückgewonnen. Der Katholizismus war politisch und sozial sehr lebendig, die Zahl der Kommunikanten im Steigen, die Beteiligung an der äußeren Mission sehr lebhaft (1929 gab es 27 500 französische katholische Missionare in 103 religiösen Gesellschaften). Die katholische Theologie stand in Blüte (*Louis Duchesne* 1843–1922, lebte in Rom; *Pierre Batiffol, Henri Brémond; A. M. H. Lagrange* u. a.; dazu die radikalen Modernisten *Alfred Loisy* § 116 t und *Joseph Turmel* 1859–1942). Seit 1942 trat in Frankreich die sog. „Nouvelle Théologie" auf den Plan (*Henri de Lubac, Jean Daniélou* u. a.), in der eine stärkere Fühlung mit dem modernen Geistesleben genommen, aber auch eine erneute Auswertung mystischer Väter erstrebt wird, besonders Augustins. Bei ausgesprochen apologetischer Haltung wurden doch auch kritische Ansätze (zB. zur Revision der scholastischen Wandlungslehre § 62 q) nicht vermieden. Der Papst freilich wirkte retardierend (Enzyklika „Humani generis", 1950). Auch an der schönen Literatur war der Katholizismus in steigendem Maße beteiligt. In unkirchlichen Kreisen, selbst im Denken der Freigeister, war sehr viel latentes Christentum vorhanden. Freilich fehlte es nicht an unkirchlichen Momenten. Die Entkirchlichung, besonders in den Arbeiterkreisen, schritt immer weiter fort.

r (4) Eigenartig schwankend blieb auch bis 1929 die Lage der katholischen Kirche unter dem Faschismus in **Italien**. Allerdings arbeitete der „Duce" an einer Annäherung und erfreute die Kirche durch allerlei Rücksichten und Freundlichkeiten. Aber anderseits fehlte es nicht an ernstlichen Reibungen, besonders infolge des Versuchs des Staates, die Beziehungen zur Kirche auf staatsgesetzlichem Wege, ohne Konkordat zu regeln. Ziemlich überraschend erfolgte dann am 11. Febr. **1929** durch die sog. **Lateranverträge** die Aussöhnung zwischen Vatikan und Quirinal. Der Papst erhielt die volle Souveränität, einen Kirchenstaat im kleinen (die Città del Vaticano), dazu für eine Anzahl ihm gehörender, außerhalb der Vatikanischen Stadt gelegener Basiliken, Paläste und anderer Gebäude die Exterritorialität. Ein Konkordat erkannte die katholische Kirche als Staatsreligion an. Eine Finanzkonvention stellte dem Papst ganz bedeutende Summen zur Verfügung. Der größere Vorteil des Friedensschlusses lag gleichwohl auf der Seite des Staats, der nun, mit Rom als Hauptstadt, vom Papst anerkannt war, während der Papst zwar aus seiner „Gefangenschaft" erlöst wurde (vgl. § 115 r), aber auf seine Teilnahme am nationalen Wettbewerb der Staaten und an internationalen politischen Konferenzen verzichten mußte. – Von den in Italien wirkenden Vertretern einer wissenschaftlichen Theologie vermochte besonders *Ernesto Buonaiuti* (1881–1946) jenseits der italienischen Grenzen zu interessieren. Er war ein sehr bedeutender kritischer Kirchenhistoriker, aber zugleich ein fast prophetisch anmutender Verkünder einer unter Einwirkungen des Evangeliums, Augustinus' und Joachims von Fiore stehenden religiösen Erneuerung. Er erlag seinen jesuitischen Gegnern.

s (5) In dem 1918 neu errichteten **Polen** hatte die katholische Kirche eine sehr günstige Stellung. Der polnische Staat war schon durch seine Lage zwischen Deutschland und Rußland auf die Begünstigung der katholischen Kirche hingewiesen; in dem jahrhundertelangen Kampf mit den Deutschen und den Russen hatten sich die nationalen und die konfessionellen Gegensätze fast ganz verschmolzen. Bittere Zeiten kamen für Polen mit der brutalen Vergewaltigung des Landes seit 1939. In überraschend kurzem Kriege warf Hitler das polnische Heer nieder, die Russen nahmen die polnischen Ostgebiete weg, der polnische Staat war abermals aufgelöst. Hitler wütete gegen die polnischen Katholiken; Tausende von Priestern wurden erschossen oder in die Konzentrationslager gebracht; viele Kirchen und viele Klöster wurden geschlossen. Der Gang des zweiten Weltkrieges entschied die Wiederherstellung des polnischen Staats und seine Ausdehnung westwärts bis zur Oder-Neiße-Grenze. Die deutschen Siedler in den vordem deutschen Gebieten wurden aus Polen vertrieben. Polen war nun fast rein katholisch. Doch gab es noch Anhänger der stark reduzierten Mariawiten (§ 128 m) und einer aus Amerika nach Polen übertragenen altkatholischen polnischen Kirche

(§ 115 u), dazu die unter russischem Einfluß sich verbreitende marxistische Christentumsfeindschaft. April 1946 kündigte der polnische Staat das Konkordat mit Rom. Die Regierung wünschte im Gebiet östlich von der Oder-Neiße-Grenze eine kirchliche Neuorganisation, die aber der Vatikan erst beim künftigen Friedensvertrag vornehmen wollte. Die Folge war ein akuter Konflikt zwischen dem polnischen Staat und dem polnischen Klerus. Der Erzbischof von Warschau, Kardinal *Wyszinski*, wurde verhaftet. Der Kampf nahm scharfe Formen an. Die Kirche wurde in ihrer Betätigung sehr behindert. 1954 waren beinahe zweitausend Priester eingekerkert.

(6) In dem neuen Lettland, das nach dem ersten Weltkriege geschaffen worden war, hatte die katholische Kirche zunächst eine gesicherte Lage. 1922 kam ein Konkordat zustande; römisch-katholisches Erzbistum war Riga. Für den neu gebildeten Staat Litauen wurde die Circumscriptionsbulle „Litianorum gente" erlassen (1925; Erzbistum Kowno); 1927 wurde auch hier ein Konkordat vereinbart. Der Übergang der baltischen Staaten an Rußland 1940, endgültig 1944, brachte die Kündigung der Konkordate und eine fast völlige Unterdrückung des Kirchenwesens. 1944–45 erfolgte die Aussiedelung großer Bevölkerungsteile.

(7) In **Ungarn** loderte seit 1948 der helle Krieg zwischen dem kommunistischen Staat und der katholischen Kirche. Es ging um die systematische Unterwerfung der Kirche unter den religionsfeindlichen Staat, vor allem um die Durchführung der Entchristlichung des Schulwesens. Der Führer des kirchlichen Widerstandes, der Kardinal *Mindszenty*, wurde 1949 zu lebenslänglichem Zuchthaus verurteilt; nach einigen Jahren wurde der Strafvollzug ausgesetzt. Auch viele andere Bischöfe und Priester wurden gerichtlich verfolgt.

(8) Eine radikale Wendung der Lage der katholischen Kirche erfolgte mit der *t* Beseitigung der Monarchie bzw. der Diktatur in **Spanien** 1931. Die neue Verfassung verfügte eine strenge Kontrolle der geistlichen Orden. Es kam zu schlimmen Ausschreitungen der unteren Schichten gegen die Geistlichkeit, zu Kloster- und Kirchenbränden. 1932 wurde der Jesuitenorden in Spanien aufgelöst. Es folgte die schlimme Katastrophe, die im Bürgerkriege von 1936–1939 über die katholische Kirche Spaniens hereinbrach. Da sich die politische Rechte mit der Kirche verband, fielen zahlreiche Priester und Ordensleute dem Kriege zum Opfer. Tausende von Kirchengebäuden, darunter herrliche Denkmäler der spanischen Gotik, wurden zerstört oder beschädigt. Doch galt die Feindschaft der Linkspartei im wesentlichen nur der politischen Machtstellung der Kirche, nicht der Religion und ihren erzieherischen und sozialen Kräften überhaupt. Unter dem Caudillo General Franco konnte sich der Klerikalismus von neuem erheben und zielbewußt fortschreiten (vgl. § 136 p). Nach dem „Freiheitsbrief des Spaniers" von 1945 ist die katholische „Religion" die Religion des spanischen Staates und genießt das Vorrecht des amtlichen Schutzes; öffentliche Zeremonien oder Kundgebungen durch Andersgläubige wurden verboten. 1953 wurde zwischen Spanien und der Kurie ein Konkordat vereinbart, das die enge Verbindung des Franco-Regimes mit der katholischen Kirche vollends deutlich machte. Der spanische Katholizismus, der die ev. Spanier 1939–45 hart bedrückte, war innerlich lebendig.

(9) In **Portugal** hatte sich die katholische Kirche von den schweren Schlägen *u* der Revolution von 1910 (§ 116 n) seit 1917/18 langsam zu erholen begonnen. Das christlich eingestellte diktatorische Regiment von Salazar (seit 1932) war ihr günstig. Das Konkordat von 1940 und ein Missionsvertrag (1940) festigten weiterhin die Lage. Viele Analphabeten!

(10) Die enge Verbindung zwischen den Habsburgern und Rom hatte zur Folge, *v* daß viele **Tschechen** nach ihrem Bruch mit Wien auch von Rom nichts mehr wissen wollten. Unter den Priestern trat nach der Revolution von 1918 sofort eine Reformbewegung hervor, die die Aufhebung des Zölibates und die Verwendung der tschechischen Sprache im Gottesdienst forderte. Im Januar 1920 kam es zur Kirchenspaltung; es bildete sich eine selbständige, von Rom unabhängige

Tschechoslowakische Kirche (1921 6,58% der Bevölkerung). Zum Bischofssitz wurde Olmütz in Mähren ausersehen. Doch blieb die Bevölkerung in ihrer Mehrheit Rom treu, so auch die Katholiken im deutsch sprechenden Teile Böhmens. – Unabhängig von der neuen romfreien, streng national gerichteten Kirche hielt sich die Altkatholische Kirche in der Tschechoslowakei; sie wurzelte in der Hauptsache im deutschsprechenden Sudetenlande. – Schreckliche Leiden brachte den Katholiken die mit der Errichtung des „Protektorates" Böhmen-Mähren 1938 anhebende Gewaltherrschaft des Hitler-Regimes. Der katholische Klerus wurde aufs schwerste bedrückt, die radikale romfreie Tschechoslowakische Kirche begünstigt. Nach dem Zusammenbruch des nazistischen Regimes 1945 erhob sich sogleich wieder die Tschechoslowakische Republik. Schon 1943 war von der tschechoslowakischen Exilregierung in London im Einvernehmen mit den USA, Großbritannien und der Sowjet-Union die Zwangsaussiedelung der überwiegend katholischen Sudetendeutschen ins Auge gefaßt worden; sie wurde nun durchgeführt (etwa 3 Mill.; etwa ¼ Mill. blieb zurück). Nach der Einführung der neuen, radikalen Staatsverfassung von 1948 entbrannte ein scharfer Kampf zwischen dem Staat und der katholischen Kirche (Absetzung und Verurteilung der Bischöfe und vieler Priester); das Ende war, daß die katholischen Kleriker zu reinen Staatsbeamten gemacht wurden (staatliche Besoldung; Eid auf die Verfassung).

Im modernen, von Tito geleiteten Jugoslavien wurde die orthodoxe Kirche (§ 137 b) geschont, dagegen die römisch-katholische Kirche (über ⅓ der Bevölkerung) verfolgt (1946 *Alois Stepinatsch*, Erzbischof von Zagreb und römischkatholischer Primas von Jugoslavien, zu 16j. Zwangsarbeit verurteilt, Tito exkommuniziert).

w (11) In **Amerika** (über die katholische Kirche in den Vereinigten Staaten s. § 116 o) war die Lage besonders in Mexiko sehr unerfreulich. Seit 1925 war hier die Kirche durch den vom Präsidenten Calles geführten Kulturkampf völlig lahmgelegt. Über fünftausend Katholiken kamen ums Leben. Der 1929 in Mexiko City geschlossene Vertrag stellte nur vorübergehend friedliche Zustände her. Erst die 40er Jahre besserten die äußere Lage wesentlich.

§ 133. Krisis und neue Befestigung des deutschen evangelischen Landeskirchentums nach dem ersten Weltkriege.

§§ 133–135: KKupisch s. vor § 117. – JSchneider, Kirchliches Jahrbuch für die ev. Landeskirchen Deutschlands. – FGiese und JHosemann, Die Verfassungen der deutschen ev. Landeskirchen, 2 Bde., 1927. – HGHaack, Die ev. Kirche Deutschlands in der Gegenwart, 1929. – Zu § 1: Vgl. die Zs. Die Christengemeinschaft, ed. EBock seit 1946.

a Der deutsche Protestantismus wurde durch die schweren deutschen Niederlagen von 1918 und 1945, sowie durch die politischen Umwälzungen von 1918 und 1933 ungemein stark in Mitleidenschaft gezogen, so daß diese Jahrzehnte für ihn in vieler Hinsicht eine Zeit der Krisen und des Niederganges waren. Für das evangelische Landeskirchentum Deutschlands wurde die Krisis mit dem 9. November 1918, dem Tag der Abdankung Wilhelms II. und der übrigen deutschen Fürsten, brennend: Mit dem Sturze der deutschen Fürsten fiel der Summepiskopat, der seit der Reformationszeit bestanden hatte und die tragende Säule des evangelischen Kirchentums gewesen war. Die radikalen politischen Parteien stellten sofort die Forderung der Trennung von Kirche und Staat, und die Reichsverfassung vom 11. August 1919 bahnte eine bedeutende Lockerung des Verhältnisses beider Größen an. Damit waren die evangelischen Kirchen vor die Notwendigkeit eines **Verfassungsneubaus** gestellt. Dazu gesellte sich das schwierige Problem des Verhältnisses von Religion und Schule. Um beide Probleme entbrannten die heftigsten Kämpfe. Der Einfluß des deutschen Protestantismus im Volk wurde durch die jetzt rasch vordringende Sozialdemokratie stark gehemmt, seine Geltung nach außen durch die politische Katastrophe Deutschlands erheblich vermindert.

1. Bis zur Fertigstellung der neuen **Verfassungen** der Landeskirchen ergaben *b* sich teilweise schwierige Übergangszustände. In Preußen war dem Oberkirchenrat mit der Revolution der Boden unter den Füßen geschwunden; denn er war weder vom Staat noch von einer Kirchenvertretung, sondern vom Landesherrn in seiner Eigenschaft als Herr der Kirche eingesetzt; der Landesherr aber war nun ausgeschaltet. Man half sich ähnlich, wie man sich 1697 in Kursachsen geholfen hatte (§ 111 e): Die Befugnisse des summus episcopus wurden 1919 interimistisch von drei Ministern ev. Glaubens übernommen (preußische Notverfassung). Anderwärts wurden die landesherrlichen Rechte dem Konsistorium oder dem Konsistorium und einem Synodalausschuß übertragen.

Von 1919 an tagten fast überall verfassunggebende Generalsynoden. Wo die *c* neuen Verfassungen nicht ein Kollegium (so in Anhalt), sondern einen einzelnen Geistlichen als Leiter der Landeskirche vorsahen, wurde für diesen vielfach der **Bischofstitel** beschlossen (so vor 1933 in beiden Mecklenburg, Braunschweig, Sachsen, Hannover, Nassau, Schleswig-Holstein; abgelehnt von der altpreußischen Generalsynode 1927; vgl. § 118 f, 135 e). **1921** trat die preußische verfassunggebende Kirchenversammlung in Berlin zusammen. Die Wahlen hatten eine starke Mehrheit der Rechten ergeben. Die preußische Landeskirche erhielt nun den Namen **„Evangelische Kirche der altpreußischen Union"** (Herbst 1922; das Prädikat „altpreußisch" ist seit dem 1. Apr. 1954 weggefallen). Sie zeigte im Vergleich mit dem früheren Zustande vor allem eine gesteigerte Bedeutung der **Generalsynode**, die nach dem Ausscheiden des summus episcopus Träger und Verwalter der Kirchengewalt geworden war. Neben ihr stand der **Kirchensenat** (Landeskirchenausschuß, von der Generalsynode gewählt; Vorsitzender: der Präsident der Generalsynode; Befugnis: Besetzung der ausschlaggebenden Stellen: Oberkirchenrat, Konsistorien, Generalsuperintendenten), weiter der **Oberkirchenrat** und die **Generalsuperintendenten**. Die Generalsynode sollte alle vier Jahre tagen. Dem Kirchensenat entsprachen für die Provinzen die **Provinzialkirchenräte**. Gegen die ursprüngliche Absicht kam es in den Beratungen zu lebhaften Debatten über des Bekenntnis und schließlich, unter Hinweggehen über eine erhebliche Minderheit, zur Annahme einer Bekenntnisformel („**Präambel**"). Der den ev. Landeskirchen in Preußen vom preußischen Staat in Aussicht gestellte **Vertrag**, der als eine Parallele zum preußischen Konkordat (§ 132 n) eigentlich gleichzeitig mit diesem abgeschlossen werden sollte, wurde erst am 29. Juni 1931 in Kraft gesetzt. Der Staat gewährleistete die Zahlung einer Dotation und die Erhaltung der theologischen Fakultäten. – Der Zu- *d* sammenschluß der thüringischen Kleinstaaten zum Lande **Thüringen** hatte die Entstehung einer „Thüringer ev. Kirche" zur Folge (kirchlicher Mittelpunkt: Eisenach; 1921 Eröffnung des ersten Thüringer Landeskirchentags). Damit gab es in Deutschland sechs Landeskirchen weniger als zuvor. Die **Koburger Kirche** schloß sich an die bayrische Landeskirche an. **Reuß ältere Linie (Greiz)** blieb am Zusammenschluß unbeteiligt und bildete weiter eine eigene kleine Landeskirche (bis 1933).

Infolge der schweren Erschütterungen des ev. Landeskirchentums durch die *e* Revolution erstarkte der Gedanke eines näheren Zusammenschlusses der evangelischen Landeskirchen (§ 120 n o, 122 e). Der erste allgemeine deutsche evangelische **Kirchentag**, der Sept. 1919 in Dresden tagte, war zu einem guten Teil, der ihm im Sept. 1921 in Stuttgart folgende zweite Kirchentag in der Hauptsache der Vorbereitung eines Kirchenbundes gewidmet. Himmelfahrt **1922** wurde in einer großen Feier in der Lutherstadt Wittenberg der **Deutsche evangelische**

§ 133　　　Die Kirche in der jüngsten Vergangenheit

Kirchenbund gegründet. Er sollte den nach wie vor selbständig nebeneinander stehenden Landeskirchen einen festeren Zusammenhalt geben, auch ev. Gemeinden im Auslande, besonders in den seit 1918 abgetretenen Gebieten, unterstützen. Ein Parlament der 28 zusammengeschlossenen Landeskirchen war der Deutsche evangelische Kirchentag (alle drei Jahre: I. 1924 in Bethel-Bielefeld; II. 1927 in Königsberg; III. 1930 in Nürnberg).

f　　Eine Folge der politischen Revolution, die das politische Frauenstimmrecht gebracht hatte, war, daß die Frauen das aktive und passive kirchliche Wahlrecht erhielten. Auch die Zulassung von weiblichen Theologiestudierenden zum ersten und zweiten Kandidatenexamen (mit Beschränkungen) wurde erreicht. Vgl. § 135 q.

g　　2. Während die kirchlichen Verfassungskämpfe nur die eigentlich kirchlichen Kreise bewegten, erregte der Kampf um den Religionsunterricht breite Schichten. In der gewaltigen Gärung der ersten Wochen nach der Revolution von 1918 schien das Verbleiben des Religionsunterrichts in der Schule überhaupt gefährdet. Vereinzelt kam es zu gewaltsamen Eingriffen. Die Reichsverfassung bestimmte dann in Art. 149: „Der Religionsunterricht ist ordentliches Lehrfach der Schulen mit Ausnahme der bekenntnisfreien (weltlichen) Schulen". Neue lebhafte Kämpfe um Konfessionsschule, Gemeinschaftsschule und weltliche Schule folgten. Als Opfer der Revolution vom Nov. 1918 fiel die geistliche Schulaufsicht (in Preußen durch Landtagsbeschluß 1919). Gegen Ende der zwanziger Jahre war der Radikalismus im Schulwesen im Abflauen.

h　　Die Jugend der Jahre nach dem ersten Weltkriege erwies sich zwar weithin als religiös empfänglich, aber der überlieferten Kirche abgeneigt. In der modernen Jugendbewegung, die auf protestantischem Boden entstanden war, aber im Katholizismus eine Parallele gefunden hatte, spiegelte sich die religiöse Zerrissenheit des deutschen Protestantismus wider. Im Vordringen war die christliche Studentenbewegung in ihren verschiedenen Schattierungen. Aus der Jugendbewegung erwuchs, als Nachtrieb mit positivem Vorzeichen, die Richtung der Berneuchener (genannt nach ihrem Treffpunkt, dem Gut Berneuchen in der Neumark), eine seit 1923 bestehende Gruppe, die sich mit emotionalen Mitteln um kirchliche Erneuerung bemühte und beachtlichen Einfluß auf das ev. Kirchentum gewann (Programmschrift: „Das Berneuchener Buch", 1926; Gemeinschaftsleben; Messe; Stundengebet; „Freizeiten" zur Rückgewinnung Unkirchlicher usw.).

i　　3. Wie der Kampf gegen den Religionsunterricht, so ging auch die Kirchenaustrittsbewegung in der Hauptsache von den Sozialisten aus. 1920 betrug die Gesamtziffer der Austritte 305524, 1923 111866, 1924 68347, 1926 180772, 1927 165219, 1930 215160, 1931 allein in Berlin 79274. Es bildete sich eine von Sozialisten geleitete „Gemeinschaft der proletarischen Freidenker". Nach jahrelangen Kämpfen spalteten sich 1928 die Kommunisten vom Freidenkerverbande ab und bildeten die kommunistische „Gottlosen"organisation. Ihre Propaganda nahm so rohe Formen an, daß der Reichspräsident von Hindenburg im Mai 1932 die kommunistische Gottlosenorganisation für das ganze Reich auflöste.

k　　4. Ein interessanter Ausdruck der religiös-kirchlichen Stimmung mancher Kreise nach dem Kriege war die Hochkirchliche Vereinigung (erste Hauptversammlung Berlin 1919). Sie erstrebte „ritualistisches" Gepräge des Kultus und der Verfassung, sowie systematische Pflege der frommen Sitte: Bischof, Priesterweihe, Sakrament ex opere operato, Kerzen, Gewänder, Privatbeichte, Breviergebet, evangelisch-klösterliches Leben, ökumenischen Zusammenschluß der deutschen Landeskirchen (vgl. die ähnlichen Züge § 123 i k). Auch außerhalb dieser und
l　　der Berneuchener Gruppe (§ h) war ein Wachsen des Interesses für die liturgische Seite des Gottesdienstes zu beobachten. Als ein neues Element im deutschen Gottesdienst tauchte der von den Quäkern übernommene „schweigende Dienst" in der Nachkriegszeit auf. Die Vorliebe der Zeit für Mystik und Liturgie wirkte sich auch in der von *Friedrich Rittelmeyer* (1872–1938) von Stuttgart aus geleiteten „Christengemeinschaft" aus, einer von der Steinerschen Anthroposophie stark angeregten Bewegung („Menschenweihehandlung").

Ein anderer Zug im kirchlichen Leben, der durch die Revolution vom Nov. *m*
1918 möglich wurde, war das Auftreten sozialistischer Pastoren, die der Religionslosigkeit der Massen durch einen radikalen „religiösen Sozialismus" begegneten (Bund religiöser Sozialisten in Deutschland).

Für die zwanziger Jahre charakteristisch war ferner das Aufkommen der *n*
deutsch-kirchlichen Bewegung (seit 1921), die die Kirche durch Betonung und Pflege der heimatlichen, völkischen und nordischen Werte, unter Ablehnung des Jüdischen und Südlichen zu erneuern suchte. Mit dem 1930 einsetzenden Erstarken der politischen Partei der Nationalsozialisten wuchs auch die kirchenpolitische völkische Strömung an und suchte, nun unter der Bezeichnung „Deutsche Christen", auf dem Wege über die Kirchenwahlen kirchlichen Einfluß zu gewinnen (so im Herbst 1932 in Preußen, Jan. 1933 in Thüringen).

5. Der erste Weltkrieg und die Nachkriegszeit schufen ein Klima, das für das *o*
Emporwuchern von Sekten sehr günstig war. Besonders erfolgreich war die „Internationale Vereinigung ernster Bibelforscher", gestiftet in Nordamerika durch *Charles Taze Russell* (1852–1916; deutscher Mittelpunkt: Barmen); sie verkündigte auf Grund mehrfach berichtigter Berechnungen die nahe Wiederkunft Christi und wirkte scharf kirchenfeindlich und antinational.

§ 134. Die theologische Neuorientierung im deutschen Protestantismus der zwanziger Jahre.

HStephan s. § 119. – Die Religionswissenschaft der Gegenwart in Selbstdarstellungen, her. von EStange, I–V, 1925–1929. – Zu Barth: WKöpp, Die gegenwärtige Geisteslage und die dialektische Theologie, 1930. – MStrauch, Die Theologie Karl Barths, 1934. – *HUvBalthasar, Karl Barth, Darstellung und Deutung seiner Theologie, Olten und Köln 1951. – *HBouillard, Karl Barth, 3 Bde., Paris 1957. – Zu Bultmann: s. ThLZ 1957, 241–50. 272f. 679f. – Zu Tillich: ThLZ 1957, 622–24. CRhein [1957]. – Die Berneuchener: LFendt, ThLZ 1954, 714–20.

Die deutsche protestantische Theologie der Zeit nach dem ersten *a*
Weltkrieg war von viel Leben, aber auch von viel Unrast und Unbefriedigung erfüllt[1]. Die schwere Erschütterung aller Lebensgebiete durch Krieg und Revolution, die damit gegebene Krisenstimmung, die Ausgestaltung des protestantischen Kirchentums zu einem Sonderkörper innerhalb des deutschen Gesamtlebens führten zu einem Erstarken der theologischen Rechten. In der wissenschaftlichen Theologie wich das Übergewicht der historischen Disziplinen, das für die Zeit um 1900 charakteristisch war (§ 121 a), einem neuen Emporsteigen der systematischen Theologie. Die jüngere Generation rang, unter entschiedener Ablehnung der Vorkriegstheologie, nach einer neuen Grundposition, die das theologische „Anliegen" gegen die Stürme der Zeit sicherstellen sollte. Da die Vorkriegstheologie, trotz einer gewissen Ermäßigung der alten Richtungsgegensätze, weiter stark nachwirkte, bot das Ganze ein sehr uneinheitliches Bild.

Das eigenartigste und die Mitlebenden am stärksten erregende theologische *b*
Erzeugnis der Zeit nach dem ersten Weltkriege war die sog. Dialektische Theologie („Theologie der Krisis"). Sie entstand auf reformiertem Gebiet, in der deutschen Schweiz, im Kreise religiöser Sozialisten um Kutter und Ragaz (§ 124 d), entwickelte sich dann aber als eine durch ihre dogmatische Entschiedenheit, ihre Paradoxien, ihre vermeintliche Zeitüberlegenheit für viele höchst anziehende Erneuerung von Gedanken Kierkegaards (§ 124 h). Der führende Theologe

---

[1] Nicht alle namhaften Theologen der neueren und neuesten Zeit können in § 134 und § 135 erwähnt werden.

in dieser Bewegung wurde *Karl Barth* (geb. 1886, Pfarrer in der Schweiz, Professor in Münster, Göttingen, Bonn, seit 1935 in Basel) durch die 2. Auflage seines Buches „Der Römerbrief" (1921). An ihn schlossen sich schweizerische und reichsdeutsche Theologen an, Reformierte und Lutheraner (E. Thurneysen, E. Brunner; F. Gogarten, R. Bultmann). Doch vermochte dieses theologische Miteinander die vorhandenen Gegensätze nur zeitweilig zu überbrücken und löste sich nach wenigen Jahren wieder auf (Wiedereindringen der „Synthese" zwischen Christentum und Welt, der sog. natürlichen Theologie usw.). Barth selbst entfernte sich von der Stellung von 1921 und wurde seit 1933 der maßgebende Theologe der sog. Bekenntnisfront (§ 135).

c Eine zweite theologische Gruppe blieb, bei im ganzen konservativer dogmatischer Haltung, in engerem Zusammenhang mit der wissenschaftlichen Vorkriegstheologie. Das Schlagwort hieß hier: „Lutherrenaissance". Der Lehrmeister war *Karl Holl* in Berlin (1866-1926), ein durch strenge Methode ausgezeichneter, ernster Gelehrter, gleich verdient um Patristik und Reformationsgeschichte, dessen Lutherforschungen seit ihrer Zusammenfassung (Gesammelte Aufsätze I 1921, ²1923) stark wirkten. Zahlreiche jüngere Theologen ließen sich von Holl überzeugen. Der Rückgang auf den geschichtlichen Luther sollte zugleich dazu dienen, ihn für die Gegenwart in Geltung zu setzen.

d Daneben bestand vornehmlich das ältere konfessionelle Luthertum zwar nicht als eine geschlossene Gruppe, aber als eine weitverzweigte theologische Richtung weiter. Diese Kreise pflegten auch eine ergiebige Zusammenarbeit mit dem Luthertum der nordischen Länder, besonders Schwedens (§ 136 r; ökumenische Hochschultagungen der „Lutherakademie", zuerst in Sondershausen; führend der Göttinger Professor *Carl Stange*, 1870-1959). Ein modernisiertes „Erlangen" vertraten u. a. *Paul Althaus* (geb. 1888) und *Werner Elert* (1885-1954). Großen Einfluß hatte ferner der Biblizismus (§ 121 i); *Adolf Schlatter* und sein Mitarbeiter Wilhelm Lütgert (1867-1938, in Halle und Berlin) gelangten jetzt zu voller Wirkung, ebenso *Karl Heim* in Tübingen (1874-1958), der, im tiefsten gleichfalls dem württembergischen Biblizismus angehörend, in unermüdlicher Auseinandersetzung mit den philosophischen Richtungen der Zeit die Absolutheit des Christusglaubens sicherzustellen suchte. Auch *Erich Schäder* (1861-1936, zuletzt Breslau) mit seiner Forderung einer „theozentrischen Theologie" ist hier zu nennen.

e Noch lebten von den einflußreichen Vorkriegstheologen *Adolf von Harnack* († 1930) und zahlreiche Schüler Albrecht Ritschls (§ 121 f), ebenso *Reinhold Seeberg* († 1935) und viele ähnlich Gerichtete. *Ernst Troeltsch* († 1923; vgl. § 121 p) wirkte durch zahlreiche Motive nach, und einzelne seiner Anhänger werteten seine Gedanken selbständig aus (*Paul Tillich*, geb. 1886, seit 1933 in den USA). Der Troeltsch theologisch nahestehende und nicht viel jüngere *Rudolf Otto* in Marburg (1869-1937) kam jetzt erst zu voller Geltung; sein religionspsychologisches Buch „Das Heilige" (¹1917) erzielte einen außergewöhnlichen, weit über die deutschen Grenzen hinausreichenden Erfolg.

f Die historische Theologie setzte sich, des Antihistorismus der sog. Dialektiker ungeachtet, im ganzen ohne Bruch fort, wenn auch die Geschichtslogik der Zeit die Standortgebundenheit der historischen Sicht und das Fließende des Geschichtsbildes schärfer empfinden lehrte ². Zu der im älteren Stil rein exakt betriebenen kirchengeschichtlichen Arbeit (*Walther Köhler* 1870-1946, in Zürich und Heidelberg; *Hans Lietzmann* 1875-1942, in Jena und Berlin, und viele andere) gesellte sich eine stärkere Verwertung „geschichtstheologischer" Motive (*Erich Seeberg* 1888-1945, in Berlin u. a.). Ein Standwerk wie Harnacks große Dogmengeschichte brachte die auf Harnack folgende Generation von Kirchenhistorikern allerdings nicht hervor, aber sie erzielte wichtige Fortschritte im einzelnen.

g Auch in den exegetischen Disziplinen setzten sich die Methoden der Zeit um 1900 in tüchtigen Leistungen fort. Literarkritik und religionsgeschichtliche Fragestellung erzwangen sich auch auf der theologischen Rechten immer mehr

---

² Vgl. Heussi, Krisis des Historismus, 1932, 38–65.

Beachtung. Anderseits war ein gewisses Erlahmen des historischen Sinnes zu beobachten; bei vielen Exegeten wurden, besonders unter dem Einfluß von Karl Barth, die dogmatischen Bindungen wieder sehr viel strenger (Bevorzugung der „biblisch-theologischen" Methode vor der religionsgeschichtlichen; Eintragung christlicher Gedanken in das AT.). Auch die sog. formgeschichtliche Methode der Synoptikerforschung, aus älteren Ansätzen (H. Gunkel, J. Weiß u. a.) vornehmlich durch *Martin Dibelius* (1883–1947, Heidelberg) und *Rudolf Bultmann* (geb. 1884, Marburg) entwickelt, diente, trotz des Radikalismus vieler Einzelaufstellungen, im letzten der Erkenntnis, daß der Gesamtgehalt der urchristlichen Überlieferung das Entscheidende sei, und damit mittelbar dem Biblizismus. Als bedeutende Alttestamentler sind u. a. *Gustav Hölscher, Albrecht Alt, Otto Eißfeldt* zu nennen.

Den theologischen Durchschnittstypus der zwanziger Jahre kennzeichnen folgende Merkmale: 1) Die Exklusivität der Theologie; sie ist betont biblisch bzw. biblizistisch, supranaturalistisch, kirchlich, grenzt sich scharf gegen alles Außerkirchliche ab, gegen die Kultur, gegen die Philosophie; 2) die Betonung des irrationalen und paradoxen Charakters der Glaubensobjekte; 3) die damit zusammenhängende sog. dialektische Methode, die im Unterschiede von der Hegelschen Dialektik der Logik, des Dreitaktes (Thesis, Antithesis, Synthesis), die Kierkegaardsche Dialektik des Zweitaktes, des Antilogos (Ja – Nein, ohne „und", ohne Synthese!) verwendet; 4) der Versuch konsequenter Ausscheidung des idealistischen Gedankengutes aus der Theologie (vgl. Wilhelm Lütgert, Die Religion des deutschen Idealismus und ihr Ende, 4 Bde., 1922–1930); 5) die Ablehnung der Unterordnung des Christentums unter den Oberbegriff „Religion"; 6) der Versuch, in der Dogmatik nicht, mit Kant und Schleiermacher, vom menschlichen Bewußtsein („anthropozentrische Theologie"), sondern von Gott (als dem Allerobjektivsten) auszugehen (vgl. Erich Schäder, Theozentrische Theologie, 2 Bde., 1909–1914), also Verwerfung des sog. „Psychologismus", des „Erlebnis"-Charakters des Glaubens, damit vielfach auch der Mystik (vgl. Emil Brunner, Die Mystik und das Wort, 1924, ²1928); 7) die theologische Zurückweisung des „Historismus", worunter allerdings sehr Verschiedenartiges verstanden wurde[3], und der Versuch, dem vom Historiker angewandten Geschichtsbegriff die „wirkliche", die „existente" Geschichte, die Geschichte Gottes (Gogarten) oder auch die „ekstatisch gelebte" Geschichte (Kurt Leese) gegenüberzustellen; 8) man suchte einen „objektiven" Standpunkt der Theologie zu gewinnen. Dazu gehörte 9) die Betonung der „Autoritäten", Offenbarung, Wort Gottes, Bibel, sowie der Notwendigkeit, das „Wort Gottes" mit Hilfe einer „pneumatischen" Exegese (Karl Girgensohn u. a.) oder des „eigentlichen", an Luther und Calvin zu lernenden Schriftverständnisses (Karl Barth) zu fassen; dabei wurde das AT mit dem NT vielfach wieder auf eine Ebene gerückt, von manchen sogar die Trinität im AT gefunden, und die Eigenart der nt. Typen vielfach nivelliert; inwieweit eine wirkliche Inspiration angenommen wurde, blieb ungeklärt; 10) die neue Anerkennung des altkirchlichen Dogmas (vgl. E. Brunner, Der Mittler, 1927, ²1930), sowie der Versuch, die Kluft zwischen dem NT und dem Dogma zu verdecken; 11) die gesteigerte Schätzung der Theologie Luthers, worin sich die Mehrheit aller Richtungen zusammenfand (§ c); 12) eine neue Würdigung der allerdings sehr modern gefaßten Eschatologie, Betonung der „Entscheidung", des „Kairos" (vgl. Paul Tillich, Kairos, 1926–1929), der „Zeitwende", der „Fragwürdigkeit" der ins Licht der Transzendenz gerückten immanenten Dinge, mit Einschluß der Kirchen; damit verband sich eine von prophetischem Pathos getragene Kulturkritik, auch Kritik des immer erneuter „Krisis" verfallenden Kirchentums, und eine entsprechende pessimistische Stimmung; 13) die streng theistische und supranaturalistische Auffassung von Gott; 14) die Ablehnung des sog. „historischen Jesus" und die Betonung des dogmatischen Jesus Christus (vgl. Martin Kähler, § 121 i); 15) die besonders durch die neu gewonnene Kenntnis des jungen Luther (vgl. Punkt 11) vertiefte und mit Vorliebe ausgesprochen paradox formulierte Lehre von der Rechtfertigung (simul iustus, simul peccator), dazu ein lebhaftes Interesse

---

[3] Ebd. 1–21.

für die theologische Anthropologie; 16) eine bedenkliche Fremdheit gegenüber der eigenen Zeit, dem wirklichen Leben, der Kultur; 17) überspitzte Problematik und schwierige Terminologie. Dieser neuorthodoxe Durchschnittstypus fand 1933 in der „jungreformatorischen" Richtung und der Bekenntnisfront seine Fortsetzung.

i Im Oktober 1927 fand in Eisenach ein erster deutscher Theologentag statt; ihm folgten noch ein zweiter in Frankfurt a. M. (Okt. 1928) und ein dritter in Breslau (Okt. 1930). Mit der sog. „Machtergreifung" durch den Nationalsozialismus wurden diese Veranstaltungen sofort unmöglich.

§ 135. Der Kampf um die Kirche im deutschen Protestantismus seit 1933 und der kirchliche Neubau seit 1945.

KDSchmidt, Die Bekenntnisse und grundsätzlichen Äußerungen zur kirchlichen Frage, 1933–35. – JGauger, Chronik der Kirchenwirren, 3 Teile, 1934f. – (Anonym), Martin Niemöller und sein Bekenntnis, 1939.– KBarth, Eine Schweizer Stimme 1938–45, 1945. – (Anonym), Die ev. Kirche in Deutschland und die Judenfrage, 1945. – Zeugnisse der BK, her. von Erik Wolf, I (Der Kampf um die Kirche), 1946. – HHermelink, Kirche im Kampf, 1953. – Jochen Klepper, Unter dem Schatten deiner Flügel (aus Tagebüchern 1932–42), 1956. – Der Prediger von Buchenwald (Paul Schneider), 1958. – Widerstand und Ergebung (Bonhoeffers Aufzeichnungen aus der Haft), 1958. – WConrad, Der Kampf um die Kanzeln, 1957. – WMaurer, Kirche und Synagoge, 1953. – OSöhngen, Kämpfende Kirchenmusik, 1954. – WNiemöller, Die Bekennende Kirche sagt Hitler die Wahrheit, 1954. – WNiemöller, Die ev. Kirche im Dritten Reich, 1956. – EWolf, Barmen 1957. – FBaumgärtel, Wider die Kirchenkampf-Legenden, ²1959. – HBrunotte, Die Grundordnung der ev. Kirche Deutschlands, 1954. – OSöhngen, Evangelische Kirchbautagung in Berlin 1948, 1950. – HFKMayer, Der Baumeister Otto Bartning und die Wiederentdeckung des Raums, 1951. – OSöhngen, Die Wiedergeburt der Kirchenmusik, [1953]. – WWeyres, OBartning u. a., Kirchen, Handbuch für den Kirchenbau, 1959.

Abkürzungen: BK = Bekennende Kirche. – DC = Deutsche Christen. – DEK = Deutsche Evangelische Kirche. – NS, ns. = Nationalsozialismus, nationalsozialistisch. – VKL = Vorläufige Kirchenleitung. – EKD bzw. EKiD = Evangelische Kirche in Deutschland.

a 1. Die schleichende Krisis, in der sich der deutsche Protestantismus schon seit dem 19. Jh. befand, verschärfte sich in den Jahren der Herrschaft des NS zu einer akuten. Jahrelang erzitterte das evang. Kirchentum Deutschlands in einem überaus heftigen, zu großer Verwirrung führenden **Kampf um die Kirche,** der die evang. Kirche bis hart an den Rand des Abgrunds trieb. Der Kampf war ein doppelter: einerseits ein Kampf der Kirche um ihre Selbstbehauptung gegenüber dem Versuch des totalitären Staates, sie ihrem Zweck zu entfremden, ihr ihre christliche Freiheit zu nehmen und sie schließlich völlig zu vernichten. Hier entbrannte ein überaus heftiger Prinzipienstreit über die Grenzen der staatlichen Macht gegenüber der Kirche. Andererseits verlief der Kirchenkampf als innerkirchlicher, als Kampf zwischen der Richtung der sog. Deutschen Christen und der sog. Bekennenden Kirche. Die DC ergingen sich in Kompromissen zwischen Christentum und „weltanschaulichen" Motiven des NS; sie suchten 1933 die Kirche wie im Sturm in die politische Revolution einzubeziehen und mit der neuen Lage „gleichzuschalten". Gegen sie erhob sich die BK, das ist der entschiedene, vor persönlichen Opfern nicht zurückschreckende gesammelte Widerstand der konservativen kirchlichen Kreise gegen die Vergewaltigung und innere wie äußere Gefährdung der Kirche[1]. Die Unsicherheit der kirchlichen Lage, die Feindseligkeit der ns. Führerschicht gegen die Kirche steigerten sich noch seit Kriegsausbruch. Der große Prinzipienkampf wurde vom Auslande her mit steigender Aufmerksamkeit verfolgt. Er endete 1945 infolge der Niederlage des NS mit dem Übergewicht der konservativen kirchlichen Kräfte.

Der geschichtliche Verlauf war nur dadurch möglich, daß für ungezählte *b* Deutsche (das Ausland sah schärfer) das wahre Gesicht des NS nur allmählich, in voller Deutlichkeit erst nach dem entsetzlichen Zusammenbruch des Systems sichtbar wurde. Die raffinierten Lügen des Reichspropagandaministeriums und der Terror der Gestapo (geheime Staatspolizei) legten einen undurchdringlichen Schleier über die Wirklichkeit. In diesem Nebel gediehen der Rassenwahn und die Hitlervergötterung, schärfste Negationen christlicher Kardinalbegriffe. Es meinten aber auch anfangs nicht wenige, die sich von der ns. Partei sehr bestimmt distanzierten, von dem Staatsmann Hitler Großes erwarten zu dürfen.

Auch in der Gedankenwelt der Deutschen Christen war die kritiklose, *c* rein illusionäre Hitlerbegeisterung ein bedeutsamer Einschlag. Unter dem Namen DC hatten sich 1932 innerhalb der ns. Partei diejenigen zusammengeschlossen, die aus politischen oder auch aus religiösen Gründen ein Interesse an der Kirche hatten. Dazu gehörten neben zahlreichen Laien auch viele Pfarrer. Die DC forderten (1) kirchenpolitisch: die Einigung der 28 Landeskirchen zu einer Reichskirche; die Beseitigung der Landeskirchentage (Synoden) und die Einführung des sog. Führerprinzips im Kirchenregiment; den kirchlichen Arierparagraphen, also die Ausdehnung der Judenfrage auf das kirchliche Gebiet. Sie forderten (2) theologisch die Neubelebung des „Glaubens" durch die sog. Germanisierung des Christentums, durch enge Verbindung der Kirche mit dem Volk und dem politischen Leben (Abwendung von aller „volksfremden" und Hinwendung zu einer „völkischen" Theologie, also die Übertragung des Rassenantisemitismus auf die Theologie (Ausscheidung jedes jüdischen Einschlages aus dem Christentum; scharfe Trennung der Gestalt Jesu vom Judentum: der sog. „arische" Jesus); ferner die Anwendung des Begriffs der Offenbarung auf den Geschichtsverlauf, besonders auf die politische Geschichte Deutschlands seit 1933 (!). Sie drängten (3) in der kirchlichen Praxis auf Ausscheidung aller alttestamentlich-jüdischen Bestandteile aus Predigt, Liturgie, Unterricht, ja selbst aus dem Wortlaut des NT; schließlich auf Herstellung einer von allen Nichtariern „gereinigten" Kirche. Die Höhe des kirchenpolitischen Einflusses erreichten die DC mit staatlicher Unterstützung durch die Kirchenwahlen vom 23. 7. 1933 (§ e); aber schon die vielberufene Berliner Sportpalastversammlung vom 13.11.1933 leitete ihren Rückgang ein. Es kam zu Spaltungen und immer neuen Gruppierungen mit oft wechselnden Namen. Die radikalste Gruppe war die der „Thüringer" DC (nicht auf Thüringen beschränkt).

Im Verlangen nach einer Reform der ev. Kirche fanden sich zwar zunächst die *d* DC mit zahlreichen jüngeren Theologen und vielen Laien zusammen, die von der dialektischen Theologie oder dem erneuerten Luthertum bestimmt waren (sie bezeichneten sich damals zum Teil als „jungreformatorische Bewegung"; ihr Blatt war „Die junge Kirche"). Aber sehr bald tat sich ein tiefer Gegensatz auf. Der westfälische Generalsuperintendent *Wilhelm Zöllner* forderte eine im wesentlichen lutherische Reichskirche; viele Lutheraner strebten die Auflösung der Union von 1817 an. Das Verlangen nach Aufrichtung fester kirchlicher Autorität stand bei den DC in der Hauptsache im Dienste ihres politischen Wollens; ihr

---

[1] Die Ausführlichkeit, mit der im folgenden der Widerstand der ev. Kirche gegen den totalitären Staat bedacht ist, soll keine Geringerbewertung der Haltung der katholischen Bevölkerungsteile bedeuten.

Verhältnis zu Dogma und Kultus war zum Teil sehr unklar. Die konservative Gruppe der Pfarrer und der Gemeinden, aber auch weite Kreise des freien Protestantismus erhoben sich seit Sommer und Herbst 1933 aus kirchenpolitischen und theologischen Motiven in wachsendem Widerstand gegen die DC. Die Opposition, die bei den Kirchenwahlen vom 23. 7. 1933 unter dem Namen „Evangelium und Kirche" auftrat, bildete nun den Pfarrernotbund (Pfarrer *Martin Niemöller*, Berlin-Dahlem; geb. 1892). Später kam die Bezeichnung „Bekennende Kirche" auf. Diese Kreise hatten sich seit den 20er Jahren daran gewöhnt, die Unabhängigkeit der Kirche vom Staatlichen und Nationalen zu betonen, überhaupt Kirche und Welt scharf zu trennen, alle Übergänge zwischen ihnen zu beseitigen, einen strengen Biblizismus mit Betonung auch des AT, eine enge Bindung an die kirchlichen Bekenntnisse und vor allem die Beschränkung der Offenbarung auf die Bibel zu vertreten: die DC hatten sich als ein voller Gegentypus hierzu entwickelt. Innerhalb der BK fehlte es nicht an Gegensätzen, an mancher Unsicherheit und Unklarheit. Theologisch wurde die BK immer mehr Einflußgebiet von *Karl Barth* (§ 134 b), der von der Schweiz herüberwirkte. Zwischen den beiden Parteien der DC und der BK gab es eine breite, in sich uneinheitliche Mitte, die die extremen Richtungen sehr bestimmt ablehnte, doch in den Auseinandersetzungen wenig hervortrat.

e   Der **Kirchenkampf** verlief einerseits in zahlreichen Einzelwirren und Einzelkämpfen in fast allen Landeskirchen, unter starker Beteiligung auch der Gemeinden. Zahlreiche Pastoren der kirchlichen Rechten nahmen für ihre glaubensmäßige Überzeugung mutig das Martyrium auf sich, das ihnen ihr Konflikt mit der Staatsgewalt brachte. Andererseits konzentrierte sich der Kampf um einzelne große Aktionen, die ebenfalls von zahlreichen Irrungen und Wirrungen begleitet waren. Der erste Abschnitt war hauptsächlich von den Kämpfen um den Reichsbischof Ludwig Müller beherrscht. Die jungreformatorische Bewegung forderte 13. Mai 1933 die Ernennung von *Friedrich von Bodelschwingh* in Bethel-Bielefeld (1877–1946) zum Reichsbischof. Er wurde von dem für die kirchliche Reform berufenen Dreimännerkollegium (Kapler, Marahrens, Hesse) zum Reichsbischof ausersehen, erlangte am 27. Mai 1933 die Zustimmung der großen Mehrheit der Bevollmächtigten der Landeskirchen und trat am 29. Mai sein Amt an. Bodelschwingh erhielt eine Fülle von Begrüßungen aus Inland und Ausland, vermochte sich aber nicht durchzusetzen. Hitler bestätigte ihn nicht. Die DC traten (seit dem 17. Mai 1933) in einer stürmisch anwachsenden Agitation für einen bis kurz zuvor ganz unbekannten, unbedeutenden Wehrkreispfarrer mit Namen *Ludwig Müller* (1883–1946) ein Hitlers Vertrauensmann und Bevollmächtigten für die Fragen der ev. Kirche, den „Schirmherrn" (!) der DC. Es entstand größte Verwirrung über die rechtlichen Fragen. Bodelschwingh trat am 26. Juni zurück. Auf ein Eingreifen des Reichspräsidenten Hindenburg fanden Verständigungsverhandlungen statt; das Ergebnis war der Abschluß des Verfassungswerkes der DEK am 11. Juli 1933. Damit war die Reichskirche als eine den Landeskirchen übergeordnete Bundeskirche tatsächlich vorhanden. Am 23. Juli 1933 fanden unter lebhafter Beteiligung der führenden Männer von Staat und Partei und starker Anteilnahme des Kirchenvolkes die Kirchenwahlen statt, die mit einem großen Siege der DC endeten. Darauf regelte die altpreußische Generalsynode vom 5. September 1933 die Verhältnisse der altpreußischen Landeskirche neu (Beamtengesetz, in Anpassung an den staatlichen Arierparagraphen; Bischofsgesetz: Ludwig Müller altpreußischer Landesbischof; Beseitigung der Generalsuperintendenten; 10 Bischöfe, unter ihnen Pröpste). Auf der ersten deutschen Nationalsynode in Wittenberg am 27. September 1933 wurde darauf Ludwig Müller „einmütig" zum Reichsbischof gewählt. Die Kirchenreform schien beendet, aber schon die folgenden Monate brachten besonders heftige Kämpfe gegen den Reichsbischof, die meist sehr jungen, den Reihen der DC entnommenen Landesbischöfe und ließen die kirchliche Opposition sehr erstarken. Viele Mitglieder der DC traten wieder aus, und bald war kein verhandlungsfähiges „geistliches Ministerium" mehr vorhanden, wie es nach der neuen Kirchenverfassung neben dem Reichsbischof stehen sollte. Trotz dieser unsicheren Lage versuchte der Reichsbischof zusammen mit seinem „Rechtswalter" Jäger seit dem März 1934, alle ev. Landeskirchen in die Reichskirche einzugliedern. Das führte zu turbulenten Vorgängen in Bayern und Württemberg. Das Ende war der Sturz Jägers und die tatsächliche Mattsetzung des Reichsbischofs (Oktober 1934), der aber sein Amt nicht offiziell niederlegte. An den Prozeß der „Eingliederung" schloß sich der der „Ausgliederung" der Landeskirchen (seit November 1934).

Dieser Verlauf der Dinge in der von den DC beherrschten Reichskirche führte *f* zu Versuchen der kirchlichen Oppositionspartei, durch Gründung einer Bekenntnis-Reichskirche mit eigenen Synoden, eigenem Kirchenregiment (die VKL: *Marahrens*, der lutherische Landesbischof von Hannover, gest. 1950), eigenen theologischen Schulen, eigenen theologischen Prüfungen den Einfluß der DC zu überwinden. Diese Versuche begannen mit der westfälischen Bekenntnissynode vom 16. März 1934 und erreichten in der **Barmer Synode** 29.–31. Mai 1934 („Reichssynode der Bekenntnisgemeinschaft der DEK") einen Höhepunkt. Es folgten die II. Bekenntnis-Reichssynode zu Berlin-Dahlem Oktober 1934 und zahlreiche weitere BK-Synoden, teils für das Reich, teils für einzelne Landeskirchen (III. Bekenntnissynode Augsburg Juni 1935; vgl. auch § g). Die Spaltung der Kirche in zwei Reichskirchen drohte, die eine unter dem Reichsbischof Müller, die andere unter der VKL. Eine große Verwirrung der kirchlichen Verhältnisse war entstanden. Sie spiegelte sich in zahlreichen kirchlichen Maßregelungen von Pastoren, Verhaftungen, polizeilichen Ausweisungen, Redeverboten, sowie häufigen Störungen der Gottesdienste der BK und anderen Ausschreitungen, in Versammlungsverboten, Beschlagnahme von Zeitschriftennummern und Broschüren, politischer Diffamierung der BK-Kreise usw. März 1935 wurden etwa 500 Pfarrer vorübergehend in Haft genommen. Bis Anfang 1939 ergingen im ganzen 7000 Anzeigen gegen Pastoren der BK.

Der zweite Abschnitt des Kirchenkampfes (1935–1937) war durch die *g* Arbeit des Kirchenministers *Kerrl* und einen gewissen Ausgleich der Gegensätze bestimmt. Am 16. Juli 1935 wurde ein Reichskirchenministerium errichtet und der neue Minister mit der Herstellung geordneter Zustände in der evangelischen Kirche beauftragt. Kerrl suchte durch Bildung eines Reichskirchenausschusses (der das Amt des Reichsbischofs überflüssig machte) sowie durch Landes- und Provinzialkirchenausschüsse (aber nicht in allen Landeskirchen!) voranzukommen, blieb aber ohne durchgreifenden Erfolg. Die IV. Bekenntnissynode (Bad Oeynhausen, Februar 1936) formulierte u. a. den Gegensatz zwischen Kirchen mit intaktem und mit zerstörtem (DC) Kirchenregiment: ein wichtiger Schritt zur Klärung der kirchlichen Lage. Der Reichskirchenausschuß erklärte am 12. Februar 1937 seinen Rücktritt, auch die übrigen Ausschüsse verschwanden. Die Lage blieb unklar, die Verhaftungen von Pastoren gingen weiter. Stärkstes Aufsehen erregte, auch im Auslande, die ungerechte Behandlung des Pfarrers *Martin Niemöller*, der zu einer durch die Untersuchungshaft als verbüßt anzusehenden Festungsstrafe verurteilt, aber durch einen Gewaltakt Hitlers weiter gefangengehalten wurde und im ganzen acht Jahre (bis 1945) gefangenblieb. Den Einfluß von *Karl Barth* (er wurde 1934 aus seiner Bonner Professur verdrängt und wirkte als Professor in Basel) suchte der ns. Staat möglichst einzudämmen (Verbot seiner Bücher usw.).

Im dritten Abschnitt (seit 1937) folgten weitere Bemühungen des Mini- *h* sters Kerrl um eine Entspannung der Lage; jetzt rückten auf dem Boden der sich bildenden Toleranz einige kirchenpolitische Gruppen einander näher. Die extreme Seite der BK wurde, zum Teil durch starken Druck des Staates, zurückgedrängt und fast in die Stellung einer Sekte hineingetrieben. Die Reichskirche war nur noch als ein Überbau vorhanden; die Landeskirchen mit ihrem theologischen und kulturellen Eigengepräge hatten sich behauptet. 1938 wurden die Pfarrer auf Hitler vereidigt. Das Verhältnis zwischen Kirche und Staat blieb gleichwohl immer noch ungeklärt. Als Kerrl Ende 1941 starb, wurde sein Amt nicht wieder mit einem Minister besetzt.

Den Hintergrund des großen Prinzipienkampfes auf kirchlichem Gebiet bildete *i* die lebhafte und zeitweilig sehr erfolgreiche Agitation der kirchenfeindlichen Strömungen, der sog. Deutschen Glaubensbewegung und der von ihr abgesplitterten Gruppen (Hauer, Graf Reventlow, das Haus Ludendorff usw.). In der „Partei" erstarkte eine kirchenfeindliche Tendenz (neue Kirchenaustrittsbewegung: 1937 traten 352000 aus der ev., 118000 aus der katholischen Kirche aus). Unter dem Druck der immer deutlicher antikirchlich und antichristlich eingestellten Gewalthaber verschlechterte sich die kirchliche Lage zusehends. Der Religionsunterricht in den Schulen wurde immer mehr erschwert und kam fast zum völligen Erliegen; immer erneut erfolgten Verhaftungen von Pastoren; die Tätigkeit der theologischen Fakultäten wurde systematisch untergraben, das theologisch-literarische Schaffen eingedämmt usw. Dazu kamen seit 1939 die Kriegsnöte. 1941 wurde fast die gesamte kirchliche Presse lahmgelegt. Während der letzten Kriegsjahre war es offensichtlich, daß der NS nicht weniger als die völlige Beseitigung der Kirche erstrebte. Als eines der letzten Opfer des NS fiel der Widerstandskämpfer *Dietrich Bonhoeffer*, einer der aussichtsreichsten unter den jüngeren Theologen, Vorkämpfer der BK (geb. 1906, hingerichtet 9. April 1945).

k   2. Die ungeheuerliche Katastrophe des NS 1945 brachte dem deutschen Protestantismus im Augenblick höchster Gefahr die Rettung. Es ergab sich sofort eine völlig neue Situation. 1) Es erwies sich nun als ein günstiger Umstand, daß die Landeskirchen sich behauptet hatten; hätte es statt ihrer nur eine Reichskirche gegeben, so wäre mit dem Zusammenbruch des Reichs eine ganz verzweifelte kirchliche Lage entstanden. 2) Die vom NS unterdrückte und verfolgte Kirche gelangte sogleich zu Ansehen, sowohl bei den Besatzungsmächten, wie bei den deutschen politischen Parteien, auch den radikalen; dies Ansehen dankte sie der tapferen Haltung vieler ihrer Vertreter während der Hitlerzeit. 3) Mit dem Sturz des NS erlangte die bisherige kirchliche Opposition, die BK, automatisch in der Kirche die Herrschaft; damit fiel ihr die schwere Aufgabe der kirchlichen Neuordnung zu; dies brachte aber auch eine erhebliche Vereinseitigung und Verengung der Kirche mit sich. 4) Die Verbindung des deutschen Protestantismus mit dem Weltprotestantismus, die durch die ns. Politik stark gehemmt und im Kriege vollends abgerissen war, wurde sehr rasch zurückgewonnen. Doch zeigte sich schon in den nächsten Jahren, daß die Gesamtlage des deutschen Protestantismus nicht so günstig war, wie es nach dem Sturze des NS zunächst ausgesehen hatte.

l   Grundlegendes für die Neuordnung der ev. Kirche beschloß die Kirchenführerkonferenz von Treysa (unweit Marburg) Ende August 1945, die durch die Initiative von Landesbischof D. *Wurm* in Stuttgart und Pfarrer D. *Niemöller* zustande kam. Maßgebend für die Beschlüsse waren einerseits die Führer der sog. „intakten" Kirchen (Wurm, Meiser usw.), anderseits die Abordnung des Bruderrats der deutschen evangelischen Kirchen (die BK). Die Konferenz setzte an die Stelle der bisherigen „Deutschen evangelischen Kirche" (DEK) die „Evangelische Kirche in Deutschland" (EKD bzw. EKiD) und ernannte zum leitenden Organ dieser Kirche einen „Rat", bestehend aus 12 Mitgliedern; den Vorsitz erhielt Bischof *Theophil Wurm* (1868–1953), den stellvertretenden Vorsitz Pfarrer *Niemöller*. Ein kirchliches Außenamt und eine Kirchenkanzlei (zunächst in Stuttgart) wurden bestellt. Die Konferenz von Treysa beschloß ferner, die „Theologische Erklärung" von Barmen 1934 als verbindlich anzuerkennen; damit war die Reinigung der Kirche von der nationalsozialistischen Gedankenwelt beschlossen. Wurm wurde von den vier Besatzungsmächten als das vorläufige Oberhaupt der EKD anerkannt. Auf der gesamtdeutschen Kirchenversammlung in Eisenach, Juli 1948, gab sich die EKD ihre Grundordnung und brachte damit den Zusammenschluß des gesamten deutschen Protestantismus zum Abschluß (28 Gliedkirchen, 13 lutherische, 13 unierte, 2 reformierte)². Wenige Tage vorher hatte die erste Generalsynode der Vereinigten ev.-lutherischen Kirche in Deutschland ebenfalls in Eisenach stattgefunden (deren Zusammenschluß nicht im Gegensatz zur EKD stehen soll). Dagegen lehnte der Reformierte Bund (gegründet 1884), der sich 1948 eine neue Ordnung gab, ausdrücklich ab, sich als Kirche zu konstituieren, um nicht der Konfessionalisierung innerhalb der EKD Vorschub zu leisten. Die vereinigte lutherische Kirche in Deutschland umfaßt nur 10 von den 13 lutherischen Gliedkirchen; die meisten gehören auch dem Lutherischen Weltbund an (vgl. § 136 k Ende).

Ungemein wichtig war ferner die Wiederherstellung der Beziehungen zum Weltprotestantismus. Die Voraussetzung dafür schuf das Bekenntnis der deutschen Schuld, das der „Rat" am 19. Oktober 1945 in Stuttgart vor Brüdern aus der Ökumene aussprach. Auf dieser ersten Sitzung des „Rates" der EKD in Stuttgart überbrachten ökumenische Vertreter aus Frankreich und England, aus der Schweiz, aus Holland und Amerika die Einladung, der Rat möge dem „Ökumenischen Rat" beitreten. Das Schuldbekenntnis ist rein religiös, nicht politisch zu verstehen. Es machte im Inland und Ausland großen Eindruck, stieß aber auch auf entschiedene Ablehnung. An der zweiten Sitzung des Rates der EKD in Frankfurt a. M. (Ende 1945) nahm überraschend eine Delegation des Rates der Kirche in Großbritannien (British Council of Churches, Staatskirche und Freikirchen umfassend) teil. Andere Delegationen aus dem Ausland folgten. In aller Öffentlichkeit zeigten die Botschaft des Erzbischofs von Canterbury an das deutsche Volk (28. November 1945) und die würdige Antwort des Bischofs Wurm („An die Christen von England", Ende Januar 1946) die beginnende Wiederannäherung.

In den einzelnen Landeskirchen (doch gab es im östlichen Deutschland seit 1949 gar nicht mehr die „Länder", die in den dortigen Landeskirchen noch fortlebten!) nahmen die neu eingesetzten kirchlichen Behörden und vorläufigen Synoden den kirchlichen Neuaufbau sogleich tatkräftig in Angriff. In vielen Landeskirchen entstand durch den Zustrom von vielen Tausenden von Evakuierten aus dem Osten eine völlig neue kirchliche Lage; nicht wenige Gemeinden erhielten eine ganz neue Zusammensetzung. Die religiöse Gesamthaltung der Bevölkerung war nach 1945 ziemlich indifferent.

Im Zeitabschnitt seit 1945 waren die am meisten genannten Vertreter der deutschsprachigen protestantischen Theologie immer noch *Karl Barth* und *Rudolf Bultmann*. Für Barth wurde mehr und mehr die Christologie zur Mitte des dogmatischen Denkens. Kennzeichnend für die theologischen Anliegen der Zeit waren das (im Vergleich mit der Zeit um 1900) geradezu erstaunliche Aufblühen der Probleme der speziellen Dogmatik, weiter im einzelnen die fortgehende Erörterung der Probleme der Geschichtsphilosophie, bes. der „Geschichtstheologie", der von Bultmann geforderten „Entmythologisierung des NT", (hier rang man um die radikale Durchführung der modernen Existenz-Theologie bzw. -Philosophie und deren Verbindung mit dem aus dem Luthererbe stammenden Sola-Fides-Begriff), – weiter die Diskussion der theologischen Anthropologie, der ökumenischen Fragen, die Auswertung von Qumran für die Geschichte des Urchristentums (vgl. Lit. vor § 5), die erneuten Bemühungen um den „geschichtlichen Jesus" (§ 134 h 14!), sowie um den Ursprung des Dogmas und die Initia Lutheri, die eifrige Erörterung der Probleme der Sozialethik (auch die theologische Würdigung des seit 1945 unaufhaltsam um sich greifenden Sports). Durchschnittlich war ein starkes Drängen zum Konservativen charakteristisch (vgl. schon § 134 h). Die akademische Theologenschaft konnte die seit 1930 unterbrochenen Theologentage (§ 134 i) endlich fortsetzen (1950 Marburg, 1954 bis 1960 alle zwei Jahre Berlin).

---

² Die **EKD** ist keine Kirche, sondern ein Kirchenbund, ohne eigenes Bekenntnis. Die EKD vertritt die Gliedkirchen gegenüber dem Staat, der Öffentlichkeit und der Ökumene. Ihre Organe sind die Synode (120 Mitglieder), die Kirchenkonferenz, der zwölfköpfige, auf sechs Jahre gewählte Rat der EKD (Kirchenkanzlei in Hannover; Kirchenaußenamt in Frankfurt a. M.).

p Die kirchliche Praxis seit 1945 war durch die schweren wirtschaftlichen, sozialen und politischen Krisen Deutschlands in dieser Zeit bestimmt. Entscheidende Voraussetzungen für das kirchliche Leben waren die durchgreifenden sozialen Umschichtungen, besonders das Aufsteigen der Arbeiterklasse zur Mehrheit, das Anwachsen der Zahl der Angestellten, der Rückgang des freien Unternehmertums, das Hinschwinden des selbständigen Mittelstandes wie des Bauerntums, die Einschränkung der Bewegungsfreiheit des Individuums, das Anwachsen der staatlichen Rentenleistungen, die Einführung von Ferien für Arbeiter und Angestellte, die schweren Probleme der Vertriebenen und Flüchtlinge. Das alles bedingte und bestimmte die kirchliche Praxis. Entkirchlichung und nun auch volle Unkenntnis selbst der primitivsten religiösen und kirchlichen Dinge entrückten immer weitere Bevölkerungsteile der kirchlichen Einwirkung. Der innere Zusammenhalt der Gemeinde ging immer mehr verloren. Aber auch der religiöse Individualismus war in unaufhaltsamem Rückgang. Es siegte, in deutlichem Zusammenhang mit dem politischen Geschehen, die Masse, das Kollektiv. Dem entsprach im Seelischen eine starke Neigung zum Emotionalen, Suggestiven, Massiven. Dahin gehört vor allem, daß die bewußt kirchlich gebliebenen Schichten der Laienwelt auf großen Kirchentagen in Massenkundgebungen an die Öffentlichkeit traten (1949 Hannover, 1950 Essen, 1951 Berlin, 1952 Stuttgart, 1953 Hamburg, 1954 Leipzig, 1956 Frankfurt a. M., –, 1959 München)[3]. Ihre Problematik wurde immer schwieriger.

q In diesen Zusammenhang kann man auch noch folgende, das kirchliche Gepräge mitbestimmende Einzelzüge einreihen: die lebhafte liturgische Bewegung (schon seit dem ersten Weltkriege), sowie das bedeutsame Neuerstarken der Kirchenmusik (besonders seit dem zweiten Weltkriege); die vermehrte Ausbildung von Predigern ohne Universitätsstudium (Diakone); die Vermehrung weiblicher Kräfte und Hilfskräfte für das Pfarramt (Vikarinnen; Katechetinnen; Kampf um die Besetzung voller Pfarrstellen mit Frauen[4]); die von den Landeskirchen gestifteten Kirchenmusikschulen (1957 14 an Zahl), nötig geworden, weil seit der Trennung von Kirche und Staat die Personalunion der Ämter des Organisten und Kantors mit dem des Schullehrers unmöglich geworden war; die volle Durchsetzung des Amtes der Landesjugendpfarrer 1918 bis 1933 und vollends seit 1945 (erstes Jugendpfarramt in Stuttgart 1863!); das Amt der Studentenpfarrer (in Deutschland seit dem ersten Weltkriege, Studenten-Gemeinden seit dem zweiten Weltkriege; der christliche Studentenweltbund, 1895 in Schweden gegründet, eine wichtige Voraussetzung für die ökumenische Bewegung, mit dem Sitz des Generalsekretariats in Genf); die neuen Bemühungen um das Männerwerk (seit 1945); die evangelischen Bruderschaften; die evangelischen Laienspiele, die aus der Jugendbewegung erwachsen sind; die Entstehung evangelischer Akademien. Am eindrücklichsten spiegelt sich die veränderte kirchliche Lage in dem Phänomen ökumenischer Gottesdienste, die bei besonderen Anlässen veranstaltet wurden.

r Das politische Klima war seit 1945 im östlichen und im westlichen Deutschland wesentlich verschieden, was sich in der kirchlichen Praxis entsprechend auswirkte. Im nunmehrigen Ostdeutschland war der Kommunismus die führende Macht. In Westdeutschland wurde er verboten: hier war der Katholizismus Trumpf. Auch im Osten wurden nicht wenige zerstörte Kirchengebäude mit staatlichen Mitteln wiederhergestellt. Es bestand großer Pfarrermangel, besonders auf dem Lande. Der Kirchenaustritt machte große Fortschritte. Der Religionsunterricht war im Osten ausschließlich Sache der Kirche geworden (Neubildung des „Katecheten"-Amtes). Aufschlußreich für die innere Lage des deutschen Protestantismus waren die Beratungen der lutherischen Generalsynode 1956 (vgl. ThLZ 1958, 294ff.).

[3] Kirchentag Nr. 7 war Frankfurt 1956, Nr. 9 München 1959. Als Kirchentag Nr. 8, den es nicht gegeben hat, werden gewisse wichtige regionale Veranstaltungen zwischen Nr. 7 und Nr. 9 zusammengefaßt.

[4] Ordinierte Frauen gab es um 1959 in der Schweiz, in Dänemark, Holland, Frankreich und in englischen Freikirchen. Im Kirchenkampf hat die BK Theologinnen ordiniert (EKL III 1659). Über Schweden s. § 136 r.

§ 136. Der außerdeutsche Protestantismus. Die ökumenische Bewegung.

Oikumene: KBöhme, Texte zur Geschichte der ökumenischen Bewegung (Kl T 171), 1948. – Die Zeitschriften Die Eiche und Stockholm. – EHornig, Der Weg der Weltchristenheit, [1952]. – RRouse und SCNeill, Geschichte der ökumenischen Bewegung, 2 Bde., 1957–58. – WMenn, Ökumenischer Katechismus, [1957]. – Über Stockholm 1925: ADeissmann 1925. – Lausanne 1927: FLaun 1928. – Oxford 1937: Kirche und Welt in ökumenischer Sicht, 1938. – Amsterdam 1948: Deutsche Beiträge zum Amsterdamer Gespräch, 6 Bde., 1948. – Evanston 1954: Evanston-Dokumente, her. FLüpsen, 1954. – Evanston spricht, 1954. – Länder: KBöhme, Die Krisis der englischen Staatskirche, 1929. – LVetö, Der Aufbau der [luth.] Kirche in Ungarn, Hamburg o.J. – AKeller, Dynamis (amerikan. Prot.), 1922. – AKeller, Amerikanisches Christentum heute, 1943. – FEMayer, The Religious Bodies of America, St. Louis-Miss., [1954].– Die Lage des Protestantismus in [einigen] kathol. Ländern (Italien, Spanien, Portugal, einige Länder Latein-Amerikas), 1953. – Theologie: AKeller, Der Weg der dial. Theol. durch die kirchliche Welt, 1932. – OWHeick, Amerikanische Theologie in Geschichte und Gegenwart, [1954]. – Personen: AHahn, D. Traugott Hahn, 1930. – TorAndrä, Nathan Söderblom, deutsch 1938.

1. Die Geschichte des außerdeutschen Protestantismus seit 1914 *a* bietet ein buntbewegtes Bild. Auch in den außerdeutschen Ländern vollzogen sich in den Kirchen, ganz abgesehen von den Nöten und Hemmungen der Kriege und Wirtschaftskrisen, mancherlei Wandlungen der Struktur, der religiösen und theologischen Haltung, des Verhältnisses der Kirchenkörper zueinander. Zur mehr und mehr beherrschenden Größe innerhalb des Gesamtprotestantismus erhob sich der **angelsächsische** Protestantismus. Eine ganz neue Note kam in den Gesamtprotestantismus durch die vor allem von dem angloamerikanischen, dem west- und nordeuropäischen Protestantismus getragene ökumenische Bewegung.

2. Bedeutung und Aussichten des angelsächsischen Protestantis- *b* mus stiegen seit dem für die Entente günstigen Ausgang des ersten Weltkrieges. Der **amerikanische** Protestantismus begann nun zwar nicht ideenmäßig, aber kirchlich-praktisch sehr viel stärker als bisher auf Europa herüberzuwirken, zunächst durch eine großartig organisierte karitative Tätigkeit. Weiter hatte der erste Weltkrieg zur Folge, daß England und die Vereinigten Staaten sich auch kirchlich weiter näherten, so daß sich trotz aller bleibenden Unterschiede ein **einheitlicher angelsächsischer Protestantismus** auszubilden begann. Die Zwischenkriegszeit zeigte hier wie dort ein Erstarken des Kirchengedankens und große Offenheit der kirchlichen Kreise für die durch die modernen Zustände gestellten Probleme, besonders die sozialen Fragen.

In **England** war die Anglikanische Kirche sehr lebendig. Zahlenmäßig *c* umfaßte sie wahrscheinlich, wie im 19. Jh., die Hälfte der englischen Protestanten, während die andere Hälfte den Freikirchen angehörte. Die Waffenbrüderschaft mit Franzosen, Belgiern, Russen, Serben und Rumänen im ersten Weltkriege verstärkte das in England längst gepflegte Streben nach einer Annäherung der christlichen Kirchen; besonders zu den **Serben** wurden enge Beziehungen geknüpft. Sehr eng war auch das Verhältnis zu **Schweden**. Ebenso wurden Beziehungen zu den **altkatholischen** Kirchen unterhalten. Und in den Jahren 1921–1925 konnten zwischen Anglikanern und römischen Katholiken (Kardinal Mercier, Erzbischof von Mecheln) die „Gespräche von Mecheln" über die Möglichkeit einer Wiedervereinigung stattfinden, die allerdings unverbindlich und ergebnislos waren. Die anglikanische Kirche fühlte sich berufen, eine „Brücke" zwischen den verschiedenen christlichen Kirchen zu bilden.

Die Parteiverhältnisse der anglikanischen Kirche haben sich seit dem 19. Jh. allmählich verschoben; die überkommenen Bezeichnungen (High Church, Low Church, Broad Church) veralteten. Die Richtungsunterschiede wurden vorwiegend durch die theologischen und liturgischen Gegensätze bestimmt. Einer Linken (bewußt protestantisch) stand eine Rechte gegenüber, die sich als „Anglo-catholic" oder einfach als „Catholic" bezeichnete (ausgesprochen anglokatholisch, vgl. § 123 d–k, in verschiedenen Schattierungen, darunter historisch-kritisch oder sozialistisch Gerichtete, der äußerste rechte Flügel stark romanisierend) und eine breite Mitte („Central Churchmen", mit Wertlegen auf die katholischen Bestandteile der Anglikanischen Kirche, bei Ablehnung der Bezeichnung Anglo-catholic). Die anglokatholische Bewegung vermochte im 20. Jh. noch weitere Fortschritte zu machen. Zu den § 123 i genannten ritualistischen Bestandteilen kam im 20. Jh. noch die „reservation" (Zurückbehalten geweihter Abendmahlselemente zum Zweck der Krankenkommunion außerhalb der Kirche) und damit vielfach verbunden die „adoration" (Anbetung). Die mannigfachen inneren Spannungen der anglikanischen Kirche entluden sich 1927–1929 in dem Aufsehen erregenden großen Streit um die Revision des Common-Prayer-Book (§ 84 k, 103 o), das seit der letzten Anerkennung durch das englische Parlament 1662 unverändert geblieben war. Die große Heerschau der anglikanischen Bischöfe sind die vom 19. Jh. ererbten Lambethkonferenzen[1], auf denen die brennenden kirchlichen Fragen vor der Gesamtheit der anglikanischen Bischöfe erörtert werden. Ihren „Brücken"-Charakter bewahrt die anglikanische Kirche in ihren seit 1912 mit Vertretern anderer Kirchen gepflogenen Beratungen der sozialen Probleme. Diese Bewegung führte 1924 zur COPEC (= Conference on Christian Politics, Economies and Citizenship). Die anglikanische Theologie hat sich immer für Einflüsse vom europäischen Kontinent her offen gezeigt, hat Ritschl und Harnack, Pfleiderer und Otto auf sich wirken lassen, dazu viele Jüngere, auch Barth, und diese Einwirkungen mit ihren konservativen Grundtendenzen zu verschmelzen gewußt. Dazu kamen aber immer erfolgreichere selbständige theologische Arbeiten. Ein lebhaftes Interesse für die natürliche Theologie und die semipelagianische Haltung stellen die anglikanische Theologie in Parallele mit der römisch-katholischen. Typisch etwa der ganz hervorragende Kirchenführer *William Temple* (1881–1945, Erzbischof von York, dann von Canterbury), „Nature, men and God", 1935.

In Schottland hat sich 1929 die „Church of Scotland" (die reformierte Staatskirche) mit der „United Free Church" (§ 123 x y) wiedervereinigt (etwa 2 Millionen Kommunikanten). In der Theologie (besonderen Ruf genoß die Universität

---

[1] Lambethkonferenzen: 1867, 1878, 1888, 1897, 1908, 1920, 1930, 1948, 1958. Als ein Ergebnis der Geschichte des 19. Jhs. entstand die große anglikanische Kirchengemeinschaft (Anglican Communion), die in der „Pananglican Conference" oder „Lambeth Conference" meist alle zehn Jahre zusammentritt. Lambeth-Palast heißt die Residenz, die der Erzbischof von Canterbury in London unterhält. Diese Konferenz ist keine „Synode", sondern ein Forum zur Erörterung wichtiger kirchlicher Fragen. Der Zusammenschluß umfaßt alle anglikanischen Kirchen in England und außerhalb Englands. Er ist aber nicht rechtlicher Art (keine Überordnung der anglikanischen Mutterkirche über die außerhalb Englands entstandenen Tochterkirchen!). Die wichtige Versammlung von 1888 stellte das „Lambeth-Quadrilateral" auf, die vier Grundlagen: 1. AT und NT als höchste Glaubensnorm; 2. Apostolikum und Nicäno-Cstpltn. (§ 102 a) als dogmatische Grundlagen; 3. Taufe und Abendmahl als einzige Sakramente; 4. das historische bischöfliche Amt (einerlei in welcher speziellen Form!) als Verfassungsgrundlage. Die Konferenz von 1888 war die erste wirklich panglikanische Konferenz und die erste große nichtrömische Kirchenversammlung der modernen Zeit. Die „Anglican Communion" ist eine der wichtigsten geschichtlichen Voraussetzungen für die moderne ökumenische Bewegung (§ g–k).

Edinburgh) drangen trotz des Sieges der Orthodoxie 1881 (vgl. § 123 z) gemäßigt historisch-kritische Ansichten vor; die dialektische Theologie fand lebhafte Beachtung.

Das kirchliche Leben in den **Vereinigten Staaten** war durch zwei entgegengesetzte, einander ergänzende Bewegungen bestimmt. Einerseits verstärkte sich das denominationelle Bewußtsein. Auf der andern Seite drängte man auf eine kräftige Zusammenfassung der kirchlichen Kräfte zu gemeinsamer praktischer Arbeit in der Mission und an anderen Aufgaben. Der Gedanke der Einigung hatte vor allem an den außerdenominationellen Jugendorganisationen („Young Men's Christian Association", „Young Women's Christian Association", YMCA und YWCA) eifrige Förderer. Daneben entstand der Zug zum Zusammenschluß verwandter Denominationen („Alliance of Reformed Churches holding the Presbyterian System" = Reformierter Weltbund § h, sowie „National Lutheran Council", eine der Vorstufen des Lutherischen Weltbundes, § h). Vor allem aber bildete sich ein großer Kirchenbund, das **„Federal Council of the Churches of Christ"** (gegründet 1908 in Philadelphia); der Bund faßte unter Ablehnung aller denominationellen Vereinerleiung die kirchlichen Kräfte einheitlich zusammen, um ihnen eine möglichst große Durchschlagskraft zu geben. Angesichts seiner Leistungen (vgl. § e) ist er als eine der bedeutsamsten Erscheinungen der neueren nordamerikanischen Kirchengeschichte anzusprechen. *d*

Während des ersten Weltkrieges haben die amerikanischen Kirchen, besonders *e* das Federal Council, durch **Organisation von Liebeswerken** Glänzendes geleistet, ebenso während des Krieges und danach durch Unterstützung der vielen Notleidenden in Europa und Asien. Unter den einzelnen Denominationen suchten besonders die Quäker der Not Europas zu steuern, aber auch die amerikanischen Lutheraner, die Methodisten u. a. Neue praktische Aufgaben stellten die durch den zweiten Weltkrieg entstandenen großen Nöte.

Obwohl das amerikanische Kirchenwesen zumeist durch europäische Einwirkungen entstanden war, trug die amerikanische Theologie ihr eigenes Gepräge (starke Einstellung der theologischen Seminare und Fakultäten auf die kirchliche Praxis; pragmatisches Denken, Betonung der Erfahrung, Kulturoptimismus usw.). Seit c. 1900 waren theologische Einflüsse von Ritschl, Harnack, Troeltsch, R. Otto wirksam geworden, dann von jüngeren deutschen Theologen. Doch bildete der theologische Liberalismus keine eigenen Gruppen, er wirkte mehr als eine verbreitete Stimmung, der sich überdies die Presbyterianer und die Lutheraner verschlossen; sie herrschte an den Fakultäten von Harvard University und Yale University und im Union Seminary, vor allem in Chicago. Ein wesentlicher Zug des theologischen Modernismus war der Glaube an das „social gospel", d. i. die Verschmelzung des Evangeliums mit dem Glauben an den kulturellen, besonders den sozialen Fortschritt. Einen begeisterten und begeisternden Vertreter hatte diese Richtung in Professor *Walter Rauschenbusch* (1861–1918) in Rochester. Seit dem Ausgang der zwanziger Jahre vollzog sich aber bei nicht wenigen Vertretern des theologischen Modernismus, mit unter dem Einfluß der dialektischen Theologie, ein bemerkenswerter Umschwung. Man gelangte zu einer realistischen und antiintellektualistischen Theologie, mit entschiedener Wendung zu Kulturkritik und starker Betonung der Bibel und des eigentlichen Religiösen statt des Ethischen und des social gospel (führend *Reinhold Niebuhr*, geb. 1892, Professor am Union Evangelical Seminary, New York). Steigenden Einfluß gewann in den USA als Religionsphilosoph und systematischer Theologe *Paul Tillich* (§ 134 e). Als Kirchenhistoriker hat sich *Roland H. Bainton* in New Haven (Conn.) einen Namen gemacht (geb. 1894). *f*

Eine Besonderheit der neueren amerikanischen Kirchengeschichte war das Aufkommen des sog. Fundamentalismus, der mit großer Entschiedenheit für die wörtliche Inspiration und die Irrtumslosigkeit der Bibel eintrat und die kritische Auffassung der Bibel als teuflisch bekämpfte. Die Richtung hatte an *Gresham Machen* in Philadelphia einen theologischen Verfechter, beherrschte aber im wesentlichen die Laienkreise.

Über die jüngste Vergangenheit hat man folgende Beobachtungen gemacht. Die Zahl der in einer religiösen Bindung stehenden Bewohner der USA betrug 1870 18%, 1957 61%. Die Teilnahme am Gottesdienst war im Ansteigen, bei einem Verhältnis von 11:9 für Frauen und Männer[2]. Der Prozeß der Zusammenschlüsse von Denominationen ist weitergegangen, ohne daß sich gerade hier alle Erwartungen erfüllt hätten. Alle diese in beständigem Fluß befindlichen organisatorischen Vorgänge sind, von Europa aus betrachtet, wenig übersehbar und wenig interessant. Das Verhältnis von Arbeiterwelt und Kirche ist günstiger als in Europa, da die Arbeiter mehr der Mittelschicht als dem ausgesprochenen Proletariat angehören und die Mittelschicht der Hauptträger der Kirchen ist.

g 3. Die schmerzliche Erfahrung der Zerrissenheit der Christenheit im ersten Weltkriege ließ das christliche Solidaritätsgefühl und die Bemühungen um gegenseitige Annäherung erstarken. Es entstanden große Organisationen, die eine Einigung der Christenheit erstrebten, die große ökumenische Bewegung. Dabei hatte der amerikanische Protestantismus die Führung.

h Der in § d erwähnte **Reformierte Weltbund** („Alliance of Reformed Churches holding the Presbyterian System") griff mit seinen Bestrebungen über Amerika hinaus. Seine Vorversammlung hielt er im August 1920 auf europäischem Boden, in Lausanne. Dem folgte die Generalversammlung in Pittsburg Herbst 1921. Die kontinentale Konferenz des Reformierten Weltbundes tagte 1925 in Genf. 1956 tagte eine Vollversammlung in Princeton in den USA. 1959 fand die besonders gelungene Vollversammlung in Sao Paolo in Brasilien statt.

Als Parallele zum Reformierten Weltbund entstand der **Lutherische Weltbund,** gegründet 1947 auf einer Versammlung in Lund in Schweden; der einstweilige Abschluß der Organisation erfolgte durch eine Versammlung in Hannover 1952. Der Bund steht in enger Verbindung mit dem Ökumenischen Rat der Kirchen. Er ist ein freier Zusammenschluß von etwa sechzig Kirchen lutherischen Bekenntnisses (CA, Luthers kleiner Katechismus) zwecks Bearbeitung kirchlicher und internationaler Aufgaben. Eine Vollversammlung tagte 1957 in Minneapolis. Vgl. § 135 l.

i Von noch weit größerer, über die Konfessionsgrenzen hinausreichender Bedeutung wurden drei andere Organisationen:

1) die Bewegung **For Faith and Order** (Weltkonferenz für Glaube und Verfassung), entstanden 1910 in der Episcopal Church, verbreitet durch die rastlose Tätigkeit des amerikanischen Juristen *Robert H. Gardiner* (gest. 1924; Zeitschrift: „Constructive Quarterly"); zu einem eindrucksvollen Schauspiel gestaltete sich die Präliminarkonferenz, die August 1920 unter Führung der Anglikaner in Genf abgehalten wurde und die auch von Abgesandten der anatolischen und der altkatholischen Kirchen besucht war. Die Bewegung erstrebte eine einheitliche Zusammenfassung der gesamten Christenheit und glaubte im Dogma der Inkarnation das einigende Band sehen zu können.

2) die Bewegung **For Life and Work** (Weltkonferenz für praktisches Christentum), mit der Grundidee der „evangelischen Katholizität", hatte einen ihrer Hauptförderer an Erzbischof Söderblom von Uppsala (§ r) und stand mit dem Federal Council (§ d) in Verbindung. August 1920 tagte eine Konferenz, gleichfalls in Genf. Man beschloß die Veranstaltung einer Weltkirchenkonferenz (für 1924, tatsächlich für 1925, s. § k). Die erste Versammlung des Exekutivkomitees beschloß April 1921 in Peterborough (England), einen permanenten Rat der Christenheit zu schaffen, der dauernd die Verbindung der christlichen Kirchen pflegen und bei kirchlichen Streitigkeiten (zB. Polen 1921) vermitteln und beraten sollte.

3) der **Freundschaftsbund der Kirchen** („The World Alliance for promoting International friendship though the Churches"), gegründet zu Konstanz am Tage des Kriegsausbruchs 1914, war durch die Bemühungen deutscher und englischer Theologen um gegenseitige Verständigung vorbereitet (Zeitschriften: „The Godwill", her. von SHRushbrooke, und „Die Eiche", her. von Friedrich Siegmund-Schultze); er wurde dann besonders von den Amerikanern fortgeführt, wiederum

---

[2] Vgl. EKL III, 1959, Sp. 1627-34.

unter Mitwirkung des Federal Council, und hielt nach dem Kriege zu Oud Wassenaer (Holland, 1919), in Beatenberg (Schweiz, 1920) und in Kopenhagen (1922) Versammlungen ab; an der zweiten nahmen auch Orientalisch-Orthodoxe teil.

Ein kirchengeschichtliches Ereignis ersten Ranges war die von der Bewegung *k* „For Life and Work" 19.–31. August 1925, sechzehnhundert Jahre nach Nicäa, veranstaltete **Weltkirchenkonferenz zu Stockholm**. Sie bot das vordem nie gesehene Schauspiel des Zusammentritts von 600 Abgeordneten tatsächlich aus allen christlichen Kirchen mit alleiniger Ausnahme der römisch-katholischen. Beraten wurde über die Einwirkung des Christentums auf die sozialen Verhältnisse, die gegenseitigen Beziehungen der Völker, die christliche Erziehung, die Einheit der Kirchen untereinander. Die Antwort auf die Einladung nach Stockholm, die an die römische Kirche ergangen war, gab Pius XI. am 6. Januar 1928 mit der Enzyklika „Mortalium animos", worin er den römischen Katholiken jede Teilnahme an den von nichtrömischer Seite unternommenen Einigungsversuchen untersagte und die Rückkehr aller Christen zum Gehorsam gegen Rom als die einzig mögliche Einigung bezeichnete. Zwei Jahre nach Stockholm, August 1927, tagte die von „Faith and Order" veranstaltete Weltkirchenkonferenz von Lausanne (gegen 500 Vertreter von etwa 90 Kirchengruppen). Das Ziel der Verhandlungen war die Anbahnung der Una sancta, die Herausstellung der Einheit in Glaube und Verfassung. Den 1937 tagenden Weltkirchenkonferenzen in Edinburgh (für Glaube und Verfassung) und Oxford (für praktisches Christentum) mußte die Deutsche Evangelische Kirche fernbleiben(wie auch die russisch-orthodoxe und die römisch-katholische Kirche). 1938 wurden die beiden Organisationen „Glaube und Verfassung" und „Praktisches Christentum" zusammengelegt und durch den **Ökumenischen Rat der Kirchen** ersetzt. Der „Freundschaftsbund der Kirchen" beschloß 1948 seine Auflösung. Der ökumenische Rat hielt im Sommer 1948 die Weltkirchenkonferenz von Amsterdam, im Sommer 1954 die von Evanston, nördl. von Chicago. Die dritte Weltkirchenkonferenz ist für den 18. 11. bis 5. 12. 1961 in Neu-Delhi geplant. Seit Stockholm 1925 sind die Orthodoxen Kirchen an der ökumenischen Bewegung beteiligt, seit 1948 als vollberechtigte Mitglieder des Weltkirchenrats. Exekutive und Zentralausschuß des Weltkirchenrats tagten Aug. 1959 in Athen und auf Rhodos, erstmalig in einem ostkirchlichen Rahmen. 2 Beobachter der Russisch-orthodoxen Kirche waren anwesend.

4. Unter den protestantischen Kirchen des europäischen Konti- *l* nents vermochten sich die in der Schweiz, in Frankreich, in den Niederlanden und in Skandinavien im ganzen auf ihrer Höhe zu behaupten. Sie hatten durch ihren Anteil an der ökumenischen Bewegung, der schweizerische und der schwedische Protestantismus auch durch ihre theologischen Leistungen für den Gesamtprotestantismus Bedeutung. In Italien und Spanien machte der Protestantismus seit 1914 zeitweilig gewisse Fortschritte, verfügte hier aber nach wie vor nur über kleine Minderheiten und führte ein gedrücktes und kulturell wenig bedeutendes Dasein.

Während des ersten Weltkrieges boten die protestantischen Kirchen der *m* **Schweiz** ein Bild starker Zerklüftung; die verschiedene Stellung zu den kriegführenden Mächten und zum Problem des Pazifismus erregte die Gemüter heftig (vgl. die Religiös-Sozialen, § 124 d; vgl. § 132 y). In der Zwischenkriegszeit erstarkte der Gedanke des kirchlichen Zusammenschlusses (Schweizerischer ev. Kirchenbund, 1920). Im Vordringen war auch das kirchliche Stimmrecht der Frauen, sowie das Recht der Frauen auf Wählbarkeit zu allen Kirchenämtern (1919 von der Synode der Freikirche zu Waadt angenommen). Die theologischen Gegensätze verschärften und komplizierten sich durch das Vordringen der dialektischen Theologie. Diese, das Geschenk der Schweiz an die Gesamtkirche, hatte an drei von Kutter und Ragaz herkommenden Schweizer

Theologen (*Karl Barth, Emil Brunner, Eduard Thurneysen*) ihre Schöpfer und ersten Vertreter. Sie drang in der Schweiz zunächst langsamer vor als in Deutschland, kam dann aber zu beträchtlicher Wirkung; die französische Schweiz verhielt sich ablehnend. Auch von den sozialen und den ökumenischen Problemen waren viele schweizerische Theologen bewegt. In lebhafter Reaktion gegen die dialektische Theologie erstarkte in der deutschen Schweiz eine neue liberale Theologie (*Martin Werner* in Bern, geb. 1887 u. a.).

n   Die große Mehrzahl der Protestanten in **Frankreich** (etwa 0,9 Millionen) gehörte der alten, aus dem 16. Jh. stammenden reformierten Kirche an (1927 645 Gemeinden); die zweitgrößte Kirche war die lutherische (261 Gemeinden); von den Freikirchen und sonstigen hatte keine über 50 Gemeinden. Die reformierten Gemeinden waren, wie schon im 19. Jh. (vgl. § 125 b c), in zwei Kirchenkörpern organisiert, der „Union des Eglises réformées évangéliques" (orthodox, mit einer freien theologischen Fakultät in Montauban, 1919 nach Montpellier verlegt) und der „Union des Eglises réformées" (aus liberalen und vermittelnden Elementen zusammengesetzt; freie theologische Fakultät in Paris, § 125 c, mit stark internationaler Studentenschaft); daneben bestand die alte, 1849 gegründete Freikirche, die „Union des Eglises évangéliques libres", mit etwa 50 Gemeinden. Im Jahre 1938 wurden diese drei Gemeinschaften und die Methodisten zu einer einzigen Kirche verschmolzen, der „Reformierten Kirche Frankreichs", die nun aus etwa 500 Gemeinden in 16 Kirchendistrikten bestand. Die lutherische Kirche, „Eglise da la Confession d'Augsbourg", gliederte sich seit 1918 in die drei Gruppen Elsaß, Mömpelgard, Paris. Für das Elsaß bestand das Konkordat von 1801 über 1904 hinaus weiter (§ 116 k), die theologische Fakultät Straßburg gehörte zur staatlichen Universität; während der Kriegszeit 1939 ff. war sie in Clermont-Ferrand. Der französische reformierte Protestantismus, durch Tradition und geistige Feinheit geformt, vermochte sich, seit 1905 ganz auf eigene Füße gestellt, durch ausgezeichnete Leistung (in Predigt und Wissenschaft) und strenge Sammlung seiner Kräfte (Abschwächung der dogmatischen Gegensätze; lebhafte Beteiligung an der kirchlichen Einigungsbewegung, an der äußeren Mission; Jugendpflege) zu behaupten. Einen bekannten akademischen Theologen hatten die französischen Protestanten an dem historisch-kritisch eingestellten *Maurice Goguel* (1880–1950), Professor an der Sorbonne.

o   In **Italien** stieg die Zahl der Protestanten in den Jahren von 1910–1920 von 66000 auf 123000. Es bestand ein harter Wettstreit zwischen den einheimischen Waldensern und den von Amerika unterstützten Methodisten und Baptisten. Die Chiesa libera (§ 125 i) ging in den wesleyanischen Methodisten auf.

p   In **Spanien** konnte sich der Protestantismus seit 1920 freier bewegen. 1919 fand in Madrid der erste spanisch-evangelische Kongreß unter Teilnahme von 540 Vertretern aus Europa, Amerika und Afrika statt. Durch die Revolution von 1931 eröffneten sich dem spanischen Protestantismus Möglichkeiten, die er nicht zu benutzen vermochte. Er blieb eine kleine, in Spanien selbst wenig bekannte, konfessionell zersplitterte Minderheit ohne sonderliche Bedeutung, vor allem ohne eine höhere Literatur und ohne Rechtssicherheit. Unter der Regierung des General Franco (seit 1936 bzw. 1939) litt der spanische Protestantismus unter dem zielbewußten erneuten Vordringen des katholischen Klerikalismus (vgl. § 132 t); die Lage der Protestanten war 1939–1945 äußerst gedrückt. In der neuesten Zeit ist die ev. Bewegung in Spanien, ohne eine rechtliche Grundlage zu erreichen, stark angewachsen. Es gab nun vier größere Kirchenkörper, die rein spanische „Reformierte Spanische Kirche", sowie einen mit Anglikanern, einen mit amerikanischen Baptisten, einen mit englischen Plymouthbrüdern in Beziehungen stehenden Kirchenkörper, sowie einige kleinere.

In **Portugal** gibt es eine Anzahl ev. Gemeinden verschiedener Nationalität, die aber nur eine kleine Minorität bilden. Beachtlich sind ihre Missionserfolge in Angola und Mozambique.

q   In den **Niederlanden,** wo um 1920 die reformierte Staatskirche (etwa 2,8 Mill.) nur wenig stärker war als die römisch-katholische Kirche (2,4 Mill.), bestanden vom 19. Jh. her die drei Richtungen der Modernen, der Evangelischen und der

Orthodoxen; sie differenzierten sich aber stark und lockerten sich auf. Dann wurde das Eindringen der dialektischen Theologie von Einfluß. Unter den Modernen entstand eine mehr rechts gerichtete Gruppe mit sehr positiver Christologie (sehr einflußreich *K. H. Roessingh* 1886–1925, Professor in Leiden). Auch der christlich-soziale Gedanke war im Vordringen, unter den Konfessionellen der volkskirchliche Gedanke. Seit 1924 trat in der Pfarrerschaft eine antimilitaristische Richtung hervor. Die Zahl der Religionslosen stieg 1909 bis 1930 von 92960 bis 1114943. In Holland entstand 1930 der Weltbund für freies Christentum und religiöse Freiheit („International Association for Liberal Christianity and Religious Freedom", IARF), der regelmäßige Weltkongresse abhält; Sitz im Haag; c. 10 Mill. Mitglieder.

Von den skandinavischen Kirchen trat die **schwedische** unter der umsichtigen *r* Leitung des Erzbischofs *Nathan Söderblom* (1866–1931) von Uppsala stärker hervor, in den schwierigen Zeitläuften ein wohltuend vermittelndes Element. Die schwedische Kirche gewann durch Söderblom auch für die ökumenische Bewegung große Bedeutung. Im Sommer 1947 tagte die lutherische Weltkirchenkonferenz in Lund (Annahme der Verfassung des lutherischen Weltbundes, s. § 136 h). Die schwedische Theologie zeigte, bei konservativ-lutherischer Grundhaltung, ein offenes Eingehen auf die modernen Probleme (*Söderblom*, vor 1914 Professor der Religionsgeschichte in Uppsala und Leipzig; *Gustav Aulén, Anders Nygren* u. a.). Seit dem 1. Jan. 1952 besteht in Schweden Religionsfreiheit, also die Freiheit, aus der Kirche auszutreten; das Land blieb indessen kirchlich-konservativ. 1958 beschloß die schwedische Kirchenversammlung die Zulassung von Frauen zum Pfarramt, wogegen einige anglikanische Synoden Beschwerde einlegten (Abendmahlsgemeinschaft! apostol. Sukzession!). In der **dänischen** Kirche fand die dialektische Theologie ein besonders kräftiges Echo, was bei den Beziehungen dieser Theologie zu dem Dänen Kierkegaard verständlich ist. In **Norwegen** behauptete sich die alte nationale Volkskirche, durch eine modernisierte Theologie in ihrem konservativen Gepräge nur wenig verändert, im Kampf mit einer schroff antikirchlich eingestellten Sozialdemokratie. Während der deutschen Okkupation kam es zu einem viel beachteten Protest der sieben Bischöfe gegen das nationalsozialistische norwegische Kultusministerium.

5. Sehr bewegt verlief die Geschichte des Protestantismus in Nord- *s* ost-, Ost- und Südosteuropa, wo die Kirchen besonders häufig von Kriegs- und Revolutionsstürmen heimgesucht wurden und wo zum Teil auch die nach 1918 neugebildeten Staaten dem Protestantismus mit Abneigung gegenüberstanden. Besonders im Verlaufe des zweiten Weltkrieges traten für die protestantischen Kirchen empfindliche Verluste ein.

Dies gilt nicht von der lutherischen Kirche in **Finnland** (unter einem Erz- *t* bischof in Abo und vier Bischöfen; auch nach der Trennung Finnlands von Rußland 1917 Staatskirche). Sie hat sich bei konservativer Grundhaltung und großer Offenheit für die Erfordernisse des modernen Lebens im ganzen günstig entwickelt.

Sehr stürmisch verlief dagegen die Geschichte der **baltischen Kirchen**; hier kam es zu schwersten Erschütterungen und Verlusten. Schon der Ausbruch des ersten Weltkrieges und die russische Revolution 1917 brachten dem baltischen lutherischen Kirchentum schwere Bedrückung. 1917 traten an die Stelle der bisherigen russischen Ostseeprovinzen Estland, Livland, Kurland die beiden neuen Nationalstaaten Lettland und Estland. Die lutherische Kirche von Lettland (Mittelpunkt Riga) umfaßte 14 lettische und 4 deutsche Propsteien, die von Estland (Mittelpunkt Reval; Universität Dorpat) 15 estnische und 1 deutschen Propsteisprengel. Die äußeren und inneren Schwierigkeiten der neuen Kirchen waren groß, das Verhältnis zwischen den deutschen und den lettischen bzw. estnischen Gruppen blieb gespannt. Im Gefolge der russischen Revolution starben nicht wenige ev. Christen eines gewaltsamen Todes, bis 1918–19 bereits 30 Geistliche (*Traugott Hahn*, Theologieprofessor in Dorpat, gest. 14. Jan. 1919) und zahlreiche Laien. In der Zwischenkriegszeit konnte die vom Luthertum geprägte alte deutsche baltische Kultur noch einmal aufleben (das Herderinstitut in Riga, 1921–39, eine Universität im kleinen, mit theologischer Fakultät). Der wechselvolle Verlauf des zweiten Weltkrieges brachte über die baltischen Länder neue Nöte und schließlich den völligen Zusammenbruch der deutsch sprechenden lutherischen Gemeinden, die restlos zugrunde gingen. Nach der Aussiedelung der Deutschen 1939 bestand das ev. Kirchentum bei den Esten und Letten weiter, aber unter schwerstem Druck und starken Beschränkungen.

u   Der 1918 errichtete Freistaat **Polen** erhielt durch den Friedensvertrag aus dem bis dahin preußischen Gebiet 719 ev. Gemeinden mit etwa 2 Millionen, von denen aber ein sehr großer Teil alsbald fluchtartig nach Deutschland abwanderte. Während der polnische Staat der römisch-katholischen Kirche sehr entgegenkam, hielt er die ev. Kirche unter strenger Staatsaufsicht, was zu heftigen Kämpfen führte. Von den 35 Mill. Einwohnern Polens im Jahre 1937 gehörten 20,6 Mill. dem römischen Katholizismus an, 3,3 Mill. den mit Rom unierten Orientalen, 3,7 Mill. den Orientalisch-Orthodoxen, 0,83 Mill. dem ev. Bekenntnis. Außer der ev.-unierten Kirche der vordem preußischen Gebiete gab es noch polnische Lutheraner und Reformierte. Das polnische Luthertum hatte in Warschau eine vom Staate unterhaltene theologische Fakultät. Nach der Eroberung Polens durch Hitler 1939 kehrte die ev.-unierte Kirche in Polen zur Kirche der altpreußischen Union zurück. In Kleinpolen (Galizien) behauptete sich eine „Evangelische Kirche Augsburgischen und Helvetischen Bekenntnisses" als selbständiger Kirchenkörper. In Stanislau blühten die von Pfarrer *Theodor Zöckler* (1868–1949) geleiteten Rettungsanstalten, die bis zur Übergabe an die Russen Herbst 1939 bestanden. In dem 1939 gebildeten Warthegau (bis 1919 preußische Provinz Posen) wurde die kirchliche Lage unter dem Druck des Nationalsozialismus alsbald sehr schwierig, desgleichen im ehemaligen Kongreßpolen, das nun „Generalgouvernement" hieß. 1944 konnte sich der polnische Staat von neuem erheben, mit Gebietsverlusten im Osten und Gewinnen im Westen; hier im Westen, in Schlesien und dem größten Teil von Pommern, ging das deutsche protestantische Kirchentum 1945 in einer Katastrophe sondergleichen zugrunde. In Polen ist der Protestantismus von etwa 0,75 Mill. auf etwa 0,25 Mill. zurückgegangen. Die „Altpreußische Union" fand 1946 in Polen durch den Staat ihr Ende. Die deutschen evangelischen Restgemeinden in den von Polen besetzten Gebieten sahen sich in immer aussichtsloserer Lage.

v   In **Rumänien,** das aus dem ersten Weltkriege vergrößert hervorging, gab es nun unter 18 Mill. Einwohnern 2,5 Mill. Evangelische (11,64 Mill. waren orientalisch-orthodox, 1,36 Mill. mit Rom unierte Orientalen, 1,23 Mill. römisch-katholisch). 1928 wurde eine einheitliche ev.-rumänische Kirche gebildet. Ihren Kern bildet die ev. Landeskirche von Siebenbürgen (kirchlicher Mittelpunkt: Hermannstadt; Bischof *Friedrich Teutsch*, 1852–1933); ihr haben sich die ev. Gemeinden von Altrumänien, Bessarabien, der Bukowina und dem Banat angeschlossen; nur die etwa 70000 ref. Magyaren standen außerhalb dieser Verbindung. (Seit 1945 ist Bessarabien russisch.)

w   In dem durch den Friedensschluß von St. Germain-en-Laye 1919 sehr verkleinerten **Österreich** regte sich der Protestantismus kräftig, allen politischen Wirren und wirtschaftlichen Nöten zum Trotz. Die Los-von-Rom-Bewegung hatte zunächst noch Erfolge (1920 6392 Übertritte), verlor dann an Bedeutung, schwoll aber in den politisch erregten Jahren 1934–1935 von neuem an. An den lebhaften politischen Kämpfen, die dem „Anschluß" von 1938 vorangingen, nahm die ev. Pfarrerschaft lebhaften Anteil; um so schwerer wurde die Bedrückung empfunden, die unter der nationalsozialistischen Herrschaft (1938–1945) einsetzte. In den 1945 und 1955 geschaffenen neuen politischen Verhältnissen (§ 132 p) konnte die österreichische Diasporakirche erneut Fortschritte machen, doch nicht im Sinne der alten Los-von-Rom-Bewegung (§ 125 m).

x   In **Ungarn** ging infolge der Gebietsverluste beim Friedensschluß von Trianon 1920 die Zahl der Reformierten von 2,6 auf 1,6 Mill. zurück, die der Lutheraner von 1,3 Mill. auf 0,46 Mill. Die nationale Katastrophe bewirkte eine starke Erschütterung, der aber ein neuer kirchlicher **Aufschwung** folgte, ein gesteigertes kirchliches Leben, eifrige Arbeit an den Werken der äußeren und inneren Mission, eine lebhafte Verbindung mit den Kirchen des Auslandes, besonders auch mit den kirchlichen Einigungsbestrebungen. Die Beteiligung Ungarns am neuen Kriege führte zu neuer politischer Katastrophe. Seit 1945 wurden die bekannten Veränderungen im Verhältnis von Staat und Kirche durchgeführt (vgl. § 132 s). Um 1957 zählten die Reformierten 1,9 Mill., die Lutheraner 0,43 Mill.

In der 1918 gegründeten **Tschechoslowakei** (die 1939 durch Hitler in das Protektorat Böhmen-Mähren und die nun selbständige Slowakei aufgespalten und 1945 wiederhergestellt wurde) veränderte sich die kirchliche Lage durch die nach dem zweiten Weltkrieg erfolgende Evakuierung der deutschen Bevölkerungsteile. Der tschechoslowakische **Protestantismus** ist nach wie vor in eine Anzahl von Kirchenkörpern gespalten. Eine theologische Fakultät bestand in Prag (1919 als Hus-Fakultät gegründet, 1950 umgebildet und aufgespalten in die Comenius-Fakultät und die tschechoslowakische Hus-Fakultät), eine weitere in Bratislava (früher Preßburg, 1919 Akademie, seit 1934 ev.-theologische Fakultät), jetzt in Modra. Die führenden Kräfte des tschechoslowakischen Protestantismus (Professor *J. L. Hromádka* in Prag, geb. 1889) standen in engen Beziehungen zur Ökumenischen Bewegung und waren von großer Aufgeschlossenheit für die der Kirche durch die neue politische und soziale Lage gestellten Aufgaben. *y*

Das 1918 gebildete **Jugoslawien** umfaßte vielleicht etwas über 0,2 Mill. Evangelische, die nicht weniger als sechs verschiedenen Nationalitäten angehörten (deutsch, magyarisch, slowakisch, serbisch, kroatisch, slowenisch). Die Lage war ziemlich gedrückt, da der Staat alle evangelischen Schulen schloß. Während der deutschen Okkupation 1941–1944 standen diese evangelischen Splittergruppen wieder außerhalb des serbischen Staatswesens. Nach 1945 waren die deutsch sprechenden Evangelischen in Jugoslawien bis auf geringe Reste verschwunden; die anderen fünf Gruppen bestanden weiter, unter beträchtlichen Schwierigkeiten; sie konnten sich 1952 zu einem ganz losen Bunde zusammenschließen. Eine günstigere Stellung hatten die Slowenen, die politisch eine Art von Autonomie im jugoslawischen Gesamtstaat innehatten. *z*

§ 137. Die anatolische Christenheit.

RRössler, Das Weltbild Nikolai Berdjajevs, 1956.

1. Für die orientalischen Kirchen der Balkanländer brach mit dem Untergang der österreichisch-ungarischen Monarchie und der Beschränkung der Türkei auf das Gebiet von Konstantinopel und auf Kleinasien eine neue Zeit an. Die Konfessionskarte der Balkanländer, verglichen mit der Zeit vor dem ersten Balkankriege (§ 127 g), verschob sich wesentlich: die Staaten und die aufs engste mit ihnen verbundenen Kirchen konnten ihre Grenzen weit besser als bisher den Stammes- und Sprachgrenzen anpassen. So gewannen besonders die serbische und die rumänische Kirche sehr an Umfang. Diese Ordnung der Dinge wurde durch den zweiten Weltkrieg stark erschüttert, setzte sich dann aber vor allem mit Bezug auf Serbien von neuem durch. Im ersten Weltkrieg kam Syrien unter französischen, Palästina unter englischen Einfluß. Völlig neue, moderne Verhältnisse begannen sich darauf in diesen beiden Ländern zu entwickeln. *a*

In dem stark vergrößerten Serbien, nun **Jugoslawien** genannt, wurde 1921 ein Patriarchat gebildet (mit dem Sitz in Belgrad), das den gesamten, vordem auf mehrere Staaten und Kirchen verteilten serbisch-kroatisch-slowenischen Länderkomplex umfaßte; auch die bis dahin selbständige Kirche des bis dahin selbständigen Königreichs Montenegro ging in der neuen jugoslawischen Kirche auf. *b*

Die „Serbische Prawoslave Kirche" mit 24 Bistümern umfaßte angeblich fast die Hälfte der Bevölkerung. Während die Regierung die römisch-katholische Kirche aufs schärfste bekämpfte, behandelte sie die jugoslawisch-orthodoxe Kirche weit freundlicher (vgl. § 132 v). Untereinander traten die Kirchen der Balkanländer in engere Fühlung. 1923 fand eine orientalisch-orthodoxe Synode in Konstantinopel statt, auf der das alte Patriarchat, Griechenland, Jugoslawien, Rumänien und die Griechen in Amerika vertreten waren. Es war die erste größere Synode der orientalischen Christenheit seit 1672 (§ 99 b). Beraten wurde vor allem die Reform des kirchlichen Kalenders. 1936 wurde ein erster panorthodoxer Theologenkongreß in Athen abgehalten. 1925 wurde ein rumänisches Patriarchat errichtet. Die rumänisch-orthodoxe Kirche ist seit 1945 in bemerkenswerter Weise erstarkt; besonders das Mönchtum gewann erneute Bedeutung. 1948 schloß sich die unierte Kirche in Rumänien (griechisch-rumänischer Ritus, § 129 b) der rumänisch-orthodoxen Kirche an (1,25 Mill.). 1925 wurde die orthodoxe Kirche in Polen von der russischen gelöst und autokephal. Auch die orthodoxe Kirche in der Tschechoslowakei wurde autokephal.

c 2. Hielten sich die Veränderungen, die seit 1918 in den orthodoxen Kirchen der Balkanländer vorgenommen wurden, im wesentlichen innerhalb des kirchlich-organisatorischen Gebietes, so erfolgte dagegen in Rußland ein voller Umsturz der kirchlichen Verhältnisse. Die russische Kirche, in der zaristischen Zeit die stärkste Stütze des Staates und von diesem in jeder Hinsicht begünstigt, dazu die Besitzerin unermeßlicher Reichtümer, wurde durch den Bolschewismus vom Staat scharf getrennt, durch radikale Einziehung des Kirchengutes völlig mittellos gemacht und in ihrer Tätigkeit stark eingeschränkt. Damit brach über die russisch-orthodoxe Kirche eine schwere Krisis herein, die durch Schärfe und Dauer sehr bedrohlich war, aber die Kirche doch nicht vernichtete. 1943 erfolgte eine gewisse Erleichterung ihrer Lage. Im ganzen blieb die Lage ungemein gedrückt.

d Als der Zar im März **1917** gestürzt und in Rußland eine bürgerlich-demokratische Republik errichtet war, schien die russische Kirche wieder an den von Peter d. Gr. 1702 bzw. 1721 verlassenen Zustand (§128a) anknüpfen zu wollen: Ein seit August 1917 tagendes russisches Konzil errichtete November 1917 von neuem das russische Patriarchat. Patriarch wurde der Moskauer Metropolit Tychon. Aber der Sieg der radikalen Kommunisten (Bolschewisten) unter Lenin über die von Kerenski geleitete Republik (November 1917) veränderte die politische Lage völlig. Bereits im Januar 1918 verfügte die bolschewistische Regierung eine völlige Trennung von Kirche und Staat, die Beseitigung aller mit dem Glaubensbekenntnis verbundenen Vorrechte, die obligatorische Zivilehe, die Trennung von Kirche und Schule, die Aufhebung des obligatorischen Religionsunterrichts usw.; den Besitz der kirchlichen und religiösen Körperschaften erklärte sie für Volkseigentum. Die Vertreter der Kirche gerieten damit in eine schwierige Lage, die sich noch verschärfte, als der Staat 1922 die kostbaren, mit Gold und Edelsteinen besetzten Umrahmungen der Heiligenbilder beschlagnahmte, was die russisch-orthodoxen Christen als Sakrileg empfanden. Ihrem Widerstande begegnete der Staat mit den schärfsten Mitteln (zahlreiche Hinrichtungen wegen gegenrevolutionärer Haltung). Der Patriarch *Tychon* wurde 1922 zum Tode verurteilt, aber 1923 freigelassen (gest. 1925 in einem Gefängnislazarett).

e Die schwierige Lage vermochte die Kirche zunächst zwar stark zu erschüttern, aber nicht zu beseitigen. 1919 konnte sie auch nach außen wieder mehr hervortreten; es kam in Moskau zu kirchlichen Straßenumzügen, an denen angeblich Hunderttausende teilnahmen. Und nach 1922 schien sich die Lage überhaupt zu bessern, wenn auch der Kampf gegen die Religion, der durch systematische atheistische Propaganda geführt wurde, beträchtliche Ausmaße annahm („Bund kämpfender Gottloser") und die Gemeinden nur ein sehr gedrücktes Dasein führten. *Sergius*, Tychons Nachfolger als Metropolit von Moskau (die Patriarchatswürde über ganz Rußland blieb zunächst unbesetzt), anfangs ein scharfer Gegner der Sowjetregierung, verkündigte 1927, daß die orthodoxe Kirche künftig der Sowjetregierung gegenüber ,,absolute Loyalität" beobachten werde. Seit 1923 traten verschiedene zeitbedingte und bis c. 1930 fast völlig wieder verschwindende Splitterkirchen hervor. Unter Stalin kam es zu neuen Leiden der kirchlichen Kreise Rußlands, wogegen sich der Weltprotestantismus und mehrfach der Papst in scharfen Kundgebungen wandten. Seit **1943** befolgte der Kreml die Taktik, die allerdings immer noch sehr eingeengte Kirche gewähren zu lassen, nachdem diese sich im Kriege auf die Seite des Staates gestellt und die Gläubigen zur Verteidigung des Landes aufgerufen hatte. Das Patriarchat für Gesamt-Rußland wurde wiederhergestellt (der Moskauer Metropolit *Sergius*, gest. 1944). 1945 tagte ein russisch-orthodoxes Konzil in Moskau, unter Beteiligung auch außerrussischer orthodoxer Kirchen. Ein zweites großes Konzil, 1948 ebenfalls in Moskau, gab eine scharfe Absage an Amsterdam (§ 136 k) und die protestantische ökumenische Bewegung, wurde aber nicht zu der ursprünglich geplanten geschlossenen Repräsentation der orthodoxen Gesamtkirche, da die Kirchen von Konstantinopel, Alexandria und Hellas den Verhandlungen fernblieben. Ein großer Erfolg der russisch-orthodoxen Kirche war dagegen die Beseitigung der bei den Ruthenen noch bestehenden Union orientalisch-orthodoxer Christen mit den Lateinern 1946. Auch in der Slowakei und in Rumänien verschwand die Union mit der römisch-katholischen Kirche und machte dem rein orthodoxen Christentum Platz. Die Kirche von Bulgarien, seit 1872 schismatisch (§ 127 e), versöhnte sich mit Moskau (Jan. 1945). Seit den 40er Jahren gewann das alte Wunschbild ,,Moskau das dritte Rom", das schon im 15. Jh. in Rußland lebendig gewesen war, erneut suggestive Kraft (der Patriarch von Moskau = der Nachfolger des Petrus).

Nach dem Zerfall des Zarentums entstand eine neue Autokephalkirche in *f* Georgien (1917). Auch die Ukraine, die 24 Mill. Orthodoxe umfaßte, bildete seit dem all-ukrainischen Konzil von 1921 eine orthodoxe Autokephalkirche (Mittelpunkt Kiew). Die armenische Kirche im Bereich von Sowjetrußland wurde 1926 von der Regierung aufgelöst; nur einzelne Gemeinden durften bestehen. Über Polen s. § b. Die russischen Gemeinden im übrigen Ausland sagten sich vom russischen Patriarchat los, trennten sich aber in zwei Gruppen: die eine erhielt ihren Mittelpunkt in Karlowitz in Jugoslawien (,,Russischer bischöflicher Synod im Ausland"), die andere sammelte sich um den Metropoliten Eulogius in Paris (gest. 1946). Fast alle außerhalb Rußlands lebenden russisch-orthodoxen Gemeinden unterstellten sich 1930 dem Patriarchen von Konstantinopel. Paris wurde Mittelpunkt des höheren geistigen Lebens der russischen Kirche (zahlreiche russische Emigranten; *Nikolai Berdjajew*, gest. 1948 u. a. religionsphilosophische und theologische Schriftsteller; mehrere Unterrichtsanstalten). Seit den 40er Jahren hat sich Moskau lebhaft bemüht, sich die Orthodoxen in den außerrussischen Ländern kirchlich anzugliedern, mit wechselndem Erfolg. Bemerkenswert ist die zunehmende Bedeutung der Ostkirche in den Vereinigten Staaten.

3. Schwerste Bedrückungen erlebte die Christenheit des türkischen *g* Kleinasien. Hier kam es zur Vergewaltigung der Armenier und zu neuen Metzeleien unter den Griechen, wodurch die Zahl der Christen stark eingeschränkt wurde.

Es handelte sich dabei um den Versuch, das nationalistisch-türkische Programm *h* zu verwirklichen (vgl. § 129 d). 1915 ließen die Türken angeblich 1,2 Millionen Armenier in die arabische Steppe deportieren, wo Hunderttausende ums Leben kamen. Auch über die Griechen verhängten die Türken schon während des Kriegs Massendeportationen. 1920 begann unter Mustafa Kemal eine neue Bedrückung, die namentlich 1921 Tausenden das Leben kostete. Durch die Ausrottung der Griechen in Kleinasien verminderte sich die Zahl der Diözesen des Patriarchats Konstantinopel von 32 auf 3. Auch die letzten Reste der alten häretischen Nationalkirchen auf türkischem Gebiet standen vor dem Untergang. Vgl. § 138 c.

§ 138. Die Stellung des Christentums unter den übrigen Religionen.

J Richter, Allgemeine ev. Missionsgeschichte, 5 Bde., 1922–32. – Ders., Das Buch der deutschen Weltmission, 1934. – *Bibliotheca Missionum (Bibliographie), begonnen von Streit, fortgesetzt von Dindinger, seit 1916. – ZMW = Zeitschrift für Missionswissenschaft. – K S Latourette, s. § 2 u. § J Despont, Nouvel Atlas des Missions, Paris 1951. – A Lehmann, Gottes Volk in vielen Ländern, ein missionarisches Lesebuch, 1955. – WE Mühlmann, Mahatma Gandhi, 1950. – O Wolff, Mahatma und Christus, 1955. – W Franke, Das Jahrhundert der chinesischen Revolution 1851–1949. – *HU v Balthasar, Einsame Zwiesprache, Martin Buber und das Christentum, [1958].

a   1. Die gegenwärtige Weltlage des Christentums ist vornehmlich dadurch charakterisiert, daß die fremden Hochreligionen, besonders Ostasiens, durch die Bemühungen der christlichen Missionen bisher in keiner Weise ins Wanken geraten sind, daß aber durch die politischen Umwälzungen der letzten Jahrzehnte in diesen Religionen selbst unverkennbar eine lebhaftere Bewegung eingesetzt hat, als sich in langen voraufgehenden Perioden beobachten ließ.

b   In **China** stellte der Präsident Yuanschikai die alten religiösen Traditionen, die durch die Errichtung der Republik 1912 abgebrochen waren, wieder her; er opferte September 1914 im Tempel des Konfuzius und vor allem Dezember 1914 auf dem Altare des Himmels in Peking, was vordem nur dem Kaiser gestattet war. Bemerkenswert ist weiter, daß November 1925 in Tokio ein erster internationaler Buddhistenkongreß abgehalten wurde, besucht von über tausend chinesischen, japanischen, koreanischen Priestern und Mönchen: der Buddhismus strebte, sich zusammenzuschließen und Expansionskraft zu gewinnen (vgl. § 136 k: Stockholm August 1925!). Es beleuchtet die Lage in Ostasien um 1940/48, daß an der Spitze von Tschunking-China ein christlicher Chinese (Tschiangkaischek) als Präsident stand. Im neuen China (Volksrepublik; Sieg von Mao Tse-tung 1949) haben sich die Aussichten für das nun ganz von einheimischen Klerikern geleitete Christentum weiterhin verschlechtert (vgl. § 130 o). Mehr als 21 Millionen Chinesen lebten übrigens außerhalb Chinas. Besonders wichtig war die geistige und nationale Neubelebung von **Indien**: Gestalten wie der indische Dichter *Rabindranath Tagore* (Takur, 1861–1941, in Europa 1920, 1926, 1930), sowie der stark vom Geist der Bergpredigt berührte Hindu *Mahâtmâ Gandhi*, der Führer der indischen nationalen Bewegung (1869–1948), fanden auch in Europa lebhafte Beachtung. Die Zahl der Christen in Indien schätzte man 1951 auf 8,1, im Jahre 1959 auf 10 Millionen. Für den Islam in Indien ist von besonderer Wichtigkeit die Entstehung des selbständigen Staates Pakistan; er ist heute der größte mohammedanische Staat der Erde. Als ungemein verwickelt erscheint die religiöse und weltanschauliche Lage in **Japan**. Über der ältesten Schicht der religiösen Entwicklung des Volkes, der bis in die Gegenwart hineinragenden Urreligion des Shintô mit ihren mythologischen und rituellen Bestandteilen, sowie den seit dem 18. Jh. aus Shintô hervorgegangenen Sekten erheben sich in bunterster Fülle die an Konfuzius angeschlossenen Richtungen und das Gewirr der buddhistischen Sekten. Dazu kommen die europäischen Einflüsse, die technisch-naturwissenschaftlichen sowie die christlichen. 1940 hat Japan das Christentum als offizielle Religion anerkannt, unter der Voraussetzung der Teilnahme der Christen am Staats-Shintô, der Verehrung der japanischen Reichsidee. Doch hat die amerikanische Besatzung den Staats-Shintô aufgehoben. Tiefen Einfluß übt der in einer Vorstadt von Tokio lebende christliche Japaner Dr. Kagawa, Evangelist und Sozialreformer (gest. 1960).

c   Der **Islam** erwies sich im Kriege von 1914–1918 nicht, wie man vielfach erwartet hatte, als eine Macht von starker politischer Wirkung (Aufforderung zum heiligen Kriege durch den Scheich-ül-Islam am 14. November 1914, gleichzeitig mit der

Kriegserklärung der Pforte an Frankreich, Rußland und England); die Erwartung, daß der ganze Islam sich erheben würde, erfüllte sich nicht; teilweise kämpfte er sogar auf der Seite der Entente, Mohammedaner gegen Mohammedaner. Um so überraschender wirkte 1922 die neue Erhebung der Türken unter *Mustafa Kemal Pascha* (Kemal Atatürk, 1881–1938). Die Regierung von Ankara betrieb mit Hochdruck die Modernisierung der Türkei durch Annäherung an die westliche Zivilisation; selbst der Islam wurde modernisiert (März 1924 Ausweisung des Kalifen aus der Türkei; 1925 Auflösung der Klöster; neue Übersetzung des Koran, Trennung von Staat und Moschee, Abschaffung von Fez und Schleier usw.). Die übereilten und teilweise drakonischen Maßnahmen setzten sich aber nicht voll durch, Mustafa Kemal Pascha wurde später gemäßigter, auch dem Islam gegenüber. 1934 wurde die Hagia Sophia, seit 1453 Moschee, in ein Museum umgewandelt. Seit 1946 hat sich die Stellung des Islam in der Türkei wieder befestigt. Es gab nun wieder mohammedanischen Religionsunterricht in den Schulen. Seit 1949 besteht an der Universität Ankara eine mohammedanisch-theologische Fakultät. In Afrika kamen um 1955 auf 10 Neuchristen 100 Neumohammedaner.

Das **Judentum** hielt zum mindesten an der Substanz seiner Religion fest. Besonders in Osteuropa behauptete sich ein streng rituelles Judentum mit ganz unverfälschten, stark religiösen Traditionen. Dagegen wich das Judentum der westlichen Länder von der väterlichen Strenge weithin ab. 1926 tagte in London ein Weltkongreß für religiös-liberales Judentum. Die von den Christen unter den Juden betriebene Mission war während des 19. Jhs. im ganzen wenig erfolgreich gewesen; dagegen entstand in den zwanziger Jahren des 20. Jhs. eine zunächst beachtliche internationale judenchristliche Bewegung (1927 Weltkonferenz in Warschau über die Stellung der ev. Christen zur Judenfrage). Der entsetzliche Abgrund, der sich in den 30er und 40er Jahren in Europa auftat, hat dies alles wieder verschlungen (5,7 Mill. Juden starben eines gewaltsamen Todes). Der vom Wiener Journalisten *Theodor Herzl* (1860–1904) gegründete Zionismus, eine auf nationale Wiedergeburt des jüdischen Volkes abzielende Bewegung, die dem jüdischen Volke eine öffentlich-rechtlich gesicherte Heimstätte in Palästina zu schaffen suchte, war religiös gespalten: rabbinisch-orthodoxe, sozialistische, revisionistische Bestrebungen rangen miteinander. In Verbindung mit einer jüdischen Mystik wurde der zionistische Gedanke besonders eindrucksvoll von *Martin Buber* vertreten (geb. 1878 Wien); in seinen feinsinnigen Schriften tritt ein idealisiertes Judentum in Erscheinung. 1948 wurde der Staat Israel proklamiert.

2. Das Werk der überseeischen Missionen setzte sich in diesem Zeitabschnitt, trotz starker, durch das politische und wirtschaftliche Geschehen bedingter Krisen, erfolgreich fort. Es vollzogen sich erstaunliche Umwälzungen. Allerdings wurden der Mission kaum neue geographische Gebiete erschlossen, aber in den schon früher besetzten Gebieten wurde die Arbeit sehr intensiv und erfolgreich betrieben. In dem Jahrzehnt von 1925 bis 1935 verschob sich das Schwergewicht der Weltmission vielfach von den Missionsgesellschaften in die jungen Eingeborenenkirchen selbst (Beteiligung der „jungen Kirchen" am Schulwesen und an der kirchlichen Finanzierung; farbige Bischöfe usw.). Große Fortschritte machte die Übersetzung der Bibel in immer neue Sprachen und ihre Verbreitung. Im ganzen hat sich der Charakter der äußeren Mission in den letzten Jahrzehnten sehr verändert; „ihre Motivierung, ihre theologischen Grundlagen, ihre Strategie und Praxis" haben sich gewandelt[1].

Es fehlte nicht an schweren Rückschlägen der missionarischen Arbeit. Im ersten Weltkriege wurden die deutschen Missionare, die katholischen wie die

---

[1] ThLZ 1955, 178.

§ 138 Die überseeischen Missionen

        protestantischen, nicht nur aus ihren Arbeitsgebieten in den verlorengehenden deutschen Kolonien, sondern auch aus Britisch-Indien vertrieben; erst 1924 wurde der „Bann" gegen die deutschen Missionsgesellschaften in den britischen Kolonien aufgehoben. Die Baseler Mission mit ihrer blühenden Industrie fiel in englische Hände; März 1918 wurde an ihrer Stelle eine den Engländern genehme schweizerische Missionsgesellschaft für Indien gegründet. Die Nöte, in die die deutschen protestantischen Missionsgesellschaften durch die Inflation gerieten, wurden durch hochherzige Geldopfer ausländischer Freunde, besonders in Amerika, bewältigt. Seit 1920 suchten sich die deutschen Missionsgesellschaften neue Arbeitsgebiete und fanden sie vor allem auf holländischem Gebiet (Niederländisch-Indien). Günstig stand es in der Südafrikanischen Union, zu der das früher deutsche Süd-West-Afrika gehörte. In Japan wurde die deutsche Mission durch den ersten Weltkrieg nur wenig behindert. Auch China räumte den deutschen Missionaren große Bewegungsfreiheit ein. Dagegen wurde hier die Lage für die englische und amerikanische Mission vorübergehend schwierig; 1927 mußten nicht weniger als 7000 in der Mission tätige Männer und Frauen das Land plötzlich fluchtartig verlassen. Die Einwirkung der Weltwirtschaftskrise auf die Mission war weniger stark, als zunächst befürchtet wurde; die Zahl der Missionare in Asien, Afrika und Südamerika ging von 1925–1935 nur um ein

g   geringes zurück. Auf besonderes Interesse der Missionsfreunde stieß die heldenhafte Tätigkeit von *Albert Schweitzer* (geb. 1875; 1902–13 Privatdozent für NT in Straßburg) in Lambarene am Ogowe in Französisch-Äquatorialafrika, im Kampf gegen Schlafkrankheit, schwere Herzkrankheiten und Aussatz unter den Eingeborenen. Der vielseitige, genial begabte Mann wurde der bekannteste Vertreter der ärztlichen Mission und erlangte Weltruhm.

h   In der römisch-katholischen Kirche wurde, unter starker Anteilnahme der Päpste (Enzyklika Benedikts XV. von 1919, Pius' XI. von 1927), das Interesse für die Mission immer wieder belebt, durch Missionskongresse, Gründung von Missionsinstituten, Missionsausstellungen (ständige Ausstellung im Lateran seit 1927). Auch hier gewannen die Eingeborenenkirchen an Selbständigkeit (Weihe von eingeborenen Priestern zu Bischöfen, zuerst 1926). Das Vordringen neuer Missionsgrundsätze wird durch die Aufhebung des Riteneides von 1742 beleuchtet, eines Überbleibsels des Ritenstreits des 17. und 18. Jhs. (§ 100 e, 111 h). Durch Erlasse Pius' XI. von 1935 und 1936 und Pius' XII. von 1939 wurde für Mandschukuo, Japan und China die Anpassung der katholischen Mission an gewisse ostasiatische Gebräuche angeordnet (Konfuzius-, Kaiser- und Ahnenverehrung), nicht als „Duldung", sondern als pflichtmäßige Anerkennung der völkischen Eigenart der fremden Völker. 1940 wurde auch der malabarische Riteneid für Indien beseitigt. Die katholische Kirche verfügte um 1960 über c. 25 000 Missionspriester.

i   Die neuen Verhältnisse traten auf der Weltmissionskonferenz zu Tambaram in Indien 1938 deutlich in die Erscheinung. Die Konferenz trug schon mehr den Charakter einer ökumenischen als einer Missionstagung. Unter 471 Teilnehmern aller Farben und Rassen waren mehr als die Hälfte aus den „jungen" Kirchen.

k   Der zweite Weltkrieg versetzte die deutsche Mission in neue Nöte. Bei der tiefen Mißstimmung gegen Deutschland, die nach Kriegsende bei den Westmächten bestand, sah es zunächst nicht so aus, als ob die deutschen Missionare in absehbarer Zeit auf ihre Missionsfelder würden zurückkehren können. Doch begann sich eine Besserung anzubahnen. Seit 1946 wurde einzelnen deutschen Missionaren die Möglichkeit zur Missionsarbeit wieder eröffnet. Die Missionskonferenz in Baarn bei Amsterdam Mai 1947 war auch den deutschen Vertretern gegenüber von betonter christlicher Brüderlichkeit. Die ungemein schwere Problematik, die der Mission aus der neuen Weltlage erwachsen ist, beherrschte die Verhandlungen der Weltmissionskonferenz zu Toronto in Kanada Juli 1947. Seit 1953 arbeiteten schon wieder 580 deutsche Missionare auf den ev. Missionsfeldern.

Literaturnachtrag.

Da sich der Verfasser des bewährten Buches jeglichen Eingriff in den Text sowie eine Weiterführung von anderer Hand verboten hat, möchten wir dem Benutzer durch einen Literaturnachtrag wenigstens die Forschung der letzten zehn Jahre vergegenwärtigen. Dabei kann es sich selbstverständlich nur um eine Auswahl handeln, die allerdings das vom Verfasser geübte Maß überschreitet, um auf diese Weise für die fehlende Darstellung der jüngsten Vergangenheit einen kleinen Ersatz zu bieten. Die Schwerpunkte der Forschung lassen sich leicht von der Literatur zu den einzelnen Paragraphen ablesen. Sie sind von den Jubiläen (Melanchthon, Calvin, Luther) nicht minder bestimmt als von einem starken Interesse an den Grabungsergebnissen von Qumran und Nag-Hamadi, an der Patristik, dem späten Mittelalter, dem Täufertum, dem Pietismus und der Ökumene, um nur einiges Wichtige herauszugreifen. Man ist immer wieder überrascht darüber, daß der Text des Kompendiums bis auf wenige Nuancen den Ergebnissen der neuesten Forschung standhält. – Nur in wenigen Fällen sind wir mit den Literaturangaben zeitlich über das hinausgegangen, was der Text bieten konnte, um dem Studenten auch da das wichtigste Arbeitsmaterial zu nennen. Ab und an sind Monographien zitiert, die bei gleichem Gegenstand zu verschiedenen Ergebnissen kommen. Auf diese Weise kann sich der Student sein eigenes Urteil bilden. Nur ganz selten sind Zeitschriftenaufsätze genannt worden, weil die entsprechenden Zeitschriften als solche zitiert sind. Bezeichnend ist das Anwachsen von Nachschlagewerken, das die moderne Teamarbeit auch auf unserem Gebiet verrät. Die zahlreichen Kongreßberichte – wir haben einige aufgenommen – liegen auf der gleichen Ebene. Bibliographien zeugen von der Unmöglichkeit, ein Einzelgebiet in bezug auf die Literatur noch überschauen zu können. Aber der Student kann sich auf diese Weise schnell orientieren.

Eine sinnvolle Benutzung unserer Bemühung dürfte dann garantiert sein, wenn zuerst die im Kompendium zitierte Literatur durchgesehen wird. Alsdann finden sich in unserem Anhang zu den einzelnen Paragraphen an erster Stelle die Neuauflagen und Nachdrucke der bereits genannten Werke und anschließend die neuerschienene oder im Kompendium noch nicht genannte Literatur. Die Kennzeichnung katholischer Autoren durch ein * ist nicht streng durchgeführt worden.

Ein solcher Nachtrag kann beim Bearbeiter naturgemäß nur das Gefühl einer sehr unvollkommenen Orientierung zurücklassen trotz aller Kleinarbeit, die zu leisten war. Die Wertmaßstäbe sind verschieden, und es ist nicht immer zu übersehen, ob die Ergebnisse der hier zitierten Arbeiten sich im Blick auf die zukünftige Forschung lohnen. Wenn die Auswahl den einen oder anderen Benutzer zu eigener Weiterarbeit anregt, ist das von uns erstrebte Ziel erreicht.

(Bei im Kompendium nicht vorhandenen Abkürzungen: vgl. ³RGG.)

April 1970

HANNA JURSCH
JOACHIM SCHÜFFLER

§ 1: EUSEBIUS, Handausgabe ⁵1955 (s.o.).

SOZOMENOS, ed. JBIDEZ u. GCHANSEN (GCS 50), 1960.
FWINKELMANN, Untersuchungen zur KG des Gelasios v. Kaisareia (SBA 3), 1966.
ECORSINI, Introduzione alle ,,Storie" di Orosio, 1968.
GGENTZ u. FWINKELMANN, Die KG des Nicephorus Callistus Xanthopulus und ihre Quellen (TU 98), ²1966.

HScheible, Die Entstehung der Magdeburger Zenturien (SchrVerRefGesch 72/183), 1966.
Gottfried Arnold, Unparteiische Kirchen- und Ketzerhistorie, (1729) Nachdruck 2 Bde. 1967.

§ 2: PMeinhold, Geschichte der kirchlichen Historiographie, 2 Bde. 1967.

Allgemeine Literatur.

A. Zur allgemeinen Geschichtswissenschaft.

§ 2 i: Darstellungen.

Propyläen-Weltgeschichte, hrsg. v. GMann, 1960 ff.

B. Quellensammlungen.

§ 2 k: **1. Inschriften und Denkmäler.**

*Acta Instituti Romani Finlandiae, I, 1+2; II, 1; II, 2; II, 3 1963.

2. Urkunden.

Konzilienakten.

*Conciliorum Oecumenicorum Decreta, cur. JAlberigo etc., 1962.

Papsturkunden.

CMirbt, neu bearb. v. KAland, I ⁶1967 (s.o.).
HMeinert/JRamackers, Papsturkunden in Frankreich, 1932 ff.
Die Register Innocenz' III., Bd. 1: 1. Pontifikatsjahr, 1964 = Publikationen der Abt. f. hist. Studien d. Österr. Kulturinstituts in Rom, hrsg. v. LSantifaller, 2. Abt.: Quellen.
*ADeroo, Encycliques, messages et discours de Pie IX, Léon XIII, Pie X, Benoît XV, Pie XI, Pie XII et Jean XXIII sur les questions civiques et politiques, 1961.
*RGraber, Die marianischen Weltrundschreiben der Päpste in den letzten hundert Jahren, ²1954.
Actes et Documents du Saint Siège... s. § 132.
Die Friedensenzyklika Papst Johannes' XXIII. Pacem in terris, hrsg. v. AFUtz, 1963 u.a. Ausgaben.
HKraus, S.J., Über den Fortschritt der Völker (Paul VI. Populorum Progressio), 1967.
HZimmermann (Bearb.), Papstregesten 911–1024, 1969 = JFBöhmer, Regesta Imperii II, 5.

Bekenntnisschriften.

Die Bekenntnisschriften der evg.-luth. Kirche, ⁶1967 (s.o.).
ACCochrane, Reformed Confessions of the 16th Century, 1966.

3. Schriftsteller.

*Testimonia, Schriften d. altchristlichen Zeit, hrsg. v. EStommel u. AStuiber, 1960ff.
Patristische Texte und Studien, hrsg. v. KAland u. WSchneemelcher, 1963ff.
Sources Chretiennes, 1941ff.
HSchuster u.a. (Hrsg.), Quellenbuch zur KG, I/II ⁶1966, III ⁸1968, Ergänzungsheft ⁴1967.
HvCampenhausen, Griechische Kirchenväter, ²1960.
Ders., Lateinische Kirchenväter, 1960.
HKraft, Die Kirchenväter bis zum Konzil von Nicäa, 1966.
Ders., Kirchenväterlexikon, 1966.
Quellen, ausgew. Texte aus der Geschichte der christlichen Kirche, hrsg. v. HRistow u. WSchultz, 1961ff.
Texte zur Kirchen- und Theologiegeschichte, hrsg. v. GRuhbach, 1966ff.

C. Nachschlagewerke. Periodische Veröffentlichungen.

§ 2 l: Enzyklopädien.

zu RGG: Registerband, 1965 (s.o.).
zu EKL: Registerband, 1961 (s.o.).
*Staatslexikon, 8 Bde. ⁶1957–1963.
Evg. Staatslexikon, ed. HKunst u. SGrundmann, 1966.
*JGründler, Lexikon der christlichen Kirchen und Sekten unter Berücksichtigung der Missionsgesellschaften und zwischenkirchlichen Organisationen, 2 Bde. 1961; vgl. dazu KGSteck (ThR NF 1963).
*Dictionnaire de Spiritualité, ascétique et mystique, doctrine et histoire, ed. MViller etc., 1932ff.
*Lexikon der Marienkunde, hrsg. v. KAlgermissen u.a., 1957ff.
OWimmer, Handbuch der Namen und Heiligen, ²1959.
RDK = Reallexikon der Deutschen Kunstgeschichte, 1937ff.
Reallexikon zur byzantinischen Kunst, hrsg. v. KWessel, 1963ff.
LRéau, Iconographie de l'art chrétien, 1955ff.
*Lexikon der christlichen Ikonographie, hrsg. v. HAurenhammer, 1959ff.
*Lexikon der christlichen Ikonographie, hrsg. v. EKirschbaum, 1968ff.
GSchiller, Ikonographie der christlichen Kunst, 1966ff.
AFWFischer, Kirchenlieder-Lexikon, 2 Bde., (1878–79) Nachdruck 1967.
GWHLampe, A Patristic Greek Lexikon, 1961ff.

Bibliographie.

Bibliogr. Patr., ed. WSchneemelcher, III (1958) 1960 usw. (s.o.).

§ 2 m: Zeitschriften und andere Publikationsorgane.

Frühmittelalterliche Studien, Jb des Instituts für Frühmittelalterforschung der Univ. Münster, hrsg. v. KHauck, 1967ff.
Arbeiten zur Frühmittelalterforschung, hrsg. v. KHauck, 1967ff.
Neue Zeitschrift für Systematische Theologie und Religionsphilosophie = NZSTh.
Oecumenica, Jb für ökumenische Forschung, 1966ff.
Kirchliches Jahrbuch für die Evg. Kirche in Deutschland.
*Theologisches Jahrbuch, hrsg. v. ADänhardt, 1957ff.
Jahrbuch für Liturgik und Hymnologie, 1955ff.
Jahrbuch der österr. byzantinischen Gesellschaft, 1951ff.
Herbergen der Christenheit, Jb für deutsche KG, 1957ff.
Jahrbücher, Zeitschriften, Monatshefte, Archive, Annalen und andere Publikationsorgane der verschiedensten territorialen Gesellschaften und Vereine für Kirchengeschichte.

D. Darstellungen der allgemeinen Kirchengeschichte.

§ 2 n:

HvSchubert, Geschichte der christlichen Kirche im Frühmittelalter, Nachdruck 1962 (s.o.).
JvWalter, ³1947–50 (s.o.).
KDSchmidt, Grundriß der KG, ⁵1967 (s.o.).
EHirsch, Geschichte der neueren evangelischen Theologie, 5 Bde. ³1964.
Die Kirche in ihrer Geschichte, hrsg. v. KDSchmidt u. EWolf, 1961ff. (neues Handbuch).
FWKantzenbach, Kirchengeschichte (= Evang. Enzyklopädie), 8 Bde. 1964ff.

Kürzere Darstellungen:

HAchelis, ⁶1962 (s.o.); WvLoewenich, ⁶1962 (s.o.).
EBenz, KG in ökumenischer Sicht, 1961.
BMöller, Geschichte des Christentums in Grundzügen, 1965.

Kirchengeschichte in Biographien:

KAland, ³1962 (s.o.).

*Vom katholischen Standpunkt:

KBihlmeyer-Tüchle, ¹⁸1966ff. (s.o.).
JLortz, ²²⁻²³1962–1964 (s.o.).
Handbuch der KG, hrsg. v. HJedin, 1962ff.

E. Ergänzende Disziplinen. Einzelne Längsschnitte.

§ 2 o: **1. Geschichte der Religionen.**

FHeiler, ²1962 (s.o.).
HRingren u. ÅvStröm, Die Religionen der Völker, dt. 1959.
Die großen Religionen der Welt, übers. v. HJSchoeps, 1958.
FHeiler, Erscheinungsformen und Wesen der Religionen, 1961.
HJSchoeps, Religionen, Wesen und Geschichte, ⁴1964.
CMSchröder (Hrsg.), Die Religionen der Menschheit, 1960ff.

2. Philosophie.

FHeinemann (Hrsg.), Die Philosophie im XX. Jahrhundert, 1959.

§ 2 p: **3. Kirchenrecht.**

*WMPlöchl, Geschichte des Kirchenrechts, 5 Bde. 1953–1969 (s.o.).
*Eichmann/Mörsdorf, Lehrb. d. Kirchenrechts, Bd. I ¹¹1964 (s.o.).
WWeber (Hrsg.), Die deutschen Konkordate und Kirchenverträge der Gegenwart, 1962.
Handwörterbuch zur deutschen Rechtsgeschichte, hrsg. v. AErler u. EKaufmann, 1964ff.
ErikWolf, Ordnung der Kirche, 1960.
HDombois, Das Recht der Gnade (Ökumen. Kirchenrecht I), 1961; dazu: SGrundmann in ThLZ 1963.
HEFeine, Kirchliche Rechtsgeschichte, die katholische Kirche, ⁴1964.
HLiermann, Kirchen und Staat, 2 Bde. 1954f.

Zeitschrift für evang. Kirchenrecht, 1951 ff.
ABühler, Kirche und Staat bei Rud. Sohm, 1965.
AStein, Probleme evangelischer Lehrbeanstandung, 1967.

4. Symbolik (Konfessionskunde).

*JAMöhler, Neuaufl. 1960 (s.o.).
HMulert, ⁴1967 (o.J. angekündigt) (s.o.).
*KAlgermissen, ⁸1969 (s.o.).
WNiesel, ²1960 (s.o.).
FHeiler, Die Ostkirchen, redigierte Neuauflage 1969 (s.o.).
KHutten, ¹¹1969 (s.o.).
FBlanke, ⁵1969 (s.o.).
JHermelink, Kirchen in der Welt, Konfessionskunde, 1959.
*JGründler, s. § 2 l.
JHarder, Kleine Geschichte der orthodoxen Kirche, 1961.
KOnasch, Einführung in die Konfessionskunde der orthodoxen Kirchen (Sammlung Göschen 1197/1197a), 1962.
*EvIvánka (Hrsg.), Seit neunhundert Jahren getrennte Christenheit, 1962.
PBratsiotis, Von der griechischen Orthodoxie, 1966.

§ 2 q: 5. Dogmengeschichte.

FLoofs/KAland, ⁷1968 (s.o.).
MWerner, Der protestantische Weg des Glaubens, II 1962 (s.o.).
AAdam, Lehrbuch der Dogmengeschichte, I 1965; II 1968.
BLohse, Epochen der Dogmengeschichte, 1963.
FWKantzenbach, Evangelium und Dogma, 1959.

6. Geschichte der Frömmigkeit.

FHeiler, Nachdruck der 5. Aufl. 1969 (s.o.).
JLeipoldt, Von Epidauros bis Lourdes, 1957.
VLossky, s. § 36.
WDelius, Geschichte der Marienverehrung, 1963.

§ 2 r: 7. Papstgeschichte.

*FXSeppelt, Geschichte der Päpste von den Anfängen bis zur Mitte des 20. Jahrhunderts, I², II², III; neu bearb. v. GSchwaiger IV u. V; 1954–1959 (s.o.).
*FXSeppelt u. GSchwaiger, Geschichte der Päpste (in einem Bande), (1964) Neuaufl. 1968 (vgl. oben unter kurzen Darstellungen).
*Archivum Historiae Pontificiae, 1963 ff. (papstgeschichtl. Jb).
*WUllmann, Die Machtstellung des Papsttums im Mittelalter, dt. 1960.
*AHaidacher, Geschichte der Päpste in Bildern, 1965.

8. Konzilien.

*HJedin, Kleine Konziliengeschichte, (1959) ²1960.
HJMargull (Hrsg.), Die ökumenischen Konzile der Christenheit, 1961; s. auch: KGSteck in ThLZ 1962.
JMASalles-Dabadie, Les conciles œcuméniques dans l'histoire, 1962.
*GDumeige u. HBacht (Hrsg.), Geschichte der ökumenischen Konzilien, 12 Bde. (1962 ff.) dt. 1963 ff.
KStürmer, Konzilien und ökumenische Kirchenversammlungen, 1968.

9. Mönchtum.

PNagel, Die Motivierung der Askese in der Alten Kirche und der Ursprung des Mönchtums (TU 95), 1966.
BLohse, Askese und Mönchtum in der Antike und in der alten Kirche, 1969.

§ 2 s: 11. Altchristliche Literaturgeschichte.

*OBardenhewer, Geschichte..., Nachdruck 1962 (s.o.).
*BAltaner/AStuiber, Patrologie, ⁷1966 (s.o.).
Studia Patristica, 1955ff. (erscheint in TU).
*BAltaner, Kleine patristische Schriften, hrsg. v. GGlockmann (TU 83), 1967.
GGraf, Geschichte der christlich-arabischen Literatur, 5 Bde. (1944–1953) Nachdruck 1959–1960.

§ 2 t: 12. Christliche Archäologie.

The Excavations at Dura-Europos, 1928–1967.
*BMAghetti, AFerrua, EJosi, EKirschbaum, Esplorazioni sotto la Confessione di San Pietro in Vaticano, 1940–1949, I u. II 1951.
*ThKlauser, Studien zur Entstehungsgeschichte der christlichen Kunst (= Jb f. Antike u. Christentum 1958–1967).
FvdMeer u. ChrMohrmann, Bildatlas der frühchristlichen Welt, dt. 1959.
WFVolbach, Frühchristliche Kunst, 1958.
DTRice, Kunst aus Byzanz, dt. 1959.
*AFerrua, Le pitture della nuova catacomba di Via Latina, 1960.
KWessel, Koptische Kunst, 1963.
FWDeichmann u. ThKlauser, Frühchristliche Sarkophage in Bild und Wort, 1966.
HKarpp (Hrsg.), Die frühchristlichen und mittelalterlichen Mosaiken in Santa Maria Maggiore zu Rom, 1966.
WOakeshott, Die Mosaiken von Rom vom dritten bis zum vierzehnten Jahrhundert, dt. 1967.
AGrabar, Die Kunst des frühen Christentums, 1967.
Ders., Die Kunst im Zeitalter Justinians, 1967.

§ 2 u: 13. Einzelne Länder und Territorien.

RPfister, Kirchengeschichte der Schweiz, I 1964.
Den Danske Kirkes Historie, 8 Bde. 1950–1966.
RMurray, Die Schwedische Kirche, dt. 1961.
GSentzke, Die Kirche Finnlands, ³1968.
JKrinke, Das christliche Spanien, 1967.
ESGaustad, A religious History of America, 1966.
GMay, Die evangelische Kirche in Österreich, 1962.
MJBopp, 1959–1965 (Elsaß u. Lothringen).
GSchäfer, 1964 (Württ.).
WLempp, Der Württembergische Synodus, 1959.
BHubensteiner, 1967 (Bayern).
GMehnert, 1960 (Schlesw.-Holstein).
EEStengel, Abhandlungen und Untersuchungen zur hessischen Geschichte, 1960.
HSteitz, Geschichte der ev. Kirche in Hessen und Nassau, I–III 1961–1965.
WSchlesinger, KG Sachsens im Mittelalter, I u. II 1962.
HHMöller, Dome, Kirchen und Klöster in Thüringen, 1964.
KHBlaschke, WHaupt u. HWiessner, Die Kirchenorganisation in den Bistümern Meißen, Merseburg und Naumburg um 1500, 1969.

14. Mission und Ausbreitung.

*AMMulders, Missionsgeschichte, dt. 1960.
KBWestman u. HvSicard, Geschichte der christlichen Mission, dt. 1962.

F. Historische Hilfswissenschaften.

§ 2 v: 1. Philologie.

Thesaurus linguae latinae, seit 1945 zahlreiche Nachdrucke und Neuerscheinungen.

§ 2 y: 6. Chronologie.

EBornmann, Calendarium Perpetuum, 1964.

§ 2 z: 7. Geographie.

Bibliographie de cartographie ecclésiastique, 1968 ff.

§§ 3–22: HLietzmann, Geschichte der Alten Kirche, I [4]1961 (s.o.).
*Jb für Antike und Christentum, 1958 ff.
HLietzmann, Kleine Schriften I u. II (TU 67, 68), 1958; III (TU 74) 1962.
ESchwartz, Gesammelte Schriften, 5 Bde. 1956–1963.
*EPeterson, Frühkirche, Judentum und Gnosis, 1959.
FWKantzenbach, Urchristentum und alte Kirche, 1964 (s. § 2 n).
JLeipoldt u. WGrundmann, Umwelt des Urchristentums, 3 Bde. (1965 ff.) [2]I 1967; [2]II 1970; [2]III 1967.
OGigon, Die antike Kultur und das Christentum, 1966.
HFWeiss, Untersuchungen zur Kosmologie des hellenistischen und palästinensischen Judentums (TU 97), 1966.
MHoffmann, Der Dialog bei den christlichen Schriftstellern der ersten vier Jahrhunderte (TU 96), 1966.

§ 3: *LCerfaux/JTondriau, Le culte des souverains dans la civilisation Gréco-Romaine, 1957.

§ 4: ABonhöffer, Nachdruck 1964 (s.o.).
FTaeger, II 1960 (s.o.).
KLatte, Römische Religionsgeschichte, 1960.
WJaeger, Das frühe Christentum und die griechische Bildung, 1963.

§ 5: FMCross, dt. 1967 (s.o.).
MBurrows, [3]1960 (s.o.).

Josephus:

HSchreckenberg, Bibliographie zu Flavius Josephus, 1968.
Der jüdische Krieg, lat.-dt., ed. OMichel u. OBauernfeind, 1960.

Philo:

Philonis opera, Nachdruck 1962; dt. Nachdruck 1962 (s.o.).
IrmgardChristiansen, Die Technik der allegorischen Auslegungswissenschaft bei Philo von Alexandrien, 1969.

Ursula Früchtel, Die kosmologischen Vorstellungen bei Philo von Alexandrien, 1968.
Philon d'Alexandrie, Lyon, 11.–15. Septembre 1966 (Berichtsband über Kolloquium), 1967.

Zu Qumran:

ELohse, Die Texte aus Qumran, hebr.-dt., 1964.
KGKuhn, Konkordanz zu den Qumrantexten, 1960.
WLasor, Bibliography of the Dead Sea Scrolls 1948–1957, 1958.
ChBurchard, Bibliographie zu den Handschriften vom Toten Meer, ²I 1959, II 1965.
Der gegenwärtige Stand der Erforschung der in Palästina neu gefundenen hebräischen Handschriften (Forschungsberichte in ThLZ 1949 ff.).
JDaniélou, Qumran und der Ursprung des Christentums, dt. 1958.
ADupont-Sommer, Die essenischen Schriften vom Toten Meer, dt. 1960.
SWagner, Die Essener in der wiss. Diskussion vom Ausg. d. 18. Jhs. bis zu Beginn d. 20. Jhs. (BZAW 79), 1960.
JMAllegro, The Dead Sea Scrolls, 1961.
HBraun, Qumran und das NT, 2 Bde. 1966.
HBardtke, Die Handschriftenfunde am Toten Meer, I 1953, II ²1961.
Ders., Die Handschriftenfunde in der Wüste Juda, 1962; und weitere Veröffentl.
HBraun, Spätjüdisch-häretischer und frühchristlicher Radikalismus, 2 Bde. (1957) ²1969.

§ 6: ASchweitzer, ⁵1951 (s. o.).
RBultmann, Geschichte der synoptischen Tradition, ⁶1964 (s. o.).
Die neutestamentlichen Theologien von ASchlatter ²1922, PFeine ⁸1951.
   RBultmann ⁵1965, EStauffer ⁴1948 (s. o.).
RBultmann, Jesus, ²1951 (s. o.).
ROtto, ³1954 (s. o.).
HConzelmann, Grundriß der Theologie des NT, 1967.
*RSchnackenburg, NT-Theologie, 1963.
WGrundmann, Die Geschichte Jesu Christi, ²1959.
MDibelius/WGKümmel, Jesus (Sammlung Göschen 1130), ⁴1966.
HZahrnt, Es begann mit Jesus von Nazareth, (1960) ⁵1964.

§ 7: EHaenchen, Apg., ³1959 (s. o.).
WBousset, ⁶1967 (s. o.).
HConzelmann, Apg., 1963.
CHDodd, The Apostolic Preaching and its Developments, (1936) ⁸1956.

§ 8: MDibelius/WGKümmel, Paulus (Sammlung Göschen 1160), ³1964.

Zur Petrusfrage:

OCullmann, Petrus, Jünger – Apostel – Märtyrer, (1952) ²1960; dagegen KHeussi 1955 (s. o.).
KAland (= Kirchengeschichtliche Entwürfe, 1960); EDinkler (ThR NF 1959, 1961, 1966).
*AAdeMarco, The Tomb of Saint Peter, a representative and annotated Bibliography of the Excavations (Suppl. to Novum Test., VIII 1964).

§ 9: Klementinen:

Homilien (GCS 42), ²1968 (s. o.).
Recognitiones, ed. BRehm (FPaschke), 1965 (= GCS 51).

FPaschke, Die beiden griechischen Klementinen-Epitomen und ihre Anhänge (TU 90), 1966.

§ 10: FNormann, Christos Didaskalos (in d. Lit. d. 1. u. 2. Jhs.), 1967.

Zur Literaturgeschichte:

WMarxsen, Einleitung in das NT, 1963.
WCvUnnik, Einführung in das NT, 1967.

Zum Johannesevangelium:

SSchulz, Untersuchungen zur Menschensohnchristologie im Johannes-Evangelium, 1957.
CHDodd, Historical Tradition in the Fourth Gospel, 1963.

Apostolische Väter:

Funk/Bihlmeyer, ed. WSchneemelcher, I 1956 (s. o.).
HKraft, Clavis Patrum Apostolicorum, 1963.
HKöster, Synoptische Überlieferung bei den apostolischen Vätern (TU 65), 1957.

1. Klemensbrief:

AWZiegler, Neue Studien zum 1. Klemensbrief, 1958.
*OKnoch, Eigenart und Bedeutung der Eschatologie im theologischen Aufriß des 1. Clemensbriefes, 1964.
KBeyschlag, Clemens Romanus und der Frühkatholizismus, 1966.
PStockmeier, Der Begriff paideia bei Klemens von Rom (TU 92), 1966.

Didache:

JPAudet, La Didachè, 1958.

Apokalyptik:

MWhittaker, Der Hirt des Hermas (GCS 48), ²1967.
LPerneveden, The Concept of the Church in the Shepherd of Hermas, engl. 1966.
MHornschuh, Studien zur Epistula Apostolorum, 1965.

Evangelien und Apostelgeschichten:

AdeSantosOtero, Das kirchenslavische Evangelium des Thomas, 1967.
AFJKlijn, The Acts of Thomas, ed. 1962.

§ 11: Ausgewählte Märtyrerakten, hrsg. v. RKnopf u. GKrüger, ⁴1965, mit einem Nachwort v. GRuhbach (s. o.).
HWeinel, Die Stellung des Urchristentums zum Staat, 1908.
HvCampenhausen, Die Idee des Martyriums in der Alten Kirche, (1936) ²1964.
*JMoreau, Die Christenverfolgung im römischen Reich, 1961.
HAMHoppenbrouwers, Recherches sur la terminologie du martyre de Tertullien à Lactance, 1961.
NBrox, Zeuge und Märtyrer, 1961.
WHCFrend, Martyrdom and Persecution in the Early Church, 1965.
RFreudenberger, Das Verhalten der römischen Behörden gegen die Christen im 2. Jh. (Pliniusbrief), 1967.

§ 12: LGPatterson, God and History in Early Christian Thought, a study of Themes from Justin Martyr to Gregory the Great, 1967.

Justin:

WAShotwell, The Biblical Exegesis of Justin Martyr, 1965.
NHyldahl, Philosophie und Christentum, 1966.
AJBellinzoni, The Sayings of Jesus in the writings of Justin Martyr, 1967.

Melito von Sardes:

Sur la Pâque et fragments, ed. OPerler, 1966.
Die Passa-Homilie des Bischofs Meliton v. Sardes, hrsg. v. BLohse, 1958.

Tatian:

MElze, Tatian und seine Theologie, 1960.

§ 13: AHilgenfeld, Nachdruck 1963 (s.o.).
HJonas, I ³1964, II, 1 ³1966; Ergänzungsheft zu I, 1. u. 2. Aufl. 1964 (s.o.).
AvHarnack, Neudruck 1960 (s.o.).
CSchmidt, Kopt.-gnost. Schriften, ³1959.
RMGrant, Gnosticism and Early Christianity, 1959.
CColpe, Die religionsgeschichtliche Schule, Darstellung und Kritik ihres Bildes vom gnostischen Erlösermythos, I 1961.
HMSchenke, Der Gott „Mensch" in der Gnosis, 1962.
HLangerbeck, Aufs. zur Gnosis, hrsg. v. HDörries (AGA 3, 69), 1967.
RHaardt, Die Gnosis, 1967.
ABöhlig, Mysterion und Wahrheit, 1968.
WEltester (Hrsg.), Christentum und Gnosis, 1969.
KRudolph, Gnosis und Gnostizismus (Forschungsbericht, ThR NF 1969f.).
WFoerster u.a., Die Gnosis, I: Zeugnisse der Kirchenväter, 1969.
Zu den valentinianischen Studien von *AOrbe (III 1961; V 1956; span.!) vgl. GBertram ThLZ 1966.
HJWDrijvers, Bardaisan of Edessa, 1966.

Nag-Hamadi:

JLeipoldt u. HMSchenke, Koptisch-gnostische Schriften aus den Papyrus-Codices von Nag-Hamadi, 1960.
WCvUnnik, Evangelien aus dem Nilsand, dt. 1960.
SGiversen, Nag Hamadi, Bibliography 1948–1963 (StTh 1963).

Evangelium veritatis:

Ed. MMalinine, HChPuech, GQuispel, WTill 1956; Suppl. 1961.
*EJMénard (Ed.), L'évangile de vérité, 1962.
SArai, Die Christologie des Evg. veritatis, 1964.

Thomas-Evangelium:

JLeipoldt, Das Evangelium nach Thomas (TU 101), kopt.-dt. 1967.
RGrant u. DNFreedman, Geheime Worte Jesu, dt. 1960.
EHaenchen, Die Botschaft des Thomas-Evangeliums, 1961
WSchrage, Das Verhältnis des Thomas-Evangeliums zur synoptischen Tradition und zu den koptischen Evangelienübersetzungen (BZNW 29), 1964.

Philippos-Evangelium:

*EJMénard (Ed.), L'évangile selon Philippe, 1967.
Das Evangelium nach Philippos, hrsg. u. übers. v. WCTill, 1963
HMSchenke, ThLZ 1965.

§ 14: HLietzmann, ³1961 (s.o.).
WBauer, ²1964 (s.o.).
HvCampenhausen, Die Entstehung der christlichen Bibel, 1968.

§ 16: *JMoreau, s. § 11.

§ 17: Zu Klemens (s.o.):
GCS, Bd. II ³1960, ed. LFrüchtel.

Zu Origenes (s.o.):
GCS, Bd. IX, ²1959, ed. MRauer.
*WKrause, Die Stellung der frühchristlichen Autoren zur heidnischen Literatur, 1958.
*BSchöpf, Das Tötungsrecht bei den frühchristlichen Schriftstellern bis zur Zeit Konstantins, 1958.
HJFrings, Medizin und Arzt bei den griechischen Kirchenvätern bis Chrysostomus, 1959.
*WMarcus, Der Subordinatianismus als historiologisches Phänomen, 1963.
*EvIvánka, Plato Christianus, Übernahme und Umgestaltung des Platonismus durch die Väter, 1964.
HChadwick, Early Christian Thought and the Classical Tradition, 1966.
AGilg, Weg und Bedeutung der altkirchlichen Christologie, ³1966.

Irenäus:

Neue Ausgabe (unter Verwendung der armen. Texte), Buch III, ed. FSagnard 1952; Buch IV, ed. ARousseau 1965.
*ABengsch, Heilsgeschichte und Heilswissen, 1957.
ABenoît, Saint Irénée, 1960.
FBolgiani, La Tradizione Eresiologica sull'Encratismo, I (Irenäus) 1957; II (Clemens Alex.) 1962.
JTNielsen, Adam and Christ in the Theology of Irenaeus of Lyon, 1968.
NBrox, Offenbarung, Gnosis und gnostischer Mythos bei Irenäus von Lyon, 1966.

Hippolytus:

*DBBotte, La tradition apostolique de Saint Hippolyte, 1963.

Tertullian:

HKarpp, Schrift und Geist bei Tertullian, 1955.
HFiné, Die Terminologie der Jenseitsvorstellungen bei Tertullian, 1958.
RBraun, „Deus Christianorum", recherches sur le vocabulaire doctrinal de Tertullien, 1962.
*RCantalamessa, La Cristologia di Tertulliano, 1962.
*MSpanneut, Tertullien et les premiers moralistes africains, 1969.

Clemens:

Le Pédagogue, I ed. HIMarrou/MargHarl 1960; II ed. CMondésert/HIMarrou 1965.
AMéhat, Études sur les ‚Stromates' de Clément d'Alexandrie, 1966.
*JBernard, Die apologetische Methode bei Klemens v. Alexandrien, 1968.

Origenes:

Das Evangelium nach Johannes, übers. v. RGögler, 1959.
MargHarl, Origène et la fonction révélatrice du verbe incarné, 1958.
HKerr, The first systematic Theologian, 1958.
*GTeichweier, Die Sündenlehre des Origenes, 1958.

WKelber, Die Logoslehre von Heraklit bis Origenes, 1958.
KOWeber, Origenes der Neuplatoniker, 1962.
*GGruber, *ZΩH*, 1962.
*JStelzenberger, Syneidesis bei Origenes, 1963.
PNemeshegyi, La Paternité de Dieu chez Origène, 1960.
RGögler, Zur Theologie des biblischen Wortes bei Origenes, 1963.
FHKettler, Der ursprüngliche Sinn der Dogmatik des Origenes (BZNW 31), 1965.
HdeLubac, Geist aus der Geschichte, dt. 1968.
ECorsini, Commento al Vangelo di Giovanni di Origene, 1968.
*MEichinger, Die Verklärung Christi bei Origenes, 1969.

§ 18: HLietzmann, (^{3}1955) Nachdruck 1967 (s.o.).
*ThKlauser, Kleine abendländische Liturgiegeschichte, ^{5}1965.
JAJungmann, S.J., Liturgie der christlichen Frühzeit bis auf Gregor den Großen, 1967.

Zum Problem der Kindertaufe:

JJeremias, 1958; KAland (Replik auf Jeremias), 1961; JJeremias (Replik auf Aland) 1962; KAland (Anhang = 2. Replik auf Jeremias), ^{2}1963; KAland, 1967.
GRBeasley-Murray, Die christliche Taufe, dt. 1968.
BLohse, Das Passahfest der Quartadezimaner, 1953.
WHuber, Passa und Ostern (BZNW 35), 1968.

§ 19: BPoschmann, Nachdruck 1964 (s.o.).
JLeipoldt, Die Frau..., Neuauflage 1962 (s.o.).

Novatian:

De Trinitate, lat.-dt., hrsg. v. HWeyer (Testimonia II) 1962.

§ 20: HvCampenhausen, ^{2}1963 (s.o.).
Saint Cyprien l'oraison dominicale, ed. MRéveillaud, 1964.

§ 21: Plotin:

VSchubert, Pronoia und Logos, 1968.
GWidengren, Mani und der Manichäismus, 1961.

§§ 23–34: HLietzmann, III^3 u. IV^3 1961 (s.o.).
GOstrogorsky, ^{3}1963 (s.o.).
HDörries, Wort und Stunde I (Ges. Stud. zur KG d. 4. Jhs.), 1966.
HJDiesner, Kirche und Staat im spätrömischen Reich, (1963) ^{2}1964.

§ 23: OSeeck, $^{3-4}$1921–1924 (s.o.).
AMomigliano (Hrsg.), The Conflict between Paganism and Christianity in the Fourth Century, 1963.

Konstantin:
HDörries, Konstantin d.Gr., 1958.
FWinkelmann, Die Textbezeugung der Vita Constantini des Euseb. v. Caesarea (TU 84), 1962.
LVoelkl, Die Kirchenstiftungen des Kaisers Konstantin im Lichte des römischen Sakralrechts, 1964.

Synesios von Kyrene:

Dion Chrysostomus oder Vom Leben nach seinem Vorbild, gr.-dt. v. KTreu, 1959.
AWlosok, Laktanz und die philosophische Gnosis, 1960.

§ 24: Greg. Nyss. opera, weitere Bde. hrsg. v. WJAEGER; dazu HDÖRRIES ThLZ
1963 (s.o.).
HHESS, The Canons of the Council of Sardica A.D. 343, 1958; vgl. dazu KSCHÄ-
FERDIEK (ZKG 59).
GKRETSCHMAR, Studien zur frühchristlichen Trinitätstheologie, 1956.
JNDKELLY, Early Christian Doctrines, 1958.
*MSIMONETTI, Studi Sull' Arianesimo, 1965.
AMRITTER, Das Konzil von Konstantinopel und sein Symbol, 1965.

Eusebius:

DSWALLACE-HADRILL, Eusebius v. Caesarea, 1960.
AWEBER, ARXH (Beitrag zur Christologie), 1965.

Athanasius:

JROLDANUS, Le Christ et l'Homme dans la Théologie d'Athanase d'Alexandrie,
1968.

Cyrill von Jerusalem:

Catéchèses Mystagogiques, ed. APIÉDAGNEL/PPARIS, 1966.
The Works of St.Cyrill of Jerusalem, (engl.) I 1969.

Greg. Naz.:

RRRUETHER, Gregory of Nazianzus, 1969.
Die fünf theologischen Reden, Text u. Übers. v. JBARBEL, 1963 (Testimonia 3).

Greg. Nyss.:

EMÜHLENBERG, Die Unendlichkeit Gottes bei Gregor v. Nyssa, 1966.
*EGKONSTANTINOU, Die Tugendlehre Gregors v. Nyssa im Verhältnis zu der
Antik-Philosophischen und Jüdisch-Christlichen Tradition, 1966 (Lit.!).
WJAEGER, Gregor v. Nyssas Lehre vom Hl. Geist, 1966.
SDEBOER, De anthropologie van Gregorius van Nyssa, 1968.

EMÜHLENBERG, Apollinaris v. Laodicea, 1969.
HDEHNHARD, Das Problem der Abhängigkeit des Basilius von Plotin, 1964.

§ 25: JPBRISSON, Autonomisme et Christianisme dans l'Africa Romaine de Septime
Sévère à l'invasion vandale, 1958.
KRUDOLPH, Die Mandäer, I/II 1960/61.
DERS., Theogonie, Kosmogonie und Anthropogonie in den mandäischen Schriften,
1965.
Lady ESDROWER, The secret Adam, a Study of Nasoraean Gnosis, 1960 (vgl. dazu
OLZ 1961 und weitere Veröffentlichungen).
ETENGSTRÖM, Donatisten und Katholiken, 1964.
*BVOLLMANN, Studien zum Priszillianismus, 1965.

§ 27: *HDELEHAYE, Les légendes hagiographiques, ⁴1955 (s.o.).
Ephrem de Nisibe, Commentaire de l'Evangile concordant ou Diatessaron, ed.
LLELOIR, 1966.
Über Ephräm: AVÖÖBUS 1958; EBECK 1958; *WCRAMER 1965.
Sancti Romani melodi cantica, ed. PMAAS and CATrypanis, 1963.
JMOSSAY, Les fêtes de Noël et d'Epiphanie d'après les sources littéraires cappado-
ciennes du IVᵉ siècle, 1965.

§ 28: *AZUMKELLER, ²1968 (s.o.).
Syriac and Arabic Documents, regarding Legislation relative to Syrian Asceticism,
ed. and transl. by AVÖÖBUS, 1960.

FPrinz, Frühes Mönchtum in Frankreich (4.–8. Jh.), 1965.
PNagel, s. § 2 r.
DSavramis, Zur Soziologie des byzantinischen Mönchtums, 1962.
RSchwarz, Vorgeschichte der reformatorischen Bußtheologie, 1968.
BLohse, s. § 2 r.

Cassianus:

Institutions Cénobitique, ed. JCGuy, 1965.
HOWeber, Die Stellung des Joh. Cassianus zur außerpachomianischen Mönchstradition, 1961.

Basilius:

DAmand, L'ascèse monastique de saint Basile, 1949.

Evagrius:

AGuillaumont, Les ,,Képhalaia Gnostica" d'Évagre le pontique et l'histoire de l'origénisme chez les grecs et chez les syriens, 1962.

HDelehaye, Les Saints Stylites, 1962.

Zu § g:

EKlostermann u. HBerthold (Hrsg.), Neue Homilien des Makarius/Symeon (TU 72), 1961.
HDörries u. a. (Hrsg.), Die 50 geistlichen Homilien des Makarios, 1964.
Sulpice Sévère, Vie de Saint Martin, I–III, ed. JFontaine, 1967–69.

§ 30: WStreitberg, ²1950 (s. o.).

§ 31: JdeVries, Altgermanische Religionsgeschichte, 2 Bde. ²1956–57.
WLange, Texte zur germanischen Bekehrungsgeschichte, 1962.
HJDiesner, Der Untergang der römischen Herrschaft in Nordafrika, 1964.
Ders., Das Vandalenreich, 1966.
KSchäferdiek, Die Kirche in den Reichen der Westgoten und Sueven bis zur Errichtung der westgotischen kath. Staatskirche (AKG 39), 1967.

§ 32: *GLanggärtner, Die Gallienpolitik der Päpste im 5. und 6. Jh., 1964.
*PStockmeier, Leo I. des Großen Beurteilung der kaiserlichen Religionspolitik, 1959; dazu: CAndresen in ThLZ 1963.

§ 33: Ambrosius:

*PdiMilano, Vita di S. Ambrogio, ed. MPellegrino, 1961.
*WSeibel, Fleisch und Geist beim hl. Ambrosius, 1958.
*LFPizzolato, La ,,Explanatio Psalmorum XII", 1965.
*EDassmann, Die Frömmigkeit des Kirchenvaters Ambrosius v. Mailand, 1965.
*VHahn, Das wahre Gesetz, 1969.

Augustin:

CChr (neuer Migne) 1954 ff. (im Erscheinen) (s. o.).
Confessiones, ed. *JBernhart, ³1966 (s. o.).
HJonas, Augustin und das paulinische Freiheitsproblem, ²1965 (s. o.).
*JHessen, Augustins Metaphysik der Erkenntnis, ²1960 (s. o.).

Deutsche Augustinausgabe, 1940 ff.
Enchiridion de fide, spe et caritate, lat.-dt., hrsg. v. JBarbel, (Testimonia I) 1960.

Die Regel des hl. Augustinus, hrsg. v. AZumkeller, 1962.
Augustinus, der Lehrer der Gnade, lat.-dt., Ges.-Ausgabe seiner antipelagianischen Schriften, hrsg. v. AKunzelmann u. AZumkeller, 1955 ff.
RLorenz, Augustinliteratur seit den Jubiläen von 1954 (ThR NF 1959).
GStrauss, Schriftgebrauch, Schriftauslegung und Schriftbeweis bei Augustin, 1959.
AWachtel, Beiträge zur Geschichtstheologie des Aurel. Aug., 1960.
WvLoewenich, Von Augustin zu Luther, 1959.
Ders., Augustin, 1965.
*OSchaffner, Christliche Demut, 1959.
*AHoll, Augustins Bergpredigtexegese, 1960.
*PCEichenseer, Das Symbolum Apostolicum beim Hl. Aug., 1960.
*KDemmer, Ius caritatis, 1961.
*RHolte, Béatitude et Sagesse, 1962.
*JRief, Der Ordobegriff des jungen Aug., 1962.
CAndresen (Hrsg.), Augustinus-Gespräch der Gegenwart (Bibliographie!), 1962.
UDuchrow, Sprachverständnis und biblisches Hören bei Aug., 1965.
ASchindler, Wort und Analogie in Augustins Trinitätslehre, 1965.
Anne-Marie La Bonnardière, Recherches de Chronologie Augustinienne, 1965.
*WGessel, Eucharistische Gemeinschaft bei Aug., 1966
*OduRoy, L'intelligence de la foi en la trinité selon Saint Augustin, 1966.
RStrauss, Der neue Mensch innerhalb der Theologie Augustins, 1967.
*CPMayer, Die Zeichen in der geistigen Entwicklung und in der Theologie des jungen Augustinus, 1969.

HJDiesner, Fulgentius v. Ruspe als Theologe und Kirchenpolitiker, 1966.
JCGuy, Jean Cassien, 1961.
OChadwick, John Cassian, ²1968.
JSteinmann, Hieronymus – Ausleger der Bibel, 1961.

§ 34: *AGrillmeier, Christ in Christian Tradition, 1965 (Neubearb. d. 1. Bds. von Grillmeier/Bacht 1951–54, s. o.).
DSWallace-Hadrill, The Greek Patristic View of Nature, 1968.

Joh. Chrysostomus:

StVerosta, Joh. Chrysostomus, Staatsphilosoph u. Gesch.-theologe, 1960.

Theodor von Mopsuestia:

UWickert, Studien zu den Pauluskommentaren Theod. v. Mopsuestias (BZNW 27), 1962.
RANorris, Manhood and Christ (Christology), 1963.
*GKoch, Die Heilsverwirklichung bei Theod. v. Mopsuestia, 1965.

Nestorius:

LuiseAbramowski, Untersuchungen zum Liber Heraclidis des N., 1963.

Cyrill von Alex.:

Deux Dialogues Christologiques, ed. GMdeDurand, 1964.
BSpuler, Die Morgenländischen Kirchen, 1964.
*NJThomas, Die Syrisch-orthodoxe Kirche der Südindischen Thomaschristen, 1967.

§§ 35–72: Geschichtsschreiber der deutschen Vorzeit, jetzt 3. Gesamtausgabe (s. o.).
Wattenbach-Holtzmann, Deutschlands Geschichtsquellen im Mittelalter, Bd. 1–2 ³1968 (s. o.).

WATTENBACH-LEVISON, dass., 4 Hefte und Beiheft 1952–1963 (s.o.).
HMITTEIS, ⁸1968 (s.o.).
HvSCHUBERT, Geschichte der christlichen Kirche im Frühmittelalter, (1921) Nachdruck 1962 (s.o.).
ABRACKMANN, ²1967 (s.o.).
PLEHMANN, Erforschung des Mittelalters, I (1941) Neudruck 1959, II–V 1959 bis 1962 (s.o.).
ADEMPF, ³1962 (s.o.).
FSCHNEIDER, Rom, ²1959 (s.o.).
EESTENGEL, Abhandlungen und Untersuchungen zur mittelalterlichen Geschichte, 1960.
KJACOB, Quellenkunde der deutschen Geschichte im Mittelalter (bis Mitte des 15.Jhs.), I ⁶1959, II ⁵1961.
HMAISSONNEUVE, Études sur les origines de l'inquisition, 1960.
*WULLMANN, Principles of Government and Politics in the Middle Ages, (1961) ²1962.
SHELLMANN, Ausgew. Abhandlungen zur Historiographie und Geistesgeschichte des Mittelalters, hrsg. v. HBEUMANN, 1961.
Miscellanea Mediaevalia, hrsg. v. PWILPERT, 1962 ff.
AWAAS, Der Mensch im deutschen Mittelalter, 1966.
FWKANTZENBACH, Die Geschichte der christlichen Kirche im Mittelalter, 1967 (s. § 2 n).
PESCHRAMM, Kaiser, Könige und Päpste, Ges. Aufs. zur Geschichte des Mittelalters, I/1, 1968.
*EEICHMANN (Hrsg.), Kirche und Staat, 2 Bde. (I ²1925, II 1914) Nachdruck 1968.
HDÖRRIES, Wort und Stunde II: Aufs. zur Geschichte der Kirche im Mittelalter, 1969.
HLÖWE, Von Theoderich d. Gr. zu Karl d. Gr., 1956.
WOHNSORGE, Konstantinopel und der Okzident (Ges. Aufs.), 1966.
HHUNGER, Das Reich der Mitte, der christliche Geist der byzantinischen Kultur, 1965.
ABORST, Der Turmbau von Babel, Geschichte der Meinungen über Ursprung und Vielfalt der Sprachen und Völker, I 1957, II/1 1958, II/2 1959.
*VHELBERN, Das erste Jahrtausend, Kultur und Kunst im werdenden Abendland an Rhein und Ruhr, 1 Tafelband u. 2 Textbände, 1962 ff.

§ 36: HBAYNES u. HStLBMOSS, Byzanz, Geschichte und Kultur des oströmischen Reiches, dt. 1964.
ESCHWARTZ, Ges. Schr. IV, 1960.
HWHAUSSIG, Kulturgeschichte von Byzanz, 1959.
*HJSCHULZ, Die byzantinische Liturgie, 1964.
MARIACRAMERS, Das christlich-koptische Ägypten einst und heute, 1959.
CDGMÜLLER, Die Engellehre der koptischen Kirche, 1959.
VLOSSKY, Die mystische Theologie der morgenländischen Kirche, dt. 1961.

Zu Leontius von Byzanz: STOTTO, Person und Subsistenz, 1968.

§ 38: *MGRABMANN, Gesch. d. scholast. Methode I, (1909) Neudruck 1961.
FPRINZ, s. § 28.
RHANSLIK, Benedicti Regula rec., 1960 (CSEL LXXV).
*JLECLERCQ, Wissenschaft und Gottverlangen, zur Mönchstheologie des Mittelalters, dt. 1963.
PRICHÉ, Education et culture dans l'occident barbare, 1962.

§ 39: LBIELER, Irland, Wegbereiter des Mittelalters, 1961.
RPCHANSON, Saint Patrick, his Origins and Career, 1968.

§ 40: WHAGE, Die syrisch-jakobitische Kirche in frühislamischer Zeit nach orientalischen Quellen, 1966.

Zu Maximus Confessor:

*HUvBalthasar, Kosmische Liturgie, ²1961.
WVölker, Maximus Confessor als Meister des geistlichen Lebens, 1965.
LThunberg, Microcosm and Mediator, 1965.

§§ 41–47: ADopsch, ³1962 (s.o.).

§ 41: FPrinz, s. § 28.

§ 42: Die Schriften des Johannes v. Damaskos, hrsg. v. Byz. Inst. d. Abtei Scheyern, 1969.
KeetjeRozemond, La Christologie de Saint Jean Damascène, 1959.

HFuhrmann, Konstantinische Schenkung und Silvesterlegende in neuer Sicht (DA 1959).

§ 43: ABrackmann, ²1967 (s.o.).
JFleckenstein, Karl d. Gr., 1962.
WBraunfels (Hrsg.), Karl d. Gr., 3 Bde. 1965.
HBeumann, Ideengeschichtliche Studien zu Einhard und anderen Geschichtsschreibern des frühen Mittelalters, 1962.
*LScheffczyk, Das Mariengeheimnis in Frömmigkeit und Lehre der Karolingischen Zeit, 1959.

§ 45: KVielhaber, Gottschalk der Sachse, 1956.

§ 46: Zur byz. Slavenmission: KOnasch, ThLZ 1963. – Ferner:
FGrivec et FTomšič, Constantinus et Methodius Thessalonicenses, Fontes, 1960.
FGrivec, Konstantin und Method, 1960.
ZRDittrich, Christianity in Great-Moravia, 1962.
*PDuthilleul, L'évangélisation des slaves, 1963.
*Cyrillo-Methodiana, hrsg. v. MHellmann u.a., 1964.
The Homilies of Photius, Patriarch of Constantinople, transl. by CMango, 1958.

§§ 48–64: KHampe, ⁵1963 (s.o.).
RWSouthern, Gestaltende Kräfte des Mittelalters, das Abendland im 11. und 12. Jh., dt. 1960.

§ 48: ABrackmann, ²1967 (s.o.).
FWeigle (Bearb.), Die Briefsammlung Gerberts v. Reims (MG), 1966.

§ 49: GTellenbach (Hrsg.), Neue Forschungen über Cluny und die Cluniazenser, 1959.

§ 50: DvGladiss (Bearb.), Die Urkunden der deutschen Könige und Kaiser (MG) VI, 2: Die Urkunden Heinrichs IV., 1952.
JuliaGauss, Ost und West in der Kirchen- und Papstgeschichte des 11. Jhs., 1967.
ABecker, Papst Urban II. (1088–1099), I 1964.
*HJakobs, Die Hirsauer, ihre Ausbreitung und Rechtsstellung im Zeitalter des Investiturstreites, 1961.
KSchmid, Kloster Hirsau und seine Stifter, 1959.
RSprandel, Ivo v. Chartres und seine Stellung in der KG, 1962.
EWerner, Pauperes Christi, 1956.

§ 51: CErdmann, ²1955 (s.o.).
SRunciman, dt. 1957–1960 (s.o.).
HEMayer, Bibliographie zur Geschichte der Kreuzzüge, (1960) Neudruck 1965.
Ders., Geschichte der Kreuzzüge, 1965.

AnnelieseLüders, Die Kreuzzüge im Urteil syrischer und armenischer Quellen, 1964.

§ 52: *BSchneider, Citeaux und die benediktinische Tradition, 1961.
JCharpentier, Die Templer, dt. 1965.
HGrundmann, Deutsche Eremiten, Einsiedler und Klausner im Hochmittelalter (AKultGesch 45), 1963.
*JBVanDamme, Autour des origines Cisterciennes, separat 1958/1959; dazu: Documenta, Westmalle 1959.

§ 53: MGrabmann, Geschichte der scholastischen Methode, 2 Bde. (1909–11), Nachdruck 1961 (s.o.).
RBlomme, La doctrine du péché dans les écoles théologiques de la première moitié du XIIe siècle, 1958.
*LHödl, Die Geschichte d. scholast. Lit. u. d. Theologie d. Schlüsselgewalt, I 1960.
RHönigswald, Abstraktion und Analysis (Universalienstreit), 1961.
*ALang, Die theologische Prinzipienlehre d. mittelalterl. Scholastik, 1964.
RHeinzmann, Die Unsterblichkeit der Seele und die Auferstehung des Leibes (problemgesch. Untersuchung d. frühschol. Sentenzen- u. Summenliteratur v. Anselm v. Laon b. Wilh. v. Auxerre), 1965.

Zu Anselm:

Anselm v. Canterbury, Opera omnia, ed. FSSchmitt, 1946–51.
Ders., Proslogion, lat.-dt., ed. FSSchmitt, 1962.
Ders., Pourquoi Dieu s'est fait homme, ed. RRoques, 1963.
KBarth, Fides quaerens intellectum, 1958.
DHenrich, Der ontolog. Gottesbeweis, 1960.
RWSouthern, Saint Anselm and his Biographer, 1963.

Zu Abälard:

RThomas, Der philosophisch-theologische Erkenntnisweg Peter Abaelards im Dialogus inter Philosophum, Judaeum et Christianum, 1966.
AVMurray, Abelard and St. Bernard, 1967.
LGrane, Peter Abaelard, dt. 1969.

§ 54: Zu Bernhard von Clairvaux:

S. Bernardi Opera, 1957 ff.
WHiss, Die Anthropologie Bernhards v. Clairvaux, 1964.

Zu Hugo von St. Victor:

*HRSchlette, Die Nichtigkeit der Welt, 1961.
RBaron, Science et sagesse chez Hugues de St. Victor, 1957.

Zu Richard von St. Victor:

Richard von St. Victor, Über die Gewalt der Liebe, dt. 1969.
*HWipfler, Die Trinitätsspekulation d. Petrus v. Poitiers und die Trinitätsspekulation d. Richard v. St. Victor, 1965.

§ 55: HPGerhard, Welt der Ikonen, 1957.
KOnasch, Ikonen, 1961.
GPFedotov, The Russian Religious Mind, I/II 1966.
MKlimenko, Die Ausbreitung des Christentums in Rußland seit Vladimir dem Heiligen bis zum 17. Jh., 1968.

§ 56: *FJSchmale, Studien z. Schisma d. Jahres 1130, 1961.
HRoscher, Papst Innozenz III. und die Kreuzzüge, 1969.

§ 57: HWolter et HHolstein, Lyon I et Lyon II, 1966.
BRoberg, Die Union zw. d. griech. u. d. lat. Kirche auf d. II. Konzil v. Lyon (1274), 1964.
EKantorowicz, Kaiser Friedrich II., ⁴1936.

§ 59: HGrundmann, ²1961 (s.o.).
Christine Thouzellier, Un traité cathare inédit du début du XIIIe siècle d'après le Liber contra Manicheos de Durand de Huesca, 1961; und andere Arbeiten über Katharer und Waldenser.
KVSelge, Die ersten Waldenser (AKG 37), 2 Bde. 1967.
GGonnet, Enchiridion Fontium Valdensium, I 1958.
Ders., Le confessioni di fede Valdesi prima della riforma, 1967.

§ 60: HBöhmer/FWiegand, ³1961 (s.o.).
*SClasen, Franziskus, Engel des sechsten Siegels (nach der Vita des Bonaventura), 1962.
*KEsser, Anfänge u. urspr. Zielsetzung d. Ordens der Minderbrüder, 1966.
*DEFlood, Die regula non bullata der Minderbrüder, 1967.
JMoorman, A History of the Franciscan Order from its Origins to the Year 1517, 1968.
JToussaert, Antonius v. Padua, 1967.

MHVicaire, Geschichte des hl. Dominikus, 2 Bde., dt. 1962f.
AWalz, Wahrheitskünder, die Dominikaner in Geschichte und Gegenwart 1206 bis 1960, 1960.

*BvanLuijk (Hrsg.), Bullarium Ordinis Eremitarum s. Augustini, Periodus formationis 1187–1526, 1964.
AKunzelmann, Geschichte der deutschen Augustiner-Eremiten, I: 13. Jh., 1969.

§ 61: EBenz, ²1965 (s.o.).
GLeff, Heresy in the Later Middle Ages, I/II 1967.
EGNeumann, Rheinisches Beginen- und Begardenwesen, 1960.

§ 62: MGrabmann II, s. § 53.
*ALang, s. § 53.
HGrundmann, Vom Ursprung der Universität im Mittelalter. ²1961.

Zu Thomas:

LSchütz, Thomas-Lexikon, (²1895) Nachdruck 1958.
HMeyer, Die Wissenschaftslehre des Thomas v. Aquin, 1934.
Ders., Thomas v. Aquin, sein System und seine geistesgeschichtliche Stellung, (1938) ²1961.
PEPersson, Sacra Doctrina, schwed. 1957.
GLafont, Structures et Méthode dans la somme théologique de Saint Thomas d'Aquin, 1961.
*MSeckler, Instinkt u. Glaubenswille nach Thomas v. Aquin, 1961.
Ders., Das Heil in der Geschichte, 1964.
*SAdamczyk, De Existentia Substantiali in doctrina S. Thomae Aquinatis, 1962.
BDuroux, La psychologie de la foi chez St. Thomas d'Aquin, 1963.
UKühn, Via caritatis, 1964.
RScharlemann, Thomas Aquinas and John Gerhard, 1964.
HVorster, Das Freiheitsverständnis bei Thomas v. Aquin und Martin Luther, 1965.

*SNeumann, Gegenstand u. Methode der theoret. Wissenschaften nach Thomas v. Aquin auf Grund der Expositio super librum Boethii de Trinitate, 1965.
FrDingjan, Discretio, les origines patristiques et monastiques de la doctrine sur la prudence chez St. Thomas d'Aquin, 1967.
*WFriedberger, Der Reichtumserwerb im Urteil d. Hl. Thomas v. Aquin u. d. Theologen i. Zeitalter d. Frühkapitalismus, 1967.

Zu Duns:

Literatur zu Duns: MASchmidt (ThR NF 1969f.).
*MSchmaus, Zur Diskussion über das Problem der Univozität im Umkreis des Joh. Duns Scotus (SBA 1957, 4).
EGilson, Joh. Duns Scotus, 1959.
*JFinkenzeller, Offenbarung und Theologie nach der Lehre des Joh. Duns Scotus, 1960.
*JFBonnefoy, Le Ven. Jean Duns Scot, Docteur de l'immaculée-conception, son milieu, sa doctrine, son influence, 1960.
*WDettloff, Die Entwicklung der Akzeptations- und Verdienstlehre von Duns Scotus bis Luther mit besonderer Berücksichtigung der Franziskanertheologen, 1963.
EWölfel, Seinsstruktur und Trinitätsproblem, 1965.

Zu Albertus Magnus:

Alberti Magni Opera omnia, 1951 ff.
*FJNocke, Sakrament u. personaler Vollzug bei Albert. Magnus, 1967.
*AMüller, Die Lehre v. d. Taufe bei Albert dem Großen, 1967.
*JSchneider, Das Gute u. die Liebe nach der Lehre Albert des Großen, 1967.

Zu Bonaventura:

Opera omnia S. Bonaventurae, 10 Bde. 1882–1902.
*RGuardini, Systembildende Elemente in der Theologie Bonaventuras, hrsg. v. WDettloff, 1964.
*FSirovic, Der Begriff „Affectus" und die Willenslehre beim Hl. Bonaventura, 1965.
*AElsässer, Christus der Lehrer des Sittlichen, 1968.
HStoevesandt, Die letzten Dinge in der Theologie Bonaventuras, 1968.

Zu Alexander Halesius:

*EGössmann, Metaphysik und Heilsgeschichte, eine theologische Untersuchung der Summa Halensis, 1964.

§ 63: HelenAdolf, Visio Pacis, Holy City and Grail, 1960.
FWWentzlaff-Eggebert, Kreuzzugsdichtung des Mittelalters, 1960.

Zu § f: RGuardini, Landschaft der Ewigkeit, 1958.
KGerstenberg, Baukunst der Gotik in Europa, o.J.
FMöbius u. HelgaMöbius, Sakrale Baukunst, 1963.

§ 64: PKawerau, Die jacobitische Kirche im Zeitalter der syrischen Renaissance, ²1960.

§ 65: *WKölmel, Wilhelm Ockham und seine kirchenpolitischen Schriften, 1962.
BGuillemain, La Cour pontificale à Avignon 1309–1376, 1962.
HOSchwöbel, Der diplomatische Kampf zwischen Ludwig dem Bayern und der römischen Kurie, 1967.

§ 66: Zu Eckhart:

*HKunisch, Offenbarung und Gehorsam (= UMNix u. Röchslin [Hrsg.], Meister Eckhart der Prediger, Festschr. z. Eckhart-Gedenkjahr, 1960).
*HWackerzapp, s. § 71.
*BWeiss, Die Heilsgeschichte bei Meister Eckhart, 1965.
EWinkler, Exeget. Methoden bei Meister Eckhart, 1965.
SUeda, Die Gottesgeburt in der Seele und der Durchbruch zur Gottheit (Konfrontation mit der Mystik des Zen-Buddhismus), 1965.
IngeborgDegenhardt, Studien zum Wandel des Eckartbildes, 1967 (Lit.!).
*DMieth, Die Einheit von Vita Activa und Vita Contemplativa in den deutschen Predigten und Traktaten Meister Eckharts und bei Johannes Tauler, 1969.

Zu Tauler:

Joh. Tauler, Predigten, hrsg. v. GHofmann, 1961.
EFilthaut (Hrsg.), Joh. Tauler, ein deutscher Mystiker, Gedenkschrift zum 600. Todestag, 1961.
ChristinePleuser, Die Benennungen und der Begriff des Leides bei Joh. Tauler, 1967.

Zu Seuse:

Seuse, ed. KBihlmeyer, (1907) Nachdruck 1962 (s.o.).
Seuse, Deutsche mystische Schriften, hrsg. v. GHofmann, 1966.

Zu Ruisbroeck:

*BFraling, Der Mensch vor dem Geheimnis Gottes, Untersuchungen zur geistlichen Lehre des Jan van Ruusbroec, 1967.

OrtrudReber, Die Gestaltung des Kultus weiblicher Heiliger im Spätmittelalter, 1963.
TNyberg, Birgittinische Klostergründungen des Mittelalters, 1965.
BBergh, Den Heliga Birgittas Revelaciones VII., 1967.

Zu Gregorios Palamas:

Défense des saints hésychastes, ed. JMeyendorff, I/II 1959.
JMeyendorff, Introduction à l'étude de Grégoire Palamas, 1959.

Zu Symeon:

Syméon le Nouveau Théologien, Catéchèses 1–5, ed. JParamelle, I 1963.
Ders., Traités théologiques et éthiques, ed. JDarrouzès, I 1966.

Zu Ockham:

Opera politica, 1940ff.; opera philosophica et theologica, 1967ff.
HJunghans, Ockham im Lichte der neueren Forschung, 1968.
JPReilly, Ockham Bibliography: 1950–1967 (Franciscan Studies 28, 1968, 197 bis 214).
JMiethke, Ockhams Weg zur Sozialphilosophie, 1969.

§ 68: GLeff, s. § 61.
GABenrath (Hrsg.), Wegbereiter der Reformation, 1967.
JARobson, Wyclif and the Oxford Schools, 1961.
GABenrath, Wyclifs Bibelkommentar (AKG 36), 1966.
Ders., ThLZ 1967.
*PdeVooght, L'hérésie de Jean Huss, 1960.

§ 69: *ALEIDL, Die Einheit der Kirchen auf den spätmittelalterlichen Konzilen, 1966.
Das Konzil von Konstanz, Beiträge zu seiner Geschichte und Theologie, Festschrift, hrsg. v. AFRANZEN u. WMÜLLER, 1964.
Aeneas Sylvius Piccolominus (Pius II.), De Gestis Concilii Basiliensis, Commentariorum Libri II, ed. and transl. by DHay and WKSMITH, 1967.
THEODORA V.D. MÜHLL, Vorspiel zur Zeitenwende, das Basler Konzil 1431–1448, 1959.
*WBRANDMÜLLER, Das Konzil von Pavia-Siena 1423–1424, I 1968.
JGILL, The Council of Florence, 1959.
BERTHEWIDMER, Enea Silvio Piccolomini in der sittlichen und politischen Entscheidung, 1963.

§ 70: GPFEDOTOV, Bd. II, s. § 55.
STRUNCIMAN, Die Eroberung von Konstantinopel 1453, dt. 1966.
FSPUNDA, Legenden und Fresken vom Berg Athos, 1962.
Le Millénaire du Mont Athos 963–1963, Études et Mélanges I., 1963.
EBENZ, Patriarchen und Einsiedler, 1964.

§ 71: WILLY ANDREAS, ⁶1959 (s. o.).
HAOBERMAN, Spätscholastik und Reformation, I: Der Herbst der mittelalterlichen Theologie, dt. 1965; dazu: DERS., ThLZ 1966.
DERS., Forrunners of the Reformation, 1966.

Zu Nikolaus von Kues:

Lies: Studien von Vansteenberghe statt: Vandensteeghe (s. o.).
Nikolaus v. Kues, Werke, hrsg. v. PWILPERT, 2 Bde. 1966.
PWILPERT (Hrsg.), Nikolaus v. Kues, Die belehrte Unwissenheit, I 1964.
ECOLOMER S.J., Nikolaus v. Kues und Raimund Llull, 1961.
HWACKERZAPP, Der Einfluß Meister Eckharts auf die ersten philosophischen Schriften des Nikolaus v. Kues, 1962.
KJASPERS, Nikolaus Cusanus, 1964.
*EMEUTHEN, Nikolaus v. Kues 1401–1464, 1964.
DERS., Das Trierer Schisma von 1430 auf dem Basler Konzil, 1964.
*RHAUBST (Hrsg.), Das Cusanus-Jubiläum in Bernkastel-Kues 1964, 1964.
*MALVAREZ-GÓMEZ, Die verborgene Gegenwart des Unendlichen bei Nikolaus v. Kues, 1968.

Zu Gabriel Biel:

HAOBERMAN u. WJCOURTENAY (Hrsg.), Gabrielis Biel Canonis Misse Expositio, I–IV 1963–1967.
RDAMERAU, Das Herrengebet (nach einem Kommentar des Gabr. Biel), o. J.
DERS., Die Abendmahlslehre des Nominalismus insbes. die des Gabriel Biel, 1964.

*ACOMBES, La Théologie mystique de Gerson, I 1963.
*GGIERATHS, Savonarola Ketzer oder Heiliger, 1961.
*MBEER, Dionysios' des Karthäusers Lehre vom desiderium naturale des Menschen nach der Gottesschau, 1963.
*TVZIJL, Gerard Groote, Ascetic and Reformer (1340–1384), 1963.
RŘIČAN, Die böhmischen Brüder, dt. 1961.
EPESCHKE, Die böhmischen Brüder im Urteil ihrer Zeit, 1964.

§ 72: GRITTER, ²1963 (s. o.).
MSEIDLMAYER, Wege und Wandlungen des Humanismus, 1965.
LWSPITZ, The Religious Renaissance of the German Humanists, 1963.
*EKLEINEIDAM, Universitas Studii Erffordensis, Überblick über die Geschichte der Universität Erfurt im Mittelalter 1392 bis 1521, I: 1392–1460, 1964.

Desid. Erasmi Roterodami Opera omnia (Nachdruck der Ausgabe von 1703) 1961 ff.
Erasmus v. Rotterdam, Enchiridion oder handbüchlin, Handbüchlein eines christlichen Streiters, hrsg. v. WWELZIG, 1961
KHOELRICH, Der späte Erasmus und die Reformation, 1961.
EWKOHLS, Die Theologie des Erasmus, 2 Bde. 1966.
RHBAINTON, Erasmus of Christendom, 1969.

*EMONNERJAHN, Giovanni Pico della Mirandola, 1960.
SJAYNE, John Colet and Marsilio Ficino, 1963
MAXBROD, Johannes Reuchlin und sein Kampf, 1965.

§ 73: KBRANDI, ⁶1961 (s.o.).
Karl V., der Kaiser und seine Zeit (Kolloquium Köln 1958), hrsg. v. PRASSOW u. FSCHALK, 1960.

Allgemeine Literatur zur Geschichte der Reformation.

§ 74 s: Bibliographie zur deutschen Geschichte im Zeitalter der Glaubensspaltung, hrsg. v. KSCHOTTENLOHER, Bd. 3 u. 4 ²1957.
Dass., Bd. 7, hrsg. v. UTHÜRAUF, 1963.
Bibliographie de la Réforme 1450–1648 (international und interkonfessionell), seit 1958.

I. Quellen.

§ 74 t: a) Allgemeines.

Deutsche Reichstagsakten, hrsg. durch die hist. Kommission bei der Bayr. Akademie d. Wiss.
Jüngere Reihe, Bd. 7: Deutsche Reichstagsakten unter Kaiser Karl V., bearb. v. JKÜHN, 2 Bde. (1935) Nachdruck 1963 (s.o.).
Politisches Archiv des Landgrafen Philipp des Großmütigen von Hessen, Bd. I–II, hrsg. v. FKÜCH, 1904–1910; Bd. III–IV, hrsg. v. WHEINEMEYER, 1954–1959.
Urkundliche Quellen zur hessischen Reformationsgeschichte, Bd. I, hrsg. v. WSOHM, 1915; Bd. II–III, hrsg. v. GFRANZ, 1954–1955.
Urkunden und Akten des Reformationsprozesses am Reichskammergericht, am kaiserlichen Hofgericht zu Rottweil und an anderen Gerichten, bearb. u. hrsg. v. EFABIAN, 1961 ff.
HEBERHARDT u. HSCHLECHTE (Hrsg.), Die Reformation in Dokumenten, 1967.

§ 74 u: b) Luther.

Luthers Werke, in Auswahl hrsg. v. OCLEMEN, Bd. 1–4 ⁶1966 ff.; Bd. 5–8 ³1962 ff. (s.o.).
Luther deutsch, hrsg. v. KALAND, inzwischen weitere Auflagen (s.o.).

II. Bearbeitungen.

§ 74 v: Reformationsgeschichten.

KBRANDI, Deutsche Reformation und Gegenreformation, 2 Bde. ³1960 (s.o.).
*JLORTZ, Die Reformation in Deutschland, 2 Bde. ⁵1965 (s.o.).
GRITTER, Die Weltwirkung der Reformation, ³1969 (s.o.).
WvLOEWENICH, Von Augustin zu Luther, 1959.
HBORNKAMM, Das Jahrhundert der Reformation, (1961) ²1966.

RHBainton, The Reformation of the sixteenth century, 1962.
RStupperich (Hrsg.), Reformatorische Verkündigung und Lebensordnung, 1963.
GRElton, Reformation Europe 1517–1559, 1963.
FLau (Hrsg.), Der Glaube der Reformatoren, 1964.
FWKantzenbach, Martin Luther und die Anfänge der Reformation, 1965 (s § 2 n).
IngetrautLudolphy, Was Gott an uns gewendet hat, 1965.
HJunghans (Hrsg.), Die Reformation in Augenzeugenberichten, 1967.
StSkalweit, Reich und Reformation, 1967.
HJHillerbrand (Hrsg.), Brennpunkte der Reformation, zeitgenöss. Texte und Bilder, 1967.
*JLortz u. EIserloh, Kleine Reformationsgeschichte, 1969.

§ 74 w: Lutherbiographien.

HBöhmer, Der junge Luther, ⁵1962 (s.o.).
GRitter, Luther, Gestalt und Tat, ⁶1959 (s.o.).
RHBainton, Hier stehe ich, das Leben Martin Luthers, dt. (1951) ⁶1967 (s.o.).
FLau, ²1966 (s.o.).
OThulin, Martin Luther, sein Leben in Bildern und Zeitdokumenten, 1958.
TKlein, Luther, ³1967.
RFriedenthal, Luther, sein Leben und seine Zeit, 1967.
GZschäbitz, Martin Luther, Größe und Grenze, I: 1483–1526, 1967 (marxistisch).

§ 74 x: Theologie.

JKöstlin, 2 Bde., Nachdruck 1968 (s.o.).
HEWeber, Reformation, Orthodoxie und Rationalismus, I/1–2, II (1937–1951) Nachdruck 1967 (s.o.).
Zu Studien: EWolf, I ²1962, II 1965 (s.o.).
HBornkamm, Luthers geistige Welt, ⁴1960 (s.o.).
WvLoewenich, Luthers theologia crucis, ⁵1967 (s.o.).
HJIwand, ²1961 (s.o.).
RHermann, Luthers These „Gerecht und Sünder zugleich", ²1960 (s.o.).
VVajta, Die Theologie des Gottesdienstes bei Luther, ³1959 (s.o.).
WJoest, Gesetz und Freiheit, ⁴1968 (s.o.).
PAlthaus, Die Theologie Martin Luthers, ²1963.
GEbeling, Luther, Einführung in sein Denken, 1964.
FGogarten, Luthers Theologie, 1967.
LPinomaa, Sieg des Glaubens, Grundlinien der Theologie Luthers, 1964.
KONilsson, Simul, das Miteinander von Göttlichem und Menschlichem in Luthers Theologie, 1966.
RHermann, Luthers Theologie, hrsg. v. HBeintker, I 1967.
MSeils, Der Gedanke vom Zusammenwirken Gottes und des Menschen in Luthers Theologie, 1962.
HWGensichen, Damnamus (Verwerfung der Irrlehre), 1955.
WvLoewenich, Von Augustin zu Luther, 1959.
Ders., Luther und der Neuprotestantismus, 1963.
HStrohl, Luther jusqu'en 1520, ²1962.
LGrane, Contra Gabrielem, dt. 1962.
JMHeadley, Luther's View of Church History, 1963.
RosemarieMüller-Streisand, Weg von der Reformation zur Restauration, 1964.
ChristaTecklenburg-Johns, Luthers Konzilsidee in ihrer historischen Bedingtheit und ihrem reformatorischen Neuansatz, 1966.
CBergendorff, The Church of Lutheran Reformation, 1967.
Studien von RPrenter 1954, LHaikola 1958, RHermann 1960, HDörries (Wort und Stunde III) 1969.
GRost, Der Prädestinationsgedanke in der Theologie Martin Luthers, 1966.
RDamerau, Die Demut in der Theologie Luthers, 1967.
BLohse, Ratio und fides, 1958.

DLöfgren, Die Theologie der Schöpfung bei Luther, 1960.
IAsheim, Glaube und Erziehung bei Luther, 1961.
RSchwarz, Fides, spes und caritas beim jungen Luther, 1962.
WJoest, Ontologie der Person bei Luther, 1967.
RMau, Der Gedanke der Heilsnotwendigkeit bei Luther, 1969.
TFTorrance, Kingdom and Church (Luther, Butzer, Calvin), 1956.
WBrunotte, Das geistliche Amt bei Luther, 1959.
RuthGötze, Wie Luther Kirchenzucht übte, 1959.
APeters, Realpräsenz, (1960) ²1966.
HLieberg, Amt und Ordination bei Luther und Melanchthon, 1962.
KGSteck, Lehre und Kirche bei Luther, 1963.
WHöhne, Luthers Anschauung über die Kontinuität der Kirche, 1963.
IAsheim (Hrsg.), Kirche, Mystik, Heiligung und das Natürliche bei Luther, Vortr.
  d. 3. Int. Kongr. f. Lutherforschung, Jarvenpää, Finnland 1966, 1967.
APeters, Glaube und Werk, (1962) ²1967.
LHaikola, Usus Legis, 1958.
MSchloemann, Natürliches und gepredigtes Gesetz bei Luther, 1961.
Zum Naturrecht bei Luther vgl. HWelzel, Naturrecht und materiale Gerechtigkeit, ⁴1962, S. 100ff.
OModalsli, Das Gericht nach den Werken, 1963.
MKroeger, Rechtfertigung und Gesetz, 1968.
HØstergaard-Nielsen, Scriptura sacra et viva vox (FGLP X/10), 1957.
RHermann, Von der Klarheit der Hl. Schrift, 1958.
FBeisser, Claritas scripturae bei Martin Luther, 1966.
GKrause, Studien zu Luthers Auslegung der Kleinen Propheten, 1962.
PAlthaus, Die Ethik Martin Luthers, 1965.
HMBarth, Der Teufel und Jesus Christus in der Theologie Luthers, 1967.
MLackmann, Verehrung der Heiligen, 1958.
HDüfel, Luthers Stellung zur Marienverehrung, 1968.
*StPfürtner, Luther und Thomas im Gespräch, 1961.
UKühn, s. § 62.
HBMeyer S.J., Luther und die Messe, 1965.
*HJMcSorley, Luthers Lehre vom unfreien Willen nach seiner Hauptschrift De servo arbitrio im Lichte der biblischen und kirchlichen Tradition, 1967.
*OHPesch, Theologie der Rechtfertigung bei Martin Luther und Thomas v. Aquin, 1967.
Ders., ThLZ 1967.
UKühn u. *OHPesch, Rechtfertigung im Gespräch zwischen Thomas und Luther, 1967.
AFranzen (Hrsg.), Um Reform und Reformation, zur Frage nach dem Wesen des „Reformatorischen" bei M. Luther (Beiträge katholischer und protestantischer Forscher), 1968.
HWernle, Allegorie und Erlebnis bei Luther, 1960.

§ 74 y: Andere Reformatoren.

Bucer:

Opera omnia, Fortsetzung, 1960ff. (s.o.).
*JVPollet, Martin Bucer, Études sur la correspondance avec de nombreux textes inédites, I/II 1958/1962.
KKoch, Studium Pietatis, M. Bucer als Ethiker, 1962.
EWKohls, Die Schule bei Martin Bucer in ihrem Verhältnis zu Kirche und Obrigkeit, 1963.
JMüller, Martin Bucers Hermeneutik (QF 32), 1965.
MechthildKöhn, Martin Bucers Entwurf einer Reformation des Erzstiftes Köln, 1966.

Brenz:

Werke, 1970ff.
MBrecht, Die frühe Theologie des Johannes Brenz, 1966.

Bullinger:

JStaedtke, Die Theologie des jungen Bullinger, 1962.
WHollweg, Heinrich Bullingers Hausbuch, eine Untersuchung über die Anfänge der reformierten Predigtliteratur, 1956.

Bugenhagen:

KHarms, Bugenhagen-Literatur zum Jubiläumsjahr 1958 (Kirche im Osten 2, 1959, S. 163–166).

Friedrich Mykonius:

HUdelius, Der Briefwechsel des Friedrich Mykonius (1524–1546), 1960.
HUlbrich, Friedrich Mykonius 1490–1546, 1962.

Justus Jonas:

MLehmann, Justus Jonas, loyal Reformer, 1963.

§ 74 z: Zur Beurteilung:

FLau (Hrsg.), Erbe und Verpflichtung, 1967; vgl. auch weitere Sammelbände zum Reformationsjubiläum 1967 (hrsg. v. CSMeyer; EKähler; OThulin; HOKadai; LStern u. MSteinmetz [marxistisch]; Marburger Theol. Studien 6, 1968).
*PManns, Lutherforschung heute, 1967; dazu: FLau, Der Stand der Lutherforschung heute (EKähler, Reformation 1517–1967, 1968, S. 35–63).
*AHasler, Luther in der katholischen Dogmatik, 1968.
RStauffer, Die Entdeckung Luthers im Katholizismus (1904 – Vatikanum II), dt. 1968.
OSöhngen, Theologische Grundlagen der Kirchenmusik, separat 1958.

§ 75: JFicker, ⁴1930 (s.o.).
RPrenter, Der barmherzige Richter, iustitia Dei passiva in Luthers Dictata super Psalterium 1513–1515, 1961.
Luthers Vorlesung des Römerbriefes 1515/1516, hrsg. v. MHofmann, lat.-dt. I/II 1960.
WGrundmann, Der Römerbrief des Apostels Paulus und seine Auslegung durch Martin Luther, 1964.
*ABrandenburg, Gericht und Evangelium, zur Worttheologie in Luthers 1. Psalmenvorlesung, 1960.
SRaeder, Das Hebräische bei Luther, 1961.
GMetzger, Gelebter Glaube, die Formierung reformatorischen Denkens in Luthers erster Psalmenvorlesung, 1964.
HHübner, Rechtfertigung und Heiligung in der Römerbriefvorlesung Martin Luthers, 1965.
KarinBornkamm, Luthers Auslegung des Galaterbriefes von 1519 und 1531 (AKG 35), 1963.
Vgl. auch die Psalmen-, Evangelien- und Epistelauslegungen Luthers in neuerer Zeit hrsg. v. EEllwein u. EMülhaupt.
KAland, Der Weg zur Reformation, Zeitpunkt und Charakter des reformatorischen Erlebnisses Martin Luthers, 1965.
JWicks, Man Yearning for Grace, Luther's early spiritual Teaching, 1969.
DCSteinmetz, Misericordia Dei, the Theology of Johann v. Staupitz in its late medieval Setting, 1968.
WJetter, Die Taufe beim jungen Luther, 1954.
UMauser, Der junge Luther und die Häresie (SchrVerRefG 184), 1968.

BLohse, Mönchtum und Reformation, 1963.
Zum Thesenanschlag: HVolz 1959 u. ZKG 1968; *EIserloh 1962 u. (1966) ³1968; *KHonselmann 1966 u. ZKG 1968; HBornkamm 1967; KAland DtPfrBl 1967; FLau (Erbe und Verpflichtung 1967).
GHennig, Cajetan und Luther, 1966.

§ 76: GFranz, Der deutsche Bauernkrieg, ⁵1958 (s. o.).
CHinrichs, ²1962 (s. o.).
EKroker, ⁸1964 (s. o.).
EArndt, Luthers deutsches Sprachschaffen, 1962.
HBluhm, Martin Luther: Creative Translator, 1965.
EBizer (Hrsg.), Texte aus der Anfangszeit Melanchthons, 1966.
PFraenkel u. MGreschat, Zwanzig Jahre Melanchthonstudium, sechs Literaturberichte 1945–1965, 1967.
WHammer, Die Melanchthonforschung im Wandel der Jahrhunderte, I: 1519–1799, 1967 (QF 35); II: 1800–1965, 1968 (QF 36).
PSchwarzenau, Der Wandel im theologischen Ansatz bei Melanchthon von 1525 bis 1535, 1956.
ASperl, Melanchthon zwischen Humanismus und Reformation, 1959.
RStupperich, Melanchthon (Sammlung Göschen 1190), 1960.
PFraenkel, Testimonia Patrum, the Function of the Patristic Argument in the Theology of Philipp Melanchthon, 1961.
WElliger (Hrsg.), Philipp Melanchthon, Forschungsbeiträge zur 400. Wiederkehr seines Todestages, dargeboten in Wittenberg 1960, 1961.
RSchäfer, Christologie und Sittlichkeit in Melanchthons frühen loci, 1961.
RStupperich, Der unbekannte Melanchthon, 1961.
VVajta (Hrsg.), Luther und Melanchthon, Referate und Berichte des 2. Int. Kongresses für Lutherforschung 1960, 1961.
RStupperich, Das Melanchthon-Gedenkjahr 1960 und sein wissenschaftlicher Ertrag (ThLZ 1962).
Philipp Melanchthon – Humanist, Reformator, Praeceptor Germaniae (hrsg. v. Melanchthon-Komitee der DDR), 1963.
Melanchthon-Studien von WHNeuser (I 1957, II 1968); EBizer (1964); WMaurer (SchrVerRefG 181, Jg. 70, 1964).
WMaurer, Der junge Melanchthon, I 1967; II 1969.
HGGeyer, Von der Geburt des wahren Menschen, Probleme aus den Anfängen der Theologie Melanchthons, 1965.
*ASchirmer, Das Paulusverständnis Melanchthons 1518–1522, 1967.
GKisch, Melanchthons Rechts- und Soziallehre, 1967.
RBHuschke, Melanchthons Lehre vom Ordo politicus, 1968.
USchnell, Die homiletische Theorie Philipp Melanchthons, 1968.

Thomas Müntzer, Schriften und Briefe, Krit. Gesamtausgabe (QF 33) hrsg. v. GFranz, 1968.
WElliger, Thomas Müntzer, 1960.
EWGritsch, Reformer without a Church, 1967.
EBloch, Thomas Müntzer als Theologe der Revolution, (1921) Nachdruck 1960.
HJGoertz, Innere und äußere Ordnung in der Theologie Thomas Müntzers, 1967.
PWappler, Thomas Müntzer in Zwickau und die Zwickauer Propheten, 1966.
GFranz (Hrsg.), Quellen zur Geschichte des Bauernkrieges, 1963.
FrEngels, Der deutsche Bauernkrieg, Nachdruck 1960.

PBrunner, Nikolaus v. Amsdorf als Bischof von Naumburg (SchrVerRefG 179), 1961.
Friedel Kriechbaum, Grundzüge der Theologie Karlstadts, 1967.
GSeebass, Das reformatorische Werk des Andreas Osiander, 1967.

§ 77: Zwingli, Auswahl seiner Schriften, hrsg. v. EKünzli, 1962.
HSchmid, Zwinglis Lehre von der göttlichen und menschlichen Gerechtigkeit, 1959.

*JVPollet, Huldrych Zwingli et la Réforme en Suisse d'après les recherches récentes, 1963.
FSchmidt-Clausing, Zwingli (Sammlung Göschen 1219), 1965.
KSpillmann, Zwingli und die zürcherische Politik gegenüber der Abtei St. Gallen, 1965.
JCourvoisier, Zwingli, théologien réformé (Konferenzbericht), 1965.
ChGestrich, Zwingli als Theologe, 1967.
FBüsser, Das katholische Zwinglibild, 1968.

§ 78: EFabian, Die Abschiede der Bündnis- und Bekenntnistage protestierender Fürsten und Städte zwischen den Reichstagen zu Speyer und zu Augsburg 1529 bis 1530, 1960.
Ders., Die Entstehung des Schmalkaldischen Bundes und seiner Verfassung 1524/29–1531/35, ²1962.
VvTetleben, Protokoll des Augsburger Reichstages 1530, hrsg. v. HGrundmann, 1958.
HFagerberg, Die Theologie der lutherischen Bekenntnisschriften von 1529–1537, dt. 1965.
GMüller, Franz Lambert v. Avignon und die Reformation in Hessen, 1958.
Ders., Die römische Kurie und die Reformation 1523–1534 (QF 38), 1969.

§ 79: EBizer, ²1962 (s. o.).
EFabian (Hrsg.), Die Schmalkaldischen Bundesabschiede 1530–32, 1958.
Ders. (Hrsg.), Die Schmalkaldischen Bundesabschiede 1533–36, 1958.
GDommasch, Die Religionsprozesse der rekusierenden Fürsten und Städte und die Erneuerung des Schmalkaldischen Bundes 1534–36, 1961.
HildegardJung, Kurfürst Moritz v. Sachsen, 1966.

§ 81: EHirsch, Das Wesen des reformatorischen Christentums, 1963.
AKlempt, Die Säkularisierung der universalhistorischen Auffassung, zum Wandel des Geschichtsdenkens im 16. u. 17. Jh., 1960.
HScheible, s. § 1.
FBlume (Hrsg.), Geschichte der evangelischen Kirchenmusik, ²1965.

§§ 82–83: Calvins Lebenswerk in seinen Briefen, ²1961/62 (s. o.).
HGrass, ²1954 (s. o.).
Supplementa Calviniana, begonnen v. HRückert 1936, fortgesetzt v. EMülhaupt.
KHalaski (Hrsg.), Der Prediger Joh. Calvin, Beiträge und Nachrichten zur Ausg. d. Suppl. Calv., 1966.
Calvins Auslegung der hl. Schrift, Neue Reihe, übers. u. hrsg. v. OWeber, 1937 ff.
WNiesel, Calvin-Bibliographie 1901–1959, 1961.
HHWolf, Die Einheit des Bundes, das Verhältnis von Altem und Neuem Testament bei Calvin, 1958.
WDankbaar, Calvin, dt. (1959) ²1966.
WNijenhuis, Calvinus oecumenicus, 1959 (holl. m. engl. Zusammenfassung).
JBoisset, Sagesse et Sainteté dans la Pensée de Jean Calvin, 1959.
JCadier, Calvin, 1959.
JMoltmann (Hrsg.), „Calvin-Studien 1959", 1960.
PSprenger, Das Rätsel um die Bekehrung Calvins, 1960.
JBohatec, Calvins Lehre von Staat und Kirche, (1937) Neudruck 1961.
HJForstman, World and Spirit, Calvin's Doctrine of Biblical Authority, 1962.
KReuter, Das Grundverständnis der Theologie Calvins, I 1963.
JRogge (Hrsg.), Johannes Calvin 1509–1564, eine Gabe zu seinem 400. Todestag, 1963.
JBaur, Gott, Recht und weltliches Regiment im Werke Calvins, 1965.
*AGanoczy, Le Jeune Calvin, 1966.
HiltrudStadtland-Neumann, Evangelische Radikalismen in der Sicht Calvins, 1966.

KMcDonell, John Calvin, the Church and Eucharist, 1967.
FWendel, Calvin, Ursprung und Entwicklung seiner Theologie, dt. 1968.
HScholl, Der Dienst des Gebetes nach Johannes Calvin, 1968.
DSchellong, Das evangelische Gesetz in der Auslegung Calvins, 1968.
Ders., Calvins Auslegung der synoptischen Evangelien, 1969.

PJacobs, Theologie reformierter Bekenntnisschriften in Grundzügen, 1959.
JStaedtke (Hrsg.), Glauben und Bekennen, 400 Jahre Confessio Helvetica Posterior, 1966.
EKoch, Die Theologie der Confessio Helvetica Posterior, 1968.
*BGassmann, Ecclesia Reformata, die Kirche in den reformierten Bekenntnisschriften, 1968.
H. u. F. Aubert, Correspondance de Théodor de Bèze, 3 Bde. 1960–1963.
WKickel, Vernunft und Offenbarung bei Theodor Beza, 1967.

§ 84: FWKantzenbach, Die Reformation in Deutschland und Europa, 1965 (s. § 2 n).
KKupisch, Coligny, 1951.
Hannelore Jahr, Studien zur Überlieferungsgeschichte der Confession de foi von 1559, 1964.
AGDickens, The English Reformation, 1964.
JFHNew, Anglican and Puritan, the Basis of their Opposition 1558–1640, 1964.
NSTjernagel, Henry VIII and the Lutherans, 1965.
JRidley, Thomas Cranmer, (1962) Nachdruck 1966.
HHHarms, Die Kirche von England und die anglikanische Kirchengemeinschaft, dt. 1966.
PMcNair, Peter Martyr in Italy, 1967.
*GSchwaiger, Die Reformation in den nordischen Ländern, 1962.
BAhlberg, Laurentius Petris nattvardsuppfattning (Abendmahlsverständnis), 1964.
IngeborgMengel, Elisabeth v. Braunschweig-Lüneburg und Albrecht v. Preußen, ein Fürstenbriefwechsel der Reformationszeit, 1954.
BGeissler u. GStökl, In Oriente Crux, Versuch einer Geschichte der reformatorischen Kirchen im Raum zwischen der Ostsee und dem Schwarzen Meer, 1963.
*AStasiewski, Reformation und Gegenreformation in Polen, 1960.
ERoth, Die Reformation in Siebenbürgen, ihr Verhältnis zu Wittenberg und der Schweiz, I 1962; II 1964.

§ 85: Hans Denck, Schriften Teil III, hrsg. v. WFellmann (QF XXIV; QT VI, 3), 1960 (s.o.).
MKrebs u. HGRott, Quellen zur Geschichte der Täufer (VII: Elsaß, 2. Teil: Stadt Straßburg 1522–1532; VIII: Dass., 1533–1535; = QF XXVI/XXVII, QT VII bis VIII), 1960.
HFast (Hrsg.), Der linke Flügel der Reformation, 1962.
Glaubenszeugnisse oberdeutscher Taufgesinnter, I ed. LydiaMüller (QF 20) 1938; II ed. RFriedmann (QF 34) 1967.
GreteMecenseffy (Hrsg.), Österreich I (QF 31, QT 11), 1964.
RFriedmann u. AMais (Hrsg.), Die Schriften der huterischen Täufergemeinschaften, 1965.
HJHillerbrand, Bibliographie des Täufertums 1520–1630 (QF 30, QT 10), 1962.
RFriedmann, Das täuferische Glaubensgut (ARG 55), 1954.
GHWilliams, The Radical Reformation, 1962.
GFHershberger (Hrsg.), Das Täufertum, dt. 1963.
FHLittell, Das Selbstverständnis der Täufer, dt. 1966.
GreteMecenseffy, Probleme der Täuferforschung (ThLZ 1967).
Balth. Hubmaier, Schriften, ed. GWestin u. TBergsten (QF 29, QT 9), 1962.
TBergsten, Balth. Hubmaier, seine Stellung zu Reformation und Täufertum, 1961.

HJHillerbrand, Die politische Ethik des oberdeutschen Täufertums, 1962.
WSchäufele, Das missionarische Bewußtsein und Wirken der Täufer, dargest. nach oberdeutschen Quellen, 1966.
CBaumann, Gewaltlosigkeit im Täufertum, eine Untersuchung zur theologischen Ethik des oberdeutschen Täufertums der Reformationszeit, 1968.
GBauer, Anfänge täuferischer Gemeindebildungen in Franken, 1966.
JSOyer, Lutheran Reformers against Anabaptists, Luther, Melanchthon and Menius and the Anabaptists of Central Germany, 1964.
GZschäbitz, Zur mitteldeutschen Wiedertäuferbewegung nach dem großen Bauernkrieg, 1958.
CPClasen, Die Wiedertäufer im Herzogtum Württemberg und in benachbarten Herrschaften, 1965.
JYoder, Täufertum und Reformation in der Schweiz, I 1962.
FHLittell, A Tribute to Menno Simons, 1961.
JABrandsma, Menno Simons von Witmarsum, 1962.
Francks Paradoxa, hrsg. v. SWollgast, 1966.
MBarbers, Toleranz bei Sebastian Franck, 1964.
GMaron, Individualismus und Gemeinschaft bei Caspar Schwenckfeld, 1961.
RHBainton, Michael Servet 1511–1553 (SchrVerRefG 178), 1960, engl. s. o.
HFWKuhlow, Die Imitatio Christi und ihre kosmologische Überfremdung, die theologischen Grundgedanken des Agrippa v. Nettesheim, 1967.
JFGoeters, Ludwig Hätzer (QF 25), 1957.

§ 86: *EWZeeden, Das Zeitalter der Gegenreformation, 1967.
*GPfeilschifter (Hrsg.), Acta reformationis catholicae ecclesiam Germaniae concernentia saeculi XVI, die Reformverhandlungen des deutschen Episkopats v. 1520–1570, I: 1520–1532, II: 1532–1542, 1959/60.
GMüller, Die römische Kurie und die Reformation 1523–1534 (QF 38), 1969.
KRepgen, Die römische Kurie und der Westfälische Friede, I, 1 1962; I, 2 1965.
JPosner, Der deutsche Papst Adrian VI., 1962.

§ 87: HBöhmer, Studien zur Geschichte der Gesellschaft Jesu, I ³1951 (s.o.).
*HRahner, Ignatius v. Loyola als Mensch und Theologe, 1964.

§ 88: *Il Concilio di Trento e la Riforma Tridentina, Atti del Convegno Storico Internazionale, Trento 2–6 Settembre 1963, I/II, 1965.

§ 90: *BStasiewski, s. § 84.

§ 91: *GPfeilschifter, s. § 86.
AFranzen, Die Visitationsprotokolle der ersten nachtridentinischen Visitation im Erzstift Köln unter Salentin v. Isenburg im Jahre 1569, 1960.

§ 92: ESchlink ³1948 (s.o.).
WMöller, Andreas Osiander, (1870) Nachdruck 1965.
JRogge, Joh. Agricolas Lutherverständnis, 1960.
ThKlein, Der Kampf um die zweite Reformation in Kursachsen 1586–91, 1962.
WHollweg, Neue Untersuchungen zur Geschichte und Lehre des Heidelberger Katechismus, 1. Folge 1961, 2. Folge 1968.
FBrunstädt, Theologie der luth. Bekenntnisschriften, 1951.
EBizer u. WKreck, Die Abendmahlslehre in den reformierten Bekenntnisschriften, ²1959.

§ 93: *FVigener, Bischofsamt und Papstgewalt, hrsg. v. GMaron, ²1964.
*PBroutin, La Réforme Pastorale en France au XVIIᵉ siècle, I/II 1956.
Johannes v. Kreuz, Das Lied der Liebe, dt. 1963.
ESchering, Mystik und Tat, Therese v. Jesu, Johannes v. Kreuz und die Selbstbehauptung der Mystik, 1959.
*P. Crisógono de Jésus Sacramentado, Doctor Mysticus, Leben des hl. Johannes v. Kreuz, dt. 1961.

EWTDicken, The Crucible of Love, a Study of the Mysticism of St. Teresa of Jesus and St. John of the Cross, 1963.
*WErnst, Die Tugendlehre des Franz Suarez, 1964.
*ElisabethGemmeke, Die Metaphysik des sittlich Guten bei Franz Suarez, 1965.

§ 95: HEWeber, II ²1967 (s. o.).
WEPeuckert, Pansophie II (Gabalia), 1967 (s. o.).
FWKantzenbach, Orthodoxie und Pietismus, 1966 (vgl. § 2 n).
PhWackernagel, Bibliographie zur Geschichte des deutschen Kirchenliedes im 16. Jh., (1855) Neudruck 1961.
WZeller (Hrsg.), Der Protestantismus des 17. Jhs., 1962.
CHRatschow, Lutherische Dogmatik zwischen Reformation und Aufklärung, I/II 1964/66.
JBöhme, Die Urschriften, hrsg. v. WBuddecke, 1963 ff.
JBöhme, Sämtliche Schriften, Faksimile-Neudruck d. Ausg. v. 1730, hrsg. v. WEPeuckert, 11 Bde. 1942 ff.
JJStoudt, Sunrise to Eternity, a Study in Jac. Böhme's Life and Thought, 1957.
JWallmann, Der Theologiebegriff bei Joh. Gerhard und Georg Calixt, 1961.
HSchüssler, Georg Calixt, 1961.
JBaur, Die Vernunft zwischen Ontologie und Evangelium, eine Untersuchung zur Theologie Joh. Andreas Quenstedts, 1962.
VWeigel, Sämtl. Schriften, hrsg. v. WEPeuckert u. WZeller, 1962 ff.
FLieb, Valentin Weigels Kommentar zur Schöpfungsgeschichte und das Schrifttum seines Schülers Benedikt Biedermann, 1962.
EOReichert, Johannes Scheffler als Streittheologe, 1967.
KScholder, Ursprünge und Probleme der Bibelkritik im 17. Jh. (FGLP 10, 33), 1966.

§ 96: EConring, Kirche und Staat nach der Lehre der niederländischen Calvinisten in der ersten Hälfte des 17. Jhs., 1965.

§ 97: CASainte-Beuve, 7 Bde. ¹⁰1940 (s. o.).
*Miscellanea Jansenistica, Offerts à LCeyssens à l'occasion de son 60ᵉ anniversaire, 1963.
Fénelon, Geistliche Werke, Briefe usw., hrsg. v. FVarillon, dt. 1961.
JKraus u. JCalvet (Hrsg.), Fénelon, 1953.
*BDupriez, Fénelon et la bible, 1961.
RSpaemann, Reflexion und Spontaneität, Studien über Fénelon, 1963.
Acta s(acrae) c(ongregationis) de propaganda fide Germaniam spectantia, die Protokolle der Propagandakongregation zu deutschen Angelegenheiten 1622 bis 1649, hrsg. v. HTüchle, 1962.
*GDenzler, Die Propagandakongregation in Rom und die Kirche in Deutschland im 1. Jahrzehnt nach dem Westfälischen Frieden, 1969.

§ 98: HLoukes, Die Quäker, dt. 1965.

§ 104: ASchlatter, ⁴1959 (s. o.).
WPhilipp (Hrsg.), Das Zeitalter der Aufklärung, 1963.
BBöhm, Sokrates im 18. Jh., Studien zum Werdegang des modernen Persönlichkeitsbewußtseins, (1928) ²1966.
KLöwith, Gott, Mensch und Welt in der Metaphysik von Descartes bis zu Nietzsche, 1967.

§ 105: *FValjavec, Geschichte der abendländischen Aufklärung, 1961.
HGHubbeling, Spinoza's Methodology, 1964.
ALevi, French Moralists, the Theory of the Passions 1585 to 1649, 1964.
HPSchneider, Justitia Universalis, Quellenstudien zur Geschichte des „Christlichen Naturrechts" bei Gottfried Wilhelm Leibniz, 1967.
ChRihs, Voltaire, 1962.

§ 106: ARitschl, Nachdruck 1966 (s.o.).
ALangen, ²1968 (s.o.).
MSchmidt u. WJannasch (Hrsg.), Das Zeitalter des Pietismus, 1965.
MSchmidt, Wiedergeburt und neuer Mensch, Gesammelte Studien zur Geschichte des Pietismus, 1969.
KDeppermann, Der hallesche Pietismus und der preußische Staat unter Friedrich III., I 1961.
Franckes Werke in Auswahl, hrsg. v. EPeschke, 1969.
Über Francke: EPeschke, ThLZ 1961, 1963, 1964, 1969.
EPeschke, Studien zur Theologie August Hermann Franckes, 2 Bde. 1964/67.
OPodzeck (Hrsg.), August Hermann Franckes Schrift über eine Reform des Erziehungs- und Bildungswesens als Ausgangspunkt einer geistlichen und sozialen Neuordnung der Evangelischen Kirche des 18. Jhs. „Der Große Aufsatz" (ASA 53, 3), 1962.
HFriese, Valentin Ernst Löscher, 1964.
HMRotermund, Orthodoxie und Pietismus, Valentin Ernst Löschers „Timotheus verinus" in der Auseinandersetzung mit der Schule Aug. Hermann Franckes, 1959.
HDörries, Geist und Geschichte bei Gottfried Arnold (AGA 3, 51), 1963.
TStählin, Gottfried Arnolds geistliche Dichtung, 1966.
EBenz u. HRenkewitz (Hrsg.), Zinzendorf-Gedenkbuch, 1951.
LAalen, Die Theologie des jungen Zinzendorf, 1966.
FWKantzenbach, s. §§ 95 und 2 n.
Zinzendorf, Hauptschriften, hrsg. v. EBeyreuther u. GMeyer, 1962ff.
EBeyreuther, Zinzendorf und die sich allhier beisammen finden, 1959.
Ders., Zinzendorf und die Christenheit, 1961.
HRuh, Die christologische Begründung des 1. Artikels bei Zinzendorf, 1967.
MSchmidt, Zinzendorf und die Confessio Augustana (ThLZ 1968).
PSchicketanz, Carl Hildebrand von Cansteins Beziehungen zu Philipp Jacob Spener, 1968.

§ 107: ASchweitzer, Geschichte der Leben-Jesu-Forschung, (⁶1950) Neudruck 1966 (s.o.).
FWKantzenbach, Protestantisches Christentum im Zeitalter der Aufklärung, 1965 (s. § 2 n).
ASchlingensiepen-Pogge, Das Sozialethos der luth. Aufklärungstheologie am Vorabend der industriellen Revolution, 1967.
HPestalozzi, Gesammelte Werke, hrsg. v. EBosshart u.a., 10 Bde. 1944–47.
GHornig, Die Anfänge der historisch-kritischen Theologie, Joh. Salomo Semlers Schriftverständnis und seine Stellung zu Luther, 1961
GKaiser, Klopstock, Religion und Dichtung, 1963.
MGeiger, Aufklärung und Erweckung, Beiträge zur Erforschung Joh. Heinrich Jung-Stillings und der Erweckungstheologie, 1963.
JSchollmeier, Johann Joachim Spalding, 1967.

§ 108: HThielicke, ⁴1959 (s.o.).
*KFeiereis, Die Umprägung der natürlichen Theologie in Religionsphilosophie, ein Beitrag zur deutschen Geistesgeschichte des 18. Jhs., 1965.
OMann, Lessing, ²1961.
WvLoewenich, Luther und Lessing, 1960.
HSchultze, Lessings Toleranzbegriff, 1969.
JGHamann, Sämtl. Werke, hrsg. v. JNadler, 6 Bde. 1949ff.; dazu:
HUrner, ThLZ 1951, 1955, 1960.
Über Hamann: MSeils, Theol. Aspekte zur gegenwärtigen Hamann-Deutung, 1957; ders., Wirklichkeit und Wort bei J.G.Hamann, 1961; WKoepp, ThLZ 1959; ders., Der Magier unter Masken, 1965.
HGRedmann, Gott und Welt, die Schöpfungstheologie der vorkritischen Periode Kants, 1962.
FDelekat, Immanuel Kant, 1963.

WFlitner, Goethe im Spätwerk, ²1957.
PMeinhold, Goethe zur Geschichte des Christentums, 1958.
Ders., Die Religion Goethes (= Der Gottesgedanke im Abendland, hrsg. v. ASchaefer, 1964).
WSeeberger, Hegel oder die Entwicklung des Geistes zur Freiheit, 1961.
ThLitt, Hegel, 1953.

§ 109: RMCameron, The Rise of Methodism: A Source Book, 1954.
FKBrown, Fathers of the Victorians, the Age of Wilberforce, 1961.
MSchmidt, John Wesley, I 1953, II 1966.
JDeschner, Wesley's Christology, 1960
CWWilliams, Die Theologie John Wesleys, 1967.

§ 110: CCGoen, Revivalism and Separatism in New England 1740–1800, 1962.
PKawerau, Amerika und die orientalischen Kirchen (Mission), 1958.

§ 111: FMaass (Hrsg.), Der Josephinismus, 5 Bde. 1951–61 (s.o.).
ESchering, Leibniz und die Versöhnung der Konfessionen, 1966.
*LJust (Bearb.), Der Widerruf des Febronius in der Korrespondenz des Abbé Franz Heinr. Beck mit dem Wiener Nuntius GGarampi, 1960.
GFlorey, Bischöfe, Ketzer, Emigranten, der Protestantismus im Lande Salzburg von seinen Anfängen bis zur Gegenwart, 1967.
Über Sailer: KGastgeber, 1964.

§ 113: ECassirer, Das Erkenntnisproblem in der Philosophie und Wissenschaft der neueren Zeit, 1957.
KKupisch, Das Jahrhundert des Sozialismus und der Kirche, 1958.
*WOShanahan, Der deutsche Protestantismus vor der sozialen Frage 1815–1871, dt. 1962.
*AnnetteKuhn, Die Kirche im Ringen mit dem Sozialismus 1803–1848, 1965.
KLöwith, Nietzsches Philosophie der ewigen Wiederkehr des Gleichen, 1956.

§§ 114–116: *LScheffczyk (Hrsg.), Theologie in Aufbruch und Widerstreit, die deutsche kath. Theologie im 19. Jh., 1965.
*HMaier, Revolution und Kirche (1789–1901), ²1965.

§ 114: *FSchnabel, (³1955) Neudruck 1965 (s.o.).
*JRGeiselmann, Die Katholische Tübinger Schule, ihre theologische Eigenart, 1964.
Ders., Lebendiger Glaube aus geheiligter Überlieferung, der Grundgedanke der Theologie Johann Adam Möhlers und der katholischen Tübinger Schule, ²1966.
*PWScheele, Einheit und Glaube, Joh. Ad. Möhlers Lehre von der Einheit der Kirche und ihre Bedeutung für die Glaubensbegründung, 1964.
WGRoe, Lamennais and England, 1966.
*RJoppen, Das Erzbischöfliche Kommissariat Magdeburg, I–V 1965/66.
IvDöllinger – Lord Acton, Briefwechsel, hrsg. v. VConzemius, I (1850 bis 1869) 1963, II (1869–1870) 1965.

§ 115: *CButler, dt. (1933) ²1961 (s.o.).
*PPirri, Pio IX e Vittorio Emanuele II dal loro carteggio privato, I–III 1944–61.
NBlakiston, The Roman Question (1858–70), 1962.
*NHoffmann, Natur und Gnade, die Theologie der Gottesschau als vollendeter Vergöttlichung des Geistgeschöpfes bei MJScheeben, 1967.
WKasper, Die Lehre von der Tradition in der Römischen Schule (Giovanni Perrone, Carlo Passaglia, Clemens Schrader), 1962.
*PWenzel, Das wissenschaftliche Anliegen des Güntherianismus, 1961.
HOtt, Die Lehre des I. Vatikanischen Konzils, ein evang. Kommentar, 1963.
HMeyer, Das Wort Pius' IX.: „Die Tradition bin ich", päpstliche Unfehlbarkeit und apostolische Tradition in den Debatten und Dekreten des Vatikanums I, 1965.

*VConzemius, Die „Römischen Briefe vom Konzil", eine entstehungsgeschichtliche und quellenkritische Untersuchung zum Konzilsjournalismus IvDöllingers und Lord Actons (RQ 1964/65).
UKüry, Die altkatholische Kirche, 1966.
ESchmidt-Volkmar, Der Kulturkampf in Deutschland, 1962; dazu Lit.-Bericht im Arch. f. Kulturgesch. v. RMorsey, 1957.
ALindt, Protestanten – Katholiken – Kulturkampf, Studien zur Kirchen- und Geistesgeschichte des 19. Jhs., 1963.
*HJPottmeyer, Der Glaube vor dem Aufbruch der Wissenschaft, die Konstitution über den kath. Glauben „Dei filius" des 1. Vat. Konzils und die unveröff. theol. Voten der vorbereitenden Kommission, 1968.

§ 116: GTyrrell, Das Christentum am Scheideweg, hrsg. v. FHeiler, 1959.
JPGelinas, La restauration du Thomisme sous Léon XIII et les philosophies nouvelles, 1959.
*RMarlé, Au cœur de la crise moderniste, 1960 (Blondel, v.Hügel u.a.).
EPoulat, Histoire, dogme et critique dans la crise moderniste, 1962.
OSchroeder, Aufbruch und Mißverständnis, zur Geschichte der reformkatholischen Bewegung, 1969.
*AKolping, Kath. Theologie gestern und heute, Thematik und Entfaltung deutscher katholischer Theologie vom I. Vatikanum bis zur Gegenwart, 1964.
*PWacker, Glaube und Gewissen bei Hermann Schell, 1961.
*SMerkle, Ausgew. Reden und Aufsätze, hrsg. v. ThFreudenberger, 1965.
XdeChalendar, Les Prêtres au Journal officiel 1887–1907, présentation et choix de textes, I/II 1968.

§§ 117–122: KKupisch, Zwischen Idealismus und Massendemokratie, ^{4}1963 (s.o.).
ChrSenft, Wahrhaftigkeit und Wahrheit, die Theologie des 19. Jhs. zwischen Orthodoxie und Aufklärung, 1956.
EHirsch, Geschichte der neueren evang. Theologie, 5 Bde. ^{3}1964.
FWKantzenbach, Der Weg der evangelischen Kirche vom 19. zum 20. Jh., 1968 (s. § 2 n).
WPhilipp (Hrsg.), Der Protestantismus im 19. und 20. Jh., 1965.
KKupisch, Die deutschen Landeskirchen im 19. und 20. Jh., 1966.

§ 117: PTillich, Perspectives on 19th and 20th Century Protestant Theology, 1967.
FWKantzenbach, Zwischen Erweckung und Restauration, 1967.
FWintzer, Claus Harms, 1965.
FWKantzenbach (Hrsg.), Baron H. E. v. Kottwitz und die Erweckungsbewegung in Schlesien, Berlin und Pommern (Briefwechsel), 1963.
GSauter, Die Theologie des Reiches Gottes beim älteren und jüngeren Blumhardt, 1962.
JCBlumhardt, Blätter aus Bad Boll, hrsg. v. PErnst, 1968ff.
GOtt, Ernst Moritz Arndt, 1966.

§ 118: GRuhbach (Hrsg.), Kirchenunionen im 19. Jh., 1967 (s. § 2 k).
WElliger (Hrsg.), Die evangelische Kirche der Union, 1967.
IngetrautLudolphy, Henrich Steffens, 1962.

§ 119: HStephan, 2., neubearb. Aufl. v. MSchmidt, 1960 (s.o.).
KBarth, Nachdruck der 3. Aufl. 1961 (s.o.).
WDilthey, Schleiermachers Leben II, 1–2, hrsg. v. MRedeker, 1966 (s.o.).
KMBeckmann, Unitas Ecclesiae, eine systematische Studie zur Theologiegeschichte des 19. Jhs., 1967.

Zu Schleiermacher:

THTice, Schleiermacher Bibliography, 1966.
PHJørgensen, Die Ethik Schleiermachers, 1959.

KMBeckmann, Der Begriff der Häresie bei Schleiermacher, 1959.
PSeifert, Die Theologie des jungen Schleiermacher, 1960.
HJBirkner, Schleiermachers christliche Sittenlehre, 1964.
FHertel, Das theologische Denken Schleiermachers, 1965.
WBrandt, Der heilige Geist und die Kirche bei Schleiermacher, 1968.
FJacob, Geschichte u. Welt in Schleiermachers Theologie, 1967.
EHirsch, Schleiermachers Christusglaube, 1968.
MHonecker, Schleiermacher und das Kirchenrecht, 1968.
YSpiegel, Theologie der bürgerlichen Gesellschaft, Sozialphilosophie und Glaubenslehre bei Friedr. Schleiermacher (FGLP X, 37), 1968.
MRedeker, Friedr. Schleiermacher, Leben und Werk (1768–1834) (Sammlung Göschen 1177/1177a), 1968.
DorisOffermann, Schleiermachers Einleitung in die Glaubenslehre, 1969.
RStalder, Grundlinien der Theologie Schleiermachers, I 1969.
FBeisser, Schleiermachers Lehre von Gott, 1970.

Zur Theologie nach Schleiermacher:

PCHodgson, The Formation of Historical Theology, a study of Ferd. Chr. Baur, 1966.
WGeiger, Spekulation und Kritik, die Geschichtstheologie Ferdinand Christian Baurs, 1964.
FWKantzenbach, Die Erlanger Theologie, 1960.
MKeller-Hüschemenger, Das Problem der Heilsgewißheit in der Erlanger Theologie im 19. und 20. Jh., 1963.
RHolte, Die Vermittlungstheologie, dt. 1965.
HJBirkner, Spekulation und Heilsgeschichte, die Geschichtsauffassung Richard Rothes, 1959.
JRothermundt, Personale Synthese, Isaak August Dorners dogmatische Methode, 1968.
GMüller, „Identität und Immanenz", zur Genese der Theologie von Dav. Friedrich Strauß, 1968.

§ 120: Friedr. v. Bodelschwingh, Ausgew. Schriften, II 1964 (s.o.).
Ders., Briefwechsel, hrsg. v. AAdam, seit 1966 im Erscheinen.
FWKantzenbach, Gestalten und Typen des Neuluthertums, 1968.
HWeigelt, Erweckungsbewegung und konfessionelles Luthertum im 19. Jh., untersucht an KvRaumer, 1968.
EHerdieckerhoff, Der Braunschweiger Kampf um Evangelisation im 19. Jh., 1968.
EBeyreuther, Geschichte der Diakonie und Inneren Mission in der Neuzeit, 1962.
JHWichern, Sämtliche Werke, hrsg. v. PMeinhold, 1958ff.
JHWichern, Ausgewählte Schriften, hrsg. v. KJanssen, I–III, 1956–1962.
RKramer, Nation und Theologie bei Johann Hinrich Wichern, 1959.
HelgaLemke, Wicherns Bedeutung für die Bekämpfung der Jugendverwahrlosung, 1964.
WLöhe, Ges. Werke, hrsg. v. KGanzert, 1951ff.
HWulf, Die evangelische Gemeindekrankenpflege, Theodor Fliedners Plan, seine Verwirklichung und seine Krise in der Gegenwart, 1965.
HHolze, Kirche und Mission bei L.A.Petri, 1966.
HGrafe, Die volkstümliche Predigt des L.Harms, 1965.
UAsendorf, Die europäische Krise und das Amt der Kirche, Voraussetzungen der Theologie v. A.F.C.Vilmar, 1967.
JFalk, Geheimes Tagebuch 1818–1826, hrsg. v. ESchering u. GMlynek, 1964.

§ 121: HTimm, Theorie und Praxis in der Theologie Albr. Ritschls und Wilhelm Herrmanns, 1967.

PWrzecionko, Die philosophischen Wurzeln der Theologie Albrecht Ritschls, 1964.
PhHefner, Faith and the Vitalities of History, a theological study based on the work of Albr. Ritschl, 1966.
RSchäfer, Ritschl, Grundlinien eines fast verschollenen dogmatischen Systems, 1968.
CColpe, s. § 13.
HHaering, Theodor Haering 1848–1928, 1963.
WHerrmann, Schriften zur Grundlegung der Theologie I, hrsg. v. PFischer-Appelt, 1966.
PFischer-Appelt, Metaphysik im Horizont der Theologie Wilhelm Herrmanns (mit Herrmann-Bibliographie), 1965 (FGLP 32).
T. u. J.Kaftan, Kirche, Recht und Theologie in vier Jahrzehnten, der Briefwechsel der Brüder Theodor u. Julius Kaftan, hrsg. v. WGöbell, I/II 1967.
HLeipold, Offenbarung und Geschichte als Problem des Verstehens (Martin Kähler), 1962.
JWirsching, Gott in der Geschichte (M.Kähler), 1963.
CSeiler, Die theolog. Entwicklung Martin Kählers bis 1869, 1966.
Overbeckiana (Nachlaß in der UB Basel), 2 Bde. 1962.
HWSchütte, Lagarde und Fichte, 1965.
WBodenstein, Neige des Historismus, Ernst Troeltschs Entwicklungsgang, 1959.
*IEAlberca, Die Gewinnung theologischer Normen aus der Geschichte der Religion bei E.Troeltsch, 1961.
ELessing, Die Geschichtsphilosophie Ernst Troeltschs, 1965.
BAReist, Toward a Theology of Involvement, the Thought of E.Troeltsch, 1966.
WPauck, Harnack and Troeltsch, 1968.

§ 122: GvBodelschwingh, ^{12}1967 (s.o.).
KKupisch, Quellen zur Geschichte des deutschen Protestantismus (1871–1945), 1960.
HKlemm, Elias Schrenk, 1961.
EFuchs, Mein Leben I/II, 1957/59.
GWolf, Rudolf Kögels Kirchenpolitik und sein Einfluß auf den Kulturkampf, 1968.

§ 123: OChadwick, The Victorian Church, I 1966; II 1970 (= An Eccl. Hist. of England, V, 1 u. 8).
JHNewman, Predigten, Gesamtausgabe, 11 Bde. 1948–1962.
Ders., Apologia pro vita sua, being a history of his Religious Opinions, ed. by MJSvaglic, 1967.
*GBiemer, Überlieferung und Offenbarung, die Lehre von der Tradition nach J.H.Newman, 1961.
RFEdel, Heinrich Thiersch als ökumenische Gestalt, 1962.

§ 124: MMattmüller, Ragaz, Bd. II 1968 (s.o.).
ChRagaz (Hrsg.), Leonhard Ragaz in seinen Briefen, I: 1887–1914, 1966.
HKutter, Hermann Kutters Lebenswerk, 1965.
EMolland, Church Life in Norway 1800–1950, 1957.
Zu Kierkegaard: WAnz (1956), HDiem (1957).

§ 126: FDLueking, Mission in the Making, the Missionary Enterprise among Missouri Synod Lutherans 1846–1963, 1964.
WJDanker, Two Worlds or None, rediscovering Missions, 1964.
MLRudnick, Fundamentalism and the Missouri Synod, 1966.

§ 128: ISmolitsch, Geschichte der russischen Kirche 1700–1917, I 1964.
RWittram, Peter I., 2 Bde. 1964.
Zu Dostojewski: KOnasch, ThLZ 1958; ders., Dostojewski-Biographie, 1960; ders., Dostojewski als Verführer, 1961.
EAmburger, Geschichte des Protestantismus in Rußland, 1961.

Literaturnachtrag

§ 129: BSpuler, s. § 34.
MariaCramer, s. § 36.

§ 130: KBWestman u. HvSicard, s. § 2 u.

§§ 131–138: KvStieglitz, Die Christosophie Rud. Steiners, 1955.
FHeinemann, s. § 2 o.

§§ 132–138: Für Ekklesia ab 1959/60: Die Kirchen der Welt, hrsg. v. HHHarms u. a.

§ 132: WvLoewenich, ⁷1968 (s. o.).
*AHMaltha, Die Neue Theologie, dt. 1960.
*AKolping, s. § 116.
*HVorgrimler u. RvanderGucht (Hrsg.), Bilanz der Theologie im 20. Jh., I 1969.
WBirnbaum, Das Kultusproblem und die liturg. Bewegungen des 20. Jhs. I: Die deutsche kath. liturg. Bewegung, 1966.
*MBierbaum, Nicht Lob – nicht Furcht (Galen), 1955.
*JHessen, Geistige Kämpfe der Zeit im Spiegel eines Lebens, 1959.
Johannes XXIII., Geistliches Tagebuch, dt. 1964
Zu Vatikanum II: GMaron, ThLZ 1969; insbesondere: 3 Ergänzungsbände des Lexikons für Theologie und Kirche 1966–68, und: JChHampe, Die Autorität der Freiheit, 3 Bde. 1967; UKühn, Die Ergebnisse des II. Vatikanischen Konzils, 1967; *KRahner u. HVorgrimler, Kleines Konzilskompendium, 1966; *OKarrer, Das Zweite Vatikanische Konzil, 1966.
Actes et Documents du Saint Siège relatifs à la seconde guerre mondiale: I: Le Saint Siège et la guerre en Europe, Mars 1939 – Août 1940 (1965); II: Lettres de Pie XII aux évêques allemands, 1939–1944 (1966).

§ 134: *HUvBalthasar, ² 1962 (s. o.).
HZahrnt, Die Sache mit Gott, die protestantische Theologie im 20. Jh., 1966, und weitere Auflagen.
Ders. (Hrsg.), Gespräch über Gott, die protestantische Theologie im 20. Jh., 1968.
JMoltmann (Hrsg.), Anfänge der dialektischen Theologie, I/II (1962/63) ²1966/67 (I: KBarth, EBrunner, HBarth; II: RBultmann, FGogarten, EThurneysen).
OWeber, Karl Barths kirchliche Dogmatik, ⁶1967.
MSchoch, Karl Barth, Theologie in Aktion, 1967.
KHoll (1866–1926), Briefwechsel mit AvHarnack, hrsg. v. HKarpp, 1966.
WBodenstein, Die Theologie Karl Holls im Spiegel des antiken und reformatorischen Christentums (AKG 40), 1968.
Werk und Wirken Paul Tillichs, ein Gedenkbuch, 1967.
APaus, Religiöser Erkenntnisgrund, Herkunft und Wesen der Aprioritheorie Rudolf Ottos, 1966.
HWSchütte, Religion und Christentum in der Theologie Rudolf Ottos, 1969.

§ 135: JBeckmann, Evangelische Kirche im 3. Reich, 1948.
JSchmidt, Die Erforschung des Kirchenkampfes, 1968.
Arbeiten zur Geschichte des Kirchenkampfes, hrsg. v. KDSchmidt, 1958 ff.; Ergänzungsreihe ab 1968, hrsg. v. HBrunotte u. EWolf.
GHarder u. WNiemöller (Hrsg.), Die Stunde der Versuchung, Gemeinden im Kirchenkampf 1933–1945 (Selbstzeugnisse), 1963.
FZipfel, Kirchenkampf in Deutschland 1933–1945, 1965.
WNiemöller, Wort und Tat im Kirchenkampf, 1969.
KMeier, Die deutschen Christen, (1964) ²1967.
JBielfeldt, Der Kirchenkampf in Schleswig-Holstein 1933–1945, 1964.
EKlügel, Die luth. Landeskirche Hannovers und ihr Bischof 1933–1945, 1964; dazu: Dokumente, 1965.
KFReimers, Lübeck im Kirchenkampf des dritten Reiches, 1965.

GSchäfer, Landesbischof D. Wurm und der nationalsozialistische Staat 1940 bis 1945, 1969.
WBrandt, Friedrich von Bodelschwingh 1877–1946, 1967.
Jochen Klepper, Überwindung (Tagebücher und Aufzeichnungen aus dem Kriege), 1958.
EBethge, Dietrich Bonhoeffer, 1967.
Ders. (Hrsg.), Bonhoeffers gesammelte Schriften, 4 Bde. 1958 ff.
*RSchnabel, Die Frommen in der Hölle, Geistliche in Dachau, 1966.
EFuchs, s. § 122.
OBartning, Vom Raum der Kirche (Festschr. z. seinem 75. Geb.), 1958.

§ 136: EHornig, Der Weg der Weltchristenheit, ²1958 (s. o.).
RRouse u. SCNeill, I ²1963 (s. o.).
TorAndrä, ²1957 (s. o.).

Oikumene:

PMeinhold, Ökumenische Kirchenkunde, 1962.
Internat. ökumenische Bibliographie, Bd. 1/2 1962/63.
SGrundmann, Der lutherische Weltbund, 1957.
EKinder, Die theologische Arbeit in Minneapolis, 1958.
Weltkirchenlexikon, hrsg. v. FHLittell u. HHWalz, 1960.
GKABell, Die Königsherrschaft Jesu Christi, Geschichte des ökumenischen Rates der Kirchen (bis 1957), dt. 1960.
WAVisser't Hooft, Unter dem einen Ruf, 1960.
HJMargull (Hrsg.), Zur Sendung der Kirche (Material d. ök. Bewegung), 1963.
HLAlthaus (Hrsg.), Ökumenische Dokumente, 1962.
*ABea, Die Einheit der Christen, 1963.
EKinder (Hrsg.), Die ökum. Bewegung 1948–1961 (Quellen), 1963.
*BLambert, Das ökumenische Problem, I/II, dt. 1964.
JWWinterhager, Weltwerdung der Kirche, 1964.
HRistow u. HBurgert (Hrsg.), Konfession und Ökumene, 1965.
ABoyens, Kirchenkampf und Ökumene 1933–1939, 1969.

Länder:

FHeiler, Kirchliches Leben in den USA (Eine heilige Kirche 1957/58, Heft 1).
REOsborn, Der Geist des amerikanischen Christentums, dt. 1960.

Personen:

OCThomas, William Temple's Philosophy of Religion, 1961.
BSundkler, Nathan Söderblom, his Life and Work, 1968.

WAVisser't Hooft (Hrsg.), Neu-Delhi 1961 (Dokumentarbericht), 1962.
NGoodall (Hrsg.), Uppsala spricht (Sektionsberichte), 1968.
StNeill, The Church and Christian Union, the Bampton Lectures for 1964, 1968.

§ 137: RStupperich, Kirche im Osten (Jbb), 1958 ff.
PBratsiotis (Hrsg.), Die orthodoxe Kirche in griechischer Sicht, I/II 1959/60.
Ders., Von der griechischen Orthodoxie, 1966.
*JChrysostomus, Kirchengeschichte Rußlands der neuesten Zeit, I: Patriarch Tichon 1917–1925, 1965.
NANissiotis, Die Theologie der Ostkirche im ökumenischen Dialog, 1968.

§ 138: AToynbee, Christianity among the Religions of the World, 1958; dt. 1959.
EBenz, Ideen zu einer Theologie der Religionsgeschichte, 1960.
GBrennecke (Hrsg.), Weltmission in ökumenischer Zeit, 1961.
*ThOhm, Machet zu Jüngern alle Völker, Theorie der Mission, 1962.

PTillich, Das Christentum und die Begegnung der Weltreligionen, 1964.
GRosenkranz, Der christliche Glaube angesichts der Weltreligionen, 1967.
Luth. Missionsjahrbuch 1959 ff.
Jb evangelischer Mission 1959 ff.
GCOosthuizen, Theological Discussions and Confessional Developments in the Churches of Asia and Africa, 1958.
CMichalson, Japanische Theologie der Gegenwart, 1962.
*JNeuner (Hrsg.), Hinduismus und Christentum, dt. 1962.
HWagner, Erstgestalten einer einheimischen Theologie in Südindien, 1963.
EBenz, Messianische Kirchen, Sekten und Bewegungen im heutigen Afrika, 1965.
ALehmann, Afroasiatische christliche Kunst, 1966.
WPicht, Albert Schweitzer, 1960.
HWBähr (Hrsg.), Albert Schweitzer, sein Denken und sein Weg, 1962.
Martin Buber, hrsg. v. PASchilpp u. MFriedman, 1963.

Namen- und Sachregister.

Die wichtigsten Synoden sind in der Fußnote zu „Synoden" zusammengestellt.

Abaelard 53 n–q.
Abendmahl 6 f, 7 d, 8 n, 9 l, 18 i, 27 i, 62 q, 78 h–k, 83 e, 88 g, 92 h, 106 v.
Abendmahlsbulle 93 b[1].
Abendmahlsstreit 45 n, 53 f, 78 h–k, 82 r, 92 h, 123 h.
Aberkios 14 m.
Abessinien 30 d, 129 e.
Abgar 16 k[2].
Ablaß 51 h, 61 h, 71 n, 75 f, 88 i.
Abodriten 55 c–e.
Abolition 109 o.
Abt 28 d, 43 m.
Acontius 85 w, 96 c q, 98 v.
Acta Johannis, Pauli, Petri, Theclae 10 l.
Actio catholica 132 g.
Acton 115 q.
Adalbert von Bremen 50 a[1], 55 d.
– von Prag 48 n, 64 d.
– (Riga) 64 b.
Adam von Bremen 1 d, 55 d.
Addai 16 k.
Adiaphorist. Streit 92 e.
Adoptianismus 17 s–t, 43 u.
Advent 27 r.
Adventisten 126 w.
Aedesius 30 d.
Ägidius v. Rom 65 k.
Ägypten 3 f, 4 d, 5 b f, 10 a k, 13 n p r, 16 l, 17 f–m, 23 u v, 24, 28, 34, 36 k, 40 m o.
Ägypterevangelium 10 k.
Aelfric 53 c.
Aelia Capitolina 9 i.
Äskulap 4 m.
Aeterni patris 116 c.
Aetius 24 o.
Afrahat 30 c.
Agapen 18 l; vergleiche Abendmahl.

Agathon 40 e.
Agathonike 11 g.
Agendenstreit 118 h.
Agnes von Poitou 49 o, 50 a[1].
Agobard v. Lyon 45 g.
Agricola, Joh. 80 d, 92 d.
–, Rud. 72 g.
Agrippa v. Nettesheim 85 q.
Ahlfeld 120 e.
Ailli, d', 67 k, 69 a, 71 f.
Aistulf 42 h.
Akacius v. Kstpl. 32 n, 34 q.
Akephaloi 34 q.
Akkon 64 e k.
Akoimeten 28 h.
Akoluthen 20 e f.
Aktion, kathol. 132 g.
Alacoque 97 i, 132 q.
Alamannen 41 d h.
Alba 89 l.
Alban. Kirche 39 d h.
Alberich 47 e, 48 f.
Albertus Magnus 62 g.
Albigenser 59 b–f, n, 63 b.
Albornoz 67 b.
Albrecht von Brandenburg 84 r.
– v. Mainz 75 g, 78 b.
– v. Preußen 84 r.
Albrechtsleute 122 p, 126 i.
Albret, Johanna d', 84 d.
Alcantara 70 k.
Aldhelm 39 k.
Aleatores, adv. 19 m.
Alembert, d', 105 r.
Alexander I 14 i; II 50 e; III 56 e–i; V 67 k; VI 70 e.
Alexander v. Alexandria 24 c f h.
– v. Hales 62 f.
– Severus 16 b.
Alexandria 4 e, 5 b f, 16 l, 17 f–m, 20 o, 23 u v, 24, 34 a d e q, 40 m.
Alexandrinische Katechetenschule 17 f–m.

– christolog. Schule 34 e.
Alfred d. Gr. 47 f.
Algier 115 i.
Alkuin 43 r.
Allegorese 4 u, 5 f, 13 e, 17 l, (66 f), 81 e.
Allemand, d' 69 o.
Allianz, hl. 112 d.
–, ev. 123 h.
Almosen 10 r t, 61 q.
Aloger 15 c, 17 s[3].
Altar 18 p.
Altbritische Kirche 16 m, 39 a b h.
Altenstein, v. 118 f.
Altkatholizismus 115 s bis u, 132 v.
Altlutheraner 118 i k, 122 o.
Amalrich v. Bena 61 x.
Amalrikaner 61 x.
Ambrosiaster 33 d[1].
Ambrosius 24 z, 27 h m, 28 k, 33 d.
Amerika siehe Nord- und Südamerika.
Amerikanismus 116 w.
Ammonius Sakkas 17 k, 21 c.
Amöneburg 41 k.
Amsdorf, v. 75 e, 76 h[3], 92 g i.
Amulette 27 t.
Amyrault 96 s.
Anabaptismus s. Taufgesinnte.
Anachoreten 28 b c; vgl. Mönchtum.
Anaklet II 56 c.
Anastasius I 34 b.
Anastasius Bibliothecarius 44 h.
Andover 126 n.
Andreae, Jak. 92 o, 102 g.
–, Joh. Val. 95 w.
–, Lor. 84 q.
Andreas, Apostel 16 o.
Anenkletus 14 i.
Angelsachsen 39 e–l.

Die Zahlen weisen auf die Paragraphen

Angelus Silesius 95 r.
Anglikanische Kirche 84
  h–n, 89 t–w, 98, 109,
  123 a–q, 136 c; in Amerika 110 b, 126 o.
Anhalt 92 r, 118 c, 122 d, 133 c.
Anicetus 14 i k, 20 r.
Anna, hl. 71 m.
Annalen 1 g.
Annaten 65 o.
Annecy-Genf 82 d, 97 g.
Annet, P. 105 l.
Anno v. Köln 50 a^1.
Anomöer 24 o.
Anselm v. Laon 45 k^1, 53 p.
– v. Canterbury 50 t, 53 g–i.
Anskar 45 b.
Anthroposophie 131 t.
Antichrist 56 v, 57 f, 61 v x, 68 d, 75 w.
Antihistorismus 1 n.
Antimilitarismus 136 q.
Antimodernisteneid 116 y.
Antinomist. Streit 92 d.
Antiochia 8 a g, 10 a, 16 k, 17 t, 20 o, 24 d l u v, 26 f, 40 m o.
Antiochenische Schule 34 e.
Antisklavereibewegung 109 o, 130 r.
Antitakten 13 l.
Antitrinitarier 84 t, 85 u–z, vgl. Unitarier.
Antonelli 115 c.
Antoninus Pius 11 f.
Antonius 28 b.
– von Padua 60 h i, 61 w.
Antoniusorden 52 p.
Apelles 13 x.
Aphraates s. Afrahat.
Aphthartodoketen 34 q.
Apokalypsen 5 m, 10 m, 61 t v w, 74 e.
Apokatastasis 17 l, 34 b.
Apokryphe Evangelien und Apostelgesch. 10 k l.
Apokryphenstreit 120 x.
Apollinaris v. Laodicea 24 w.
Apollonius 11 g.
– v. Tyana 4 w, 16 b^1.
Apologeten 12.
Apophthegmen 28 i, 36 p.
Apostel 7, 8.

Apostelbilder 27 z.
Apostelbrüder 61 w.
Aposteldekret 8 g, 9 c.
Apostelgeschichten 10 l.
Apostelkonvent 8 f g.
Apostolikum 72 c, 102 a; vgl. Romanum.
Apostolikumstreit 122 k.
Apostolische Gemeinde 123 t.
Apostol. Kanones, Kirchenord., Konstitutionen 26 a.
Apostolische Väter 10 a.
Apulejus 4 w.
Aquaviva 87 c i.
Aquileja 37 c.
Aragon 64 h, 70 k.
Archidiakonat 26 k, 48 d.
Archipresbyter 26 k.
Architektur s. Kirchenbau.
Areopagitische Mystik 36 o, 54 e–k, (66 i), 75 d.
Areopagrede 12 b.
Arianismus 30 i, 31 d–n, 35 l, 37 i.
Aristeasbrief 5 f^1.
Aristides 12 b.
Aristoteles 36 n, 53 l, 62 a b f g h k, 75 e, 81 v, 104 i.
Arius 24 d–k.
Arkandisziplin 18 m.
Armenien 16 k, 30 b, 64 n, 129 d, 137 h.
Armenordnungen 76 f l.
Armenpflege 43 o; vgl. Liebestätigkeit.
Arminianer 96 o p.
Arminius 96 b p.
Armutsideal 59 h–k, 60, 61 w, 66 b, 69 i, 75 u.
Arnauld, Angelika 97 r.
–, Anton 97 r.
Arndt, E. M. 117 d.
Arndt, Joh. 95 w.
Arnold v. Brescia 56 d f.
–, Gottfr. 1 h, 106 m.
–, Th. 123 m.
Artemas, Artemon 17 s.
Artes liberales 43 s.
Artikel, 39 anglik. 84 n, 98 z, 103 p.
Artus, König 63 e.
Askese 4 o–q, 5 g h n, 8 p, 10 q, 13 l, 15 b, 19 q–s, 28, 61 q, 81 c; vgl. Mönchtum.

Asklepios 4 m.
Astrologie 4 l, 81 v, 131 t.
Atargatis 4 n p.
Athanasianum 102 a.
Athanasius 24 i–n t, 28 b^1 g.
Athen 36 g, 137 b.
Athenagoras 10 q, 12 d.
Athos 66 g^1, 70 x.
Attila 31 c.
Attis 4 b e.
Aufklärung 104, 105, 107, 111.
Augsburg 41 h, 114 g.
Augsburger Interim 80 c.
– Konfession 78 r, 79 b, 102 c.
– Religionsfriede 80 k–p, 94 g.
August von Sachsen 92 m n.
– d. Starke 111 e.
Augusta, Kaiserin 115 x.
Augustiner-Chorherren 52 i, 71 d.
– -Eremiten 60 q, 71 d, 76 f.
Augustinismus (der neueren Zeit) 93 r, 97 p–s, 111 h.
Augustinus 1 c, 25 k, 26 r, 27 h, 28 k, 32 g, 33.
– v. Canterbury 39 f.
Aulén 136 r.
Aurelianus 16 f.
Ausbreitung 7 c f g, 8, 16 g–s, 23 v w, 30, 31, 37 i, 39, 41, 43 c–f, 45 a–c, 46, 55, 60 f, 64, 100, 106 h r, 109 m, 130, 138 e–k.
Ausculta fili 65 b.
Australien 130 q.
Autokephalkirchen 127 a, 137.
Avaren 43 f, 45 c.
Ave Maria 61 m.
Avignon 65 c d, 67 b d e, 111 t.

Baal 4 e l.
Babylon 4 d, 5 a.
Babylonisches Exil 65 c.
Bach, J. S. 104 k.
Bacon 104 i.
Baden, Großherzogtum 115 f y, 118 c d, 120 m.

Die Zahlen weisen auf die Paragraphen

Baden-Baden 91 g.
Bahrdt 107 m.
Bainton 136 f.
Bajus 93 r.
Baltimore 101 d.
Baltische Länder 64 a–f, 84 s, 106 s, 128 k, 136 t.
Bamberg 49 k, 91 h, 114 g.
Bandinelli 56 f g.
Baptisten 98 r, 122 p, 123 w, 124 h, 126 k.
Barclay 98 s.
Bar-Daisan 13 t, 16 k.
Bardesanes 13 t, 16 k.
Barkochba 9 i.
Barlach 131 p.
Barmherzige Brüder 93 h.
– Schwestern 97 g.
Barnabas 8 c f, 16 o.
– -Brief 10 a.
Barnabiten 93 g.
Barock 97 l m.
Baronius 1 g, 93 o.
Barrow 98 h.
Barsauma 34 r.
Barth, K. 122 s, 134 b, 135 d, 136 m.
Bartholomäus 16 o.
– – Nacht 89 e.
Basedow 107 e.
Basel 41 h, 69 n–s, 72 n, 77 b k m, 78 v, 82 b, 107 s, 124 c d.
Basilias 29 n.
Basilides 13 p.
Basilika 18 p, 27 w, 43 p.
Basiliskus 34 q.
Basilius v. Ancyra 24 p.
– v. Cäsarea 24 s t v, 28 g, 29 g l n.
Batiffol 132 q.
Bauer, Bruno 119 u.
Bauernkrieg 76 t–w.
Baukunst s. Kirchenbau.
Baumgarten, Sigmund Jakob 107 g.
– Mich. 120 g s.
Baur 1 l, 119 v, 120 m.
Baxter 98 u.
Bayern 41 g h m, 43 c, 91 g, 114 g, 115 f y, 118 b d, 120 d, 132 n.
Bayle 105 d p.
Beamte s. Klerus.
Beck, J. T. 119 l.
Becket, Thom. 56 h.
Beda Venerabilis 1 d, 39 k.
Begharden 61 s x.

Beginen 61 s x.
Behörden, päpstliche 58 m.
Beichte 29 g, 38 l, 43 o, 61 h, 62 r, 70 x; vgl. Buße.
Beichtsiegel 62 r.
Bekennende Kirche 135 d–l.
Bekenntnisse 102, 103.
Bekenntnisverpflichtung 79 a b, 107 p t, 124 d, 133 c.
Bekker 105 e.
Belgien 111 q, 114 i m o, 116 l, 125 e.
Bellarmini 93 o u.
Benedikt V 48 h; VIII 49 n; IX 49 n p; X 50 d; (XIII) 67 k, 69 c d; XIII 111 b; XIV 111 b; XV 132 b.
– v. Aniane 45 e, 49 c.
– v. Nursia 38 c.
Benediktiner 38 a–d, 45 e, 49 c, 52 d, 66 a, 71 d, 97 h; vergleiche Mönchtum.
Bengel 106 o.
Berdjajew 131 h, 137 f.
Berengar v. Tours 53 f.
Bergson 131 g.
Bernadette, hl. 115 e.
Berneuchener 133 h.
Bernhard v. Clairvaux 52 d o, 53 o, 54 b–d, 56 a d.
Bernini 97 m.
Berthold v. Mainz 71 q.
– v. Regensburg 60 i, 61 g.
Beryllus v. Bostra 17 y.
Besançon 56 f.
Besant 131 t.
Beschneidung 8 e.
Bessarion 72 c.
Bethel 122 y.
Bettel 60, 66 b, 71 q, 76 l, 81 e.
Bettelorden 60, 71 d.
Beuckelssen 85 h.
Beuron 132 m.
Beyschlag 122 h v.
Beza 82 s t, 83 i.
Biandrata s. Blandrata.
Bibel-Babel-Streit 121 o.
Bibeldrucke, vorreformatorische 71 q.
Bibelforscher, Ernste 133 o.

Bibelgesellschaften 109 n, 111 n, 114 b, 120 x.
Bibelkommission, päpstl. 116 y.
Bibelstudium, neueres 96 p u, 107 g l n o, 111 n, 116 t, 119, 121 d l.
Bibelübersetzung 30 b h, 33 c, 43 s, 59 k, 68 c, 76 a b, 81 z, (83 f), 111 n.
Bibelverbot 71 q.
Biedermann, A. E. 121 h, 124 d.
Biel 71 f, 75 a.
Bilderdijk 124 e.
Bilderverehrung und Bilderstreit 27 u, 42 b–e, 43 v.
Bilderwand 27 x.
Björnson 124 k.
Birgitta 66 c, 67 c.
Birgittinnen 66 c.
Biró 84 v.
Bischöfe 8 m, 10 c, 14 g–h, 20 b h, 26 i, 43 k, 48 a–d, 58 h, (121 c), 133 c, 138 e h.
Bischofswahl 20 d, 26 i, (31 l), 35 d, 48 c, 50 c d, 58 h, 111 s v, 114 g, 116 i.
Bismarck 115 v–y, 116 g.
Blandrata 85 y z.
Blarer 79 c.
Blau 111 n.
Blaurer s. Blarer.
Blavatsky 126 z, 131 t.
Bleek 119 d.
Blondel, D. 44 d, 96 u.
Blumhardt 117 i.
–, d. Jüngere 122 s.
Bobbio, Kloster 38 e.
Boccaccio 72 b.
Bockelson (Beuckelssen) 85 h.
Böcklin 113 q.
Bodelschwingh, v. 122 y; der Jüngere 135 e.
Bodin 105 p.
Boëthius 37 b, 38 g.
Bogomilen 59 c.
Böhme, Jak. 85 q, 95 k.
Böhmen 55 l, 68 g–l, 69 h–l, w–z, 71 v w, 84 u, 94 c, 132 v, 136 y.
Böhmer, J. H. 104 e.

Die Zahlen weisen auf die Paragraphen

Böhmische Brüder 71 v w, 84 u, 85 a[1], 106 q.
Boleslav v. Böhmen 55 l.
– Chrobry 55 m.
Boleyn, Anna 84 h.
Bolingbroke 105 m.
Bolschewismus 137 d e.
Bolsec 82 l.
Bonald, de 111 t.
Bonaventura 62 h.
Bonhöffer 135 i.
Bonifatius II 33 w; IV 27 s; VIII 65 a b e; IX 67 e.
– (Wynfrith) 41 c–r.
Bonus, A. 122 r, 131 q.
Book of common prayer 84 k, 103 o, 136 c.
Booth 123 v.
Bora, Kath. v. 76 w.
Borgia 70 c e.
Boris 46 f.
Borromäusenzyklika 116 z.
Borromeo 93 m.
Bosio 18 q.
Bosnien 127 d e.
Bossuet 97 e k v.
Bothwell 89 r.
Bourrier 125 d.
Bousset 121 o.
Boxeraufstand 130 o.
Brandenburg, Bist. 55 c, 70 s.
– Kurfürstentum 79 c, 92 t, 95 n o.
Braunschweig-Wolfenbüttel 79 i, 92 o.
Brautmystik 19 r, 54 d.
Bremen 43 d, 45 b, 55 d i, 92 h r s, 94 k, 117 i, 120 m, 122 i.
Bremer Radikalismus 122 i.
Brémond 132 q.
Brenz 75 k, 78 i o, 79 c, 84 n.
Bres, de 103 k.
Bretschneider 119 p.
Briçonnet 84 c.
Britannien 16 m, 33 p, 39, 47 f, 53 c; vgl. England.
Brockes 107 h.
Brogne 49 d.
Browne, Robert 98 h.
Brüder und Schwestern des freien Geistes 61 x.

Brüder vom gemeinsamen Leben 71 c.
Bruderschaften 71 p.
Brüderunität 71 w, 84 u; vgl. Herrnhuter.
Brunner 136 m.
Bruno der Kartäuser 52 c.
–, Giordano 93 z, 116 n.
Buber 138 d.
Bucer 75 k, 76 h[3] k, 77 l, 78 i o r u, 79 b, 84 c k, 96 l, 103 a c.
Buchdruckerkunst 74 m.
Büchner, Ludw. 113 d.
Buckle 113 l.
Buddeus 107 g.
Bugenhagen 76 h[3], 78 i, 79 c, 81 h, 84 p.
Bulgaren 46 f n, 59 c, 127 d e.
Bullinger 78 v, 82 r, 85 w, 96 l, 103 c e g.
Bultmann 134 g.
Bunyan 98 u.
Buonaiuti 132 r.
Buraburg 41 m.
Burckhardt, Jak. 113 h.
Burgunder 31 g, 35 l.
Burnand 113 q.
Bursfelder 71 d.
Busch, J. 71 d.
Busenbaum 97 i.
Bushnell 126 n.
Bußbrüderschaft 61 s.
Bußbücher 38 l.
Buße 10 r, 19 b–i, 29 f g, 38 l, 43 o, 61 h, 62 r.
Bußstufen 19 i, 29 f.
Butler 109 b.
Buxtorf 96 u.
Byzanz und Byzantinisches Reich 23 h, 34, 36, 40 m, 42 a–e, 46, 51 d, 56 d q, 64 i k, 66 g[1], 70 b c t u.

Caecilian 25 e f.
Caesarius v. Arles 33 w, 38 g, 102 a.
Cäsaropapismus 26 d, 36 f, 70 y.
Cajetan 75 l–n.
Cajetaner 93 g.
Calas, Jean 105 q, 111 d.
Calatrava 70 k.
Calderon 97 m.
Calixt I. vgl. Kallistos; II. 50 w x; III 70 c.

G. 95 k–m.
Calixtiner 69 i w y.
Calov 95 e m.
Calvin 82, 83, 84 d k, 85 v, 103 d e i.
Calwer Verein 120 x.
Camaldulenser 49 e.
Cambridger Schule 98 v.
Camisarden 96 w.
Campanella 100 b.
Campbell 126 l.
Campegio 76 n.
Canada 110 c, 116 p.
Canisius 91 d.
Cano 93 o.
Canones apostolorum 26 a.
Canossa 50 n.
Canstein, v. 106 h.
Canterbury 39 f i.
Cantores 26 l.
Canus 93 o.
Capito 76 k, 77 l, 78 r, 103 a.
Capocci, Jak. 65 k.
Cappellus 96 u.
Caracalla 16 b.
Carafa 86 b c e.
Carey, William 109 m.
Carlyle 113 n.
Carolina (1532) 83 m.
Carracci 97 m.
Cartwright 89 w.
Casas 100 b.
Casaubonus 96 u.
Caspari 124 k.
Cassianus, Joh. 28 k, 33 t.
Cassiodorus 1 c, 38 d g.
Castellio 82 k, 85 w.
Castiglione, Gottfried von 50 g.
Catenen 36 p.
Causa finita est 32 g[1].
Cavour 115 l m.
Celano 60 i.
Celsus 11 k, 17 k l.
Celtes 72 h, 77 b.
Centurien 1 f, 2 e, 81 x.
Ceprano 57 d.
Cerdo (Kerdon) 13 u.
Cerinth 13 o.
Cervantes 97 m.
Cervini 88 d.
Cesarini 69 m.
Cevennenaufstand 96 w.
Chalcedon 34 n o.
Chaldäer 4 d l.

Die Zahlen weisen auf die Paragraphen

Chalmers 123 y.
Chamberlain 131 q.
Chanforans, Synode 85 a[1].
Channing 126 v.
Chantal, Franziska v. 97 g.
Character indelebilis 20 c.
Charisma veritatis 14 g.
Charlier s. Gerson.
Chateaubriand 111 t, 114 k.
Chazaren 46 d.
Cheltschitz 71 w.
Chemnitz, M. 92 o, 95 e.
Cheyne 123 q.
Chieregati 76 n.
Chiesa libera 125 i.
Chiliasmus 9 k, 10 m[4], 33 n, 98 i, 119 l.
Chillingworth 98 v.
China 34 r, 64 p, 100 e, 130 o, 138 b.
Chinesische Riten 100 e, 111 h, 138 h.
Chlodovech 31 c, 35.
Chlotachar II 35 d.
Chlysten 128 d.
Choral 81 h, 104 k.
Chorepiskopen 20 h, 26 k, 41 h, 43 k.
Chorherren (Kanoniker) 43 m, 52 h–k, 71 d.
Christenname 8 b.
Christenprozesse 11 a–c.
Christentumsgesellschaft 107 s.
Christian II. v. Dänemark 84 p; III 84 p; IV 94 c.
Christian, Zisterc. 64 d.
Christian Scientists 126 y.
Christine v. Schweden 97 d.
Christliche Welt 122 h.
Christologie 7 b, 10 n o, 13 k v, 17 o–z, 24, 34, 36 h, 40 c–e, 43 u, 53 q, 85 u–z, 95 f, 105 k w, 106 v, 107 n, 119 t.
Chrodegang 43 m.
Chroniken 1 d e.
Chrotechilde 35 b.
Chrysostomus 34 c.
Chur 41 h.
Cid 63 d.
Cistercienser 52 d–g, 66 a, 71 d, 93 k, 97 h.
Citeaux 52 d.
Clairvaux 52 d.
Clara Sciffi 60 o.

Clarendon, Konstitution 56 h.
Clarissinnen 60 o.
Claudius, Kaiser 8 u.
– Apollinaris 15 c.
–, Matthias 107 r.
– v. Turin 45 g.
Clémanges, Nicolas de 71 f.
Clemens s. Klemens.
Clément, J. 89 f.
Clericis laicos 65 b.
Clericus 105 e.
Clinici 18 f.
Cluni, Cluniacenser 49 a bis c, f o, 50 b, 52 b, 66 a.
Coadjutoren (in der S. J.) 87 e.
Cobham 68 f.
Coccejus 96 l, 106 c.
Cochläus 78 s, 79 n.
Cock, de 124 e.
Codex iuris canonici 132 f.
Coelestin I 32 g, 34 h; IV 57 e; V 57 k.
Coelestiner 57 k.
Coelestius 33 o–r.
Cohen, H. 113 i.
Colani 125 b.
Colenso 123 o.
Coleridge 123 c m.
Colet 72 p.
Cölibat 26 q r, 46 i, 50 l, 111 n, 114 q, 132 v; vgl. vita canonica.
Coligny 84 d, 89 e.
Collegium Germanicum 87 i, 91 d.
Collenbusch 117 i.
Collins 105 l.
Colonna, Vittoria 84 y.
Columba d. Ält. 39 d.
– d. Jüngere 38 e.
Coemeterien 18 q.
Commodus 16 b.
Communicatio idiomatum 78 k.
Communio sub una, sub utraque 62 q, 69 i.
Comte 113 l.
Concordie 92 l–o, 102 g.
Condé 84 d.
Confessio Augustana 78 r, 79 b, 102 c.
– Belgica 89 o, 103 k.
– Dosithei 99 b.
– Gallicana 84 d, 103 i.

– Helvetica I 103 c; II 82 r, 103 g.
– orthodoxa 99 b.
– Scoticana 103 m, m[1].
– tetrapolitana 78 r, 103 a.
Confirmatio 27 g, 62 p, 106 e.
Confraternitates 71 p.
Confutatio 78 s.
Congregatio Germ. 91 e.
Cönobitentum 28 d.
Consalvi 111 v, 114 a.
Consensus repetitus 95 m.
– Tigurinus 82 q, 103 e.
Consilia evangelica 10 q.
Consolamentum 59 e.
Constantinopolitanum 24 y[3], 102 a.
Constitutiones apost. 26 a.
Contarini 84 y, 86 e.
Coornhert 96 c q.
Coquerel 125 b.
Corbinian 41 g.
Cordatus 84 u.
Cornelius 16 s, 19 g.
–, Peter von 113 q.
Corpus cathol., Corpus evang. 94 g.
Corpus doctr. christ. 92 m.
Corpus iuris canonici 58 c.
– iuris civilis 36 f.
Correggio 93 w.
Costa, da 124 e.
Court 111 d.
Cousin 113 n.
Cracow 92 h.
Cranach, Lukas 81 y.
Cranmer 84 k l, 103 o p.
Crell 92 q.
Croce 131 g.
Cromwell, Oliver 98 k–s, 100 g.
–, R. 98 n.
–, Th. 84 h i.
Cruz, J. de la 93 k.
Cudworth 98 v.
Cum inter nonnullos 66 b.
Cyprian 19 f, 20 q t, u–w.
Cyran 97 r.
Cyrill s. Kyrill.
Czerski 114 u.

Daillé 1 h, 96 u.
Damasus 24 v–x, 32 g n[3], 33 c.
Damiani 49 e, 50 g.
Damiansorden 60 o.

Die Zahlen weisen auf die Paragraphen

Dänemark, 84 p, 55 k, 124 h, 136 r.
Daniélou 132 q.
Dante 10 m, 63 f, 72 b.
Danzig 84 t.
Darby 123 u.
Darley (Darnley) 89 r.
Darwin 113 m.
Daub 119 g.
Dea Syra 4 p.
Decius 16 c d.
Decretum Gratiani 58 c.
Defensor pacis 65 i.
Deismus, engl. 105 f–n.
Deißmann 121 o.
Dekretalen 26 a, 32 g, 44 c d, 58 c.
Delitzsch, Franz 119 x, 120 e.
–, Friedr. 121 o.
Demetrius v. Alex. 17 k.
Denifle 116 s.
Denk 85 d.
Denominationen 110 a, 126 c.
Descartes 105 b.
Dessauer Bund 78 b.
Deutsche Christen 133 n, 135 c.
Deutsche evangelische Synode 126 p.
Deutscher Orden 64 c–e, k; 84 r.
Deutsche Theologie 75 d.
Deutsch-Katholiken 114 u.
Deutsch-Kirche 133 n.
Dévay 84 v.
De Wette 119 e, 124 c.
Diakonen 8 m, 10 d, 20 e, 83 k.
Diakonissenwesen 120 v.
Dialektik 53 a, e–s.
Dialektische Theologie 134 b h.
Diaspora, jüd. 5 a–h.
Diatessaron 12 d.
Diatribe 3 e, 4 y.
Dibelius, M. 134 g.
Dichtung, religiöse 27 m; vgl. Kirchenlied.
Didache 10 a.
Didascalia apost. 26 a.
Diderot 105 r.
Diego v. Osma 60 l.
Diether v. Mainz 70 p.
Dietrich v. Freiberg 66 i.
Dilthey 113 i.

Diodor v. Tarsus 34 e.
Diognetbrief 12 d.
Diokletian 3 b, 22 a b.
Dionysius d. Gr. von Alex. 17 m z.
– Areopagita 36 o; vgl. Areopagitische Mystik.
– Exiguus 27 q.
– der Kartäuser 71 f.
– v. Korinth 14 k.
– v. Rom 17 z.
Dioskur 34 l–o.
Dippel 106 m.
Diptychen 27 z.
Disciples of Christ 126 l.
Dissenters 89 w, 98, 123 r–w.
Dogma, altkirchliches 17 p q; im Protestantismus 81 e l, vgl. 85 z, 134 h.
Dolci, Carlo 97 m.
Dolcino 61 w.
Dölger, F. J. 132 m.
Döllinger 114 s, 115 m o q t.
Dom 43 m.
Dominikaner 59 n, 60 k bis m, 71 d.
Dominikus 60 k–m.
– Gundissalinus 53 s.
Dominus ac redemptor noster 111 k.
Domitian 11 d.
Domitilla 11 d.
Domkapitel 43 m, 50 z, 58 h, 114 g.
Domnus v. Antiochia 34 m.
Donatio Const. 42 i k, 48 n, 50 b.
Donatismus 25 d–k.
Donatus v. Casae nigrae 25 e.
– d. Gr. 25 f.
Doppelklöster 52 c, c[1].
Doppelte Wahrheit 62 m, 105 d u.
Dordrecht 96 h.
Dorner, I. A. 119 z.
Dorpat 128 k.
Dositheus, Gnost. 5 o, 13 o.
– Patriarch 99 b.
Dostojewski 128 n, 131 h.
Dreikapitelstreit 36 h.
Dreißigj. Krieg 94.
Drews, A. 122 r, 131 h.
Driver 123 q.
Droste-Vischering, v. 114 t.

Druiden 4 b.
Dualismus 13 f, 21 h, 59 b e.
Duchesne 132 q.
Duchoborzen 128 d.
Duhm 121 l, 124 d.
Dunin 114 t.
Duns Scotus 62 l–n.
Dupanloup 115 q.
Duraeus 95 h, 98 o.
Dürer 72 u, 81 y.
Duvergier 97 r.
Dynamist. Monarchianer 17 s t.

Ebjoniten 7 c, 9 h k.
Ebner, Marg. 66 o.
Echter v. Mespelbrunn 91 h.
Eck, Joh. 75 i o p w, 78 s, 102 c.
Eckhart, Meister 66 i.
Eddy, Mrs. 126 y.
Edelmann 107 i.
Edessa 16 k.
Edinburg 136 c.
Editae saepe dei 116 z.
Eduard I v. England 65 b; VI 84 k.
Edwards, Jon. 110 b.
Egede 106 r.
Egmont 89 l.
Ehe 8 p, 19 l, 61 i, 62 p, 81 r; geistliche 19 r; gemischte 19 l, 114 t; zweite 10 q, 19 l, 123 q; geheime (klandestine) 88 h.
Ehehindernisse 29 c, 81 r.
Eherecht 29 c, 88 h, 111 q; 132 f.
Ehrhard, A. 116 s.
Eichhorn, J. G. 107 o.
Eichsfeld 91 h.
Eichstätt 41 m, 114 g.
Eigenkirche 31 m, 35 g, 43 i.
Einhard 43 r.
Einheitsbewegung, kirchliche 120 n o, 136 g–k.
Einstein 131 h.
Einzelkelch 122 f.
Eisenacher Konferenz 120 o.
Ekthesis 40 d.
Elagabal 16 b.
Elbslaven 55 c–e.
Elchasai 9 l.

Die Zahlen weisen auf die Paragraphen

Eleutherus 14 i, 15 d, 17 w, 20 p.
Elias v. Cortona 60 f i.
Elipandus v. Toledo 43 u.
Elisabeth v. England 84 m n, 89 t–w.
– v. Schönau 54 k.
– v. Thüringen 59 n.
Elkesaiten 9 l.
Elliot, J. 100 g.
Elxai 9 l.
Emerson 126 v.
Emmeran 41 g.
Emser Punktation 111 m.
Endura 59 e.
Engelverehrung 8 p, 18 t, 27 s.
England 50 p t, 53 c, 55 i, 56 h p, 65 b, 68 a–f, 70 h i n, 84 h–n, 89 t–w, 98, 105 f–n, 109, 114 p, 115 i, 116 m v, 123, 136 c; vgl. Britannien.
Englische Fräulein 97 h.
Enkratiten 13 s.
Enkyklion 34 q.
Entkirchlichung 120 t, 122 l, 133 i, 135 i.
Entwicklungsbegriff 113 l m, 119 s–v.
Enzyklopädisten 105 r.
Ephesus 8 h, 10 b, 16 h.
Ephraem Syrus 27 m.
Epigonus 17 w.
Epiktet 4 y.
Epikur 4 u.
Epiphanes, Gnost. 13 p.
Epiphaniasfest 18 o.
Epiphanius 13 a, 24 y³, 27 u, 34 b.
Episcopius 96 p.
Episkopen s. Bischöfe.
Episkopalismus (kath.) 20 w, 32 b², 69 c, 70 g, 88 b h, 97 e, 111 m.
Episkopalkirche, protestantische in Nordamerika 110 b, 126 o.
Episkopalsystem (prot.) 81 k, 104 e.
Episkopat 10 c, 14 g–k, 26 i; vgl. Bischöfe.
Epistola apostolorum 10 m.
Epistolae obscurorum virorum 72 m.

Erasmus 72 k, n–q, 76 x y, 77 a c.
Erbsünde 33 l p r u, 92 i; vgl. vitium originis.
Eremiten 28 b c; vgl. Mönchtum.
Erfurt 41 m, 72 h.
Erigena 45 h.
Erlanger Schule 119 w x, 121 i.
Ernesti 107 k.
Ernst d. Fromme 94 p.
Erotik, religiöse 19 r, 54 d, 106 t.
Erweckung 109 l, 117 h i, 124 b c e i k, 126 b.
Erweckungstheologie 119 i–l.
Erwin, Meister 63 p.
Esch 84 f.
Eschatologismus 5 m, 6 f, 10 m, 13 h, 15 a b, 33 n, 81 e.
Eskorial 93 x.
Ess, van 111 n.
Essäer, Essener 5 n.
Estland 64 b, 84 s, 136 t.
Ethelbert v. Kent 39 f.
Ethik, antike 4 x y, 5 g.
Ethwil 39 f.
Eucharistie vgl. Abendmahl.
Eucharistische Kongresse 115 e.
Euchiten 28 h.
Eucken 113 i.
Eudes 97 g.
Eudo de Stella 59 c.
Eudoxianer 24 y.
Eudoxius 24 u.
Eugen III 54 c, 56 d; IV 69 m–s.
Eulogien 18 i.
Eunomius 24 o.
Eurich 31 e.
Eusebius v. Caesarea 1 b, 17 m, 24 f–h, 27 u.
– v. Doryläum 34 m.
– v. Emesa 24 p.
– v. Nikomedien 23 h, 24 f h k l, 30 g.
– v. Vercelli 26 r.
Eustathianer 28 h.
Eustathius v. Sebaste 24 p, (28 h).
Eutyches 34 m o.
Evagrius von Antiochia 28 k.

– Ponticus 28 i
Evangelien, apokr. 10 k.
Evangelische Allianz 123 h.
Evangelischer Bund 122 v.
Evangelischer Gemeindetag 122 f.
Evangelische Gemeinschaft 126 i.
Evangelische Ratschläge 10 q.
Evangelisch-sozialer Kongreß 122 x.
Evaristus 14 i.
Everard, J. 98 i.
Evolutionismus 113 l m.
Exarchat v. Ravenna 42 h.
Execrabilis 70 c.
Exercitien 87 g, 132 m.
Exiit qui seminat 61 u.
Exorcisten 20 e f.
Expressionismus 131 p.
Exsurge domine 75 w.
Exukontianer 24 o.

Faber, Johann 77 g, 78 s.
–, Peter 87 c.
–, Stapulensis 84 c.
Faith and Order 136 i.
Falk, Adalbert 115 x, 116 f, 122 b.
–, Johannes 120 v.
Familisten 85 s, 98 i.
Farel 82 b, d–g.
Fasten 8 p, 10 g q, 18 n, 27 p, 61 q, 81 c.
Faustus v. Reji 33 t.
Febronius 111 m.
Fechner 113 e.
Federal Council 136 d.
Fegfeuer 38 m, 61 q, 75 f.
Felicissimus 19 f.
Felicitas 11 g.
Felix III 32 n, 34 q; V 69 r.
Felix v. Urgellis 43 u.
Fénelon 97 v.
Ferdinand I 88 h, 91 b; II 94 c; III 94 e.
Ferrer 66 q, 67 e, 69 d.
Feste 10 g, 18 n o, 27 o–r, s t, 42 e, 61 k m, 83 f.
Feuerbach, Ludwig 113 c.
Feuillanten 93 k.
Fichte, J. G. 108 r, 117 c.

Die Zahlen weisen auf die Paragraphen

Namen- und Sachregister

Ficino 72 d.
Ficker, Joh. 122 e.
Fidanza, Joh. 62 h.
Fihrist 21 f².
Filioque 37 i, 43 w, 46 i.
Finanzsystem, päpstl. 65 o p.
Finnland 55 k, 126 u, 128 b, 136 t.
Firmelung 27 g, 46 i, 62 p.
Firmian, v. 111 d.
Firmilian v. Neocäsarea 20 t.
Flacius, M. 1 f, 81 x, 92 c e i m n.
Flagellanten 61 q w, 66 q.
Flavia Domitilla 11 d.
Flavian 34 m.
Flavius Clemens 11 d.
Fliedner, F. 125 f.
–, Th. 120 v.
Florentius Radewyns 71 c.
Föderaltheologie 96 l.
Fogazzaro 116 u.
Fontévraud 52 c.
Formosus 47 e.
Formula concordiae 92 l o, 102 g.
Formula consensus Helvetica 96 s, 103 h.
Fox, G. 98 s.
Franciscus 60 d–g, 64 r.
Franck, Seb. 85 o p.
Francke, A. H. 106 g–k.
Frank 119 x, 121 i.
Franken 35, 37 i, 38 k m, 41–45, 47 a–c.
Frankfurter, der sog. 75 d.
Frankfurter Anstand 79 e.
– Parlament 115 f.
– Rezeß 92 m.
Frankreich 47 a, 48 a, 49 a–c, m r, 50 p, 51 h i, 52 a c k o, 53 e f, m–s, 54 b e, 56 a b p, 57 g, 59 a bis b, 62 c d, 63 b c k o r, 65 a–f, 69 t, 70 m, 73 i, 84 b–e, 89 c–h, 105 o–s, 111 d k, 114 f n, 115 e z, 116 i k t, 125 b–d, 132 e q, 136 n.
Franz I v. Frankreich 84 c; II 89 d.
Franz v. Assisi 60 d–g, 64 r.
– v. Sales 97 g.
– v. Waldeck 79 i, 85 h.

Franziska v. Chantal 97 g.
Franziskaner 60 d–i, 61 t bis v, 66 b, 71 d.
Franziskaner-Observanten 71 d.
Fraticelli 66 b.
Frauenbewegung 60 n o, 124 d, 133 f.
Frauenstimmrecht 122 f.
Freidenker, engl. 105 k–m.
Freikirchen 118 i k, 120 b, 122 o, 124 b, d–f; schottische 123 y, 136 c.
Freimaurer 107 d, 109 c, 114 b, 116 r².
Freireligiöse Gemeinden 120 b, 122 o.
Freising 41 g m, 114 g.
Frères ignorantins 97 h.
Freud, S. 131 m.
Freundschaftsbund der Kirchen 136 i.
Friedrich I (Kaiser) 56 e–k, 59 m; II 57 a–g, 61 v y; III 69 u, 70 c.
Friedrich I v. Dänemark 84 p; IV 106 h.
Friedrich v. Lothringen (Stephan IX) 50 c.
Friedrich III v. d. Pfalz 92 s; IV 94 b; V 94 c.
Friedrich I v. Preußen 118 g¹; II 107 b.
Friedrich d. Weise 71 n, 75 k m n y, 76 h³ o.
Friedrich Wilhelm der Gr. Kurfürst 94 p, 95 o.
Friedrich Wilhelm II 107 t: III 107 t, 114 t, 118 e–i; IV 114 t, 118 k.
Friends s. Quäker.
Fries 119 e.
Friesen 41 d i k p, 43 e.
Froment 82 d.
Fronleichnam 61 k.
Frumentius 30 d.
Fry, Elisabeth 123 w.
Fulbert v. Chartres 53 e.
Fulda 41 p, 45 i k, 91 h.
Fulgentius von Ruspe 33 w, 38 g.
Funck 92 f.
Fundamentalismus 136 f.
Funk, F. X. 116 s.

Gaetano da Thiene 86 c.
Gajus (röm. Christ) 18 t.

Galatien 8 h i.
Galen, Graf 132 o.
Galerius 22 c.
Galilei 97 n.
Galizin, Fürstin 111 o.
St. Gallen 38 e, 41 g, 45 i k, 53 b.
Gallienus 16 f.
Gallikanismus 69 t, 70 m, 93 e, 97 e, 114 k.
Gallion 8 e¹.
Gallus, Kaiser 16 d.
–, Mönch 38 e, 41 g.
Gandhi 138 b.
Ganganelli 111 k.
Gansfort 71 h.
Gardiner 136 i.
Garibaldi 115 m.
Gasparri 132 b g.
Gebhardt, v. 113 q.
Geiserich 31 c f.
Geißel, Joh. v. 114 t.
Geißler (Flagellanten) 61 q w, 66 q.
Geistliche Fürstentümer 48 b c, 80 n o, 94 h, 111 y z.
Geistlichkeit s. Klerus.
Gelasianum (Dekret) 32 n³.
Gelasius I 32 n; II 50 w.
Gelasius v. Cäsarea 1 c.
Gellert 107 k.
Gemeinschaftsbewegung 122 q.
General Baptists 98 r.
Generalsuperintendenten 118 f, 133 c, 135 e.
Genf 82, 83, 124 b d.
Genserich 31 c f.
Gentile 131 g.
Gentilis 85 y.
Georg, hl. 61 m.
– v. Laodicea 24 p.
– v. Sachsen 75 p, 76 g, 79 c.
George, St. 131 l.
Georgien 30 b, 137 f.
Gerard, Meister 52 n.
Gerbert v. Aurillac (Sylvester II) 48 m, 53 e.
Gerhard, Joh. 95 e.
Gerhardt, Paul 95 o r.
Gerichtsbarkeit 26 d o, 29 d, 58 e.
St. Germain, Edikt (1562) 89 d.
Gerson 67 h, 69 a, 71 f.

Die Zahlen weisen auf die Paragraphen

Gesangbücher 81 h, 107 p, 122 e.
Geschichtswissenschaft 1, 72 c, 81 x, 96 u, 113 d l.
Gesenius 119 p.
Geusen 89 l.
Gewerkschaften 116 h.
Giacopone da Todi 60 i.
Giberti 86 c.
Gieseler 1 l.
Gießen 92 r, 115 f.
Gilbert v. Sempringham 52 c[1].
Gilbertiner 52 c[1].
Gioberti 114 w.
Giotto 60 e, 63 s, 72 s.
Giovanni Pisano 63 r.
Glagolitisch 46 e m.
Glaubensbewegung 131 q r.
Glaubensregel 14 b–d.
Gnesen 55 m, 114 g.
Gnostiker 13, 25 c.
Gobineau 131 q.
Goch 71 h.
Godet 124 d.
Goguel 136 n.
Gomarus 96 b.
Görres 114 q t.
Gorze 49 d.
Goten 30 e–l, 31 e i, 37 i.
Goethe 107 rs, 108 k, 131 h.
Goeze, J. M. 107 s.
Gotik 63 m–s, 113 s.
Gottesbeweis 53 h, 108 g.
– -dienst s. Kultus.
– -dienstordnungen s. Liturgie.
– -freunde 66 n o.
– -frieden 49 m.
– -gnadentum 42 g, 104 e.
– -kasten 120 y, 122 u.
– -staat 33 g n.
Gottesurteile 38 m, 43 o, 45 g.
Gottfried v. Lothringen 50 c f.
– v. Straßburg 63 e.
Gottlosenbewegung 131 r, 133 i.
Gottschalk (Mönch) 45 o.
– (Wendenfürst) 55 d.
Gottschick 121 f.
Grabmann 132 m.
Grabstätten 18 q.
Grado 37 c.
Gral 63 e.

Grammont 52 c.
Gran 55 n.
Granvelle 89 l.
Gratian (Kaiser) 23 s t.
– Joh. 49 n.
– v. Bologna 58 c.
Gravamina 70 q, 75 u.
Gray, Johanna 84 l.
Grebel 77 h.
Gregor I 37 d–l, 38 c h; II 41 i k, 42 d; III 41 m, 42 d; IV 44 f; V 48 l; VI 49 n p; VII 50 h–p; IX 57 c–e, 61 u; X 57 k; XI 67 c; XII 67 k; XIII 91 e, 93 c; XV 97 d; XVI 114 b w.
Gregor d. Erleuchter 30 b.
– v. Heimburg 70 p.
– v. Nazianz 24 s t.
– v. Nyssa 24 s t.
– Thaumaturgus 17 m.
– v. Tours 1 d, 38 g.
Gribaldo 85 y.
Griechenland, Kgr. 127 b e f.
Grönland 55 h i, 106 r.
Groot, de 124 f.
Groote 71 c.
Großmann 120 y.
Grotius 96 d g p, 104 e, 105 a.
Grundtvig 124 h.
Grünewald 72 u.
Grynäus 103 c.
Guardini 132 m.
Guisen 84 e, 89 d–f.
Gundikar 31 g.
Gundissalinus 53 s.
Gundolf 131 l.
Gunkel 121 o.
Günther, A. 115 o.
Gury 115 o.
Gustav Adolf 90 d, 94 d.
Gustav-Adolf-Verein 120 y, 122 u.
Gustav Wasa 84 q.
Gützlaff 130 o.
Guyon, Frau v. 97 v.
Gyrovagi 38 b.

Habsburgische Gebiete s. Österreich.
Hadrian (Kaiser) 11 f.
Hadrian I 43 b; II 44 k; IV 56 f; VI 76 n, 86 e.
Haeckel 113 d, 122 m.
Hafenreffer 95 f.

Hagenbach 124 c d.
Hagia Sophia 27 y, 36 f.
Hahn, A. 119 q.
Halbarianer 24 y.
Halberstadt 43 d, 94 k.
Halbpelagianer 33 s–w.
Hales 98 v.
Halesius, Alexander 62 f.
Haller 77 l.
Hamann, J. G. 107 r, 108 e.
Hamburg 45 b, 55 i, 117 i.
Hamilton 84 g.
Hannover, Kgr. 114 h, 120 f l, 122 c.
Harald Blauzahn 55 g.
Hardenberg, A. 92 h.
Häresie, Begriff 14 a[1].
Häresie des Geistes 61 x.
Häretische Orientalen 34 r s, 36 k, 64 n, 129 c–e.
Häring, Theodor 121 f.
Harleß, A. v. 120 d e.
Harms, Klaus 117 f g, 119 o.
–, Ludwig 120 f, 130 g.
–, Theodor 122 o.
Harnack, A. v. 1 m, 121 f m, 122 k.
–, Theodosius 128 b.
Hartmann v. d. Aue 63 e.
–, Eduard v. 113 g.
–, Nikolai 131 k.
Harvard College 126 n.
Hase, K. v. 1 l, 2 e, 119 r z, 120 m.
Hätzer 85 d.
Hauck, A. 121 m.
Hauer 131 q, 135 i.
Hauge 124 k.
Hausmann 78 f.
Havelberg 55 c, 70 s.
Hebräerevangelium 10 k.
Hecker 116 w.
Hedio 78 o.
Hedwig v. Polen 64 f.
Hefele 115 o q.
Hegel 108 t, 113 c.
Hegesippus 14 k.
Heidegger, J. H. 96 s, 103 h.
–, M. 131 k.
Heidelberger Katechismus 92 s, 103 f.
Heiland 4 m.
Heiligenverehrung 18 t, 27 s, 61 m, 71 m.

Die Zahlen weisen auf die Paragraphen

Heiliges Römisches Reich 48 e[1].
Heiligsprechung 61 m.
Heilsarmee 123 v.
Heim, Karl 134 d.
Heimburg 70 p.
Heinrich II 49 k; III 49 o p v; IV 50 a g, k–s; V 50 v–z; VI 56 k.
Heinrich II v. Frankreich 84 d; III 89 f; IV 89 g h.
Heinrich I v. England 50 t; II 56 h; VIII 84 h i.
Heinrich von Braunschweig 79 i.
– v. Freiberg 79 c.
– Häretiker 59 c.
– der Löwe 55 e.
Heitmüller 121 o.
Helding 80 d.
Helena (Gnost.) 13 o.
– (Mutter Konstantins) 23 g, 27 t v.
Heliand 45 l.
Hellas, Kgr. 127 b e f.
Hellenismus 3 e–g, 5 f g.
Helmstedt 95 l.
Heloise 53 o.
Helvetische Konfession 84 v.
Hengstenberg 117 k, 119 x, 120 k.
Henke, Ph. K. 1 k, 107 o.
Henotikon 34 q.
Herakleon 13 r.
Heraklius 40 b d.
Herbert v. Cherbury 105 g.
Herder 108 e.
Herderinstitut 136 t.
Herford 96 n.
Hermann v. Salza 57 d, 64 d,
– v. Wied 79 i.
Hermannsburger Mission 122 o.
Hermas 10 a q r.
Hermes, G. 114 r.
Hermes Trismegistos 4 w.
Hermias 12 d.
Herodes Agrippa I 7 h.
Herodes Antipas 6 b.
Heroen s. Märtyrer.
Herrenmahl s. Abendmahl.
Herrmann, E. 122 b.
–, W. 121 f.

Herrnhaag 106 s t.
Herrnhuter 106 p–x, 107 r, 109 e g, 126 p.
Herwegen 132 m.
Herz-Jesu-Kultus 97 i.
Herzl 138 d.
Hessen 78 b g n o p, 79 g, 92 r, 95 n, 111 e, 118 c, 120 l m, 122 c d.
Hesychasten 66 g[1].
Heterusiasten 24 o.
Hetzer (Hätzer) 85 d.
Hexenhammer 71 s.
Hexenwahn 71 s, 81 e, 94 o, 104 g.
Hi (Kloster) 39 d.
Hibbertstiftung 123 w.
Hierakas 19 s.
Hierokles 22 b.
Hieronymus 1 c, 28 k, 29 l, 33 c, 34 b.
– v. Prag 69 f.
Hilarius v. Arles 32 k.
– v. Poitiers 27 m, 33 b.
Hildebert v. Tours 62 r.
Hildebrand 50 a b d g; vgl. Gregor VII.
Hildegard von Bingen 54 k.
Hildesheim 43 d, 114 h.
Hilgenfeld 119 v.
Himmelfahrt 27 q.
Hinkmar 44 h k, 45 h o.
Hippolytus 17 b d w x, 19 d, 26 a.
Hirsau 52 b.
Hobbes 105 h.
Hochkirchliche Richtung 98 c, 123 a–k, 136 c.
Hochkirchliche Vereinigung 133 k.
Hochschulen, kirchliche 122 y.
Hoen 78 i.
Hoensbroech 122 v.
Hofacker, L. 117 i.
Hoffmann, Melchior 85 d h.
Hofmann, v. 119 x
Hohenlohe 115 q.
Holbach 105 r.
Holbein 81 y.
Holl, Karl 134 c.
Holland s. Niederlande.
Hollaz 95 e.
Holsten, K. 119 v.
Holtzmann, H. 121 l.
Homberger Synode 78 g.
Homousianer 24 h.

Homöer 24 q.
Homöusianer 24 p.
Honorius I 40 d e, 115 q; (II) 50 e; III 57 b.
– (röm. Kaiser) 31 c.
Honter 84 w.
Hontheim, v. 111 m.
Hoorn 89 l.
Horen 27 k.
Hort 123 q.
Hosius v. Corduba 24 h.
–, Stanislaus 90 c.
Houtin 116 t.
Hrabanus Maurus 45 k o.
Hromádka 136 y.
Hubmaier 77 h, 85 d.
Hügel, A. 92 i.
Hugenotten 84 d, 89 c–h, 96 w.
Hugo v. Payens 52 o.
– v. St. Viktor 54 g.
Huizinga 131 g.
Humanismus 72, 75 g, q–s, 76 x y, 77 a–d, p, 81 o, 82 b; vgl. Neuhumanismus.
Humbert 50 b, 53 f.
Hume 105 n.
Humiliaten 59 i.
Hunnen 31 c.
Hunnerich 31 f.
Huntingdon, Lady 109 i.
Hus 68 g–l, 69 e f i.
Huschke 118 i k.
Husserl 131 i.
Hussiten 69 h–l, w–z.
Hut, Hans 85 d.
Huter 85 n.
Hutt s. Hut.
Hutten 72 m, 75 s, 76 i.
Hutter 95 e.
Hy (Kloster) 39 d.
Hyginus 14 i.
Hyliker 13 h.
Hymnen 13 r t, 27 m.
Hypatia 23 v.

Ibas v. Edessa 34 m, 36 h.
Iberer (Georgien) 30 b, 137 f.
Iberische Halbinsel s. Spanien.
Ibsen 113 o, 124 k.
Idealismus 108, 113 n.
Ignatius v. Antiochia 10 a o.
– v. Loyola 87 a–c.
Illuminatenorden 111 n.

Die Zahlen weisen auf die Paragraphen

Imitatio Christi 71 i.
Immaculata conceptio 61 m, 62 n, 115 n.
Immanuelsynode 118 k.
Immunität 35 h, 48 b.
In coena domini 93 b[1].
Independenten 98 g–i, r z.
Index librorum prohibitorum 88 k, 114 b.
Indien 100 c, 130 n, 138 b.
Indulgenz s. Ablaß.
Ineffabilis deus 115 n.
Inkorporierung 60 h, 61 c.
Innocenz I 32 g; II 56 c; III 56 l–u, 58 a e h, 59 l; IV 57 f; VI 67 b; VIII 70 d; X 94 m, 97 d r; XI 97 e.
Inquisition 59 l–n, 70 k, 84 y, 85 v, 86 e, 114 b.
Inspiration 81 e, 95 b, 107 l, 123 q, 126 r.
Inspirationsgemeinden 106 k.
Institoris 71 s.
Interim, Augsburger 80 c–e.
–, Leipziger 80 f.
Interimistischer Streit 92 e.
Investitur 48 c, 50 b m x.
Investiturstreit 50; englischer 50 t.
Irenäus 14 k, 15 d, 17 b c, 20 p r, 72 o.
Irene, Kaiserin 42 e.
Ironiker 95 g–i.
Irland 39 c d, 84 n, 114 p.
Irrlehregesetz 122 k.
Irving 123 s.
Irvingianer 123 s t.
Isidor, Gnostiker 13 p.
– v. Pelusium 34 e.
– v. Sevilla 27 i, 38 i.
Isis 4 b e h l p.
Islam 40 h–o, 51, 64 i p q r, 70 b c, 73 k l, 130 r s, 138 b c.
Island 55 h i, 84 p.
Israel 138 d.
Itala 33 c.
Italien, Kgr. 112 d, 115 k–m, 116 n u, 125 h–k, 132 r; vgl. Papsttum, Römische Gemeinde.
Ius reformandi 80 m, 94 i.
Ivo v. Chartres 50 u.
Jablonski 106 s, 118 g[1].

Jacobi, F. H. 108 c.
Jacob, Henry 98 h r.
Jacoponus 60 i.
Jagiello v. Litauen 64 f.
Jago, San 71 o.
Jakob I v. England 89 s, 98 b; II 98 x.
– Baradai 36 k.
– v. Mies 69 i.
– v. Molay 65 f.
– v. Viterbo 65 k.
Jakobiten 36 k, 64 n, 129 e.
Jakobus, Apostel 7 h.
–, Bruder Jesu 7 d, 9 d e.
Jamblichus 21 c.
Jansen, C. 97 q.
Jansenismus 97 p–s, 111 h.
Janssen 115 y, 116 s.
Janus 115 q.
Japan 100 d, 130 p, 138 b.
Jatho, K. 126 k.
Jeanne d'Arc 132 q.
Jefferson 110 d.
Jemen 16 l.
Jena 92 c, 120 m.
Jerusalem 7, 9 g, 34 o[4], 40 m o, 51 i, 57 d.
Jesuiten 87, 90 d, 91 c d, 93 g, 97 i, 111 h i k, 114 c d k n v, 115 x, 116 f[1], 132 k t.
Jesuitengesetz 115 x, 116 f[1], 132 k.
Jesus 6 c–f.
Jetzerprozeß 71 r.
Joachim I v. Brandenburg 78 b; II 79 c h.
Joachim v. Floris 61 v.
Joachimismus 61 v.
Johann I 37 b; IV 40 d; VIII 44 k; XII 48 f–h; XIII 48 h; XIX 49 n; XXII 61 k, 65 h–l n, 66 b; XXIII (69 b c); 132 h.
Johann IV der Faster 37 l.
Johann der Beständige 76 o, 78 b.
– ohne Land 56 p.
– III v. Schweden 90 d.
Johann Casimir 92 s.
– Friedrich v. Sachsen 76 o, 80 b i.
– Friedrich der Mittlere 92 i m.
– Sigismund v. Brandenburg 92 t, 94 b.

Johanna, angebliche Päpstin 44 f[1].
Johannes v. Antiochia 34 k.
–, Apostel 7 h, 10 b.
– Cassianus 28 k, 33 t.
– Chrysostomus 34 c.
– Damascenus 42 c.
– v. Jandun 65 i.
– v. Jerusalem 34 b.
– vom Kreuz 93 k.
– Malalas 1 e.
– Paläologus 69 q.
– Scholasticus 26 a.
– Scotus (Erigena) 45 h.
– der Täufer 6 a b.
Joh.-Apokalypse 10 m.
Johanniter 52 n, 64 k.
Jona (Kloster) 39 d.
Jonas, Justus 76 h[1].
Jordanis 1 d.
Joris 85 l.
Joseph II 111 p q.
Josephinismus 111 p q.
Josephus 5 g.
Jovianus (Kaiser) 23 r s.
Jovinianus 28 k.
Juan de la Cruz 93 k m.
Jubeljahr 65 b o, 132 g.
Judä 77 h.
Judenchristen 7, 8 e–i, 9.
Judenmission 130 s.
Jugoslawien 136 z, 137 b.
Julia Mammaea 16 b.
Julian Apostata 23 n–q, 25 i.
– v. Eclanum 33 r.
Julianisten 34 q.
Jülicher, A. 121 l.
Jülich-Kleve-Berg 92 u.
Jülich-Klevischer Erbfolgestreit 94 b.
Julius I 24 l, 32 g; II 70 f; III 88 g.
Julius v. Braunschweig 92 o, 102 g.
– Firmicus Maternus 23 m.
Jungfrauen 10 d, 19 r.
Jung-Stilling 107 r.
Junius 95 h.
Justina, Kaiserin 24 z.
Justinian 36 a–k.
Justinus I (Kaiser) 36 h.
Justinus Martyr 11 g, 12 c g h.

Die Zahlen weisen auf die Paragraphen

Kadavergehorsam 87 f.
Kaedmon 39 l.
Kaftan, J. 121 f.
Kagawa 138 b.
Kähler, M. 121 i.
Kahnis, K. F. A. 120 e.
Kaiserkultus 4 f, 11 b, 21 m.
Kaiserswerth 120 v.
Kalenderreform 93 c, 137 b.
Kalixt I s. Kallistos; II 50 w x; III 70 c.
Kalixtiner 69 i w y.
Kallistos (Calixtus I) 17 w x, 19 d, 20 s.
Kalthoff 122 i r.
Kamaldulenser 49 e.
Kambaluk 64 p.
Kammin 55 f, 94 k.
Kanada 110 c, 116 p.
Kanon, nt. 14 e f.
– Muratori 14 f².
Kanoniker (Chorherren) 43 m, 52 h–k, 71 d.
Kanonisation 61 m.
Kanonisches Alter 26 m.
– Recht 58 c.
Kant 108 f–h.
Kapitalismus 83 r, 112 b e.
Kapitularien 35 d, 43 h.
Kappadozier 24 s t, 34 b f.
Kappel 77 m, 78 v.
Kapuziner 86 c, 93 h.
Karakalla 16 b.
Kardinalat 49 s, 50 d, 57 i k, 132 h.
Karl d. Gr. 43; IV 65 m, 72 f; V 73 g–l, 75 y, 76 m, 78 a d l, q–t, w, 79 d–l, 80 b–k, 84 f.
Karl v. Anjou 57 g k.
Karl I v. England 98 c e m; II 98 u x.
Karl IX v. Frankreich 89 d e.
Karl Martell 41 a b l n, 42 f.
Karlstadt 75 e p, 76 d–g, p q, 78 i, 84 p.
Karmeliter 60 p q, 93 k.
Karolinische Bücher 43 v.
Karpokrates 13 p.
Karpus 11 g.
Kartäuser 52 c.
Kastilien 64 h, 70 k.
Kasuistik 93 t; vgl. Probabilismus.
Katakomben 18 q.

Katechetenamt 135 r.
Katechetenschule 17 f g k m.
Katechismen 78 f, 81 h, 82 f, 92 s, 102 b, 103 d f, 107 p.
Katechumenat 18 e, 27 g.
Katenen 36 p.
Katharer 59 b–f.
Katharina v. Aragon 84 h.
– v. Medici 89 d e.
– II v. Rußland 111 k, 128 a.
– v. Siena 67 c.
Katholikenemanzipation 114 p.
Katholisch-apostolische Gemeinde s. Irvingianer.
Katholische Kirche 10 a, 14 l.
Kattenbusch 121 f.
Keith 98 s.
Kelch 62 q.
Keller, S. 122 q.
Kelsos 11 k, 17 k.
Kenosis 95 f, 119 x.
Kerdon 13 u.
Kerinthos 13 o.
Ketteler, v. 115 f.
Kettler, Gotthard 84 s.
Ketzertaufe 20 t, 25 g.
Key, Ellen 122 r.
Keyserling 131 h.
Kierkegaard 124 h, 134 b h.
Kiew 55 o.
Kilian 41 g.
Kinderkommunion 18 i, 62 q.
Kindertaufe 18 d, 27 g.
Kingsley 123 m.
Kirche der Wüste 111 d.
Kirche unterm Kreuz 92 u.
Kirchenausschuß 122 e.
Kirchenaustritt 133 i, 135 l.
Kirchenbau 18 p, 27 w–y, 31 i, 36 f, 43 p, 63 g–q, 72 s t, 93 x, 97 m, 113 s.
Kirchenbegriff bei Cyprian 20 w, Augustin 33 m n, Wiclif 68 d, Luther 81 e, Calvin 83 h, 96 m.
Kirchenfabrik 26 p.
Kirchengesang 27 l m, 33 d, 37 e, 81 h y, 83 f.
Kirchengeschichtschrei-

bung 1, 17 m, 81 x, 93 n, 95 c, 96 u, 97 k, 107 g l o, 114 s, 116 s, 119 k v z, 121 m.
Kirchengut 26 i p, 35 i, 43 i, 48 a, 50 y; vgl. Investitur, Säkularisation.
Kirchenjahr 27 p–r, 83 f.
Kirchenlied 95 p–r.
Kirchenmusik s. Musik.
Kirchenordnung, apost. 26 a.
Kirchenrecht 26 a, 44 d, 58 c, 81 e.
Kirchenrechtssysteme des 17. u. 18. Jhs. 104 e.
Kirchenslavisch 46 e m.
Kirchenstaat 42 f–k, 43 b, 56 o, 67 b, 70 f, 111 x, 114 a b, 115 b r, 132 b; vgl. Papsttum.
Kirchentag (Wittenberg 1848–72) 120 o; (1919, 1921 usw.) 133 e.
Kirchenverfassung s. Verfassung.
Kirchenzucht 8 o, 10 r, 19 b–i, 29 f g, 83 m, 106 u.
Kirchlich-soziale Konferenz 122 x.
Klages 131 n.
Klandestine (geheime) Ehe 88 h.
Klarissinnen 60 o.
Klaudius, Kaiser 8 u.
– Apollinaris 15 c.
– v. Turin 45 g.
Klemens II 49 p; (III) 50 o; V 65 d–f; VI 67 b; VII 78 d, 86 e; VIII 93 e; XI 111 b h; XIII 111 k; XIV 111 k.
Klemens v. Alexandria 17 f h i, 19 p.
– v. Rom 9 m, 10 a, 26 a.
Kleomenes 17 w.
Klerus 20, 26; vgl. Bischöfe, Pfarrer.
Klettenberg, v. 107 r.
Kleve 79 i, 94 b.
Klevischer Krieg 79 i.
Kliefoth 120 g.
Klinger 113 q.
Klopstock 107 p.
Klöster s. Mönchtum.
Klosterschule 29 l, 38 c, 45 f g i.

Die Zahlen weisen auf die Paragraphen

595

Knipperdolling 85 h.
Knox 83 o, 89 r.
Knut d Gr. 55 h.
Koch, Hugo 116 s.
Kodde, van der 96 q.
Kögel 122 h.
Kohlbrügge 117 i.
Köhler, W. 134 f.
Koine 3 e.
Kollegialsystem 104 e.
Kollegianten 96 q.
Kollegiatkirchen 43 m.
Köln 41 h, 43 k, 79 i, 91 h, 114 g.
Kölner Streit 114 t.
Kolumba d. Ältere 39 d.
– d. J. 38 e.
Kolumbus 100 a.
Kolumbanus 38 e.
Kommenden 65 p.
Kommodus 16 g.
Kommunismus 7 d, 13 p, 69 k, 85 h n, 96 n, 112 e.
Konferenz, Allgemeine Lutherische 120 q, 122 h.
–, Eisenacher 120 o.
–, kirchlich-soziale 122 x.
Konfessionalismus des 19. Jhs. 119 w x, 122 h.
Konfessoren 11 g, 16 d, 19 f.
Konfirmation 106 e, 122 f.
Konfucius 100 e, 105 y, 138 b.
Kongregationalisten 98 g–i, 126 n.
Kongregationen 93 i.
Konklave 57 k.
Konkordate 50 x (Worms); 69 g (Martin V); 69 u (Wien 1448); 70 g m (Frankreich 1516); 70 k (Spanien 1482); 111 u (Frankreich 1801); 114 e–i (Consalvi); 115 f g (50er Jahre des 19. Jhs.); 116 i k (Frankreich 1904–1905); 132 g, n–p, r (neueste).
Konkordie 92 l–o, 102 g.
Konrad II 49 l; III 56 b d; IV 57 d.
Konrad v. Hochstaden 63 p.
– v. Marburg 59 n.
– v. Masovien 64 d.
Konradin 57 g.

Konsistorien 81 i, 83 l, 118 f.
Konstans I 23 k, 25 h; II 40 d.
Konstantin d. Gr. 22 c d, 23 a–h, 24 g–i, 25 a f.
Konstantin II 23 k; Kopronymus 42 e; Pogonatus 40 e.
Konstantin (Cyrill) 46 e l.
Konstantinische Schenkung 42 i k.
Konstantinopel, ökumen. Synoden 24 y, 40 e f; vgl. Byzanz.
Konstantius 23 k–m, 24 l–r.
Konstantius Chlorus 22 b¹.
Konstanz 41 h, 114 i q.
Konstanze v. Sizilien 56 k n.
Konventualen 71 d.
Konvertiten 85 q, 89 f g, 90 d, 94 b, 95 r, 96 w, 98 x, 108 n, 111 e o, 113 q.
Konziliarismus s. Episkopalismus.
Konzilien s. Synoden.
Kopten 36 k, 129 e.
Korinth 8 h i, 16 i.
Kornelius v. Rom 16 s, 19 g.
Korntal 117 i.
Kortholt 105 t².
Korvey 43 d.
Koslowska 128 m.
Köstlin, R. 119 v.
Kottwitz, v. 117 i.
Kowalski 128 m.
Krankenpflege s. Liebestätigkeit.
Kraus, F. X. 116 s.
Krell 92 q.
Kreta 16 i, 127 d e.
Kreuzesauffindung 27 t.
Kreuzeserhöhung 27 t.
Kreuzzüge 51, 56 d k q, 57 b d, 64 i k, 104 d.
Kritik 4 t, 34 e, 72 c, 81 w x, 97 k, 105 c, k–m, 107 g l n, 111 n; vgl. Bibelstudium.
Krüdener, Freifrau Juliane v. 112 d, 124 b c.
Krummacher 117 i.
Kryptocalvinismus 92 n q.

Kryptokatholizismus 95 l.
Kuenen 124 f.
Kulturkampf 115 v–y.
Kultus 7 d, 8 n, 10 e–h, 18, 27, 37 e, 43 n, 61 e bis k, 76 c–g, 81 h, 83 f g, 118 b h, 122 e.
Kunst 18 p–s, 27 w–z, 31 i, 43 p, 63 g–s, 72 r–u, 81 y, 83 s, 93 v–y, 104 k, 113 p–s, 131 p.
Kunwald 71 w.
Kuppelbau 27 y.
Kurhessen 118 c, 120 h, 122 c.
Kurialismus (Papalismus) 20 w, 32 b², 65 k, 70 b, 88 b h.
Kurland 64 a, 84 s, 136 t.
Kutter 124 d.
Kuyper 124 f.
Kybele 4 b e l n p.
Kynewulf 39 l.
Kyniker 4 u y.
Kyrill von Alexandria 34 e, h–k.
Kyrill von Jerusalem 24 y³.
– (Konstantin) 46 e l.
– v. Skythopolis 36 m.
Kyrillisches Alphabet 46 m.

Labadie 96 n, 106 c.
Lachaise 97 u.
Lacordaire 114 n.
Lagarde 121 l.
Lagrange 132 q.
Laien 20 d.
Laienäbte (-bischöfe) 35 d, 41 b, 47 b.
Laienbrüder 52 g.
Laieninvestitur s. Investitur.
Lainez 87 c, 88 h.
Laizismus 132 g.
Laktantius 23 d¹.
Lambert v. Avignon 78 g.
Lambert le begue 61 s.
Lambertini 111 b.
Lambeth 136 c.
Lamennais 114 n.
Lamettrie, de 105 r.
Landbischöfe (Chorepiskopen) 20 h, 26 k, 41 h, 43 k.
Landeskirchentum 70 r s, 78 e–g, 81 i, 118, 120, 122, 133 b–e, 135 e h l n.

Die Zahlen weisen auf die Paragraphen

Landrecht, preuß. 107 b.
Lanfrank 53 f.
Langobarden 37 d i, 42 a h, 43 b.
Lapide, Corn. a 97 k.
Lappland 55 k, 130 k.
Lapsi 16 d, 19 b–h, 22 b.
Läsare 124 i.
Las Casas 100 b.
Lasco (Laski) 84 k t.
Lateinisches Kaisertum 56 q, 64 i.
Lateransynoden s. Synoden.
Lateranverträge (1929) 132 r.
Latitudinarier 98 v, 109 b.
La Trappe 97 h.
Laud 98 c e.
Lausanne 136 k.
Lavater 107 r, 108 e.
Lavigerie 115 i, 130 r.
Lazaristen 97 g.
Leander v. Sevilla 37 i, 38 i.
Lebensphilosophie 131 i.
Lebus 70 s.
Leclerc 105 e.
Lefèvre d'Etaples 84 c.
Legio fulminatrix 16 q.
Lehrer, urchristl. 8 m, 10 d, 12 c, 17 g.
Leibniz 105 u–w, 111 f, 118 g[1].
Leiden 89 o, 96 b, 124 f.
–, Johann v. (Beuckelssen) 85 h.
Leipziger Disputation 75 p.
– Interim 80 f.
Leisniger Kastenordnung 76 l.
Lektoren 20 f.
Leo I 26 q, 32 h–l, 34 m o; III 43 w y; IV 44 f; VIII 48 h; IX 49 q–u; X 70 g, 75 g k n; XII 114 b; XIII 116.
Leo III, Kaiser 42 c.
Leon 56 p.
Leonardo da Vinci 72 t.
Leonides 11 g.
Leontius v. Byzanz 36 h[3] n.
Leopold II 111 q.
Lerinum 28 k.
Lessing 107 n, 108 b c.
Lettland 132 s, 136 t.
Leveller 98 r.

Lhotzky 122 r.
Libanius 23 u.
Libelli 16 d.
Liberius 32 g.
Liber pontificalis 32 a[1].
Libertinismus 13 l, 61 x.
Libri Carolini 43 v.
Lichtfreunde 120 a b.
Licinius 22 b[1] c d.
Liebestätigkeit 7 d, 10 s t, 29 m n, 43 o, 61 q, 74 h, 93 f–h, 97 g, 106 h, 120 v w, 122 w–y.
Liebmann, O. 113 i.
Lietzmann 121 o, 134 f.
Life and Work 136 i.
Lightfoot, J. 98 v.
Lightfoot, J. B. 123 q.
Liguori, Liguorianer 111 h.
Linck 76 f.
Linus 14 i.
Lionardo da Vinci 72 t.
Lippe 92 s.
Lipsius, R. A. 121 h, 122 v.
Litauen 64 f, 84 t, 132 s.
Liturgie 10 f, 18 d–m, 27 h i, 43 n, 81 h, 83 f, 118 b h, 122 e.
Livingstone 130 r.
Livland 64 b, 84 s, 90 c.
Locke 105 i.
Logoslehre 5 g, 9 k, 12 h, 17 e l r; vgl. Christologie.
Löhe 120 d w.
Loisy 116 t y.
Lollharden 61 s, 68 c e.
Loman 124 f.
Lombarden 59 i.
Loofs 121 f m.
Loreto 71 o.
Lortz 132 m.
Löscher 106 i.
Losorakel 106 u.
Los-von-Rom-Bewegung 125 m, 136 w.
Lothar II 44 h; III (von Sachsen) 56 b.
Lothringische Reform 49 d.
Lotze 113 e.
Lourdes 115 e y z.
Loyola 87 a–c.
Lübeck 55 c.
Lubac 132 q.
Lucian v. Antiochia (17 t) 24 c d.

– v. Samosata (heidn. Literat) 10 d.
Lucifer v. Cagliari 24 u.
Lucius II 56 d.
Lücke 119 d.
Ludolf von Sachsen 87 g.
Ludwig d. Fromme 44 a, 45 a b d e; d. Deutsche 45 c; d. Bayer 65 h–l.
Ludwig VII v. Frankreich 56 b; IX (d. Heilige) 57 g, 59 n, 64 i; XII 70 f; XIV 96 w, 97 b e s u v, 111 h.
Lugdunum 16 m.
Lukaris 99 b.
Lukas der Arzt 10 b l.
Lull (Lullus) 64 r.
Lullisten 64 r.
Luna, Petrus v. 67 l, 69 c d.
Lund 55 i.
Luthardt 120 e q.
Luther 75–81, 102 b e und oft.
Lutheraner in den USA 126 q–u.
Lutherischer Weltbund 136 h.
Lutherrenaissance 134 c.
Luxeuil 38 e.
Lyranus 66 f.

Maastricht 41 h.
Mabillon 1 h, 97 k.
Macchiavelli 70 a.
Macedonius 24 u.
Machen 136 f.
Madagaskar 130 r.
Magdeburg 55 c, 80 f h, 94 d k.
Magdeburger Zenturien 1 f, 2 e, 81 x.
Magie 4 d.
Maglione 132 h.
Magna Mater s. Kybele.
Magnentius 23 k.
Mähren 46 a e k l, 84 u.
Maigesetze 115 x y, 116 f.
Mailänder Konstitution 22 d.
Mainotten 46 c.
Mainz 41 h, 43 k, 55 l, 114 h.
Maistre, de 111 t, 114 n.
Major, G. 92 g.
Majorinus 25 e.
Majoristischer Streit 92 g.

Die Zahlen weisen auf die Paragraphen

Makarius Magnes 21 e¹.
Malabarische Riten 100 e, 111 h, 138 h.
Malalas 1 e.
Malchion 17 t.
Malerei 18 r, 27 z, 63 s, 72 s–u, 81 y, 83 s, 93 v–x, 97 m, 113 q, 123 k, 131 p.
Malleus maleficarum 71 s.
Mandäer 25 c.
Manen, van 124 g.
Manfred 57 g.
Mani 21 f g.
Manichäismus 21 f–k, 25 c, 33 g, 59 b.
Manning 115 i, 123 h.
Mantova 84 y.
Manz 85 d.
Marburg 78 g, 92 r, 114 r, 118 c.
Marcell II 88 g.
Marcell v. Ancyra 24 h k y².
Marcia 16 b.
Marcian, Kaiser 34 n.
Marcion 13 u–y.
Marco Polo 64 p.
Margarethe v. Navarra 84 c.
– v. Parma 89 l.
Marheineke 119 h.
Maria Stuart 84 e, 89 r u.
– Theresia 111 p².
– Tudor 84 l.
Maria in Turri 50 v.
Mariana, Juan 93 u.
Mariawiten 128 m.
Marienverehrung 27 s, 61 m, 71 m, 97 i, 115 e y, 132 h.
Maris 36 h.
Markus Aurelius 4 y, 11 f.
Markus 16 o.
Maroniten 40 e.
Marot 83 f.
Marozia 47 e¹.
Marsilius v. Padua 65 i.
Marti 124 d.
Martin I 40 d; IV 57 k; V 69 g m.
Martin v. Tours 23 u, 28 k.
Martin-Luther-Bund 122 u.
Martyr, Petrus (Vermigli) 84 k y.
Märtyrer 7 f, 11 g, 18 t, 19 c–f, 27 d s, 131 u.

– -akten 11 g.
Marx, Karl 112 e, 113 d.
Massilienser 33 t u.
Materialismus, neuerer 105 h r, 113 d.
Mathilde v. Tuscien 50 f, 56 g.
Matthias, Kaiser 94 b c.
Matthys, Jan 85 h.
Mauriner 97 h k.
Maxentius 22 d.
Maximianus Herkulius 22 b¹.
Maximilian I 73 d n; II 91 b.
Maximilian v. Bayern 94 b.
Maximilla 15 b.
Maximinus Daja (Daza) 22 b b¹ c.
– Thrax 16 b.
Maximus Confessor 40 d.
– v. Tyrus 4 w.
–, Usurpator 25 m.
Mechitaristen 111 h.
Mechthild v. Magdeburg 66 h.
Mecklenburg 79 i, 120 g.
Meiser 135 l.
Meinhard 64 b.
Meißen 55 c, 70 s, 79 h i, 132 m.
Melanchthon 75 q r, 76, 78–81, 92 b, d–k, 96 l.
Melchisedekianer 17 s.
Melchiten 36 k.
Melitius v. Lykopolis 19 h.
Melito 12 d, 15 c.
Menander 5 o.
Mendelssohn 107 c.
Mendoza 97 i.
Ménégoz 125 c.
Menius 92 g.
Menken 117 i.
Mennoniten 85 k, 126 i.
Mensurius 25 e.
Mentzer 95 f.
Merkle 116 s.
Merry del Val 116 d.
Merseburg 55 c, 70 s, 79 i.
Merswin 66 o.
Mesrob 30 b.
Messalianer 28 h.
Messe 27 i, 38 h, 43 n, 61 f, 76 e g k, 77 h i, 81 h, 83 f; vgl. Abendmahl.
Messianismus 5 m, 6 f, 7 b.

Methodismus 109 d–k, 122 p, 123 w, 126 h.
Methodius 17 n.
–, Slavenapostel 46 e l.
Metropoliten 20 m n, 26 f g, 43 k, 58 g.
Metternich 112 d.
Mettrie, de la 105 r.
Metz 41 h, 80 h, 94 k.
Meunier 113 r.
Mexiko 115 h, 125 o, 132 w.
Michael Cerularius 49 u.
– v. Cesena 65 i.
– VIII Paläologus 64 k.
Michaelis, J. D. 107 k.
Michelangelo 72 t, 93 w.
Middleton 105 l.
Miecislav 55 m.
Milites Christi 10 g.
Mill 113 l.
Miller, W. 126 w.
Miltiades 15 c.
Miltitz 75 n.
Milton 98 l.
Minden 43 d, 94 k.
Minicius 11 f.
Minoriten 60 d–i, 61 u, 66 b, 71 d.
Minucius Felix 12 e.
Missa 27 i.
Missale Romanum 88 k.
Mission, neuere äußere 100, 106 h r, 109 m, 130, 138; vgl. Ausbreitung.
–, innere 120 v w, 122 w x y.
–, Priester, der 97 g.
Missionsgesellschaften 109 m, 128 h, 130 c–g.
Missionslegenden 16 o.
Missouri-Synode 126 s.
Mithras 4 e h l n p, 16 b q, 21 m.
Mittelalter, Begriff 2 e f.
Mittelpartei, preuß. 122 h.
Modalismus 17 u–z.
Modernismus (14. Jh.) 66 d; (20. Jh.) 116 r–z.
Modern-positive Theologie 121 q.
Mogilas 99 b.
Mohammedaner s. Islam.
Möhler 2 e, 114 s.
Molanus 111 f.
Molay, Jakob v. 65 f.
Molina 93 q.

Die Zahlen weisen auf die Paragraphen

Molinos 97 u.
Mômiers 124 b.
Monarchianer 17 o–z.
Mönchtum 28, 38 a–e, 45 d e, 49 a–e, 52 a–g, 60, 61 u v, 70 x, 71 a–d, 87, 93 f–k, 97 f–i, 111 h q s, 115 d, 116 i n.
Mongolen 64 l–p.
Monismus 108 q, 122 m.
Monnica 33 g.
Monod, A. 125 b.
Monophysiten 34 q–s; vgl. Jakobiten, Kopten.
Monotheismus 4 r, 5 e, 21 l.
Monotheletischer Streit 40 c–f.
Montaigne 105 p.
Montalembert 114 n.
Montanismus 15.
Montanus 15 b.
Monte, del 88 d g.
Monte Cassino 38 c, 49 b.
Montesquieu 105 p.
Montmorency 84 e.
Moraltheologie, katholische 93 s t, 97 i.
Morata, Olympia 84 y.
Moravians 109 g, 126 p.
More, H. 98 v.
Morgan 105 l.
Moritz v. Hessen 92 r.
– v. Oranien 89 m, 96 g.
– v. Sachsen 79 h, 80 b, f–i.
Mörlin 92 f.
Mormonen 126 x.
Morone 84 y.
Morus 72 o.
Mosaikmalerei 27 z.
Mosheim 1 k, 107 g.
Moskau 70 y, 137 e.
Mühlenberg 110 b.
Müller, Joh. 122 r.
–, Julius 119 z.
–, Karl 2 e, 121 m.
München-Freising 114 g.
Münster s. Dom, Kloster.
Münster 43 d, 79 a, 85 g h, 91 h, 114 g.
Münzer 76 f k r u v.
Muratori 14 f³.
Murillo 97 m.
Murner 77 l.
Murray 89 s.
Murri 116 u y.
Musik 27 l m, 37 e, 45 k, 81 h y, 83 f, 104 k, 113 p.
Musonius 17 i.
Mustafa Kemal Pascha 138 c.
Mutianus Rufus 72 h.
Mykonius, Osw. 78 v, 103 b c.
Mysterien (Spiele) 61 k.
Mysterienkulte 4 c, 17 c, 18 a b, 21 l.
Mystik 4 c s, 5 g, 13 c, 21 e, 27 e, 36 o, 54, 62 h, 66 g–o, 71 i, 75 d, 85 a, o–t, 86 c, 93 l, 95 p–w, 97 t–v, 98 i s, 107 d, 108 m, 109 c, 111 o, 121 e, 122 r, 131 h.

Naassener 13 q.
Naber 124 g.
Namensänderung der Päpste 48 f.
Nantes, Edikt v. 89 g h, 96 w.
Napoleon I 111 t–x; III 115 e m.
Narrenfeste 61 k.
Nassau 92 s, 118 c, 120 l, 122 c.
Natalis 17 s.
Natorp 131 k.
Naturalismus 107 m n, 113 o.
Natürliche Religion 104 m, 105, 107.
Naturphilosophie 95 s–u.
Naturwissenschaft 104 g, 105 u, 113 d, 131 o.
Naumann, Fr. 122 x.
Naumburg 55 c, 70 s, 79 i.
Naumburger Fürstentag 92 m.
Nazarener (Malerschule) 113 q.
Nazoräer 7 c, 9 k.
Neander 1 l, 119 k.
Neapel, Kgr. 111 k, 114 f w, 115 m.
Neri 93 i.
Nero 11 d.
Nestorianer 34 r, 64 n, 129 e.
Nestorianischer Streit 34 g–k.
Nestorius 34 g–k.
Neuapostolische Gemeinde 123 t.
Neuendettelsau 120 w.
Neuhumanismus 107 e.
Neukantianismus 113 i.
Neumanichäismus 59 b–f.
Neuplatonismus 4 q w, 21 b–e, 36 o, 45 h, 54 e–k, 72 d.
Neupythagoreismus 4 q w.
Newman 116 v, 123 g.
Nicäa 24 g h, 26 g i, 27 q; Kanon VI 32 g.
Nicäno-Constantinopolitanum 24 y³.
Nicänum 24 g, 102 a.
Niccolo Pisano 63 r.
Nice 24 r.
Niclaes 85 s.
Nicolai, Fr. 107 c.
Nidaros 55 i.
Niebuhr, R. 136 f.
Niederlande 84 f, 89 i–p, 96 a–q, 105 a–e, 106 c, 114 i o, 115 i, 124 e–g, 136 q.
Niederrhein 92 u, 117 i.
Niemöller 135 d l.
Nietzsche 113 i.
Nihilismus 128 h.
Nikolaitismus 26 q, 49 h.
Nikolaus I 44 g h, 46 h; II 50 d; III 55 k, 61 u; IV 57 k; V 69 s, 70 c.
Nikolaus II v. Rußland 128 i, 137 d.
Nikolaus v. Clémanges 71 f.
– v. Cues 69 o, 70 p, 71 f.
– v. Lyra 66 f.
Nikon 99 c.
Nilus der Asket 28 i.
– v. Rossano 49 e.
Nîmes, Edikt v. 96 w.
Nippold 122 v.
Nitzsch, K. I. 119 d z, 120 i.
Nobili 100 c.
Noët 17 v.
Nogaret 65 b.
Nominalismus 53 m, 66 e.
Nomokanon 26 a.
Nonkonformisten 89 w.
Nonnen 28 d.
Norbert 52 k.
Nordamerika 101, 110, 116 o, 126, 136 d–i.
Nordhumbrien 39 f–h.
Normannen 50 f o, 51 f i k.

Norwegen 55 h, 84 p, 124 k, 136 r.
Notker Balbulus 45 k.
– Labeo 53 b.
Novalis 108 n.
Novatian, Novatianer 17 x, 19 g, 25 c, 34 f.
Numenius v. Apamea 4 w.
Nuntien 91 e, 111 m, 132 e.
Nürnberg 76 k.
Nürnberger Anstand 78 w.
– Bund (1538) 79 e.

Oberkirchenrat, preuß. 120 k, 133 b.
Oberrheinische Kirchenprovinz 114 h, 115 f.
Oblati 38 c, 88 i.
Oblationen 10 t, 18 k.
Obotriten (Abodriten) 55 c–e.
Observanten 71 d.
Occam 65 i, 66 d e.
Ochino 84 k y, 86 c.
O'Connell 114 p.
Odense, Reichstag 84 p.
Odilo v. Cluni 49 b.
Odo v. Cluni 49 b.
Odovakar 31 c i.
Ökolampad 77 l, 78 i o v.
Ökumenische Bewegung 136 g–k.
– Symbole 81 e, 102 a.
– Synoden 26 e[1].
Ökumenischer Partiarch 37 l.
Ölung, letzte 62 p, 68 d, 88 g.
Österreich 91 a b d f i, 94 b c e n, 111 d p q, 114 g, 115 g, 125 l m, 132 p, 136 w.
Ötinger 106 o.
Ohrenbeichte 38 l, 61 h, 62 r; vgl. Buße.
Okkultismus 109 c, 131 t.
Olaf Schoßkönig 55 h.
– Tryggvason 55 h.
Oldcastle 68 f.
Oldenbarneveldt 96 d g.
Oldenburg (Holstein) 55 c.
Olevianus 96 l, 103 f.
Olivetan 82 b.
Olmütz 70 s.
Omaijaden 51 b.
Omphalopsychoi 66 g[1].
Oncken 122 p.
Oosterzee van 124 f.

Opfer 10 t, 18 k, 38 h.
Ophiten 13 q.
Opiumkrieg 130 o.
Optatus v. Mileve 25 i.
Optimismus 104 b, 105 v.
Oratorianer 93 i, 97 h.
Oratorium der göttlichen Liebe 86 c.
Ordalien 38 m, 43 o.
Ordination 20 c, 26 m, 62 p, 135 q[4].
Ordines maiores und minores 20 e.
Organisation s. Verfassung.
Organische Artikel 111 w.
Orientalische Kirche 127 bis 129, 137; vgl. Byzanz, Häretische Orientalen.
Orientmission 130 s.
Origenes, Origenismus 11 g k, 17 k–m, y, 34 b c, 36 n.
Orosius 1 c.
Orphiker 4 c s.
Orthodoxie, luth. 95 a–f, 107 s, 119 w x, 120.
–, ref. 96 i–l.
Osiander, A. 76 k, 78 o, 92 f.
–, Lukas 102 g.
Osiandrischer Streit 92 f.
Osiris 4 b e l.
Osnabrück 43 d, 94 f.
Ostern s. Passah.
Ostertermin 18 n, 27 q, 39 b d.
Ostgoten 31 i, 36 c, 37 b c.
Ostiarii 20 f.
Ostseeprovinzen 64 a–f, 84 s, 106 s, 128 k, 132 s, 136 l.
Ostwald 122 m.
Oswiu 39 h.
Otfried 45 l.
Otterbein 126 i.
Ott Heinrich 79 i, 92 s.
Otto I 48 a–h, 55 c; II 48 i; III 48 k–o, 55 m; IV 56 o.
Otto v. Bamberg 55 f.
Otto, Rud. 134 e.
Overbeck, Franz 121 m.
–, Friedrich 113 q.
Owen 112 e.
Oxford 136 k.
Oxfordbewegung 123 d–k.

Pacelli 132 h.
Pachomius 28 d, 29 l.
Paderborn 43 d, 91 h, 114 g, 132 n.
Pagani 23 w.
Palamas 66 g[1].
Palestrina 93 w.
Palliengelder 65 o.
Pallium 32 n, 58 g, 65 o.
Palut, Palutianer 13 t.
Pamphilus 17 m.
Pantänus 16 l, 17 h.
Pantera 11 k.
Pantheismus 4 c u, 36 o, 45 h, 61 x, 66 i, 93 z, 95 r, 104 g, 105 c, 108 m s.
Pantheon 27 s.
Papias 10 a b.
Papst, Titel 32 h[2].
Papstlisten 14 i, 20 p, 32 g n, 42 g, 44 f, 48 f g, 49 n p, 50 c r, 56 c, 57 b k, 65 d, 67 g, 70 c–g, vor 86, 97 d, vor 111, vor 114.
Papsttum 20 p s, 32, 37, 42, 43 b y, 44 e–k, 46 g k, 47 e, 48 e–o, 49 i bis v, 50, 51 g h, 56–58, 65, 67, 69, 70, 86 d e, 88, 93 a–e, 97 c d e, 111 a b q, t–x, 114–116, 132 a–h; vgl. Italien, röm. Gemeinde.
Papstwahl 50 d, 56 i, 57 k.
Papylus 11 g.
Paracelsus 85 q.
Paraguay 100 b, 111 k.
Paraklet 15 b.
Pareus 95 h.
Parker, M. 84 m, 103 p.
–, Th. 126 v.
Parmenian 25 i.
Particular Baptists 98 r.
Parusie 7 b.
Pascal 97 r.
Pascendi dominici gregis 116 x.
Pascha s. Passah.
Paschalis II 50 s–v.
Paschasius Radbertus 45 h n.
Passah 18 n, 20 r, 27 p.
– -streit 20 r, 27 q.
Passau 41 m, 45 c, 114 g.
Passauer Vertrag 80 i, 94 c g.

Die Zahlen weisen auf die Paragraphen

Pastor aeternus 70 g.
Pataria 50 g.
Paten 18 f.
Patriarchate 26 f g, 34 a–c, g–o, 37 c, 40 o.
Patricius Romanorum 42 h.
Patrick 39 d.
Patrimonium Petri 37 f; vgl. Kirchenstaat.
Patripassianer 17 u–z.
Patronat 61 c, 70 s, 123 x.
Paul II 70 d; III 86 e, 87 a c, 88 a d f; IV 88 g; V 97 d.
Paulicianer 40 g, 46 b, 59 c.
Paulisten 116 w.
Paulus, Apostel 8 a–s.
– Diaconus 1 d, 43 n r.
–, H. E. G. 107 o, 111 n, 119 n.
– v. Samosata 17 t.
Paulusakten 10 l.
Paulusbild 27 z.
Pauperes catholici 60 c.
Pauperes Lombardi 59 i.
Pax dissidentium 90 b.
Pazifismus 131 y, 136 m.
Peabody 126 v.
Pearson, J. 98 v.
Pelagianischer Streit 33 o–r.
Pelagius 33 o–r.
Penn 101 f.
Pentekoste 18 n, 27 p.
Peregrinus Proteus 10 d.
Perpetua 11 g.
Perrin 82 k.
Perrone 115 o.
Persien 16 k, 30 c, 34 r.
Perthes, Friedr. 117 i.
–, Klemens 120 w.
Pessimismus 113 f g.
Pestalozzi 107 e.
Petau (Petavius) 97 k.
Peter d. Gr. 128 a.
Peterspfennig 65 o.
Petrarca 72 b.
Petri, L. A. 120 f w.
Petri, Lor. 84 q.
–, Olaus 84 q.
Petrobrusianer 59 c.
Petrus, Apostel 7 a b d g h, 8 g u, 14 i[4], 18 t, 20 s, 37 o, 115 q, 115 q[1], 137 e.
– I v. Alexandria 19 h; II 23 t, 24 x.

– v. Amiens 51 i.
– v. Bruys 59 c.
– Damiani 49 e, 50 g.
– Lombardus 53 r s.
– v. Murrhone 57 k.
– v. Vinea 57 e.
Petrusapokalypse 10 m.
Petrusbilder 27 z.
Petrusevangelium 10 k.
Peucer 92 n.
Pfaff 104 e, 107 g.
Pfalz 79 i, 92 s, 94 c l, 111 d.
Pfarrer, Pfarrei 43 l, 61 b–d.
Pfefferkorn 72 m.
Pfeffinger 92 i.
Pfingsten (Pentekoste) 18 n, 27 p.
Pfingstbewegung 122 q, 124 k.
Pfleiderer, O. 121 h.
Pflug 80 d.
Pharisäer 5 k, 6 e, 7 c, 8 e.
Philantropinismus 107 e.
Philastrius 13 a.
Philipp I v. Frankreich 50 p r; II August 56 p; IV 65 a b e f.
Philipp v. Hessen 78 b g n o p u, 80 b i.
– v. Schwaben 56 o.
– II v. Spanien 84 l, 89 b k u.
Philippi, F. A. 119 x, 120 g.
Philippinen 130 n.
Philippismus 92 c m n.
Philippus 7 g, 16 o, 18 t.
Philippus Arabs 16 b.
Philo 5 f g h.
Philosophie, neuere 104 i, 105, 107 c, 108 f–h, q–t, 113 b–i, l–n, 131 f–k.
Philostorgius 1 b.
Philostratus 4 w.
Photinus v. Sirmium 24 y[2].
Photius 46 h.
Physiko-Theologie 107 h.
Pia fraus 27 t, 61 p.
Piaristen 93 g.
Piccolomini 69 o u, 70 c.
Pico della Mirandola 72 d.
Piemont 114 f w, 115 l m.
Pierson 124 g.
Pietismus 106, 107 r s, 117 h i.

Pikpusgenossenschaft 130 c.
Pikten 39 d.
Pilgerfahrten 27 v, 51 e, 71 o.
Pilgerväter 101 b.
Pippin 41 n, 42 f–h.
Pippinsche Schenkung 42 h.
Pirkheimer 72 i, 75 s, 76 y.
Pirminius 41 g.
Pistis-Sophia 13 a.
Pistoja, Synode 111 q.
Pithou 93 e.
Pius I 10 a c, 14 i; II 70 c; IV 88 g; V 93 b; VI 111 t; VII 111 t x, 114 b; VIII 114 b w; IX 115; X 62 q, 116; XI 132 g; XII 132 h.
Planck, G. J. 1 k, 107 o.
–, Max 131 o.
Plastik 18 s, 27 z, 63 r, 72 s t, 81 y, 113 r, 131 p.
Platoniker 4 w; vgl. Neuplatonismus.
Plazet 70 k, 111 q w, 114 g, 115 g.
Plethon 72 c.
Plinius d. J. 11 e.
Plotinus 21 c.
Plutarch 4 w.
Plymouthbrüder 123 u.
Pneumatiker 13 h.
Pneumatomachen 24 u y.
Pobjedonoszew 128 i.
Podiebrad 69 y, 71 w.
Poissy 89 d.
Polaben 55 c–e.
Pole, R. 84 y, 86 e, 88 d.
Polen 55 m, 84 t, 90 a–c, 111 d, 128 l, 132 s, 136 u, 137 b.
Polygamie 40 k, 85 h, 126 x.
Polykarp v. Smyrna 10 a, 11 g, 14 k, 17 c, 20 r.
Polykrates von Ephesus 20 r.
Pombal 111 k.
Pommern 55 f, 79 c.
Pompa diaboli 18 f, 19 m.
Pönitentialia 38 l.
Pontianus 19 d.
Pontifex maximus 23 t.
Popularphilosophie 107 c.

Die Zahlen weisen auf die Paragraphen

Pornokratie 47 e[1].
Porphyrius 21 c.
Port Royal 97 r, 111 h.
Portugal 64 h, 111 k, 114 y, 115 h, 116 n, 125 g, 132 u, 136 p.
Poseidonios 4 w.
Posen-Gnesen 114 g.
Positive Union 120 r, 122 h.
Positivismus 105 n, 113 l.
Possidius von Calama 33 g.
Postulation 58 h.
Potamiäna 11 g.
Pothinus 11 g.
Präambel 133 c.
Prädestination 33 l w, 45 o, 76 b y, 77 p, 82 l, 83 c, 96 a–h, 109 g, 126 s.
Prag 55 l, 70 s, 72 f.
Pragmatische Methode 1 i k.
– Sanktion v. Bourges 69 t, 70 m.
Prämonstratenser 52 k.
Präraffaeliten 72 s, 123 k.
Praxeas 15 d, 17 w.
Präzision 96 i.
Predigerorden (Dominikaner) 59 n, 60 k–m, 71 d.
Predigt 18 h, 27 h, 43 n, 48 d, 60 l, 71 q, 81 h, 107 p.
Prekarie 35 i.
Prémontré 52 k.
Presbyter 7 d, 10 d, 26 k.
Presbyterianer 89 w, 98, 126 m.
Preußen 64 c d, 84 r, 114 g t, 115 f, 117 c d, 118 e–k, 120 i–l, 122 b c, 132 n, 133 c, 135 e.
Prierias 75 k.
Priester 20 b c.
– -weihe s. Ordination.
– der Mission 97 g.
Priestertum, allg. 20 b d.
Priestley 109 b.
Primat s. Papsttum.
Priscillian 25 m.
Priska 15 b.
Privatbuße s. Beichte.
Probabilismus 93 t.
Professi quattuor votorum 87 e.
Proklus 36 o.

Propaganda 97 d.
Propheten, urchristliche 7 d, 8 m, 10 d, 15.
Prophetie, neue 15 a.
Propst 43 m.
Proselyten 5 d.
Protestantenverein 120 s, 122 h.
Protestation 78 l m.
Protevangelium Jakobi minoris 10 k.
Proudhon 112 e.
Provida sollersque 114 h.
Provinzen, kirchliche 20 m n, 26 f g, 43 k.
Provinzialsynoden 20 k l, 26 e, 43 k.
Provisionen 65 o, 88 i.
Prozessionen 27 n.
Prudentius 27 m.
Pseudo-Cyprian 19 m.
– -Dionysius Areopagita 36 o; vgl. Areopagitische Mystik.
– -Isidor 44 c d.
– -Klementinen 9 m.
Psychiker 13 h, 15 e.
Ptolemäus (Gnost.) 13 r.
Pueri oblati 38 c, 88 i.
Pufendorf, v. 104 e.
Pui, Raimund du 52 n.
Pulcheria 34 n.
Pullanen 51 k.
Punier 40 o.
Pupper v. Goch 71 h.
Puritaner 89 w, 98, 101 d e.
Pusey 123 g h.
Puseyismus 123 h.
Pyrenäenstaaten 64 h, 70 k l.

Quadragesima 18 n, 27 p.
Quadratus 12 b.
Quäker 98 s z, 101 f, 109 o, 126 p, 136 e.
Quartodecimaner 18 n.
Quenstedt 95 e.
Quesnel 111 h.
Quietismus 97 t–v.
Quinisextum 40 f.
Quinquagesima 18 n.
Quintomonarchisten 98 r.
Quo elongati 61 u.
Quod nunquam 115 y.

Rabanus Maurus 45 k o.
Rade 122 h.

Raffael 72 t.
Ragaz 124 d.
Rahtmann 95 f.
Raimund du Pui 52 n.
Rakow 85 z.
Ramon Lull 64 r.
Rampolla 116 d.
Rancé, de 97 h.
Ranke 1 m.
Ranters 85 s.
Raskolniki 128 c–e.
Rassenlehre 131 q.
Ratherius von Verona 53 d.
Rationalismus 107 o, 119 m–r.
Ratramnus 45 h n.
Ratzeburg 94 k.
Rauschenbusch 136 f.
Raumer, v. 120 k.
Rauwenhoff 124 g.
Ravenna 27 y, 31 i, 42 h.
Raymund v. Sabunde 71 f.
Raymundus Lullus 64 r.
Realismus, scholastischer 53 l.
Rechtfertigung 75 c, 81 a–c, 88 e, 109 e, 121 c, 134 h.
Recke-Volmarstein, v. d. 120 v.
Redemptoristen 111 h.
Reformationsjubiläum (1817) 117 f.
Reformierte (Name) 92 v.
Reformierte in Amerika 126 p.
Reformierter Weltbund 136 d h.
Reformkatholizismus 116 r–z.
Réfugiés 96 w.
Regalien 48 b, 56 o.
Regensburg 41 g m, 114 g.
Regensburger Bündnis 76 n.
– Reichsdeputationshauptschluß 111 y z.
Reger, Max 113 g.
Regesten 2 k[1].
Regimini militantis 87 c.
Regino v. Prüm 45 k.
Regula fidei 14 b.
Reichenau 41 g, 45 i.
Reichsbischof 135 e.
Reichskonkordat 132 o.
Reichstag v. Augsburg

Die Zahlen weisen auf die Paragraphen

(1530) 78 q; Nürnberg (1522, 1524) 76 n; Speyer (1526) 78 c; (1529) 78 l m; Worms (1521) 75 y z.
Reimarus 107 n.
Reinald v. Dassel 56 f.
Reinhard, F. V. 107 o.
Reinkens 115 t.
Reischle 121 f.
Rekkared 37 i.
Religio licita 5 c, 11 a b, 22 c.
Religionsgeschichtliche Schule 121 n–p.
Religionsgespräch von Baden i. A. (1526) 77 l, Berlin (1662–63) 95 o, Bern (1528) 77 l, Hagenau (1540) 79 f, Leipzig (1519) 75 p q, (1631) 95 i, Kassel (1661) 95 n, Marburg (1529) 78 n o, Regensburg (1541) 79 f, (1546) 79 l, Thorn (1645) 95 m, Worms (1540–41) 79 f, (1557) 91 b.
Religiös-Soziale 124 d, 133 m.
Reliquien 18 t, 27 e t, 61 p, 71 n.
– -feste 27 t.
Rembrandt 83 s.
Remigius v. Rheims 35 b.
Remonstranten 96 f p.
Renaissance 72.
Renaissance, karol. 43 q–s.
Renaissancepäpste 70 a–g.
Renan 115 e.
Renata v. Ferrara 82 b, 84 y.
Renato 85 y.
Reni 97 m.
Renitenz, hess. 120 l.
Rense 65 l.
Reservationen 65 p.
Reservatum ecclesiasticum 80 n, 94 h.
Restitutionsedikt 94 c h.
Reuchlin 72 k–m.
Reuß 125 b.
Reventlow 135 i.
Réville, A. und J. 125 c.
Revivals 110 a, 126 b.
Rheinbayern 118 c d, 120 m.
Rheinpfalz s. Pfalz.

Rhenanus 75 s.
Rhodus 64 k, 73 l.
Ricci, Lorenzo 111 k[1].
–, M. 100 e.
–, Scipione 111 q.
Richard v. St. Viktor 54 g.
Richelieu 96 w.
Richter, Ludwig 113 q.
Rickel 71 f.
Riehl, A. 113 i.
Rienzo 67 b.
Riga 64 b, 84 s.
Rilke 131 h.
Rimbert 55 g.
Ripen 55 g.
Ritenstreit 100 e, 111 h, 138 h.
Ritschl, A. 119 v, 121 b–e.
Rittelmeyer 133 l.
Ritterorden 52 l–o, 64 e k, 65 f, 70 k.
Ritualismus 123 i, 136 c.
Ritus orientalis 129 b.
Robert v. Arbrissel 52 c.
– v. Citeaux 52 d.
– Guiskard 50 f o p.
Robertson 123 m.
Robespierre 111 s.
Rock, hl. 114 u.
Robinson, J. 101 b.
Roessingh 136 q.
Rogationen 27 n.
Roger II 56 c.
Röhr 119 r.
Rokyczana 69 y.
Roland Bandinelli 56 f g.
Rom s. römische Gemeinde.
–, das dritte (= Moskau) 137 e.
Romanischer Stil 43 p, 63 h l.
Romantik 108 m n.
Romanum 10 h, 14 b c.
Romanus 27 m.
Römische Gemeinde 8 t u, 10 c h, 11 d, 14 c i k, 16 m, 17 s w x, 19 d g, 20 p–t; vgl. Italien, Papsttum.
Romuald 49 e.
Ronge 114 u.
Roscellinus 53 m.
Rosenberg 131 q.
Rosenkranz 61 m.
Rosenkranzbruderschaften 71 p.

Rosenkreuzer 95 u.
Rosmini 114 w.
Rossi, de 18 q.
Rothe, R. 119 z, 120 m s.
Rothmann 85 h.
Röubli 85 d.
Rousseau 105 s.
Rubens 97 m.
Rubianus 72 m, 75 s, 76 y.
Rudelbach 120 e.
Rudolf II 94 b.
Rufinus 1 c, 17 k, 33 e, 34 b.
Rügen 55 f.
Ruleman Merswin 66 o.
Rumänien 127 d e, 136 v. 137 b.
Rupert v. Worms 41 g.
Rupp 120 b.
Russel 133 o.
Rußland 55 o, 64 m, 70 y, 99 c, 117 i, 128, 137 c–f.
Ruthenen 129 b.
Ruysbroek 66 m.

Sabas 36 m.
Sabatier, A. und P. 125 c.
Sabatfasten 27 o.
Sabellius, Sabellianer 17 x, 24 c.
Sacco di Roma 78 d.
Sachsen 43 d, 114 g, 120 e, 122 d.
Sachsenhäuser Appellation 65 h.
Sack 107 k.
Sadduzäer 5 l.
Sadolet 86 c e.
Sahak 30 b.
Sailer 111 o, 114 q.
Saint-Simon 112 e.
Sakramente 8 n, 10 a, 18 a, 27 e, 62 p–r, 81 e, 83 e; vergleiche Abendmahl, Messe, Taufe.
Sakramentalien 62 p.
Säkularisationen (41 b), 81 n, 94 k, 111 s t y z, 114 z; vgl. Laienäbte.
Säkularkanoniker 52 i.
Salbung 42 g.
Sales, Franz v. 97 g.
Salesianerinnen 97 g.
Salle, de la 97 h.
Salmeron 87 c.
Salzburg 41 g m, 43 k, 45 c, 91 h, 111 m.
Salzburger Emigranten 111 d.

Die Zahlen weisen auf die Paragraphen

Samaritaner 5 o, 7 f g, 13 o.
Sampsäer 9 l.
Samson 77 d.
Sandomir, Konsensus v. 90 b.
Sänger 26 l.
Sapor II 30 c.
Sarapeion 4 e, 23 u.
Sarapis 4 e h.
Sardinien, Kgr. s. Piemont.
Sarpi 97 d.
Satisfaktionslehre 53 h.
Satornilos, Saturninus 13 p.
Säulenheilige 28 h.
Saumur 96 s.
Saussaye, de la 124 g.
Savonarola 71 t u.
Sbynko 68 h–k.
Scaliger 96 u.
Schaff, Ph. 126 p.
Schall, A. 100 e.
Schaumberg, v. 75 t.
Schauspiele 19 m, 29 i, 61 k.
Scheeben 115 o.
Scheffler, Joh. 95 r.
Scheibel 118 i.
Scheler 131 i.
Schell 116 s.
Schelling 108 s, 113 c.
Schenkel, D. 120 m.
Schicksalsglaube 38 m.
Schiiten 51 b.
Schiller 108 l.
Schisma, Begriff 14 a[1].
Schismen 17 x, 19 d (Hippolytos); 17 x (Tertullian); 19 f (Felicissimus); 19 g (Novatian); 20 r (Passahstreit); 19 h (Melitius); 24 u (Luciferianer); 25 d–k (Donatismus); 34 q (Rom-Byzanz 484 ff); 46 g (Photius); 49 t (1054); 50 e (päpstliches 1061); 50 o (Wibert); 56 c (päpstliches 1130); 56 g (1159); 67 d (1378 ff).
Schlatter, A. 121 i.
–, M. 110 b.
Schlegel, A. W. 108 n.
–, Fr. 108 n.

Schleiermacher 108 o p, 117 c, 118 g h, 119 a–c.
Schlesien 94 n, 111 d, 136 u.
Schleswig 45 b, 55 g.
Schleswig-Holstein 120 l, 122 c.
Schmalkaldische Artikel 79 e, 102 e.
Schmalkald. Bund 78 t u.
– Krieg 80 a b.
Schmidt, Lor. 107 i.
Schnepf 79 c.
Schnitzer, J. 116 s.
Schnorr v. Carolsfeld 113 q.
Scholastik 53, 62, 66 d–f, 71 e f, 75 d e, 93 o–r, 95 b, 104 i.
Scholastiker (Klasse in der S. J.) 87 e.
Scholten 124 f.
Schopenhauer 113 f.
Schottland 39 c d, 84 g, 89 q–s, 98 b f, 123 x–z, 136 c.
Schrempf 122 r.
Schrenk 122 q.
Schroeckh 1 k, 107 k.
Schubert, von 121 m.
Schulbrüder 97 h.
Schulwesen 29 l, 38 c, 43 s, 45 f–i, 53 e, 81 o–q, 107 e.
Schulte, v. 115 t.
Schürmann 96 n.
Schwabacher Artikel 78 p.
– Konvent 78 p.
Schwäbisch-Hall 57 f.
Schwärmer 76 p–s, 85 c–t.
Schwarz, K. 120 m.
Schweden 55 h, 84 q, 90 d, 124 i, 136 r.
Schwegler 119 v.
Schweitzer, Albert 138 g.
Schweiz 77, 78 v, 82, 83, 96 r s, 114 i v, 124 b–d, 136 m.
Schweizer, A. 119 d z, 124 d.
Schwenkfeld 85 t.
Schwerin 94 k.
–, Graf 120 k.
Schwerter, zwei 65 h.
Schwertorden 64 b.
Schwestern, barmherzige 97 g.
– von der Zuflucht 97 g.

Scilitanische Märtyrer 11 g.
Scotisten 62 o, 66 d, 71 f.
Scotus, Duns 62 l–n.
–, Johannes 45 h.
Seben 41 e m.
Seeberg, E. 134 f.
–, R. 121 i q.
Seelenmesse 38 h m.
Segarelli 61 w.
Selnecker 92 o.
Semiarianer 24 y.
Semipelagianer 33 s–w.
Semler 1 k, 107 l.
Sendgericht 48 d.
Sendomir s. Sandomir.
Seneca 4 x y.
Separation, luth. 118 i k.
Separatismus 106 l–o.
Septimius Severus 11 c, 16 b.
Septuaginta 5 f.
Sequenzen 45 k.
Serbien 127 d e, 137 b.
Sergius v. Kstpl. 40 d.
– v. Moskau 137 e.
Servet 82 l, 85 u v.
Servitia communia 65 o.
Servus servorum Dei 37 l.
Seuse 66 l.
Severianer 34 q.
Severus Alexander 16 b.
Shaftesbury 105 m.
Shakespeare 89 w.
Shintô 138 b.
Sickingen 75 t, 76 i.
Sieben, die 7 d.
Siebenbürgen 84 w, 85 z, 136 v.
Sieveking 120 v.
Sigmund, König 68 l, 69 a f h.
Sigmund v. Tirol 70 p.
– III Wasa 90 c.
Silvester I 32 g, 42 k; II 48 m, 53 e, 55 n; III 49 n p.
Silvio, Enea 69 o u, 70 c.
Simeon (Vetter Jesu) 9 e.
Simmel 113 i.
Simon Barkochba 9 i.
– Magus 5 o, 7 g, 9 m, 13 o.
Simonie 35 d, 49 g, 50 b.
Simonianer 13 o.
Simons, Menno 85 k.
Sintenis 120 b.
Siricius 32 g.
Sitte und Sittlichkeit 4 x

Die Zahlen weisen auf die Paragraphen

y, 8 o, 10 p–t, 15, 19, 29 e–g, 43 o, 61 q, 81 c.
Sixtus I 14 i; II (Xystus II.) 20 t; IV 70 d; V 93 d.
Sizilien 56 k n, 57 g k, 115 m; vgl. Neapel.
Skandinavien 55 g–k, 84 o–q, 90 d, 124 h–k, 136 r.
Skepsis 61 y.
Sklaverei 19 o, 29 p, 109 o, 130 r.
Skopzen 128 d.
Skoten 39 c d.
Skotisten 62 o, 66 d, 71 f.
Skythische Mönche 33 w, 36 h.
Slaven 43 f, 46, 55 c–f, 1 m o.
Slovenen 45 c, 84 x.
Smith, Adam 104 f.
–, Joe 126 x.
–, Pearsall 122 p.
–, Robertson 123 z.
Smyth, John 98 r.
Social gospel 136 f.
Sodalitates 71 p.
Söderblom 124 i, 136 i r.
Sokrates (5. Jh.) 1 b.
Sol invictus 4 h.
Sollicitudo omnium ecclesiarum 114 c.
Solowjow 131 h.
Somasker 93 g.
Sonnenanbeter 9 l.
Sonntag 10 g, 23 e, 27 o, 98 b.
Sophronius 40 d.
Sorben 55 c–e.
Soter 14 i.
Soziale Bewegungen 112 e, 122 w x, 131 b c e.
Sozinianer 85 x–z.
Sozomenos 1 b.
Sozzini 85 y z.
Spalatin 76 h³.
Spalding 107 k p.
Spangenberg 106 w.
Spanien 8 r, 16 m, 24 h, 25 l m, 31 c e, 37 i, 40 m, 43 u, 51 f, 64 g h, 70 k l, 84 z, 86 a c, 87 b, 93 x, 97 x, 111 k, 114 f x, 115 h, 116 n, 125 f, 132 t, 136 p.
Spee, von 105 x.
Spekulative Theologie 119 f–h, 121 h.

Spencer 113 l.
Spener 106 d–f, m.
Spengler, Laz. 75 s.
–, Osw. 131 h.
Speratus, Paul 95 r.
Spinola 111 f.
Spinoza 104 i, 105 c.
Spiritales 15 e.
Spiritismus 126 z.
Spiritualen 61 u, 66 a b.
Spiritualismus 85 o–t, 98 i.
Spitalorden 52 l–p.
Spitta, Ph. 120 f.
Spittler 1 k, 107 o.
Spolien 65 o.
Sprenger 71 s.
Spruchkollegium 122 k.
Spurgeon 123 w.
Staatslehre 81 i k, 93 u, 105 s.
Stade, Bernh. 121 l.
Stagel, Elsb. 66 o.
Stahl, J. 120 k.
Stange, C. 134 d.
Starowjerzy 99 c, 128 c.
Stationstage 10 g, 27 o.
Staupitz, v. 75 l.
Steffens 118 i.
Steiermark 91 i.
Stein, Reichsfreiherr vom 117 c.
Steiner, Rud. 131 t.
Steinhausen 113 q.
Stephan I 20 t; II 42 h; VI 32 a¹.
Stephan Harding 52 d.
– der Heilige 55 n.
–, Martin 120 e, 126 s.
– v. Tigernum 52 c.
Stephanus, Märtyrer 7 f.
Sterngassen 66 i.
Steuern, päpstl. 58 m, 65 o, 67 f, 68 a, 69 u.
Stigmatisation 60 g.
Stilicho 31 c.
Stirner 113 c.
Stoa s. Stoiker.
Stöcker 122 h x.
Stockholm 136 k.
Stoiker 4 q u w y.
Stolberg, v. 111 o.
Stolgebühren 61 c, 111 q.
Storch 76 f.
Storr 107 o.
Stössel 92 n.
Strafford 98 e.
Straßburg 41 h, 63 p, 76 k, 82 g.

Strauß, D. Fr. 119 t.
Streaneshalch 39 g.
Strigel 92 i.
Stroßmeyer 115 q.
Stübner 76 f.
Studentenseelsorge 132 m, 133 h.
Stumpf 77 h.
Stundengebet 27 k, 133 h.
Stundisten 128 e.
Sturm, Joh. 81 q.
Sturm und Drang 108 d.
Styliten 28 h.
Suarez 93 o.
Subdiakonen 20 f.
Subintroductae 19 r.
Subordinatianismus 17 r.
Südamerika 114 z, 115 h, 116 p, 125 o, 132 w.
Südslaven 70 v, 136 z, 137 a b.
Sueton 8 u.
Sueven 31 h, 37 i.
Sulpicius Severus 1 c.
Sulze 122 e.
Summis desiderantes affectibus 71 s.
Sünden- und Gnadenlehre 33 k l, o–w, 45 o, 62 n, 76 x y, 93 p–r, 97 p–s, 111 h.
Sunniten 51 b.
Superintendenten 78 f, 81 i.
Supranaturalismus 107 o, 119 i–l.
Suprematie 84 h m.
Suso 66 l.
Sutri 49 o, 50 v.
Sven Gabelbart 55 h.
Swedenborg 109 c.
Syllabus 115 n, 116 x.
Sylvester s. Silvester.
Symbol 14 b².
Symbolische Bücher 102, 103, 107 p.
Symbolo-Fideismus 125 c.
Symeon Stylites 28 h.
– der neue Theolog 66 g¹.
Symmachus 37 b.
Syneisakten 19 r.
Synergismus 92 b i.
Synergistischer Streit 92 i.
Synesius v. Kyrene 23 v.
Synkretismus im Römerreich 4 g h, 5 n, 16 b.
Synkretismus (17. Jh.) 95 k–m.

Die Zahlen weisen auf die Paragraphen

Synodalverfassung,
 neuere 118 b c d f, 122
 a–d.
Synoden[1]) 15 c, 20 k l,
 26 e, 35 e, 43 h k, 49 r,
 67 i, 83 n.
Synodus ad quercum 34 c.
– palmaris 32 n.
Syrien, Syrer 5 b, 8 b–e,
 13 t, 16 k, 17 t, 28 g, 36 k.
Syrisch-monophysitische
 Kirche 36 k.
Syrisch-nestorianische
 Kirche 34 r, 129 e.

Tabennîsi 28 d.
Taboriten 69 k w x, 71 w.
Tagore 138 b.
Tambaram 138 i.
Tanchelm 59 c.
Tasso 93 w.
Tatian 12 d, 16 k.
Taufe 4 n, 6 a, 7 d, 8 k n,
 9 l, 10 h, 18 f, 27 g; vgl.
 Ketzertaufe, Wieder-
 taufe.
Taufsymbol 10 h, 14 b–d.
Täufertum (Anabaptis-
 mus 85 c–n, 98 h i r,
 126 k l.
Tauler 66 k.
Taurobolium 4 n.
Tausen 84 p.
Taxil 116 r[2].
Te Deum laudamus 27 m.
Telesphorus 14 i.
Teller 107 k p.
Temple 136 c.
Templer 52 o, 64 k, 65 f.
Tenrikyo-Religion 130 p.
Teresa 93 k m.
Terminismus 66 e.
Territorialsystem 104 e,
 105 x.

Tersteegen 106 c.
Tertiarier 61 r s.
Tertullian 11 g i, 17 e w,
 19 d, 20 d, 38 m.
Testakte 98 w z, 114 p,
 123 e.
Tetrapolitana 78 r.
Tetzel 75 g i.
Thaddäus 16 k[2].
Thamer 85 q.
Theater 104 k, 107 s.
Theatiner 93 g.
Theiner 114 q.
Theodelinde 37 i.
Theoderich d. Gr. 31 i,
 37 b.
Theodicee 105 v.
Theodor Bar-Khôni 21 f[2].
– v. Canterbury 39 k.
– v. Mopsuestia 33 r, 34 e,
 36 h.
– v. Studion 42 e.
Theodora (6. Jh.) 36 b.
– (10. Jh.) 47 e[1].
Theodoret v. Kyros 1 b,
 34 e k m, 36 h.
Theodosius d. Gr. 23 s t,
 24 x.
Theodotus (Gnost.) 13 r.
– der Gerber 17 s.
– der Wechsler 17 s.
Theologentage 134 i,
 135 o.
Theologia deutsch 75 d.
Theopaschitischer Streit
 36 h.
Theophilanthropen 111 t.
Theophilus von Alexan-
 dria 34 b c.
– v. Antiochia 12 g.
Theophylakt 47 e.
Theosophie 95 s–u, 106 o,
 126 z, 131 t.
Therapeuten 5 h.

Therese v. Jesu 93 k.
Thessalonike 32 g, 46 e.
Thiene, Gaetano da 86 c.
Thiersch, H. 123 t.
Tholuck 119 k.
Thoma, H. 113 q.
Thomas v. Aquino 62 i k o,
 116 c.
–, Apostel 16 o.
– Becket 56 h.
Thomas v. Celano 60 i.
– a Kempis 71 i.
Thomas-Christen 34 r,
 129 e.
– -Evangelium 10 k.
Thomasius, Chr. 105 x,
 106 i.
–, G. 119 x.
Thomismus 62 o, 93 o,
 115 n, 116 c.
Thorwaldsen 113 r.
Thümmel 122 v.
Thüringen 31 n, 41 l m q,
 120 m, 133 d.
Thurneysen 136 m.
Tiara 50 i[2].
Tichon 137 d.
Tieck L. 108 n.
Tiele, C. P. 124 g.
Tillich 134 e, 136 f.
Tillotson 98 v.
Tilly 94 c.
Timann 92 h.
Tindal 105 l.
Tirol 91 i; vgl. Österreich.
Titius 121 p.
Titus (Kaiser) 9 g.
Tizian 93 w.
Todsünden 10 r, 19 b c.
Toland 105 l.
Toleranz 22 c d, 23 l, 81 l,
 83 i, 85 f, 98 p y, 101
 c–f, 104 e, 105 a i, 111
 q.

---

[1] Einzelne Synoden: Agde (506) 52 c[1]; Arausio (529) 33 w; Arelate [Arles] (314) 16 m, 25 f; (353) 24 n; Ariminum (359) 24 r; Basel (1431–49) 69 n–s; Chalcedon (451) 34 n o; Clermont (1095) 50 r, 51 h; Dordrecht (1618–19) 96 h; Elvira (c. 306/12) 25 m, 26 q, 27 u; Ephesus (431) 34 k; (449) 34 m; Ferrara-Florenz (1439) 69 p q; Frankfurt a. M. (794) 43 v; Homberg (1526) 78 g; Jerusalem (1672) 99 b; Konstantinopel (381) 24 y, (553) 36 i, (680) 40 e, (692) 40 f, (754) 42 e, (843) 42 e, (867) 46 h, (869) 46 i, (1923) 137 b; Konstanz (1414–18) 69 a–g; Lateran I (1123) 50 x, II (1139) 56 c, III (1179) 56 i, IV (1215) 56 s t. V (1512–17) 70 f; Lyon (1245) 57 f, (1274) 57 k; Mâcon (585) 43 i; Mailand (355) 24 n; Nicäa (325) 24 g h, 26 g i, 27 q, (787) 42 e; Orange (529) 33.w; Pisa (1409) 67 k; Pistoja (1786) 111 q; Sardika (342) 24 l, 32 g; Seleucia (359) 24 r; Streaneshalch (664) 39 g; Sutri (1046) 49 o; Toledo (589) 37 i; Trient (1545 bis 1563) 88; Vatikan (1869–70) 115 p q; Vienne (1311) 65 f.

Die Zahlen weisen auf die Paragraphen

Toleranzakte (1689) 98 y.
Tolstoi 128 n.
Tönniesherren 52 p.
Tonsur 26 s.
Torgauer Bund 78 b.
Torquemada 70 k.
Totentänze 71 l.
Toul 41 h, 80 h, 94 k.
Tradition 14 h, 88 e, 93 n.
Traditores 22 b.
Traditionalismus 33 t, 34 b, 53 f r.
Trajan (Kaiser) 11 e.
Traktarianismus 123 g.
Traktatgesellschaften 120 x.
Trankebar 106 h.
Transsubstantiation 53 f, 56 t, 62 q, 98 w.
Trappisten 97 h.
Traub, G. 122 k.
Trauung 61 i.
Trdad 30 b.
Trennung von Kirche und Staat 98 h, 110 c–e, 111 s t, 115 h, 116 k, 124 d, 133 a, 137 d.
Treuga Dei 49 m.
Tridentinum 79 k, 88.
Trier 41 h, 43 k, 76 i, 111 m; hl. Rock 114 u.
Trinitatis 61 k.
Troeltsch 121 p.
Troubadoure 63 b.
Truchseß, O. 91 d.
Trullanum 40 e f.
Tschechoslowakei 132 v, 136 y.
Tübinger Schule, ältere 107 o.; jüngere 119 v.
Türkei 99 b, 127 b–e, 129 d, 137 g, 138 c.
Turmel 132 q.
Turrecremata (Torquemada) 70 k.
Turretin 96 s, 103 h.
Twesten 119 d.
Tychon 137 d.
Typos 40 d.
Tyrannenmord 83 o, 87 h, 93 u.
Tyrrell 116 v y.

Ugolino v. Segni 57 c, 60 f.
Uhde, v. 113 q.
Uhlich 120 b.
Ukraine 137 f.

Ulfilas 30 g i.
Ullmann 120 m.
Ulrich v. Württemberg 79 c.
Ultramontane Kardinäle 67 d.
Ultramontanismus 114 k.
Una-sancta-Bewegung 131 z.
Unam sanctam 65 b.
Unbefleckte Empfängnis 62 n, 115 n.
Unfehlbarkeit 32 i, 88 b, 115 p q.
Ungarn 55 n, 84 v, 103 q, 111 d, 125 n, 136 x.
Unierte Orientalen 129 a b.
Uniformitätsakte 84 m, 98 u.
Unigenitus 111 h.
Unio mystica 95 r.
Union, griech.-röm. 57 k, 64 k, 132 g.
–, luth.-ref. 95 n o, 118 b c g i, 120 k.
–, prot.-röm. 111 f.
–, röm.-russ. 128 l, 137 e.
Unitarier, engl.-amerikan. 109 b, 123 w, 126 v; vgl. Antitrinitarier.
Unitas fratrum 71 w, 84 u.
Universalienfrage 53 k bis m, q.
Universalismus hypotheticus 96 s.
Universitäten 62 a c, 72 h, 81 o p q[1], 89 o, 91 d, 111 n, 117 c, 131 q.
Uppsala 55 h i, 90 d, 136 i r.
Urban II 50 r, 51 h; V 67 c; VI 67 d; VIII 97 d.
Urgemeinde 7, 8 c, e–i, 9 a–g.
Urlsperger 107 s.
Ursacius 24 n q.
Ursinus, Zach. 96 l, 103 f.
Ursulinerinnen 93 h.
Ussher 98 v.
Utraque 69 i.
Utraquisten 69 i w y, 84 u.
Utrecht 41 i; Kirche von Utrecht 111 h.
Uytenbogaert 96 p.

Valdés, A. de 78 d.
–, Juan 84 y.

Valens, Kaiser 23 s, 24 s.
Valens v. Mursa 24 n q.
Valentinian I 23 s; III 31 c, 32 k.
Valentinus 13 r, 17 g.
Valerianus 16 d e.
Valla 1 f, 72 c.
Vallombrosa 49 e.
Vandalen 31 c f, 36 c.
Variata 92 b m.
Vassy 89 d.
Vatikanische Stadt 132 r.
Vatikanum 115 p q.
Vatke 119 z.
Vega, de 97 m.
Venedig 37 c, 51 f, 97 d.
Verden 43 d, 94 k.
Verdienst 17 e.
Verdun 41 h, 44 a, 80 h, 94 k.
Vereinigte Brüder in Christo 126 i.
Vereinigte Staaten 110 126, 136 d–k.
Vergerio 84 y.
Verlöbnis, geistl. 19 r.
Vermigli 84 k y.
Vermittlungstheologie 119 y z, 121 l.
Veronese, P. 93 w.
Vetus Latina 33 c.
Via antiqua 71 f.
– moderna 66 d, 71 f.
Vicarius Christi 56 m.
Vicelinus 55 e.
Vico 104 i.
Vigilantius 28 k.
Vigilius 36 h, 37 c.
Viktor I. 20 r; IV 56 g.
St. Viktor 53 m, 54 e.
Vilmar 120 h.
Vincentinerinnen 97 g.
Vincentius v. Lerinum 33 t.
– v. Paulo 97 g.
Vinet 124 b.
Viret 82 d.
Virginität 19 q.
Visitantinnen 97 g.
Visitation, kursächs. 78 e–g.
Visitationsartikel 92 q.
Vita canonica 26 r, 43 m, 45 e, 52 h.
Vitium originis 17 e.
Vivarium 38 d g.
Voes 84 f.
Voetius 96 k, 106 c.

Die Zahlen weisen auf die Paragraphen

Völkerwanderung 31 a–c.
Volkmar 119 v.
Voltaire 105 q, 111 d.
Voss, G. J. 96 u.
Vulgata 33 c, 43 s, 88 k.

Waadtland 124 b.
Wackenroder 108 n.
Wagner, Ad. 122 x.
–, Rich. 113 p, 131 q.
Walahfrid Strabo 45 k.
Walch, F. 1 k, 107k.
–, J. G. 107 g.
Waldburg, Gebhard Truchseß v. 91 h.
Waldenser 59 g–k, 71 v w, 85 a[1], 115 l, 125 h i.
Waldenström 124 i.
Waldes 59 h.
Wallenstein 94 c.
Wallfahrten s. Pilgerfahrten.
Wallia 31 e.
Walther v. d. Vogelweide 56 v, 63 e.
Walther, C. F. W. 126 s.
Wanderbischöfe 20 h, 26 k, 41 h, 43 k.
Wandlung s. Transsubstantiation.
Ward, Mary 97 h.
Wartburgfest 117 f.
Wegscheider 119 o.
Weigel, Val. 85 q, 95 t.
Weihnachtsfest 27 r.
Weihwasser 61 o.
Weimarer Kolloquium 92 i.
– Konfutationsbuch 92 i m.
Weinel 121 o.
Weishaupt 111 n.
Weiß, B. 121 l.
–, J. 121 o.
Weiße 119 z.
Weizsäcker, K. 121 l.
Wellhausen 121 l.
Weltbund, luth. 136 h.
–, ref. 136 d h.
Weltchroniken 1 d.
Weltkirchenkonferenzen 136 k.
Weltkongreß für freies Christentum 122 h.
Wenceslav 55 l.
Wenden 55 b–f.
Wendt, H.H. 121 f.

Wenzel v. Böhmen 68 i l.
–, der Heilige 55 l.
Wernle 121 o, 124 d.
Wertheimer Bibel 107 i.
Wesel 71 h.
Wesley 109 d–k.
Wessel 71 h.
Wessenberg 114 q.
Westcott 123 q.
Westerås 84 q.
Westfälischer Friede 94 f–n.
Westgoten 30 f–l, 31 e, 37 i, 41 a.
Westindien 106 r.
Westminster-Konfession 98 f, 103 n, 126 m.
– -Synode 98 f.
Westphal 82 r.
Wetterau 106 m s.
Wettstein 105 e.
Weyer 105 x.
Whitefield 109 d–k, 110 b.
Wibert v. Ravenna 50 o.
Wichern 120 v w, 122 x.
Wiclif 68 d.
Wido v. Mailand 50 g.
Widukind 43 d.
– v. Korvey 53 b.
Wied, Hermann von 79 i.
Wiedertaufe 85 c d; vgl. Ketzertaufe.
Wiener Friede 94 b.
– Kongreß 112 c, 114 a g.
Wiesbaden 122 c.
Wiewert 96 n.
Wilberforce 109 o.
Wilbrord 41 i k.
Wilfrith v. Ripon 39 h, 41 i.
Wilhelm v. Champeaux 53 m p.
– v. Kleve 79 i.
– v. d. Normandie 50 p.
– v. Oranien 89 m; III 98 y.
– II Rufus v. England 50 t; III 98 y.
– I v. Preußen 115 x y, 120 l; II 116 g, 133 a.
Willensfreiheit 33 k–w, 45 o, 62 n, 76 x y, 93 o–q, 97 p–s, 111 h.
Williams, J. 130 q.
–, Roger 101 e.
Willibrord 41 i k.
Wilpert 132 m.
Wilsnack 71 o.

Wilzen 55 c.
Wimpfeling 72 g.
Wimpina 75 i.
Winckelmann 107 e, 108 m, 111 e.
Winckler, H. 121 o.
Windelband 113 i.
Windesheimer Kongregation 71 c.
Windisch, H. 124 g.
Windthorst 115 w.
Wiseman 115 i.
Wislicenus 120 b.
Wissowatius 96 q.
Wittenberger Kirchentag 120 o.
Wittenberger Konkordie 79 b.
Witwen 7 d, 10 s, 29 n.
Wladimir d. Gr. 55 o.
Wladislaus Jagello 69 y.
Wladislaw II. 73 f.
Wobbermin 121 p.
Wochenfestkreis 10 g.
Wolfenbütteler Fragmente 107 n.
Wolff, Chr. 105 y, 106 i.
Wolfgang Wilhelm v. d. Pfalz 94 b.
Wolfram v. Eschenbach 63 e.
Wöllner, v. 107 t.
Wolsey 84 h.
Woolston 105 l.
Wormser Konkordat 50 x.
Wrede, W. 121 o.
Wtenbogaert 96 p.
Wulfila 30 g.
Wundt, Wilh. 113 i.
Wurm 135 l.
Württemberg 79 c, 92 o, 106 n o, 107 o, 111 e, 115 f, 117 i, 120 m, 122 d.
Würzburg 41 m, 91 h.
Wynfried 41 c–r.
Wyttenbach 77 b.

Xavier 87 c, 100 c d.
Xerophagien 15 b.
Ximenes 70 l.
Xystus I 14 i; II (Sixtus II) 20 t.

Young 126 x.

Zacharias 42 g.
Zahn, Th. 121 l.

Die Zahlen weisen auf die Paragraphen

Zasius 75 s, 76 y.
Zehnte 10 t, 43 i.
Zeitz-Naumburg 55 c, 79 i.
Zelatoren 61 u.
Zell 76 k.
Zeller, Christ. Heinr. 120 v.
—, E. 119 v.
Zelo domus Dei 94 m.
Zeno der Isaurier 34 q.
Zenobia 17 t.
Zentralbau 27 y.
Zentrum 115 v–y, 116 f g, 132 l–o.

Zenturien 1 f, 2 e, 81 x.
Zephyrinus 17 w.
Ziegenbalg 106 h.
Ziegler, Leopold 131 h.
Zillertaler 125 l.
Zimmermann, K. 120 y.
Zinsnehmen 81 s, 83 r.
Zinzendorf 106 p–v.
Zionismus 138 d.
Zirkumskriptionsbullen 111 v, 114 g h, 132 s.
Zisterzienser 52 d–g, 66 a, 71 d, 93 h, 97 h.
Zivilehe 89 o, 115 x.

Zivilkonstitution 111 s.
Zöckler, Th. 136 u.
Zola 113 o.
Zölibat 26 q r, 46 i, 50 l, 111 n, 114 q; vgl. Vita canonica.
Zosimus 32 g, 33 q.
Züricher Disputation 77 g h.
Zwickauer Propheten 76 f.
Zwilling 76 e.
Zwingli 77, 78 h–k, r v.
Zwölfapostellehre 10 a.

Die Zahlen weisen auf die Paragraphen

Quellen zur Geschichte des Papsttums und des römischen Katholizismus

1. bis 5. Auflage herausgegeben von Carl Mirbt
6., völlig neu bearbeitete Auflage von Kurt Aland

Bd. I: Von den Anfängen bis zum Tridentinum
1967. LVI, 693 Seiten. Brosch. DM 69,– Lw. DM 76,–

»Die Neuausgabe wird ohne Zweifel eine weite Verbreitung finden, weil der ›Mirbt‹ trotz der nicht geringen Zahl ähnlicher Quellensammlungen immer den Vorteil einer zeitlichen und inhaltlichen Reichhaltigkeit besitzt, die anderen Sammlungen abgeht; und durch die Neubearbeitung ist dieser Vorzug noch vergrößert worden.«

B. Schneider S. J. in Archivum Historiae Pontificiae 6/1968

»K. Aland hat den ›Mirbt‹ nicht nur völlig neu bearbeitet, sondern auch erheblich verbessert und damit nicht nur dem Kirchenhistoriker, sondern jedem Theologen, Studenten oder sonst ernsthaft am Quellenstudium Interessierten einen zuverlässigen, handlichen Band geschenkt.«

G. Schwaiger in Archiv für katholisches Kirchenrecht 1967

»This new edition is as indispensable a reference work for any theological library, large or small, as is the Schönmetzer edition of Denzinger's Enchiridion.«

A. C. Piepkorn in Concordia Theological Monthly 3/1969

J. C. B. Mohr (Paul Siebeck) Tübingen

38.50 1/75